谨以此书献给

陕西省考古研究院成立六十周年

本报告的出版得到

陕西省文物保护专项资金资助

陕西省考古研究院田野考古报告　　第86号

华县东阳遗址考古报告
（2014）（上）

陕西省考古研究院　编著

科学出版社
北京

内 容 简 介

本书是关于陕西省华县东阳遗址第二次考古工作的报告。东阳遗址发现于2001年，曾抢救发掘了周、秦、汉等时代的墓葬116座及祭祀坑、灰坑，2006年出版《华县东阳》发掘报告。2014年3～6月，为配合宁西铁路建设，陕西省考古院派队第二次对遗址展开系统调查、勘探和局部发掘，本书即此次工作成果的全面公布，包括仰韶、夏商、两周、汉、唐及清代的房址、灰坑、灰沟、墓葬等田野工作内容，另外还有相关的动植物、人骨、陶器、漆器等检测结果，是研究关中东部地区古文化面貌的重要资料。

本书适合从事史前、夏商周三代及秦汉考古与历史研究人员以及大专院校相关专业的师生阅读、参考。

图书在版编目（CIP）数据

华县东阳遗址考古报告（2014）：全2册 / 陕西省考古研究院编著. —北京：科学出版社，2018.9

（陕西省考古研究院田野考古报告. 第86号）

ISBN 978-7-03-059036-7

I. ①华… II. ①陕… III. ①墓葬（考古）- 发掘报告 - 华县 IV. ① K878.85

中国版本图书馆CIP数据核字（2018）第225571号

责任编辑：王琳玮 / 责任校对：邹慧卿
责任印制：肖 兴 / 封面设计：陈 敬

科学出版社 出版
北京东黄城根北街16号
邮政编码：100717
http: //www.sciencep.com

中国科学院印刷厂 印刷

科学出版社发行 各地新华书店经销

*

2018年9月第 一 版 开本：889×1194 1/16
2018年9月第一次印刷 印张：48 3/4 插页：54
字数：1360 000

定价：568.00 元（上、下册）

目　　录

第一章　绪论……………………………………………………………………………（1）
　第一节　地理位置及古文化面貌…………………………………………………（1）
　第二节　以往工作及研究情况……………………………………………………（3）
　第三节　本次工作经过……………………………………………………………（5）
　第四节　报告体例说明……………………………………………………………（6）
第二章　调查、勘探及探方发掘 ……………………………………………………（8）
　第一节　调查………………………………………………………………………（8）
　　一、中心区………………………………………………………………………（9）
　　二、邻近区………………………………………………………………………（30）
　　三、外围区………………………………………………………………………（42）
　第二节　勘探………………………………………………………………………（52）
　　一、地层堆积……………………………………………………………………（52）
　　二、保护区范围内勘探…………………………………………………………（54）
　　三、留马村南勘探………………………………………………………………（57）
　第三节　探方发掘…………………………………………………………………（57）
　　一、J区……………………………………………………………………………（57）
　　二、R区……………………………………………………………………………（64）
　　三、E区……………………………………………………………………………（66）
　第四节　考古学观察………………………………………………………………（70）
第三章　仰韶时期遗存 ………………………………………………………………（72）
　第一节　房址………………………………………………………………………（73）
　　一、形制、堆积…………………………………………………………………（73）
　　二、遗物…………………………………………………………………………（74）
　第二节　灰坑………………………………………………………………………（76）
　　一、H4 ……………………………………………………………………………（76）
　　二、H13 …………………………………………………………………………（78）
　　三、H16……………………………………………………………………………（83）
　　四、H17 …………………………………………………………………………（86）
　　五、H18……………………………………………………………………………（91）

六、H27 …… （92）
七、H31 …… （95）
八、H41 …… （98）
九、H49 …… （102）
一〇、H51 …… （133）
一一、H57 …… （137）
一二、H59 …… （138）
一三、H60 …… （150）
一四、H61 …… （153）
第三节　灰沟 …… （160）
一、G17 …… （160）
二、G20 …… （163）
三、G21 …… （166）
四、G22 …… （168）
第四节　洞类遗迹 …… （175）
一、D1 …… （175）
二、D2 …… （175）
三、D3 …… （176）
第五节　考古学观察 …… （176）
一、遗迹 …… （176）
二、遗物 …… （176）
三、时代推断 …… （216）
第四章　夏商时期遗存 …… （220）
第一节　灰坑 …… （221）
一、H23 …… （221）
二、H25 …… （224）
三、H26 …… （227）
四、H34 …… （230）
五、H36 …… （235）
六、H40 …… （238）
七、H42 …… （239）
八、H43 …… （244）
第二节　灰沟 …… （246）
第三节　房址 …… （249）
第四节　考古学观察 …… （258）
一、遗迹 …… （258）

二、遗物……（258）
三、时代与文化属性……（268）
第五章　西周时期遗存……（270）
第一节　灰坑……（270）
一、H6……（270）
二、H8……（273）
三、H10……（275）
四、H11……（279）
五、H15……（280）
六、H30……（283）
七、H35……（285）
八、H44……（301）
九、H45……（305）
一〇、H47……（307）
一一、H48……（319）
第二节　灰沟……（321）
第三节　墓葬……（328）
第四节　考古学观察……（331）
一、遗迹……（332）
二、器物……（333）
三、时代判断……（352）
第六章　东周时期遗存……（357）
第一节　墓葬……（357）
一、概况……（357）
二、墓葬介绍……（359）
第二节　灰坑……（416）
一、H1……（416）
二、H2……（418）
三、H12……（421）
四、H14……（424）
五、H32……（427）
六、H33……（429）
七、H37……（431）
八、H50……（434）
九、H58……（437）
第三节　灰沟……（440）

第四节　考古学观察……（442）
一、日常生活类……（442）
二、墓区……（448）
第七章　汉代遗存……（476）
第一节　墓葬……（477）
一、概况……（477）
二、墓葬介绍……（477）
第二节　沟……（519）
一、G3……（519）
二、G4……（522）
三、G5……（524）
四、G6……（528）
五、G7……（530）
六、G9……（533）
第三节　灰坑……（537）
第四节　考古学观察……（539）
一、遗迹……（539）
二、随葬品……（541）
三、分期与断代……（561）
第八章　唐及清代遗存……（565）
第一节　唐墓……（565）
一、M39……（565）
二、M40……（566）
三、M41……（567）
四、M42……（570）
五、M43……（573）
第二节　清墓……（574）
一、M14……（574）
二、M22……（577）
第三节　考古学观察……（584）
一、唐代……（584）
二、清代……（585）
第九章　结语……（587）
第一节　调查和探方发掘……（587）
第二节　仰韶时期……（589）
一、遗迹性质……（589）

二、遗物特征…………（589）
三、相关遗址文化面貌比较…………（591）
第三节　夏商时期…………（592）
一、遗迹性质…………（592）
二、同期遗址文化面貌比较…………（593）
三、余论…………（594）
第四节　西周时期…………（594）
一、G19的性质…………（594）
二、祭祀遗迹…………（595）
第五节　东周遗存…………（597）
一、墓地布局…………（598）
二、随葬品…………（598）
三、墓主身份…………（599）
四、关中东部秦文化的传播…………（600）
第六节　汉代墓葬…………（602）
一、墓主身份及文化因素…………（602）
二、陶锜…………（602）
第七节　唐代及清代墓葬…………（608）
一、卜骨…………（608）
二、瓷器刻文…………（610）
附表…………（611）
附录…………（642）
附录一　东阳遗址2014年出土人骨鉴定及分析…………（642）
附录二　2014年华县东阳遗址动物遗存初步鉴定…………（663）
附录三　陶器成分检测报告…………（671）
附录四　华县东阳出土青花瓷片化学成分与工艺特征初步研究…………（678）
附录五　西汉彩陶颜料检测报告…………（689）
附录六　铜器铸造工艺观察…………（693）
附录七　水稻遗存在陕西华县东阳遗址的发现与探讨…………（696）
附录八　陕西华县东阳遗址浮选报告…………（707）
后记…………（729）
Abstract…………（731）

插图目录

图一　华县地理位置及发掘点示意图 …………（1）
图二　东阳遗址、桥峪栈道遗址及南沙遗址相对位置示意图 …………（2）
图三　2001年墓地发掘分区及内涵示意图 …………（4）
图四　调查点位置示意图 …………（8）
图五　中心及邻近区调查点位置图 …………（9）
图六　LS1地层剖面图 …………（插页）
图七　LS1采集陶器及泥支垫 …………（13）
图八　LS2堆积剖面图 …………（14）
图九　LS2采集陶器…………（15）
图一〇　LS3地层剖面图 …………（插页）
图一一　LS3采集陶器 …………（17）
图一二　LS3采集陶器 …………（18）
图一三　LS4地层剖面图 …………（插页）
图一四　LS4、LS5采集陶器 …………（21）
图一五　LS5地层剖面图 …………（插页）
图一六　LSM3随葬陶器…………（23）
图一七　LSM3随葬陶器…………（24）
图一八　里寺村采集陶器 …………（26）
图一九　里寺村采集遗物 …………（27）
图二〇　里寺村采集陶器 …………（28）
图二一　留马村（LM2）采集陶器 …………（31）
图二二　留马遗址部分陶器纹饰拓片 …………（32）
图二三　江凹村采集陶器 …………（33）
图二四　江凹村采集遗物 …………（35）
图二五　东阳村采集陶器 …………（37）
图二六　东阳村采集陶器 …………（38）
图二七　东阳村采集陶片纹饰拓片 …………（39）
图二八　东阳村采集陶器 …………（40）

图二九　东阳村采集陶器 …………（41）
图三〇　野沃沟墓地出土遗物 …………（42）
图三一　野沃沟墓地采集遗物纹饰拓片 …………（43）
图三二　南侯沟遗址采集陶器 …………（44）
图三三　南侯沟遗址采集陶器 …………（45）
图三四　泽口遗址采集陶器 …………（47）
图三五　泽口遗址采集陶器 …………（48）
图三六　寺城子遗址采集遗物 …………（49）
图三七　寺城子遗址采集陶器 …………（50）
图三八　东尧遗址采集陶器 …………（51）
图三九　地层分类区域示意图 …………（53）
图四〇　勘探遗迹平面分布图 …………（55）
图四一　留马村南勘探遗迹平面分布图 …………（57）
图四二　2014年发掘区位置示意图 …………（58）
图四三　J区及I区（局部）发掘平面图 …………（插页）
图四四　JT0101、JT0102、JT0103北壁剖面图 …………（59）
图四五　JT0102、JT0201东壁剖面图 …………（59）
图四六　J区出土遗物 …………（61）
图四七　J区地层出土陶器 …………（62）
图四八　J区地层出土陶器 …………（63）
图四九　R区发掘平面图 …………（65）
图五〇　RT0201、RT0202、RT0203探方南壁剖面图 …………（66）
图五一　E区发掘平面图 …………（67）
图五二　ETG1西壁剖面图 …………（67）
图五三　ETG2西壁剖面图 …………（68）
图五四　E区出土遗物 …………（69）
图五五　东阳遗址各时代遗存分布图 …………（70）
图五六　高塘乡史前—秦汉遗址分布图 …………（71）
图五七　仰韶时期遗迹分布总平面图 …………（72）
图五八　F3平、剖面图 …………（73）
图五九　F3陶器标本 …………（75）
图六〇　H4平、剖面图 …………（76）
图六一　H4陶器标本 …………（79）
图六二　H13平、剖面图 …………（80）
图六三　H13陶器标本 …………（82）

图六四　H16平、剖面图 …………………………………………………………（83）
图六五　H16陶器标本 …………………………………………………………（85）
图六六　H17平、剖面图 …………………………………………………………（86）
图六七　H17器物标本 …………………………………………………………（89）
图六八　H17陶器标本 …………………………………………………………（90）
图六九　H18平、剖面图 …………………………………………………………（91）
图七○　H18陶钵 …………………………………………………………（92）
图七一　H27平、剖面图 …………………………………………………………（93）
图七二　H27陶器标本 …………………………………………………………（94）
图七三　H31平、剖面图 …………………………………………………………（95）
图七四　H31遗物 …………………………………………………………（97）
图七五　H41平、剖面图 …………………………………………………………（98）
图七六　H41陶器标本 …………………………………………………………（101）
图七七　H49平、剖面图 …………………………………………………………（103）
图七八　H49①层器物标本 …………………………………………………………（114）
图七九　H49①层陶器标本 …………………………………………………………（115）
图八○　H49②层陶器标本 …………………………………………………………（116）
图八一　H49②层陶器标本 …………………………………………………………（117）
图八二　H49③层陶器标本 …………………………………………………………（119）
图八三　H49③层陶器标本 …………………………………………………………（120）
图八四　H49④层陶器标本 …………………………………………………………（122）
图八五　H49④层陶器标本 …………………………………………………………（123）
图八六　H49⑤层陶器标本 …………………………………………………………（125）
图八七　H49⑤层器物标本 …………………………………………………………（127）
图八八　H49⑥层器物标本 …………………………………………………………（128）
图八九　H49⑥层陶器标本 …………………………………………………………（129）
图九○　H49⑦层陶器标本 …………………………………………………………（131）
图九一　H49⑦层器物标本 …………………………………………………………（132）
图九二　H51平、剖面图 …………………………………………………………（134）
图九三　H51陶器标本 …………………………………………………………（136）
图九四　H57平、剖面图 …………………………………………………………（137）
图九五　H59平、剖面图 …………………………………………………………（139）
图九六　H59①、②、③、④层器物标本 …………………………………………………………（146）
图九七　H59①、②、③、④层陶器标本 …………………………………………………………（147）
图九八　H59⑤层器物标本 …………………………………………………………（148）

图九九　H59⑤层陶器标本 …… （149）
图一〇〇　H60平、剖面图 …… （150）
图一〇一　H60陶器标本 …… （152）
图一〇二　H61平、剖面图 …… （153）
图一〇三　H61器物标本 …… （156）
图一〇四　H61陶器标本 …… （157）
图一〇五　H61陶器标本 …… （158）
图一〇六　H61陶盆 …… （159）
图一〇七　G17平、剖面图 …… （161）
图一〇八　G17陶器标本 …… （163）
图一〇九　G20平、剖面图 …… （164）
图一一〇　G20、G21陶器标本 …… （166）
图一一一　G21平、剖面图 …… （167）
图一一二　G22平、剖面图 …… （169）
图一一三　G22器物标本 …… （173）
图一一四　G22陶器标本 …… （174）
图一一五　D1、D2、D3平、剖面图 …… （175）
图一一六　尖底瓶口沿型式图 …… （178）
图一一七　尖底瓶器底型式图 …… （179）
图一一八　Aa型Ⅰ式叠唇盆 …… （180）
图一一九　Aa型Ⅱ式、Ab型叠唇盆 …… （181）
图一二〇　Ac、Ad型Ⅰ式叠唇盆 …… （182）
图一二一　Ad型Ⅱ式叠唇盆 …… （183）
图一二二　Ba型卷沿盆 …… （184）
图一二三　Bb型卷沿盆 …… （185）
图一二四　Bb型卷沿盆 …… （186）
图一二五　Bc型卷沿盆 …… （187）
图一二六　C型折沿盆 …… （188）
图一二七　D型敞口斜腹盆 …… （189）
图一二八　A型Ⅰ式直口钵 …… （190）
图一二九　A型Ⅰ式直口钵 …… （191）
图一三〇　A型Ⅱ式直口钵 …… （192）
图一三一　A型Ⅱ式直口钵 …… （193）
图一三二　B型Ⅰ式敛口钵 …… （194）
图一三三　B型Ⅰ式敛口钵 …… （195）

图一三四 B型Ⅱ式敛口钵 ……（196）
图一三五 C型侈口钵、D型带耳钵 ……（197）
图一三六 A型Ⅰ式深鼓腹罐 ……（198）
图一三七 A型Ⅱ式深鼓腹罐 ……（199）
图一三八 Ba型深鼓腹罐 ……（200）
图一三九 Bb型深鼓腹罐 ……（201）
图一四〇 Bb型深鼓腹罐 ……（202）
图一四一 Bc型、Bd型、Be型Ⅰ式深鼓腹罐 ……（203）
图一四二 Be型Ⅱ式深鼓腹罐 ……（204）
图一四三 Be型Ⅱ式、Ⅲ式深鼓腹罐 ……（205）
图一四四 鼓腹罐、直腹罐、浅腹罐 ……（207）
图一四五 瓮型式图 ……（208）
图一四六 器盖型式图 ……（209）
图一四七 平底瓶、尖底罐、甑、盘形器 ……（210）
图一四八 陶锉 ……（212）
图一四九 陶纺轮、陶球、陶饼、彩陶 ……（213）
图一五〇 石器 ……（214）
图一五一 骨角器 ……（215）
图一五二 夏商时期遗迹平面图 ……（220）
图一五三 H23平、剖面图 ……（221）
图一五四 H23陶器标本 ……（223）
图一五五 H25平、剖面图 ……（224）
图一五六 H25器物标本 ……（227）
图一五七 H26平、剖面图 ……（228）
图一五八 H26器物标本 ……（229）
图一五九 H34平、剖面图 ……（230）
图一六〇 H34①层陶器标本 ……（233）
图一六一 H34②层陶罐 ……（234）
图一六二 H36平、剖面图 ……（235）
图一六三 H36陶器标本 ……（237）
图一六四 H40平、剖面图 ……（238）
图一六五 H40陶罐 ……（240）
图一六六 H42平、剖面图 ……（240）
图一六七 H42器物标本 ……（243）
图一六八 H42陶鬲（H42：1）……（244）

图一六九　H43平、剖面图 ……（244）
图一七〇　H43器物标本 ……（246）
图一七一　H43陶罐 ……（247）
图一七二　G12平、剖面图 ……（248）
图一七三　G12陶罐 ……（249）
图一七四　F7平、剖面图 ……（250）
图一七五　F7①层器物标本 ……（254）
图一七六　F7①层陶器标本 ……（255）
图一七七　F7①层陶罐 ……（256）
图一七八　F7②层陶器标本 ……（257）
图一七九　A型罐 ……（260）
图一八〇　B型罐 ……（261）
图一八一　C型Ⅰ式罐 ……（262）
图一八二　C型Ⅱ式罐 ……（263）
图一八三　C型Ⅲ式罐 ……（263）
图一八四　A、B、C型鬲及鬲足部 ……（264）
图一八五　Ⅰ式、Ⅱ式瓮口部和A型、B型瓮足部 ……（264）
图一八六　A、B型盆 ……（265）
图一八七　未能分型式的陶器及陶器标本 ……（266）
图一八八　石器、骨器、蚌器 ……（267）
图一八九　西周时期遗迹平面分布图 ……（插页）
图一九〇　H6平、剖面图 ……（270）
图一九一　H6陶器标本 ……（272）
图一九二　H8平、剖面图 ……（273）
图一九三　H8陶器标本 ……（275）
图一九四　H10平、剖面图 ……（275）
图一九五　H10器物标本 ……（278）
图一九六　H10陶器标本 ……（278）
图一九七　H11平、剖面图 ……（279）
图一九八　H11陶鬲 ……（280）
图一九九　H15平、剖面图 ……（281）
图二〇〇　H15器物标本 ……（283）
图二〇一　H30平、剖面图 ……（284）
图二〇二　H30陶器标本 ……（285）
图二〇三　H35平、剖面图 ……（286）

图二〇四　H35②、③层陶器标本 ……（295）
图二〇五　H35器物标本 ……（296）
图二〇六　H35④层陶器标本 ……（297）
图二〇七　H35⑤、⑥、⑦层陶器标本 ……（298）
图二〇八　H35⑧、⑨层陶器标本 ……（300）
图二〇九　H44平、剖面图 ……（301）
图二一〇　H44器物标本 ……（304）
图二一一　H45平、剖面图 ……（305）
图二一二　H45陶器标本 ……（307）
图二一三　H47平、剖面图 ……（308）
图二一四　H47器物标本 ……（315）
图二一五　H47陶鬲 ……（316）
图二一六　H47①、②层陶器标本 ……（317）
图二一七　H47③、④、⑥层陶器标本 ……（318）
图二一八　H48平、剖面图 ……（319）
图二一九　H48陶器标本 ……（321）
图二二〇　G19平、剖面图 ……（321）
图二二一　G19器物标本 ……（325）
图二二二　G19①层陶器标本 ……（326）
图二二三　G19②层陶器标本 ……（328）
图二二四　M30平、剖面图 ……（329）
图二二五　M30铜鼎（M30：1） ……（330）
图二二六　M30铜铃、铜泡 ……（331）
图二二七　Ⅰ式瓮 ……（337）
图二二八　Ⅱ式瓮 ……（338）
图二二九　Aa型鬲完整器 ……（339）
图二三〇　Aa型鬲口沿残片 ……（340）
图二三一　Ab型鬲口沿残片 ……（341）
图二三二　B型鬲口沿残片 ……（341）
图二三三　A、B型鬲足 ……（342）
图二三四　A型罐 ……（343）
图二三五　B、C、D型罐 ……（343）
图二三六　A型簋 ……（344）
图二三七　B型簋 ……（344）
图二三八　A、B型盆 ……（345）

图二三九　A、B型甗 ……（346）
图二四〇　A、B型豆 ……（346）
图二四一　未能划分型式的陶器标本 ……（347）
图二四二　未能划分型式的陶器标本 ……（348）
图二四三　西周时期石器标本 ……（349）
图二四四　A、B型骨笄 ……（350）
图二四五　A、B型骨镞 ……（351）
图二四六　未能划分型式骨、蚌器 ……（352）
图二四七　西周时期铜器标本 ……（353）
图二四八　东周时期遗迹总平面图 ……（358）
图二四九　M1平、剖面图 ……（360）
图二五〇　M1蚌饰 ……（361）
图二五一　M2平、剖面图 ……（362）
图二五二　M2石圭、陶圭 ……（363）
图二五三　M3平、剖面图 ……（365）
图二五四　M3铜鼎 ……（366）
图二五五　M3铜铃、铃舌 ……（367）
图二五六　M3鱼形铜饰（M3：14）……（368）
图二五七　M3石圭、串饰、石球、陶球 ……（370）
图二五八　M4平、剖面图 ……（371）
图二五九　M4石玦 ……（372）
图二六〇　M8平、剖面图 ……（372）
图二六一　M8、M9石圭、煤精棒、蚌饰、陶玦 ……（373）
图二六二　M9平、剖面图 ……（374）
图二六三　M10平、剖面图 ……（376）
图二六四　M10陶器标本 ……（377）
图二六五　M10盗洞内石圭 ……（379）
图二六六　M11平、剖面图 ……（380）
图二六七　M13平、剖面图 ……（380）
图二六八　M15平、剖面图 ……（382）
图二六九　M15陶器标本 ……（383）
图二七〇　M15石圭、铜削 ……（383）
图二七一　M18平、剖面图 ……（385）
图二七二　M18铜戈、铜镞、铜削、铜带钩、石块 ……（386）
图二七三　M18陶器标本 ……（387）

图二七四　M19平、剖面图……………………………………………………（390）
图二七五　M19随葬品……………………………………………………（391）
图二七六　M21平、剖面图……………………………………………………（393）
图二七七　M21陶器标本……………………………………………………（395）
图二七八　M25平、剖面图……………………………………………………（397）
图二七九　M25随葬品……………………………………………………（399）
图二八〇　M31平、剖面图……………………………………………………（400）
图二八一　M31随葬品……………………………………………………（401）
图二八二　M32平、剖面图……………………………………………………（403）
图二八三　M32陶器标本……………………………………………………（404）
图二八四　M33平、剖面图……………………………………………………（407）
图二八五　M33陶器标本……………………………………………………（408）
图二八六　M35平、剖面图……………………………………………………（410）
图二八七　M35串饰部分组件……………………………………………………（411）
图二八八　M38平、剖面图……………………………………………………（413）
图二八九　M38陶器标本……………………………………………………（414）
图二九〇　M38铜、石器……………………………………………………（416）
图二九一　H1平、剖面图……………………………………………………（417）
图二九二　H1石器、陶器标本……………………………………………………（419）
图二九三　H2平、剖面图……………………………………………………（420）
图二九四　H2陶器标本……………………………………………………（421）
图二九五　H12平、剖面图……………………………………………………（422）
图二九六　H12陶器标本……………………………………………………（424）
图二九七　H14平、剖面图……………………………………………………（425）
图二九八　H14陶器标本……………………………………………………（426）
图二九九　H32平、剖面图……………………………………………………（427）
图三〇〇　H32陶器标本……………………………………………………（428）
图三〇一　H33平、剖面图……………………………………………………（429）
图三〇二　H33陶器标本……………………………………………………（431）
图三〇三　H37平、剖面图……………………………………………………（432）
图三〇四　H37陶器标本……………………………………………………（433）
图三〇五　H50平、剖面图……………………………………………………（434）
图三〇六　H50陶器标本……………………………………………………（436）
图三〇七　H58平、剖面图……………………………………………………（437）
图三〇八　H58陶器标本……………………………………………………（439）

图三〇九　G13平、剖面图 ……（441）
图三一〇　G13陶盆（G13：1）……（441）
图三一一　A型鬲口部 ……（443）
图三一二　B型鬲口部 ……（443）
图三一三　A、B型鬲足 ……（444）
图三一四　A、B、C型罐 ……（445）
图三一五　A、B、C、D型盆 ……（446）
图三一六　未能划分型式陶器标本 ……（447）
图三一七　东周墓葬葬式 ……（450）
图三一八　A、B型鼎 ……（451）
图三一九　C型鼎……（452）
图三二〇　A、B型豆 ……（453）
图三二一　A型Ⅰ式喇叭口罐 ……（453）
图三二二　A型Ⅱ式喇叭口罐 ……（454）
图三二三　A型Ⅲ式喇叭口罐 ……（455）
图三二四　A型Ⅳ式喇叭口罐 ……（455）
图三二五　B型喇叭口罐 ……（456）
图三二六　陶囷……（456）
图三二七　陶甗……（457）
图三二八　陶盆……（458）
图三二九　陶广肩小罐 ……（459）
图三三〇　陶鬲……（460）
图三三一　陶簋……（461）
图三三二　陶匜……（462）
图三三三　陶圭……（462）
图三三四　未能划分型式陶器标本 ……（463）
图三三五　铜鼎……（464）
图三三六　鱼形铜饰……（465）
图三三七　铜削……（466）
图三三八　铜戈……（466）
图三三九　铜镞……（467）
图三四〇　未能划分型式铜器标本 ……（468）
图三四一　A、B型石圭 ……（469）
图三四二　未能划分型玉石器标本 ……（470）
图三四三　蚌、贝、骨器标本 ……（471）

图三四四　墓葬出土陶器分期图 ……………………………………………………（473）
图三四五　汉代遗迹分布图 ……………………………………………………（476）
图三四六　M5平、剖面图 ……………………………………………………（478）
图三四七　M5随葬品 ……………………………………………………（479）
图三四八　M6平、剖面图 ……………………………………………………（481）
图三四九　M6陶器标本 ……………………………………………………（482）
图三五〇　M7平、剖面图 ……………………………………………………（484）
图三五一　M7陶器标本 ……………………………………………………（485）
图三五二　M12平、剖面图 ……………………………………………………（487）
图三五三　M16平、剖面图 ……………………………………………………（488）
图三五四　M16陶器标本 ……………………………………………………（489）
图三五五　M17平、剖面图 ……………………………………………………（490）
图三五六　M17陶器标本 ……………………………………………………（491）
图三五七　M20平、剖面图 ……………………………………………………（494）
图三五八　M20随葬品 ……………………………………………………（495）
图三五九　M6、M7、M16、M17、M20铜钱、铜片 ……………………………………（497）
图三六〇　M23平、剖面图 ……………………………………………………（498）
图三六一　M23陶盆（M23：1） ……………………………………………………（498）
图三六二　M24平、剖面图 ……………………………………………………（499）
图三六三　M24陶器标本 ……………………………………………………（499）
图三六四　M26平、剖面图 ……………………………………………………（501）
图三六五　M26随葬品 ……………………………………………………（502）
图三六六　M26陶樽、陶鼎 ……………………………………………………（503）
图三六七　M27平、剖面图 ……………………………………………………（505）
图三六八　M27陶大口小罐 ……………………………………………………（505）
图三六九　M28平、剖面图 ……………………………………………………（506）
图三七〇　M28陶器标本 ……………………………………………………（507）
图三七一　M29平、剖面图 ……………………………………………………（508）
图三七二　M29陶器标本 ……………………………………………………（509）
图三七三　M34平、剖面图 ……………………………………………………（511）
图三七四　M36平、剖面图 ……………………………………………………（512）
图三七五　M36陶器标本 ……………………………………………………（513）
图三七六　M36铜镜（M36：4） ……………………………………………………（514）
图三七七　M26、M27、M28、M29、M36“五铢”铜钱 ……………………………………（515）
图三七八　M37平、剖面图 ……………………………………………………（516）

图三七九　汉代墓葬随葬品 ……………………………………………………………（517）
图三八〇　汉代墓葬填土中出土遗物 ……………………………………………………（518）
图三八一　G3平、剖面图……………………………………………………………………（519）
图三八二　G3器物标本………………………………………………………………………（521）
图三八三　G4平、剖面图……………………………………………………………………（523）
图三八四　G4筒瓦、板瓦……………………………………………………………………（525）
图三八五　G5平、剖面图……………………………………………………………………（526）
图三八六　G5器物标本………………………………………………………………………（529）
图三八七　G6平、剖面图……………………………………………………………………（529）
图三八八　G7平、剖面图……………………………………………………………………（530）
图三八九　G7器物标本………………………………………………………………………（533）
图三九〇　G7陶器标本………………………………………………………………………（534）
图三九一　G9平、剖面图……………………………………………………………………（535）
图三九二　G9器物标本………………………………………………………………………（537）
图三九三　H3平、剖面图……………………………………………………………………（538）
图三九四　H3陶器标本………………………………………………………………………（539）
图三九五　汉代墓园平面图 ………………………………………………………………（540）
图三九六　陶缶………………………………………………………………………………（542）
图三九七　陶大口大罐 ……………………………………………………………………（544）
图三九八　A型大口小罐 ……………………………………………………………………（545）
图三九九　B型大口小罐 ……………………………………………………………………（546）
图四〇〇　陶瓮　……………………………………………………………………………（546）
图四〇一　陶盆………………………………………………………………………………（547）
图四〇二　陶甑………………………………………………………………………………（548）
图四〇三　陶釜………………………………………………………………………………（549）
图四〇四　陶灶………………………………………………………………………………（550）
图四〇五　陶鼎………………………………………………………………………………（551）
图四〇六　铜镜………………………………………………………………………………（552）
图四〇七　A类A型铜钱 ……………………………………………………………………（553）
图四〇八　A类B型铜钱 ……………………………………………………………………（554）
图四〇九　A类C型铜钱 ……………………………………………………………………（555）
图四一〇　A类D型铜钱 ……………………………………………………………………（555）
图四一一　A类E型铜钱 ……………………………………………………………………（556）
图四一二　A类F型铜钱……………………………………………………………………（557）
图四一三　A类G型铜钱 ……………………………………………………………………（557）

图四一四 B类A型铜钱 …… (558)
图四一五 B类B型铜钱 …… (559)
图四一六 B类C型铜钱 …… (560)
图四一七 铁釜 …… (561)
图四一八 铁剑 …… (561)
图四一九 墓葬出土陶器分期图 …… (562)
图四二〇 唐代墓葬分布平面图 …… (565)
图四二一 M39平、剖面图 …… (566)
图四二二 M40平、剖面图 …… (567)
图四二三 M40人骨间器物 …… (568)
图四二四 M41平、剖面图 …… (569)
图四二五 M41随葬品 …… (571)
图四二六 M42平、剖面图 …… (572)
图四二七 M42陶罐（M42：1） …… (572)
图四二八 M43平、剖面图 …… (573)
图四二九 M43铜钗（M43：1） …… (574)
图四三〇 唐代墓葬出土铜钱拓片 …… (574)
图四三一 J区清代墓葬平面分布图 …… (575)
图四三二 M14平、剖面图 …… (576)
图四三三 M14铜簪、铜扣 …… (577)
图四三四 M22平、剖面图 …… (578)
图四三五 M22填土内出土物及神主 …… (579)
图四三六 M22建筑材料标本 …… (580)
图四三七 M22瓷器标本 …… (582)
图四三八 M22瓷器标本 …… (583)
图四三九 东阳遗址各时代遗存分布图 …… (588)
图四四〇 高塘乡史前—秦汉遗址分布图 …… (588)
图四四一 关中东部秦墓葬发掘点 …… (601)
图四四二 关中地区出土陶锜 …… (603)
图四四三 山西北部出土陶锜及釜 …… (604)
图四四四 山西南部出土陶锜 …… (605)
图四四五 河南、山东出土陶锜 …… (606)
图四四六 类似锜形铜、陶器 …… (607)
图四四七 釜、甑支架或炉组合 …… (609)

插表目录

表一　F3陶系统计表 …………（74）
表二　F3可辨陶器器形统计表 …………（74）
表三　H4陶系统计表 …………（77）
表四　H4可辨陶器器形统计表 …………（77）
表五　H13陶系统计表 …………（81）
表六　H13可辨陶器器形统计表 …………（81）
表七　H16陶系统计表 …………（84）
表八　H16可辨陶器器形统计表 …………（84）
表九　H17陶系统计表 …………（87）
表一〇　H17可辨陶器器形统计表 …………（88）
表一一　H18陶系统计表 …………（91）
表一二　H18可辨陶器器形统计表 …………（92）
表一三　H27陶系统计表 …………（93）
表一四　H27可辨陶器器形统计表 …………（93）
表一五　H31陶系统计表 …………（96）
表一六　H31可辨陶器器形统计表 …………（96）
表一七　H41①层陶系统计表 …………（99）
表一八　H41①层可辨陶器器形统计表 …………（99）
表一九　H41②层陶系统计表 …………（100）
表二〇　H41②层可辨陶器器形统计表 …………（100）
表二一　H49①层陶系统计表 …………（104）
表二二　H49①层可辨陶器器形统计表 …………（105）
表二三　H49②层陶系统计表 …………（105）
表二四　H49②层可辨陶器器形统计表 …………（106）
表二五　H49③层陶系统计表 …………（107）
表二六　H49③层可辨陶器器形统计表 …………（107）
表二七　H49④层陶系统计表 …………（108）
表二八　H49④层可辨陶器器形统计表 …………（109）
表二九　H49⑤层陶系统计表 …………（109）

表三〇　H49⑤层可辨陶器器形统计表 …………（110）
表三一　H49⑥层陶系统计表 …………（111）
表三二　H49⑥层可辨陶器器形统计表 …………（111）
表三三　H49⑦层陶系统计表 …………（112）
表三四　H49⑦层可辨陶器器形统计表 …………（112）
表三五　H51陶系统计表 …………（134）
表三六　H51可辨陶器器形统计表 …………（135）
表三七　H57陶系统计表 …………（138）
表三八　H59①层陶系统计表 …………（140）
表三九　H59①层可辨陶器器形统计表 …………（140）
表四〇　H59②层陶系统计表 …………（141）
表四一　H59②层可辨陶器器形统计表 …………（141）
表四二　H59③层陶系统计表 …………（142）
表四三　H59③层可辨陶器器形统计表 …………（142）
表四四　H59④层陶系统计表 …………（143）
表四五　H59④层可辨陶器器形统计表 …………（143）
表四六　H59⑤层陶系统计表 …………（144）
表四七　H59⑤层可辨陶器器形统计表 …………（144）
表四八　H60陶系统计表 …………（151）
表四九　H60可辨陶器器形统计表 …………（151）
表五〇　H61陶系统计表 …………（154）
表五一　H61可辨陶器器形统计表 …………（155）
表五二　G17陶系统计表 …………（162）
表五三　G17可辨陶器器形统计表 …………（162）
表五四　G20陶系统计表 …………（165）
表五五　G20可辨陶器器形统计表 …………（165）
表五六　G21陶系统计表 …………（167）
表五七　G21可辨陶器器形统计表 …………（168）
表五八　G22①层陶系统计表 …………（169）
表五九　G22①层可辨陶器器形统计表 …………（170）
表六〇　G22②层陶系统计表 …………（171）
表六一　G22②层可辨陶器器形统计表 …………（171）
表六二　G22③层陶系统计表 …………（172）
表六三　G22③层可辨陶器器形统计表 …………（172）
表六四　H23陶系统计表 …………（222）

表六五　H23可辨陶器器形统计表 ……（222）
表六六　H25陶系统计表 ……（225）
表六七　H25可辨陶器器形统计表 ……（226）
表六八　H26陶系统计表 ……（228）
表六九　H26可辨陶器器形统计表 ……（229）
表七〇　H34①层陶系统计表 ……（231）
表七一　H34①层可辨陶器器形统计表 ……（232）
表七二　H34②层陶系统计表 ……（232）
表七三　H34②层可辨陶器器形统计表 ……（233）
表七四　H36陶系统计表 ……（236）
表七五　H36可辨陶器器形统计表 ……（236）
表七六　H40陶系统计表 ……（238）
表七七　H40可辨陶器器形统计表 ……（239）
表七八　H42陶系统计表 ……（241）
表七九　H42可辨陶器器形统计表 ……（242）
表八〇　H43陶系统计表 ……（245）
表八一　H43可辨陶器器形统计表 ……（245）
表八二　G12陶系统计表 ……（248）
表八三　G12可辨陶器器形统计表 ……（248）
表八四　F7①层陶系统计表 ……（251）
表八五　F7①层可辨陶器器形统计表 ……（252）
表八六　F7②层陶系统计表 ……（253）
表八七　F7②层可辨陶器器形统计表 ……（253）
表八八　H6陶系统计表 ……（271）
表八九　H6可辨陶器器形统计表 ……（271）
表九〇　H8陶系统计表 ……（274）
表九一　H8可辨陶器器形统计表 ……（274）
表九二　H10陶系统计表 ……（276）
表九三　H10可辨陶器器形统计表 ……（277）
表九四　H11陶系统计表 ……（279）
表九五　H11可辨陶器器形统计表 ……（280）
表九六　H15陶系统计表 ……（281）
表九七　H15可辨陶器器形统计表 ……（282）
表九八　H30陶系统计表 ……（284）
表九九　H30可辨陶器器形统计表 ……（284）

表一〇〇　H35①层陶系统计表 ……（287）
表一〇一　H35②层陶系统计表 ……（288）
表一〇二　H35③层陶系统计表 ……（288）
表一〇三　H35③层可辨陶器器形统计表 ……（289）
表一〇四　H35④层陶系统计表 ……（289）
表一〇五　H35④层可辨陶器器形统计表 ……（290）
表一〇六　H35⑤层陶系统计表 ……（290）
表一〇七　H35⑤层可辨陶器器形统计表 ……（291）
表一〇八　H35⑥层陶系统计表 ……（291）
表一〇九　H35⑥层可辨陶器器形统计表 ……（291）
表一一〇　H35⑦层陶系统计表 ……（292）
表一一一　H35⑦层可辨陶器器形统计表 ……（292）
表一一二　H35⑧层陶系统计表 ……（293）
表一一三　H35⑧层可辨陶器器形统计表 ……（293）
表一一四　H35⑨层陶系统计表 ……（294）
表一一五　H35⑨层可辨陶器器形统计表 ……（294）
表一一六　H44陶系统计表 ……（302）
表一一七　H44可辨陶器器形统计表 ……（302）
表一一八　H45陶系统计表 ……（305）
表一一九　H45可辨陶器器形统计表 ……（306）
表一二〇　H47①层陶系统计表 ……（309）
表一二一　H47①层可辨陶器器形统计表 ……（309）
表一二二　H47②层陶系统计表 ……（310）
表一二三　H47②层可辨陶器器形统计表 ……（310）
表一二四　H47③层陶系统计表 ……（311）
表一二五　H47③层可辨陶器器形统计表 ……（312）
表一二六　H47④层陶系统计表 ……（312）
表一二七　H47④层可辨陶器器形统计表 ……（312）
表一二八　H47⑤层陶系统计表 ……（313）
表一二九　H47⑤层可辨陶器器形统计表 ……（313）
表一三〇　H48陶系统计表 ……（320）
表一三一　H48可辨陶器器形统计表 ……（320）
表一三二　G19①层陶系统计表 ……（322）
表一三三　G19①层可辨陶器器形统计表 ……（323）
表一三四　G19②层陶系统计表 ……（324）

表一三五　G19②层可辨陶器器形统计表……（324）
表一三六　M30铜泡统计表……（330）
表一三七　西周时期遗存陶系统计总表……（334）
表一三八　M1蚌饰统计表……（360）
表一三九　M3出土鱼形铜饰统计表……（369）
表一四〇　H1陶系统计表……（417）
表一四一　H1陶器可辨器形统计表……（418）
表一四二　H2陶系统计表……（420）
表一四三　H2陶器可辨器形统计表……（420）
表一四四　H12陶系统计表……（423）
表一四五　H12陶器可辨器形统计表……（423）
表一四六　H14陶系统计表……（425）
表一四七　H14陶器可辨器形统计表……（425）
表一四八　H32陶系统计表……（428）
表一四九　H32陶器可辨器形统计表……（428）
表一五〇　H33陶系统计表……（430）
表一五一　H33陶器可辨器形统计表……（430）
表一五二　H37陶系统计表……（432）
表一五三　H37陶器可辨器形统计表……（433）
表一五四　H50①层陶系统计表……（435）
表一五五　H50①层陶器可辨器形统计表……（435）
表一五六　H50③层陶系统计表……（436）
表一五七　H58陶系统计表……（437）
表一五八　H58陶器可辨器形统计表……（438）
表一五九　G13陶系统计表……（441）
表一六〇　墓葬因素组合表……（450）
表一六一　东周墓葬陶器组合形式表……（472）
表一六二　G3陶系统计表……（520）
表一六三　G3可辨陶器器形统计表……（520）
表一六四　G4②层陶系统计表……（523）
表一六五　G4③层陶系统计表……（524）
表一六六　G5①层陶系统计表……（527）
表一六七　G5②层陶系统计表……（527）
表一六八　G5③层陶系统计表……（528）
表一六九　G7陶系统计表……（531）

表一七〇　G7可辨陶器器形统计表……（531）
表一七一　G9陶系统计表……（535）
表一七二　G9陶器可辨器形统计表……（536）
表一七三　H3陶系统计表……（538）
表一七四　H3可辨陶器器形统计表……（539）
表一七五　相关遗址陶系统计对比表……（591）

彩版目录

彩版一　遗址大地貌
彩版二　J区、R区发掘区整体
彩版三　里寺调查遗迹
彩版四　东阳调查陶器
彩版五　寺城子调查遗迹遗物
彩版六　南堡调查遗迹遗物
彩版七　西周时期M30
彩版八　东周时期 M3
彩版九　汉代M6
彩版一〇　陶器成分检测标本
彩版一一　植硅体标本显微照片
彩版一二　东阳遗址H49浮选炭化种子主要类型

图版目录

图版一　E区发掘区全貌
图版二　里寺调查遗迹LSM3及采集物
图版三　江凹村调查遗物
图版四　堡底、南侯沟、泽口等遗址调查采集遗物
图版五　仰韶时期遗迹
图版六　仰韶时期遗迹
图版七　仰韶时期遗物
图版八　仰韶时期遗物
图版九　夏商时期遗迹
图版一〇　夏商时期遗物
图版一一　西周时期遗迹
图版一二　西周时期遗迹
图版一三　西周时期遗迹
图版一四　西周时期遗物
图版一五　西周时期遗物
图版一六　东周时期遗迹
图版一七　东周时期遗迹遗物
图版一八　东周秦墓
图版一九　东周秦墓
图版二〇　东周秦墓
图版二一　东周秦墓
图版二二　东周秦墓
图版二三　东周秦墓
图版二四　东周秦墓
图版二五　东周秦墓
图版二六　东周秦墓遗物——陶鼎
图版二七　东周秦墓遗物——陶鼎
图版二八　东周秦墓遗物——陶簋
图版二九　东周秦墓遗物——陶喇叭口罐

图版三〇　东周秦墓遗物——陶喇叭口罐
图版三一　东周秦墓遗物——陶喇叭口罐
图版三二　东周秦墓遗物——陶鬲
图版三三　东周秦墓遗物——陶鬲、豆、匜、盘
图版三四　东周秦墓遗物——陶甗
图版三五　东周秦墓遗物——陶甗、盆
图版三六　东周秦墓遗物——陶盆
图版三七　东周秦墓遗物——陶广肩小罐
图版三八　东周秦墓遗物——陶罐、困
图版三九　东周秦墓遗物——陶器、铜器
图版四〇　东周秦墓遗物——铜削
图版四一　东周秦墓遗物——铜器
图版四二　东周秦墓遗物——石圭、陶圭
图版四三　东周秦墓遗物——石圭
图版四四　东周秦墓遗物——石圭、陶圭
图版四五　东周秦墓遗物——石圭、蚌器、石块
图版四六　石块、陶玦、陶球、玉琀等小件
图版四七　汉代墓葬围沟
图版四八　汉代墓葬
图版四九　汉代墓葬
图版五〇　汉代墓葬
图版五一　汉代墓葬
图版五二　汉代墓葬
图版五三　汉代墓葬
图版五四　汉代墓葬遗物——陶鼎、钫
图版五五　汉代墓葬遗物——陶罐、缶、瓮
图版五六　汉代墓葬遗物——陶罐、缶、瓮
图版五七　汉代墓葬遗物——陶罐、瓮
图版五八　汉代墓葬遗物——陶缶
图版五九　汉代墓葬遗物——陶罐、缶
图版六〇　汉代墓葬遗物——陶罐
图版六一　汉代墓葬遗物——陶罐、缶
图版六二　汉代墓葬遗物——陶罐、釜
图版六三　汉代墓葬遗物——陶樽、灶
图版六四　汉代墓葬遗物——陶盆

图版六五　汉代墓葬遗物——陶甑
图版六六　汉代墓葬遗物——铜、铁、铅器
图版六七　汉代墓葬遗物——铜钱、石球、铁削刀、铜镜、泥丸、铁钉
图版六八　汉代墓葬遗物——铁剑、弩机
图版六九　汉代墓葬遗物——铜钱
图版七〇　汉代墓葬遗物——填土中出土遗物
图版七一　汉代墓葬遗物——填土中出土遗物
图版七二　唐代墓葬遗物
图版七三　清代墓葬
图版七四　清代墓葬遗物
图版七五　清代墓葬遗物
图版七六　部分动物骨骼标本
图版七七　东周墓葬人骨标本
图版七八　东周墓葬人骨标本
图版七九　汉代墓葬人骨标本
图版八〇　清代墓葬人骨标本
图版八一　东周墓葬人骨标本病理现象
图版八二　东周、汉代墓葬人骨标本病理现象
图版八三　西周、东周铜器铸造工艺特征
图版八四　西周、东周铜器铸造工艺特征

第一章 绪　论

第一节 地理位置及古文化面貌

华县位于秦岭山脉之北、关中平原东部、渭河南岸，东接华阴市，西距渭南市政府驻地临渭区25千米，南依秦岭与洛南县、蓝田县交界，北临渭河与大荔县相望。作为关中地区的东大门，华县境内尤其是西南部的秦岭北麓台塬地区，古文化面貌具有多元性的特点（图一）。

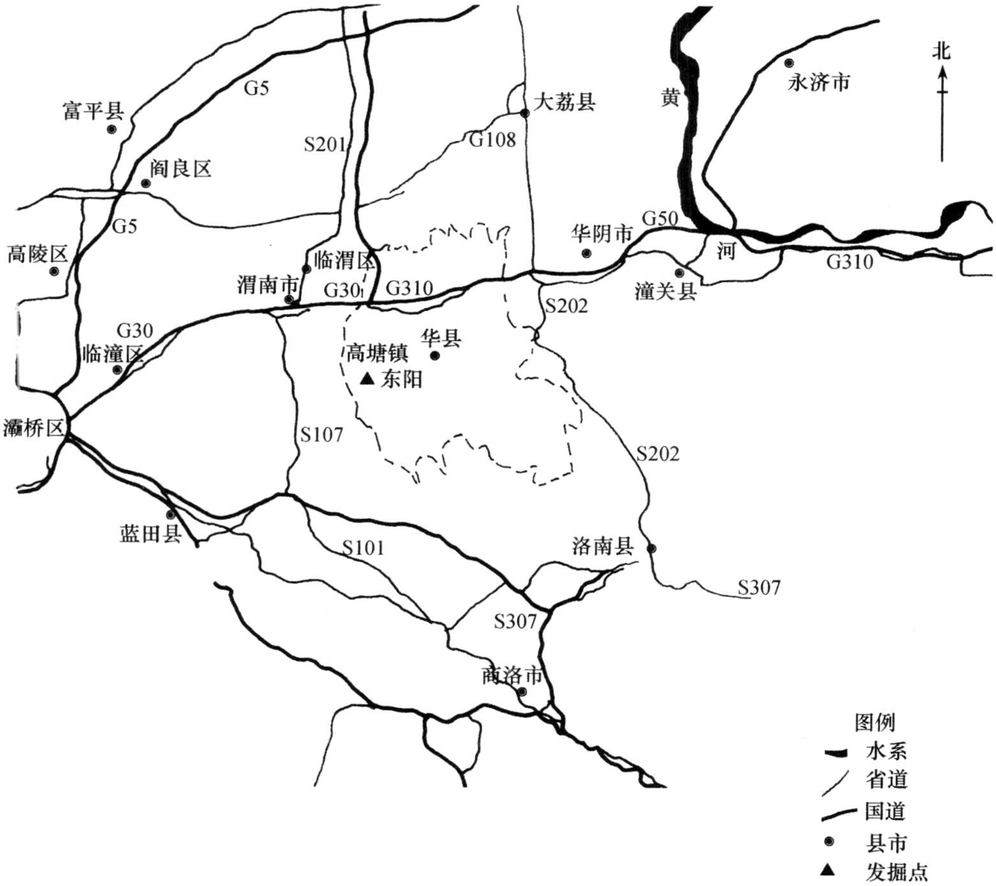

图一　华县地理位置及发掘点示意图

根据第三次全国文物普查材料，华县境内共有文物点163处，其中全国重点文物保护单位4处、省级重点文物保护单位12处、县级重点文物保护单位21处。东阳遗址位于南沙遗址、桥峪栈道遗址西南，三者毗邻，相距10千米左右，文化属性有一定关联（图二）。

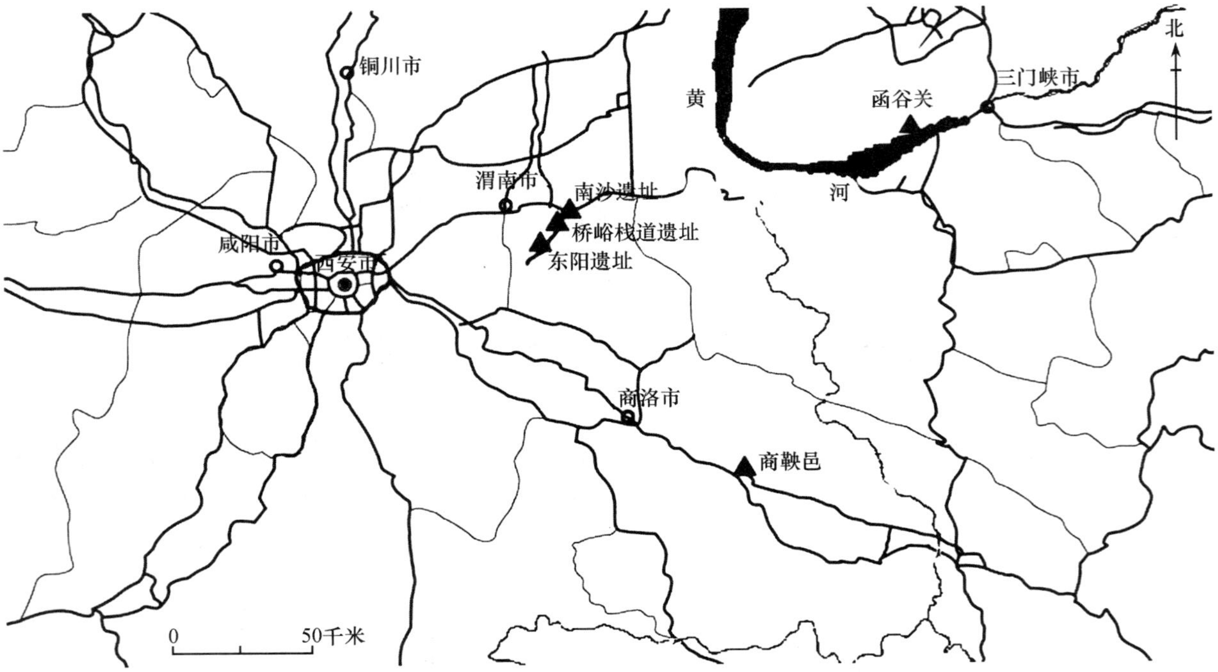

图二　东阳遗址、桥峪栈道遗址及南沙遗址相对位置示意图

南沙遗址属于全国重点文物保护单位，位于今县城西南10余千米的瓜坡镇。该遗址总面积约30万平方米，文化层厚1.9～2.7米。经过1958～1959年、1983～1984年两次发掘，明确了该遗址内涵包括仰韶文化、龙山文化、二里头文化、商代早中期、西周等时期遗存，其中同心圈纹饰陶片、圆锥实心且裆部较高的鬲足残片是典型的殷商文化遗存，总体文化特征与二里冈文化相同，是少见的殷代遗址较西的地点[①]。2008年第三次全国文物普查中再次发现有墓葬、灰坑和文化堆积层，出土器体较大、典型的商周时期遗物。因此，该遗址是一处延续时间较长、具有一定规模的商周文化聚落遗址。

桥峪栈道遗址属于省级重点文物保护单位，与南沙遗址毗邻，行政隶属大明镇青子口、中路村，时代为汉—元时期。沿桥峪河东岸绵延20余千米，共有7处栈道、1处摩崖题刻，呈断续分布状，有85个栈孔，分别为楔形、方形和圆形。这条栈道是汉至元代通往东、南部的交通要道，其东行入潼关金堆镇连接崤函古道，南越少华山可通武关道至江汉楚地。

东阳遗址亦属于省级重点文物保护单位。其行政隶属高塘乡，整体范围涉及东阳、里寺、江凹、郭村等村组。位于上述两遗址的西南部，与南沙遗址直线距离约13千米，与桥峪栈道遗址直线距离约15千米。通过2001年考古发掘及2008年第三次全国文物普查，确认此范围内有大量的仰韶、西周、东周及汉代遗存。

① 张忠培：《华县、渭南古代遗址调查与发掘》，《考古学报》1980年第3期；许益：《陕西华县殷代遗址调查简报》，《文物参考资料》1957年第3期。

第二节 以往工作及研究情况

东阳遗址发现于2001年，历遭疯狂盗掘。2001年3月至次年1月，陕西省考古研究院、秦始皇陵兵马俑博物馆联合组队对其进行了抢救性考古发掘。经过勘探和发掘清理，确认东阳遗址南部有大量的西周至汉代墓葬，主要位于台地的岭脊上，东、西两边为台塬之间的川道。不同时期墓葬有明显的分区，各区内的同时期墓葬间又存在反映着某种生前血缘或社会组织关系的聚组布局。

2001年度的考古工作，依照勘探所知的墓葬布局，将整个墓地所探明的184座墓葬划分为五个区域，以一条南北向自然深沟为分隔，沟西塬地依北向南分别为A、B、C、D区，沟东偏南部为E区（图三）。因当时条件所限，只选择了116座墓葬进行发掘。同时，还清理了与墓地有关的一些遗迹，包括卵石堆积1处、祭祀坑2座和灰坑6座。其中，A区位于西北部台地边缘，墓葬分布密集，约有48座，发掘35座，绝大部分为战国秦墓，个别墓葬时代可早至春秋时期，另有2座西汉墓，附属祭祀坑1座，灰坑2处，墓葬聚组特点明显。A区东南为B区，有18座稀疏分布的墓葬，发掘7座，6座为战国秦墓、1座为西汉墓。塬地中北部、西南部及沟东南部的C、D、E区为西周墓葬分布区，分别有西周墓葬16座、22座、78座，E区还有祭祀坑1座和2座东汉墓葬。这其中又以C区墓葬的规格最高，包括带东西墓道的大型墓葬3座，其墓主的身份是目前遗址内发现的最高级别。

三个区域的西周墓葬位于岭脊南部、地势高亢处。葬制中最为突出的特点是殉人的大量使用、殉马与墓主同圹埋葬。前者被公认为是商文化的葬俗，后者则非常少见，难以确认其文化源头。但在今宁夏固原、中宁、中卫、甘肃庆阳、平凉、秦安、张家川等地存在一些可能为该文化现象流变的考古发现①。

研究结果表明，东阳墓地C、D两区西周墓葬时代较早，部分可至西周早期偏早阶段，出土具有典型殷商文化因素的器物；E区时代较晚，大部分为西周中期至晚期之间，较之其他两区墓葬，体现出更浓的周文化色彩。而3座规格高的大型墓葬的时代均在西周早期偏早阶段，墓主应该是西周时期族群的最高人物，说明该族群的兴盛时期很短。根据上述考古材料，发掘者认为这批西周墓葬的材料应该与彤国有关。

东阳墓地发掘秦墓的时代始自春秋晚期，战国中期阶段的数量最多。由于地域的关系，秦墓中所反映的文化面貌与关中西部差异明显，出现大量异形秦器。这里与洛南县交界，与商鞅封地呈南北直线，西南一隅与蓝田县相接，东与桥峪栈道近在咫尺，与遗址相对的少华山南麓，即为秦之商县辖区。由此处可至武关道入商邑后深入楚地，因此，东阳秦墓出土的兵器明显具有楚文化风格，

---

① 宁夏文物考古研究所、宁夏固原博物馆：《宁夏固原杨郎青铜文化墓地》，《考古学报》1993年第1期；宁夏文物考古研究所：《宁夏彭堡于家庄墓地》，《考古学报》1995年第1期；刘得祯，许俊臣：《甘肃庆阳春秋战国墓葬的清理》，《考古》1988年第5期；甘肃省博物馆（魏怀珩）：《甘肃平凉苗庄的两座战国墓》，《考古与文物》1982年第5期；甘肃省文物考古研究所：《甘肃秦安上袁家秦汉墓葬的发掘》，《考古学报》1997年第1期；早期秦文化联合考古队、张家川回族自治县博物馆：《张家川马家塬战国墓地2007～2008年发掘简报》，《文物》2009年第10期。

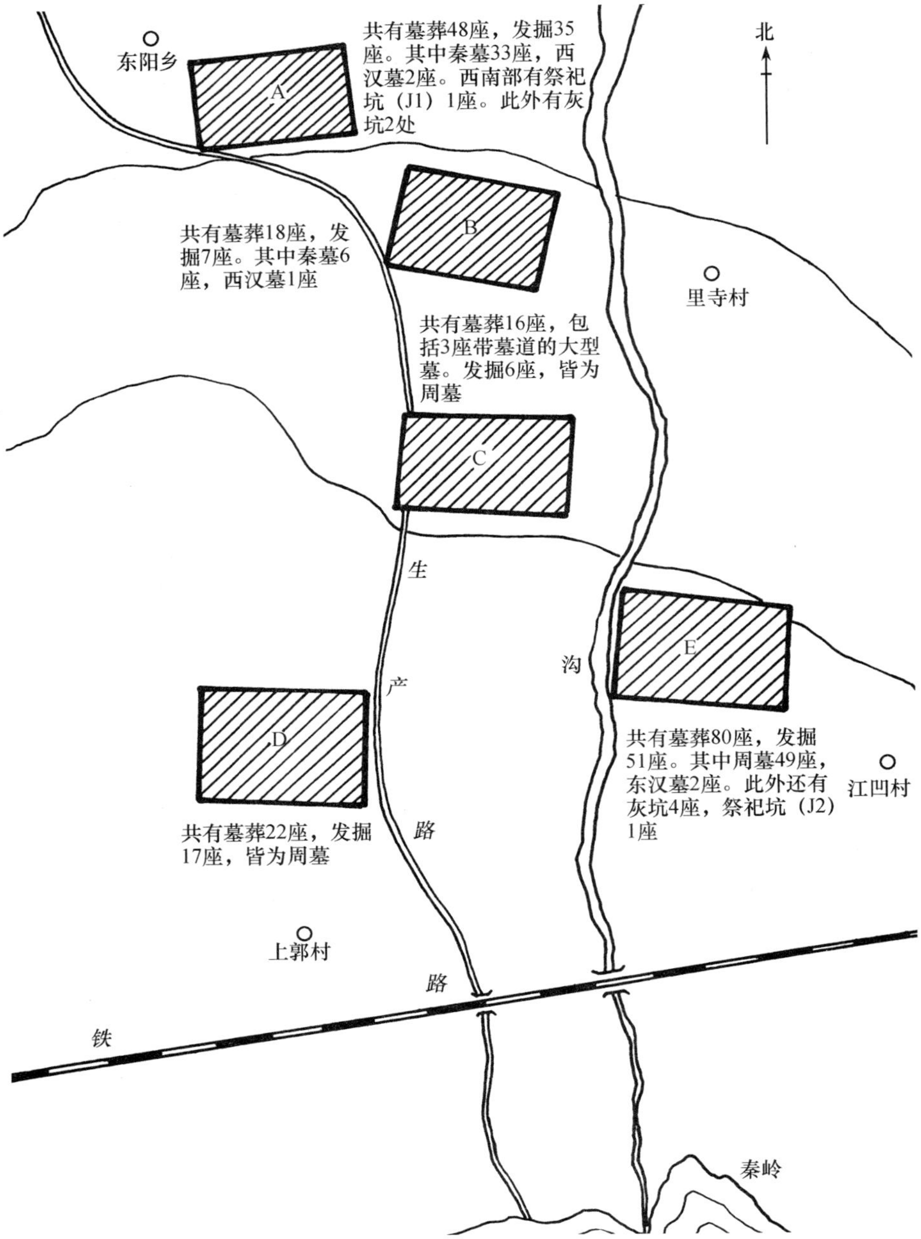

图三　2001年墓地发掘分区及内涵示意图

应该是与武关道及秦、楚之间交流的体现[①]。

东阳墓地考古资料一经刊布，立即引起了学界注意。有关西周墓葬的问题，付仲扬先生、刘锐女士、王志友先生先后发表了研究文章。付仲扬先生一文通过对西周墓葬车马埋葬特点的讨论，提出东阳西周墓车马埋葬方式应来源于商代车马埋葬制度，但应属西周一方国或少数民族，主体上还是采用周人的车马埋葬方式，只是保留了他们一些独有的车马埋葬特征，如殉马与主墓同圹埋葬，

① 陕西省考古研究所、秦始皇兵马俑博物馆：《华县东阳》，科学出版社，2006年，第378～381页。

加强了主墓与马坑的主附属关系[①]。刘锐女士通过对西周墓葬基本特征的考察，继而进行了墓葬等级划分和文化因素分析，对等级结构和人群构成问题进行了讨论。她认为东阳西周早期的统治者可能是从泾河下游的带有北方民族特征的商末遗民，被分封至此。该聚族具有尚武、好战的特征，与土著殷人共同组成西周时期的东阳人群。通过墓葬文化特征演变的过程，折射出西周社会的一些地缘性社会、西周文化的强大氛围等问题[②]。王志友先生结合周原扶风黄堆和周公庙32号墓的材料，提出在周人统治的近京畿或中心地区，存在火葬的习俗，这是一种处理意外死亡、具有较高地位死者的葬俗[③]。

东阳秦墓的考古材料，在王志友《秦置郑县的考古学观察——华县东阳墓地秦墓的发掘》[④]、于焕金先生的《秦墓中出土的S形饰研究》[⑤]等文章中多有引用。王志友先生指出：整个墓地开始形成时间，与秦武公在此设置郑县的时间相当或稍晚。各时期墓葬的比例有所不同，属于春秋时期的墓葬数量相对较少，约占发掘总数的12%，至战国早、中、晚三期数量相对稳定，墓葬从春秋时期的零散分布到战国时期以之为中心的密集分布，墓地内有小集中家族墓地的形成，反映了墓地从最初开始形成到使用的最鼎盛时期的发展过程，这从侧面反映了从秦最初设立郑县进行统治，到战国时期，当地社会局势才逐渐安定，秦对华县地区的统治得到了真正的巩固。

在墓葬发掘过程中，考古人员已经注意到墓地南部、地势较低的台塬地断面多见灰坑和文化层堆积，还采集到了一些更早时代的陶片标本，其中一些具有殷商文化风格。当时由于工作范围有限，加之发掘墓葬均被盗掘，出土遗物很少，关键性的学术问题如墓地的整体范围、不同分区内墓葬之间的关系、墓地对应的聚落情况、西周墓葬的族属渊源等问题都没有得到解决。

东阳墓地自从2008年被列入省级重点文物保护单位后，当地文物旅游局曾在此搭建房屋，派专人蹲点看护并进行夜间巡逻，但由于其地理位置偏僻，交通较闭塞，盗扰情况仍屡禁不绝，文化信息流失严重。

第三节　本次工作经过

2013年西安铁路局组织宁西铁路复线建设，两种线路设计均需从东阳墓地保护区南部穿过，占地范围东西长1150、南北宽20米。为配合建设，2014年3月陕西省考古研究院再次派队

① 付仲扬：《简析华县东阳西周墓的车马埋葬》，《三代考古（5）》，科学出版社，2014年，第206～215页。

② 刘锐：《东阳墓地相关问题探讨》，《文博》2013年第2期。

③ 王志友：《关中地区发现的火葬墓》，《西北大学学报（哲学社会科学版）》2005年第35卷。

④ 王志友：《秦置郑县的考古学观察——华县东阳墓地秦墓的发掘》，《秦文化论丛（十三）》，三秦出版社，2006年，第310～321页。

⑤ 于焕金：《秦墓中出土的S形饰研究》，《考古与文物》2013年第5期。

开展工作。

工作中首先采用象限法将遗址分为四个象限区域，以2001发掘区C区M65为基点，设立总测绘点和勘探测绘点，以此为基点进行虚拟分区，勘探、发掘分区进行。

调查工作涉及原东阳墓地保护区全部及墓地北部，之后又拓展到高塘镇周边以及一些毗邻村镇。通过详细的调查，明确此次建设涉及的文物保护区内有大面积的、历史悠久的聚落遗址。断面可见的遗迹类型有陶窑、灰坑、踩踏路面，采集遗物有石斧、石刀、彩绘陶器残片、绳纹陶片、花边口沿陶片、云纹瓦当等，文化内涵十分丰富，远远超出国家“三普”和配合铁路建设开展的系列调查评估。

勘探涉及面积60万平方米。明确东阳墓地保护区范围之南的塬地为遗存密集区（彩版一）。

发掘工作完成面积1500平方米。清理古遗迹单位有墓葬43座、灰坑43座、灰沟13处、房址2处、柱洞3处，另外还有大量近现代遗存。出土遗物360件（组），陶器残片、各类样本约232组（彩版二，1、2；图版一，1、2）。

本次工作由许卫红担任领队。田野工作人员有陈爱东、李红燕、王保东、曹宽宁、权西宏、李万利、王永荣、张杨力铮、殷宇鹏、许广健、狄明、刘勤翰、权小江以及雍科勘探公司的勘探人员。陕西十月文物保护有限公司协助进行了航空摄影数字化工作；渭南市文物旅游局雷珺、秦新波，华县文管会刘安红等同志参与了外部协调。工作期间，陕西省考古研究院、市及县文物部门进行了多次检察。王占奎、张天恩、种建荣等先生对遗存所反映的文化类型、技术方法运用、工作的得失给出了极好的建议。

2014年9月初，田野工作结束随即开始资料整理。参加人员主要有许卫红、张杨力铮、殷宇鹏、王永荣、狄明、许广健，分别负责文字、修复、绘图、拍照等工作。西北大学文化遗产学院陈靓、温睿、李静波、刘晓媛及陕西师范大学材料科学学院金普军、中国科学院古脊椎动物与古人类研究所吴妍、中国社会科学院考古研究所赵志军等先生完成了科技检测及研究。在资料整理和报告编写过程中，为了突出古代遗存的文化面貌，对近现代遗存予以剔除，未做进一步的记述。

第四节　报告体例说明

本报告涉及内容主要包括考古调查及勘探、发掘、考古学观察及初步研究、附录、附表、附图等章节。发掘及考古学观察章节中，依次由仰韶、夏商、西周、东周、汉、唐、清等历史阶段分述，各分节包括墓葬、灰坑、灰沟、房址等不同遗迹类型。

为了求其准确性和全书表述的同一性，迹象描述的尺寸一般以米为单位，个别单位为厘米，遗物的尺寸选择以厘米为单位。

在对遗迹和器物的类型学研究中，用大写英文字母A、B、C、D等表示型，a、b、c、d等小写英文字母表示亚型，Ⅰ、Ⅱ、Ⅲ等罗马数字表示式别。

在报告的各章节中，调查点加所在村组拼音前缀排序编号，对地层堆积、包含物予以简单叙述。遗迹单位按照调查点村组统一编号；发掘探方按照各分区内的布方情况择要介绍地层堆积，遗迹、遗物按照发掘时间的早晚统一编号并省去虚拟分区编号。虽然对近现代遗迹单位不做专门记述，但原编号予以保留。铜钱等同类型的小件遗物，为反映其共存、组合意义，部分合并编号并加缀分号数字，如M3：1-1、M3：1-2，表示M3：1中的不同个体。

第二章　调查、勘探及探方发掘

根据《陕西省文物志》及全国第三次文物普查结果，高塘地区是史前、商周、秦汉遗址的密集分布区，2001年东阳墓地发掘中亦采集到大量早于周秦墓葬时代的陶片标本。本次工作以寻找与墓地相关的居址遗存、进一步明确该区域的文化内涵及属性为目标，通过调查、勘探及择点发掘三种方式进行。

第一节　调　　查

首先以东阳墓地东部里寺村为中心向四周延伸，可分为中心区、邻近区和外围区三部分。中心区以里寺村南、北塬地为主，尤其以南塬台地为重点；邻近区主要包括留马村、江凹村、东阳村，南部的郭村也有小部分涉及；外围区主要以第三次文物普查资料和《陕西省文物地图集》为线索，在泽口、寺城子、南侯村、北侯村、东尧（南堡）及野沃沟村等地开展了简单踏查（图四、图五）。

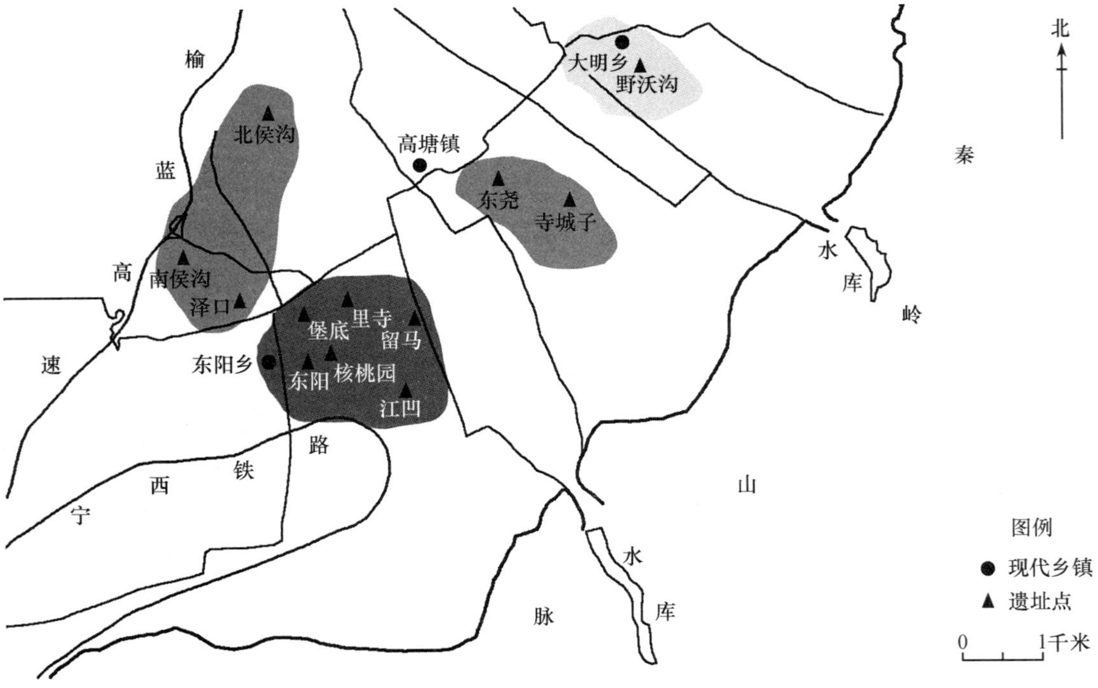

图四　调查点位置示意图

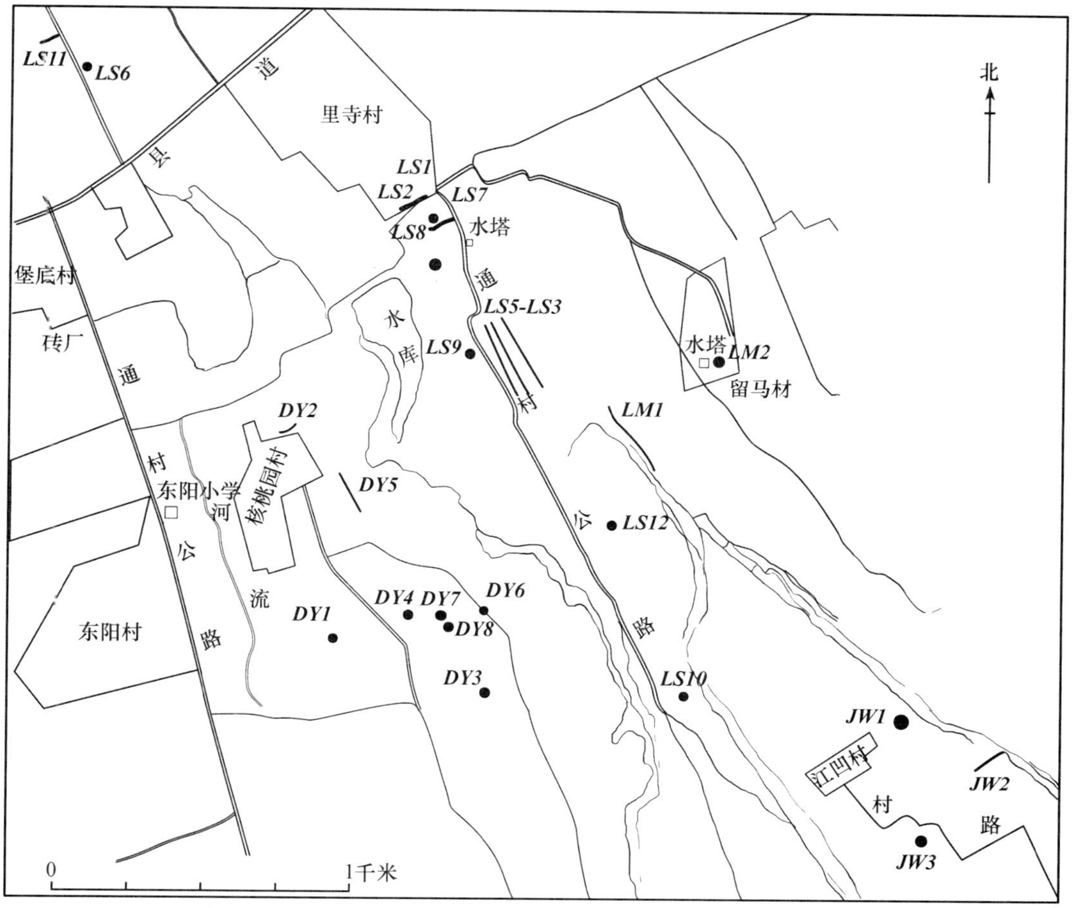

图五　中心及邻近区调查点位置图

一、中　心　区

以里寺村为重点，调查了现民居南、北两部分。在断崖剖面和地表踏查中均发现大量遗迹、遗物。采集有泥质红陶、泥质灰陶、夹砂灰陶、夹砂红陶等陶片，可辨器形有陶鬲、陶罐、陶钵、陶盆等，纹饰有绳纹、弦纹、篮纹，还有部分红陶饰黑彩绘，时代跨度很大。

（一）断崖调查

1. 水塔西侧

位于里寺村南，水塔西侧的农耕地中，包括南北相对的两处东西向断面。

（1）水塔西侧向北断面

编号LS1，近东西向，局部有拐角，总长约89米。地理位置坐标北纬34°23′04.44″～34°23′03.07″，东经109°38′10.79″～109°38′07.58″，海拔593米。

地层堆积　断面东低西高，东端高约2.9米，西端高约3.8米，最高处约4.3米。东部因附近地势较高，故部分见于断面西部的地层未能暴露出来。堆积分为7层（图六）。

第 1 层：耕土层。灰褐色，土质较疏松。包含较多植物根系及少量陶片、瓦片等。整体略呈西高东低的坡状堆积。厚0.2～0.6米。

第 2 层：扰土层。褐色，土质较疏松。包含植物根系、少量石块、陶片、瓦片等，局部夹杂有略带层理结构的踩踏路土。该层堆积整体略呈西高东低的坡状堆积。厚0.25～0.6米。

第 3 层：秦汉文化层。浅褐色，土质较致密。包含较多红烧土粒、少量炭屑、石块、瓦片及陶片等，见有瓦沟饰麻点纹者。东半段堆积整体较平，西半段堆积中部较厚，两端逐渐变薄。厚0.5～2.2米。

第 4 层：两周文化层。仅在断面西部有所分布。黑褐色，局部夹杂有乳白色的窄条带状淤土，土质较硬。包含较多孔隙、炭屑、红烧土粒、少量水锈斑土及零星动物骨骼、陶片等。坡状堆积。厚0.1～1米。

第 5 层：两周文化层。黄褐色，土质较疏松。包含较多红烧土颗粒，少量炭屑、料姜石粒等，仅见零星陶片。该层堆积整体较平，仅西端略呈坡状。厚0～1.4米。

第 6 层：仰韶文化层，仅见于断面西部。褐色，土质较疏松。包含较多红烧土块（粒）、少量炭屑、大量碎石粒及陶片堆积，所见陶片多泥质及夹砂红陶，纹饰包括绳纹和弦纹，可辨器形有罐、钵和尖底瓶等。略呈波状堆积。厚0.2～0.8米。

第 7 层：该层仅部分暴露于断面最西端。黑褐色，土质较致密。包含物极少，仅见少量白灰点及红烧土点。该层暴露部分厚0～0.4米。

遗迹　共计发现房址1处、墓葬2座、灰坑9处。

房址　编号LSF1。西半部已破坏不存，开口于第 3 层下，打破第 4 层及第 5 层。半地穴式。开口距现地表深1.4米，现存部分开口长1.1、底长1.5、深1.2～1.3米。口小底大，壁面向下斜外扩，底部不甚平整，剖面呈袋状，其内堆积大致可分3层（彩版三，1）。

第 1 层：大量红烧土、灰褐色土块及零星炭屑。质疏松。水平状堆积。厚0.4～0.5米。

第 2 层：浅灰褐色，土质疏松。包含较多红烧土粒及少量炭屑。略呈“U”形堆积。厚0.1～0.3米。

第 3 层：灰褐色，土质疏松。包含较多炭屑、红烧土粒、深灰色草木灰及少量陶片、动物骨骼。圜形堆积。厚0.4～0.7米。

墓葬　分别编号LSM1、LSM2。

LSM1　位于LSF1东侧约13.6米处，开口于第 3 层下。土洞式结构，仅暴露墓室部分，墓室顶部呈弧形拱顶，侧壁较直，平底，剖面呈圆拱形。墓室顶距现地表2.5、下宽0.75、高0.9米。墓室内填坍塌的黑褐色土块，土质较致密，包含少量红烧土粒及炭屑，墓室上部堆积中夹杂大量较为细密的浅褐色淤土（彩版三，2）。

LSM2　西邻LSH7、东邻LSH8，开口于第 3 层下，被LSH8打破，打破LSH7、第5层及第6层。竖穴土坑墓或带竖穴墓道洞室墓。仅暴露墓道上部，墓壁向下略斜外扩，壁面斜直，底部尚未暴露，具体形制不详。开口距现地表深1.6米，暴露于断面上的墓道部分宽1.4～1.7、深1.5米。墓道内填深灰褐色五花土，土质较疏松，包含少量红烧土、炭屑、石块及陶片等（彩版三，3）。

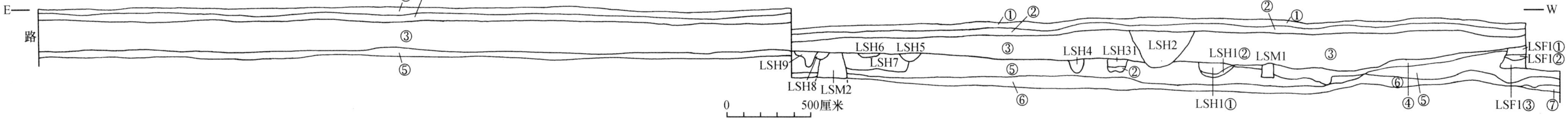
E
W
路
①
②
③
⑤
LSH9
LSH8
LSM2
LSH6
LSH5
LSH7
LSH4
LSH31
LSH2
LSH1②
LSM1
LSH1①
⑥
④
LSF1①
LSF1②
LSF1③
⑦
0
500厘米

图六　LS1地层剖面图

灰坑　编号LSH1～LSH9。

LSH1　位于LSM1东侧1.5米处，开口于第3层下，打破第4、5层。弧壁，圜底，剖面呈锅底状。开口距现地表深2.6、口长2.15、深0.9米。堆积大致可分2层。

第1层：浅褐色，土质较疏松。包含较多红烧土粒、少量炭屑及陶片等。略呈“U”形堆积。厚0～0.7米。

第2层：浅褐色夹杂浅灰色，土质疏松。包含少量炭屑、浅灰色及白灰色草木灰、红烧土粒等。呈“U”形堆积。厚0～0.25米。

LSH2　位于LSH1东侧约0.2米处，开口于第2层下，打破第3层及第5层。弧壁，圜底，剖面略呈锅底状。开口距现地表深0.7～0.8、口长3.9、深2.2米。堆积呈灰褐色，土质较疏松，包含较多炭屑及少量红烧土粒、石块、陶片等。

LSH3　位于LSH2东侧，开口于第3层下，打破第5层。弧壁，底中部凸起甚不平整，剖面呈不规则形。开口距现地表深2.4、口长1.1、最大深度0.75米。堆积大致可分2层。

第1层：深褐色，土质较疏松。包含较多红烧土颗粒、零星炭屑、浅灰色土块及少量陶片。水平状堆积。厚0.4～0.45米。

第2层：灰褐色，土质较疏松。包含少量炭屑、红烧土颗粒及零星料姜石粒等。近水平状堆积。厚0.2～0.3米。

LSH4　位于LSH3东侧约1.5米处，开口于第3层下，打破第5层。弧壁，圜底，剖面形状略呈“U”形。开口距现地表深2.4、口长0.9、深0.7米。坑内堆积呈深灰褐色，土质较致密，包含少量炭屑、红烧土粒、料姜石粒、石块及动物骨骼等。

LSH5　位于LSH4东侧约8.9米处，开口于第3层下，打破H7及第5层。弧壁，圜底，剖面呈锅底状。开口距现地表深1.75、口长1.2、深0.5米。坑内堆积呈灰褐色，土质较疏松，包含少量炭屑、红烧土点及动物骨骼等。

LSH6　位于LSH5东侧约1.2米处，开口于第3层下，打破LSH7及第5层。弧壁，圜底，剖面呈锅底状。开口距现地表深1.65、口长1.3、深0.25米。坑内堆积呈灰褐色夹杂浅灰色，土质疏松，包含较多浅灰色草木灰、少量炭屑、红烧土块（粒）、石块及陶片等。

LSH7　位于LSH4东侧约9.6米处，开口于第3层下，被LSH5、LSH6及LSM2打破，打破第5层。残存西壁较直，东壁被LSM2打破已不存，坑底不甚平整，现存部分剖面略呈筒状。开口距现地表深1.6～1.75、现存口长3.9、最深1.05米。坑内堆积呈深褐色，土质较疏松，包含少量炭屑、红烧土粒、料姜石粒、石块、动物骨骼及陶片等。

LSH8　位于LSH7东侧约0.8米处，开口于第3层下，被LSH9打破，打破LSM2及第5层。弧壁，圜底，现存部分剖面略呈锅底状。开口距现地表深1.5、现存口长0.8、最深0.4米。坑内堆积呈褐色，土质较疏松，包含少量炭屑、红烧土粒及陶片等。

LSH9　西侧紧邻LSH8，开口于第3层下，打破H8及第5层。剖面形状呈不规则形，西部较深，西壁斜直内收，东壁弧壁内收略呈缓坡状。开口距现地表深1.35～1.5、口长1.3、最深0.9米。坑内堆积呈浅灰褐色夹杂浅灰色，土质疏松，包含少量炭屑、草木灰及陶片等。

遗物　有陶罐、簋、钵、瓶、盆、泥支垫等。

罐　LS1③：1，口、腹部。泥质灰陶。敛口，平沿，圆叠唇，弧腹。腹上有两道凸棱，素面，内壁见轮修痕迹。残高5.4、残宽6.2、壁厚0.7厘米（图七，1）。LS1③：2，底部。泥质灰陶。器体厚重，直腹平底。器表饰纵向细绳纹。残高6.9、残宽7.7、壁厚1.6～2.8厘米（图七，7）。LS1⑥：3，口部。夹细砂红陶。直口，圆唇，沿面为轨道形，束颈，斜肩。素面。残高3.6、残宽6.2、壁厚0.9厘米（图七，10）。

簋　LS1⑤：1，口及腹部。泥质灰陶。敞口，方唇，颈微收，腹微鼓。颈部抹光，腹部饰纵向细绳纹，上有一道横抹痕。残高8、残宽10.6、壁厚0.7～1厘米（图七，3）。

斜领罐　LS1⑥：1，口部。夹细砂褐陶。敞口，斜领外撇，方唇有圆意。腹部饰横篮纹。残高5.8、残宽8.2、壁厚0.7～1.1厘米（图七，2）。

尖底罐　LS1⑥：2，口及腹部。泥质红陶。直口，圆唇，口下有一处鸟喙状泥凸，为泥条二次粘贴制成，另有一处泥凸脱落后残留的椭圆形痕迹。素面。残高7、残宽6.5、壁厚0.9～1.1厘米，泥凸残长3.3、宽1.3、高1.1厘米（图七，11）。

钵　LS1⑥：4，口及腹部。泥质红陶。敛口，尖圆唇，弧腹。素面，器表内外有轮修痕迹。残高5.2、残宽7.7、壁厚0.7厘米（图七，4）。

尖底瓶　LS1⑥：5，腹部。泥质红陶。耳残，可复原为半环形耳，为圆柱状泥条粘贴而成。器腹饰篮纹。残高6.5、残宽5.4、壁厚0.7厘米，耳截面直径1.8厘米（图七，5）。

盆　LS1⑦：1，口及腹部。泥质黑皮灰陶胎。敞口，宽斜沿，尖圆唇，腹部微鼓内收。素面磨光。残高7.9、残宽7.1、壁厚0.7～0.9厘米（图七，8）。LSH3：1，口及腹部。泥质灰陶。直口，重唇，沿面有一道凹棱，鼓腹。腹部饰规整的斜向绳纹。残高4、残宽4.7、壁厚0.9厘米（图七，9）。

泥支垫　LSM2：1，捏制。平底尖锥形。底径2.3、通高2.4厘米（图七，6）。

（2）水塔西侧向南断面

编号为LS2，近东西向，总长约58米。地理位置坐标北纬34°23′02.52″～34°23′01.69″，东经109°38′12.07″～109°38′9.76″，海拔586～596米。

地层堆积　断面西高东低，西端最高处约3.6米，东端仅高约1.2米，整体均高约1.6米，暴露堆积3层（图八）。

第1层：耕土层。灰褐色，土质较疏松。包含较多植物根系及少量陶片、瓦片等。水平分布。厚约0.2米。

第2层：扰土层。褐色，土质较疏松。包含植物根系、少量石块、陶片、瓦片等，局部似夹杂有略带层理结构的晚期路土，水平分布，厚约0.3米。

第3层：两周文化层，与LSD1第5层相对应，黄褐色，土质较疏松，包含较多红烧土颗粒，少量炭屑、料姜石粒等，仅见零星陶片，水平分布，可见厚度为1～2.9米。

遗迹　灰坑1处，编号LSH10。位于距断面东端约35米处，开口于第2层下，打破第3层。直壁，平底，剖面呈筒状。开口距现地表深0.5、长约1、深0.7米。坑内堆积呈灰褐色，土质较疏松，

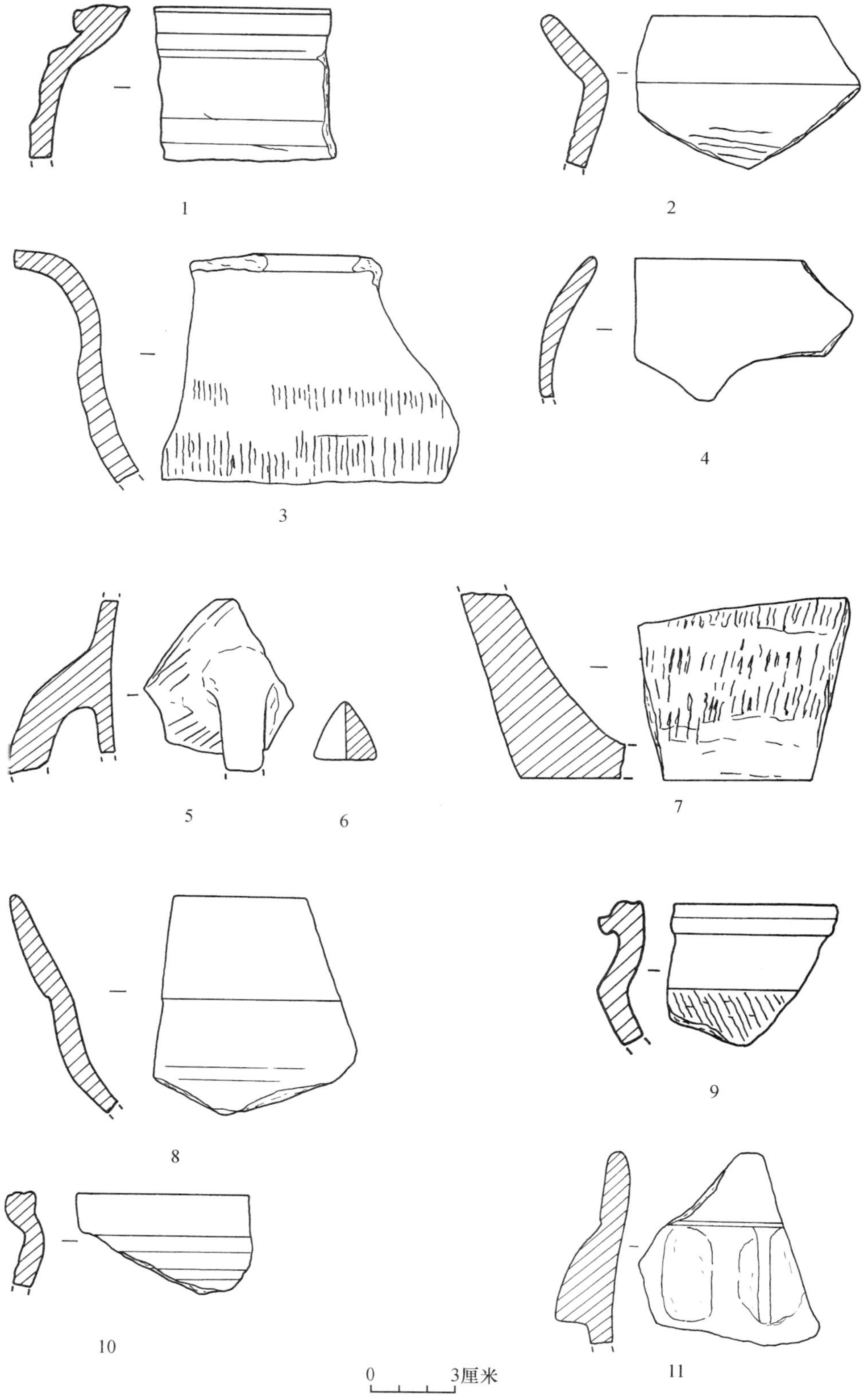

图七　LS1采集陶器及泥支垫

1、7、10. 罐（LS1③：1、LS1③：2、LS1⑥：3）　2. 斜领罐（LS1⑥：1）　3. 篦（LS1⑤：1）　4. 钵（LS1⑥：4）　5. 尖底瓶（LS1⑥：5）　6. 泥支垫（LSM2：1）　8、9. 盆（LS1⑦：1、LSH3：1）　11. 尖底罐（LS1⑥：2）

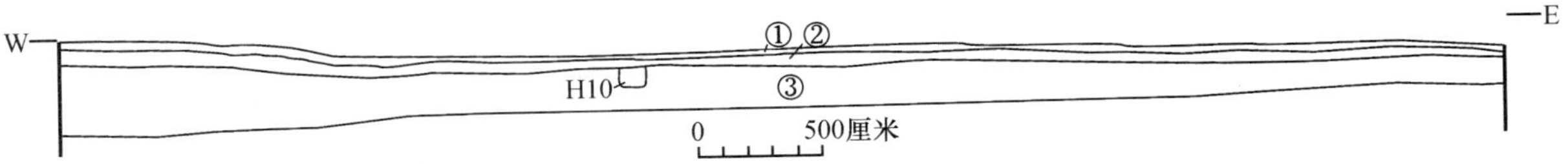

图八　LS2堆积剖面图

包含少量炭屑、灰白色草木灰、红烧土点及零星泥质灰陶片等。

遗物　出土遗物有陶盆、鬲、三足瓮、折肩罐、罐、釜等。

盆　LS2③：1，口及腹部。泥质灰陶。侈口，窄平折沿，方唇，沿面上有一道凸棱，弧腹。上腹部有三道凸棱，下有极模糊的绳纹，内壁有修整痕。残高12.4、复原口径35.8、壁厚1～1.2厘米（图九，6）。LS2③：2，口及腹部。泥质灰陶。侈口，窄平折沿，尖圆唇，弧腹。素面，上腹部有两道圆凸棱，内壁及腹近底部有轮修痕。残高8.8、残宽10.4、壁厚0.8～1.2厘米（图九，1）。LSH10：1，口部。泥质灰陶。敞口，斜沿，方唇。器表饰被抹去的模糊绳纹。残高5.5、残宽11.7、壁厚0.7～1厘米（图九，4）。

鬲　LS2③：3，口及腹部。夹细砂灰陶。侈口，平沿有卷意，方唇，唇面有一道凹棱，束颈，溜肩。器表饰规整的纵向中粗绳纹。残高8.3、残宽9.6、壁厚0.8厘米（图九，5）。LS2③：5，口部。侈口，卷沿，圆唇，束颈，耸肩有折意。器表饰交错绳纹。残高3.7、残宽6.1、壁厚0.9厘米（图九，2）。

三足瓮　LS2③：4，口部。直口，宽折沿，圆唇，唇下捏制花边。沿面上有刻划线纹。残高2.4、残宽6.3、壁厚1.3厘米（图九，3）。

折肩罐　LS2③：5，肩部。夹砂灰陶。器表饰较规整的纵向中粗绳纹，折肩处饰横向戳压纹。残高7.2、残宽8、壁厚1.1厘米（图九，8）。

罐　LS2③：7，底部。泥质灰陶。平底，弧腹。素面，内底见有轮制痕迹。残高5、复原底径9.4、壁厚0.7厘米（图九，10）。LS2③：8，底部。泥质灰陶。平底，弧腹。素面，内底见有轮制痕迹。残高7、复原底径15.8、壁厚0.7～1.1厘米（图九，11）。LSH10：2，腹部。泥质灰陶。腹圆鼓。器表饰规整的斜向细绳纹，并有三道抹光弦纹，内壁有轮制痕。残高16、残宽22.8、壁厚0.9～1.1厘米（图九，7）。

釜　LSH10：3，底部。夹细砂灰陶。器表饰粗篮纹。残高4、残宽7.6、壁厚0.8厘米，篮纹每道长约3.5、宽0.4～0.7、间距0.5厘米（图九，9）。

2. 狼窝台塬生产路东侧台地断面

位于里寺村南俗称“狼窝”的台塬上，属里寺村二组的农耕地，周围地势呈多级台阶状，此次调查主要沿狼窝生产路东侧的三级台地断面展开。

（1）第一级台地断面

编号LS3，近南北走向，总长171.5米。地理位置坐标北纬34°22′55.87″～34°22′50.99″、东经109°38′15.31″～109°38′18.52″，海拔612～617米。

地层堆积　断面高低起伏不一，略为北高南低，北端最高为2.2米，南端高1.6米，局部仅约0.8

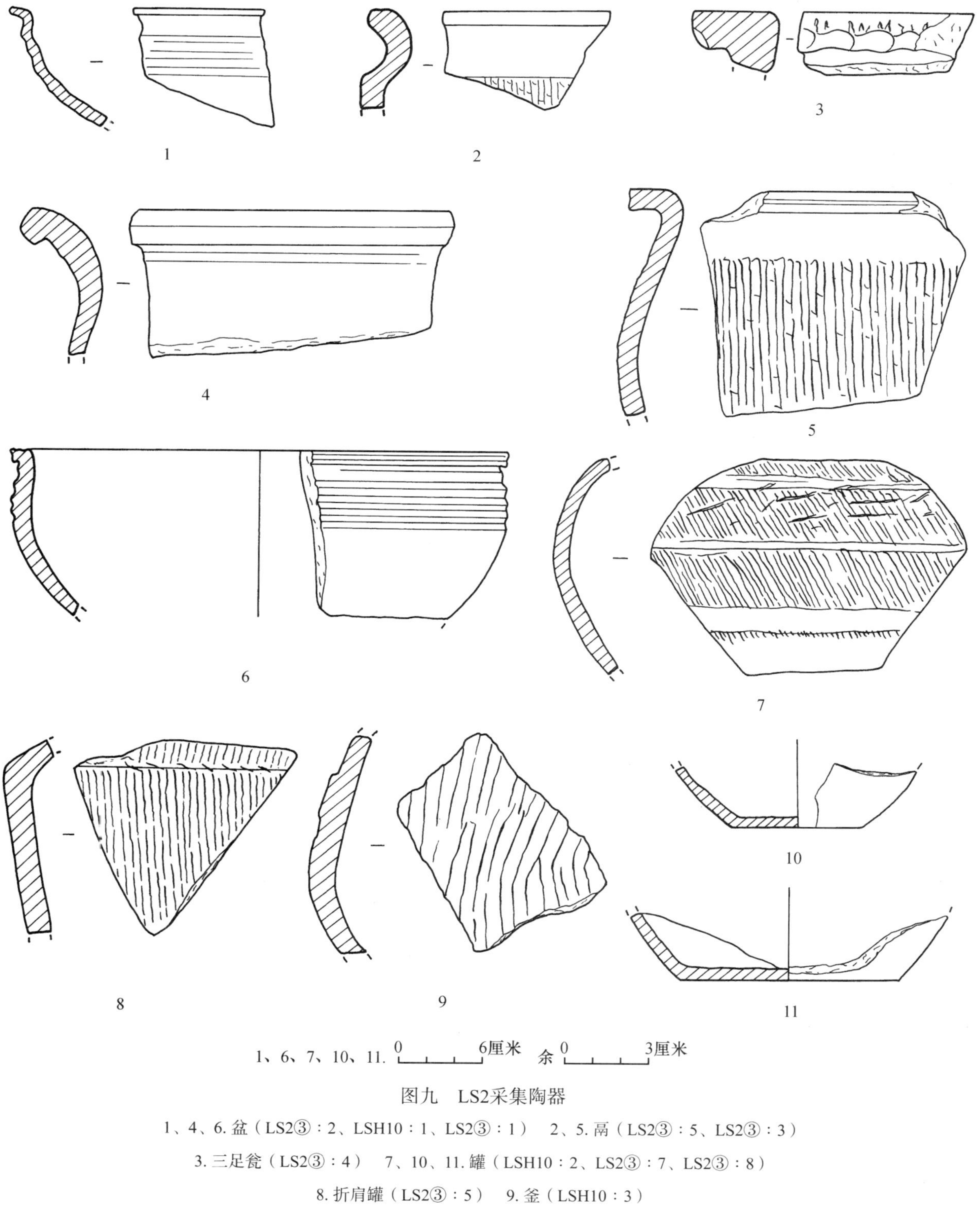

图九　LS2采集陶器

1、4、6. 盆（LS2③：2、LSH10：1、LS2③：1）　2、5. 鬲（LS2③：5、LS2③：3）

3. 三足瓮（LS2③：4）　7、10、11. 罐（LSH10：2、LS2③：7、LS2③：8）

8. 折肩罐（LS2③：5）　9. 釜（LSH10：3）

米，大致可以分为3层（图一〇）。

第1层：耕土层。灰褐色。土质较疏松。包含较多植物根系、少量石块及陶片等。呈南高北低的坡状堆积。厚0.1～0.45米。

第2层：扰土层。褐色，土质较疏松。包含植物根系，零星红烧土粒，料姜石粒，少量仰韶、周代陶片及晚期瓷片。呈南高北低的坡状堆积。厚0.2～0.8米，该断面所见遗迹均开口于该层下。

第3层：生土层。为较纯净的黄褐色沙质黏土，土质较致密。包含少量料姜石末。呈南高北低的坡状堆积。可见厚度0.35～1.3米。

遗迹　灰沟1处、窑址1座、灰坑3处、带状灰土堆积3处。

灰沟　LSG1位于距断面南端约12.5米处，近东西走向，向东一直延伸至第二级台地断面处，开口于本断面第2层下，打破第3、4层。北壁较直，南壁斜弧内收，底尚未暴露，具体形制不详。开口距现地表深0.6～1、现可见开口长4、下部长3.6～3.8、深0.5～0.8米。沟内堆积呈深灰褐色，略显杂乱，土质较疏松，包含较多红烧土点、黄褐色土块（粒），少量水锈土、炭屑、料姜石末及陶片等。

窑址　LSY1位于LSH3北侧约16米处，开口于第2层下，打破生土层。晚期破坏较甚，原始结构已不甚清楚，现可见部分三侧壁均较直，平底，剖面呈筒状，为窑室部分。现存部分开口距现地表深0.7、口长0.9、底长0.93、高0.72、进深0.4米。窑室内填较疏松的灰褐色土，包含少量红烧土块、零星陶片等（彩版三，4）。

灰坑　编号为LSH11～LSH13。

LSH11　位于LSG1北侧约32米处，开口于第2层下，打破北侧的LSH12及生土层。弧壁外扩，口部略小，底部尚未暴露，具体形制不详，剖面近似袋状。开口距现地表深0.5、开口长0.7、底长约1、可见深0.55米。坑内堆积呈黑灰色，土质疏松，包含少量红烧土点、黄褐色土块及陶片等，出土陶片中见有饰大麻点纹者。

LSH12　南侧紧邻LSH10并被其打破，开口于第2层下，直至生土层。北侧弧壁内收，南侧壁被LSH11打破，底部尚未暴露，具体形制不详。开口距现地表深0.5、现可见部分口长2.1、底长约1.7、深0.45～0.55米。坑内堆积呈深灰褐色，土质疏松，包含较多红烧土块（粒）、少量炭屑及陶片等。

LSH13　位于LSH12北侧约40.7米处，开口于第2层下，打破生土层。弧壁外扩，口部略小，坑底尚未暴露，具体形制不详，现可见部分剖面呈袋状。开口距现地表深0.6～0.7、口长1.6、底长约2.3、深0.9～1.1米。坑内堆积呈灰褐色，土质较疏松，包含较多黄褐色、褐色土块（粒）、零星炭屑、红烧土点及陶片等。

带状灰土堆积　范围较之于灰坑更广泛，应该为地层堆积的亚层。编号LSHD1～ LSHD3。

LSHD1　位于断面最南端，叠压于扰土层下，被LSG1打破。距现地表深0.65～0.75、长约13.5、厚0.65～1.05米。土色呈深灰褐色，土质疏松，包含大量红烧土点、少量炭屑、黑灰色草木灰、动物骨骼、石块及陶片等。

LSHD2　位于LSHD1北侧约17.7米处，叠压于扰土层下。距现地表深0.4～0.5、长约5.8、厚0.4～0.5米。土色呈深灰褐色，土质疏松，包含较多红烧土块（粒），少量炭屑及陶片等。

LSHD3　位于LSHD2北侧约1米处，叠压于扰土层下。距现地表深0.4～0.5、长约9.6、厚0.4～0.6米。土色呈深灰褐色，土质疏松，包含少量炭屑、红烧土粒及陶片等。

遗物　主要为采集品，有尖底瓶、豆、鬲、罐、钵、瓮、簋等陶器。

尖底瓶　LS3②：1，口及颈部。泥质红陶。小直口，平沿，圆唇，颈微束。残高2.9、残宽3.3、壁厚0.5～0.8厘米（图一一，2）。

豆　LS3②：2，口及腹部。泥质灰胎黑皮陶。敛口，方唇，腹部微有折意。器表磨光，饰两道弦纹。残高3.1、残宽4.9、壁厚0.5厘米（图一二，11）。

鬲　LSHD1：1，口及肩腹部。夹细砂褐胎灰皮陶，直口，卷沿，圆唇，溜肩，鼓腹。器表饰规整的纵向细绳纹至唇，有少许烟炱痕。残高7.7、残宽7.3、壁厚0.7厘米（图一二，5）。LSH11：3，足部。夹砂褐陶。器表饰绳纹及粗大的麻点纹。残长10.8、残宽10.1、壁厚1厘米（图一二，2）。LSH12：1，口、肩腹部。夹砂灰陶。侈口，斜沿，尖圆唇，短束颈，肩微耸，弧腹。颈部以下饰高峻、规整的交错绳纹，器表大量烟炱痕，内壁可见口、颈分段与器身粘接痕迹。残高7.4、残宽8.3、壁厚0.8～1厘米（图一二，4）。LSH12：2，足部。足跟残。体形硕大，空心，纵截面近三角形。上部饰交错中绳纹，底部饰粗大深陷的麻点纹，器表有少量烟炱。残高12.2、残径15.8、壁厚0.7～1.3厘米，麻点纹窝径0.6～1厘米（图一二，7）。LSH13：1，口至足

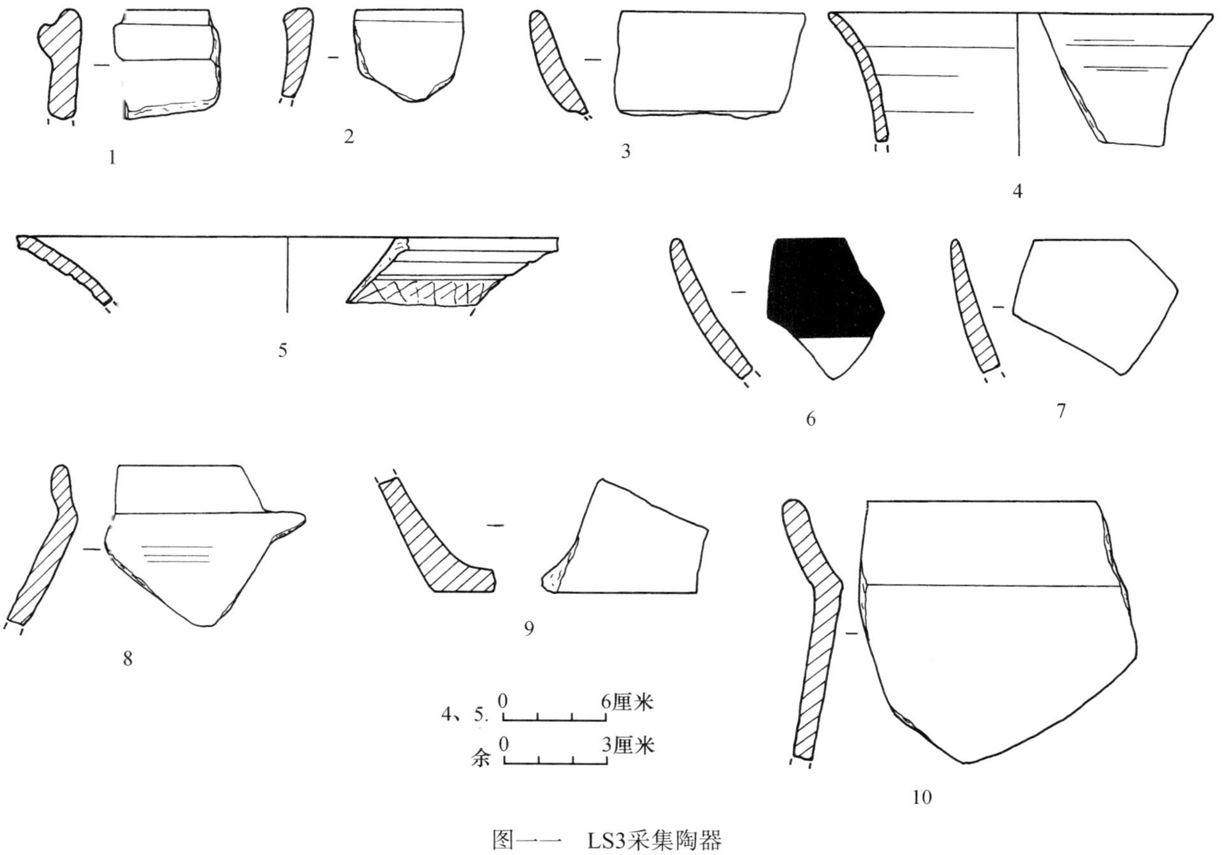

图一一　LS3采集陶器

1、9. 罐（LSHD1：5、LSH11：1）　2. 尖底瓶（LS3②：1）　3、6、8、10. 斜领罐（LSY1：1、LSHD2：1、LSHD1：4、LSHD1：2）　4. 高领罐（LSG1：3）　5. 簋（LSG1：2）　7. 钵（LSHD1：6）

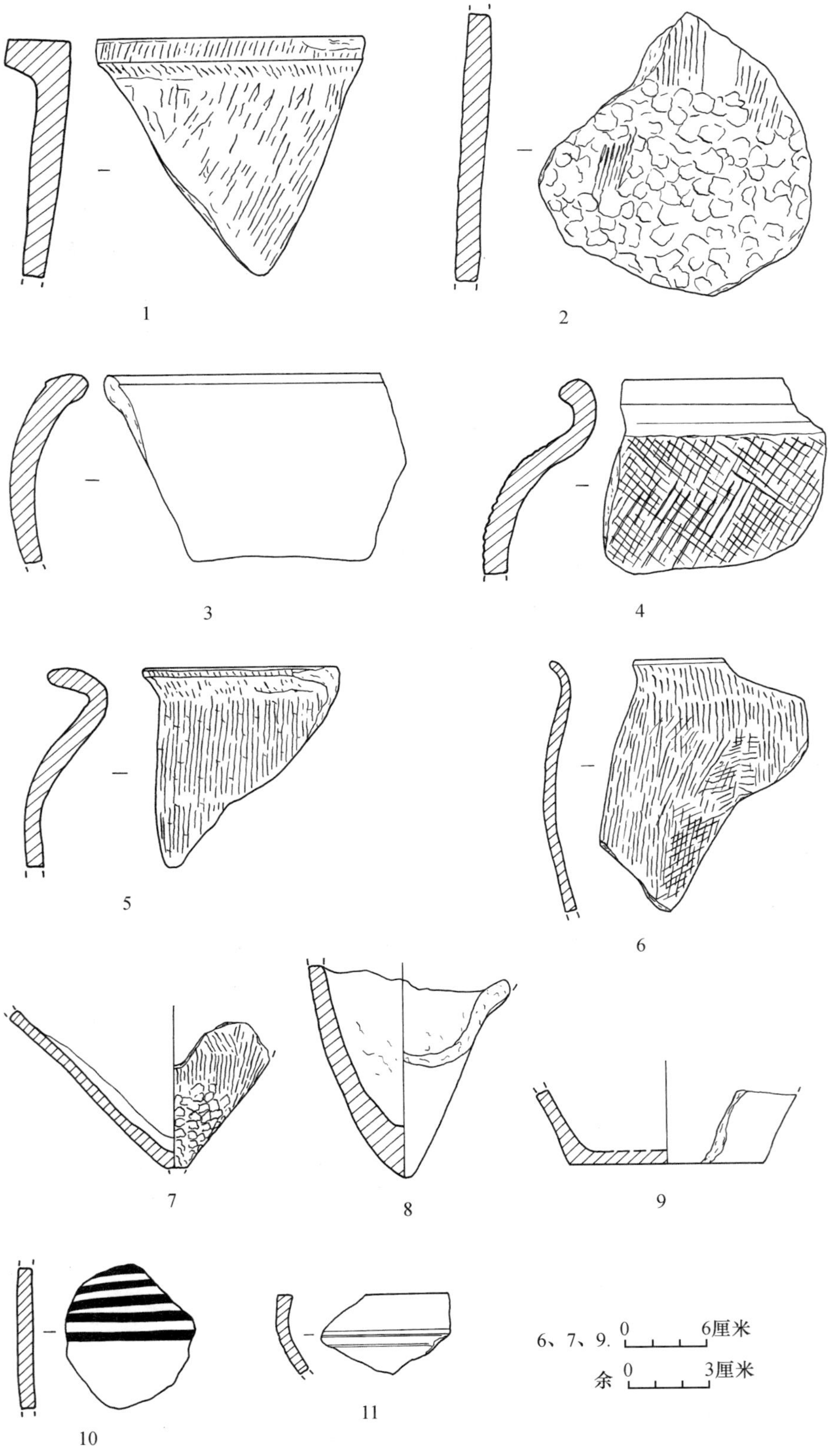

图一二　LS3采集陶器

1、8. 三足瓮（LSHD3：1、LSG1：1）　2、4～7. 鬲（LSH11：3、LSH12：1、LSHD1：1、LSH13：1、LSH12：2）
3. 敛口罐（LSH11：2）　9. 罐（LSHD1：3）　10. 圆形陶片（LSG1：4）　11. 豆（LS3②：2）

部。夹砂褐陶。侈口，斜沿，圆唇近方，束颈，溜肩，分裆极高，微瘪。颈部饰纵向细绳纹至唇，肩、腹通体饰交错细绳纹，器表较多烟炱痕。残高19.4、残宽15.6、壁厚0.9、裆残高8.6厘米（图一二，6）。

斜领罐　4件，皆为口部。2件为夹砂红陶，侈口，圆唇，斜领，素面。LSHD1：2，领部较高。残高7.9、残宽8.2、壁厚0.8、领高2.5厘米（图一一，10）。LSHD1：4，残高4.9、残宽5.9、壁厚0.7、领高1.5厘米（图一一，8）。另2件仅余领部。LSHD2：1，黑皮磨光，内灰色。泥质。尖圆唇。残高4.5、残宽5、壁厚0.3～1厘米（图一一，6）。LSY1：1，泥质红陶。圆唇。素面，器表稍有磨制。残高3.3、残宽6.4、壁厚0.8厘米（图一一，3）。

高领罐　LSG1：3，口、领部。泥质灰陶。侈口，尖圆唇，领部高直。素面，内外壁有大量轮修痕。残高8.2、复原口径22.6、壁厚0.6厘米（图一一，4）。

敛口罐　LSH11：2，口、肩部。泥质红褐陶。敛口，圆唇，弧肩。素面，内壁见轮修痕。残高7.2、残宽11.2、壁厚0.6～1厘米（图一二，3）。

罐　LSHD1：3，底部。夹粗砂红陶。平底。素面。残高5.8、复原底径14.4、壁厚1厘米（图一二，9）。LSHD1：5，口沿。夹砂红陶。直口，双圆唇。残高3.4、残宽3.2、壁厚1厘米（图一一，1）。LSH11：1，底部。泥质褐陶。平底。素面。残高3.5、残宽4.9、壁厚0.8厘米（图一一，9）。

钵　LSHD1：6，口部。泥质红陶。侈口，尖唇。唇下饰宽黑彩。残高4.2、残宽4.9、壁厚0.3～0.7厘米（图一一，7）。

三足瓮　LSHD3：1，口部。夹砂灰陶。直口，平折沿，方唇。器表饰细绳纹至唇部，唇下折角处有敷泥加固痕迹。残高9.1、残宽10、壁厚0.9～1.3厘米（图一二，1）。LSG1：1，足部。泥质灰陶。空心圆锥状足，横截面近圆形。素面，内壁见有挤压痕迹。残高8.2、截面最大径5.8、壁厚1、足高6.2厘米（图一二，8）。

簋　LSG1：2，口部。泥质灰陶。敞口小平沿，方唇，唇面微内凹。器表饰三道阴弦纹及刻划菱形网格纹，内壁有轮修痕迹。残高4.2、复原口径31.8、壁厚0.8厘米（图一一，5）。

圆形陶片　LSG1：4，腹部。泥质红陶。器表磨光。饰五道带状黑彩。残长5.5、残宽4.8、壁厚0.7厘米，黑彩纹饰宽0.3～0.5厘米（图一二，10）。

（2）第二级台地断面

编号LS4，近南北向分布，南北总长167.5米。地理位置坐标北纬34°22′55.55″～34°22′50.60″，东经109°38′14.42″～109°38′17.34″，海拔614～620米。

地层堆积　地势南高北低，高度1.3～1.9米，局部有现代墓葬，未能进行全部调查。堆积可分为4层（图一三）。

第1层：耕土层。灰褐色，土质较疏松。包含较多植物根系、少量石块及陶片等。该层整体呈南高北低的坡状，仅断面北部较平。厚0.2～0.5米。

第2层：扰土层。根据土质土色差异又可进一步划分为2a、2b二亚层。

2a层：褐色，土色较第一级台地断面处的扰土层略灰，土质较疏松。包含植物根系，零星红烧土粒，料姜石粒，少量仰韶、周代陶片及晚期瓷片等。该层整体呈南高北低的坡状，仅断面北部较平。厚0.3～0.6米。3处灰坑开口于该层下。

2b层：仅分布于断面南端。红褐色，土质较疏松。包含物极少，仅见少量料姜石末及零星灰土点，条带状分布。厚0～0.3米。

第3层：汉代文化层，仅分布于断面南部。灰褐色，土质较疏松。包含少量红烧土点、料姜石末、小石粒及陶片等。该层堆积整体为水平状，南侧较厚，向北逐渐变薄，延伸至1座现代墓葬封土处消失不见。厚0.2～0.9米，LSG1开口于该层下。

第4层：生土层，不见于断面最南端。为较纯净的黄褐色沙质黏土，土质较致密。包含少量料姜石末。整体呈南高北低坡状，北部较水平。

遗迹　发现灰坑3处，编号LSH14～LSH16。

LSH14　位于距断面北端约26.7米处，开口于第2a层下，打破生土层。口小底大，斜壁外扩，平底，剖面呈袋状。开口距现地表深0.5、口长1.4、底长2.05、深0.45～0.5米。坑内堆积呈黄褐色夹杂黑灰色、深灰褐色，土质较疏松，包含较多黑灰色草木灰、红烧土点及少量陶片等，出土陶片多泥质红陶，个别红陶片上绘有黑彩纹饰。

LSH15　位于LSH14南侧约57.5米处，开口于第2a层下，打破生土层。弧壁，圜底，剖面呈锅底状。开口距现地表深0.6、口长1.5、深0.4米。坑内堆积呈灰褐色夹杂黄褐色，土质较疏松，包含零星红烧土点、炭屑、黑褐色土粒及少量陶片等。

LSH16　位于LSH15南侧11.2米处，开口于第2a层下，打破生土层。坑壁稍直，底部尚未暴露，具体形制不详，现可见部分剖面略呈筒状。开口距现地表深0.7、口长4.1、深0.7米。坑内堆积呈灰褐色夹杂黄褐色，土质较疏松，包含少量红烧土点、深灰色草木灰、料姜石末及陶片等。

遗物　主要为采集品，有纺轮、弹丸、盆、簋、钵、罐、鼎等陶器。

纺轮　1件。LS4②：1，残半。泥质灰陶。圆饼状，中有一个圆形穿孔，制作规整。素面。直径4、厚2.1、孔径0.8厘米（图一四，11）。

弹丸　1件。LS4②：2，残半。泥质灰陶。圆球体，器表满饰戳压的小点，局部以点排列成线，制作规整。直径3.3厘米（图一四，10）。

盆　LS4②：3，口部。泥质红陶。近直口，折沿，圆唇，弧腹。沿面及唇饰黑彩。残高4.7、残宽5.2、壁厚0.8厘米（图一四，6）。

簋　LS4②：4，口、腹部。泥质灰陶。敞口，斜沿，圆唇，斜腹。器表磨光，唇下饰阴弦纹一道，腹部饰几何形纹饰带。残高5.5、残宽5.8、壁厚0.7厘米（图一四，2）。

钵　LSH14：1，口部。泥质红陶。直口，尖唇，弧腹。器表磨光，唇下饰宽带黑彩。残高4.5、残宽3.5、壁厚0.3～0.7厘米（图一四，9）。

斜领罐　LS4采：1，口部。夹砂褐陶。侈口，斜领，尖圆唇。素面，内壁见轮修痕迹。残高4.4、残宽5.4、壁厚0.7厘米（图一四，4）。

高领罐　LS4采：2，口、领部。泥质灰陶。侈口，小平折沿，尖唇，高领内收。器表内外磨光，外壁饰一道阴弦纹，弦纹上下分饰指压的半月形纹。残高6、残宽7.2、壁厚0.6厘米（图一四，1）。

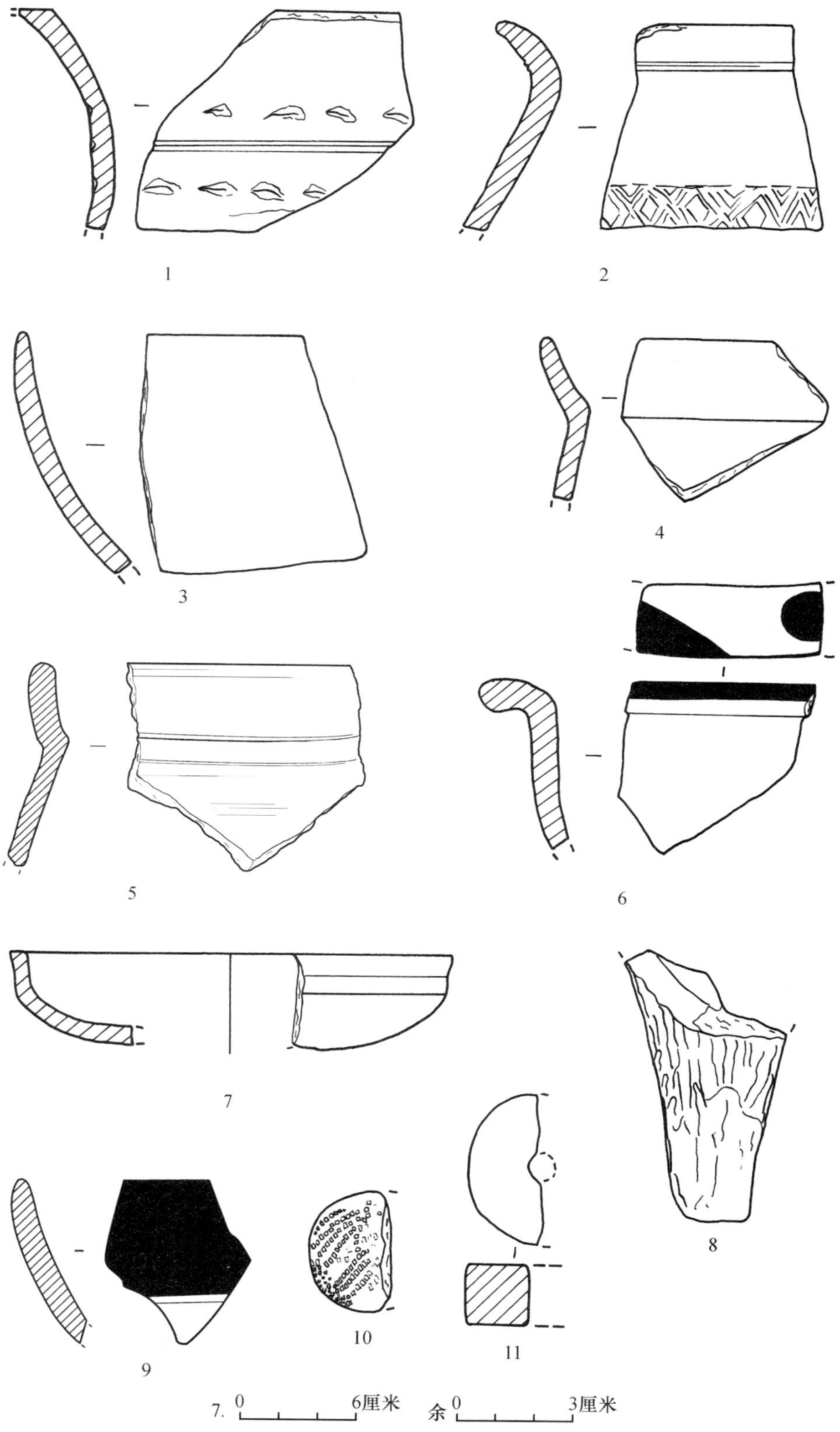

图一四　LS4、LS5采集陶器

1. 高领罐（LS4采：2）　2. 簋（LS4②：4）　3、9. 钵（LS5②：2、LSH14：1）　4、5. 斜领罐（LS4采：1、LS5②：1）　6. 盆（LS4②：3）　7. 豆（LSH17：1）　8. 鼎（LS4采：3）　10. 弹丸（LS4②：2）　11. 纺轮（LS4②：1）

鼎　LS4采：3，足部。夹粗砂灰陶。实心柱状足，上粗下细，平跟。足跟部素面，有切削修整痕迹，上部饰粗而深峻的绳纹，内壁可见足顶部与器身的二次粘接痕。残高7.2、径3.6～1.7厘米（图一四，8）。

（3）第三级台地断面

编号为LS5，近南北向，南高北低，总长165米。地理位置坐标北纬34°22′55.52″～34°22′50.72″，东经109°38′15.43″～109°38′16.29″，海拔622～623米。

地层堆积　断面高1.4～2.7米，堆积可分为3层（图一五）。

第1层：耕土层。灰褐色，土质较疏松。包含较多植物根系、少量石块及陶片等。厚0.2～0.5米。

第2层：扰土层。褐色，土质较疏松。包含植物根系，零星红烧土粒，料姜石粒，少量仰韶、周代陶片及晚期瓷片等。厚0.25～0.9米。LSH17即开口于该层下。

第3层：生土层。为较纯净的黄褐色沙质黏土，土质较致密。包含少量料姜石末，南端局部黄褐色土层上叠压浅红褐色垆土层，土质纯净且较为致密，亦为未经人为扰动形成的自然堆积层。

遗迹　灰坑1处，编号LSH17。

位于距断面南端约70米处，开口于第2层下，打破生土层。坑壁上部稍直，下部弧收，坑底尚未暴露，具体形制不详，现可见部分剖面略呈筒状。开口距现地表深0.8、口长1.35、底长1、深1.45米。坑内堆积呈浅灰褐色，土质较疏松，包含较多红烧土点、少量炭屑、黄土粒及陶片等。

遗物　主要有罐、钵、豆等陶器。

斜领罐　LS5②：1，口部。夹粗砂红陶。侈口，圆唇，斜领较矮。残高5、残宽5.8、壁厚0.5～0.7厘米（图一四，5）。

钵　LS5②：2，口、腹部。泥质红陶。敞口，尖圆唇，弧腹。素面，器表稍经打磨。残高6.5、残宽6、壁厚0.7厘米（图一四，3）。

豆　LSH17：1，口、腹部。泥质灰陶。侈口，方唇，豆盘稍浅，上腹直，下腹折收。内外壁饰密集的同心圆状磨光弦纹。残高5、复原口径23、壁厚0.7～1厘米（图一四，7）。

（4）里寺砖场断面

编号为LS6，地处高塘至东阳乡级道路西侧砖场。地层堆积简单，耕土层厚约0.2米，以下即为生土。耕土层下暴露砖室墓2座，均遭严重破坏。其中一座仅残存一面砖墙，系由长条形素面砖错缝平砌而成，整体形制已无从辨识。另外一座编号LSM3。

LSM3　地理位置坐标为北纬34°23′15.68″，东经109°37′40.18″，海拔583米。砖室结构，仅保留有西侧耳室部分，推测墓向近南北向。墓室主体已破坏不存，周围散落少量人骨遗骸及陶器残片，近耳室口部南侧有砖墙，应为墓壁残段。耳室平面整体呈东西向的长方形，可见部分长1.6、宽0.7、高0.9米，由长条形青砖垒砌而成。口部保存较好，顶部为齐缝起券，侧壁较直，平底，内侧大部已坍塌，散落砖块及陶器残片。砖长36、宽18、厚7厘米。墓主扰动严重，骨骼所剩无几，散落于墓葬周围，可辨有肩胛骨及股骨等，葬式不详。随葬品以陶器为主，大多残损较甚，散落于墓葬周围及耳室内部。皆为泥质灰陶，可辨器形有罐、鼎、奁、灶等；另在墓葬周边发现残铁器1件，似为犁铧冠。根据墓型、构建材料以及随葬品特征分析，时代应为东汉（图版二，1）。

遗物　包括陶器9件，除奁足陶色特殊之外，余均为泥质灰陶，并多见器表磨光。

奁　1件。LSM3：1，器体泥质灰陶，足为泥质红陶。圆直筒形，蹲兽足。兽面呈三角形，大圆眼，长耷耳，尖鼻凸出，口呲露齿。器表光洁，上下各有一组弦纹。平底有同心阴弦纹两周。口径22、底径22、通高17.2、壁厚0.8～3、足高3.6厘米（图一六，2；图版二，4）。

鼎　1件。LSM3：2，盖失。子母口，腹近半圆形，方形附耳有穿，圜底，兽面蹄足较细高。器最大径在近口处。耳粘贴于腹上部，上段外撇，梁面有菱形对顶套合纹。足高浮雕动物，大眼长椭圆形，眼仁圆凸。口径15.6、腹径22.4、通高15、壁厚0.8、足高3.4厘米（图一六，1；图版二，3）。

罐　4件。表有条带状磨光，3件器形、规格、纹饰、制作风格基本一致。LSM3：3，直口，卷沿，圆唇，短颈近无，鼓肩，鼓腹，小平底。器表上部有4道磨光带，带内有细线凸弦纹。口径9.2、底径8.8、通高14.2、壁厚0.5～0.8厘米（图一七，1）。LSM3： 4，口径10.4、腹径18、底径

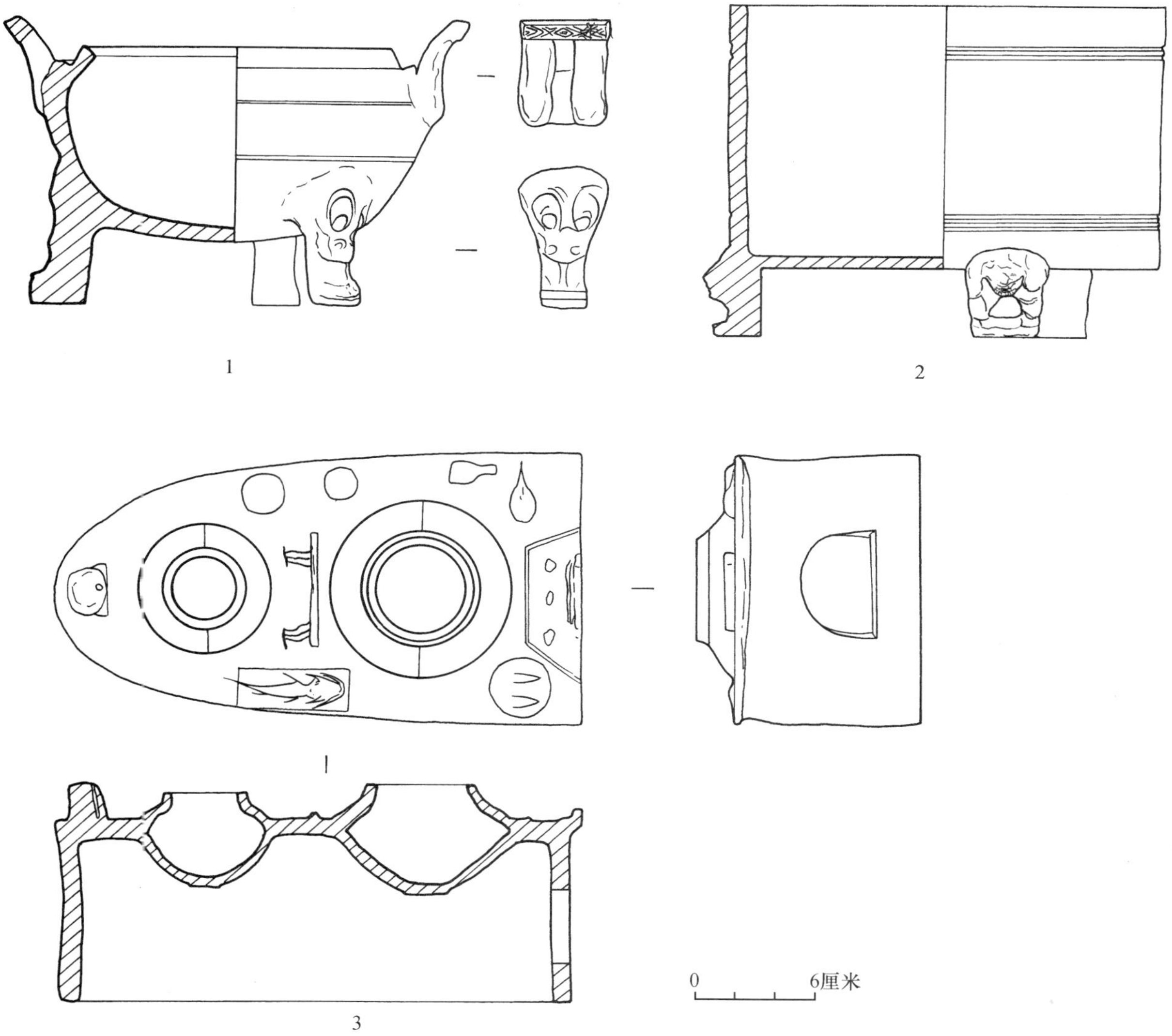

图一六　LSM3随葬陶器

1. 鼎（LSM3：2）　2. 奁（LSM3：1）　3. 灶（LSM3：9）

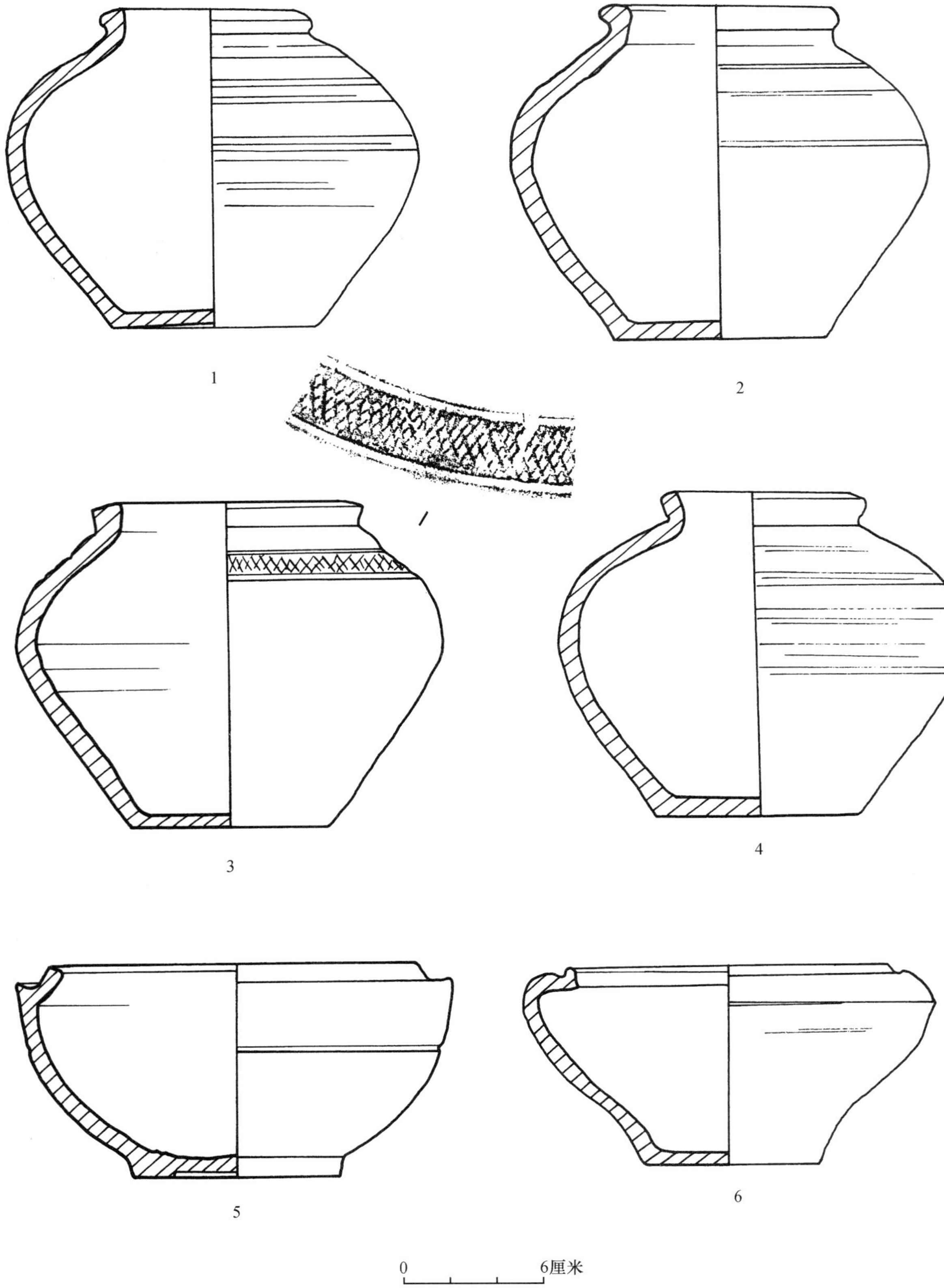

图一七　LSM3随葬陶器

1～4. 罐（LSM3：3、LSM3：4、LSM3：6、LSM3：5）　5. 盒（LSM3：8）　6. 大口罐（LSM3：7）

9.2、通高14.8、壁厚0.8厘米（图一七，2）。LSM3：5，器表陶色略深蓝，磨光明显。口径9.6、腹径17.6、底径8.8、通高14.4、壁厚0.7～0.8厘米（图一七，4）。LSM3：6，折平沿，尖唇，其余同上述三件。肩部有细网格状印纹一周，带宽1.6～1.7厘米，条带上下各有凹弦纹。口径11.6、腹径18.4、底径8.4、通高15、壁厚0.6～1厘米（图一七，3）。

大口罐　1件。LSM3：7，敛口，无颈肩，上腹鼓，下腹猛急收并延长一段，小平底，最大径在近口沿处。口径14、腹径17.6、底径7.6、通高9.5、壁厚0.6厘米（图一七，6）。

盒　1件。盖失。LSM3：8，子母口微敛，弧腹，最大径在口沿处，圈足近圆环状极矮。上腹部饰凹弦纹一周，器表磨光黑亮，底有细线弧形割胎痕迹。口径16、腹径18.8、底径8.8、通高9.4、壁厚0.6厘米（图一七，5；图版二，2）。

灶　1件。LSM3：9，前方后圆，瘦长。双火眼，固定放置前大后小二釜，圆形烟囱凸立，拱形灶门不及地。台面模印食物及烹饪用具，放置于长方形盘中的鱼最为清晰。釜为模制，粘接泥条及压捺痕清晰，器小口，圆腹，近小平底。总长26.4、前端宽14、通高11.2厘米，灶门高4、宽5.6厘米，大釜口径4.4、腹径9厘米，后釜口径3.2、腹径6.4厘米（图一六，3；图版二，5）。

（二）地表调查

调查主要在里寺村西南及南部塬地开展，另在村北亦有涉及。

1. 村西南

编号LS7　中心地理位置坐标北纬34°23′02.40″，东经109°38′09.88″，海拔595米。

簋　LS7：1，口、腹部。夹砂灰陶。侈口，圆唇，鼓腹，腹有耳，耳为片状泥饼二次粘接，较厚重，上端近圆角方形外撇，有一圆形穿孔，下端呈舌形外撇。器腹饰两道凸弦纹，耳上端外侧有模糊的绳纹。器身残高6.4、残宽9.6、壁厚0.7厘米，耳高8.2、上端宽4.3、下端宽2.8、厚0.9厘米，孔径1.2厘米（图一八，3）。

编号LS8，中心地理位置坐标北纬34°22′59.55″，东经109°38′10.23″，海拔599米。

遗物　主要为采集品，有甗、盘、罐、钵等陶器。

甗　LS8：1，足。夹砂灰陶，器体厚重，截面可见足部外壁呈U形，内充泥芯，内壁再敷泥一层，器表饰粗大深陷的麻点纹。残高6.5、残宽7、壁厚1.3～1.9厘米（图一八，6）。LS8：2，足。夹砂灰陶。实心柱足，上粗下细，截面近圆形，器体厚重。器表饰粗大的麻点纹。整体残高7.4、壁厚1.4厘米，足跟高4.2、径2.3～4.9厘米（图一九，7）。

盘　LS8：3，腹、底部。泥质灰陶。平底，斜腹较甚。素面，器体有较多修整造成的磨痕。残高2.9、复原底径7.3、壁厚0.5～1.2厘米（图二〇，8）。

罐　LS8：4，底部。泥质灰陶。平底，斜腹。器表饰规整的纵向细绳纹。残高4.2、复原底径10.1、壁厚0.7～1.5厘米（图一八，8）。LS8：5，口、肩部。泥质灰陶。大侈口，卷平沿，方唇，束颈，斜肩。沿面及器表磨光，颈部残余少许模糊的绳纹痕迹，内壁见有慢轮修整痕。残高5.4、复原口径27.6、壁厚0.8厘米（图二〇，1）。

图一八　里寺村采集陶器

1. 鬲（LS9：1）　2. 三足瓮（LS9：5）　3. 簋（LS7：1）　4. 盆（LS9：6）
5. 尖底罐（LS12：2）　6. 甗（LS8：1）　7、8. 罐（LS9：4、LS8：4）

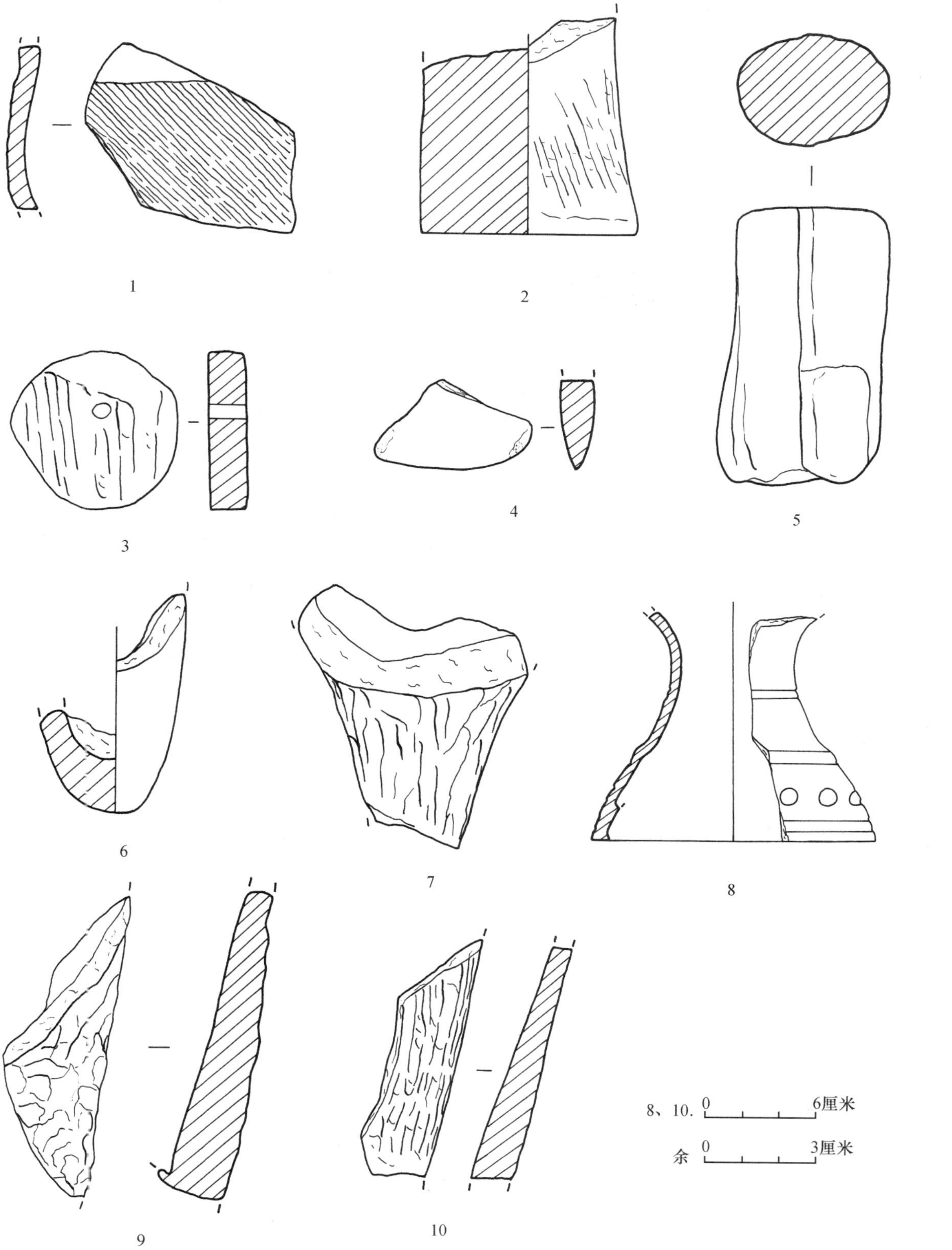

图一九　里寺村采集遗物

1、9. 陶鬲（LS10：2、LS9：2）　2. 陶器柄（LS12：1）　3. 陶纺轮（LS9：3）　4. 石刀（LS12：3）　5. 石杵（LS11：4）　6. 陶拍（LS10：3）　7、10. 陶甗（LS8：2、LS10：1）　8. 陶豆（LS11：1）

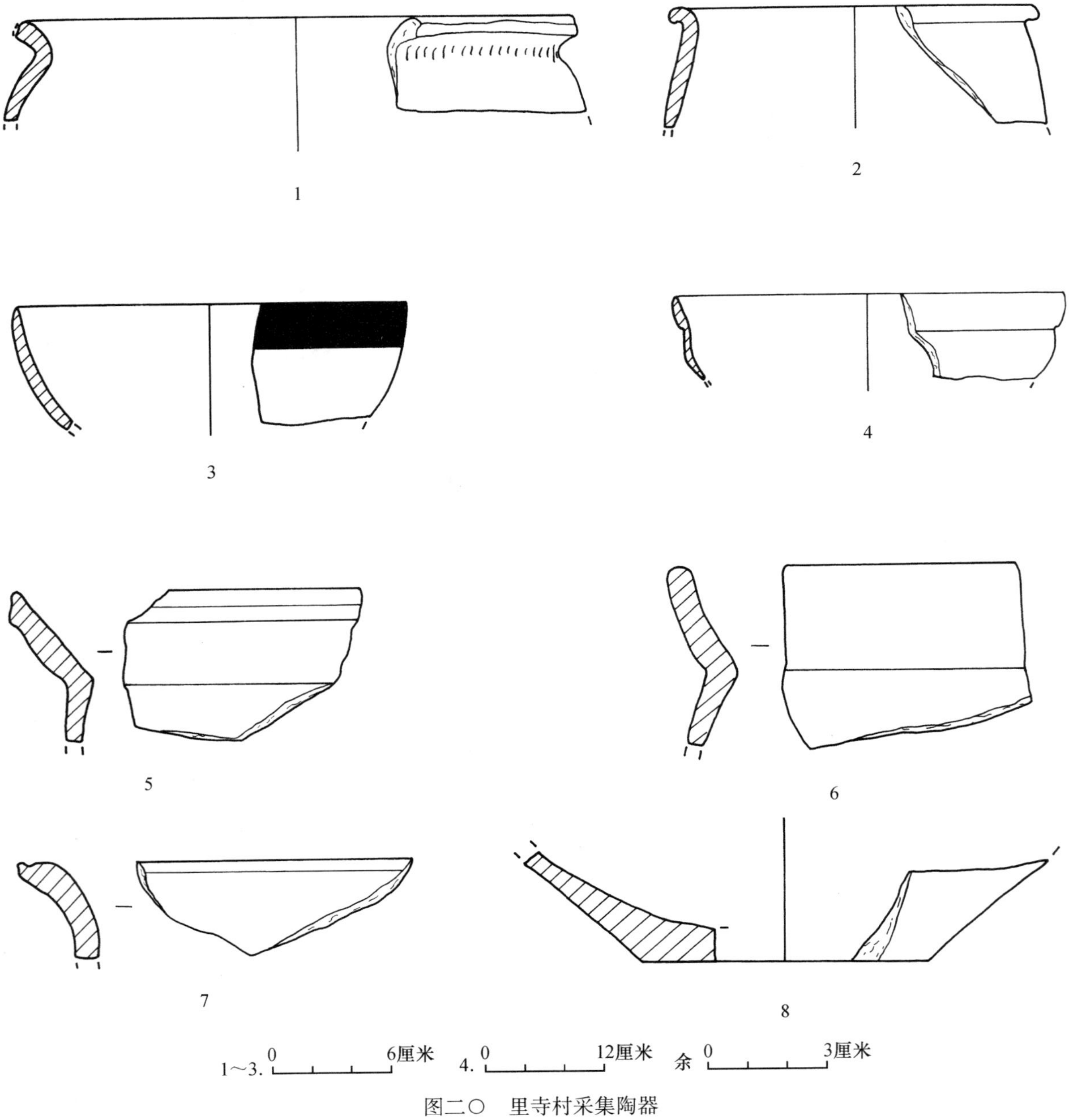

图二〇　里寺村采集陶器

1、2. 罐（LS8：5、LS11：3）　3. 钵（LS8：6）　4. 盆（LS11：2）
5、6. 斜领罐（LS10：4、LS10：5）　7. 罐（LS10：6）　8. 盘（LS8：3）

钵　LS8：6，口、腹部。泥质红陶。敞口，尖唇，圆腹。器表磨光，唇下饰一周宽带黑彩。残高6.6、复原口径19.6、壁厚0.6厘米，黑彩宽2.3～2.7厘米（图二〇，3）。

编号LS9　其东即为“狼窝”，中心地理位置坐标北纬34°22′53.48″，东经109°38′12.95″，海拔617米。

遗物　主要为采集品，有陶鬲、罐、盆、三足瓮及陶纺轮等。

鬲　LS9：1，肩、腹部。夹砂灰陶。溜肩，鼓腹。器表饰规整的交错绳纹，颈部抹光，内壁见有规整的轮修痕迹。残高6.9、残宽9.2、壁厚0.7厘米（图一八，1）。LS9：2，足。夹砂灰陶。空心足。器表饰粗大深陷的麻点纹。残高8.4、残宽9.9、壁厚0.8～1.6厘米（图一九，9）。

纺轮　1件。LS9：3，完整。夹细砂红陶。圆饼形，不甚规整，中心偏一侧有孔。一面有粗绳纹。直径4.5、厚1.2、孔径0.4厘米（图一九，3）。

罐　LS9：4，肩部。泥质灰陶。圆肩。肩上饰一圈掐制纹饰。残高8、残宽10、壁厚0.8厘米（图一八，7）。

三足瓮　LS9：5，口部。泥质灰褐陶。敛口，宽平沿有卷意，方唇。唇下饰捏制花边，器身饰规整的纵向细绳纹。残高5.9、残宽9.6、壁厚1～1.5、沿宽2.5厘米（图一八，2）。

盆　LS9：6，口、腹部。泥质灰陶。近直口，斜沿，小方唇，弧腹。器表有三道凸棱，内壁见有轮修痕迹。残高5.7、残宽7.7、壁厚0.7厘米（图一八，4）。

编号LS10　中心地理位置坐标北纬34°22′30.55″，东经109°38′28.70″，海拔635米。

遗物　主要为采集品，有甗、鬲、斜领罐、拍等陶器。

甗　LS10：1，足部。夹砂灰陶。足跟部残，可能为实心足，器体厚重。器表饰较规整的纵向中绳纹，多烟炱痕。残高13.4、壁厚0.9～1.9厘米（图一九，10）。

鬲　LS10：2，肩部。夹细砂灰陶。溜肩，鼓腹。器表饰规整的斜向细绳纹，颈部素面。残高5.4、残宽5.8、壁厚0.7厘米（图一九，1）。

拍　LS10：3，残。夹细砂红陶。空心，器表圆弧，横截面为椭圆形，纵截面近梯形，顶端呈球面。素面，内部有指按压痕迹。残长6.3、残宽2～4、壁厚0.7～1.4厘米（图一九，6）。

斜领罐　皆为口部。夹砂红陶。敞口，高斜领。素面。LS10：4，内沿面较平，重唇。残高4、残宽6.1、壁厚0.7厘米（图二〇，5）。LS10：5，内沿面内凹明显，圆唇。残高4.8、残宽6.4、壁厚0.5厘米（图二〇，6）。

罐　LS10：6，口部。泥质灰陶。敞口，卷平沿，小方唇。沿面外缘有一周凹纹。残高2.6、残宽6.9、壁厚0.7厘米（图二〇，7）。

编号LS12　俗称“三十六亩地”，中心地理位置坐标北纬34°22′41.89″，东经109°38′23.50″，海拔627米。地表散布遗物数量大，类型丰富。

遗物　主要为采集品，有陶器柄、尖底罐及石刀等。

器柄　LS12：1，夹砂灰陶。残半，实心圆柱体。器表有少许模糊的交错细绳纹。残高6.1、径6厘米（图一九，2）。

尖底罐　LS12：2，口部。泥质红陶。制作规整。器表有粗大的鸟喙状泥凸，为二次粘接，其上部饰有多道瓦楞纹。残高10、残宽19.9、壁厚0.9～1.3厘米，泥凸长6.7、宽1、高1厘米（图一八，5）。

石刀　1件。LS12：3，残缺严重。青石质。两面刃。残长4.4、残宽2.6、厚1厘米（图一九，4）。

2. 村北

编号LS11　中心地理位置坐标为北纬34°23′13.83″，东经109°37′42.72″，海拔575米。里寺村北有近代修建水渠。渠堤夯土中夹杂大量陶片，毗邻的南部耕地亦同类情况。

遗物　有陶豆、盆、罐及石杵等器物。

豆　LS11：1，底、柄部。泥质灰陶。高束柄，喇叭形口，底座与柄相接处有一台棱。通体磨光，柄部有两道阴弦纹，底座最下部有两道弦纹，其上有等距分布的圆圈纹，应为管状物印成，柄部有窄小密集的纵向刮削痕迹。残高13、复原底径15.6、壁厚0.5～1厘米，复原柄径7.2厘米（图一九，8）。

盆　LS11：2，口、腹部。泥质灰胎黑皮。敞口，尖圆唇，高领稍斜，鼓腹。通体素面磨光。残高9.2、复原口径39.2、壁厚0.8、领高3.6厘米（图二〇，4）。

罐　LS11：3，口部。泥质灰陶。侈口，卷平沿，圆唇，束颈极短，溜肩。素面磨光。残高6.2、复原口径17.4、壁厚0.5～0.7厘米（图二〇，2）。

石杵　1件。LS11：4，基本完整。青石质。柱体，横截面呈椭圆形，一端的周缘有使用磨痕。长7.8、截面直径3.2～4.2厘米（图一九，5）。

二、邻　近　区

（一）留马村

留马村与里寺村东南的狼窝地点隔沟相望。总地势较平坦，东高西低，南高北低，北部现代民居密集，南部为农田。主要调查了村西、西南的一些剖面或塬地等部分。

1. 村西断面

编号LM1　南北向，全长156米。地理位置坐标北纬34°22′54.25″～34°22′49.36″，东经109°38′21.42″～109°38′23.56″，海拔607～610米。断面长156米。

地层堆积　地势南高北低，断面高1.9～2.2米，堆积可分为3层。

第1层：耕土层。灰褐色，土质较疏松。包含较多植物根系、少量石块及陶片、瓷片等。厚0.2～0.5米。

第2层：汉代文化层。褐色，土质较疏松。含大量红烧土粒、黑色炭屑、灰陶残片等。厚0.25～0.9米。LMY1即开口于该层下。

第3层：生土层。为较纯净的黄褐色沙质黏土，土质较致密。包含少量料姜石。

遗迹　编号LMY1，开口于第2层下。口距地表深1.1米，窑室长2.4、高0.7米。窑室内堆积杂乱，底层为水淤积土，厚约0.35米，上部杂土中夹红、青色烧土块，应为窑壁坍塌堆积。

2. 村西南塬地

编号LM2，中心地理位置坐标为北纬34°22′51.15″，东经109°38′31.32″，海拔609米。地表散布数量较多的陶片，均为灰陶。

瓦当　3件。LM2：1，灰陶夹细砂。边轮高窄，当径较小。双线界格顶接外轮线，四分当面内填卷云纹。边轮宽0.8、高0.5、当心厚2.3厘米（图二一，2）。LM2：2，双线界格，双线卷云纹，网格状当心细密，边轮高窄略不规则，纹饰线条纤细。当背侧端有分割制作的硬物压痕。复原当径14、边轮宽0.8、高0.5、当心厚1.6厘米（图二一，1；图二二，1）。LM2：9，灰陶夹细砂。边轮高窄。双线卷云纹，线条纤细。边轮宽1、高0.6、当心厚1.6厘米（图二一，3）。

砖　1件。LM2：3，空心花纹砖。泥质细，陶色灰。可见对顶菱形纹为主体，内套合菱形或填圆形、乳钉等。残宽6.7、残厚2.2～4.2厘米（图二一，6）。

罐　LM2：4，底部。泥质灰陶。斜直腹，平底，底渐薄近中心部尤甚。腹壁厚1.2～1.4、底壁厚不超过0.7～1.3、复原底径10.4厘米（图二一，8）。

簋　LM2：5，口、腹部。泥质灰陶。敞口，斜折沿，方唇。上腹部有宽凸棱，沿下稍内束，下腹斜直内收，饰斜向较粗绳纹。残高11.7、壁厚1、沿宽0.9厘米（图二一，9）。

器座　LM2：6，上部残。灰陶夹细砂，底表夹细砂量多。整体呈三层圆台状，体厚重。顶部弧，中用孔至底。平底空。局部有竖向绳纹，应为插杆状物的底座。残高3.8、复原直径9、中心孔径4.2厘米（图二一，4）。

甗　LM2：7，上腹及腰部。夹砂褐陶。质地酥松，器形大。上腹壁斜直，束腰，腰内侧无出挡。上腹饰规整的斜向麦粒状细绳纹，腰部为纵向麦粒状细绳纹，器表蒙烟炱痕。残高15、上腹壁

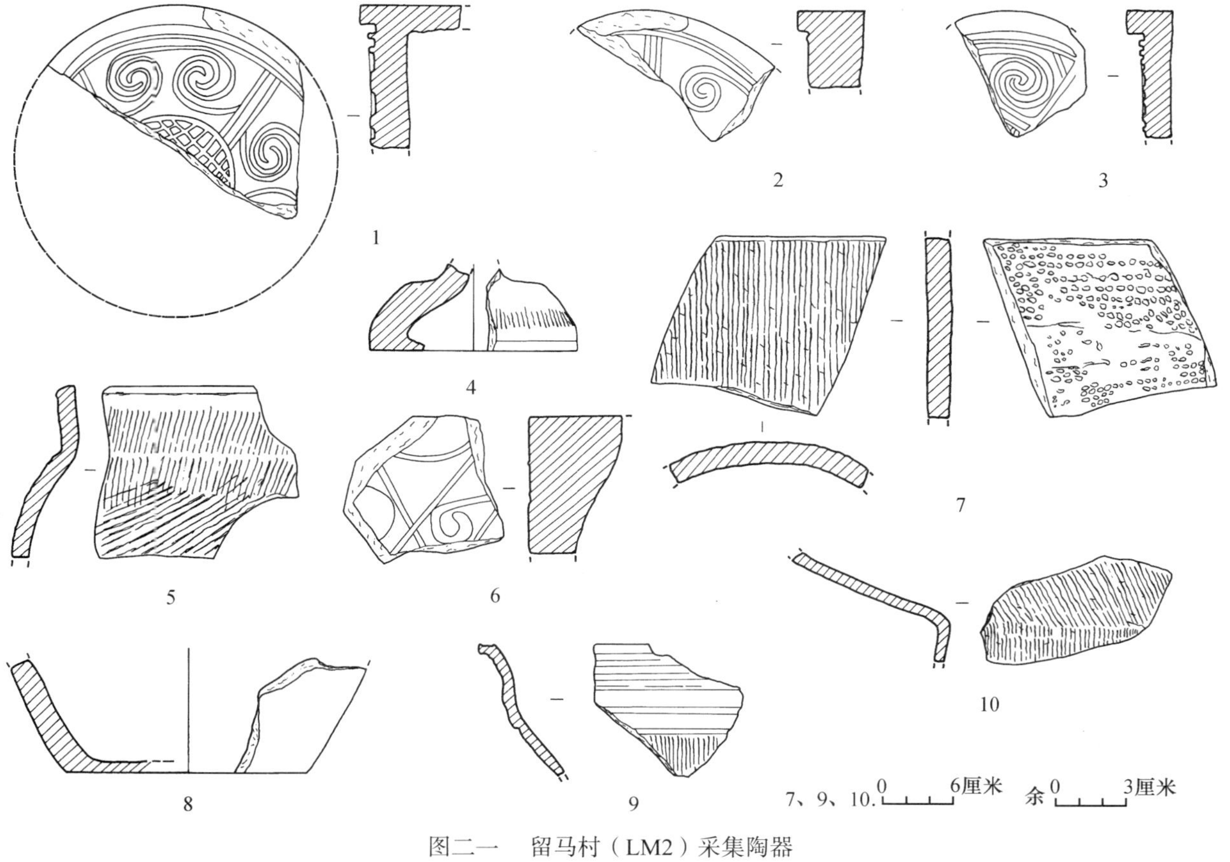

图二一　留马村（LM2）采集陶器

1～3. 瓦当（LM2：2、LM2：1、LM2：9）　4. 器座（LM2：6）　5. 鬲（LM2：10）　6. 砖（LM2：3）
7. 管道（LM2：8）　8. 罐（LM2：4）　9. 簋（LM2：5）　10. 甗（LM2：7）

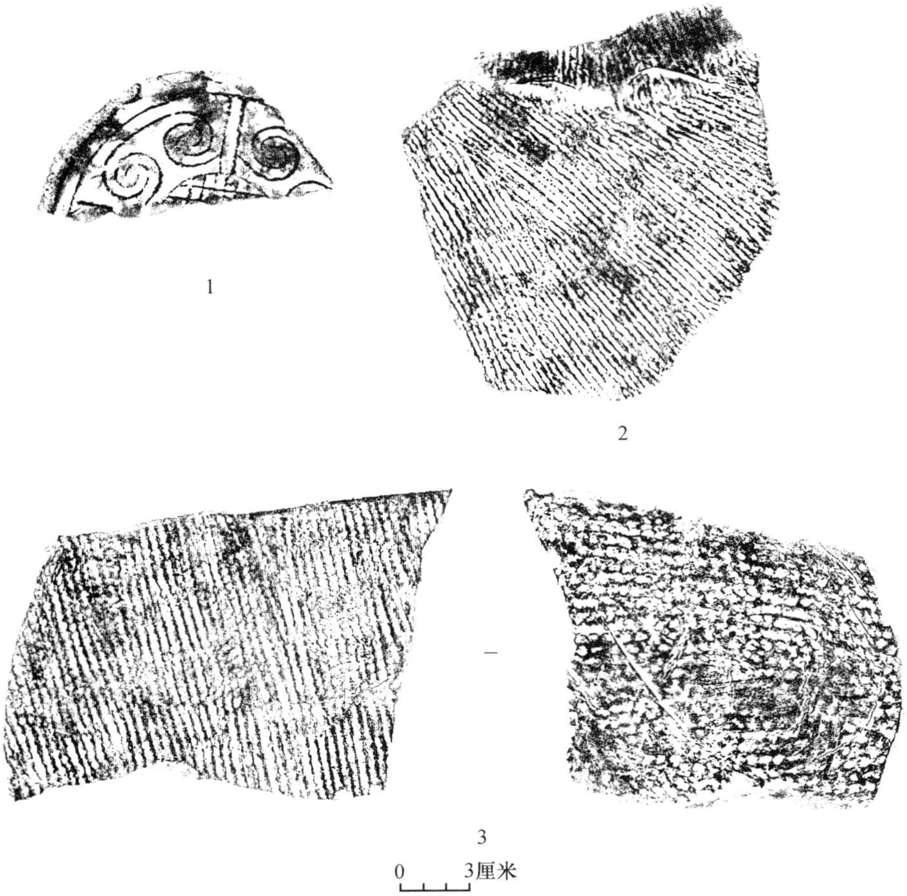

图二二　留马遗址部分陶器纹饰拓片

1. 瓦当（LM2∶2）　2. 甗（LM2∶7）　3. 管道（LM2∶8）

厚1.3、腰部壁厚0.9厘米（图二一，10；图二二，2）。

管道　LM2∶8，圆形，细端。泥质，陶色蓝黑，表面有浅中粗绳纹，内饰密集麻点，局部可见盘筑泥条缝隙。残长15.6、残宽16、壁厚1.7～2厘米，欠规整（图二一，7；图二二，3）。

鬲　LM2∶10，口、肩部。夹砂灰陶。直口，方唇，立领较高，溜肩。饰杂乱绳纹。残高6.9、壁厚0.8、领高2.6厘米（图二一，5）。

（二）江凹村

调查主要涉及三处地点。

1. 村东台塬地表

编号JW1　中心地理位置坐标北纬34°22′28.34″，东经109°38′46.46″，海拔642米。地势西高东低，呈多台阶状。地表散布遗物较密集，主要器形有陶甗、瓮、罐、筒瓦、鬲、簋，石刀等。

甗　JW1∶1，裆部。夹砂褐陶。器壁厚重，内裆线高昂，判断为大袋状足外撇，内裆处有捏制痕迹。器表饰粗大而杂乱的绳纹，另外裆顶部粘有青灰色结垢。残高7.8、残宽12.4、壁厚

1.5～3.4厘米（图二三，1；图版三，1）。

瓮　JW1：2，口、腹部。泥质灰陶。直口，宽平沿，斜方唇，直腹。素面，器腹内壁有轮修痕迹。残高8.8、残宽11.1、壁厚1.2厘米（图二三，5）。

罐　JW1：3，肩、腹部。泥质灰陶。斜折肩，腹急收。饰杂乱中粗绳纹，表面有烟炱。残高7.4、残宽7.9、壁厚0.8～1.2厘米（图二三，6）。JW1：4，口部。泥质灰陶。直口，宽沿，方唇，束颈极矮，溜肩。残高4.1、残宽4.9、壁厚1.4厘米（图二四，1；图版三，2）。

筒瓦　JW1：5，首端残片。泥质，陶色灰蓝。圆唇。瓦面近唇部段面光、经刮抹，余段饰竖向中粗绳纹；瓦沟为布纹。唇段背部有近方形光面，应为制作支垫遗留。残径11.4、壁厚1厘米（图二三，2）。

鬲　JW1：7，足跟部。夹砂灰陶。实心，低矮，截面呈椭圆形。残高2.2、截面最大径3.3～3.7厘米（图二四，6）。

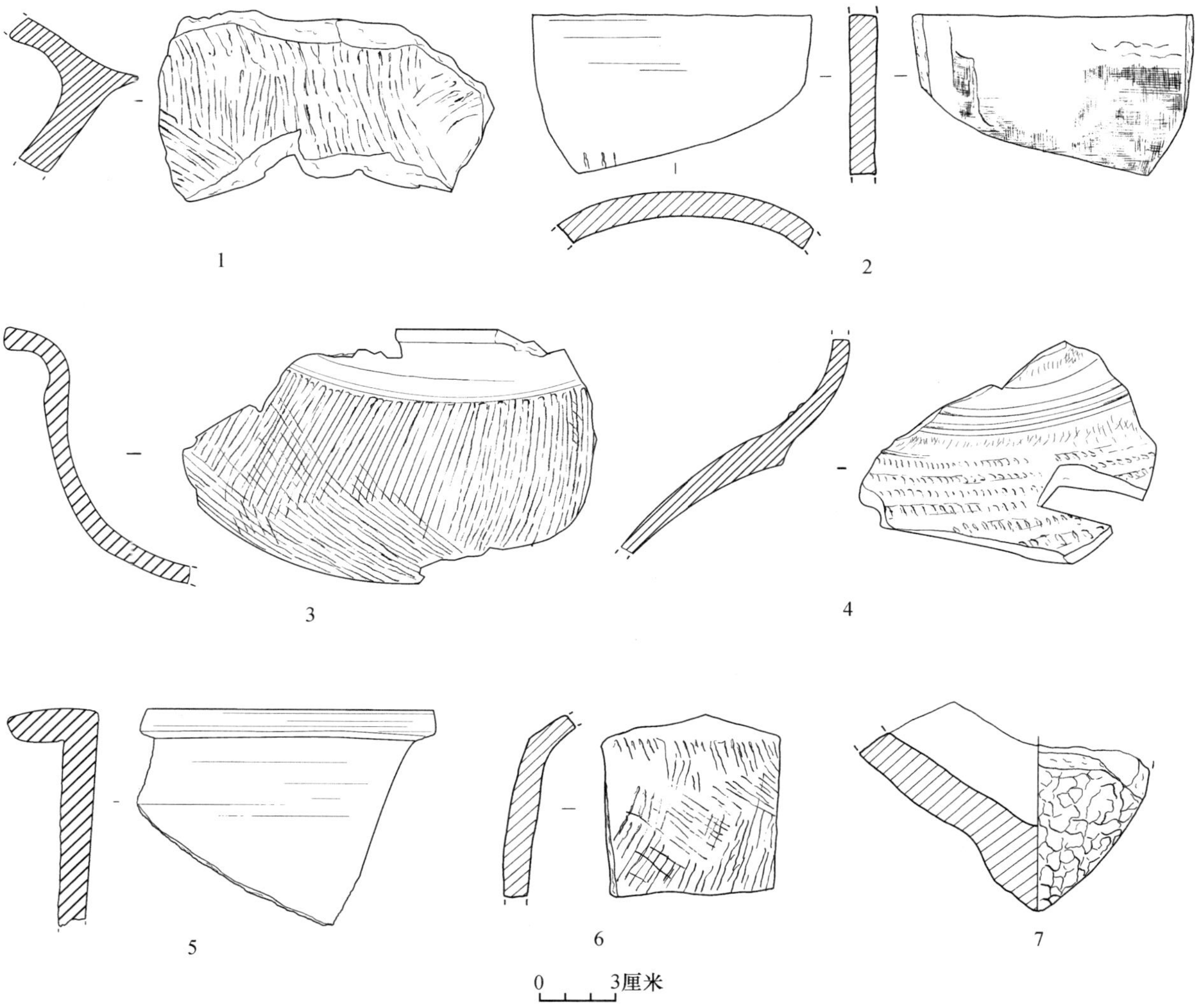

图二三　江凹村采集陶器

1. 甗（JW1：1）　2. 筒瓦（JW1：5）　3. 簋（JW1：6）　4、6. 罐（JW2：1、JW1：3）　5. 瓮（JW1：2）　7. 鬲（JW3：3）

簋　JW1：6，口、腹部。夹砂灰陶。侈口，方唇，束颈，圆腹微垂。颈部抹光，上腹部饰斜向细绳纹，下腹部饰交错绳纹，较为深峻。胎内夹砂颗粒大，凸出器表。残高10.6、壁厚0.7厘米（图二三，3；图版三，3）。

石刀　1件。JW1：8，残。赭黄色砂岩质。残存部分近圆角长方形，双面刃，刃部磨制，器身中部有一处残半的钻孔，不甚规整，双面钻成。残长6.3、宽5.4、厚0.2～0.8、孔径1.4～0.8厘米（图二四，5；图版三，4）。

2. 村东南断面

编号JW2　东西向，略呈西高东低，总长约36.23米。地理位置坐标北纬34°22′24.98″～34°22′25.44″，东经109°38′52.71″～109°38′56.73″，海拔650～647米。

地层堆积　断面高1.4～2.7米，堆积可分为3层。

第1层：耕土层。灰褐色，土质较疏松。包含较多植物根系、少量石块及陶片等。厚0.2～0.3米。

第2层：扰土层。褐色，土质较疏松。包含植物根系、零星红烧土粒、料姜石粒、少量周代陶片及晚期瓷片等。厚0.25～0.5米。JWH1即开口于该层下。

第3层：生土层。

遗迹　灰坑1处，编号JWH1。开口于第2层下。口距地表深0.6、口长4.1、深0.8米，边壁直，平底。坑内填土较纯净，较硬，近底有灰陶残片，或为受扰墓葬。

遗物　较少。陶质有夹砂及泥质两种，陶色多为灰陶，极少量红陶，可辨器形主要有罐、甑等。

罐　JW2：1，罐肩部。陶色灰蓝，夹细砂。似小口，束颈，广肩。肩部有多组横向绳纹，颈部有凸弦纹，内壁有细密的快轮痕迹。残高8、残宽13厘米（图二三，4；图版三，5）。

3. 东南台塬地表

编号JW3　中心地理位置坐标北纬34°22′20.05″，东经109°38′47.99″，海拔658米，地表遗物俯首可拾，主要器形有陶罐、瓮、鬲及钵等。

罐　JW3：1，颈、肩部。泥质灰陶。束颈，鼓肩。有宽耳，耳面三道阴弦纹，颈部亦有弦纹装饰。残高7.2、残宽6、壁厚0.7、耳宽3厘米（图二四，4；图版三，6）。

瓮　JW3：2，口部。夹砂灰陶，黑皮。敛口，宽折沿，方唇，肩部外扩急。沿宽3.8厘米，缘掐有花边，二次敷泥而成，泥片包裹内芯痕迹明显。残高3.7、残宽7.1、壁厚0.9～1.5厘米（图二四，2）。JW3：4，口部。夹细砂褐陶，黑皮。敛口，宽平沿，方唇。沿宽2.9厘米，利器在缘部切割出花边。沿以下均饰竖向绳纹，有烟炱痕迹。残高4、残宽8、壁厚0.7～1.1厘米（图二四，3；图版三，7）。

鬲　JW3：3，足部。泥质陶，蓝灰色。尖锥足，饰细密的小麻点。裆低。原器形大，器壁厚。残高7.2、壁厚1.3厘米（图二三，7；图版三，8）。

钵　JW3：5，口部。泥质红陶。直口，圆唇。残高5、残宽4.2、壁厚0.8厘米（图二四，7；图版三，9）

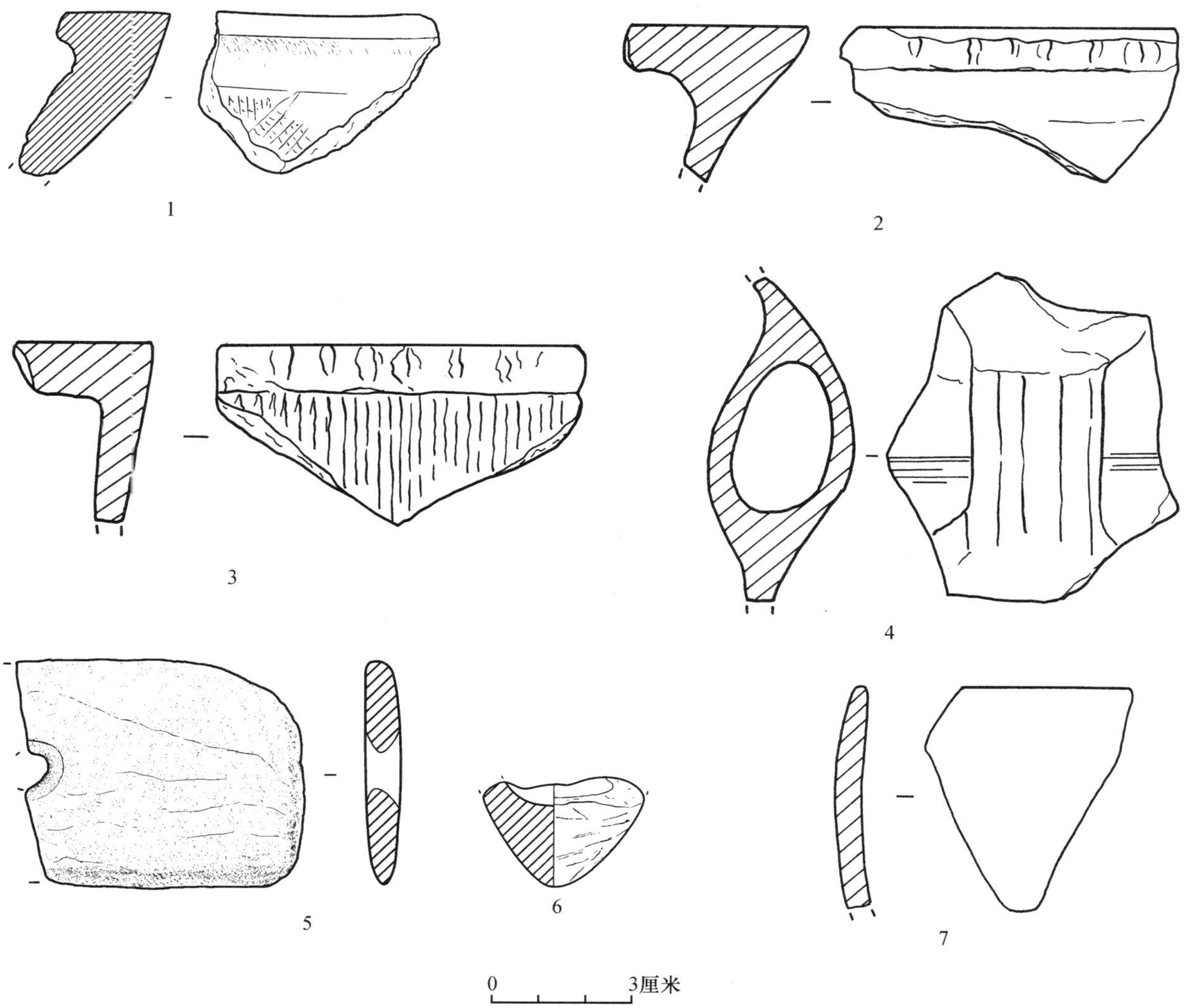

图二四　江凹村采集遗物

1、4. 陶罐（JW1：4、JW3：1）　2、3. 陶瓮（JW3：2、JW3：4）
5. 石刀（JW1：8）　6. 陶鬲（JW1：7）　7. 陶钵（JW3：5）

（三）东阳村

东阳村调查主要在现民居南、北、东等地区开展，包括2处断面、6处塬地表。

1. 断面

（1）村北

编号DY2。近东西向，全程约38米，地理位置坐标北纬34°22′48.53″～ 34°22′49.11″，东经109°37′57.66″～109°37′58.89″，海拔604～605米。

地层堆积　断面西高东低，西端最高处约4.6米，东端高约4.2米，暴露堆积4层。

第1层：耕土层。灰褐色，土质较疏松。包含较多植物根系及少量陶片、瓦片等，水平分布。厚约0.2米。

第2层：扰土层。褐色，土质较疏松。包含植物根系、少量石块、陶片、瓦片等，局部似夹杂有略带层理结构的晚期路土。水平分布。厚约0.3米。

第3层：秦汉文化层。黄褐色，土质较疏松。包含较多红烧土颗粒，少量炭屑、料姜石粒等，零星陶片。水平分布。可见厚度0.6～0.8米。

第4层：生土层。

遗物　较少，仅一件筒瓦首段。DY2：1，不均匀夹细砂，陶色蓝黑。方唇。首段磨光，后为竖向绳纹，内饰布纹。残长10.3、残宽6.4、壁厚1～1.4厘米（图二五，5）。

（2）村东

编号DY5，近南北向，全长88.3米，地理位置坐标北纬34°22′45.94″～34°22′43.09″，东经109°38′2.15″～109°38′3.83″，海拔609～613米。断面北高南低，高1.1～0.6米。

地层堆积　3层。

第1层：耕土层。包含物较少。厚约0.3米。

第2层：扰土层。土质较硬，色黄，包含黑色炭屑、灰陶残片，可辨认器形有板瓦1件。厚约0.3米。

第3层：秦汉文化层。土质较疏松，色黄灰，尤其是北部土色深。夹残陶片。厚0～0.5米。

遗物　种类较多，涉及时代较杂。包括红陶钵、尖底瓶等仰韶时期遗物，也有少量秦汉时期的板瓦、灰陶罐，以西周时期陶鬲、三足瓮等遗物为主。

板瓦　1件。DY5：1，泥质，陶色深蓝。圆唇微翘，外壁饰粗绳纹，内壁局部有小麻点。残长14.4、残宽18.5、壁厚1厘米（图二五，3）。

鬲　DY5：2，足部。泥质灰陶。近柱状平跟，截面较扁，实心部分较高，裆低平。饰细绳纹，足跟外侧有一处切削痕。残高3.8、足径2.3厘米（图二六，9）。DY5：4，口、肩部。夹砂黑皮陶。敛口近直，宽卷沿，方唇，微束颈，溜肩。沿底可见模糊绳纹，肩部掐有花边，腹部饰绳纹。器形同发掘H47⑤：1。残高5.5、残宽8.8、壁厚0.7厘米（图二五，4）。

三足瓮　DY5：3，口、腹部。泥质黑皮陶。直口，宽折沿，斜直腹。方唇掐捏花边，沿下可见加固捺压痕迹，腹饰细密规整的细绳纹。残高7.4、残宽11、沿宽2.7、壁厚0.8～1.1厘米（图二五，6；图二七，3）。

2. 村南塬地

编号DY1　中心地理位置坐标北纬34°22′34.90″，东经109°38′1.32″，海拔615米。属于2001年发掘A区秦墓葬范围，地表散见遗物较多，主要有陶簋、罐等器形。

簋　DY1：1，口、腹部。泥质灰陶。敞口、宽折沿，外缘处上下皆凸出，唇部残，似尖唇，上腹斜直。饰斜向细篮纹。残高7.2、残宽10.8、壁厚0.8～1、沿宽3.4厘米（图二五，8）。

罐　DY1：2，口、颈部。泥质褐陶。直口有卷沿意，唇长斜下坠，缘尖，束颈，似鼓肩。残高6.9、残宽9.4、壁厚1.4～1.8厘米（图二五，7）。

编号DY3　中心地理位置坐标北纬34°22′40.0″，东经109°38′13.9″，海拔633米。采集残片均为

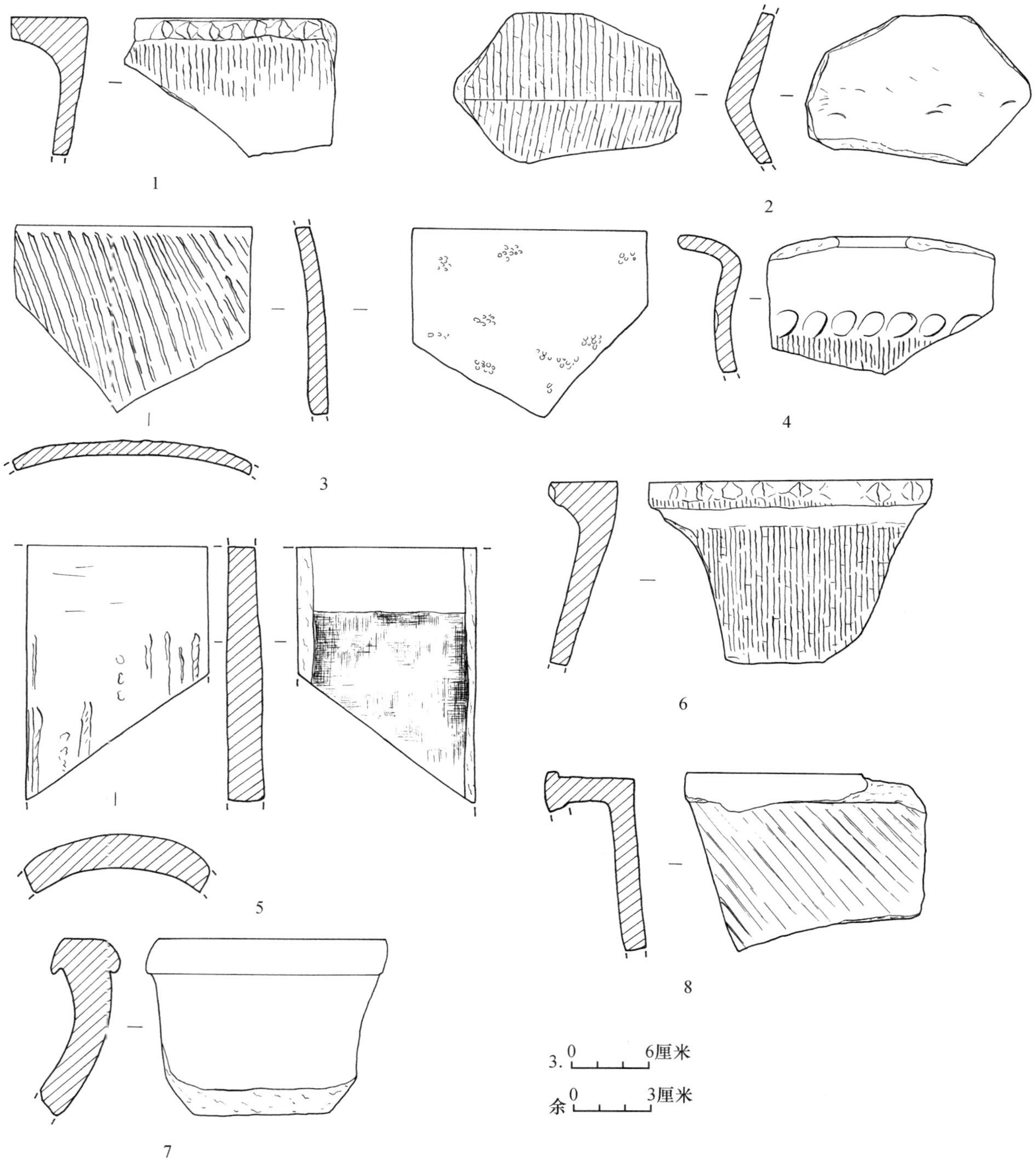

图二五　东阳村采集陶器

1、6. 三足瓮（DY4：1、DY5：3）　2、7. 罐（DY4：4、DY1：2）　3. 板瓦（DY5：1）
4. 鬲（DY5：4）　5. 筒瓦（DY2：1）　8. 簋（DY1：1）

陶质，包括泥质灰陶、泥质褐陶、夹砂灰陶、夹砂褐陶、夹砂黑皮陶等，可辨器形有鬲、罐、瓮。

三足瓮　DY3：1，口部。夹砂黑皮陶。直口，宽折沿，方唇。唇部有规整的掐捏花边，二次敷泥后掐制形成。沿宽2.4、壁厚1.4厘米（图二六，5；彩版四，1）。DY3：2，口部。泥质灰陶。

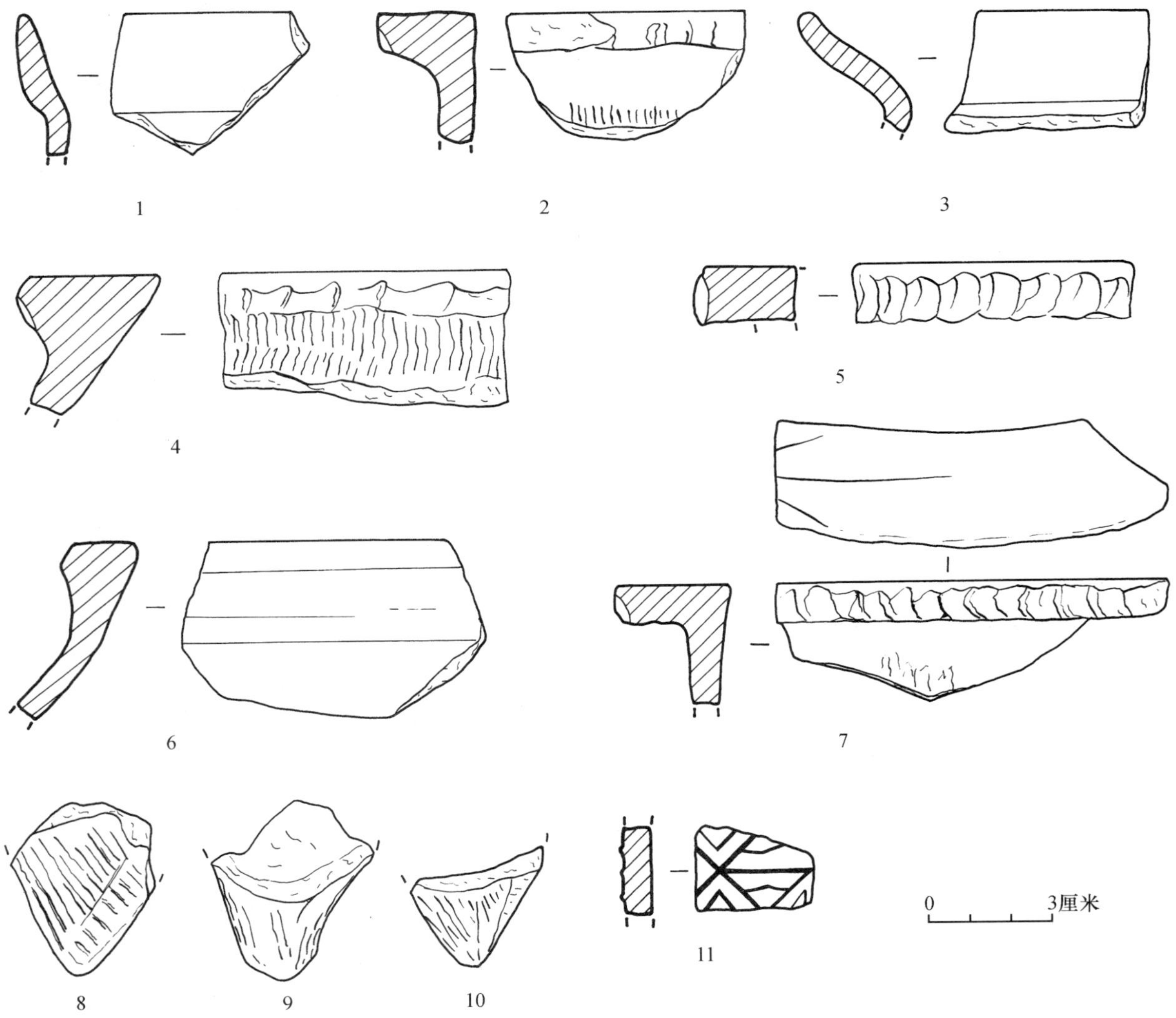

图二六　东阳村采集陶器

1. 直领罐（DY6：4）　2、4、5、7. 三足瓮（DY6：2、DY3：2、DY3：1、DY4：2）　3. 喇叭口罐（DY3：3）　6. 罐（DY6：3）　8～10. 鬲（DY4：3、DY5：2、DY3：4）　11. 簋（DY6：1）

敛口，宽折沿带花边，口沿为敷泥形成。沿下饰细绳纹。残高4.1、残宽7.6、沿宽3.4、壁厚1.2厘米（图二六，4；彩版四，2）。

喇叭口罐　DY3：3，似为喇叭罐口部。泥质褐陶。有磨光，宽沿，圆唇，颈束急外扩。沿宽3.7、壁厚0.7厘米（图二六，3）。

鬲　DY3：4，足部。夹砂灰陶。尖锥状，截面近圆形，饰细绳纹。残高2.8、截面径3、壁厚0.8厘米（图二六，10；彩版四，3）。

编号DY4　中心地理位置坐标为北纬34°22′30.89″，东经109°38′04.97″，海拔623米。采集残片均为陶质，可辨器形有瓮、鬲、罐。

三足瓮　DY4：1，口部。泥质褐陶。口微敛，宽折沿。方唇边缘戳印花边纹，二次敷泥后掐成。残高5.8、残宽9.2、沿宽3.2、壁厚0.8厘米（图二五，1）。DY4：2，口部。褐色，夹细砂黑皮陶。敛口，宽折沿。沿面有刻划，方唇边缘戳印花边，制法同前。残高3.4、残宽9.7、沿宽3、壁厚0.8厘米（图二六，7；图二七，2）。

鬲　DY4：3，足部。夹砂褐陶。尖锥状，截面圆形。饰细绳纹。残高4、截面最大径3.2、壁厚0.9厘米（图二六，8）。

罐　DY4：4，肩部。黑皮陶，褐色。折肩。外壁饰竖向细绳纹，内壁较多指甲印。残高6.1、残宽8.8、壁厚0.5～1厘米（图二五，2）。

编号DY6　中心地理位置坐标北纬34°22′36.60″、东经109°38′13.30″，海拔628米。

遗物　有陶簋、三足瓮、罐等。

簋　DY6：1，磨光黑陶，泥质细腻。饰几何形印纹，套合对顶菱形。壁厚0.8厘米（图二六，11；图二七，1；彩版四，4）。

三足瓮　DY6：2，口部。夹砂褐陶。直口，宽折沿，近方唇，缘边戳印花边。残高3.3、残宽6、壁厚0.9厘米（图二六，2）。

罐　DY6：3，口部。泥质灰陶。直口，平沿，尖圆唇，束颈。残高4.1、残宽7.1、沿宽1.2、壁厚0.8厘米（图二六，6）。

直领罐　DY6：4，口、领部。泥质褐陶。直口，圆唇，直领，领下微外撇。残高3.5、残宽4.8、领高2.5、壁厚0.7厘米（图二六，1）。

编号DY7　中心地理位置坐标北纬34°22′45.95″，东经109°38′00.80″，海拔627米。遗物分布密集，均为红陶残片，可辨器形有陶罐、尖底瓶、钵、盆（？）等。

罐　DY7：1，腹、底部。夹粗砂红陶。斜腹，平底。器表饰模糊的篮纹，外壁未经仔细处理，砂粒均暴露在外。残高8、复原底径13.8、壁厚0.7～1.2厘米（图二八，4；彩版四，5）。DY7：4，底、腹部。泥质红陶。直腹，平底。器表饰斜向篮纹，内壁有慢轮修整痕。残高10.4、复原底径9.6、壁厚0.5～0.7厘米（图二八，8）。DY7：7，口部。泥质红陶。敛口，重唇，溜肩。素

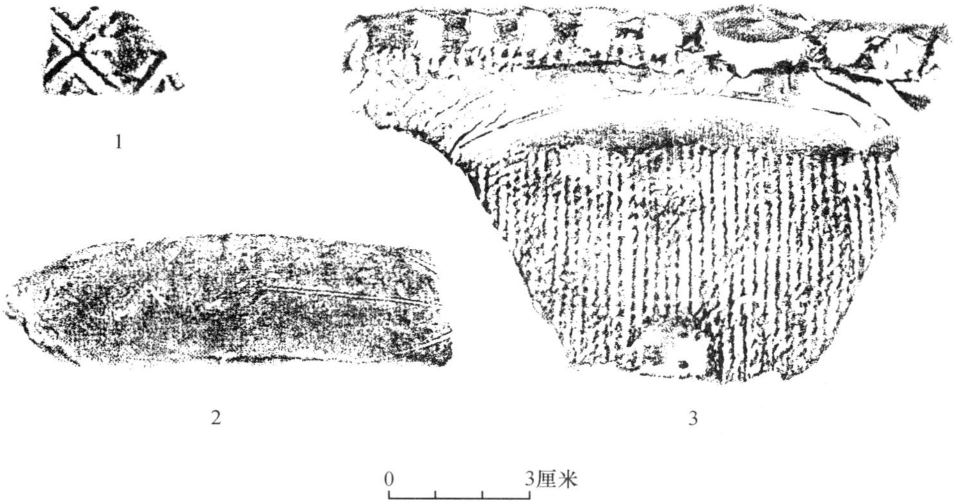

图二七　东阳村采集陶片纹饰拓片

1. 几何形印纹（DY6：1）　2. 刻划纹（DY4：2）　3. 戳印花边纹（DY5：3）

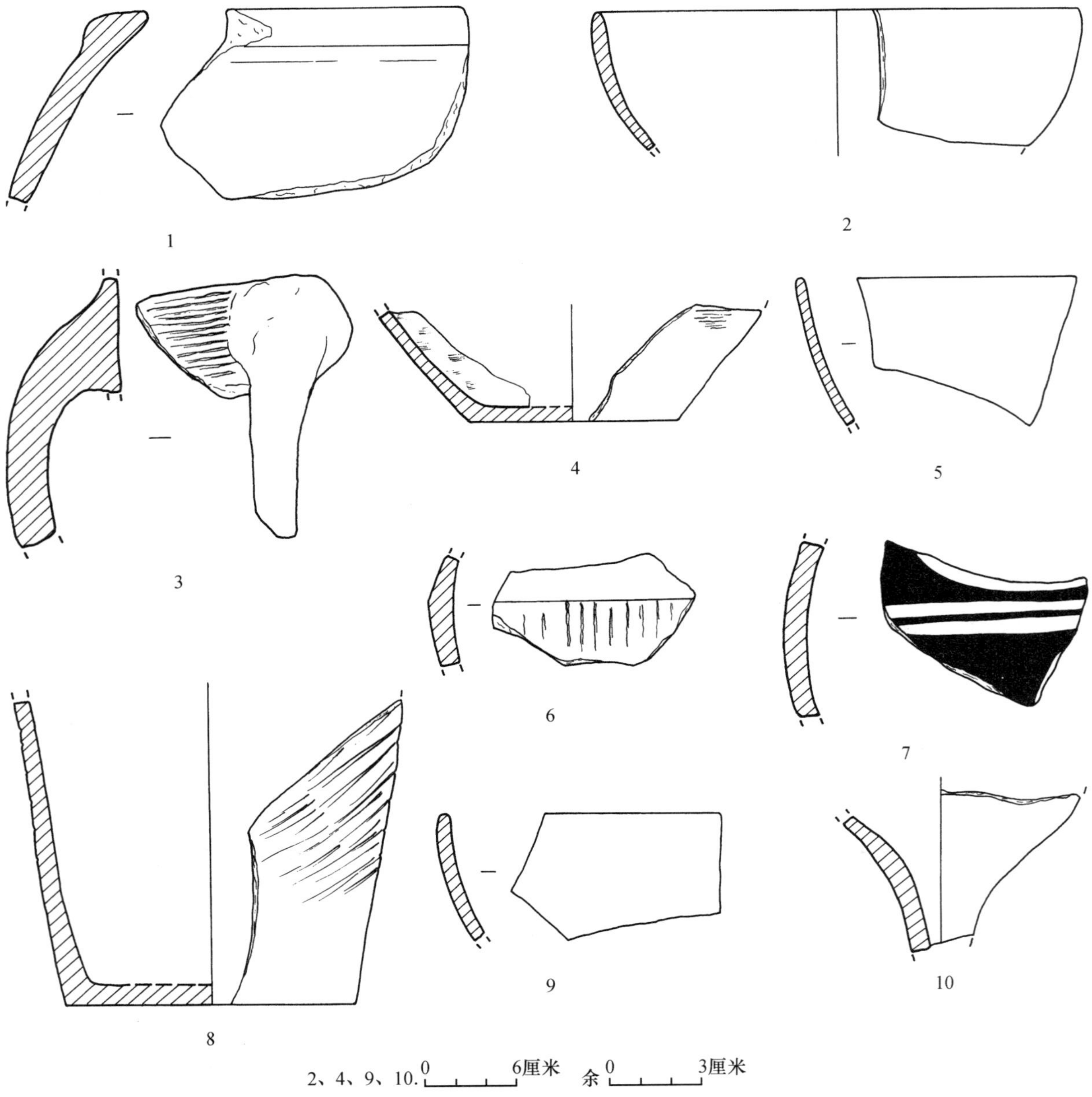

图二八　东阳村采集陶器

1、4、8. 罐（DY7：7、DY7：1、DY7：4）　2、5、9. 钵（DY7：5、DY7：8、DY7：9）
3、10. 尖底瓶（DY7：2、DY7：3）　6. 盆（DY7：10）　7. 陶器残片（DY7：6）

面。残高6.6、残宽10.2、壁厚0.8～1厘米（图二八，1）。

尖底瓶　DY7：2，耳部。泥质红陶。圆柱状泥条制成半环耳，二次粘接制成。器表饰有横向篮纹。残高9.2、残宽7.1、耳粗1.8厘米（图二八，3；彩版四，6）。DY7：3，底。泥质红陶。底部向下较缓地收束。所见部分为素面，下部外壁有刮削修整痕，内壁则见敷泥块后按压痕迹。残高11.2、下部残径8.6、上部残径15.6、壁厚0.6～1.5厘米（图二八，10）。

钵　皆为口、腹部。泥质红陶。器表经打磨。素面。DY7：5，近直口，尖圆唇，弧腹。残高9.6、复原口径31.8、壁厚0.5～0.8厘米（图二八，2；彩版四，7）。DY7：8，敞口，尖圆唇，弧腹。残高5.1、残宽7.2、壁厚0.4厘米（图二八，5）。DY7：9，近直口，圆唇，弧腹。残高4.4、残宽7、壁厚0.5厘米（图二八，9）。

陶器残片　DY7：6，器形不辨。泥质灰陶。器表用黑彩作地，白彩绘出条带、圆点（？）等纹饰。残高5.6、残宽6.8、壁厚0.8厘米，白彩条带宽0.4厘米左右（图二八，7；彩版四，8）。

盆（？）　DY7：10，腹部。夹砂红陶。折腹。下饰被抹平的窄绳纹带。残高3.8、残宽6.7、壁厚0.6～1厘米（图二八，6）。

编号DY8　中心地理位置坐标北纬34°22′35.43″，东经109°38′10.41″，海拔627米。

遗物　主要器形有陶三足瓮、鬲、甗、折肩罐、豆等。

三足瓮　DY8：1，口部。夹细砂褐陶。敛口，宽平折沿，方唇。唇下二次敷泥后戳印花边，器表饰规整的纵向细绳纹，在唇下则有一圈将绳纹抹光的痕迹。残高6.3、残宽10.1、壁厚0.9～1.6厘米（图二九，1）。

鬲　DY8：2，足、裆部。夹粗砂灰皮红胎。裆部应较高。器表饰规整的纵向中绳纹，烟炱痕较重。残高9、残宽8.5、壁厚0.9～1.5厘米（图二九，3）。

甗　DY8：3，口、腹部。夹砂灰陶。口微敛，卷沿，方唇，腹斜直。器表饰模糊的纵向细绳纹和圆窝纹构成的纹饰带。残高6.8、残宽7.3、壁厚0.9厘米（图二九，5）。

折肩罐　DY8：4，肩部。泥质灰陶。折肩明显。器表饰规整的纵向中绳纹。残高7.1、残宽11.1、壁厚0.7厘米（图二九，2）。

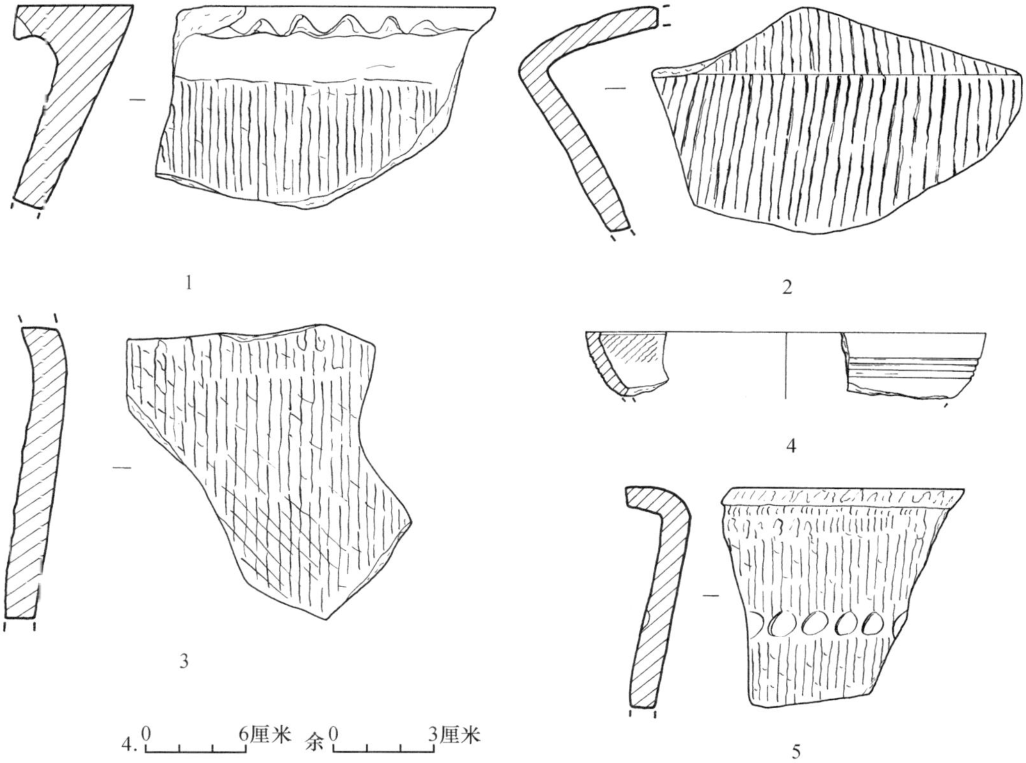

图二九　东阳村采集陶器

1. 三足瓮（DY8：1）　2. 折肩罐（DY8：4）　3. 鬲（DY8：2）　4. 豆（DY8：5）　5. 甗（DY8：3）

豆　DY8∶5，豆盘口部。泥质灰褐陶。敞口，方唇，弧腹较深。腹上饰四道弦纹，唇下内壁饰有斜向绳纹。残高4、复原口径23.8、壁厚0.8厘米（图二九，4；彩版四，9）。

三、外　围　区

（一）野沃沟墓地

位于华县大明镇大明村野沃沟组北侧，经第三次文物普查定为“野沃沟墓地”。资料显示墓地范围约500平方米，南侧已被居民住宅叠压，北侧为农田。1984年清理竖穴土坑墓时出土铜双耳夔纹瓿、面具、头饰及弯月形金头饰等多件商代遗物①。铜面具近圆形，圆目，直径约15厘米（图三〇，1）。头饰1件，金质，呈弯月形。头饰内缘压印窝点纹，两端内卷，各有一穿，似作固定之用。通长28.6、中心最大宽度3.3厘米（图三〇，3）。耳饰2副，金质，造型、纹饰一致，唯大小有别。素面，上部细长如纤，下部如翻卷树叶。耳饰①长13厘米（图三〇，2）；耳饰②长20.5厘米（图三〇，4）。

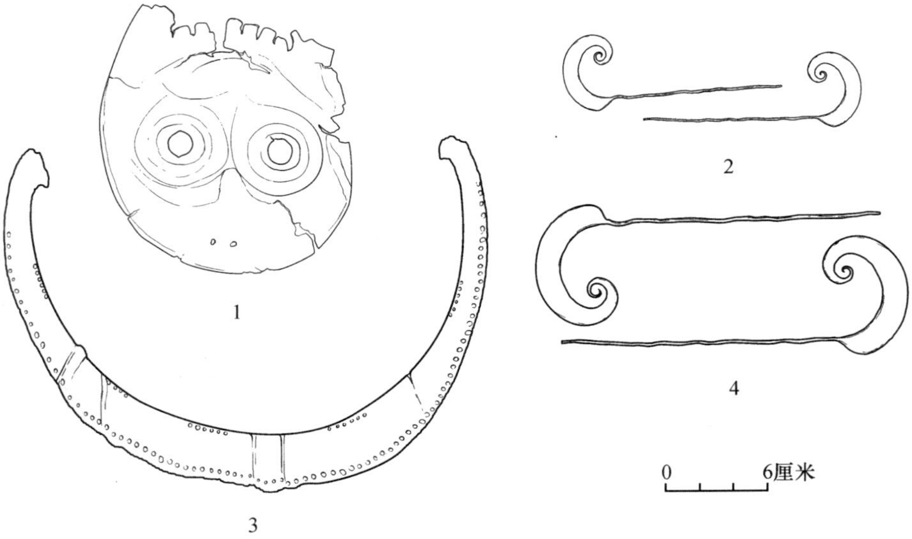

图三〇　野沃沟墓地出土遗物

1. 铜面具　2、4. 金耳饰（耳饰①、耳饰②）　3. 金头饰

本次调查点编号YW　中心地理位置坐标北纬34°25′25.72″、东经109°40′44.02″，海拔625.5米，距里寺调查点LS1直线距离约6.3千米。整体地势较为开阔，略呈多级台阶状，田间断面大多较为低矮，堆积简单，只有表层耕土堆积，灰褐色，土质较疏松，包含较多植物根茎、少量陶片、瓦片、瓷片，堆积较水平状分布。发现灰坑1处。剖面近似弧壁、圜底状。开口距现地表深0.5、口长1.48、深0.9米。其内堆积呈黄褐色，土质较疏松，包含物极少，仅见夹杂有少量白色灰点及零星炭屑、红褐色土粒等。未见遗物，时代不详。

①　陕西省文物局：《陕西省第三次全国文物普查丛书•渭南卷•华县文物》，陕西出版集团陕西旅游出版社，2012年，第36、72页。

地面采集陶片碎小，器形难辨。主要为泥质，陶色包括数量较多的灰、褐色黑皮陶，纹饰包括粗细篮纹、麦粒状绳纹，亦有少量磨光素面。YW：1，似为陶鬲近腹裆部分。二层敷贴陶胎，浅褐色，夹极细白色沙粒。饰杂乱麦粒状绳纹（图三一，1）；YW：2，泥质，黑皮褐色。横篮纹较细密（图三一，2）。

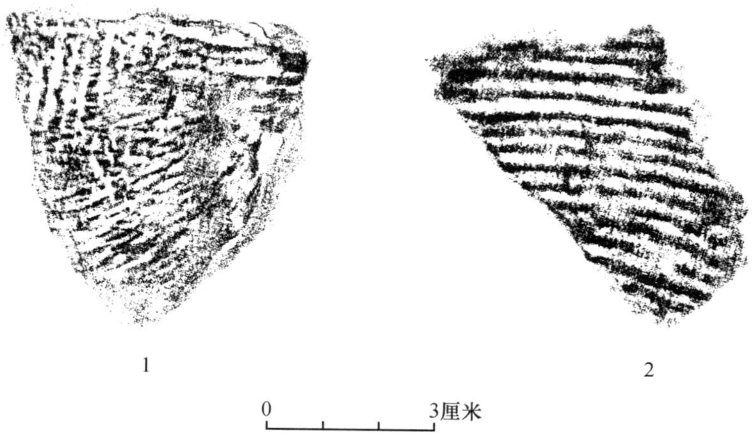

图三一　野沃沟墓地采集遗物纹饰拓片
1. 绳纹（YW：1）　2. 篮纹（YW：2）

（二）堡底

编号NH　位于华县东阳乡堡底村北的台地上。调查编号BD，中心地理位置坐标北纬34°22′58.21″，东经109°37′33.27″，海拔591米。断面堆积有文化层，距现地表深度为1.5米，厚度约0.5米。有灰坑一处，开口于耕土下，含少量灰陶残片。地表偶见遗物，采集陶片均为夹砂褐陶，饰绳纹，可辨器形有甗、罐、钵，还有一节石环（图版四，1、2）。

（三）北侯村

位于华县东阳乡北侯村西北。文化遗存少见，仅有零星灰陶绳纹、红陶细绳纹等陶片，可辨器形为陶罐、陶盆等。

（四）南侯沟

编号NH　位于华县东阳乡南侯沟村南部。断面观察文化层距现地表深度为0.5～1.5米，厚度约为0.5米。地表文化遗存很少。地面遗物主要为仰韶时期的罐类（图版四，3）。

陶环　NH：1，残。泥质灰陶。内圈为圆孔，外圈“肉”部为波浪形。残长5.5、残宽3.5、厚2.2～2.6厘米（图三三，6）。

罐　NH：2，口、腹部。夹砂红陶，侈口，平沿稍斜，圆唇，短斜领，弧腹。领部以下饰密集规整的弦纹，口沿上有慢轮修整痕迹。残高10、复原直径16.4、壁厚0.7厘米（图三二，3）。NH：4，口部。夹砂灰陶。口微敛，沿有卷意，圆唇。素面。残高5、残宽5、壁厚0.7厘米（图三三，2）。NH：5，口部。夹砂红陶。直口，平沿，圆唇。沿下内侧有台棱，颈部有凸棱，短肩微有折意。颈下饰斜向粗篮纹，唇部内外及器壁内侧有慢轮修整痕。残高5.8、残宽8.4、壁厚1.1厘米（图三二，6）。NH：6，口部。夹砂红胎灰皮。侈口，斜沿，近方唇。唇上饰泥条二次黏结的波浪状纹，唇下有宽扁泥条贴塑，再下饰篮纹，内壁有轮修痕。残高6.2、残宽5.8、壁厚0.9厘米，贴塑泥条宽2.2厘米（图三三，1）。NH：7，口、腹部。夹砂灰陶。侈口，斜沿，尖唇，无颈，直腹。腹饰篮纹，口沿上有轮修痕。残高4.5、残宽5.5、壁厚0.7厘米（图三三，5）。NH：8，腹、底部。夹粗砂红陶。斜直腹，平底。器壁饰疏离断续的粗大篮纹，沙粒暴露器表，以内壁为甚。残高5、底径18、壁厚1厘米（图三二，5）。

盆　NH：3，口部。泥质红陶。敛口，宽平折沿，方唇。沿面微鼓饰有几何形黑彩，唇上亦饰黑彩。残高3.1、残宽6、壁厚0.7厘米（图三三，4）。

盘　NH：9，口、身部。泥质褐陶。直口，方唇，唇向内侧“出檐”，下有一周凹槽，直腹。饰规整的纵向细绳纹。残高6.5、残宽10、壁厚0.9厘米（图三二，4）。

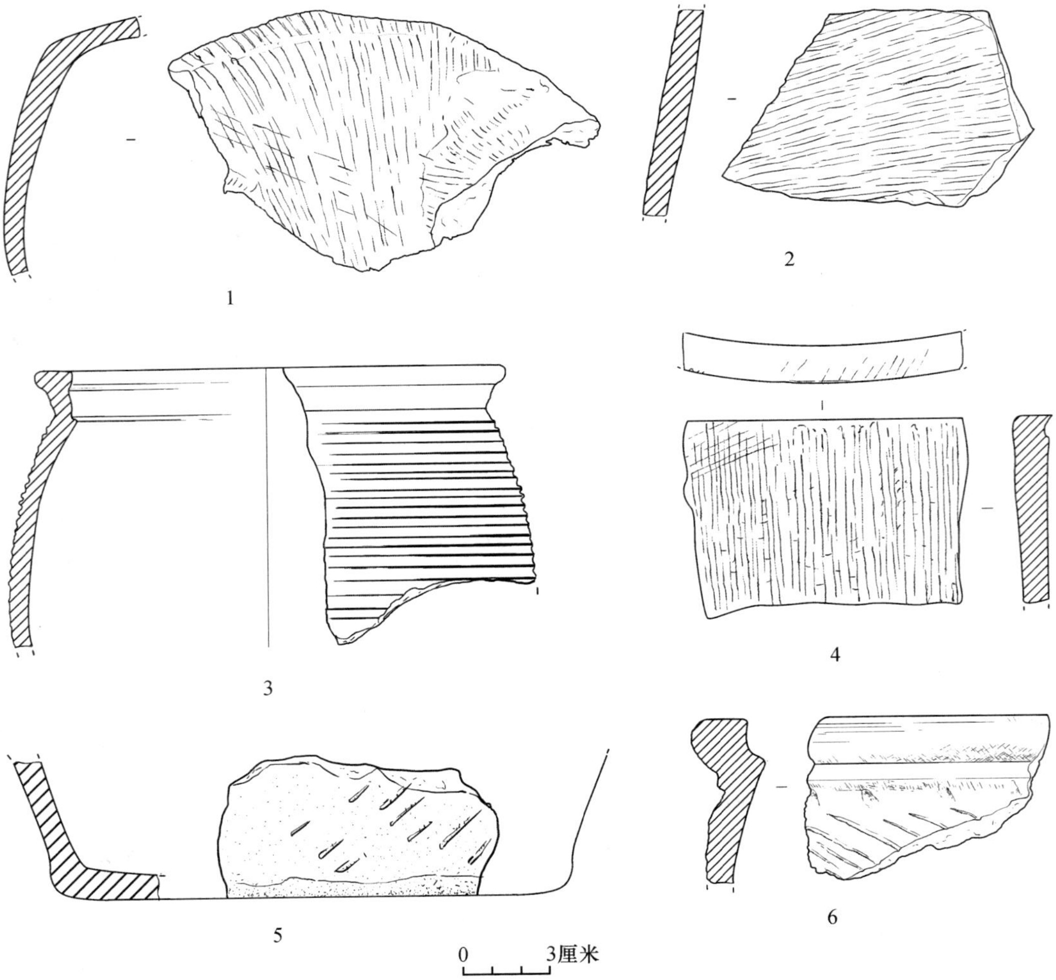

图三二　南侯沟遗址采集陶器

1、2. 器形不辨陶片（NH：10、NH：12）　3、5、6. 罐（NH：2、NH：8、NH：5）　4. 盘（NH：9）

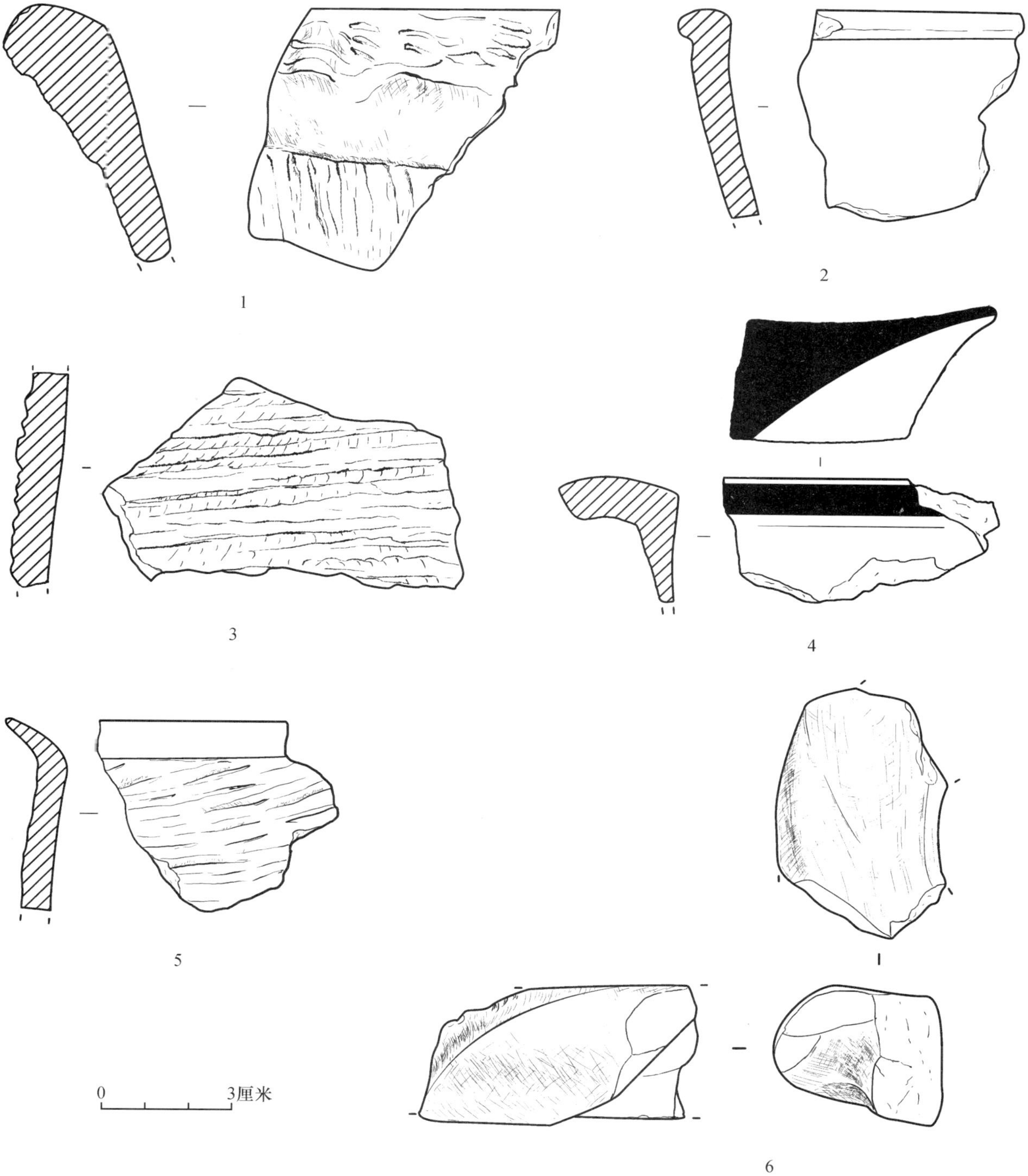

图三三　南侯沟遗址采集陶器

、2、5. 罐（NH：6、NH：4、NH：7）　3. 器形不辨陶片（NH：11）　4. 盆（NH：3）　6. 环（NH：1）

器形不辨陶片　NH：10，泥质红陶。似为器腹。器表饰交错绳纹及篮纹。残宽15、残高9.3、壁厚0.6～1厘米（图三二，1）。NH：11，夹细砂红陶。器表饰密集且规整深峻的绳纹，近麦粒状，中等粗细。每道绳纹宽0.2厘米左右（图三三，3）。NH：12，泥质灰陶。器表饰规整的篮纹。篮纹每道宽约0.2、间距0.3厘米（图三二，2）。

（五）泽口

编号ZK　位于东阳乡泽口村西北台塬地，为河川旁二级台地，呈南北宽、中间窄的长条状，地势北高南低，南北长约800米，东西最宽处约300米，面积约24万平方米。调查中心地理位置坐标北纬34°23′17.03″，东经109°36′53.78″，海拔603米。地表遗物丰富。除陶片外尚有陶纺轮、陶刀等生产工具，陶片基本为泥质或夹砂红陶，器形可辨有钵、罐、瓮、盆等。

遗址南部有一现代砖厂，取土处断面可见较多灰坑，编号为ZK1的断面，略呈“几”字形，总长201米，西点坐标北纬34°23′3.17″，东经109°36′56.64″，海拔603米。文化层距现地表深0.5～2.5、厚0.3～1.5米。可见灰坑6处，均开口于第3层下。其中有4处灰坑夹杂泥质红陶残片（图版四，4～8）。

盆　ZK：7，口、腹部。泥质灰胎红皮陶。敛口，宽折沿，尖圆唇，沿面稍鼓，上腹较直。素面，沿面磨光。残高7.2、残宽11.5、壁厚1～1.5厘米（图三四，1）。

纺轮　ZK：1，基本完整。夹砂灰陶。整体为顶端平的圆锥体，中央有孔。器表饰同心圆状的凸弦纹。高3.4、顶径1.8、底径5.8、孔径0.6厘米（图三五，7）。

刀　ZK：13，夹细砂灰陶。平面近似长方形，为一块器物的陶片加工而成。非刃的一端残缺，形状不规则，刃端有磨制痕，为双面刃，纵截面近等腰三角形。一面饰有绳纹，为陶器本身之纹饰。残长4.4、残宽3.8、厚1.5厘米（图三五，4）。

钵　均为口、腹部。泥质红陶。4件为敛口。ZK：2，圆唇，唇稍内卷，鼓腹。器表磨光。残高2.8、残宽5.3、壁厚0.3～0.5厘米（图三五，5）。ZK：4，方唇，鼓腹。器表有轮修痕。残高4.5、残宽6.6、壁厚0.3～0.7厘米（图三五，1）。ZK：5，方唇，弧腹。器表磨光，饰黑彩，图案不能辨明。残高5、残宽5.4、壁厚0.6厘米（图三五，3）。ZK：6，器形较厚重，方唇，鼓腹。器表有轮修痕。残高7.5、残宽7.5、壁厚1.1厘米（图三四，2）。1件为直口尖唇，弧腹。ZK：3，器表局部磨光。残高6.3、残宽6.1、壁厚0.9厘米（图三五，2）。

罐　ZK：8，口部。泥质褐陶。直口，宽平折沿，方唇有圆意。素面。残高3、径11、壁厚0.6厘米（图三四，4）。ZK：10，腹部。泥质灰胎红皮陶。可见部分为直腹。通体饰两道一组的斜向细绳纹，最上部饰凸弦纹，其下有泥条二次贴塑的纹饰，其平面近似椭圆形，中部凸起，下部折出成鋬状。残高13、残宽9.3、壁厚1厘米，泥条贴塑长4.8、宽2.3厘米（图三四，3）。

瓮　ZK：9，口部。夹粗砂红陶。近直口，宽平折沿，尖圆唇，口下内壁面稍内凹，唇部厚重。器表饰菱形小方格纹。残高11.1、残宽8.4、壁厚0.9～1.2厘米（图三四，6）。

不辨器形陶片　ZK：11，器腹部。泥质灰胎褐皮陶。器表饰细密的细绳纹，再饰磨光弦纹。残高7、残宽7、壁厚0.5～0.7厘米（图三四，5）。ZK：12，器腹。泥质红陶。器表磨光，绘有黑彩。残长4、残宽4.6、壁厚0.7厘米（图三五，6）。

（六）寺城子

位于华县高塘镇寺城子村北部，涧峪河东岸的高台地上。

调查编号SCZ　在村南地理位置坐标北纬34°23′54.64″～34°23′55.72″，东经109°40′4.17″～

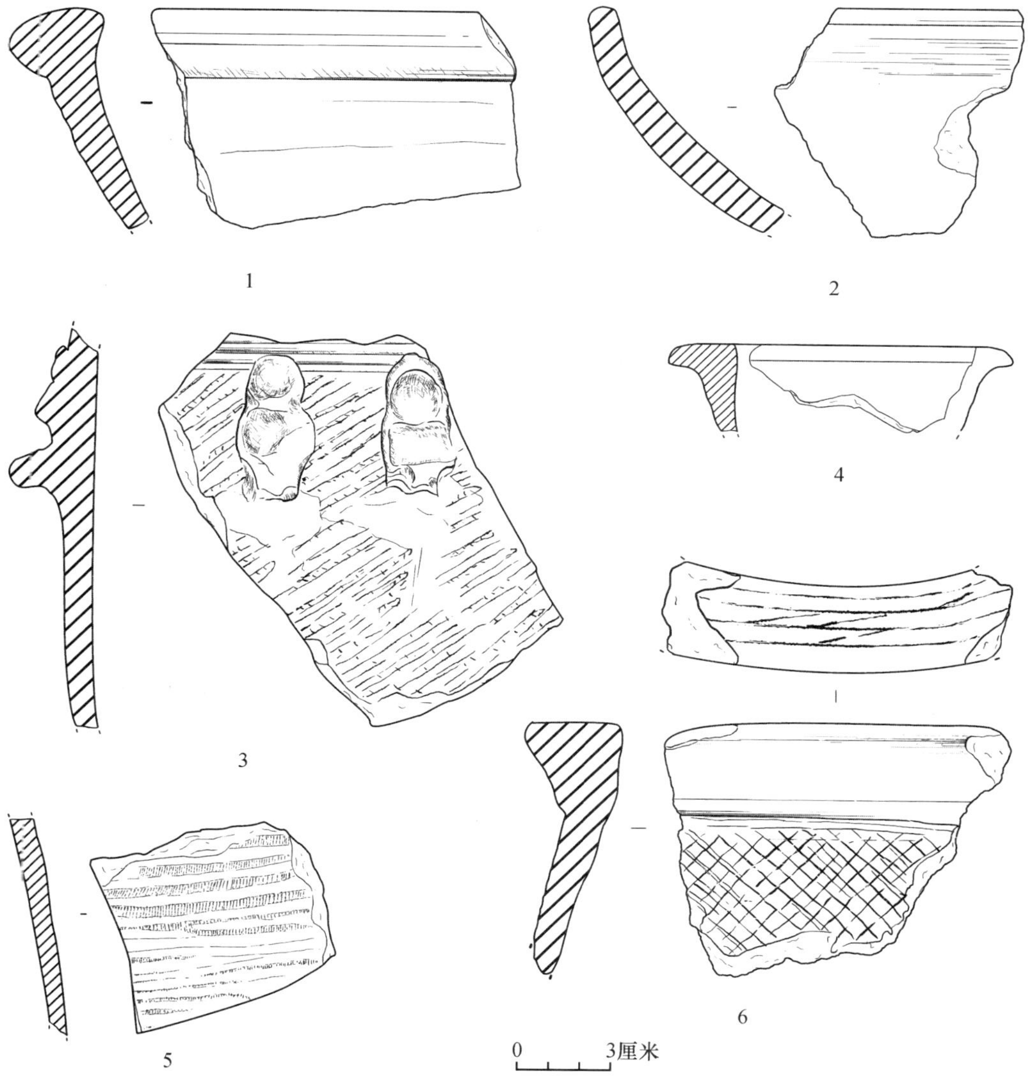

图三四　泽口遗址采集陶器

1. 盆（ZK：7）　2. 钵（ZK：6）　3、4. 罐（ZK：10、ZK：8）　5. 不辨器形陶片（ZK：11）　6. 瓮（ZK：9）

109°40′5.95″，海拔625～626米处，有长约55米断崖，断面西低东高，可见堆积包括3层。暴露灰坑3处（彩版五，1～3），均开口于第2层下。地表采集遗物除一件石刀外，余皆为陶器残片，有泥质红陶、泥质灰陶，夹砂灰陶等类，纹饰有素面磨光、彩绘、篮纹、细线纹、绳纹、泥条贴塑等，可辨器形有钵、盆、罐、瓮、甗、簋、斝等（彩版五，4）。

石刀　1件。SCZ：12，残。青灰色沉积岩。现存部分近长方形，一角圆弧，刃部为单面刃。长4.6、残宽2～3.1、厚1.1厘米（图三六，5）。

钵　皆为口、腹部。泥质红陶。敛口，鼓腹。素面。SCZ：1，圆唇，鼓腹较甚。残高4.2、残宽5.8、壁厚0.5～0.8厘米（图三六，2）。SCZ：2，方唇。器表经磨光。残高3.7、残宽6.2、壁厚0.6厘米（图三六，3）。

盆　SCZ：3，口部。泥质褐陶。敛口，折沿，圆唇，沿面弧鼓。器表磨光，唇部绘黑彩一

图三五　泽口遗址采集陶器

1～3、5. 钵（ZK：4、ZK：3、ZK：5、ZK：2）　4. 刀（ZK：13）　6. 不辨器形陶片（ZK：12）　7. 纺轮（ZK：1）

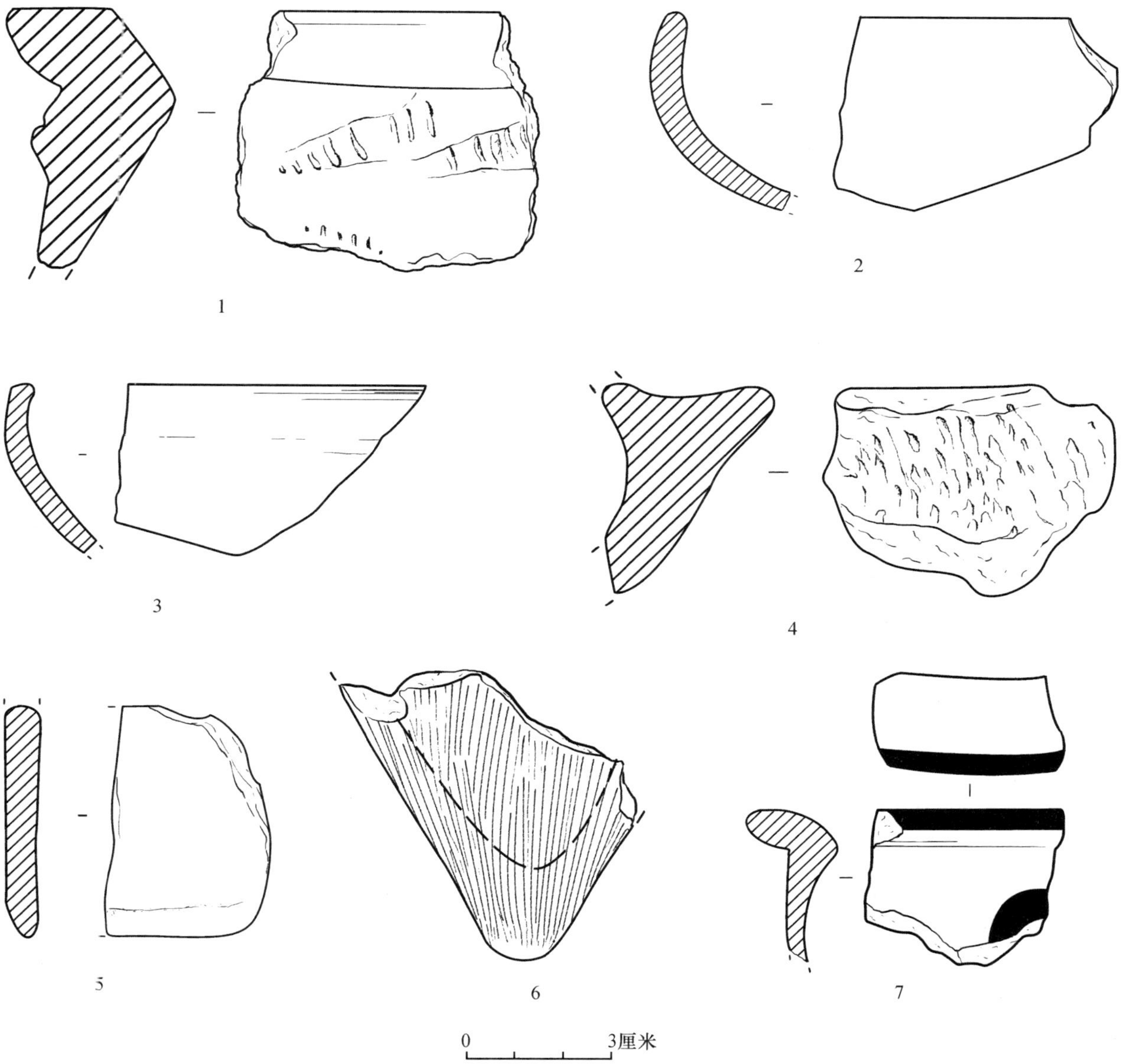

图三六　寺城子遗址采集遗物

1. 陶瓮（SCZ：10）　2、3. 陶钵（SCZ：1、SCZ：2）　4. 陶甗（SCZ：11）
5. 石刀（SCZ：12）　6. 陶斝（SCZ：4）　7. 陶盆（SCZ：3）

周，腹部亦有黑彩纹饰。残高3.3、残宽3.8、壁厚0.6厘米（图三六，7）。

斝　SCZ：4，足部。灰胎红皮陶。空心锥足，横截面呈圆形，足跟平。器表饰规整的纵向细线纹至足跟。残高6.2、足跟径1.5、壁厚0.5～0.8厘米（图三六，6）。

高领罐　SCZ：5，口、领部。夹细砂褐胎黑皮陶。侈口，窄折沿，圆唇，高直领。器表磨光。残高9.4、复原口径12、壁厚0.6厘米（图三七，4）。

罐　SCZ：6，口部。夹细砂灰陶。侈口，圆唇，束颈，弧肩。颈部以下满饰小方格纹作地的纵向篮纹。残高4.8、复原口径13、壁厚0.5厘米（图三七，2）。SCZ：7，底。泥质灰陶。平底，下腹直收。腹部饰篮纹。残高6.9、复原底径16.4、壁厚0.8～1.4厘米（图三七，5）。

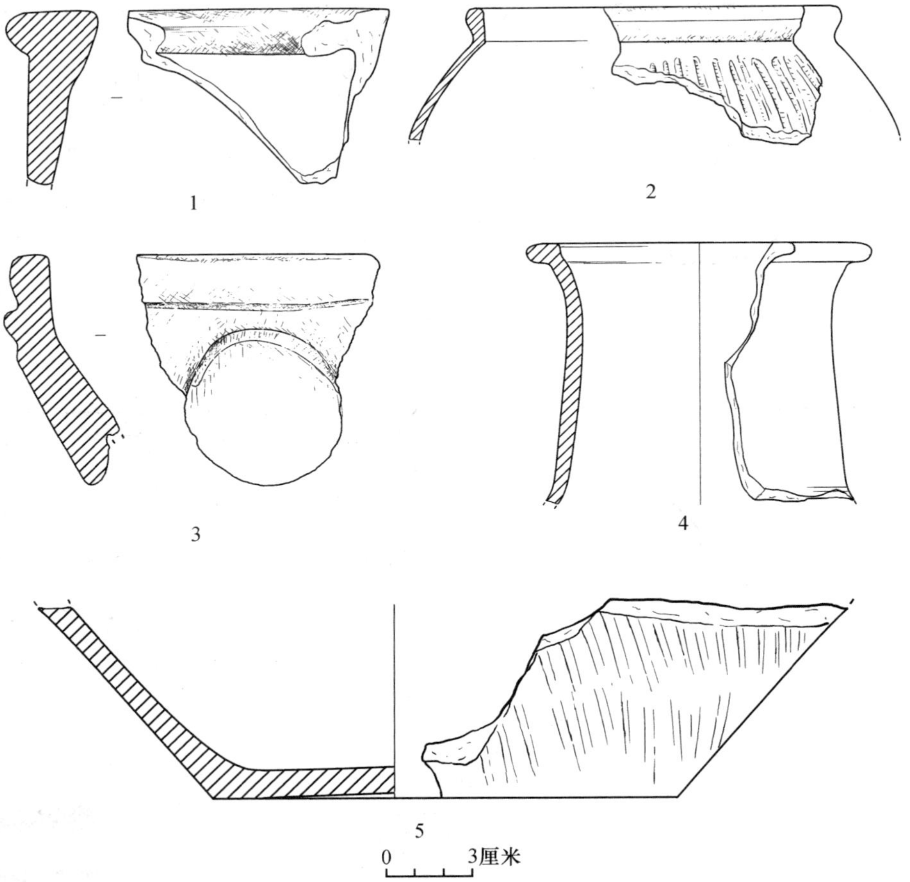

图三七　寺城子遗址采集陶器

1. 瓮（SCZ：9）　2、5. 罐（SCZ：6、SCZ：7）　3. 簋（SCZ：8）　4. 高领罐（SCZ：5）

簋　SCZ：8，口、腹部。夹砂灰陶。敛口，方唇，唇下有台棱，腹斜直。器表磨光，腹部贴塑一圆形泥饼。残高8.4、残宽8.4、壁厚0.8～1.1厘米，圆形泥饼径5.6厘米（图三七，3）。

瓮　SCZ：9，口部。泥质灰陶。直口，平折沿，圆唇。素面，沿面上磨光。残高6.3、残宽8.9、壁厚1.3～1.6厘米（图三七，1）。SCZ：10，口部。夹砂灰陶。侈口，平折沿，尖唇。唇下二次覆泥上饰戳印纹。残高5.6、残宽6.2、壁厚1.1～1.8厘米（图三六，1）。

甗　SCZ：11，腰部。夹细砂灰陶。束腰，内壁出挡，截面近“T”形。器表饰绳纹。残高4.5、残宽6、壁厚0.9～1.2厘米（图三六，4）。

（七）东尧村

位于华县高塘镇东尧村（南堡村）东南侧，调查编号NB，调查中心地理位置坐标北纬34°24′14.28″，东经109°39′24.57″，海拔591米。遗址破坏严重，多处断面见有遗迹现象，文化层距现地表深0.5～2.5米，厚0.3～2米（彩版六，1、2）。采集陶片有泥质、夹砂两种，以红陶为主，灰陶、红褐陶次之，纹饰有绳纹、素面、附加堆纹、戳刺纹，还有圆点勾叶、弧线三角黑色彩绘陶片，可辨器形有尖底瓶、罐、钵、瓮、器盖等。

大口罐　共2件。皆口、腹部残片。夹砂褐陶。NB：1，侈口，斜沿，沿向内部凸出，截面呈三角形，为二次粘接制成。圆唇。腹部饰斜向篮纹，又饰泥条贴塑的花边状横鋬。残高5.9、残宽10.5、壁厚0.9厘米，鋬长9.4、宽1.7厘米（图三八，1；彩版六，3）。NB：3，侈口，斜沿，尖圆唇。腹部饰交错绳纹，唇下饰有波浪状的泥条贴塑，其上又间隔饰刻划短线。残高7.6、复原口径

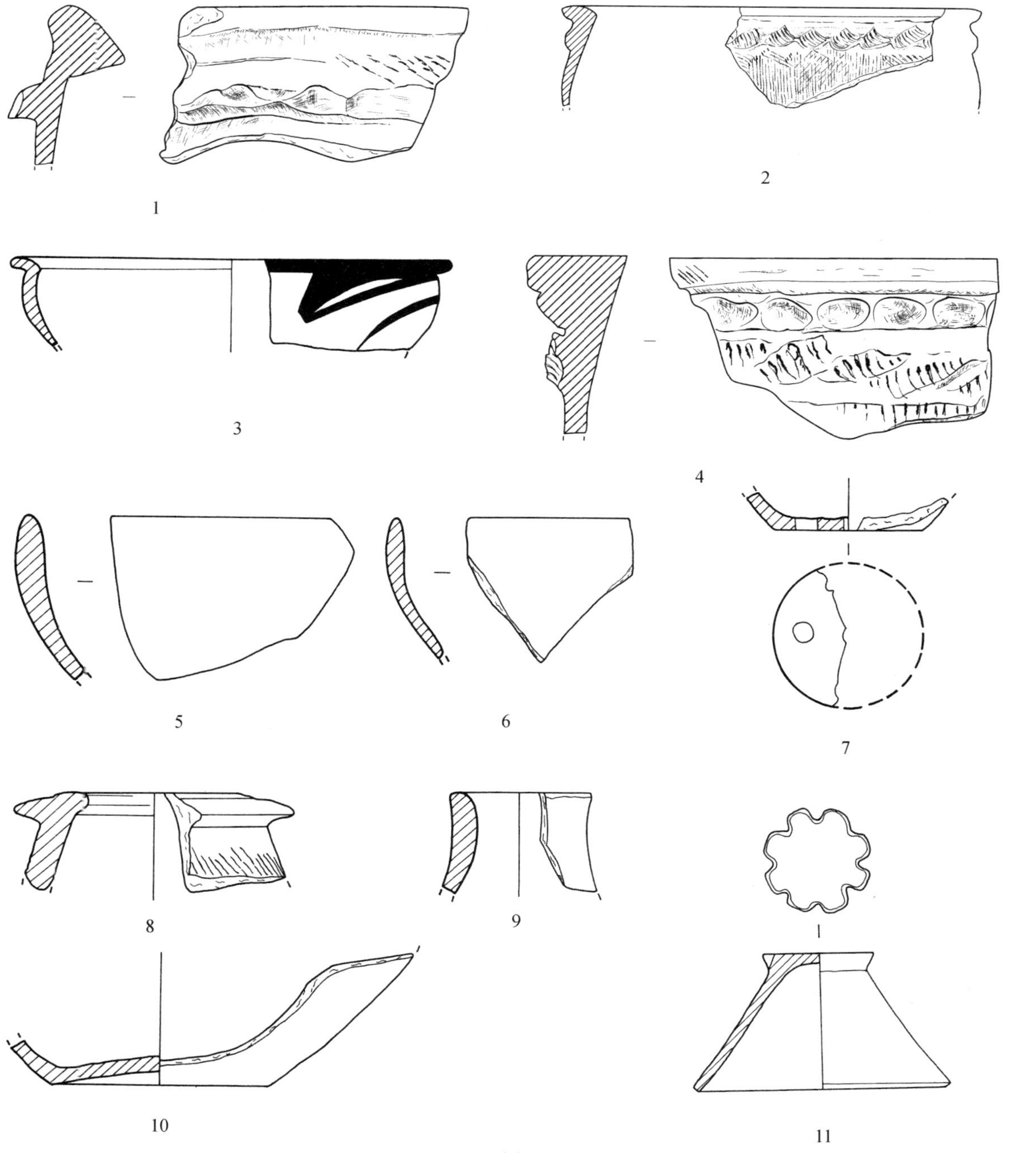

2、3、7、11. 0　6厘米　余 0　3厘米

图三八　东尧遗址采集陶器

1、2. 大口罐（NB：1、NB：3）　3. 盆（NB：6）　4. 瓮（NB：2）　5、6. 钵（NB：10、NB：9）　7. 甑（NB：7）　8. 瓶（NB：4）　9. 尖底瓶（NB：5）　10. 罐（NB：8）　11. 器盖（NB：11）

30.4、壁厚0.8厘米（图三八，2）。

瓮　NB：2，口部。夹砂灰陶。敛口，宽平折沿，方唇。唇下饰泥条贴塑花边，其下又饰一条波浪状泥条贴塑。残高6.8、残宽12、壁厚0.8～1.3、沿宽3.6厘米（图三八，4；彩版六，4）。

瓶　NB：4，口部。泥质红陶。敛口，重唇，直颈。颈上饰细线纹。残高3.7、复原外口径10.2、内口径5.2、壁厚1.1厘米（图三八，8；彩版六，5）。

尖底瓶　NB：5，口部。泥质红陶。侈口，圆唇，短直颈。残高3.8、复原口径5.2、壁厚0.9厘米（图三八，9；彩版六，6）。

盆　NB：6，口、腹部。泥质红陶。敛口，斜沿，圆唇，鼓腹。器表磨光，腹部绘黑彩弧形几何纹，唇部绘黑彩。残高6.8、复原口径32.2、壁厚0.4～0.8厘米（图三八，3；彩版六，7）。

甑　NB：7，底部。泥质红陶。平底。上有圆孔。残高2.8、复原底径11.2、壁厚1、孔径1.6厘米（图三八，7）。

罐　NB：8，底部。泥质灰陶。凹底，下腹斜直。素面。残高5、复原底径7.9、壁厚0.4～0.6厘米（图三八，10）。

钵　皆为口、腹部。泥质灰陶。直口，尖圆唇，弧腹。素面磨光。NB：9，残高5.5、残宽6、壁厚0.5～0.8厘米（图三八，6）。NB：10，残高6.2、残宽8.8、壁厚0.7～1厘米（图三八，5）。

器盖　基本完整。NB：11，夹砂黑皮灰陶。呈上小下大的喇叭口形，花边状捉手。素面。捉手直径8、底径18.8、通高10.1、壁厚0.8厘米（图三八，11；彩版六，8）

第二节　勘　　探

勘探工作从2014年3月2日开始，至2014年6月25日结束，历时100余天。主要分两大区域：一处是东阳村、江凹村、里寺村、郭村辖地的台塬，共完成勘探面积53.8万平方米；另一处是与前者隔沟东望的留马村南塬地，完成勘探面积约7万平方米。

一、地层堆积

勘探区域中发现四类地层堆积（图三九）。

Ⅰ类　位于铁路建设区域西部及其北部，该处地势较高，大部分地层堆积可分为三层。

第1层：耕土层。厚0.2～0.3米。土色灰褐，土质松散。含灰点、植物根系、砖、瓦残块等。

第2层：扰土层。厚0.3～0.6米。土色黄褐，土质虚软。含植物根系、木炭星、红烧土块等。

第3层：黄褐色土层。厚0.4～0.7米。土质较硬、密实。含零星灰点、白色钙丝等。

以下为原生土层，土色黄褐，纯净，土质均匀。

Ⅱ类　位于铁路建设区域东部及其北部、留马村南，该处地势低洼，为冲击沟边缘，大部分地

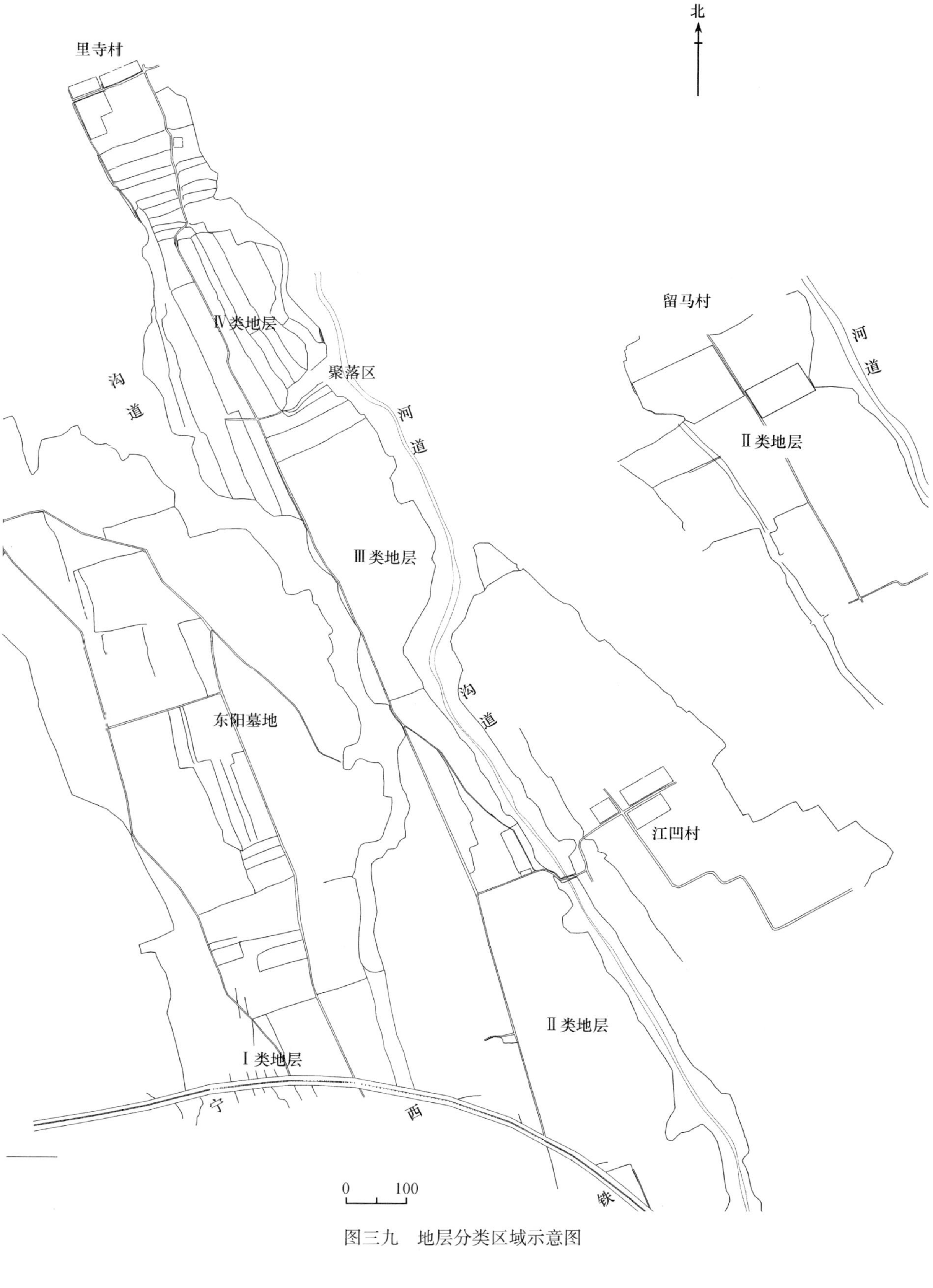

图三九　地层分类区域示意图

层堆积可分为四层。

第1层：耕土层。厚0.2～0.3米。土色灰褐，土质松散。含植物根系、砖、瓦残块等。

第2层：扰土层。厚0.3～0.5米。土色黄褐，土质虚软。含植物根系、木炭星、料姜石块等。

第3层：灰褐色土层。厚0.2～0.5米。土质较软。含灰点、少量植物腐朽物等。

第4层：黄褐色土层。厚0.2～0.5米。土质较硬、密实。含零星灰点、白色钙丝等。

以下为原生土层，土色黄褐，纯净，土质均匀。

Ⅲ类　位于江凹村西北冲沟对岸，遗址区中部，该处地势较高，大部分地层堆积可分为三层。

第1层：耕土层。厚0.2～0.3米。土色灰褐，土质松散。含植物根系、陶片、砖、瓦残块等。

第2层：扰土层。厚0.3～0.5米。土色黄褐，土质虚软。含绳纹陶片、草木灰、红烧土块等。

第3层：黄褐色土层。厚0.3～0.6米。土质较硬、密实。含零星灰点、白色钙丝等。

以下为原生土层，土色黄褐，纯净，土质均匀。

Ⅳ类　位于里寺村南台地上，遗址区北部，该处地势较低，大部分地层堆积可分为四层。

第1层：耕土层。厚0.2～0.3米。土色灰褐，土质松散。含植物根系、砖、瓦残块等。

第2层：扰土层。厚0.3～0.5米。土色黄褐，土质虚软。含植物根系、木炭星、陶片等。

第3层：黄褐色土层。厚0.3～0.6米。土质较硬。含灰点、陶片、红烧土块等。

第4层：红褐色土层。厚0.3～1.0米。土质较硬、密实。含白色钙丝等。

以下为原生土层，土色黄褐，纯净，土质均匀。

二、保护区范围内勘探

涉及里寺、东阳、江凹、郭村等村组，大部分属于东阳墓地保护范围。勘探地层包括上述四种类型，共发现遗迹现象324处，其中墓葬42座、灰坑218处、活土坑57处、房址2座、窑址1座、水井1眼、壕沟3条（图四〇）。

（一）墓葬

墓葬42座，按照勘探时间早晚依次编号KTM1～KTM42。KTM1～KTM5分布在Ⅰ类区，其余37座分布在Ⅳ类区，打破黄褐色及红褐色土层直至生土。部分墓葬打破灰坑，边界不清。

洞室墓　共12座。分为斜坡墓道和竖穴墓道两种结构。前者共5座，平面包括“刀把形”和“甲”字形两类，墓向均为南北向。墓道长4.1、宽0.4～1.2、深2.2～3.6米，墓室长2.1～2.6、宽1～2.2、深2.1～3.3米，内填五花土，土质疏松，含草木灰、骨末、板灰。后者共7座，平面皆为近“吕”字形，南北向6座、东北—西南向1座。墓长1.9～2.8、宽0.7～1.5、深2.2～2.5米，墓室长1.8～3、宽1.2～1.5、深2.1～2.5米，内填五花土，土质疏松，含板灰。

竖穴墓　共30座。均分布于Ⅳ类区。平面呈长方形，一般墓壁直顺，较少有收分。墓向复杂，包括西北—东南向8座、东西向6座、南北向7座、西南—东北向9座。墓圹规模差别很大，较小者墓室长1.8、宽1.3、深3.1米；较大者墓室长4.2、宽1.4、深3.6米。平均墓长2.8、宽1.61、深2.7米。

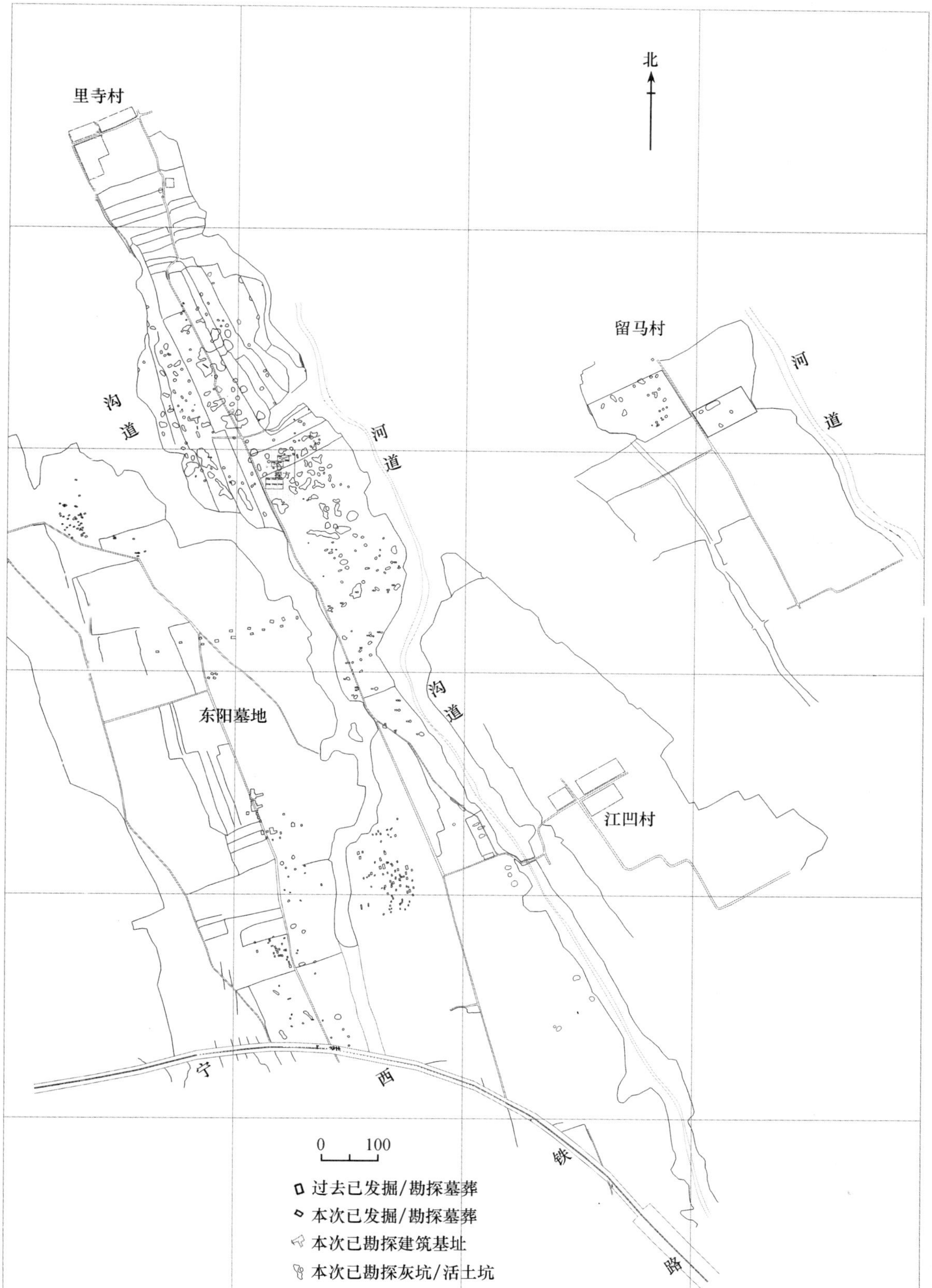

图四〇　勘探遗迹平面分布图

（二）灰坑

共218处，开口平均深度为0.3米以下，广泛存在于Ⅲ、Ⅳ类地层分布区域中。尤以Ⅳ类地层分布区域最为密集，探孔土样中常夹杂绳纹灰陶、泥质红陶类残片，甚至在KTH77深1.6米孔内发现铜器残片。其中更不乏规模超过百余平方米的大灰坑，如KTH36东西长58.8、南北宽13.1米；KTH39南北长31.2、东西宽11.7、深2.1米；KTH43东西长31.2、南北宽20.3、北部深2、南部深0.8米，内含绳纹陶片、骨块等遗物。

Ⅰ类区域中灰坑约20处，分布相对较密集；Ⅱ类区域中灰坑数量约14处，分布非常稀疏。这种情况与Ⅲ、Ⅳ类区情况差异显著，充分显示了该遗址分布的规律。Ⅰ类区域的南缘部分即为2001年发掘墓葬D区，该区域地层堆积较简单，但仍有少量遗迹现象；而Ⅱ类区域尚无同期墓葬发现，属于东阳墓地的空白地区，勘探所见灰坑分布零散，地层堆积最为简单。这些情况说明古人类文化活动区域主要集中在较低洼的台塬地，Ⅰ类区域内的灰坑遗迹成因应与2001年发掘D区墓葬之间有某些关联。

（三）活土坑

活土坑与灰坑的区别在于遗迹内堆积土质较纯净，少灰色土，包含物近无。共发现活土坑57处，编号KTK1～KTK57。包含陶片、骨块、蚌饰等遗物的单位有10处，分别为KTK7、KTK9、KTK12、KTK13、KTK15、KTK16、KTK21、KTK22、KTK28、KTK36，均分布于Ⅳ类地层分布区。例如，KTK12平面近似圆形，南北长2.9、东西宽2.8、深1.8米，弧形底，内含灰点、骨块，下层土质纯净，土色黄褐；KTK13，平面呈不规则形，东西长8.5、南北宽8、深1.9米，底较平，内含红烧土块、夹砂灰陶绳纹残片，下层土质纯净，土色黄褐；KTK28，平面呈不规则形，东西长4.5、南北宽3.6、深1.2米，弧形底，内含活土、泥质红陶残片，下层土质纯净，土色红褐。

（四）其他

其他类型的遗迹现象有房址2处、窑址1座、水井1眼、壕沟3条。均分布于Ⅲ、Ⅳ区。

KTY1平面呈不规则形，南北长2.2、东西残宽1.9、深3.2米，内含红烧土块、烧结面、水浸土、淤土等，被断崖破坏。

KTG1平面呈长方形，西北—东南向，长41.3～36.9、宽1.8～2.2、深1.6～2米，弧形底，内含炭屑、陶片等。KTG2平面呈不规则形，南北向，长27.7、宽1.8～2.2、深2米，弧形底，内含炭屑、水浸土、淤土等，被断崖破坏。KTG3平面呈不规则形，南北向，长138.8、宽4.7～7.7、深1.4～2.3米，弧形底，内含灰土、骨块等，北端被断崖破坏。

KTF1平面呈不规则形，东西长10.7、南北长9.8、深1.6米，内含夯土、踩踏面等；KTF2平面呈长方形，西北—东南向，长11.3、宽8.2、深2.2米，内含夯土、踩踏面、硬土面等。

KTJ1平面呈椭圆形，南北长3、宽2、深4.2米，内含水浸土、淤土，上部被破坏。

三、留马村南勘探

留马村勘探主要选择在村南台地进行，发现遗迹现象有灰坑20处、活土坑6处，按照整体勘探编号依次为H219～H238、K38～K43（图四一）。灰坑形状多不规则，有6处坑内堆积含大量烧土块、炭屑、灰陶残片，如H233，南北向，长6.8、宽4.2、深2.2米，近底有厚约0.1米的水淤积，上部堆积杂乱，夹大量烧土、绳纹陶片，周边地层勘探中常见灰土、炭屑，可能为一处陶窑遗存。K40，不规则形，南北向，长14.6、宽7.7、深2.6米，坑底有很薄的踩踏面，局部有烧土，可能与居址有关。

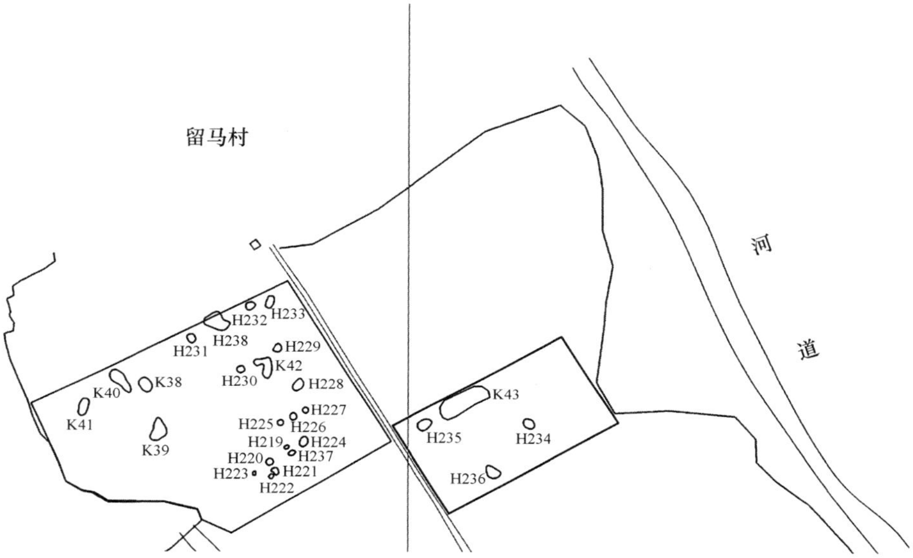

图四一　留马村南勘探遗迹平面分布图

第三节　探方发掘

整个遗址区以2001年发掘C区中M65为基点，设立总测绘点和勘探测绘点，以此为基点进行虚拟分区，择点发掘。虚拟分区规格为500米×500米，总面积约600万平方米，按照自北向南、自西向东以英文字母编号，发掘范围涉及E、J、R、I四区，辖地分属里寺、郭村等村组，又因I区只在局部发掘墓葬3座，并入J区共计发掘面积1446.95平方米（图四二）。由于各点堆积层位变化较大，按照实际发掘情况分别叙述如下。

一、J区

（一）探方布置

J区发掘点位于里寺村南塬地，俗称“三十六亩地”处，调查点编号为LS12，勘探地层堆积为

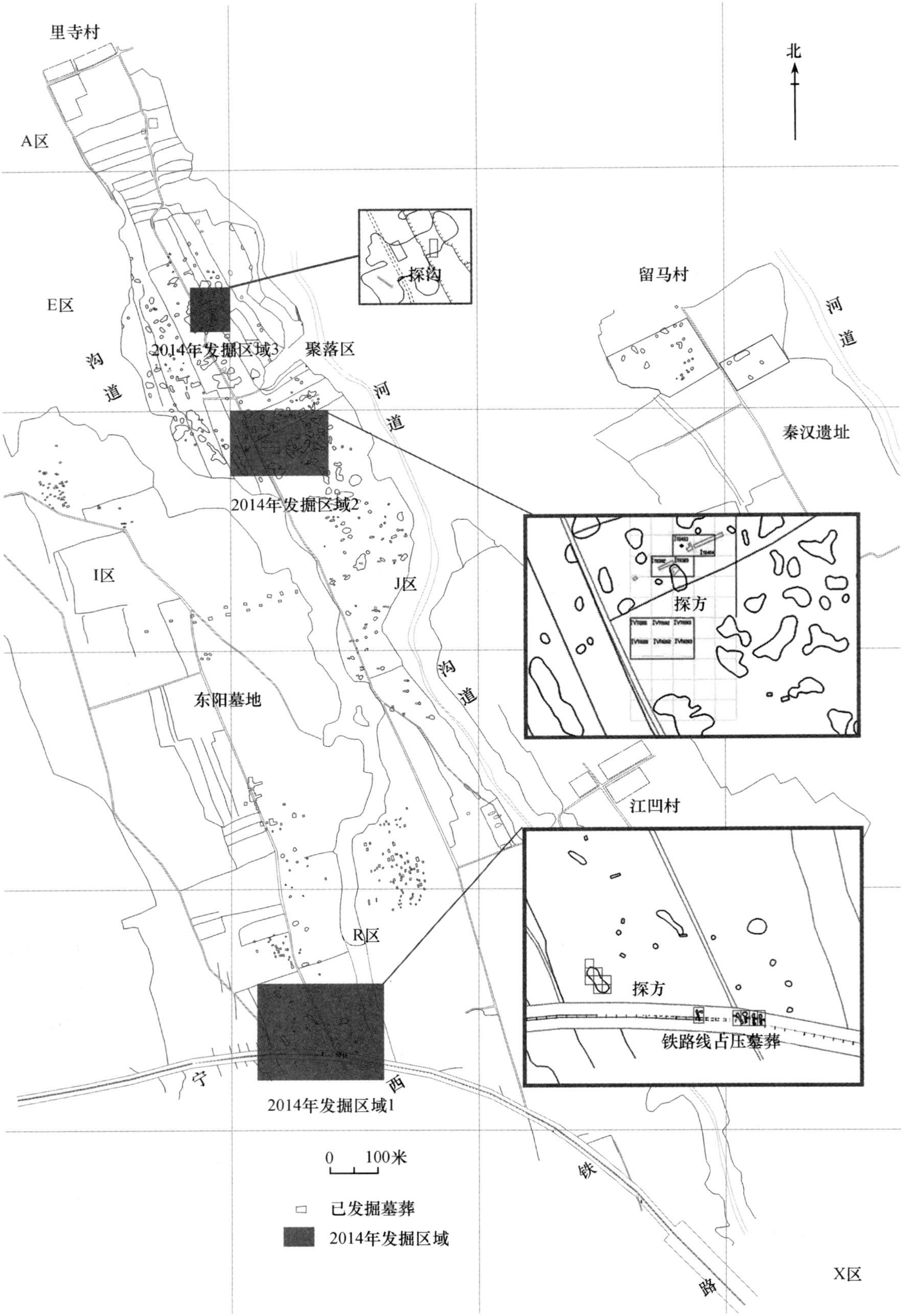

图四二　2014年发掘区位置示意图

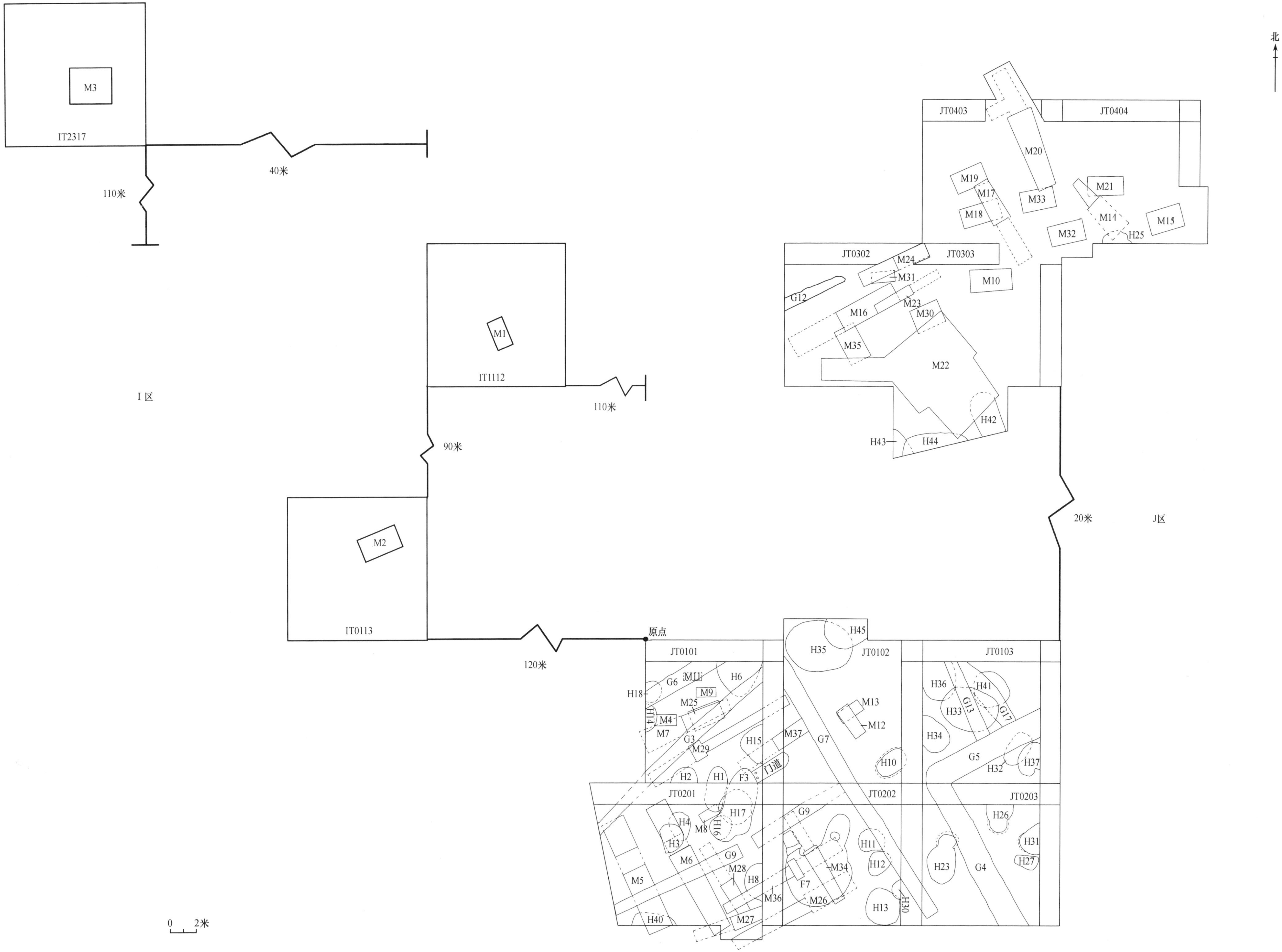

图四三　J区及I区（局部）发掘平面图

第Ⅳ类。该地东、西两侧均为沟道，是一处狭长的塬地，北部为里寺村，东部隔沟与留马村秦汉遗址相望，西侧隔沟则为2001年发掘A区，南部为发掘E区。

探方选择在J区西北部布置，共有10米×10米探方10个，正南北向，以现代灌溉水渠为界，分为南、北两部分，北部探方4个，自北向南、自西向东分别为JT0403、JT0404、JT0302、JT0303；南部分布探方6个，自北向南、自西向东分别为JT0101、JT0102、JT0103、JT0201、JT0202、JT0203。另外在布方区的西北部单独发掘墓葬3座，暂归入此一并记录。本区实际发掘面积854.5平方米（图四三；彩版二，1）。

该发掘点遗迹现象分布密集，种类多，文化性质复杂，时代跨度大。遗迹种类包括灰坑、灰沟、围墓沟、房址、墓葬等，其中仰韶时期灰坑7处、房址1座、灰沟1条；夏商时期灰坑8处、房址1座、灰沟1条；西周时期灰坑9处、墓葬1座；东周时期灰坑7处、灰沟1条、墓葬18座；西汉时期灰坑1处、灰沟1条、围墓沟5条、墓葬16座；清代墓葬2座。

（二）地层堆积

南、北两区地层堆积均比较简单。北区受晚期平整土地等人为活动影响较烈，地层分为2层甚或仅有耕土层；南区地层整体可分为3层，个别探方为2层。整体来看，由于晚期人类活动的影响，本次发掘点中基本不存文化层。以JT0101、JT0102、JT0103北壁，JT0102、JT0201东壁为例介绍（图四四、图四五）。

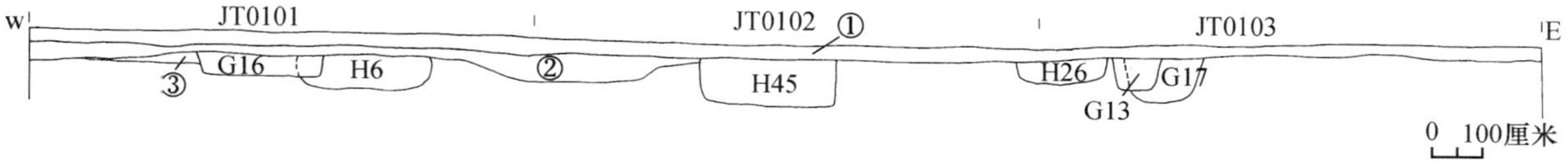

图四四　JT0101、JT0102、JT0103北壁剖面图

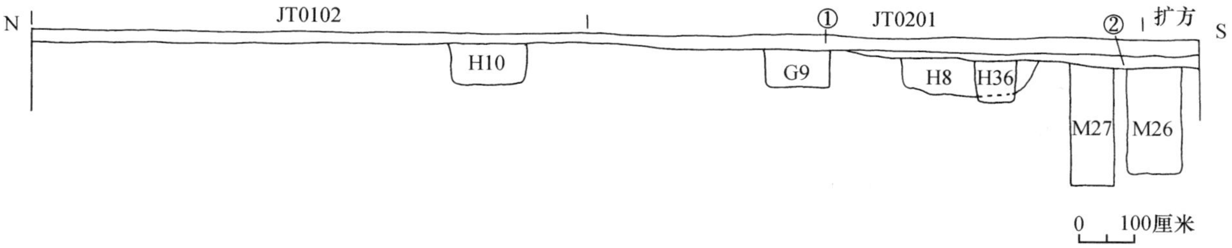

图四五　JT0102、JT0201东壁剖面图

第1层：耕土层。厚约0.3米。深褐色土，土质疏松，颗粒大。夹杂较多植物根系、腐殖质，包含近代砖瓦、陶片等。

第2层：扰土层。厚0～0.4米。黄褐色土，土质较致密。包含少量近代砖瓦、瓷片、早期陶片等。整体上北厚南薄，局部区域不见分布，应为近代平整土地形成的垫土层。

第3层：汉代文化层。厚0～0.3米。红褐色土，较致密。包含少量绳纹陶片、料姜石粒等。局部分布于南区北部偏西，东西较薄，应为汉代墓葬封土残余部分。以下为生土层。

（三）出土遗物

遗物庞杂，时代跨度大。从质地来看，有金属质、陶质、石质、骨角质四大类。

1. 金属质

铜钱　1枚。JT0103②：2，边郭微残。体较轻薄，圆形方穿，内外有郭，锈蚀较甚，钱文漫漶不清，但背文依稀可辨为满文，应为清代铜钱。钱径1.79、穿宽0.49、肉厚0.07厘米，重1克（图四六，20）。

铁削　1件。JT0102①：1，刃首端残。环首，平背直刃，背部稍厚，横截面呈三角形。残长8.7、环外径1.8、身宽0.8、背厚0.25厘米，重9.4克（图四六，19）。

2. 陶质

尖底瓶　JT0203②：1，口部。泥质红陶，夹较多细砂。葫芦形口，侈口，方唇，口沿下部外鼓，束颈。颈部以下饰斜向细绳纹。手制轮修，器表有轮修痕，内壁可见泥条盘筑的痕迹。残高13、复原口径3.6、壁厚0.5～0.7厘米（图四六，1）。

纺轮　1件。JT0303①：1，完整。泥质灰陶。圆饼状，中部有一圆孔，泥胎单面钻孔，造成圆孔周围稍微凸起。直径4.2、厚0.9、孔径0.6厘米（图四六，10）。

砚　1件。JT0404②：1，残。泥质褐陶，陶质细腻。平面呈长方形，砚面近砚首处有一椭圆形凹槽作为墨池，其下为较浅的圆形砚堂，砚底平整。残长10.9、宽6.4、厚1.3厘米，墨池长3.6、宽1.8、深0.9厘米，砚堂直径约5厘米（图四六，2）。

弹丸　2件。JT0201扩方②：2，完整。泥质褐陶。体较小，截面呈椭圆形。径2～2.5厘米（图四六，8）。JT0202②：1，完整。泥质红陶。体较小，截面呈圆形。径2.8厘米，重25.1克（图四六，9）。

盆　JT0201①：1，口及腹部。泥质红陶。敛口，沿面圆鼓，圆唇，弧腹。沿面施两道黑彩宽带。复原口径45、残高7.4、壁厚0.6厘米（图四七，1）。

罐　JT0203②：2，底部。泥质红陶。平底。器表饰斜向篮纹。复原底径21、残高7.4、壁厚0.6～1厘米（图四七，2）。

瓮　JT0203②：3，口及腹部。夹细砂灰陶。直口，平折沿，方唇，上腹较直。器表饰规整的纵向细绳纹，唇部饰捏制花边形。复原口径30.8、残高12、壁厚1.2厘米（图四七，3）。JT0101②：3，口部。夹细砂灰陶。口微敛，平折沿，方唇。唇部饰捏制花边，唇下隐见细绳纹。复原口径28、残高2.8、壁厚0.8厘米（图四八，1）。JT0202②：4，口部。泥质褐陶。口微侈，平折沿，方唇。器体饰绳纹。残长17.5、残高7.5、壁厚1.6厘米（图四八，3）。

鬲　JT0102②：3，口及腹部。夹砂灰陶。侈口，方唇，圆肩，弧腹。器表饰规整的纵向细绳纹，肩部饰捏制花边。残宽9.2、残高7、壁厚0.4～0.8厘米（图四七，4）。

甗　JT0203②：4，腰部。夹砂灰陶。束腰不甚明显，横裆呈横“T”形，无箅。器表饰规整的

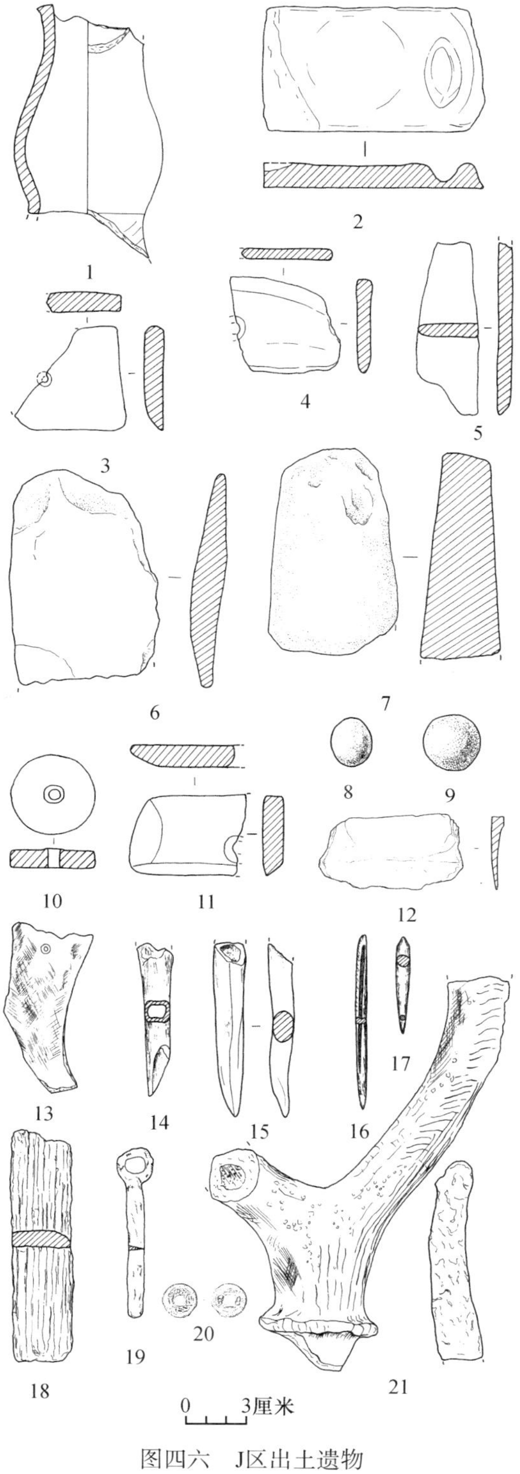

图四六　J区出土遗物

1. 陶尖底瓶口沿（JT0203②：1）　2. 陶砚（JT0404②：1）　3、4、11. 石刀（JT0201扩方②：3、JT0102②：2、JT0101②：1）　5、6. 石铲（JT0201②：4、JT0102②：1）　7. 石斧（JT0103②：3）　8、9. 陶弹丸（JT0201②：2、JT0202②：1）　10. 陶纺轮（JT0303①：1）　12. 蚌刀（JT0201②：3）　13. 卜骨（JT0101②：2）　14～16. 骨（角）锥（JT0103②：1、JT0201扩方②：2、JT0202②：2）　17. 骨镞（JT0201扩方②：1）　18、21. 鹿角（JT0202②：3、JT0103③：1）　19. 铁削（JT0102①：1）　20. 铜钱（JT0103②：2）

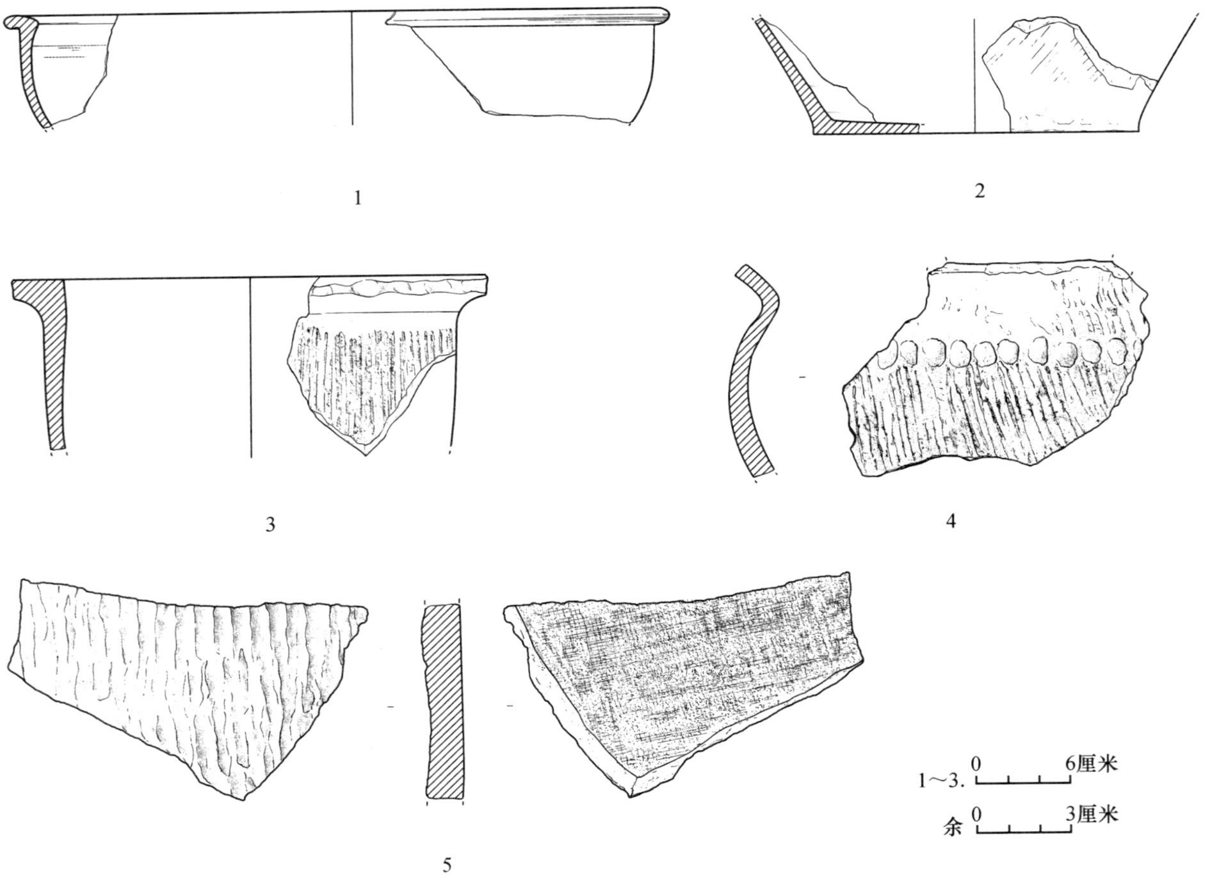

图四七　J区地层出土陶器

1. 盆（JT0201①：1）　2. 罐（JT0203②：2）　3. 瓮（JT0203②：3）　4. 鬲（JT0102②：3）　5. 板瓦残片（JT0203①：1）

纵向细绳纹。残长8.2、残高3.5、壁厚0.8厘米（图四八，2）。

钵　JT0202②：5，口部。泥质红陶。直口，尖圆唇，弧腹。残宽5.5、残高3.2、壁厚0.4～0.75厘米（图四八，4）。

斜领罐　口及腹部。JT0203①：2，夹砂红陶。敞口，高斜领，领部中段微鼓，方唇。领部隐见黑彩。残宽6.2、残高6.2、壁厚0.8厘米（图四八，5）。JT0103②：4，夹砂红陶。敞口，斜领，领内面内凹形成台棱。器表饰斜向篮纹。残宽7.8、残高8.6、壁厚0.9厘米（图四八，6）。

板瓦残片　JT0203①：1，泥质灰陶。瓦面饰规整的纵向粗绳纹，瓦内饰布纹。残宽11.3、残高6.5、厚1.1厘米（图四七，5）。

3. 石质

刀　3件。磨制，直刃，对钻孔。根据刃部区别，分为二型。

A型　2件。直背、单刃。JT0101②：1，残存约1/2。凝灰岩质，黑色。残存部分平面近长方形，钻孔近刃部，通体打磨光滑。残长5.2、宽4.2、厚1.1、孔径0.6～1.4厘米（图四六，11）。JT0201扩方②：3，残。花岗岩质，深灰色夹杂白色。残存部分平面近梯形，侧边较为平直，居中

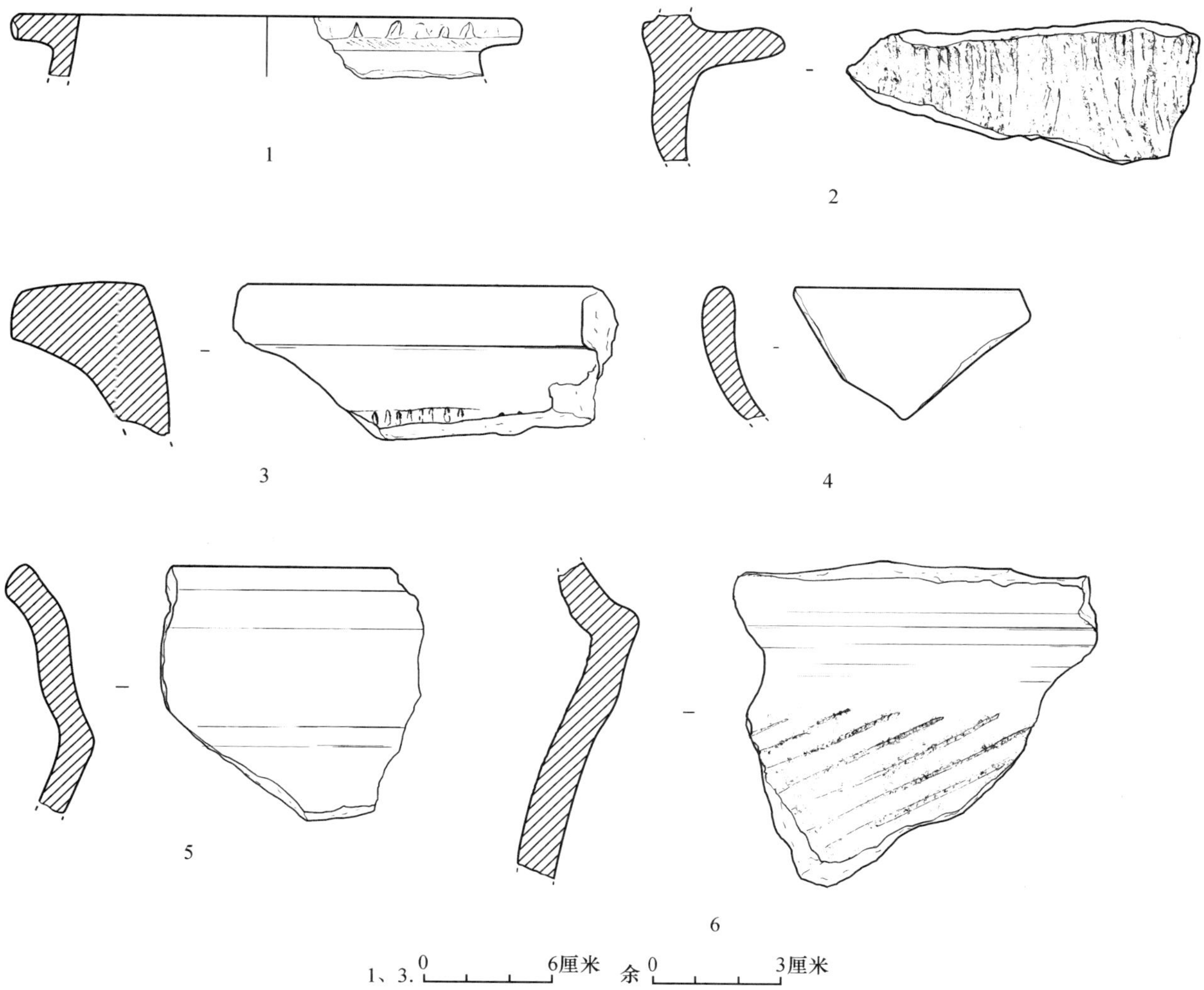

图四八　J区地层出土陶器

1、3. 瓮（JT0101②：3、JT0202②：4）　2. 甗（JT0203②：4）

4. 钵（JT0202②：5）　5、6. 斜领罐（JT0203①：2、JT0103②：4）

处钻孔。残长5.6、宽5.3、厚1厘米，孔径0.3～0.8厘米（图四六，3）。

B型　1件。弧背、双面直刃。JT0102②：2，残存约1/2。凝灰岩质，青灰色。磨制粗糙。刃部圆钝，居中处有一圆形钻孔，亦残。残长5、宽4.8、厚0.8厘米，孔径0.6～1.3厘米，重35.1克（图四六，4）。

铲　2件。JT0102②：1，残损较甚。凝灰岩质，蓝灰色。残存部分平面略呈长方形，横截面近椭圆形，弧顶，刃部残缺，加工较为粗糙，仅刃端磨光。残长11、宽7.5、最厚处1.6厘米，重509克（图四六，6）。JT0201②：4，残损较甚。凝灰岩质，深灰色。磨制。器身扁平，单面刃，打磨光滑。残长8.8、残宽3.1、厚0.7厘米，重38.3克（图四六，5）。

斧　1件。JT0103②：3，刃部残缺。凝灰岩质，青灰色。磨制。平面略呈梯形，顶部较窄，弧顶，器身厚重，横截面呈椭圆形。残长10.7、宽4.8～6.4、厚2.4～4厘米，重536.1克（图四六，7）。

4. 骨角质

锥　3件。JT0103②：1，残。系动物肢骨磨制而成。直接利用骨干进行加工，整体呈管状，一端磨尖，器身横截面近圆角方形，器表光滑。残长7.9、宽1.2、厚1.1厘米，重16.1克（图四六，14）。JT0201扩方②：2，柄端残断。由动物（羊）角加工磨制而成，圆锥状，横截面呈椭圆形，尖端磨砺尖锐，器表打磨光滑。残长9、柄端径1.2～1.6厘米，重15.6克（图四六，15）。JT0202②：2，完整。系动物骨骼加工磨制而成。体较细长，两端均较尖，尖端磨砺得尤为尖锐，中腰部横截面呈圆角长方形，器表通体打磨光滑。通长9、最宽处0.6、最厚0.3厘米，重2.5克（图四六，16）。

镞　1件。JT0201扩方②：1，基本完整。通体磨制。镞身呈圆柱体，前端急收呈锋，锋部短而圆钝，圆锥铤。通长5.1、首径0.6厘米，重2.3克（图四六，17）。

蚌刀　1件。JT0201②：3，器身残损、剥离较甚。平面略呈长方形，刃部较为锋利，器表打磨光滑。残长7、残宽3.8、最厚0.65厘米，重21.7克（图四六，12）。

卜骨　1件。JT0101②：2，两端均残损。系猪右肩胛骨，上有一圆形钻孔。残长8.8、残宽1.4～4、孔径0.2厘米，重24.4克（图四六，13）。

鹿角　2件。JT0103③：1，残断为不相连接的两段（图四六，21）。其中一段为角尖处，锥状，残长10.1、宽2.6、厚2厘米，重42.9克；另一段为两分枝，带有角盘，表面均保留鹿角固有的凹凸面，残长20.4、最宽处5.9、最厚处5.1厘米，重277.9克。JT0202②：3，残。呈扁平条状，一侧保留鹿角固有的凹凸面，另一侧经切割加工，表面稍修，较平，一端见有锯痕。残长11.8、残宽3、厚0.8～1.9厘米，重45克（图四六，18）。

二、R区

（一）探方布置

R区发掘点位于整个遗址的南部，属山前阶地，地势较高而平坦。北部为2001年发掘D区及C区，东北部为江凹村，南部属郭村辖地。南部因修建宁西铁路复线，发掘两部分：一是铁路占线区域清理墓葬5座；二是布置探方8个，规格5米×5米，正南北向，自北向南、自西向东分别为RT0401、RT0301、RT0302、RT0201、RT0202、RT0203、RT0102、RT0103。实际发掘面积522.65平方米（图四九；彩版二，2）。

该发掘点地层遗物未采集。所见遗迹现象较少，仅有灰坑2座、沟1条、墓葬5座。墓葬位于东南部，5座唐墓，其余遗迹的文化性质相对单纯，基本为周文化遗迹，时代在西周早中期。

（二）地层堆积

由于晚期人类活动破坏严重，该区域地层堆积简单，属于勘探地层Ⅰ类堆积。发掘区内仅见有耕土层，遗迹均开口于耕土层下。如RT0201、RT0202、RT0203探方南壁，耕土层厚0.2～0.3米。

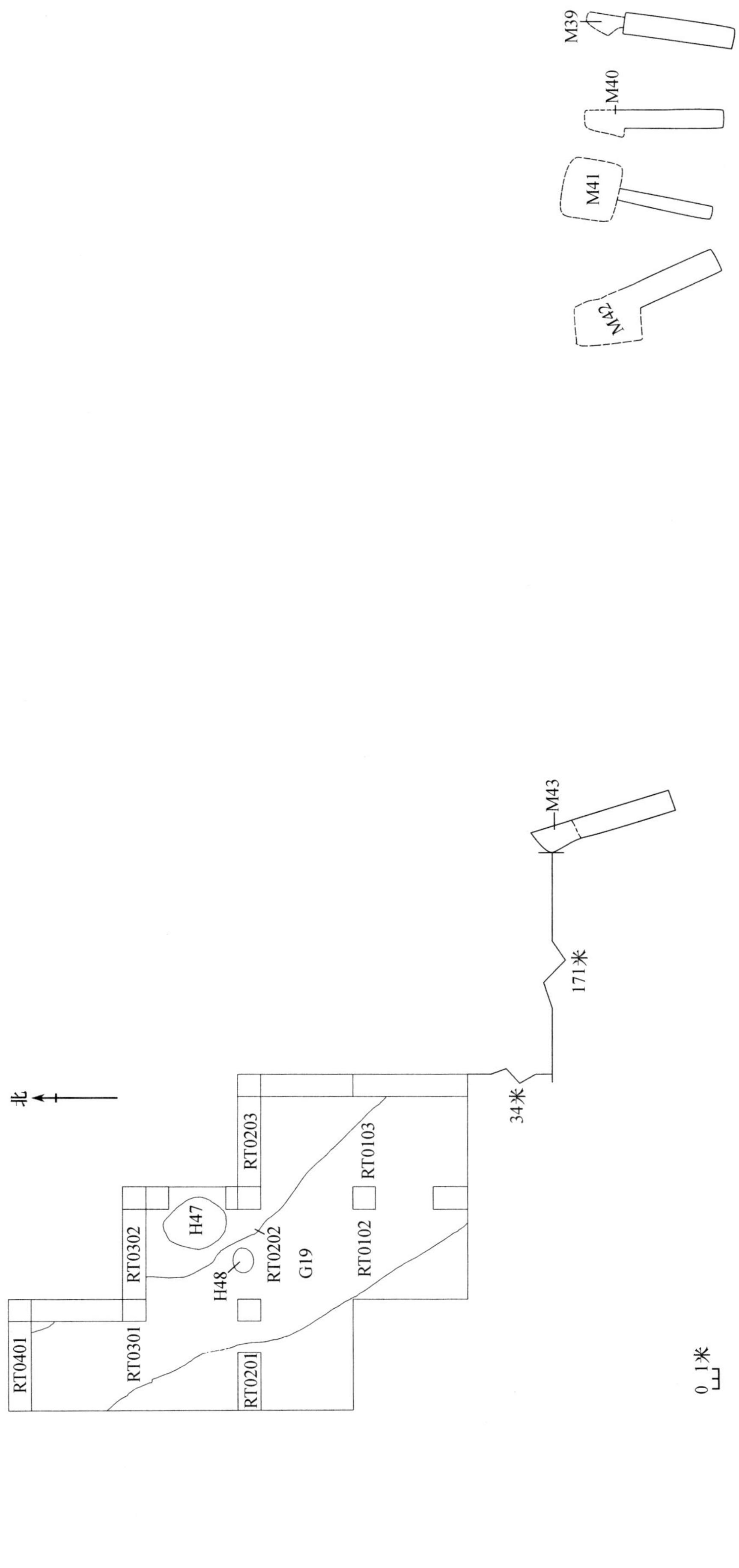
M39
M40
M41
M42
M43
171米
34米
北
RT0401
RT0301
RT0302
RT0201
RT0202
RT0203
RT0102
RT0103
H47
H48
G19
0 1米

图四九　R区发掘平面图

灰褐色土，土质疏松，颗粒大。夹杂较多植物根系、腐殖质，包含少量瓷片、灰陶片。以下即为生土，浅黄色，较致密（图五〇）。

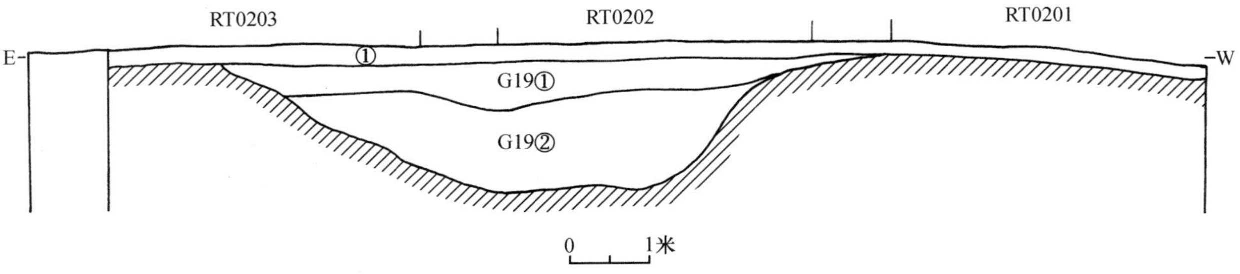

图五〇　RT0201、RT0202、RT0203探方南壁剖面图

三、E区

（一）探方分布

E区距J区发掘点较近，同样位于两个沟道相夹的狭长塬地上。其西北部即里寺村，西部隔沟与2001年发掘A区相望，南部为2001年发掘B区。探沟分布于E区中部最偏东处，近调查点LS3～LS5，共布探沟2个。ETG1长13、宽2米，方向335°，位于西侧稍高的阶地上；ETG2距ETG1以东20米，长13、宽3米，方向0°，位于东侧稍低的阶地上。实际发掘面积69.8平方米（图五一）。

该发掘点遗迹分布较为密集，主要有仰韶时期灰坑6处、灰沟3条、柱洞3处；此外还见有东周时期灰坑2处、墓葬1座。

（二）地层堆积

由于晚期人类活动的严重破坏，两个探沟中的地层堆积比较简单，仅发现局部文化层堆积。以ETG1、ETG2的西壁为例分别介绍（图五二、图五三）。

ETG1西壁：

第1层：耕土层。厚10～35厘米。黄褐色砂质黏土，较疏松。包含较多植物根茎和少量陶片。分布于整个探沟内，水平状堆积。H49、H57、G20、G21开口于该层下。

第2层：汉文化层。厚0～75厘米。灰褐色夹杂少量黄褐色的砂质黏土，较疏松。夹杂少量炭屑、红烧土粒，包含少量陶片和动物骨骼。分布于探沟西南部，基本呈水平状堆积，南部稍厚。H60开口于该层下。

以下为致密的黄褐色生土，纯净。

ETG2西壁：

第1层：耕土层。厚0.15～0.45米。黄褐色砂质黏土，较疏松。包含较多植物根茎，少量红烧土块、石块、陶片、瓷片、铁片及动物骨骼等。分布于整个探沟内，水平状堆积， H52、H53、H54、H61、M38开口于该层下。

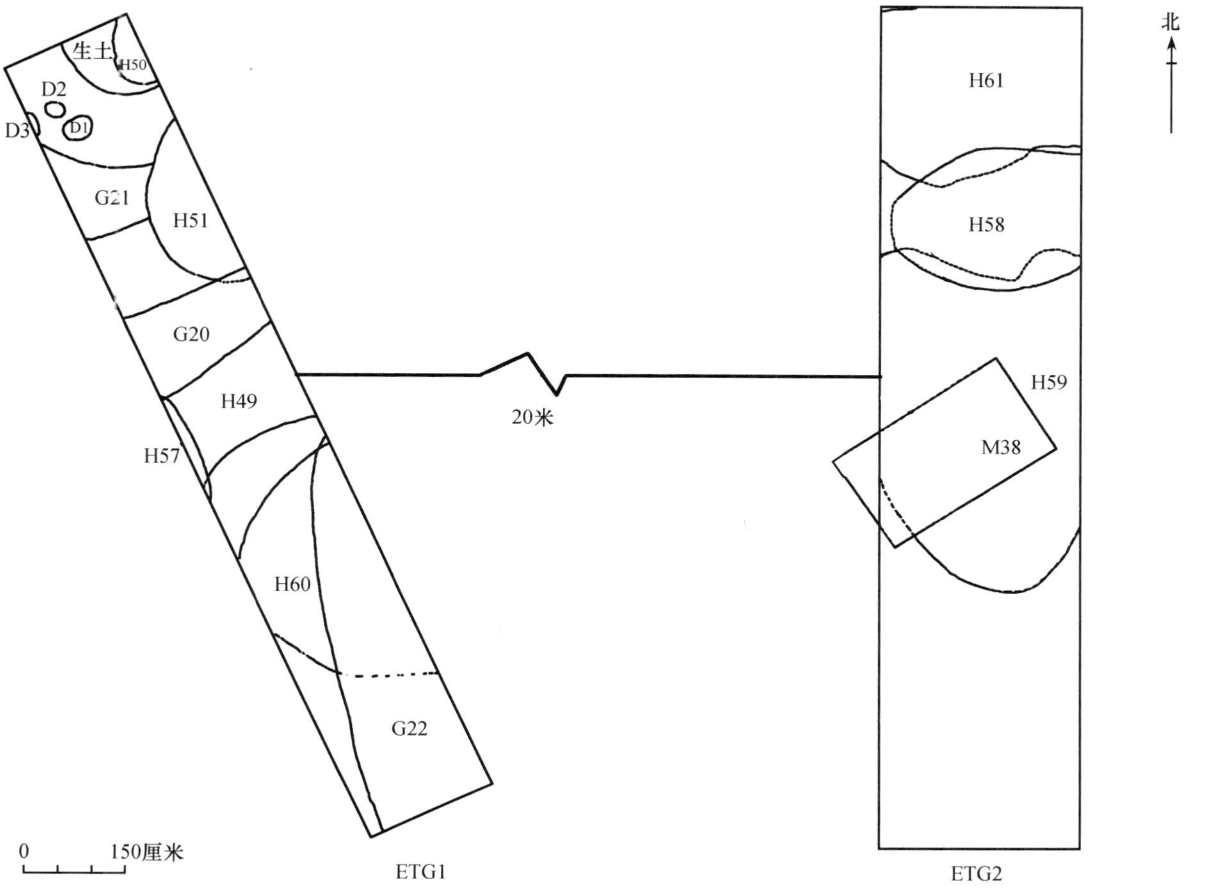

图五一　E区发掘平面图

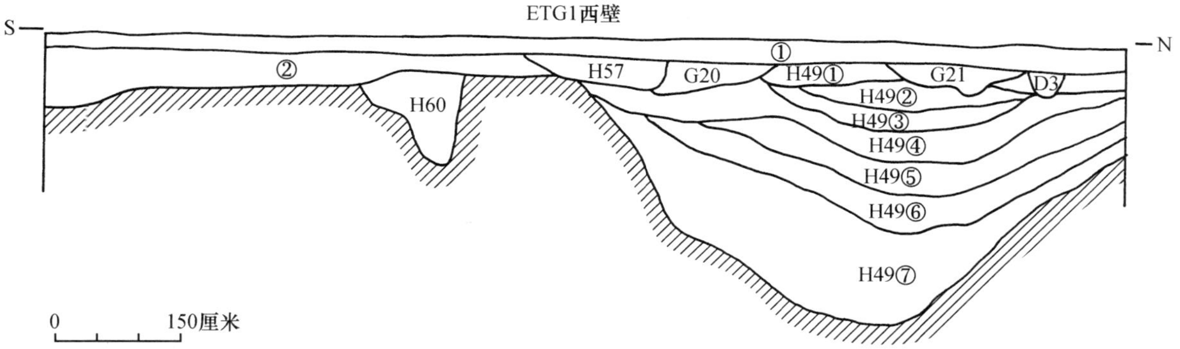

图五二　ETG1西壁剖面图

第2层：近现代扰土层。厚0～0.95米。深黄褐色砂质黏土，稍致密。包含少量红烧土粒、炭屑、料姜石粒、动物骨骼及较多陶片。分布于探沟南部，大致呈水平状堆积。

第3层：仰韶文化层。厚0～0.7米。灰色砂质黏土夹杂黄色及乳白色土块，较疏松。夹杂少量炭屑，包含少量陶片。分布于探沟中部及南部，呈北厚南薄的斜坡状堆积。H59开口于该层下。

以下为致密的黄褐色生土，纯净。

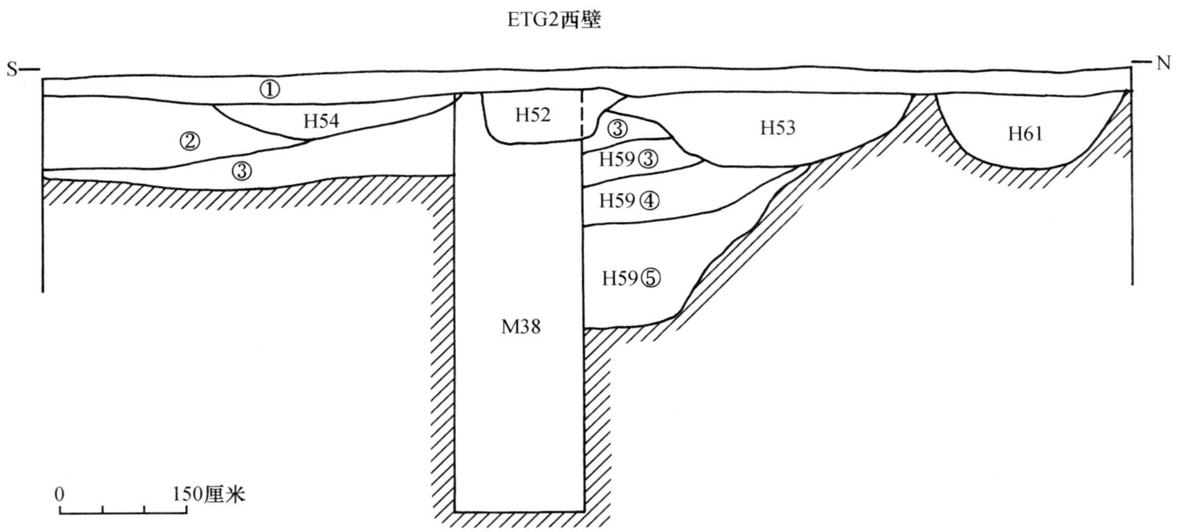

图五三　ETG2西壁剖面图

（三）出土遗物

探沟内出土遗物数量较少，可分为金属质、陶质、石质、骨质等。

1. 金属质

铜签　1件。ETG1②：3，完整。细棒状，器身平直，横截面呈长方形，尖端极为尖锐。长5.8、宽0.3、厚0.2厘米，重2克（图五四，5）。

铁钱　1枚。ETG2①：1，完整。钱文“咸丰通宝”，圆形方穿，内外有郭，因锈蚀较为严重，背面满文已漫漶不清。钱径2.41、穿宽0.53、厚0.25厘米，重5.3克（图五四，7）。

2. 陶质

锉　1件。ETG2②：1，两端均残损。泥质褐陶。扁平，截面呈长方形，表面密布细小的麻窝点，推测是原胎内夹有植物颗粒经烧制后所留。残长4.6、宽2～2.2、厚0.9厘米，重14.2克（图五四，6）。

3. 石质

石器　1件。ETG1②：1，残存顶端，器形不辨。凝灰岩质，黑灰色。磨制。体窄而扁，横截面呈椭圆形，器表光滑，顶端似有敲击使用痕迹。残长4.9、最宽处4.1、最厚处1.3厘米，重51.1克（图五四，1）。

4. 骨质

骨锥　1件。ETG1①：1，残。磨制。一端磨砺尖锐，器身柄端横截面呈不规则椭圆形，尖端横截面近三角形。残长8、最宽处2、最厚处1厘米，重12.5克（图五四，2）。

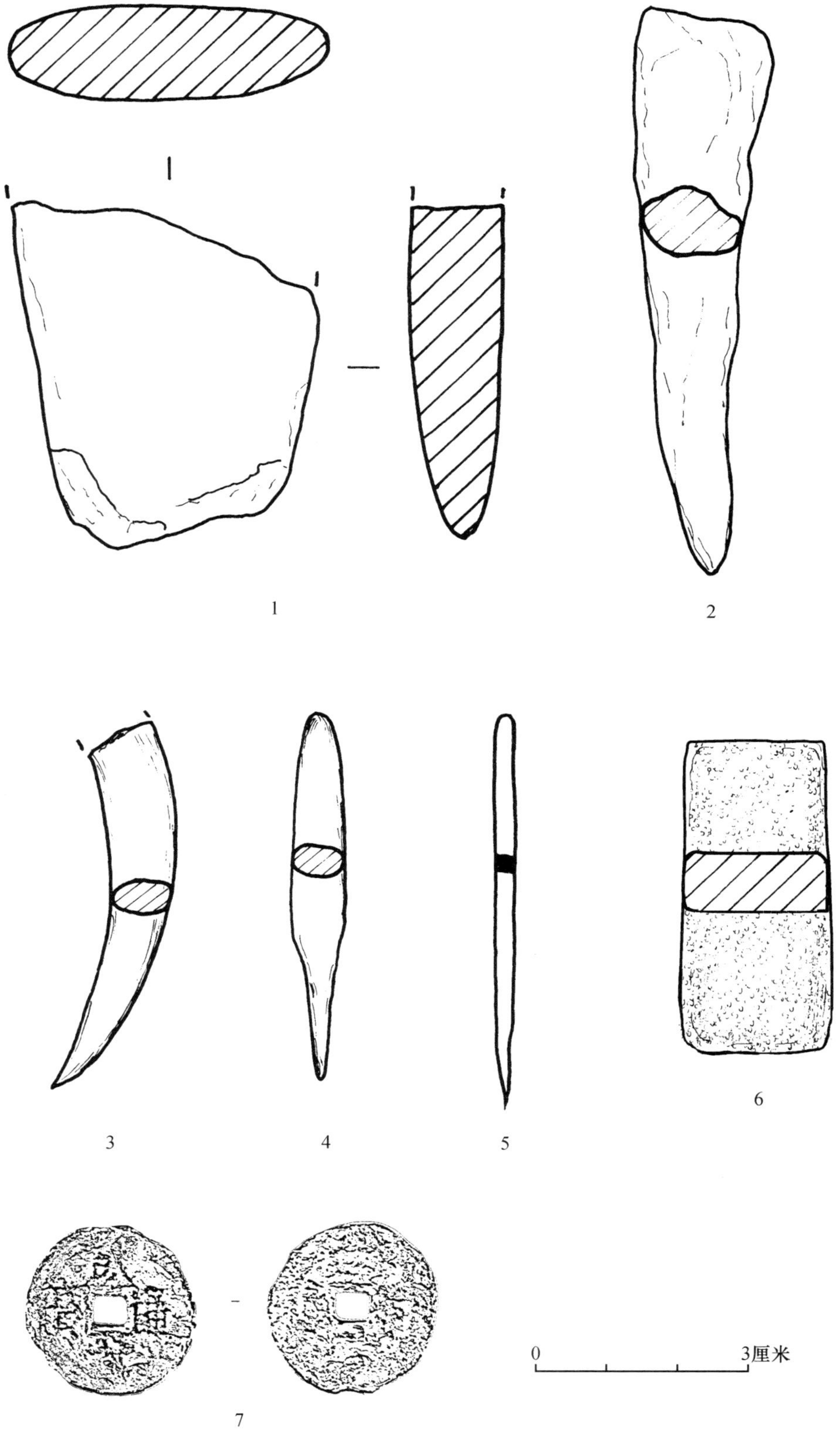

图五四　E区出土遗物

1. 石器（ETG1②：1）　2. 骨锥（ETG1①：1）　3. 牙锥（ETG1②：4）
4. 骨镞（ETG1②：2）　5. 铜签（ETG1②：3）　6. 陶锉（ETG2②：1）　7. 铁钱（ETG2①：1）

牙锥　1件。ETG1②：4，尾端残断。由兽牙加工磨制而成。通体光滑，首端尖锐，横截面呈椭圆形。残长5.3、最宽处1、径0.5厘米，重3.3克（图五四，3）。

镞　1件。ETG1②：2，完整。镞身呈扁锥状，镞首较圆钝，横截面呈椭圆形，圆锥状实铤。长5.4、最宽0.7、截径0.45厘米，重2克（图五四，4）。

第四节　考古学观察

通过调查、勘探、发掘三部分工作，东阳遗址整体文化面貌比较清楚。调查涉及里寺村断面6处、地面5处；留马村断面1处、地面1处；江凹村断面1处、地面2处；东阳村断面2处、地面6处；采集遗物主要包括史前、两周和秦汉时期，质地以陶质为大宗，早期遗物多为生活类用具，秦汉时期的建筑材料也有大量出现（图五五、图五六）。遗迹类型包括房址、灰坑、灰沟、墓葬、陶窑。

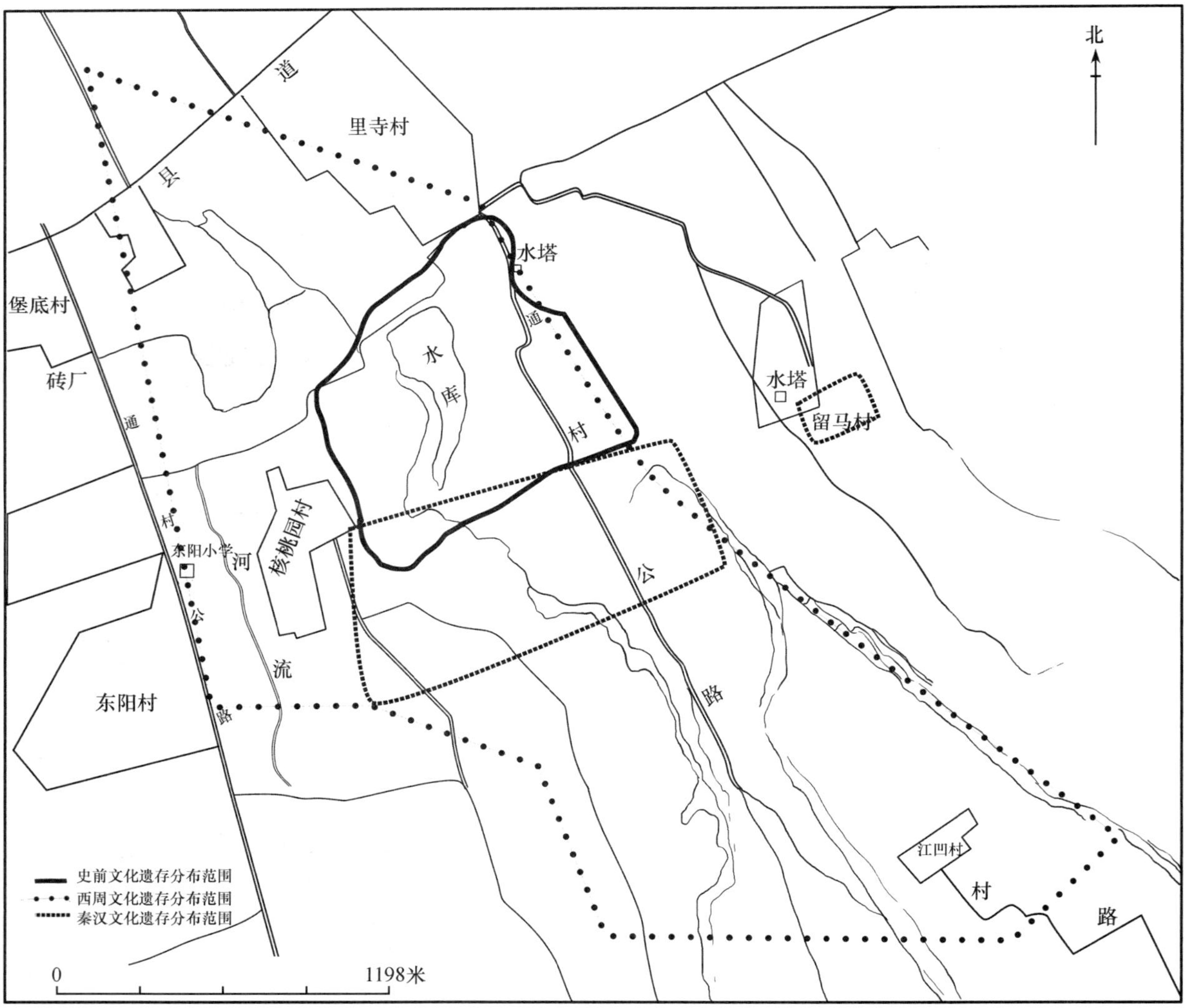

图五五　东阳遗址各时代遗存分布图

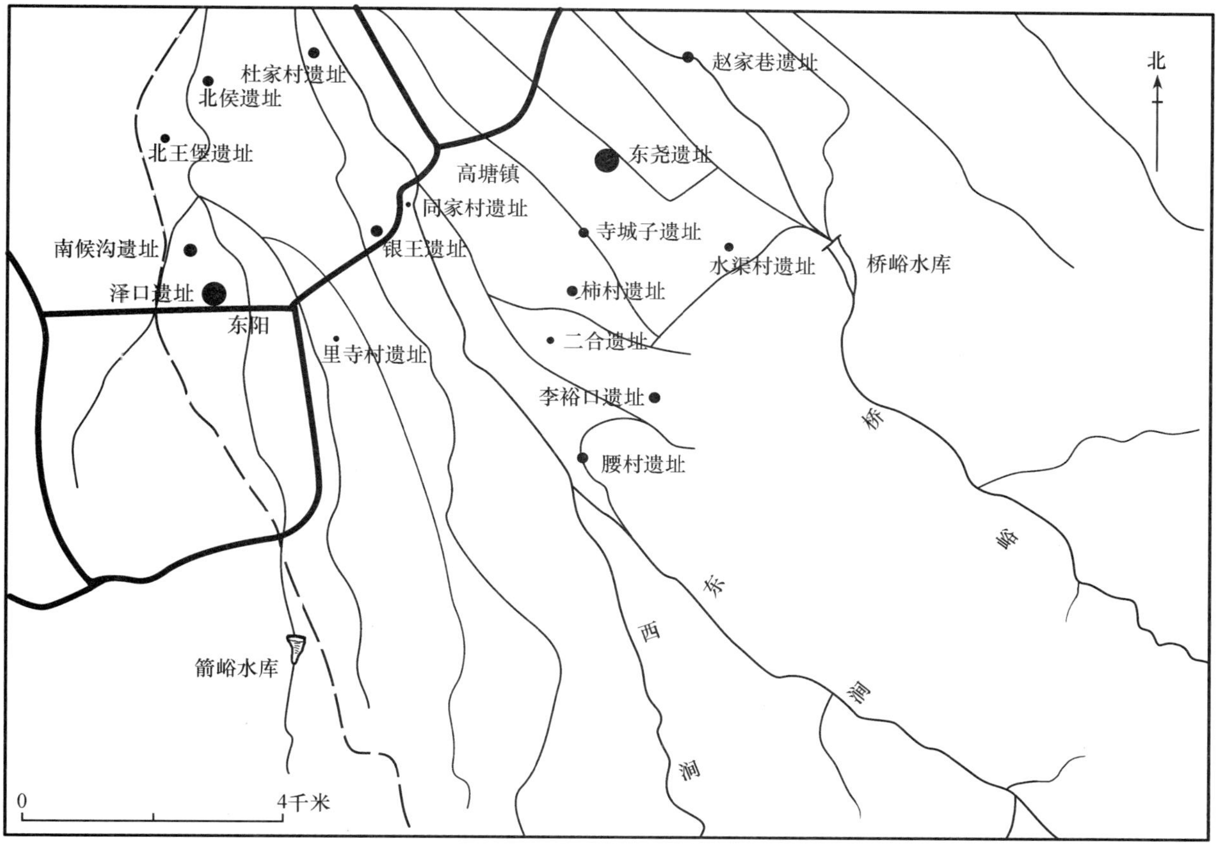

图五六　高塘乡史前—秦汉遗址分布图

勘探、发掘也证实了调查结果。在总面积约60万平方米的范围内，地层堆积分为四类，其中第Ⅲ、Ⅳ类是遗址分布集中区，在里寺村南部台塬的第Ⅳ类堆积中探孔土样中还带出了铜器残片。发掘即以遗址密集处为重点开展，总计发掘面积近1500平方米。遗迹数量有灰坑41处、房址2座、灰沟7条、墓葬43座、围沟墓5条、柱洞3处。根据包含物的特征，灰坑主要时代为仰韶、二里头和两周，墓葬涉及东周至汉、唐、清各代。

整体看，遗存分布范围主要集中在东阳村、里寺村南部的台塬地。但由于近代平整土地等生产活动，遗存破坏非常严重。为了更清晰表现早期遗存面貌，对大量近现代扰坑、扰沟等遗迹和陶片、瓷片等遗物在后面章节中不做文字和位置图等方面的记述。

第三章　仰韶时期遗存

本次考古发掘清理的新石器时期仰韶文化的遗迹，计有灰坑14处、房址1座、灰沟4条、灰土洞3处（图五七）。出土遗物非常丰富。

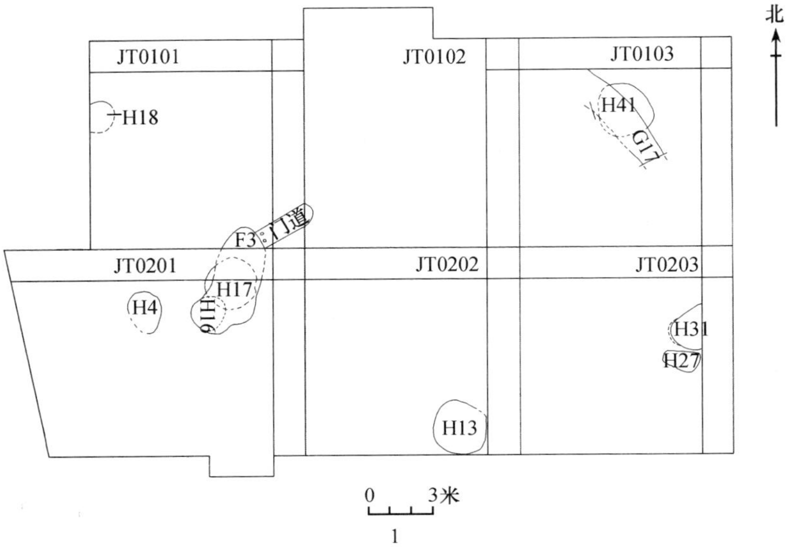

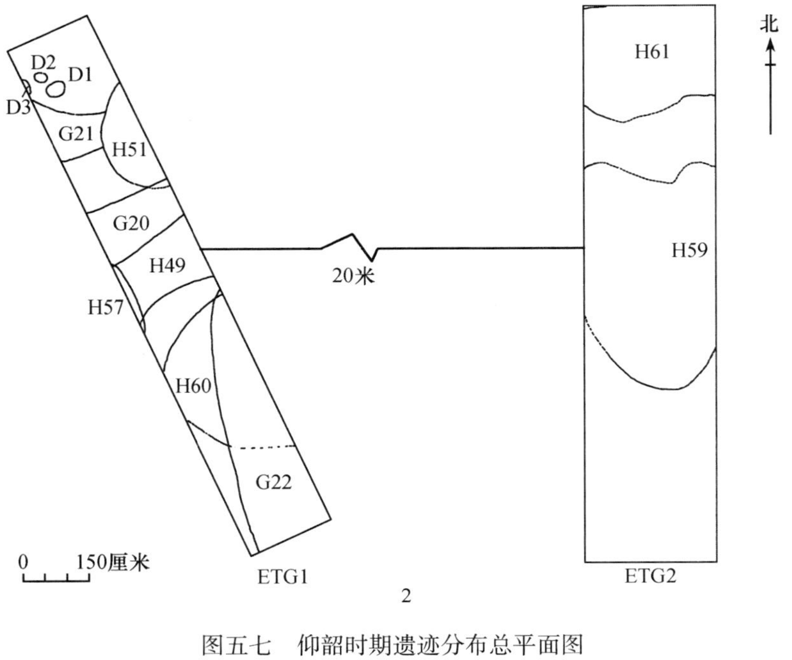

图五七　仰韶时期遗迹分布总平面图

1. J区　2. E区

第一节　房　址

1座，编号F3。位于J区T0101东南与T0201东北部，开口于第2层下，据地表深0.45米，被H1、M8打破，同时叠压H16、H17。

一、形制、堆积

半地穴式单室结构，由于晚期破坏，仅余底部，现整体平面形状不规则，残余内壁较直，底呈西高东低的坡状。门道位于东部，方向28°，现存平面近长方形，残长1.12、宽1.26～1.36、深0.18米，高于房间内地面约0.14米。南北两侧各有一处圆形柱洞，直径13.8、深15.2厘米。房间南北进深约5米、东西宽2.2～2.4、残深0.2～0.3米。地面经处理，为经过黄土拌和的料姜石踩踏面。房间中南部有一处东西向近椭圆形的烧土密集堆积的小坑，长0.6、宽0.4、深0.08米，应为灶。未见柱洞迹象。房内堆积较薄，土色花杂呈灰褐色，内含绳纹灰陶片和少量红陶片、石块等（图五八；图版五，1）。

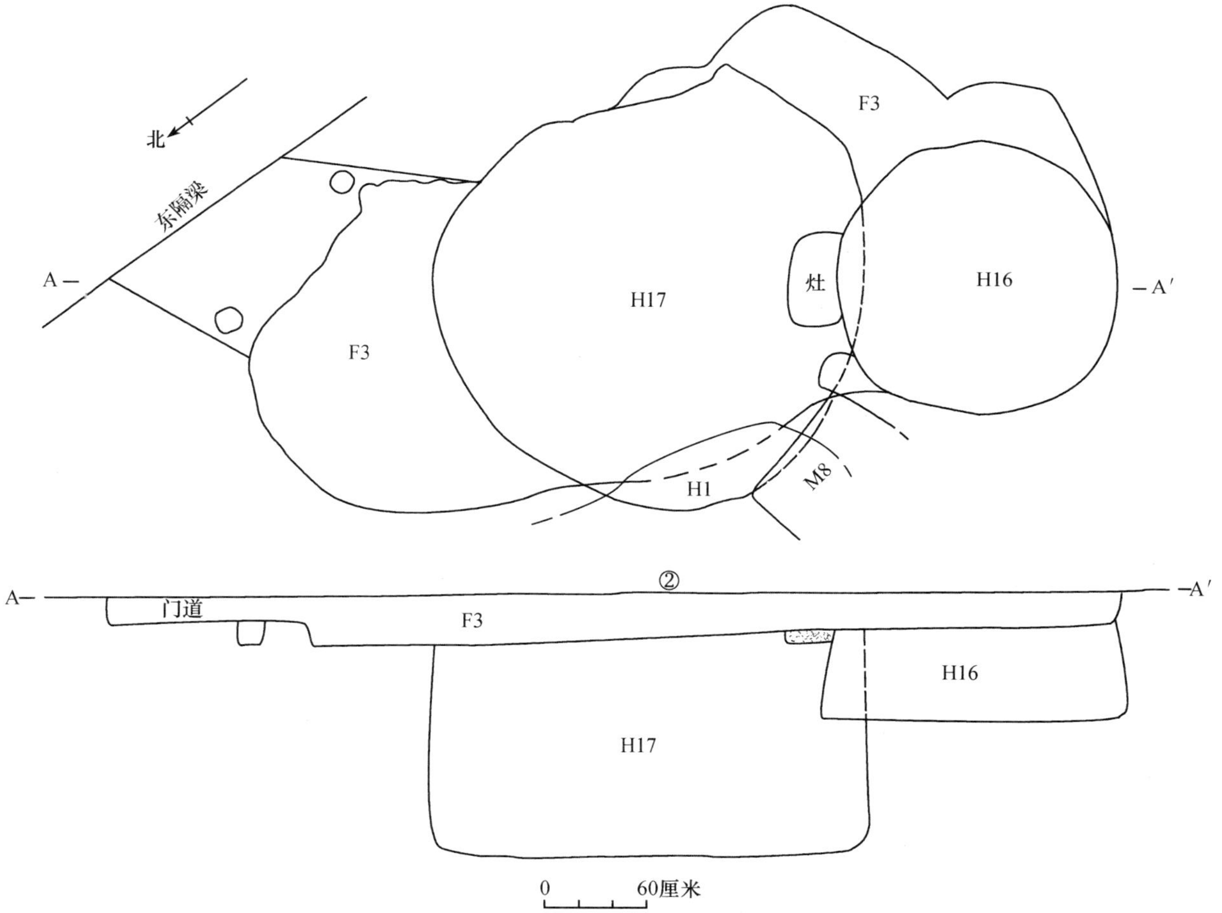

图五八　F3平、剖面图

二、遗　　物

1. 陶器面貌

陶质陶色方面，泥质陶占总数的54.66%/57.48%，夹砂陶占45.34%/42.52%，其中夹砂红陶占33.90%/32.27%，泥质红陶占28.39%/27.14%，泥质灰陶占19.49%/23.35%，夹砂灰陶占8.05%/6.67%，泥质褐陶占3.39%/4.26%，夹砂褐陶占3.39%/3.58%，泥质黑皮陶占3.39%/2.73%。素面占总数的62.29%/62.91%。纹饰方面，篮纹占16.95%/15.38%，素面磨光占11.44%/10.45%，绳纹占7.63%/8.97%，弦纹占1.69%/2.29%。可辨器形有瓶、钵、盆、罐、瓮、器盖等（表一、表二）。

表一　F3陶系统计表

陶质 / 陶色 / 纹饰	泥质				夹砂			合计	百分比/%
	红	褐	黑	灰	红	褐	灰		
素面	42/993.2			24/651.9	66/1386.5		15/269.6	147/3301.2	66.29/62.91
素面磨光		6/145.5	8/143.3	13/259.6				27/548.4	11.44/10.45
篮纹	23/364.5	1/34.9		4/140.6	11/244.5		1/22.4	40/806.9	16.95/15.38
绳纹				4/162.7	3/62.3	8/187.7	3/58.1	18/470.8	7.63/8.97
弦纹	2/66.5	1/43.2		1/10.5				4/120.2	1.69/2.29
合计	67/1424.2	8/223.6	8/143.3	46/1225.3	80/1693.3	8/187.7	19/350.1	236/5247.5	
	129/3016.4				107/2231.1				
百分比/%	28.39/27.14	3.39/4.26	3.39/2.73	19.49/23.35	33.90/32.27	3.39/3.58	8.05/6.67		100.00/100.00
	54.66/57.48				45.34/42.52				

注：斜线前后分别为该单位各类陶片的数量（片）和质量（克），“百分比”栏内斜线前后分别为陶片数量和质量所占各自总数的百分比。下同

表二　F3可辨陶器器形统计表

陶质 / 陶色 / 器形	夹砂			泥质				合计	百分比/%
	红	褐	其他	红	灰	褐	其他		
瓶				1				1	2.78
器盖		1						1	2.78
钵				2	1	1		4	11.11
盆				1	4	2	2	9	25.00
罐	14	2	3	1				20	55.56

续表

器形 \ 陶色 \ 陶质	夹砂			泥质				合计	百分比/%
	红	褐	其他	红	灰	褐	其他		
瓮	1							1	2.78
合计	15	3	3	5	5	3	2	36	
	21			15					
百分比/%	41.67	8.33	8.33	13.89	13.89	8.33	5.56		100.00
	58.33			41.67					

2. 遗物举例

罐（瓮）　口部。F3：1，夹砂褐陶。敛口，窄沿近平，沿面有一周凹槽，颈微束，上腹外鼓。素面。手制。残高6.1、壁厚0.3～0.8厘米（图五九，1）。

罐（瓮）　F3：2，夹砂红陶。敛口，方唇，窄折肩。素面。手制轮修。残高4.5、壁厚0.4～0.9厘米（图五九，2）。

盆　口部。F3：3，泥质灰陶。侈口较甚，厚圆唇外叠，唇下缘圆弧。素面磨光。手制。残高5.2、壁厚0.4～1.1厘米（图五九，4）。F3：4，泥质褐陶。口较直，卷沿，圆唇，弧腹。素面磨

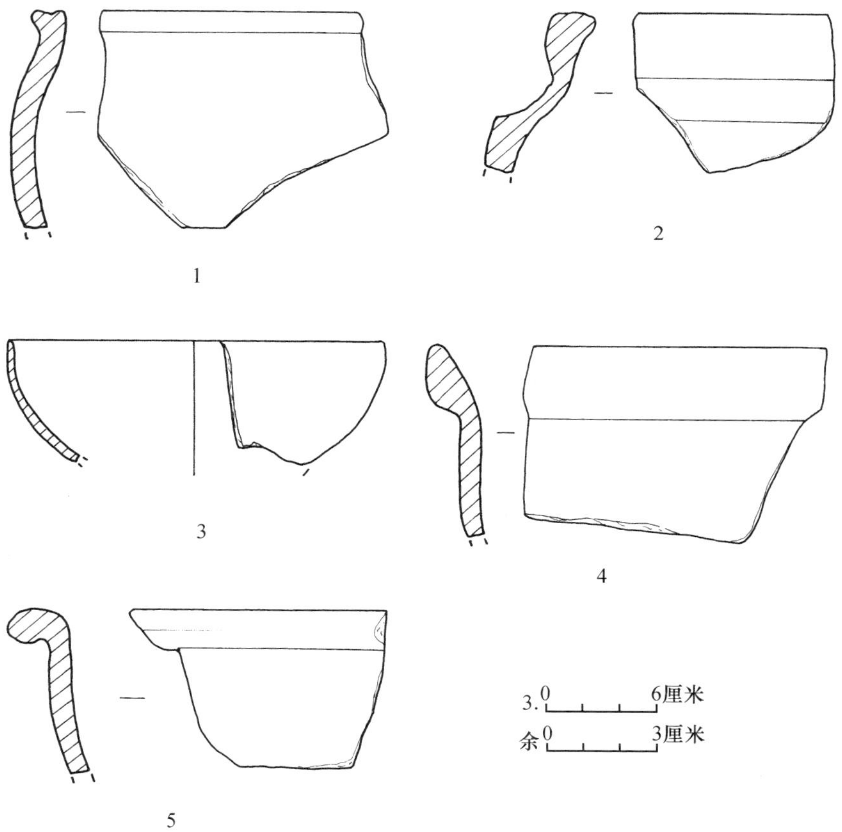

图五九　F3陶器标本

1、2. 罐（瓮）（F3：1、F3：2）　3. 钵（F3：5）　4、5. 盆（F3：3、F3：4）

光。手制。残高4.6、壁厚0.5～0.9厘米（图五九，5）。

钵　口部。F3∶5，泥质红陶。直口，圆唇，弧腹。素面磨光。手制。口径20.4、残高6.8、壁厚0.4～0.6厘米（图五九，3）。

第二节　灰　　坑

清理灰坑共计14处，其中在J区清理灰坑8处，编号分别为H4、H13、H16、H17、H18、H27、H31、H41，在E区清理灰坑6处，编号分别为H49、H51、H57、H59、H60和H61。其中10座开口于第1层下，4座开口于第2层下。从平面形制来看，大致可分为圆形、椭圆形、长条形、不规则形等，以圆形数量居多，从剖面形制来看，主要有筒形平底、袋形平底、弧形圜底及不规则形等。

一、H4

位于JT0201北部。开口于第2层下，距地表深0.5米，被H3、M6打破。

（一）形制、堆积

现开口平面呈半圆形，弧壁，北壁弧度稍小，近圜底。开口南北长2.02、东西宽0.8、深1.1米。坑内堆积为青灰色砂质黏土，夹杂大量草木灰、炭屑等，较疏松，水平状堆积。判断是处理废弃物的垃圾坑（图六〇；图版五，2）。

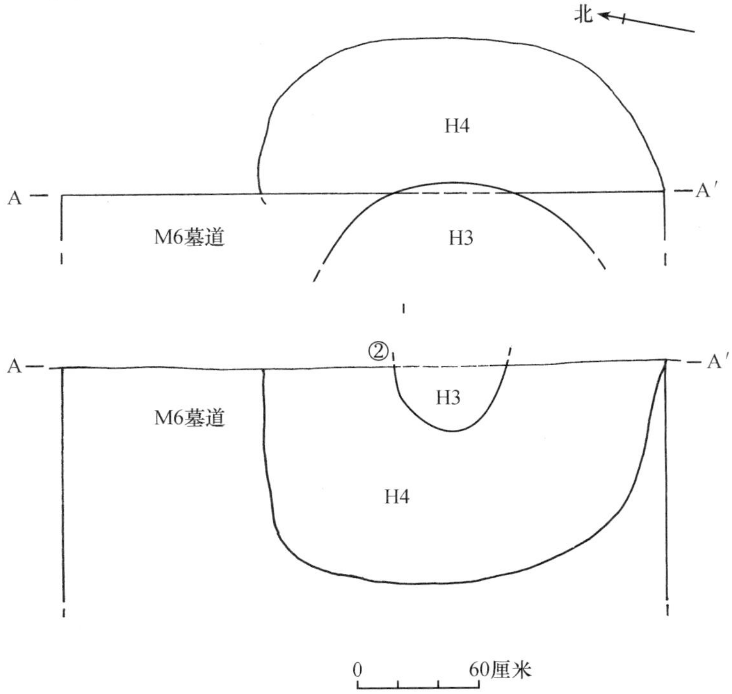

图六〇　H4平、剖面图

（二）遗物

1. 陶器面貌

出土大量陶片，陶质陶色方面，泥质陶占总数的73.56%/69.15%，夹砂陶占26.44%/30.85%，其中泥质红陶占37.98%/39.78%，夹砂褐陶占16.83%/18.70%，泥质黑皮陶占22.12%/17.84%，夹砂红陶占9.62%/12.15%，泥质灰陶占10.10%/9.03%，泥质褐陶占3.37%/2.50%。纹饰方面，素面占总数的31.73%/42.08%，素面磨光占37.98%/28.30%，篮纹占22.60%/21.22%，黑彩占1.44%/2.78%，弦纹占1.44%/2.50%，绳纹占3.37%/1.89%，戳刺纹占1.44%/1.23%。可辨器形有瓶、罐、盆、钵、器盖锉等（表三、表四）。

表三　H4陶系统计表

纹饰＼陶质/陶色	泥质				夹砂		合计	百分比/%
	红	褐	黑	灰	红	褐		
素面	35/1553.5	2/55.4	3/221.6		9/417.5	17/866.9	66/3114.9	31.73/42.08
素面磨光	14/341.1	4/98.3	42/1057.7	19/597.7			79/2094.8	37.98/28.30
篮纹	20/652		1/41.5	1/58.7	10/422.4	15/395.9	47/1570.5	22.60/21.22
绳纹	4/115.9			1/11.9		2/12.3	7/140.1	3.37/1.89
弦纹	1/16.8				1/59.7	1/108.8	3/185.3	1.44/2.50
黑彩	3/205.7						3/205.7	1.44/2.78
戳刺纹	2/59.5	1/31.4					3/90.9	1.44/1.23
合计	79/2944.5	7/185.1	46/1320.8	21/668.3	20/899.6	35/1383.9	208/7402.2	
	153/5118.7				55/2283.5			
百分比/%	37.98/39.78	3.37/2.50	22.12/17.84	10.10/9.03	9.62/12.15	16.83/18.70		100.00/100.00
	73.56/69.15				26.44/30.85			

表四　H4可辨陶器器形统计表

器形＼陶质/陶色	夹砂		泥质				合计	百分比/%
	红	褐	红	灰	褐	其他		
瓶			1			1	2	3.85
器盖	1						1	1.92
罐	16	2					18	34.62
盆	2		7		1	10	20	38.46
钵			5	2	1	2	10	19.23
陶锉			1				1	1.92

续表

器形＼陶色＼陶质	夹砂		泥质				合计	百分比/%
	红	褐	红	灰	褐	其他		
合计	19	2	14	2	2	13	52	
	21		31					
百分比/%	36.54	3.85	26.92	3.85	3.85	25.00		100.00
	40.38		59.62					

2. 遗物举例

锉　H4：1，两端均残损。泥质红褐陶。残存部分呈扁锥状，断面呈圆角长方形，表面密布细小的麻窝点，应为制作时在表面沾满谷物颗粒后经烧制而形成。残长8.5、宽0.9～2.5、厚1～1.2厘米，重31.4克（图六一，10）。

罐　口部。H4：2，夹砂红陶。侈口，斜沿，内侧有一周凹槽，圆唇，束颈，上腹外鼓。上腹部饰纵向细绳纹。手制轮修，口沿内外可见轮修痕迹。残高7.4、壁厚0.8厘米（图六一，2）。H4：3，夹砂红陶。敛口，方圆唇，内侧有一周凹槽，束颈，上腹外鼓。唇部饰二周凹弦纹，器表颈部以下亦饰数周凹弦纹。手制轮修。残高7、壁厚0.6～1厘米（图六一，1）。H4：4，夹砂红陶。侈口，斜沿，方唇，束颈，上腹外鼓。上腹部饰斜向细绳纹。手制轮修，内外可见轮修痕迹。残高8.2、壁厚0.4～0.8厘米（图六一，4）。

盆　口部。H4：5，夹砂红陶。敛口，方唇，颈微束，上腹略鼓。腹部滚印一道横向细绳纹。手制轮修。残高6.2、壁厚0.6～1.1厘米（图六一，9）。H4：6，泥质红陶。敛口，沿面圆弧，方圆唇，上腹微鼓。唇部施一周条带状黑彩，沿面亦绘有圆点状等几何形黑彩纹饰，器表及内壁磨光。手制轮修。残高7.2、壁厚0.4～0.9厘米（图六一，6）。H4：7，泥质陶，器表及内壁陶色黑灰，陶胎呈浅灰色。直口，沿面略弧，圆唇，弧腹。素面磨光。手制轮修。残高5.8、壁厚0.4～0.9厘米（图六一，3）。H4：8，泥质陶，器表及内壁陶色黑灰，陶胎呈浅灰色。侈口较甚，宽斜沿，圆唇外叠，弧腹。素面磨光。手制轮修。残高8.6、壁厚0.3～0.8厘米（图六一，8）。

钵　口部。H4：9，泥质灰陶。直口，圆唇，弧腹内收。素面，器表磨光。手制轮修，内侧可见轮修痕迹。残高8.8、壁厚0.4～0.6厘米（图六一，5）。H4：10，泥质陶，器表及内壁呈红色，陶胎呈浅灰色。敛口，圆唇，上腹略鼓。腹部滚印一道横向的绳纹后稍经抹平。手制轮修，器表内外轮修痕迹明显。残高6.8、壁厚0.4～0.6厘米（图六一，7）。

二、H13

位于JT0202东南角，开口于第1层下，距地表深0.3米，被H30打破。

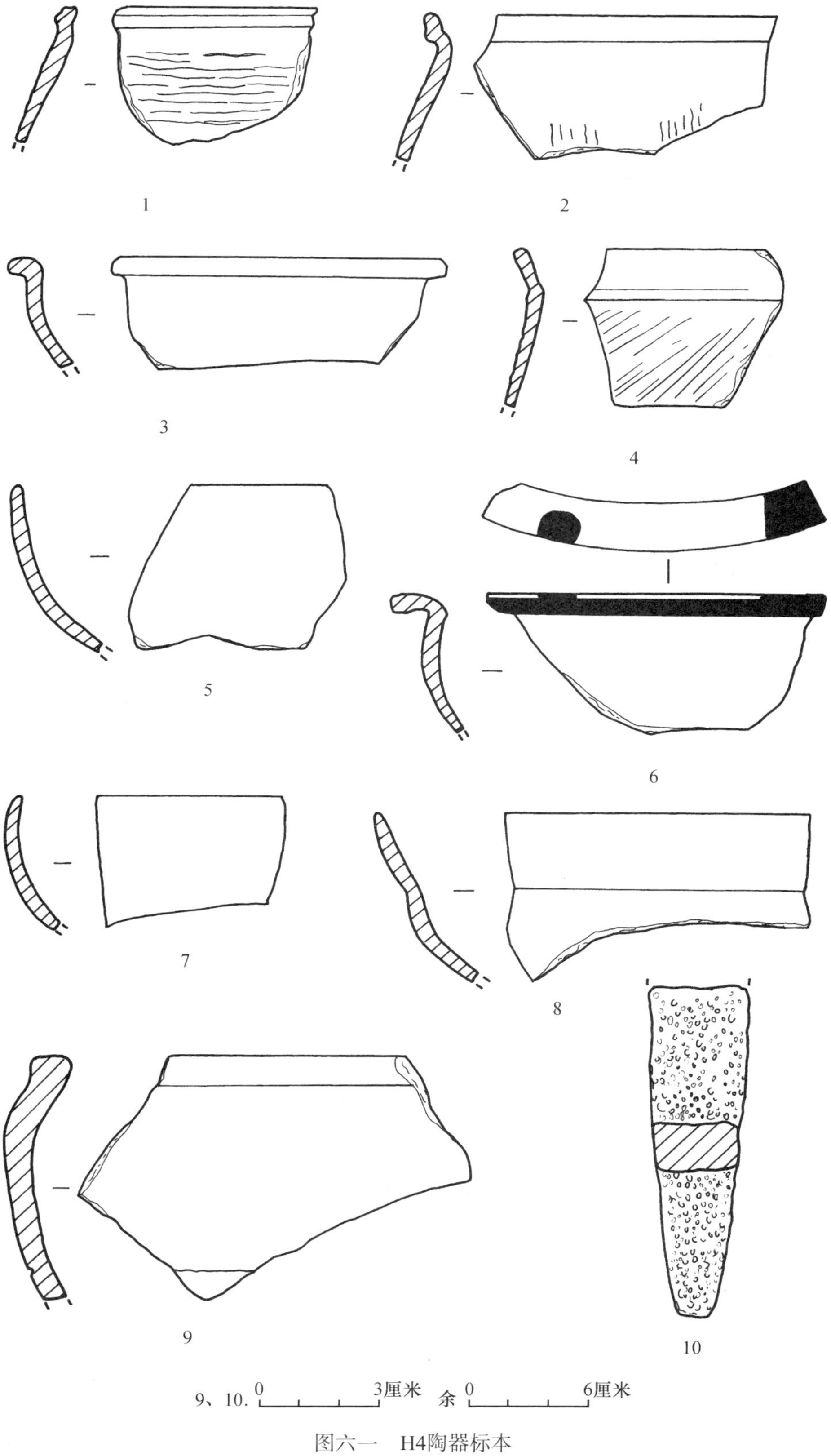

图六一　H4陶器标本

1、2、4. 罐（H4：3、H4：2、H4：4）　3、6、8、9. 盆（H4：7、H4：6、H4：8、H4：5）
5、7. 钵（H4：9、H4：10）　10. 锉（H4：1）

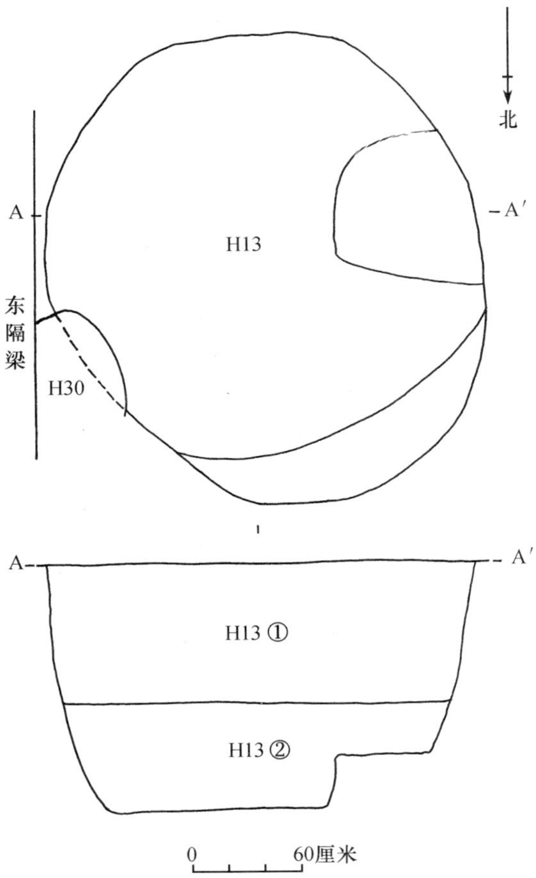

图六二　H13平、剖面图

（一）形制、堆积

平面近椭圆形，口大底小，弧壁内收，壁面凹凸不平，可见少量鼠洞，底平面呈圆形，平底，坑底西侧残存一平面略呈半椭圆形的台阶。口距现地表深0.3米，口长径2.74、短径2.35米，底径1.8米，深1.4米，台阶残径0.8～0.88、高0.3米。坑内堆积分为2层。

第1层：土色呈灰黑色，土质疏松。包含炭屑、陶片和动物骨骼等。水平状堆积。厚0.8米。第2层：土色呈黄褐色，土质较疏松。包含陶片等。水平状堆积。厚0.6米（图六二；图版五，3）。

该单位为储藏坑或窖穴。

（二）遗物

1. 陶器面貌

出土大量陶片，陶质陶色方面，泥质陶占总数的69.14%/67.19%，夹砂陶占30.86%/32.81%，其中泥质红陶占37.98%/36.65%，泥质灰陶占19.29%/19.09%，夹砂红陶占18.40%/21.90%，泥质黑陶占8.31%/7.39%，夹砂灰陶占7.72%/5.91%，夹砂褐陶占4.75%/4.99%，泥质褐陶占3.56%/4.06%。纹饰方面，素面占总数的42.73%/46.72%，素面磨光占23.74%/20.75%，绳纹占18.40%/18.12%，篮纹占11.28%/11.32%，弦纹占1.48%/1.47%，黑彩占1.78%/1.24%，戳压纹占0.30%/0.09%，弦纹加绳纹占0.30%/0.30%。可辨器形有尖底瓶、罐、盆、钵、器盖、铿和瓮（表五、表六）。

2. 遗物举例

罐　H13：1，残损。夹砂红陶。侈口，平折沿，圆唇，束颈，垂腹，平底。口沿上饰一道凹弦纹，上腹部饰六道凹弦纹。手制，下腹经抹平，保留有刮抹的痕迹，器表有烟炱痕迹。口径6.5、腹径 7.9、底径5.6、通高8.1、壁厚0.4～0.5厘米（图六三，7；图版七，1）。H13：4，口部。夹砂红陶。侈口，斜沿，圆唇，口沿内侧有一周凹槽，束颈，上腹外鼓。上腹部饰数道凹弦纹。手制轮修，器表有烟炱痕迹。残高4、壁厚0.4～0.8厘米（图六三，5）。H13：5，口部。夹砂红褐陶。敛口，厚圆唇，颈微束，上腹外鼓。上腹部饰纵向绳纹。手制轮修。残高5.3、壁厚0.6～1.1厘米（图六三，1）。H13：6，口部。夹砂灰陶。敛口，窄平沿，沿面有一道浅凹槽，上腹外鼓。素面。手制轮修。残高4.6、壁厚0.5～1.1厘米（图六三，6）。

表五　H13陶系统计表

纹饰＼陶质／陶色	泥质				夹砂			合计	百分比/%
	红	褐	黑	灰	红	褐	灰		
素面	64/2450.2	5/221.6	3/78.7	18/498.2	40/1445.2	8/260.2	6/80.4	144/5034.5	42.73/46.72
素面磨光	17/353.3	4/172.1	21/620.9	38/1089.6				80/2235.9	23.74/20.75
篮纹	17/433.5	2/34.7	2/24.3		13/584.9	4/142.6		38/1220	11.28/11.32
绳纹	23/553.7		1/10.2	8/437.2	6/260	4/135.4	20/556.3	62/1952.8	18.40/18.12
弦纹	1/25.3		1/62.6		3/70.3			5/158.2	1.48/1.47
黑彩	6/133.4							6/133.4	1.78/1.24
弦纹+绳纹				1/32.3				1/32.3	0.30/0.30
戳压纹		1/9.5						1/9.5	0.30/0.09
合计	128/3949.4	12/437.9	28/796.7	65/2057.3	62/2360.4	16/538.2	26/636.7	337/10776.6	
合计	233/7241.3				104/3535.3				
百分比/%	37.98/36.65	3.56/4.06	8.31/7.39	19.29/19.09	18.40/21.90	4.75/4.99	7.72/5.91		100.00/100.00
百分比/%	69.14/67.19				30.86/32.81				

表六　H13可辨陶器器形统计表

器形＼陶质／陶色	夹砂			泥质				合计	百分比/%
	红	灰	褐	红	灰	褐	其他		
尖底瓶				1				1	1.37
罐	24	2	5		1			32	43.84
盆				7	6	3	7	23	31.51
钵				7	3	2	1	13	17.81
器盖	2							2	2.74
瓮	1			1				2	2.74
合计	27	2	5	16	10	5	8	73	
合计	34			39					
百分比/%	36.99	2.74	6.85	21.92	13.70	6.85	10.96		100.00
百分比/%	46.58			53.42					

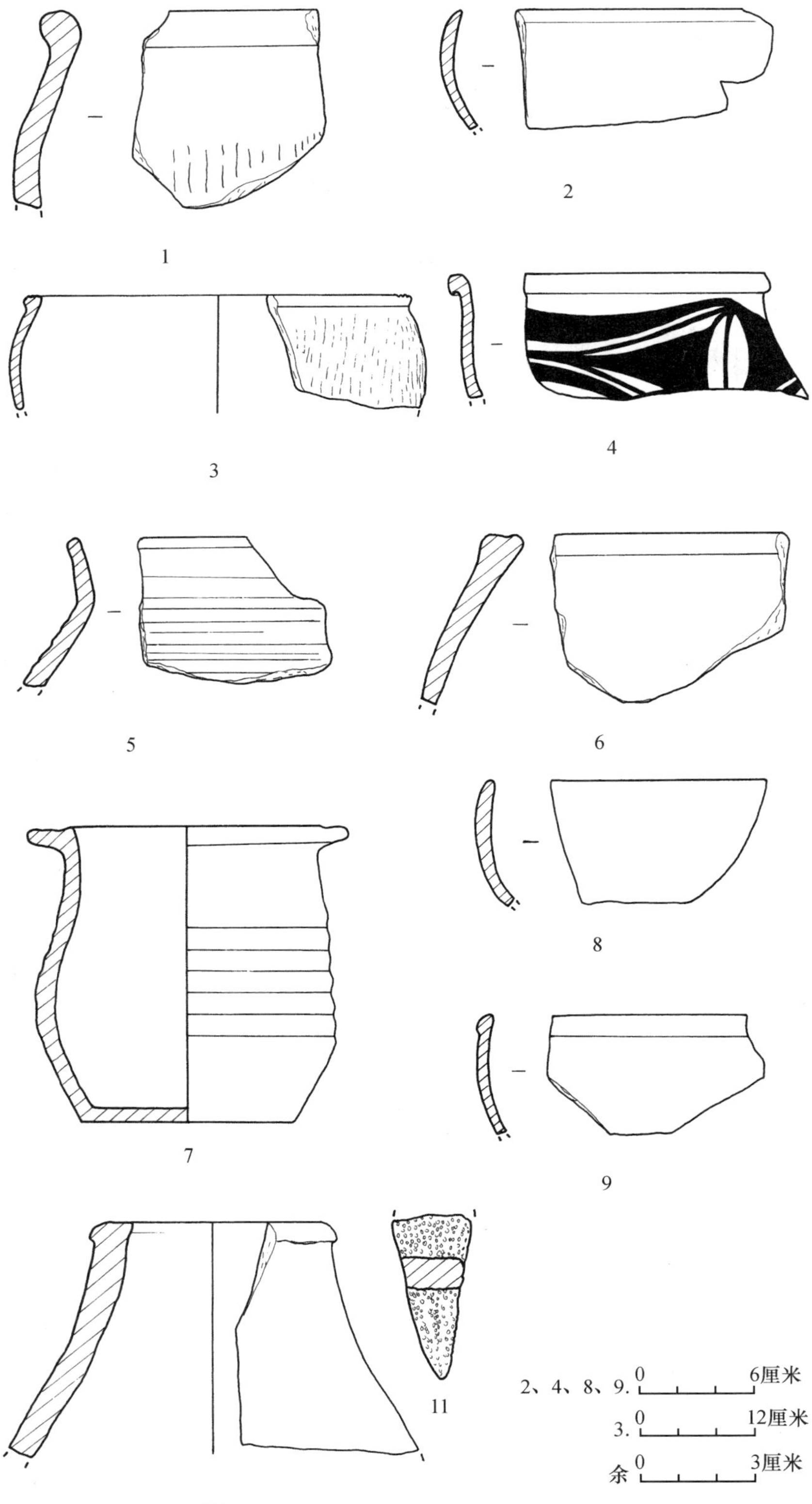

图六三　H13陶器标本

1、5～7. 罐（H13：5、H13：4、H13：6、H13：1）　2、8. 钵（H13：10、H13：11）　3. 瓮（H13：7）
4、9. 盆（H13：9、H13：8）　10. 尖底瓶（H13：3）　11. 陶锉（H13：2）

锉　H13：2，一端残损。泥质陶，器表陶色不均，一面呈红色，一面呈深褐色。平面呈三角形，体较窄，断面呈长方形，表面密布细小的麻窝点，应为制作时在表面沾满植物颗粒后经烧制而形成。残长4.4、最宽处2.1、厚0.9厘米，重9.8克（图六三，11）。

尖底瓶　H13：3，口部。泥质红陶。葫芦形口，敛口，窄平沿，圆唇，唇外侧起一周凸棱。素面。手制轮修。残高6.3、口径6.4、壁厚0.8～1.1厘米（图六三，10）。

瓮　H13：7，口部。夹砂红陶。敛口，平沿，圆唇，上腹外鼓。沿面饰三道凹弦纹，上腹部饰纵向绳纹。手制轮修。残高12、口径40、壁厚0.6～1厘米（图六三，3）。

盆　H13：8，口部。泥质红陶夹细砂。敛口，圆唇外叠，上腹微鼓。素面。手制轮修。残高6.4、壁厚0.5～1厘米（图六三，9）。H13：9，泥质陶，陶色浅红，口沿处内壁陶色呈深褐色。侈口，厚圆唇外卷，上腹较直。腹部绘弧线、弧边三角形等图案组成的黑彩纹饰。手制轮修。残高6.8、壁厚0.6～1厘米（图六三，4）。

钵　H13：10，口部。泥质红陶。敛口，圆唇，鼓腹。素面。手制轮修，器表及内壁附着较多白色钙质沉淀物。残高6.4、壁厚0.6～0.9厘米（图六三，2）。H13：11，口部。泥质红陶。敛口，圆唇，上腹略鼓。素面。手制轮修。残高6.8、壁厚0.6～0.9厘米（图六三，8）。

三、H16

位于JT0201东北角。开口于第1层下，据地表深0.2米，叠压于F3之下，打破H17。

（一）形制、堆积

圆形、袋状、平底。内壁斜直，修整光滑。口径1.6、底径1.7、深0.6米。

坑内堆积为二层。

第1层：青灰色粉砂土。夹杂炭屑，较疏松。水平状堆积。包含陶片。厚0.35米。

第2层：黑灰色粉砂土。夹杂炭屑，较疏松。水平状堆积。包含陶片。厚0.25米（图六四，图版五，4）。

判断该单位为储藏坑或窖穴。

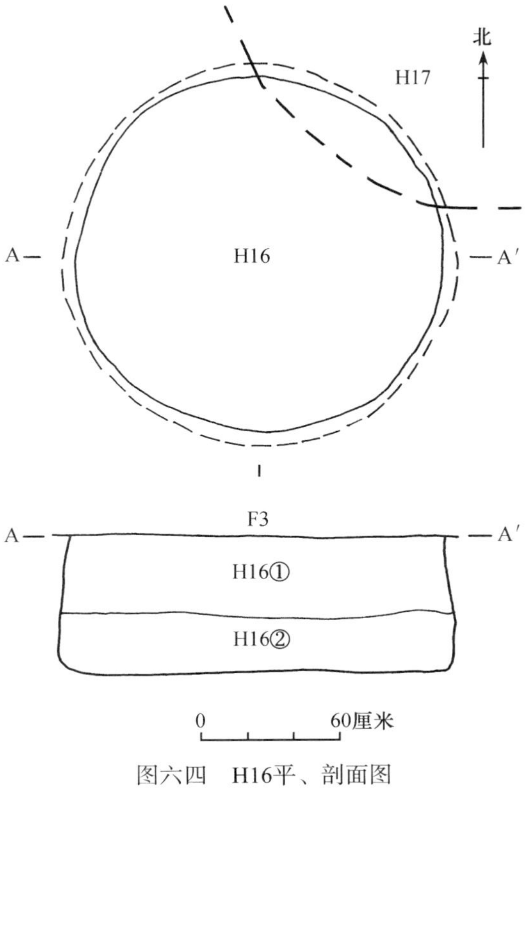

图六四　H16平、剖面图

（二）遗物

1. 陶器面貌

出土较多陶片，陶质陶色方面，泥质陶占总数的62.90%/71.26%，夹砂陶占37.10%/28.74%。其中泥质灰陶占29.84%/33.56%，夹砂灰陶占16.13%/

12.70%，泥质黑皮陶占14.50%/10.35%，夹砂黑皮陶占5.65%/3.83%，夹砂褐陶占4.03%/3.69%，泥质褐陶占3.23%/2.70%。此外，见有较多仰韶时期红陶片，占26.61%/33.18%，其中泥质红陶占15.32%/24.66%、夹砂红陶占11.29%/8.52%。纹饰方面，素面占总数的31.45%/29.23%，绳纹占40.32%/40.51%，素面磨光占15.32%/14.22%，篮纹占9.68%/13.60%，弦纹占3.23%/7.52%。可辨器形有尖底瓶、瓮、罐、盆（表七、表八）。

表七　H16陶系统计表

陶质 / 陶色 / 纹饰	泥质				夹砂				合计	百分比/%
	红	褐	黑	灰	红	褐	黑	灰		
素面	11/472.9		10/196.4		7/151.8	4/112.4	4/56.8	3/58.2	39/1048.5	31.45/29.23
素面磨光	6/159.2	2/69.8	8/193.5				3/87.5		19/510	15.32/14.22
篮纹	1/264.8			3/27.2	7/169.2	1/26.6			12/487.8	9.68/13.6
绳纹		1/18.9		32/1013.4				17/420.5	50/1452.8	40.32/40.51
弦纹	1/32.4	1/12.9		2/224.3					4/269.6	3.23/7.52
合计	19/929.3	4/101.6	18/389.9	37/1264.9	14/321	5/139	7/144.3	20/478.7	124/3768.7	
	78/2685.7				46/1085					
百分比/%	15.32/24.66	3.23/2.70	14.50/10.35	29.84/33.56	11.29/8.52	4.03/3.69	5.65/3.83	16.13/12.70		100.00/100.00
	62.90/71.26				37.10/28.74					

表八　H16可辨陶器器形统计表

陶质 / 陶色 / 器形	夹砂	泥质					合计	百分比/%
	红	红	红皮灰胎	灰	黑	黑皮褐胎		
罐	3						3	23.08
尖底瓶			1				1	7.69
盆		2		1	1	2	6	46.15
瓮	1	2					3	23.08
合计	4	4	1	1	1	2	13	
	4	9						
百分比/%	30.77	30.77	7.69	7.69	7.69	15.39		100.00
	30.77	69.23						

2. 遗物举例

尖底瓶　H16：1，腹部及器耳。泥质夹较多细砂，器表呈红色，陶胎呈浅灰色。鼓腹，腹部贴附有半环状器耳，耳部横截面近圆形。器表饰交错细绳纹，排列不甚规整。残高7.6、壁厚0.7厘米（图六五，5）。

罐　H16：2，口部。夹砂红陶。侈口，口沿部分弧曲外鼓，圆唇稍厚。素面。手制轮修，口沿内外可见轮修痕及烟炱痕。残高3.1、壁厚0.6厘米（图六五，7）。H16：3，底部。夹砂红陶。下腹斜收，腹壁微曲，平底。素面。手制，器表可见涂抹修整的痕迹。复原底径12.8、残高5.4、壁厚0.5～1厘米（图六五，2）。

盆　H16：4，口部。泥质陶，器表及内壁陶色黑灰，陶胎呈红褐色。侈口较甚，斜沿，尖圆唇外叠，唇下缘圆弧。素面磨光，器表光洁。手制轮修。残高4.1、壁厚0.3～1.3厘米（图六五，1）。H16：5，盆口沿及腹部。泥质灰陶。侈口较甚，宽斜沿，沿面内凹，长叠唇，鼓腹微折。素面磨光，器表光洁。手制轮修。残高10、壁厚0.55厘米（图六五，4）。

瓮　H16：6，口部。夹砂红陶。敛口，近平沿，圆唇，上腹圆鼓。沿面饰二周凹弦纹，上腹部饰有较为模糊的斜向绳纹。手制轮修，器表有烟炱痕。残高6.1、壁厚0.6～1.4厘米（图六五，3）。H16：7，口部。泥质红陶。敛口，窄沿近平，圆唇，上腹外鼓。上腹部饰斜向细绳纹后似稍

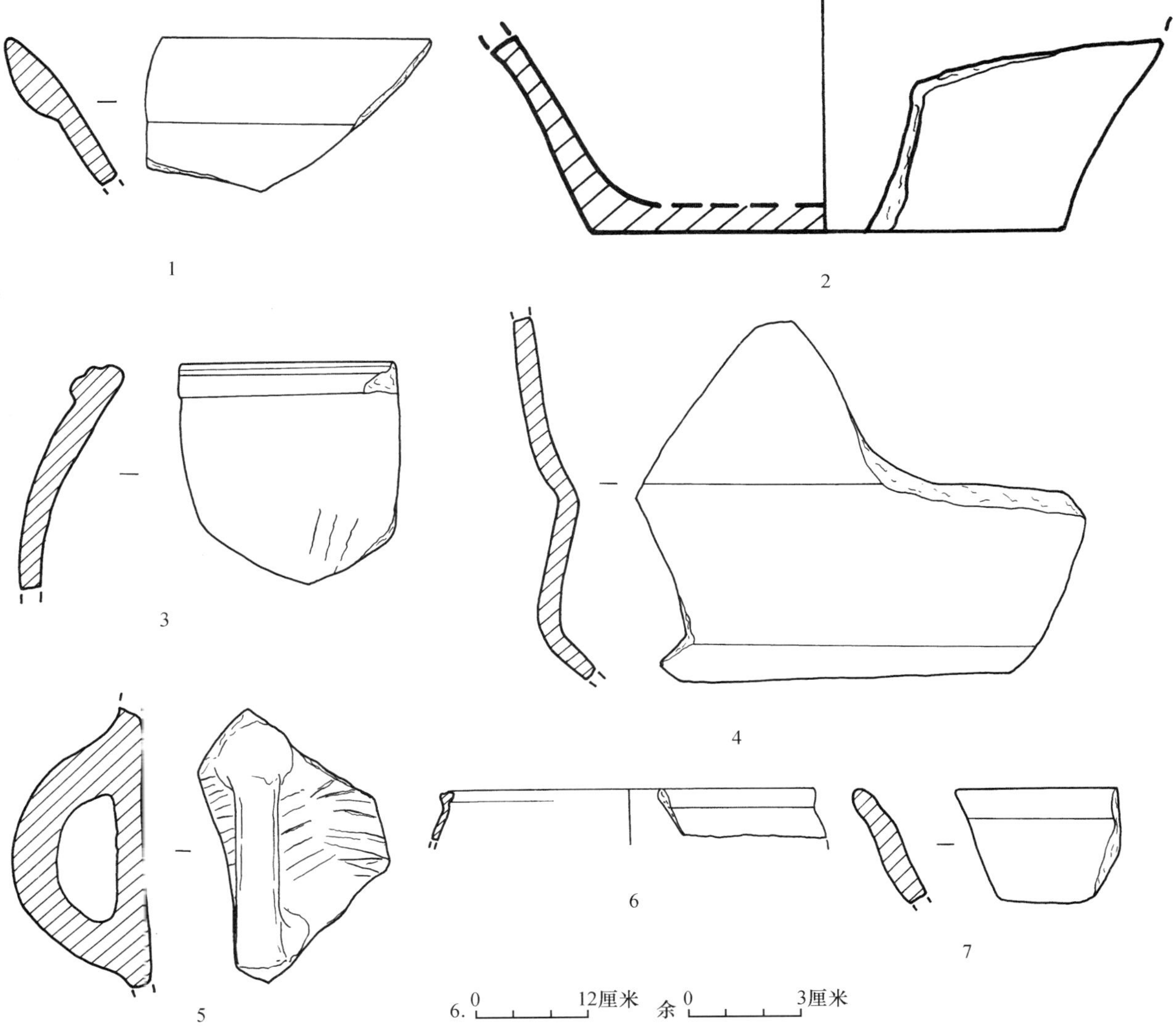

图六五　H16陶器标本

1、4. 盆（H16：4、H16：5）　2、7. 罐（H16：3、H16：2）　3、6. 瓮（H16：6、H16：7）　5. 尖底瓶（H16：1）

经修整抹平，仅隐约可见。手制轮修，口沿内外可见明显的轮修痕。复原口径40、残高5.2、壁厚0.5～1.6厘米（图六五，6）。

四、H17

位于JT0201东北部，开口于第2层下，据地表深0.45米，大部分叠压在F3之下，被H1、H16、M8打破。

（一）形制、堆积

平面呈不规则圆形，壁较直，筒形，平底。壁面上有若干小洞，推测曾用来插设木棍以搭构棚架一类的设施。口距现地表深0.25米，口径2.30～2.5、深1.4米，坑壁小洞直径10～15厘米。开口外围四周有一层黄、红相间且夹杂有料姜石的硬面，厚约0.1米，为F3的踩踏面。

坑内堆积可以分为三层，各层土色大致相同，均呈青灰色。包含物均有大量陶片、炭粒、动物骨骼等。

第1层：呈水平状堆积。厚0.3～0.38米。

第2层：近水平状堆积。厚0.55～0.78米。

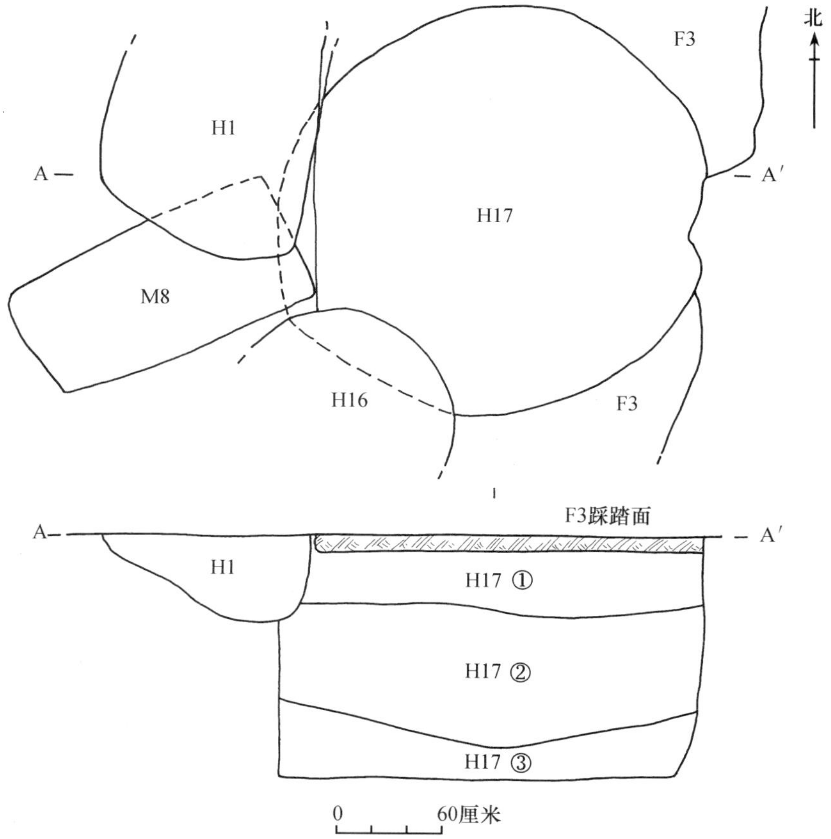

图六六　H17平、剖面图

第3层：略呈两侧高中部低的凹镜状堆积。厚0.2～0.45米（图六六；图版六，1）。

判断该单位是储藏坑或窖穴。

（二）遗物

1. 陶器面貌

出土大量陶片，陶质陶色方面，泥质陶占总数的61.67%/62.44%，夹砂陶占38.33/37.56%。其中泥质红陶占33.33%/33.28%，夹砂红陶占24.59%/22.75%，泥质灰陶占16.91%/16.38%，夹砂褐陶占8.17%/9.22%，泥质褐陶占6.44%/8.13%，泥质黑陶占5.00%/4.65%，夹砂灰陶占4.80%/4.27%，夹砂黑陶0.77%/1.32%。纹饰方面，素面占总数的36.50%/38.27%，素面磨光占28.53%/25.78%，纹绳纹占14.22%/14.62%，篮纹占11.62%/12.65%，弦纹占7.20%/6.84%，黑彩占1.34%/0.81%，绳纹+弦纹占0.38%/0.90%，蜂窝状占0.19%/0.14%。可辨器形有尖底瓶、尖底罐、罐、盆、钵、纺轮、锉和器盖（表九、表一〇），另有骨锥等。

表九　H17陶系统计表

陶质 陶色 纹饰	泥质				夹砂				合计	百分比/%
	红	褐	黑	灰	红	褐	黑	灰		
素面	115/3248.8	5/234.5		21/651.6	182/3764.9	35/1011		22/436.8	380/9347.6	36.50/38.27
素面磨光	82/1281.2	30/1058.4	51/1120.8	134/2838.1					297/6298.5	28.53/25.78
篮纹	94/2474.6	19/430.1	1/15.8	5/114.8		2/54.7			121/3090	11.62/12.65
绳纹	29/700.6	8/129.6		16/396.5	65/1512.7	2/66.8	8/322.3	20/443.2	148/3571.7	14.22/14.62
弦纹	11/192.5	5/134.1			6/120	45/1061		8/162.1	75/1669.7	7.20/6.84
蜂窝状	2/33.9								2/33.9	0.19/0.14
绳纹+弦纹					3/160.2	1/59.3			4/219.5	0.38/0.90
黑彩	14/196.9								14/196.9	1.34/0.81
合计	347/8128.5	67/1986.7	52/1136.6	176/4001	256/5557.8	85/2252.8	8/322.3	50/1042.1	1041/24427.8	
	642/15252.8				399/9175					
百分比/%	33.33/33.28	6.44/8.13	5.00/4.65	16.91/16.38	24.59/22.75	8.17/9.22	0.77/1.32	4.80/4.27	100.00/100.00	
	61.67/62.44				38.33/37.56					

表一〇　H17可辨陶器器形统计表

器形＼陶色＼陶质	夹砂				泥质				总计	百分比/%
	红	灰	褐	其他	红	灰	褐	其他		
尖底瓶					1	1			2	0.90
尖底罐					1				1	0.45
罐	77	4	10	1	1			1	94	42.53
盆					19	25	10	20	74	33.48
钵					27	10	7	4	48	21.72
器盖	1		1						2	0.90
合计	78	4	11	1	49	36	17	25	221	
	94				127					
百分比/%	35.29	1.81	4.98	0.45	22.17	16.29	7.69	11.31		100.00
	42.53				57.47					

2. 遗物举例

纺轮　H17：1，残，仅存1/2。泥质红陶。圆饼状，断面呈长方形，中部有一圆形穿孔，孔残，器表较为平整。素面。直径8.8、厚1.1、孔径1.3厘米，重45.6克（图六七，5）。

锉　H17：3，两端均残。泥质红陶，坯心有少部分呈浅灰色。扁平长条状，断面呈长方形，表面密布细小的麻窝点，应为制作时在表面沾满谷物颗粒后经烧制而形成。残长5.9、宽1.8～2.3、厚1厘米，重20.6克（图六七，8）。H17：4，两端均残。泥质褐陶。扁锥状，体较窄，断面呈椭圆形，表面密布细小的麻窝点，应为制作时在表面沾满谷物颗粒后经烧制而形成。残长5、宽1.2～1.9、厚0.9厘米，重13克（图六七，9）。

罐　H17：5，口部。夹砂红褐陶。直口，方唇，内侧有一周凹槽，束颈，上腹外鼓。器表颈部以下饰四周不甚明显的凹弦纹，其下饰纵向细绳纹。手制轮修，外侧可见轮修痕迹。残高5.4、壁厚0.6～1厘米（图六七，3）。H17：6，口部。夹砂红陶。直口微侈，厚圆唇，内侧有一周凹槽，颈微束，上腹外鼓。器表颈部以下饰三周凹弦纹，其下饰横向细绳纹。手制轮修，内侧可见轮修痕迹。残高5.8、壁厚0.8～1厘米（图六八，5）。H17：7，口部。夹砂灰陶。敛口，斜沿近平，沿面有一道浅凹槽，圆唇，上腹向下斜外扩。口沿外侧下饰四道凹弦纹，其下饰纵向绳纹。手制轮修。残高5、壁厚0.7厘米（图六八，3）。H17：8，口部。夹砂红陶。侈口，弧曲微鼓，圆唇，束颈，上腹外鼓。上腹部饰五周凹弦纹，其下饰斜向绳纹。手制轮修。残高7.4、壁厚0.7厘米（图六七，1）。H17：18，口部。夹砂红陶。侈口，弧曲微鼓，方唇，束颈，上腹外鼓。上腹部饰斜向绳纹。手制轮修。残高7.4、口径24、壁厚1.1厘米（图六八，10）。H17：19，口部。夹砂红褐陶。侈口，弧曲微鼓，方唇外斜，束颈，上腹外鼓。唇面饰一周凹弦纹，上腹饰四周凹弦纹，其下饰纵向绳纹。手制轮修，内壁有烟炱痕迹。残高6.8、壁厚0.6～0.8厘米（图六七，2）。

盆　H17：9，口部。泥质灰陶。侈口，斜沿，圆唇外叠，唇下缘圆弧，弧腹微折。素面磨光。

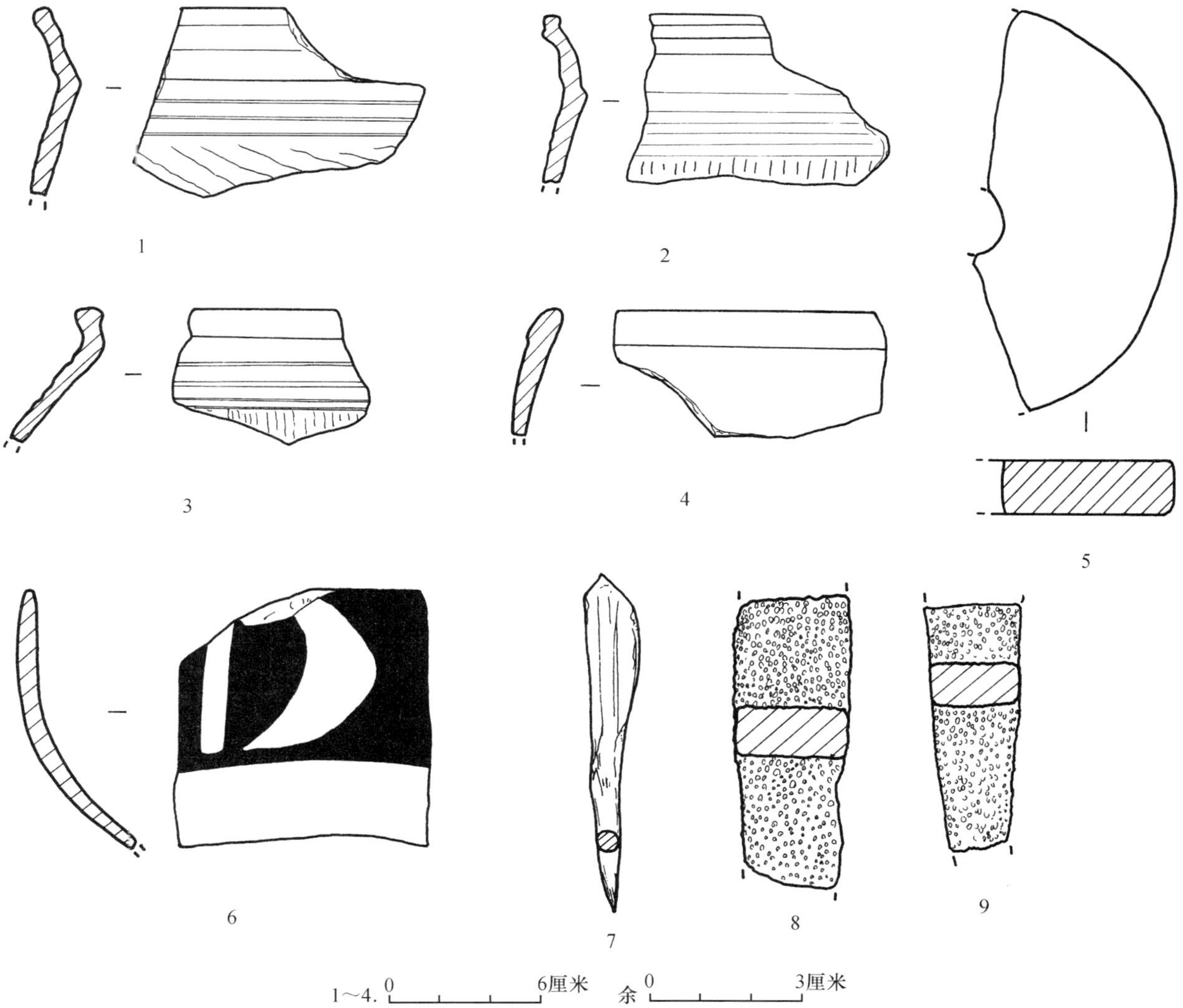

图六七　H17器物标本

1～3. 陶罐（H17：8、H17：19、H17：5）　4. 陶盆（H17：15）　5. 陶纺轮（H17：1）
6. 陶钵（H17：14）　7. 骨锥（H17：2）　8、9. 陶锉（H17：3、H17：4）

手制轮修。残高7.8、壁厚0.6～0.9厘米（图六八，1）。H17：10，口部。泥质陶，器表及内壁陶色黑灰，陶胎呈灰褐色。侈口，斜沿，尖圆唇外叠，唇下缘圆弧，弧腹内收。素面磨光。手制轮修。残高5.8、壁厚0.4～1厘米（图六八，4）。H17：11，口部。泥质灰陶。敛口，卷沿，圆唇，腹微鼓。素面磨光。手制轮修。残高5.4、壁厚0.6～1厘米（图六八，2）。H17：12，口部。泥质灰陶。敛口，卷沿，圆唇，上腹较直，下腹弧收。素面磨光。手制轮修。残高5、壁厚0.6～0.8厘米（图六八，9）。H17：15，口及腹部。泥质陶，器表及内壁呈红色，陶胎呈浅灰色。敛口，圆唇外叠，上腹微鼓。素面。手制轮修。内侧轮修痕迹明显。残高5、壁厚0.6～1.2厘米（图六七，4）。

钵　H17：13，口及腹部。泥质红陶。直口，尖圆唇，上腹稍直，下腹内收。器表及内壁磨光，外侧下有一个圆形穿孔，系由外而内钻成。手制轮修。残高8.4、孔径0.1～0.3、壁厚0.4～0.6厘米（图六八，7）。H17：14　口及腹部。泥质红陶。直口，方唇较薄，上腹稍直，下腹斜

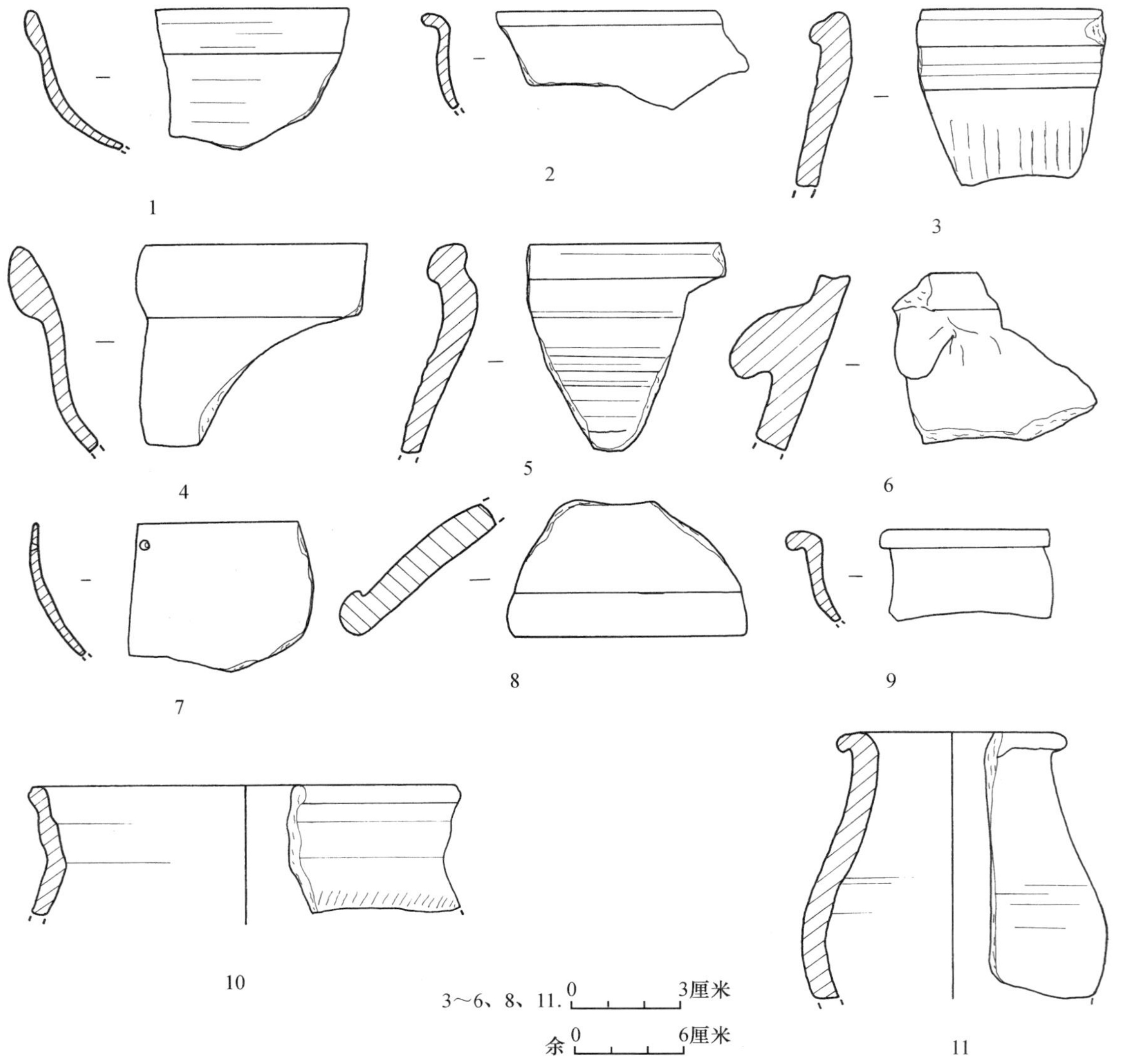

图六八　H17陶器标本

1、2、4、9. 盆（H17：9、H17：11、H17：10、H17：12）　3、5、10. 罐（H17：7、H17：6、H17：18）
6. 尖底罐（H17：20）　7. 钵（H17：13）　8. 器盖（H17：16）　11. 尖底瓶（H17：17）

收。唇部绘线状黑彩，外侧绘半圆形、直线等图案组成的黑彩纹饰。手制轮修。残高5.2、壁厚0.25～0.5厘米（图六七，6）。

器盖　H17：16，残。夹砂褐陶。略呈覆钵状，敞口，圆唇外卷，盖体微弧。素面。手制轮修。残高3.7、壁厚0.9～1.2厘米（图六八，8）。

尖底瓶　H17：17，口部。泥质灰陶。葫芦形口，多起一固凸棱，侈口，窄平沿，圆唇，口下部圆鼓。素面。手制轮修，内侧可见泥条盘筑及轮修的痕迹。残高7.6、口径6.3、壁厚0.6～0.7厘米（图六七，11）。

尖底罐　H17：20，口及腹部。泥质红陶。敛口，方唇，唇面内凹，上腹斜直外张。外侧下贴附一个鸟喙状泥凸。手制轮修，内壁可见泥条盘筑及修整的痕迹。残高4.9、壁厚1～1.2厘米

（图六八，6）。

骨锥　H17：2，柄端残损。系用动物骨骼磨制而成。扁体尖锥状，尖端打磨较为精细，尖锐且器表光亮，柄端一面部分保留有原骨面。残长6.9、残宽1厘米，重2克（图六七，7）。

五、H18

位于JT0101西壁下，部分延伸至探方外，开口于第2层下，据地表深0.5米，被G6打破。

（一）形制、堆积

平面基本呈圆形，内壁近直，平底稍小。口径1.44、底径1.2、深0.9米。坑内堆积为灰褐色夹杂少量黄褐土点的砂质黏土，较疏松，水平状堆积，包含陶片、石块（图六九）。

判断该单位为处理废弃物的垃圾坑。

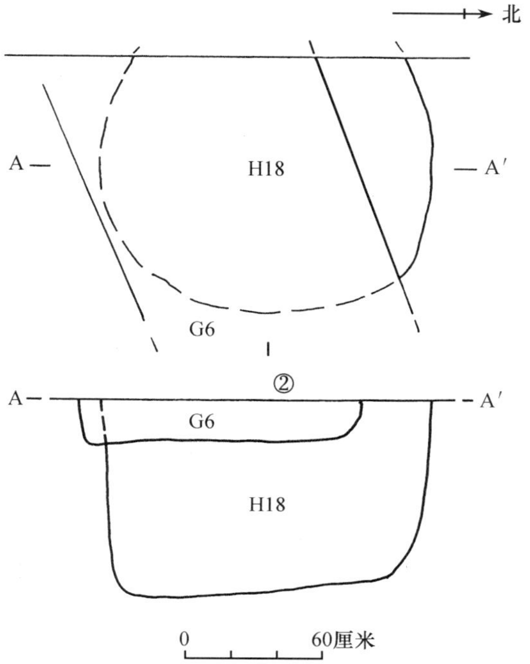

图六九　H18平、剖面图

（二）遗物

1. 陶器面貌

出土少量陶片，陶质陶色方面，泥质陶占总数的17.07%/52.35%，夹砂陶占82.93%/47.65%。其中夹砂红陶片占73.17%/31.62%，泥质红陶占12.19%/41.53%，泥质黑皮陶占2.44%/5.65%，泥质灰陶占2.44%/5.17%，夹砂黑皮陶占4.88%/3.99%，夹砂灰陶占4.88%/12.05%。纹饰方面，素面占总数的2.44%/3.12%，篮纹占75.61%/34.74%，素面磨光占12.19%/46.11%，绳纹占9.76%/16.03%。可辨器形有钵、盂（表一一、表一二）。

表一一　H18陶系统计表

陶质 / 陶色 / 纹饰	泥质			夹砂			合计	百分比/%
	红	黑	灰	红	黑	灰		
素面	1/20.8						1/20.8	2.44/3.12
素面磨光	3/235.5	1/37.7	1/34.5				5/307.7	12.19/46.11
篮纹	1/20.8			30/211			31/231.8	75.61/34.74
绳纹					2/26.6	2/80.4	4/107	9.76/16.03
合计	5/277.1	1/37.7	1/34.5	30/211	2/26.6	2/80.4	41/667.3	
	7/349.3			34/318				
百分比/%	12.19/41.53	2.44/5.65	2.44/5.17	73.17/31.62	4.88/3.99	4.88/12.05		100.00/100.00
	17.07/52.35			82.93/47.65				

表一二　H18可辨陶器器形统计表

陶质 / 陶色 / 器形	泥质			合计	百分比/%
	红	灰	合计		
钵		1	1	1	50
盂/钵	1		1	1	50
合计	1	1	2	2	
百分比/%	50	50	100		100

2. 遗物举例

钵　H18：1，口沿残片。泥质灰陶。敛口，圆唇，上腹略鼓。素面磨光。手制，口沿外侧可见刮抹的痕迹。残高5.6、壁厚0.6～0.9厘米（图七〇，1）。H18：2，盂/钵口沿残片。泥质红陶。敛口，圆唇，深腹略鼓。素面磨光。手制轮修，器内壁可见轮修及抹平的痕迹。残高14、壁厚0.5～0.6厘米（图七〇，2）。

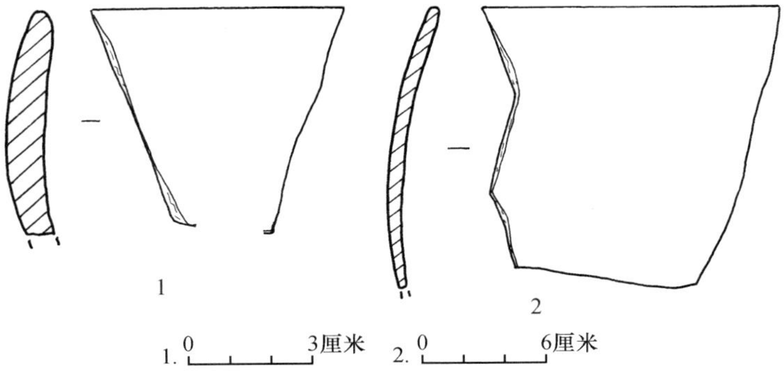

图七〇　H18陶钵

1. H18：1　2. H18：2

六、H27

位于JT0203东部，开口于第1层下。

（一）形制、堆积

口平面略近东西向椭圆形，南部稍鼓，弧壁，底略呈东高西低的坡状。口长径1.75、短径1、深0.54米。坑内堆积为灰褐色砂质黏土，夹杂大量红烧土粒、草木灰，疏松，水平状堆积，包含陶片、石块等（图七一）。

判断该单位为处理废弃物的一般垃圾坑。

（二）遗物

1. 陶器面貌

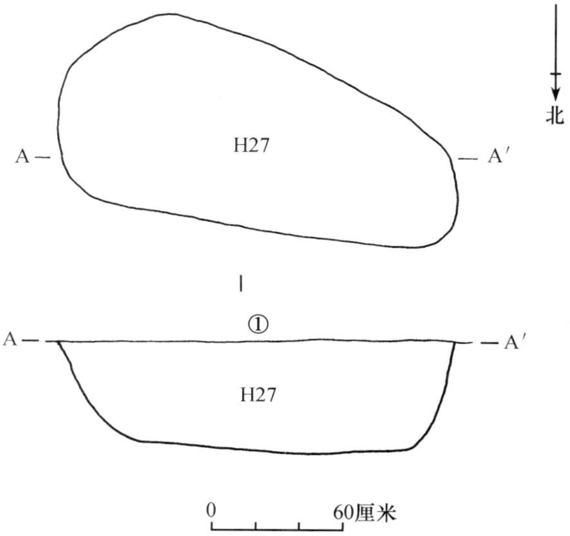

图七一　H27平、剖面图

出土较多陶片，陶质陶色方面，泥质陶占总数的60.67%/52.36%，夹砂陶占39.33%/47.64%。其中泥质红陶占40.45%/35.23%，夹砂红陶占35.96%/45.31%，泥质褐陶占3.37%/4.34%，夹砂褐陶占1.12%/0.41%，泥质黑皮陶占5.62%/4.42%，泥质灰陶占11.24%/8.36%，夹砂灰陶占2.25%/1.92%。纹饰方面，素面占总数的44.94%/48.20%，篮纹占22.47%/24.46%，素面磨光占25.84%/20.52%，弦纹占4.49%/3.40%，黑彩占2.25%/3.42%。可辨器形有钵、罐、盆（表一三、表一四）。

表一三　H27陶系统计表

陶质 / 陶色 / 纹饰	泥质				夹砂			合计	百分比/%
	红	褐	黑	灰	红	褐	灰		
素面	13/411.9	1/31.4	2/46.9	3/59.9	19/765.3		2/54.7	40/1370.1	44.94/48.20
素面磨光	11/234.8	2/92	3/78.8	7/177.8				23/583.4	25.84/20.52
篮纹	10/257.7				9/426.1	1/11.6		20/695.4	22.47/24.46
弦纹					4/96.7			4/96.7	4.49/3.40
黑彩	2/97.2							2/97.2	2.25/3.42
合计	36/1001.6	3/123.4	5/125.7	10/237.7	32/1288.1	1/11.6	2/54.7	89/2842.8	
	54/1488.4				35/1354.4				
百分比/%	40.45/35.23	3.37/4.34	5.62/4.42	11.24/8.36	35.96/45.31	1.12/0.41	2.25/1.92		100.00/100.00
	60.67/52.36				39.33/47.64				

表一四　H27可辨陶器器形统计表

陶质 / 陶色 / 器形	夹砂		泥质			合计	百分比/%
	红	其他	红	灰	其他		
罐	11	1				12	44.44
盆	1	1	3	1	1	7	25.93
钵			6	1	1	8	29.63
合计	12	2	9	2	2	27	
	14		13				
百分比/%	44.44	7.41	33.33	7.41	7.41		100.00
	51.85		48.15				

2. 遗物举例

罐　H27：1，口部。夹砂红陶。大口稍敛，圆唇较厚，唇内外各起一周凸棱，沿面略外鼓，束颈。素面。手制轮修，内外可见轮修痕迹。残高5.3、壁厚0.5～0.7厘米（图七二，2）。H27：2，口部。夹砂红陶。敛口，窄平沿，沿面有一道凹槽，圆唇，颈微束，上腹略鼓。器表颈部下饰二道凹弦纹，上腹部饰斜向细绳纹。手制轮修。残高5.6、壁厚0.6～1.1厘米（图七二，6）。

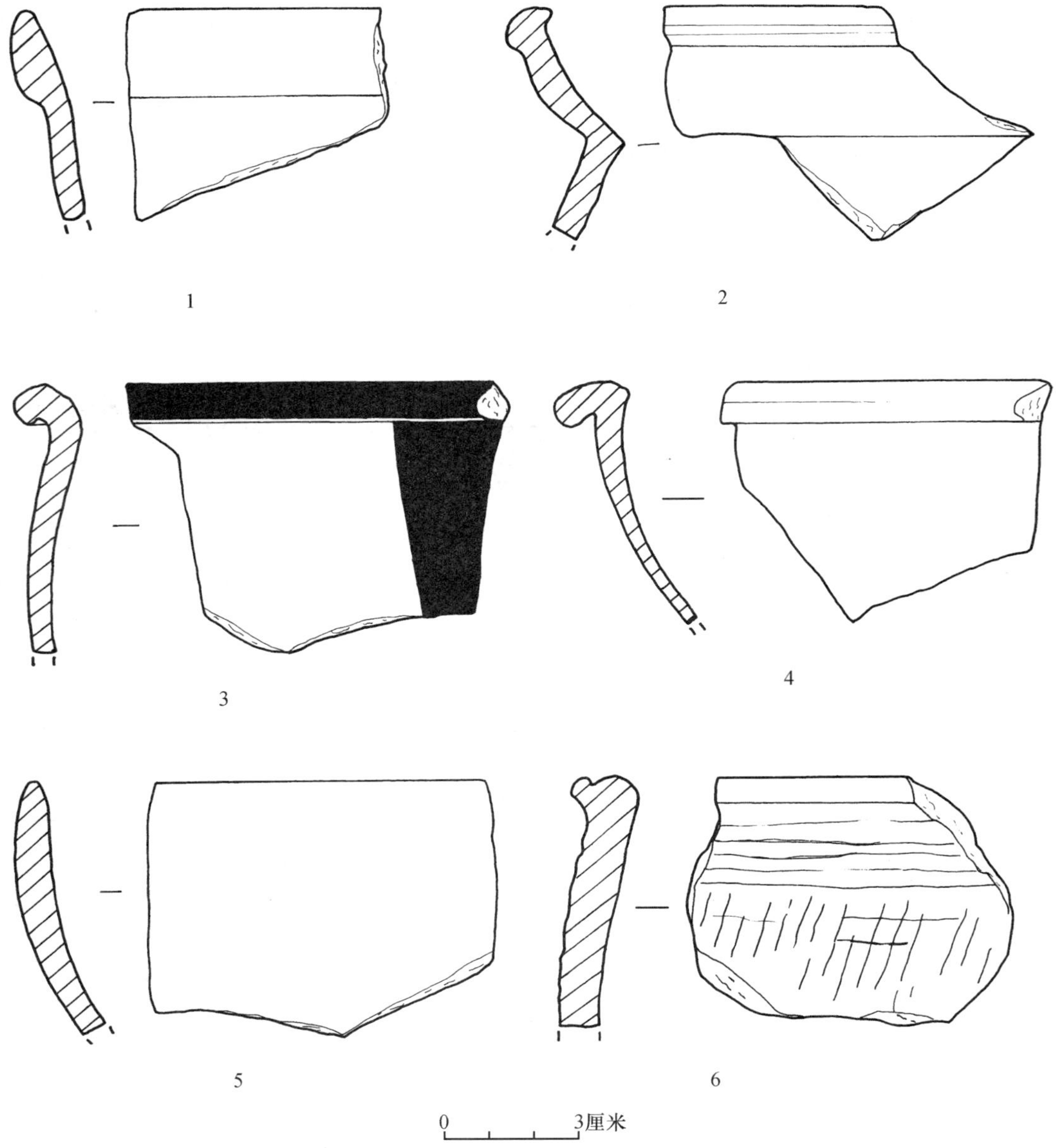

图七二　H27陶器标本

1、3、4. 盆（H27：5、H27：3、H27：4）　2、6. 罐（H27：1、H27：2）　5. 钵（H27：6）

盆　H27：3，口部。泥质红陶。敛口，圆唇外卷，上腹外鼓。唇部绘一周条带状黑彩，腹部亦绘有黑彩纹饰，但因残缺较甚，具体不明为何图案，器表及内壁磨光。手制轮修，内侧可见轮修痕迹。残高6.2、壁厚0.6～1厘米（图七二，3）。H27：4，口部。泥质灰陶。直口微敛，沿面略圆弧，圆唇，弧腹。素面磨光。手制轮修。残高5.5、壁厚0.4～0.8厘米（图七二，4）。H27：5，口部。泥质黑皮灰胎陶。侈口较甚，厚圆唇外叠，唇下缘圆弧。素面磨光。手制轮修，内外可见模糊的轮修痕迹。残高4.8、壁厚0.3～1.1厘米（图七二，1）。

钵　H27：6，口部。泥质红陶。直口，圆唇，上腹微鼓。素面。手制轮修。残高5.8、壁厚0.5～0.8厘米（图七二，5）。

七、H31

位于JT0203东壁下，部分延伸至东隔梁内，开口于第1层下。据地表深0.3米。

（一）形制、堆积

开口平面近半圆形，西部内壁稍内弧外扩，其余内壁面较直，底部起伏而略不规整。口长径2.26、短径1.5米，底长径2.25、短径1.56米，深0.72米。坑内堆积为灰褐色砂质黏土，夹杂少量红烧土块，疏松，水平状堆积，包含陶片、石块、动物骨骼等（图七三）。

判断该单位为储藏坑或窖穴。

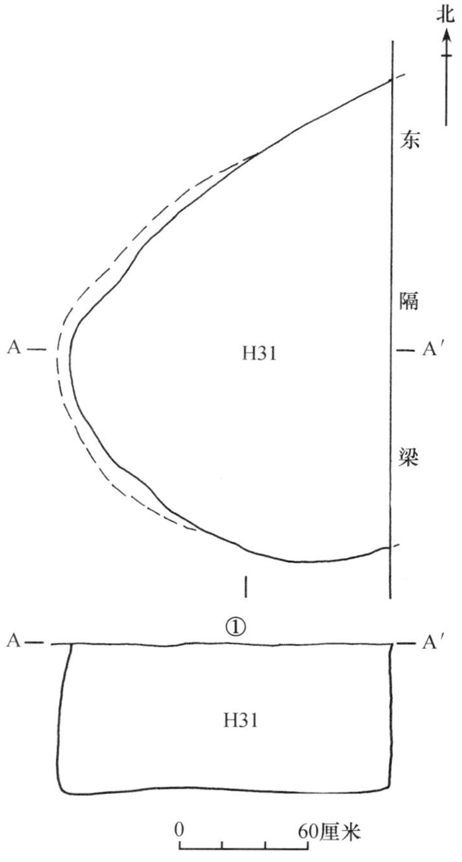

图七三　H31平、剖面图

（二）遗物

1. 陶器面貌

出土较多陶片，陶质陶色方面，泥质陶占总数的61.64%/67.32%，夹砂陶占38.36%/32.68%。其中泥质红陶占45.21%/44.58%，夹砂红陶占26.03%/27.19%，夹砂褐陶占11.64%/5.34%，泥质灰陶占11.64%/14.18%，泥质黑皮陶占3.42%/3.84%，泥质褐陶占1.37%/4.71%。纹饰方面，素面占总数的62.33%/62.85%，弦纹占14.38%/14.21%，素面磨光占13.70%/14.17%，篮纹占8.90%/8.45%，彩绘占0.68%/0.33%。可辨器形有钵、罐、盆（表一五、表一六）。另有石斧等。

表一五　H31陶系统计表

陶质/陶色/纹饰	泥质				夹砂			合计	百分比/%
	红	褐	黑	灰	红	褐	黑		
素面	43/1828.5			9/426.5	29/1155.9	9/31.8	1/8.5	91/3451.2	62.33/62.85
素面磨光	10/341.7		5/211	5/225.2				20/777.9	13.70/14.17
篮纹	9/144.5	2/258.7		2/60.6				13/463.8	8.90/8.45
弦纹	3/115.1			1/66.6	9/337.3	8/261.2		21/780.2	14.38/14.21
彩绘	1/18.1							1/18.1	0.68/0.33
合计	66/2447.9	2/258.7	5/211	17/778.9	38/1493.2	17/293	1/8.5	146/5491.2	
	90/3696.5				56/1794.7				
百分比/%	45.21/44.58	1.37/4.71	3.42/3.84	11.64/14.18	26.03/27.19	11.64/5.34	0.68/0.15		100.00/100.00
	61.64/67.32				38.36/32.68				

表一六　H31可辨陶器器形统计表

陶质/陶色/器形	夹砂	泥质				合计	百分比/%
	红	红	灰	褐	其他		
盆		9	8		1	18	40.00
钵		3		1	1	5	11.11
罐	19	3				22	48.89
合计	19	15	8	1	2	45	
	19	26					
百分比/%	42.22	33.33	17.78	2.22	4.44		100.00
	42.22	57.78					

2. 遗物举例

挑选部分罐、盆口部及石斧标本共8件。

罐　H31：2，口部。夹砂红陶。大口微敛，方唇较厚唇内外各起一周凸棱，沿面外鼓，口沿整体似盘状，束颈，上腹外鼓。上腹部饰横向细绳纹。手制轮修，内外可见轮修痕迹。残高10、壁厚0.6～0.9厘米（图七四，1）。H31：3，口部。夹砂红陶。敛口，窄沿近平，沿面有一周浅凹槽，圆唇，颈微束，上腹外鼓。素面。手制轮修，外侧可见轮修痕迹。残高6、壁厚0.4～0.8厘米（图七四，8）。H31：4，口部。泥质红陶。侈口，斜沿，圆唇，束颈，上腹外鼓。素面。手制轮修，内外轮修痕迹明显。残高7.4、壁厚0.4～0.8厘米（图七四，5）。

盆　H31：5，口部。泥质灰陶。侈口较甚，厚圆唇外叠，唇下缘圆弧，弧腹。素面磨光。手制轮修。残高6.4、壁厚0.6～1.2厘米（图七四，6）。H31：6，口部。泥质灰陶。侈口较甚，厚圆唇外叠，唇下缘圆弧，斜腹内收，腹壁较斜直。腹部饰数周凹弦纹，器表及内壁磨光。手制轮修。残高

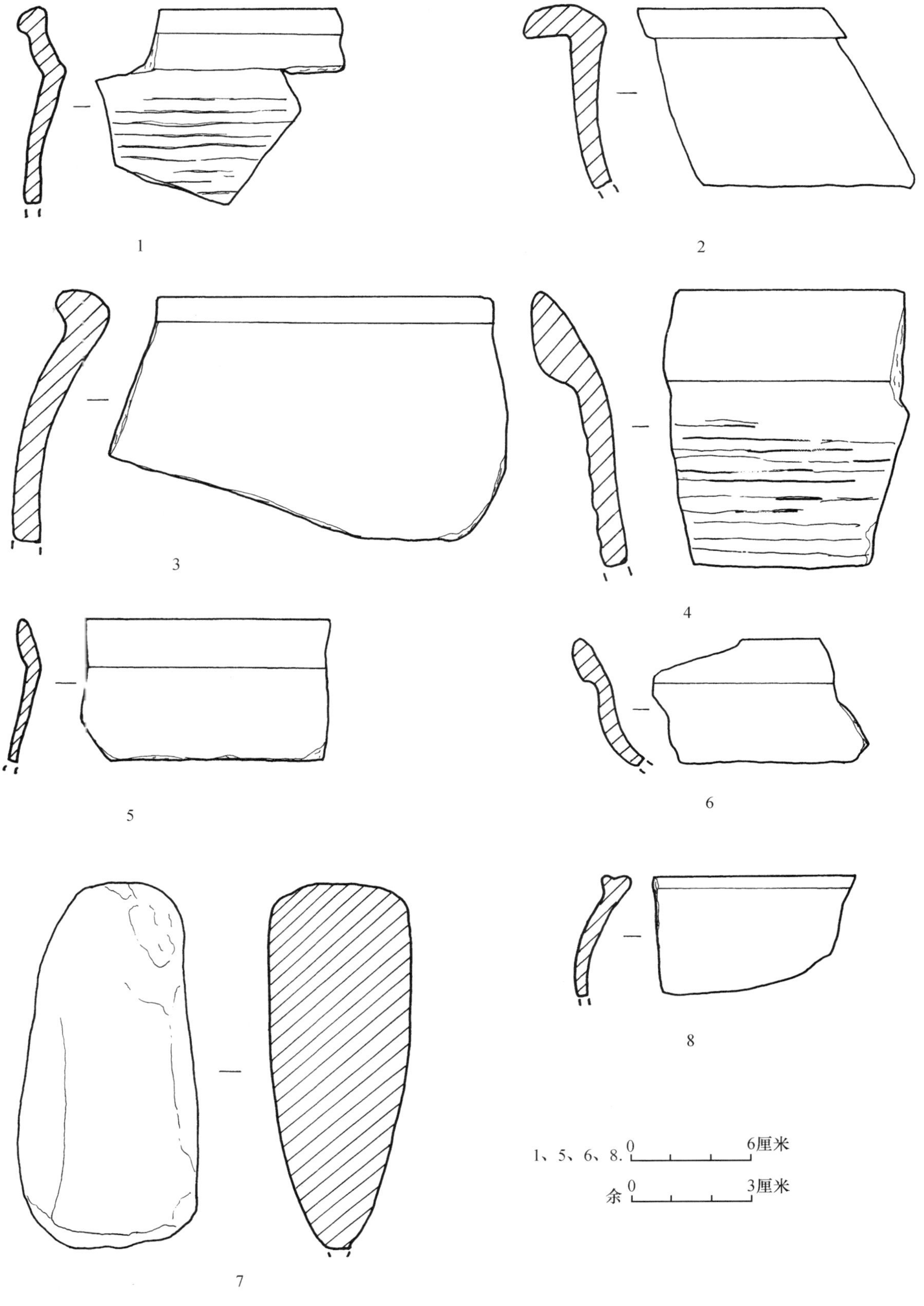

图七四　H31遗物

1、5、8. 陶罐（H31：2、H31：4、H31：3）　2～4、6. 陶盆（H31：7、H31：8、H31：6、H31：5）　7. 石斧（H31：1）

7、壁厚0.3～1.2厘米（图七四，4）。H31∶7，口部。泥质灰陶。敛口，沿面圆弧，圆唇，上腹微鼓。素面磨光。手制轮修。残高4.6、壁厚0.6～0.7厘米（图七四，2）。H31∶8，口部。泥质红陶。敛口，圆唇外叠，腹部圆鼓。素面。手制轮修。残高6.3、壁厚0.8厘米（图七四，3）。

石斧　H31∶1，顶部和刃部略有残损。凝灰岩质，深灰色夹杂少许红褐色。体较厚，平面呈梯形，顶窄刃宽，弧顶，两侧边向下斜外扩，双面弧刃，横截面呈椭圆形，器表通体打磨光滑。残长9.2、顶宽2.4、刃宽4.3、最厚处3.6厘米，重258克（图七四，7）。

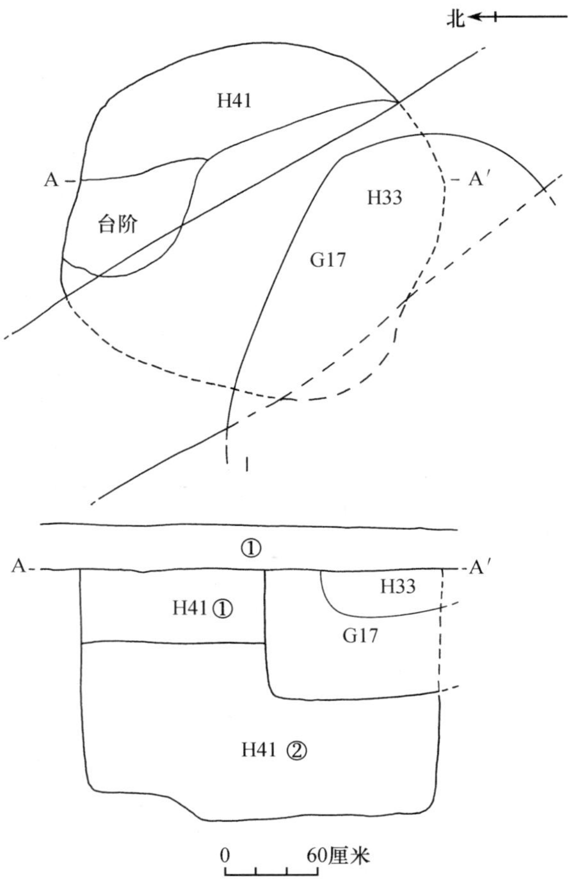

图七五　H41平、剖面图

八、H41

位于JT0103北部，开口于第1层下，距地表深0.3米，被H33、G17打破。

（一）形制、堆积

口平面近圆形，口大于底，东壁斜直，其余各侧坑壁均为直壁，坑底平面略呈半圆形，较为平整，坑底北部有一平面呈不规则形的台阶，其表面有踩踏痕迹。口距现地表深0.25米，口径2.34～2.56、底径2～2.2、深1.68米，台阶南北长0.74、宽0.67、高0.18厘米。

坑内堆积分为二层。

第1层：土色呈灰褐色。包含生土块、草木灰、红烧土块、石块及陶片等。水平状堆积。厚约0.5米。

第2层：土色呈浅灰色。包含大量草木灰、炭粒、红烧土点、石块、动物骨骼和陶片等。水平状堆积。厚1～1.18米（图七五）。

判断该单位为储藏坑或窖穴。

（二）遗物

1. 陶器面貌

第1层出土少量陶片，陶质陶色方面，泥质陶占总数的69.23%/72.53%，夹砂陶占30.77%/27.47%。其中泥质红陶占30.77%/43.86%，泥质灰陶占28.85%/24.72%，夹砂褐陶占

19.23%/15.14%，夹砂红陶占11.54%/12.33%，泥质黑陶占9.62%/3.95%。纹饰方面，素面占总数的42.31%/42.97%，篮纹占32.69%/27.97%，弦纹占1.92%/1.82%，素面磨光占21.15%/25.92%，戳压纹占1.92%/1.31%。可辨器形有尖底瓶、罐、盆和钵（表一七、表一八）。

表一七　H41①层陶系统计表

陶质 / 陶色 / 纹饰	泥质			夹砂		合计	百分比/%
	红	黑	灰	红	褐		
素面	5/227.7	3/49.9	5/215.6	3/133.9	6/234.8	22/861.9	42.31/42.97
素面磨光	1/273.4	2/29.3	8/217.3			11/520	21.15/25.92
篮纹	10/378.7			3/113.4	4/68.9	17/561	32.69/27.97
绳纹							
弦纹			1/36.6			1/36.6	1.92/1.82
戳刺纹			1/26.3			1/26.3	1.92/1.31
合计	16/879.8	5/79.2	15/495.8	6/247.3	10/303.7	52/2005.8	
	36/1454.8			16/551			
百分比/%	30.77/43.86	9.62/3.95	28.85/24.72	11.54/12.33	19.23/15.14		100.00/100.00
	69.23/72.53			30.77/27.47			

表一八　H41①层可辨陶器器形统计表

陶质 / 陶色 / 器形	夹砂	泥质			合计	百分比/%
	红	红	灰	褐		
尖底瓶		1		1	2	18.18
罐	2	1			3	27.27
盆		2	2	1	5	45.45
钵			1		1	9.09
合计	2	4	3	2	11	
	2	9				
百分比/%	18.18	36.36	27.27	18.18		100.00
	18.18	81.82				

第2层出土大量陶片，陶质陶色方面，泥质陶占总数的68.94%/69.22%，夹砂陶占31.06%/30.78%。其中泥质红陶占35.10%/41.17%，夹砂红陶占26.77%/27.12%，泥质灰陶占20.45%/14.97%，泥质黑陶占9.85%/9.97%，泥质褐陶占3.54%/3.11%，夹砂褐陶占3.03%/2.79%，夹砂灰陶占1.01%/0.81%，夹砂黑陶占0.25%/0.06%。纹饰方面，素面占总数的32.83%/44.25%，素面磨光占39.14%/30.40%，篮纹14.39%/13.38%，绳纹占7.58%/7.46%，弦纹占6.06%/4.51%。可辨器形有尖底瓶、罐、盆、钵和瓮（表一九、表二〇）。

表一九　H41②层陶系统计表

陶质 / 陶色 / 纹饰	泥质				夹砂				合计	百分比/%
	红	褐	黑	灰	红	褐	黑	灰		
素面	58/2832.2	3/129.8			68/1987.9			1/19	130/4968.9	32.83/44.25
素面磨光	31/590.7	7/164.4	39/1119.5	77/1506.8				1/32.1	155/3413.5	39.14/30.40
篮纹	20/531	1/9.3		1/9.1	24/698.4	9/213.9		2/40.2	57/1501.9	14.39/13.38
绳纹	12/367.3			2/137.1	13/276.3	2/49.7	1/7.2		30/837.6	7.58/7.46
弦纹	18/301.4	3/45.6		1/28.2	1/82.3	1/49.2			24/506.7	6.06/4.51
合计	139/4622.6	14/349.1	39/1119.5	81/1681.2	106/3044.9	12/312.8	1/7.2	4/91.3	396/11228.6	
	273/7772.4				123/3456.2					
百分比/%	35.10/41.17	3.54/3.11	9.85/9.97	20.45/14.97	26.77/27.12	3.03/2.79	0.25/0.06	1.01/0.81	100.00/100.00	
	68.94/69.22				31.06/30.78					

表二〇　H41②层可辨陶器器形统计表

陶质 / 陶色 / 器形	夹砂			泥质				合计	百分比/%
	红	灰	褐	红	灰	褐	其他		
尖底瓶				3				3	2.61
罐	39	1	6					46	40.00
盆				11	14	6	13	44	38.26
钵				10		5	6	21	18.26
瓮				1				1	0.87
合计	39	1	6	25	14	11	19	115	
	46			69					
百分比/%	33.91	0.87	5.22	21.74	12.17	9.57	16.52	100.00	
	40.00			60.00					

2. 遗物举例

第1层挑选标本包括盆、罐口部共3件。

盆　H41①：1，泥质灰陶。侈口，方圆唇外卷，腹较直。素面，器表磨光。手制轮修。残高6、壁厚0.7～1厘米（图七六，2）。

罐　H41①：2，夹砂红陶。侈口，斜沿，方唇，内侧有一道凹槽，束颈，上腹微鼓。颈部以下饰交错细绳纹。手制轮修，内侧有烟炱痕迹。残高4、壁厚0.6～1厘米（图七六，8）。H41①：3，夹砂红陶。敛口，厚方圆唇，上腹圆鼓。上腹饰斜向绳纹。手制轮修。残高6、壁厚0.6～1.2厘米（图七六，3）。

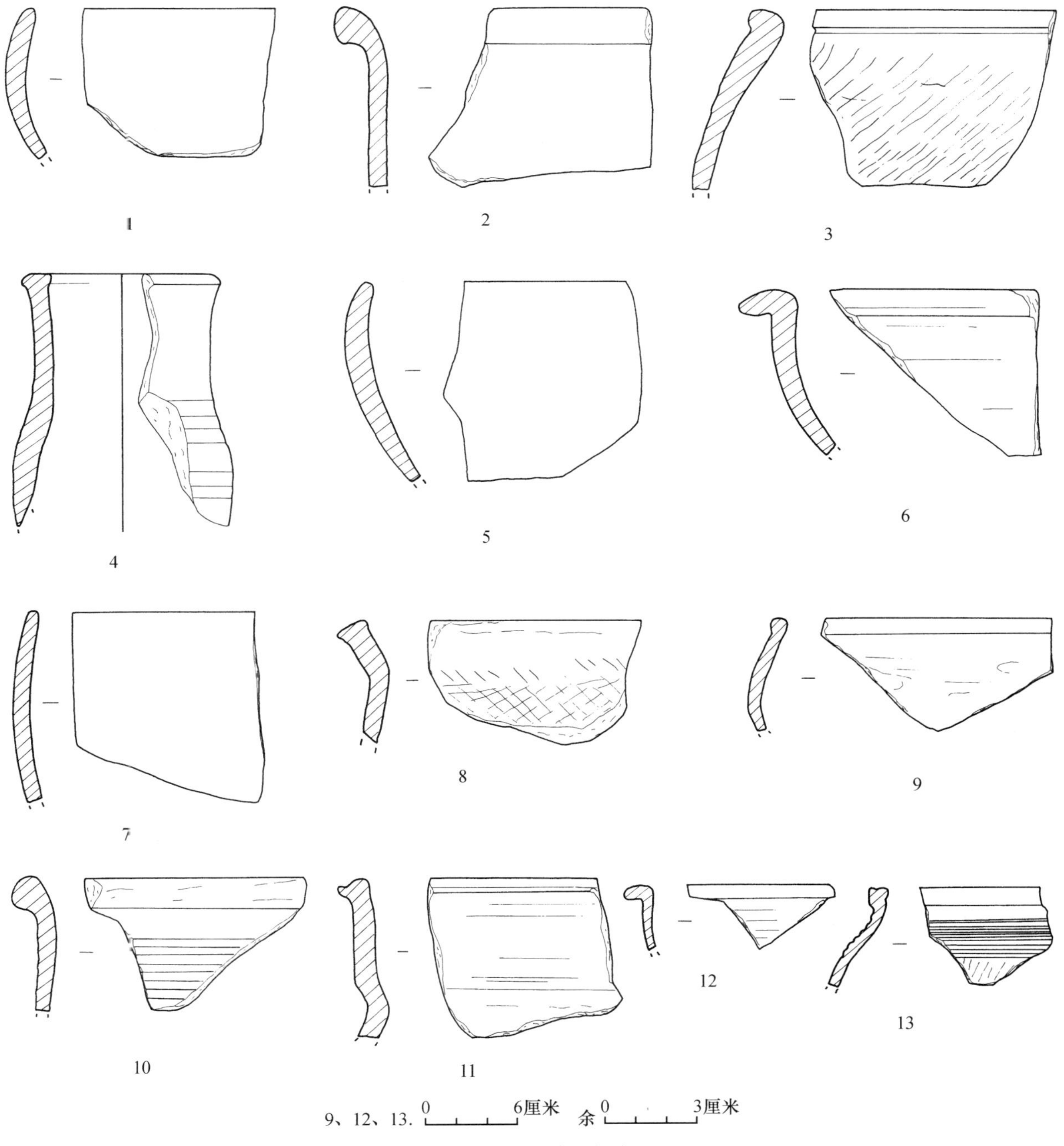

图七六　H41陶器标本

1、5、7. 钵（H41②：8、H41②：9、H41②：10）　2、6、9、10、12. 盆（H41①：1、H41②：6、H41②：4、H41②：7、H41②：5）　3、8、11、13. 罐（H41①：3、H41①：2、H41②：3、H41②：2）　4. 尖底瓶（H41②：1）

第2层遗物挑选罐、尖底瓶、盆、钵等类标本共10件，均为口部。

罐　H41②：2，夹砂红陶。直口，方唇较厚，内侧有一周凹槽，束颈，上腹圆鼓。器表颈部以下饰六道凹弦纹，其下饰斜向细绳纹。手制轮修。残高7.2、壁厚0.7～1.1厘米（图七六，13）。H41②：3，夹砂红陶。侈口，弧曲微鼓，方唇外斜，束颈。唇面饰一周凹弦纹。手制轮修。残高5.3、壁厚0.8厘米（图七六，11）。

尖底瓶　H41②：1，泥质红陶。葫芦形口，敛口，窄平沿，圆唇，唇外侧起一周凸棱，口下部略鼓。素面。手制轮修，器表轮修痕迹明显。残高8.5、口径6.6、壁厚0.6～1厘米（图七六，4）。

盆　H41②：4，泥质夹细砂，器表及内壁呈红褐色，胎体陶色浅灰。敛口，圆唇外叠，上腹外鼓。素面。手制轮修。残高7.4、壁厚0.6～1.1厘米（图七六，9）。H41②：5，泥质陶，器表及内壁呈灰褐色，陶胎呈深灰色。直口，卷沿，圆唇。素面磨光。手制轮修。残高4.4、壁厚0.6～0.9厘米（图七六，12）。H41②：6　泥质灰陶。敛口，卷沿，圆唇，弧腹。素面磨光。手制轮修。残高5.6、壁厚0.7～0.8厘米（图七六，6）。H41②：7，泥质灰陶。侈口，厚圆唇外卷，颈微束。口沿外侧下饰数道凹弦纹。手制轮修，内壁有刮抹痕。残高4.4、壁厚0.6～1.1厘米（图七六，10）。

钵　H41②：8，泥质陶，器表及内壁陶色黑灰，陶胎呈褐色。敛口，圆唇，上腹外鼓。素面磨光。手制轮修。残高5、壁厚0.4～0.9厘米（图七六，1）。H41②：9，泥质褐陶。敛口，圆唇，腹微鼓。素面磨光。手制轮修。残高6.3、壁厚0.5～0.6厘米（图七六，5）。H41②：10，泥质陶，器表及内壁陶色黑灰，陶胎呈深灰色。敛口，圆唇，上腹外鼓。素面磨光。手制轮修。残高6.2、壁厚0.4～0.7厘米（图七六，7）。

九、H49

位于ETG1北部，其东部、西部及西北部分别向三侧延伸至ETG1东壁、西壁及北壁之下，开口于第1层下，距地表深0.3米，被D1、D2、D3、G20、G21、H51、H57打破。

（一）形制、堆积

可见部分口平面呈长条形，西北—东南向，弧壁，圜底，剖面略呈锅底状。口距现地表深0.15～0.3米，可见口最长约6.9、宽2、最深3.4米。

坑内堆积七层。

第1层：土色呈灰褐色，土质较疏松。包含少量炭屑及大量陶片。水平状堆积。厚0.06～0.46米。

第2层：土色呈灰褐色，土质较疏松。包含黄褐色土块、较多炭屑及大量陶片。近水平状堆积。厚0～0.4米。

第3层：土色呈黑灰色，土质疏松。包含黄色及乳白色土块、炭屑、红烧土和大量陶片。略呈南高北低的坡状堆积。厚0～0.32米。

第4层：土色呈黑灰色，土质较疏松。包含黄褐色及乳白色土块、大量陶片等。略呈“U”形堆积。厚0～0.66米。

第5层：土色呈浅灰褐色，略泛白，土质疏松。包含少量木屑、炭屑、乳白色土块及大量陶片。略呈“U”形堆积。厚0～0.54米。

第6层：土色呈黄褐色，土质较致密。包含青灰色条带状土块、少量炭屑、较多水锈斑及大量陶片。略呈“U”形堆积。厚0～0.74米。

第7层：土色呈黄褐色夹杂红褐色，土质致密。包含少量红烧土、炭屑、石块、较多水锈斑及大量陶片。略呈“U”形堆积。厚0～1.45米（图七七）。

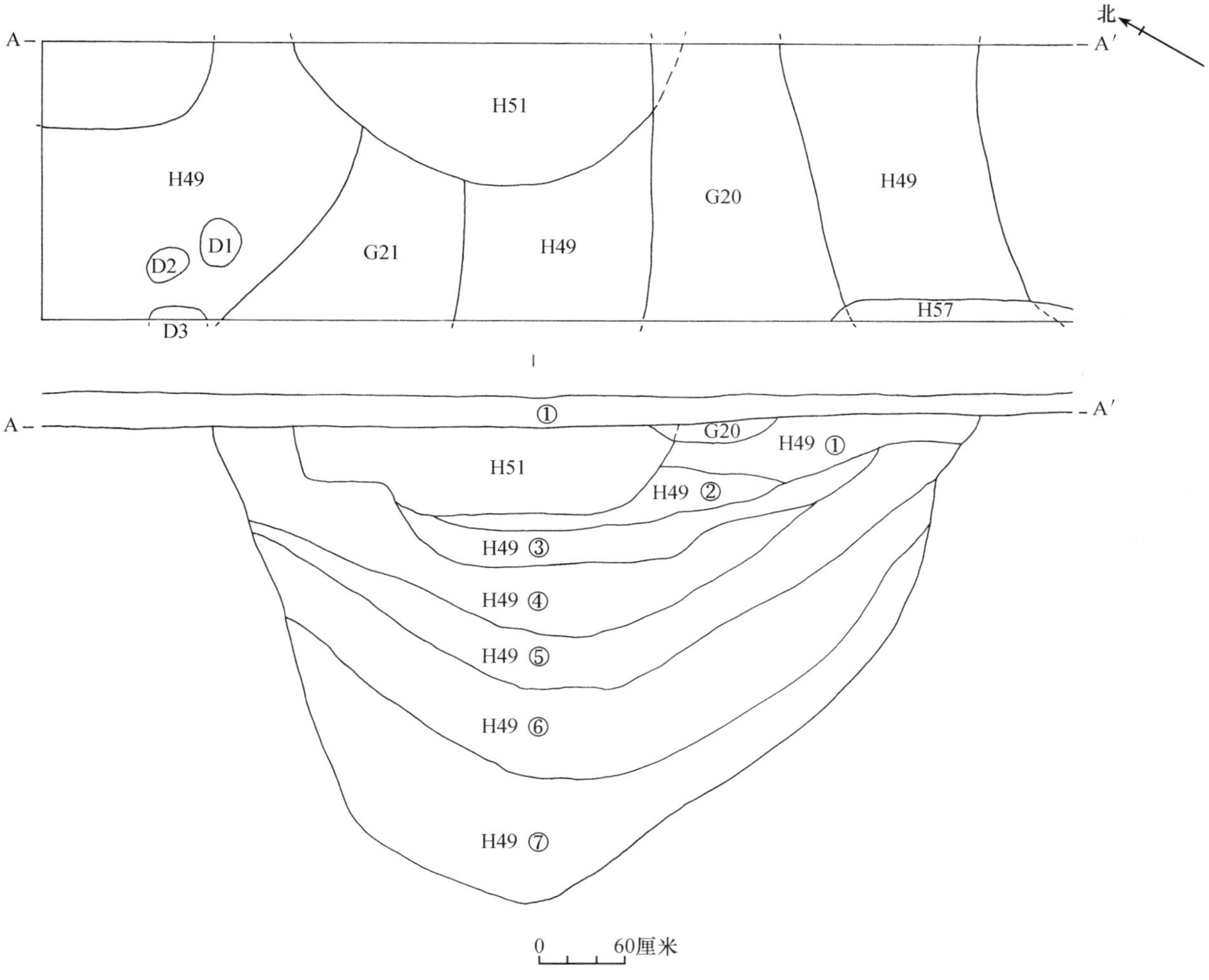

图七七　H49平、剖面图

（二）遗物

1. 陶器面貌

第1层出土大量陶片，陶质陶色方面，泥质陶占总数的57.87%/48.85%，夹砂陶占42.13%/51.15%。其中泥质红陶（含红皮灰胎）占29.55%/26.52%，夹砂红陶（含红皮灰胎）占25.87%/32.52%，夹砂褐陶（含褐皮红胎）占8.04%/9.03%，泥质灰陶（含灰皮红胎）占6.82%/5.24%，泥质褐陶（含褐皮灰胎）占5.07%/3.55%，夹砂灰陶（含灰皮红胎）占2.80%/3.02%，泥质黑皮陶等其他泥质陶占16.43%/13.54%，夹砂黑皮陶等其他夹砂陶占5.42%/6.58%。纹饰方面，素面占总数的32.87%/34.48%，绳纹占32.69%/39.95%，素面磨光占30.77%/21.56%，交错绳纹占0.52%/1.50%，弦纹占1.40%/1.09%，附加堆纹占0.17%/0.52%，附加堆纹+戳压纹0.17%/0.44%，黑彩+弦纹占0.17%/0.40%，线纹占0.70%/0.28%，划纹占0.17%/0.17%，黑彩占0.17%/0.12%，穿孔占0.17%/0.09%。可辨器形有尖底瓶、罐、盆、钵和器盖（表二一、表二二）。

表二一　H49①层陶系统计表

陶质 / 陶色 / 纹饰	夹砂				泥质				合计	百分比/%
	红	灰	褐	其他	红	灰	褐	其他		
黑彩					1/16.5				1/16.5	0.17/0.12
素面	60/1449.4	12/303.7	16/323.4	10/323.6	64/1654.7	4/56.1	6/185.6	16/271.2	188/4568	32.87/34.48
绳纹	84/2784.3	4/96.9	26/795	19/511.9	37/632.2	2/49.8	5/63.9	10/279	187/5213	32.69/39.95
交错绳纹			2/45.2		1/153.5				3/198.7	0.52/1.50
附加堆纹					1/69.3				1/69.3	0.17/0.52
附加堆纹+戳刺纹					1/58.3				1/58.3	0.17/0.44
线纹					4/37.6				4/37.6	0.70/0.28
弦纹	4/74.9		2/32.5	2/36.7					8/144.1	1.40/1.09
黑彩+弦纹					1/52.5				1/52.5	0.17/0.40
划纹					1/22.6				1/22.6	0.17/0.17
穿孔							1/12		1/12	0.17/0.09
素面磨光					58/816.9	33/588	17/208.7	68/1243.1	176/2857	30.77/21.56
合计	148/4308.6	16/400.6	46/1196.1	31/872.2	169/3514.1	39/693.9	29/470.2	94/1793.9	572/13249	
	241/6777.5				331/6471.5					
百分比/%	25.87/32.52	2.80/3.02	8.04/9.03	5.42/6.58	29.55/26.52	6.82/5.24	5.07/3.55	16.43/13.54		100.00/100.00
	42.13/51.15				57.87/48.85					

注：“其他”指皮、胎色不明，下同

表二二　H49①层可辨陶器器形统计表

器形＼陶色＼陶质	夹砂				泥质				合计	百分比/%
	红	灰	褐	其他	红	灰	褐	其他		
尖底瓶					3				3	2.31
罐	36	2	12	4	1				55	42.31
盆					3	4	1	12	20	15.38
钵					17	9	6	17	49	37.69
器盖	2		1						3	2.31
合计	38	2	13	4	24	13	7	29	130	
	57				73					
百分比/%	29.23	1.54	10.00	3.08	18.46	10.00	5.38	22.31	100.00	
	43.85				56.15					

第2层出土大量陶片，陶质陶色方面，泥质陶占总数的56.53%/58.49%，夹砂陶占43.47%/41.51%。其中夹砂红陶（含红皮灰胎）占33.64%/27.89%，泥质红陶（含红皮灰胎）占25.27%/26.36%，泥质褐陶（含褐皮灰胎）占7.45%/9.04%，夹砂褐陶（含褐皮灰胎）占3.64%/5.01%，泥质灰陶（含灰皮红胎）占6.36%/4.36%，夹砂灰陶（含灰皮红胎）占1.64%/2.06%，泥质黑皮陶等其他泥质陶占17.45%/18.73%，其他夹砂陶占4.55%/6.56%。纹饰方面，素面占总数的30.55%/34.94%，素面磨光占35.45%/32.41%，绳纹占29.64%/28.09%，弦纹+绳纹占0.73%/1.57%，弦纹占1.27%/1.36%，线纹1.45%/0.81%，交错绳纹占0.73%/0.70%，戳压纹占0.18%/0.10%。可辨器形有罐、盆、钵、瓮、甑和器盖（表二三、表二四）。

表二三　H49②层陶系统计表

纹饰＼陶色＼陶质	夹砂				泥质				合计	百分比/%
	红	灰	褐	其他	红	灰	褐	其他		
素面	85/1415.8	1/35.8	8/303.8	10/389.2	34/1050	5/76.5	11/195.9	14/335.8	168/3802.8	30.55/34.94
绳纹	92/1378.6	5/138.2	11/224.2	15/324.3	30/733.1	1/64.9	3/91.2	6/102.6	163/3057.1	29.64/28.09
交错绳纹		3/49.7					1/26.8		4/76.5	0.73/0.70
线纹					8/88.5				8/88.5	1.45/0.81
弦纹	4/74.3		1/16.7		2/57.5				7/148.5	1.27/1.36
弦纹+绳纹	3/155.8						1/15.2		4/171	0.73/1.57

续表

纹饰＼陶色＼陶质	夹砂				泥质				合计	百分比/%
	红	灰	褐	其他	红	灰	褐	其他		
戳压纹	1/10.8								1/10.8	0.18/0.10
素面磨光					65/940.1	29/333.1	25/654.7	76/1599.7	195/3527.6	35.45/32.41
合计	185/3035.3	9/223.7	20/544.7	25/713.5	139/2869.2	35/474.5	41/983.8	96/2038.1	550/10883	
	239/4517.2				311/6365.6					
百分比/%	33.64/27.89	1.64/2.06	3.64/5.01	4.55/6.56	25.27/26.36	6.36/4.36	7.45/9.04	17.45/18.73		100.00/100.00
	43.47/41.51				56.53/58.49					

表二四　H49②层可辨陶器器形统计表

器形＼陶色＼陶质	夹砂			泥质				合计	百分比/%
	红	褐	其他	红	灰	褐	其他		
罐	32	9	4	2				47	41.59
盆				2		1	4	7	6.19
钵	1			21	2	4	25	53	46.90
器盖		1	1		1			3	2.65
甑				1				1	0.88
瓮	1					1		2	1.77
合计	34	10	5	26	3	6	29	113	
	49			64					
百分比/%	30.09	8.85	4.42	23.01	2.65	5.31	25.66		100.00
	43.36			56.64					

第3层出土陶片，陶质陶色方面，泥质陶占总数的66.57%/55.71%，夹砂陶占33.43%/44.29%。其中泥质红陶（含红皮灰胎）占38.12%/30.16%，夹砂红陶（含红皮灰胎）占23.04%/29.32%，泥质褐陶（含褐皮灰胎、褐皮红胎）占6.69%/6.62%，泥质灰陶（含灰皮红胎）占4.41%/3.26%，夹砂灰陶（含灰皮红胎）占1.42%/1.89%，夹砂褐陶（含褐皮灰胎）占3.41%/4.41%，泥质黑皮陶等其他泥质陶占17.35%/15.68%，其他夹砂陶占5.55%/8.67%。纹饰方面，素面占总数的21.19%/23.52%，素面磨光占44.52%/34.27%，绳纹占30.58%/37.65%，交错绳纹占1.28%/1.76%，线纹占0.71%/1.02%，黑彩占0.85%/0.71%，弦纹占0.57%/0.57%，附加堆纹占0.14%/0.34%，穿孔占0.14%/0.18%。可辨器形有尖底瓶、罐、盆、钵、甑、器盖和瓮（表二五、表二六）。

表二五　H49③层陶系统计表

陶质 陶色 纹饰	夹砂				泥质				合计	百分比/%
	红	灰	褐	其他	红	灰	褐	其他		
黑彩					6/116.4				6/116.4	0.85/0.71
素面	54/1244	4/124.7	12/368.5	19/734.8	36/774.6	6/69.9	6/128.7	12/426.3	149/3871.5	21.19/23.52
绳纹	100/3382.7	6/185.9	10/252.9	20/692.9	63/1272.2	2/53.4	6/161.6	8/195	215/6196.6	30.58/37.65
交错绳纹	4/106.7		2/104		3/79.2				9/289.9	1.28/1.76
附加堆纹					1/55.7				1/55.7	0.14/0.34
线纹					5/167.3				5/167.3	0.71/1.02
弦纹	4/93.4								4/93.4	0.57/0.57
穿孔					1/29.2				1/29.2	0.14/0.18
素面磨光					153/2469.5	23/412.7	35/798.8	102/1959.6	313/5640.6	44.52/34.27
合计	162/4826.8	10/310.6	24/725.4	39/1427.7	268/4964.1	31/536	47/1089.1	122/2580.9	703/16460.6	
	235/7290.5				468/9170.1					
百分比/%	23.04/29.32	1.42/1.89	3.41/4.41	5.55/8.67	38.12/30.16	4.41/3.26	6.69/6.62	17.35/15.68		100.00/100.00
	33.43/44.29				66.57/55.71					

表二六　H49③层可辨陶器器形统计表

陶质 陶色 纹饰	夹砂				泥质				合计	百分比/%
	红	灰	褐	其他	红	灰	褐	其他		
尖底瓶					7		1		8	4.79
罐	31	1	4	11			2		49	29.34
盆					1		1	7	9	5.39
钵					56	3	10	23	92	55.09
甑					1				1	0.60
器盖	4		1	1					6	3.59
瓮	1			1					2	1.20
合计	36	1	5	13	65	3	14	30	167	
	55				112					
百分比/%	21.56	0.60	2.99	7.78	38.92	1.80	8.38	17.96		100.00
	32.93				67.07					

第4层陶片，陶质陶色方面，泥质陶占总数的69.29%/72.35%，夹砂陶占30.71%/27.65%，其中泥质红陶（含红皮灰胎）占37.60%/40.74%，夹砂红陶（含红皮灰胎）占15.35%/14.15%，泥质褐陶（含褐皮灰胎、褐皮红胎）占5.31%/3.62%，夹砂褐陶占7.28%/6.14%，夹砂灰陶（含灰皮红胎）占3.54%/2.99%，泥质灰陶（含灰皮红胎、灰皮褐胎）占4.53%/2.32%，泥质黑皮陶等其他泥质陶占21.85%/25.67%，其他夹砂陶占4.53%/4.38%。纹饰方面，素面占总数的22.83%/18.36%，素面磨光占45.08%/26.28%，绳纹占24.80%/38.96%，篮纹占0.98%/0.85%，线纹占1.18%/0.68%，弦纹占2.17%/1.75%，弦纹+绳纹占0.59%/0.86%，戳压纹占0.59%/0.47%，穿孔占0.20%/10.53%，黑彩占1.57%/1.27%。可辨器形有尖底瓶、罐、盆、钵、器盖和瓮（表二七、表二八）。

表二七　H49④层陶系统计表

纹饰＼陶色＼陶质	夹砂				泥质				合计	百分比/%
	红	灰	褐	其他	红	灰	褐	其他		
黑彩					7/147.3			1/61.3	8/208.6	1.57/1.27
素面	27/575.7	7/255	16/494	13/425.6	26/635.4	5/93.4	7/119.8	15/424.8	116/3023.7	22.83/18.36
绳纹	45/1536.9	10/229.2	21/516.7	8/204.7	34/3709.8		3/110.8	5/109.8	126/6417.9	24.80/38.96
篮纹				1/68.3		2/22.1		2/50.1	5/140.5	0.98/0.85
线纹					6/112.2				6/112.2	1.18/0.68
弦纹	4/84.1			1/22.4	5/139.4			1/41.6	11/287.5	2.17/1.75
弦纹+绳纹	2/133.9	1/7.7							3/141.6	0.59/0.86
戳压纹						2/59.6		1/17.3	3/76.9	0.59/0.47
穿孔								1/1735	1/1735	0.20/10.53
素面磨光					113/1966.5	14/207.4	17/366.3	85/1787.8	229/4328	45.08/26.28
合计	78/2330.6	18/491.9	37/1010.7	23/721	191/6710.5	23/382.5	27/596.9	111/4227.7	508/16471.9	
	156/4554.2				352/11918					
百分比/%	15.35/14.15	3.54/2.99	7.28/6.14	4.53/4.38	37.60/40.74	4.53/2.32	5.31/3.62	21.85/25.67		100.00/100.00
	30.71/27.65				69.29/72.35					

表二八　H49④层可辨陶器器形统计表

器形＼陶色＼陶质	夹砂				泥质				合计	百分比/%
	红	灰	褐	其他	红	灰	褐	其他		
尖底瓶					3	1			4	3.23
罐	23	3	2	7	2	1			38	30.65
盆					1	2		6	9	7.26
钵					45	0	5	18	68	54.84
器盖	1				1			2	4	3.23
瓮	1								1	0.81
合计	25	3	2	7	52	4	5	26	124	
	37				87					
百分比/%	20.16	2.42	1.61	5.65	41.94	3.23	4.03	20.97		100.00
	29.84				70.16					

第5层陶片，陶质陶色方面，泥质陶占62.25%/57.26%，夹砂陶占37.75%/42.74%，其中泥质红陶（含红皮灰胎）占37.50%/35.68%，夹砂红陶（含红皮灰胎）占17.25%/15.71%，夹砂灰陶（含灰皮红胎）占6.50%/11.85%，泥质褐陶（含褐皮灰胎）占7.25%/5.68%，夹砂褐陶（含褐皮灰胎）占5.75%/7.67%，泥质灰陶（含灰皮红胎）占3.25%/1.83%，泥质黑皮陶等其他泥质陶占14.25%/14.08%，其他夹砂陶占8.25%/7.51%。纹饰方面，素面占总数的22.25%/27.98%，素面磨光占43.50%/35.81%，绳纹占28.00%/28.76%，弦纹占1.75%/1.84%，线纹占1.00%/1.87%，交错绳纹占0.50%/0.58%，弦纹+绳纹0.25%/0.29%，戳压纹占0.25%/0.24%，彩陶（黑彩）占2.00%/2.06%，彩陶（白彩）占0.50%/0.56%等。可辨器形有尖底瓶、罐、盆、钵和器盖（表二九、表三〇）。

表二九　H49⑤层陶系统计表

纹饰＼陶色＼陶质	夹砂				泥质				合计	百分比/%
	红	灰	褐	其他	红	灰	褐	其他		
彩陶（黑彩）					8/219.2				8/219.2	2.00/2.06
素面	35/724.2	15/805	8/477.8	7/115.4	16/611.3		4/68.8	4/169.2	89/2971.7	22.25/27.98
绳纹	31/843.1	10/422.9	14/306.6	23/610.6	27/705.8		1/28.4	6/137.9	112/3055.3	28.00/28.76
交错绳纹		1/31	1/30.4						2/61.4	0.50/0.58
线纹					4/198.4				4/198.4	1.00/1.87
弦纹	3/101			2/40.3	2/54.5				7/195.8	1.75/1.84
弦纹+绳纹				1/31.1					1/31.1	0.25/0.29

续表

纹饰＼陶色＼陶质	夹砂				泥质				合计	百分比/%
	红	灰	褐	其他	红	灰	褐	其他		
戳压纹					1/25.3				1/25.3	0.25/0.24
彩陶（白彩）					2/59.9				2/59.9	0.50/0.56
素面磨光					90/1915.3	13/193.9	24/506.6	47/1188	174/3803.8	43.5/35.81
合计	69/1668.3	26/1258.9	23/814.8	33/797.4	150/3789.7	13/193.9	29/603.8	57/1495.1	400/10621.9	
	151/4539.4				249/6082.5					
百分比/%	17.25/15.71	6.50/11.85	5.75/7.67	8.25/7.51	37.50/35.68	3.25/1.83	7.25/5.68	14.25/14.08		100.00/100.00
	37.75/42.74				62.25/57.26					

表三〇　H49⑤层可辨陶器器形统计表

器形＼陶色＼陶质	夹砂				泥质			合计	百分比/%
	红	灰	褐	其他	红	褐	其他		
尖底瓶					3			3	3.09
罐	23	3	6	2	1			35	36.08
盆					3		4	7	7.22
钵					34	9	7	50	51.55
器盖				2				2	2.06
合计	23	3	6	4	41	9	11	97	
	36				61				
百分比/%	23.71	3.09	6.19	4.12	42.27	9.28	11.34		100.00
	37.11				62.89				

第6层陶片，陶质陶色方面，泥质陶占总数的65.73%/67.64%，夹砂陶占34.27%/32.36%，其中泥质红陶（含红皮灰胎）占40.19%/42.34%，夹砂红陶（含红皮灰胎）占19.94%/19.70%，泥质褐陶（含褐皮灰胎、褐皮红胎）占4.98%/5.87%，夹砂褐陶（含褐皮灰胎）占2.80%/2.50%，夹砂灰陶（含灰皮红胎）占3.12%/2.04%，泥质灰陶（含灰皮红胎）占1.56%/0.76%，泥质黑皮陶等其他泥质陶占19.00%/18.67%，其他夹砂陶占8.41%/8.12%。纹饰方面，素面占总数的17.45%/18.84%，素面磨光占41.12%/37.45%，绳纹占30.22%/28.94%，彩陶（黑彩）占4.67%/4.67%，交错绳纹占1.87%/4.15%，穿孔占0.93%/2.39%，线纹占0.93%/0.65%，弦纹占1.25%/0.80%，弦纹+绳纹占0.31%/0.38%，戳压纹占0.31%/1.13%，彩陶（白彩）占0.62%/0.39%、黑彩+穿孔占0.31%/0.21%。可辨器形有尖底瓶、罐、盆和钵（表三一、表三二）。

表三一　H49⑥层陶系统计表

纹饰 \ 陶质 陶色	夹砂				泥质				合计	百分比/%
	红	灰	褐	其他	红	灰	褐	其他		
彩陶（黑彩）					15/390				15/390	4.67/4.67
素面	20/555.8	2/81.2	3/81.9	12/258.1	15/442.8			4/154.5	56/1574.3	17.45/18.84
绳纹	43/1062.7	8/89.3	5/110	12/351.7	24/709.8		1/13	4/81.2	97/2417.7	30.22/28.94
交错绳纹	1/27.3				4/196.8			1/123	6/347.1	1.87/4.15
黑彩+穿孔					1/17.5				1/17.5	0.31/0.21
线纹					3/54.4				3/54.4	0.93/0.65
弦纹			1/17.1	2/36.9	1/12.8				4/66.8	1.25/0.80
弦纹+绳纹				1/31.5					1/31.5	0.31/0.38
穿孔							3/199.7		3/199.7	0.93/2.39
戳压纹								1/94.1	1/94.1	0.31/1.13
彩陶（白彩）					2/32.8				2/32.8	0.62/0.39
素面磨光					64/1680.9	5/63.2	12/277.7	51/1107.1	132/3128.9	41.12/37.45
合计	64/1645.8	10/170.5	9/209	27/678.2	129/3537.8	5/63.2	16/490.4	61/1559.9	321/8354.8	
	110/2703.5				211/5651.3					
百分比/%	19.94/19.70	3.12/2.04	2.80/2.50	8.41/8.12	40.19/42.34	1.56/0.76	4.98/5.87	19.00/18.67	100.00/100.00	
	34.27/32.36				65.73/67.64					

表三二　H49⑥层可辨陶器器形统计表

器形 \ 陶质 陶色	夹砂			泥质			合计	百分比/%
	红	褐	其他	红	褐	其他		
尖底瓶				2			2	2.30
罐	14	4	6				24	27.59
盆				1		1	2	2.30
钵				42	8	9	59	67.82
合计	14	4	6	45	8	10	87	
	24			63				
百分比/%	16.09	4.60	6.90	51.72	9.20	11.49	100.00	
	27.59			72.41				

第7层出土大量陶片，陶质陶色方面，泥质陶占总数的65.45%/50.28%，夹砂陶占34.55%/49.72%。其中泥质红陶（含红皮灰胎）占39.04%/29.89%，夹砂红陶（含红皮灰胎）占21.93%/35.96%，夹砂褐陶（含褐皮灰胎、褐皮红胎）占6.15%/6.19%，泥质褐陶（含褐皮灰胎）占5.48%/3.52%，泥质灰陶（含灰皮红胎）占3.82%/2.90%，夹砂灰陶（含灰皮红胎）占0.83%/0.45%，泥质黑皮陶等其他泥质陶占17.11%/13.97%，其他夹砂陶占5.65%/7.11%。纹饰方面，素面占总数的27.24%/24.28%，素面磨光占33.72%/23.09%，绳纹占30.23%/43.79%，黑彩占5.32%/4.50%，弦纹+绳纹占0.66%/1.79%，弦纹占1.50%/1.41%，戳压纹占0.50%/0.46%，交错绳纹占0.33%/0.35%，穿孔占0.33%/0.23%，划纹占0.17%/0.11%。可辨器形有罐、盆、钵和器盖（表三三、表三四）。

表三三　H49⑦层陶系统计表

纹饰 \ 陶质 陶色	夹砂				泥质				合计	百分比/%
	红	灰	褐	其他	红	灰	褐	其他		
黑彩					29/764.5			3/105.2	32/869.7	5.32/4.50
素面	40/1408.8	3/64.4	18/631.5	12/375.5	48/1224.1	12/259.5	10/231	21/499.4	164/4694.2	27.24/24.28
绳纹	83/5100.1	2/22.4	17/498.2	21/972.4	51/1609.9		1/36.5	7/227.1	182/8466.6	30.23/43.79
交错绳纹			2/67.8						2/67.8	0.33/0.35
弦纹	6/125.2				1/11.7			2/135.6	9/272.5	1.50/1.41
弦纹+绳纹	3/318.6			1/27					4/345.6	0.66/1.79
划纹								1/20.6	1/20.6	0.17/0.11
戳压纹					2/44.2		1/44		3/88.2	0.50/0.46
穿孔					2/44.6				2/44.6	0.33/0.23
素面磨光					102/2079.5	11/302	21/369.2	69/1713.1	203/4463.8	33.72/23.09
合计	132/6952.7	5/86.8	37/1197.5	34/1374.9	235/5778.5	23/561.5	33/680.7	103/2701	602/19333.6	
	208/9611.9				394/9721.7					
百分比/%	21.93/35.96	0.83/0.45	6.15/6.19	5.65/7.11	39.04/29.89	3.82/2.90	5.48/3.52	17.11/13.97		100.00/100.00
	34.55/49.72				65.45/50.28					

表三四　H49⑦层可辨陶器器形统计表

器形 \ 陶质 陶色	夹砂				泥质				合计	百分比/%
	红	灰	褐	其他	红	灰	褐	其他		
罐	35	1	4	12				2	54	37.50
盆					3	2		2	7	4.86

续表

陶质 / 陶色 / 器形	夹砂				泥质				合计	百分比/%
	红	灰	褐	其他	红	灰	褐	其他		
钵					55		7	19	81	56.25
器盖				2					2	1.39
合计	35	1	4	14	58	2	7	23	144	
	54				90					
百分比/%	24.31	0.69	2.78	9.72	40.28	1.39	4.86	15.97		100.00
	37.5				62.50					

2. 遗物举例

第1层挑选石刀，陶锉、尖底瓶、罐、钵等类标本共计21件，陶器基本为口部。

石刀　H49①：1，背部、刃部及两侧皆残损。页岩质，深灰色，磨制。现存部分平面略呈长方形，近背部处有一圆形穿孔，系两面对钻而成。残长5.8、残宽4.9、厚0.5厘米，孔径0.4～0.8厘米，重33.3克（图七八，7）。

锉　表面密布细小的麻窝点，应为制作时在表面沾满谷物颗粒后经烧制而形成。H49①：2，两端均残。泥质陶，器表呈红色，坯心呈浅灰色。扁平长条状，体较窄，断面呈圆角长方形。残长7.5、宽1.8～2.4、厚1.4厘米，重36.2克（图七八，9）。H49①：3，两端均残。泥质红陶。扁锥状，体较宽扁，断面呈长方形。残长10.8、宽2.3、厚1厘米，重35克（图七八，8）。

尖底瓶　H49①：4，底部。泥质红陶夹细砂。尖锥状。素面。手制，内壁可见泥条盘筑的痕迹。残高10、壁厚0.7厘米（图七九，12）。H49①：5，口部。泥质红陶。葫芦形口，敛口，圆唇，下部外鼓。素面。手制轮修，器表及内壁轮修痕迹明显。残高6.1、壁厚0.6～0.7厘米（图七八，4）。

罐　均为口部。H49①：6，夹砂陶，器表呈红色，内壁呈浅灰色。侈口，斜沿，圆唇，束颈，上腹外鼓。上腹部饰横向绳纹。手制轮修。口径21.6、残高9.6、壁厚0.5～0.7厘米（图七九，10）。H49①：7，夹砂红陶。侈口，斜沿，沿面内凹，圆唇，束颈，上腹外鼓。上腹部饰横向绳纹。手制轮修，器表残存修整时留下的指压痕。残高6、壁厚0.5～0.8厘米（图七八，2）。H49①：8，夹砂红陶。侈口，斜沿，沿面微凹，圆唇，束颈，上腹外鼓。上腹部饰横向绳纹。手制轮修，器表有烟炱痕迹。口径11、残高6、壁厚0.5～0.7厘米（图七九，11）。H49①：9，夹砂陶，器表呈黑灰色，内壁及胎体呈红色。直口微侈，方唇，矮直领，上腹微鼓。上腹部饰斜向细绳纹。手制轮修。残高5.8、壁厚0.5～1厘米（图七九，6）。H49①：10，夹砂红陶。侈口，口沿弧曲微鼓，方唇外斜，束颈。唇面饰两周凹弦纹。手制轮修，口沿内侧有烟炱痕。残高4、壁厚0.4～0.7厘米（图七九，8）。

盆　均为口部。H49①：11，泥质红陶。口微敛，斜沿略卷，厚圆唇。唇部饰一周条带状黑彩，口沿以下饰数道凹弦纹，器表及内壁磨光。手制轮修，外侧轮修痕迹明显，内壁可见刮抹痕。

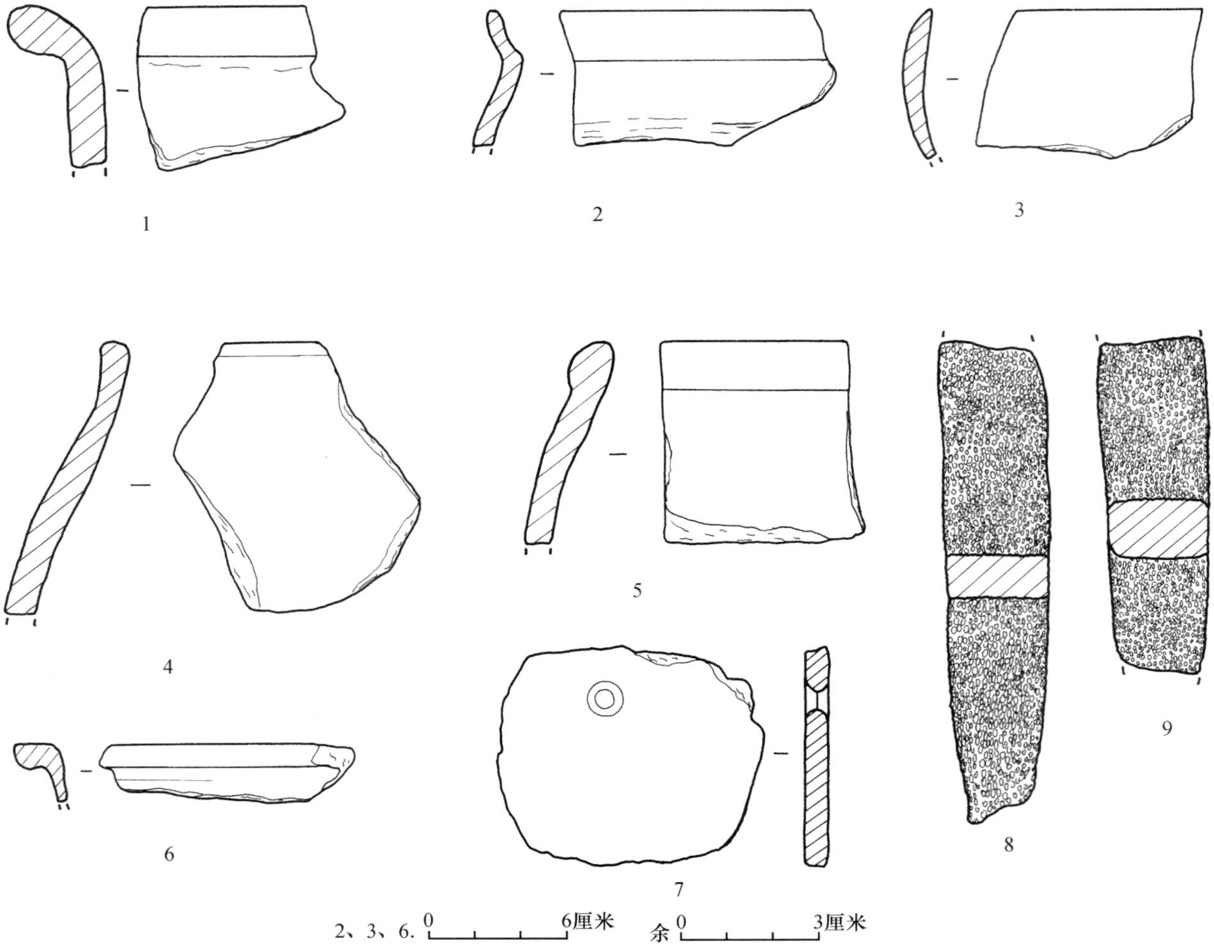

图七八　H49①层器物标本

1、5、6. 陶盆（H49①：15、H49①：14、H49①：12）　2. 陶罐（H49①：7）　3. 陶钵（H49①：20）
4. 陶尖底瓶（H49①：5）　7. 石刀（H49①：1）　8、9. 陶锉（H49①：3、H49①：2）

残高4、壁厚0.5～1.1厘米（图七九，9）。H49①：12，泥质红陶夹细砂。直口微侈，平沿，厚唇下叠圆鼓。素面。手制轮修。残高2.6、壁厚0.4～1厘米（图七八，6）。H49①：13，泥质陶，器表及内壁陶色黑灰，陶胎呈浅灰色。侈口，宽斜沿，圆唇外叠。残高4.9、壁厚0.4～0.7厘米（图七九，3）。H49①：14，泥质陶，器表及内壁陶色黑灰，陶胎呈灰褐色。敛口，圆唇外叠，上腹略鼓。素面磨光。手制轮修。残高4.5、壁厚0.6～0.9厘米（图七八，5）。H49①：15，泥质陶，器表及内壁陶色黑灰，陶胎呈灰褐色。侈口，厚圆唇外卷。素面磨光。手制轮修，唇外侧可见轮修痕迹。残高3.5、壁厚0.7～1厘米（图七八，1）。

钵　均为口部。H49①：16，泥质灰陶。侈口，圆唇，腹部斜弧内收。素面磨光。手制轮修。残高5、壁厚0.5～0.8厘米（图七九，2）。H49①：17，口部。泥质灰陶。侈口，圆唇，腹部斜弧内收。素面磨光。手制轮修。残高5、壁厚0.3～0.7厘米（图七九，1）。H49①：18，泥质陶，器表呈褐色，胎体呈灰色。直口，圆唇，上腹稍直。素面磨光。手制轮修。残高4.9、壁厚0.3～0.7厘米（图七九，7）。H49①：19，泥质陶，器表及内壁呈红褐色，胎体呈浅灰色。敛口，圆

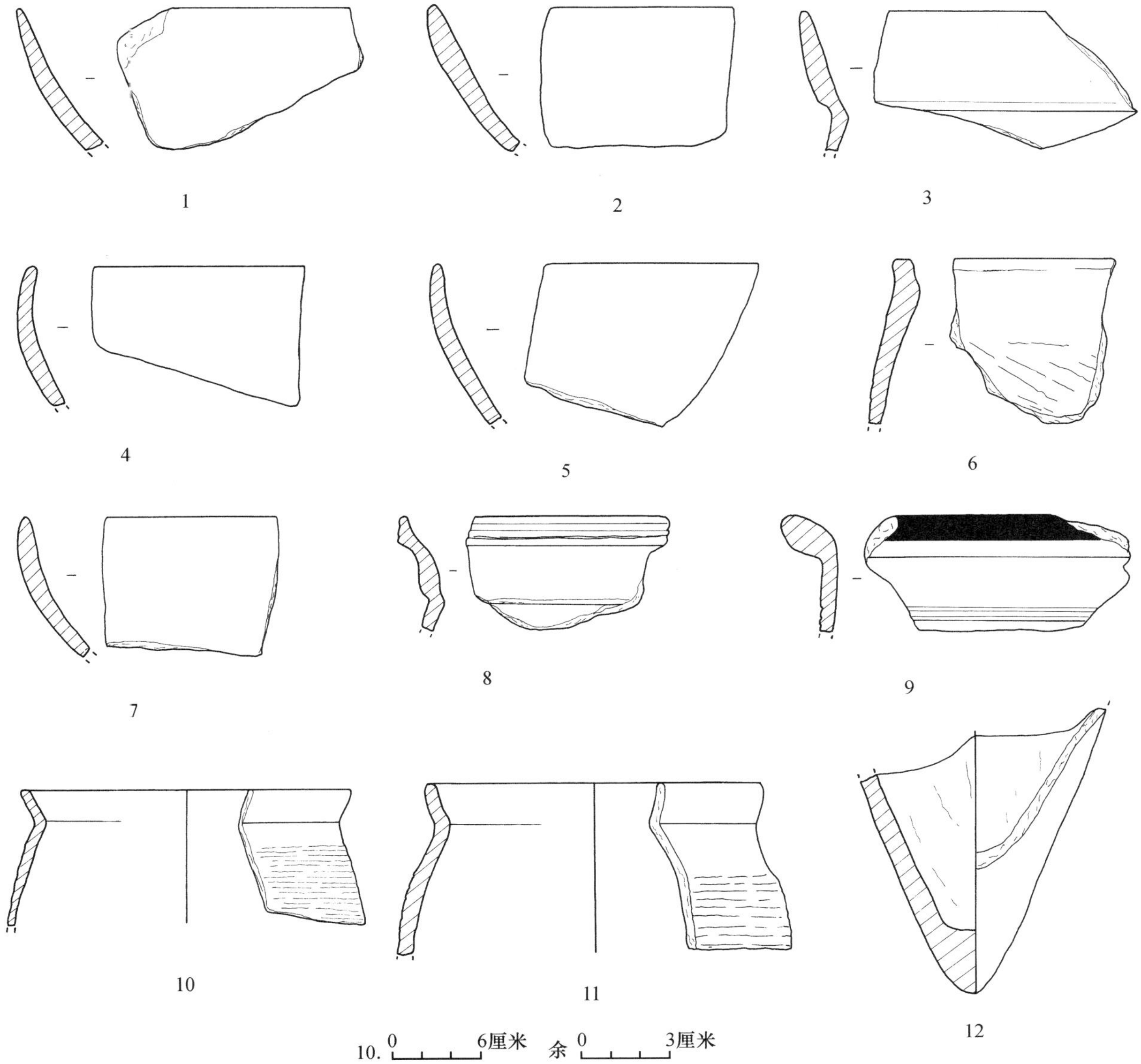

图七九　H49①层陶器标本

1、2、4、5、7. 钵（H49①：17、H49①：16、H49①：19、H49①：21、H49①：18）　6、8、10、11. 罐（H49①：9、H49①：10、H49①：6、H49①：8）　3、9. 盆（H49①：13、H49①：11）　12. 尖底瓶（H49①：4）

唇，上腹略鼓。素面磨光。手制轮修。残高4.8、壁厚0.5厘米（图七九，4）。H49①：20，泥质红陶夹细砂。敛口，圆唇，上腹略鼓。素面。手制轮修，器表可见轮修痕迹。残高6.6、壁厚0.5～0.8厘米（图七八，3）。H49①：21，泥质陶，器表陶色不均，上半部呈红色，下半部呈褐色，胎体陶色浅灰。直口，圆唇，上腹稍直。素面磨光。手制轮修。残高5.5、壁厚0.3～0.65厘米（图七九，5）。

第2层挑选陶饼、锉、罐、瓮、盆、钵、器盖、甑等器形标本22件，除陶饼、陶锉、陶器盖和陶甑外，其余均为口部。

饼　H49②：1，基本完整。由陶盆或陶钵的腹部残片加工而成。泥质陶，器表陶色红褐，陶胎呈浅灰色。不规则圆饼状，体较薄且稍带弧度，周边打磨平整。素面磨光。直径8～9.5、厚0.5厘米，重69.7克（图八〇，9）。

锉　表面密布细小的麻窝点，应为制作时在表面沾满谷物颗粒后经烧制而形成。H49②：2，一端残损。泥质陶，器表陶色不均，呈红色与深灰色相间，坯心呈浅灰色。扁锥状，断面呈圆角长方形，残长8、宽2.3、厚1.2厘米，重28克（图八〇，6）。H49②：3，两端均残。泥质红陶。扁锥状，体较宽，断面呈圆角长方形。残长9、宽2.7、厚1.3厘米，重43.2克（图八〇，7）。H49②：4，仅残存1/2。泥质陶，器表陶色不均，呈红色与灰色相间，坯心呈红色。略呈扁锥状。

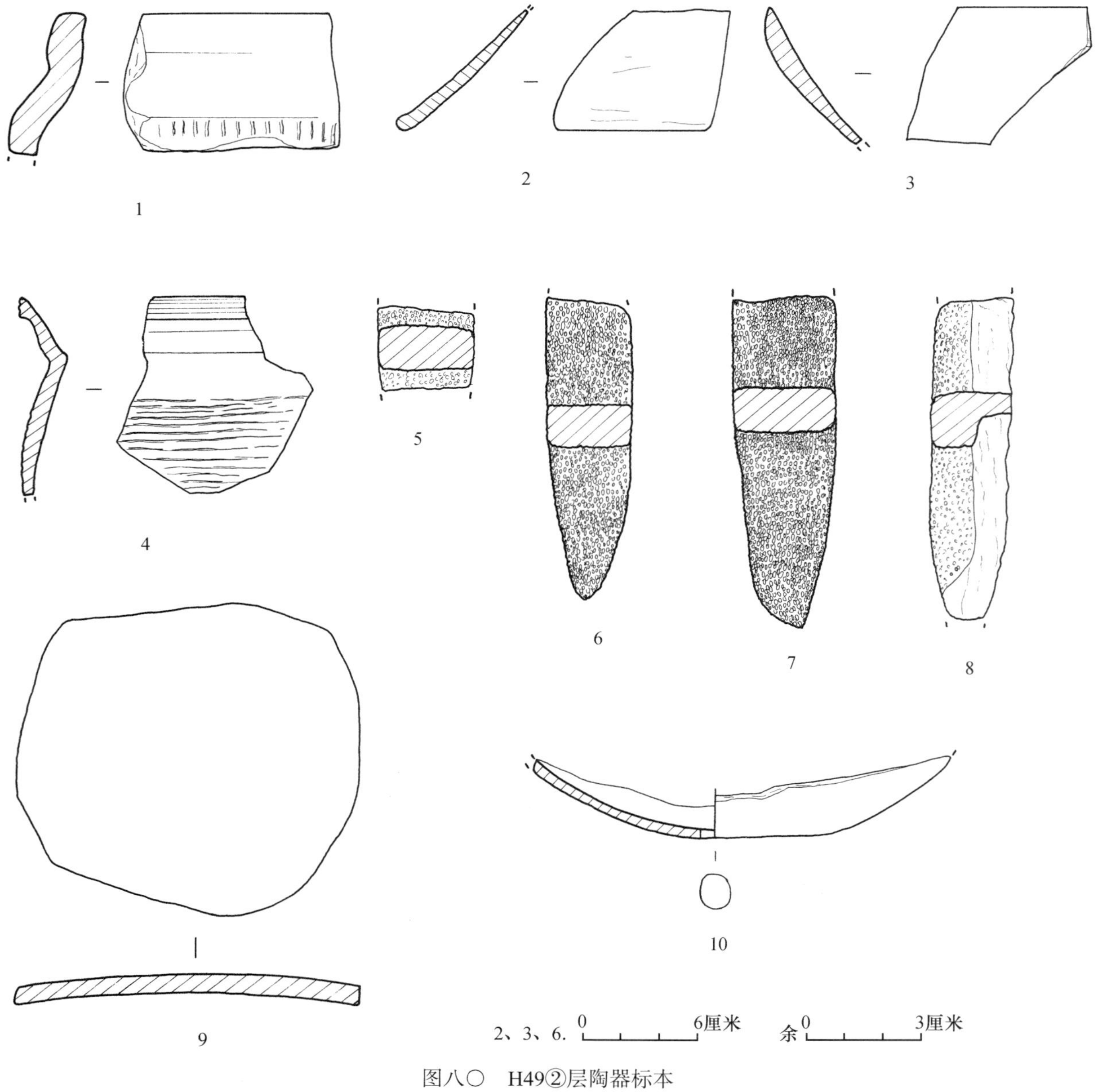

图八〇　H49②层陶器标本

1. 瓮（H49②：9）　2. 器盖（H49②：21）　3. 钵（H49②：14）　4. 罐（H49②：6）
5～8. 锉（H49②：5、H49②：2、H49②：3、H49②：4）　9. 饼（H49②：1）　10. 甑（H49②：22）

残长8.6、残宽2、厚1.5厘米，重30.7克（图八〇，8）。H49②：5，仅残存一段。泥质灰陶。残存部分略呈长方体，断面呈长方形。残长2.1、宽2.4、厚1.15厘米，重9.5克（图八〇，5）。

罐 H49②：6，夹砂红陶。侈口，口沿弧曲微鼓，方唇外斜，束颈，上腹外鼓。唇面饰两周凹弦纹，上腹部饰横向绳纹。手制轮修，内外可见轮修痕迹。残高10.4、壁厚0.5～0.8厘米（图八〇，4）。H49②：7，夹砂红陶。侈口，方唇，内侧有一道浅凹槽，颈微束，上腹斜直。唇部饰一道凹弦纹，颈部以下饰横向绳纹。手制轮修，内外可见轮修痕迹，器表残存修整时留下的指压痕。残高5.3、壁厚0.6～0.8厘米（图八一，9）。

瓮 H49②：8，泥质褐陶。敛口，方圆唇，窄折肩。素面。手制轮修，内外轮修痕迹明显。残高3.4、壁厚0.7～0.8厘米（图八一，12）。H49②：9，夹砂红陶。敛口，方唇，窄折肩。折肩下饰纵向绳纹。手制轮修，口沿外侧轮修痕迹明显。残高3.8、壁厚0.7～0.9厘米（图八〇，1）。

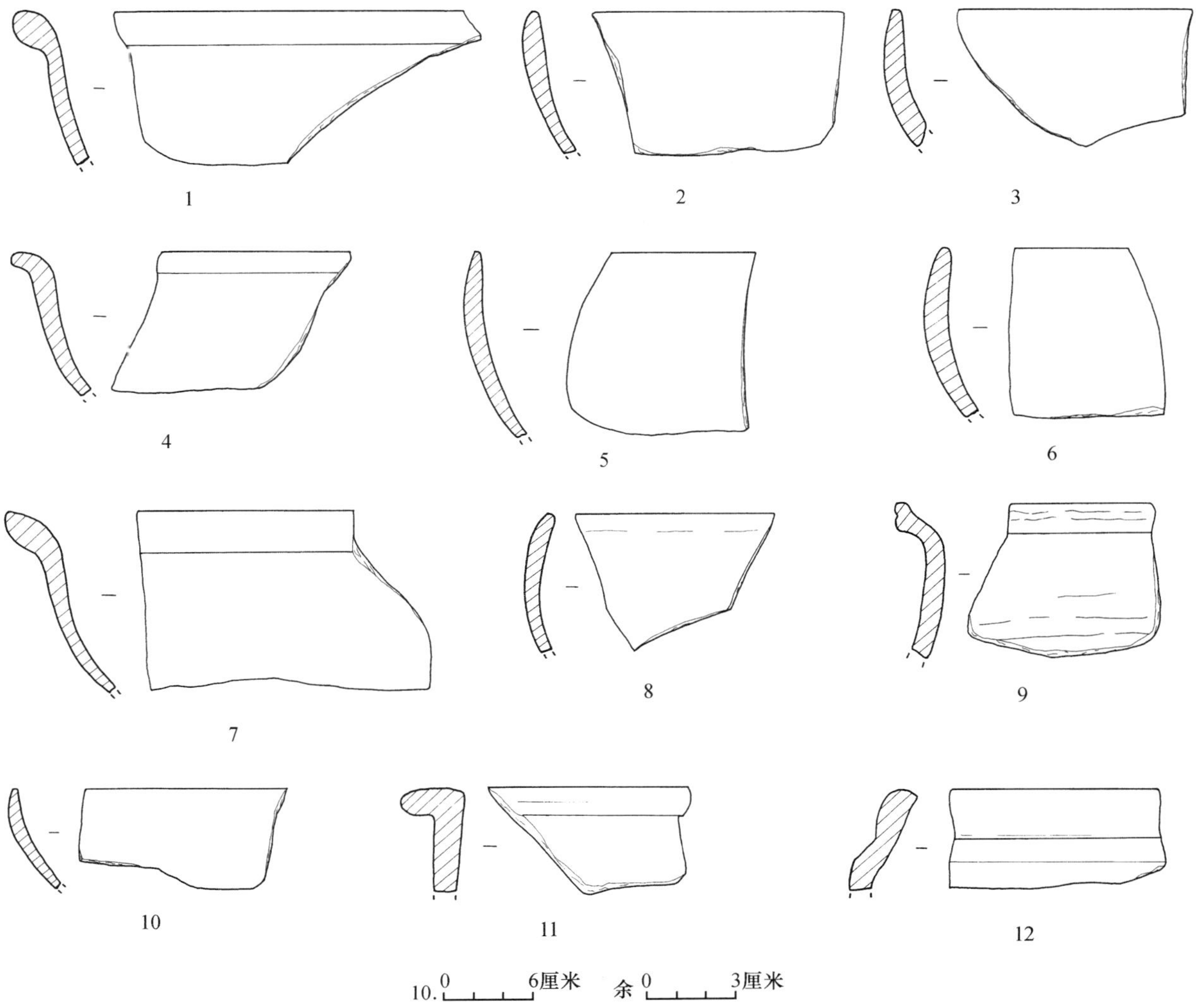

图八一 H49②层陶器标本

1、4、7、11. 盆（H49②：11、H49②：13、H49②：12、H49②：10） 2、3、5、6、8、10. 钵（H49②：16、H49②：18、H49②：15、H49②：19、H49②：20、H49②：17） 9. 罐（H49②：7） 12. 瓮（H49②：8）

盆　H49②：10，泥质红褐陶。口微敛，平沿，沿面稍平略带弧意，圆唇。素面磨光。手制轮修，器表可见轮修及抹痕。残高3.6、壁厚0.8～1.1厘米（图八一，11）。H49②：11，泥质灰陶，陶色深灰。侈口，厚圆唇外卷，弧腹。素面磨光。手制轮修，唇外侧可见轮修痕迹。残高5.3、壁厚0.6～1.2厘米（图八一，1）。H49②：12，泥质褐陶，器表陶色不均，呈黑灰色与褐色相间。侈口，圆唇外卷，弧腹。素面磨光。手制轮修。残高6.3、壁厚0.35～0.95厘米（图八一，7）。H49②：13，泥质夹细砂，器表及内壁陶色黑灰，陶胎呈褐色。口较直，卷沿，圆唇，弧腹。素面磨光。手制轮修。残高5、壁厚0.5～0.8厘米（图八一，4）。

钵　H49②：14，泥质陶，器表陶色不匀，呈褐色与黑灰色相间，陶胎呈浅灰色。侈口，尖圆唇，胎体较厚重。素面磨光。手制轮修。残高7.4、壁厚0.4～1厘米（图八〇，3）。H49②：15，泥质陶，器表及内壁陶色黑灰，陶胎呈浅灰色。直口，圆唇，上腹微鼓。素面磨光。手制轮修。残高6.5、壁厚0.2～0.7厘米（图八一，5）。H49②：16，泥质陶，器表及内壁陶色黑灰，陶胎呈浅灰色。直口，圆唇。素面磨光。手制轮修。残高5、壁厚0.6～0.8厘米（图八一，2）。H49②：17，泥质红褐陶。直口，方唇，上腹稍直，下腹斜收，胎体较厚重。素面磨光。手制轮修。残高7、壁厚0.3～0.9厘米（图八一，10）。H49②：18，泥质陶，器表及内壁呈红褐色，陶胎呈浅灰色。直口，圆唇，上腹较直。素面磨光。手制轮修。残高4.7、壁厚0.3～0.7厘米（图八一，3）。H49②：19，泥质红陶。敛口，圆唇，上腹略鼓。素面磨光。手制轮修。残高5.9、壁厚0.5～0.8厘米（图八一，6）。H49②：20，泥质红陶。敛口，圆唇，鼓腹。素面磨光。手制轮修，内壁可见轮修痕迹。残高4.8、壁厚0.4～0.5厘米（图八一，8）。

器盖　H49②：21，残。夹砂陶，陶色不均，呈深灰色与红色相间。敞口呈喇叭状，圆唇，盖体斜直。素面。手制轮修，器表可见轮修及抹痕。残高6.4、壁厚0.3～0.8厘米（图八〇，2）。

甑　H49②：22，底部。泥质红陶。圜底，底中部开一近圆形的箅孔，系由外而内钻成。素面。手制，器表斑驳不平，残存烟炱痕迹，内壁附着一层白色钙质沉淀物。残高4、壁厚0.5、孔径1.6～2厘米（图八〇，10）。

第3层遗物挑选标本27件，器形包括陶锉、罐、瓮、尖底瓶、甑、盆、器盖、钵，其中一件陶罐可复原，其余多为口部。

锉　H49③：1，残。泥质红陶。具体形制因残损严重已不甚清楚，表面密布细小的麻窝点，应为制作时在表面沾满谷物颗粒后经烧制而形成。残长6、残宽2.4、残厚0.9厘米，重11.6克（图八二，13）。

罐　1件复原，其余为口部。H49③：2，夹砂红陶。部分略有变形，侈口近直，斜沿，沿面内凹，圆唇，束颈，上腹圆鼓，下腹斜收，腹壁微曲，平底。上腹部饰横向绳纹。手制轮修，口沿内外轮修痕迹明显，下腹部有刮抹痕。口径26.8、最大腹径30、底径11.4、复原通高30、壁厚0.4～0.8厘米（图八三，13；图版八，4）。H49③：3，夹砂陶，器表陶色不均，呈红色与深灰色相间，内壁及陶胎呈红色。侈口斜沿，弧曲微鼓，圆唇，束颈，上腹圆鼓。上腹部饰横向绳纹。手制轮修。残高10.4、壁厚0.8厘米（图八二，5）。H49③：4，夹砂陶，器表呈褐色，内壁及胎体陶色黑灰。侈口近直，斜沿，圆唇，束颈，上腹外鼓。上腹部饰横向绳纹。手制轮修，内外轮修痕迹明显。

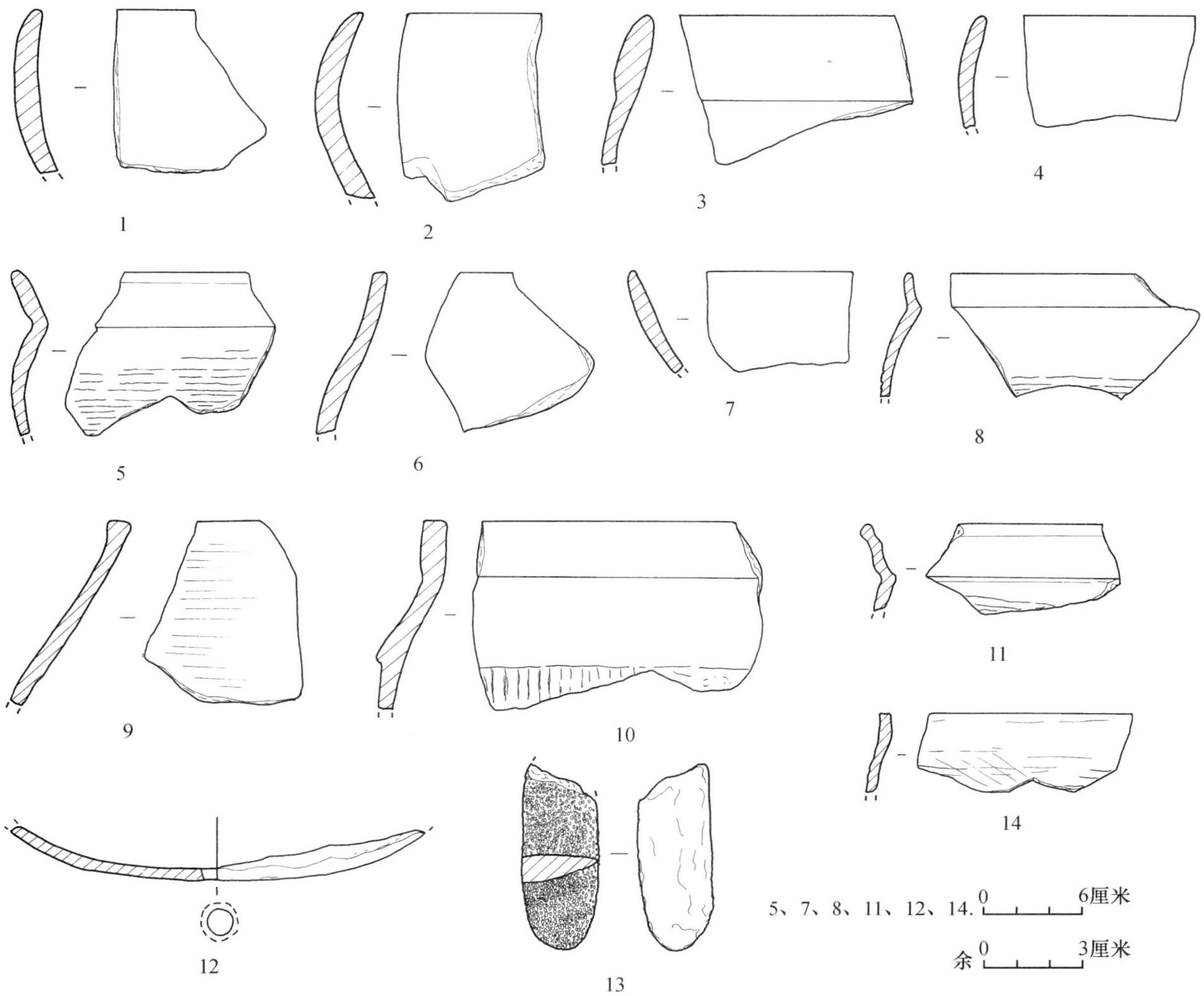

图八二　H49③层陶器标本

1、2、4. 钵（H49③：23、H49③：22、H49③：24）　3. 盆（H49③：13）　5、8、11、14. 罐（H49③：3、H49③：4、H49③：6、H49③：5）　6、9. 尖底瓶（H49③：9、H49③：8）　7. 钵（H49③：14）　10. 瓮（H49③：7）　12. 甑（H49③：10）　13. 陶锉（H49③：1）

残高7.8、壁厚0.4～0.7厘米（图八二，8）。H49③：5，夹砂褐陶。直口，方唇，矮直领，上腹微鼓。上腹部饰交错细绳纹，纹饰分布较为稀疏。手制轮修，口沿内侧可见轮修痕迹。残高5、壁厚0.6～0.7厘米（图八二，14；图版八，1）。H49③：6，夹砂红陶。侈口，弧曲微鼓，方唇，束颈，颈部内侧有一道明显的凸棱。上腹部饰斜向绳纹。手制轮修，内外可见轮修痕迹。残高5.4、壁厚0.7厘米（图八二，11）。

瓮　H49③：7，夹砂红陶。直口微敛，方唇，矮直领，窄斜肩，肩腹相接处有一道折棱。肩部以下饰纵向绳纹。手制轮修。残高6、壁厚0.5～0.7厘米（图八二，10）。

尖底瓶　H49③：8，泥质红陶。葫芦形口，敛口，方唇，下部外鼓。素面。手制轮修，口沿内外可见轮修痕迹，器表有少许不规则划痕。残高5.7、壁厚0.5～0.7厘米（图八二，9）。H49③：9，泥质红陶。葫芦形口，敛口，方圆唇，下部外鼓。素面。手制轮修，器表及内壁轮修痕迹明显。残高5、壁厚0.5～0.6厘米（图八二，6）。

甑　底部。H49③：10，泥质红陶。圜底，底部有一近圆形的箅孔，孔已残，系由内而外钻成。素面。手制。残高3.2、壁厚0.6厘米，穿孔孔径0.9～1.3厘米（图八二，12）。

盆　H49③：11，泥质陶，器表及内壁陶色黑灰，陶胎呈深灰色。侈口，厚圆唇外卷。素面磨光。手制轮修。残高4.3、壁厚0.45～1厘米（图八三，12）。H49③：12，泥质陶，器表及内壁陶色黑灰，陶胎呈深灰色。口微侈近直，圆唇外叠，腹部微鼓较直。素面磨光。手制轮修。残高6.8、壁厚0.4～0.6厘米（图八三，8；图版八，1）。H49③：13，泥质陶，器表及内壁陶色黑灰，陶胎呈深灰色。敛口，圆唇外叠。素面磨光。手制轮修。残高4.7、壁厚0.4～0.9厘米（图八二，3）。

钵　H49③：14，泥质陶，器表及内壁陶色黑灰，陶胎呈浅灰色。侈口，尖圆唇，胎体厚重。素面磨光。手制轮修。残高6.4、壁厚0.6～1厘米（图八二，7）。H49③：15，泥质陶，器表及内壁陶色黑灰，陶胎呈浅灰色。口微侈，尖圆唇，腹部斜弧内收。素面磨光。手制轮修。残高

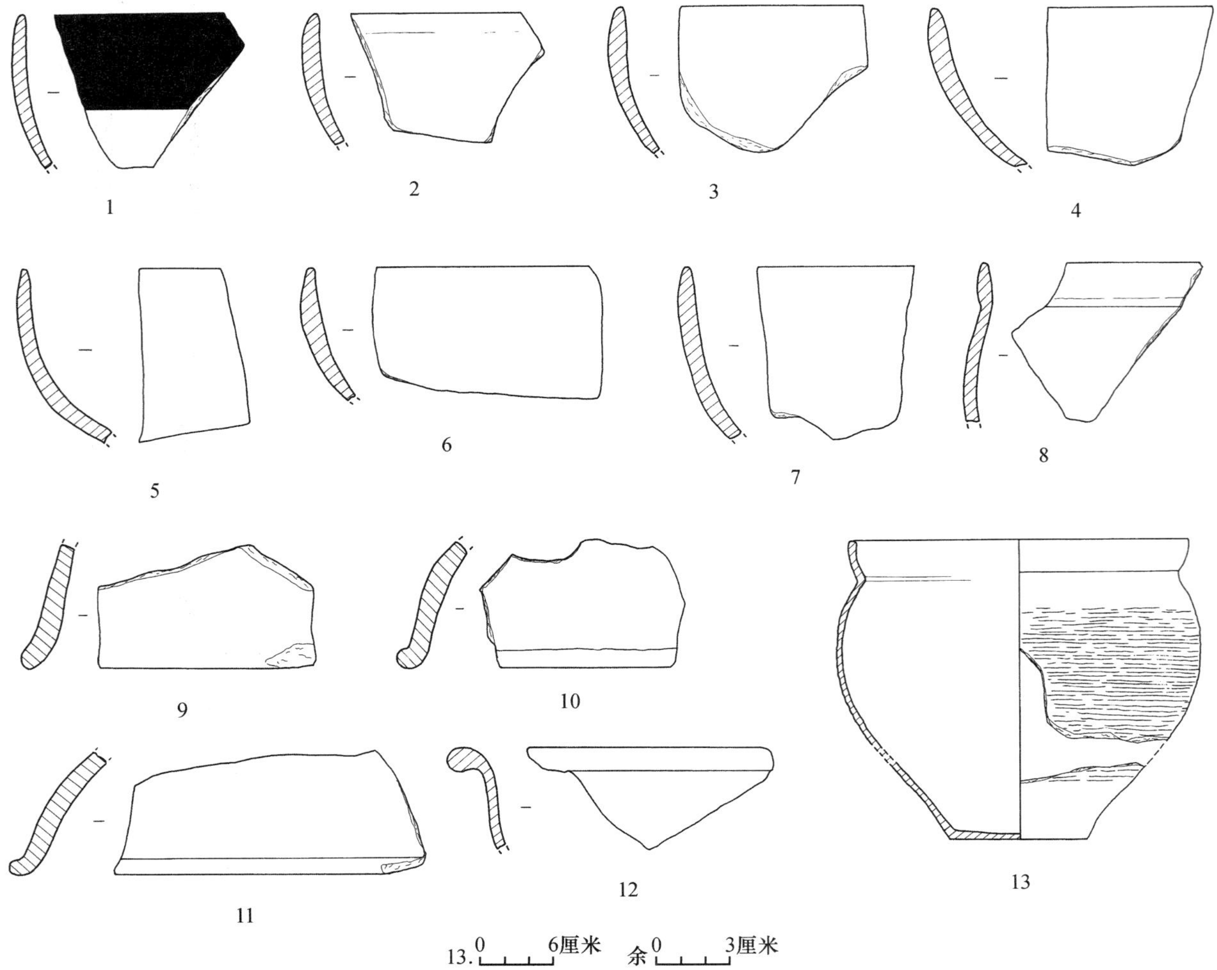

图八三　H49③层陶器标本

1～7. 钵（H49③：21、H49③：20、H49③：19、H49③：15、H49③：18、H49③：17、H49③：16）　8、12. 盆（H49③：12、H49③：11）　9～11. 器盖（H49③：27、H49③：26、H49③：25）13. 罐（H49③：2）

6.7、壁厚0.3～0.9厘米（图八三，4）。H49③：16，泥质陶，器表及内壁陶色黑灰，陶胎呈浅灰色。直口，圆唇，上腹较直，下腹内收。素面磨光。手制轮修。残高7.4、壁厚0.3～0.7厘米（图八三，7）。H49③：17，泥质陶，器表及内壁呈褐色，陶胎呈红色。直口，圆唇，上腹微鼓。素面。手制轮修。残高5.7、壁厚0.4～0.8厘米（图八三，6）。H49③：18，口部。泥质红陶。直口，尖圆唇，上腹较直，下腹弧收。素面。手制轮修。残高7.5、壁厚0.2～0.7厘米（图八三，5）。H49③：19，泥质陶，器表及内壁呈红褐色，陶胎呈深灰色。直口，圆唇，上腹微鼓。素面磨光。手制轮修。残高6.2、壁厚0.3～0.8厘米（图八三，3）。H49③：20，泥质红陶。直口，圆唇，上腹微鼓。素面磨光。手制轮修。残高5.4、壁厚0.3～0.8厘米（图八三，2）。H49③：21，泥质红陶。直口，圆唇，上腹较直。外侧饰一周宽条带状黑彩。手制轮修。残高6.5、壁厚0.3～0.7厘米（图八三，1）。H49③：22，泥质陶，器表及内壁呈红色，陶胎呈青灰色。敛口，圆唇，上腹圆鼓。素面磨光。手制轮修，内壁可见轮修痕迹。残高5.8厘米，壁厚0.3～0.7厘米（图八二，2）。H49③：23，泥质褐陶。敛口，圆唇，上腹微鼓。素面，器表磨光。手制轮修。残高5.1、壁厚0.3～0.8厘米（图八二，1）。H49③：24，泥质陶，陶色不均，器表呈灰褐色与浅黄褐色相掺杂，内壁呈红褐色。敛口，圆唇，上腹外鼓。素面磨光。手制轮修，内壁可见轮修痕迹。残高3.5、壁厚0.3～0.5厘米（图八二，4）。

器盖　H49③：25，残。夹砂褐陶。呈覆钵状，敞口，圆唇外卷，盖体微弧。素面。手制轮修。残高5.2、壁厚0.6～0.9厘米（图八三，11）。H49③：26，残。夹砂红陶。呈覆钵状，敞口，圆唇外卷，盖体微弧。素面。手制轮修。残高5.3、壁厚0.7～0.9厘米（图八三，10）。H49③：27，残片。夹砂红陶。呈覆钵状，敞口，圆唇略卷，盖体微弧。素面。手制轮修。残高5.2、壁厚0.7～0.9厘米（图八三，9）。

第4层挑选陶器标本24件，器形包括尖底瓶、盆、葫芦瓶、罐、瓮、钵等，其中有2件完整或基本完整器，其余均为口部，另有石凿、石斧共计2件。

石凿　H49④：1，顶端残缺。凝灰岩质，黑灰色，磨制。窄长条状，凿身横截面呈长方形，尖部为两面磨刃，刃部较圆钝。器表通体打磨的光滑平整。残长3.4、宽1.8、厚1.5厘米，重21.4克（图八四，10）。

石斧　H49④：2，仅残存刃部一角。凝灰岩质，黑灰色，磨制。体较薄，双面刃，刃部较平直。器表经打磨，光滑平整。残长5.3、残宽3.5、厚1.8厘米，重30.4克（图八四，11）。

尖底瓶　1件为肩、腹及底部，其余均为口部。H49④：3，颈部以上残缺。泥质红陶，夹细砂。体型较瘦长，溜肩，鼓腹，底部急剧内收呈尖锥状，腹部两侧对称贴附各一个半环状耳，最大径在腹中部。上腹部饰成排均匀分布的横向细绳纹，下腹部饰斜向细绳纹后经抹平。手制轮修，内壁有明显的泥条盘筑及慢轮修整的痕迹，器表部分可见修整时留下的指压痕，另在器表下腹部有烧制时留下的火烧痕迹。残高53.6、最大腹径22.8、壁厚0.8～1厘米（图八五，12；图版七，2）。H49④：6，泥质红陶。葫芦形口，敛口，方唇，下部圆鼓。素面。手制轮修，内侧可见轮修痕迹。口径4.6、残高5.8、壁厚0.5～0.8厘米（图八五，10）。

葫芦瓶　H49④：5，泥质灰陶。葫芦形口，敛口，圆唇，外壁斜直。素面磨光。手制轮修。

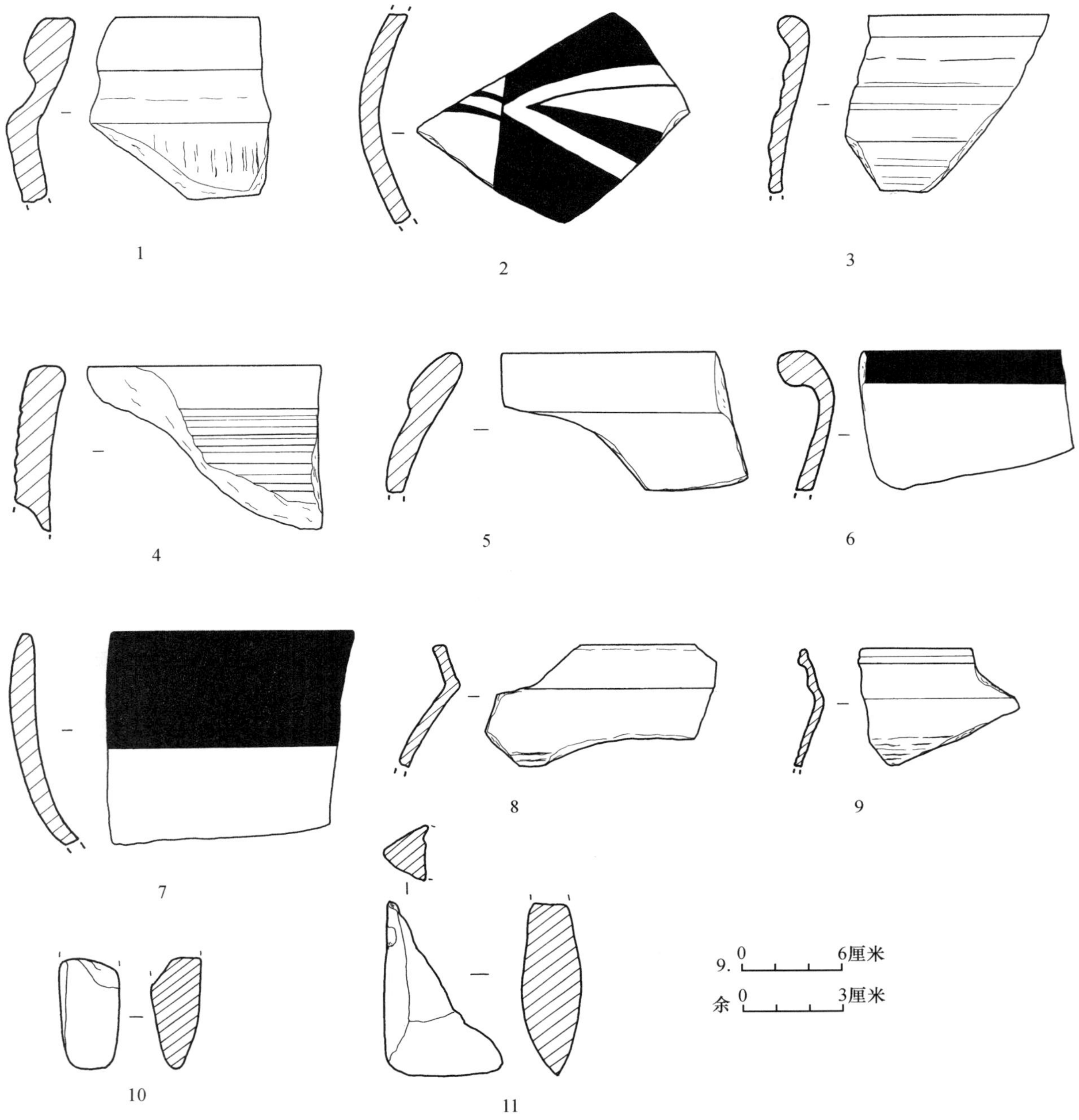

图八四　H49④层陶器标本

1. 瓮（H49④：12）　2. 不明器（H49④：13）　3、4、8、9. 罐（H49④：14、H49④：15、H49④：8、H49④：9）　5、6. 盆（H49④：16、H49④：17）　7. 钵（H49④：22）　10. 石凿（H49④：1）　11. 石斧（H49④：2）

口径3.2、残高5.2、壁厚0.3～0.5厘米（图八五，9）。

罐　H49④：7，夹砂红陶。侈口，斜沿，方圆唇，束颈，上腹外鼓。上腹部饰横向绳纹后稍经刮抹。手制轮修，内外可见轮修痕迹，器表及口沿内侧有烟炱痕迹。残高10、口径17.6、壁厚0.5厘米（图八五，11；图版八，1）。H49④：8，夹砂红陶。侈口，斜沿，方唇，束颈，上腹外鼓。腹部饰横向绳纹。手制轮修，口沿外侧轮修痕迹明显，器表可见修整时留下的指压痕。残高

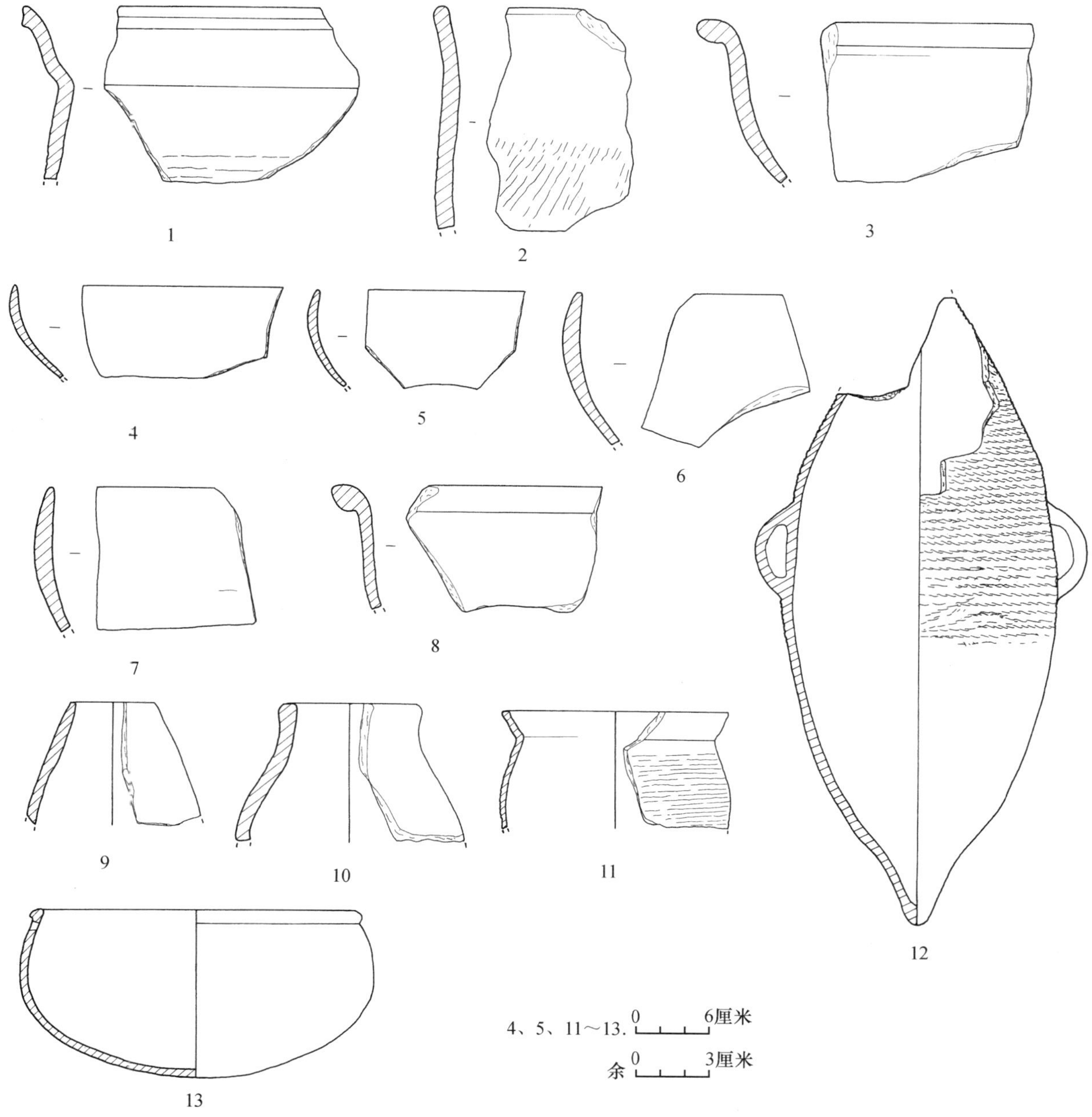

图八五 H49④层陶器标本

1、2、11. 罐（H49④：10、H49④：11、H49④：7） 3、8. 盆（H49④：19、H49④：18） 4～7. 钵（H49④：20、H49④：21、H49④：24、H49④：23） 9. 葫芦瓶（H49④：5） 10、12. 尖底瓶（H49④：6、H49④：3） 13. 盆（H49④：4）

7.4、壁厚0.7厘米（图八四，8）。H49④：9，夹砂红陶。侈口，弧曲微鼓，方唇外斜，束颈，上腹外鼓。唇面饰一周凹弦纹，上腹部饰横向绳纹。手制轮修。残高7、壁厚0.3～0.5厘米（图八四，9）。H49④：10，夹砂红陶。侈口，弧曲微鼓，方唇外斜，束颈，上腹外鼓。唇面饰一周凹弦纹，上腹部饰横向绳纹。手制轮修，内侧可见轮修痕迹。残高7.3、壁厚0.5～0.7厘米（图八五，1）。H49④：11，夹砂红陶。侈口，圆唇，腹较直。腹部饰斜向绳纹。手制轮修，内外可见轮修痕迹。残高9.4、壁厚0.6～0.8厘米（图八五，2；图版八，1）。H49④：14，泥质红陶夹细砂。

侈口，圆唇外卷，束颈，上腹微鼓。上腹部饰数道凹弦纹，内壁磨光。手制轮修。残高5.4、壁厚0.4～0.7厘米（图八四，3；图版八，1）。H49④：15，泥质红陶。敛口，方唇。外侧下饰数道凹弦纹。手制轮修，口沿内外可见轮修痕迹。残高5、壁厚1～1.2厘米（图八四，4）。

瓮　H49④：12，夹砂红陶。敛口，厚方圆唇，束颈，窄折肩。肩部以下饰纵向绳纹。手制轮修，内外轮修痕迹明显。残高5.6、壁厚0.6～1.3厘米（图八四，1；图版八，1）。

盆　1件修复完整，其余均为口部。H49④：4，修复。泥质陶，器表及内壁陶色黑灰，陶胎呈浅灰色。敛口，圆唇外卷，鼓腹，圜底。外侧下有一圆形穿孔，系由外而内单面钻成，器表及内壁磨光。手制轮修。口径25.2、最大腹径29.4、通高14厘米，穿孔孔径0.6～0.8厘米，壁厚0.7～0.9厘米（图八五，13；图版七，3）。H49④：16，泥质夹细砂，器表及内壁呈红色，坯心呈浅灰色。敛口，圆唇外叠。素面。手制轮修，唇部外侧可见轮修痕迹。残高4.2、壁厚0.5～1.2厘米（图八四，5）。H49④：17，泥质红陶，夹细砂。侈口，窄平沿，方唇，鼓腹。唇部饰一周条带状黑彩，器表及内壁磨光。手制轮修。残高4.2、壁厚0.4～1厘米（图八四，6）。H49④：18，泥质陶，器表及内壁陶色黑灰，陶胎呈深灰色。侈口，厚圆唇外卷，上腹较直。素面磨光。手制轮修。残高5.2、壁厚0.4～1厘米（图八五，8）。H49④：19，泥质陶，器表及内壁陶色黑灰，陶胎呈深灰色。侈口，厚圆唇外卷，弧腹。素面磨光。手制轮修。残高6.8、壁厚0.5～1.1厘米（图八五，3）。

钵　口部。H49④：20，泥质陶，器表及内壁陶色黑灰，陶胎呈深灰色。直口，圆唇，上腹较直，下腹内收。素面磨光。手制轮修。残高7.8、壁厚0.4～0.7厘米（图八五，4）。H49④：21，泥质褐陶。口微敛，圆唇，上腹外鼓，下腹内收。素面磨光。手制轮修。残高8.2、壁厚0.3～0.6厘米（图八五，5）。H49④：22，泥质陶，器表呈红色，内壁呈浅灰色。直口，圆唇，上腹较直，下腹内收。外侧饰一周宽带状黑彩，器表及内壁磨光。手制轮修。残高6.5、壁厚0.3～0.7厘米（图八四，7）。H49④：23，泥质陶，陶色不均，上半部呈红色，下有宽约1厘米的褐色带，再向下过渡为肉红色，陶胎呈浅灰色。直口，圆唇，上腹微鼓，下腹弧收。素面磨光。手制轮修。残高6.1、壁厚0.2～0.7厘米（图八五，7）。H49④：24，泥质红陶夹细砂。敛口，尖圆唇，鼓腹。素面磨光。手制轮修。残高6.5、壁厚0.2～0.7厘米（图八五，6）。

不明器　H49④：13，腹部残片。泥质红陶绘彩，其上绘半明半暗的叶片形及弧边三角形等构成的黑彩纹饰。残长7.8、残宽5.5、壁厚0.6厘米（图八四，2）。

第5层遗物挑选标本包括石弹丸，陶尖底瓶、罐、盆、钵、器盖以及尚不能明确器形的残片计22件。

石弹丸　H49⑤：1，完整。凝灰岩质，白色，磨制。体较小，呈圆球状。直径1.3厘米，重3.4克（图八七，12）。

尖底瓶　口部。H49⑤：2，泥质红陶。葫芦形口，敛口，圆唇，下部外鼓。素面。手制轮修，器表及内壁轮修痕迹明显。口径6.2、残高4.4、壁厚0.5～0.6厘米（图八六，5）。H49⑤：3，泥质红陶。葫芦形口，敛口，圆唇，下部外鼓。素面。手制轮修，器表及内壁轮修痕迹明显。口径5.1、残高5.2、壁厚0.4～0.5厘米（图八六，4）。

罐　均为口部。H49⑤：4，夹砂灰陶。侈口，斜沿，圆唇，束颈，鼓腹。腹部饰横向绳纹。手制轮修，口沿内侧轮修痕迹明显。口径30.8、残高11、壁厚0.5～0.8厘米（图八六，10）。H49⑤：5，夹砂陶，器表呈褐色，内壁及陶胎呈浅灰色。侈口，斜沿，圆唇，束颈，鼓腹。上腹部饰一周凹弦纹，其下饰斜向绳纹。手制轮修。口径12.2、残高6.4、壁厚0.5～1厘米（图八六，7；图版八，1）。H49⑤：6，夹砂红陶。侈口，斜沿，厚圆唇，束颈，上腹外鼓。上腹部饰横向细绳纹。手制轮修，内侧可见轮修痕迹。残高6.5、壁厚0.5～0.8厘米（图八六，6）。H49⑤：7，夹砂陶，器表呈灰褐色，内壁及陶胎呈红色。侈口，口沿弧曲微鼓，方唇外斜，束颈，上腹外鼓。唇面饰一周凹弦纹，腹部饰横向绳纹。手制轮修。口径10.8、残高5、壁厚0.3～0.7厘米（图八六，8）。H49⑤：8，夹砂红陶。侈口，弧曲微鼓，方唇外斜。唇面饰两周凹弦纹。手制轮修。残高

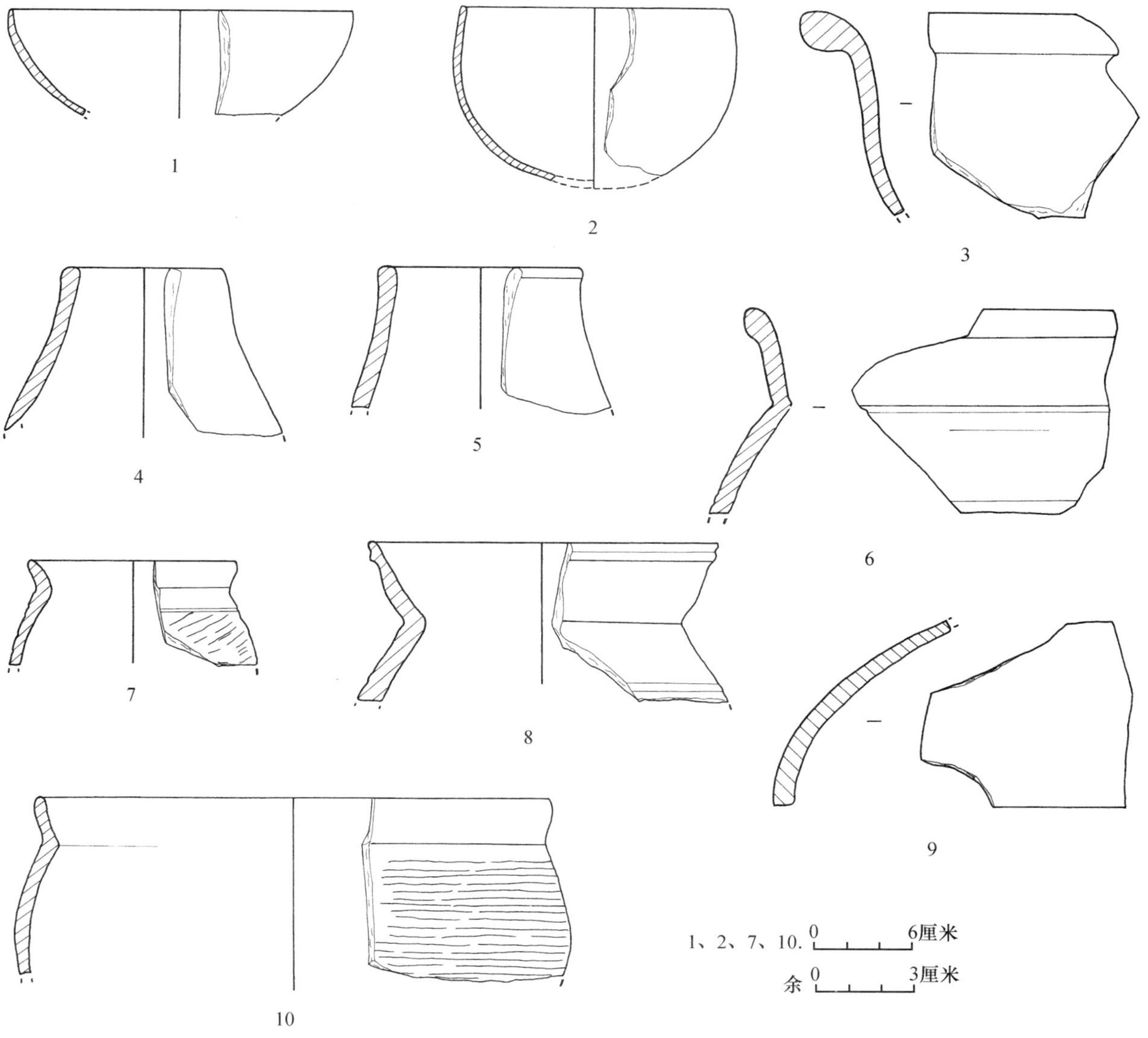

图八六　H49⑤层陶器标本

1、2. 钵（H49⑤：16、H49⑤：13）　3. 盆（H49⑤：11）　4、5. 尖底瓶（H49⑤：3、H49⑤：2）
6、7、8、10. 罐（H49⑤：6、H49⑤：5、H49⑤：7、H49⑤：4）　9. 器盖（H49⑤：22）

4.5、壁厚0.4～0.6厘米（图八七，8）。

盆　口部。H49⑤：9，泥质红陶。侈口，窄平沿，厚方唇，颈微束。颈部以下饰凹弦纹。手制轮修。残高3.4、壁厚0.5～1厘米（图八七，7）。H49⑤：10，泥质夹细砂，器表上半部陶色深灰，下半部呈红色，内壁及陶胎呈红色。敛口，圆唇外叠，鼓腹。素面。手制轮修，口沿外侧可见轮修痕迹。残高7.2、壁厚0.6～0.8厘米（图八七，9）。H49⑤：11，泥质陶，器表及内壁陶色黑灰，陶胎呈深灰色。侈口，厚圆唇，唇外卷，上腹稍直，下腹弧收。素面磨光。手制轮修，观察陶片残断面发现其唇部为在外侧加垫1圈泥条而制成。残高6.6、壁厚0.4～1.1厘米（图八六，3）。H49⑤：12，泥质红陶。侈口，厚圆唇外卷，腹微鼓。唇部绘一周条带状黑彩，器表及内壁磨光。手制轮修。残高3.9、壁厚0.5～1厘米（图八七，3）。

钵　1件为口及腹部，其余均为口部。H49⑤：13，残。泥质红陶。敛口，圆唇，上腹微鼓，下腹弧收呈圜底，部分器壁较薄，其下器壁稍厚。素面。手制轮修，内壁附着有一层白色钙质沉淀物。残高11、口径16.4、壁厚0.3～0.5厘米（图八六，2；图版八，1）。H49⑤：14，泥质红陶。侈口，圆唇，腹部斜弧内收。素面磨光。手制轮修。残高6.6、壁厚0.4～0.7厘米（图八七，6）。H49⑤：15，泥质陶，陶色有分层现象，器表及陶胎均呈红色，其下器表呈红褐色，陶胎呈浅灰色。直口，尖圆唇，上腹较直，下腹弧收。素面磨光。手制轮修。残高8.6、壁厚0.2～0.7厘米（图八七，5）。H49⑤：16，泥质陶，陶色有分层现象，器表及陶胎均呈红色，其下器表呈褐色，陶胎呈浅灰色。直口，圆唇，弧腹微鼓。素面磨光。手制轮修。残高6.6、口径20.8、壁厚0.3～0.6厘米（图八六，1）。H49⑤：17，泥质褐陶。侈口，圆唇。素面磨光。手制轮修。残高3.9、壁厚0.6厘米（图八七，11）。H49⑤：18，口部。泥质红陶。侈口，尖唇，腹部斜弧内收。素面磨光。手制轮修。残高6.4、壁厚0.2～0.5厘米（图八七，10）。H49⑤：19，口部。泥质红陶。直口，圆唇，上腹微鼓，下腹弧收。口沿外侧饰一周宽条带状黑彩，器表及内壁磨光。手制轮修。残高8.1、壁厚0.3～0.8厘米（图八七，4）。H49⑤：20，泥质红陶。直口，圆唇，上腹微鼓。外侧绘一周宽条带状白彩，其内有菱形空白格、半明半暗的叶片形纹组成的图案，器表及内壁磨光。手制轮修。残高5.3、壁厚0.2～0.6厘米（图八七，2）。H49⑤：21，泥质红陶。直口，圆唇，上腹微鼓。外侧绘一周宽条带状黑彩，其内有菱形空白格等组成的图案，器表及内壁磨光。手制轮修。残高6、壁厚0.2～0.6厘米（图八七，1）。

器盖　H49⑤：22，残。夹砂陶，器表呈深灰色，内壁呈红色，坯心呈浅灰色。呈覆钵状，敞口，方唇，盖体圆弧。素面。手制轮修，器表有抹痕。残高5.8、壁厚0.4～0.6厘米（图八六，9；图版八，1）。

第6层遗物挑选标本包括石斧，陶盆、罐、尖底瓶、钵等计16件，陶器中除一件尚不能明确器形的腹部残片之外，均为口部。

石斧　H49⑥：1，残存刃部。凝灰岩质，青黑色，磨制。现存部分平面大体呈梯形，刃部稍宽，斧身横截面呈不规则椭圆形，下端双面磨出弧刃，两侧边较为平直，整体加工粗糙，器表稍显斑驳。残长5.6、宽5.5～6.5、厚2.1厘米，重128.4克（图八八，7）。H49⑥：2，仅残存刃部一角。凝灰岩质，黑灰色，磨制。双面刃，器表经打磨，光滑平整。残长4.8、残宽2.8、厚3厘米，重48.7

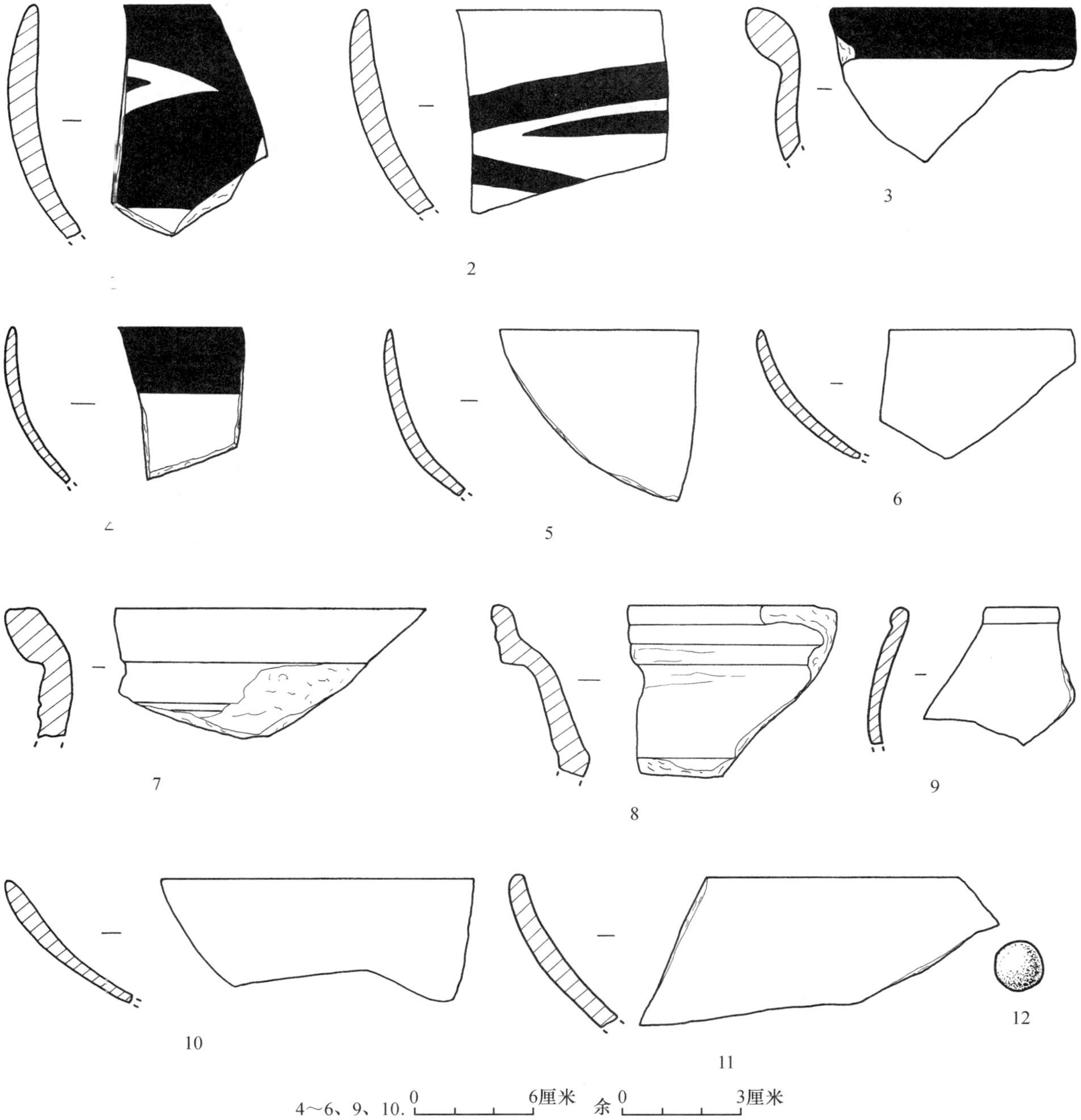

图八七　H49⑤层器物标本

1、2. 陶口沿残片（H49⑤：21、H49⑤：20）　3、7、9. 陶盆（H49⑤：12、H49⑤：9、H49⑤：10）　8. 陶罐（H49⑤：8）　4～6、10、11. 陶钵（H49⑤：19、H49⑤：15、H49⑤：14、H49⑤：18、H49⑤：17）　12. 石弹丸（H49⑤：1）

克（图八八，8）。

尖底瓶　H49⑥：3，泥质红陶。葫芦形口，敛口，方唇，下部圆鼓，下部内侧有一周台棱，其下器壁较厚。素面。手制轮修，器表及内壁轮修痕迹明显。口径5.9、残高9.5、壁厚0.5～1厘米（图八九，6；图版八，1）。

罐　H49⑥：4，夹砂陶，器表呈深褐色，内壁及陶胎呈深灰色。侈口，斜沿，圆唇，束颈，

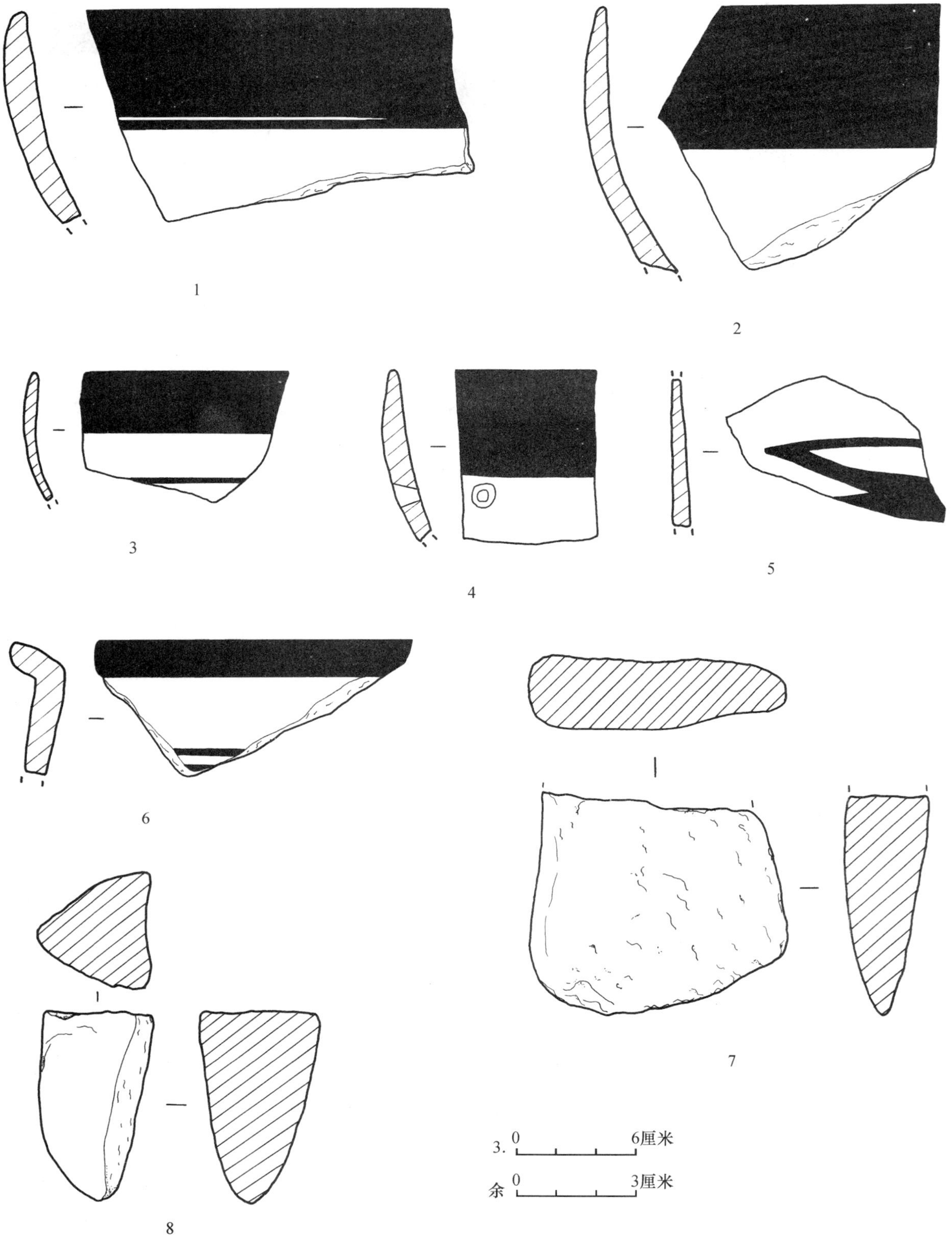

图八八　H49⑥层器物标本

1～4. 陶钵（H49⑥：12、H49⑥：13、H49⑥：11、H49⑥：15）　5. 彩绘陶片（H49⑥：16）

6. 陶盆（H49⑥：8）　7、8. 石斧（H49⑥：1、H49⑥：2）

颈部内侧有一道凸棱，上腹外鼓。上腹部饰斜向绳纹。手制轮修，内外可见轮修痕迹。残高6.4、壁厚0.5～0.8厘米（图八九，1）。H49⑥：5，夹砂陶，器表呈深灰色，内壁及陶胎呈红色。侈口，斜沿，厚圆唇。素面。手制轮修，内外可见轮修痕迹。残高4.3、壁厚0.6～0.8厘米（图八九，2）。H49⑥：6，夹砂陶，器表陶色不均，呈红色与浅灰色相间，内壁及陶胎呈浅灰色。侈口，方唇外卷，束颈，上腹外鼓。唇面饰一周凹弦纹，颈部及上腹部亦饰数道凹弦纹。手制轮修，内侧隐约可见轮修痕迹。口径9.2、残高5.4、壁厚0.7～0.9厘米（图八九，8）。H49⑥：7，夹砂陶，器表及内壁呈褐色，陶胎呈浅灰色。侈口，窄斜沿近平，圆唇，束颈，上腹微鼓。腹部饰斜向细绳纹，器表残留烟炱痕。手制轮修。口径8.2、残高3.8、壁厚0.5～0.8厘米（图八九，3）。

盆　H49⑥：8，泥质红陶。敛口，斜沿，圆唇。唇部饰一周条带状黑彩，腹部饰两道横向线状黑彩，器表及内壁磨光。手制轮修。残高3.5、壁厚0.5～0.7厘米（图八八，6）。

钵　H49⑥：9，泥质陶，器表陶色不均，上半部呈红色，下半部呈褐色与肉红色相间，陶胎呈浅灰色。侈口，圆唇，腹部斜弧内收。素面磨光。手制轮修。残高7.2、壁厚0.6厘米（图八九，4）。H49⑥：10，泥质红陶。直口，圆唇，上腹微鼓。素面磨光。手制轮修。残高6.3、壁厚0.4～0.7厘米（图八九，5）。H49⑥：11，泥质红陶。直口，圆唇，上腹微鼓。外侧饰一周宽条带状黑彩，腹部饰一道横向线状黑彩，器表及内壁磨光。手制轮修。残高6.6、壁厚0.4～0.6

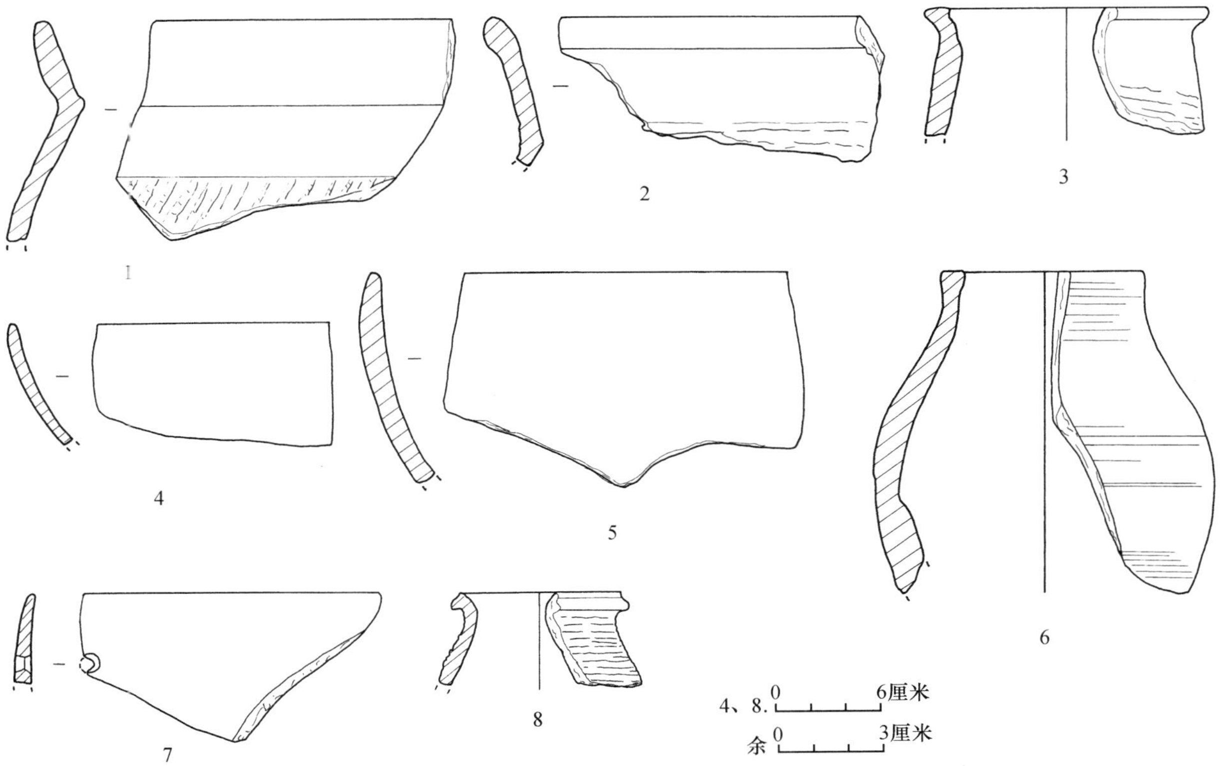

图八九　H49⑥层陶器标本

1～3、8. 罐（H49⑥：4、H49⑥：5、H49⑥：7、H49⑥：6）
4、5、7. 钵（H49⑥：9、H49⑥：10、H49⑥：14）　6. 尖底瓶（H49⑥：3）

厘米（图八八，3）。H49⑥：12，泥质红陶。直口，圆唇。外侧饰一周宽条带状黑彩，其下绘一道横向线状黑彩，器表及内壁磨光。手制轮修。残高5.5、壁厚0.3～0.7厘米（图八八，1）。H49⑥：13，泥质红陶。直口微敛，圆唇，上腹稍直。外侧饰一周宽条带状黑彩，器表及内壁磨光。手制轮修。残高6.8、壁厚0.2～0.65厘米（图八八，2）。H49⑥：14，泥质黄褐陶。直口微敛，圆唇，上腹微鼓。外侧下有一处圆形穿孔，系双面对钻而成，孔已残，器表及内壁磨光。手制轮修。残高4.4、壁厚0.2～0.5厘米，穿孔孔径0.35～0.55厘米（图八九，7）。H49⑥：15，泥质红陶，贴近内壁处陶胎呈浅灰色。直口，圆唇，上腹较直。外侧饰一周宽条带状黑彩，其下有一个圆形穿孔，系由外而内钻成。手制轮修。残高4.4、壁厚0.3～0.6、孔径0.3～0.6厘米（图八八，4；图版八，1）。

彩绘陶片　H49⑥：16，腹部。泥质红陶绘彩，其上绘鱼纹黑彩，现仅可见尾部。残长3.8、残宽5、壁厚0.3～0.5厘米（图八八，5）。

第7层挑选遗物标本包括石斧，陶罐、盆、器盖以及尚不能确定器形者共计26件，陶器1件已修复，1件为不明器形者的腹部，其余均为口部。

罐　H49⑦：2，已修复。夹砂红陶。侈口，圆唇，束颈，鼓腹，下腹斜内收，平底，口部、腹部及底部平面均呈椭圆形。颈部以下至下腹部饰斜向绳纹。手制轮修，内侧有轮修的痕迹，器表下腹部有刮抹痕，另器表部分可见烟炱痕迹。通高26厘米，口长径30.2、短径25.6厘米，腹长径32、短径26.8厘米，底长径11.6、短径10.4厘米，壁厚0.6～0.8厘米（图九〇，14；图版七，4）。H49⑦：3，夹砂红陶。侈口，弧曲微鼓，方唇外斜，束颈，上腹外鼓。唇面饰一周凹弦纹，上腹部饰横向绳纹。手制轮修。残高9.4、壁厚0.6～1厘米（图九〇，1；图版八，1）。H49⑦：4，夹砂红陶。侈口，弧曲微鼓，方唇外斜，束颈，上腹外鼓。唇面饰一周凹弦纹，上腹部饰横向绳纹。手制轮修。残高7.7、壁厚0.7～0.9厘米（图九〇，13）。H49⑦：5，夹砂陶，器表呈红色，内壁及陶胎陶色深灰。侈口，弧曲微鼓，方唇外斜，束颈。唇面饰一周凹弦纹，器表颈部以下饰斜向绳纹。手制轮修，可见轮修及烟炱痕迹。口径10.4、残高4.3、壁厚0.4～0.7厘米（图九〇，12）。H49⑦：6，夹砂褐陶。侈口，斜沿，圆唇，束颈，上腹外鼓。素面。手制。残高8、壁厚0.4～0.8厘米（图九一，7）。H49⑦：7，夹砂陶，器表及内壁呈褐色，陶胎呈浅灰色。侈口近直，斜沿，沿面略凹，圆唇，颈微束，上腹外鼓。上腹部饰斜向绳纹。手制轮修，内侧可见轮修痕迹。残高8.8、壁厚0.4～1厘米（图九一，5）。H49⑦：8，夹砂红陶。侈口，斜沿，沿面内凹，圆唇，束颈，上腹外鼓。上腹部饰横向绳纹。手制轮修，内外可见轮修痕迹。残高10.6、壁厚0.6～1厘米（图九〇，2）。H49⑦：9，夹砂红陶。侈口，斜沿，方唇，束颈。颈部以下饰斜向绳纹。手制轮修。残高4.4、壁厚0.6～1厘米（图九一，4）。H49⑦：10，夹砂红陶。敛口，厚圆唇，颈微束，上腹外鼓。上腹部饰斜向绳纹。手制轮修。残高7、壁厚0.7～1.1厘米（图九〇，3）。H49⑦：11，泥质陶，器表及内壁呈红色，陶胎呈浅灰色。直口，圆唇，腹壁较直，胎体厚重。器表饰数周凹弦纹。手制轮修，内壁轮修痕迹明显。残高7.5、壁厚0.9～1.2厘米（图九〇，4；图版八，1）。H49⑦：12，泥质陶，器表及内壁呈红色，陶胎呈红色内夹浅灰色坯心。直口，圆唇，腹壁较直，胎体厚重。器表饰数周凹弦纹。手制轮修。残高6.1、壁厚1.2厘米（图九一，6）。

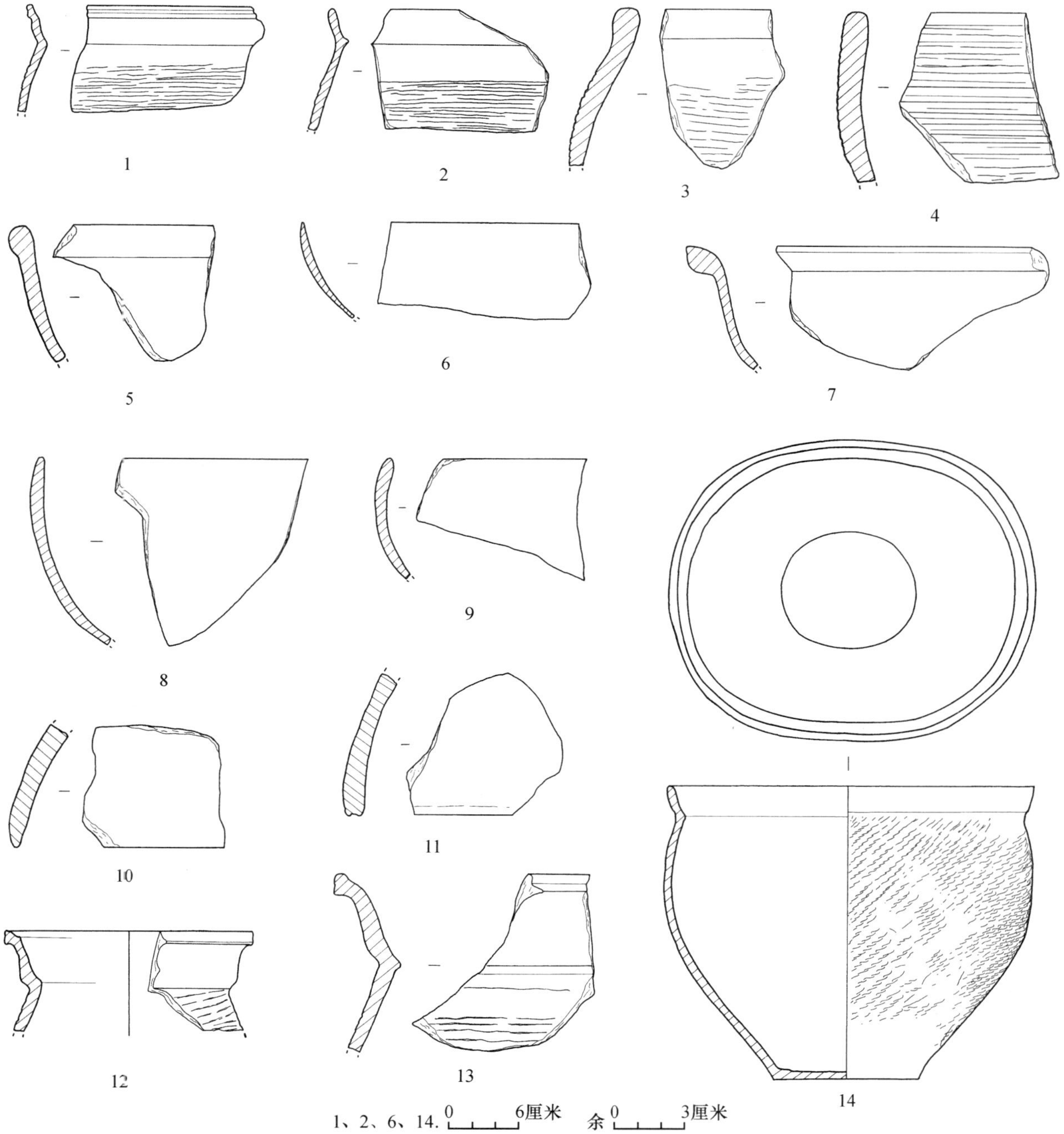

图九〇　H49⑦层陶器标本

1～4、12～14. 罐（H49⑦：3、H49⑦：8、H49⑦：10、H49⑦：11、H49⑦：5、H49⑦：4、H49⑦：2）　5、7. 盆（H49⑦：16、H49⑦：15）　6、8、9. 钵（H49⑦：17、H49⑦：19、H49⑦：20）　10、11. 器盖（H49⑦：26、H49⑦：25）

盆　H49⑦：13，泥质红陶。侈口，厚圆唇外卷，弧腹。素面。手制轮修。残高6.6、壁厚0.5～1.1厘米（图九一，10；图版八，1）。H49⑦：14，泥质陶，器表及内壁陶色黑灰，陶胎呈浅灰色。侈口，厚圆唇外卷，弧腹。素面磨光。手制轮修。残高9、壁厚0.4～1.1厘米（图九一，12；图版八，1）。H49⑦：15，泥质灰陶。侈口，厚圆唇外卷，弧腹内收。

素面磨光。手制轮修。残高5.4、壁厚0.4～1.2厘米（图九〇，7）。H49⑦：16，泥质红陶。侈口，厚圆唇外叠，腹斜弧内收。素面。手制轮修。残高6、壁厚0.6～1厘米（图九〇，5；图版八，1）。

钵　H49⑦：17，泥质陶，陶色有分层现象，口沿处器表及陶胎均呈红色，其下器表呈红褐色，陶胎呈浅灰色。直口，圆唇，弧腹微鼓。素面磨光。手制轮修。残高8.4、壁厚0.4～0.7厘米（图九〇，6）。H49⑦：18，泥质陶，口沿处器表及陶胎均呈红色，下半部器表及内壁呈红色，陶胎呈浅灰色。直口，尖圆唇，上腹稍直，下腹内收。素面磨光。手制轮修。残高8、壁厚0.5～0.7

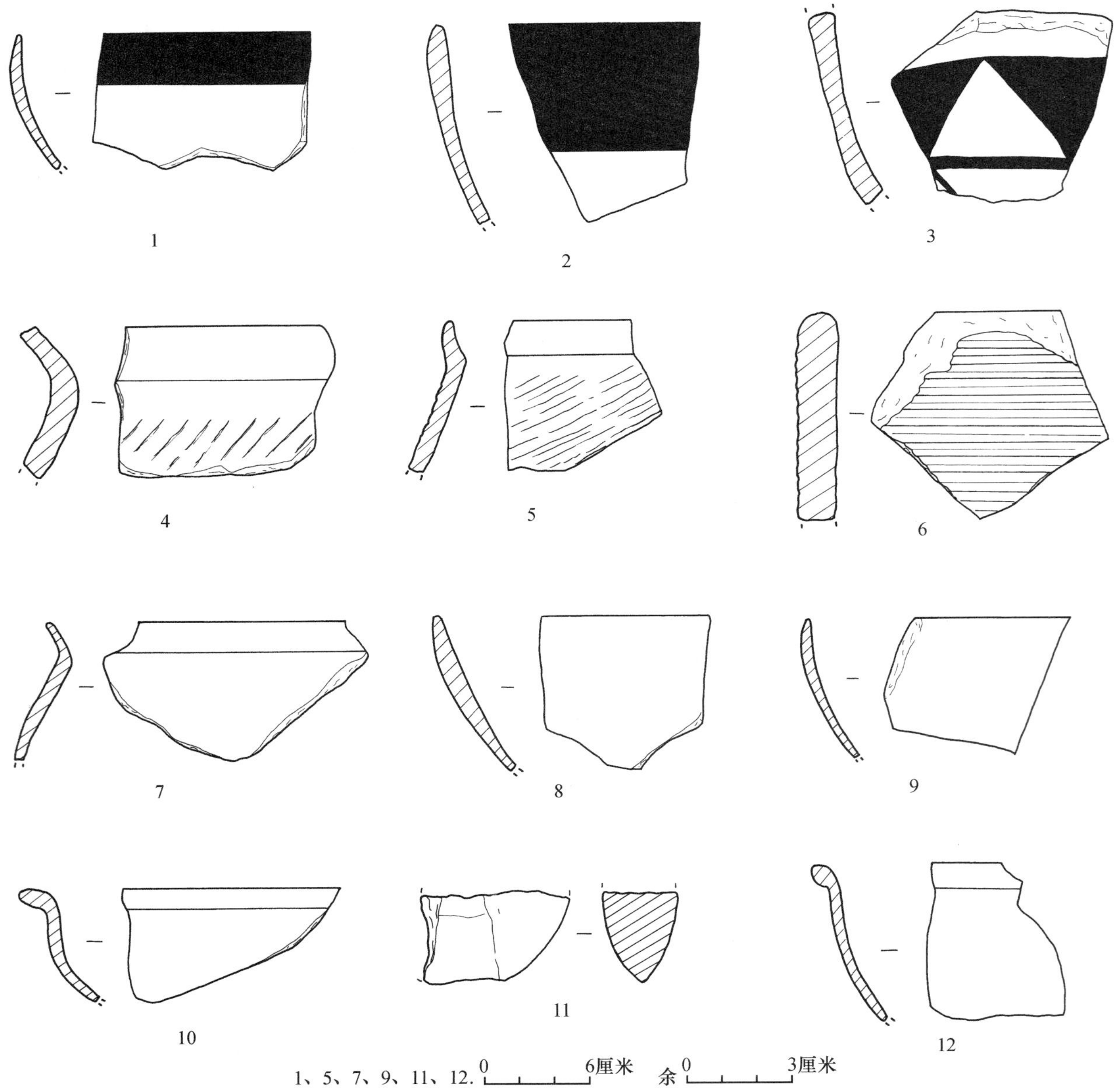

图九一　H49⑦层器物标本

1、2、8、9. 陶钵（H49⑦：22、H49⑦：23、H49⑦：21、H49⑦：18）　3. 彩绘陶片（H49⑦：24）　4～7. 陶罐（H49⑦：9、H49⑦：7、H49⑦：12、H49⑦：6）　10、12. 陶盆（H49⑦：13、H49⑦：14）　11. 石斧（H49⑦：1）

厘米（图九一，9）。H49⑦：19，泥质红陶，夹细砂。直口，圆唇，上腹微鼓，下腹弧收。素面磨光。手制轮修。残高8.2、壁厚0.5～0.6厘米（图九〇，8）。H49⑦：20，泥质陶，器表呈浅黄褐色，内壁呈浅灰色。敛口，圆唇较厚，上腹圆弧。素面磨光。手制轮修。残高5.3、壁厚0.45～0.7厘米（图九〇，9）。H49⑦：21，泥质红陶。侈口，圆唇，腹斜弧内收。素面磨光。手制轮修。残高4.4、壁厚0.2～0.6厘米（图九一，8）。H49⑦：22，泥质红陶夹细砂。直口，圆唇，上腹微鼓，下腹内收。外侧饰一周宽条带状黑彩，其下有宽约1.5厘米的粉白色带，器表及内壁磨光。手制轮修。残高8、壁厚0.5～0.75厘米（图九一，1）。H49⑦：23，泥质红陶。直口，圆唇，上腹较直。口沿外侧饰一周宽条带状黑彩，器表及内壁磨光。手制轮修。残高5.8、壁厚0.5～0.65厘米（图九一，2）。

彩绘陶片　H49⑦：24，腹部。泥质红陶绘彩，其上绘由三角形、直线等图案组成的黑彩纹饰带。残长6、残宽5.6、壁厚0.6～0.8厘米（图九一，3）。

器盖　H49⑦：25，残。夹砂陶，器表及内壁呈褐色，陶胎呈浅灰色。呈覆钵状，敞口，方唇，唇面有一道凹槽，盖体略弧。素面。手制轮修。残高6.3、壁厚0.7～0.8厘米（图九〇，11）。H49⑦：26，残。夹砂陶，器表呈褐色，内壁及陶胎呈红色。呈覆钵状，敞口，圆唇，盖体略弧。素面。手制轮修。残高5.4、壁厚0.4～1.1厘米（图九〇，10）。

石斧　H49⑦：1，仅残存刃部一角。凝灰岩质，黑灰色，磨制。双面刃，器表经打磨，光滑平整。残长2.7、残宽4.3、厚2.2厘米，重28.2克（图九一，11）。

一〇、H51

位于ETG1东北部，其东部延伸至ETG1东壁之下，开口于第1层下，距地表深0.3米，打破H49、G21，南部被G20打破。

（一）形制、堆积

现可见部分平面近半椭圆形，西北—东南向，西北侧坑壁上部较直，下部内收呈台阶状，东南侧坑壁较斜直，向下内收，平底。口距现地表深0.2～0.25米，口残长径2.5、残短径1.02米，底长径1.4、短径0.7米，最深0.68米。

堆积分为二层。

第1层：土色呈黄褐色夹杂浅灰色，土质致密。包含较多红烧土粒，呈水平状堆积。厚0～0.44米。

第2层：土色呈灰褐色，土质疏松。包含少量炭粒及红烧土粒，呈水平状堆积。厚0～0.28米（图九二）。

判断该单位为处理废弃物的一般垃圾坑。

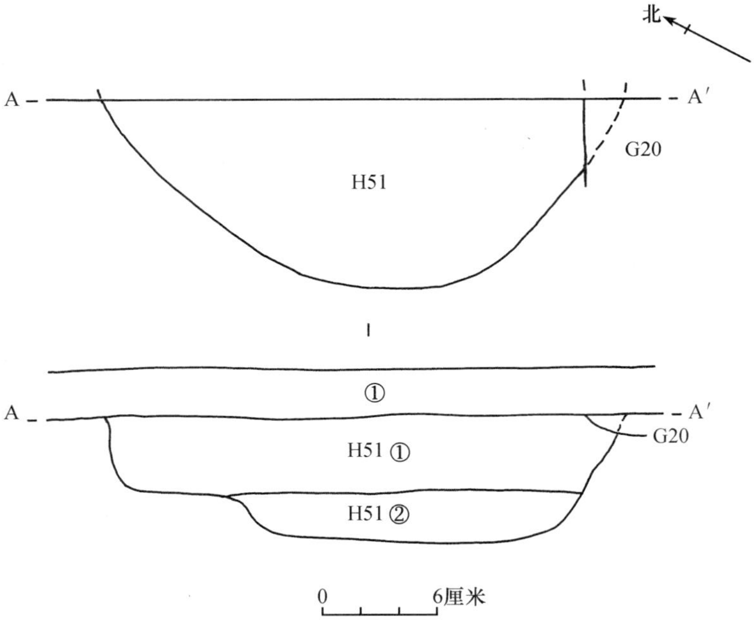

图九二　H51平、剖面图

（二）遗物

1. 陶器面貌

出土大量陶片，陶质陶色方面，泥质陶占总数的61.22%/53.13%，夹砂陶占38.78%/46.87%。其中夹砂红陶（含红皮灰胎）占23.98%/26.11%，泥质红陶（含红皮灰胎）占22.45%/15.39%，夹砂灰陶（含灰皮褐胎）占6.12%/11.09%，泥质灰陶占9.69%/7.71%，夹砂褐陶占6.63%/7.46%，泥质褐陶（含褐皮灰胎）占5.10%/4.74%，泥质黑皮陶等其他泥质陶占23.98%/25.29%，夹砂黑皮陶等其他夹砂陶占2.04%/2.22%。纹饰方面，素面占总数的38.27%/35.71%，绳纹占25.51%/30.47%，素面磨光占28.06%/24.91%，黑彩占2.04%/2.39%，篮纹占1.02%/1.75%，线纹占2.04%/1.73%，交错绳纹占1.53%/1.44%，弦纹占1.02%/0.87%，弦纹+绳纹占0.51%/0.72%。可辨器形有尖底瓶、罐、盆和钵（表三五、表三六）。

表三五　H51陶系统计表

陶质/陶色/纹饰	夹砂				泥质				合计	百分比/%
	红	灰	褐	其他	红	灰	褐	其他		
黑彩					3/35.9			1/46	4/81.9	2.04/2.39
素面	23/381	3/83	9/176.4	2/38.4	18/225.2	8/82.4	4/117.7	8/118.1	75/1222.2	38.27/35.71
绳纹	21/460.3	7/254.9	4/78.8	2/37.7	8/112.4	2/36.4	2/13.2	4/49.3	50/1043	25.51/30.47
交错绳纹	2/32.5	1/16.9							3/49.4	1.53/1.44

续表

陶质/陶色/纹饰	夹砂				泥质				合计	百分比/%
	红	灰	褐	其他	红	灰	褐	其他		
篮纹						2/59.8			2/59.8	1.02/1.75
线纹					4/59.3				4/59.3	2.04/1.73
弦纹	1/19.9				1/9.8				2/29.7	1.02/0.87
弦纹+绳纹		1/24.8							1/24.8	0.51/0.72
素面磨光					10/83.9	7/85.2	4/31.5	34/652.2	55/852.8	28.06/24.91
合计	47/893.7	12/379.6	13/255.2	4/76.1	44/526.5	19/263.8	10/162.4	47/865.6	196/3422.9	
	76/1604.6				120/1818.3					
百分比/%	23.98/26.11	6.12/11.09	6.63/7.46	2.04/2.22	22.45/15.39	9.69/7.71	5.10/4.74	23.98/25.29	100.00/100.00	
	38.78/46.87				61.22/53.13					

表三六　H51可辨陶器器形统计表

陶质/陶色/器形	夹砂				泥质				合计	百分比/%
	红	灰	褐	其他	红	灰	褐	其他		
罐	8	2	2	3					15	38.46
盆				1	1	2		7	11	28.21
钵					2		1	9	12	30.77
尖底瓶					1				1	2.56
合计	8	2	2	4	4	2	1	16	39	
	16				23					
百分比/%	20.51	5.13	5.13	10.26	10.26	5.13	2.56	41.03	100.00	
	41.03				58.97					

2. 遗物举例

均为陶器口部，器形包括罐、盆、钵三类，计7件。

罐　H51：1，夹砂红陶。敛口，窄平沿，沿面有一道甚不明显的浅凹槽，上腹向下斜外扩。肩部饰斜向绳纹后稍经抹平。手制轮修。残高4.3、壁厚0.7厘米（图九三，3）。H51：2，夹砂红陶。侈口，弧曲微鼓，方唇外斜，束颈。唇面饰一周凹弦纹。手制轮修。残高4.2、壁厚0.5～0.6厘米（图九三，1）。

盆　H51：5，泥质灰陶夹细砂。侈口，宽斜沿，圆唇外叠。素面磨光。器表处有部分表皮脱落，略显斑驳。手制轮修。 残高6、壁厚0.3～0.9厘米（图九三，4）。H51：6，泥质陶，器表及内

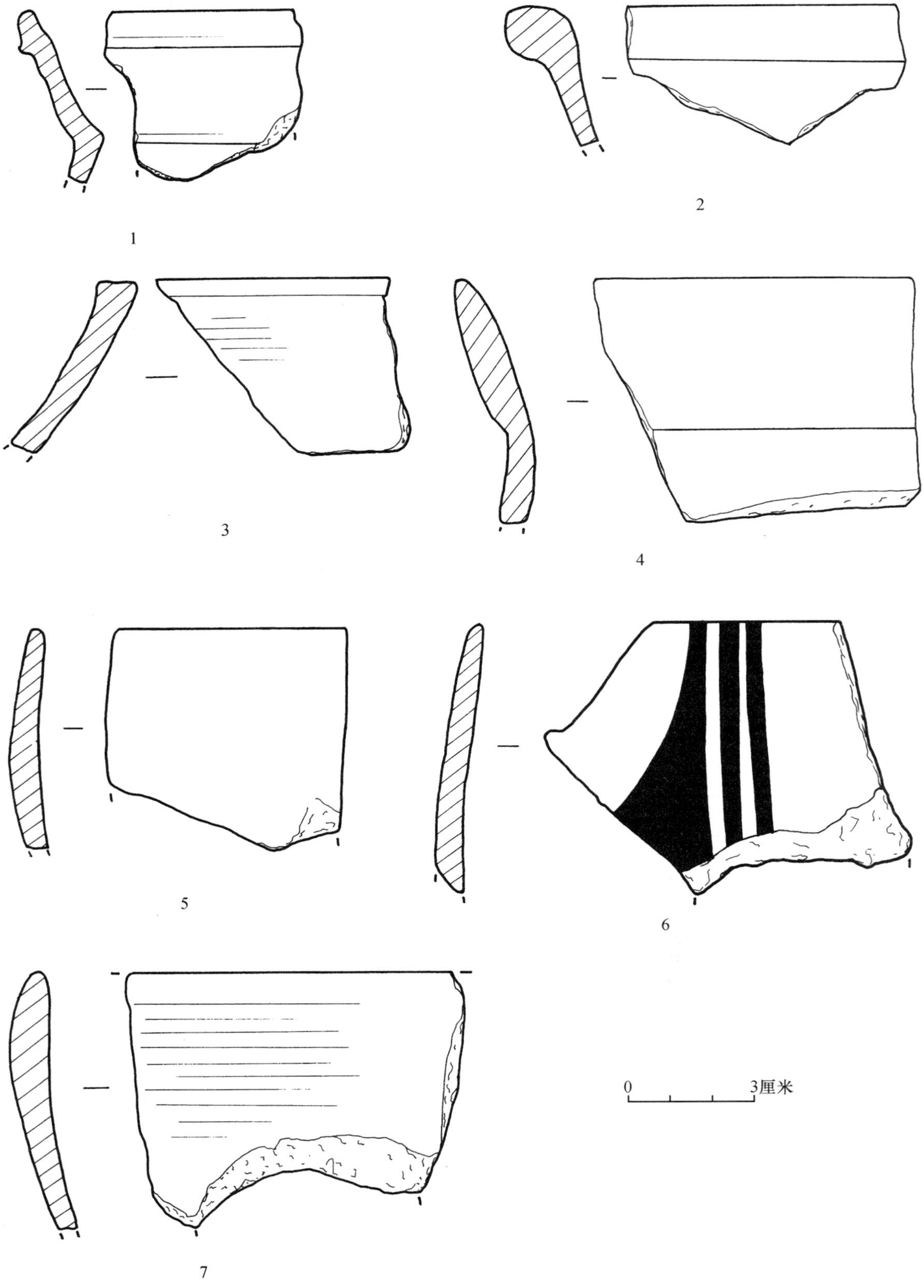

图九三　H51陶器标本

1、3. 罐（H51∶2、H51∶1）　2、4. 盆（H51∶6、H51∶5）　5～7. 钵（H51∶10、H51∶8、H51∶9）

壁呈红色，坯心呈浅灰色。侈口，厚圆唇略外卷。素面磨光。手制轮修。残高3.4、壁厚0.4～1.4厘米（图九三，2）。

钵　H51：8，泥质陶，器表及内壁呈褐色，陶胎呈深灰色。口微敛，圆唇。器表绘由纵向直线及弧边三角形等组成的黑彩纹饰。手制轮修。残高6.6、壁厚0.4～0.6厘米（图九三，6）。H51：9，泥质黄褐陶。直口，圆唇，上腹微鼓。素面磨光。手制轮修，器表可见刮抹痕。残高6.2、壁厚0.5～1厘米（图九三，7）。H51：10，泥质灰陶。直口，圆唇，上腹微弧。素面磨光。手制轮修。残高5.4、壁厚0.4～0.7厘米（图九三，5）。

一一、H57

位于ETG1西部，其西侧大部延伸至ETG1西壁之下，开口于第1层下，距地表深0.3米，打破G20、H49。

（一）形制、堆积

现可见部分坑口平面略呈窄条形，西北—东南向，西北侧坑壁较斜直，东南侧坑壁略弧，坑底呈坡状，北部较深。口距现地表深0.2～0.25米，现可见部分口长1.78、宽0.16、最深0.36米。其内堆积为灰褐色沙质黏土，土质较疏松，包含植物根茎及少量炭屑、红烧土粒、零星陶片等（图九四）。

判断该单位为处理废弃物的一般灰坑。

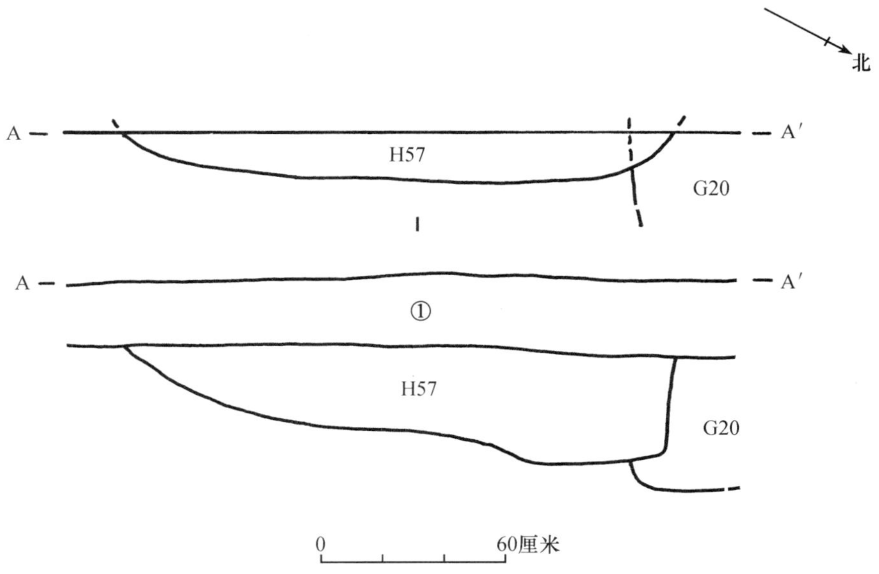

图九四　H57平、剖面图

（二）遗物

出土零星陶片，陶质陶色方面，泥质陶占总数的54.55%/63.24%，夹砂陶占45.45%/36.76%。其中夹砂红陶占45.45%/36.76%，泥质红陶占27.27%/17.52%，泥质黑皮陶和灰皮红胎陶等其他泥质陶占27.27%/45.72%。纹饰方面，素面占总数的9.09%/5.35%，素面磨光占45.45%/57.89%，绳纹占45.45%/36.76%。可辨器形仅有钵1件（表三七）。

表三七　H57陶系统计表

纹饰＼陶色＼陶质	夹砂	泥质		合计	百分比/%
	红	红	其他		
素面			1/6.5	1/6.5	9.09/5.35
绳纹	5/44.7			5/44.7	45.45/36.76
素面磨光		3/21.3	2/49.1	5/70.4	45.45/57.89
合计	5/44.7	3/21.3	3/49.1	11/121.6	
	5/44.7	6/76.9			
百分比/%	45.45/36.76	27.27/17.52	27.27/45.72	100.00/100.00	
	45.45/36.76	54.55/63.24			

一二、H59

位于ETG2中部，其东西两侧分别延伸至ETG2东壁及西壁之下，开口于第1层下，距地表深0.36米，被H58、M38打破。

（一）形制、堆积

现可见部分坑口平面略呈不规则形，坑壁上部较斜直，下部弧壁内收，略呈缓坡或台阶状，东侧底部呈圜底，西侧底部较平。口西部距现地表深0.85～1.25米，口东部距现地表深0.3～0.35米，坑口南北最长4.9、东西宽3、最深3米。

其内堆积分为五层。

第1层：土色呈浅灰色，土质较疏松。包含较多植物根系及零星炭屑、料姜石粒，出土少量陶片及动物骨骼。主要分布于灰坑内东北部，水平状堆积。厚0～0.32米。

第2层：土色呈灰褐色，土质较疏松。包含黄土块及少量炭屑、红烧土粒、石块，出土少量陶片及动物骨骼。主要分布于灰坑内东北部，大致呈两侧高中部低的凹镜状堆积。厚0～0.4米。

第3层：土色呈浅灰褐色，土质较致密。包含较多炭屑及红烧土粒，出土较多陶片及少量动物骨骼。东部呈水平状堆积，西部呈北高南低的坡状堆积。厚0～0.6米。

第4层：土色呈灰褐色夹杂黄褐色，土质较疏松。包含较多炭屑、红烧土块及少量水锈斑，出土少量陶片。东部近水平状堆积，西部呈北高南低的坡状堆积。厚0～0.93米。

第5层：土色呈黄褐色与深褐色相间分布，土质较疏松。包含少量炭屑、水锈斑、石块及红烧土粒，出土较多陶片。东部近水平状堆积，西部略呈北高南低的坡状堆积。厚0～1.72米。

另在第2层南部下与第4层之间有一小夹层，土色呈灰褐色，土质疏松，包含零星红烧土粒，厚0～0.12米（图九五，图版八，2）。

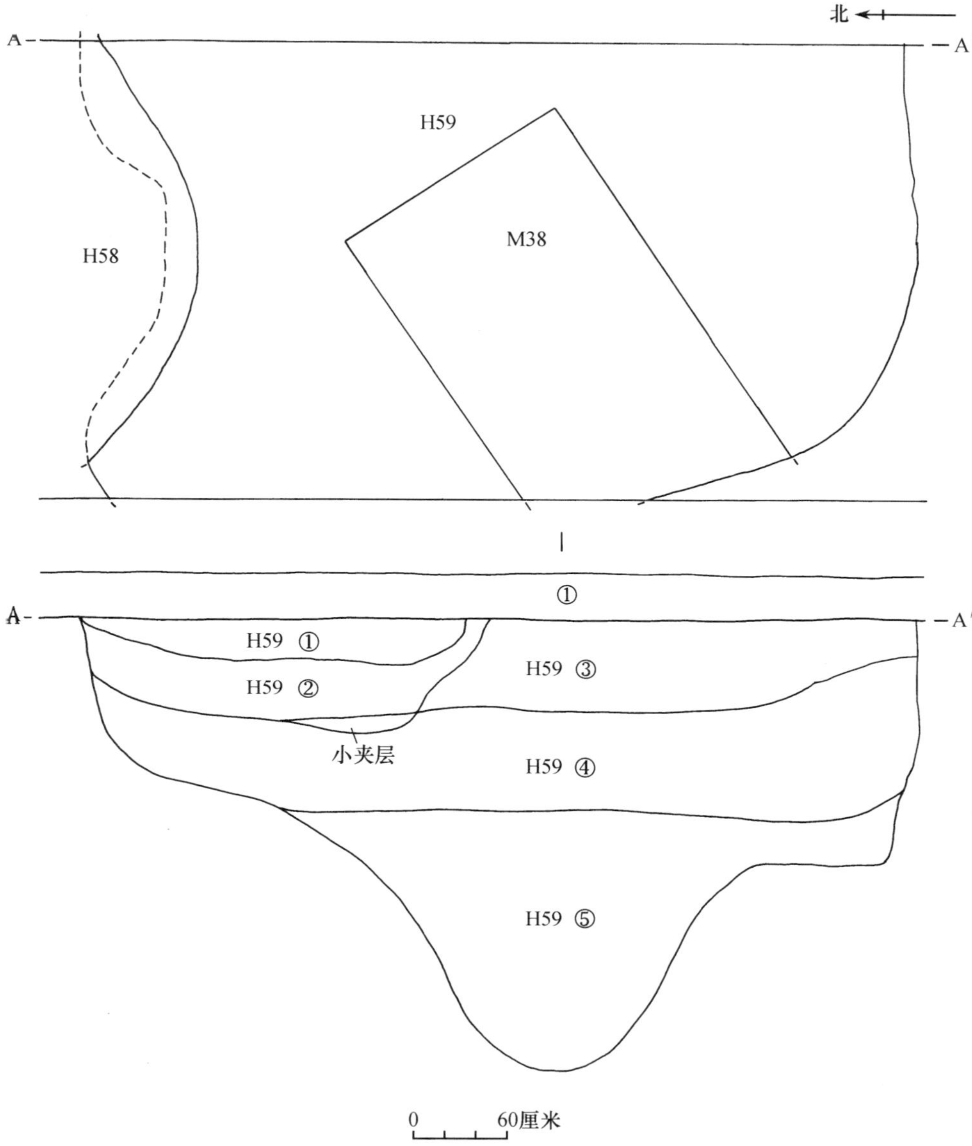

图九五　H59平、剖面图

（二）遗物

1. 陶器面貌

第1层出土陶片以夹砂红陶数量最多，陶质陶色方面，泥质陶占总数的55.81%/41.23%，夹砂陶占44.19%/58.77%。其中夹砂红陶占30.23%/28.44%，泥质红陶占24.81%/16.51%，泥质灰陶占8.53%/7.54%，夹砂褐陶占6.98%/11.51%，泥质褐陶占2.33%/1.06%，其他泥质陶占20.16%/16.12%，其他夹砂陶占6.98%/18.81%。纹饰方面，素面占总数的23.26%/24.13%，绳纹占36.43%/35.42%，素面磨光占25.58%/14.16%，绳纹+戳压纹占7.75%/15.76%，绳纹+附加堆纹+戳压纹占0.78%/5.22%，弦纹+绳纹占3.10%/3.00%，黑彩占1.55%/1.17%，弦纹占1.55%/1.12%。可辨器形有罐、尖底瓶、盆和钵（表三八、表三九）。

第2层出土陶片，陶质陶色方面，泥质陶占总数的70.43%/63.96%，夹砂陶占29.57%/36.04%。其中泥质红陶占21.74%/24.05%，夹砂红陶占20.00%/23.82%，夹砂褐陶占9.57%/12.22%，泥质褐陶占6.96%/8.12%，泥质灰陶占10.43%/7.65%，其他泥质陶占31.30%/24.14%。纹饰方面，素面占总数的37.39%/28.47%，素面磨光占33.04%/31.72%，绳纹占22.61%/30.51%，线纹占1.74%/3.12%，弦纹占1.74%/2.13%，附加堆纹占0.87%/1.87%，弦纹+附加堆纹占0.87%/0.84%，交错绳纹占0.87%/0.74%，戳压纹占0.87%/0.59%。可辨器形有罐、尖底瓶、盆和钵（表四〇、表四一）。

表三八　H59①层陶系统计表

陶质 / 陶色 / 纹饰	夹砂			泥质				合计	百分比/%
	红	褐	其他	红	灰	褐	其他		
黑彩				2/36.5				2/36.5	1.55/1.17
素面	13/316.9	1/59	3/109.2	5/71.3	4/112.3	1/15.3	3/66.9	30/750.9	23.26/24.13
绳纹	18/334.9	8/299.1	1/19.8	14/236.2			6/212.4	47/1102	36.43/35.42
弦纹	1/10.1		1/24.8					2/34.9	1.55/1.12
弦纹+绳纹	1/18.5						3/75	4/93.5	3.10/3.00
绳+堆+戳			1/162.5					1/162.5	0.78/5.22
绳纹+戳压纹	6/204.8		3/269.2				1/16.6	10/490.6	7.75/15.76
素面磨光				11/169.8	7/122.2	2/17.8	13/130.9	33/440.7	25.58/14.16
合计	39/885.2	9/358.1	9/585.5	32/513.8	11/234.5	3/33.1	26/501.8	129/3112	
	57/1828.8			72/1283.2					
百分比/%	30.23/28.44	6.98/11.51	6.98/18.81	24.81/16.51	8.53/7.54	2.33/1.06	20.16/16.12		100.00/100.00
	44.19/58.77			55.81/41.23					

表三九　H59①层可辨陶器器形统计表

陶质 / 陶色 / 器形	夹砂		泥质				合计	百分比/%
	红	其他	红	灰	褐	其他		
尖底瓶			1				1	3.13
罐	7	3		1		3	14	43.75
盆			2	2		2	6	18.75
钵			6	1	1	3	11	34.38
合计	7	3	9	4	1	8	32	
	10		22					
百分比/%	21.88	9.38	28.13	12.50	3.13	25.00		100.00
	31.25		68.75					

表四〇　H59②层陶系统计表

纹饰＼陶质陶色	夹砂		泥质				合计	百分比/%
	红	褐	红	灰	褐	其他		
素面	10/315.4	5/97.8	10/145.7	3/59.9	4/98.8	11/195.1	43/912.7	37.39/28.47
绳纹	11/379.9	6/293.8	6/202.5		1/49.9	2/52.1	26/978.2	22.61/30.51
交错绳纹			1/23.6				1/23.6	0.87/0.74
附加堆纹						1/60	1/60	0.87/1.87
线纹			2/100.1				2/100.1	1.74/3.12
弦纹	2/68.3						2/68.3	1.74/2.13
弦纹+附加堆纹						1/26.9	1/26.9	0.87/0.84
戳压纹				1/19			1/19	0.87/0.59
素面磨光			6/299.2	8/166.3	3/111.6	21/439.8	38/1016.9	33.04/31.72
合计	23/763.6	11/391.6	25/771.1	12/245.2	8/260.3	36/773.9	115/3205.7	
	34/1155.2		81/2050.5					
百分比/%	20.00/23.82	9.57/12.22	21.74/24.05	10.43/7.65	6.96/8.12	31.30/24.14		100.00/100.00
	29.57/36.04		70.43/63.96					

表四一　H59②层可辨陶器器形统计表

器形＼陶质陶色	夹砂		泥质				合计	百分比/%
	红	褐	红	灰	褐	其他		
尖底瓶			1			1	2	7.14
钵			1	1	2	5	9	32.14
盆					1	3	4	14.29
罐	9	2			1	1	13	46.43
合计	9	2	2	1	4	10	28	
	11		17					
百分比/%	32.14	7.14	7.14	3.57	14.29	35.71		100.00
	39.29		60.71					

第3层出土陶片，陶质陶色方面，泥质陶占总数的67.70%/58.89%，夹砂陶占32.30%/41.11%。其中泥质红陶占24.72%/20.23%，夹砂红陶占22.19%/28.35%，夹砂褐胎陶占9.27%/11.68%，泥质灰陶占8.71%/6.72%，其他泥质陶占26.97%/24.43%，其他夹砂陶占0.84%/1.09%。纹饰方面，素面占总数的34.27%/33.10%，素面磨光占30.62%/22.57%，绳纹占28.09%/29.98%，交错绳纹占1.97%/2.78%，弦纹占1.97%/1.85%，弦纹+绳纹占0.84%/1.23%，戳压纹占0.28%/1.04%，绳纹+划纹占0.28%/0.59%，黑彩占0.56%/0.47%，附加堆纹+弦纹占0.56%/6.09%，附加堆纹+弦纹+绳纹占0.28%/0.16%，附加堆纹占0.28%/0.14%。可辨器形有罐、瓮、缸、盆、钵和尖底瓶（表四二、表四三）。

表四二　H59③层陶系统计表

陶质 / 陶色 / 纹饰	夹砂			泥质				合计	百分比/%
	红	褐	其他	红	灰	褐	其他		
黑彩				1/17.8			1/31.1	2/48.9	0.56/0.47
素面	32/1135	19/582.8		26/692.4	15/337	8/164.7	22/556.2	122/3468.1	34.27/33.10
绳纹	40/1340	7/390	3/114.3	32/704.4		5/122.2	13/470.7	100/3142.6	28.09/29.98
交错绳纹	1/19.9	3/112.4		2/109.5			1/49.7	7/291.5	1.97/2.78
附加堆纹	1/15.1							1/15.1	0.28/0.14
附加堆纹+弦纹	1/316.5					1/321.9		2/638.4	0.56/6.09
堆+弦+绳		1/16.4						1/16.4	0.28/0.16
弦纹	2/45.6	1/29.5		2/26.9	1/51		1/40.5	7/193.5	1.97/1.85
弦纹+绳纹	2/98.1	1/31.3						3/129.4	0.84/1.23
绳纹+划纹		1/61.3						1/61.3	0.28/0.59
戳压纹				1/109.4				1/109.4	0.28/1.04
素面磨光				24/459.5	15/315.7	12/177.7	58/1412.1	109/2365	30.62/22.57
合计	79/2970.2	33/1223.7	3/114.3	88/2119.9	31/703.7	26/786.5	96/2560.3	356/10478.6	
	115/4308.2			291/6170.4					
百分比/%	22.19/28.35	9.27/11.68	0.84/1.09	24.72/20.23	8.71/6.72	7.30/7.51	26.97/24.43		100.00/100.00
	32.30/41.11			67.70/58.89					

表四三　H59③层可辨陶器器形统计表

陶质 / 陶色 / 器形	夹砂		泥质				合计	百分比/%
	红	褐	红	灰	褐	其他		
钵			8	3	6	9	26	34.67
尖底瓶			1			1	2	2.67
缸	1				1		2	2.67
瓮	1	1					2	2.67
盆		1	6	2	1	13	23	30.67
罐	9	9	1		1		20	26.67
合计	11	11	16	5	9	23	75	
	22		53					
百分比/%	14.67	14.67	21.33	6.67	12.00	30.67		100.00
	29.33		70.67					

第4层出土陶片，陶质陶色方面，泥质陶占总数的73.44%/63.52%，夹砂陶占26.56%/36.48%。其中泥质红陶占33.59%/27.44%，夹砂红陶占14.84%/20.61%，泥质灰陶占14.84%/16.81%，夹砂褐陶占6.25%/8.37%，泥质褐陶占9.38%/5.88%，其他泥质陶占15.63%/13.39%，其他夹砂陶占5.47%/7.50%。纹饰方面，素面占总数的40.63%/48.53%，绳纹占28.91%/27.23%，素面磨光占25.00%/20.48%，黑彩占2.34%/1.37%，附加堆纹占0.78%/1.01%，弦纹占1.56%/0.92%，交错绳纹占0.78%/0.46%。可辨器形有罐、盆、钵、瓮和器盖（表四四、表四五）。

表四四　H59④层陶系统计表

陶质 / 陶色 / 纹饰	夹砂			泥质				合计	百分比/%
	红	褐	其他	红	灰	褐	其他		
黑彩				3/54.3				3/54.3	2.34/1.37
素面	10/464.9	6/189.6	3/229.3	12/305.2	12/484.3	4/84.3	5/159.3	50/1916.9	40.63/48.53
绳纹	9/349.4	2/141	3/52.6	18/386.4		3/53.3	2/92.9	37/1075.6	28.91/27.23
交错绳纹				1/18.1				1/18.1	0.78/0.46
附加堆纹				1/40				1/40	0.78/1.01
弦纹			1/14.2			1/22		2/36.2	1.56/0.92
素面磨光				8/279.8	7/179.8	4/72.5	13/276.9	32/809	25.00/20.48
合计	19/814.3	8/330.6	7/296.1	43/1083.8	19/664.1	12/232.1	20/529.1	128/3950.1	
	34/1441			94/2509.1					
百分比/%	14.84/20.61	6.25/8.37	5.47/7.50	33.59/27.44	14.84/16.81	9.38/5.88	15.63/13.39		100.00/100.00
	26.56/36.48			73.44/63.52					

表四五　H59④层可辨陶器器形统计表

陶质 / 陶色 / 器形	夹砂			泥质				合计	百分比/%
	红	褐	其他	红	灰	褐	其他		
盆				1	1		3	5	13.51
钵				3	1	1	1	6	16.22
瓮			1					1	2.70
罐	11	3	2		6	1	1	24	64.86
器盖					1			1	2.70
合计	11	3	3	4	9	2	5	37	
	17			20					
百分比/%	29.73	8.11	8.11	10.81	24.32	5.41	13.51		100.00
	45.95			54.05					

第5层出土陶片，陶质陶色方面，泥质陶占总数的69.13%/60.39%，夹砂陶占30.87%/39.61%。其中泥质红陶占26.00%/20.61%，夹砂红陶占20.97%/25.93%，泥质灰陶占15.66%/11.92%，泥质

褐陶占6.50%/5.25%，夹砂褐陶占4.14%/4.12%，其他泥质陶占20.97%/22.61%，其他夹砂陶占5.76%/9.56%。纹饰方面，素面占总数的42.54%/42.40%，素面磨光占26.74%/23.85%，绳纹占23.78%/25.50%，弦纹占2.66%/2.71%，黑彩占2.36%/2.08%，弦纹+绳纹占0.59%/1.65%，交错绳纹占0.89%/1.35%，附加堆纹占0.15%/0.20%，绳纹+穿孔占0.15%/0.14%，穿孔占0.15%/0.12%。可辨器形有尖底瓶、罐、盆、钵和瓮、盘形器等（表四六、表四七）。

表四六　H59⑤层陶系统计表

陶质 陶色 纹饰	夹砂				泥质				合计	百分比/%
	红	灰	褐	其他	红	灰	褐	其他		
黑彩					16/385.1				16/385.1	2.36/2.08
素面	71/2683.5		7/231.1	12/577.3	70/1682.4	70/1194.7	17/345.8	41/1122.3	288/7837	42.54/42.40
绳纹	55/1627.7		18/441.9	27/1190.7	42/892.8	2/25.8	6/122	11/412	161/4713	23.78/25.50
交错绳纹	2/103				4/146.3				6/249.3	0.89/1.35
附加堆纹	1/37.4								1/37.4	0.15/0.20
弦纹	10/228.1		3/87.8			2/61.7		3/124.2	18/501.8	2.66/2.71
弦纹+绳纹	3/113.6					1/191.5			4/305.1	0.59/1.65
穿孔								1/21.4	1/21.4	0.15/0.12
绳纹+穿孔								1/26	1/26	0.15/0.14
素面磨光					44/703.6	31/730	21/502.6	85/2472.7	181/4408.9	26.74/23.85
合计	142/4793.3		28/760.8	39/1768	176/3810.2	106/2203.7	44/970.4	142/4178.6	677/18485	
	209/7322.1				468/11163					
百分比/%	20.97/25.93		4.14/4.12	5.76/9.56	26.00/20.61	15.66/11.92	6.50/5.25	20.97/22.61	100.00/100.00	
	30.87/39.61				69.13/60.39					

表四七　H59⑤层可辨陶器器形统计表

陶质 陶色 器形	夹砂			泥质				合计	百分比/%
	红	褐	其他	红	灰	褐	其他		
尖底瓶				2		1		3	1.69
盆	3		2	9	12	6	13	45	25.28
钵				21	5	10	16	52	29.21
瓮				1			1	2	1.12

续表

器形＼陶色＼陶质	夹砂			泥质				合计	百分比/%
	红	褐	其他	红	灰	褐	其他		
罐	46	8	8	1	6	4	2	75	42.13
盘形器			1					1	0.56
合计	49	8	11	34	23	21	32	178	
	68			110					
百分比/%	27.53	4.49	6.18	19.10	12.92	11.80	17.98		100.00
	38.20			61.80					

2. 遗物举例

第1、2层遗物挑选标本包括角锥2件。H59①：1，残。系用鹿角稍经磨制而成，基本保留鹿角的原始形态，仅柄端稍经磨制，尖端亦可能经过打磨，但人为加工痕迹不甚明显。残长25厘米，重211.8克（图九六，6）。H59②：1，残。系用动物骨骼磨制而成。扁体尖锥状，两端均磨砺得较为尖锐，器表一面打磨平整，另一面部分保留有原骨面。长6.6、宽0.75、厚0.2厘米，重1.3克（图九六，4）。

第3层遗物挑选标本除有石器一件之外，主要是陶纺轮、球、缸形器、尖底瓶等，共计7件。

石器　H59③：2，仅残存顶部，器形不辨。凝灰岩质，深灰色，磨制。体较厚，器表较为光滑平整。残长4.6、残宽6、厚2.7厘米，重94.2克（图九六，2）。

陶纺轮　H59③：1，残，仅存1/2。泥质红陶。圆饼状，中部较厚，断面略呈长方形，中部有一圆形穿孔，孔残。素面。直径7.2、厚1～1.4、孔径1厘米，重33.7克（图九六，3）。

陶球　H59③：3，残损严重，仅存约1/2。泥质红陶。现存部分略呈半圆球状。器表周身密布成排的指甲戳印纹。直径约4.7厘米，重109.4克（图九六，5）。

缸形器　口部。H59③：4，夹砂红陶，器表附着白色土锈。敛口，方唇，上腹斜直，体较厚重。口沿外侧饰五道凹弦纹，其下贴附一周竖向鸟喙状泥凸。手制轮修。残高10、壁厚1～1.8厘米（图九七，4；图版八，2）。H59③：5，泥质褐陶，夹较多细砂。敛口，方唇，上腹斜直，体较厚重。外侧饰数道凹弦纹，其下贴附一周竖向鸟喙状泥凸。手制轮修，内壁可见轮修痕迹。残高12、壁厚1.6～1.8厘米（图九七，5）。

罐　H59③：7，夹砂红陶。敛口，窄平沿，沿面有一道凹槽，圆唇，束颈，上腹外鼓。上腹饰斜向绳纹。手制轮修。残高5.8、壁厚0.7～0.8厘米（图九七，6；图版八，2）。

尖底瓶　口部。H59③：8，泥质夹细砂，器表及内壁呈红色，陶胎呈浅灰色。葫芦形口，侈口，方唇外斜，唇外侧起一周凸棱。手制，内壁可见泥条盘筑的痕迹。残高4.6、壁厚0.9～1厘米（图九七，8；图版八，2）。

第4层遗物挑选标本包括陶罐、盆以及尚不能明确器形者共计5件，包括口及腹部。

罐　口部。H59④：2，夹砂红陶。侈口近直，圆唇，直领，上腹外鼓。肩部饰斜向细绳纹。手制轮修。残高6.4、壁厚0.5～0.8厘米（图九六，1）。H59④：3，夹砂红陶。敛口，窄平沿，沿面有

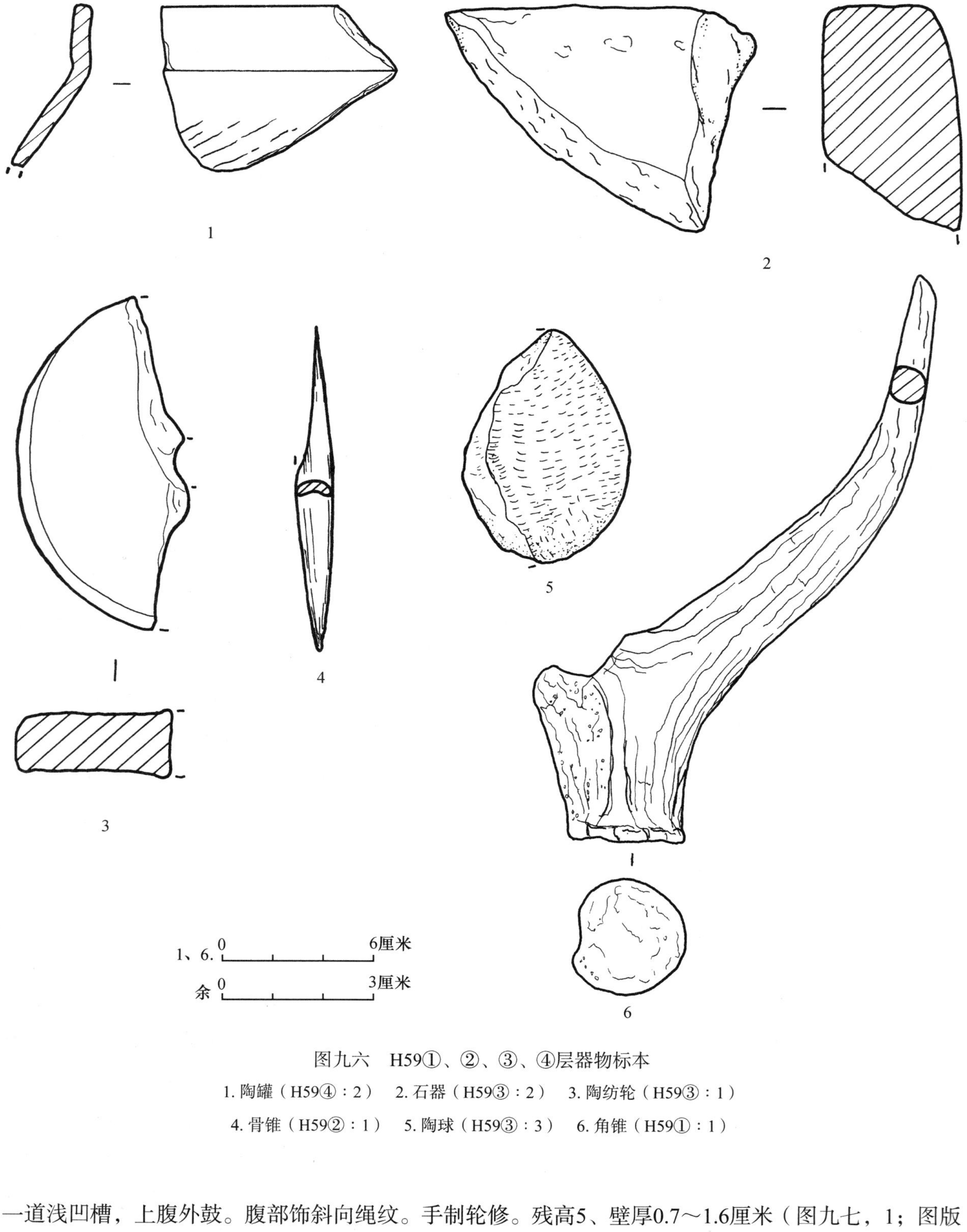

图九六　H59①、②、③、④层器物标本

1. 陶罐（H59④：2）　2. 石器（H59③：2）　3. 陶纺轮（H59③：1）
4. 骨锥（H59②：1）　5. 陶球（H59③：3）　6. 角锥（H59①：1）

一道浅凹槽，上腹外鼓。腹部饰斜向绳纹。手制轮修。残高5、壁厚0.7～1.6厘米（图九七，1；图版八，2）。H59④：5，夹砂褐陶。侈口，圆唇略外卷，颈微束，上腹外鼓。上腹部饰斜向细绳纹。手制轮修，附近可见轮修痕迹。残高5.2、壁厚0.5～0.7厘米（图九七，3；图版八，2）。

盆　口部。H59④：4，泥质红陶夹细砂。侈口，斜沿，圆唇外叠，唇下缘圆弧，腹微鼓，腹径小于口径。素面磨光。手制轮修。残高6.5、壁厚0.5～1.1厘米（图九七，2；图版八，2）。

彩绘陶片　腹部。H59④：1，泥质红陶绘彩，其上绘花卉形黑彩纹饰。残长8.5、残宽6.3、壁厚0.4～0.55厘米（图九七，7）。

第5层遗物挑选标本有石刀，陶锉、饼、罐、尖底瓶、盆、瓮等共计18件。多为口部。

石刀　H59⑤：2，基本完整。砂岩质，青灰色，磨制。略呈平行四边形，直背，直刃，器表一面稍经磨光，较为平整。长8.9、宽5.5、厚1.1厘米，重111.2克（图九八，4）。

石器　H59⑤：3，仅残存顶部一角，器形不辨。凝灰岩质，青黑色，磨制。顶部较平，器表几面均经打磨，光滑平整。残长6.1、残宽3、厚2.1厘米，重78.5克（图九八，5）。

锉　表面密布细小的麻窝点，应为制作时在表面沾满谷物颗粒后经烧制而形成。H59⑤：4，两端均残损。泥质褐陶。扁锥状，体较窄，断面呈圆角长方形，残长7.8、宽1.2～2.2、厚0.75厘米，重33.5克（图九八，7；图版八，5）。H59⑤：5，两端均残损。泥质陶，器表呈红

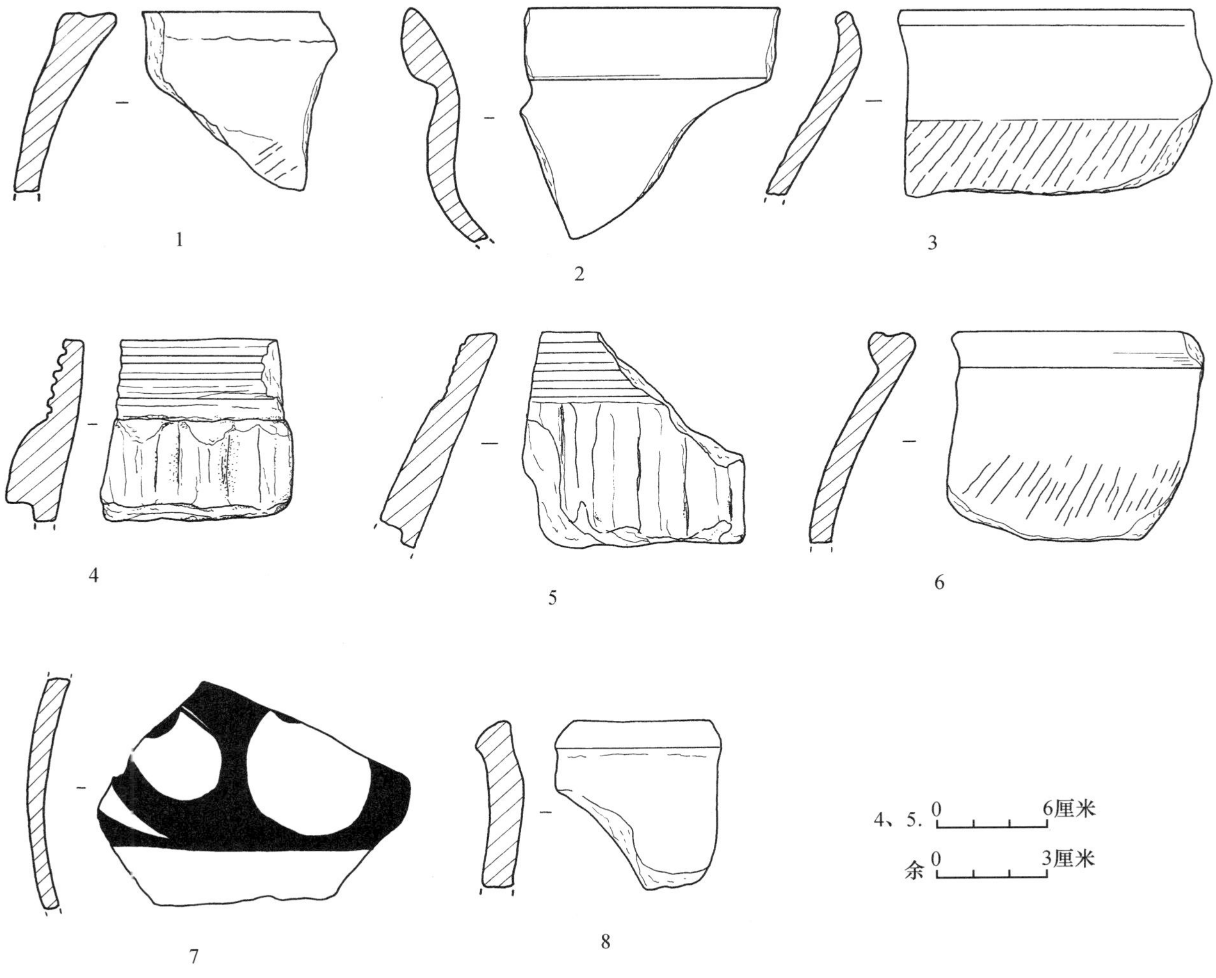

图九七　H59①、②、③、④层陶器标本

1、3、6. 罐（H59④：3、H59④：5、H59③：7）　2. 盆（H59④：4）

4、5. 缸形器（H59③：4、H59③：5）　7. 彩绘陶片（H59④：1）　8. 尖底瓶（H59③：8）

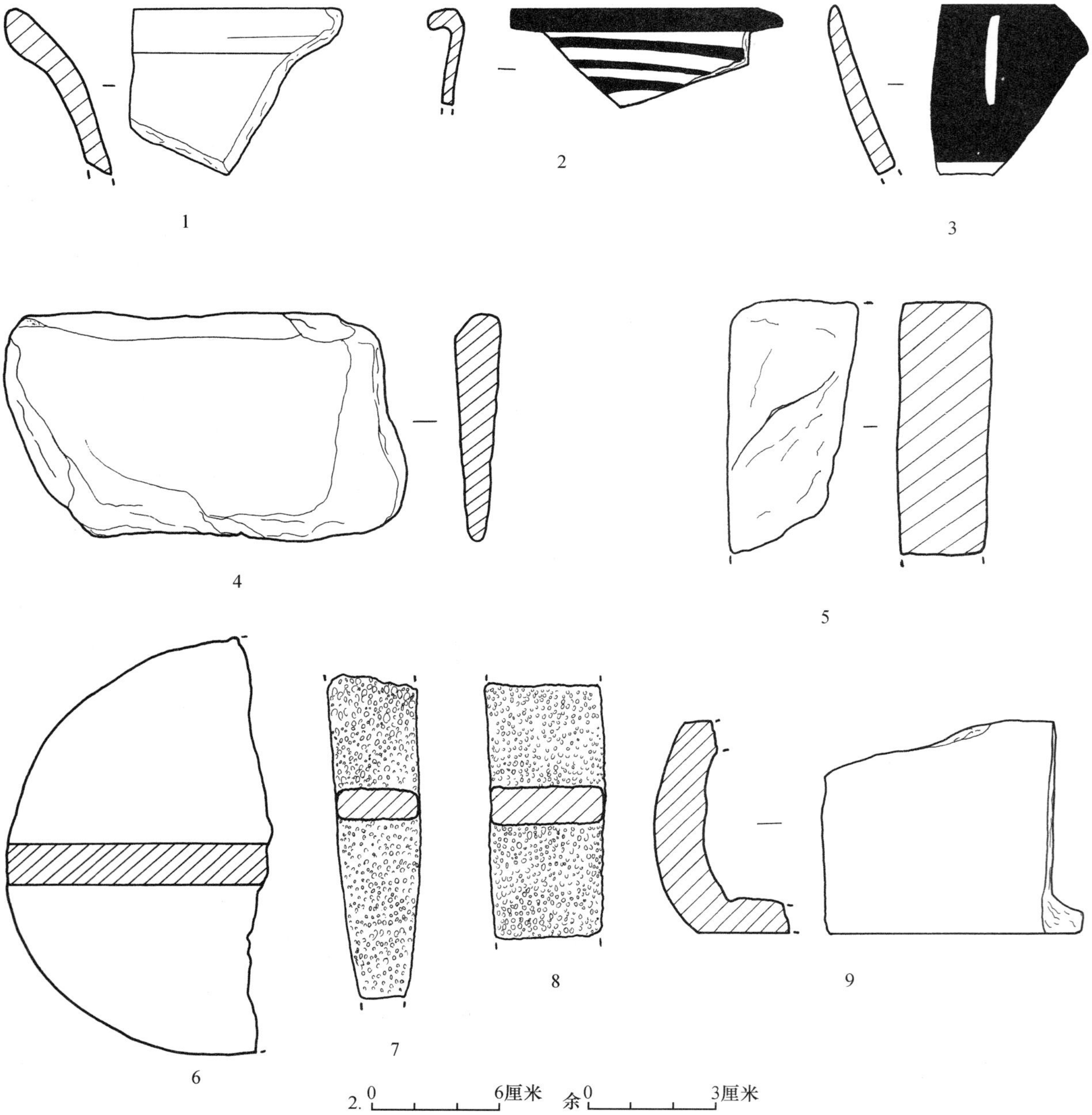

图九八　H59⑤层器物标本

1、2. 陶盆（H59⑤：11、H59⑤：7）　3. 陶钵（H59⑤：8）　4. 石刀（H59⑤：2）

5. 石器（H59⑤：3）　6. 陶饼（H59⑤：1）　7、8. 陶锉（H59⑤：4、H59⑤：5）　9. 盘形器（H59⑤：18）

色，坯心呈浅灰色。扁平条状，体较宽扁，断面呈长方形。残长6.2、宽2.6、厚1厘米，重30.8克（图九八，8）。

饼　H59⑤：1，仅残存1/2。夹砂灰陶。圆饼状，断面呈长方形，器表及周边均较为平整。素面。直径10.1、厚1厘米，重103.8克（图九八，6）。

尖底瓶　口部。H59⑤：6，泥质红陶。葫芦形口，直口，方唇外斜。素面。手制轮修。残高6.1、口径5.3、壁厚0.4～0.7厘米（图九九，9）。

盆　口部。H59⑤：7，泥质陶，器表陶色浅红，内壁陶色灰褐。侈口，卷沿，圆唇，鼓腹。唇部绘一周条带状黑彩，腹部饰三道弧线形黑彩，器表及内壁磨光。手制轮修。残高4.6、壁厚0.5～0.9厘米（图九八，2）。H59⑤：9。泥质陶，器表及内壁陶色黑灰，陶胎呈浅灰色。侈口，宽斜沿，尖圆唇外叠，腹微鼓。素面磨光。手制轮修。残高7、壁厚0.4～0.7厘米（图九九，1；图版八，2）。H59⑤：10，泥质陶，器表及内壁陶色黑灰，陶胎呈深灰色。直口微敛，窄平沿，沿面略卷，圆唇，弧腹。素面磨光。手制轮修。残高5、壁厚0.4～0.6厘米（图九九，6；图版八，2）。H59⑤：11，泥质陶，器表及内壁陶色黑灰，陶胎呈浅灰色。敞口，厚圆唇，腹壁斜收。素面磨光。手制轮修。残高4、壁厚0.5～0.8厘米（图九八，1；图版八，2）。

罐　口部。H59⑤：12，夹砂陶，器表及内壁呈红色，陶胎呈浅灰色。侈口，斜沿，沿面内凹，圆唇，束颈，上腹外鼓。上腹部饰斜向绳纹。手制轮修。残高7.6、壁厚0.5～0.6厘米（图九九，8；图版八，2）。H59⑤：13，夹砂陶，器表及内壁呈红色，陶胎呈浅灰色。敛口，厚方唇，唇面微凹，上腹圆鼓。素面。手制轮修。残高4.4、壁厚0.5～1.2厘米（图九九，5；图版八，2）。

瓮　口部。H59⑤：16，泥质红陶。敛口，圆唇外叠，上腹外鼓。外侧下饰一道横向绳纹，上腹部饰纵向绳纹，其上压印一道斜向绳纹与之交错。手制轮修，内侧轮修痕迹明显。残高6、壁厚

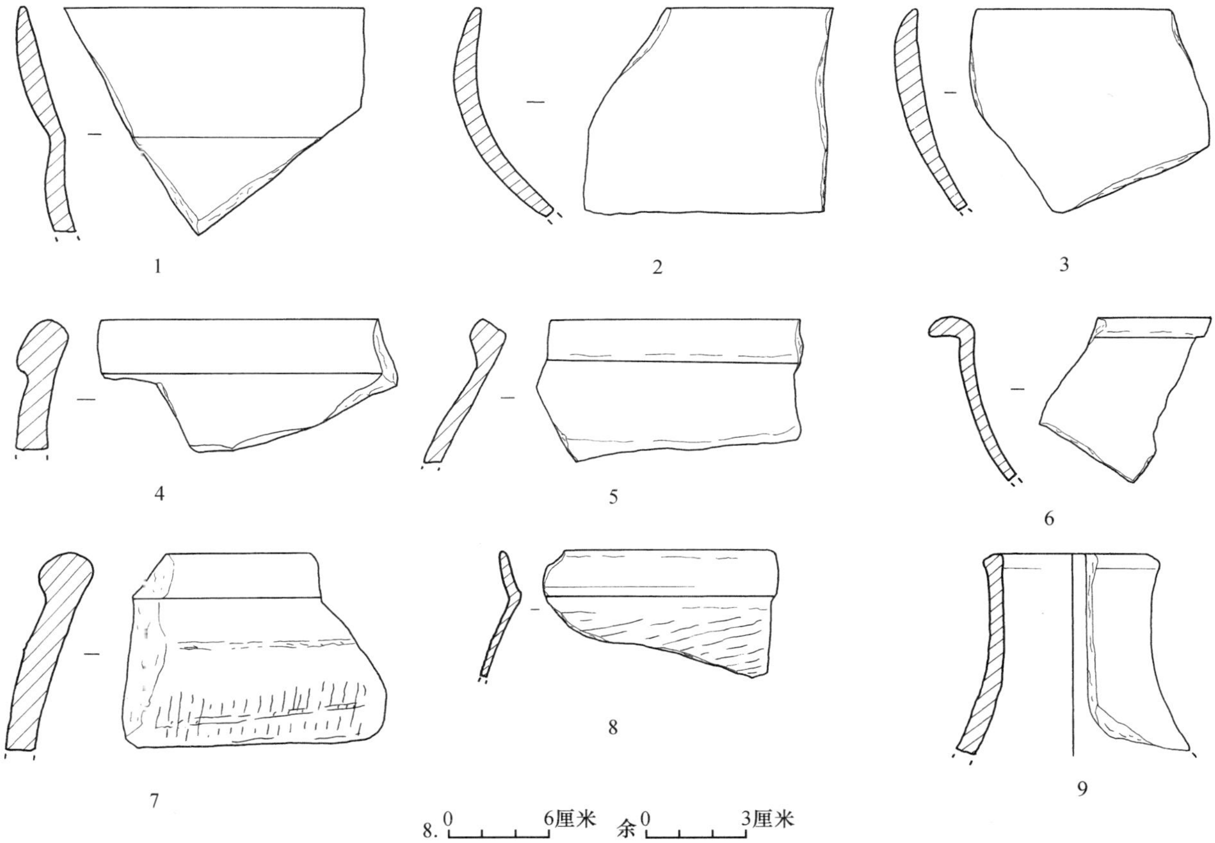

图九九　H59⑤层陶器标本

1、6. 盆（H59⑤：9、H59⑤：10）　2、3. 钵（H59⑤：14、H59⑤：15）　4、7. 瓮（H59⑤：17、H59⑤：16）　5、8. 罐（H59⑤：13、H59⑤：12）　9. 尖底瓶（H59⑤：6）

1.1～1.6厘米（图九九，7；图版八，2）。H59⑤：17，泥质夹细砂，器表及内壁呈红色，陶胎呈浅灰色。敛口，方圆唇外叠。素面。手制轮修，内外可见轮修痕迹。残高4、壁厚1～1.6厘米（图九九，4；图版八，2）。

钵　口部。H59⑤：8，泥质红陶。侈口，圆唇。外侧饰一周宽条带状黑彩，其上有一道呈“|”形的竖向短直道刻画符号。手制轮修。残高4.1、壁厚0.3～0.5厘米（图九八，3；图版八，3）。H59⑤：14，泥质灰陶。敛口，圆唇，鼓腹。素面磨光。手制轮修。残高6.5、壁厚0.3～0.7厘米（图九九，2）。H59⑤：15，泥质灰陶，器表及内壁陶色黑灰，陶胎呈蓝灰色。直口微敛，圆唇，上鼓微鼓，下腹内收。素面磨光。手制轮修。残高6.4、壁厚0.4～0.7厘米（图九九，3）。

盘形器　仅1件。H59⑤：18，残。夹砂陶，器表呈红色，内壁及陶胎呈深灰色。敛口，方唇，浅腹微鼓，底部边缘处较平整。素面。手制轮修，器表可见明显的轮修痕迹。高5.2、壁厚1.2厘米（图九九，9）。

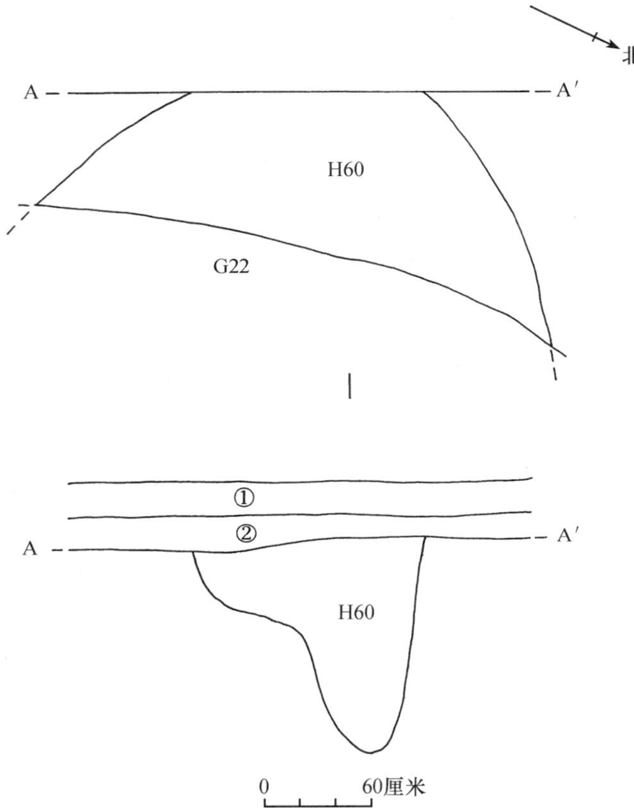

图一〇〇　H60平、剖面图

一三、H60

位于ETG1南部，其西部延伸至ETG1西壁之下，开口于第2层下，距地深0.5米，东部被G22打破。

（一）形制、堆积

现可见部分开口平面近半圆形；壁不甚规整，斜壁向下内收，西南部下段内收尤甚，略呈台阶状，壁面凹凸不平；底平面近圆形，平底。口距现地表深约0.3、口径约3、底径约2.2、最深1.27米。其内堆积土色呈灰褐色，土质较疏松，包含黄褐色土块、炭屑、较多红烧土粒及大量陶片（图一〇〇）。

判断该单位为处理废弃物的一般垃圾坑。

（二）遗物

1. 陶器面貌

出土大量陶片，陶质陶色方面，泥质陶占总数的71.66%/64.92%，夹砂陶占28.34%/35.08%。其中泥质红陶（含红皮灰胎）占27.81%/27.21%，夹砂红陶（含红皮灰胎）占18.72%/21.81%，泥质褐陶（含褐皮灰胎）占12.83%/10.51%，夹砂褐陶占5.35%/7.21%，泥质灰陶占6.42%/5.05%，夹砂灰陶（含灰皮红胎）占1.60%/2.30%，泥质黑皮陶等其他泥质陶占24.60%/22.15%，其他夹砂陶占2.67%/3.76%。纹饰方面，素面占总数的39.04%/45.61%，素面磨光占35.83%/30.47%，绳纹占18.72%/18.67%，线纹占2.67%/2.17%，篮纹占2.67%/1.90%，弦纹+绳纹占1.07%/1.16%。可辨器形有尖底瓶、罐、盆、钵、瓮和器盖（表四八、表四九）。

表四八　H60陶系统计表

陶质 陶色 纹饰	夹砂				泥质				合计	百分比/%
	红	灰	褐	其他	红	灰	褐	其他		
素面	20/645	1/42.7	5/214.2	3/107.7	19/560.9	5/93	9/233.3	11/211.6	73/2108	39.04/45.61
绳纹	14/331.8	2/63.5	5/119	2/66.1	10/243			2/39.6	35/863	18.72/18.67
篮纹						3/65.4	1/8.2	1/14.4	5/88	2.67/1.90
线纹					4/81.5		1/19		5/100.5	2.67/2.17
弦纹+绳纹	1/31.4				1/22.4				2/53.8	1.07/1.16
素面磨光					18/350.1	4/74.8	13/225.3	32/758.4	67/1408.6	35.83/30.47
合计	35/1008.2	3/106.2	10/333.2	5/173.8	52/1257.9	12/233.2	24/485.8	46/1024	187/4622.3	
	53/1621.4				134/3000.9					
百分比/%	18.72/21.81	1.60/2.30	5.35/7.21	2.67/3.76	27.81/27.21	6.42/5.05	12.83/10.51	24.60/22.15	100.00/100.00	
	28.34/35.08				71.66/64.92					

表四九　H60可辨陶器器形统计表

陶质 陶色 器形	夹砂				泥质				合计	百分比/%
	红	灰	褐	其他	红	灰	褐	其他		
尖底瓶					1		1		2	3.85
罐	10	1	2	3			2		18	34.62
盆					3	3	4	7	17	32.69
钵					6	1	3	3	13	25.00
瓮					1				1	1.92
器盖							1		1	1.92
合计	10	1	2	3	11	4	11	10	52	
	16				36					
百分比/%	19.23	1.92	3.85	5.77	21.15	7.69	21.15	19.23	100.00	
	30.77				69.23					

2. 遗物举例

挑选遗物标本11件，器形包括陶锉、尖底瓶、罐、盆、钵、瓮。基本为口部。

锉　H50：1，一端残损。泥质陶，器表呈红色，坯心呈浅灰色。扁锥状，体较窄，断面呈圆角长方形，表面密布细小的麻窝点，应为制作时在表面沾满谷物颗粒后经烧制而形成。残长7、宽2.1、厚1.2厘米，重19.6克（图一〇一，11）。

尖底瓶　H60：2，底部。泥质褐陶夹细砂。圆锥状，底部较圆钝。素面。手制，内壁可见泥条盘筑的痕迹。残高9.4、壁厚0.4～1.7厘米（图一〇一，8）。

罐　口部。H60：3，夹砂红陶。敛口，厚方唇，上腹圆鼓。素面。手制轮修。残高4.7、壁厚0.8～0.9厘米（图一〇一，7）。H60：4，夹砂陶，器表及内壁呈红色，陶胎呈浅灰色。敛口，厚圆唇外叠，唇外侧略凹、下缘圆弧，上腹外鼓。腹部饰纵向绳纹。手制。残高5.6、壁厚0.7～1厘米（图一〇一，4）。H60：5，夹砂陶，器表呈红色，内壁及陶胎呈深灰色。侈口，斜沿，圆唇，沿面内凹，束颈。素面。手制轮修。残高3.6、壁厚0.5～0.8厘米（图一〇一，9）。

盆　口部。H60：6，泥质灰陶。侈口，圆唇，腹部斜收。素面磨光，器表可见刮抹痕。手制轮修。残高5.6、壁厚0.6～0.7厘米（图一〇一，1）。H60：7，泥质陶，器表及内壁陶色黑灰，陶胎呈浅灰色。侈口，厚圆唇外卷，弧腹。素面磨光。手制轮修，外侧轮修痕迹明显。残高4.7、壁

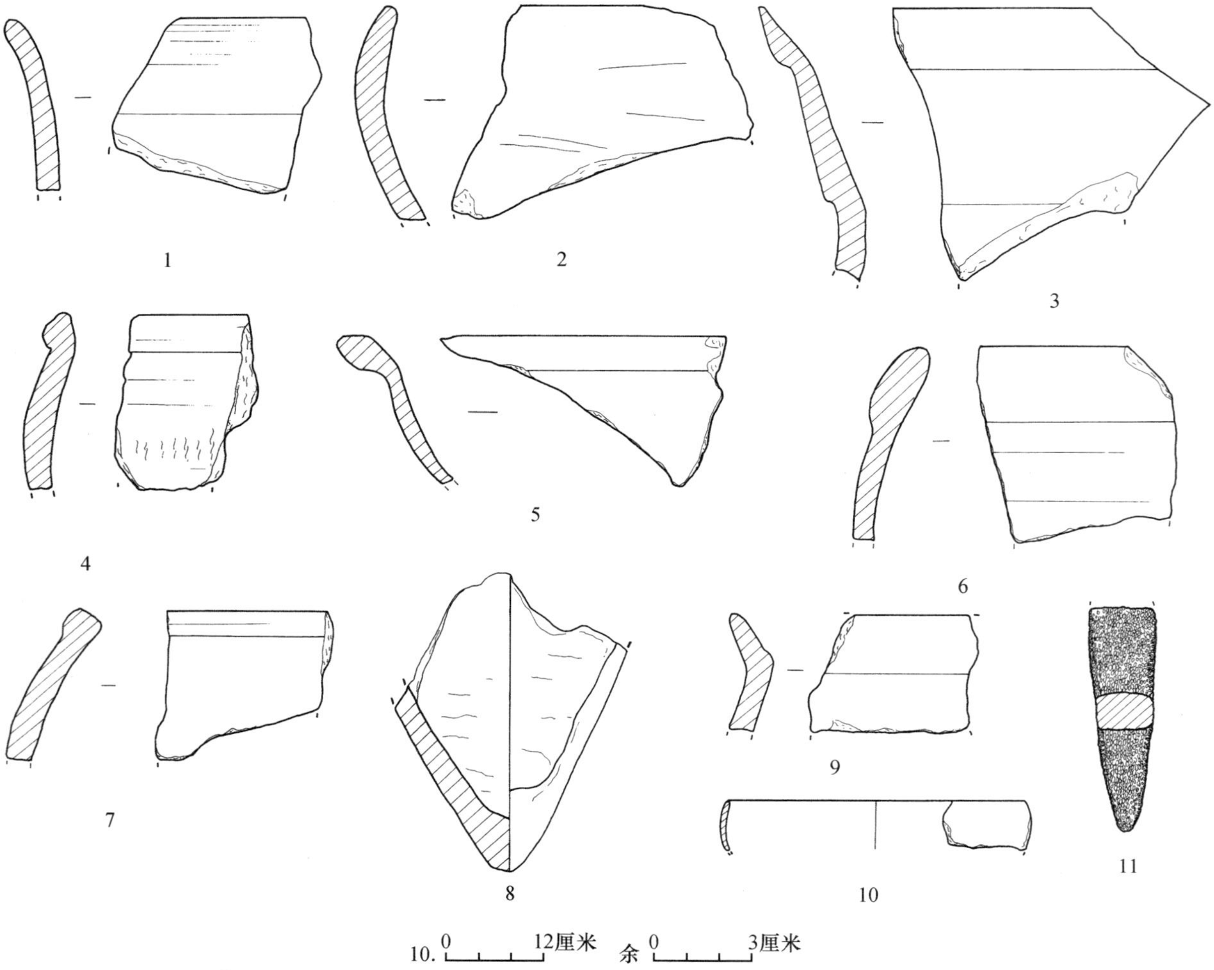

图一〇一　H60陶器标本

1、3、5. 盆（H60：6、H60：8、H60：7）　2、10. 钵（H60：9、H60：10）　4、7、9. 罐（H60：4、H60：3、H60：5）　6. 瓮（H60：11）　8. 尖底瓶（H60：2）　11. 锉（H60：1）

厚0.4～0.9厘米（图一〇一，5）。H60：8，泥质陶，器表及内壁陶色黑灰，陶胎呈浅灰色。侈口较甚，斜沿，圆唇外叠，唇下缘圆弧，高斜颈。素面磨光。手制轮修。残高8.6、壁厚0.6～1厘米（图一〇一，3）。

钵　口部。H60：9，泥质红陶。敛口，圆唇，上腹外鼓。素面。手制轮修。残高6.8、壁厚0.6～0.9厘米（图一〇一，2）。H60：10，泥质红陶。敛口，圆唇，腹较鼓。素面磨光。手制轮修。残高6、口径36、壁厚0.5～0.8厘米。（图一〇一，10）

瓮　口部。H60：11，泥质红陶，唇部坯心呈浅灰色。敛口，圆唇外叠。素面。手制轮修，外侧轮修痕迹明显。残高6.2、壁厚0.6厘米（图一〇一，6）。

一四、H61

位于ETG2北端，其北部、西部、东部分别向三侧延伸至ETG2北壁、西壁及东壁之下，横跨整个探沟。开口于第1层下，距地表深0.4米，南部被H58打破。

（一）形制、堆积

现可见部分开口平面呈不规则形，壁及底亦甚不规整。东南部壁较直，平底，剖面呈筒状；西南部坑壁为弧壁，西北部偏西侧处坑壁亦为弧壁，圜底，剖面呈锅底状；西北部偏北侧坑壁较斜直，向下外扩，坑底较平，剖面略呈袋状。口距现地表深0.25～0.35米。平面东西长3米，可见部分南北口宽2.65、底宽2.14、最深1.15米。其内堆积土色呈灰褐色夹杂黄色，土质较疏松，包含较多红烧土、少量炭屑、料姜石、大量陶片及少量动物骨骼等（图一〇二）。

判断该单位为处理废弃物的一般垃圾坑。

（二）遗物

1. 陶器面貌

出土大量陶片，陶质陶色方面，泥质陶

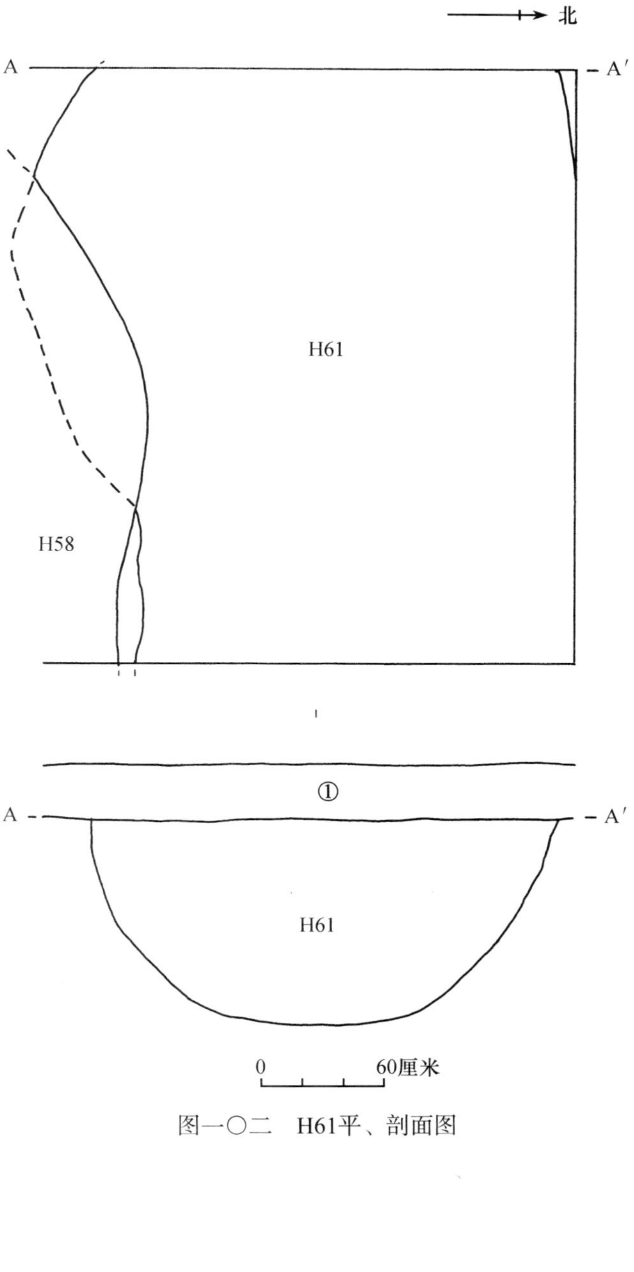

图一〇二　H61平、剖面图

占总数的55.73/44.38%，夹砂陶占44.27%/55.62%。其中夹砂红陶（含红皮灰胎）占23.25%/25.02%，泥质红陶（含红皮灰胎）占18.46%/13.25%，泥质褐陶（含褐皮灰胎）占5.81%/3.78%，夹砂褐陶（含褐皮灰胎）占6.84%/7.24%，泥质灰陶（含灰皮红胎、灰皮褐胎）占5.81%/3.77%，夹砂灰陶（含灰 皮红胎、灰皮褐胎）占5.64%/10.01%，泥质黑皮陶等其他泥质陶占25.64%/23.57%，夹砂黑皮陶等其他夹砂陶占8.55%/13.34%。纹饰方面，素面占总数的27.69%/27.51%，素面磨光占35.38%/27.59%，绳纹占25.30%/20.54%，篮纹占5.13%/11.98%，交错绳纹占1.37%/1.45%，弦纹占1.20%/1.61%，线纹占1.03%/0.84%，弦纹+绳纹占0.85%/1.88%，戳压纹占0.51%/0.90%，黑彩占0.68%/0.58%，附加堆纹占0.34%/0.33%，绳纹+戳压纹占0.17%/4.41%，划纹0.17%/0.22%。可辨器形有罐、盆、钵、瓮和器盖（表五〇、表五一）。

表五〇　H61陶系统计表

陶质 / 陶色 / 纹饰	夹砂				泥质				合计	百分比/%
	红	灰	褐	其他	红	灰	褐	其他		
黑彩					3/89.8			1/69.5	4/159.3	0.68/0.58
素面	57/3249.4	12/306.1	15/670.3	12/1011.2	33/967.4	6/94.8	7/252.8	20/997.4	162/7549.4	27.69/27.51
绳纹	60/2067.4	17/1050.5	17/534	24/1020.8	19/618		4/71.7	7/274.2	148/5636.6	25.30/20.54
交错绳纹	4/237.5	2/62.2			1/60		1/39.3		8/399	1.37/1.45
篮纹	4/290.4	1/117.6	7/734.8	11/1445.5	1/27.3	4/361	1/44.9	1/267	30/3288.5	5.13/11.98
附加堆纹				2/90.5					2/90.5	0.34/0.33
线纹					3/114.8	1/30.8	2/85.3		6/230.9	1.03/0.84
弦纹	4/352.2		1/47.7		1/18.6			1/24.5	7/443	1.20/1.61
弦纹+绳纹	4/421.8			1/93.9					5/515.7	0.85/1.88
弦纹+篮纹						1/37.9			1/37.9	0.17/0.14
划纹								1/59.6	1/59.6	0.17/0.22
戳压纹	3/248								3/248	0.51/0.90
绳纹+戳压纹		1/1210.9							1/1210.9	0.17/4.41
素面磨光					47/1741	22/510.5	19/543.9	119/4776.5	207/7571.9	35.38/27.59
合计	136/6866.7	33/2747.3	40/1986.8	50/3661.9	108/3636.9	34/1035	34/1037.9	150/6468.7	585/27441.2	
	259/15262.7				326/12178.5					
百分比/%	23.25/25.02	5.64/10.01	6.84/7.24	8.55/13.34	18.46/13.25	5.81/3.77	5.81/3.78	25.64/23.57		100.00/100.00
	44.27/55.62				55.73/44.38					

表五一　H61可辨陶器器形统计表

陶质 陶色 器形	夹砂				泥质				合计	百分比/%
	红	灰	褐	其他	红	灰	褐	其他		
罐	32	4	5	7	1	5	1	2	57	39.58
盆		1		1	10	3	6	35	56	38.89
钵					13	4	2	7	26	18.06
器盖	1	1				1			3	2.08
瓮				1				1	2	1.39
合计	33	6	5	9	24	13	9	45	144	
	53				91					
百分比/%	22.92	4.17	3.47	6.25	16.67	9.03	6.25	31.25		100.00
	36.81				63.19					

2. 遗物举例

挑选遗物标本计40件，包括骨镞、石锛、穿孔兽骨以及陶锉、罐、盆、钵、瓮、器盖等陶器。陶器除陶锉外，1件器盖可复原，其余均为口部。

骨镞　H61：1，锋部稍残。扁平长条状，镞身平面略呈菱形，铤部较长。通长9.8、最宽1.7、厚0.3～0.4厘米，重6.2克（图一〇三，6）。H61：2，基本完整。扁平条状，锋部圆钝。通长7.2、宽1、厚0.4厘米，重2.5克（图一〇三，5）。

石锛　H61：3，残损严重，仅存刃部。砂岩质，青灰色，磨制。体较薄，现存部分平面略呈梯形，刃部较窄，断面呈扁椭圆形，单面刃，刃部圆钝，器表两面经打磨，较光滑平整。残长4.1、最大宽6.4、厚1.3厘米，重66.5克（图一〇三，7）。

穿孔兽骨　H61：4，残。为一块小型动物的肢骨，基本保持该骨骼的原始形态，仅在一端留有一近圆形穿孔。残长14.5、孔径1.2厘米，重85.5克（图一〇三，4；图版八，6）。

锉　表面密布细小的麻窝点，应为制作时在表面沾满谷物颗粒后经烧制而形成。H61：5，两端均残。泥质红陶。扁锥状，体较厚，断面呈圆角长方形。残长10.7、宽2.6、厚1.6厘米，重71克（图一〇三，3）。H61：6，一端残损。泥质红陶。扁锥状，体较宽扁，断面呈长方形。残长9.8、宽2.8、厚1.2厘米，重54.4克（图一〇三，2）。H61：7，两端均残。泥质陶，器表呈红色，坯心呈灰色。略呈截尖的扁锥状，体较宽扁，断面呈长方形。残长7、宽1.5～2.6、厚1厘米，重34.2克（图一〇三，1）。

罐　口部。H61：8，夹砂红陶。侈口，口沿弧曲微鼓，方唇外斜，束颈，鼓腹。唇面饰一周凹弦纹，器表有烟炱痕迹。手制轮修。残高14、壁厚0.6～0.9厘米（图一〇四，1）。H61：9，夹砂红陶。侈口，圆唇，束颈，鼓腹。腹部饰斜向绳纹。手制轮修，外侧可见轮修痕迹。残高12.6、壁厚0.7厘米（图一〇四，2）。H61：10，夹砂红陶，器表陶色黑灰。侈口，斜沿，沿面内凹，方唇，束颈，鼓腹。器表颈部以下饰五周凹弦纹，其下饰斜向绳纹。手制轮修，可见轮修痕迹。残高8、壁厚0.6～1厘米（图一〇五，1）。H61：11，夹砂陶，器表及内壁陶色黑灰，陶胎呈浅灰色。

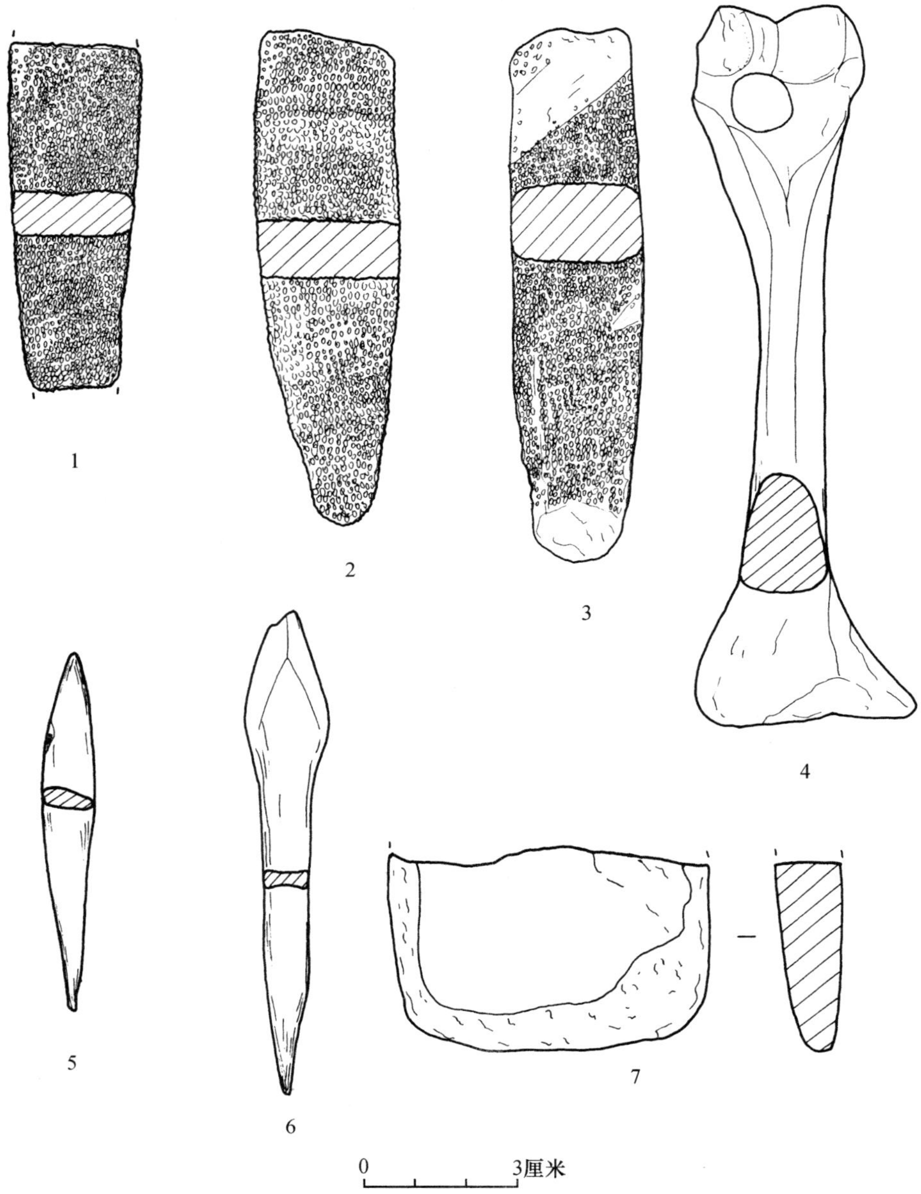

图一〇三　H61器物标本

1～3. 陶锉（H61：7、H61：6、H61：5）　4. 穿孔兽骨（H61：4）　5、6. 骨镞（H61：2、H61：1）　7. 石锛（H61：3）

侈口，斜沿，沿面微凹，圆唇，束颈。上腹部饰斜向细绳纹。手制轮修，口沿外侧轮修痕迹明显。残高6.2、壁厚0.6厘米（图一〇五，2）。H61：12，夹砂红陶。侈口近直，斜沿，方唇，沿面内凹，束颈，鼓腹。腹部饰斜向细绳纹，部分处绳纹隔断，推测为分次压印所形成的间隙。手制轮修，外侧可见轮修痕迹。残高9、壁厚0.4～1厘米（图一〇五，4）。H61：13，夹砂红陶。侈口，斜方唇，唇面及内侧各有一道凹槽，颈微束，直腹微鼓。上腹部饰斜向绳纹。手制轮修。残高7、壁厚0.8～1.2厘米（图一〇五，5）。H61：15，夹砂褐陶。侈口，圆唇略外卷，束颈，上腹微鼓。器表颈部以下饰数周凹弦纹。手制轮修，内外可见轮修痕迹。残高5.7、壁厚0.7厘米（图一〇四，

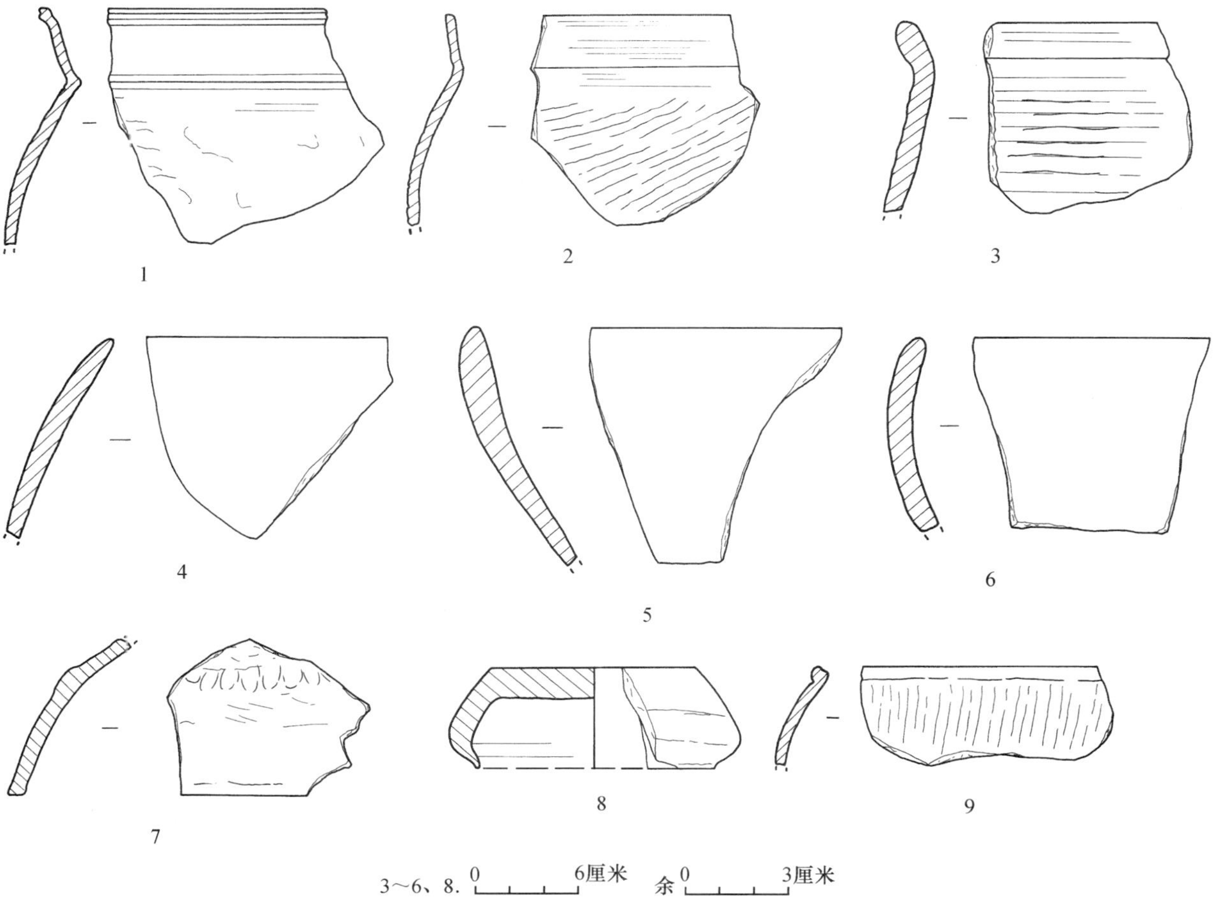

图一〇四　H61陶器标本

1～3、9. 罐（H61∶8、H61∶9、H61∶15、H61∶16）　4～6. 钵（H61∶34、H61∶35、H61∶36）

7、8. 器盖（H61∶42、H61∶44）

3）。H61∶16，夹砂红陶。敛口，厚方唇，唇面有一道凹槽，上腹圆鼓。上腹饰斜向细绳纹。手制轮修。口径9.2、残高5.8、壁厚0.7厘米（图一〇四，9）。H61∶39，泥质陶，器表及内壁呈红色，陶胎呈灰色。敛口，圆唇外叠，腹部圆鼓。素面。手制轮修。口径8.8、残高5、壁厚0.7厘米（图一〇五，10）。

瓮　口部。H61∶14，夹砂陶，器表及内壁呈红色，陶胎呈深灰色。敛口，方唇，颈微束，圆溜肩。肩部饰纵向绳纹。手制轮修，内壁可见轮修痕迹。残高7.6、壁厚0.7～1厘米（图一〇五，3）。H61∶38，泥质陶，器表及内壁呈红色，陶胎呈浅灰色。敛口，方圆唇外叠，唇下缘圆弧。唇部绘一周宽条带状黑彩。手制轮修。残高5.6、壁厚0.8～1.4厘米（图一〇五，9）。

盆　口部。H61∶18，夹砂陶，陶色黑灰。敛口，圆唇外卷，深腹外鼓。素面，器表稍经抹平。手制轮修。残高6.8、壁厚0.4厘米（图一〇六，13）。H61∶19，夹砂灰陶。敛口，圆唇外卷，腹较深。素面，器表稍经抹平。手制轮修。残高5、壁厚0.4～0.7厘米（图一〇六，5）。H61∶20，泥质陶，器表及内壁陶色黑灰，陶胎呈黑褐色。敛口，圆唇外卷，深鼓腹。素面磨光。

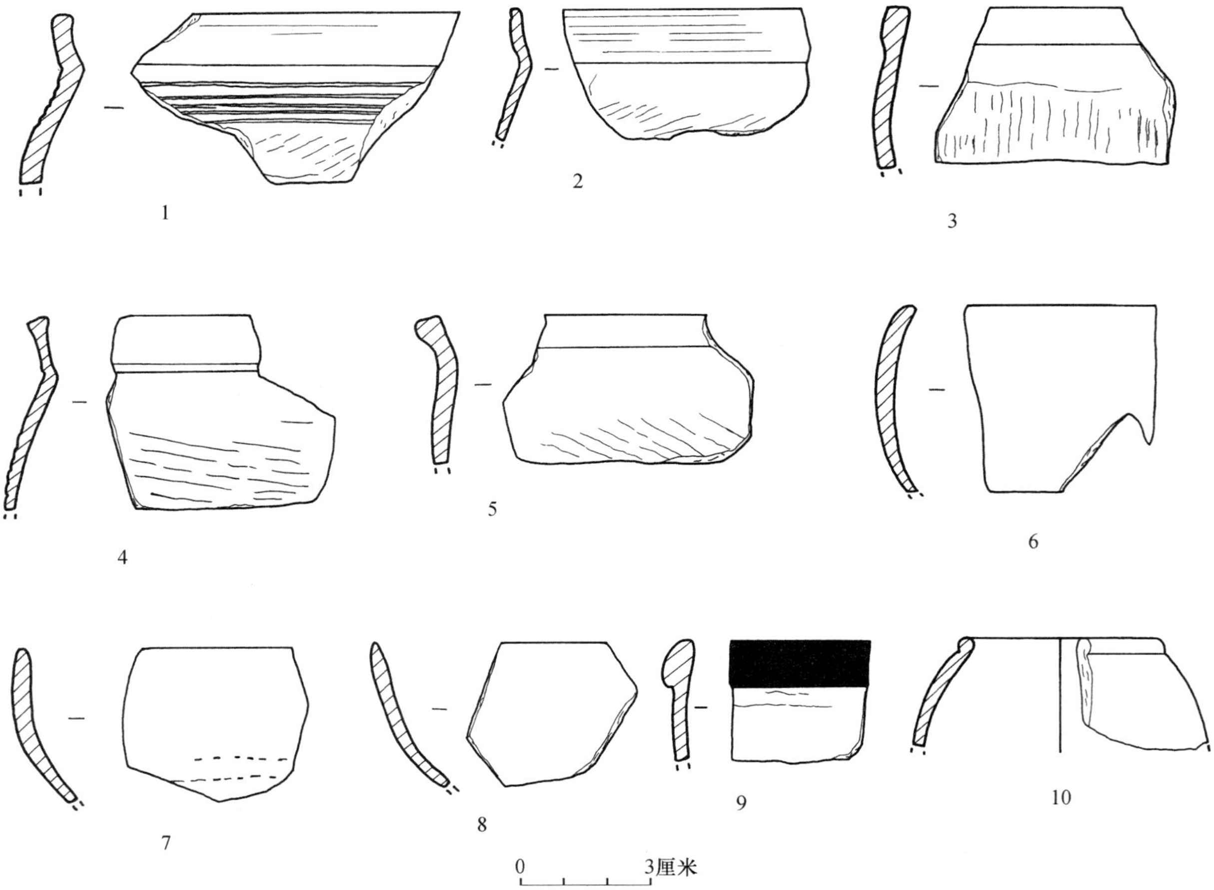

图一〇五　H61陶器标本

1、2、4、5、10. 罐（H61：10、H61：11、H61：12、H61：13、H61：39）

3、9. 瓮（H61：14、H61：38）　6～8. 钵（H61：33、H61：32、H61：37）

手制轮修。口径33.8、残高9.8、壁厚0.6～1厘米（图一〇六，12）。H61：21，泥质陶，器表呈褐色，内壁及陶胎呈灰色。敛口，平沿，沿面稍平略带弧意，圆唇，腹微鼓。素面磨光。手制轮修。残高6.4、壁厚0.4～0.8厘米（图一〇六，1）。H61：22，口部。泥质陶，器表及内壁陶色黑灰，陶胎呈深灰色。敛口，平沿，沿面微弧，圆唇。上腹部有一个圆形穿孔，系双面对钻而成，孔已残，器表及内壁磨光。手制轮修。残高5.6、孔径0.5～0.8、壁厚0.6～0.8厘米（图一〇六，2）。H61：23，泥质夹细砂，器表及内壁陶色黑灰，陶胎呈灰褐色。口微侈，卷沿，尖唇外卷内勾，腹部弧收。素面磨光。手制轮修。残高7、壁厚0.4～0.7厘米（图一〇六，3）。H61：24，泥质夹细砂，器表及内壁陶色黑灰，陶胎呈深灰色。敛口，圆唇外卷，弧腹。素面磨光。手制轮修。残高6、壁厚0.6厘米（图一〇六，4）。H61：25，泥质夹细砂，器表及内壁呈褐色，陶胎呈灰色。侈口，宽斜沿，圆唇，唇下缘稍厚，鼓腹，腹径小于口径。素面，器表磨光。手制轮修。残高8、壁厚0.4～0.8厘米（图一〇六，6）。H61：26，泥质红陶，唇部部分坯心呈浅灰色。侈口，宽斜沿，尖圆唇，唇下缘稍厚，腹微鼓，腹径小于口径。素面磨光。手制轮修。残高9.6、壁厚0.4～0.8厘米（图一〇六，7）。H61：27，泥质红陶。侈口，宽斜沿，圆唇外叠，腹微鼓。素面，器表磨光。

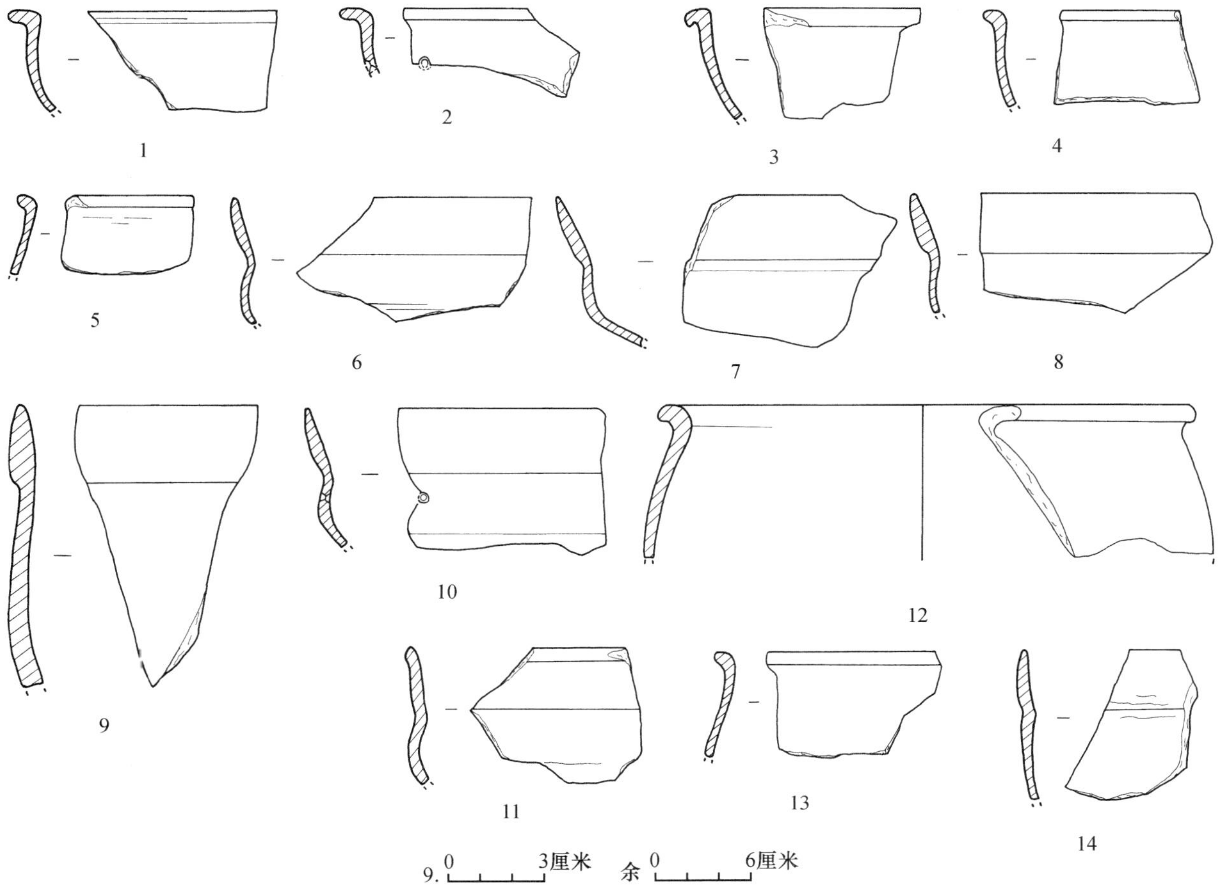

图一〇六　H61陶盆

1. H61：21　2. H61：22　3. H61：23　4. H61：24　5. H61：19　6. H61：25　7. H61：26　8. H61：27　9. H6：30　10. H61：28　11. H61：29　12. H61：20　13. H61：18　14. H61：31

手制轮修。残高7.6、壁厚0.4～0.8厘米（图一〇六，8）。H61：28，泥质陶，器表及内壁陶色黑灰，陶胎呈浅灰色。侈口，宽斜沿，尖圆唇，唇下缘稍厚，束颈，鼓腹，腹径小于口径。上腹部有1圆形穿孔，系双面对钻而成，已残，器表及内壁磨光。手制轮修。残高9、孔径0.4～0.6、壁厚0.4～0.8厘米（图一〇六，10）。H61：29，泥质夹细砂，器表及内壁陶色黑灰，陶胎呈浅灰色。侈口，厚圆唇，斜颈较高，下腹外鼓。素面磨光。手制轮修。残高8.8、壁厚0.8厘米（图一〇六，11）。H61：30，泥质陶，器表及内壁陶色黑灰，陶胎呈深灰色。口微侈较直，圆唇外叠，唇下缘圆弧，腹部微鼓较直。素面磨光。手制轮修。残高9、壁厚0.4～0.8厘米（图一〇六，9）。H61：31，泥质夹细砂，器表及内壁陶色黑灰，陶胎呈深灰色。口微侈较直，圆唇外叠，腹较直。素面磨光。手制轮修。残高9.8、壁厚0.6～0.8厘米（图一〇六，14）。

钵　口部。H61：32，泥质陶，器表及内壁呈红色，陶胎呈浅灰色。直口，圆唇，上腹较直，下腹斜收。素面磨光。手制轮修，器表可见刮抹的痕迹，内侧轮修痕迹明显。残高7.2、壁厚0.4～0.8厘米（图一〇五，7）。H61：33，泥质红陶。敛口，圆唇，上腹外鼓。素面磨光。手制轮修。残高8.8、壁厚0.6～0.8厘米（图一〇五，6）。H61：34，泥质陶。敛口，圆唇，上腹外鼓。

素面磨光。手制轮修。残高6、壁厚0.6～0.7厘米（图一〇四，4）。H61：35，泥质陶，器表及内壁呈黑灰色，陶胎呈浅灰色。侈口，圆唇，腹壁斜弧内收。素面磨光。手制轮修。残高7.6、壁厚0.6～1厘米（图一〇四，5）。H61：36，泥质陶，器表及内壁陶色黑灰，陶胎呈浅灰色。敛口，圆唇，上腹外鼓。素面磨光。手制轮修。残高5.8、壁厚0.8厘米（图一〇四，6）。H61：37，泥质陶，器表及内壁呈黑灰色，陶胎呈浅灰色。侈口，尖圆唇，腹部斜弧内收。素面磨光。手制轮修。残高6.8、壁厚0.4～0.8厘米（图一〇五，8）。

器盖　H61：42，残。夹砂红陶。口微敞，方唇，盖体圆弧呈覆钵状。器表饰一周横向的手制戳压纹。手制轮修。残高9.4、壁厚0.8～1厘米（图一〇四，7）。H61：44，可修复。夹砂灰陶。敛口，尖圆唇，盖体外鼓，向上斜直内收呈平顶。素面，器表有一周不甚清晰的横向划抹痕迹。手制。通高3、口径7、腹径8.6、底径6、壁厚0.2～0.9厘米（图一〇四，8）。

第三节　灰　　沟

清理灰沟共计4条，编号分别为G17、G20、G21及G22。

一、G17

位于JT0103中部偏北处，向北延伸至探方外。开口于第1层下，距地表深0.3米，打破H41，被H33、G5、G13打破。

（一）形制、堆积

现开口平面呈西北—东南向长条形，方向323°，东侧边中部略外弧，内壁斜直，圜底。口残长5.5、宽1.2～1.95米，底深0.85米。沟内堆积为黑褐色砂质黏土，夹杂少量红烧土粒，较致密，水平状堆积，包含陶片、石块、动物骨骼等（图一〇七；图版六，2）。

判断该单位为排水设施。

（二）遗物

1. 陶器面貌

出土较多陶片，陶质陶色方面，泥质陶占总数的63.22%/50.97%，夹砂陶占36.78%/49.03%。其中泥质灰陶占8.05%/6.29%，夹砂灰陶占3.45%/10.54%，泥质褐陶占4.60%/3.34%，夹砂褐陶占3.45%/4.38%，泥质黑皮陶等其他泥质陶占14.94%/13.66%，其他夹砂陶占3.45/3.01%。此外，由于其打破早期单位，陶片中有大量仰韶时期红陶片，其中夹砂红陶占26.44%/31.11%，泥质红陶占35.63%/27.68%。纹饰方面，素面占总数的41.38%/44.43%，绳纹占22.99%/19.73%，素面磨光占

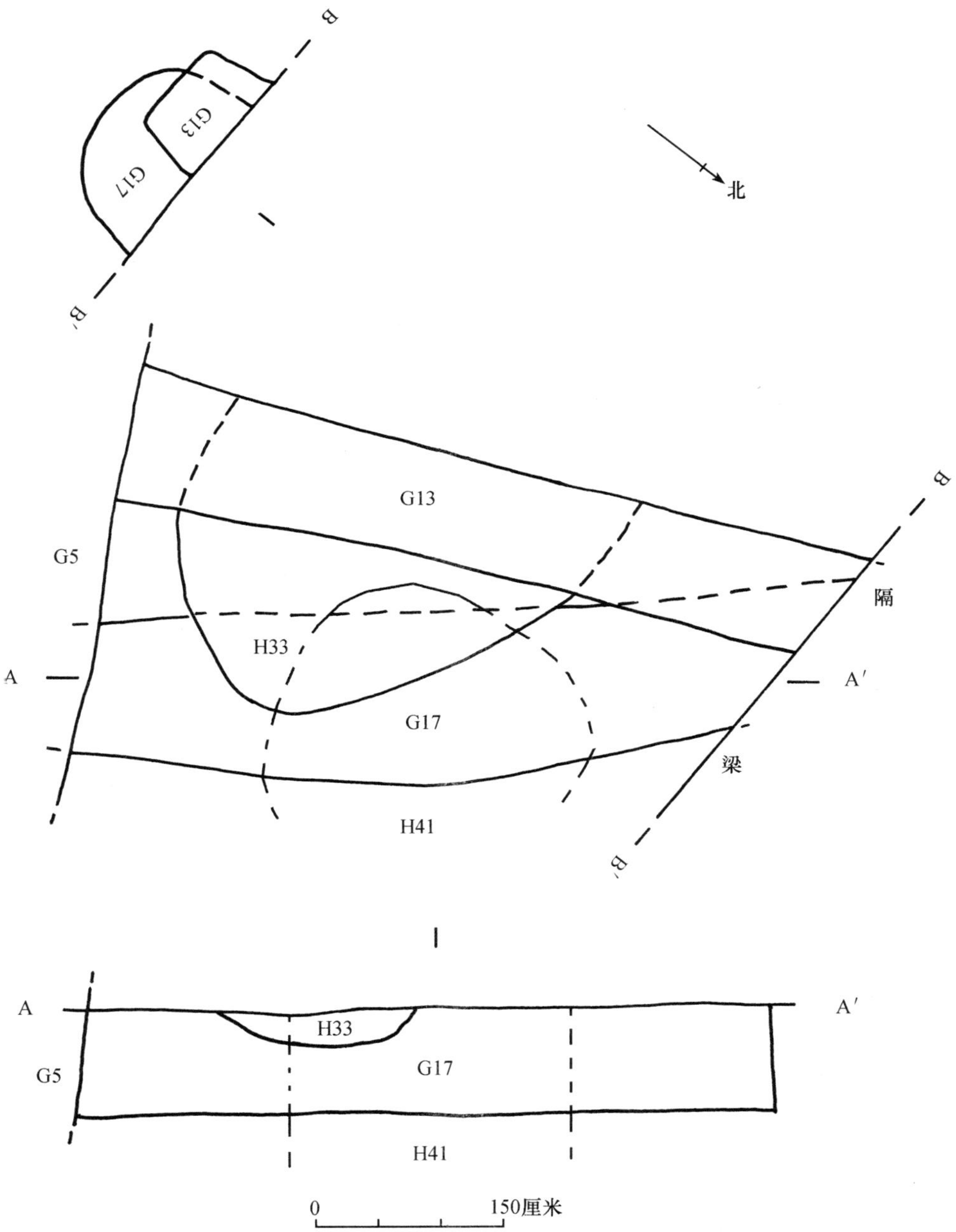

图一〇七　G17平、剖面图

22.99%/15.50%，附加堆纹占2.30%/8.11%，弦纹占3.45%/5.77%，弦纹+绳纹占3.45%/2.84%，交错绳纹占1.15%/1.17%，黑彩占1.15%/1.55%，篮纹占1.15%/0.89%。可辨器形有盆、钵、罐等（表五二、表五三）。

2. 遗物举例

挑选遗物标本共计7件，均为陶器口部。

罐　G17：1，夹砂红陶。敛口，窄平沿，沿面有一周凹槽，颈微束，上腹圆鼓。素面。手制轮

表五二　G17陶系统计表

纹饰＼陶色＼陶质	夹砂				泥质				合计	百分比/%
	红	灰	褐	其他	红	灰	褐	其他		
黑彩					1/43.7				1/43.7	1.15/1.55
素面	10/282.4	3/297	2/64.9	1/28.1	8/269.9	5/127.5	4/94	3/88.3	36/1252	41.38/44.43
绳纹	8/276.4			1/23.6	11/256.1				20/556.1	22.99/19.73
交错绳纹				1/33.1					1/33.1	1.15/1.17
篮纹								1/25.2	1/25.2	1.15/0.89
附加堆纹	2/228.5								2/228.5	2.30/8.11
弦纹	1/54		1/58.4		1/50.2				3/162.6	3.45/5.77
弦纹+绳纹	2/35.3							1/44.6	3/79.9	3.45/2.84
素面磨光					10/160.2	2/49.8		8/226.7	20/436.7	22.99/15.50
合计	23/876.6	3/297	3/123.3	3/84.8	31/780.1	7/177.3	4/94	13/384.8	87/2818	
	32/1381.7				55/1436.2					
百分比/%	26.44/31.11	3.45/10.54	3.45/4.38	3.45/3.01	35.63/27.68	8.05/6.29	4.60/3.34	14.94/13.66	100.00/100.00	
	36.78/49.03				63.22/50.97					

表五三　G17可辨陶器器形统计表

器形＼陶色＼陶质	夹砂			泥质				合计	百分比/%
	红	褐	其他	红	灰	褐	其他		
盆	1			3	1	1	2	8	38.10
钵				2	2			4	19.05
罐	4	2	2	1				9	42.86
合计	5	2	2	6	3	1	2	21	
	9			12					
百分比/%	23.81	9.52	9.52	28.57	14.29	4.76	9.52	100.00	
	42.86			57.14					

修。残高5.4、壁厚0.3～0.8厘米（图一〇八，1）。G17：2，夹砂褐陶。大口微敛，窄平沿，沿外斜扩，沿面及口沿内侧各有一周凹槽，束颈。素面。手制轮修。残高5、壁厚0.6～1厘米（图一〇八，2）。

盆　G17：3，泥质红陶。侈口，方唇外卷，颈微束，上腹稍直。上腹部饰数周凹弦纹。手制轮修，器表可见轮修痕迹。残高5.3、壁厚0.6～1.1厘米（图一〇八，3）。G17：4，泥质红陶夹细砂。直口，宽平沿，圆唇，上腹较直。素面。手制。口径40、残高6.2、壁厚0.3～0.8厘米（图

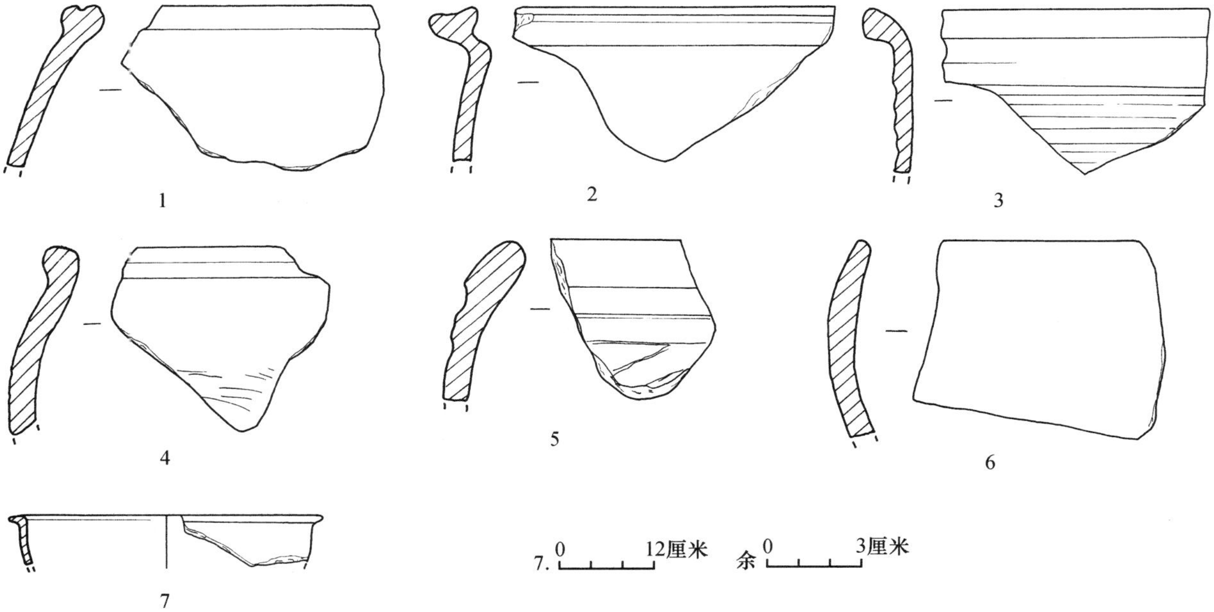

图一〇八　G17陶器标本

1、2. 罐（G17：1、G17：2）　3～5、7. 盆（G17：3、G17：5、G17：6、G17：4）　6. 钵（G17：7）

一〇八，7）。G17：5，泥质红陶。敛口，圆唇外叠，上腹外鼓。上腹部饰斜向粗绳纹。手制轮修，内外可见轮修痕迹及修整陶坯时留下的指纹痕迹。残高6、壁厚0.9～1.3厘米（图一〇八，4）。G17：6，泥质夹细砂，器表及内壁陶色黑灰，陶胎呈红色。敛口，方圆唇外叠。器表唇部以下饰两周凹弦纹及一周横向的细绳纹，其下饰斜向细绳纹。手制轮修。残高5.2、壁厚0.7～1.3厘米（图一〇八，5）。

钵　G17：7，泥质夹细砂，陶色浅灰。敛口，圆唇，上腹圆鼓。素面。手制。残高6.4、壁厚0.4～0.9厘米（图一〇八，6）。

二、G20

位于ETG1偏北部，其东西两侧分别延伸至ETG1东壁及西壁之下，开口于第1层下，距地表深0.25米，打破H49、H51，其西南角被H57打破。

（一）形制、堆积

现可见部分开口平面略呈东北—西南向长条形，方向23°，西南端较宽，斜壁，底部略呈坡状，略向东南侧倾斜。开口距现地表深0.1～0.25米，可见部分平面长2、口宽0.9～1.45、底宽0.6～1.2、最深0.4米。其内堆积土色呈黄褐色，夹杂灰色土，土质疏松，包含较少陶片及动物骨骼，最底层有淤土，厚约0.08米（图一〇九）。

判断该单位为排水设施。

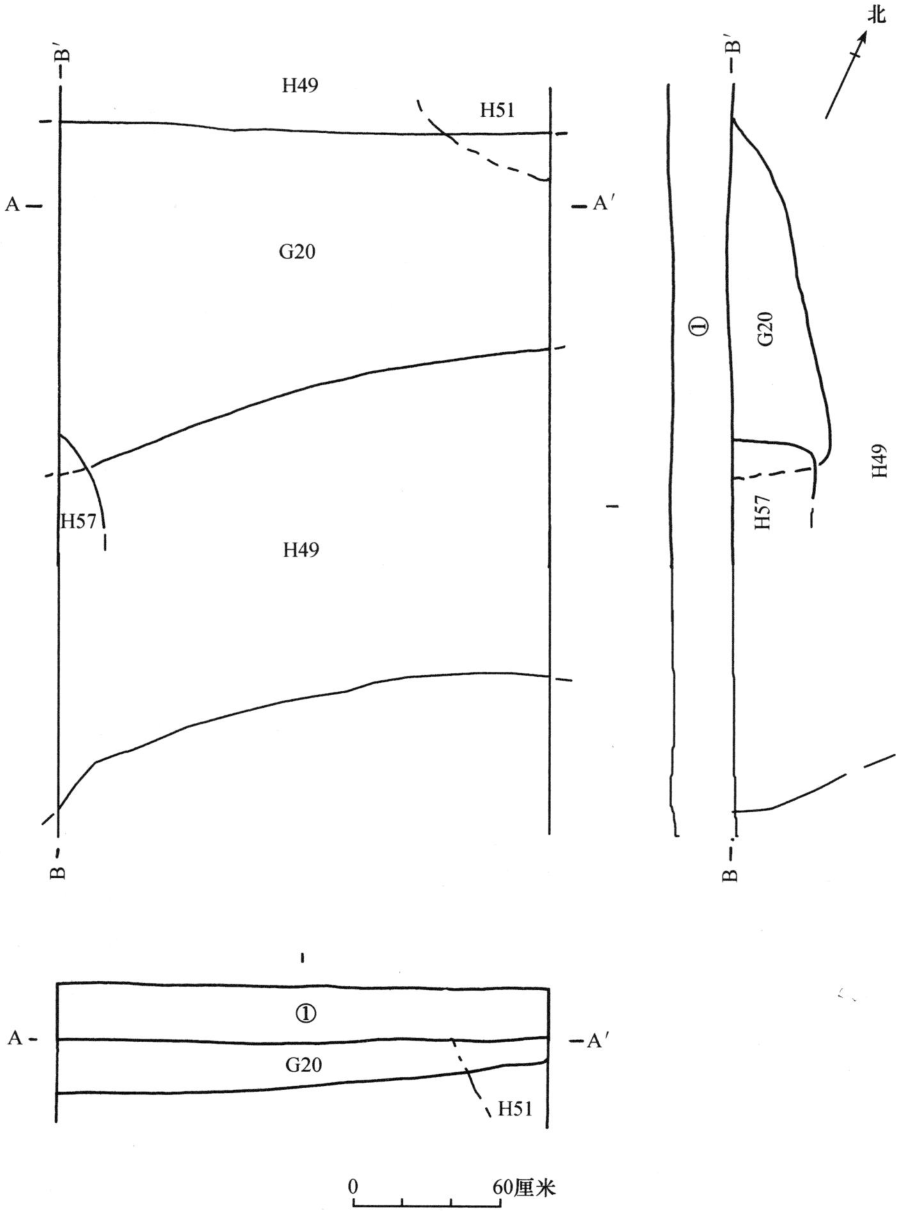

图一〇九　G20平、剖面图

（二）遗物

1. 陶器面貌

出土较少陶片，陶质陶色方面，泥质陶占总数的61.76%/53.56%，夹砂陶占38.24%/46.44%。其中泥质红陶（含红皮灰胎）占26.47%/19.96%，夹砂红陶占11.76%/10.07%，夹砂褐陶占10.29%/20.75%，泥质褐陶占11.76%/8.66%，夹砂灰陶（含灰皮红胎）占8.82%/6.52%，泥质灰陶（含灰皮红胎）占7.35%/3.51%，泥质黑皮陶等其他泥质陶占16.18%/21.37%，其他夹砂陶占7.35%/9.15%。纹饰方面，素面占总数的35.29%/38.82%，绳纹占39.71%/39.62%，素面磨光占

17.65%/15.51%，黑彩占4.41%/3.70%，交错绳纹占1.47%/1.32%，弦纹占1.47%/1.03%。可辨器形有罐、盆、钵和器盖（表五四、表五五）。

表五四　G20陶系统计表

陶质 / 陶色 / 纹饰	夹砂				泥质				合计	百分比/%
	红	灰	褐	其他	红	灰	褐	其他		
黑彩					3/57.2				3/57.2	4.41/3.70
素面	5/105.2		1/129.3	1/17.4	8/111.2	1/11.7	4/81.8	4/145	24/601.6	35.29/38.82
绳纹	2/34.7	5/80.4	6/191.8	4/124.3	4/80.1	3/38.2	2/35.5	1/29	27/614	39.71/39.62
交错绳纹		1/20.5							1/20.5	1.47/1.32
弦纹	1/16								1/16	1.47/1.03
素面磨光					3/60.4	1/4.5	2/16.8	6/158.6	12/240.3	17.65/15.51
合计	8/155.9	6/100.9	7/321.1	5/141.7	18/308.9	5/54.4	8/134.1	11/332.6	68/1549.6	
	26/719.6				42/830					
百分比/%	11.76/10.07	8.82/6.52	10.29/20.75	7.35/9.15	26.47/19.96	7.35/3.51	11.76/8.66	16.18/21.37		100.00/100.00
	38.24/46.44				61.76/53.56					

表五五　G20可辨陶器器形统计表

陶质 / 陶色 / 器形	夹砂		泥质				合计	百分比/%
	红	其他	红	灰	褐	其他		
罐	3			1			4	28.57
盆					1	5	6	42.86
钵			2			1	3	21.43
器盖		1					1	7.14
合计	3	1	2	1	1	6	14	
	4		10					
百分比/%	21.43	7.14	14.29	7.14	7.14	42.86		100.00
	28.57		71.43					

2. 遗物举例

遗物挑选标本2件，为陶盆、钵口部。

盆　G20：1，泥质陶，器表呈红色，坯心部分呈浅灰色。敛口，沿面稍平略带弧意，圆唇。素面磨光。手制轮修。残高4、壁厚0.4～0.9厘米（图一一〇，1）。

钵　G20：2，泥质红陶。直口，方唇，上腹稍直。外侧绘一周宽条带状黑彩。手制轮修。残高6、壁厚0.3～0.7厘米（图一一〇，2）。

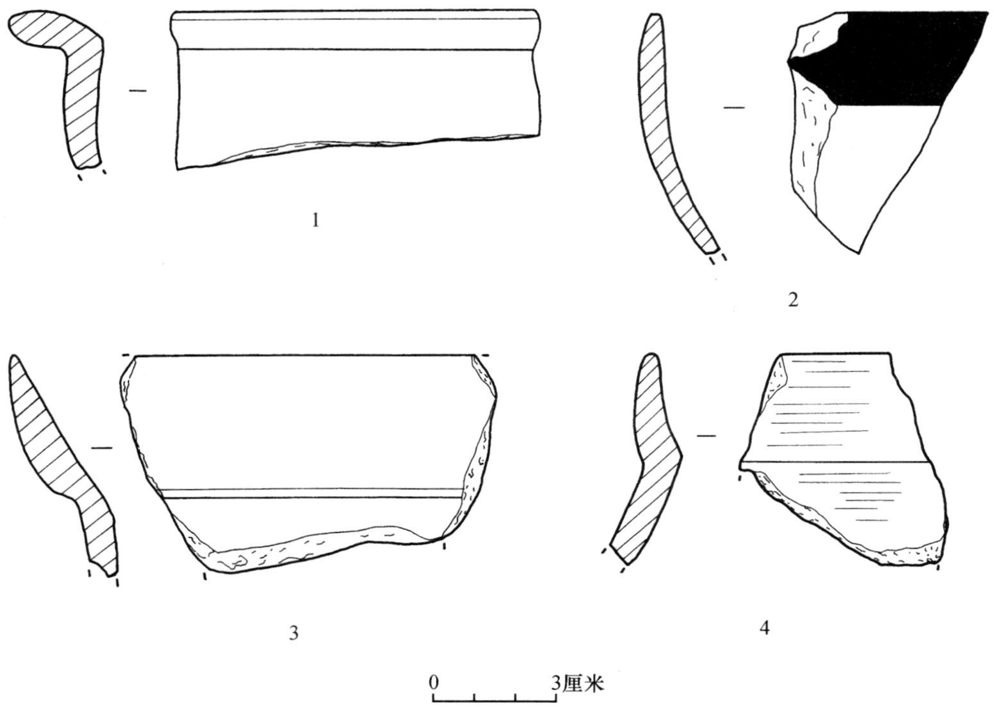

图一一〇　G20、G21陶器标本

1、3. 盆（G20：1、G21：1）　2. 钵（G20：2）　4. 罐（G21：2）

三、G21

位于ETG1北部，其西侧延伸至ETG1西壁之下，开口于第1层下，距地表深0.28米，打破H49，其东部被H51打破。

（一）遗迹形制、堆积

现可见部分平面略呈长条形，呈东西走向，方向270°。弧壁，底部不甚规整，整体略呈圜底，中部有一道向下凸出的弧壁圜底凹槽，剖面大致呈倒置的“凸”字形。开口距现地表深0.25～0.3米，可见部分平面最长约1.72、口宽0.78～1.56、底最大宽度约0.44、最深0.38米。其内堆积土色呈黄褐色，土质较致密，包含炭粒和少量陶片，近底部有薄厚不一的水淤土，厚0.03～0.06米（图一一一）。

判断该单位为排水设施。

（二）遗物

1. 陶器面貌

出土少量陶片，陶质陶色方面，泥质陶占总数的43.90%/48.14%，夹砂陶占56.10%/51.86%。其中夹砂红陶占34.15%/37.23%，夹砂褐陶占19.51%/12.78%，泥质红陶占17.07%/14.72%，泥质黑皮陶等其他泥质陶占17.07%/20.96%，泥质灰陶占2.44%/8.40%，泥质褐陶占7.32%/4.06%，夹砂灰

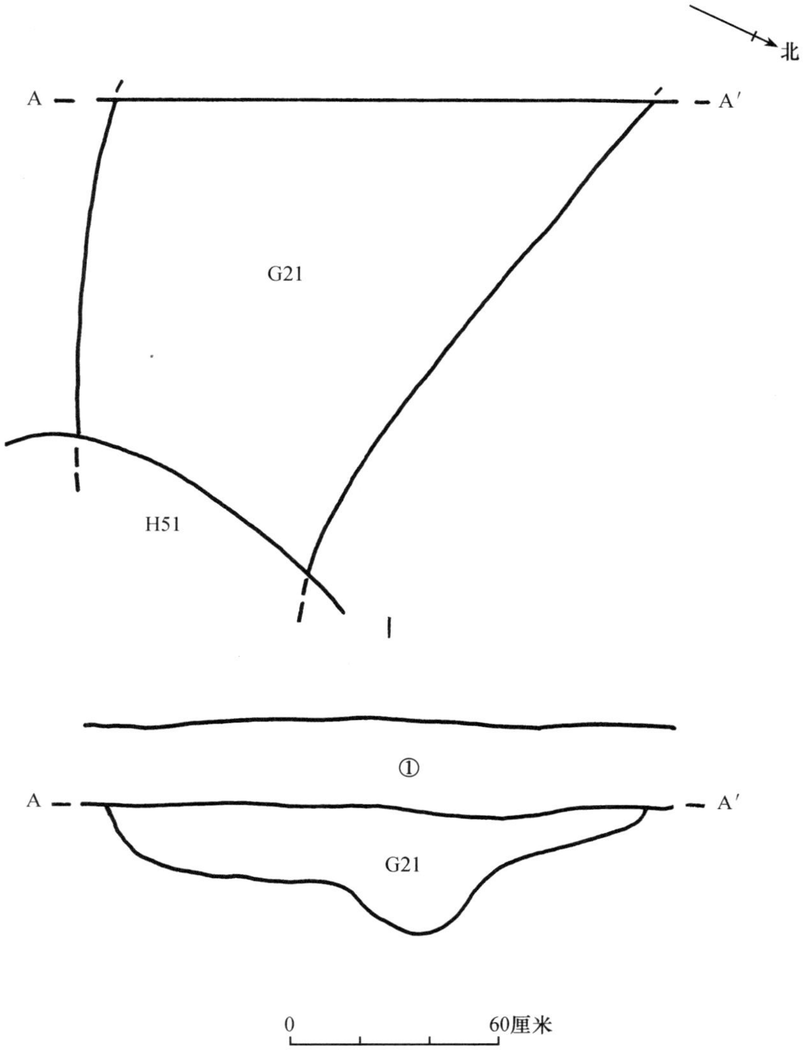

图一一一　G21平、剖面图

陶占2.44%/1.85%。纹饰方面，素面占总数的39.02%/32.72%，绳纹占36.59/34.48%，素面磨光占24.39%/32.80%。可辨器形有罐、盆和钵（表五六、表五七）。

表五六　G21陶系统计表

陶质 / 陶色 / 纹饰	夹砂			泥质				合计	百分比/%
	红	灰	褐	红	灰	褐	其他		
素面	7/90.5		3/39.2	5/55.9		1/3.6		16/189.2	39.02/32.72
绳纹	7/124.8	1/10.7	5/34.7	2/29.2				15/199.4	36.59/34.48
素面磨光					1/48.6	2/19.9	7/121.2	10/189.7	24.39/32.80
合计	14/215.3	1/10.7	8/73.9	7/85.1	1/48.6	3/23.5	7/121.2	41/578.3	
	23/299.9			18/278.4					
百分比/%	34.15/37.23	2.44/1.85	19.51/12.78	17.07/14.72	2.44/8.40	7.32/4.06	17.07/20.96	100.00/100.00	
	56.10/51.86			43.90/48.14					

表五七　G21可辨陶器器形统计表

<table>
<tr><th rowspan="2">陶质
陶色
器形</th><th colspan="3">夹砂</th><th colspan="2">泥质</th><th rowspan="2">合计</th><th rowspan="2">百分比/%</th></tr>
<tr><th>红</th><th>灰</th><th>褐</th><th>红</th><th>其他</th></tr>
<tr><td>罐</td><td>2</td><td>1</td><td>1</td><td>1</td><td></td><td>5</td><td>55.56</td></tr>
<tr><td>盆</td><td></td><td></td><td></td><td></td><td>3</td><td>3</td><td>33.33</td></tr>
<tr><td>钵</td><td></td><td></td><td></td><td>1</td><td></td><td>1</td><td>11.11</td></tr>
<tr><td rowspan="2">合计</td><td>2</td><td>1</td><td>1</td><td>2</td><td>3</td><td rowspan="2">9</td><td rowspan="2"></td></tr>
<tr><td colspan="3">4</td><td colspan="2">5</td></tr>
<tr><td rowspan="2">百分比/%</td><td>22.22</td><td>11.11</td><td>11.11</td><td>22.22</td><td>33.33</td><td colspan="2" rowspan="2">100.00</td></tr>
<tr><td colspan="3">44.44</td><td colspan="2">55.56</td></tr>
</table>

2. 遗物举例

挑选遗物标本2件，为陶盆、罐口部。

盆　G21：1，泥质陶，器表及内壁陶色黑灰，陶胎呈灰色。侈口，宽斜沿，尖唇外叠，唇下缘圆弧。素面磨光。手制轮修。残高5.5、壁厚0.7～1厘米（图一一〇，3）。

罐　G21：2，夹砂红陶。侈口，斜沿微凹，圆唇，束颈。素面。手制轮修。残高5.3、壁厚0.6～1厘米（图一一〇，4）。

四、G22

位于ETG1东南部，其东部及南部分别向两侧延伸至ETG1东壁及南壁之下，开口于第1层下，距地表深0.3米，北部打破H60。

（一）形制、堆积

现可见部分平面呈西北—东南走向的长条形，方向337°。东南端较宽，口大底小，弧壁内收，西北侧沟壁下部内收尤甚略呈台阶状，底部较平。开口距现地表深0.1～0.15米，可见开口长6.2、最宽1.76米，底长4.4、宽约0.4米，最深2.55米。

其内堆积分为三层。

第1层：土色呈灰褐色，土质较疏松。包含炭屑及少量陶片。近水平状堆积。厚0～0.88米。

第2层：土色呈黄褐色，土质较疏松。包含较多炭屑、黄土块、少量料姜石粒和大量陶片。呈倾斜的坡状堆积。厚0～0.6米。

第3层：土色呈深灰褐色，土质较疏松。夹杂条带状及块状黄褐色土、少量料姜石粒、石块及较多炭屑、红烧土粒、较少陶片等。呈倾斜的坡状堆积。厚0～1.8米。

此外，在第1层和第2层之间夹杂有一倾斜的条带状小夹层，土色呈褐色，土质致密，包含较多红烧土颗粒，厚0～0.2米；第2层底部有一层较纯净的红褐色土，土质致密，厚0.05～0.2米（图一一二，图版六，3）。

判断该单位为排水设施。

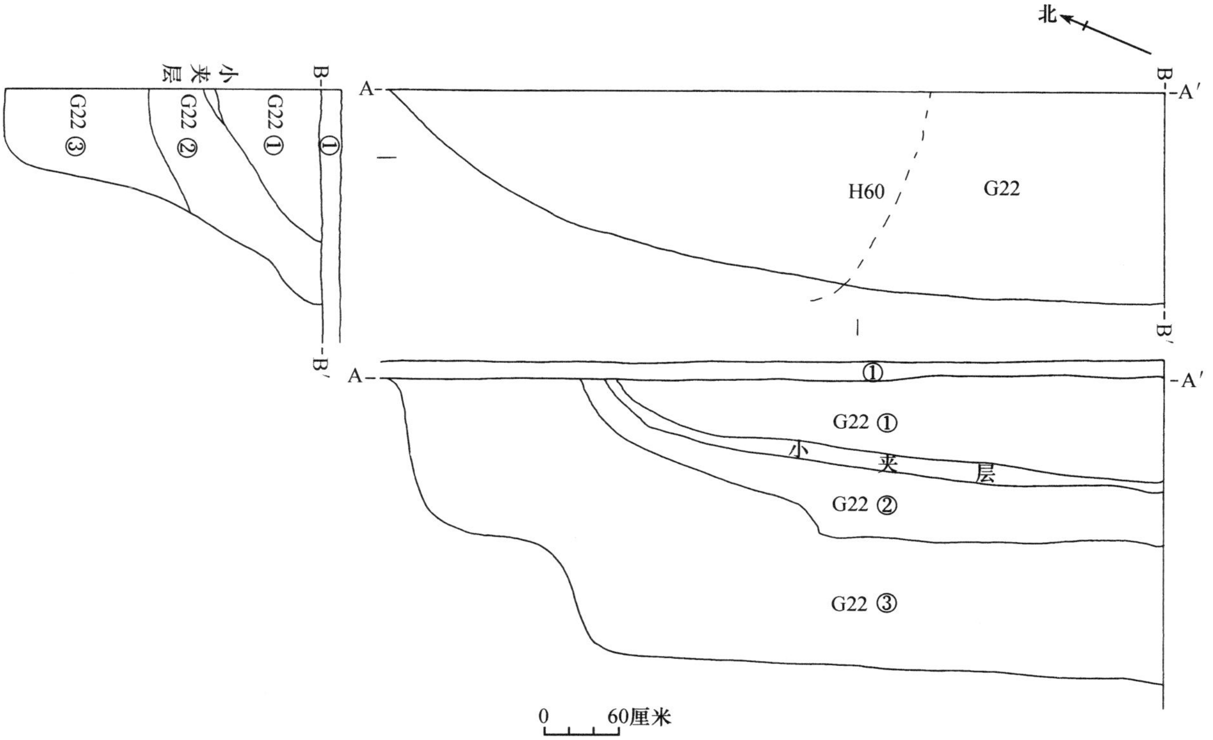

图一一二　G22平、剖面图

（二）遗物

1. 陶器面貌

第1层出土少量陶片，陶质陶色方面，泥质陶占总数的68.85%/79.88%，夹砂陶占31.15%/20.12%。其中泥质红陶（含红皮灰胎）占22.95%/26.48%，夹砂灰陶占16.39%/11.08%，泥质灰陶（含灰皮褐胎）占9.84%/21.73%，夹砂红陶占11.48%/8.11%，泥质褐陶（含褐皮灰胎）占13.11%/6.19%，夹砂褐陶（含褐皮灰胎）占3.28%/0.93%，泥质黑皮陶等其他泥质陶占22.95%/25.48%。纹饰方面，素面占总数的34.43%/37.22%，素面磨光占34.43%/25.60%，绳纹占14.75%/22.37%，篮纹占9.84%/10.27%，线纹占1.64%/1.86%，弦纹占1.64%/1.53%，黑彩占1.64%/0.73%，戳压纹占1.64%/0.43%。可辨器形有罐、盆、钵和器盖（表五八、表五九）。

表五八　G22①层陶系统计表

陶质	夹砂			泥质				合计	百分比/%
纹饰＼陶色	红	灰	褐	红	灰	褐	其他		
黑彩				1/7.9				1/7.9	1.64/0.73
素面	5/61.1	3/36.2	2/10	7/211.6	1/11.9	1/4.2	2/67	21/402	34.43/37.22

续表

纹饰＼陶色＼陶质	夹砂			泥质				合计	百分比/%
	红	灰	褐	红	灰	褐	其他		
绳纹	2/26.5	4/58.3		2/28.4	1/128.4			9/241.6	14.75/22.37
篮纹		2/20.6			2/51.4		2/38.9	6/110.9	9.84/10.27
线纹							1/20.1	1/20.1	1.64/1.86
弦纹					1/16.5			1/16.5	1.64/1.53
戳压纹		1/4.6						1/4.6	1.64/0.43
素面磨光				4/38.1	1/26.5	7/62.7	9/149.2	21/276.5	34.43/25.60
合计	7/87.6	10/119.7	2/10	14/286	6/234.7	8/66.9	14/275.2	61/1080.1	
	19/217.3			42/862.8					
百分比/%	11.48/8.11	16.39/11.08	3.28/0.93	22.95/26.48	9.84/21.73	13.11/6.19	22.95/25.48		100.00/100.00
	31.15/20.12			68.85/79.88					

表五九　G22①层可辨陶器器形统计表

器形＼陶色＼陶质	夹砂		泥质				合计	百分比/%
	红	灰	红	灰	褐	其他		
盆			3	1		1	5	45.45
钵					1	2	3	27.27
罐	1	1					2	18.18
器盖	1						1	9.09
合计	2	1	3	1	1	3	11	
	3		8					
百分比/%	18.18	9.09	27.27	9.09	9.09	27.27		100.00
	27.27		72.73					

第2层出土大量陶片，陶质陶色方面，泥质陶占总数的67.74%/62.11%，夹砂陶占32.26%/37.89%。其中泥质红陶（含红皮灰胎）占31.34%/27.84%，夹砂红陶（含红皮灰胎）占20.28%/22.09%，泥质灰陶（含灰皮红胎、灰皮褐胎）占12.90%/14.18%，泥质褐陶（含褐皮灰胎）占7.83%/5.81%，夹砂灰陶（含灰皮红胎、灰皮褐胎）占4.15%/4.71%，夹砂褐陶占3.69%/3.27%，泥质黑皮陶等其他泥质陶占15.67%/14.28%，夹砂黑皮陶等其他夹砂陶占4.15%/7.83%。纹饰方面，素面占总数的33.18%/34.35%。素面磨光占33.64%/25.35%，绳纹占23.04%/25.16%，线纹占3.23%/3.72%，篮纹占2.30%/6.67%，黑彩占1.84%/1.65%，交错绳纹占0.92%/1.60%，弦纹占1.84%/1.50%。可辨器形有罐、盆、钵和器盖（表六〇、表六一）。

表六〇　G22②层陶系统计表

纹饰＼陶色＼陶质	夹砂				泥质				合计	百分比/%
	红	灰	褐	其他	红	灰	褐	其他		
黑彩					3/58		1/18.8		4/76.8	1.84/1.65
素面	20/473.8	4/73.6	4/52.6	6/229.8	29/618.8	2/20.6	5/101.1	2/26.2	72/1596.5	33.18/34.35
绳纹	21/503.5	4/124.9	2/25	3/134	12/226.7	1/21.7	4/51	3/82.9	50/1169.7	23.04/25.16
交错绳纹			2/74.4						2/74.4	0.92/1.60
篮纹						5/310.2			5/310.2	2.3/6.67
线纹					5/95.4			2/77.5	7/172.9	3.23/3.72
弦纹	3/49.3	1/20.3							4/69.6	1.84/1.50
素面磨光					19/295.1	20/306.5	7/99.4	27/477.3	73/1178.3	33.64/25.35
合计	44/1026.6	9/218.8	8/152	9/363.8	68/1294	28/659	17/270.3	34/663.9	217/4648.4	
	70/1761.3				147/2887.2					
百分比/%	20.28/22.09	4.15/4.71	3.69/3.27	4.15/7.83	31.34/27.84	12.90/14.18	7.83/5.81	15.67/14.28		100.00/100.00
	32.26/37.89				67.74/62.11					

表六一　G22②层可辨陶器器形统计表

器形＼陶色＼陶质	夹砂				泥质				合计	百分比/%
	红	灰	褐	其他	红	灰	褐	其他		
罐	9	2	1	3	1	1			17	34.69
盆				1	6	3	3	2	15	30.61
钵					8		2	6	16	32.65
器盖						1			1	2.04
合计	9	2	1	4	15	5	5	8	49	
	16				33					
百分比/%	18.37	4.08	2.04	8.16	30.61	10.20	10.20	16.33		100.00
	32.65				67.35					

第3层出土较少陶片，陶质陶色方面，泥质陶占总数的71.43%/66.34%，夹砂陶占28.57%/33.66%。其中泥质红陶（含红皮灰胎）占27.27%/21.02%，泥质灰陶占20.78%/25.40%，夹砂灰陶占14.29%/15.20%，夹砂红陶（含红皮灰胎）占9.09%/14.74%，泥质褐陶占7.79%/6.46%，夹砂褐陶占3.90%/2.48%，泥质黑皮陶等其他泥质陶占15.58%/13.46%，其他夹砂陶占1.30%/1.24%。纹饰方面，素面占总数的18.18%/14.68%，绳纹占31.17%/34.64%，素面磨光占35.06%/31.46%，篮纹占5.19%/9.90%，交错绳纹占6.49%/6.10%，线纹占2.60%/1.78%，黑彩占1.30%/1.44%。可辨器形有罐、盆、钵和器盖（表六二、表六三）。

表六二　G22③层陶系统计表

陶质 陶色 纹饰	夹砂				泥质				合计	百分比/%
	红	灰	褐	其他	红	灰	褐	其他		
黑彩					1/31.6				1/31.6	1.30/1.44
素面	1/16.8	1/19.5		1/27.2	7/176.6	3/73		1/8	14/321.1	18.18/14.68
绳纹	5/250.2	8/177.3	3/54.2		5/122.6	2/129.2		1/24.4	24/757.9	31.17/34.64
交错绳纹						5/133.5			5/133.5	6.49/6.10
篮纹	1/55.5	2/135.8			1/25.2				4/216.5	5.19/9.90
线纹					1/11.6		1/27.4		2/39	2.60/1.78
素面磨光					6/92.2	6/220.1	5/113.9	10/262	27/688.2	35.06/31.46
合计	7/322.5	11/332.6	3/54.2	1/27.2	21/459.8	16/555.8	6/141.3	12/294.4	77/2187.8	
	22/736.5				55/1451.3					
百分比/%	9.09/14.74	14.29/15.20	3.90/2.48	1.30/1.24	27.27/21.02	20.78/25.40	7.79/6.46	15.58/13.46	100.00/100.00	
	28.57/33.66				71.43/66.34					

表六三　G22③层可辨陶器器形统计表

陶质 陶色 器形	夹砂			泥质				合计	百分比/%
	红	灰	其他	红	灰	褐	其他		
罐	3	1			1			5	26.32
盆				1	3		1	5	26.32
钵				3	1	1	2	7	36.84
器盖			1		1			2	10.53
合计	3	1	1	4	6	1	3	19	100.00
	5			14					
百分比/%	15.79	5.26	5.26	21.05	31.58	5.26	15.79		
	26.32			73.68					

2. 遗物举例

第1层挑选遗物标本2件，为陶盆、钵口部。

盆　G22①：1，泥质红陶夹细砂。敛口，圆唇，颈微束，上腹略鼓。素面。手制轮修，处可见轮修痕迹。残高5、壁厚0.7～1厘米（图一一四，5）。

钵　G22①：2，泥质陶，器表及内壁陶色黑灰，陶胎呈浅灰色。敛口，圆唇，腹微鼓。素面磨光。手制轮修。残高4.5、壁厚0.6～0.9厘米（图一一三，4）。

第2层挑选遗物标本9件，1件为石锛残段，其余均为陶器口部，器形包括盆、钵、罐。

石锛　G22②：1，基本完整。凝灰岩质，乳白色夹杂青灰色。通体磨制。体较小，呈梯形，顶窄刃宽，单面刃。长3.5、顶宽2、刃宽2.5、最厚处0.9厘米，重13.2克（图一一三，10）。

罐　C-22②：2，夹砂红陶。敛口，窄平沿，沿面有一道凹槽，圆唇，束颈，上腹外鼓。上腹部饰纵向绳纹。手制轮修。残高6.3、壁厚0.6～1厘米（图一一四，4）。

钵　G22②：3，泥质红陶夹细砂。直口微敛，尖圆唇，外侧下贴附有耳，耳已残断，具体形制不明。素面。手制轮修。口径15.4、残高6.6、壁厚0.4～0.8厘米（图一一四，7）。G22②：8，泥质红陶。敛口，圆唇，上腹外鼓。素面。手制轮修，器表轮旋修迹明显。残高5.3、壁厚0.7厘米（图一一四，6）。G22②：9，泥质红陶。敛口，圆唇。素面磨光。手制轮修，内侧可见轮修痕迹。残高4.8、口径28、壁厚0.6厘米（图一一三，7）。

盆　G22②：4，泥质红陶。敛口，厚圆唇外叠。素面。手制轮修。残高4.5、壁厚0.7～0.9厘米（图一一四，3）。G22②：5，泥质红陶夹细砂。敛口，圆唇外卷，鼓腹。素面。手制轮修，外侧可见轮修痕迹。残高6.5、壁厚0.7厘米（图一一四，2）。G22②：6，泥质灰陶。侈口，斜沿，尖圆唇外叠，唇下缘圆弧，弧腹内收。素面磨光。手制轮修。口径36.4、残高7.6、壁厚0.4～1厘米（图一一三，5）。G22②：7，泥质红陶。侈口，卷沿，圆唇，鼓腹。沿面绘一周宽条带状黑彩，外侧下饰直线及斜线等组成的黑彩纹饰，器表及内壁磨光。手制轮修。残高3.3、壁厚0.6～0.7厘米（图一一三，3）。

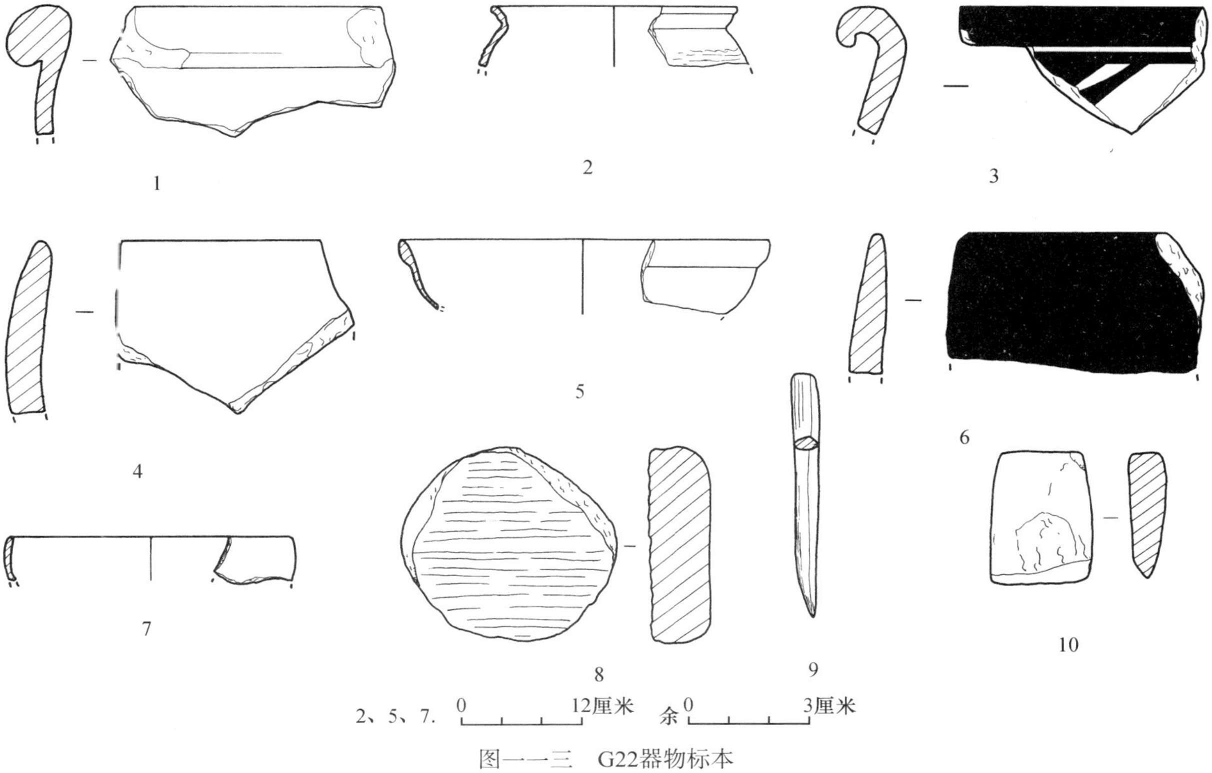

图一一三　G22器物标本

1、3、5. 陶盆（G22③：4、G22②：7、G22②：6）　2. 陶罐（G22③：3）　4、6、7. 陶钵（G22①：2、G22③：6、G22②：9）　8. 陶饼（G22③：2）　9. 骨锥（G22③：1）　10. 石锛（G22②：1）

第3层挑选遗物标本6件，1件骨锥，陶器有饼、罐、盆、钵等，除陶饼外，其余均为口部。

骨锥　G22③：1　柄端残损。系用动物骨骼磨制而成。扁体尖锥状，尖端磨砺得较为尖锐。残长6.3、宽0.7、厚0.3厘米，重2克（图一一三，9）。

陶饼　G22③：2，边缘略残损。由陶罐一类器物的底部残片加工而成，夹砂红陶。不规则圆饼状，断面呈长方形。器表一面饰均匀分布的篮纹。残径5～5.4、厚1.5厘米，重55.5克（图一一三，8）。

罐　G22③：3，夹砂红陶。侈口，沿较低矮，弧曲微鼓，方唇，束颈，上腹外鼓。上腹部饰斜向绳纹。手制轮修，内侧可见轮修痕迹。口径23.2、残高6.4、壁厚0.6～0.8厘米（图一一三，2）。

盆　G22③：4，泥质红陶夹细砂。敛口，厚圆唇外卷。素面。手制轮修。残高3.3、壁厚0.4～1.5厘米（图一一三，1）。G22③：5，泥质灰褐陶。侈口，斜沿，圆唇外叠，唇下缘圆弧，弧腹。素面，器表磨光。手制轮修。残高6.9、壁厚0.5～1.1厘米（图一一四，1）。

钵　G22③：6，泥质红陶。直口，圆唇。口沿外侧绘一周宽条带状黑彩，有少部分黑彩已脱落。手制轮修。残高3.6、壁厚0.4～0.8厘米（图一一三，6）。

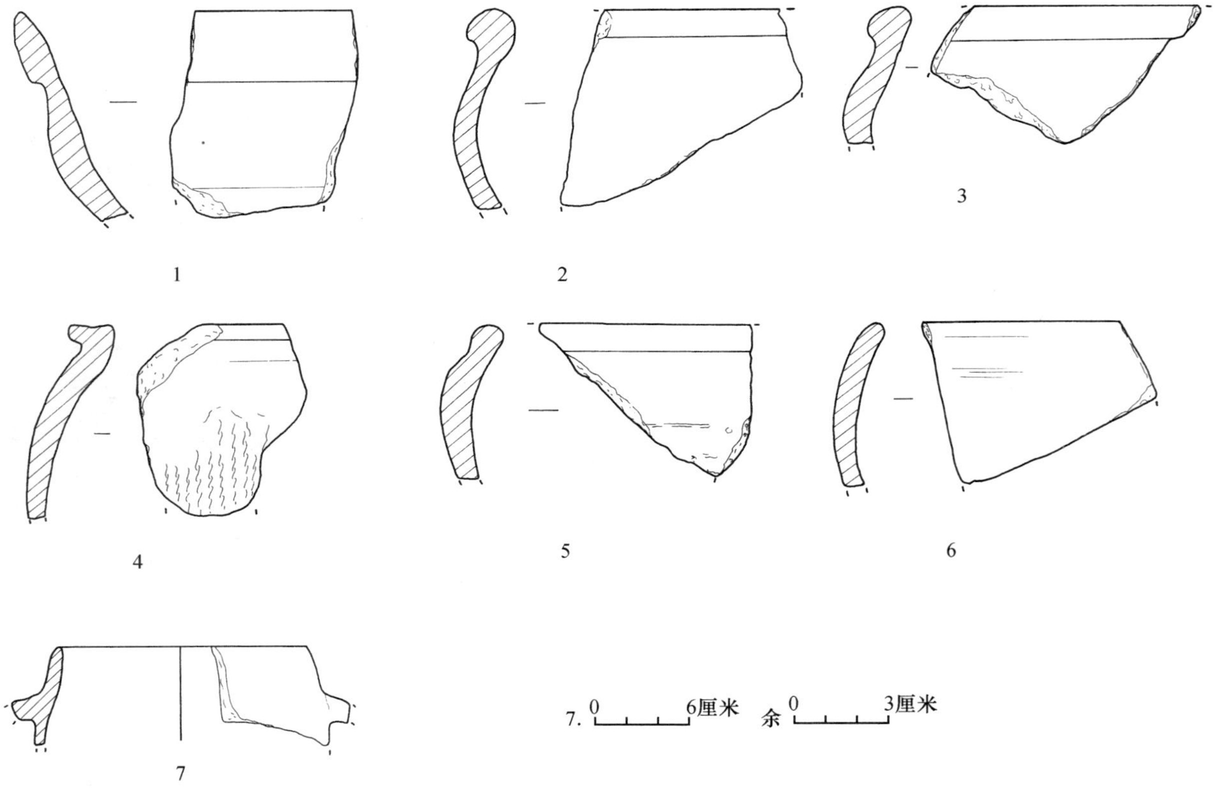

图一一四　G22陶器标本

1～3. 盆（G22③：5、G22②：5、G22②：4）　4. 罐（G22②：2）　5. 盆（G22①：1）　6、7. 钵（G22②：8、G22②：3）

第四节　洞类遗迹

共计3处，皆位于ETG1西北部，形制大小相近，平面呈椭圆形，剖面呈锅底状，规格较小，编号D1～D3（图版六，4）。

一、D1

位于ETG1西北部，开口于第1层下，距地表深0.21米，打破H49。

开口平面呈椭圆形，弧壁，圜底，剖面呈锅底状，壁面及底面有一层厚约1厘米的夹杂淡黄色的乳白色烧结硬面。开口距现地表深约0.3米，口长径0.46、短径0.36、最深0.28米。其内堆积为块状红褐色沙质黏土，土质致密。出土1片泥质陶片，陶色黑灰，素面磨光，为腹部残片，器形不辨（图一一五，1）。

判断该单位或为柱洞。

二、D2

位于ETG1西北部，开口于第1层下，距地表深0.21米，打破H49。

开口平面呈椭圆形，弧壁，圜底，剖面呈锅底状。开口距现地表深约0.3米，开口长径0.3、短径0.22、最深约0.26米。其内堆积为块状红褐色沙质黏土，土质致密。局部有夯土块，可辨有圆形夯窝，夯窝直径约0.1米（图一一五，2）。出土3片素面泥质红陶片，皆为腹部残片，器形不辨。

判断该单位应为柱洞。

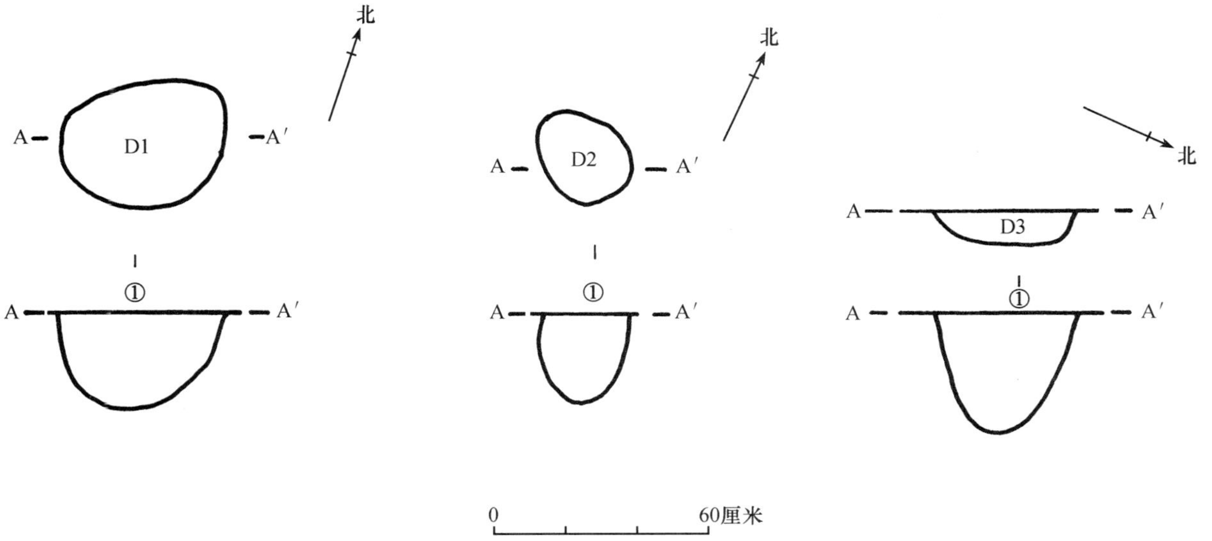

图一一五　D1、D2、D3平、剖面图

三、D3

位于ETG1西北部，其西部延伸至ETG1西壁之下，开口于第1层下，距地表深0.25米，打破H49。

现可见部分开口平面近半椭圆形，弧壁，圜底，剖面呈锅底状。开口距现地表深约0.3米，开口长径0.4、残短径0.1、最深0.35米。其内堆积为红褐色沙质黏土，土质致密，有板结现象。无出土遗物（图一一五，3）。

判断该单位或为柱洞。

第五节　考古学观察

仰韶时期遗存仅在J、E两区有所分布，但受到晚期人类活动的扰乱，遗迹单位多不完整，大量属于该时期的遗物常常混入一些晚期遗迹单位中。

一、遗　　迹

遗迹总体数量有限，以灰坑为主，另有少量灰沟、洞类遗迹，房址仅见1座，未发现墓葬，经过发掘清理的遗迹单位中，被晚期单位打破者不在少数，另有一些因受所布探方、探沟的限制，未能做完全发掘，故所揭露出的遗迹形制大多已不甚完整。

灰坑从平面形制来看主要分为圆形、椭圆形、长条形、不规则形等，以圆形数量居多，从剖面形制来看主要包括筒形平底、袋形平底、弧形圜底及不规则形等，形制规格大多较小，鲜有规格较大者。

发掘清理的几条沟类遗迹形制普遍较小，最宽的1处也仅1.76米，深度皆未超过2.55米。

在ETG1北部发掘清理的3处洞类遗迹，其内堆积均极为致密，其中D1的壁面及底面有一层烧结硬面，D2内还发现有夯土及圆形夯窝，无疑为人为加工处理所形成。这3处洞类遗迹中的2处均出土有零星陶器腹部残片，通过比对判断应为仰韶时期的陶片，D3内虽未能出土反映其时代的遗物，但D1～D3均打破属于仰韶时期的H49，故其相对年代皆不早于H49。

二、遗　　物

以陶器为大宗，石器、骨器的数量极少。

（一）陶器

陶器按照用途不同，可分为三类。第一类是日常生活所用的容器，包括尖底瓶、罐、盆、钵、瓮、器盖和甑等，以罐、盆、钵最为常见；第二类是少量陶纺轮、陶锉等生产工具；第三类是极少数量的陶球和饼形器。

1. 基本面貌

主要包括泥质陶和夹砂陶两大类，其中以泥质陶居多，占到总数的63.83%，部分泥质陶中夹杂有细砂，夹砂陶较少，仅占总数的36.17%；陶色方面，红陶居多，约占60%，灰陶和褐陶次之，分别占16.33%和14.52%，另有相当一部分器表陶色黑灰、胎体颜色稍浅或参差不齐的黑皮陶，约占9.57%。

此外，有相当一部分陶片存在陶色不纯正的现象，这些陶片中或器表不同的陶色相互掺杂，或器表与内壁陶色不一致，或器表与胎体陶色不一致，究其原因，推测应与当时对烧制气氛的把控程度尚不够完全成熟有关。而在一些钵类器表常见有较为整齐的条带状颜色分层现象，这也与当时所采取的烧制方法有关，在入窑烧制时将成型的陶坯叠置在一起且未用支垫分隔开，交叠在一起的器表下半部及器内壁部分由于被阻隔而未能充分接触氧气，所以在烧制时就会形成不同于器表口沿处的陶色，这种类似于后代叠烧的烧制方法无疑提高了产量，而其所造成的艺术色彩效果很可能也是仰韶先民们较为推崇的。

纹饰素面陶所占比例较高，约占到总数的近66%（含素面磨光），其中一半左右经磨光，表面较为光洁，多见于盆或钵一类的盛水容器，而除素面陶外，以绳纹最为常见，弦纹次之，还有少量交错绳纹、弦纹、线纹、戳压纹、附加堆纹、篮纹、划纹和彩陶等。

彩陶的数量有限，在所有出土陶片中所占比例不到2%，纹饰多施于盆或钵类器物的器表口沿及腹部，也偶见于瓶类器物的腹部器表，可辨识的彩绘图案包括条带纹、鱼纹、叶片形纹、花卉纹、弧边三角形纹、圆点形纹、直线及弧线纹等，这些纹饰或单独呈现，或以组合的形式构成完整的图案。

制法仍以手制为主，具体来看可以确定的是泥条盘筑法，在一些器物残片的内壁可见有未经修整的泥条盘筑痕迹，这方面以尖底瓶的器底部分最为明显，此外，陶质器皿的口沿部分多经慢轮修整而成，故在其口沿部分的器表及内壁往往保留有轮旋痕，而在一些夹砂陶罐的腹部器表多见有刮抹和手指按压的痕迹，这也是当时人们在制陶过程中修整陶坯时所留下的痕迹。在个别盆和钵的近口沿处或腹部还见有圆形的小穿孔，应为加固破损陶器的一种手段，根据具体加工方法可分为双面对钻而成及单面钻成两种。

2. 可划分型式的器物

陶器可复原者仅有4件，可辨器类包括瓶、罐、盆、钵、器盖、甑、缸、瓮等，以罐、盆、钵最为常见。参照已有的发掘材料，部分残片可供型式划分。

瓶　数量较多，无可复原者，多口沿、腹部、底部及耳部残片，包括尖底瓶及葫芦口平底瓶两类，以泥质红陶为主，另有少量泥质灰陶和泥质褐陶。

尖底瓶　选取标本共计16件，其中口部标本12件，均为葫芦形口，根据细部形态差异可分为二式。

Ⅰ式：9件。葫芦形口内收，唇无凸棱。包括H49①：5（图一一六，7）、H49③：8（图一一六，8）、H49③：9（图一一六，5）、H49④：6（图一一六，3）、H49⑤：2（图一一六，2）、H49⑤：3（图一一六，4）、H49⑥：3（图一一六，6）、H59③：11（图一一六，9）、H59⑤：6（图一一六，1）。

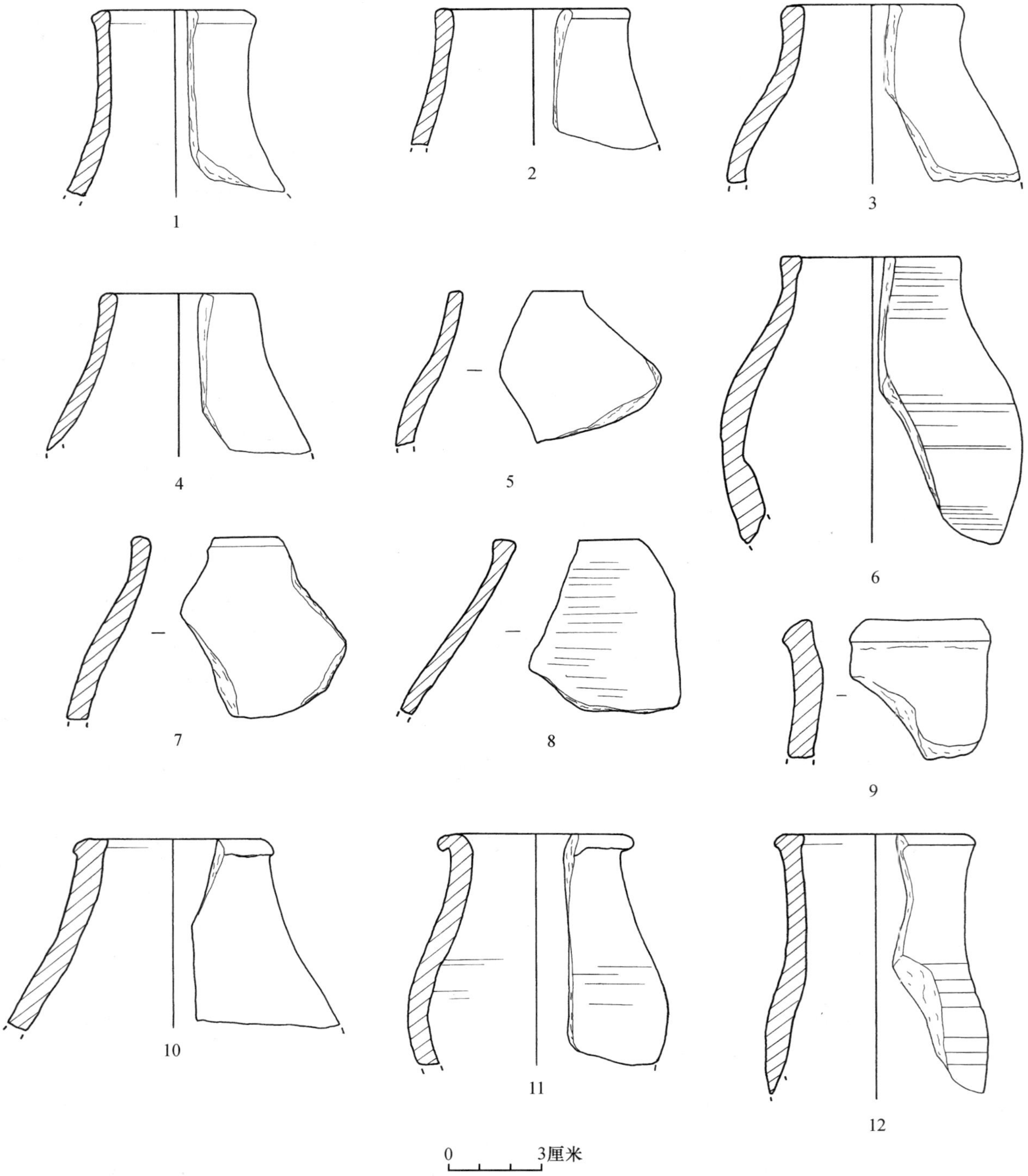

图一一六　尖底瓶口沿型式图

1～9. Ⅰ式（H59⑤：6、H49⑤：2、H49④：6、H49⑤：3、H49③：9、H49⑥：3、H49①：5、H49③：8、H59③：11）　10～12. Ⅱ式（H13：3、H17：17、H41②：1）

Ⅱ式：3件。葫芦形口外起一周凸棱。包括H13：3（图一一六，10）、H17：17（图一一六，11）、H41②：1（图一一六，12）。

除上述口沿标本外，另选取有1件器耳、2件器底及1件颈部以上残缺的尖底瓶标本，从3件带尖底的标本来看，尖底瓶底部整体虽呈尖锥状，但具体形态也不尽一致，根据底部内收程度的差异大致可以分为二式。

Ⅰ式：H49④：3（图一一七，1），底部急剧内收呈尖锥状。

Ⅱ式：H49①：4（图一一七，2）、H60：2（图一一七，3），底部内收稍缓，外壁较斜直。

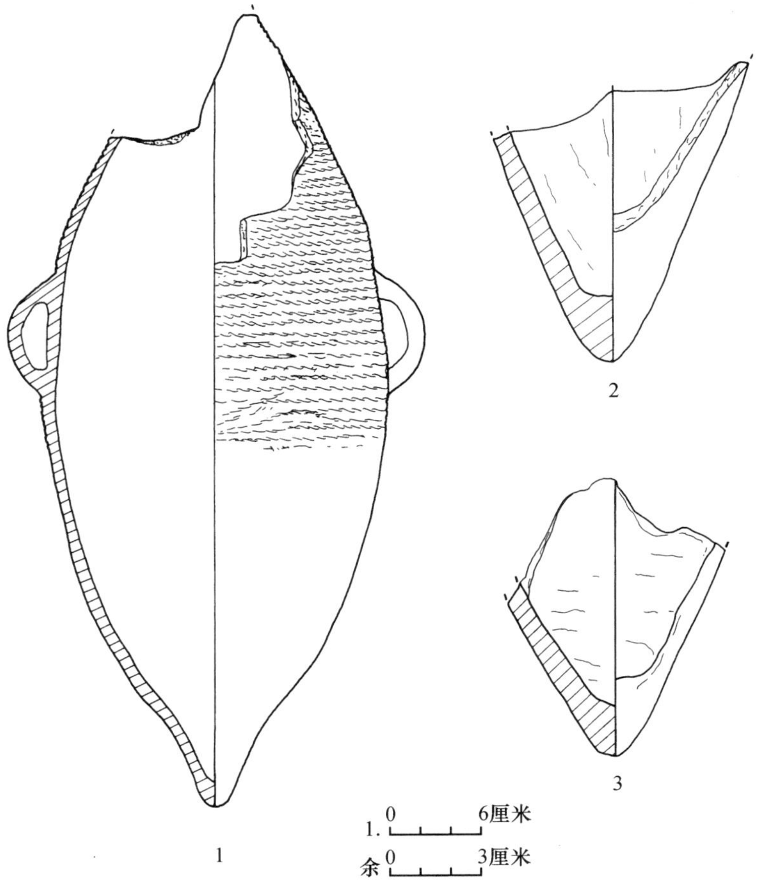

图一一七　尖底瓶器底型式图

1. Ⅰ式（H49④：3）　2、3. Ⅱ式（H49①：4、H60：2）

盆　数量较多，其中仅1件可复原。多口沿及腹部残片，从中选取标本共计91件，根据口沿部分及腹部形态差异可以分为叠唇盆、卷沿盆、折沿盆、敞口斜腹盆。

A型　叠唇盆，选取标本42件。根据具体形制可分四亚型。

Aa型　21件。侈口较甚，口沿与腹部之间内束明显。可分二式。

Ⅰ式：11件。侈口或微侈，叠唇稍厚，唇下缘圆弧。包括F3：3（图一一八，8）、G22②：6（图一一八，2）、G22③：5（图一一八，11）、H16：4（图一一八，4）、H17：9（图一一八，1）、H17：10（图一一八，5）、H27：5（图一一八，7）、H31：5（图一一八，3）、H31：6

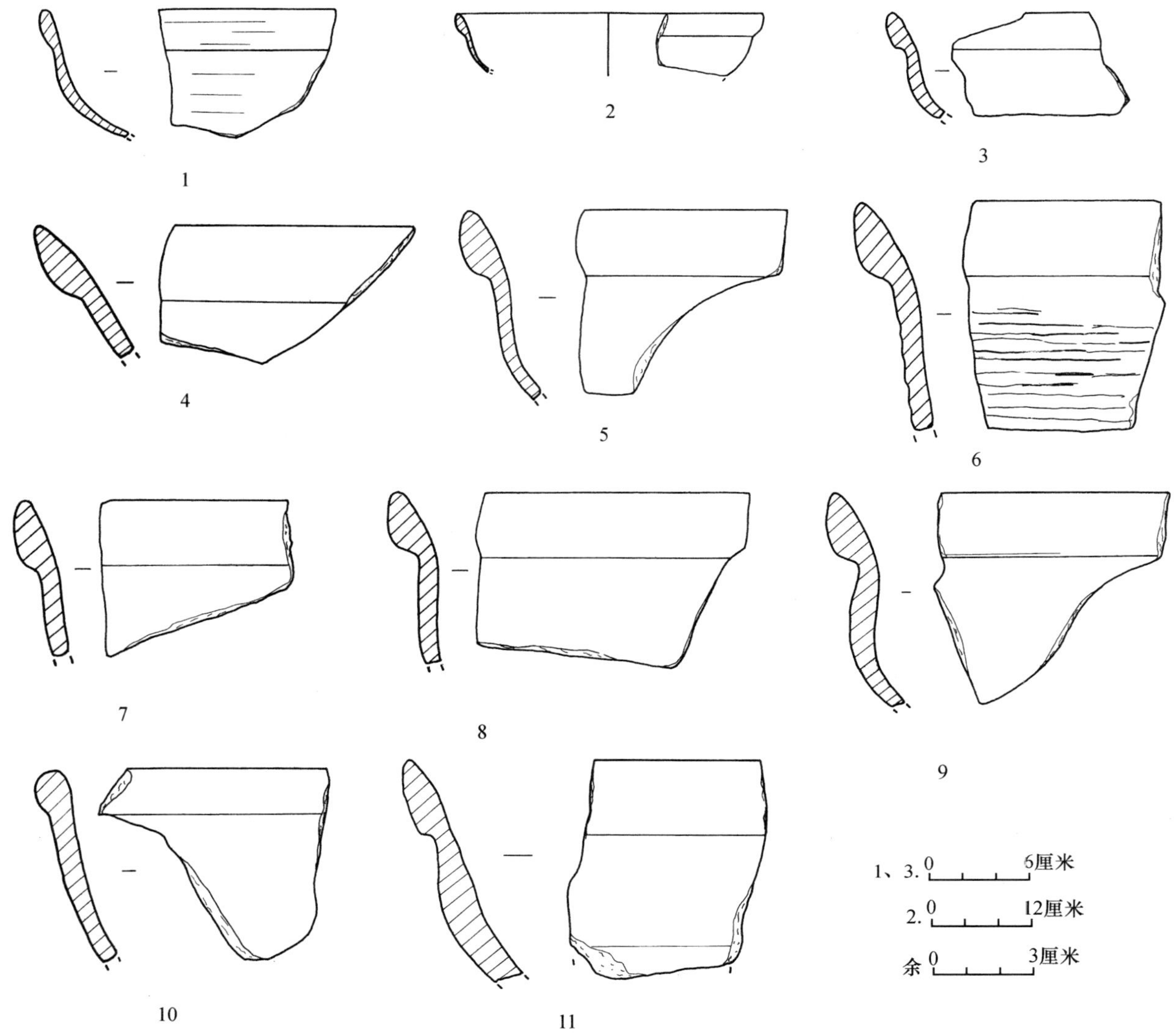

图一一八　Aa型Ⅰ式叠唇盆

1. H17：9　2. G22②：6　3. H31：5　4. H16：4　5. H17：10　6. H31：6
7. H27：5　8. F3：3　9. H59④：4　10. H49⑦：16　11. G22③：5

（图一一八，6）、H49⑦：16（图一一八，10）、H59④：4（图一一八，9）。

Ⅱ式：10件。侈口，长叠唇，胎体较薄，宽沿斜直。包括G21：1（图一一九，1）、H4：8（图一一九，2）、H16：5（图一一九，3）、H49①：13（图一一九，4）、H51：5（图一一九，5）、H59⑤：9（图一一九，6）、H61：25（图一一九，7）、H61：26（图一一九，8）、H61：27（图一一九，9）、H61：28（图一一九，10）。

Ab型　2件。侈口，双腹，上腹斜直，下腹外鼓。包括H60：8（图一一九，11）、H61：29（图一一九，12）。

Ac型　3件。微侈口近直，腹较直。包括H49③：12（图一二〇，1）、H61：30（图一二〇，2）、H61：31（图一二〇，3）。

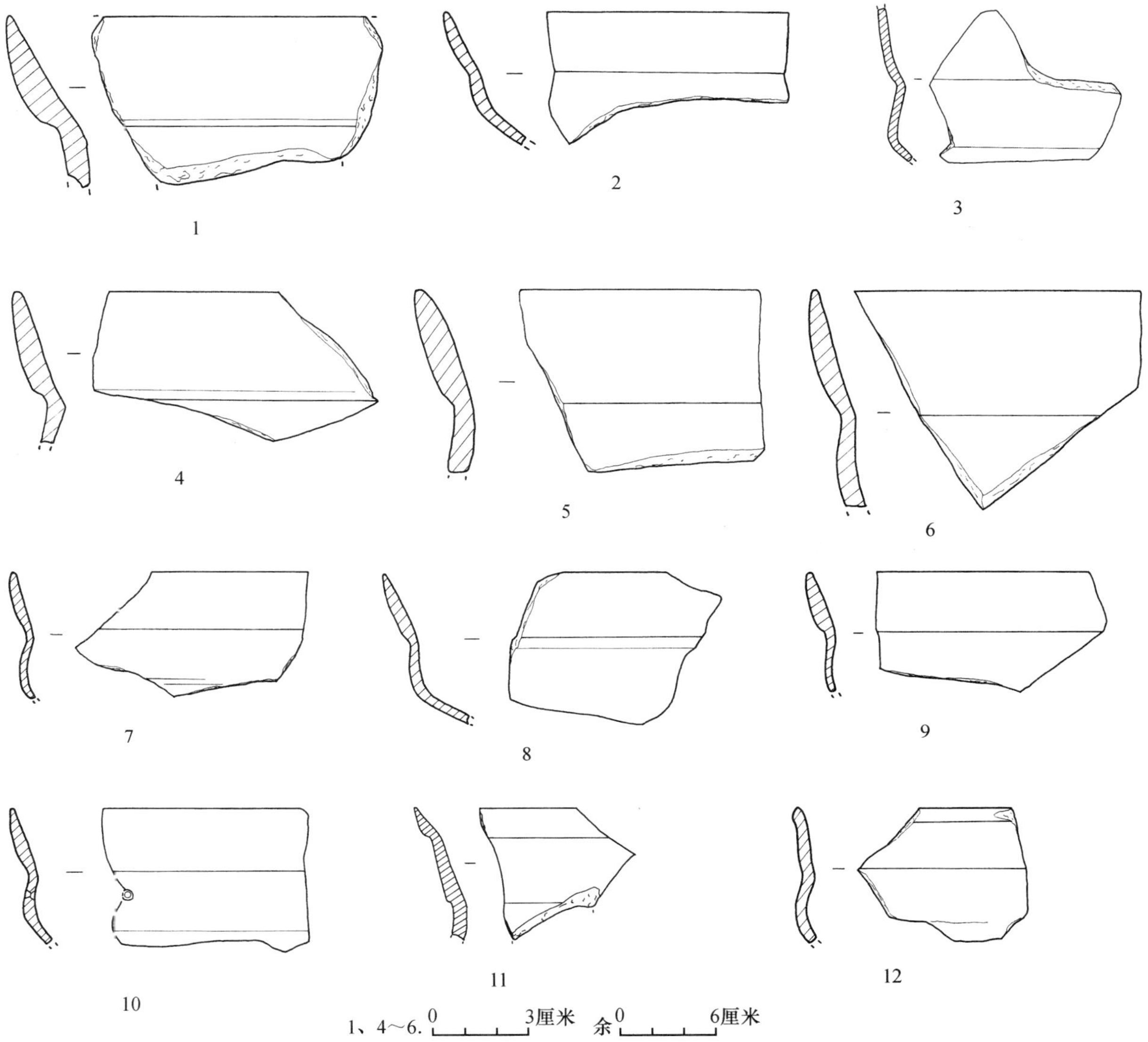

图一一九　Aa型Ⅱ式、Ab型叠唇盆

1～10. Aa型Ⅱ式（G21：1、H4：8、H16：5、H49①：13、H51：5、H59⑤：9、H61：25、H61：26、H61：27、H61：28）　11、12. Ab型（H60：8、H61：29）

Ad型　敛口。16件。可分二式。

Ⅰ式：2件。包括G22①：1（图一二〇，4）、H4：5（图一二〇，5）。

Ⅱ式：14件。包括G17：5（图一二一，1）、G17：6（图一二一，2）、G22②：4（图一二一，3）、G22②：5（图一二一，12）、G22③：4（图一二一，4）、H13：8（图一二一，5）、H17：15（图一二一，6）、H31：8（图一二一，13）、H41②：4（图一二一，7）、H49①：14（图一二一，8）、H49③：13（图一二一，9）、H49④：4（图一二一，14）、H49④：16（图一二一，10）、H49⑤：10（图一二一，11）。

B型　卷沿盆。选取标本38件。根据腹部形态可分三亚型。

Ba型　9件。上腹较直。包括G17：3（图一二二，1）、H13：9（图一二二，2）、

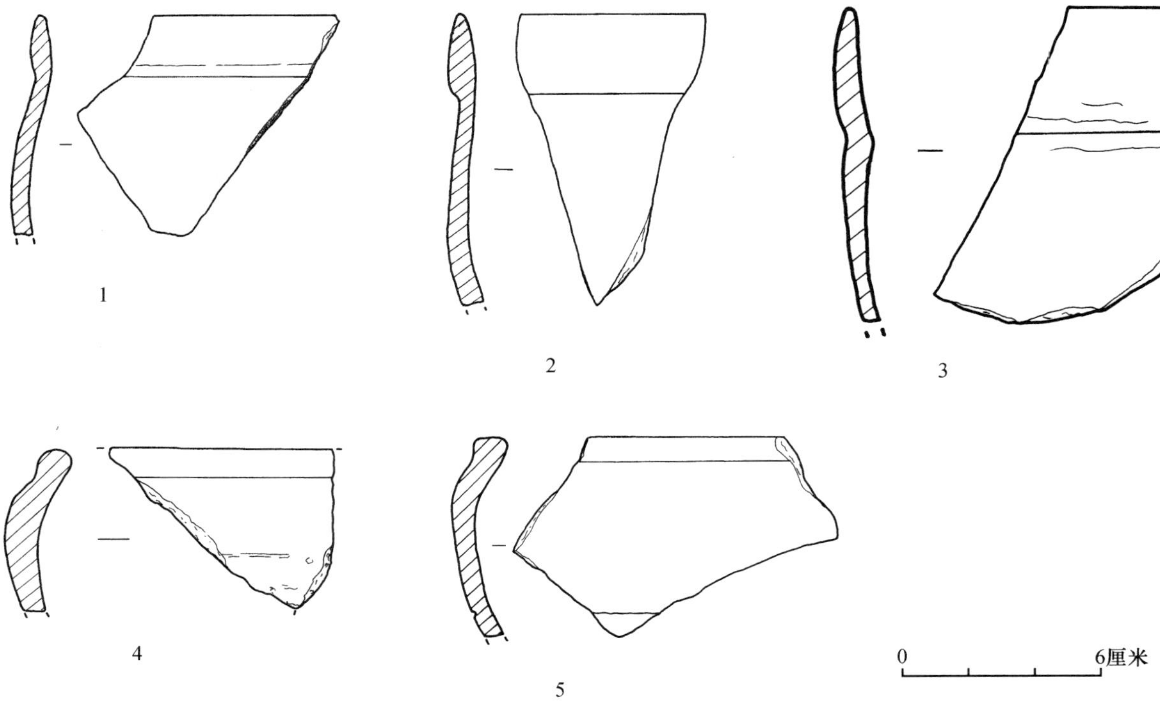

图一二〇　Ac、Ad型Ⅰ式叠唇盆
1～3. Ac型（H49③：12、H61：30、H61：31）　4、5. Ad型Ⅰ式（G22①：1、H4：5）

H41①：1（图一二二，3）、H41②：7（图一二二，4）、H49①：11（图一二二，5）、H49①：15（图一二二，6）、H49④：18（图一二二，7）、H49⑤：9（图一二二，8）、H49⑤：11（图一二二，9）。

Bb型　19件。弧腹。包括F3：4（图一二三，1）、H4：7（图一二三，2）、H17：12（图一二三，3）、H41②：5（图一二三，6）、H41②：6（图一二三，4）、H49②：11（图一二三，5）、H49②：12（图一二三，7）、H49②：13（图一二三，8）、H49③：11（图一二三，9）、H49④：19（图一二四，1）、H49⑦：13（图一二四，2）、H49⑦：14（图一二四，3）、H49⑦：15（图一二四，4）、H51：6（图一二四，5）、H59⑤：10（图一二四，6）、H60：7（图一二四，7）、H61：22（图一二四，8）、H61：23（图一二四，9）、H61：24（图一二四，10）。

Bc型　10件。上腹外鼓。可分二式。

Ⅰ式：3件。腹部微鼓。包括H17：11（图一二五，2）、H49⑤：12（图一二五，1）、H49⑥：8（图一二五，3）。

Ⅱ式：7件。腹部外鼓明显。包括G22②：7（图一二五，4）、H27：3（图一二五，6）、H49④：17（图一二五，5）、H59⑤：7（图一二五，7）、H61：18（图一二五，10）、H61：19（图一二五，9）、H61：20（图一二五，8）。

C型　折沿盆。选取标本8件。根据口沿细部形态可分二式。

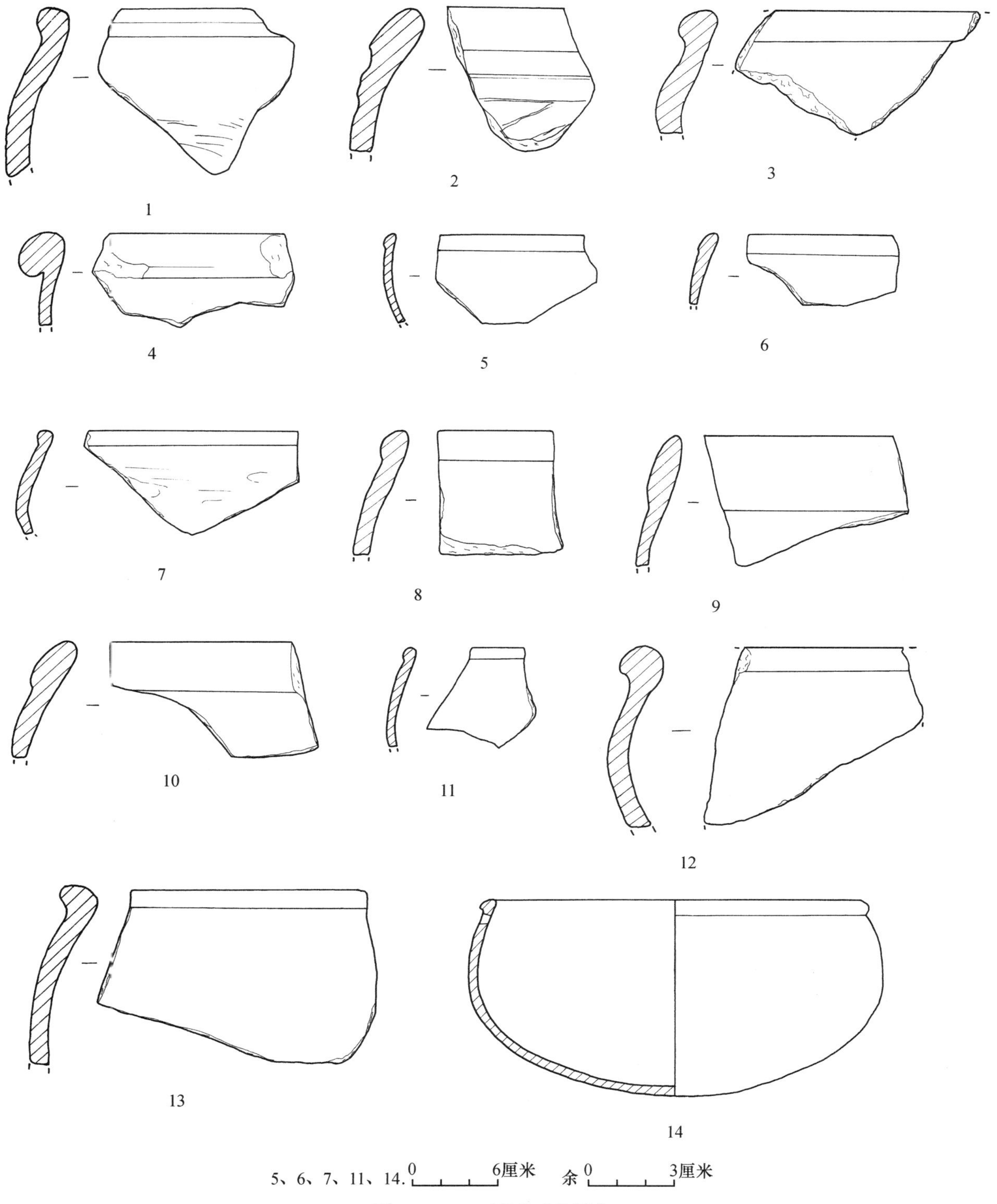

图一二一　Ad型Ⅱ式叠唇盆

1. G17：5　2. G17：6　3. G22②：4　4. G22③：4　5. H13：8　6. H17：15　7. H41②：4　8. H49①：14　9. H49③：13　10. H49④：16　11. H49⑤：10　12. G22②：5　13. H31：8　14. H49④：4

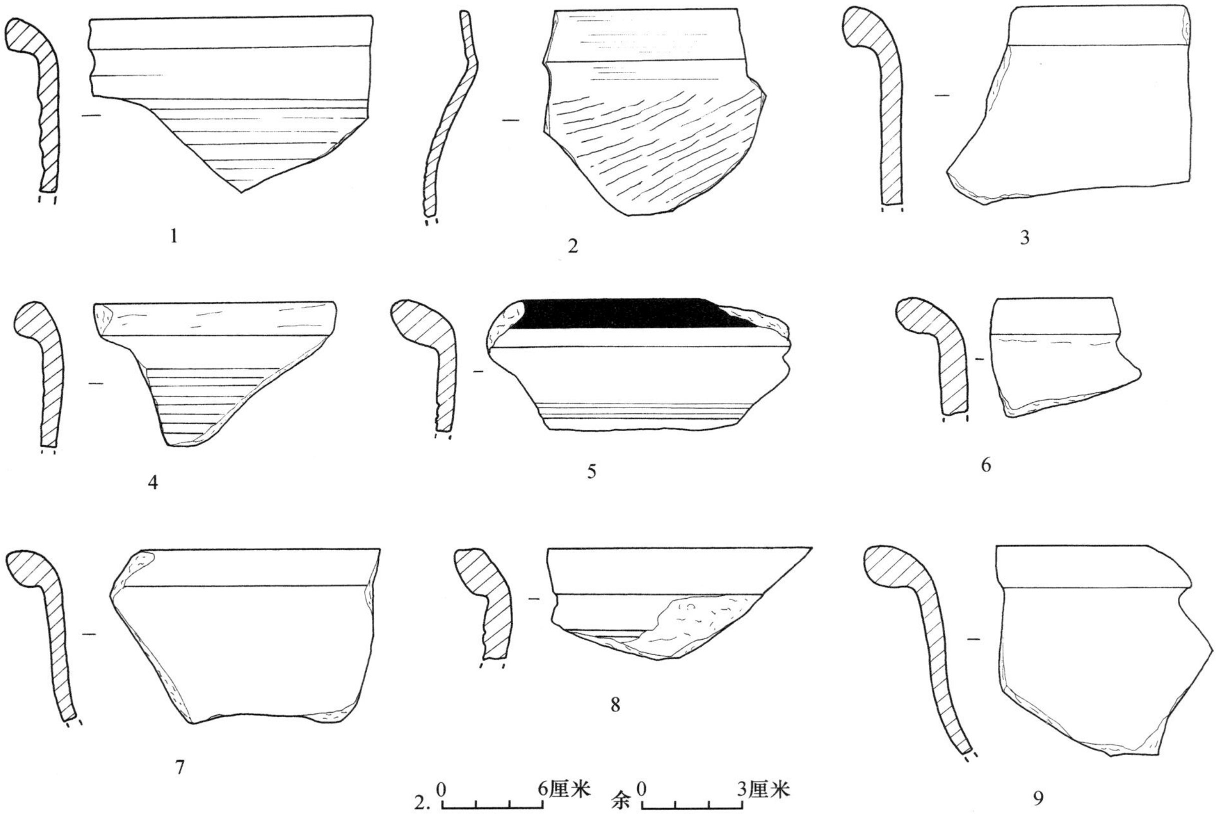

图一二二　Ba型卷沿盆

1. G17：3　2. H13：9　3. H41①：1　4. H41②：7　5. H49①：11
6. H49①：15　7. H49④：18　8. H49⑤：9　9. H49⑤：11

Ⅰ式：4件。沿面略显圆弧。包括G20：1（图一二六，1）、H4：6（图一二六，5）、H27：4（图一二六，7）、H31：7（图一二六，3）。

Ⅱ式：4件。沿面较平直。包括H49①：12（图一二六，2）、H49②：10（图一二六，4）、H61：21（图一二六，6）、G17：4（图一二六，8）。

D型　敞口或侈口斜腹盆。选取标本3件。根据口沿形态可分二亚型。

Da型　2件。包括H60：6（图一二七，1）、H59⑤：11（图一二七，2），敞口或侈口，圆唇稍厚。

Db型　1件。H59⑤：8（图一二七，3），侈口，窄平沿，圆唇。

钵　数量较多，无可复原者，多口及腹部。从中选取标本共计86件，皆为口部标本，根据口沿部分的形态及带耳与否可以分为直口钵、敛口钵、敞口钵和带耳钵四型。

A型　直口或直口微敛，选取标本共计42件。可分二式。

Ⅰ式：21件。上腹微鼓。包括H49②：15（图一二八，1）、H49②：16（图一二八，2）、H49③：17（图一二八，3）、H49③：19（图一二八，4）、H49③：20（图一二八，5）、H49④：23（图一二八，6）、H49⑤：16（图一二九，9）、H49⑤：19（图一二九，1）、H49⑤：20（图一二九，2）、H49⑤：21（图一二九，3）、H49⑥：10（图一二八，7）、H49⑥：11（图一二九，

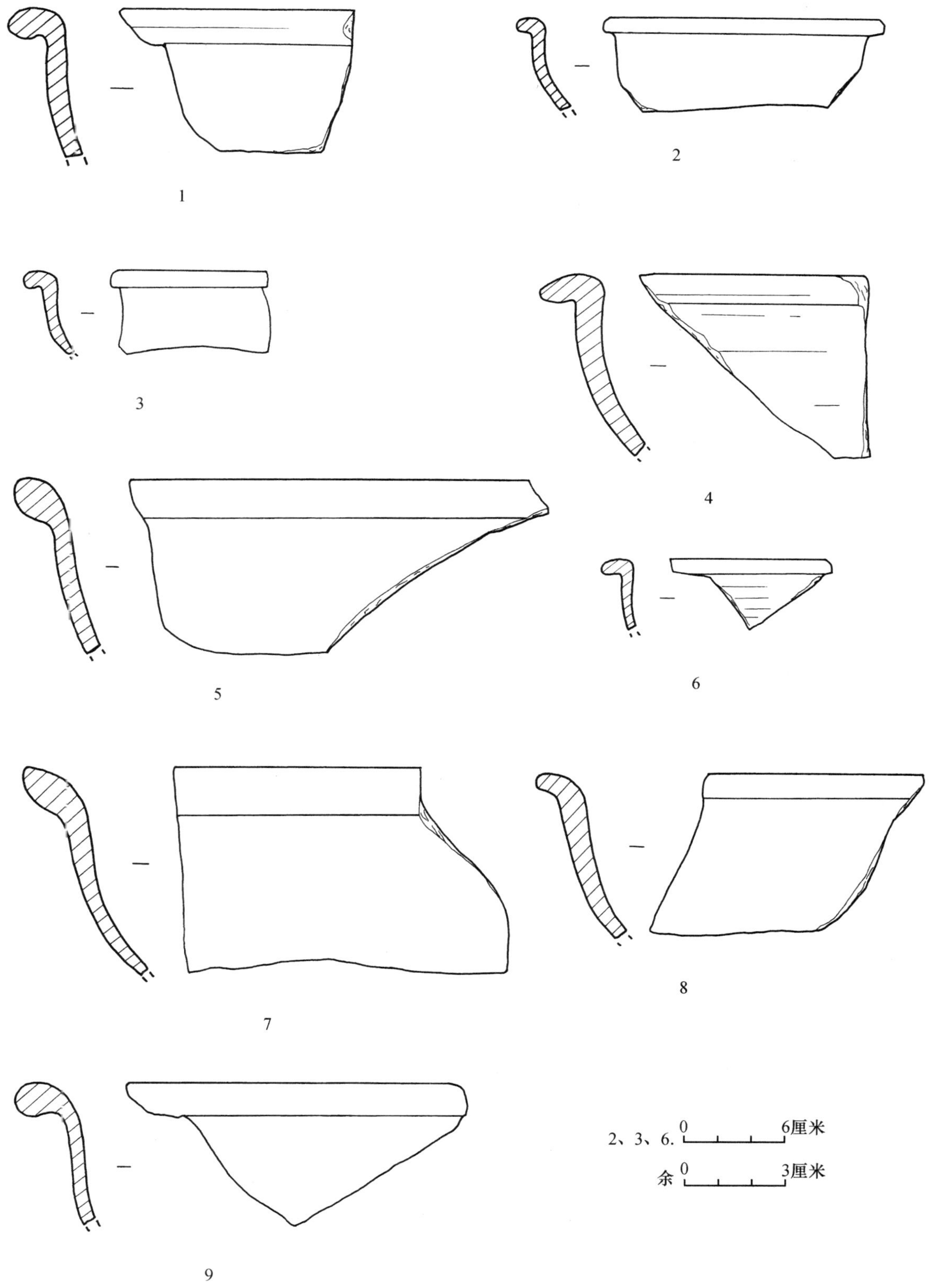

图一二三　Bb型卷沿盆

1. F3∶4　2. H4∶7　3. H17∶12　4. H41②∶6　5. H49②∶11
6. H41②∶5　7. H49②∶12　8. H49②∶13　9. H49③∶11

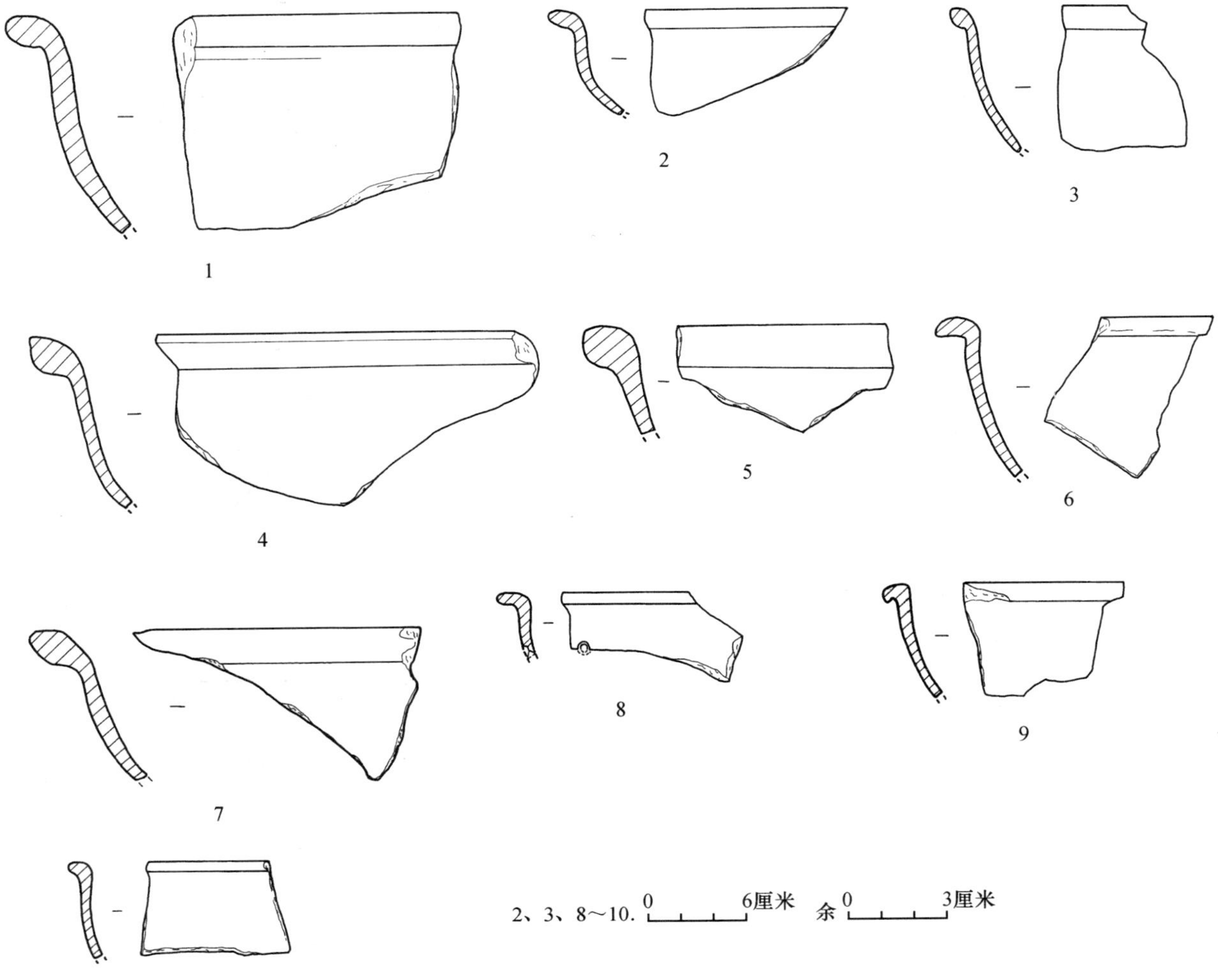

图一二四　Bb型卷沿盆

1. H49④：19　2. H49⑦：13　3. H49⑦：14　4. H49⑦：15
5. H51：6　6. H59⑤：10　7. H60：7　8. H61：22　9. H61：23　10. H61：24

4）、H49⑥：12（图一二九，7）、H49⑥：14（图一二八，10）、H49⑦：17（图一二九，8）、H49⑦：19（图一二八，9）、H49⑦：22（图一二九，5）、H51：9（图一二八，11）、H51：10（图一二八，8）、H59⑤：19（图一二八，12）、G22③：6（图一二九，6）。

Ⅱ式：21件。上腹稍直，下肢弧收，胎体较为均匀。包括H4：9（图一三〇，1）、H17：13（图一三〇，2）、H17：14（图一三一，3）、H27：6（图一三〇，4）、H49①：18（图一三〇，5）、H49①：21（图一三〇，6）、H49②：17（图一三〇，7）、H49②：18（图一三〇，8）、H49③：16（图一三一，8）、H49③：18（图一三一，9）、H49③：21（图一三一，2）、H49④：20（图一三〇，3）、H49④：22（图一三一，6）、H49⑤：15（图一三〇，9）、H49⑥：13（图一三一，1）、H49⑥：15（图一三一，4）、H49⑦：18（图一三〇，10）、H49⑦：23（图一三一，5）、H61：32（图一三〇，11）、G20：3（图一三一，7）、F3：5（图一三〇，12）。

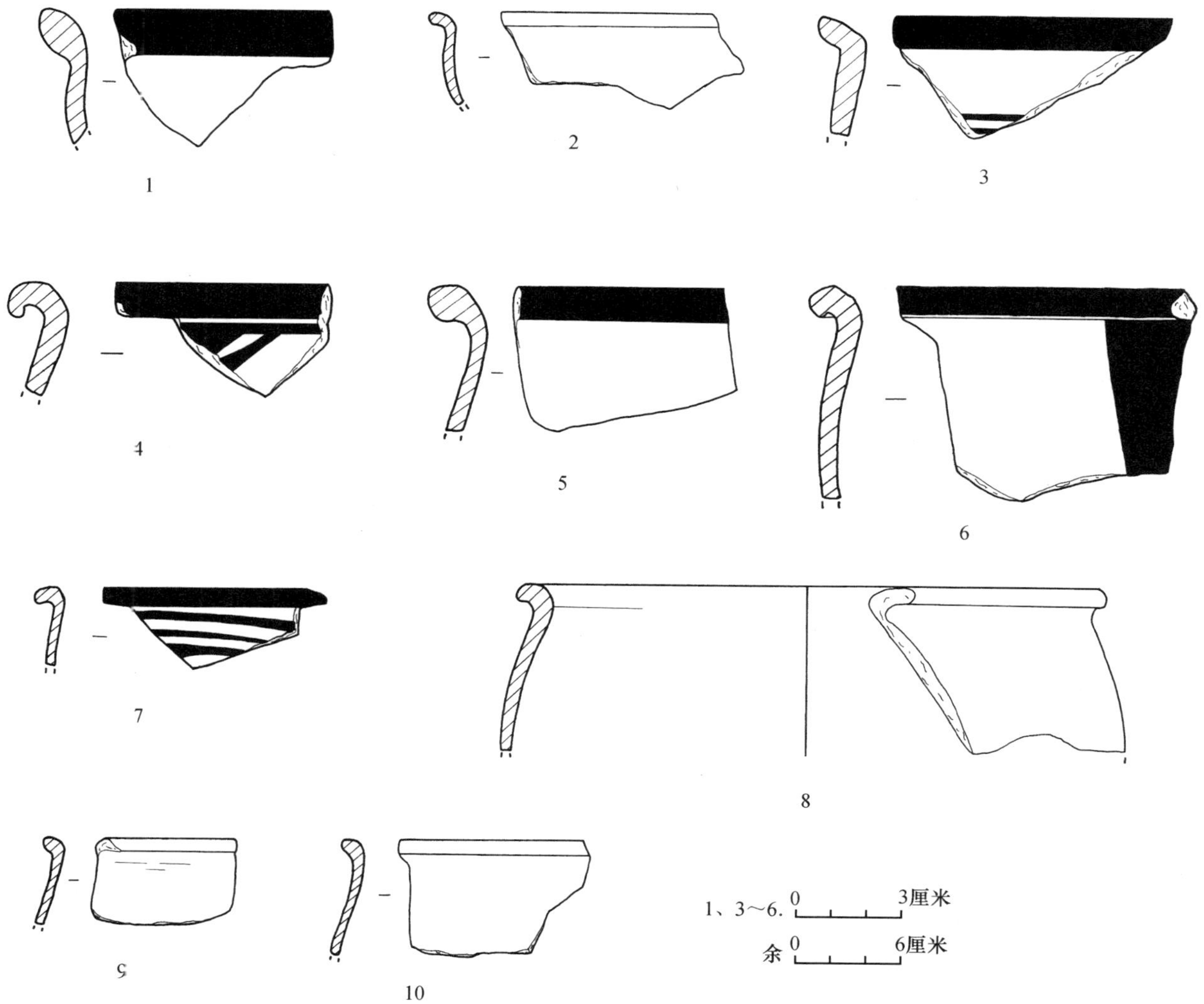

图一二五 Bc型卷沿盆

1～3. Ⅰ式（H49⑤：12、H17：11、H49⑥：8） 4～10. Ⅱ式（G22②：7、H49④：17、H27：3、H59⑤：7、H61：20、H61：19、H61：18）

B型 敛口。选取标本30件，整体形制大同小异。仅根据口部内敛程度的差异划分为二式。

Ⅰ式：17件。口部稍内敛。包括H4：10（图一三二，1）、H13：11（图一三二，2）、H18：1（图一三二，3）、H41②：9（图一三二，4）、H49①：19（图一三二，5）、H49①：20（图一三二，6）、H49②：19（图一三二，7）、H49③：23（图一三二，8）、H49④：21（图一三二，9）、H49④：24（图一三三，1）、H49⑤：13（图一三三，2）、H49⑦：20（图一三三，3）、H51：8（图一三三，4）、H59⑤：18（图一三三，5）、H60：10（图一三三，6）、G22①：2（图一三三，7）、G22②：9（图一三三，8）。口部稍内敛。

Ⅱ式：13件。敛口较甚，腹部外鼓明显。H13：10（图一三四，1）、H18：2（图一三四，12）、H41②：8（图一三四，11）、H41②：10（图一三四，4）、H49②：20（图一三四，5）、H49③：22（图一三四，6）、H49③：24（图一三四，2）、H60：9（图一三四，13）、H61：33（图一三四，3）、H61：34（图一三四，7）、H61：36（图一三四，8）、G17：7（图一三四，

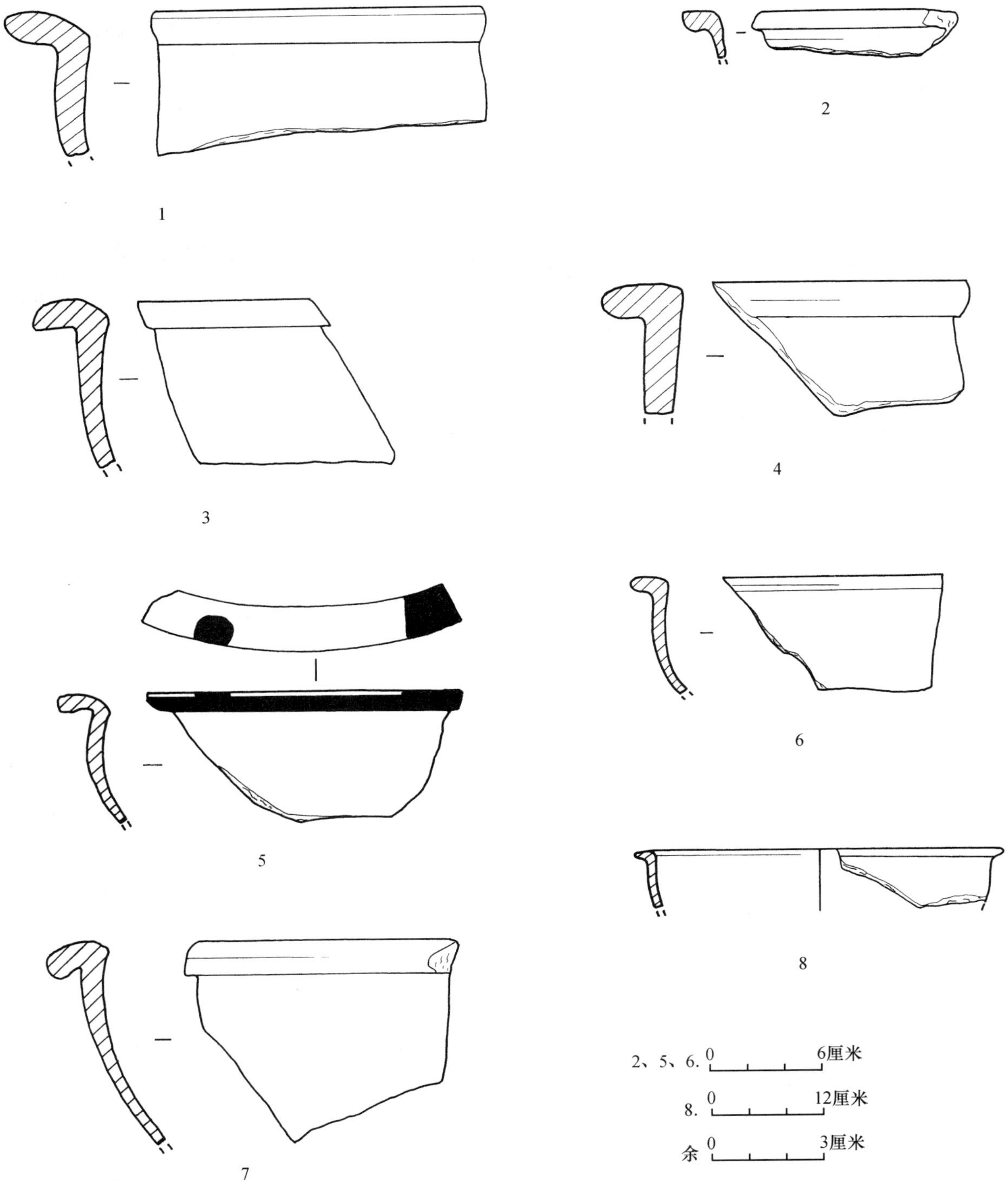

图一二六　C型折沿盆

1、3、5、7. Ⅰ式（G20：1、H31：7、H4：6、H27：4）　2、4、6、8. Ⅱ式（H49①：12、H49②：10、H61：21、G17：4）

9）、G22②：8（图一三四，10）。

C型　侈口。选取标本13件。包括H49①：16（图一三五，13）、H49①：17（图一三五，14）、H49②：14（图一三五，3）、H49③：14（图一三五，1）、H49③：15（图一三五，

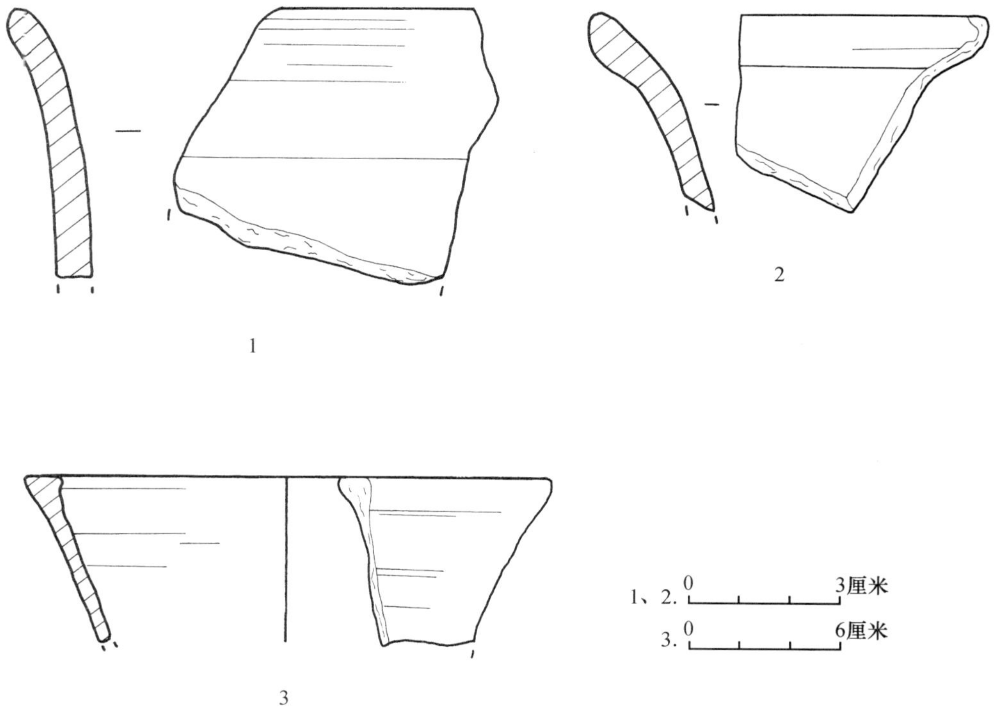

图一二七　D型敞口斜腹盆

1、2. Da型（H60：6、H59⑤：11）　3. Db型（H59⑤：8）

4）、H49⑤：14（图一三五，2）、H49⑤：17（图一三五，5）、H49⑤：18（图一三五，6）、H49⑥：9（图一三五，10）、H49⑦：21（图一三五，11）、H59⑤：20（图一三五，7）、H61：35（图一三五，8）、H61：37（图一三五，12）。

D型　带耳。仅1件。包括G22②：3（图一三五，9）。

罐　数量较多，多口、腹及底部，仅1件可修复。选取标本共计85件。根据形制差异可以分为深鼓腹罐、直腹罐、浅腹罐等。

深鼓腹罐　选取标本77件。可分三型。

A型　敛口。选取标本18件。根据口沿形态可分二式。

Ⅰ式：7件。敛口，厚唇。包括H13：5（图一三六，1）、H41①：3（图一三六，2）、H49⑦：10（图一三六，3）、H59⑤：13（图一三六，4）、H60：3（图一三六，5）、H60：4（图一三六，6）、H61：16（图一三六，7）。

Ⅱ式：11件。敛口，口沿处带凹槽。包括F3：1（图一三七，1）、G17：1（图一三七，2）、G22②：2（图一三七，3）、H4：3（图一三七，11）、H13：6（图一三七，4）、H17：7（图一三七，5）、H27：2（图一三七，7）、H31：3（图一三七，10）、H51：1（图一三七，8）、H59③：10（图一三七，9）、H59④：3（图一三七，6）。

B型　侈口。选取标本54件。根据形态差异可分为五亚型。

Ba型　9件。侈口近直。包括G21：2（图一三八，1）、H49③：2（图一三八，9）、H49③：4（图一三八，2）、H49⑦：7（图一三八，3）、H59④：2（图一三八，4）、H61：9（图一三八，

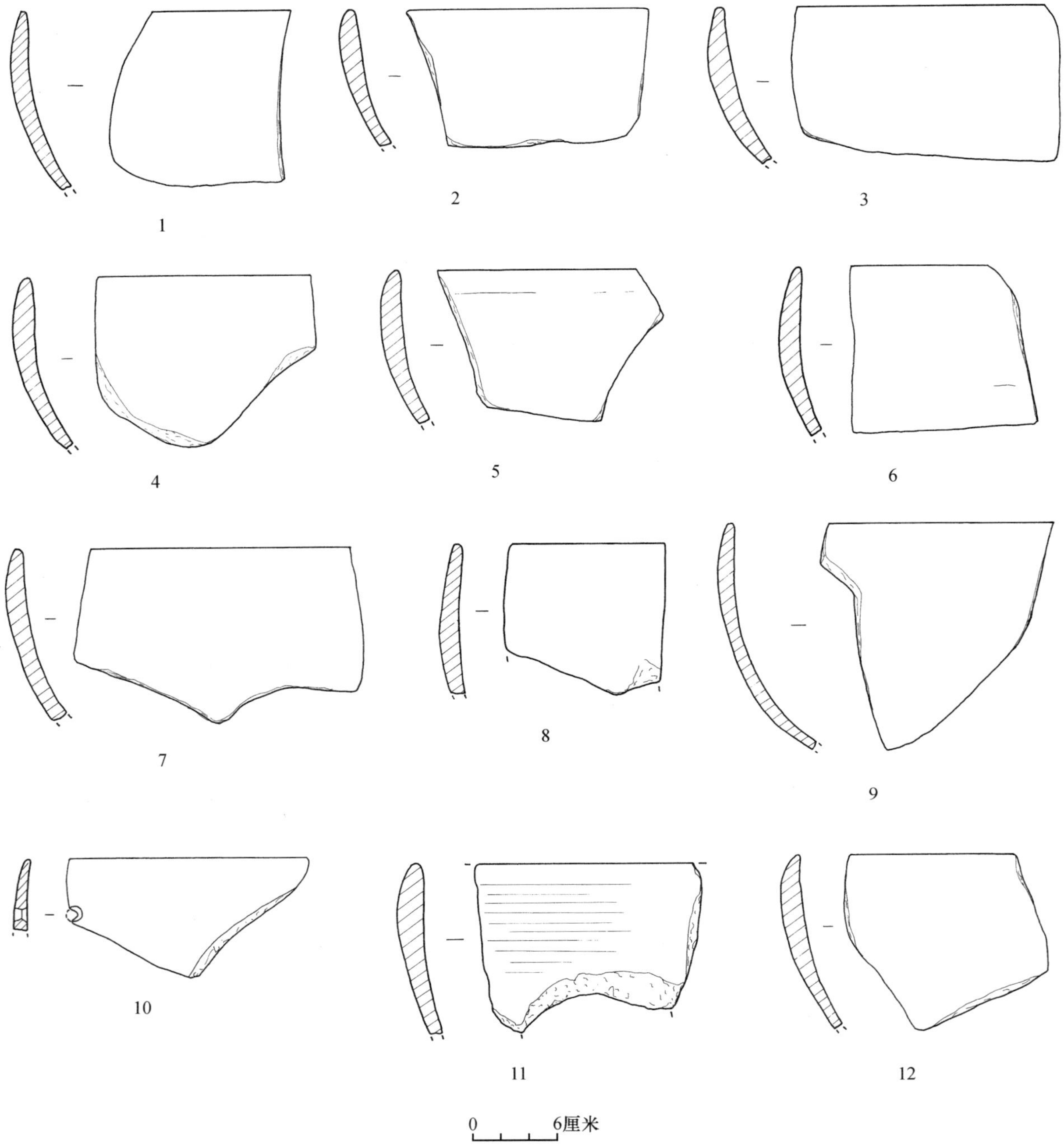

图一二八　A型Ⅰ式直口钵

1. H49②：15　2. H49②：16　3. H49③：17　4. H49③：19　5. H49③：20　6. H49④：23
7. H49⑥：10　8. H51：10　9. H49⑦：19　10. H49⑥：14　11. H51：9　12. H59⑤：19

6）、H61：10（图一三八，5）、H61：11（图一三八，8）、H61：12（图一三八，7）。

Bb型　17件。侈口，斜沿。包括H4：4（图一三九，1）、H13：4（图一三九，2）、H31：4（图一三九，3）、H49①：6（图一四〇，3）、H49①：7（图一三九，12）、H49①：8（图一四〇，2）、H49③：3（图一三九，4）、H49④：7（图一四〇，4）、H49④：8（图

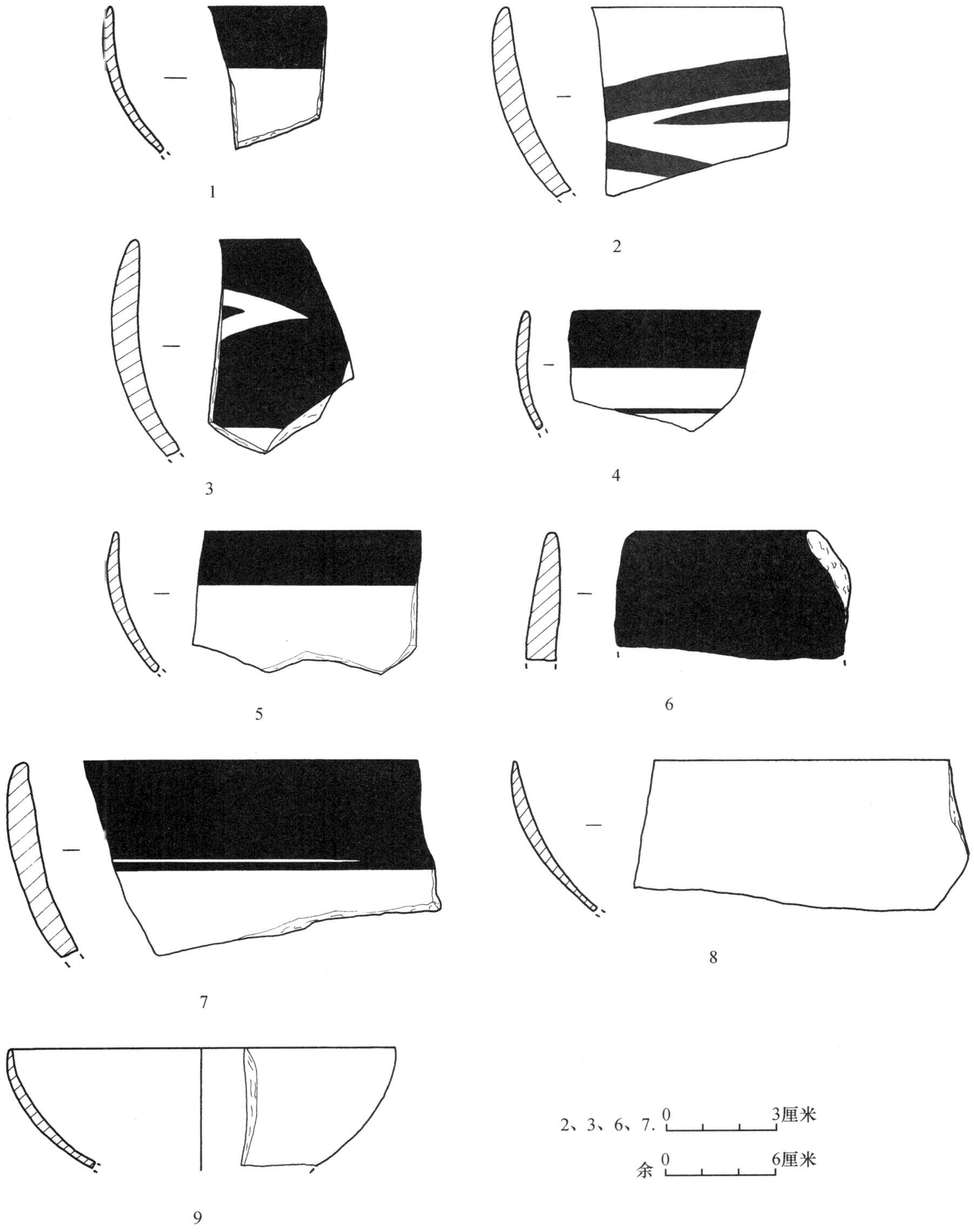

图一二九　A型Ⅰ式直口钵

1. H49⑤：19　2. H49⑤：20　3. H49⑤：21　4. H49⑥：11　5. H49⑦：22　6. G22③：6　7. H49⑥：12　8. H49⑦：17　9. H49⑤：16

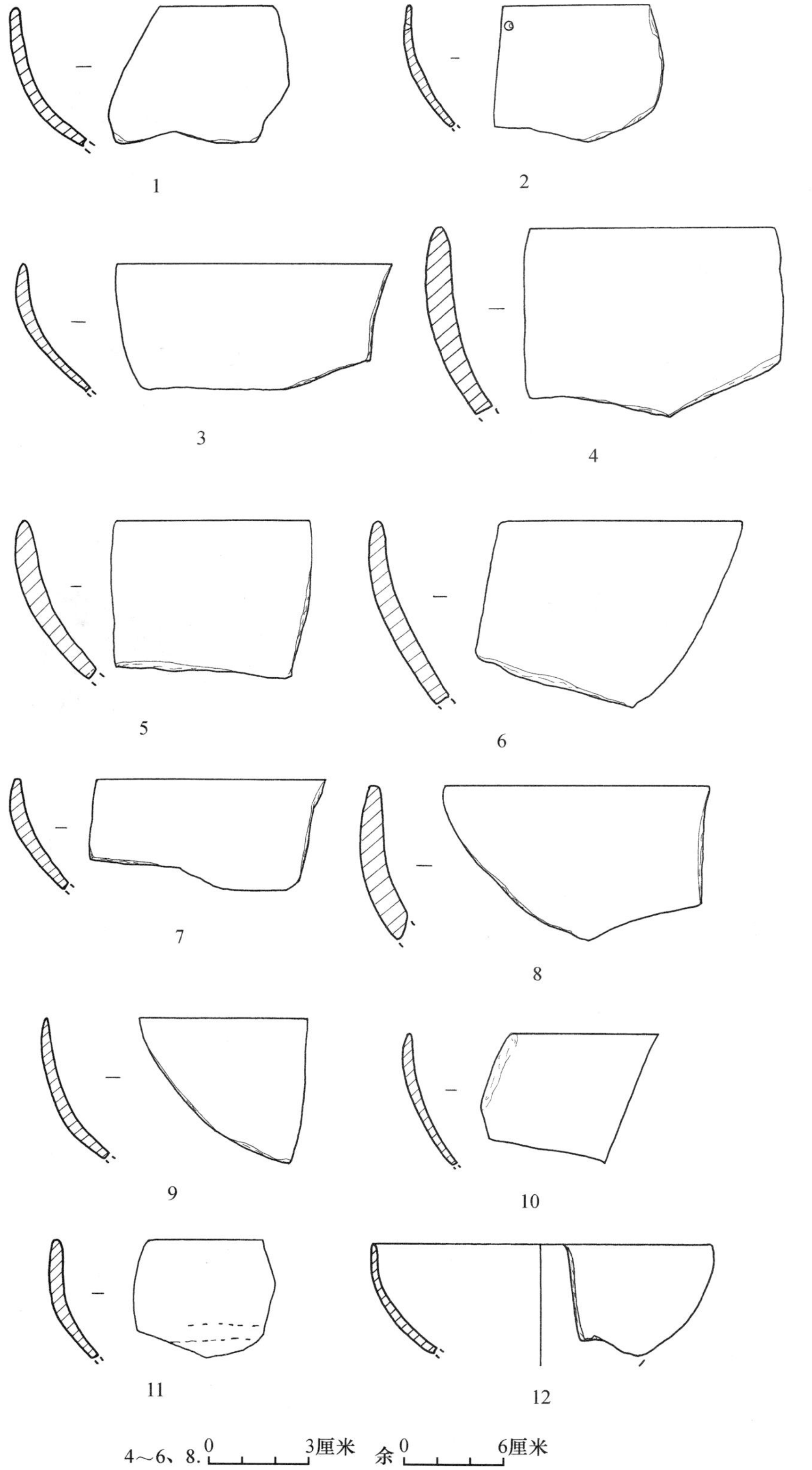

图一三〇　A型Ⅱ式直口钵

1. H4：9　2. H17：13　3. H49④：20　4. H27：6　5. H49①：18　6. H49①：21　7. H49②：17　8. H49②：18　9. H49⑤：15　10. H49⑦：18　11. H61：32　12. F3：5

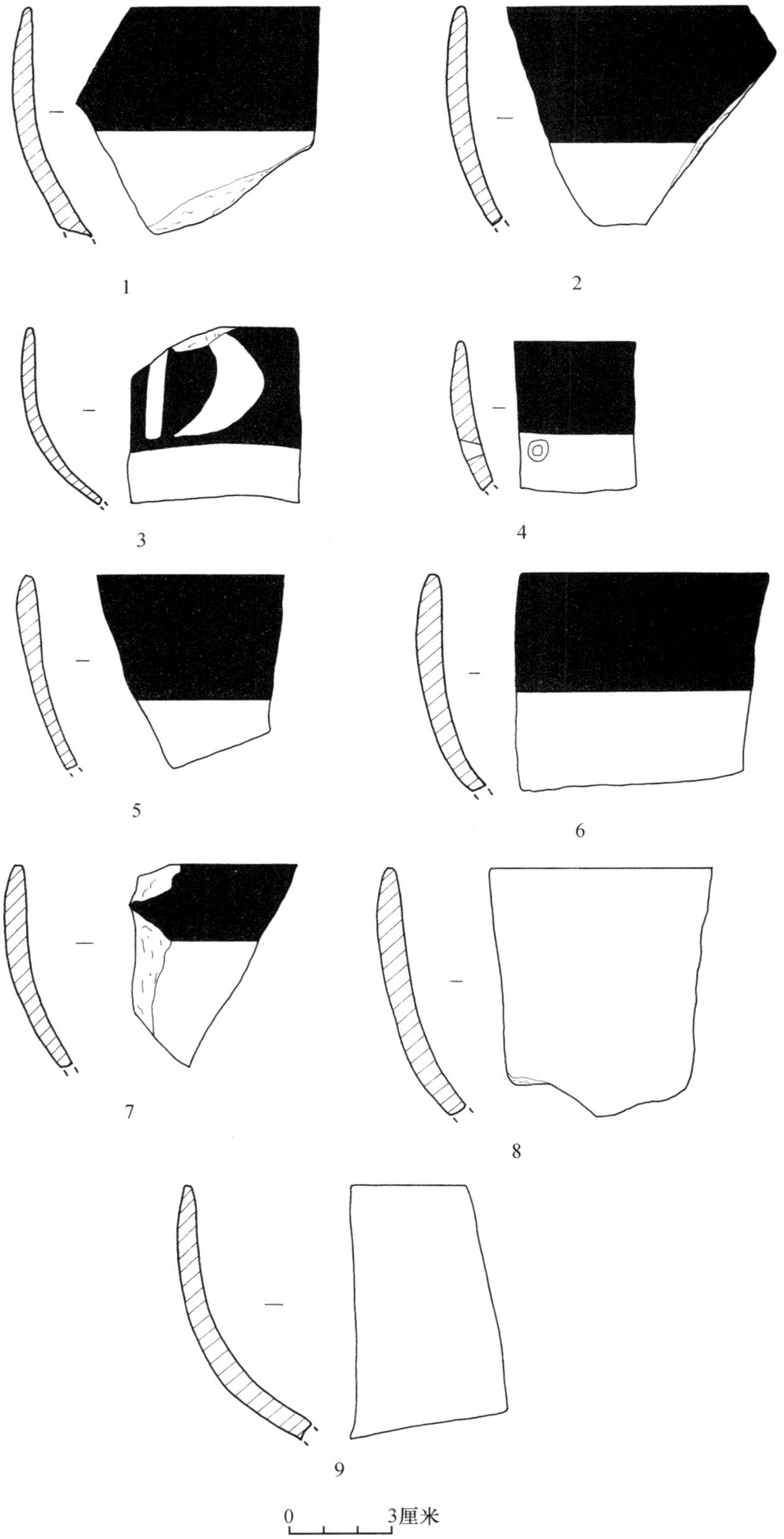

图一三一　A型Ⅱ式直口钵

1. H49⑥　13　2. H49③：21　3. H17：14　4. H49⑥：15　5. H49⑦：23　6. H49④：22　7. G20：3　8. H49③：16　9. H49③：18

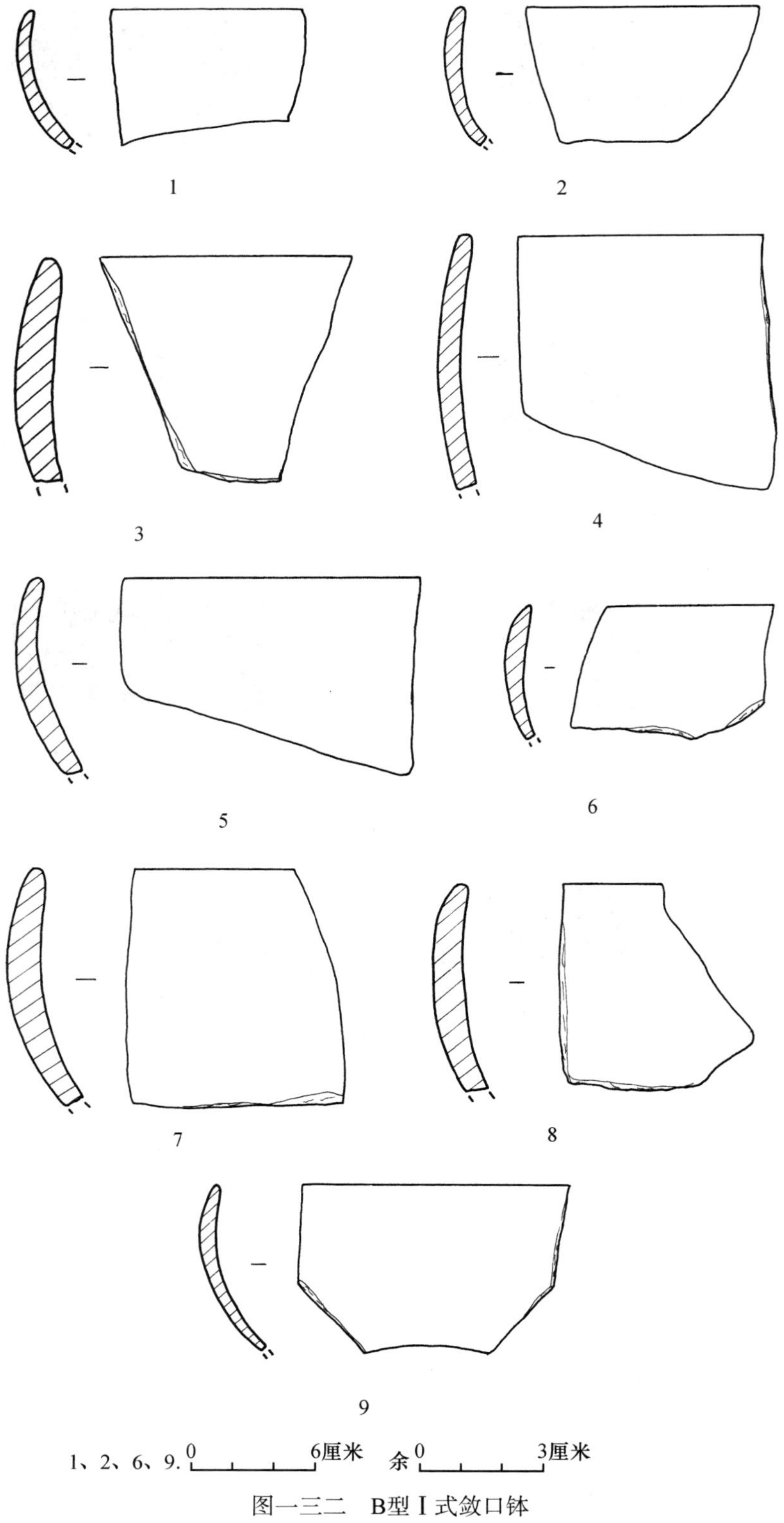

图一三二　B型Ⅰ式敛口钵

1.H4：10　2.H13：11　3.H18：1　4.H41②：9　5.H49①：19
6.H49①：20　7.H49②：19　8.H49③：23　9.H49④：21

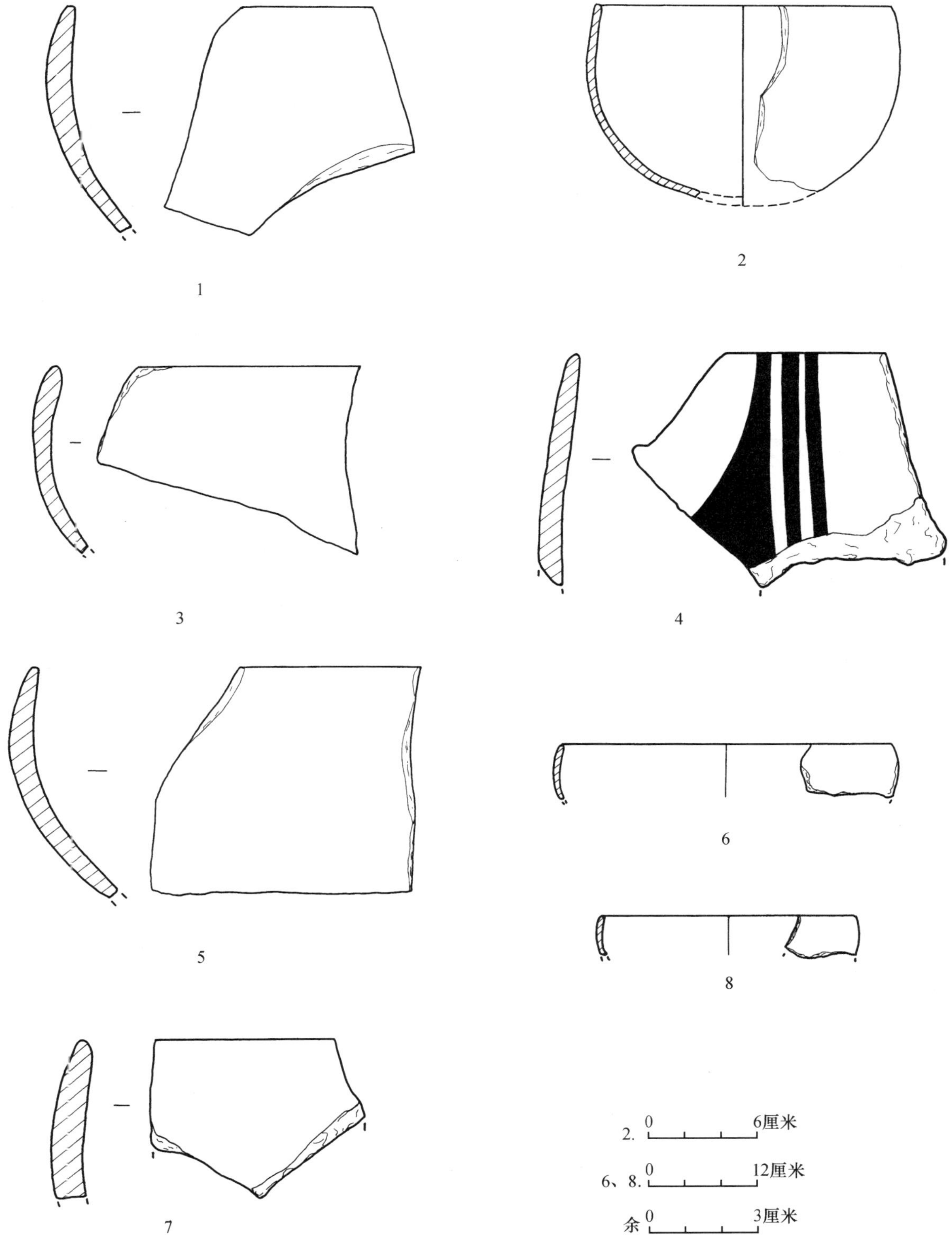

图一三三　B型Ⅰ式敛口钵

1.H49④：24　2.H49⑤：13　3.H49⑦：20　4.H51：8　5.H59⑤：18　6.H60：10　7.G22①：2　8.G22②：9

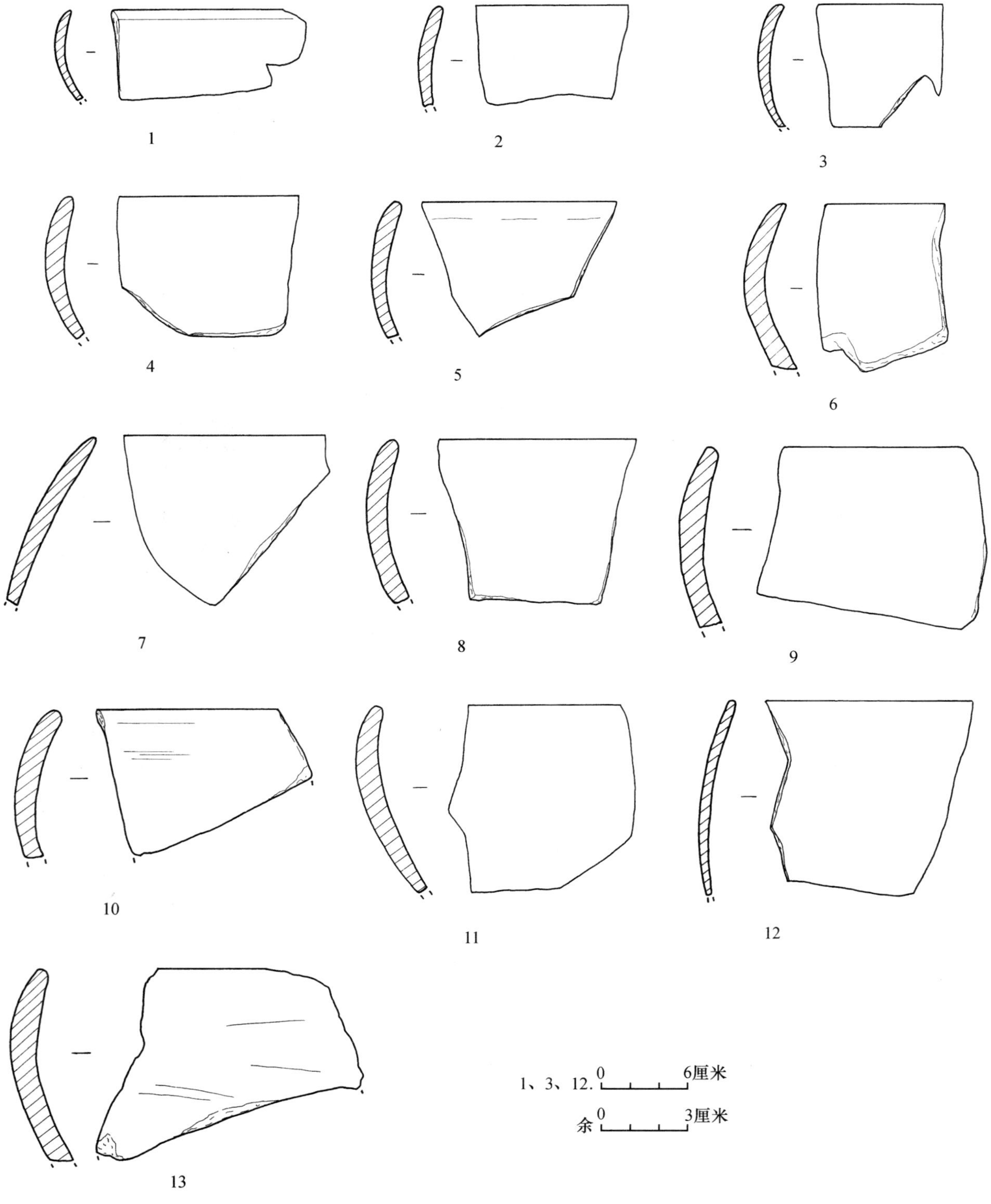

图一三四　B型Ⅱ式敛口钵

1. H13：10　2. H49③：24　3. H61：33　4. H41②：10　5. H49②：20　6. H49③：22
7. H61：34　8. H61：36　9. G17：7　10. G22②：8　11. H41②：8　12. H18：2　13. H60：9

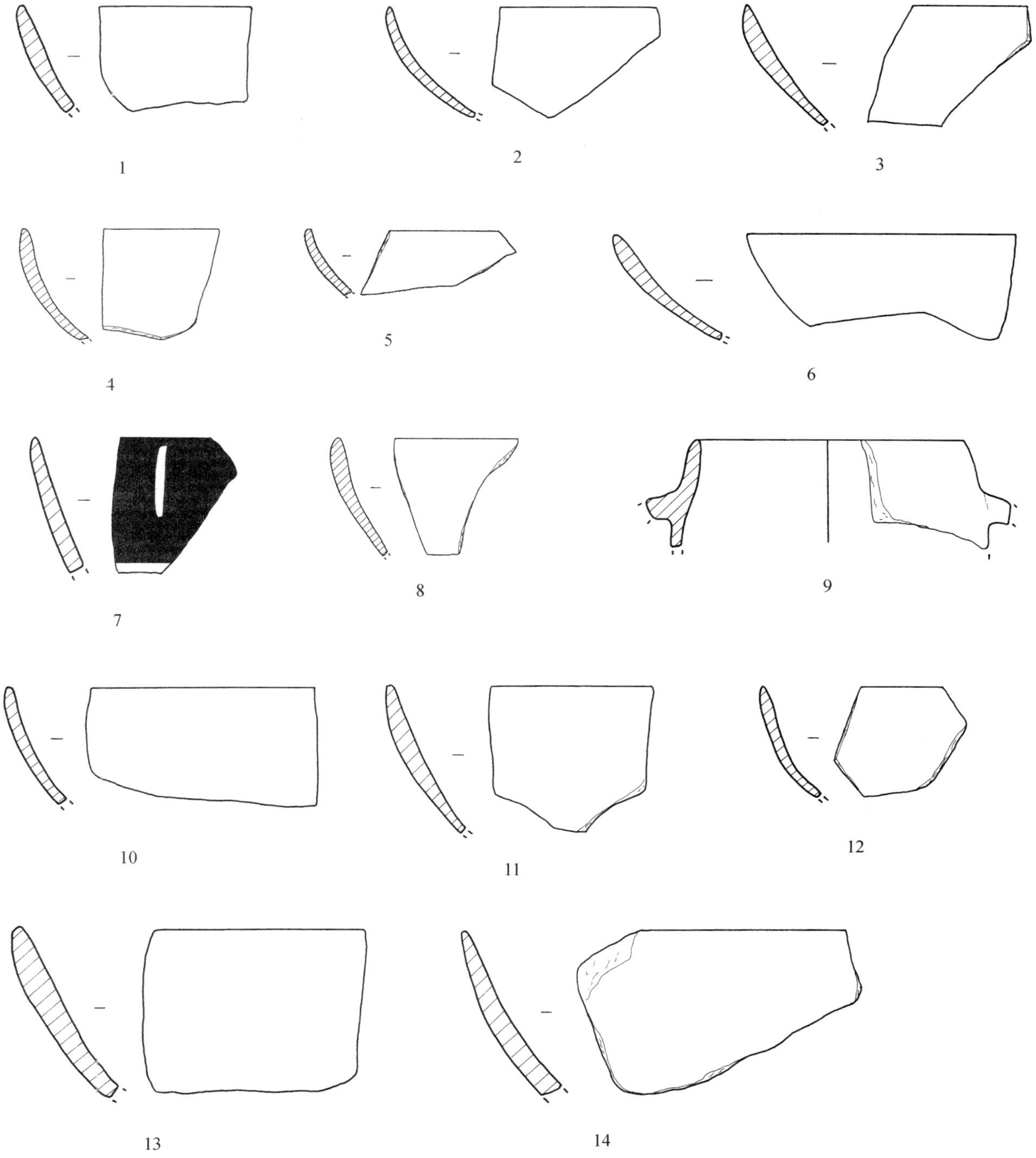

7、11、13、14. 0 3厘米　余 0 6厘米

图一三五　C型侈口钵、D型带耳钵

1～8、10～14. C型侈口钵（H49③：14、H49⑤：14、H49②：14、H49③：15、H49⑤：17、H49⑤：18、H59⑤：20、H61：35、H49⑥：9、H49⑦：21、H61：37、H49①：16、H49①：17）　9. D型带耳钵（G22②：3）

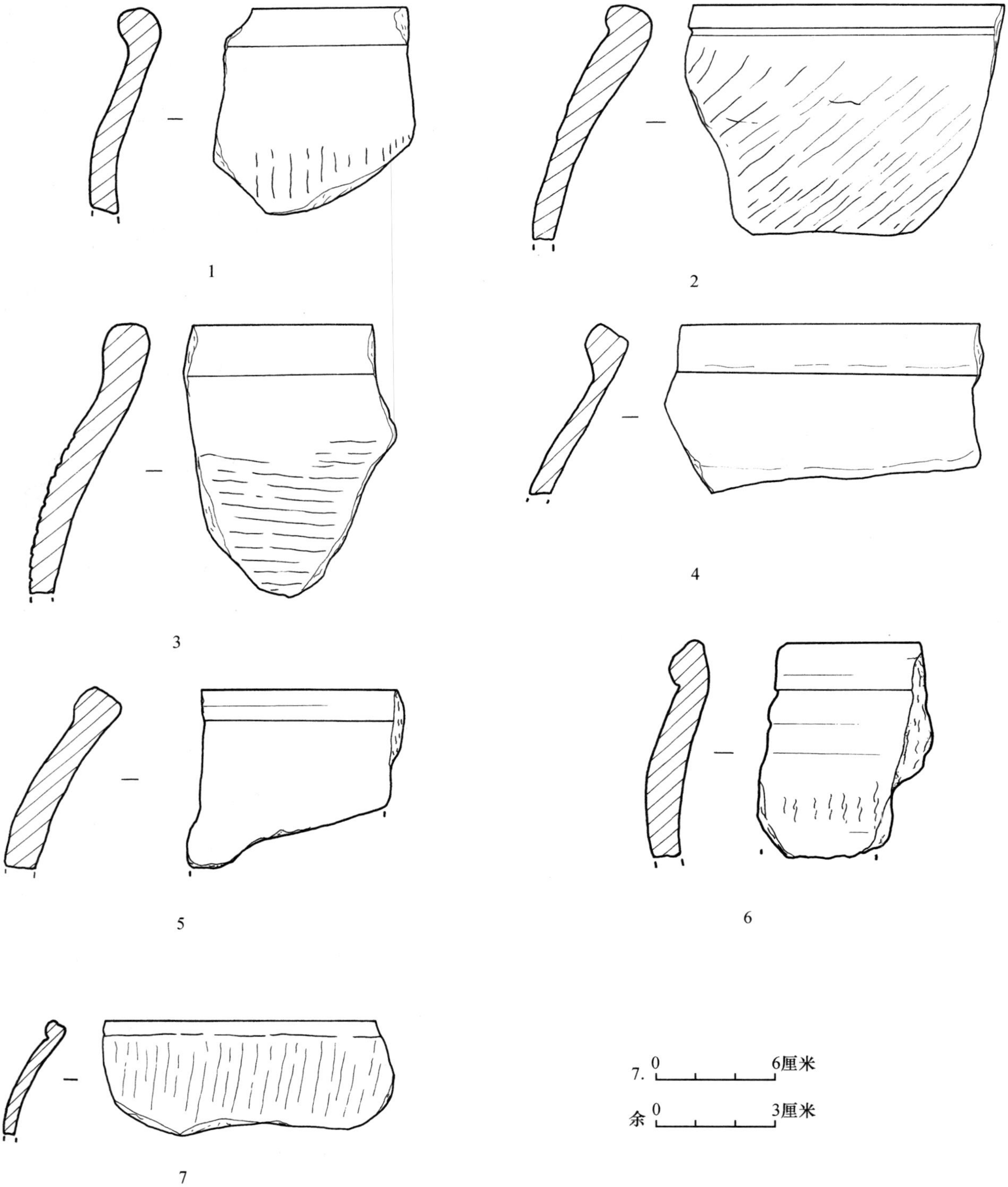

图一三六　A型Ⅰ式深鼓腹罐

1. H13：5　2. H41①：3　3. H49⑦：10　4. H59⑤：13　5. H60：3　6. H60：4　7. H61：16

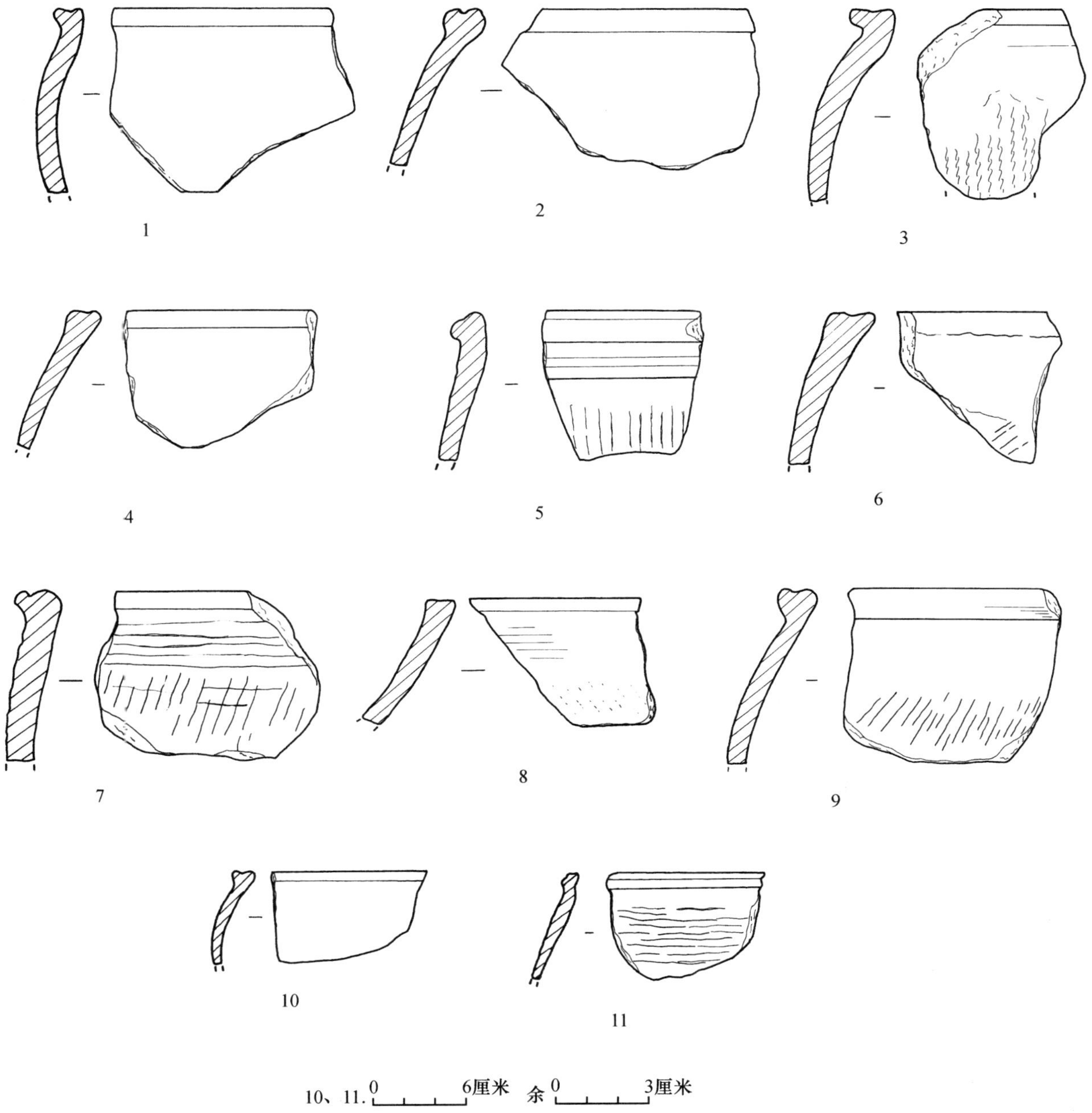

图一三七　A型Ⅱ式深鼓腹罐

1. F3：1　2. G17：1　3. G22②：2　4. H13：6　5. H17：7　6. H59④：3　7. H27：2　8. H51：1　9. H59③：10　10. H31：3　11. H4：3

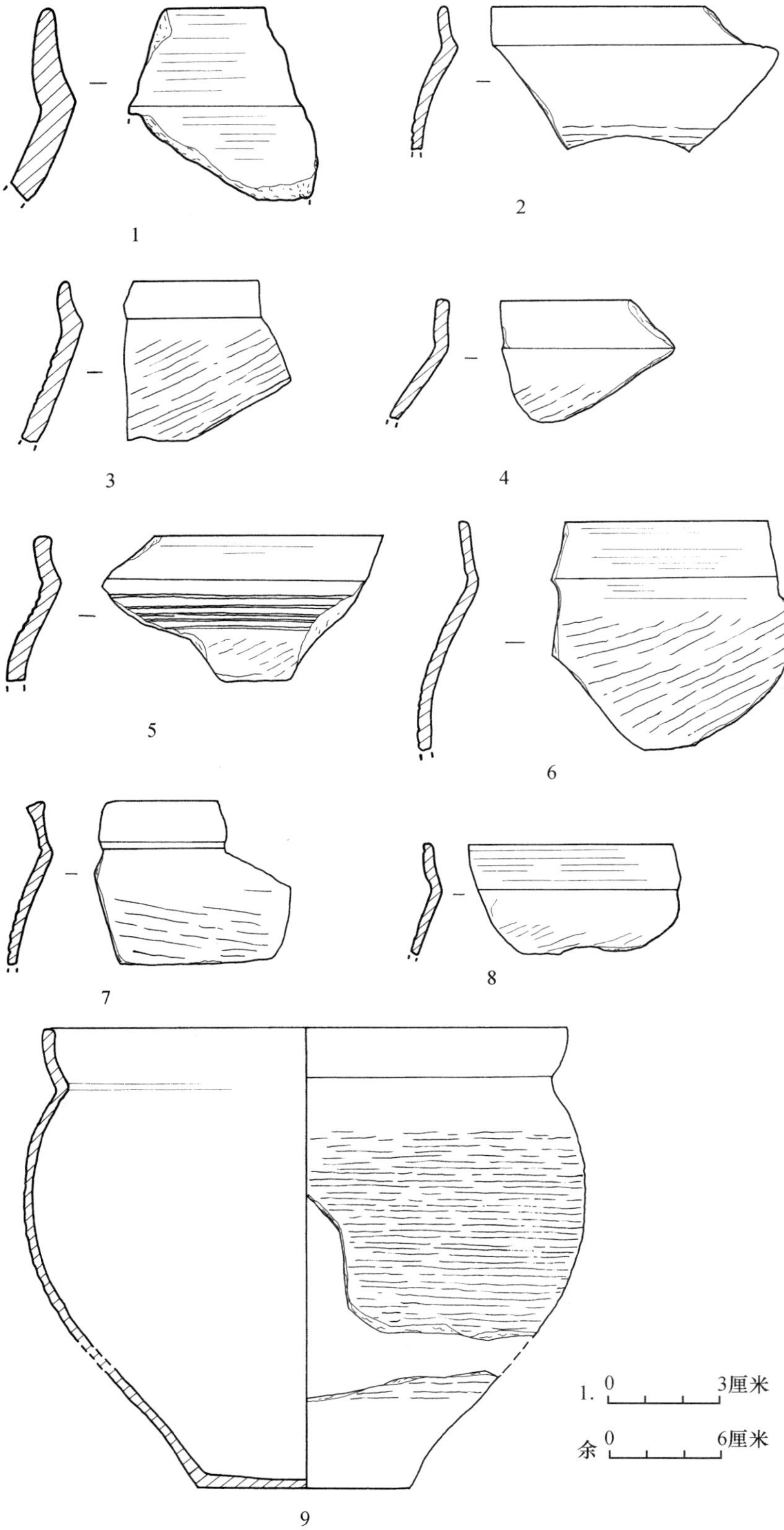

图一三八　Ba型深鼓腹罐

1. G21：2　2. H49③：4　3. H49⑦：7　4. H59④：2　5. H61：10　6. H61：9　7. H61：12　8. H61：11　9. H49③：2

一三九，5）、H49⑤：4（图一四〇，1）、H49⑥：4（图一三九，9）、H49⑦：2（图一四〇，5）、H49⑦：6（图一三九，6）、H49⑦：8（图一三九，10）、H49⑦：9（图一三九，8）、H59⑤：12（图一三九，11）、H60：5（图一三九，7）。

Bc型　3件。侈口，唇外卷。包括H49④：14（图一四一，1）、H59④：5（图一四一，2）、H61：15（图一四一，7）。

Bd型　3件。可分二式。

Ⅰ式：2件。侈口，口沿内外各有一周浅凹槽。包括H4：2（图一四一，3）、H49②：7（图一四一，4）。

Ⅱ式：仅1件。口微敛，沿外斜扩，沿面及口沿内侧各有一周较深的凹槽。G17：2（图

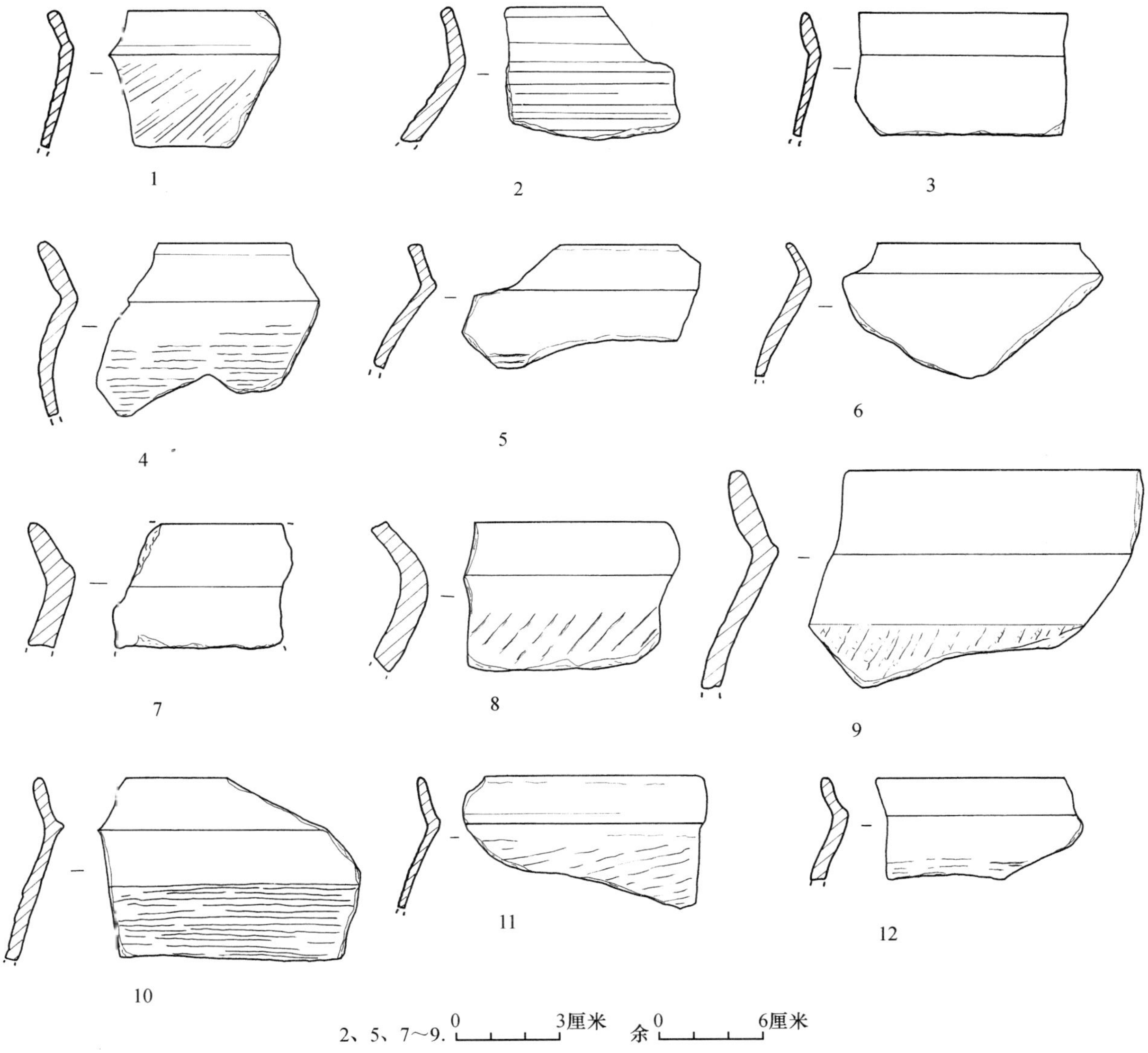

图一三九　Bb型深鼓腹罐

1. H4：4　2. H13：4　3. H31：4　4. H49③：3　5. H49④：8　6. H49⑦：6
7. H60：5　8. H49⑦：9　9. H49⑥：4　10. H49⑦：8　11. H59⑤：12　12. H49①：7

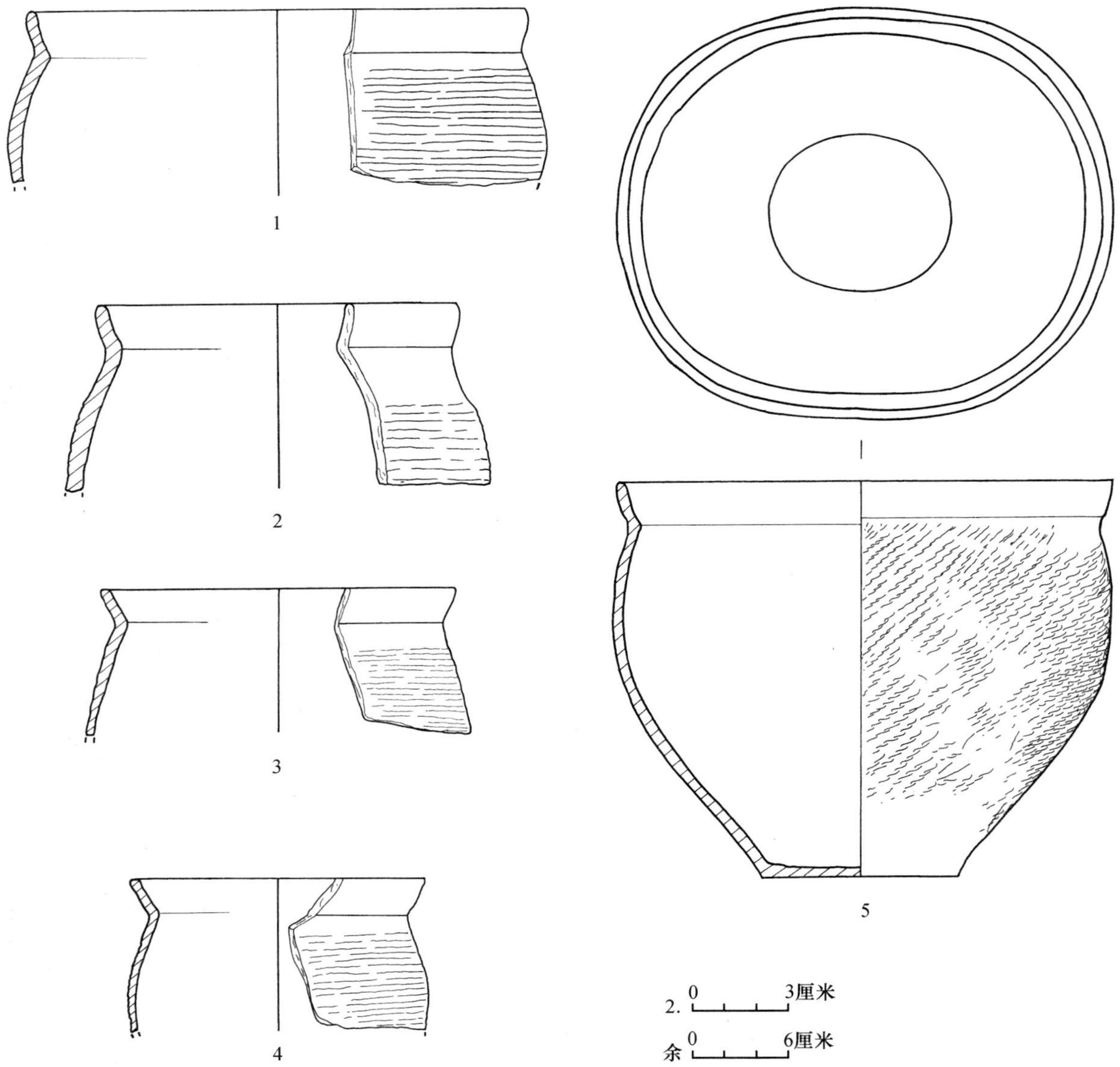

图一四〇　Bb型深鼓腹罐

1. H49⑤：4　2. H49①：8　3. H49①：6　4. H49④：7　5. H49⑦：2

一四一，5）。

Be型　22件。口沿部分较高，可分三式。

Ⅰ式：2件。口沿较斜直，厚唇。包括H49⑤：6（图一四一，8）、H49⑥：5（图一四一，6）。

Ⅱ式：18件。口沿弧曲微鼓。包括G22③：3（图一四二，10）、H16：2（图一四二，1）、H17：8（图一四二，9）、H17：18（图一四二，2）、H17：19（图一四二，3）、H41②：3（图一四二，8）、H49①：10（图一四二，6）、H49②：6（图一四二，7）、H49③：6（图一四二，5）、H49④：9（图一四二，4）、H49④：10（图一四三，4）、H49⑤：7（图一四三，8）、H49⑤：8（图一四三，9）、H49⑦：3（图一四三，1）、H49⑦：4（图一四三，7）、H49⑦：5（图一四三，6）、H51：2（图一四三，10）、H61：8（图一四三，2）。

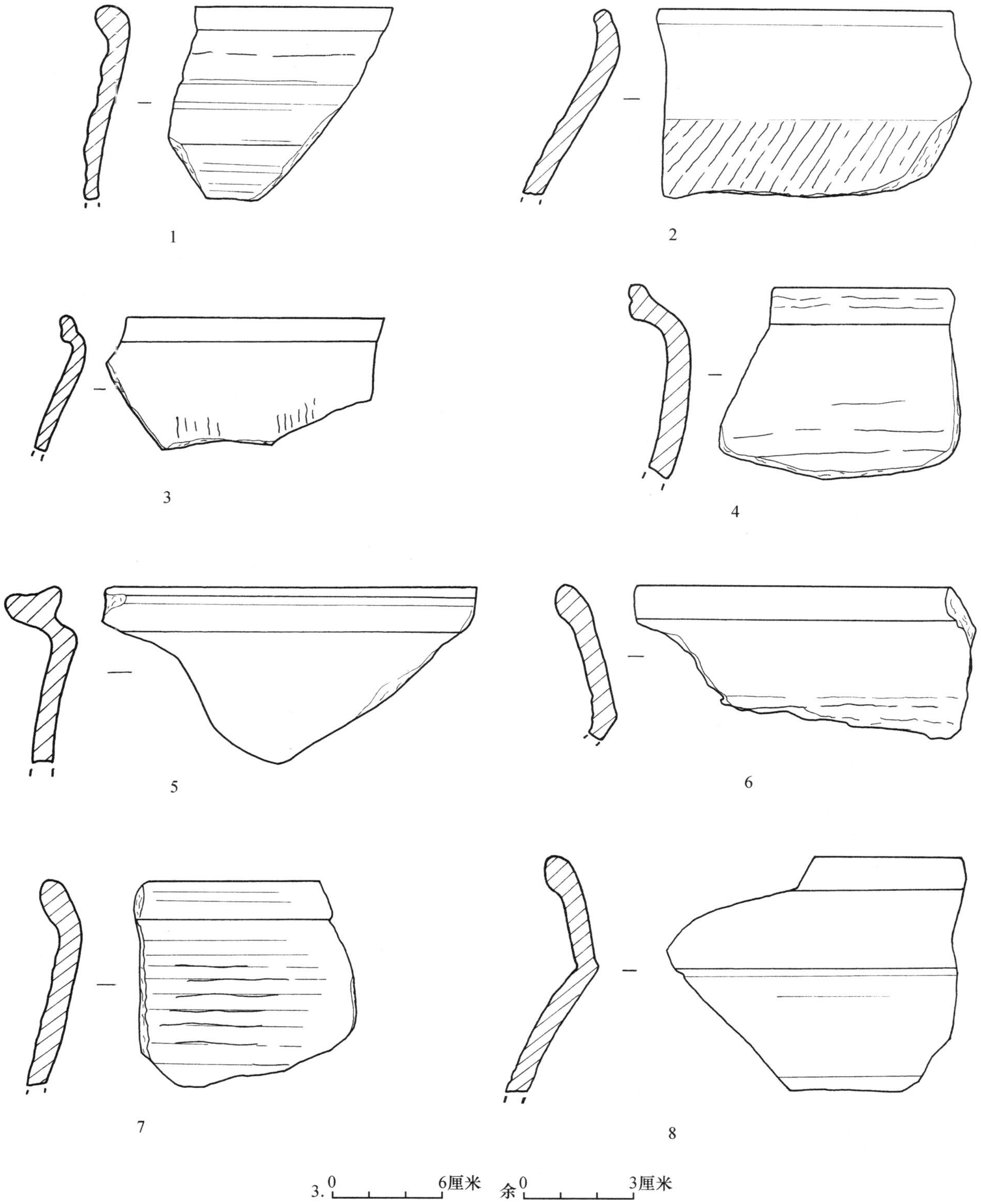

图一四一　Bc型、Bd型、Be型Ⅰ式深鼓腹罐

1、2、7. Bc型（H49④：14、H59④：5、H61：15）　3、4. Bd型Ⅰ式（H4：2、H49②：7）
5. Bd型Ⅱ式（G17：2）　6、8. Be型Ⅰ式（H49⑥：5、H49⑤：6）

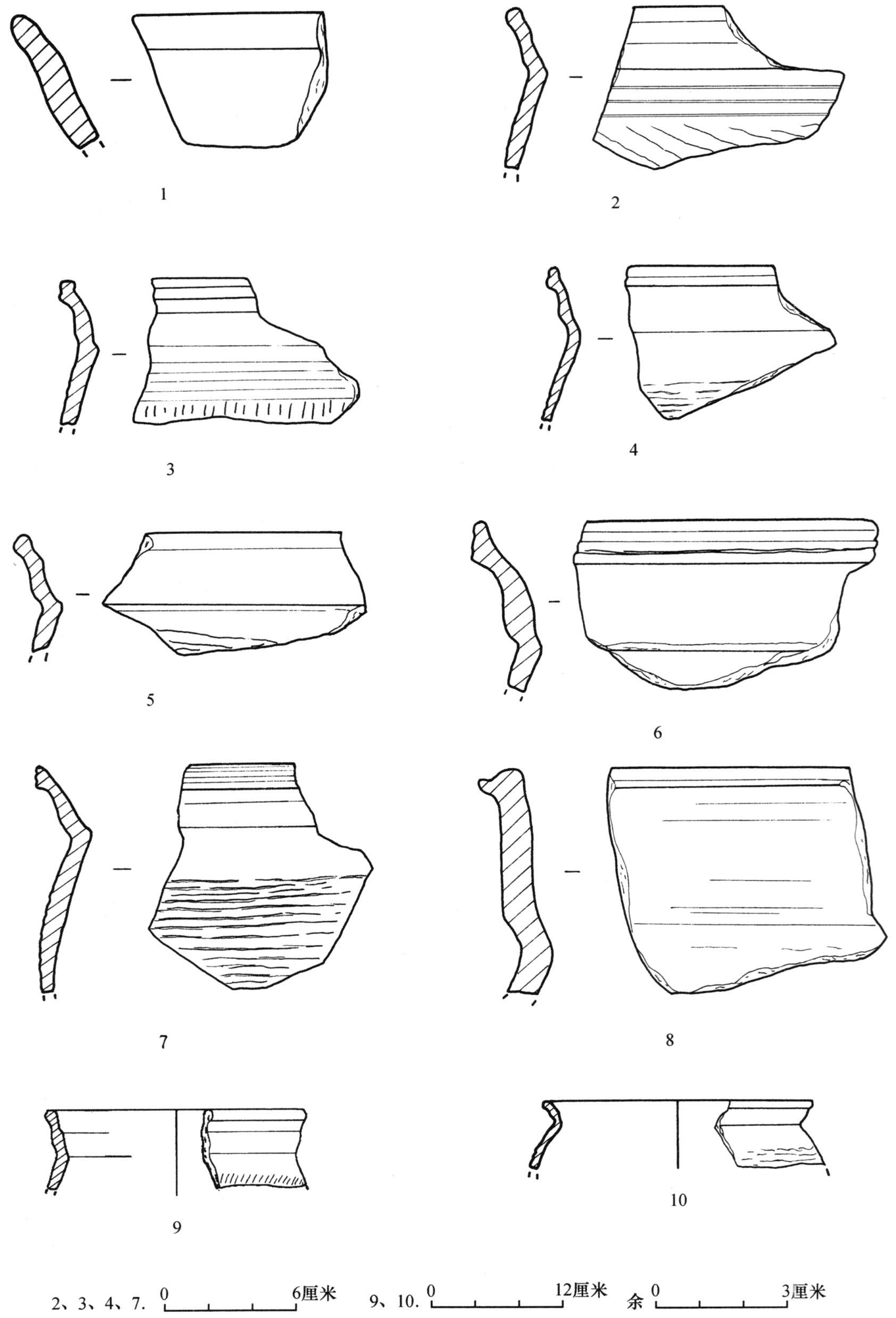

图一四二　Be型Ⅱ式深鼓腹罐

1. H16：2　2. H17：18　3. H17：19　4. H49④：9　5. H49③：6

6. H49①：10　7. H49②：6　8. H41②：3　9. H17：8　10. G22③：3

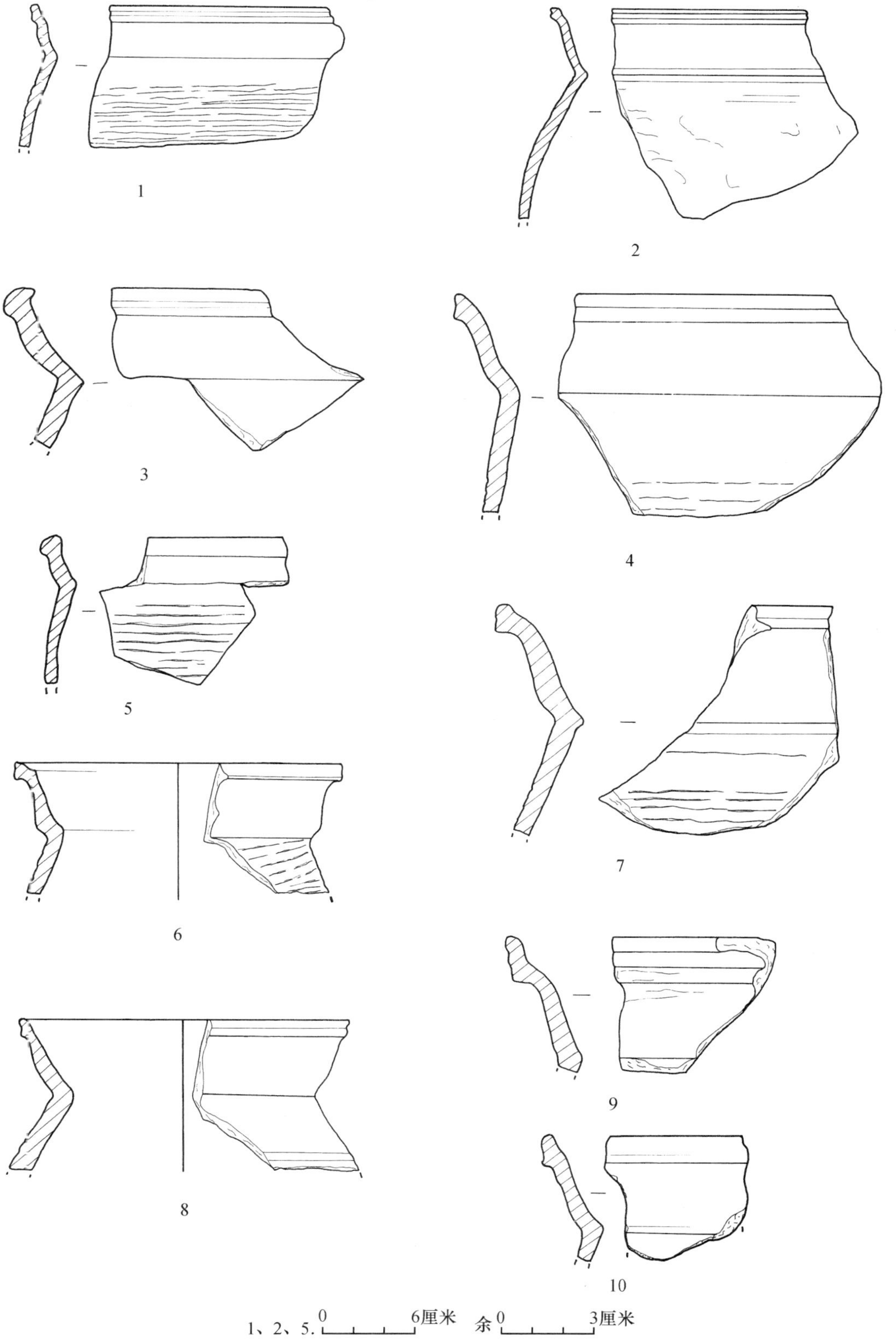

图一四三　Be型Ⅱ式、Ⅲ式深鼓腹罐

1、2、4、6～10. Ⅱ式（H49⑦：3、H61：8、H49④：10 、H49⑦：5、H49⑦：4、H49⑤：7、H49⑤：8、H51：2）　3、5. Ⅲ式（H27：1、H31：2）

Ⅲ式：2件。口沿略外鼓似盘状，厚唇内卷。H27：1（图一四三，3）、H31：2（图一四三，5）。

C型　直口。选取标本5件。可分二亚型。

Ca型　2件。直口，方唇，矮直领。包括H49①：9（图一四四，10）、H49③：5（图一四四，7）。

Cb型　3件。直口，厚唇，口沿内侧有一道凹槽。包括H17：5（图一四四，1）、H17：6（图一四四，11）、H41②：2（图一四四，4）。

直腹罐　选取口部标本4件。可分二型。

A型　3件。侈口，斜方唇，颈微束，直腹微鼓。包括H41①：2（图一四四，5）、H49⑥：7（图一四四，8）、H61：13（图一四四，2）。

B型　1件。侈口，圆唇，腹较直。H49④：11（图一四四，12）。

浅腹罐　体型较小，选取4件标本。可分四型。

A型　1件。敛口，圆唇外叠，腹部圆鼓。H61：39（图一四四，9）。

B型　1件。侈口，方唇外卷，上腹外鼓。H49⑥：6（图一四四，6）。

C型　1件。侈口，斜沿，鼓腹。H49⑤：5（图一四四，13）。

D型　1件。侈口，平折沿，坠腹。H13：1（图一四四，3）。

瓮　数量较少，无可复原者，多口部。选取口部标本共计13件。可分三型。

A型　4件。敛口，叠唇。包括H59⑤：16（图一四五，1）、H59⑤：17（图一四五，4）、H60：11（图一四五，7）、H61：38（图一四五，12）。

B型　3件。敛口，近平沿，沿面有凹槽。包括H13：7（图一四五，13）、H16：6（图一四五，5）、H16：7（图一四五，10）。

C型　6件。敛口，方唇或方圆唇，颈部微束。根据肩部形态可分二式。

Ⅰ式：1件。圆溜肩。H61：14（图一四五，3）。

Ⅱ式：5件。窄折肩。包括F3：2（图一四五，9）、H49②：8（图一四五，11）、H49②：9（图一四五，6）、H49③：7（图一四五，8）、H49④：12（图一四五，2）。

器盖　数量较少，多口部残片，仅1件可复原。选取标本共计10件。根据口部及盖身形态差异可分二型。

A型　9件。敞口，呈覆钵状。可分三式。

Ⅰ式：4件。口微敞，盖体略弧。包括H49⑤：22（图一四六，1）、H49⑦：25（图一四六，4）、H49⑦：26（图一四六，7）、H61：42（图一四六，10）。

Ⅱ式：4件。敞口，唇外卷，盖壁微弧。包括H17：16（图一四六，2）、H49③：25（图一四六，5）、H49③：26（图一四六，8）、H49③：27（图一四六，9）。

Ⅲ式：1件。敞口较深，呈喇叭状，盖体斜直。标本H49②：21（图一四六，3）。

B型　1件。形制较小，敛口。标本H61：44（图一四六，6）。

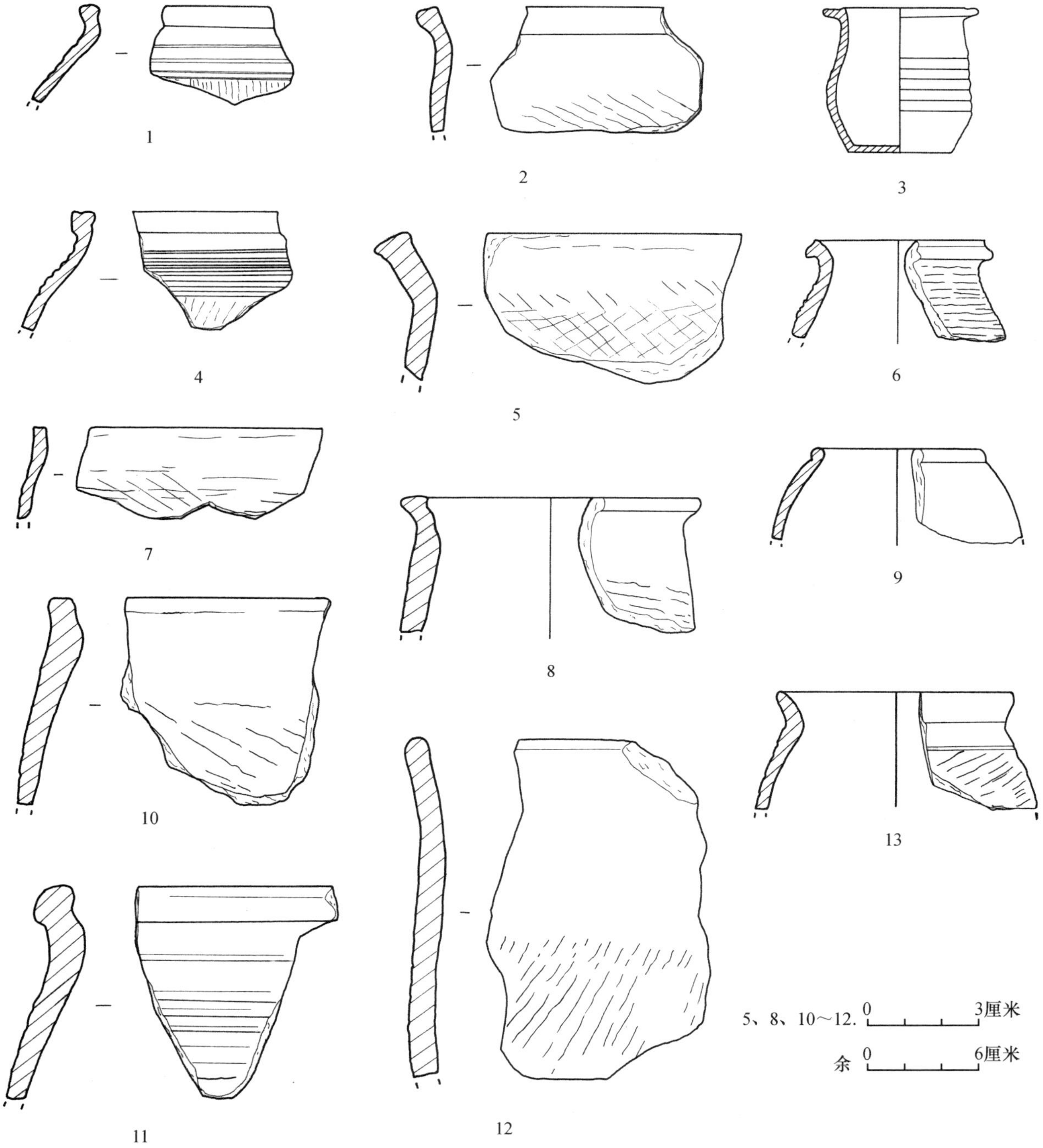

图一四四　鼓腹罐、直腹罐、浅腹罐

1、4、11. Cb型鼓腹罐（H17：5、H41②：2、H17：6）　2、5、8. A型直腹罐（H61：13、H41①：2、H49⑥：7）　3. D型浅腹罐（H13：1）　6. B型浅腹罐（H49⑥：6）　7、10. Ca型鼓腹罐（H49③：5、H49①：9）　9. A型浅腹罐（H61：39）　12. B型直腹罐（H49④：11）　13. C型浅腹罐（H49⑤：5）

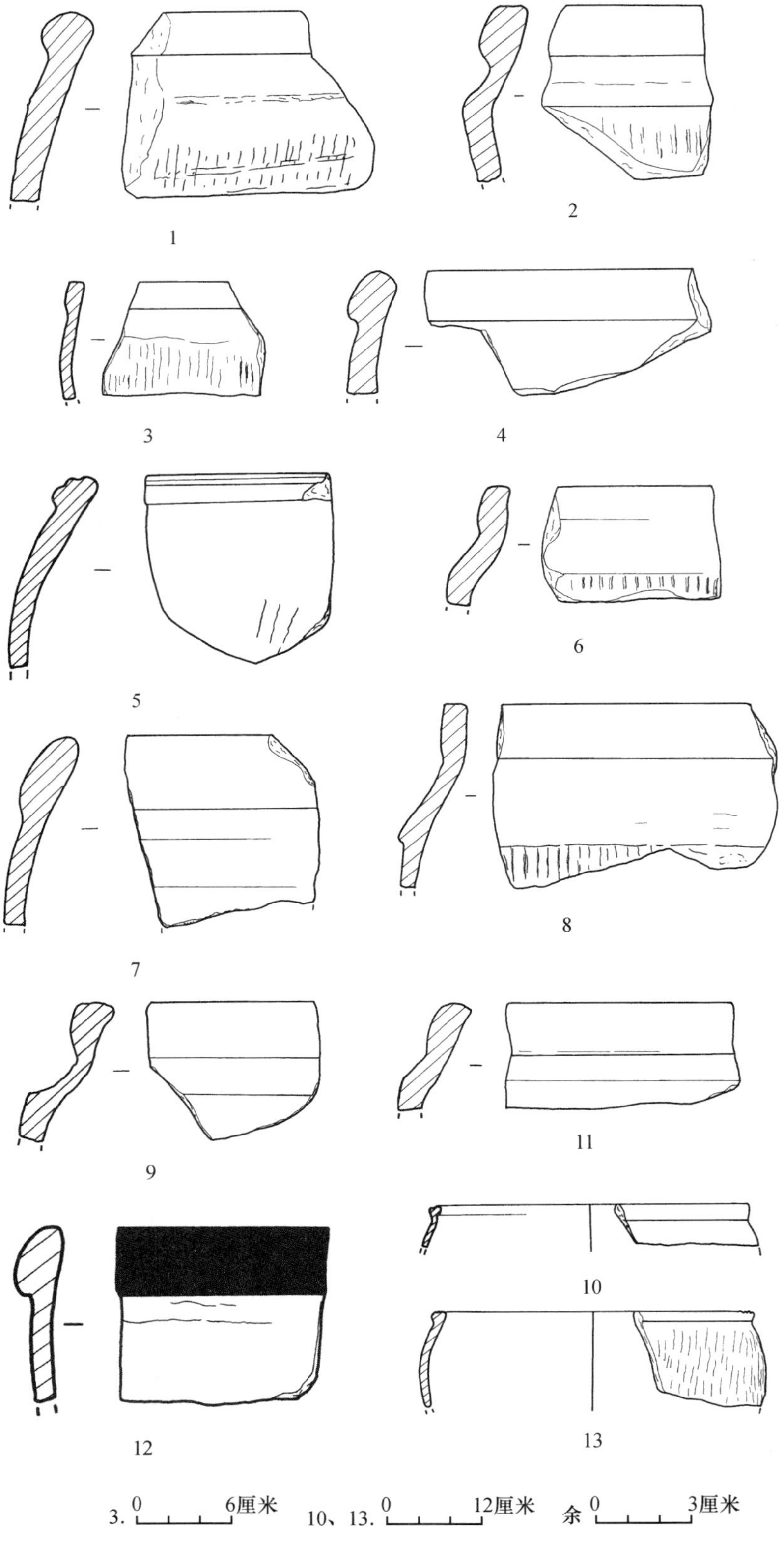

图一四五　瓮型式图

1、4、7、12. A型（H59⑤：16、H59⑤：17、H60：11、H61：38）　2、6、8、9、11. C型Ⅱ式（H49④：12、H49②：9、H49③：7、F3：2、H49②：8）　3. C型Ⅰ式（H61：14）　5、10、13. B型（H16：6、H16：7、H13：7）

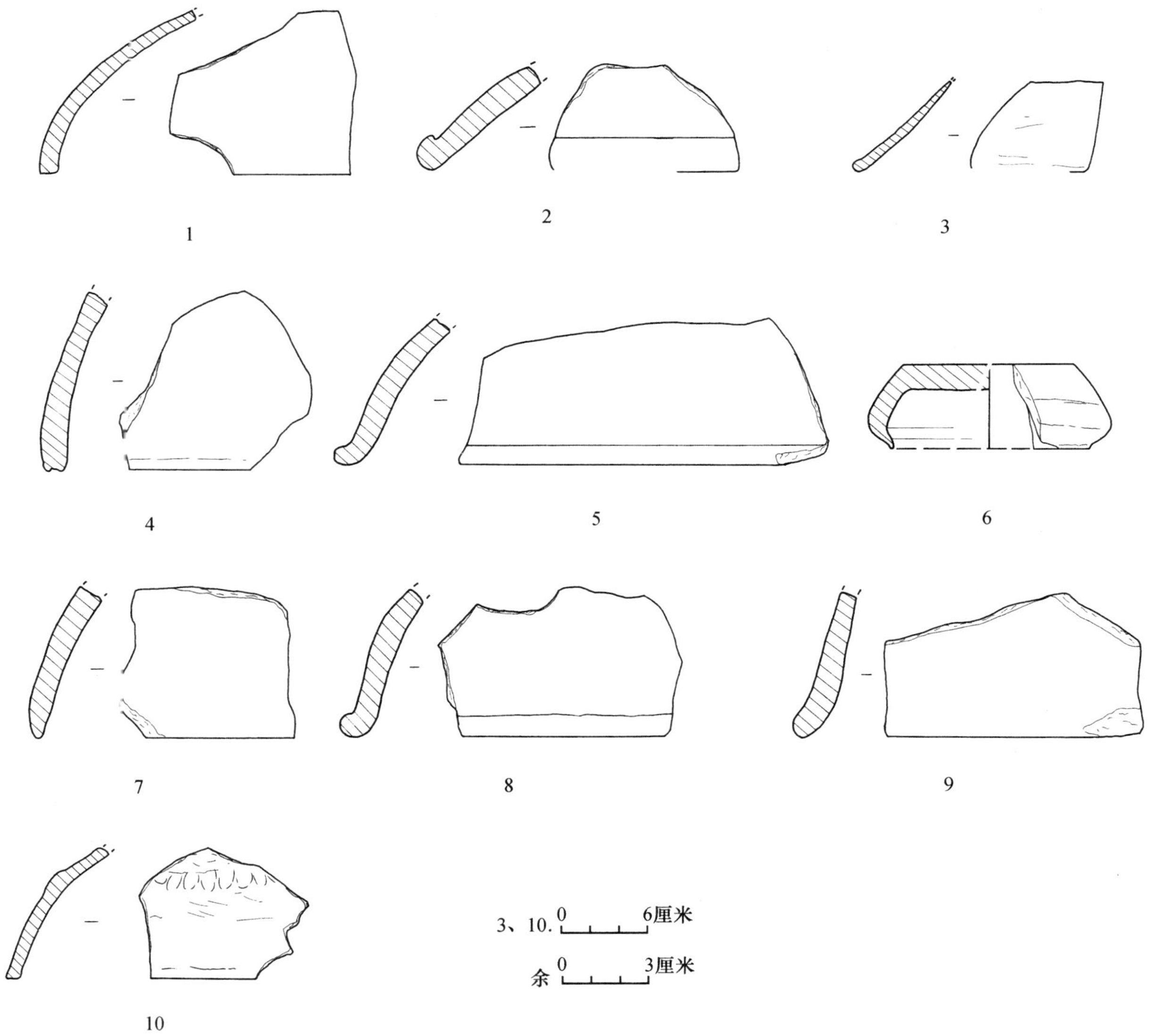

图一四六　器盖型式图

1、4、7、10. A型Ⅰ式（H49⑤：22、H49⑦：25、H49⑦：26、H61：42）　2、5、8、9. A型Ⅱ式（H17：16、H49③：25、H49③：26、H49③：27）　3. A型Ⅲ式（H49②：21）　6. B型（H61：44）

3. 未能划分型式的器物

受数量的限制，部分陶器残片不具备划分型式的条件。

平底瓶　又可称葫芦瓶。仅选取口部标本1件，即H49④：5。葫芦形口敛收，圆唇，外壁斜直（图一四七，1）。

尖底罐　数量极少，无可复原者，选取口部标本6件。H17：20，口部。泥质红陶。敛口，方唇，唇面内凹，上腹斜直外张。口沿外侧下贴附一鸟喙状泥凸。内壁可见泥条盘筑及修整的痕迹（图一四七，2）。H49④：15，口部。泥质红陶。敛口，方唇。口沿外侧下饰数道弦纹（图一四七，3）。H49⑦：11，口及腹部。泥质陶，器表及内壁呈红色，陶胎呈浅灰色。直口，圆唇，腹壁较直，胎体厚重。器表饰数周弦纹。手制轮修，内壁轮修痕迹明显（图一四七，4）。H49⑦：12，口部。泥质陶，器表及内壁呈红色，陶胎呈红色内夹浅灰色坯心。直口，圆唇，腹壁较直，胎体厚重。器表饰数周弦纹（图一四七，5）。H59③：5，口及腹部。泥质褐陶夹细砂，敛口，方唇，上腹斜直，体较厚重。口沿外侧饰数道凹弦纹，其下贴附一周竖向鸟喙状泥凸（图一四七，6）。H59③：6，口及腹部。泥质褐陶，夹较多细砂，敛口、方唇，上腹斜直，体较厚

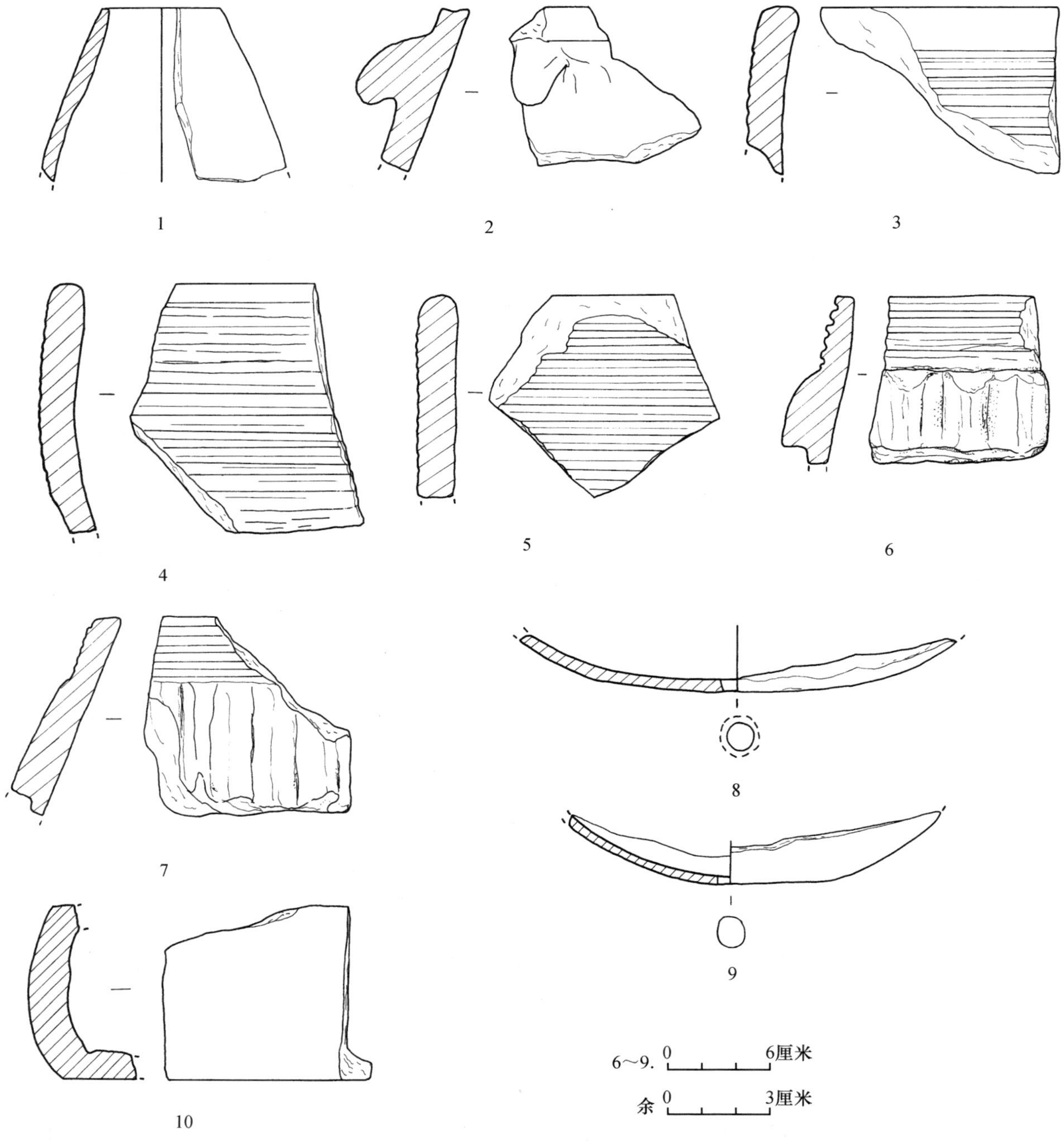

图一四七　平底瓶、尖底罐、甑、盘形器

1. 平底瓶（H49④：5）　2～7. 尖底罐（H17：20、H49④：15、H49⑦：11、H49⑦：12、H59③：5、H59③：6）

8、9. 甑（H49③：10、H49②：22）　10. 盘形器（H59⑤：21）

重。口沿外侧饰数道弦纹，其下贴附一周竖向鸟喙状泥凸（图一四七，7）。

甑 数量极少，无可复原者，多底及腹部残片。素面。手制。泥质红陶，圜底，底中部有一个近圆形箅孔。如H49③：10，底部。孔系由内而外钻成（图一四七，8）。H49②：22，底部。孔系由外而内钻成。器表斑驳不平，残存烟炱痕迹，内壁附着一层白色钙质沉淀物（图一四七，9）。

盘形器 数量极少。如H59⑤：21，残。夹砂陶，器表呈红色，内壁及陶胎呈深灰色。敛口，方唇，浅腹微鼓，底部边缘处较平整。素面。手制轮修，器表可见明显的轮修痕迹（图一四七，10）。

生产工具类数量共计21件，仅见陶锉及陶纺轮两类，无完整器。

陶锉 共计19件，均已残断，无完整器，均为泥质陶，以红陶居多，但其中相当一部分陶色不均，或器表不同的陶色相互掺杂，或器表与坯心陶色不一，另有极个别的褐陶和灰陶。包括H4：1、H13：2、H17：3、H17：4、H49①：2、H49①：3、H49②：2、H49②：3、H49②：4、H49②：5、H49③：1、H59⑤：4、H59⑤：5、H60：1、H61：5、H61：6、H61：7、ETG2①：2、ETG2②：1（图一四八）。

陶纺轮 2件。均仅残存一半。呈圆饼状，中部有一圆形穿孔。包括H17：1（图一四九，1）、H59③：1（图一四九，2）。

不明用途陶器的数量极少，仅有4件，包括陶饼和陶球两类，大多残损。

陶饼 3件。包括H49②：1（图一四九，4）、H59⑤：1（图一四九，3）、G22③：2（图一四九，5），其中2件可确定为由其他陶器的残片加工而成。

陶球 仅发现1件，即H59③：3，器表周身密布成排的指甲戳压纹（图一四九，6）。

彩陶标本 此次发掘出土的彩陶片大多残缺较甚，其上所绘纹饰亦保存的不够完整，只能管窥大概。如H49④：13（图一四九，8）、H49⑥：16（图一四九，9）、H49⑦：24（图一四九，10）、H59④：6（图一四九，7）。所见有半明半暗的叶片形及弧边三角形等构成的黑彩纹饰、鱼纹黑彩纹饰、三角形和直线等图案组成的黑彩纹饰带、花卉形黑彩纹饰等。

（二）石器

共计13件。选取的石材包括凝灰岩、页岩和砂岩。可辨器类有石斧、石刀、石锛、石凿和石弹丸等，以生产工具为主，大多残损，有个别因残损严重已无法辨明其具体器形。皆为磨制石器，加工多较为精良，器表打磨得光滑平整，仅个别几件制作的稍显粗糙。H59③：2、H59⑤：3残损较为严重，具体器形已不辨。

石斧 5件。均残损严重，无完整器。包括H49④：2（图一五〇，7）、H49⑥：1（图一五〇，1）、H49⑥：2（图一五〇，2）、H49⑦：1（图一五〇，6）、H31：1（图一五〇，11）。

石刀 2件。包括H49①：1（图一五〇，3）、H59⑤：2（图一五〇，4）。

石锛 2件。包括H61：3（图一五〇，5）、G22②：1（图一五〇，9）。

石凿 1件。H49④：1（图一五〇，8）。

石弹丸 1件。H49⑤：1（图一五〇，10）。

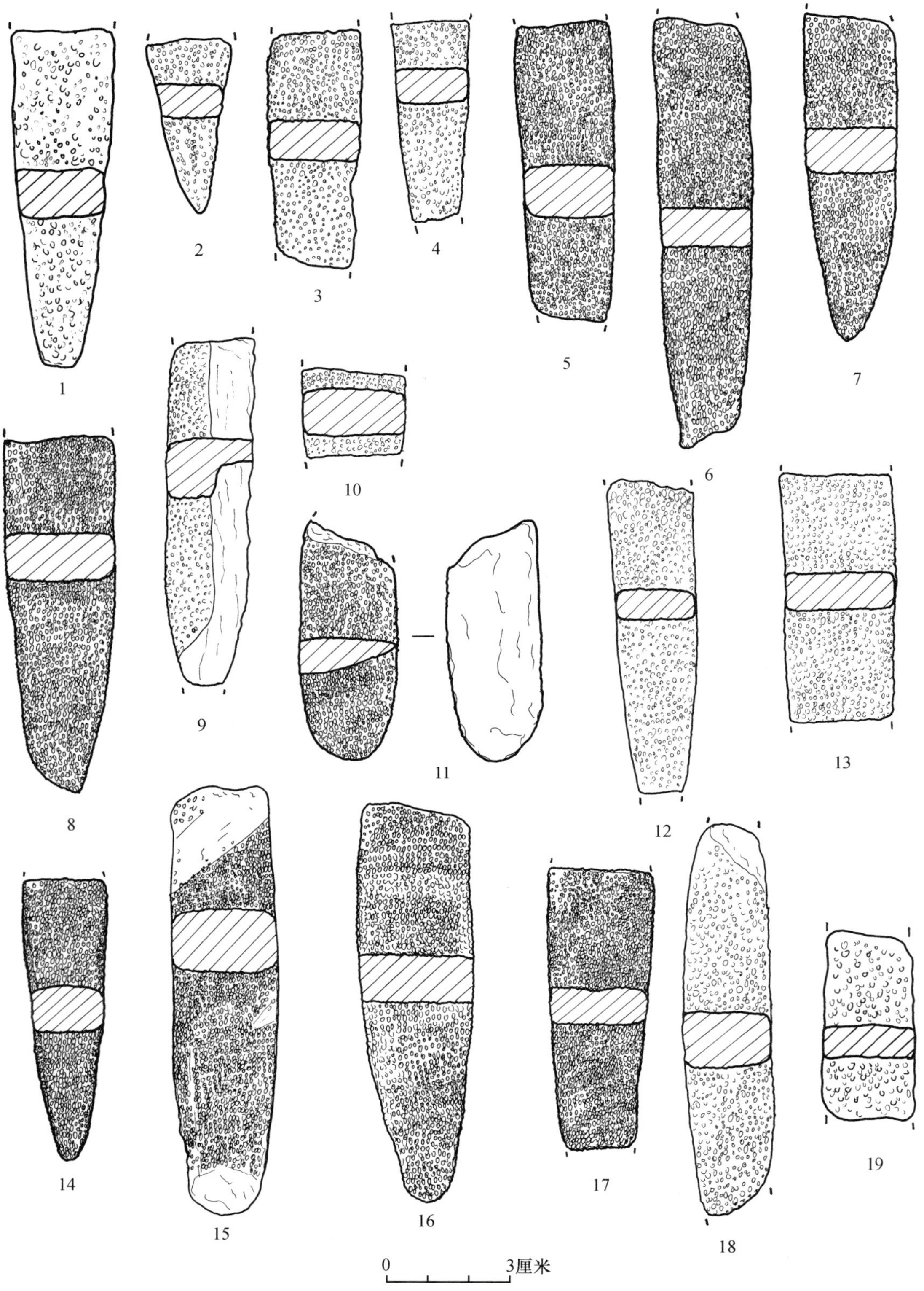

图一四八 陶锉

1. H4：1 2. H13：2 3. H17：3 4. H17：4 5. H49①：2 6. H49①：3 7. H49②：2 8. H49②：3 9. H49②：4 10. H49②：5 11. H49③：1 12. H59⑤：4 13. H59⑤：5 14. H60：1 15. H61：5 16. H61：6 17. H61：7 18. ETG2①：2 19. ETG2②：1

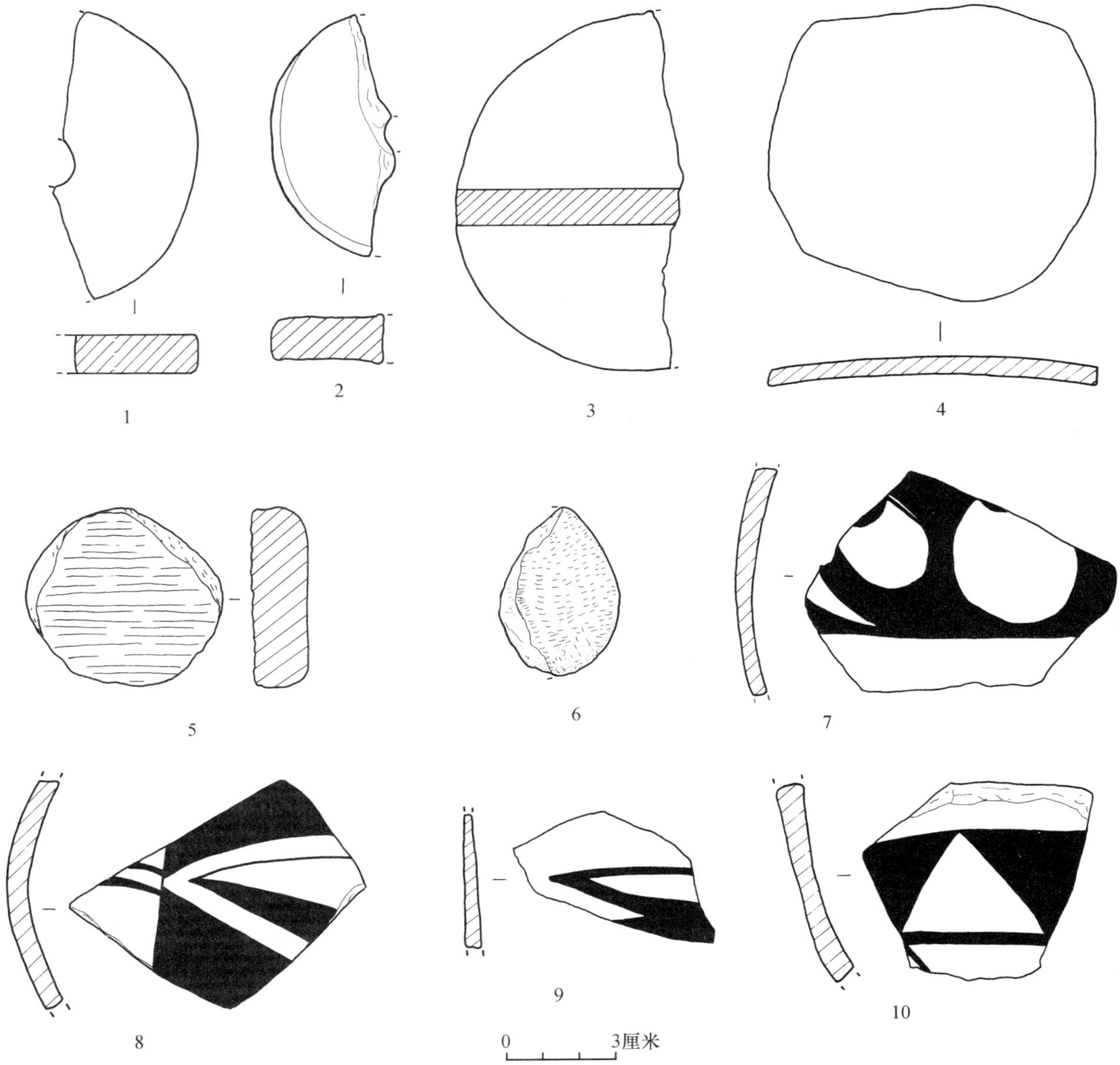

图一四九　陶纺轮、陶球、陶饼、彩陶

1、2. 纺轮（H17：1、H59③：1）　3～5. 饼（H59⑤：1、H49②：1、G22③：2）

6. 球（H59③：3）　7～10. 彩陶（H59④：6、H49④：13、H49⑥：16、H49⑦：24）

（三）骨角器

共计7件。包括骨锥、骨镞、角锥和穿孔兽骨。

骨锥　3件。包括H17：2（图一五一，1）、H59②：1（图一五一，2）、G22③：1（图一五一，3）。

骨镞　2件。包括H61：1（图一五一，5）、H61：2（图一五一，4）。

角锥　1件。H59①：1（图一五一，7）。

穿孔兽骨　1件。H61：4（图一五一，6）。

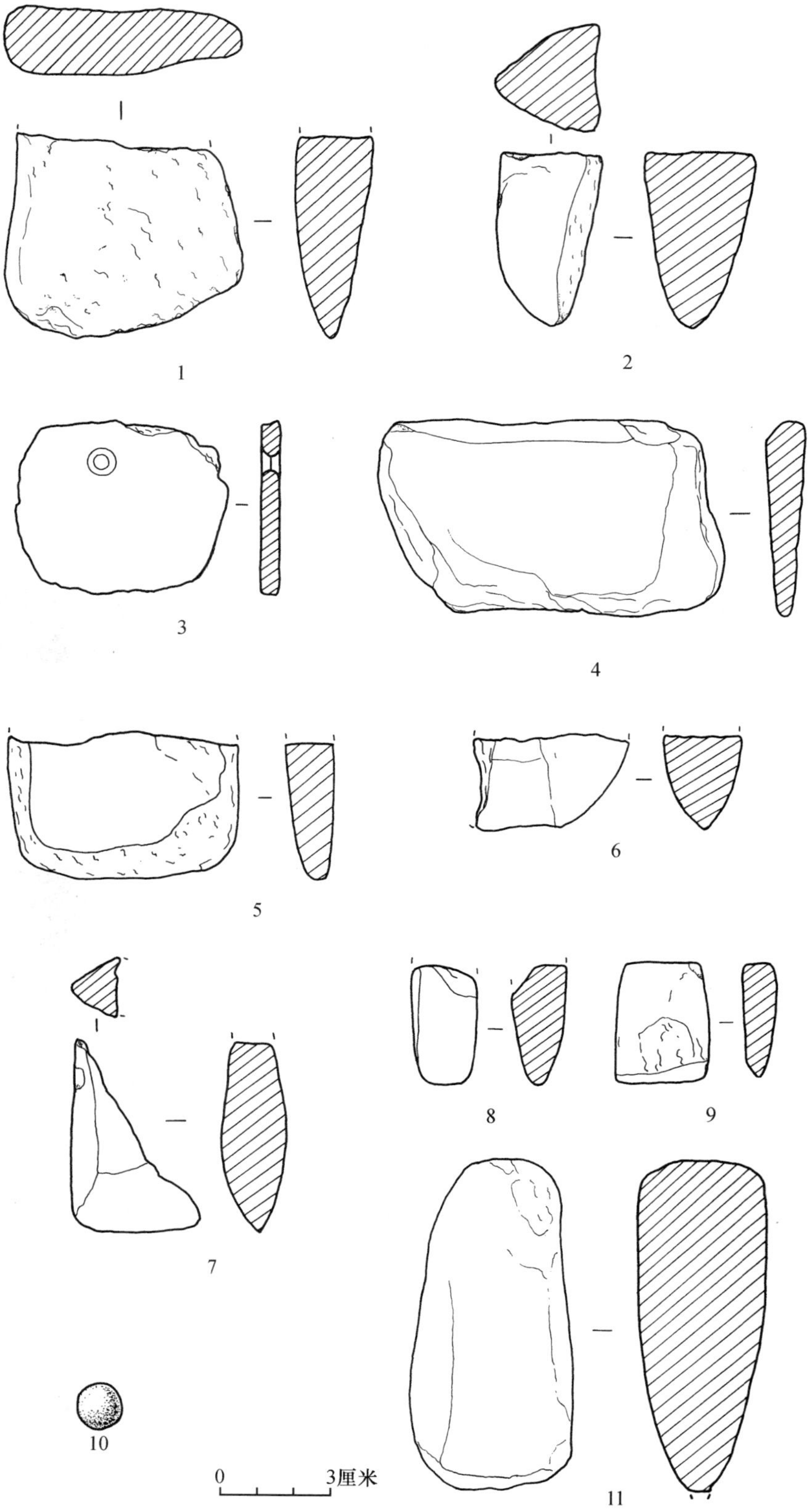

图一五〇　石器

1、2、6、7、11. 斧（H49⑥：1、H49⑥：2、H49⑦：1、H49④：2、H31：1）　3、4. 刀（H49①：1、H59⑤：2）
5、9. 锛（H61：3、G22②：1）　8. 凿（H49④：1）　10. 弹丸（H49⑤：1）

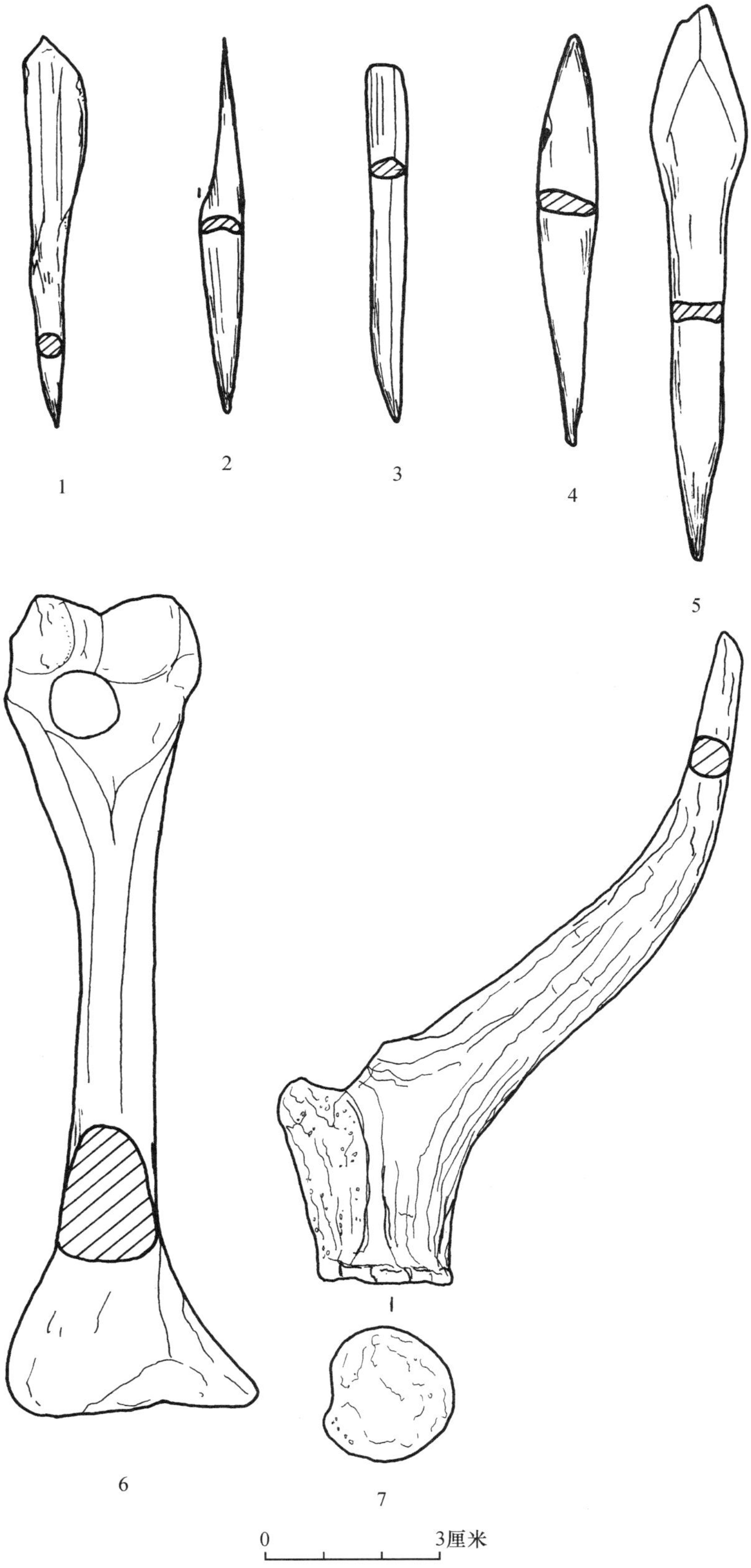

图一五一　骨角器

1～3. 骨锥（F17：2、H59②：1、G22③：1）　4、5. 骨镞（H61：2、H61：1）　6. 穿孔兽骨（H61：4）　7. 角锥（H59①：1）

三、时 代 推 断

（一）层位学关系

本次发掘区域内的地层堆积普遍较薄，所发现的遗迹绝大部分直接开口于近现代耕土或平整土地形成的扰土层下，受不同时期人类活动的扰动影响，相互间不乏叠压和打破关系。其中，仰韶时期遗迹之间的叠压打破关系共有4组，现将其分列如下，以“→”表示打破关系、“→｜”表示叠压关系。

（1）G17→H41

（2）F3→｜H16→H17

（3）G22→H60

（4）H57→G20→H51→G21→H49

前两组单位均分布在发掘J区，其中G17和H41开口于第1层下， F3、H16和H17开口于第2层下，虽然这些遗迹的开口层位有上下之分，但其形成都与近现代的耕种或平整土地有关，故仅从开口层位并无法判断遗迹间相对年代的早晚。该区域内开口于第1层下的仰韶时期遗迹单位还有H13、H27和H31，开口于第2层下的仰韶时期遗址单位还有H4和H18。

后两组单位均分布在发掘E区，且处于同一条探沟ETG1内，除H60开口于第2层下，其余均开口于第1层下；另有2个灰坑H59和H61，因其所处探沟ETG2和ETG1分别位于两级台地上，因而也无法从开口层位来判断其与ETG1内同时期遗迹单位的相对年代早晚。

（二）器物特点比对

由于本次发掘出土的可修复陶器寥寥无几，所选取的标本绝大多数都是口沿等部位的残片，故很难辨识器物的整体形制，只能通过局部特征进行类型式的划分，难免存在以偏概全之嫌；再加上一些遗迹单位内出土遗物数量较少，缺乏可供排序的标型器、组合器等，诸如此类的问题无疑给遗存的断代分期造成了极大的困扰。

但结合层位学关系、遗物形制特征，并通过与其他同时期相关遗址出土遗物的比对，我们还是对本次出土器物进行了类型式的划分，并对部分陶器的形制演变规律进行了总结，以期更好地认识这批遗存的年代。其中，进行比对的考古材料主要有陇县原子头遗址①、秦安大地湾遗址②、高陵

① 宝鸡市考古工作队、陕西省考古研究所：《陇县原子头》，文物出版社，2005年。

② 甘肃省文物考古研究所：《秦安大地湾——新石器时代遗址发掘报告》，文物出版社，2006年。

东营遗址[①]、临潼姜寨遗址[②]、翼城北橄遗址[③]，比对的器类包括瓶、罐、盆、钵、瓮等，现分类归纳如下。

1. 瓶

此次发掘中出土有大量的瓶类器物口部，虽然未见有完整器物，但据其局部收束、弧曲外鼓的形态，再考虑到遗址内常见的尖底瓶底部残片而不见平底瓶的底部残片，综合推测其中的绝大部分当属于尖底瓶。唯有H49第4层堆积中出土的一件陶瓶口残片（H49④：5），和其他瓶类器口相比较，在陶色、形制上均不甚一致，疑似葫芦瓶（平底瓶），数量极少，这一点同原子头遗址的情况极为相似，或再次印证了葫芦瓶可能更多地用作随葬器物而非日常生活用具的观点[④]。

出土的尖底瓶口沿按具体形态可进一步划分为二式，其中的Ⅰ式尖底瓶口沿在原子头遗址仰韶文化二期、姜寨遗址第二期、大地湾第二期等文化遗存中都能找到相类似的器物[⑤]，而上述文化遗存均属于仰韶文化的史家类型；Ⅱ式尖底瓶口沿唇部稍宽，在唇外侧往往形成一道凸棱，这点与原子头仰韶文化三期遗存出土的Ⅳ式尖底瓶[⑥]口沿比较接近。

此外，选取的几个瓶底标本显示尖底瓶的尖底部分也存在一定的变化，由急剧内收呈尖锥状演变为内收较缓，外壁较斜直。

2. 罐

A型敛口深鼓腹罐，可划分为二式，口沿部分演变规律为由厚唇到窄沿带凹槽，且凹槽有渐深之势。

Bd型侈口深鼓腹罐，口沿内外各有一周凹槽，演变趋势为凹槽由浅到深。

Be型侈口深鼓腹罐，共分三式，口沿部分普遍较高，演变趋势为沿面斜直、厚唇到口沿弧曲微鼓，再到口沿部分外鼓呈盘状、厚唇内卷。其中的Be型Ⅱ式侈口深鼓腹罐口沿与原子头遗址仰韶文化二期遗存中的Ⅰ式曲颈罐、姜寨遗址第二期遗存中的Ⅰ式鼓腹陶罐、大地湾第二期遗存中的C型

---

① 陕西省考古研究院、西北大学文化遗产与考古学研究中心：《高陵东营——新石器时代遗址发掘报告》，科学出版社，2010年。

② 半坡博物馆、陕西省考古研究所、临潼县博物馆：《姜寨——新石器时代遗址发掘报告》，文物出版社，1988年。

③ 山西省考古研究所：《山西翼城北橄遗址发掘报告》，《文物季刊》1993年第4期。

④ 宝鸡市考古工作队、陕西省考古研究所：《陇县原子头》，文物出版社，2005年，第268页。

⑤ 宝鸡市考古工作队、陕西省考古研究所：《陇县原子头》，文物出版社，2005年，第42、48页；半坡博物馆、陕西省考古研究所、临潼县博物馆：《姜寨——新石器时代遗址发掘报告》，文物出版社，1988年，第235、236页；甘肃省文物考古研究所：《秦安大地湾——新石器时代遗址发掘报告》，文物出版社，2006年，第151、152页。

⑥ 宝鸡市考古工作队、陕西省考古研究所：《陇县原子头》，文物出版社，2005年，第87、88页。

Ⅱ式深腹罐、北橄遗址第二期遗存中的B型侈口罐相类似[①]。

A型直腹罐和原子头仰韶文化四期遗存中的Ⅰ式直腹罐[②]较为相似，均为夹砂红陶，侈口，方唇外斜，器表饰绳纹，而该期遗存已进入庙底沟类型的范畴。

另外，此次发掘所见的口沿外侧饰数周弦纹并贴附有鸟喙状泥凸的陶罐，与原子头仰韶文化三期遗存、姜寨第二期遗存中的尖底罐[③]应当也属于同一类器物。

3. 盆

侈口较甚的Aa型叠唇盆的口沿部分与原子头仰韶文化二期遗存中的Ⅰ式、Ⅱ式浅折腹盆及大地湾第二期遗存中的A型叠唇圜底盆相似[④]。

Ad型Ⅰ式敛口叠唇盆G22①：1和H4：5，厚唇，颈部微束，上腹略鼓，与大地湾第二期遗存中的C型Ⅰ式圆卷唇大平底盆的口沿部分相似[⑤]，并逐渐发展为具有明显叠唇特征的Ad型Ⅱ式敛口叠唇盆。

Bc型卷沿盆，口沿部外唇程度由不明显到明显，同时上腹部也有微鼓腹发展为外鼓明显。

C型折沿盆，沿较宽，沿面由圆弧演变为较平直。

Da型敞口斜腹盆与北橄遗址第三期遗存中的敞口盆类似[⑥]，但并不具有与其一样的厚唇。

4. 钵

A型直口钵分二式，演变趋势为上腹微鼓到上腹稍直，胎体均匀。

直口钵口沿标本H17：14器表上腹部所绘由弧边三角形、直线等图案组成的黑彩纹饰，与原子头仰韶文化三期遗存中的一件Ⅲ式直口浅腹钵（H100：1）上的局部黑彩纹饰几乎如出一辙[⑦]。

B型敛口钵亦可分二式，演变趋势主要体现在口部的内敛程度，由稍内敛发展为敛口较甚。

---

① 宝鸡市考古工作队、陕西省考古研究所：《陇县原子头》，文物出版社，2005年，第46、47页；半坡博物馆、陕西省考古研究所、临潼县博物馆：《姜寨——新石器时代遗址发掘报告》，文物出版社，1988年，第221页；甘肃省文物考古研究所：《秦安大地湾——新石器时代遗址发掘报告》，文物出版社，2006年，第158、160页；山西省考古研究所：《山西翼城北橄遗址发掘报告》，《文物季刊》1993年第4期。

② 宝鸡市考古工作队、陕西省考古研究所：《陇县原子头》，文物出版社，2005年，第99页。

③ 宝鸡市考古工作队、陕西省考古研究所：《陇县原子头》，文物出版社，2005年，第85、89页；半坡博物馆、陕西省考古研究所、临潼县博物馆：《姜寨——新石器时代遗址发掘报告》，文物出版社，1988年，第237、238页。

④ 宝鸡市考古工作队、陕西省考古研究所：《陇县原子头》，文物出版社，2005年，第41、42页；甘肃省文物考古研究所：《秦安大地湾——新石器时代遗址发掘报告》，文物出版社，2006年，第136～138页。

⑤ 甘肃省文物考古研究所：《秦安大地湾——新石器时代遗址发掘报告》，文物出版社，2006年，第147页。

⑥ 山西省考古研究所：《山西翼城北橄遗址发掘报告》，《文物季刊》1993年第4期。

⑦ 宝鸡市考古工作队、陕西省考古研究所：《陇县原子头》，文物出版社，2005年，第75页。

5. 瓮

C型瓮，肩部由圆溜肩发展为窄折肩，其中的C型Ⅱ式陶瓮，方唇或方圆唇，颈部微束，窄折肩，无论是口沿部分还是上耸的折肩，都与原子头仰韶文化三期遗存中的Ⅲ式深腹瓮极为相似[①]。

6. 甑

E区灰坑H49②、③层中出土的2件甑底残片，同为泥质红陶，圜底，底部正中开一圆形穿孔，与原子头遗址出土的钵形甑也存在相似之处，但遗憾的是由于仅存底部残片，无法做整体比较。

总体来看，本次发掘的仰韶时期诸遗迹单位内出土的各类遗物分布较为混杂，虽有个别器物有演变规律可循，但似乎并不存在明显的遗存分期或分段，所见的几组打破关系也应属于同期打破。

通过与相关遗址出土遗物形制特征的比对，我们认为本次发掘的仰韶时期遗存，无疑与仰韶文化原子头三期类型较为接近，而一些具有史家类型和庙底沟类型特点遗物的发现，更加印证了其同时兼具两个时期的文化特征，应处于两个文化类型的过渡阶段。

① 宝鸡市考古工作队、陕西省考古研究所：《陇县原子头》，文物出版社，2005年，第86、88页。

第四章　夏商时期遗存

夏商时期的文化遗存数量较少，均分布在J区。类型包括灰坑8座，编号分布为H23、H25、H26、H34、H36、H40、H42、H43；灰沟1条，编号G12；房址1座，编号F7（图一五二）。

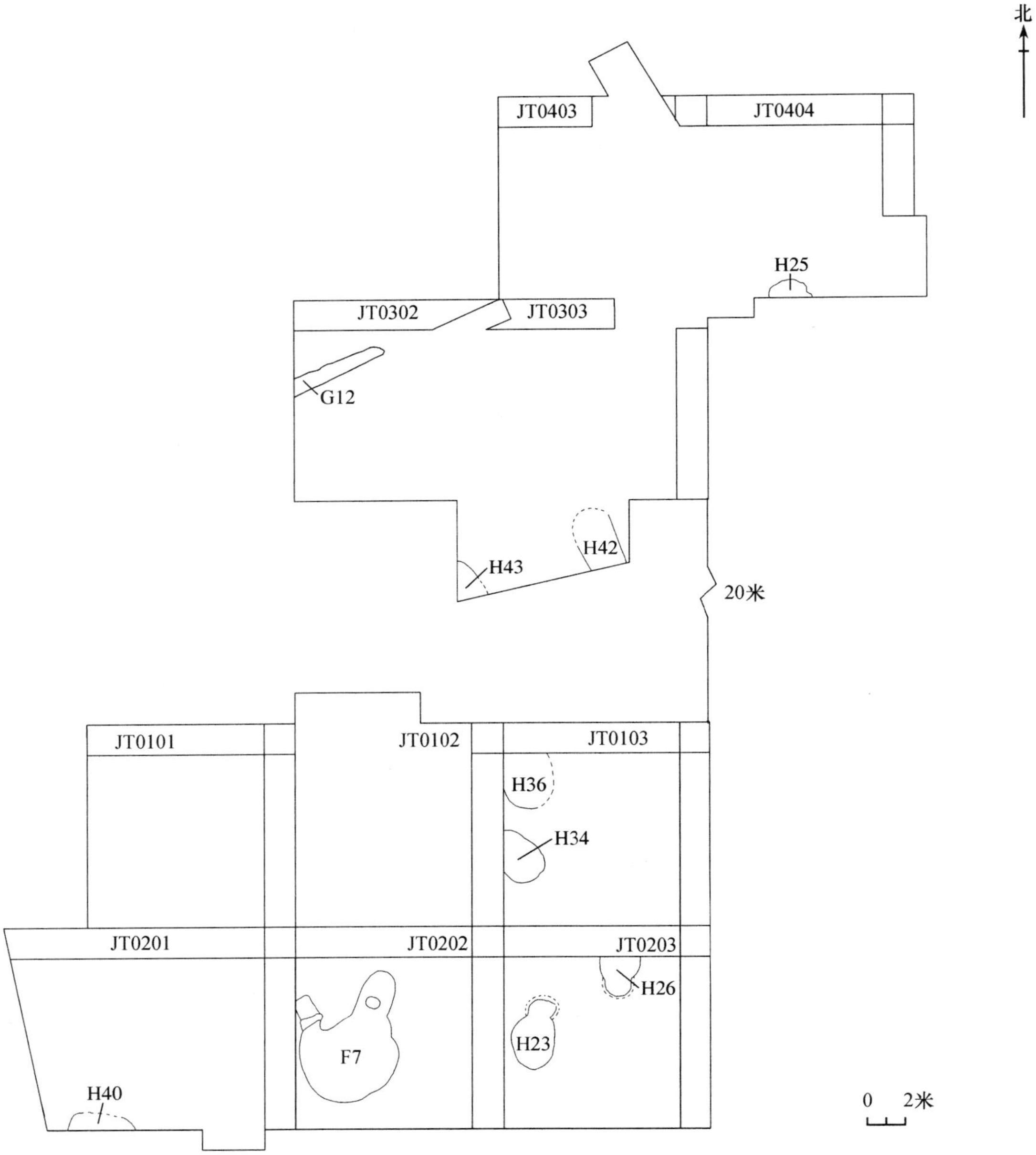

图一五二　夏商时期遗迹平面图

第一节　灰　　坑

一、H23

位于JT0203西部，开口于第1层下，距地表深0.25米，被G4打破。

（一）形制、堆积

开口平面近椭圆形，口小底大，袋状，内壁斜直，平底。口径1.12～1.36、底径1.46～1.56、深0.92米。坑内堆积为灰褐色砂质黏土，土质夹杂大量草木灰，疏松，水平状堆积。包含陶片、动物骨骼、石决等（图一五三）。

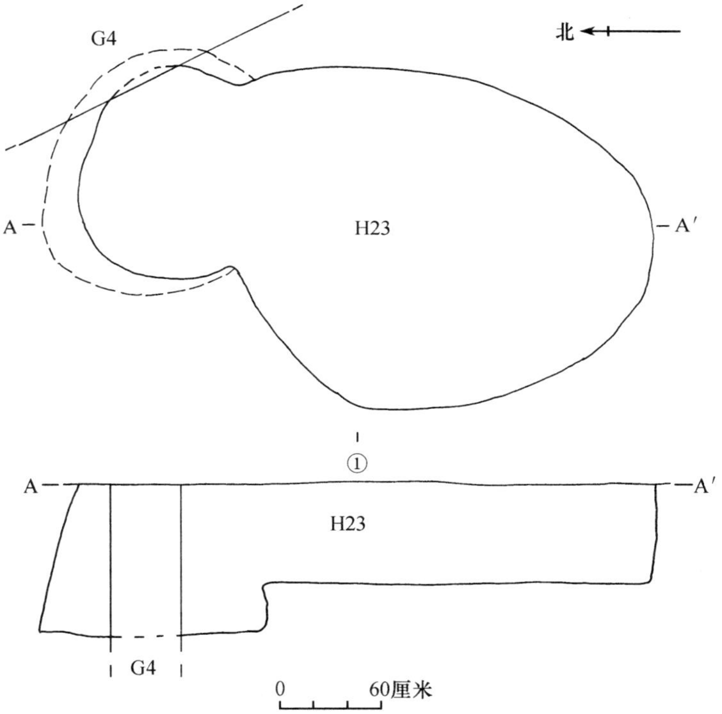

图一五三　H23平、剖面图

判断该单位应为废弃的储藏坑或窖穴。

（二）遗物

1. 陶器面貌

出土大量陶片，陶质陶色方面，泥质陶占总数的87.23%/87.77%，夹砂陶占12.77/12.23%。其中泥质灰陶占66.38%/68.65%，泥质褐陶占8.51%/11.62%，夹砂褐陶占5.53%/4.85%，夹砂灰陶占

3.83%/4.27%，泥质黑皮陶占2.98%/1.71%，夹砂黑皮陶占1.70%/1.10%。此外还见有较少量的仰韶时期红陶片，其中泥质红陶占9.36%/5.79%，夹砂红陶占1.70%/2.01%。纹饰方面，素面陶占总数的27.12%/30.69%。篮纹占35.17%/39.29%，绳纹占18.22%/16.99%，素面磨光占8.47%/4.74%，弦纹占7.20%/4.36%，戳压纹占1.69%/1.66%，附加堆纹占1.27%/1.00%，刻划纹占0.42%/0.92%，弦纹+几何纹占0.42%/0.34%。可辨器形有罐、豆、钵、瓮、器盖等（表六四、表六五）。

表六四　H23陶系统计表

陶质 / 陶色 / 纹饰	泥质				夹砂				合计	百分比/%
	红	褐	黑	灰	红	褐	黑	灰		
素面	17/496.7	1/462.2		41/2222.3	2/65.7	1/69.1		2/73	64/3389	27.12/30.69
磨光	2/68.9	6/146.5	7/188.7	5/119.4					20/523.5	8.47/4.74
篮纹	3/74	2/44.3		77/4220.4					83/4338.7	35.17/39.29
绳纹		9/513.9		12/327.5	2/156.3	12/467	4/121.3	4/290.6	43/1876.6	18.22/16.99
弦纹				16/470.4				1/11.4	17/481.8	7.20/4.36
刻划纹		1/101.9							1/101.9	0.42/0.92
附加堆纹		1/14						2/96.2	3/110.2	1.27/1.00
戳压纹				4/183.8					4/183.8	1.69/1.66
弦纹+几何纹				1/37.5					1/37.5	0.42/0.34
合计	22/639.6	20/1282.8	7/188.7	156/7581.3	4/222	13/536.1	4/121.3	9/471.2	235/11043	
	205/9692.4				30/1350.6					
百分比/%	9.36/5.79	8.51/11.62	2.98/1.71	66.38/68.65	1.70/2.01	5.53/4.85	1.70/1.10	3.83/4.27		100.00/100.00
	87.23/87.77				12.77/12.23					

表六五　H23可辨陶器器形统计表

陶质 / 陶色 / 器形	泥质					夹砂			合计	百分比/%
	红	褐	灰	灰皮褐胎	黑皮褐胎	褐	灰	黑皮褐胎		
器盖			1						1	3.33
豆			1						1	3.33
瓮		1							1	3.33
钵			1						1	3.33
罐	1	2	13	4	2	1	2	1	26	86.67
合计	1	3	16	4	2	1	2	1	30	
	26					4				
百分比/%	3.33	10.00	53.33	13.33	6.67	3.33	6.67	3.33		100.00
	86.66					13.33				

2. 器物举例

挑选器物标本6件，均为陶器残片，器形包括钵、罐、瓮等。

钵　H23：1，口及腹部。泥质陶，器表及内壁呈浅灰色，陶胎呈褐色。直口，尖唇，上腹略鼓，下腹弧收。素面。手制轮修，口沿内外可见轮修痕迹。通高4.8、口径14、腹径14.8、壁厚0.2～0.7厘米（图一五四，6）。

罐　H23：2，口及颈部。泥质灰陶。小口外侈，圆唇，束颈，弧肩。颈部饰一周戳压纹。手制轮修。残高10.2、口径14、壁厚0.4～1.2厘米（图一五四，3）。H23：5，肩部。泥质灰陶。折肩。肩部饰由两周凹弦纹及三角形纹饰组成的纹饰带，肩部以下饰数周凹弦纹，器表磨光。手制。残高6.1、壁厚0.5～0.7厘米（图一五四，4）。

带耳罐　H23：3，口及肩部。泥质灰陶。侈口，圆唇，高束颈，弧肩，器表贴附一个桥形耳，耳上端稍低于口沿，下端接于肩部。肩部饰三周凹弦纹，器表磨光。手制轮修。残高9.2、壁

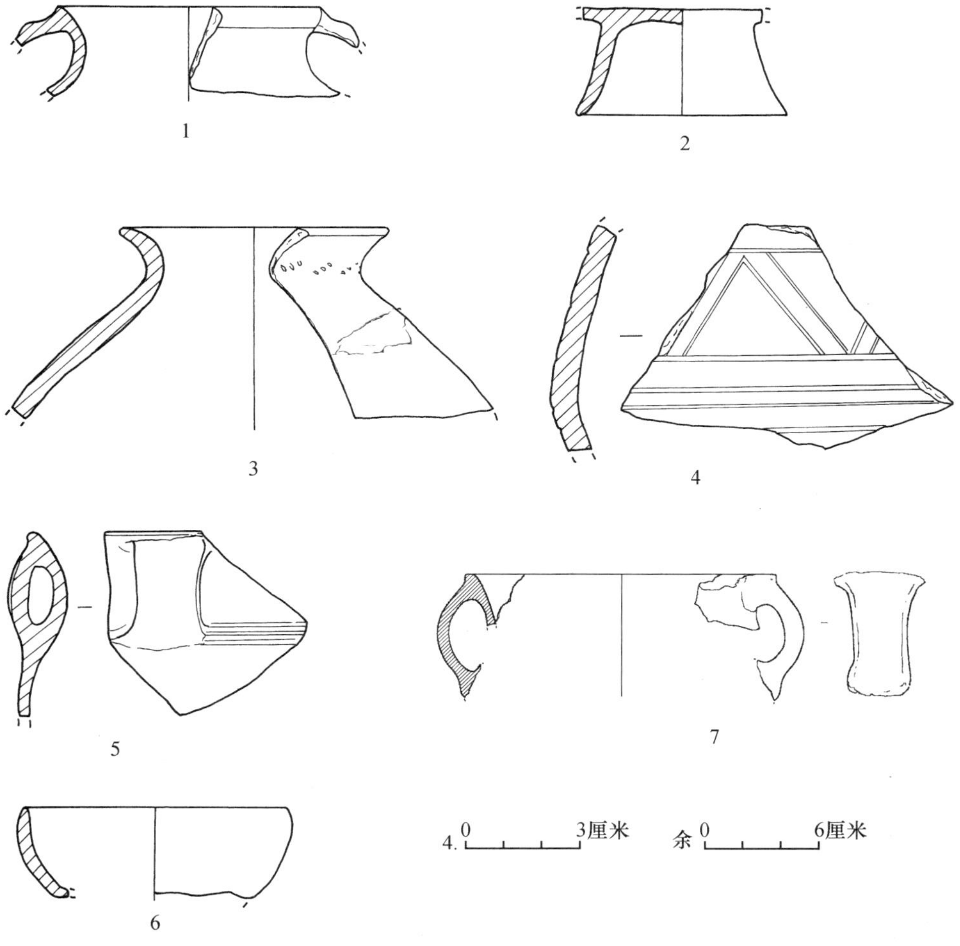

图一五四　H23陶器标本

1、5、7. 带耳罐（H23：4、H23：3、H23：7）　2. 瓮（H23：6）　3、4. 罐（H23：2、H23：5）　6. 钵（H23：1）

厚0.4～0.8厘米；耳高6、耳宽3.4厘米（图一五四，5）。H23：4，口及耳部。泥质灰陶。侈口，尖唇，束颈，口沿外侧连接器耳，器耳已残断，耳上端贴附两个圆形乳钉。手制轮修，口沿内侧可见轮修痕迹。残高4.8、口径14、壁厚0.4～0.6厘米（图一五四，1）。H23：7，口及耳部。泥质灰陶。口微侈，尖唇，斜沿极窄，桥形宽耳接于口部。素面。手制轮修，口沿内侧可见轮修痕迹。复原口径16.4、残高6.6、壁厚0.5～0.8厘米（图一五四，7）。

瓮　H23：6，口及肩部。泥质褐陶。敛口、方唇，圆肩。口沿外侧饰二周凹弦纹，肩部刻划三条水波状纹饰，器表磨光。手制轮修。残高4.4、壁厚0.7～1.1厘米（图一五四，2）。

二、H25

位于JT0404南壁下，部分延伸至探方外。开口于第1层下，距现地表1.3米。

（一）形制、堆积

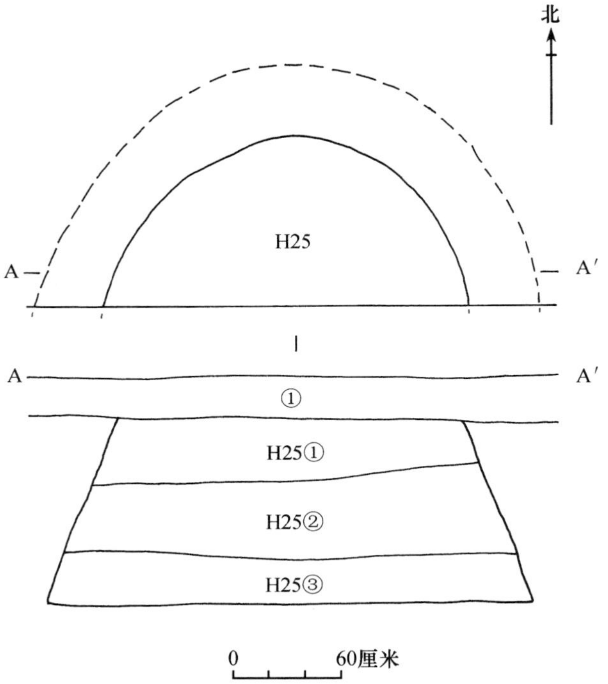

图一五五　H25平、剖面图

开口平面呈较规整的半圆形，口小底大，内壁斜直外扩，壁面光滑，底部平面也为规整的半圆形，较平。口长径2、短径0.98米，底长径2.8、短径1.4米，深1.04米。

坑内堆积分三层。

第1层：黄褐色夹杂浅灰色土点的砂质黏土。夹杂红烧土块，较疏松。近水平状堆积。厚0.24～0.36米。

第2层：灰褐色粉砂土。夹杂大量草木灰、炭屑、料姜石块等，较疏松。近水平状堆积。厚0.38～0.45米。

第3层：黄褐色砂质黏土。夹杂少量草木灰、红烧土块等，较致密，包含石块、草拌泥块等。水平状堆积。厚0.3米。

判断该单位为储藏坑或窖穴（图一五五；图版九，1）。

（二）遗物

1. 陶器面貌

出土大量陶片，陶质陶色方面，泥质陶占总数的71.79%/72.45%，夹砂陶占28.21%/27.55%。其中泥质灰陶占55.13%/46.93%，夹砂灰陶（含灰皮褐胎）占17.95%/15.66%，泥质黑皮褐胎陶占6.41%/10.44%，夹砂褐陶（含褐皮灰胎）占8.97%/10.17%，泥质褐陶占3.85%/6.39%，夹砂红陶占1.20%/1.72%。纹饰方面，素面陶占总数的17.95%/13.84%，篮纹占33.33%/34.43%，绳纹占19.23%/18.35%，弦纹占10.26%/10.40%，素面磨光占5.13%/4.58%，附加堆纹+戳压纹占3.85%/3.79%，戳压纹占2.56%/3.10%，交错绳纹占2.56%/1.80%，弦纹+镂孔占1.28%/3.96%，附加堆纹+绳纹+戳压纹占1.28%/2.49%，戳压纹+绳纹占1.28%/2.08%，附加堆纹占1.28%/1.18%。可辨器形有盆、瓮、罐、豆等，罐类最多。瓮为夹砂陶质，豆为泥质陶质，盆、罐则有夹砂陶质及泥质陶质两种（表六六、表六七）。

表六六　H25陶系统计表

纹饰＼陶质/陶色	夹砂					泥质				合计	百分比/%
	红	灰	灰皮褐胎	褐	褐皮灰胎	灰	灰皮褐胎	褐	黑皮褐胎		
素面				1/26.4		12/225.6	1/35.2			14/287.2	17.95/13.84
绳纹		7/118	2/54.1		3/91.1	2/96.5	1/21			15/380.7	19.23/18.35
交错绳纹					1/18	1/19.4				2/37.4	2.56/1.80
篮纹					1/23.9	19/423.7	3/124.2	2/111.2	1/31.2	26/714.2	33.33/34.43
附加堆纹		1/24.5								1/24.5	1.28/1.18
戳压纹+绳纹		1/43.2								1/43.2	1.28/2.08
堆纹+绳纹+戳压纹					1/51.6					1/51.6	1.28/2.49
弦纹	1/35.7					3/55.3		1/21.3	3/103.3	8/215.6	10.26/10.40
堆纹+戳压纹		2/64.1				1/14.6				3/78.7	3.85/3.79
弦纹+镂孔									1/82.1	1/82.1	1.28/3.96
戳压纹		1/20.9				1/43.5				2/64.4	2.56/3.10
素面磨光						4/95				4/95	5.13/4.58
合计	1/35.7	12/270.7	2/54.1	1/26.4	6/184.6	43/973.6	5/180.4	3/132.5	5/216.6	78/2074.6	
	22/571.5					56/1503.1					
百分比/%	1.20/1.72	15.38/13.05	2.57/2.61	1.28/1.27	7.69/8.90	55.13/46.93	6.41/8.70	3.85/6.39	6.41/10.44	100.00/100.00	
	28.21/27.55					71.79/72.45					

表六七　H25可辨陶器器形统计表

<table>
<tr><th rowspan="2">器形 ＼ 陶质 / 陶色</th><th colspan="4">夹砂</th><th colspan="2">泥质</th><th rowspan="2">合计</th><th rowspan="2">百分比/%</th></tr>
<tr><th>红</th><th>灰</th><th>褐</th><th>褐皮灰胎</th><th>灰</th><th>黑皮褐胎</th></tr>
<tr><td>盆</td><td></td><td></td><td>1</td><td></td><td>2</td><td></td><td>3</td><td>20.00</td></tr>
<tr><td>瓮</td><td></td><td>1</td><td></td><td></td><td></td><td></td><td>1</td><td>6.67</td></tr>
<tr><td>罐</td><td>1</td><td>4</td><td></td><td>1</td><td>4</td><td></td><td>10</td><td>66.67</td></tr>
<tr><td>豆</td><td></td><td></td><td></td><td></td><td></td><td>1</td><td>1</td><td>6.67</td></tr>
<tr><td rowspan="2">合计</td><td>1</td><td>5</td><td>1</td><td>1</td><td>6</td><td>1</td><td rowspan="2">15</td><td rowspan="2"></td></tr>
<tr><td colspan="4">8</td><td colspan="2">7</td></tr>
<tr><td rowspan="2">百分比/%</td><td>6.67</td><td>33.33</td><td>6.67</td><td>6.67</td><td>40.00</td><td>6.67</td><td colspan="2" rowspan="2">100.00</td></tr>
<tr><td colspan="4">53.34</td><td colspan="2">46.67</td></tr>
</table>

2. 器物举例

挑选器物标本9件，1件为骨器，其余均为陶器残片。

骨器　H25：1，一端残缺。系用动物骨骼磨制而成。扁平长条状。保留较好的一端有一个近三角形缺口，靠近缺口处有一处圆形钻孔，系单面钻成。器表经打磨，光滑平整。残长10、宽2.2、厚0.6、孔径0.3～0.7厘米，重14.4克（图一五六，9）。

盆　H25：2，口腹及底部，可复原。泥质灰陶。侈口，圆唇，束颈，腹略鼓，平底。腹部饰纵向绳纹。手制轮修，内壁可见轮修痕迹。复原通高7、复原口径22.8、腹径21.6、底径18、壁厚0.2～0.8厘米（图一五六，3）。H25：5，口部。泥质灰陶。侈口，圆唇，颈微束，腹部微鼓。腹部饰纵向绳纹后稍经抹平，口沿内外经磨光。手制轮修，口沿内外轮修痕迹明显。残高5.4、壁厚0.7厘米（图一五六，1）。

豆　H25：3，足部。泥质陶，器表及内壁陶色黑灰，胎体陶色灰褐。中空喇叭状圈足。器表饰有一周凸弦纹、两周凹弦纹及镂孔纹饰，但因残损较甚，镂孔纹饰已基本不见，器表磨光。手制轮修，器表及内壁轮修痕迹明显。残高6.4、底径18、壁厚0.2～0.6厘米（图一五六，4）。

罐　皆为口部。H25：4，夹砂灰陶。侈口，圆唇，高领，鼓腹。口沿外侧贴附一周泥条，泥条经戳印略呈锯齿状花边，腹部饰纵向绳纹。手制轮修。残高6、壁厚0.3～0.7厘米（图一五六，2）。H25：6，夹细砂灰陶。口微侈，尖圆唇，领较高，束颈。领上间隔戳印椭圆窝纹。手制轮修。复原口径12、残高4.5、壁厚0.45厘米（图一五六，5）。H25：7，泥质灰陶。口微侈，尖圆唇，高领较直。领部贴塑一道花边纹饰带。手制轮修。残宽4.5、残高4、壁厚0.5厘米（图一五六，8）。H25：9，口部。夹砂灰陶。近直口，高领较直。领部有一个鸡冠状花边鋬。手制。复原口径18、残高3、壁厚0.8厘米（图一五六，7）。

簋　H25：8，足部。泥质灰陶。喇叭口。上部饰两道弦纹，器表磨光。手制轮修。复原底径18、残高3.6、壁厚0.7厘米（图一五六，6）。

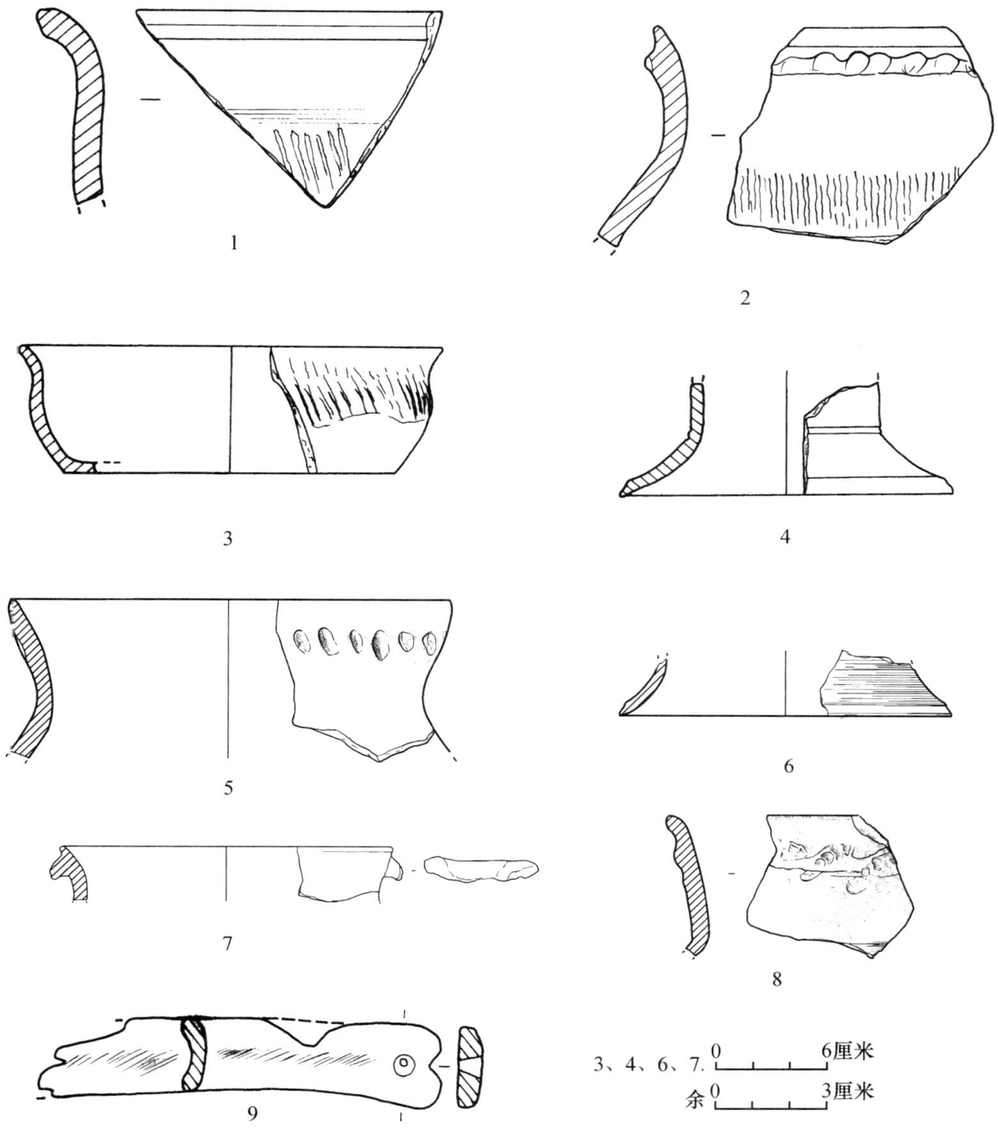

图一五六　H25器物标本

1、3. 盆（H25：5、H25：2）　2、5、7、8. 罐（H25：4、H25：6、H25：9、H25：7）

4. 豆（H25：3）　6. 簋（H25：8）　9. 骨器（H25：1）

三、H26

位于JT0203北壁下偏东处，部分延伸至北隔梁下。开口于第1层下，距现地表深1.05米。

（一）形制、堆积

开口平面不规则，似“葫芦”形。南壁斜直外扩，北壁较直，坡底，底稍大。口长1.95、最宽处1.95、最短处0.71米，底长2.18、最短处1.09米，深0.8米。坑内堆积为黑褐色砂质黏土，较致密，水平状堆积，包含陶片、动物骨骼、石块等（图一五七）。

判断该单位为储藏坑或窖穴。

（二）遗物

1. 陶器面貌

出土较多陶片，陶质陶色方面，泥质陶占总数的73.33%/68.25%，夹砂陶占26.67%/31.75%。其中泥质灰陶占47.78%/45.37%，夹砂灰陶占23.33%/27.92%，泥质黑皮陶占10.00%/11.80%，夹砂黑皮陶占1.11%/0.73%，夹砂褐陶占2.22%/3.10%。此外还见有少量仰韶时期泥质红陶，占15.56%/11.08%，零星有带彩者。纹饰方面，素面陶占总数的17.78%/16.38%，绳纹占34.44%/43.00%，篮纹占25.56%/19.71%，素面磨光占15.56%/14.47%，弦纹占3.33%/3.90%，附加堆纹占1.11%/1.11%，指甲戳压纹+绳纹占1.11%/0.73%，带彩者占1.11%/0.71%（表六八、表六九）。

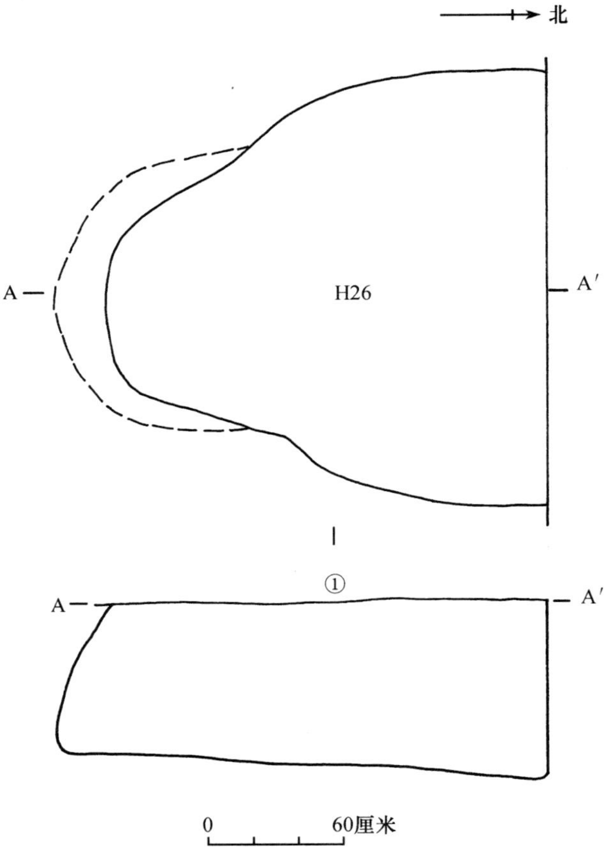

图一五七　H26平、剖面图

表六八　H26陶系统计表

纹饰＼陶质／陶色	泥质 红	泥质 黑	泥质 灰	夹砂 褐	夹砂 黑	夹砂 灰	合计	百分比/%
素面	7/102.3	1/72.3	7/107.7			1/15.4	16/297.7	17.78/16.38
素面磨光		8/142.2	6/120.7				14/262.9	15.56/14.47
篮纹	3/25.4		20/332.9				23/358.3	25.56/19.71
绳纹	1/33.9		8/199	2/56.4		20/492.1	31/781.4	34.44/43.00
弦纹	1/6.7		2/64.2				3/70.9	3.33/3.90
附加堆纹	1/20.1						1/20.1	1.11/1.11
指甲戳压纹+绳纹					1/13.2		1/13.2	1.11/0.73
彩陶	1/12.9						1/12.9	1.11/0.71
合计	14/201.3	9/214.5	43/824.5	2/56.4	1/13.2	21/507.5	90/1817.4	
	66/1240.3			24/577.1				
百分比/%	15.56/11.08	10.00/11.80	47.78/45.37	2.22/3.10	1.11/0.73	23.33/27.92		100.00/100.00
	73.33/68.25			26.67/31.75				

表六九　H26可辨陶器器形统计表

器形 \ 陶色 \ 陶质	夹砂	泥质		合计	百分比/%
	灰	灰	黑皮褐胎		
罐	1	2		3	60.00
盆			2	2	40.00
合计	1	2	2	5	
	1	4			
百分比/%	20	40	40		100.00
	20	80			

2. 器物举例

挑选器物标本4件，2件为陶罐残片、2件为蚌器。

蚌器　H26：1，蚌刀。残。体较小，平面近长方形，器身一侧稍厚，另一侧磨制出双面刃。表面打磨光滑。残长3.2、残宽2.8、最厚0.6厘米，重11.2克（图一五八，4）。H26：2，蚌片。残。略呈扇形，基本保持原始形态，仅一侧边似经切割，较为平整。残长10.5、残宽5.9、厚0.4厘米，重57.6克（图一五八，3）。

罐　匚及颈部。H26：3，泥质灰陶。敞口，圆唇，束颈。口沿外侧饰三周凹弦纹，颈部饰一周间隔不甚均匀的戳压纹。手制轮修。残高4.4、壁厚0.3～1厘米（图一五八，1）。H26：4，夹砂灰陶。侈口，圆唇，束颈。颈部以下饰纵向绳纹。手制。残高4.8、壁厚0.3～0.9厘米（图一五八，2）。

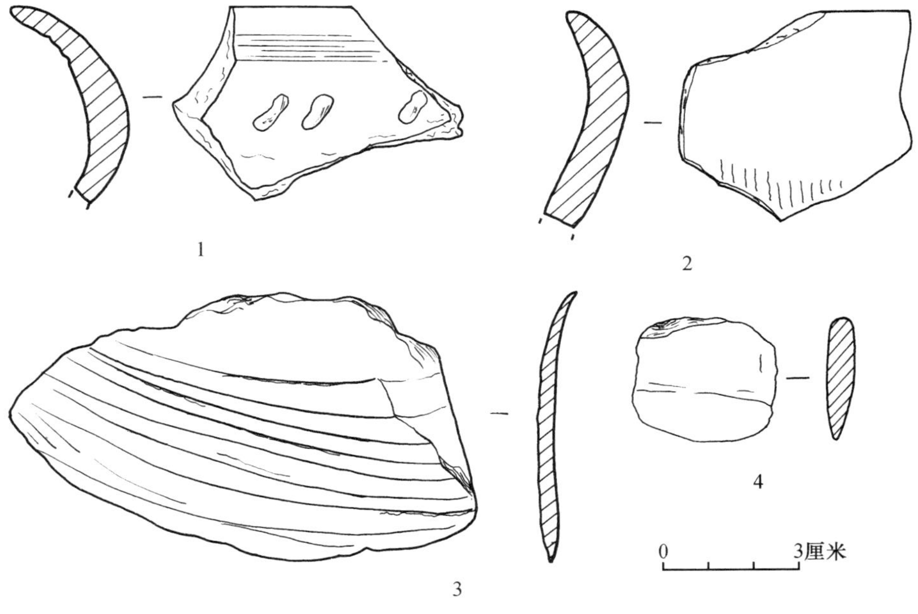

图一五八　H26器物标本

1、2. 陶罐（H26：3、H26：4）　3、4. 蚌器（H26：2、H26：1）

四、H34

位于JT0103西壁下，部分延伸至T0102东隔梁下。开口于第1层下，距现地表深0.92米，打破。

（一）形制、堆积

方向291°。可见开口平面近椭圆形，弧壁，平底。开口残长2.4、宽1.88、深0.62米。

其内堆积二层。

第1层：浅褐色砂质黏土。夹杂大量红烧土点，疏松。水平状堆积。包含陶片、石块、动物骨骼等。厚0.32米。

第2层：灰褐色砂质黏土。夹杂少量草木灰、木炭屑等，疏松。水平状堆积。包含陶片、石块、动物骨骼等。厚0.3米。

判断该单位为处理废弃物的垃圾坑（图一五九）。

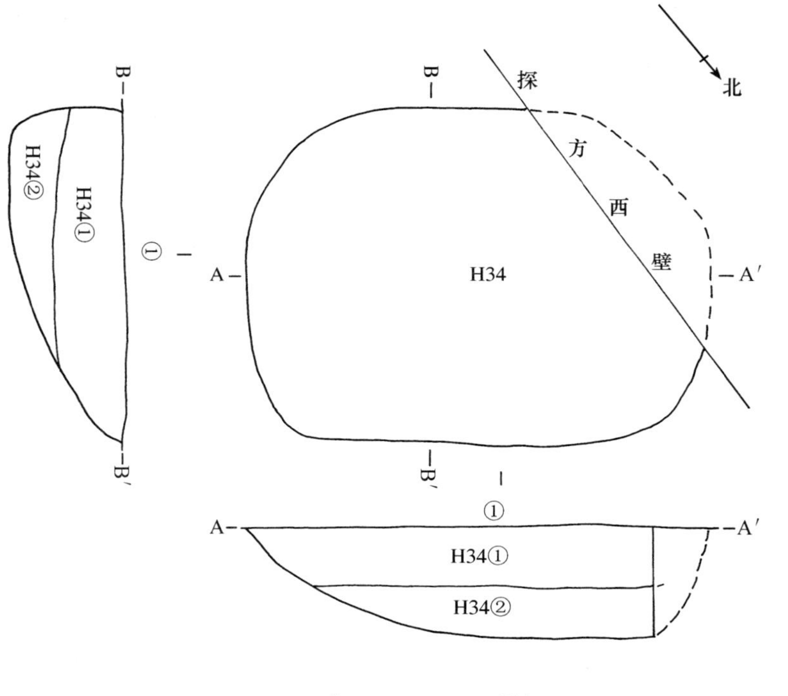

图一五九　H34平、剖面图

（二）遗物

1. 陶器面貌

第1层出土大量陶片，陶质陶色方面，泥质陶占总数的74.24%/72.69%，夹砂陶占25.76%/27.31%。其中泥质灰陶占58.08%/58.18%，夹砂灰陶占11.62%/16.80%，夹砂褐陶占8.59%/7.55%，泥质黑皮陶占7.07%/4.61%，泥质褐陶占2.02%/4.10%，夹砂黑皮陶占3.03%/1.52%。此外，还见有少量仰韶时期红陶片，其中泥质红陶占7.07%/5.80%，夹砂红陶占2.53%/1.44%。纹饰方面，素面陶占总数的22.22%/19.25%，篮纹占32.83%/32.45%，绳纹占25.76%/31.27%，素面磨光占9.60%/7.85%，弦纹占4.04%/2.12%，指甲形戳压纹+绳纹占0.51%/1.60%，戳压纹占1.01%/1.45%，戳压纹+弦纹占1.01%/1.09%，附加堆纹占0.51%/0.71%，连珠纹占0.51%/0.49%，线纹占0.51%/0.35%，波浪纹占0.51%/0.28%。可辨器形有鬲、豆、瓮、罐等（表七〇、表七一）。

表七〇　H34①层陶系统计表

陶质 / 陶色 / 纹饰	泥质				夹砂				合计	百分比/%
	红	褐	黑	灰	红	褐	黑	灰		
素面	4/131.8	1/28.2	11/267.9	16/775	2/41.9	9/371.7	1/8.7		44/1625.2	22.22/19.25
磨光	3/159		1/23.8	15/480					19/662.8	9.60/7.85
篮纹	5/149	2/144.8		55/2407.7	1/10.9	1/8		1/19.6	65/2740	32.83/32.45
绳纹	1/20.3	1/173.3	2/97.5	13/699.6	2/68.7	7/257.5	5/119.9	20/1203.2	51/2640	25.76/31.27
弦纹				8/178.8					8/178.8	4.04/2.12
连珠纹				1/41					1/41	0.51/0.49
附加堆纹								1/60	1/60	0.51/0.71
戳压纹+弦纹				2/91.8					2/91.8	1.01/1.09
线纹	1/29.6								1/29.6	0.51/0.35
戳压纹				2/122.6					2/122.6	1.01/1.45
波浪纹				1/24					1/24	0.51/0.28
指甲戳压纹+绳纹								1/135.5	1/135.5	0.51/1.60
合计	14/489.7	4/346.3	14/389.2	115/4912.3	5/121.5	17/637.2	6/128.6	23/1418.3	198/8443.1	
	147/6137.5				51/2305.6					
百分比/%	7.07/5.80	2.02/4.10	7.07/4.61	58.08/58.18	2.53/1.44	8.59/7.55	3.03/1.52	11.62/16.80	100.00/100.00	
	74.24/72.69				25.76/27.31					

表七一　H34①层可辨陶器器形统计表

器形 \ 陶质 陶色	夹砂			泥质			合计	百分比/%
	灰	褐	其他	灰	褐	其他		
豆				1			1	3.57
瓮			1	1		1	3	10.71
鬲	1	2					3	10.71
罐	4	4		10	2	1	21	75.00
合计	5	6	1	12	2	2	28	
	12			16				
百分比/%	17.86	21.43	3.57	42.86	7.14	7.14		100.00
	42.86			57.14				

第2层出土极少量陶片，陶质陶色方面，泥质陶占总数的73.08%/81.27%，夹砂陶占26.92%/18.73%。其中泥质灰陶占53.85%/63.34%，泥质褐陶占15.38%/11.19%，夹砂褐陶占3.85%/1.33%，泥质黑皮陶占3.85%/6.73%，夹砂黑皮陶占7.69%/4.49%，夹砂灰陶占11.54%/12.33%，仰韶时期夹砂红陶片占3.85%/0.59%。纹饰方面，素面陶占总数的11.54%/10.15%，篮纹占34.62%/46.63%，绳纹占11.54%/60.00%，素面磨光占11.54%/5.14%，戳压纹占7.69%/7.50%，弦纹占7.69%/6.20%，刻划纹占3.85%/6.73%，戳压纹+弦纹占3.85%/7.16%，指甲戳压纹+绳纹占3.85%/3.73%，戳压纹占3.85%/0.76%。可辨器形有鬲、罐（表七二、表七三）。

表七二　H34②层陶系统计表

纹饰 \ 陶质 陶色	泥质			夹砂				合计	百分比/%
	褐	黑	灰	红	褐	黑	灰		
素面			1/27	1/8.3			1/108.4	3/143.7	11.54/10.15
素面磨光	3/72.8							3/72.8	11.54/5.14
篮纹	1/85.6		8/574.5					9/660.1	34.62/46.63
绳纹					1/18.8		2/66.1	3/84.9	11.54/60.00
弦纹			2/87.7					2/87.7	7.69/6.20
刻划纹		1/95.3						1/95.3	3.85/6.73
戳压纹			2/106.1					2/106.1	7.69/7.50
戳压纹+弦纹			1/101.4					1/101.4	3.85/7.16
戳压纹						1/10.8		1/10.8	3.85/0.76
抹光+绳纹									
指甲戳压纹+绳纹						1/52.8		1/52.8	3.85/3.73
合计	4/158.4	1/95.3	14/896.7	1/8.3	1/18.8	2/63.6	3/174.5	26/1415.6	
	19/1150.4			7/265.2					
百分比/%	15.38/11.19	3.85/6.73	53.85/63.34	3.85/0.59	3.85/1.33	7.69/4.49	11.54/12.33		100.00/100.00
	73.08/81.27			26.92/18.73					

表七三　H34②层可辨陶器器形统计表

器形 \ 陶色 \ 陶质	夹砂		泥质		合计	百分比/%
	灰	其他	灰	其他		
鬲		1			1	14.29
罐	2		3	1	6	85.71
合计	2	1	3	1	7	
	3		4			
百分比/%	28.57	14.29	42.86	14.29		100.00
	42.86		57.14			

2. 器物举例

第1层挑选器物标本6件，为陶罐、鬲口部。

罐　H34①：1，口及腹部。泥质夹细砂，器表陶色深灰，陶胎呈红褐色。小口外敞，方唇，束颈，弧肩，深腹。口沿外侧饰绳纹后经抹平，腹部饰斜向麦粒状粗绳纹。手制轮修，口沿内外可见轮修痕迹。残高31、口径14.8、腹径35.6厘米，壁厚1厘米（图一六○，3；图版一○，1）。

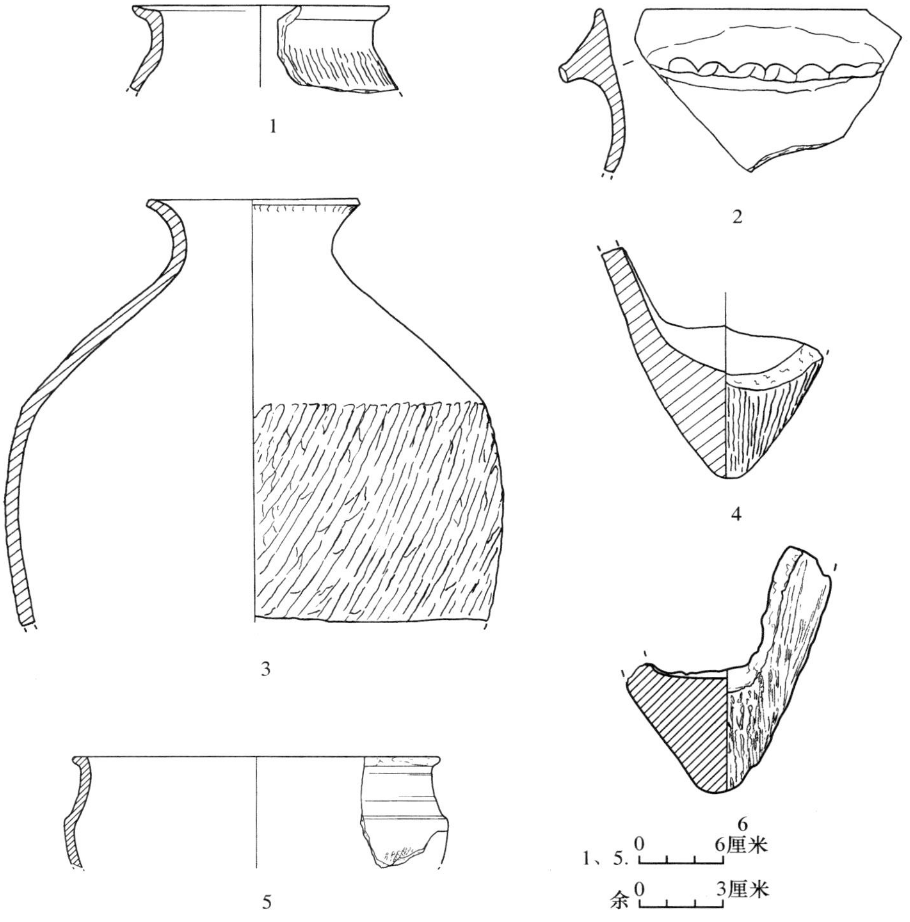

图一六○　H34①层陶器标本

1、4. 鬲（H34①：4、H34①：3）　2、3. 罐（H34①：2、H34①：1）　5. 簋（H34①：6）　6. 瓮（H34①：7）

H34①：2，口沿、颈及鋬部。夹砂灰陶。侈口，圆唇，高领，口沿外侧贴附有鋬，鋬部周边经按压呈鸡冠状。手制轮修。残高6、壁厚0.3～0.6厘米（图一六〇，2）。

鬲　H34①：3，足部。夹砂灰陶。锥状，下带实心跟。器表饰纵向绳纹直至足尖处。手制。残高8、壁厚0.8厘米（图一六〇，4）。H34①：4，口及颈部。夹砂陶，器表及内壁陶色深灰，陶胎呈红褐色。侈口，斜沿，圆唇，沿面微凹，束颈。颈部以下饰纵向细绳纹。手制轮修。残高6.4、口径18、壁厚0.3～0.9厘米（图一六〇，1）。

瓮　H34①：7，足部残片。夹砂灰陶。圆锥状，足跟较高，内为实心。器表饰深峻的纵向细绳纹。手制。残高9、残径6、壁厚0.8、足跟高4.5厘米（图一六〇，6）

簋　H34①：6，口、腹部。泥质灰陶。口微侈，平折沿较窄，唇部缺失，高领较直，微折腹。腹部饰模糊的细绳纹。手制轮修。复原口径26.2、残高8、壁厚0.64厘米（图一六〇，5）。

第2层挑选器物标本3件，均为陶罐口及颈部部残片。

罐　皆为口部。H34②：1，泥质灰陶。敞口，圆唇，束颈较高。颈部饰一周凹弦纹，其下饰一周分布较密集的斜向短条状戳压纹。手制轮修，口沿外侧轮修痕迹明显。口径20、残高5.6、壁厚0.6～0.8厘米（图一六一，2）。H34②：2，泥质陶。器表及内壁陶色黑灰，陶胎呈褐色。敞口，圆唇，束颈。颈部饰一周分布较稀疏的斜向短条状戳压纹，器表磨光。手制轮修。残高4.4、口径15、壁厚0.4～0.8厘米（图一六一，1）。H34②：3，夹砂灰陶。侈口，尖圆唇，领较高。领部贴塑花边，肩部有绳纹。手制轮修。复原口径35.6、残高4.4、壁厚0.5～0.85厘米（图一六一，3）。

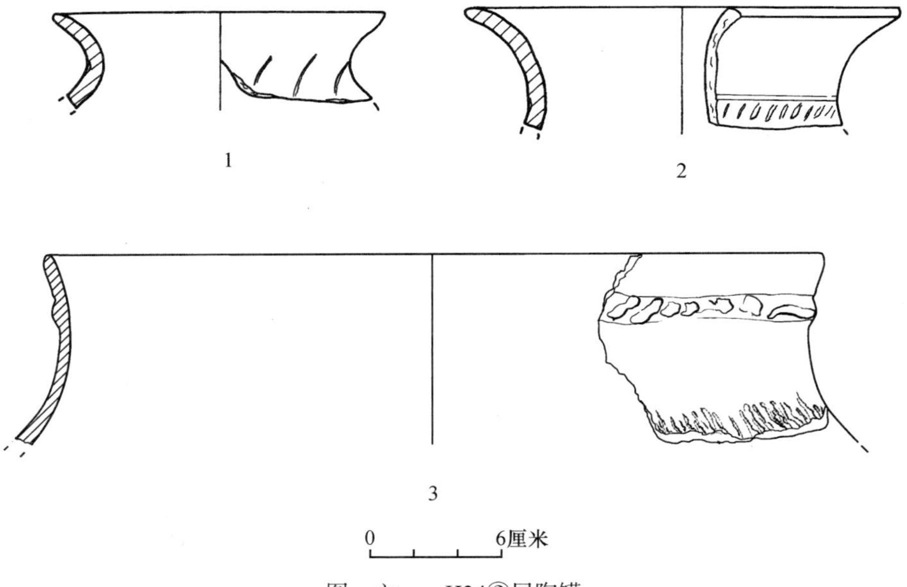

图一六一　H34②层陶罐

1. H34②：2　2. H34②：1　3. H34②：3

五、H36

位于JT0103西北角，部分延伸至探方北隔梁及JT0102东隔梁下。开口于第1层下，距地表深0.25米，被H33、G13打破。

（一）形制、堆积

开口平面为不规则形。南部及东部不存，西部弧形；壁较直，南壁稍内斜收；底不平，中间凸起，四周较低。口残长2.66、残宽1.6～2.12、深0.4～0.56米。

堆积为二层。

第1层：浅褐色砂质黏土。夹杂大量红烧土点，较致密。近波状堆积。包含陶片、石块、动物骨骼等。厚0.34～0.4米。

第2层：灰褐色砂质黏土。夹杂大量草木灰，疏松。基本呈水平状堆积。包含陶片、石块、动物骨骼等。厚0.02～0.24米。

判断该单位为处理废弃物的垃圾坑（图一六二）。

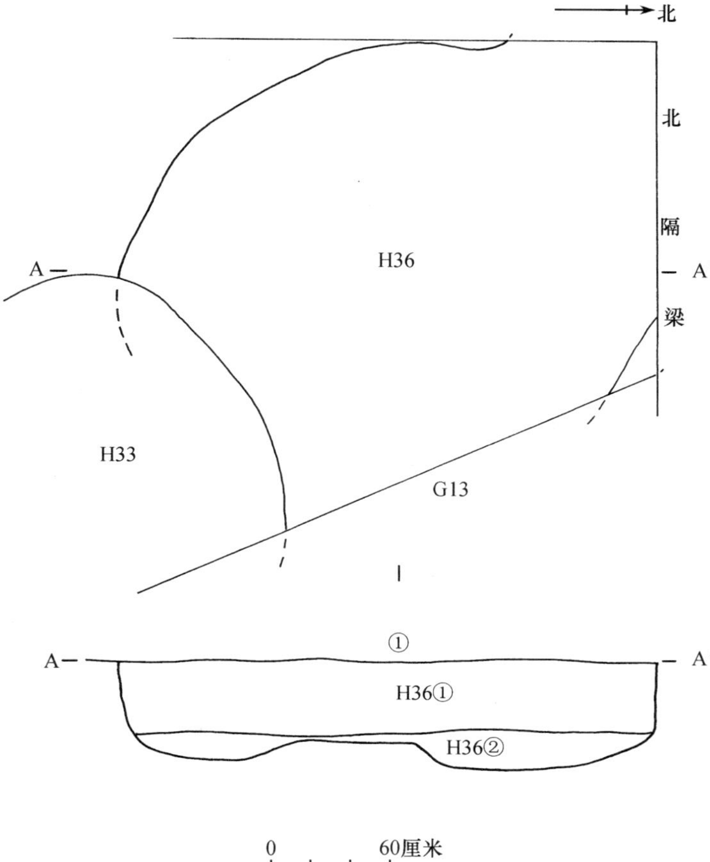

图一六二　H36平、剖面图

（二）遗物

1. 陶器面貌

出土较多陶片，陶质陶色方面，泥质陶占总数的56.72%/68.53%，夹砂陶占43.28%/31.47%。其中泥质灰陶占35.82%/49.04%，夹砂灰陶占22.39%/16.21%，夹砂黑皮陶占14.93%/5.57%，泥质黑皮陶占10.45%/9.05%，夹砂褐陶占1.49%/1.46%。此外，还见有较少量仰韶时期红陶片，其中泥质红陶占10.45%/10.45%，夹砂红陶占4.48%/8.22%。纹饰方面，素面陶占总数的14.93%/17.59%。篮纹占35.82%/41.65%，绳纹占34.33%/20.11%，素面磨光占8.96%/8.90%，戳压纹+抹光+绳纹占1.49%/5.79%，附加堆纹占2.99%/4.79%，弦纹占1.49%/1.17%。可辨器形有鬲、罐、盆、盘等（表七四、表七五）。

表七四　H36陶系统计表

陶质 / 陶色 / 纹饰	泥质			夹砂				合计	百分比/%
	红	黑	灰	红	褐	黑	灰		
素面	2/63.6		4/186.5	1/27.6	1/32.8	1/62.2	1/22	10/394.7	14.93/17.59
磨光			6/199.7					6/199.7	8.96/8.90
篮纹	5/170.8	5/144.5	11/519.7	1/26.9			2/72.7	24/934.6	35.82/41.65
绳纹			2/119.3			9/62.9	12/269	23/451.2	34.33/20.11
弦纹		1/26.3						1/26.3	1.49/1.17
附加堆纹		1/32.2	1/75.3					2/107.5	2.99/4.79
戳压纹+抹光+绳纹				1/130				1/130	1.49/5.79
合计	7/234.4	7/203	24/1100.5	3/184.5	1/32.8	10/125.1	15/363.7	67/2244	
	38/1537.9			29/706.1					
百分比/%	10.45/10.45	10.45/9.05	35.82/49.04	4.48/8.22	1.49/1.46	14.93/5.57	22.39/16.21	100.00/100.00	
	56.72/68.53			43.28/31.47					

表七五　H36可辨陶器器形统计表

陶质 / 陶色 / 器形	夹砂		泥质		合计	百分比/%
	灰	红皮灰胎	灰	黑皮灰胎		
罐	3	1	2		6	54.55
盆			1	1	2	18.18
鬲	1				1	9.09
盘			2		2	18.18
合计	4	1	5	1	11	
	5		6			
百分比/%	36.36	9.09	45.45	9.09	100.00	
	45.45		54.55			

2. 器物举例

挑选陶器器物标本4件，1件修复、3件为残片。

罐　H36：1，口及上腹部。夹砂陶。器表呈红色，内壁及陶胎呈深灰色。侈口，圆唇，高领，上腹外鼓。口沿外侧贴附1周泥条，泥条经戳印呈花边状，上腹部饰纵向细绳纹。手制轮修。残高6.4、复原口径14.4、壁厚0.4～0.8厘米（图一六三，2）。H36：2，口、颈及鋬部。夹砂灰陶。侈口，圆唇，高领。口沿外侧贴附有鋬，鋬部经戳压呈鸡冠状。手制轮修。残高3.7、壁厚0.3～0.7厘米（图一六三，3）。

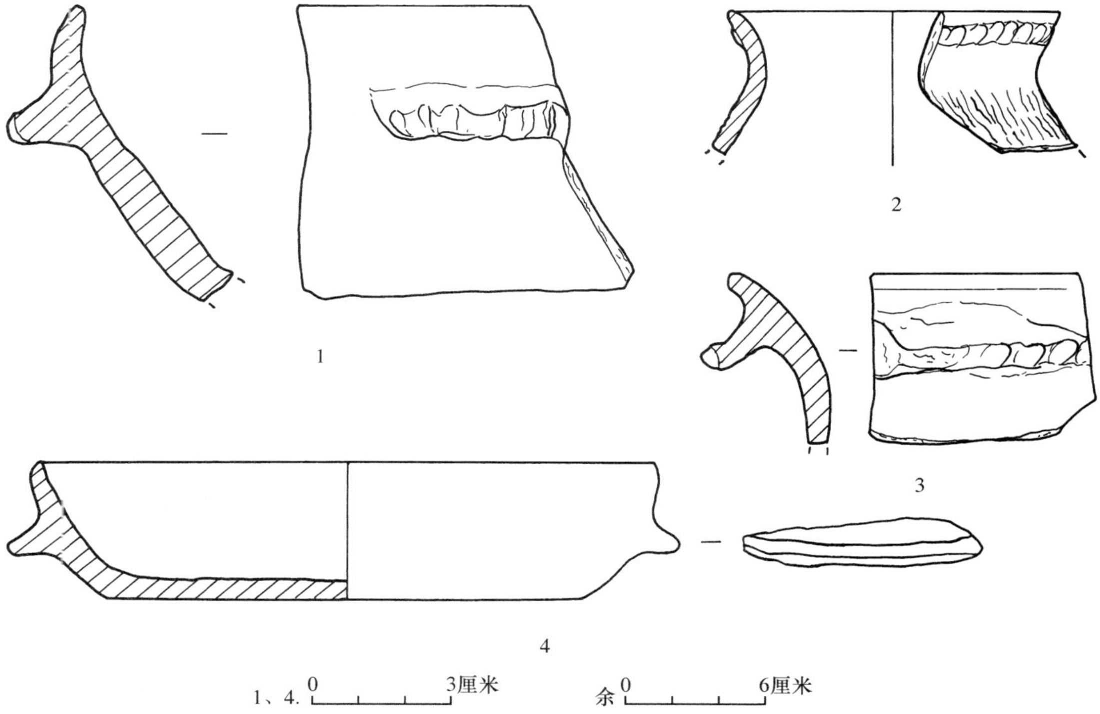

图一六三　H36陶器标本

1、4. 盘（H36：3、H36：4）　2、3. 罐（H36：1、H36：2）

盘　H36：3，口、腹及鋬部。泥质灰陶。口微敛，圆唇，上腹微鼓，下腹斜收，上腹部贴附有一处经戳印略呈鸡冠状的鋬。手制轮修，内壁及口沿外侧可见轮修痕迹。残高6.5、壁厚0.3～1厘米（图一六三，1）。H36：4，已修复。泥质灰陶。平面呈圆形，敞口，尖唇，浅盘，平底，盘身两侧贴附有鋬。素面。手制。口径26.8、底径1.2、壁厚0.4～1.2、通高6厘米（图一六三，4；图版一〇，2）。

六、H40

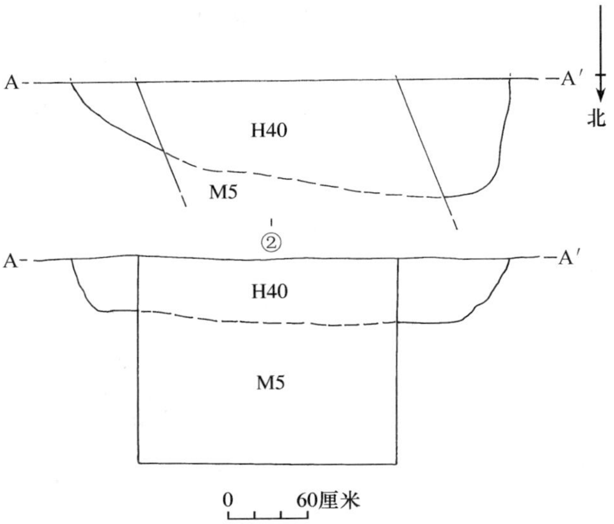

图一六四　H40平、剖面图

位于JT0201西南部，南部延伸出探方外。开口于第2层下，距现地表深0.6米，被M5打破。

（一）形制、堆积

被打破严重，可见开口平面形状不规则，推测其原始平面形状近东西向椭圆形。弧壁，平底。开口长3.2、宽0.6～0.9米，底长2.62、宽0.15～0.42米，深0.5米。坑内堆积为灰褐色砂质黏土，较疏松，水平状堆积。包含大量陶片、少量动物骨骼。

判断该单位为处理废弃物的垃圾坑（图一六四）。

（二）遗物

1. 陶器面貌

出土较多陶片，陶质陶色方面，泥质陶占总数的41.23%/43.05%，夹砂陶占58.77%/56.95%。其中夹砂灰陶占47.37%/41.62%，泥质灰陶占18.42%/18.59%，泥质褐陶占7.02%/10.35%，夹砂褐陶占6.14%/6.32%，泥质黑皮陶占0.88%/0.81%。此外，还见有少量仰韶时期红陶片，泥质红陶占14.91%/13.31%，零星见有饰彩者；夹砂红陶占5.26%/9.01%。纹饰方面，素面陶占总数的24.56%/39.70%，绳纹占46.49%/35.42%，篮纹占13.16%/8.30%，戳压纹占5.26%/7.45%，弦纹占7.02%/5.77%，附加堆纹+戳压纹占0.88%/1.60%，饰彩者占1.75%/0.94%，素面磨光占0.88%/0.81%。可辨器形只有罐类（表七六、表七七）。

表七六　H40陶系统计表

纹饰＼陶质/陶色	泥质				夹砂			合计	百分比/%
	红	褐	黑	灰	红	褐	灰		
素面	12/275.5	3/250.6		6/170.7	3/177.2		4/141.8	28/1015.8	24.56/39.70
素面磨光			1/20.6					1/20.6	0.88/0.81
篮纹	2/26.8			13/185.5				15/212.3	13.16/8.30
绳纹					3/53.3	3/65.6	47/787.4	53/906.3	46.49/35.42
弦纹	1/14.2	5/14.2		2/119.3				8/147.7	7.02/5.77

续表

纹饰 \ 陶色 \ 陶质	泥质				夹砂			合计	百分比/%
	红	褐	黑	灰	红	褐	灰		
附加堆纹+戳压纹						1/41		1/41	0.88/1.60
戳压纹						3/55	3/135.6	6/190.6	5.26/7.45
彩	2/24.1							2/24.1	1.75/0.94
合计	17/340.6	8/264.8	1/20.6	21/475.5	6/230.5	7/161.6	54/1064.8	114/2558.4	
	47/1101.5				67/1456.9				
百分比/%	14.91/13.31	7.02/10.35	0.88/0.81	18.42/18.59	5.26/9.01	6.14/6.32	47.37/41.62	100.00/100.00	
	41.23/43.05				58.77/56.95				

表七七　H40可辨陶器器形统计表

器形 \ 陶色 \ 陶质	夹砂		泥质			合计	百分比/%
	灰	褐	灰	褐	黑皮褐胎		
罐	2	2	1	1	1	7	100.00
合计	2	2	1	1	1	7	
	4		3				
百分比/%	28.57	28.57	14.29	14.29	14.29	100.00	
	57.14		42.86				

2. 器物举例

挑选陶罐残片标本4件，皆为口部。

罐　H40：1，夹砂灰陶。侈口，圆唇，高领。口沿外侧贴附一周泥条，泥条经戳压呈锯齿状花边。手制轮修。残高5.4、复原口径16.4、壁厚0.4～1厘米（图一六五，3）。H40：2，泥质灰陶。敞口，圆唇，束颈较高。颈部下饰一周凹弦纹，器表磨光。手制轮修。残高4.6、壁厚0.5～0.9厘米（图一六五，1）。H40：3，夹砂灰褐陶。侈口，圆唇，高领。口沿外侧贴附有鋬，鋬部经戳压略呈鸡冠状。手制轮修。残高4.5厘米，壁厚0.4～0.8厘米（图一六五，4）。H40：4，夹细砂灰陶。侈口，圆唇。领上间隔戳印椭圆窝纹。手制轮修。残宽4.7、残高2.6、壁厚0.7～0.95厘米（图一六五，2）。

七、H42

位于JT0303扩方区域的东南角，部分延伸至探方外。开口于第1层下，距现地表深0.25米，被M22打破。

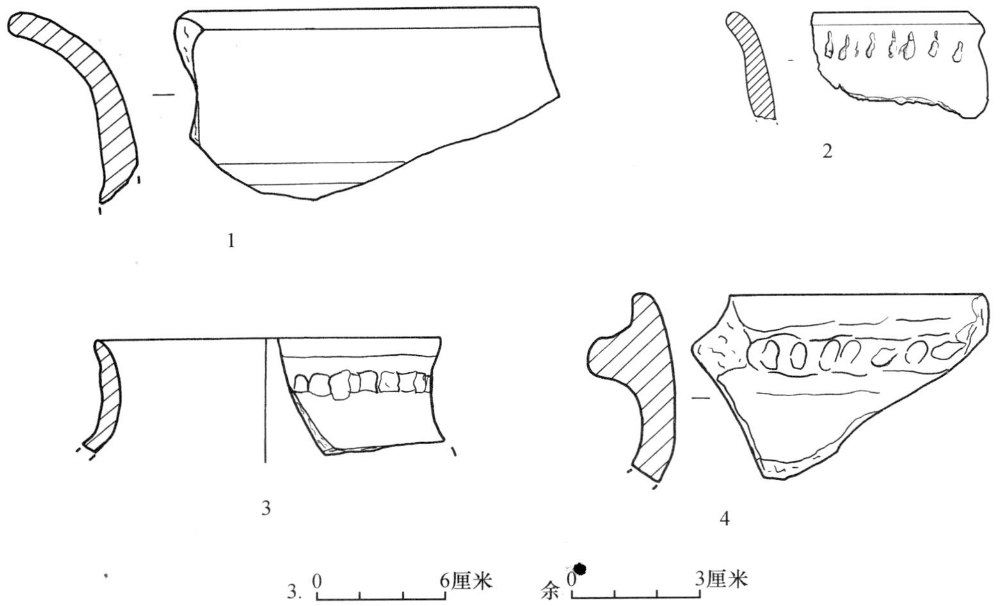

图一六五　H40陶罐

1. H40∶2　2. H40∶4　3. H40∶1　4. H40∶3

（一）形制、堆积

开口平面不规则，东、西为圆弧边，推测开口原为圆形。口小底大，壁斜直，壁面光滑，平底。开口残长1.76～2.12、残宽1.46～1.96米，底残长2.34～2.68、残宽1.46～1.96米，深1.16米。

坑内堆积三层。

第1层：黄褐色夹杂浅灰色土点的砂质黏土。夹杂红烧土块、料姜石块等，较疏松。呈西高东低的坡状堆积。厚0.22～0.44米。

第2层：青灰色砂质黏土。夹杂较多草木灰、炭屑、料姜石块等，疏松。呈西高东低的坡状堆积。包含陶片、动物骨骼等。厚0.56～0.6米。

第3层：红褐色砂质黏土。夹杂少量草木灰、红烧土块等，较致密。呈西高东低的坡状堆积。包含陶片、动物骨骼、草拌泥块等。厚0.12～0.42米。

判断该单位为储藏坑或窖穴（图一六六；图版九，2）。

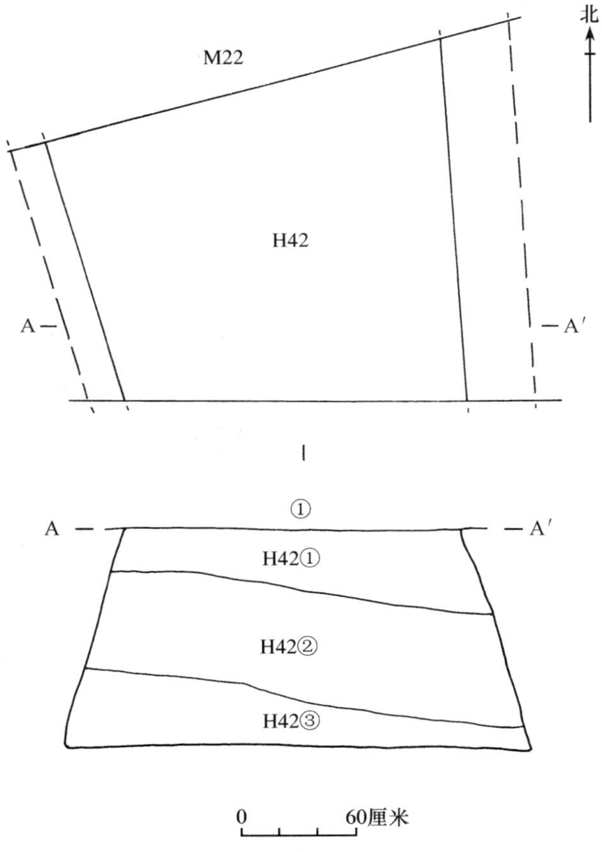

图一六六　H42平、剖面图

（二）遗物

1. 陶器面貌

出土陶片数量较多，陶质陶色方面，泥质陶占总数的51.11%/27.71%，夹砂陶占48.89%/72.29%。其中夹砂灰陶（含灰皮褐胎）占27.41%/48.85%，泥质灰陶（含灰皮褐胎）占31.85%/16.16%，夹砂褐陶（含褐皮灰胎）占4.44%/4.41%，泥质褐陶占2.22%/1.54%，夹砂黑皮褐陶等其他夹砂陶占17.04%/19.03%，泥质黑皮褐陶等其他泥质陶占17.04%/10.01%。纹饰方面，素面陶占总数的11.11%/5.39%。绳纹占48.15%/48.35%，篮纹占26.67%/12.88%，素面磨光占5.93%/3.29%，交错绳纹占2.22%/23.52%，弦纹占1.48%/1.47%，附加堆纹+篮纹占0.74%/2.10%，篮纹+附加堆纹+戳压纹占0.74%/1.12%，弦纹+绳纹占0.74%/0.84%，附加堆纹+戳压纹占0.74%/0.56%，戳刺纹占0.74%/0.28%，方格纹占0.74%/0.21%。

所见器形有瓮、罐、盆、鼎、鬲等，其中罐类最多。瓮、鼎皆为夹砂陶，盆为泥质陶，罐类夹砂陶、泥质陶皆有，所占比例亦相当（表七八、表七九）。

表七八　H42陶系统计表

纹饰＼陶色＼陶质	夹砂			泥质			合计	百分比/%
	灰	褐	其他	灰	褐	其他		
素面	2/80	1/30	1/15	6/110		5/150	15/385	11.11/5.39
绳纹	30/1630	4/135	21/1325	5/210		5/155	65/3455	48.15/48.35
交错绳纹	3/1680.4						3/1680.4	2.22/23.52
篮纹				24/625	2/30	10/265	36/920	26.67/12.88
附加堆纹+篮纹		1/150					1/150	0.74/2.10
弦纹				1/15		1/90	2/105	1.48/1.47
弦纹+绳纹	1/60						1/60	0.74/0.84
附加堆纹+戳压纹	1/40						1/40	0.74/0.56
篮纹+附加堆纹+戳压纹					1/80		1/80	0.74/1.12
戳刺纹			1/20				1/20	0.74/0.28
方格纹				1/15			1/15	0.74/0.21
素面磨光				6/180		2/55	8/235	5.93/3.29
合计	37/3490.4	6/315	23/1360	43/1155	3/110	23/715	135/7145	
	66/5165.4			69/1980				
百分比/%	27.41/48.85	4.44/4.41	17.04/19.03	31.85/16.16	2.22/1.54	17.04/10.01		100.00/100.00
	48.89/72.29			51.11/27.71				

表七九　H42可辨陶器器形统计表

器形 \ 陶色 \ 陶质	夹砂			泥质			合计	百分比/%
	灰	灰皮褐胎	褐	灰	灰皮褐胎	黑皮褐胎		
瓮	1	1					2	12.50
罐	5			2	2	1	10	62.50
盆				1		1	2	12.50
鼎			1				1	6.25
鬲	1						1	6.25
合计	7	1	1	3	2	2	16	
	9			7				
百分比/%	43.75	6.25	6.25	18.75	12.50	12.50		100.00
	56.25			43.75				

2. 器物举例

器物挑选标本10件，2件磨石、其余8件包括鬲、罐、鼎、瓮等（1件已修复）。

磨石　H42：2，残。凝灰岩质，浅灰色。平面形制不甚规则，体较扁平，器表两面经打磨，光滑平整。残长6.6～8、残宽4～4.8、厚1.7厘米，重135克（图一六七，7）。H42：3，四边均残损。凝灰岩质，灰褐色。残存部分平面呈不规则形，体较薄，器表两面经打磨平整。残长9.7、残宽7～10、厚0.7厘米，重124.5克（图一六七，9）。

鬲　H42：1，已修复。夹砂灰陶。侈口，方唇，领较高，束颈，联裆，三锥足，足尖圆钝。器表通体饰绳纹，以纵向绳纹为主，局部压印斜向短绳纹与之交错。手制轮修，器表有烟炱痕。口径19.4、壁厚0.4～0.7、通高21.1厘米（图一六八；图版一〇，3）。

罐　H42：4，腹部。泥质褐陶。弧腹，上有一个鸡冠状花边鋬。腹部饰模糊的篮纹。手制轮修。残高9.3、残宽6.6、壁厚1.1厘米（图一六七，1）。H42：5，夹砂灰陶。侈口，尖圆唇，高领稍斜，领部贴塑一个鸡冠状花边鋬。手制轮修。残宽5.6、残高4.2、壁厚0.6厘米（图一六七，3）。H42：6，口及腹部。或为鬲。夹砂灰陶。侈口较甚，圆唇，高领，束颈，上腹外鼓。颈部饰一周纵向短绳纹及两周极细的凹弦纹，腹部饰纵向绳纹。手制。残高6.2、壁厚0.3～1厘米（图一六七，6）。H42：7，口及腹部。泥质陶，器表及内壁陶色浅灰，陶胎呈褐色。侈口较甚，圆唇，颈微束，腹部略鼓。腹部饰斜向篮纹。手制轮修，口沿内外可见轮修痕迹。残高7、壁厚0.3～0.65厘米（图一六七，5）。H42：8，口及颈、鋬部。夹砂灰陶。侈口，圆唇，高领。口沿外侧贴附有鋬，鋬部周边经戳印呈鸡冠状。手制。残高4.4、壁厚0.2～0.7厘米（图一六七，2）。

瓮　H42：9，口部。泥质陶，器表及内壁陶色黑灰，陶胎呈褐色。敛口，圆唇外叠，圆肩。素面，器表磨光。手制轮修，口沿内外轮修痕迹明显，另在内壁见有修整陶坯时留下的指纹。残高3.2、壁厚0.3～0.8厘米（图一六七，4）。

鼎　H42：10，足部。夹砂红褐陶。扁平长方体，稍外撇，横截面呈圆角长方形，外侧贴附一道纵向凸棱。表面局部饰有较模糊的绳纹。手制。足高8.5、宽4～4.9、厚2.2～2.7厘米（图一六七，8）。

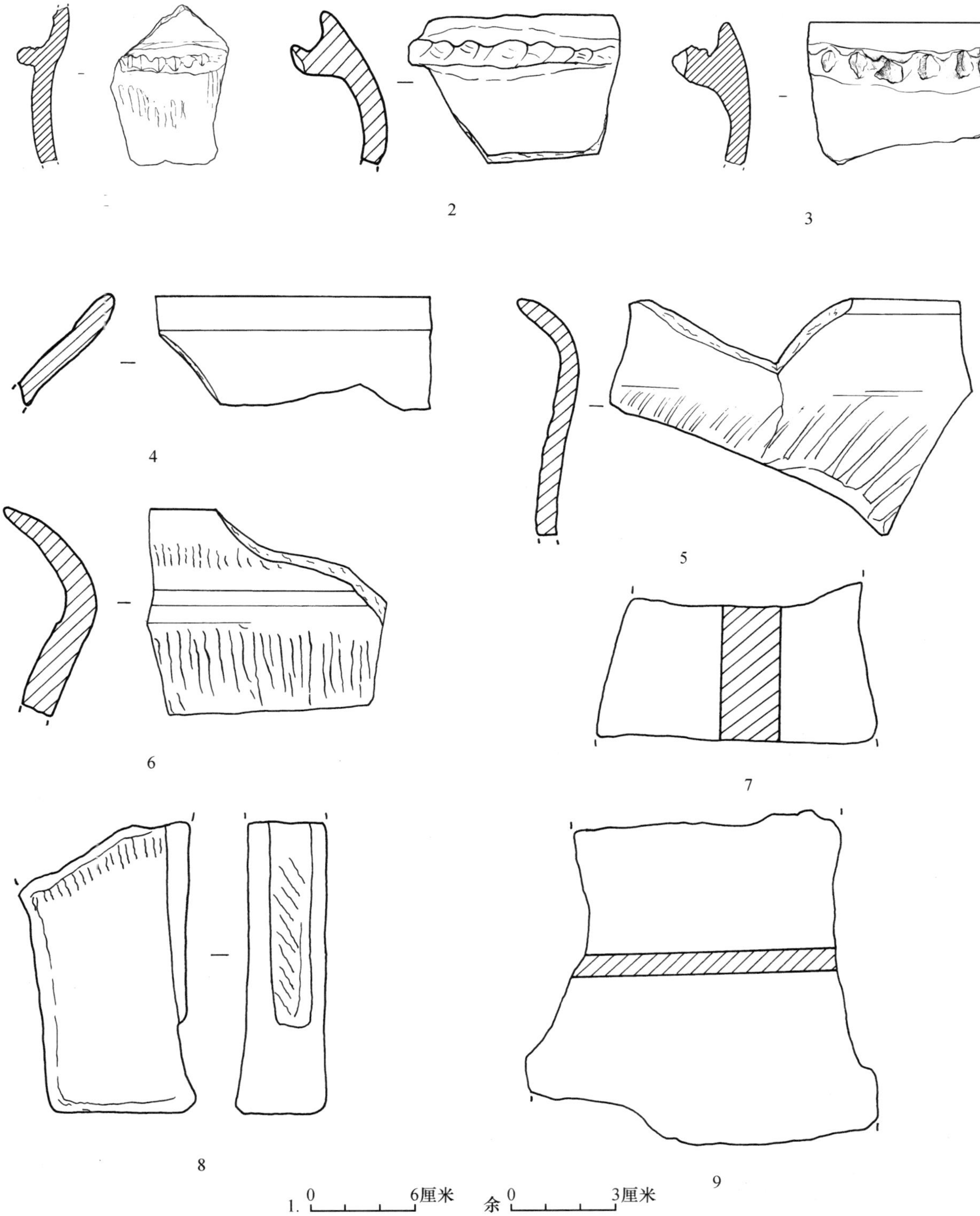

图一六七　H42器物标本

1～3、5、6. 陶罐（H42：4、H42：8、H42：5、H42：7、H42：6）　4. 陶瓮（H42：9）

7、9. 磨石（H42：2、H42：3）　8. 陶鼎（H42：10）

八、H43

位于JT0303扩方区域的西南角，部分延伸至探方外。开口于第1层下，距现地表1.3米，被H44打破。

（一）形制、堆积

开口平面近扇形，弧壁，斜平底。口长1.97、宽1.5、深1.1米。坑内堆积为黄褐色砂质黏土，夹杂较多草木灰、红烧土块等，较疏松，水平状堆积，包含陶片、石块、动物骨骼等。

判断该单位为处理废弃物的垃圾坑（图一六九）。

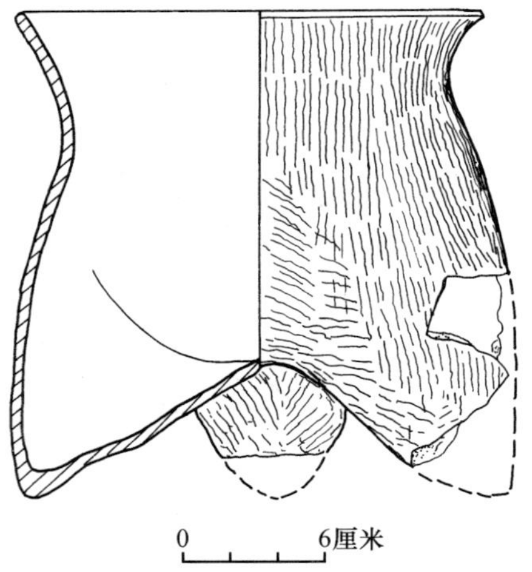

图一六八　H42陶鬲（H42：1）

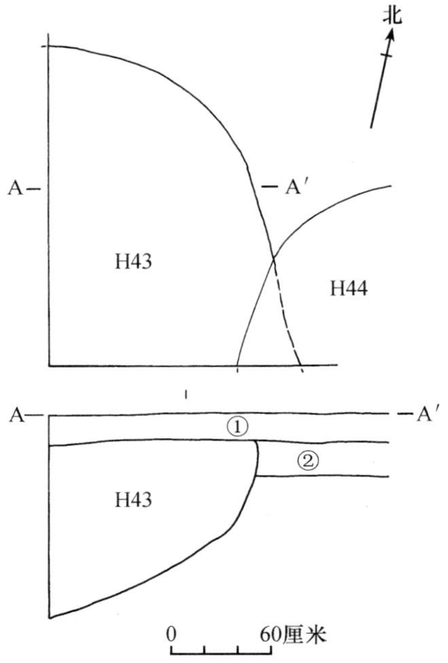

图一六九　H43平、剖面图

（二）遗物

1. 陶器面貌

出土少量陶片，陶质陶色方面，泥质陶占总数的74.19%/49.98%，夹砂陶占25.81%/50.02%。其中泥质灰陶（含灰皮褐胎）占58.06%/42.71%，夹砂灰陶（含灰皮褐胎）占16.13%/3.14%，泥质褐陶（含褐皮灰胎）占6.45%/4.23%，其他夹砂陶占9.68%/46.89%，其他泥质陶占9.68%/3.04%。纹饰方面，素面陶占总数的22.58%/2.12%，绳纹占35.48%/5.63%，篮纹占16.13%/36.99%，弦纹占12.90%/7.86%，方格纹+篮纹占3.23%/25.83%，弦纹+戳压纹+方格纹占3.23%/20.81%，附加堆纹+戳压纹占3.23%/0.51%，交错绳纹占3.23%/0.25%。

可见器形有瓮、罐两类，其中罐类较多。瓮为泥质陶，罐类有夹砂陶、泥质陶两种，两种比例相同（表八〇、表八一）。

表八〇　H43陶系统计表

陶质/陶色/纹饰	夹砂			泥质			合计	百分比/%
	灰	褐	其他	灰	褐	其他		
素面				6/181.5	1/25.3		7/206.8	22.58/2.12
绳纹	4/256.5			6/234.3		1/58.9	11/549.7	35.48/5.63
交错绳纹			1/24.6				1/24.6	3.23/0.25
篮纹				5/3609			5/3609	16.13/36.99
附加堆纹+戳压纹	1/49.4						1/49.4	3.23/0.51
方格纹+篮纹			1/2520				1/2520	3.23/25.83
弦纹				1/141.7	1/387.1	2/237.9	4/766.7	12.90/7.86
弦纹+戳压纹+方格纹			1/2030				1/2030	3.23/20.81
合计	5/305.9	0	3/4574.6	18/4166.5	2/412.4	3/296.8	31/9756.2	
	8/4880.5			23/4875.7				
百分比/%	16.13/3.14	0.00	9.68/46.89	58.06/42.71	6.45/4.23	9.68/3.04		100.00/100.00
	25.81/50.02			74.19/49.98				

表八一　H43可辨陶器器形统计表

陶质/陶色/器形	夹砂		泥质		合计	百分比/%
	灰	灰皮褐胎	灰	灰皮褐胎		
瓮				1	1	16.67
罐	1	2	2		5	83.33
合计	1	2	2	1	6	
	3		3			
百分比/%	16.67	33.33	33.33	16.67		100.00
	50		50			

2. 器物举例

挑选器物标本计6件，除石片1件外，均为陶器残片。

石片　H43：1，残。凝灰岩质，浅灰色。现存部分平面不甚规则，残存两侧直边，体较扁平，器表两面及侧边均经打磨平整。残长6.6、残宽4.3、厚0.8厘米，重40克（图一七〇，2）。

瓮　H43：2，口部。泥质陶，器表及内壁陶色深灰，陶胎呈红褐色。敛口，厚方唇，唇内侧起一周低棱，圆肩。肩部饰两周凹弦纹，器表磨光。手制轮修。残高4.2、壁厚1～1.5厘米（图一七〇，3）。

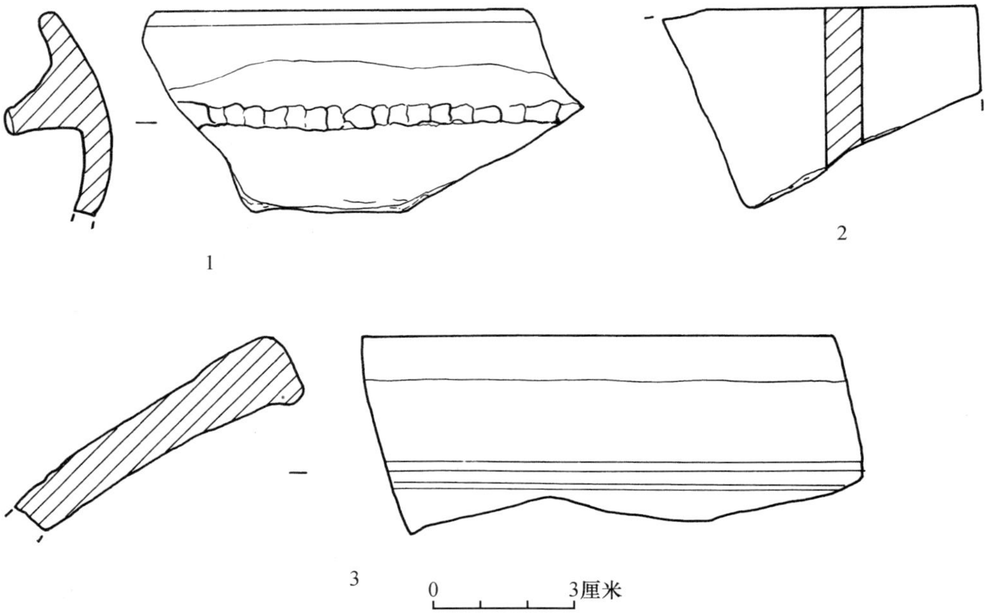

图一七〇　H43器物标本

1. 陶罐（H43：3）　2. 石片（H43：1）　3. 陶瓮（H43：2）

罐　H43：3，口及颈部。夹砂灰陶。侈口，圆唇，高领。口沿外侧贴附有鋬，鋬部经戳压呈鸡冠状。手制轮修，内壁可见轮修痕迹。残高4.4、壁厚0.4～0.5厘米（图一七〇，1）。H43：4，肩、腹及底部。夹砂陶，器表呈浅灰色，陶胎呈红褐色夹杂深灰色坯心。折肩，深腹，小底内凹。腹部饰交错篮纹，下腹近底部处及底部饰方格纹。手制。底径12.8、残高37、壁厚0.5～1厘米（图一七一，2；图版一〇，4）。H43：5，口及肩、腹部。夹砂陶，器表及内壁陶色深灰，陶胎呈褐色。小口外敞，圆唇，束颈，斜肩下微折，深腹。肩部饰一圈由三周凹弦纹与两周指甲戳压纹相间隔分布组成的纹饰带，腹部饰方格纹。手制轮修，口沿内侧可见轮修痕迹。残高27、口径16.4、腹径39、壁厚0.5～0.7厘米（图一七一，1），H43：6，肩及底部。泥质灰陶夹细砂。折肩，深腹，小平底。肩部及腹部饰斜向及交错篮纹。手制。残高39、底径15、壁厚0.8～1厘米（图一七一，3；图版一〇，5）。H43：7，口部。泥质灰陶。敞口，尖圆唇。素面。手制轮修。复原口径15、残高1.6、壁厚0.4厘米（图一七一，4）。

第二节　灰　　沟

灰沟1条，编号 G12，位于JT0302内西北部，延伸至JT0302西壁外。开口于第1层下，距现地表深0.28米。

（一）形制、堆积

方向39°。开口平面呈长条形，东端圆弧，两侧基本为直边。内壁稍弧，底近平，横剖面近

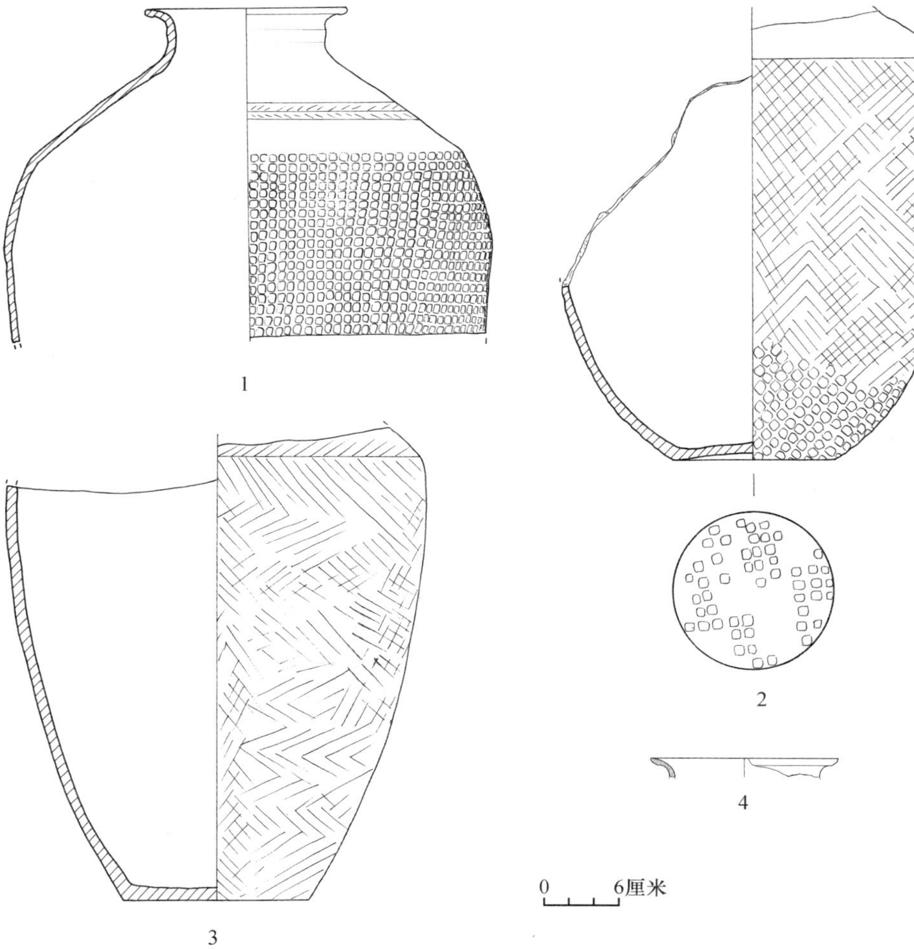

图一七一　H43陶罐

1. H43：5　2. H43：4　3. H43：6　4. H43：7

“U”形。口长5、宽0.4～1.04、深0.56米。沟内堆积基本为黄褐色砂质黏土，较疏松，水平状堆积，仅底部发现薄层细沙淤土。出土少量陶片。判断该单位原为一处排水设施（图一七二）。

（二）遗物

1. 陶器面貌

陶器少见。陶质陶色方面，泥质陶占总数的52.31%/46.39%，夹砂陶占47.69%/53.61%。其中夹砂灰陶（含灰皮褐胎）占38.46%/41.79%，泥质灰陶（含灰皮褐胎）占36.92%/28.33%，泥质褐陶占6.15%/8.67%，夹砂褐陶占3.08%/5.45%，泥质黑皮灰胎陶占4.62%/4.95%，夹砂黑皮褐胎陶占1.54%/1.78%，泥质黑皮褐胎陶占1.54/1.71%。纹饰方面，素面陶占总数的40.00%/36.41%，绳纹占36.92%/42.62%，篮纹占13.85%/6.57%，交错绳纹占3.08%/5.09%，弦纹占3.08%/3.78%，附加堆纹+篮纹占1.54%/3.82%，戳压纹占1.54%/1.71%。可辨器形有罐、盆（表八二、表八三）。

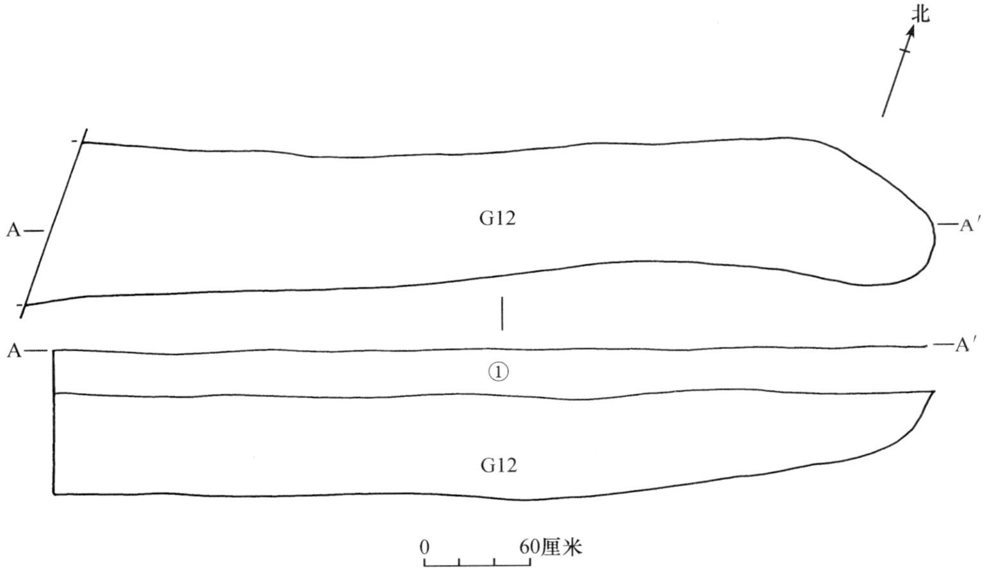

图一七二　G12平、剖面图

表八二　G12陶系统计表

纹饰＼陶色＼陶质	夹砂				泥质					合计	百分比/%
	灰	褐	灰皮褐胎	黑皮褐胎	灰	褐	灰皮褐胎	黑皮褐胎	黑皮灰胎		
素面	5/61.7	1/9.6	1/32.1		11/173.8	4/108.9	2/34.3		2/36.8	26/457.2	40.00/36.41
绳纹	18/399.2	1/58.8	2/25.5	1/22.4	1/4				1/25.3	24/535.2	36.92/42.62
交错绳纹	2/63.9									2/63.9	3.08/5.09
篮纹					9/82.5					9/82.5	13.85/6.57
附加堆纹+篮纹					1/48					1/48	1.54/3.82
弦纹					2/47.5					2/47.5	3.08/3.78
戳压纹								1/21.5		1/21.5	1.54/1.71
合计	25/524.8	2/68.4	3/57.6	1/22.4	24/355.8	4/108.9	2/34.3	1/21.5	3/62.1	65/1255.8	
	31/673.2				34/582.6						
百分比/%	38.46/41.79	3.08/5.45	4.62/4.59	1.54/1.78	36.92/28.33	6.15/8.67	3.08/2.73	1.54/1.71	4.62/4.95	100.00/100.00	
	47.69/53.61				52.31/46.39						

表八三　G12可辨陶器器形统计表

器形＼陶色＼陶质	夹砂	泥质	合计	百分比/%
	灰皮褐胎	灰		
罐	1	2	3	75.00
盆		1	1	25.00
合计	1	3	4	
百分比/%	25.00	75.00		100.00

2. 器物举例

挑选陶罐标本2件，均为残片。G12：1，口及颈部。泥质灰陶。敞口，圆唇，高束颈。素面。手制轮修，口沿内外可见轮修痕、涂抹痕及修整时留下的指纹。残高5.4、壁厚0.6厘米（图一七三，1）。G12：2，口部，夹砂陶，器表及内壁陶色浅灰，陶胎呈红褐色。侈口，圆唇，束颈。手制，口沿内侧可见修整后残存的较为模糊的泥条盘筑痕迹。残高4、复原口径10、壁厚0.5～0.8厘米（图一七三，2）。

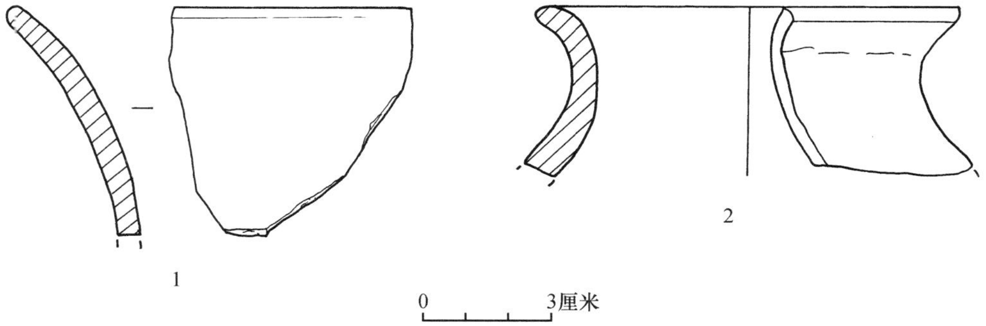

图一七三　G12陶罐

1. G12：1　2. G12：2

第三节　房　址

1座，编号F7。位于JT0202西部，部分延伸至JT0201东隔梁下。开口于第2层下，距现地表深0.45米，被M26、M34、M36打破。

（一）形制、堆积

半地穴式结构，口小底大，现余部分壁面斜直外扩，近平底。由于被打破严重，推测其上部原始平面似近圆形。由门道、前室、隔墙、后室、灶、储藏龛等部分构成（图一七四，图版九，3、4）。

门道位于房间西北角，方向338°，平面近呈长方形。外端斜坡状，铺料姜石，厚约0.05厘米；内端二级台阶入室，阶高0.2～0.3米，踩面明显，厚约0.08米。总残长约1.3、宽约1、深0～0.18米。

主室被一条东西向生土墙分隔为内外二间，平面近长方形。隔墙近东部有缺口，缺口宽0.8米，有薄层踩踏土，应为通道。墙宽窄不一。东段残长0.52～0.8、宽0.64～0.7、残高0.2米；西段残长1.72、宽0.84～1.1米。

前室居北，面阔约3.38、进深1.8～2.4、深0.66米。东部保存较好，边弧形，斜壁；北、西部被晚期墓葬打破，底面较平整。东北部隅凸出一龛，长舌形，壁直，长2.1、宽1.26、深0.22米。近龛

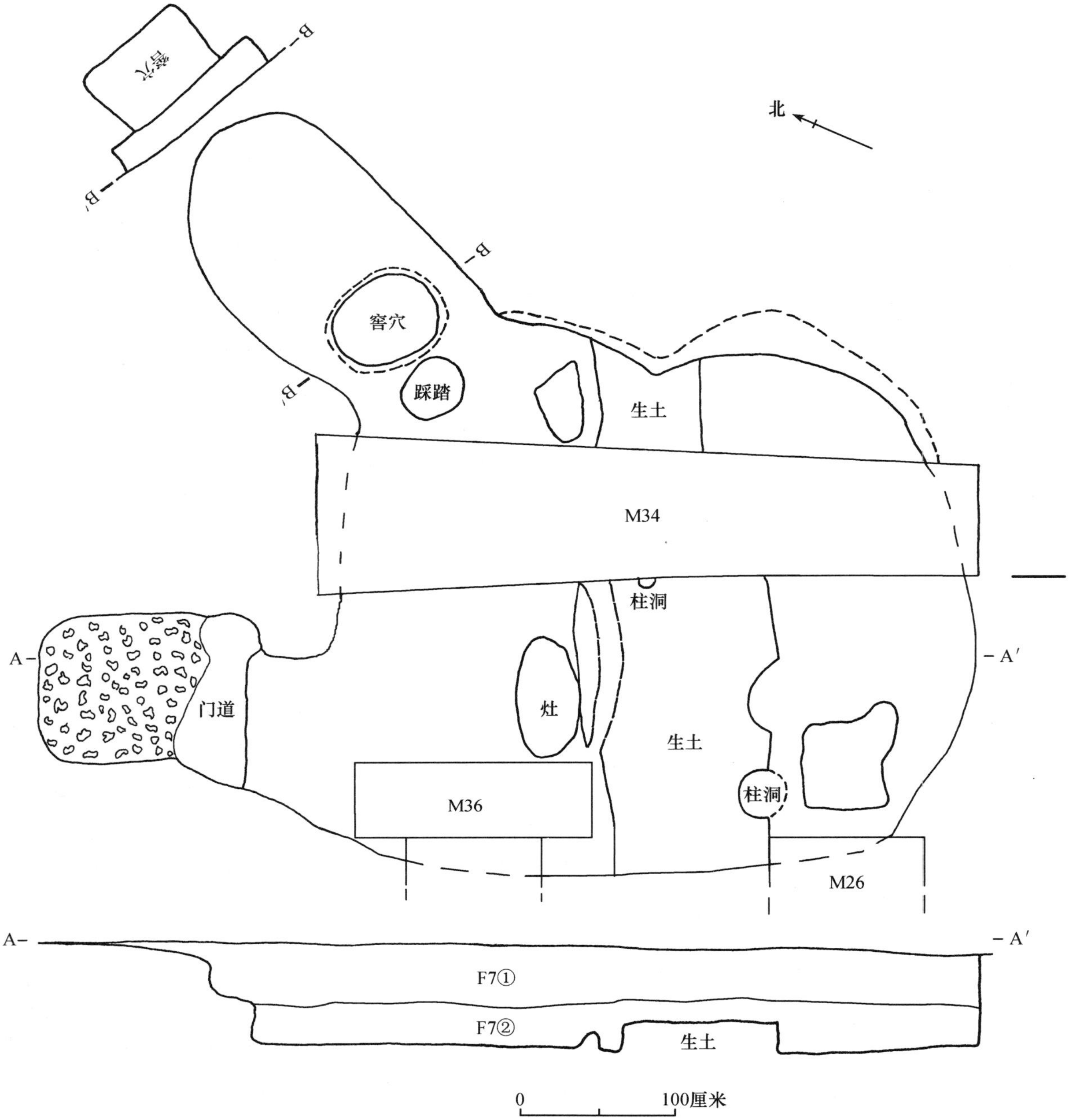

图一七四　F7平、剖面图

外端有椭圆形袋状储藏坑，口径长0.54～0.68、深0.5厘米，内壁涂抹两层含料姜石成分的细泥。龛口接室处地面有明显的、不规则形状的踩踏面。西南近隔墙下有一处略呈椭圆形烧土迹象，周边堆积大量红烧土块，应为灶。长0.8、宽约0.42米，深度近无。其南有一条长约1.08、宽约0.16、残高0.1米的生土梁，土梁与隔墙之间的缝隙内多有黑色炭灰，此处似为储存火种或存灰处。

后室位于南部，平面形状不规则，口面阔3.18、进深1.3～1.8米，底面阔3.48、进深同口，深0.6～0.7米。东壁保存较好，壁面外扩明显。底近平，南部渐高。

西段隔墙南壁偏西处、东壁偏北处，各有柱洞一个，分别编号F7D1、F7D2。F7D1平面圆形，径0.32、深0.2米，底硬，平。F7D2平面呈半圆形，径0.12、深0.16米。推测为壁柱式结构。

F7内堆积有二层。

第1层：灰褐色砂质黏土，疏松。水平状堆积。厚0.34～0.4米。

第2层：红褐色砂质黏土，稍致密。厚0.16～0.33米。均夹杂少量陶片、动物骨骼、炭屑，呈水平状堆积。

（二）遗物

1. 陶器面貌

第1层陶片数量较多。陶质陶色方面，泥质陶占总数的66.11%/66.33%，夹砂陶占33.89%/33.67%。其中泥质灰陶占35.30%/39.02%，泥质红陶占18.23%/15.12%，夹砂灰陶占15.79%/13.77%，夹砂褐陶占9.63%/10.04%，泥质黑陶占7.57%/7.66%，夹砂红陶占6.16%/7.60%，泥质褐陶占5.01%/4.53%，夹砂黑陶占2.31%/2.27%。纹饰方面，素面陶占总数的33.25%/30.26%，绳纹占36.07%/36.87%，篮纹占14.25%/15.60%，素面磨光占8.60%/6.89%，弦纹2.05%/2.30%，附加堆纹+绳纹占0.51%/1.79%，饰彩者占2.44%/1.63%，几何纹占0.77%/1.07%，戳压纹占0.51%/0.95%，附加堆纹占0.77%/0.94%，绳纹+弦纹占0.26%/0.70%，指甲戳压纹+绳纹占0.13%/0.38%，附加堆纹+弦纹占0.13%/0.33%，篮纹+线纹占0.13%/0.22%，麻点纹占0.13%/0.07%。可辨器形包括豆、盘、簋、鬲、盆、罐、瓮，罐类数量最多，其次为盆、鬲（表八四、表八五）。

表八四　F7①层陶系统计表

纹饰＼陶色＼陶质	泥质				夹砂				合计	百分比/%
	红	褐	黑	灰	红	褐	黑	灰		
素面	71/1799	3/57.6	12/421.6	98/2410.8	28/968.2	29/695.2	2/57	16/483.6	259/6893	33.25/30.26
素面磨光	20/452.1	9/142.8	24/640.4	14/333.9					67/1569.2	8.60/6.89
篮纹	26/507.5	8/339.8		72/2484.6	3/151.4	2/69.2			111/3552.5	14.25/15.60
绳纹	2/49.6	14/386.2	20/593	75/3056.6	15/451.1	37/996.2	14/326.2	104/2537.8	281/8396.7	36.07/36.87
弦纹	6/278		2/23.6	8/222.9					16/524.5	2.05/2.30
附加堆纹				1/40.6		2/43.5	1/47.6	2/82.7	6/214.4	0.77/0.94
附加堆纹+绳纹						4/408.4			4/408.4	0.51/1.79
几何纹		2/38.8		3/172.1				1/31.8	6/242.7	0.77/1.07
戳压纹			1/66.6	3/150.8					4/217.4	0.51/0.95

续表

纹饰＼陶色＼陶质	泥质				夹砂				合计	百分比/%
	红	褐	黑	灰	红	褐	黑	灰		
指甲戳压纹+绳纹							1/85.6		1/85.6	0.13/0.38
篮纹+线纹		1/51							1/51	0.13/0.22
附加堆+弦纹						1/74.5			1/74.5	0.13/0.33
绳纹+弦纹					2/159.7				2/159.7	0.26/0.70
彩	17/356.9	2/14.9							19/371.8	2.44/1.63
麻点纹				1/14.9					1/14.9	0.13/0.07
合计	142/3443.1	39/1031.1	59/1745.2	275/8887.2	48/1730.4	75/2287	18/516.4	123/3135.9	779/22776.3	
	515/15106.6				264/7669.7					
百分比/%	18.23/15.12	5.01/4.53	7.57/7.66	35.30/39.02	6.16/7.60	9.63/10.04	2.31/2.27	15.79/13.77		100.00/100.00
	66.11/66.33				33.89/33.67					

表八五　F7①层可辨陶器器形统计表

器形＼陶色＼陶质	夹砂				泥质					合计	百分比/%
	灰	褐	灰皮褐胎	黑皮褐胎	灰	褐	褐皮灰胎	黑皮灰胎	黑皮褐胎		
豆					1					1	2.04
盘					1					1	2.04
簋					1					1	2.04
鬲	3	3	1	1						8	16.33
盆					8		1	1		10	20.41
罐	6	1			7	1		4	8	27	55.10
瓮			1							1	2.04
合计	9	4	2	1	18	1	1	5	8	49	
	16				33						
百分比/%	18.37	8.16	4.09	2.04	36.73	2.04	2.04	10.2	16.33		100.00
	32.65				67.35						

第2层堆积陶片较少，陶质陶色方面，泥质陶占总数的66.07%/63.99%，夹砂陶占33.93%/36.01%。其中泥质灰陶占44.64%/42.90%，夹砂灰陶占22.02%/21.29%，泥质红陶占12.5%/9.25%，夹砂褐陶占6.55%/9.35%，泥质黑陶占5.36%/6.69%，夹砂红陶占5.36%/5.37%，泥质褐陶占3.57%/5.15%。纹饰方面，素面陶占总数的22.62%/20.27%，绳纹占44.64%/45.40%，篮纹占17.26%/15.41%，素面磨光占8.93%/7.45%，弦纹占2.38%/4.47%，压印弦纹占1.79%/1.77%，抹光+绳纹占0.60%/2.77%，戳压纹占0.60%/1.18%，附加堆纹+绳纹+戳压纹占0.60%/1.01%，黑彩占0.60%/0.26%。可辨器形包括盆、罐、甗，罐类数量最多（表八六、表八七）。

表八六　F7②层陶系统计表

纹饰＼陶色＼陶质	泥质				夹砂			合计	百分比/%
	红	褐	黑	灰	红	褐	灰		
素面	9/152.3	2/77	1/50.8	15/321.3	6/138	3/76.5	2/23	38/838.9	22.62/20.27
素面磨光	4/62.7	3/119.6	6/82.8	2/43.4				15/308.5	8.93/7.45
篮纹	6/132.1			22/486.3	1/19.5			29/637.9	17.26/15.41
绳纹	1/25.1	1/16.5		30/694.9	1/23.1	8/310.5	34/809.3	75/1879.4	44.64/45.40
弦纹			1/28.8	3/156.4				4/185.2	2.38/4.47
黑彩	1/10.8							1/10.8	0.60/0.26
附加堆纹+绳纹+戳压纹					1/41.9			1/41.9	0.60/1.01
压印弦纹				3/73.4				3/73.4	1.79/1.77
戳压纹							1/49	1/49	0.60/1.18
抹光+绳纹			1/114.6					1/114.6	0.60/2.77
合计	21/383	6/213.1	9/277	75/1775.7	9/222.5	11/387	37/881.3	168/4139.6	
	111/2648.8				57/1490.8				
百分比/%	12.50/9.25	3.57/5.15	5.36/6.69	44.64/42.90	5.36/5.37	6.55/9.35	22.02/21.29	100.00/100.00	
	66.07/63.99				33.93/36.01				

表八七　F7②层可辨陶器器形统计表

器形＼陶色＼陶质	夹砂		泥质		合计	百分比/%
	灰	灰皮褐胎	灰	褐		
甗	1				1	7.14
罐	2	1	8	1	12	85.71
盆			1		1	7.14
合计	3	1	9	1	14	
	4		10			
百分比/%	21.43	7.14	64.29	7.14	100.00	
	28.57		71.43			

2. 器物举例

第1层器物挑选标本计21件，包括骨器2件、石器2件以及环、罐、簋、豆、鬲、盆等陶器残片17件。

骨笄　1件。F7①：1，柄端残断。系用动物骨骼加工磨制而成。体较细长，尖端磨砺得极为尖锐，器身横截面略呈圆形，表面打磨光滑。残长6.4、径0.5厘米，重1.3克（图一七五，4）。

骨铲　1件。F7①：6，残。磨制，残存部分呈扁平条状。体较薄，一端刃，表面经打磨平整，部分保留有原骨面。残长9、残宽2.1～2.7、厚0.6厘米，重13.9克（图一七五，3）。

石铲　1件。F7①：3，残。花岗岩质，青黑色夹杂白色。磨制。体较扁平，顶部残缺，刃部稍

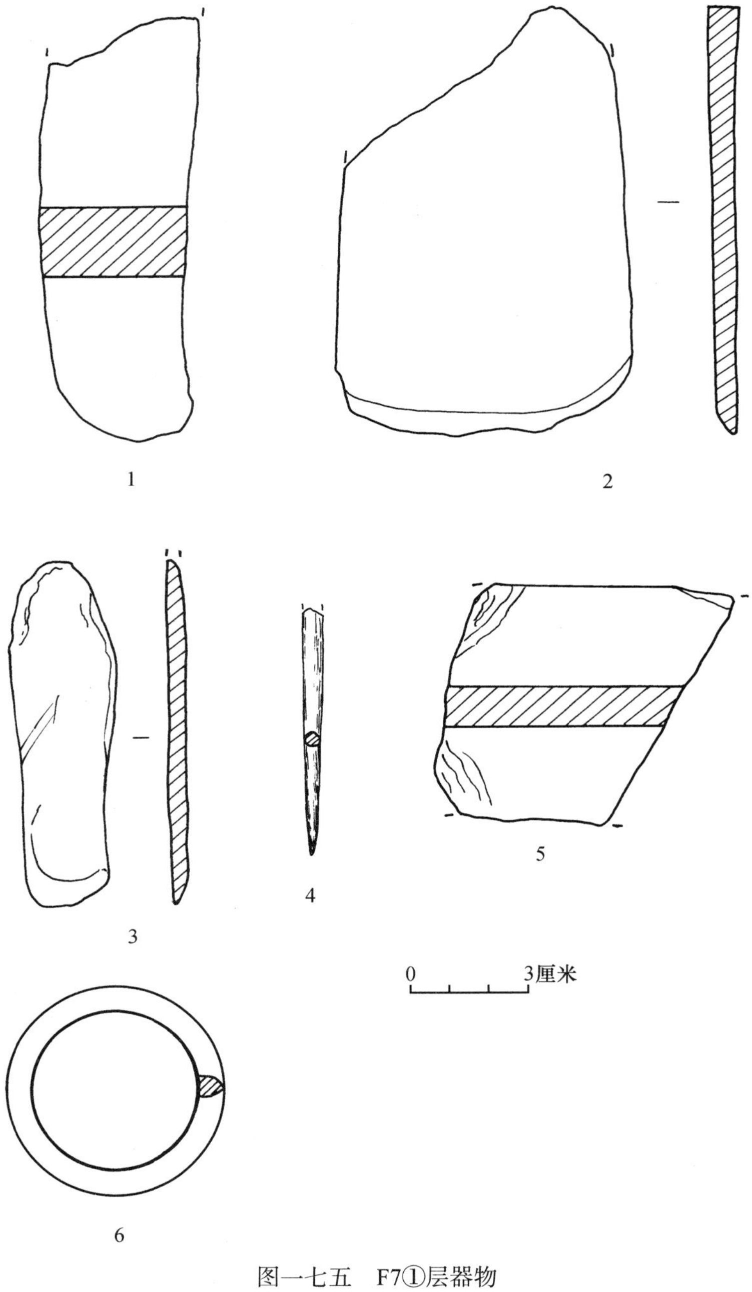

图一七五　F7①层器物

1. 磨石（F7①：4）　2. 石铲（F7①：3）　3. 骨铲（F7①：6）　4. 骨笄（F7①：1）　5. 石刀（F7①：5）　6. 陶环（F7①：2）

宽，单面弧刃，器表打磨光滑。残长10.9、刃宽7.5、最厚处0.8厘米，重103.9克（图一七五，2）。

磨石　1件。F7①：4，残。凝灰岩质，紫褐色。残存部分略呈条状，体稍厚，器表两面经打磨，光滑平整。残长11、残宽3.3～3.8、厚1.8厘米，重174.8克（图一七五，1）。

石刀　1件。F7①：5，残。页岩质，青黑色。残存部分平面略呈梯形，平背，刃部残损，器表两面及背部经打磨平整，侧边加工较为粗糙。残长4～6.4、残宽6.2、厚1厘米，重86.3克（图一七五，5）。

环　1件。F7①：2，完整。泥质灰陶。圆环状，断面略呈三角形。外径5.5、内径4.2厘米，截面宽0.6厘米，重10.4克（图一七五，6）。

盆　口、腹部。F7①：7，泥质灰陶。敞口，圆唇，弧腹，外素面，内有规整的叶脉状刻槽。手制轮修。复原口径32、残高11.4、壁厚0.7～0.95厘米（图一七六，1）。F7①：13，口、腹部。泥质灰陶，侈口、尖圆唇，高领较直，领部贴塑一个鸡冠状花边鋬，其下为纵向细绳纹。复原口径22.8、残高6.4、壁厚0.6厘米（图一七六，4）。F7①：18，夹砂灰褐陶，侈口，尖圆唇，高领较直，溜肩近直。肩部满饰纵向绳纹，贴塑一个鸡冠状花边鋬，一个圆锥状堆饰。复原口径17.9、残高9.3、壁厚0.4厘米（图一七六，5）。

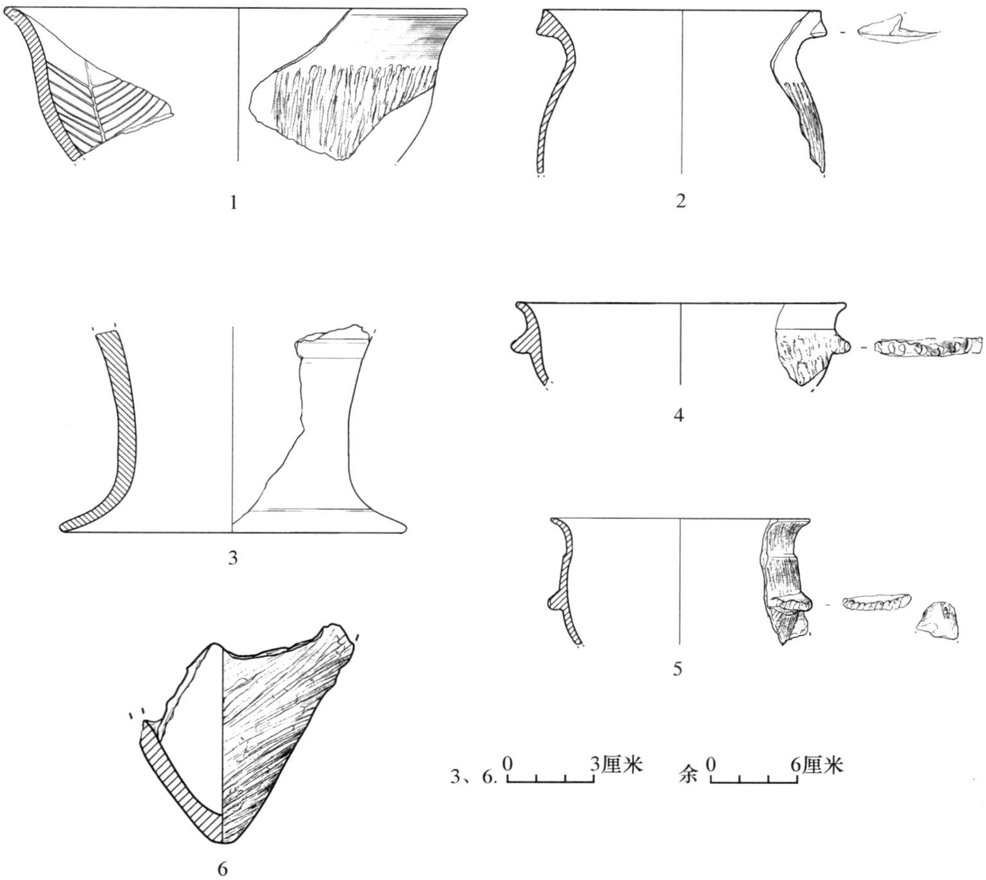

图一七六　F7①层陶器标本

1、4、5. 盆（F7①：7、F7①：13、F7①：18）　2. 鬲（F7①：11）　3. 豆（F7①：20）　6. 瓮（F7①：12）

罐　口部。F7①：8，泥质灰陶。敞口，圆唇，束颈较高。颈部饰两周凹弦纹。手制轮修。残高8、壁厚0.3～0.9厘米（图一七七，9）。F7①：9，夹砂灰陶。侈口，尖唇，高领微收束。领部有一个鸡冠状花边鋬。手制。复原口径15.6、残高5.8、壁厚0.6厘米（图一七七，3）。F7①：10、夹砂灰陶。侈口，尖唇较薄，高领收束。领部贴塑一个鸡冠状花边鋬。残高5、壁厚0.6厘米（图一七七，8）。F7①：14，泥质灰陶。侈口，尖圆唇，束颈，斜肩。颈部间隔戳压椭圆窝纹。复原口径14、残高6.4、壁厚0.6厘米（图一七七，2）。F7①：15，夹砂灰陶。侈口，尖唇𫐐薄，高领稍斜。领上贴塑一个鸡冠状花边鋬。复原口径19.9、残高4.5、壁厚0.4厘米（图一七七，5）。F7①：16，泥质灰陶。敞口，尖圆唇，高领较直。领部间隔饰有戳压椭圆窝

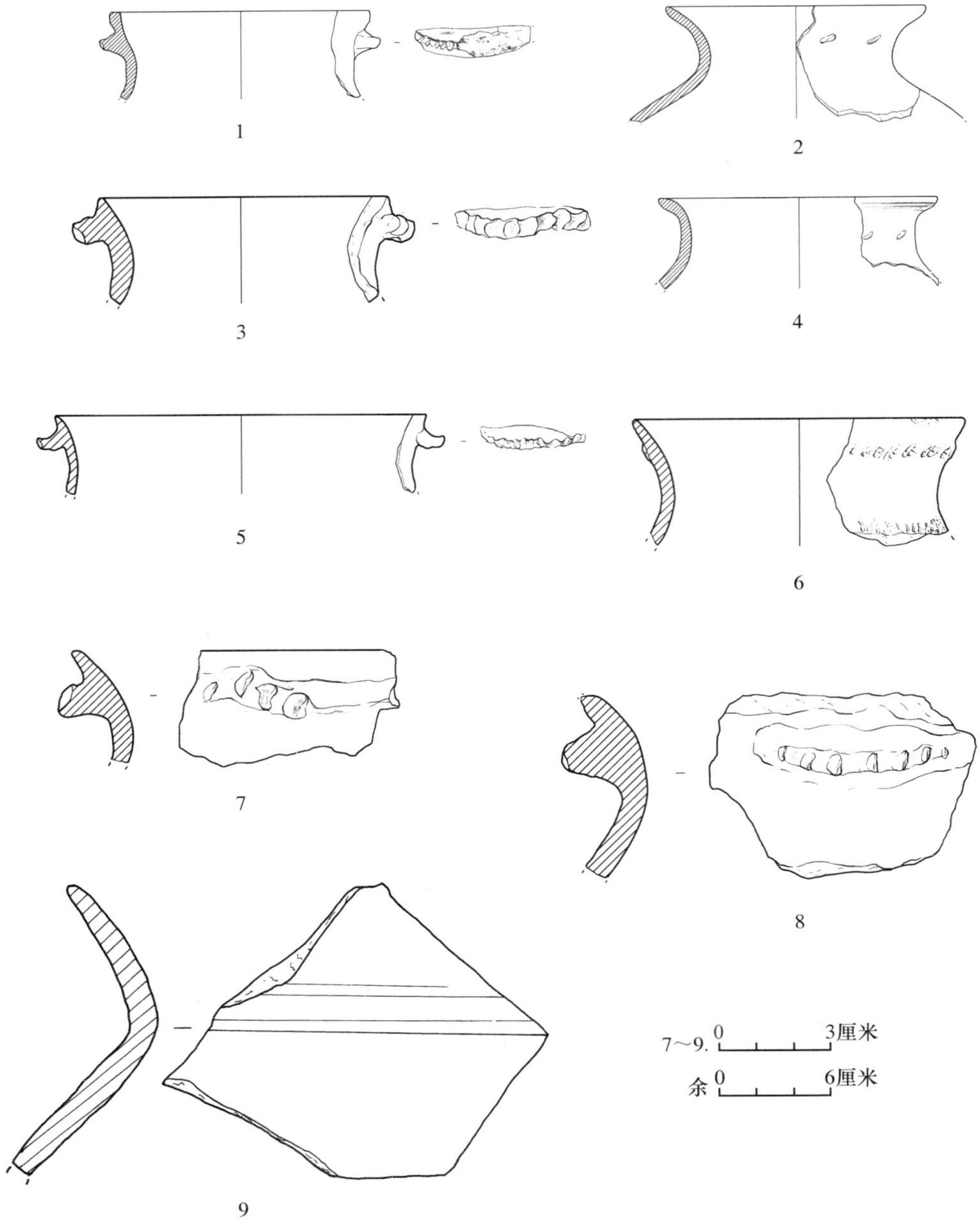

图一七七　F7①层陶罐

1. F7①：17　2. F7①：14　3. F7①：9　4. F7①：16
5. F7①：15　6. F7①：21　7. F7①：19　8. F7①：10　9. F7①：8

纹。复原口径15、残高5.1、壁厚0.5厘米（图一七七，4）。F7①：17，夹砂灰陶。口微侈，圆唇，高领稍斜。领部贴塑一个鸡冠状花边鋬。复原口径14、残高5、壁厚0.6厘米（图一七七，1）。F7①：21，夹砂灰陶。侈口，尖圆唇，高领微收束。领上间隔戳压椭圆窝纹。复原口径17.9、残高7.2、壁厚0.6厘米（图一七七，6）。F7①：19，夹砂灰陶。侈口，尖唇极薄，高领稍斜。领上贴塑一个鸡冠状花边鋬。残高3、壁厚0.5厘米（图一七七，7）。

鬲　F7①：11，口及腹部。夹砂灰陶。大侈口，尖唇极薄，高领稍斜，圆肩。领部有一个鸡冠状鋬，肩部饰交错细绳纹。复原口径19.1、残高12、壁厚0.6厘米（图一七六，2）。

豆　F7①：20，柄、足部。泥质灰陶。直柄，喇叭口。通体磨光，柄中部饰两道弦纹，足部饰一道弦纹。足底径11.9、残高7.4、壁厚0.3～0.6厘米（图一七六，3）。

瓮　F7①：12，足部。夹砂灰陶。圆锥状袋足，足跟较低。器表饰绳纹。残高7.7、壁厚0.6厘米（图一七六，6）。

第2层共选取标本10件，主要为陶罐类器物，此外还有陶鬲。

罐　基本皆为口部。手制轮修。

F7②：1，泥质灰陶。侈口，尖圆唇，高领稍有收束。领部间隔戳压椭圆窝纹。复原口径12.8、残高6.8、壁厚0.7～0.8厘米（图一七八，2）。F7②：3，泥质灰陶。敞口，圆唇，束颈，弧

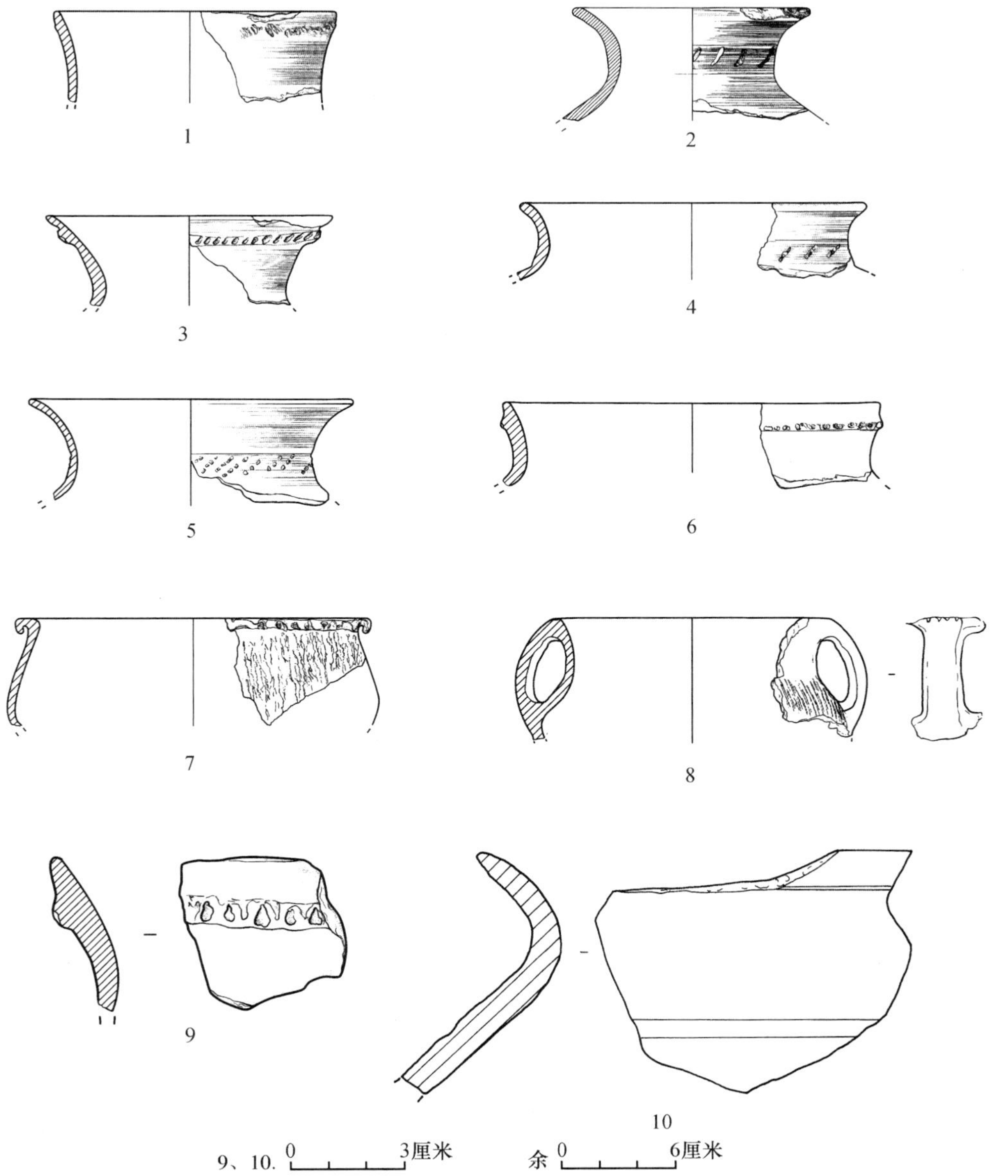

图一七八　F7②层陶器标本

1～6、9、10. 罐（F7②：7、F7②：1、F7②：5、F7②：4、F7②：8、F7②：10、F7②：6、F7②：3）

7. 鬲（F7②：9）　8. 双耳罐（F7②：2）

肩。口沿外侧及肩部各饰一周凹弦纹，器表磨光。残高6.4、壁厚0.4～0.9厘米（图一七八，10）。F7②：4，泥质灰陶。侈口，尖圆唇，高领稍有收束。领部饰一道弦纹，其下饰间隔的戳压纹，每组戳压纹由两个近圆小窝组成。复原口径18.4、残高4.2、壁厚0.5～0.8厘米（图一七八，4）。F7②：5，夹砂灰陶。侈口，尖圆唇，高领较直。领上贴塑一道花边纹饰带。复原口径14.1、残高5、壁厚0.45～0.9厘米（图一七八，3）。F7②：6，夹砂灰陶。近直口，尖圆唇，高领较直。领上贴塑一道花边纹饰带。残高3.4、壁厚0.55～1厘米（图一七八，9）。F7②：7，夹细砂灰陶。侈口，尖圆唇，高领较直。领上间隔戳压椭圆窝纹。复原口径15、残高5.1、壁厚0.5～0.8厘米（图一七八，1）。F7②：8，泥质灰陶。侈口，尖圆唇，高领稍有收束。领部间隔饰戳压纹，每组戳压纹由三个近方小窝组成。复原口径17.2、残高5.9、壁厚0.5～0.7厘米（图一七八，5）。F7②：10，泥质灰陶。侈口，尖圆唇，高领微收束，领上间隔戳压椭圆窝纹。复原口径20、残高4.7、壁厚0.5～0.9厘米（图一七八，6）。

双耳罐　F7②：2，口、肩部。夹细砂灰陶。侈口，尖圆唇，高领稍有收束，圆肩，宽桥形耳接于口、肩部。耳顶端间隔饰有戳压纹，肩部饰麦粒状细绳纹。复原口径14.8、残高6.8、壁厚0.5～0.7厘米（图一七八，8）。

鬲　F7②：9，口部夹砂灰陶。敛口，卷沿外翻，花边唇，鼓肩。器表饰纵向细绳纹。手制。复原口径18.8、残高5.8、壁厚0.5～1.3厘米（图一七八，7）。

第四节　考古学观察

夏商时期遗存仅在J区有所分布，但受到晚期人类活动的扰乱，遗迹单位多不完整，大量属于该时期的遗物常常混入一些晚期遗迹单位中。

一、遗　　迹

除被晚期单位打破外，同时期遗迹之间无叠压打破关系。遗迹单位有房址1座、灰坑8座、灰沟1条。

灰沟较浅、窄。底层有细沙淤土，堆积中夹杂陶片很少，位于同时代遗迹的西北部。

房址由门道、前室、隔墙、后室、灶、储藏龛等部分构成。上部似为圆形，壁柱式结构，灶椭圆形，内外双室，门道及壁龛的储藏坑有料姜石颗粒或粉末加工成的细泥的使用。

灰坑平面以不规则形的数量略多；剖面形制不尽一致，既有袋形平底、弧形圜底等规整的形状，也有不规则形等。

二、遗　　物

陶器、石器、骨器及蚌器四大类，以陶器的数量最多，其余几类均为零星所见。另有部分属于该时期的遗物扰入晚期单位和地层中。

（一）陶器

所出土的陶器，均为日常生活所用的各类陶质器皿，仅1件可修复，其余皆破损严重，现能见到的绝大多数为陶器的各部分残片。

1. 基本面貌

有泥质和夹砂两大类。泥质陶数量居多，占到总数的68.70%；夹砂陶数量较少，仅占总数的31.30%。在所有陶片中，以泥质灰陶（含灰皮褐胎）的数量最多，占出土陶片总数的51.10%；夹砂灰陶（含灰皮褐胎）次之，占20.90%；泥质红陶再次之，占7.20%；另见有较少的夹砂褐陶、泥质褐陶、泥质黑陶及少量的夹砂黑陶、夹砂红陶等，分别占出土陶片总数的5.90%、4.70%、5.70%及2.50%、2.10%。从陶系统计可以看出，出土陶片的陶色以灰色为主，占到总数的70.00%以上，余下的部分，分别被褐陶、黑陶和红陶占据，三者所占的比例大致相当。陶色不纯正的现象在本期内较为少见，表明当时的人们在烧制陶器时对烧制气氛的把控方面有了很大的进步。

素面陶数量较少，仅约占到总数的28.40%，其中经磨光者的比例较该遗址的仰韶时期遗存有大幅下降，在所有的素面陶片之中约仅有27.20%的陶片经过磨光处理。饰纹的陶片占到出土陶片总数的70%以上，且种类较为多样，其中以绳纹的数量最多，占出土陶片总数的30%左右；篮纹次之，数量略少，但也占到总数的29.50%；弦纹再次之，仅占总数的5.50%，另有少量戳压纹及零星交错绳纹、附加堆纹、弦纹+绳纹、弦纹+戳刺纹、弦纹+镂孔、刻划纹、戳刺纹、附加堆纹+戳压纹、篮纹+附加堆纹、绳纹+戳压纹、方格纹、方格纹+篮纹、弦纹加几何形纹饰、绳纹加附+堆纹+戳压纹、篮纹+附加堆纹+戳印纹等。

2. 可划分型式的陶器标本

可辨器形包括罐、盆、瓮、豆、盘、碗（钵）、簋、环等9类，其中以陶罐的数量最多。由于发掘中无可依据的层位关系，又少有对比的同期材料可供借鉴，只进行简单的类型划分。

罐　在各类出土器物中最为常见，基本无可修复者。选取带口沿标本47件，分三型。

A型　带耳罐。选取标本4件。侈口，尖圆唇，宽桥形耳连接口沿及腹部，耳孔近椭圆形。包括H23：3（图一七九，3）、H23：4（图一七九，1）、H23：7（图一七九，4）、F7②：2（图一七九，2）。

B型　带鋬罐。选取标本13件。分二亚型。

Ba型　12件。鸡冠形花边鋬施于口下，侈口，尖圆唇。包括H25：9、H34①：2、H36：2、H40：3、H42：5、H42：8、H43：3、F7①：9、F7①：10、F7①：15、F7①：17、F7①：19（图一八〇，1～8、10～13）。

Bb型　1件。H42：4，鸡冠形花边鋬施于肩部（图一八〇，9）。

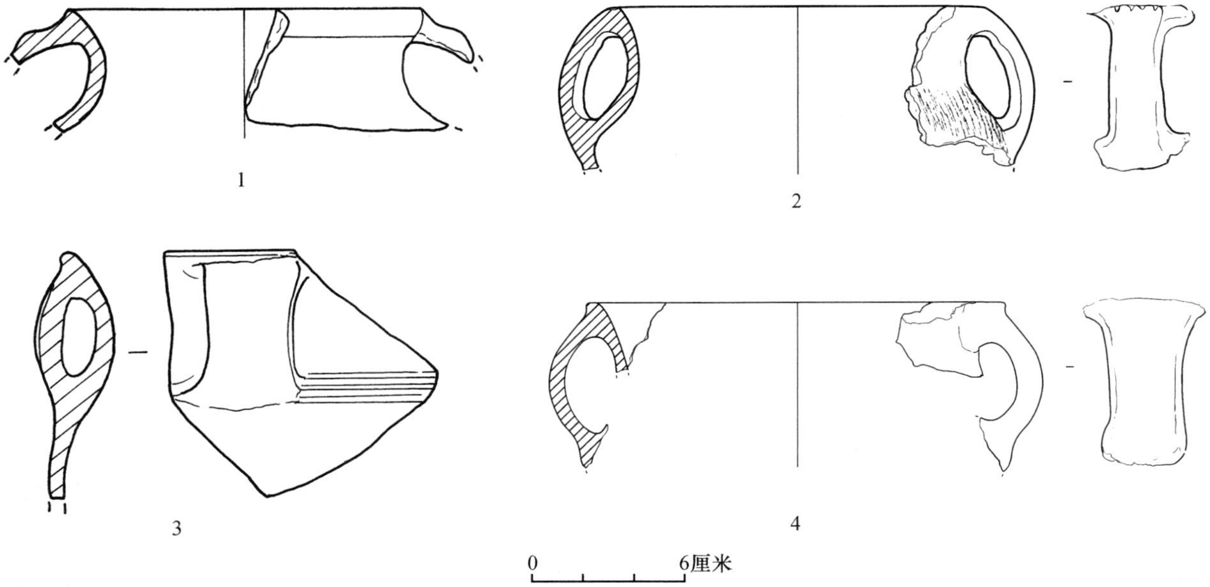

图一七九　A型罐

1. H23：4　2. F7②：2　3. H23：3　4. H23：7

C型　小口罐，共30件。根据口部特征分三式。

Ⅰ式：13件。束颈高。包括H34①：1、H34①：4、H34②：1、H40：2、H43：5、H43：7、G12：2、F7①：14、F7①：16、F7②：1、F7②：4、F7②：5、F7②：8（图一八一）。

Ⅱ式：9件。领部斜直稍高，束颈不明显。包括H25：4、H25：6、H25：7、H26：4、H34②：3、H40：1、H40：4、F7①：21、F7②：6（图一八二）。

Ⅲ式：8件。短束颈较甚。包括H23：2、H26：3、H34②：2、H36：1、H42：6、H42：7、F7①：8、F7②：3（图一八三）。

鬲　标本数量较少，有基本完整器1件、口部2件、足部1件，但作为判断时代的重要器物类别，特进行描述。

A型　花边口沿鬲，1件。F7②：9，敛口，卷平沿，沿下饰花边（图一八四，2）。

B型　带鋬鬲，1件。F7①：11，尖唇，鋬施于沿下，截面呈三角形（图一八四，1）。

C型　高领联裆鬲，1件。H42：1，基本完整，侈口，方唇，领较高，束颈，联裆，三锥足，足尖圆钝（图一八四，3）。

鬲足　1件。H34①：3，锥状，实心跟（图一八四，4）。

敛口瓮　包括口部3件、足部2件。

口部根据口唇特征分二式。

Ⅰ式：1件。即H42：9。圆唇，唇部微翘（图一八五，1）。

Ⅱ式：2件。即H43：2、H23：6。方唇，唇部横平，收敛程度加剧（图一八五，3、4）。

足部可分二型。

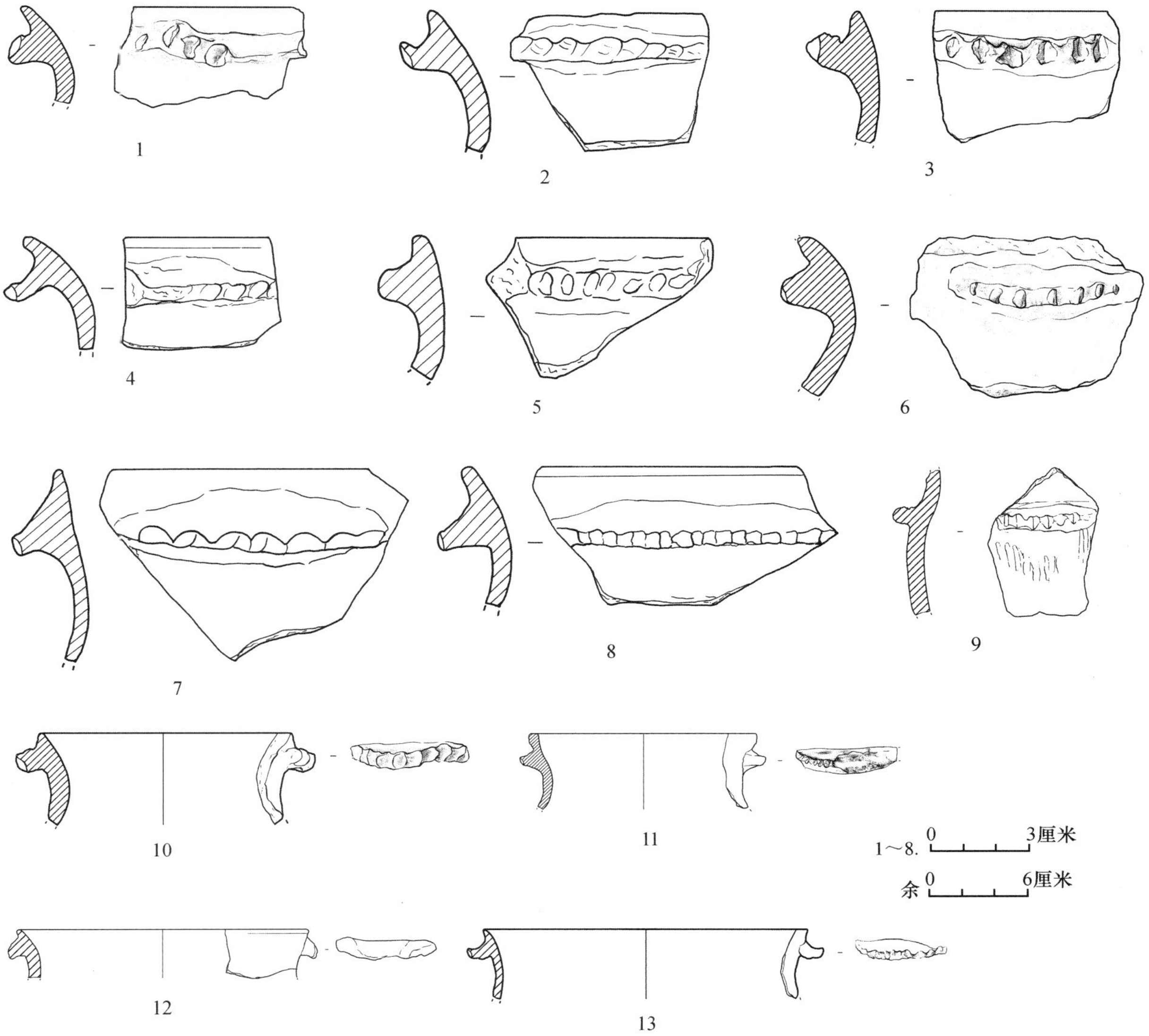

图一八〇　B型罐

1～8、10～13. Ba型（F7①：19、H42：8、H42：5、H36：2、H40：3、F7①：10、H34①：2、H43：3、F7①：9、F7①：17、H25：9、F7①：15）　9. Bb型（H42：4）

A型　1件。即H34①：7。圆锥状，实足跟（图一八五，5）。

B型　1件。即F7①：12。圆锥状，内空心（图一八五，2）。

盆　包括口部4件、修复完整器1件，可分二型。

A型　3件，敞口，深腹。可分二亚型。

Aa型　2件。即 F7①：13、F7①：18。腹部带鸡冠形鋬（图一八六，1、2）。

Ab型　1件。即F7①：7。腹内刻槽（图一八六，4）。

B型　2件。即 H25：2、H25：5。侈口，浅腹（图一八六，3、5）。

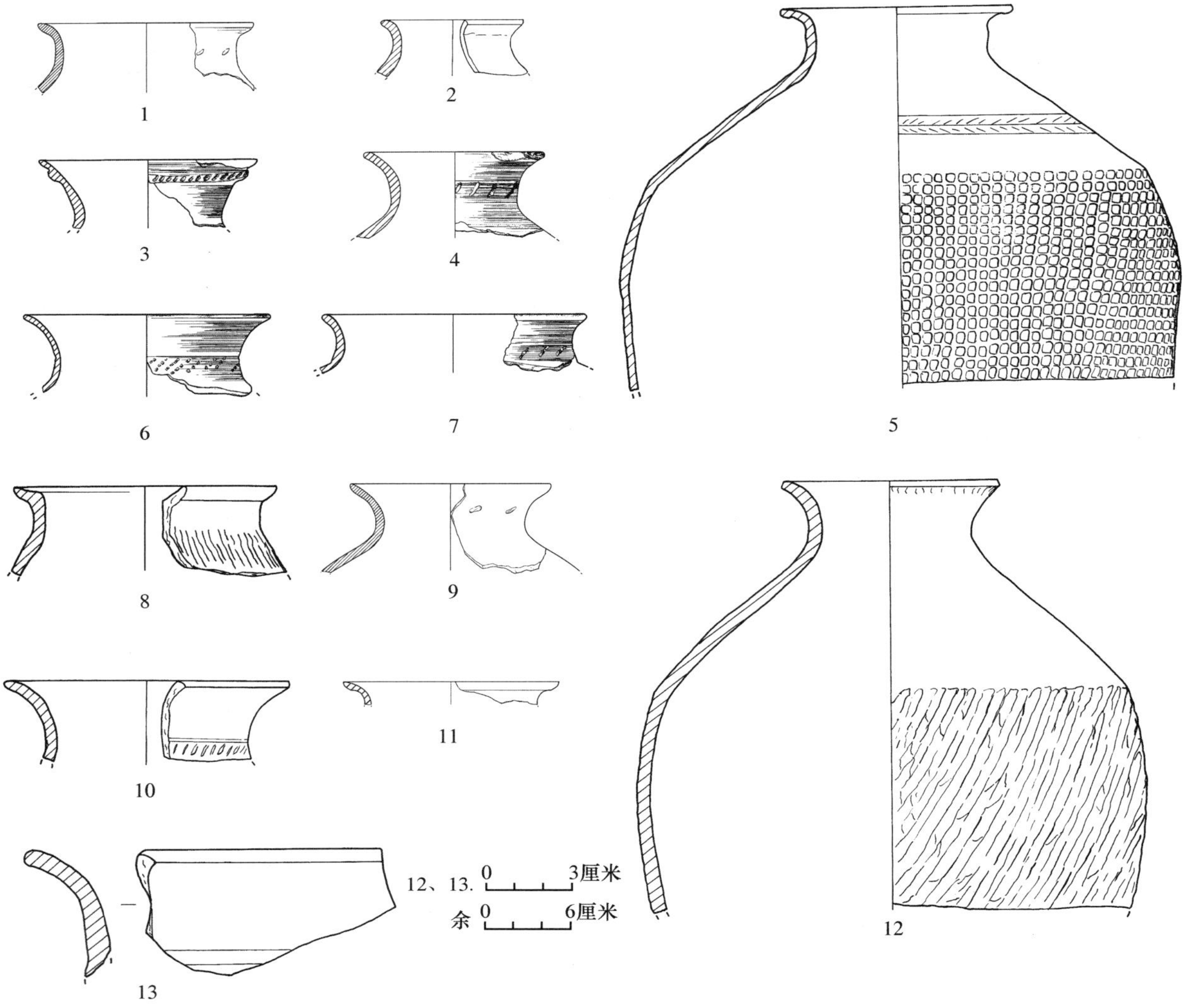

图一八一　C型Ⅰ式罐

1. F7①：16　2. G12：2　3. F7②：5　4. F7②：1　5. H43：5　6. F7②：8　7. F7②：4　8. H34①：4　9. F7①：14　10. H34②：1　11. H43：7　12. H34①：1　13. H40：2

3. 未能划分型式的器物及陶器标本

盘　1件口及腹部、1件修复完整器。包括H36：3、H36：4。斜腹，平底较大，腹部有鋬（图一八七，1、2）。

钵　口部，H23：1，直口，尖唇，上腹略鼓，下腹弧收（图一八七，7）。

簋　包括口及腹部1件及圈足1件。H34①：6，口微侈，平折沿较窄，唇部缺失，高领较直，微折腹。H25：8，喇叭口，上部饰两道弦纹，器表磨光（图一八七，3、4）。

豆　柄、足部。直柄，喇叭口圈足。H25：3，器表饰有一周凸弦纹、两周凹弦纹及镂孔纹饰（图一八七，5）。F7①：20，通体磨光，柄中部饰两道弦纹，足部饰一道弦纹（图一八七，6）。

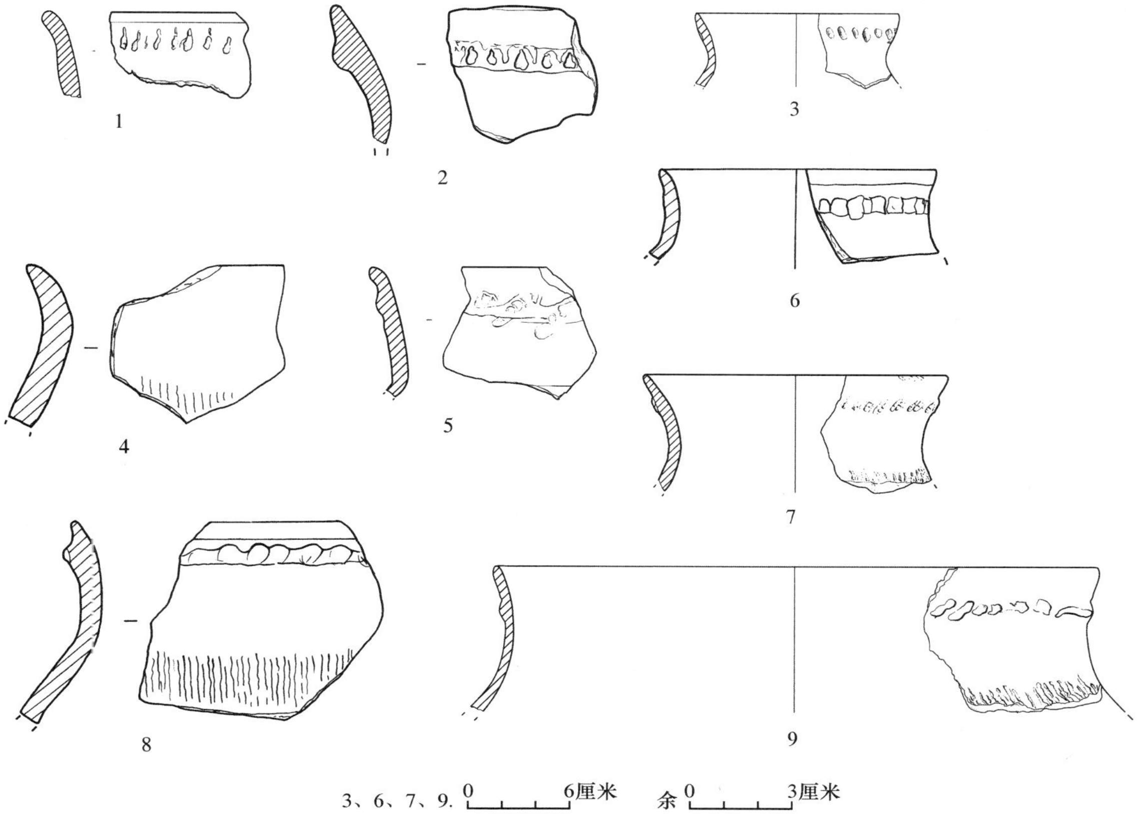

图一八二　C型Ⅱ式罐

1. H40：4　2. F7②：6　3. H25：6　4. H26：4　5. H25：7　6. H40：1　7. F7①：21　8. H25：4　9. H34②：3

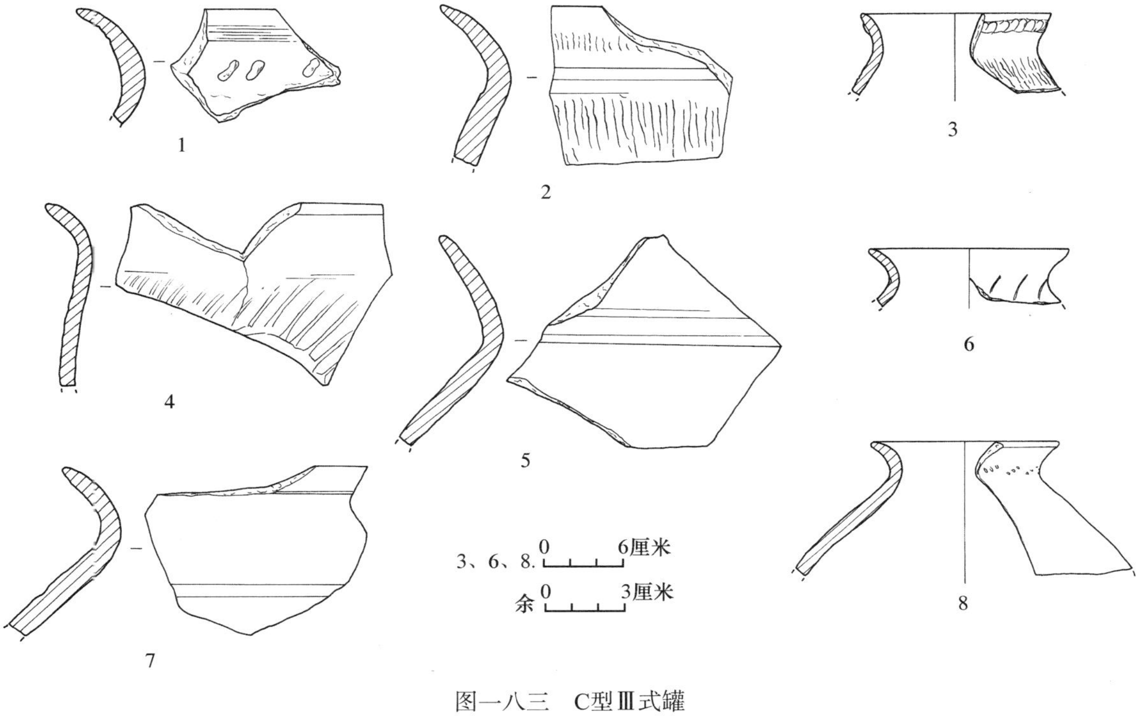

图一八三　C型Ⅲ式罐

1. H26：3　2. H42：6　3. H36：1　4. H42：7　5. F7①：8　6. H34②：2　7. F7②：3　8. H23：2

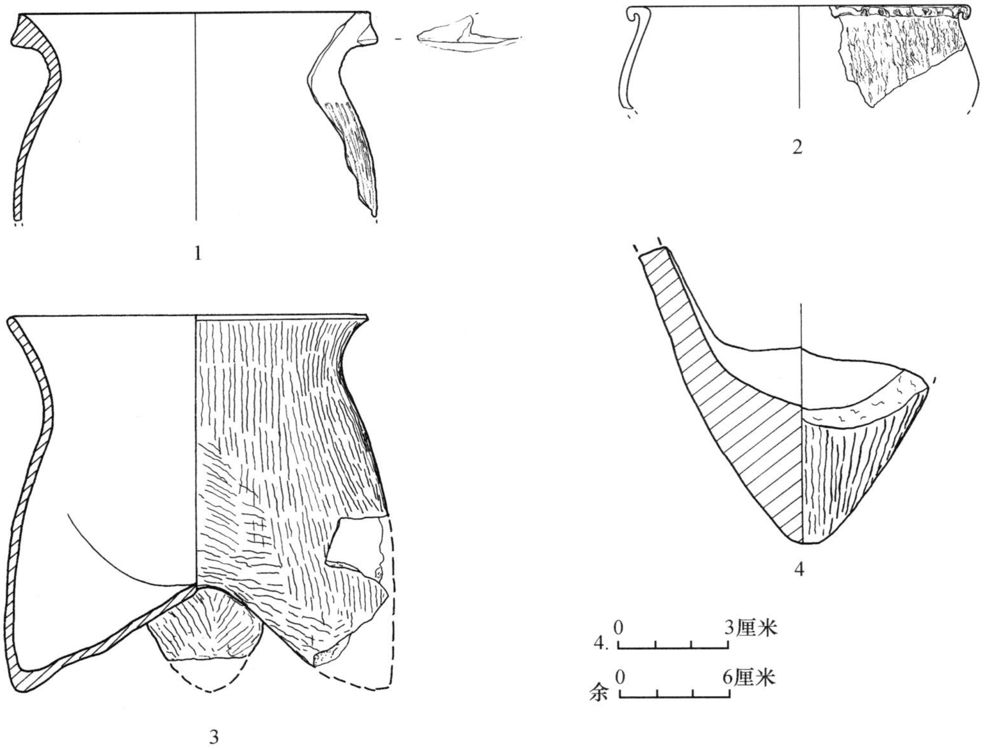

图一八四　A、B、C型鬲及鬲足部

1. B型鬲（F7①：11）　2. A型鬲（F7②：9）　3. C型鬲（H42：1）　4. 鬲足（H34①：3）

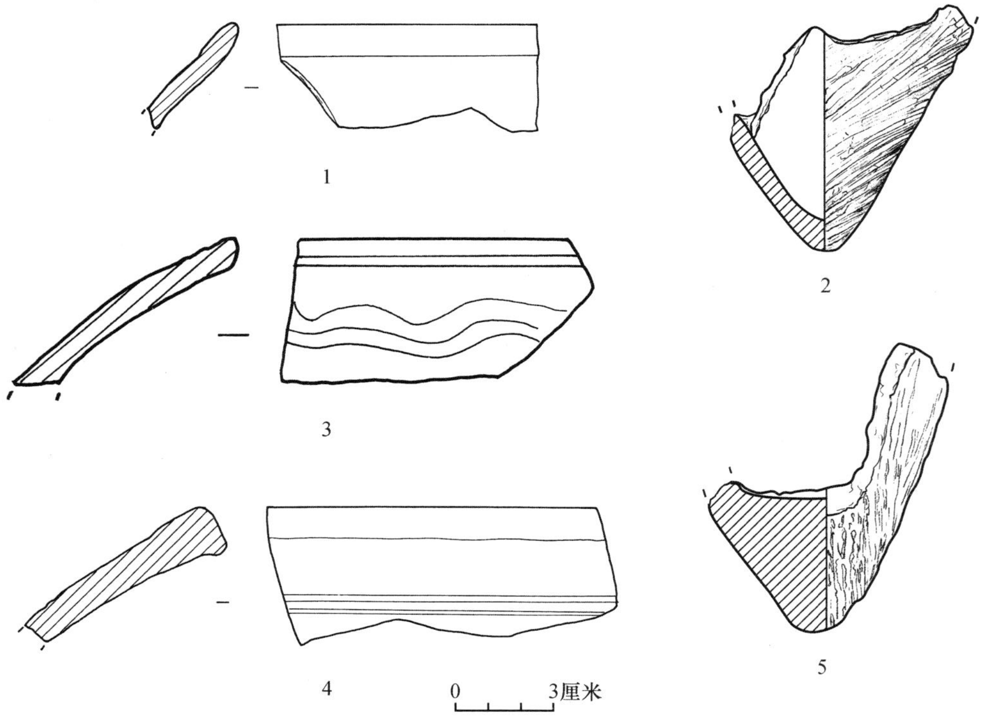

图一八五　Ⅰ式、Ⅱ式瓮口部和A型、B型瓮足部

1. Ⅰ式口沿（H42：9）　2. B型足（F7①：12）　3、4. Ⅱ式口沿（H43：2、H23：6）　5. A型足（H34①：7）

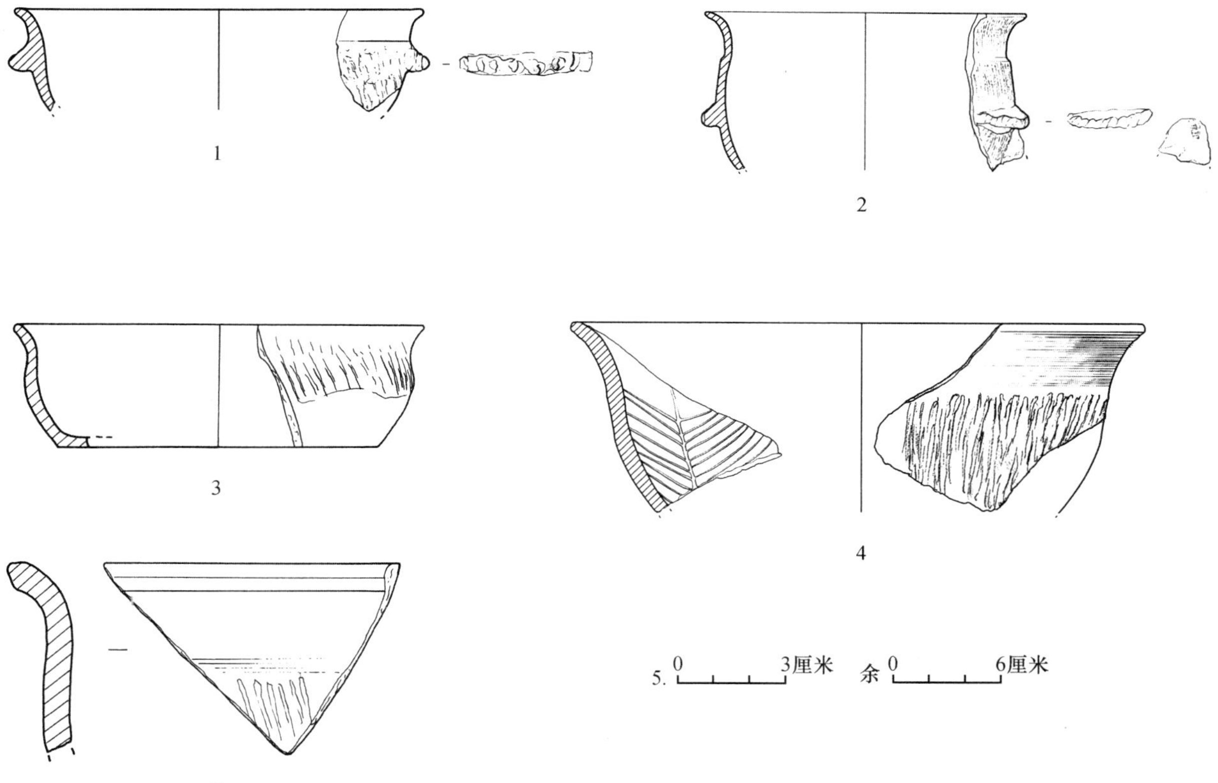

图一八六　A、B型盆

1、2. Aa型（F7①：13、F7①：18）　3、5. B型（H25：2、H25：5）　4. Ab型（F7①：7）

罐　肩、腹部。H23：5，折肩。肩部饰由两周凹弦纹及三角形纹饰组成的纹饰带，肩部以下饰数周凹弦纹，器表磨光（图一八七，9）；H43：4，折肩，深腹，小底内凹。腹部饰交错篮纹，下腹近底部处及底部饰方格纹（图一八七，11）；H43：6，折肩，深腹，小平底。肩部及腹部饰斜向及交错篮纹（图一八七，8）。

陶环　F7①：2，完整，泥质灰陶。圆环状，断面略呈三角形（图一八七，10）。

（二）石器

共发现6件，主要为生产工具，包括磨石、石铲、石刀以及用途不明的经人工加工的石片。

磨石　共3件。包括H42：2、H42：3、F7①：4。均为凝灰岩质地，形状不甚规整，器表光滑平整（图一八八，1、4、5）。

石铲　1件。F7①：3，花岗岩质地，磨制。体近梯形较薄，单面弧刃，器表打磨光滑（图一八八，6）。

石刀　1件。F7①：5，页岩质地，体近梯形，平背，刃部残损（图一八八，2）。

石片　1件。H43：1，凝灰岩质，扁平体，平面形状不规则，器表见有人工打磨痕迹，较平整（图一八八，3）。

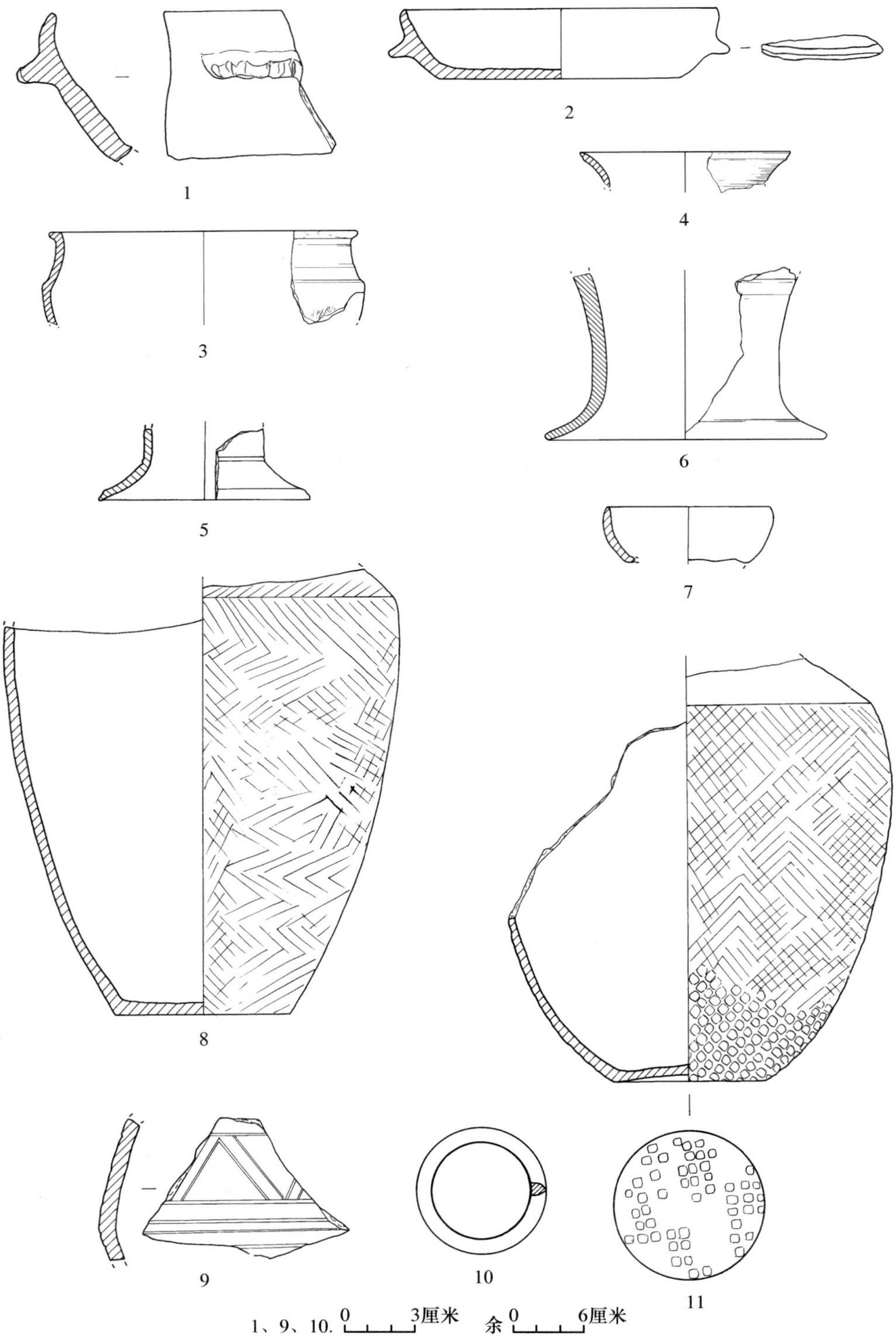

图一八七　未能分型式的陶器及陶器标本

1、2. 盘（H36：3、H36：4）　3、4. 簋（H34①：6、H25：8）　5、6. 豆（H25：3、F7①：20）　7. 钵（H23：1）　8、9、11. 罐（H43：6、H23：5、H43：4）　10. 环（F7①：2）

（三）骨器

共发现3件，包括生产工具、生活用具和装饰品。

骨勺（？）　1件。H25：1，残损较甚，一端有圆钻孔（图一八八，9）。

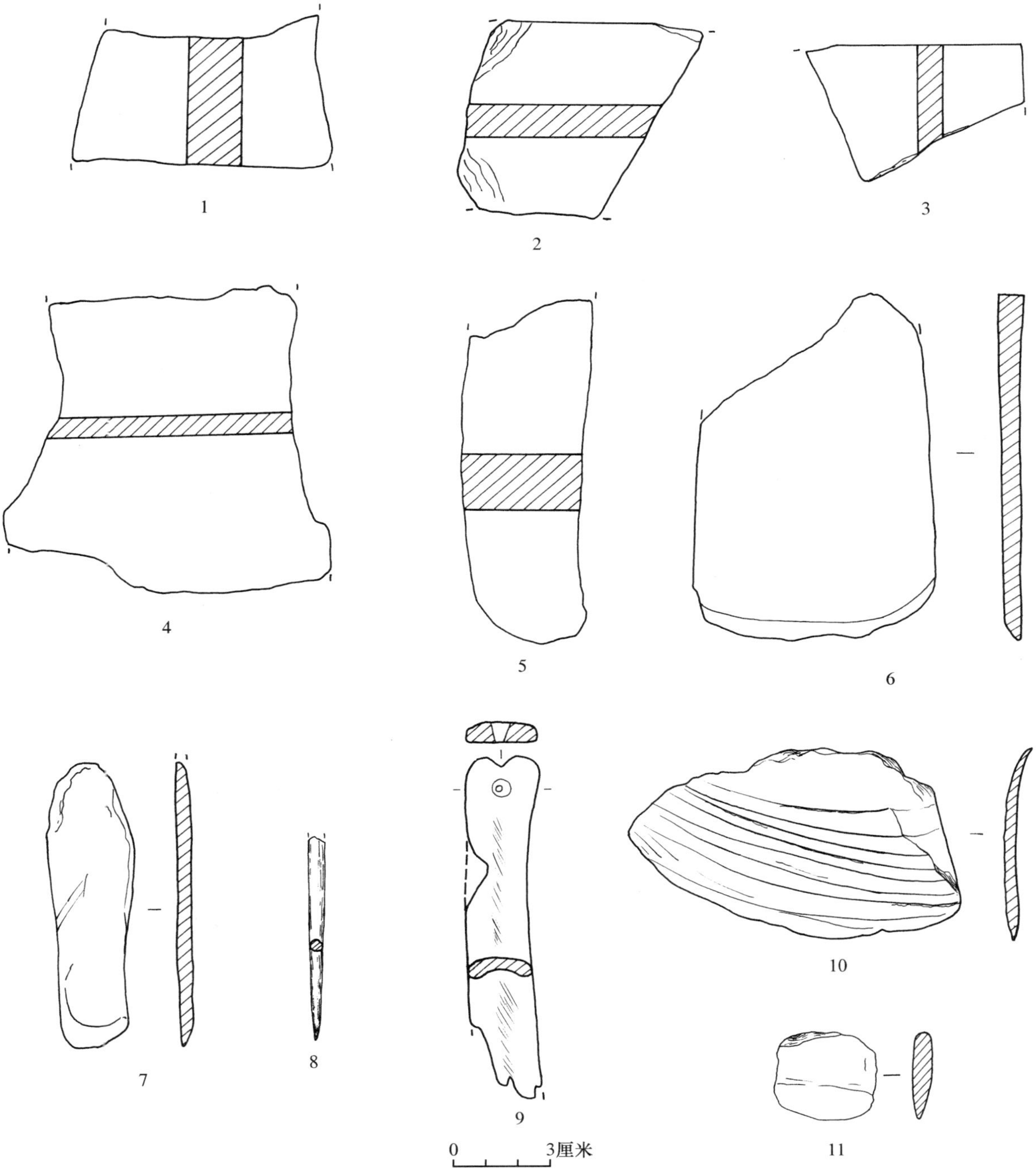

图一八八　石器、骨器、蚌器

1、4、5. 磨石（H42：2、H42：3、F7①：4）　2. 石刀（F7①：5）　3. 石片（H43：1）　6. 石铲（F7①：3）　7. 骨铲（F7①：6）　8. 骨笄（F7①：1）　9. 骨勺（H25：1）　10、11. 蚌器（H26：2、H26：1）

骨笄　1件。F7①：1，圆柱体，细长，一端磨砺极尖锐（图一八八，8）。

骨铲　1件。F7①：6，扁平条状较薄，一端有刃（图一八八，7）。

（四）蚌器

仅发现2件，均残蚀剥离较甚。H26：2一侧边似经磨制出刃（图一八八，10）。H26：1或为刀类（图一八八，11）。

三、时代与文化属性

本次发现的夏商时期遗存数量不多，单位性质较为单一，以灰坑为主，唯一的一处房址也遭受较为严重的晚期破坏和扰乱，同时期遗迹单位之间也不存在打破关系，所以只能通过与关中地区相关遗址出土遗物进行比较，尽可能推断其时代。

本期出土陶片标本中最为多见的是罐类器物。

A型带耳罐在关中地区自客省庄二期文化中就已出现，而在东龙山、老牛坡等遗址中，带耳罐则自夏时期一直延续至商代均有发现。华县东阳遗址出土的带耳罐的耳几乎接于口沿上，耳面不外鼓，耳孔近椭圆形，形制上与东龙山遗址夏代早期C型Ⅱ式陶罐非常接近[①]。

B型带錾罐发现较多，其形制与东龙山遗址夏代晚期D型陶罐，特别是H131：6，极为相似[②]。然而在耀县（现耀州区）北村遗址中，属于商代前期偏晚的单位ⅠH5中亦发现类似的器形。所不同的是，耀县北村遗址中带錾罐的出现频率远远低于东龙山夏代晚期遗存，或许意味着早期文化因素的孑遗。华县东阳遗址中B型罐的形制与出现频率都与东龙山遗址相仿，所以该类器物应当仍属于夏代晚期是比较合适的。

C型小口罐发现最多，且有一定的形制演变规律。C型Ⅰ式罐，敞口，有一段稍高的直颈，其与耀县北村遗址Ⅲ式小口瓮较为相似，所不同的是沿部翻卷较为明显，与东龙山A型瓮，特别是H278：5更为相似[③]；C型Ⅱ式罐，领部稍高且斜直，不卷沿，与耀县北村遗址Ⅳ式小口瓮、东龙山遗址H275：7几乎一致[④]；C型Ⅲ式罐，沿部亦基本不翻卷，但束颈极短且收束程度加剧，与耀县北村遗址Ⅴ式小口瓮、东龙山遗址H292：3基本相似[⑤]。耀县北村遗址分别将Ⅲ、Ⅳ、Ⅴ式小口瓮的流行时代定于商代前期偏晚及商代后期偏早，而东龙山遗址中商代遗存的时代与耀县北村遗址基本相当。

陶鬲标本数量不多，但颇具时代特点。A型鬲较为特殊，其口沿附加花边的纹饰在东龙山遗址

① 陕西省考古研究院：《商洛东龙山》，科学出版社，2011年，第119页。

② 陕西省考古研究院：《商洛东龙山》，科学出版社，2011年，第174页。

③ 陕西省考古研究院：《商洛东龙山》，科学出版社，2011年，第254页。

④ 陕西省考古研究院：《商洛东龙山》，科学出版社，2011年，第252页。

⑤ 陕西省考古研究院：《商洛东龙山》，科学出版社，2011年，第252页。

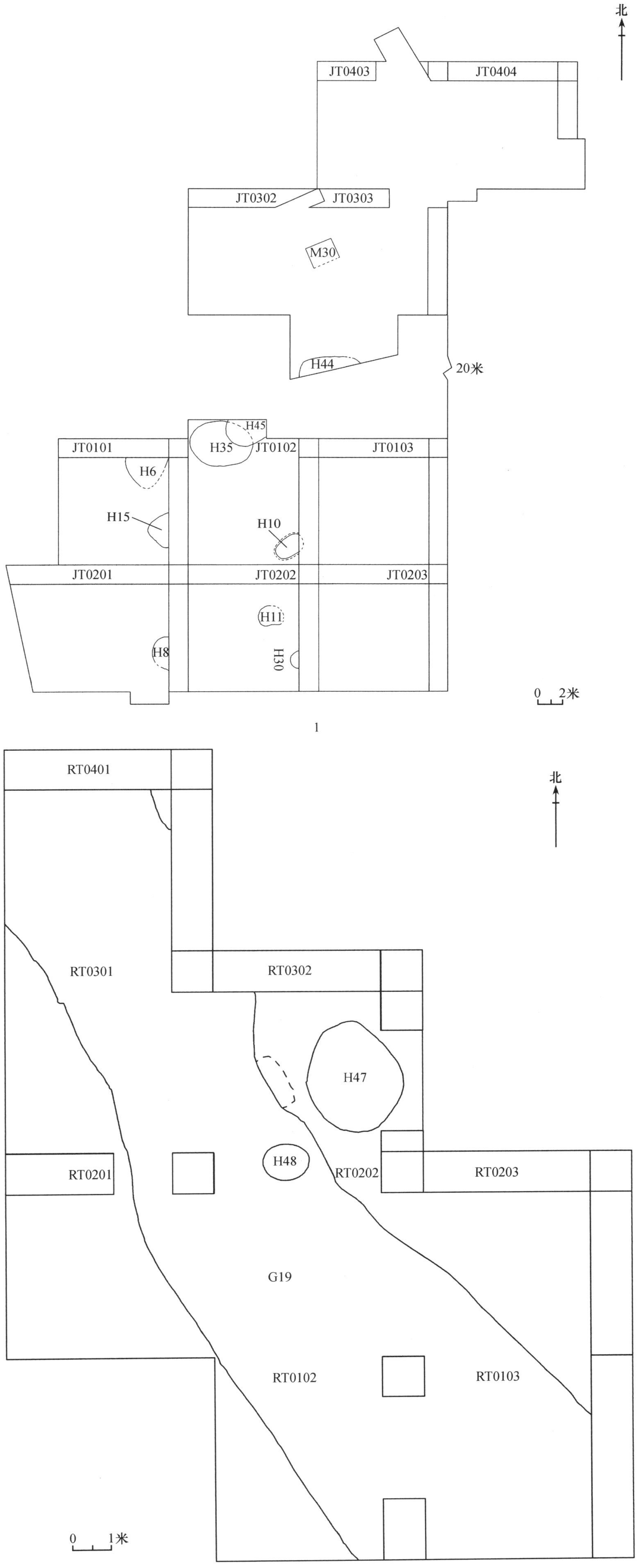

图一八九　西周时期遗迹平面分布图

1. J区　2. R区

其中泥质灰陶占28.57%/41.08%，夹砂灰皮褐胎陶占14.29%/14.47%，夹砂褐陶占8.16%/10.24%，夹砂黑皮褐胎陶占14.29%/9.67%，夹砂灰陶占9.18%/9.47%，泥质黑皮灰胎陶占7.14%/3.81%，泥质褐陶占6.12%/3.46%，泥质黑皮褐胎陶占6.12%/2.92%，泥质灰皮褐胎陶占2.04%/2.42%，夹砂黑皮灰胎陶占2.04%/1.33%，泥质褐皮灰胎陶占1.02%/0.83%，夹砂褐皮灰胎陶占1.02%/0.30%。纹饰方面，素面陶占总数的27.55%/14.37%，绳纹占50.00%/53.78%，交错绳纹占3.06%/15.40%，素面磨光占12.24%/5.38%，绳纹+附加堆纹+戳压纹占1.02%/3.80%，绳纹+戳压纹占2.04%/3.28%，戳压纹占2.04%/2.21%，篮纹占2.04%/0.78%。可辨者器形有甗、瓮、鬲、罐等（表八八、表八九）。

表八八　H6陶系统计表

纹饰 \ 陶色 \ 陶质	夹砂						泥质						合计	百分比/%
	灰	褐	黑皮褐胎	黑皮灰胎	灰皮褐胎	褐皮灰胎	灰	褐	黑皮灰胎	黑皮褐胎	灰皮褐胎	褐皮灰胎		
素面	2/24.4	3/84.3	6/137.7				11/254.2	2/58.5		3/101.8			27/660.9	27.55/14.37
绳纹	4/249.7	4/211.9	8/306.8		13/554.1	1/13.6	7/817.8		7/175	3/32.5	2/111.4		49/2472.8	50.00/53.78
交错绳纹	1/43.4						2/664.9						3/708.3	3.06/15.40
篮纹							2/36						2/36	2.04/0.78
绳纹+戳压纹	1/39.4				1/111.4								2/150.8	2.04/3.28
绳纹+附加堆纹+戳压纹		1/174.5											1/174.5	1.02/3.80
戳压纹	1/78.7							1/22.9					2/101.6	2.04/2.21
素面磨光				2/61.2			6/116.2	3/77.7				1/38.3	12/293.4	12.24/6.38
合计	9/435.6	8/470.7	14/444.5	2/61.2	14/665.5	1/13.6	28/1889.1	6/159.1	7/175	6/134.3	2/111.4	1/38.3	98/4598.3	
	48/2091.1						50/2507.2							
百分比/%	9.18/9.47	8.16/10.24	14.29/9.67	2.04/1.33	14.29/14.47	1.02/0.30	28.57/41.08	6.12/3.46	7.14/3.81	6.12/2.92	2.04/2.42	1.02/0.83	100.00/100.00	
	48.98/45.48						51.02/54.52							

表八九　H6可辨陶器器形统计表

器形 \ 陶色 \ 陶质	夹砂				泥质			合计	百分比/%
	灰	褐	黑皮褐胎	灰皮褐胎	灰	黑皮褐胎	黑皮灰胎		
甗		1						1	7.14
瓮	1			1				2	14.29
鬲		1	1					2	14.29

续表

器形＼陶色＼陶质	夹砂				泥质			合计	百分比/%
	灰	褐	黑皮褐胎	灰皮褐胎	灰	黑皮褐胎	黑皮灰胎		
罐	1		1		2	3	2	9	64.29
合计	2	2	2	1	2	3	2	14	
	7				7				
百分比/%	14.29	14.29	14.29	7.14	14.29	21.43	14.29		100.00
	50.00				50.00				

2. 器物举例

挑选器物标本计7件，包括瓮、甗、鬲、罐、簋等陶器残片。

瓮　H6：1，口部。夹砂陶，器表及内壁陶色深灰，陶胎呈红褐色。直口，平沿，唇部饰一周手指戳压纹的花边，其下饰竖向绳纹。手制。残高3.6、壁厚1.5厘米（图一九一，2）。

甗　H6：2，腰部。夹砂褐陶。束腰，内侧有固定的箅挡，下腹外扩。腰外侧贴附一周戳印呈花边状的泥条，其下饰竖向绳纹。手制，器表及内壁可见修整涂抹的痕迹。残高6.8、壁厚0.9～1.6厘米，箅挡残宽1.8、厚1厘米（图一九一，1）

鬲　H6：3，足。夹砂褐陶。空心锥足，体较圆。器表饰绳纹。手制，器表及内壁有烟炱痕。残高3.6、壁厚0.7厘米（图一九一，6）。

罐　H6：4，口、肩及腹。泥质灰陶，夹零星砂粒。侈口，圆唇，束颈，圆肩，上腹外鼓。颈部以下饰交错绳纹，肩腹相接处有一道抹痕将绳纹抹断。手制轮修，口沿外侧可见轮修痕迹。残高18.4、口径11.6、壁厚0.6厘米（图一九一，3）。H6：5，口部。泥质陶，器表及内壁陶色黑灰，陶

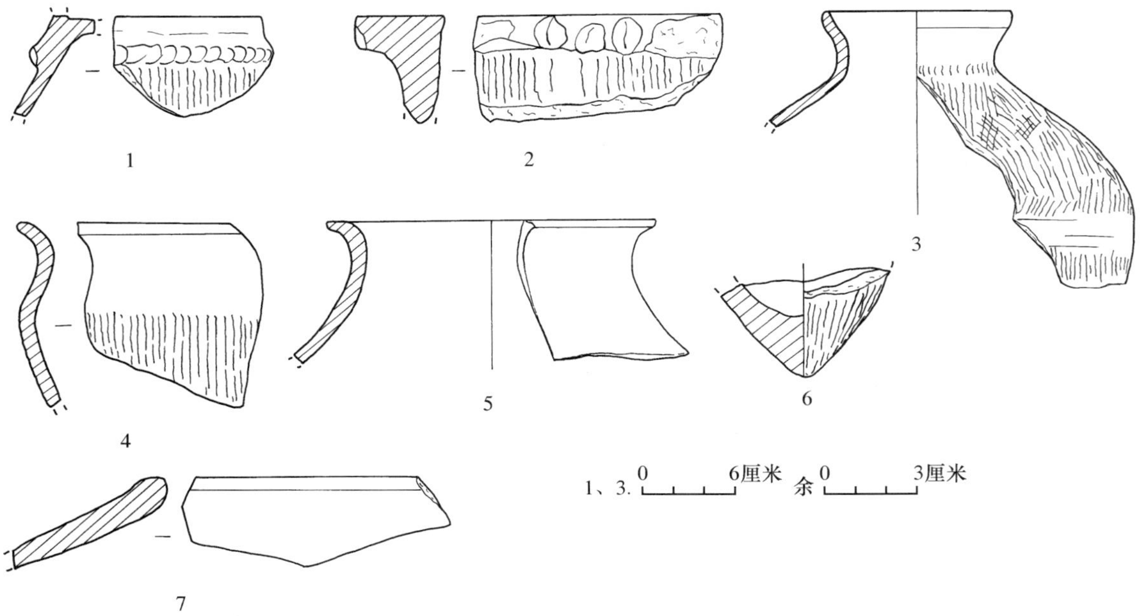

图一九一　H6陶器标本

1. 甗（H6：2）　2. 瓮（H6：1）　3、5、7. 罐（H6：4、H6：5、H6：7）　4. 簋（H6：6）　6. 鬲（H6：3）

胎呈褐色。侈口，圆唇，短束颈。素面磨光。手制轮修。残高4.5、壁厚0.3～0.6厘米（图一九一，5）。H6：7，口部。泥质陶，器表及内壁陶色黑灰，陶胎呈褐色。敛口，方唇稍厚，广肩近平。素面。手制轮修。残高3、壁厚0.6～1厘米（图一九一，7）。

簋　H6：6，口及腹部。泥质陶，器表及内壁陶色黑灰，陶胎呈黑褐色。侈口，圆唇，束颈，溜肩，上腹略鼓。腹部饰竖向细绳纹，口沿内外及肩部器表磨光。手制轮修。残高6.1、壁厚0.3～0.5厘米（图一九一，4）。

二、H8

位于JT0201东壁下，部分延伸至东隔梁下。开口于第2层下，距现地表深0.5～0.58米，被M36打破。

（一）形制、堆积

开口平面呈半圆形，南部弧壁，北部内壁较直，基本呈圜底，北部底稍鼓凸。口长径2.65、短径1.3、深0.6～1.18米。坑内堆积为青灰色砂质黏土，较疏松，水平状堆积。包含较多陶片。

判断为处理废弃物的垃圾坑（图一九二）。

（二）遗物

1. 陶器面貌

陶质陶色方面，泥质陶占总数的64.75%/56.52%，夹砂陶占35.25%/43.48%。其中泥质灰陶占27.05%/21.02%，夹砂灰陶占18.85%/22.90%，泥质黑皮陶占15.57%/12.80%，泥质褐陶占7.38%/10.05%，夹砂褐陶占3.28%/6.16%。此外，还见有少量仰韶时期红陶片，其中夹砂红陶占13.11%/14.42%，泥质红陶占14.75%/12.66%。纹饰方面，素面陶占总数的20.49%/19.63%，绳纹占39.34%/41.66%，篮纹占18.85%/16.23%，素面磨光占13.93%/13.77%，戳压纹占2.46%/2.49%，弦纹占1.64%/2.21%，指甲戳压纹+绳纹占0.82%/2.03%，划纹占0.82%/0.74%，弦纹+绳纹占0.82%/0.67%，几何纹占0.82%/0.56%。可辨器形有鬲、甗、瓮、罐等（表九〇、表九一）。

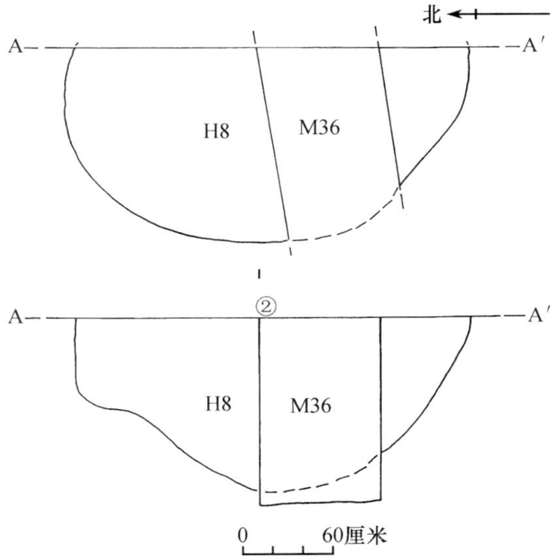

图一九二　H8平、剖面图

表九〇　H8陶系统计表

陶质 / 陶色 / 纹饰	泥质				夹砂			合计	百分比/%
	红	褐	黑	灰	红	褐	灰		
素面	8/176.8	3/60.7	6/136.2	5/97.7	2/137	1/11.9		25/620.3	20.49/19.63
素面磨光	2/64.4	2/159.6	9/170.2	4/40.8				17/435	13.93/13.77
篮纹	6/118.7	3/78.4	1/20	7/113.6	5/88.8	1/93.4		23/512.9	18.85/16.23
绳纹	1/16.9	1/18.8	1/8.1	14/350	7/174.1	2/89.4	22/659.3	48/1316.6	39.34/41.66
弦纹			2/69.9					2/69.9	1.64/2.21
划纹	1/23.4							1/23.4	0.82/0.74
弦纹+绳纹				1/21.2				1/21.2	0.82/0.67
几何纹				1/17.7				1/17.7	0.82/0.56
戳压纹				1/23.1	2/55.7			3/78.8	2.46/2.49
指甲戳压纹+绳纹							1/64.3	1/64.3	0.82/2.03
合计	18/400.2	9/317.5	19/404.4	33/664.1	16/455.6	4/194.7	23/723.6	122/3160.1	
	79/1786.2				43/1373.9				
百分比/%	14.75/12.66	7.38/10.05	15.57/12.80	27.05/21.02	13.11/14.42	3.28/6.16	18.85/22.90	100.00/100.00	
	64.75/56.52				35.25/43.48				

表九一　H8可辨陶器器形统计表

陶质 / 陶色 / 器形	夹砂			泥质	合计	百分比/%
	灰	褐	灰皮褐胎	灰		
鬲		1	2		3	37.50
瓮	1	1			2	25.00
甗			1		1	12.50
罐		1		1	2	25.00
合计	1	3	3	1	8	
	7			1		
百分比/%	12.50	37.50	37.50	12.50	100.00	
	87.50			12.50		

2. 器物举例

挑选器物标本4件，包括瓮、鬲、甗、罐等陶器残片。

瓮　H8：1，口部。夹砂灰陶。口微侈，平沿，方唇。口沿外侧及以下饰竖向绳纹。手制轮修。残高5.3、壁厚0.7～1.3厘米（图一九三，2）。

鬲　H8：2，足。夹砂褐陶。空心锥足，足跟较圆钝。体较圆，足跟底部一侧受挤压形成一处小平面。器表饰绳纹。手制。残高6.5、壁厚0.6厘米（图一九三，4）。

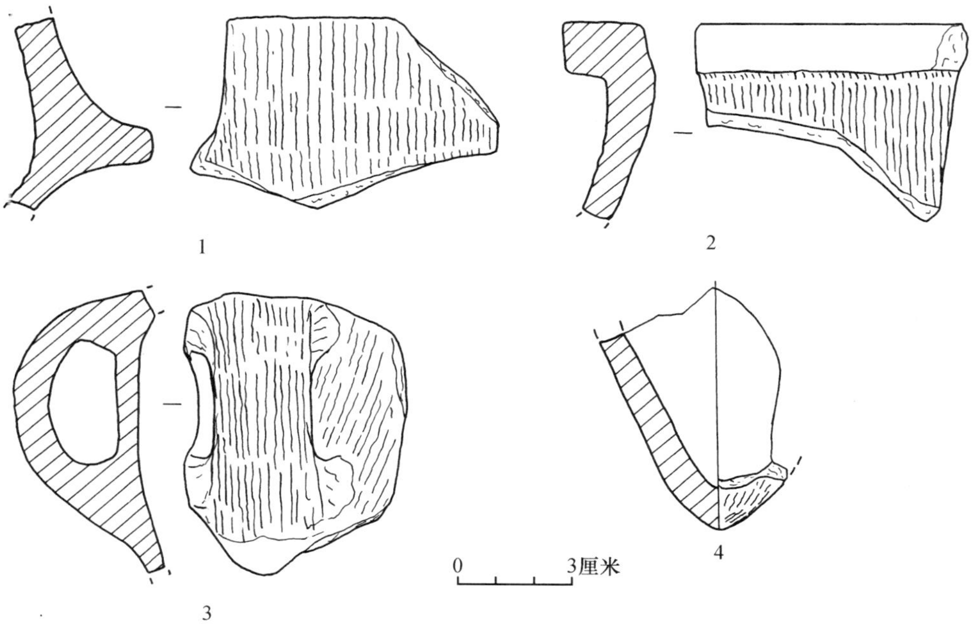

图一九三　H8陶器标本

1. 甗（H8：3）　2. 瓮（H8：1）　3. 罐（H8：4）　4. 鬲（H8：2）

甗　H8：3，甗腰。夹砂陶，器表及内壁陶色浅灰，陶胎呈红褐色。束腰，内侧有固定的箅挡。器表饰竖向绳纹。手制。残高5.2、壁厚0.7～1.2厘米，箅挡宽2、厚1～1.5厘米（图一九三，1）。

罐　H8：4，耳部。夹砂褐陶。桥形耳，贴附于器腹部。器表及耳面饰竖向细绳纹。手制。残高7.5、壁厚0.6～1.2厘米，耳宽2.6厘米（图一九三，3）。

三、H10

位于JT0102东南角，部分压于东隔梁下，开口于第1层下，距现地表深0.28米。

（一）形制、堆积

方向244°。开口平面呈椭圆形，内壁斜直外扩，口小底大，平底。口长径1.8、短径1.6米，底长径1.9、短径1.8米，深0.56米。坑内堆积为灰黑色粉砂土，夹杂较多炭屑，疏松，水平状堆积，包含少量陶片、动物骨骼、石块等。

该单位形制规整，推测原为储藏坑或窖穴（图一九四；图版一一，1）。

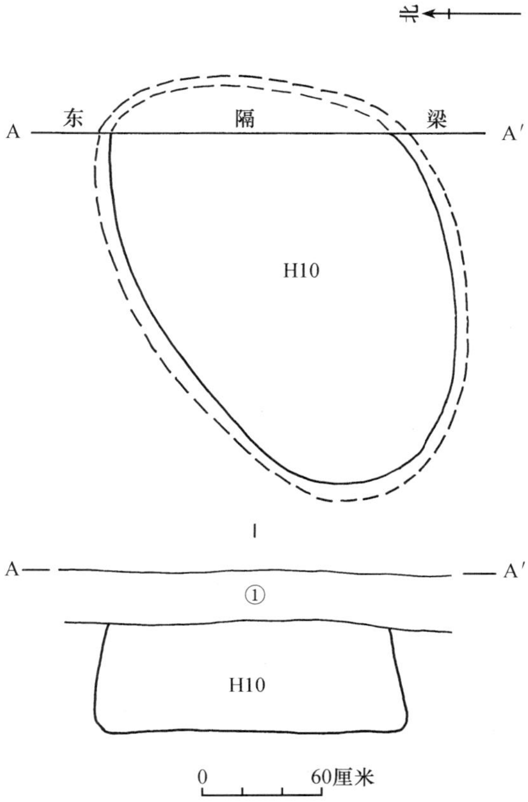

图一九四　H10平、剖面图

（二）遗物

1. 陶器面貌

陶质陶色方面，泥质陶占总数的32.08%/45.16%，夹砂陶占67.92%/54.84%。其中夹砂灰陶占52.83%/48.80%，泥质灰陶占22.64%/41.55%，夹砂褐陶占7.55%/3.69%，泥质褐陶占5.66%/2.76%，夹砂灰皮褐胎陶占7.55%/2.35%，泥质灰皮褐胎陶占1.89%/0.66%，泥质黑皮灰胎陶占1.89%/0.19%。纹饰方面，素面陶占总数的15.09%/7.76%，绳纹占54.72%/23.53%，交错绳纹占7.55%/31.17%，交错绳纹+麻点纹占5.66%/1.82%，素面磨光占5.66%/1.25%，篮纹占3.77%/0.78%，交错绳纹+弦纹+划纹占1.89%/31.30%，弦纹+交错绳纹占1.89%/1.20%，弦纹+绳纹占1.89%/0.53%，戳压纹占1.89%/0.66%。可辨器形有豆、罐、鬲等（表九二、表九三）。

表九二　H10陶系统计表

陶质 / 陶色 / 纹饰	夹砂			泥质				合计	百分比/%
	灰	褐	灰皮褐胎	灰	褐	灰皮褐胎	黑皮灰胎		
素面	3/201.9			3/215.2	2/82.6			8/499.7	15.09/7.76
绳纹	18/775.5	3/200.8	3/116.7	4/327.1	1/95			29/1515.1	54.72/23.53
交错绳纹	4/2006.8							4/2006.8	7.55/31.17
篮纹				2/50.3				2/50.3	3.77/0.78
交错绳纹+弦纹+划纹				1/2015				1/2015	1.89/31.30
弦纹+交错绳纹	1/77.2							1/77.2	1.89/1.20
交错绳纹+麻点纹	2/80.2	1/36.9						3/117.1	5.66/1.82
弦纹+绳纹			1/34.4					1/34.4	1.89/0.53
戳压纹						1/42.4		1/42.4	1.89/0.66
素面磨光				2/67.7			1/12.5	3/80.2	5.66/1.25
合计	28/3141.6	4/237.7	4/151.1	12/2675.3	3/177.6	1/42.4	1/12.5	53/6438.2	
	36/3530.4			17/2907.8					
百分比/%	52.83/48.80	7.55/3.69	7.55/2.35	22.64/41.55	5.66/2.76	1.89/0.66	1.89/0.19		100.00/100.00
	67.92/54.84			32.08/45.16					

表九三　H10可辨陶器器形统计表

<table>
<tr><td rowspan="2">陶质
陶色
器形</td><td colspan="2">夹砂</td><td>泥质</td><td rowspan="2">合计</td><td rowspan="2">百分比/%</td></tr>
<tr><td>灰</td><td>褐</td><td>灰</td></tr>
<tr><td>豆</td><td></td><td></td><td>2</td><td>2</td><td>12.50</td></tr>
<tr><td>罐</td><td>1</td><td></td><td>6</td><td>7</td><td>43.75</td></tr>
<tr><td>鬲</td><td>6</td><td>1</td><td></td><td>7</td><td>43.75</td></tr>
<tr><td rowspan="2">合计</td><td>7</td><td>1</td><td>8</td><td rowspan="2">16</td><td rowspan="2"></td></tr>
<tr><td colspan="2">8</td><td>8</td></tr>
<tr><td rowspan="2">百分比/%</td><td>43.75</td><td>6.25</td><td>50.00</td><td colspan="2" rowspan="2">100.00</td></tr>
<tr><td colspan="2">50.00</td><td>50.00</td></tr>
</table>

2. 器物举例

挑选器物标本8件。除1件石器外，另有鬲、罐、豆、纺轮、陶珠等陶器7件。其中，完整或修复完整计2件、其余5件为残片。

石楔　H10：5，顶部微残。凝灰岩质，黑色。磨制。体较小，平面近梯形，刃部稍宽，横截面呈圆角长方形，平顶，单面刃，刃部圆弧，通体打磨光滑。长2.8、顶宽1.3、刃宽1.6、厚0.6厘米，重8.2克（图一九五，3）

陶珠　H10：2，完整。泥质红陶。体较小，扁圆珠状，器身薄厚不均，中部有一个圆孔。直径1.85、厚0.65～0.8、孔径0.3厘米，重4.5克（图一九五，2）。

陶纺轮　H10：3，残。泥质褐陶。体较小，圆饼状，器表平整，中部有一个小圆孔。直径3.2、厚0.6、孔径0.2厘米，重8.9克（图一九五，1）。

罐　H10：4，颈至底。泥质灰陶。竖颈，折肩，上腹外鼓，下腹斜收，平底，肩部原贴附有耳，现已残断。肩部饰三周较细的凹弦纹及一圈相互交错呈网格状的划纹，手制轮修。残高26、腹最大径26、底径12.6、壁厚0.6厘米（图一九六，5；图版一四，2）。

鬲　H10：1，已修复。夹砂灰陶。侈口，斜沿，圆唇，束颈，鼓腹，瘪裆，三锥足，足尖圆钝。器表颈部以下通体饰交错绳纹。手制轮修，器表有烟炱痕。通高18.6、口径18、腹径21.9、壁厚0.4～0.8厘米（图一九六，2；图版一四，1）。H10：6，口、腹部。夹砂灰陶。侈口，斜沿，圆唇，束颈，上腹外鼓。上腹饰竖向绳纹。手制轮修。残高5.5、壁厚0.6～0.7厘米（图一九六，1）。H10：7，足。夹砂陶，器表陶色浅灰，陶胎呈褐色。足较高，截尖近柱状。器表饰绳纹。手制。残高8.6、壁厚0.7厘米（图一九六，4）。

豆　H10：8，盘底及圈足。泥质灰陶。中空喇叭状圈足，较低矮。素面。手制，从断面处可见豆盘部分与圈足部分接合的痕迹。残高5.2、复原底径9、壁厚0.7～1.3厘米（图一九六，3）。

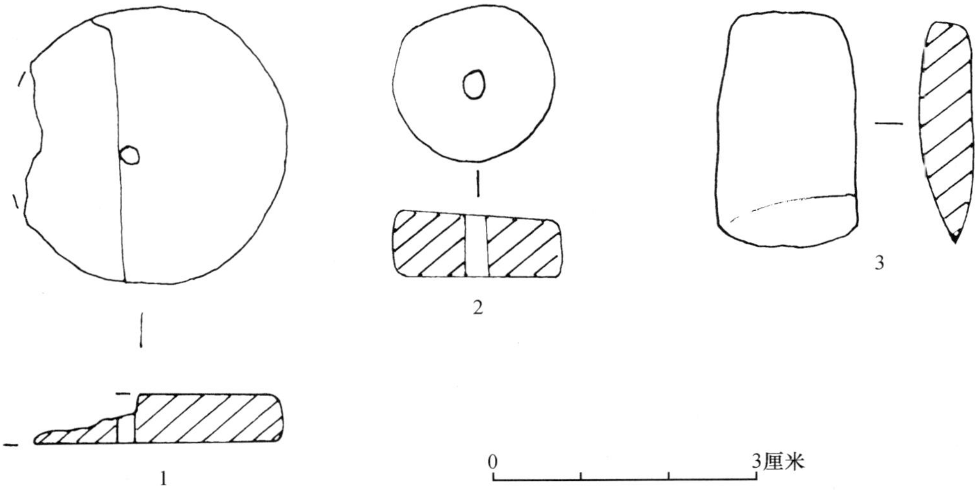

图一九五　H10器物标本

1. 陶纺轮（H10：3）　2. 陶珠（H10：2）　3. 石楔（H10：5）

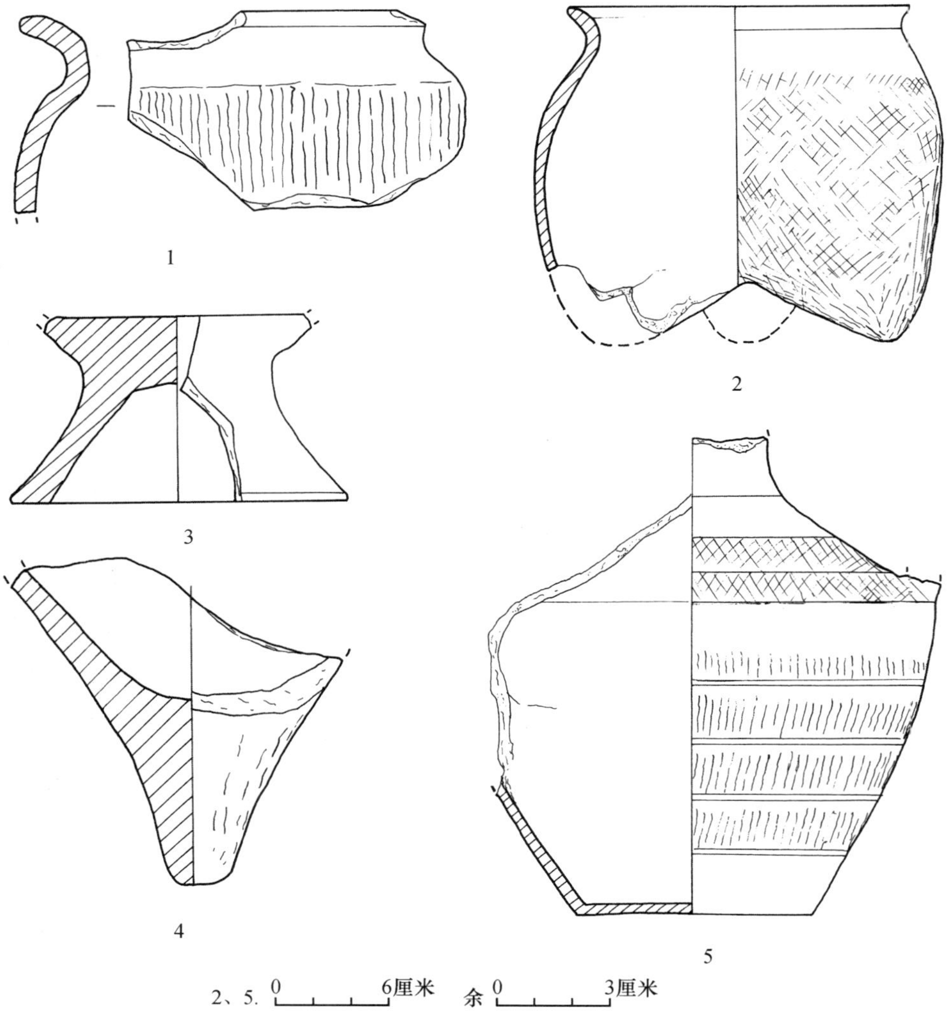

图一九六　H10陶器标本

1、2、4. 鬲（H10：6、H10：1、H10：7）　3. 豆（H10：8）　5. 罐（H10：4）

四、H11

位于JT0202东北部，开口于第1层下，距现地表0.24米，被G7打破。

（一）形制、堆积

开口平面近椭圆形，略不规则，南部稍内凹，弧壁，底部稍圜。口残长径1.58、短径1.5、深0.44米。坑内堆积为青灰色细砂土，夹杂少量炭屑，较疏松，水平状堆积。

判断为处理废弃物的垃圾坑（图一九七）。

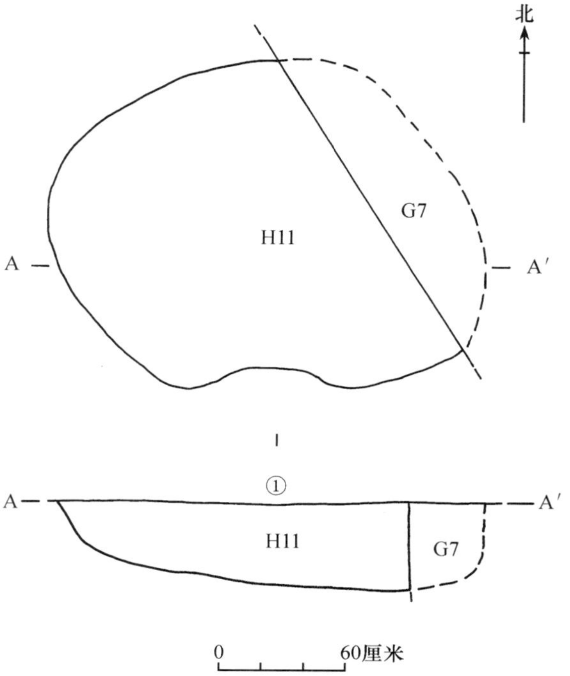

图一九七　H11平、剖面图

（二）遗物

1. 陶器面貌

包含陶片数量较少，陶质陶色方面，泥质陶占总数的41.67%/22.58%，夹砂陶占58.33%/77.42%。其中夹砂灰陶占41.67%/65.75%，泥质灰陶占25.00%/12.06%，夹砂灰皮褐胎陶占16.67%/11.67%，泥质褐皮灰胎占8.33%/5.86%，泥质黑皮灰胎陶占8.33%/4.67%。纹饰方面，素面陶占总数的8.33%/5.86%，绳纹占91.67%/94.14%。可辨器形有鬲、罐、盆（表九四、表九五）。

表九四　H11陶系统计表

<table>
<tr><th rowspan="2">陶质 / 陶色 / 纹饰</th><th colspan="2">夹砂</th><th colspan="3">泥质</th><th rowspan="2">合计</th><th rowspan="2">百分比/%</th></tr>
<tr><th>灰</th><th>灰皮褐胎</th><th>灰</th><th>褐皮灰胎</th><th>黑皮灰胎</th></tr>
<tr><td>素面</td><td></td><td></td><td></td><td>1/15.3</td><td></td><td>1/15.3</td><td>8.33/5.86</td></tr>
<tr><td>绳纹</td><td>5/171.8</td><td>2/30.5</td><td>3/31.5</td><td></td><td>1/12.2</td><td>11/246</td><td>91.67/94.14</td></tr>
<tr><td rowspan="2">合计</td><td>5/171.8</td><td>2/30.5</td><td>3/31.5</td><td>1/15.3</td><td>1/12.2</td><td rowspan="2">12/261.3</td><td rowspan="2"></td></tr>
<tr><td colspan="2">7/202.3</td><td colspan="3">5/59</td></tr>
<tr><td rowspan="2">百分比/%</td><td>41.67/65.75</td><td>16.67/11.67</td><td>25.00/12.06</td><td>8.33/5.86</td><td>8.33/4.67</td><td rowspan="2"></td><td rowspan="2">100.00/
100.00</td></tr>
<tr><td colspan="2">58.33/77.42</td><td colspan="3">41.67/22.58</td></tr>
</table>

表九五　H11可辨陶器器形统计表

器形 \ 陶色 \ 陶质	夹砂	泥质	合计	百分比/%
	灰	黑皮灰胎		
鬲	2		2	50.00
罐	1		1	25.00
盆		1	1	25.00
合计	3	1	4	
百分比/%	75.00	25.00		100.00

2. 器物举例

挑选陶鬲残片3件。

鬲　H11：3，口及肩部。夹砂灰陶。侈口，方唇，束颈，弧肩。器表饰竖向绳纹，唇面亦饰绳纹。手制轮修，口沿内侧可见不甚清晰的轮修痕。残高7.7、壁厚0.5～0.8厘米（图一九八，2）。H11：2，足。夹砂灰陶。空心锥足，足跟较圆钝。器表饰绳纹。手制。残高4、壁厚0.6厘米（图一九八，3）。H11：1，口及颈。夹砂灰陶。侈口，沿略卷，方唇，束颈。器表饰竖向绳纹。手制轮修，内壁可见轮修及刮抹的痕迹。残高4、壁厚0.6～1厘米（图一九八，1）。

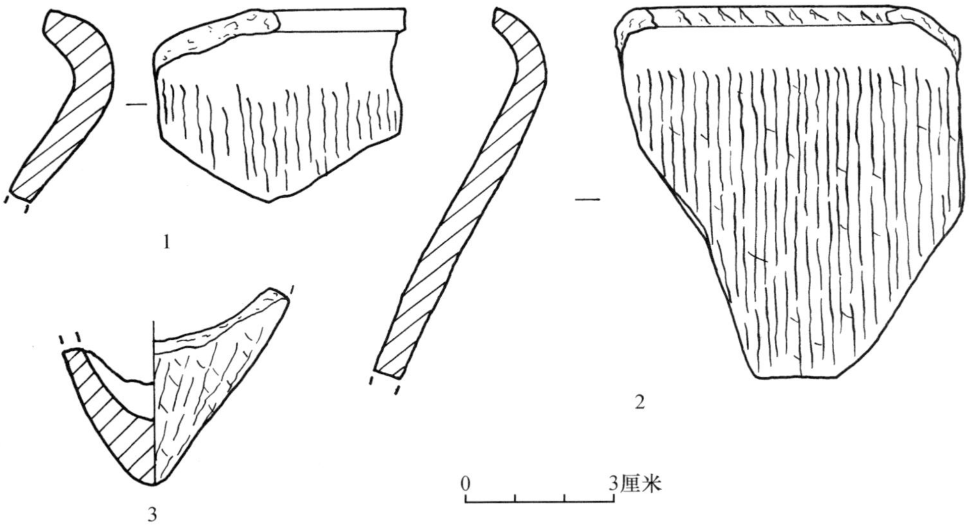

图一九八　H11陶鬲

1. H11：1　2. H11：3　3. H11：2

五、H15

位于JT0101东壁下，部分延伸至东隔梁下，开口于第2层下，距现地表0.6米，打破F3。

（一）形制、堆积

开口平面形状近椭圆形，内壁稍弧，近圜底。口长3.1、可见宽0.96～1.64、深0.3～0.5米。坑内堆积为青灰色砂质黏土，较疏松，水平状堆积。

判断为处理废弃物的垃圾坑（图一九九）。

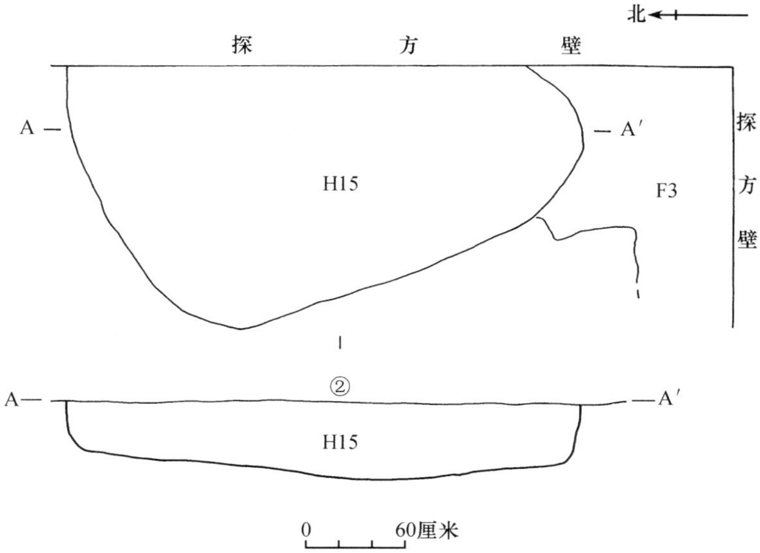

图一九九　H15平、剖面图

（二）遗物

1. 陶器面貌

包含大量陶片，陶质陶色方面，泥质陶占总数的66.67%/58.67%，夹砂陶占33.33%/41.33%。其中泥质灰陶占44.13%/40.00%，夹砂灰陶占21.13%/30.20%，泥质褐陶占3.76%/5.04%，泥质黑皮陶占5.63%/3.28%，夹砂褐陶占1.88%/1.71%。此外，见有较多仰韶时期红陶片，其中泥质红陶占13.15%/10.35%，夹砂红陶占10.33%/9.42%。纹饰方面，素面陶占总数的11.27%/10.15%，绳纹占47.89%/50.15%，素面磨光占22.07%/13.43%，篮纹占12.21%/9.64%，戳压纹+绳纹占1.88%/11.35%，弦纹占2.35%/2.16%，附加堆纹占0.47%/0.92%，划纹占0.47%/0.47%，仰韶时期泥质红陶中见有饰磨光+黑彩者，占1.41%/1.73%。可辨器形有瓮、罐、簋（表九六、表九七）。

表九六　H15陶系统计表

纹饰 \ 陶质 陶色	泥质				夹砂			合计	百分比/%
	红	褐	黑	灰	红	褐	灰		
素面	7/108.8				11/182.5		6/143.7	24/435	11.27/10.15
素面磨光	6/103.2	1/11	12/140.7	28/320.5				47/575.4	22.07/13.43

续表

纹饰＼陶色＼陶质	泥质				夹砂			合计	百分比/%
	红	褐	黑	灰	红	褐	灰		
篮纹	12/157.3	2/39.3		7/162.4	4/38.3	1/15.8		26/413.1	12.21/9.64
绳纹		4/54.7		52/1079.1	7/182.9	3/57.6	36/774.8	102/2149.1	47.89/50.15
弦纹				5/92.5				5/92.5	2.35/2.16
划纹				1/20.1				1/20.1	0.47/0.47
附加堆纹				1/39.4				1/39.4	0.47/0.92
戳压纹+绳纹		1/111.1					3/375.5	4/486.6	1.88/11.35
磨光+黑彩	3/74.3							3/74.3	1.41/1.73
合计	28/443.6	8/216.1	12/140.7	94/1714	22/403.7	4/73.4	45/1294	213/4285.5	
	142/2514.4				71/1771.1				
百分比/%	13.15/10.35	3.76/5.04	5.63/3.28	44.13/40.00	10.33/9.42	1.88/1.71	21.13/30.20		100.00/100.00
	66.67/58.67				33.33/41.33				

表九七　H15可辨陶器器形统计表

器形＼陶色＼陶质	夹砂				泥质		合计	百分比/%
	灰	褐	灰皮褐胎	褐皮灰胎	灰	灰皮褐胎		
瓮		1	1	1			3	25.00
罐	5		1		1	1	8	66.67
簋					1		1	8.33
合计	5	1	2	1	2	1	12	
	9				3			
百分比/%	41.67	8.33	16.67	8.33	16.67	8.33		100.00
	75.00				25.00			

2. 器物举例

挑选器物标本4件，包括1件石器，其余为瓮、簋、罐等陶器残片。

石铲　H15：1，残。凝灰岩质，青黑色。磨制。器身扁平，平面近长方形，侧边平直，下端磨制出刃，器表打磨光滑。残长13.5、宽9.3、厚0.3～0.8厘米，重199.3克（图二〇〇，2）。

瓮　H15：2，口及上腹。夹砂灰皮褐胎陶。敛口，平沿，方唇，上腹向下斜外扩。唇面下部饰一周手指戳压纹的花边，上腹部饰竖向细绳纹。手制，从口沿处断面及器表可见唇部与器身接合并稍经修整的痕迹。残高6.2、壁厚0.9～1.5厘米（图二〇〇，3）。

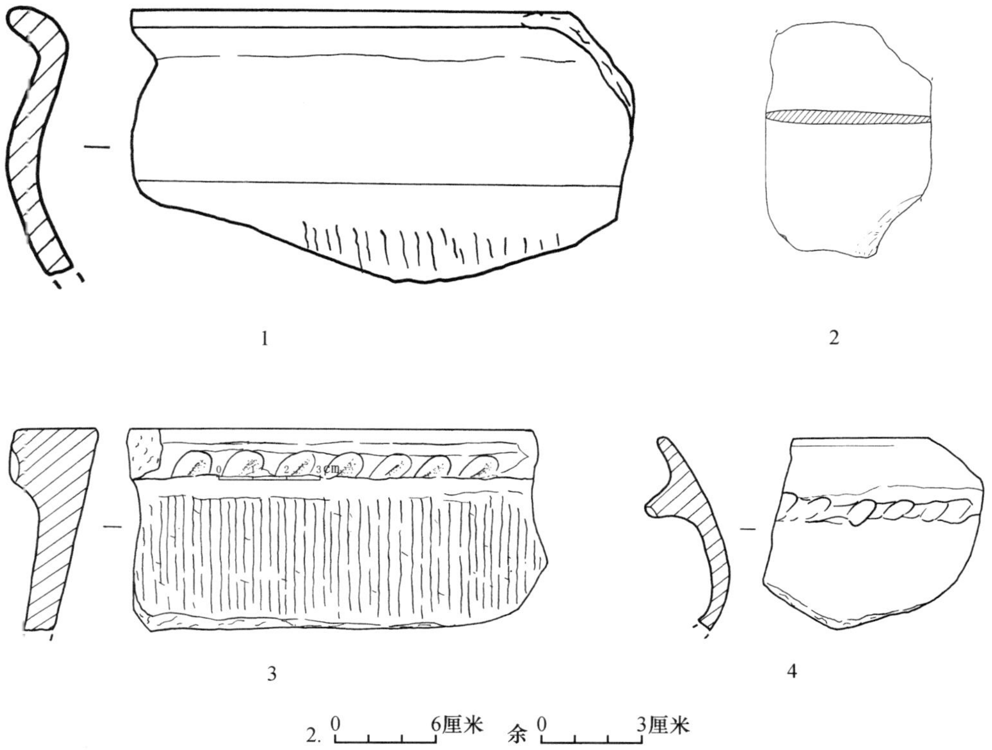

图二〇〇　H15器物标本

1. 陶簋（H15：3）　2. 石铲（H15：1）　3. 陶瓮（H15：2）　4. 陶罐（H15：4）

簋　H15：3，口及上腹。泥质灰陶。侈口，沿略卷，圆唇，束颈，折腹。口沿外侧饰绳纹后经抹平，下腹部饰竖向细绳纹，口沿内外及肩部器表磨光。手制轮修，口沿外侧轮修痕迹明显。残高8.6、壁厚0.4～0.9厘米（图二〇〇，1）。

罐　H15：4，口及颈。夹砂灰陶。侈口，圆唇，高领，口沿外侧贴附有鋬，鋬部经戳压略呈鸡冠状。手制轮修，口沿外侧可见轮修痕迹。残高5.4、壁厚0.4～0.6厘米（图二〇〇，4）。

六、H30

位于JT0202东南部，部分延伸至探方东隔梁下，开口于第1层下，距现地表0.3米，打破H13。

（一）形制、堆积

可见开口平面呈半圆形，壁稍弧，平底。长径1.4、短径0.7、深0.58米。坑内堆积为二层。

第1层：红褐色夹杂黄褐色土点的砂质黏土，夹杂少量红烧土粒，较疏松。分布于坑内南部，近坡状堆积。包含陶片。厚0.1～0.38米。

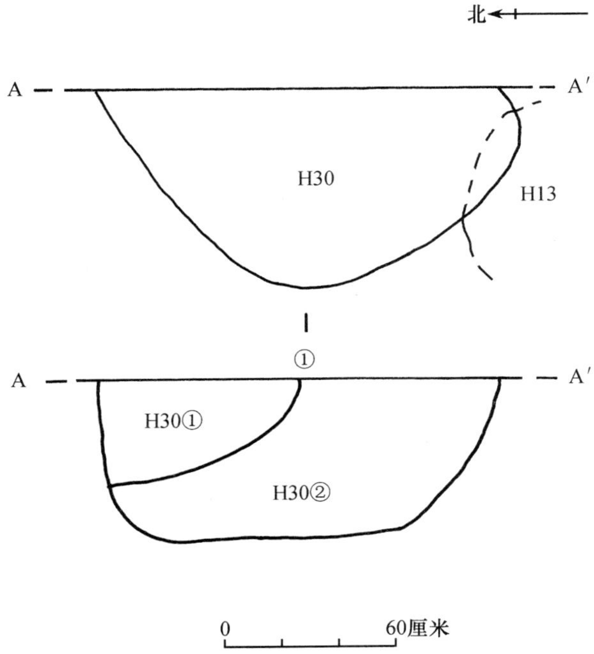

图二〇一　H30平、剖面图

第2层：灰黑色砂质黏土，疏松。分布于全坑中，水平状堆积。包含陶片、动物骨骼等。厚0.22～0.58米。

判断为处理废弃物的垃圾坑（图二〇一）。

（二）遗物

1. 陶器面貌

出土少量陶片，陶质陶色方面，泥质陶占总数的42.11%/45.48%，夹砂陶占57.89%/54.52%。其中夹砂灰陶占57.89%/54.52%，泥质灰陶占36.84%/30.30%，泥质黑皮陶占5.26%/15.18%。纹饰方面，绳纹占78.95%/71.62%，指甲戳压纹+绳纹占15.79%/23.63%，戳压纹占5.26%/4.76%。可辨器形有鬲、瓮、盆（表九八、表九九）。

表九八　H30陶系统计表

纹饰＼陶质/陶色	泥质		夹砂	合计	百分比/%
	黑	灰	灰		
绳纹	1/189.6	6/319	8/385.8	15/894.4	78.95/71.62
戳压纹		1/59.4		1/59.4	5.26/4.76
指甲戳压纹+绳纹			3/295.1	3/295.1	15.79/23.63
合计	1/189.6	7/378.4	11/680.9	19/1248.9	
	8/568		11/680.9		
百分比/%	5.26/15.18	36.84/30.30	57.89/54.52	100.00/100.00	
	42.11/45.48		57.89/54.52		

表九九　H30可辨陶器器形统计表

器形＼陶质/陶色	夹砂		泥质	合计	百分比/%
	灰	灰皮褐胎	灰		
瓮	1		2	3	42.86
鬲		3		3	42.86
盆/簋			1	1	14.29
合计	1	3	3	7	
	4		3		
百分比/%	14.29	42.86	42.86	100.00	
	57.14		42.86		

2. 器物举例

挑选器物标本4件。主要为陶瓮、鬲的残片。

瓮　H30：1，口、腹。夹砂灰陶。敛口，平折沿，唇部经戳印呈花边状，上腹向下斜外扩。唇部饰一周手指戳压纹的花边，上腹部饰竖向绳纹。手制。残高10、壁厚0.9～2.2厘米（图二〇二，2）。

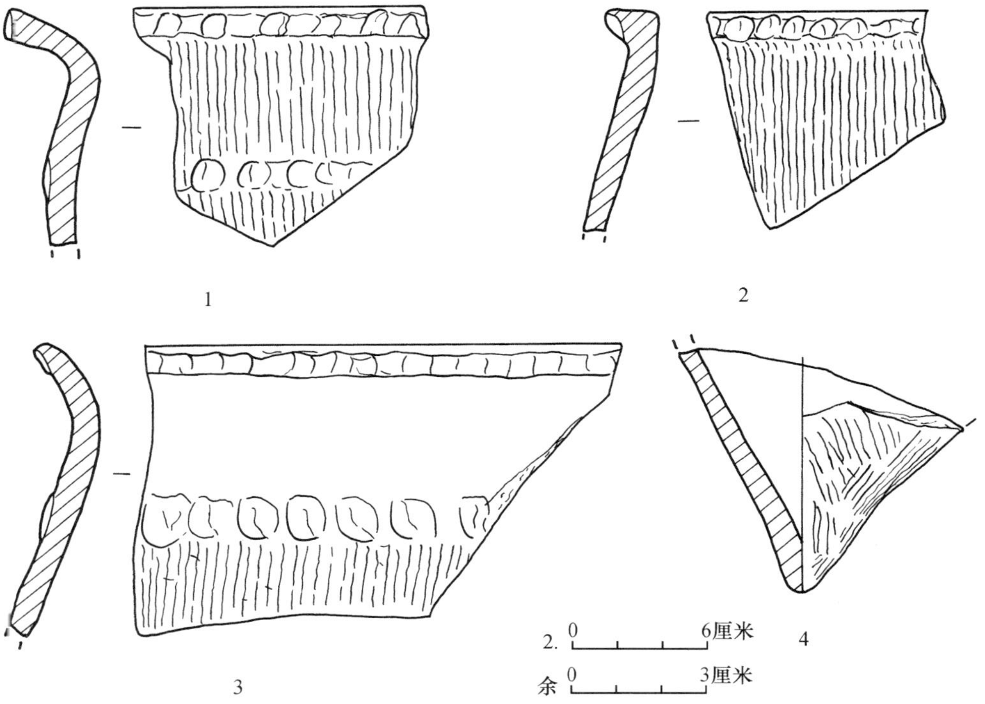

图二〇二　H30陶器标本

1、3、4. 鬲（H30：4、H30：2、H30：3）　2. 瓮（H30：1）

鬲　H30：2，口、腹。夹砂陶，器表及内壁陶色浅灰，陶胎呈褐色。侈口，沿略卷，唇部饰一周手指戳压纹的花边，束颈，鼓腹。上腹饰一周手指戳压纹，腹部饰竖向绳纹。手制。残高6.7、壁厚0.3～0.7厘米（图二〇二，3）。H30：3，足。夹砂陶，器表及内壁陶色浅灰，陶胎呈褐色。空心锥足，足跟较圆钝。壁较薄。手制，器表有烟炱痕。残高5.5、壁厚0.4～0.6厘米（图二〇二，4）。H30：4，口、腹。夹砂陶，器表及内壁陶色浅灰，陶胎呈褐色。侈口，斜沿，唇部饰手指戳压纹的花边，束颈，腹部略鼓。通体饰竖向细绳纹，上腹部饰一周手指戳压纹。手制。残高5.4、壁厚0.6厘米（图二〇二，1）。

七、H35

位于JT0102北部，开口于第1层下，距现地表深0.25～0.3米，被H45打破。

（一）形制、堆积

方向97°。开口平面呈椭圆形，弧壁，坡底，东高西低。口长径4.8、短径3.6、深1.6～1.8米（图二〇三；图版一一，2）。

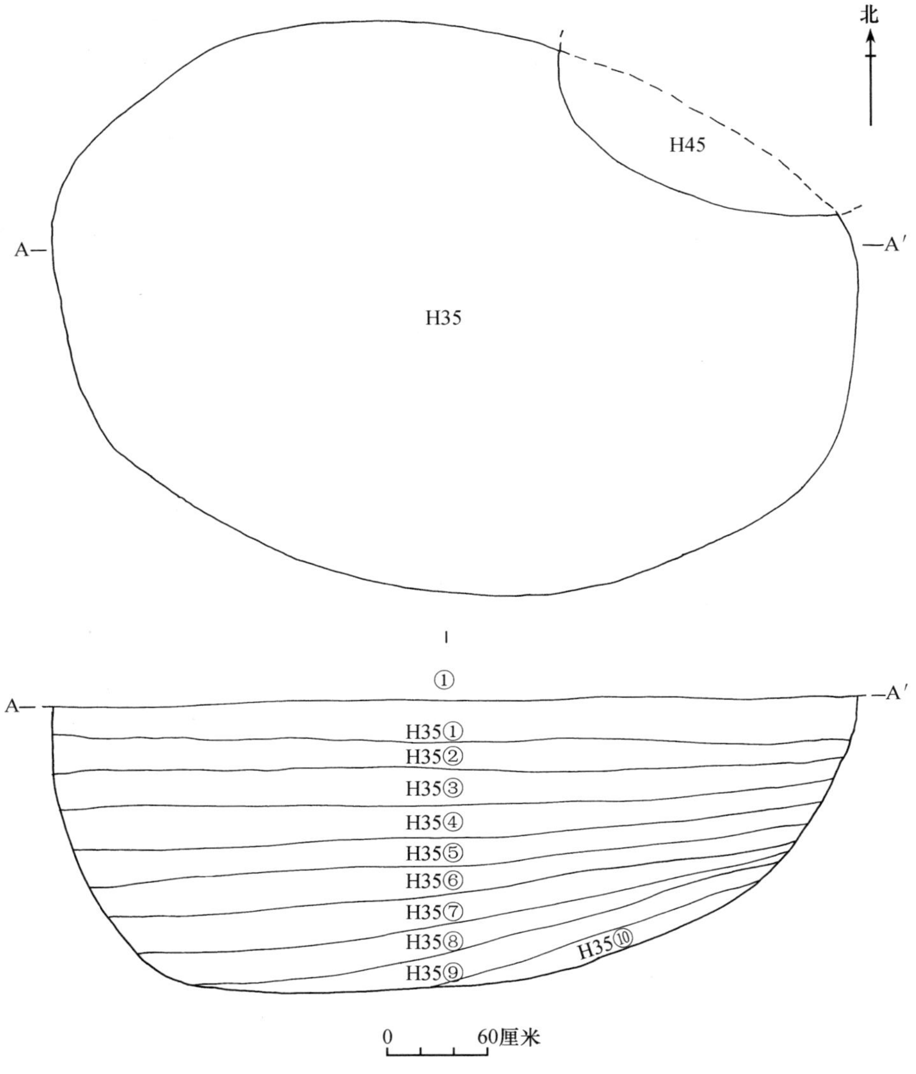

图二〇三　H35平、剖面图

坑内堆积共十层。

第1层：浅黄褐色粉砂土，较疏松。水平状堆积。仅包含极少量陶片。厚0.18～0.28米。

第2层：浅黄褐色粉砂土，较疏松。水平状堆积。仅包含极少量陶片。厚0.12～0.23米。

第3层：青灰色粉砂土，疏松。夹杂炭屑。基本呈水平状堆积。包含较多陶片、动物骨骼等。厚0.13～0.24米。

第4层：灰褐色粉砂土，疏松。夹杂较多炭屑、草木灰。近水平状堆积，东部略高。包含较多陶片。厚0.12～0.27米。

第5层：青灰色粉砂土，疏松。夹杂炭屑。呈东高西低的坡状堆积。包含较多陶片、动物骨骼等。厚0.12～0.23米。

第6层：黄褐色粉砂土，稍致密。呈东高西低的坡状堆积。较为纯净，包含少量陶片及骨质遗物。厚0.09～0.23米。

第7层：青灰色粉砂土，疏松。夹杂炭屑、红烧土粒。呈东高西低的坡状堆积。包含较多陶片。厚0.05～0.24米。

第8层：黑灰色粉砂土，疏松。夹杂大量炭屑、红烧土粒等。呈东高西低的坡状堆积。包含大量陶片、动物骨骼等。厚0.03～0.2米。

第9层：灰褐色粉砂土，疏松。夹杂炭屑、草木灰。呈东高西低的坡状堆积。包含较多陶片、动物骨骼等。厚0～0.18米。

第10层：仅分布于灰坑东部。黄褐色粉砂土，较致密。呈东高西低的坡状堆积。纯净无包含物。厚0～0.13米。

判断该单位为处理废弃物的垃圾坑，使用时间较长。

（二）遗物

1. 陶器面貌

第1层出土零星陶片，陶质陶色方面，泥质陶占总数的40.00%/23.85%，夹砂陶占60.00%/76.15%。其中泥质灰陶占40.00%/23.85%，夹砂灰陶占20.00%/12.78%，仰韶时期夹砂红陶片占40.00%/63.37%。纹饰方面，素面陶占总数的20.00%/12.78%，绳纹占60.00%/77.00%，素面磨光占20.00%/10.22%。无可辨器形者（表一〇〇）。

表一〇〇　H35①层陶系统计表

陶质	泥质	夹砂		合计	百分比/%
纹饰＼陶色	灰	红	灰		
素面			1/7.5	1/7.5	20.00/12.78
素面磨光	1/6			1/6	20.00/10.22
绳纹	1/8	2/37.2		3/45.2	60.00/77
合计	2/14	2/37.2	1/7.5	5/58.7	
	2/14	3/44.7			
百分比/%	40.00/23.85	40.00/63.37	20.00/12.78	100.00/100.00	
	40.00/23.85	60.00/76.15			

第2层出土极少量陶片，陶质陶色方面，泥质陶占总数的50.00%/51.91%，夹砂陶占50.00%/48.09%。其中夹砂褐陶占21.43%/13.46%，泥质灰陶占14.29%/25.35%，夹砂灰陶占14.29%/24.30%，泥质褐陶占14.29%/9.73%，泥质黑皮陶占14.29%/6.55%，夹砂黑皮陶占7.14%/5.18%，此外还见有仰韶时期红陶片，其中泥质红陶占7.13%/10.28%，夹砂红陶占7.14%/5.15%。纹饰方面，素面陶占总数的28.57%/23.86%，绳纹占57.14%/60.70%，线纹占14.29%/15.44%。可辨器形有瓮（表一〇一）。

表一〇一　H35②层陶系统计表

纹饰＼陶色＼陶质	泥质				夹砂				合计	百分比/%
	红	褐	黑	灰	红	褐	黑	灰		
素面		2/32.1				1/14		1/32.6	4/78.7	28.57/23.86
绳纹			2/21.6	2/83.6		2/30.4	1/17.1	1/47.5	8/200.2	57.14/60.70
线纹	1/33.9				1/17				2/50.9	14.29/15.44
合计	1/33.9	2/32.1	2/21.6	2/83.6	1/17	3/44.4	1/17.1	2/80.1	14/329.8	
	7/171.2				7/158.6					
百分比/%	7.13/10.28	14.29/9.73	14.29/6.55	14.29/25.35	7.14/5.15	21.43/13.46	7.14/5.18	14.29/24.30		100.00/100.00
	50.00/51.91				50.00/48.09					

第3层出土较多陶片，陶质陶色方面，泥质陶占总数的37.18%/33.09%，夹砂陶占62.82%/66.91%。其中夹砂灰陶占37.17%/40.64%，泥质灰陶占30.77%/24.59%，夹砂黑皮陶占10.26%/10.21%，夹砂褐陶占5.13%/6.95%，泥质黑皮陶占2.56%/1.21%，此外还见有少量仰韶时期的红陶片，其中夹砂红陶占10.26%/9.11%，泥质红陶占3.85%/7.29%。纹饰方面，素面陶占总数的21.8%/12.19%，绳纹占66.67%/68.33%，戳压纹+绳纹占5.13%/10.67%，素面磨光+绳纹占1.28%/5.12%，附加堆纹占1.28%/1.52%，篮纹占1.28%/0.96%，几何纹占1.28%/0.71%，弦纹+绳纹占1.28%/0.50%。可辨器形有鬲、甗、罐、盆、瓮、簋等（表一〇二、表一〇三）。

表一〇二　H35③层陶系统计表

纹饰＼陶色＼陶质	泥质			夹砂				合计	百分比/%
	红	黑	灰	红	褐	黑	灰		
素面	1/30.4		9/135.3	5/97	1/23.5		1/19.4	17/305.6	21.8/12.19
篮纹	1/24							1/24	1.28/0.96
绳纹			15/481.2	3/131.6	2/53.2	7/217.8	25/829.5	52/1713.3	66.67/68.33
附加堆纹						1/38.2		1/38.2	1.28/1.52
几何纹		1/17.9						1/17.9	1.28/0.71
戳压纹+绳纹					1/97.5		3/170.1	4/267.6	5.13/10.67
弦纹+绳纹		1/12.4						1/12.4	1.28/0.50
磨光+绳纹	1/128.4							1/128.4	1.28/5.12
合计	3/182.8	2/30.3	24/616.5	8/228.6	4/174.2	8/256	29/1019	78/2507.4	
	29/829.6			49/1677.8					
百分比/%	3.85/7.29	2.56/1.21	30.77/24.59	10.26/9.11	5.13/6.95	10.26/10.21	37.17/40.64		100.00/100.00
	37.18/33.09			62.82/66.91					

表一〇三　H35③层可辨陶器器形统计表

器形＼陶质/陶色	夹砂			泥质		合计	百分比/%
	灰	褐	灰皮褐胎	灰	灰皮褐胎		
鬲	3		3			6	37.50
甗	1		1			2	12.50
罐	1		1		2	4	25.00
盆				2		2	12.50
瓮		1				1	6.25
簋					1	1	6.25
合计	5	1	5	2	3	16	
	11			5			
百分比/%	31.25	6.25	31.25	12.50	18.75		100.00
	68.75			31.25			

第4层出土较多陶片，陶质陶色方面，泥质陶占总数的60.23%/47.88%，夹砂陶占39.77%/52.12%。其中夹砂灰陶占28.41%/40.15%，泥质灰陶占44.32%/34.73%，泥质黑皮陶占7.95%/5.54%，夹砂褐陶占4.55%/4.34%，泥质褐陶占1.14%/4.35%。此外还有少量仰韶时期红陶片，夹砂红陶占6.82%/7.63%，泥质红陶占6.82%/3.26%。纹饰方面，素面陶占总数的3.41%/1.22%，绳纹占61.36%/55.17%，素面磨光占15.91%/7.55%，指甲戳压纹+绳纹占5.68%/22.75%，篮纹占6.82%/5.10%，弦纹占2.27%/1.22%，云雷纹占2.27%/2.31%，戳压纹占1.14%/3.12%，附加堆纹占1.14%/1.56%。可辨器形有鬲、甗、罐、瓮、簋等（表一〇四、表一〇五）。

表一〇四　H35④层陶系统计表

纹饰＼陶质/陶色	泥质				夹砂			合计	百分比/%
	红	褐	黑	灰	红	褐	灰		
素面	1/7.9			1/9.7		1/19.8		3/37.4	3.41/1.22
素面磨光			4/44.7	10/185.5				14/230.2	15.91/7.55
篮纹	4/73.4			1/66		1/16.2		6/155.6	6.82/5.10
绳纹			1/53.9	26/779	5/159.7	2/96.5	20/593.6	54/1682.7	61.36/55.17
弦纹	1/18			1/19.1				2/37.1	2.27/1.22
附加堆纹							1/47.5	1/47.5	1.14/1.56
云雷纹			2/70.3					2/70.3	2.27/2.31
戳压纹							1/95.1	1/95.1	1.14/3.12
指甲戳压纹+绳纹		1/132.6			1/73		3/488.2	5/693.8	5.68/22.75
合计	6/99.3	1/132.6	7/168.9	39/1059.3	6/232.7	4/132.5	25/1224.4	88/3049.7	
	53/1460.1				35/1589.6				
百分比/%	6.82/3.26	1.14/4.35	7.95/5.54	44.32/34.73	6.82/7.63	4.55/4.34	28.41/40.15		100.00/100.00
	60.23/47.88				39.77/52.12				

表一〇五　H35④层可辨陶器器形统计表

器形 \ 陶色 \ 陶质	夹砂			泥质					合计	百分比/%
	灰	褐	灰皮褐胎	灰	褐	灰皮褐胎	黑皮褐胎	黑皮灰胎		
鬲	7								7	25.00
甗			1		1				2	7.14
罐	1	2		3	1	1	1		9	32.14
瓮	1	1	3			1			6	21.43
盆				1			1		2	7.14
簋					1			1	2	7.14
合计	9	3	4	4	3	2	2	1	28	
	16			12						
百分比/%	32.14	10.71	14.29	14.29	10.71	7.14	7.14	3.57		100.00
	57.14			42.86						

第5层出土较多陶片，陶质陶色方面，泥质陶占总数的35.87%/29.21%，夹砂陶占64.13%/70.79%。其中夹砂灰陶占52.17%/58.66%，泥质灰陶占30.44%/26.10%，夹砂褐陶片占3.26%/2.98%。此外还见有少量仰韶时期红陶片，其中夹砂红陶占8.70%/9.15%，泥质红陶占5.43%/3.11%。纹饰方面，素面陶占总数的6.52%/4.25%，绳纹占75.00%/69.13%，指甲戳压纹+绳纹占5.43%/18.78%，素面磨光占5.43%/4.05%，篮纹占3.26%/1.84%，弦纹占3.26%/1.75%，几何纹占1.10%/0.20%。可辨器形有鬲、瓮、甗、罐、盆等（表一〇六、表一〇七）。

表一〇六　H35⑤层陶系统计表

纹饰 \ 陶色 \ 陶质	泥质		夹砂			合计	百分比/%
	红	灰	红	褐	灰		
素面	3/79.8	3/48.4				6/128.2	6.52/4.25
素面磨光		5/122				5/122	5.43/4.05
篮纹		3/55.4				3/55.4	3.26/1.84
绳纹	2/13.9	14/516	6/245.9	3/89.7	44/1217.1	69/2082.6	75.00/69.13
弦纹		1/22.7	2/29.9			3/52.6	3.26/1.75
几何纹		1/6.1				1/6.1	1.10/0.20
指甲戳压纹+绳纹		1/15.7			4/550	5/565.7	5.43/18.78
合计	5/93.7	28/786.3	8/275.8	3/89.7	48/1767.1	92/3012.6	
	33/880		59/2132.6				
百分比/%	5.43/3.11	30.44/26.10	8.70/9.15	3.26/2.98	52.17/58.66		100.00/100.00
	35.87/29.21		64.13/70.79				

表一〇七　H35⑤层可辨陶器器形统计表

器形＼陶质／陶色	夹砂			泥质	合计	百分比/%
	灰	褐	灰皮褐胎	灰		
鬲	4	1	4		9	52.94
瓮	1		2		3	17.65
甗			1		1	5.88
罐	1			2	3	17.65
盆				1	1	5.88
合计	6	1	7	3	17	
	14			3		
百分比/%	35.29	5.88	41.18	17.65		100.00
	82.35			17.65		

第6层出土少量陶片，陶质陶色方面，泥质陶占总数的63.63%/58.92%，夹砂陶占36.37%/41.08%。其中泥质灰陶占50.00%/45.04%，夹砂灰陶占22.74%/28.17%，夹砂褐陶占4.54%/4.25%，泥质褐陶占4.54%/3.95%。此外还见有零星仰韶时期红陶片，其中泥质红陶占9.09%/9.93%，夹砂红陶占9.09%/8.66%。纹饰方面，素面陶占总数的9.09%/6.48%，绳纹占72.73%/78.26%，素面磨光占13.64%/7.75%，篮纹占4.54%/7.51%。可辨器形有鬲、甗、罐等（表一〇八、表一〇九）。

表一〇八　H35⑥层陶系统计表

纹饰＼陶质／陶色	泥质			夹砂			合计	百分比/%
	红	褐	灰	红	褐	灰		
素面		1/29.2		1/18.7			2/47.9	9.09/6.48
素面磨光			3/57.3				3/57.3	13.64/7.75
篮纹	1/55.5						1/55.5	4.54/7.51
绳纹	1/17.9		8/275.7	1/45.3	1/31.4	5/208.3	16/578.6	72.73/78.26
合计	2/73.4	1/29.2	11/333	2/64	1/31.4	5/208.3	22/739.3	
	14/435.6			8/303.7				
百分比/%	9.09/9.93	4.54/3.95	50.00/45.04	9.09/8.66	4.54/4.25	22.74/28.17		100.00/
	63.63/58.92			36.37/41.08				100.00

表一〇九　H35⑥层可辨陶器器形统计表

器形＼陶质／陶色	夹砂		泥质		合计	百分比/%
	灰	灰皮褐胎	褐	灰皮褐胎		
鬲	1				1	25.00
甗		1			1	25.00
罐			1	1	2	50.00
合计	1	1	1	1	4	
	2		2			
百分比/%	25.00	25.00	25.00	25.00		100.00
	50.00		50.00			

第7层出土较多陶片，陶质陶色方面，泥质陶占总数的47.83%/38.89%，夹砂陶占52.17%/61.11%。其中泥质灰陶占27.54%/29.20%，夹砂灰陶21.74%/21.55%，夹砂褐陶占15.94%/30.00%，夹砂黑皮陶占13.04%/8.17%，泥质黑皮陶占10.14%/4.75%，泥质褐陶占2.90%/2.51%。此外还见有较少量的仰韶时期红陶片，其中泥质红陶占7.25%/2.43%，夹砂红陶占1.45%/1.39%。纹饰方面，素面陶占总数的11.59%/6.89%。绳纹占63.76%/71.28%，指甲戳压纹+绳纹占7.25%/9.94%，素面磨光占8.70%/6.06%，戳压纹占1.45%/2.38%，篮纹占1.45%/1.37%，方格纹占1.45%/0.67%，线纹占1.45%/0.63%，弦纹+绳纹占1.45%/0.49%，划纹占1.45%/0.29%。可辨器形有罐、鬲、瓮、甗等（表一一〇、表一一一）。

表一一〇　H35⑦层陶系统计表

陶质 / 陶色 / 纹饰	泥质				夹砂				合计	百分比/%
	红	褐	黑	灰	红	褐	黑	灰		
素面	4/55	1/48.8		1/49	1/42.5	1/15.3			8/210.6	11.59/6.89
素面磨光			1/9.8	5/175.5					6/185.3	8.70/6.06
篮纹				1/42					1/42	1.45/1.37
绳纹		1/27.9	5/126.7	9/570.1		7/598.5	8/204.1	14/651.7	44/2179	63.76/71.28
划纹			1/8.8						1/8.8	1.45/0.29
弦纹+绳纹				1/14.9					1/14.9	1.45/0.49
方格纹				1/20.6					1/20.6	1.45/0.67
戳压纹						1/72.7			1/72.7	1.45/2.38
指甲戳压纹+绳纹				1/20.4		2/230.6	1/45.7	1/7	5/303.7	7.25/9.94
线纹	1/19.2								1/19.2	1.45/0.63
合计	5/74.2	2/76.7	7/145.3	19/892.5	1/42.5	11/917.1	9/249.8	15/658.7	69/3056.8	
	33/1188.7				36/1868.1					
百分比/%	7.25/2.43	2.90/2.51	10.14/4.75	27.54/29.20	1.45/1.39	15.94/30.00	13.04/8.17	21.74/21.55		100.00/100.00
	47.83/38.89				52.17/61.11					

表一一一　H35⑦层可辨陶器器形统计表

陶质 / 陶色 / 器形	夹砂				泥质	合计	百分比/%
	灰	灰皮褐胎	黑皮褐胎	褐皮灰胎	灰		
罐					2	2	18.18
鬲	2		1			3	27.27
瓮		2		1		3	27.27
甗	1	2				3	27.27
合计	3	4	1	1	2	11	
	9				2		
百分比/%	27.27	36.36	9.09	9.09	18.18		100.00
	81.81				18.18		

第8层出土大量陶片，陶质陶色方面，泥质陶占总数的39.37%/30.10%，夹砂陶占60.63%/69.90%。其中夹砂灰陶占46.15%/53.08%，泥质灰陶占27.15%/17.97%，夹砂褐陶占8.14%/10.01%，泥质黑皮陶占6.79%/7.18%。此外还见有较少量的仰韶时期红陶片，其中夹砂红陶占6.34%/6.81%，泥质红陶占5.43%/4.95%。纹饰方面，素面陶占总数的6.33%/2.88%，绳纹占73.30%/70.14%，指甲戳压纹+绳纹占5.88%/14.37%，素面磨光占6.33%/5.74%，素面磨光+绳纹占0.91%/1.44%，线纹占1.36%/1.35%，方格纹占0.91%/1.03%，弦纹+绳纹占1.81%/1.00%，云雷纹+绳纹占0.91%/0.99%，篮纹占1.81%/0.77%，云雷纹占0.45%/0.29%。可辨器形有鬲、瓮、簋、罐、盆等（表一一二、表一一三）。

表一一二 H35⑧层陶系统计表

纹饰＼陶质/陶色	泥质			夹砂			合计	百分比/%
	红	黑	灰	红	褐	灰		
素面	3/22.8		2/29.2	4/56.4	4/100.9	1/14.8	14/224.1	6.33/2.88
素面磨光		6/253.2	8/194.4				14/447.6	6.33/5.74
篮纹	2/22.5		2/38				4/60.5	1.81/0.77
绳纹	3/52.7	4/94.4	43/1003.1	10/475.8	12/417.6	90/3432.4	162/5476	73.30/70.14
弦纹								
云雷纹		1/22.5					1/22.5	0.45/0.29
弦纹+绳纹			3/57.5			1/20.6	4/78.1	1.81/1.00
方格纹			2/80.7				2/80.7	0.91/1.03
云雷纹+绳纹		2/78					2/78	0.91/0.99
素面磨光+绳纹		2/112.5					2/112.5	0.91/1.44
指甲戳压纹+绳纹	1/182.9				2/262.7	10/676.1	13/1121.7	5.88/14.37
线纹	3/105.1						3/105.1	1.36/1.35
合计	12/386	15/560.6	60/1402.9	14/532.2	18/781.2	102/4143.9	221/7806.8	
	87/2349.5			134/5457.3				
百分比/%	5.43/4.95	6.79/7.18	27.15/17.97	6.34/6.81	8.14/10.01	46.15/53.08		100.00/100.00
	39.37/30.10			60.63/69.90				

表一一三 H35⑧层可辨陶器器形统计表

器形＼陶质/陶色	夹砂				泥质					合计	百分比/%
	灰	褐	灰皮褐胎	黑皮褐胎	灰	褐	灰皮褐胎	黑皮褐胎	黑皮灰胎		
鬲	6	1	2	2						11	44.00
瓮			2			2				4	16.00
簋								2	1	3	12.00
罐					1		2	2		5	20.00
盆					2					2	8.00
合计	6	1	4	2	3	2	2	4	1	25	
	13				12						
百分比/%	24.00	4.00	16.00	8.00	12.00	8.00	8.00	16.00	4.00		100.00
	52.00				48.00						

第9层出土较多陶片，陶质陶色方面，泥质陶占总数的52.17%/38.77%，夹砂陶占47.83%/61.23%。其中泥质灰陶占26.09%/13.09%，夹砂灰陶18.85%/27.42%，夹砂褐陶占11.59%/20.06%，泥质褐陶占14.49%/19.04%，夹砂黑皮陶占14.49%/12.19%，泥质黑皮陶占11.59%/6.64%，此外有零星仰韶时期夹砂红陶片，占2.90%/1.56%。纹饰方面，素面陶占总数的7.25%/3.53%，绳纹占73.91%/68.80%，戳压纹+绳纹占4.34%/13.64%，素面磨光占8.70%/4.34%，磨光+绳纹+云雷纹占1.45%/4.10%，磨光+绳纹占1.45%/2.25%，压印纹+绳纹占1.45%/2.06%，弦纹+绳纹1.45%/1.28%。可辨器形有鬲、瓮、罐、盆、簋等（表一一四、表一一五）。

表一一四　H35⑨层陶系统计表

陶质	泥质			夹砂				合计	百分比/%
纹饰＼陶色	褐	黑	灰	红	褐	黑	灰		
素面			3/64	1/27.8			1/22	5/113.8	7.25/3.53
素面磨光	2/45.7	4/94.1						6/139.8	8.70/4.34
篮纹									
绳纹	5/212.6	3/53.4	14/285	1/22.6	8/645.8	10/392.6	10/603.2	51/2215.2	73.91/68.80
磨光+绳纹+云雷纹	1/132.1							1/132.1	1.45/4.10
压印纹+绳纹		1/66.2						1/66.2	1.45/2.06
磨光+绳纹			1/72.5					1/72.5	1.45/2.25
弦纹+绳纹	1/41.2							1/41.2	1.45/1.28
戳压纹+绳纹	1/181.5						2/257.5	3/439	4.34/13.64
合计	10/613.1	8/213.7	18/421.5	2/50.4	8/645.8	10/392.6	13/882.7	69/3219.8	
	36/1248.3			33/1971.5					
百分比/%	14.49/19.04	11.59/6.64	26.09/13.09	2.90/1.56	11.59/20.06	14.49/12.19	18.85/27.42		100.00/100.00
	52.17/38.77			47.83/61.23					

表一一五　H35⑨层可辨陶器器形统计表

陶质	夹砂		泥质				合计	百分比/%
器形＼陶色	灰	灰皮褐胎	灰	褐	灰皮褐胎	黑皮褐胎		
鬲	1						1	12.50
瓮	1	1			1		3	37.50
罐						1	1	12.50
盆			1	1			2	25.00
簋						1	1	12.50
合计	2	1	1	1	1	2	8	
	3		5					
百分比/%	25.00	12.50	12.50	12.50	12.50	25.00		100.00
	37.50		62.50					

2. 器物举例

挑选第2～9层器物标本计39件，包括骨器5件、石器3件、陶器残片31件。

第2层挑选陶瓮标本1件。

瓮　H35②：1，口部。夹砂陶，器表及内壁呈浅灰色，陶胎呈浅褐色。直口，宽平沿，方唇。器表口沿外侧及以下饰竖向绳纹。手制轮修。残高5.3、壁厚1～1.2厘米（图二〇四，1）。

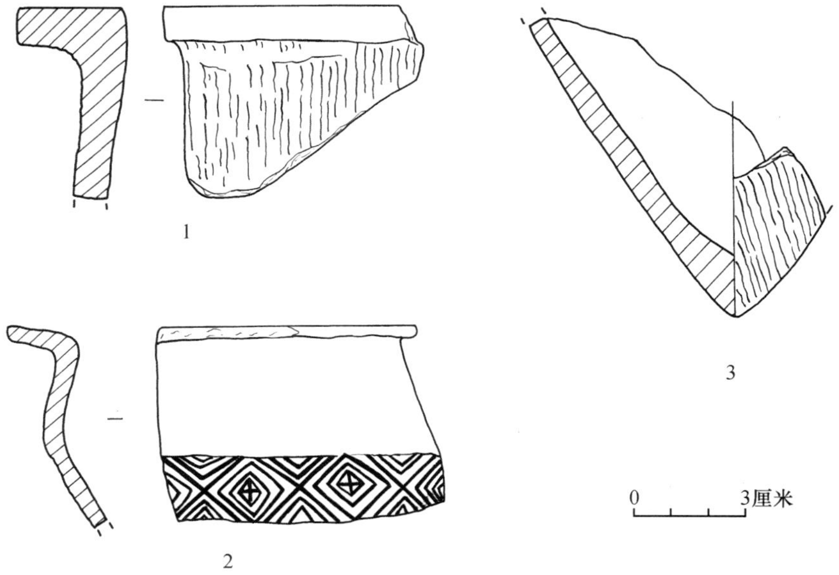

图二〇四　H35②、③层陶器标本

1. 瓮（H35②：1）　2. 簋（H35③：1）　3. 鬲（H35③：2）

第3层挑选器物标本2件，为陶簋、鬲残片。

簋　H35③：1，口及腹。泥质灰陶。侈口，斜沿，方圆唇，束颈，折腹。口沿外侧饰竖向短绳纹，腹部戳印一周由多重菱形及三角形相套组成的纹饰带，菱形纹饰中心有“十”字形戳压纹。手指轮修。残高5.5、壁厚0.5厘米（图二〇四，2）。

鬲　H35③：2，足。夹砂陶，器表及内壁陶色深灰，陶胎呈褐色。空心锥足，体较圆。器表饰交错绳纹直至足尖处。手制。残高8.2、壁厚0.5～0.9厘米（图二〇四，3）。

第4层挑选器物标本12件，1件骨器、11件陶器残片。1件为甗腰、10件为口及腹。

骨笄　H35④：1，尖端残损。由犬科动物的尺骨加工磨制而成，长条状，柄端基本保留原骨关节，前端磨尖。残长13.4、最宽处2.1、厚0.7厘米，重14.2克（图二〇五，7）。

瓮　口及上腹。夹砂灰陶。H35④：2，器表及内壁陶色深灰，陶胎呈褐色夹杂深灰色坯心。敛口，宽平沿，唇部花边状，上腹外鼓。唇部先饰斜向短绳纹，后加饰一周手指戳压纹，上腹部饰竖向绳纹。手制轮修。残高7、壁厚0.7～1.5厘米（图二〇六，1）。H35④：6，敛口，宽平沿，唇部花边状，上腹向下斜外扩。唇部饰一周手指戳压纹，上腹部饰竖向绳纹。手制。残高9.6、壁厚0.8～1.6厘米（图二〇六，4）

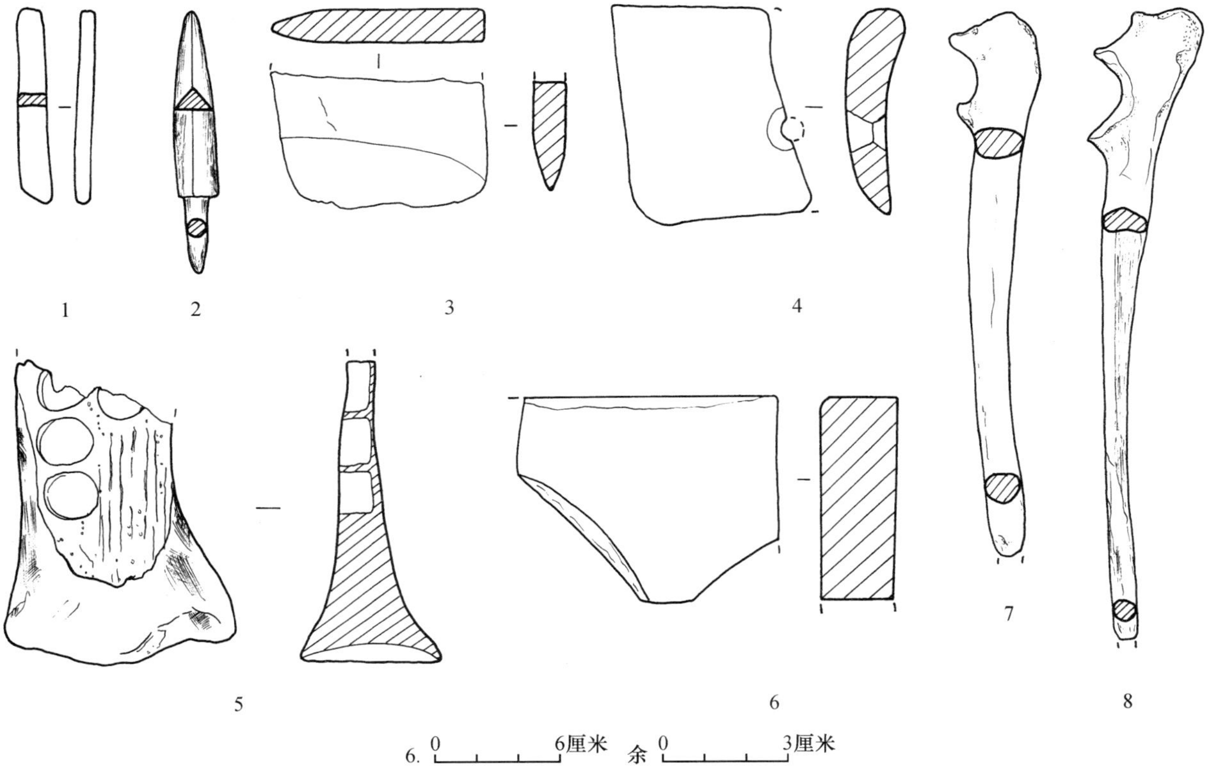

图二〇五　H35器物标本

1、7、8. 骨笄（H35⑦：2、H35④：1、H35⑥：1）　2. 骨镞（H35⑦：3）　3. 石斧（H35⑦：1）　4. 石刀（H35⑧：1）　5. 卜骨（H35⑦：4）　6. 磨石（H35⑨：1）

鬲　口及上腹部。夹砂灰陶。H35④：3，侈口，斜沿略卷，方唇，束颈，鼓腹。器表通体饰竖向绳纹，唇面亦饰斜向短绳纹，唇外侧加饰一周戳压纹略呈花边状。手制轮修。残高6、壁厚0.5～0.7厘米（图二〇六，2）。H35④：4，侈口，圆唇，高领，口沿外侧贴附有鋬，鋬部周边经按压呈鸡冠状。手制轮修。残高4、壁厚0.3～0.6厘米（图二〇六，3）。H35④：7，侈口，卷沿，方唇，束颈，鼓腹。腹部饰竖向绳纹，唇面亦饰绳纹，颈外侧贴附一周手指戳压花边状的泥条。手制轮修。残高6.2、壁厚0.6～0.8厘米（图二〇六，11）。H35④：8，侈口，近平沿，方唇，束颈，腹稍直。器表饰竖向绳纹，唇面亦饰绳纹，颈部之下饰一周手指戳压纹。手制轮修。残高8.3、壁厚0.4～0.6厘米（图二〇六，6）。H35④：12，侈口，卷沿，方唇，束颈，鼓腹。器表通体饰竖向绳纹，颈部处绳纹经抹平，上腹部饰一周手指戳印纹。手制轮修。残高7.6、壁厚0.8～1厘米（图二〇六，10）。

甗　H35④：5，甗箅。泥质褐陶。活动箅片，体较扁平，残留一侧弧边，箅面上存三个圆形小孔，系双面对钻而成，其中两个已残。器表两面均饰有绳纹。手制。残径6.1、壁厚1.1～1.4、孔径0.4～0.9厘米（图二〇六，9）。

簋　H35④：9，口及上腹部。泥质褐陶。侈口，沿略卷，方唇，上腹外鼓。腹部饰几何形戳压纹，因残缺较甚已基本不见，口沿内外及上腹部器表磨光。手制轮修。残高4.9、壁厚0.5～0.7厘米（图二〇六，7）。H35④：10，口及腹部。泥质黑陶。侈口，沿略卷，方唇，上腹直，下腹

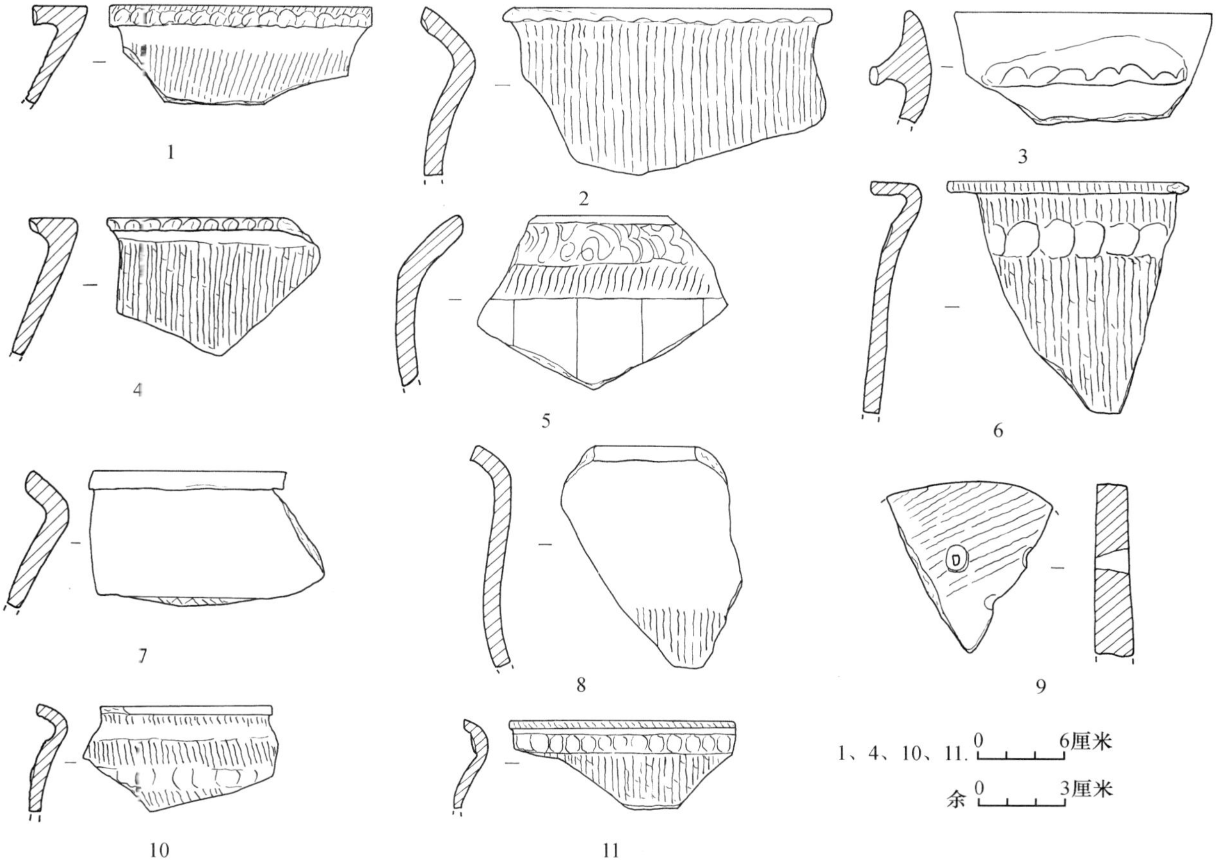

图二〇六　H35④层陶器标本

1、4. 瓮（H35④：2、H35④：6）　2、3、6、10、11. 鬲（H35④：3、H35④：4、H35④：8、H35④：12、H35④：7）　5. 罐（H35④：11）　7、8. 簋（H35④：9、H35④：10）　9. 甗（H35④：5）

斜收。口沿外侧饰绳纹后稍经抹平，下腹部饰竖向绳纹，口沿内侧及器表上腹部磨光。手制轮修。残高8、壁厚0.6厘米（图二〇六，8）。

罐　口及肩部。H35④：11，泥质褐陶。敛口，圆唇，弧肩下微折，腹较直。肩部及腹部阴线刻划，有斜线及不规则形线条纹饰带二周。腹下以弦纹分界，近等距分布竖直阴，器表磨光。手制。残高6.2、壁厚0.7厘米（图二〇六，5）。

第5层挑选器物标本5件，均为陶器残片。

瓮　H35⑤：1，口及腹部。夹砂陶，器表及内壁陶色深灰，陶胎呈褐色。敛口，宽平沿，方唇，上腹向下斜外扩。唇部饰一周手指戳压纹，上腹部饰竖向细绳纹。手制。残高9、壁厚1～1.5厘米（图二〇七，3）。

甗　H35⑤：2，腰部。夹砂灰陶。内束，固定宽箅挡。器表饰竖向绳纹，腰外侧饰一周排列不甚规整的手指戳压花边纹。手制。残高4、壁厚0.7～1.2厘米，箅挡宽3.5、厚0.8～1厘米（图二〇七，6）。

簋　H35⑤：3，口及颈部。泥质灰陶。侈口，沿略卷，方唇，束颈。口沿外侧饰绳纹后经抹平，口沿内侧及器表颈部以下经磨光。手制轮修。残高5.7、壁厚0.7～0.9厘米。（图二〇七，4）

鬲　H35⑤：4，口及腹部。夹砂灰陶。大口外侈，卷沿，方唇，束颈，腹部微鼓。器表通体

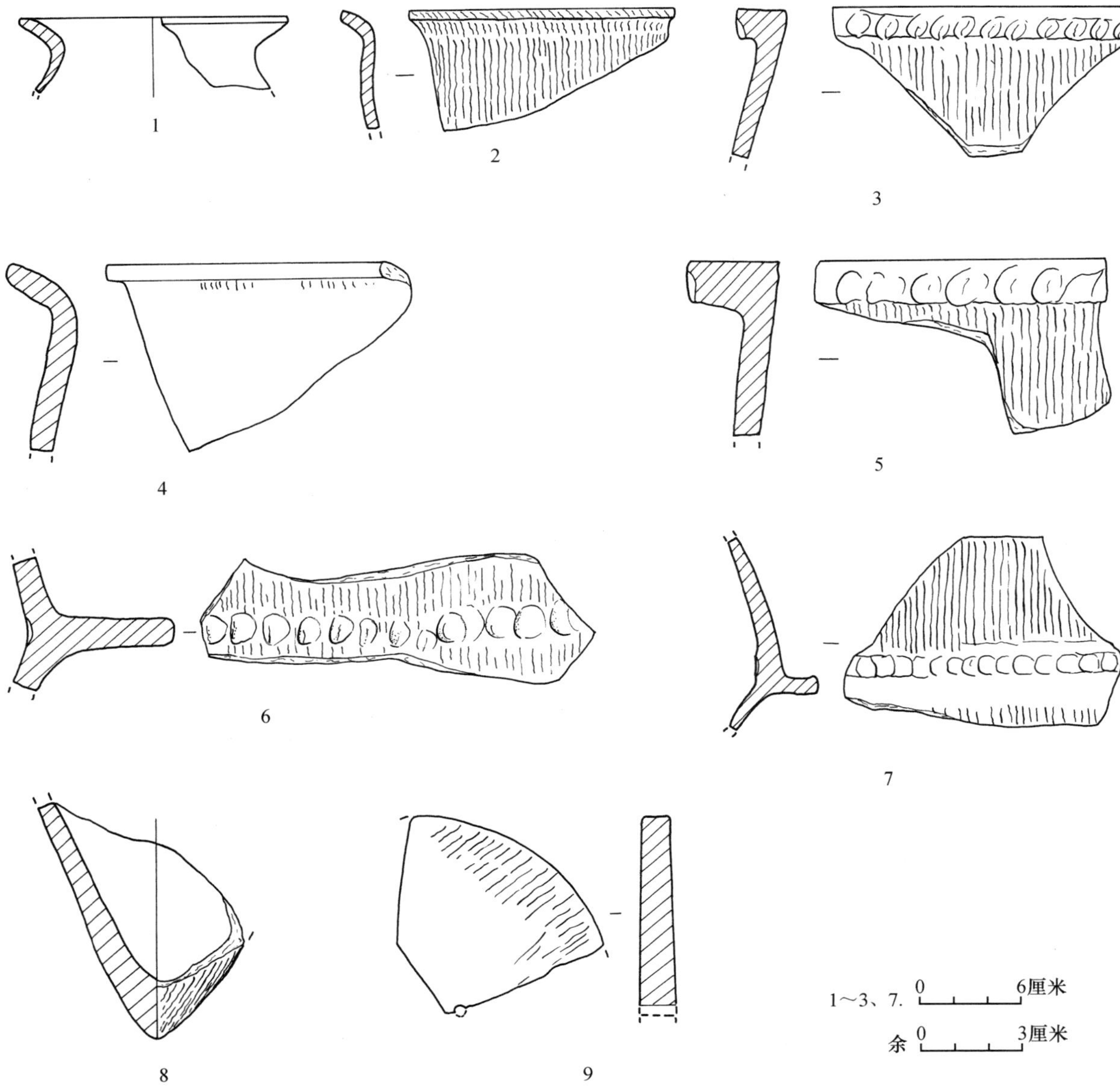

图二〇七　H35⑤、⑥、⑦层陶器标本

1. 罐（H35⑦：7）　2、8. 鬲（H35⑤：4、H35⑤：5）　3、5. 瓮（H35⑤：1、H35⑦：6）
4. 簋（H35⑤：3）　6、7、9. 甗（H35⑤：2、H35⑥：2、H35⑦：5）

饰竖向绳纹，唇面亦饰绳纹。手制轮修。残高7、壁厚0.6～0.8厘米（图二〇七，2）。H35⑤：5，足。夹砂陶，器表及内壁陶色深灰，陶胎呈褐色。空心锥足，体较圆。器表饰交错绳纹直至足尖处。手制。残高7.2、壁厚0.6厘米（图二〇七，8）。

第6层挑选器物标本2件，包括骨器1件、陶甗残片1件。

骨笄　H35⑥：1，尖端残损。由犬科动物的尺骨加工磨制而成，长条状，柄端保留原骨关节，较宽，横截面略呈弧角三角形，前端磨尖，横截面呈圆形。残长15.5、宽0.6～2.5、厚0.5～0.9厘米，重17.2克（图二〇五，8）。

甗　H35⑥：2，腰。夹砂陶，器表及内壁陶色深灰，陶胎呈黑褐色。甑部下腹斜收，腰紧内束，固定箅挡。器表饰竖向绳纹，腰外侧附加一周手指戳压纹的花边泥条。手制轮修。残高11.4、壁厚0.6～1.4厘米，箅挡宽2～2.8、厚1厘米（图二〇七，7）。

第7层挑选器物标本7件，有石器1件、骨器3件、陶器残片3件。

石斧　H35⑦：1，仅存刃部。花岗岩质，青黑色夹杂青色。残存部分平面略呈长方形，体较窄、较薄，双面刃，器表打磨光滑。残长3.2、宽5、厚0.8厘米，重28.5克（图二〇五，3）。

骨笄　H35⑦：2，仅残存一小段，或为骨笄。磨制。条状，四棱体，器身横截面呈梯形，器表打磨光滑。残长4.8、宽0.6～0.8、厚0.3厘米，重3.1克（图二〇五，1）。

骨镞　H35⑦：3，通体磨制。长首三棱形，截面呈三角形，锋略弧。圆锥铤。通长6.5厘米，首长4.6、锋脊高0.6厘米，本宽1、关径1.9厘米，铤径1.9厘米，重3.4克（图二〇五，2）。

卜骨　H35⑦：4，残。系用牛肩胛骨加工而成，现仅残存带有骨关节的一小段。正面可见四个圆形钻孔，分两排分布，不见灼痕及兆纹。残长7.5、宽3.7～5.6厘米，孔径1.1～1.3、深0.6～0.8厘米，重44.7克（图二〇五，5；图版一五，1）。

甗　H35⑦：5，箅。夹砂陶，器表呈浅灰色，陶胎呈红褐色。体较扁平，残留一侧弧边，箅面上存一个圆形小孔，孔已残。器表一面及侧边饰绳纹。手制。残径6.1、壁厚0.85～1、孔径0.3厘米（图二〇七，9）。

瓮　H35⑦：6，口部。夹砂陶，器表呈褐色，胎体呈浅灰色。敛口，宽平沿，唇部花边状。唇部一周花边为手指戳压纹，口沿外侧及以下饰竖向绳纹。手制轮修。残高5.3、壁厚0.8厘米（图二〇七，5）。

罐　H35⑦：7，口沿及颈部。泥质灰陶。侈口，圆唇，束颈。素面磨光。手制轮修。残高4.4、复原口径16、壁厚0.3～0.8厘米（图二〇七，1）。

第8层挑选器物标本共计6件，除1件石器残件外，其余5件为陶器残片。

石刀　H35⑧：1，残约1/2。凝灰岩质，浅灰色。残存部分平面近长方形，刀体略弧，背部平直，双面刃，刃部内弧，近刃部残留一圆形钻孔，对钻。通体打磨，光滑平整。残长3.7～4.3、宽5.1～5.4、最厚处1.1厘米，孔径0.5～1厘米，重46.9克（图二〇五，4）。

鬲　口及腹部。H35⑧：2，夹砂陶，器表及内壁陶色黑灰，陶胎呈红褐色。侈口，斜沿，方唇，束颈，鼓腹。口沿外侧饰交错绳纹，上腹部饰一周手指戳压纹，其下饰斜向绳纹，唇面亦饰有较模糊的绳纹。手制，口沿内侧可见刮削痕。残高9.6、复原口径40、壁厚0.7～1.1厘米（图二〇八，1）。H35⑧：3，夹砂灰陶。侈口，沿略卷，圆唇，束颈，腹部微鼓。唇部外侧饰一周手指戳压纹的花边，其下通体饰竖向绳纹，腹部有少许横向及斜向的划痕。手制，器表残存烟炱。残高4.6、壁厚0.3～0.6厘米（图二〇八，2）。

瓮　H35⑧：4，口及腹部。泥质褐陶。敛口，宽平沿，方唇，上腹向下斜外扩。唇下部饰一周戳压纹呈花边状，上腹部饰交错细绳纹。手制，口沿内壁可见修整时留下的抹痕。残高7.4、壁厚0.8～1.4厘米（图二〇八，4）。

簋　H35⑧：5，口及腹部。泥质灰陶。侈口，卷沿，圆唇，束颈，腹部略鼓。腹部饰一周网格纹，器表及口沿内侧磨光。手制轮修。残高8.2、壁厚0.5～0.6厘米（图二〇八，3）。

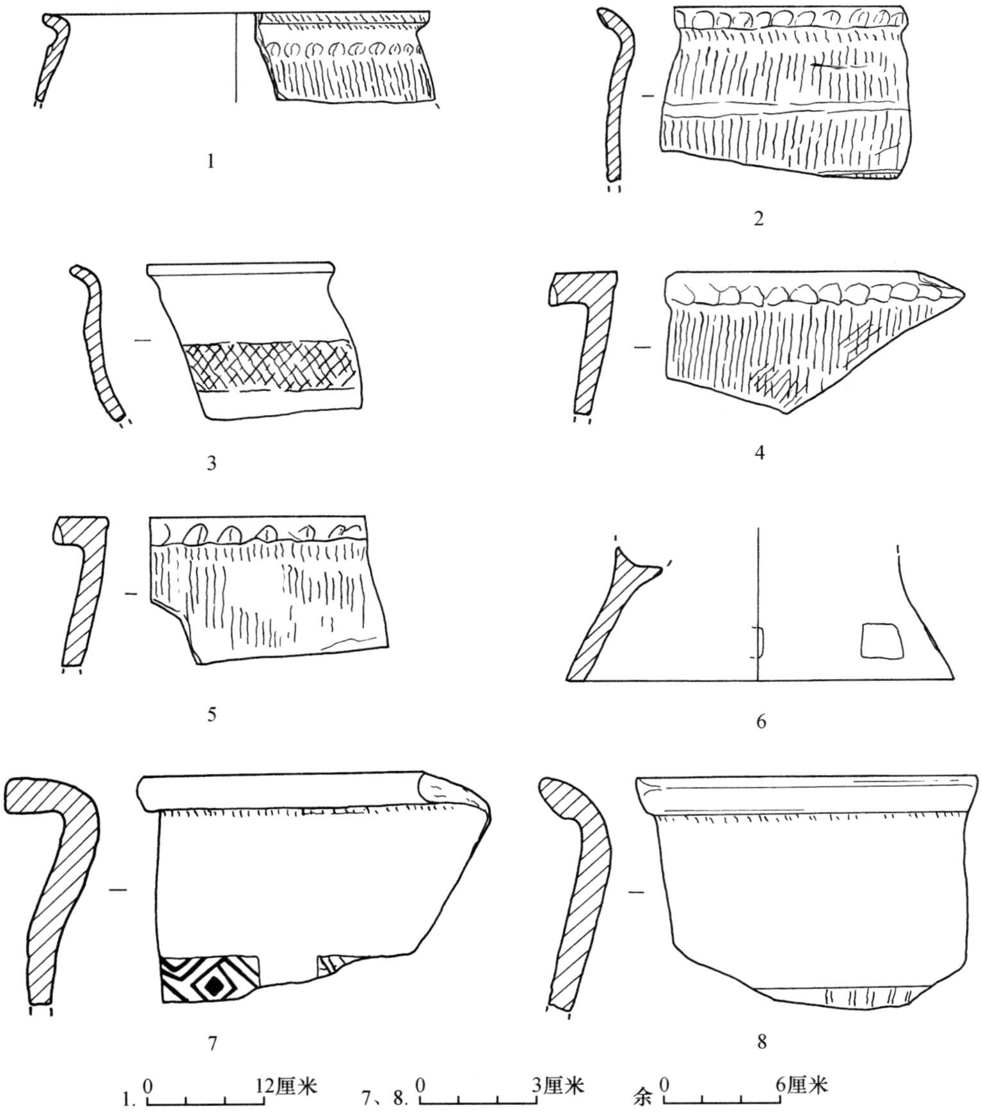

图二〇八　H35⑧、⑨层陶器标本

1、2. 鬲（H35⑧：2、H35⑧：3）　3、6～8. 簋（H35⑧：5、H35⑧：6、H35⑨：3、H35⑨：4）

4、5. 瓮（H35⑧：4、H35⑨：2）

H35⑧：6，圈足。泥质陶，器表及内壁陶色黑灰，陶胎呈褐色。喇叭状空心圈足，较低矮。近圈足底部有一周镂孔，完整处可见镂孔平面呈梯形，器表磨光。手制，从圈足上端断碴处可见其内壁贴附有一周泥条，用以加固黏结圈足与器底部分。残高7、足最大径20、壁厚0.7～1厘米，镂孔高1.8、宽1.6～2.2厘米（图二〇八，6）。

第9层挑选器物标本4件，包括石器1件，瓮、簋、盆等陶器残片3件。

磨石　H35⑨：1，残。凝灰岩质，浅灰色。残存部分平面呈不规则形，保留有一侧直边，体较厚重，器表两面及侧边经打磨，光滑平整。器表有少许烟炱痕。残长12.6、残宽10、厚3～3.8厘米，重1074.3克（图二〇五，6）。

瓮　H35⑨：2，口及腹部。泥质夹细砂，器表及内壁陶色深灰，陶胎呈褐色。敛口，宽平沿，花边状唇，上腹向下斜外扩。唇部饰一周手指戳压纹，上腹部饰竖向绳纹。手制轮修，口沿内侧可见轮修痕迹。残高7.8、壁厚1厘米（图二〇八，5）。

簋　H35⑨：3，口及腹部。泥质陶，器表及内壁呈黑色，陶胎呈黑褐色。大口外侈，沿略卷，方唇，束颈，鼓腹。口沿外侧饰竖向短绳纹，腹部戳印一周几何形纹。几何纹由重菱形、三角形印纹、乳钉纹组成。器表及内壁磨光。手制轮修。残高6、壁厚0.6～0.8厘米（图二〇八，7）。H35⑨：4　口及腹部。泥质灰陶。侈口，沿略卷，圆唇，唇下缘稍厚，束颈，上腹略鼓。口沿外侧饰绳纹后稍经抹平，腹部饰有几何形戳压纹，口沿内侧及器表上腹部磨光。手制轮修，口沿内外可见轮修痕迹。残高6.2、壁厚0.4～0.8厘米（图二〇八，8）。

八、H44

位于JT0303扩方区域南壁下。开口于第2层下，距现地表深0.66米，被M22打破，打破H43。

（一）形制、堆积

开口平面近半椭圆形，弧壁，底部近平。可见口长径4.55、短径1.15、深1.3米。

坑内堆积分为三层。

第1层：浅灰色砂质黏土。夹杂较多草木灰，疏松。近坡状堆积，西高东低。包含陶片、石块等。厚0.18～0.4米。

第2层：灰黄色砂质黏土。夹杂少量炭屑、红烧土粒等，较致密。波状堆积。包含陶片。厚0.4～0.7米。

第3层：黄褐色夹杂浅灰色土块的粉砂土。夹杂较多草木灰、红烧土块、少量玻璃化烧结物等，较疏松。近水平堆积。包含陶片。厚0.52～0.6米。

判断该单位为处理废弃物的垃圾坑（图二〇九）。

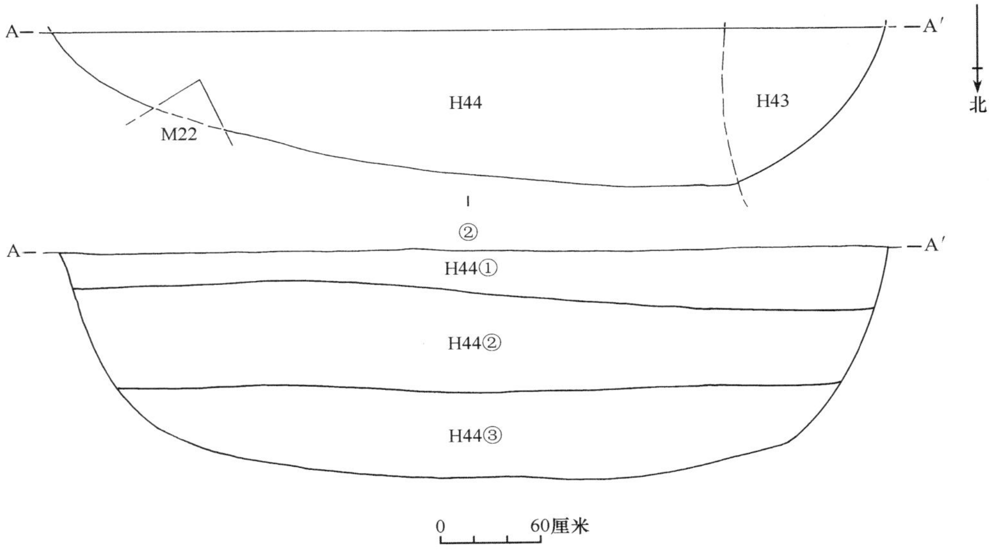

图二〇九　H44平、剖面图

（二）遗物

1. 陶器面貌

出土较多陶片，陶质陶色方面，泥质陶占总数的33.56%/20.95%，夹砂陶占66.44%/79.05%。其中夹砂灰陶占30.14%/24.14%，夹砂褐陶占17.81%/19.63%，泥质灰陶占21.92%/12.48%，夹砂灰皮褐胎陶占14.38%/31.81%，泥质黑皮褐胎陶占5.48%/5.63%，夹砂褐皮灰胎陶占4.11%/3.48%，泥质褐陶占4.11%/1.82%，泥质灰皮褐胎陶占2.06%/1.02%。纹饰方面，素面陶占总数的10.27%/7.94%，绳纹占53.42%/39.95%，绳纹+戳压纹占8.90%/32.51%，篮纹占6.85%/5.63%，弦纹占6.16%/4.88%，交错绳纹占4.79%/3.01%，方格纹占3.42%/2.67%，戳压纹占1.37%/1.68%，素面磨光占4.11%/1.45%，绳纹+弦纹+划纹占0.68%/0.27%。可见器形有瓮、鬲、甗、盆、罐、器盖等（表一一六、表一一七）。

表一一六　H44陶系统计表

陶质 / 陶色 / 纹饰	夹砂				泥质				合计	百分比/%
	灰	褐	灰皮褐胎	褐皮灰胎	灰	褐	灰皮褐胎	黑皮褐胎		
素面	2/28.5	5/156	3/258.2		5/152.8				15/595.5	10.27/7.94
绳纹	27/963.7	16/622	13/736.9	6/260.9	10/261.3	3/77.4	3/76.2		78/2998.4	53.42/39.95
交错绳纹	4/94.9	2/49.7	1/81.5						7/226.1	4.79/3.01
篮纹					9/340.8			1/81.8	10/422.6	6.85/5.63
弦纹					7/160.9	1/27		1/178.6	9/366.5	6.16/4.88
绳纹+弦纹+划纹					1/20.6				1/20.6	0.68/0.27
绳纹+戳压纹	7/575.2	2/579.1	3/1259.4					1/25.9	13/2439.6	8.90/32.51
戳压纹		1/66.3						1/59.6	2/125.9	1.37/1.68
方格纹	4/149.5		1/51						5/200.5	3.42/2.67
素面磨光						2/32.2		4/76.8	6/109	4.11/1.45
合计	44/1811.8	26/1473.1	21/2387	6/260.9	32/936.4	6/136.6	3/76.2	8/422.7	146/7504.7	
	97/5932.8				49/1571.9					
百分比/%	30.14/24.14	17.81/19.63	14.38/31.81	4.11/3.48	21.92/12.48	4.11/1.82	2.06/1.02	5.48/5.63		100.00/100.00
	66.44/79.05				33.56/20.95					

表一一七　H44可辨陶器器形统计表

陶质 / 陶色 / 器形	夹砂			泥质				合计	百分比/%
	灰	褐	灰皮褐胎	灰	灰皮褐胎	黑皮褐胎	黑皮灰胎		
瓮	4	2	4					10	31.25
鬲	3	3						6	18.75

续表

器形＼陶色＼陶质	夹砂			泥质				合计	百分比/%
	灰	褐	灰皮褐胎	灰	灰皮褐胎	黑皮褐胎	黑皮灰胎		
甗		1	1					2	6.25
盆				2				2	6.25
罐	3	3	1	2	1		1	11	34.37
器盖						1		1	3.13
合计	10	9	6	4	1	1	1	32	
	25			7					
百分比/%	31.25	28.13	18.75	12.50	3.13	3.13	3.13		100.00
	78.13			21.88					

2. 器物举例

挑选器物标本8件，包括石器1件，另有瓮、鬲、罐、簋及器盖计7件陶器残片。

磨石　H44：1，残。凝灰岩质，浅灰色。略呈扁平长方体，面平整。残长7.6～8.2、残宽4.4～5.1、厚1.5厘米，重149.8克（图二一〇，8）。

瓮　口及上腹部。H44：2，夹砂陶，器表及内壁陶色浅灰，陶胎呈红褐色。敛口，宽平沿，方唇，上腹向下斜外扩。唇下部饰一周戳压纹呈花边状，腹部饰竖向绳纹，沿面及唇面亦饰绳纹。手制轮修，口沿内侧可见修整时留下的抹痕。残高10、壁厚1～1.6厘米（图二一〇，2）。H44：3，夹砂陶，器表及内壁陶色浅灰，陶胎呈褐色。敛口，宽平沿，方唇，上腹向下斜外扩。腹部饰竖向绳纹。手制轮修，口沿内外可见修整时留下的抹痕。残高11.2、壁厚0.6～1厘米（图二一〇，1）。

鬲　H44：4，口及上腹部。夹砂灰陶。侈口，方唇，束颈，鼓腹。口沿外侧饰竖向短绳纹，上腹部饰一周手指戳压纹，其下饰竖向绳纹。手制轮修。残高8、壁厚0.6～1厘米（图二一〇，5）。H44：5，足残片。夹砂褐陶。空心尖锥足，体较圆。器表饰绳纹直至足尖。手制。残高6.4、壁厚0.9～1厘米（图二一〇，6）。

罐　H44：6，口沿及肩部。夹砂陶，器表及内壁陶色浅灰，陶胎呈褐色。小口外侈，卷沿，圆唇，束颈，弧肩。器表光素。手制轮修，口沿内外可见轮修痕迹。残高9.4、复原口径14、壁厚0.5～0.8厘米（图二一〇，4）。

簋　H44：7，口及上腹部。泥质灰陶。侈口，卷沿，圆唇，斜腹内收。腹部饰斜向绳纹，口沿内外经磨光。手制轮修，内壁可见轮修痕迹。残高5.6、壁厚0.3～0.9厘米（图二一〇，3）。

器盖　H44：8，缺顶。泥质陶，器表及内壁陶色黑灰，陶胎呈褐色。敞口，圆唇，斜腹内收，腹壁上折。口沿外侧饰一周凸弦纹，折腹之上饰三周凹弦纹，器表磨光。手制轮修。残高3.2、壁厚0.7厘米（图二一〇，7）。

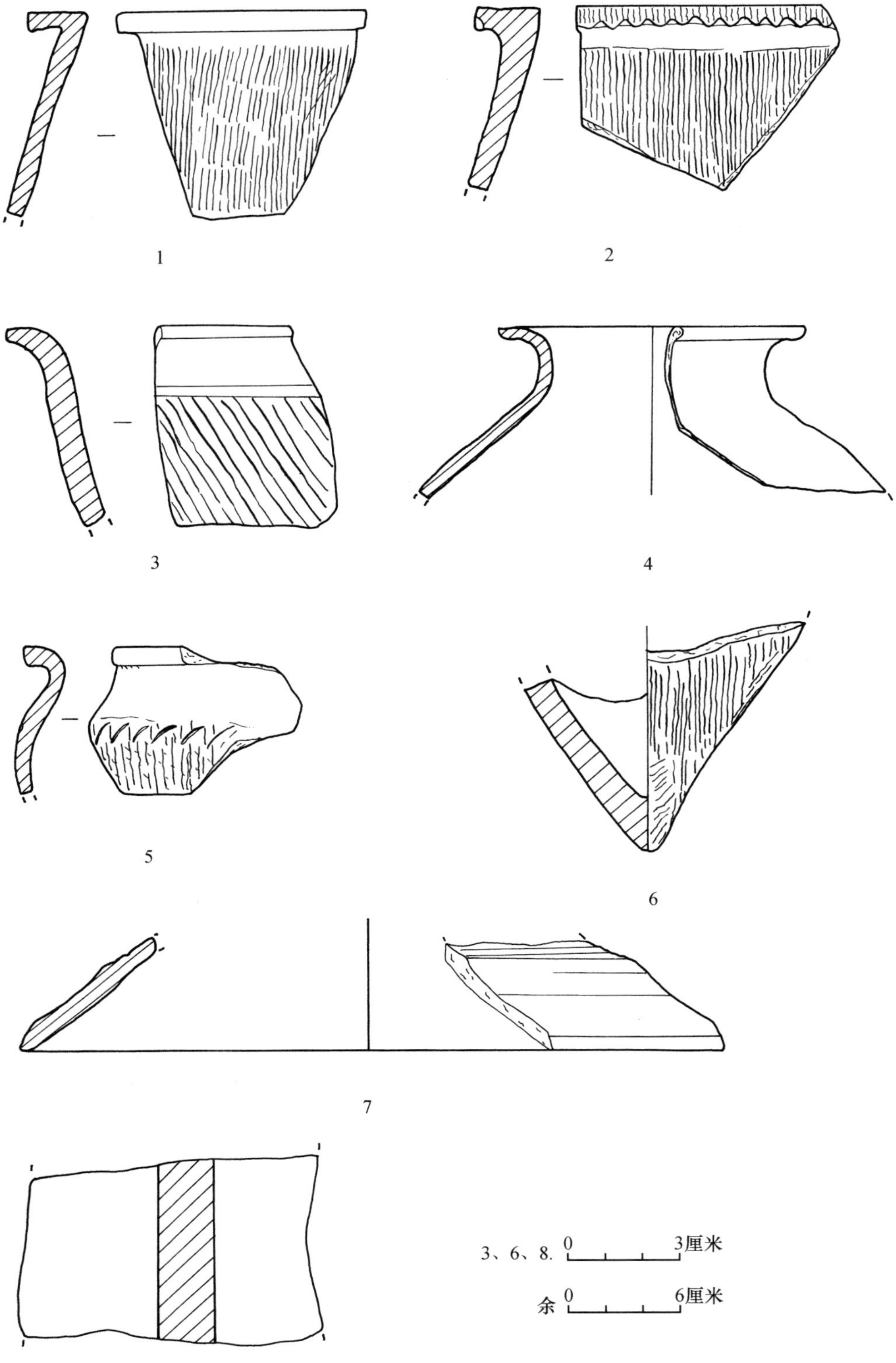

图二一〇　H44器物标本

1、2. 陶瓮（H44：3、H44：2）　3. 陶簋（ H44：7）　4. 陶罐（H44：6）　5、6. 陶鬲（H44：4、H44：5）　7. 陶器盖（H44：8）　8. 磨石（H44：1）

九、H45

位于JT0102北部扩方区域东北角，部分延伸出探方外，开口于第1层下，开口距现地表深0.2米，打破H35。

（一）形制、堆积

开口平面近扇形，南部稍不规整，弧壁，平底。口长径3、短径1.76～2.46、深0.9米。坑内堆积为红褐色夹杂黄褐色土点的砂质黏土，较疏松，水平状堆积。包含较多陶片。

判断该单位为处理废弃物的垃圾坑（图二一一）。

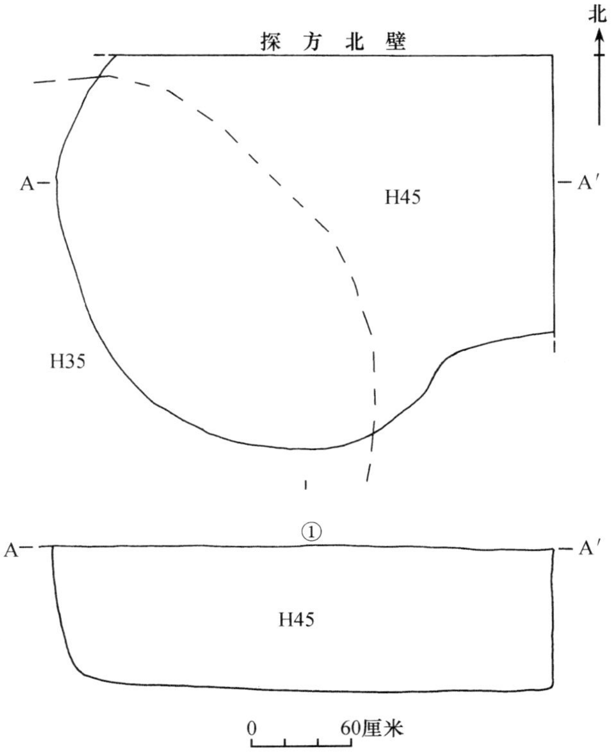

图二一一　H45平、剖面图

（二）遗物

1. 陶器面貌

陶质陶色方面，泥质陶占总数的50.89%/58.02%，夹砂陶占49.11%/41.98%。其中泥质灰陶占34.82%/38.60%，夹砂灰陶占25.89%/21.91%，夹砂黑皮陶占8.93%/8.34%，泥质黑皮陶占7.14%/7.73%，夹砂褐陶占8.04%/7.30%，泥质褐陶占0.89%/2.50%。此外还见有少量仰韶时期的红陶片，其中泥质红陶占8.04%/9.20%，夹砂红陶占6.25%/4.44%。纹饰方面，素面陶占总数的15.18%/15.45%，绳纹占64.29%/64.15%，篮纹占8.93%/5.63%，素面磨光占5.36%/5.11%，指甲戳压纹+绳纹占0.89%/3.73%，抹光+绳纹占1.79%/2.60%，几何纹占0.89%/1.16%，麻点纹+绳纹占1.79%/1.09%，弦纹+绳纹占0.89%/1.07%。可辨器形有鬲、瓮、豆、罐等（表一一八、表一一九）。

表一一八　H45陶系统计表

纹饰 \ 陶色 \ 陶质	泥质				夹砂				合计	百分比/%
	红	褐	黑	灰	红	褐	黑	灰		
素面	3/109.3			9/345.9	2/79	1/19.4		2/126.7	17/680.3	15.18/15.45
素面磨光	1/42.3		4/154.1	1/28.8					6/225.2	5.36/5.11
篮纹	3/92.9			5/108.9	1/21.7	1/24.6			10/248.1	8.93/5.63
绳纹	2/160.7	1/109.9	3/135.2	22/1004.4	4/94.6	4/142.3	10/367.1	26/810.4	72/2824.6	64.29/64.15
几何纹			1/50.9						1/50.9	0.89/1.16

续表

纹饰＼陶色＼陶质	泥质				夹砂				合计	百分比/%
	红	褐	黑	灰	红	褐	黑	灰		
弦纹+绳纹				1/47.3					1/47.3	0.89/1.07
麻点纹+绳纹						2/47.9			2/47.9	1.79/1.09
抹光+绳纹						1/87.1		1/27.4	2/114.5	1.79/2.60
指甲戳压纹+绳纹				1/164.2					1/164.2	0.89/3.73
合计	9/405.2	1/109.9	8/340.2	39/1699.5	7/195.3	9/321.3	10/367.1	29/964.5	112/4403	
	57/2554.8				55/1848.2					
百分比/%	8.04/9.20	0.89/2.50	7.14/7.73	34.82/38.60	6.25/4.44	8.04/7.30	8.93/8.34	25.89/21.91	100.00/100.00	
	50.89/58.02				49.11/41.98					

表一一九　H45可辨陶器器形统计表

器形＼陶色＼陶质	夹砂		泥质	合计	百分比/%
	灰	灰皮褐胎	灰		
鬲	5	1		6	35.29
瓮		1		1	5.88
豆			1	1	5.88
罐	3		6	9	52.94
合计	8	2	7	17	
	10		7		
百分比/%	47.06	11.76	41.18	100.00	
	58.82		41.18		

2. 器物举例

挑选陶器标本计5件。除1件豆柄之外，其余瓮、鬲、罐、盆等均为残片。

瓮　H45：1，口部。夹砂陶，器表及内壁呈深灰色，胎体呈红褐色夹杂深灰色坯心。敛口，平沿，方唇。唇部饰一周手指戳压纹，其下饰竖向绳纹。手制轮修。残高5.6、壁厚1～1.4厘米（图二一二，5）。

鬲　H45：2，口及肩部。夹砂陶，器表及内壁呈浅灰色，陶胎呈褐色。敛口，平沿，方唇，束颈，肩部斜直外扩。唇面饰一周凹弦纹，肩部饰交错绳纹，近口沿处有两周刮抹痕将绳纹抹断。手制轮修，口沿内侧可见轮修痕迹。残高7、壁厚0.5～0.8厘米（图二一二，1）。

盆　H45：3，口及腹部。夹砂灰陶。侈口，方唇，束颈，鼓腹。器表通体饰斜向绳纹，唇面

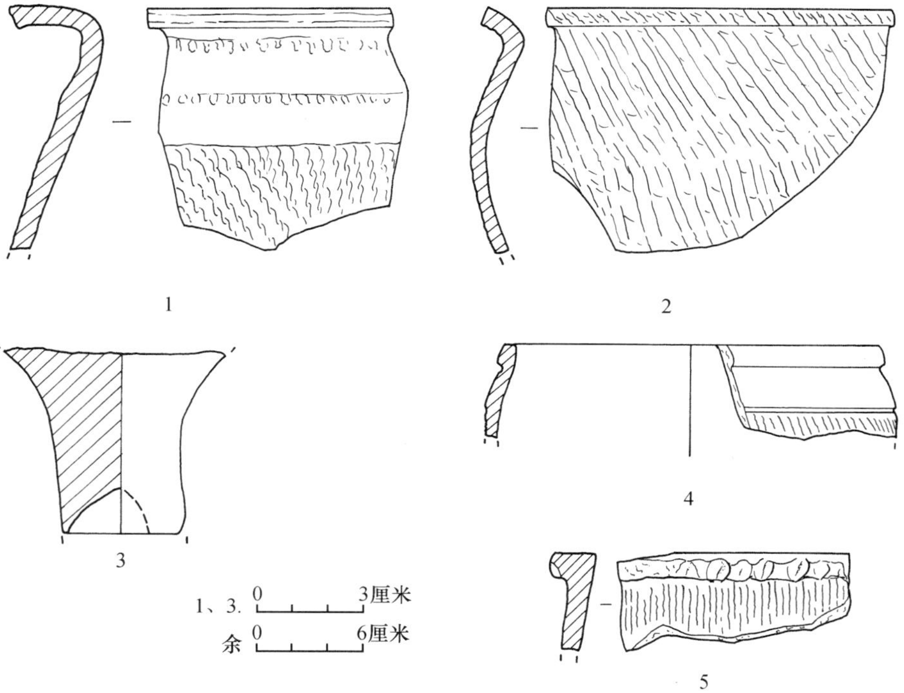

图二一二　H45陶器标本

1. 鬲（H45：2）　2. 盆（H45：3）　3. 豆（H45：5）　4. 罐（H45：4）　5. 瓮（H45：1）

亦饰绳纹。手制。残高14.4、壁厚0.6～1.1厘米（图二一二，2）。

罐　H45：4，口及腹部。泥质灰陶。敛口，方唇外叠，上腹外鼓。上腹部饰一周凹弦纹，其下饰斜向细绳纹，口沿处器表磨光。手制轮修，口沿内壁轮修痕迹明显。复原口径19.8、残高5.4、壁厚0.5～0.8厘米（图二一二，4）。

豆　H45：5，柄部。泥质灰陶。柄较细高。素面。手制。残高5.3、柄径3.5厘米（图二一二，3）。

一〇、H47

位于RT0302偏东部，部分延伸至该探方东隔梁下，开口于第1层下，距现地表深0.3米。

（一）形制、堆积

开口平面近椭圆形，南、东、西部壁较直，北部壁略内弧，底较平，东、北部底略大于口。口长径3.18、短径2.5米，底长径3.26、短径2.54米，深1.12米。底部南北两端各有一圆形小洞，南洞直径约0.52、深0.5米，北洞直径0.51、深0.2米。两洞壁外斜，底近平，内填松软的黑灰色沙质黏土，包含少量陶片、炭屑，不能确定是否为柱洞。坑底部偏南处有一处近圆形的黄土硬面，应为人为活动形成。

堆积七层。

第1层　较致密的黄褐色夹红土点的沙质黏土。包含少量陶片。呈水平状堆积。厚0.1～0.2米。

第2层：较致密的黄褐色沙质黏土。包含少量陶片、较多料姜石块粒。近凸镜状堆积。厚0.05～0.5米。

第3层：较致密的黄褐色夹灰土点的沙质黏土。包含较多陶片、炭屑、少量动物骨骼、红烧土粒。呈条带状堆积。厚0.02～0.2米。

第4层：疏松的浅灰色夹黄褐土斑块的沙质黏土。包含较多陶片、动物骨骼，炭屑及红烧土块粒。近坡状堆积。厚0.02～0.4米。有2具小动物骨骸。

第5层：较致密的黄褐色的沙质黏土。包含较多料姜石块粒。基本呈水平状堆积。厚0.15～0.4米。

第6层：疏松的深灰色夹黄土斑块的沙质黏土。包含零星陶片、较多动物骨骼、炭屑、少量的红烧土粒。近坡状堆积。厚0.1～0.45米。有1具小动物骨骸。

第7层：较致密的红褐色沙质黏土。包含少量炭粒。近坡状堆积。厚0.02～0.2米。

第4、6层发现的小动物骨骼，保存较完整，似为人为放置。从形制、包含物判断，该单位有特殊使用功能，或为房址或祭祀坑（图二一三；图版一二）。

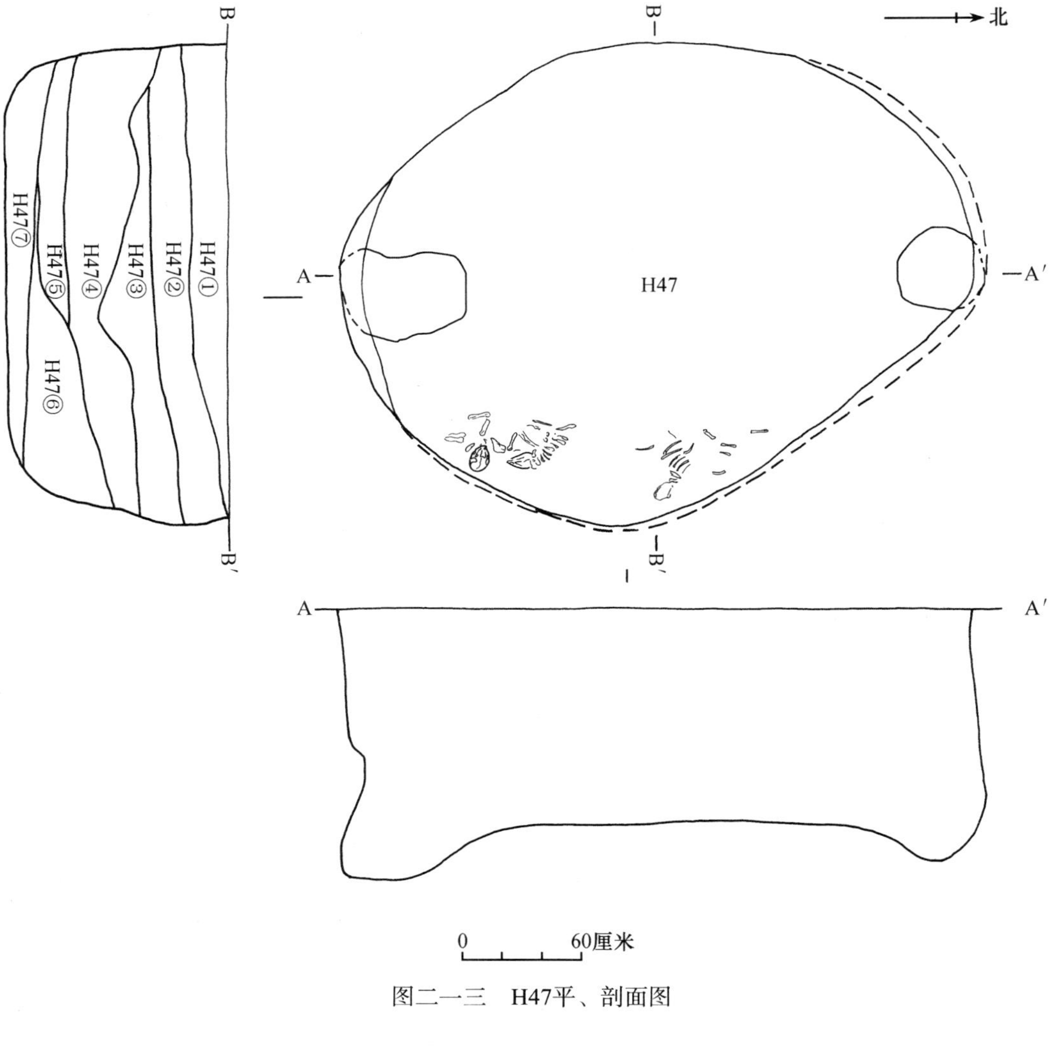

图二一三　H47平、剖面图

（二）遗物

1. 陶器面貌

第1层出土陶片较多，陶质陶色方面，泥质陶占总数的40.06%/30.96%，夹砂陶占59.94%/69.04%。其中夹砂灰陶占34.94%/40.75%，泥质灰皮褐胎陶占35.26%/27.04%，夹砂褐陶占18.59%/22.83%，夹砂灰皮褐胎陶占2.89%/2.65%，夹砂黑皮褐胎陶占2.24%/2.21%，泥质灰陶占3.21%/2 05%，泥质褐陶占1.60%/1.87%，夹砂黑皮灰胎陶占1.28%/0.61%。纹饰方面，素面陶占总数的7.37%/2.85%，绳纹占85.58%/61.78%，绳纹+戳压纹占3.21%/26.95%，交错绳纹占1.92%/5.46%，绳纹+弦纹占0.32%/1.42%，弦纹占0.32%/1.00%，绳纹+穿孔占0.96%/0.50%，戳压纹占0.32%/0.04%。可辨器形有鬲、瓮、罐、簋（表一二〇、表一二一）。

表一二〇　H47①层陶系统计表

纹饰 \ 陶色 \ 陶质	夹砂					泥质			合计	百分比/%
	灰	褐	灰皮褐胎	黑皮褐胎	黑皮灰胎	灰	褐	灰皮褐胎		
素面	12/68	4/113.1				4/41.9		3/38.9	23/261.9	7.37/2.85
绳纹	90/1987.5	47/1033.7	8/146.1	7/203.1	4/55.8	4/50.9	5/172	102/2027.4	267/5676.5	85.58/61.78
交错绳纹	3/100.9	3/400.5							6/501.4	1.92/5.46
弦纹						1/91.6			1/91.6	0.32/1.00
绳纹+弦纹								1/130.8	1/130.8	0.32/1.42
绳纹+穿孔								3/45.6	3/45.6	0.96/0.50
绳纹+戳压纹	4/1587.9	4/549.8	1/96.9					1/241.8	10/2476.4	3.21/26.95
戳压纹						1/3.5			1/3.5	0.32/0.04
合计	109/3744.3	58/2097.1	9/243	7/203.1	4/55.8	10/187.9	5/172	110/2484.5	312/9187.7	
	187/6343.3					125/2844.4				
百分比/%	34.94/40.75	18.59/22.83	2.89/2.65	2.24/2.21	1.28/0.61	3.21/2.05	1.60/1.87	35.26/27.04		100.00/100.00
	59.94/69.04					40.06/30.96				

表一二一　H47①层可辨陶器器形统计表

器形 \ 陶色 \ 陶质	夹砂				泥质	合计	百分比/%
	灰	褐	灰皮褐胎	黑皮褐胎	灰皮褐胎		
瓮	2	2	1			5	21.74
簋					1	1	4.35
罐	1	1			2	4	17.39

续表

陶质／陶色／器形	夹砂				泥质	合计	百分比/%
	灰	褐	灰皮褐胎	黑皮褐胎	灰皮褐胎		
鬲	7	4	1	1		13	56.52
合计	10	7	2	1	3	23	
	20				3		
百分比/%	43.48	30.43	8.7	4.35	13.04		100.00
	86.96				13.04		

第2层出土陶器残片数量多，陶质陶色方面，泥质陶占总数的45.15%/29.39%，夹砂陶占54.85%/70.61%。其中夹砂灰陶占36.71%/26.59%，泥质灰皮褐胎陶占34.60%/24.33%，夹砂褐陶占10.55%/14.65%，夹砂灰皮褐胎陶占2.53%/22.01%，夹砂黑皮褐胎陶占5.06%/7.36%，泥质灰陶占6.75%/1.97%，泥质褐陶占2.95%/2.13%，泥质黑皮褐胎陶占0.42%/0.48%，泥质黑皮灰胎陶占0.42%/0.47%。纹饰方面，素面陶占总数的4.22%/2.85%，绳纹占88.61%/81.39%，绳纹加戳压纹占2.53%/9.66%，交错绳纹占3.38%/5.39%，素面磨光占1.27%/0.71%。可辨器形包括鬲、罐（表一二二、表一二三）。

表一二二　H47②层陶系统计表

陶质／陶色／纹饰	夹砂				泥质					合计	百分比/%
	灰	褐	灰皮褐胎	黑皮褐胎	灰	褐	灰皮褐胎	黑皮褐胎	黑皮灰胎		
素面	4/47.7	3/35.3					2/26.2	1/22.1		10/131.3	4.22/2.85
绳纹	74/960.7	20/496.1	4/734.8	11/282.9	14/80	7/98.2	80/1093.9			210/3746.6	88.61/81.39
交错绳纹	6/105	2/143								8/248	3.38/5.39
绳纹+戳压纹	3/110.6		2/278.2	1/56.1						6/444.9	2.53/9.66
素面磨光					2/10.8				1/21.7	3/32.5	1.27/0.71
合计	87/1224	25/674.4	6/1013	12/339	16/90.8	7/98.2	82/1120.1	1/22.1	1/21.7	237/4603.3	
	130/3250.4				107/1352.9						
百分比/%	36.71/26.59	10.55/14.65	2.53/22.01	5.06/7.36	6.75/1.97	2.95/2.13	34.60/24.33	0.42/0.48	0.42/0.47		100.00/100.00
	54.85/70.61				45.15/29.39						

表一二三　H47②层可辨陶器器形统计表

陶质／陶色／器形	夹砂				泥质			合计	百分比/%
	灰	褐	灰皮褐胎	黑皮褐胎	灰	灰皮褐胎	黑皮褐胎		
鬲	4	1	3	1				9	69.23

续表

器形＼陶色＼陶质	夹砂				泥质			合计	百分比/%
	灰	褐	灰皮褐胎	黑皮褐胎	灰	灰皮褐胎	黑皮褐胎		
罐					1	2	1	4	30.77
合计	4	1	3	1	1	2	1	13	
	9				4				
百分比/%	30.77	7.69	23.08	7.69	7.69	15.39	7.69		100.00
	69.23				30.77				

第3出土陶片数量少，陶质陶色方面，泥质陶占总数的24.48%/19.32%，夹砂陶占75.52%/80.68%。其中夹砂灰陶占48.25%/37.47%，夹砂褐陶占14.69%/34.40%，泥质灰皮褐胎陶占8.39%/7.04%，泥质灰陶占3.50%/4.89%，夹砂黑皮褐胎陶占5.59%/3.78%，夹砂灰皮褐胎陶占5.59%/3.69%，泥质褐陶占4.90%/3.69%，泥质黑皮褐胎陶占5.59%/2.58%，夹砂黑皮灰胎陶占1.40%/1.35%，泥质黑皮灰胎陶占2.10%/1.12%。纹饰方面，素面陶占总数的4.20%/1.50%，竖向绳纹占80.42%/74.87%，交错绳纹占3.50%/10.02%，绳纹+戳压纹占5.59%/6.87%，绳纹+弦纹占0.70%/4.58%，素面磨光占3.50%/1.60%，绳纹+划纹占0.70%/0.32%，戳压纹占1.40%/0.24%。可辨器形有鬲、罐、甗、瓮（表一二四、表一二五）。

表一二四　H47③层陶系统计表

纹饰＼陶色＼陶质	夹砂					泥质					合计	百分比/%
	灰	褐	灰皮褐胎	黑皮褐胎	黑皮灰胎	灰	褐	灰皮褐胎	黑皮褐胎	黑皮灰胎		
素面	2/17.8	2/34.2						2/10.6			6/62.6	4.20/1.50
竖向绳纹	61/1340	13/952.7	7/98.3	8/157.5	2/56.2	2/9.8	3/108.9	10/283.2	8/107.5	1/8.5	115/3123	80.42/74.87
交错绳纹		3/175.4	1/55.4			1/187.1					5/417.9	3.50/10.02
弦纹+绳纹		1/190.9									1/190.9	0.70/4.58
绳纹+戳压纹	6/205.1	2/81.6									8/286.7	5.59/6.87
绳纹+划纹										1/13.4	1/13.4	0.70/0.32
戳压纹						1/5.4	1/4.5				2/9.9	1.40/0.24
磨光						1/1.6	3/40.5			1/24.6	5/66.7	3.50/1.60
合计	69/1562.9	21/1434.8	8/153.7	8/157.5	2/56.2	5/203.9	7/153.9	12/293.8	8/107.5	3/46.5	143/4170.8	
	108/3365.1					35/805.7						
百分比/%	48.25/37.47	14.69/34.40	5.59/3.69	5.59/3.78	1.40/1.35	3.50/4.89	4.90/3.69	8.39/7.04	5.59/2.58	2.10/1.12		100.00/100.00
	75.52/80.68					24.48/19.32						

表一二五　H47③层可辨陶器器形统计表

器形 \ 陶质 陶色	夹砂			泥质	合计	百分比/%
	灰	褐	灰皮褐胎	灰		
鬲	3	2			5	38.46
罐		2		1	3	23.08
瓮	1	1			2	15.38
甗		2	1		3	23.08
合计	4	7	1	1	13	
	12			7.69		
百分比/%	30.77	53.85	7.69	7.69	100.00	
	92.31			7.69		

第4层出土陶片较少，陶质陶色方面，泥质陶占总数的28.06%/23.78%，夹砂陶占71.94%/76.22%。其中夹砂灰陶占49.64%/49.29%，泥质灰陶占15.83%/16.56%，夹砂褐陶占15.11%/15.18%，夹砂灰皮褐胎陶占5.76%/10.80%，泥质灰皮褐胎陶占9.35%/5.02%，泥质褐陶占2.88%/2.20%，夹砂黑皮褐胎陶占1.44%/0.95%。纹饰方面，素面陶占总数的10.07%/7.59%，绳纹占79.14%/72.53%，绳纹+戳压纹占6.47%/12.27%，交错绳纹占2.88%/7.36%，绳纹+划纹占0.72%/0.16%，弦纹+绳纹占0.72%/0.09%。可辨器形有鬲、甗、罐（表一二六、表一二七）。

表一二六　H47④层陶系统计表

纹饰 \ 陶质 陶色	夹砂				泥质			合计	百分比/%
	灰	褐	灰皮褐胎	黑皮褐胎	灰	褐	灰皮褐胎		
素面	6/285.9	5/25.7			2/34.1		1/7	14/352.7	10.07/7.59
绳纹	54/1369.9	14/514.9	8/501.9	2/44	17/614.2	4/102.2	11/221.8	110/3368.9	79.14/72.53
交错绳纹	1/165.9	2/164.3			1/11.5			4/341.7	2.88/7.36
弦纹+绳纹							1/4.2	1/4.2	0.72/0.09
绳纹+划纹					1/7.5			1/7.5	0.72/0.16
绳纹+戳压纹	8/467.7				1/102			9/569.7	6.47/12.27
合计	69/2289.4	21/704.9	8/501.9	2/44	22/769.3	4/102.2	13/233	139/4644.7	
	100/3540.2				39/1104.5				
百分比/%	49.64/49.29	15.11/15.18	5.76/10.80	1.44/0.95	15.83/16.56	2.88/2.20	9.35/5.02	100.00/100.00	
	71.94/76.22				28.06/23.78				

表一二七　H47④层可辨陶器器形统计表

器形 \ 陶质 陶色	夹砂			泥质			合计	百分比/%
	灰	褐	灰皮褐胎	灰	褐	灰皮褐胎		
鬲	8	1					9	56.25
甗	1	1	1				3	18.75

续表

器形＼陶色＼陶质	夹砂			泥质			合计	百分比/%
	灰	褐	灰皮褐胎	灰	褐	灰皮褐胎		
罐				2	1	1	4	25.00
合计	9	2	1	2	1	1	16	
	12			4				
百分比/%	56.25	12.50	6.25	12.50	6.25	6.25		100.00
	75.00			25.00				

第5层出土陶片陶质陶色方面，泥质陶占总数的26.47%/6.74%，夹砂陶占73.53%/93.26%。其中夹砂灰陶占61.76%/84.55%，夹砂灰皮褐胎陶占5.88%/4.99%，泥质灰皮褐胎陶占8.82%/4.87%，夹砂褐陶占5.88%/3.72%，泥质褐陶占5.88%/0.62%。纹饰方面，素面陶占5.88%/0.85%，绳纹占79.41%/30.35%，绳纹+戳压纹占8.82%/68.35%，弦纹+绳纹占2.94%/0.28%，素面磨光占2.94%/0.17%。可辨器形有鬲、瓮、罐、甗（表一二八、表一二九）。

表一二八　H47⑤层陶系统计表

纹饰＼陶色＼陶质	夹砂			泥质			合计	百分比/%
	灰	褐	灰皮褐胎	灰	褐	灰皮褐胎		
素面					1/7.7	1/12.4	2/20.1	5.88/0.85
绳纹	17/377.9	2/88.4	2/118.4	3/25.6	1/6.9	2/103.2	27/720.4	79.41/30.35
弦纹+绳纹	1/6.6						1/6.6	2.94/0.28
绳纹+戳压纹	3/1622.3						3/1622.3	8.82/68.35
素面磨光				1/4.1			1/4.1	2.94/0.17
合计	21/2006.8	2/88.4	2/118.4	4/29.7	2/14.6	3/115.6	34/2373.5	
	25/2213.6			9/159.9				
百分比/%	61.76/84.55	5.88/3.72	5.88/4.99	11.76/1.25	5.88/0.62	8.82/4.87		100.00/100.00
	73.53/93.26			26.47/6.74				

表一二九　H47⑤层可辨陶器器形统计表

器形＼陶色＼陶质	夹砂		合计	百分比/%
	灰	褐		
鬲	2		2	40.00
瓮	1		1	20.00
罐	1		1	20.00
甗		1	1	20.00
合计	4	1	5	
	5			
百分比/%	80.00	20.00		100.00
	100.00			

2. 器物举例

挑选器物除1件石器外，其余均为陶器残片，共计32件。

第1层器物：共8件，包括1件石楔，另外7件陶器如陶拍、鬲、瓮、簋、罐等均为残片。

石楔　H47①：1，完整。凝灰岩质，深青灰色。器形较小，近长方形，截面亦为长方形，弧顶，单面刃，通体磨制，器表光洁。长4.6、宽2.1、厚0.9厘米，重22.7克（图二一四，11）。

鬲　H47①：2，基本完整，唯足残缺。夹砂灰陶。侈口，斜沿，方唇，束颈，鼓腹，瘪裆。器表通体饰竖向绳纹，唇面亦饰绳纹。手制，器表有烟炱痕。残高11.4、口径16.8、腹径17.2、壁厚0.8～1厘米（图二一五，1；图版一四，3）。H47①：4，口及腹部。夹砂灰陶。侈口，沿略卷，圆唇，束颈，腹部略鼓。口沿外侧饰绳纹后稍经抹平，上腹部饰一周手指戳压纹。手制。残高10、壁厚1厘米（图二一六，3）。

拍　H47①：3，残。夹砂灰陶。略呈空心锥状，头端圆弧，尾端渐宽，近头端处有一个斜向的圆形穿孔。通长6.5、尾端残径2.7～4.6、厚0.9～1.9、孔径0.8厘米，重76.1克（图二一四，12）。

瓮　口及腹部。H47①：5，夹砂灰陶。直口微侈，宽平沿，方唇，上腹稍直。上腹部饰交错绳纹。手制，内壁可见口沿部分与器身接合的痕迹。残高5.6、壁厚0.7～1.2厘米（图二一六，4）。H47①：6，夹砂灰陶。敛口，宽平沿，方唇，上腹斜直外扩。唇部饰一周手指戳压纹呈花边状，颈部及以下通体饰竖向绳纹。手制。残高12、口径32、壁厚0.6～1.6厘米（图二一六，2）。

簋　H47①：7，口及腹部。泥质陶，器表及内壁陶色黑灰，陶胎呈褐色。侈口，沿略卷，上腹较鼓，下腹斜收。口沿外侧饰绳纹后经抹平，上腹部戳印一周重菱纹，下腹部饰竖向绳纹，口沿内外及上腹部器表磨光。手制轮修。残高13.2、壁厚0.8厘米（图二一六，5）。

罐　H47①：8，口及肩部。泥质陶。器表及内壁陶色黑灰，陶胎呈褐色。直口微侈，沿稍卷，圆唇，束颈，斜肩。肩部饰竖向绳纹。手制轮修。残高6、口径9.4、壁厚0.4～1厘米（图二一六，1）。

第2层挑选器物3件，包括石器残片1件、陶鬲残片2件。

石片　H47②：1，残。凝灰岩质，浅灰色。扁平宽条状，表面及边缘经打磨平整。残长8、宽2.3～3.3、厚0.6厘米，重40.7克（图二一四，13）。

鬲　H47②：2，口及上腹部。夹砂陶，器表及内壁呈浅灰色，陶胎呈褐色。侈口，卷沿，方唇，束颈，鼓腹。通体饰竖向细绳纹，唇面亦饰绳纹，上腹部饰一周手指戳压纹。手制，内壁可见修整涂抹的痕迹。残高10、壁厚0.8～0.9厘米（图二一六，6）。H47②：3，足部。夹砂灰陶。足较矮，截尖近柱状。素面。手制。残高5.3、壁厚0.5厘米（图二一六，7）。

第3层挑选器物9件，包括骨器2件、石器4件、铜器1件，陶器残片2件。

骨镞　H47③：1，完整。通体磨制。首呈圆柱状，急收呈锋，铤部呈尖锥状。通长6.1、径0.6厘米，重2.6克（图二一四，2）。H47③：6，完整。通体磨制。体较短，镞身呈圆柱状，尖端稍显圆钝，铤部呈锥状。通长4.8、径0.7～0.8厘米，重2.4克（图二一四，4）。

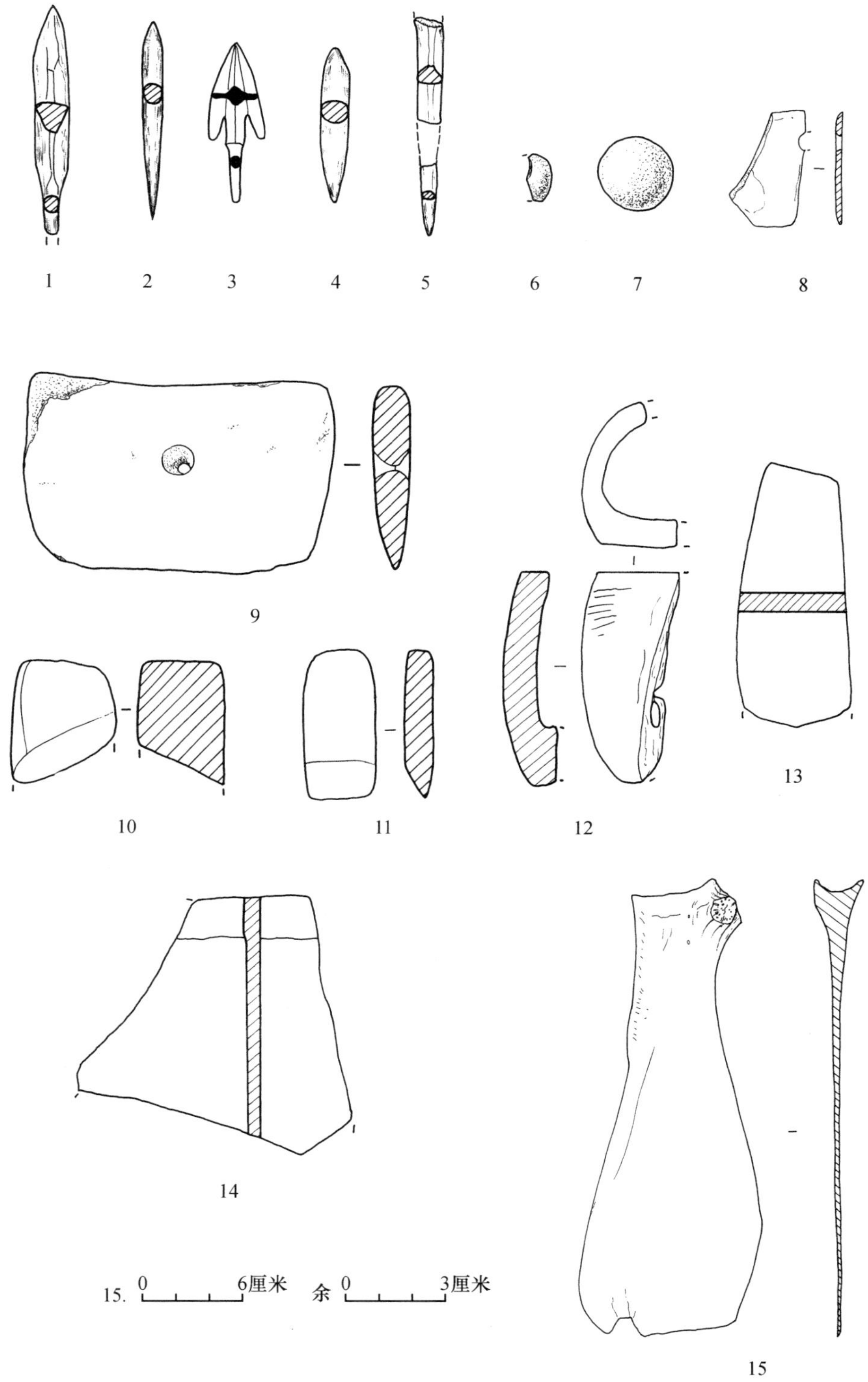

图二一四　H47器物标本

1、2、4. 骨镞（H47④：3、H47③：1、H47③：6）　3. 铜镞（H47③：7）　5. 骨笄（H47⑥：1）　6. 陶弹丸（H47④：2）　7. 石弹丸（H47③：2）　8、13、14. 石片（H47③：5、H47②：1、H47④：4）　9. 石刀（H47③：4）　10. 石器（H47③：3）　11. 石楔（H47①：1）　12. 陶拍（H47①：3）　15. 骨铲（H47⑥：3）

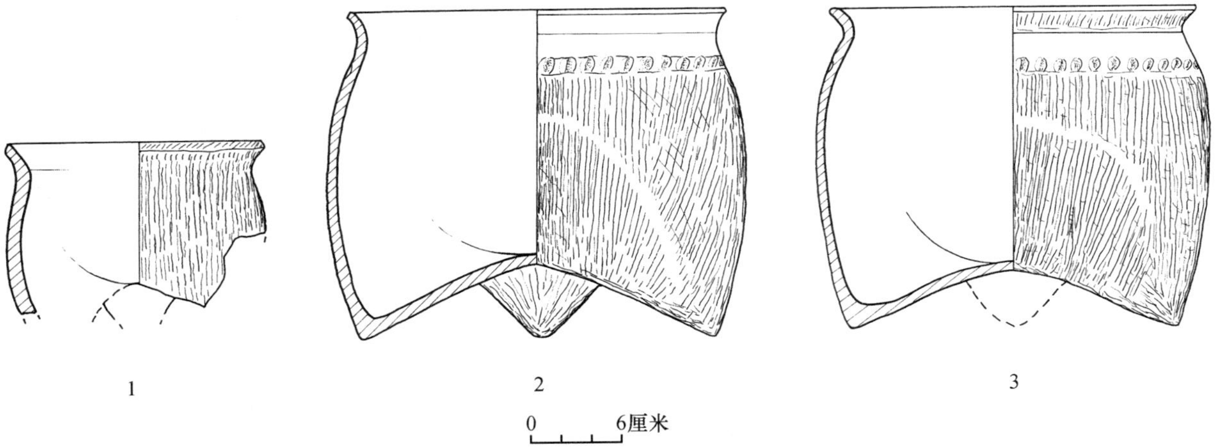

图二一五　H47陶鬲

1. H47①：2　2. H47④：1　3. H47⑤：1

石弹丸　H47③：2，完整。凝灰岩质，灰褐色。圆球状，体较小，器表较粗糙。直径2.3厘米，重17.4克（图二一四，7）。

石器　H47③：3，残损较甚，仅存顶端，器形不明。凝灰岩质，深灰色。通体打磨光滑，顶部较平，横截面近长方形。顶部留有敲击使用的痕迹，或为石凿。残长3.8、宽3、厚2.6厘米，重69.8克（图二一四，10）。

石刀　H47③：4，完整。凝灰岩质，青灰色。平面略呈梯形，弧背，直刃，两侧边稍弧，背部较宽。中部有一个圆形钻孔，对钻而成。通体磨制。长9.2、宽5.8、厚1.1、孔径0.3～0.9厘米，重121.3克（图二一四，9）。

石片　H47③：5，残。页岩质，青灰色夹杂红褐色。呈不规则形薄片状，器表两面经打磨平整，靠近一端处有一个圆形钻孔，单面钻。残长3.5、残宽1～2、厚0.2、孔径0.5～0.6厘米，重2.9克（图二一四，8）。

铜镞　H47③：7，完整。首尖锋，双翼，后翼宽平，本宽呈圆弧形，中有脊。菱形关，圆柱形实铤。通长5、首长3.2、宽1.7、铤长1.8厘米，重7.1克（图二一四，3）。

罐　H47③：8，腹及底部。泥质灰陶。上腹外鼓，下腹斜弧内收，平底。下腹部先饰竖向细绳纹，后于近底部处饰斜向细绳纹与之交错，底部亦饰交错细绳纹。手制轮修。腹径16、底径10、残高11.6、壁厚0.8～1厘米（图二一七，5）。

甗　H47③：9，腰部。夹砂陶，器表陶色浅灰，陶胎呈褐色。束腰，内壁贴附固定的箅挡。器表饰竖向绳纹。手制。残高4、壁厚0.7～0.8厘米，箅挡宽1.5、厚0.7厘米（图二一七，4）。

第4层挑选器物标本8件，包括骨器1件、石器1件以及陶鬲、弹丸、簋、甗等复原器或残片6件。

骨镞　H47④：3，铤部残断。通体磨制。镞身呈三棱体，铤部横截面呈圆形。残长7.1、宽1、厚0.9厘米，铤部直径0.5厘米，重6.5克（图二一四，1）。

石片　H47④：4，残。凝灰岩质，浅灰色。不规则形，体较扁平，一侧边稍厚，表面及边缘经打磨平整。残存部分最长及最宽处均8厘米左右，厚0.45～0.65厘米，重49.2克（图二一四，14）。

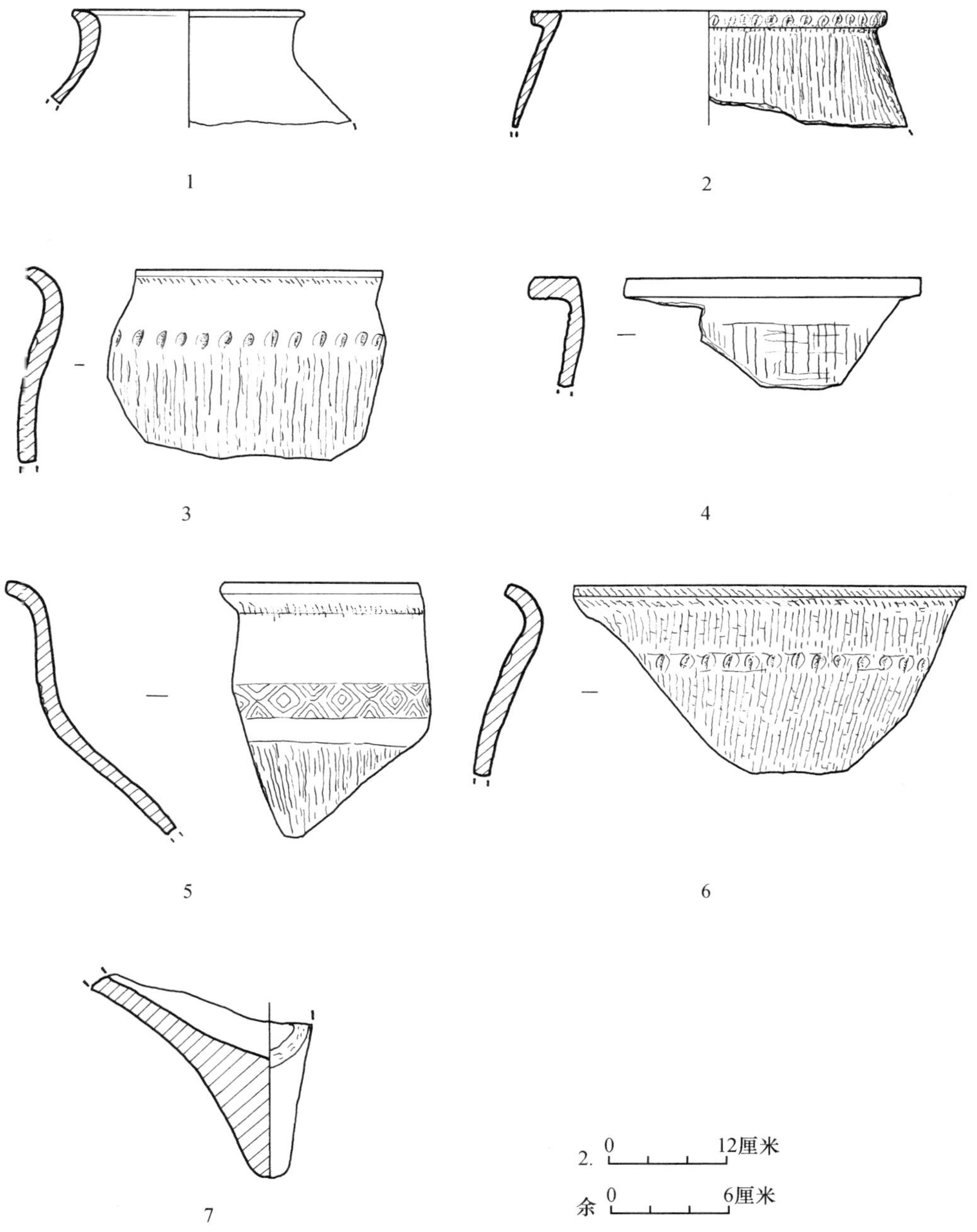

图二一六　H47①、②层陶器标本

1. 罐（H47①：8）　2、4. 瓮（H47①：6、H47①：5）　3、6、7. 鬲（H47①：4、H47②：2、H47②：3）　5. 簋（H47①：7）

鬲　H47④：1，已修复。夹砂灰陶。侈口，沿略卷，方唇，束颈，鼓腹，瘪裆，三锥足。口沿外侧饰绳纹后经抹平，上腹部饰一周手指戳压纹，其下通体饰竖向绳纹直至足尖，腹部局部处于竖向绳纹之上拍印斜向短绳纹。手制，器表有烟炱痕。通高22.2、口径25、腹径27.6、壁厚0.6～1厘米（图二一五，2；图版一四，4）。H47④：8，足。夹砂褐陶。空心锥足，足尖处较尖。器表饰交错绳纹。手制。残高7.4、壁厚0.4～1厘米（图二一七，6）。

弹丸　H47④：2，残存1/2。泥质红陶夹零星砂粒。烧制粗糙，未能完全烧透，质稍显疏松。

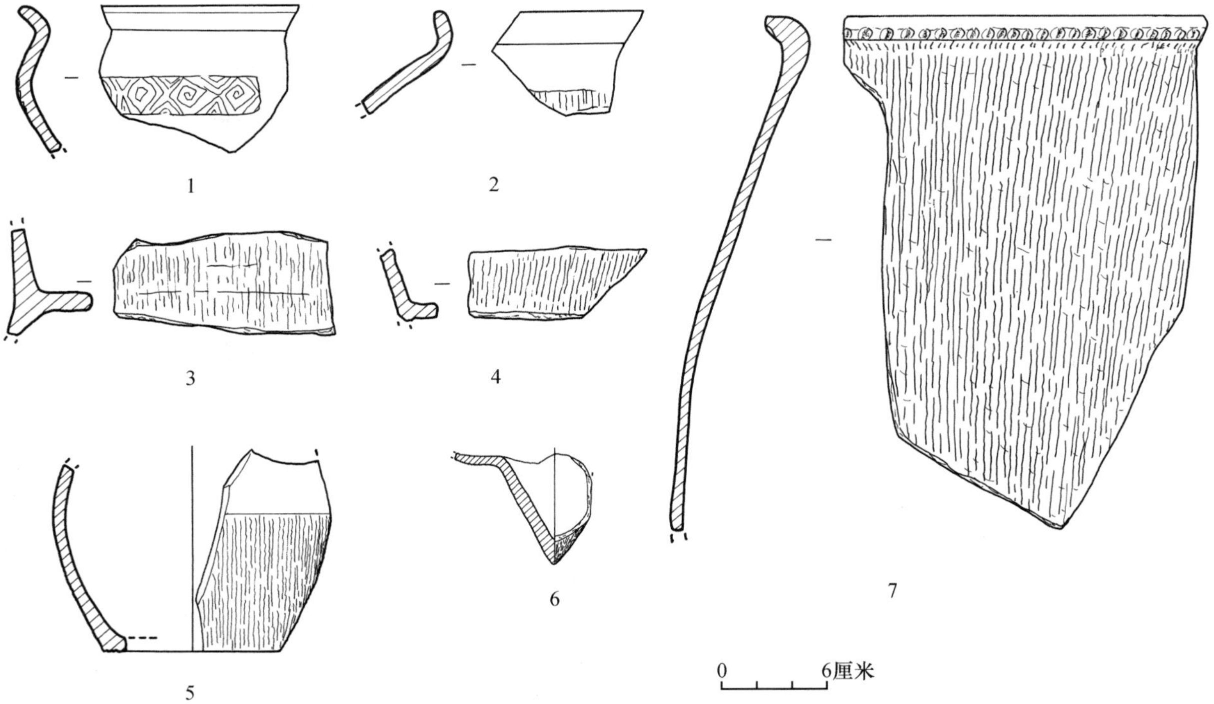

图二一七　H47③、④、⑥层陶器标本

1. 簋（H47④：5）　2、5. 罐（H47④：6、H47③：8）　3、4. 甗（H47④：7、H47③：9）

6. 鬲（H47④：8）　7. 甗（H47⑥：2）

残径1.5厘米，重4.4克（图二一四，6）。

簋　H47④：5，口及腹部。泥质灰陶。侈口，沿略卷，圆唇，束颈，斜肩微弧，鼓腹。腹部戳印几何形纹饰带，口沿内外及肩、腹部器表磨光。手制轮修，口沿外侧可见轮修痕迹。残高8.6、壁厚0.4～0.8厘米（图二一七，1）。

罐　H47④：6，口及肩部。泥质灰陶。近直口，矮领，圆唇，斜肩。肩部饰竖向绳纹。手制，制作稍显粗糙，口沿外侧保留有泥条盘筑及修整涂抹的痕迹。残高6、壁厚0.8厘米（图二一七，2）。

甗　H47④：7，腰部。夹砂陶，器表及内壁陶色浅灰，陶胎呈褐色。束腰，内侧有固定的宽箅挡。器表饰竖向绳纹。手制。残高6、壁厚0.8～1.4厘米，箅挡宽3、厚1厘米（图二一七，3）。

第5层挑选器物标本只有1件陶鬲。

鬲　H47⑤：1，已修复。夹砂灰陶。侈口，斜沿略卷，圆唇，束颈，鼓腹，瘪裆，三锥足。口沿外侧饰竖向绳纹，上腹部饰一周手指戳压纹，其下通体饰竖向绳纹直至足尖。手制，器表有烟炱痕。通高21.8、口径24.4、腹径26厘米，壁厚0.6～1厘米（图二一五，3；图版一四，5）。

第6层挑选器物标本包括骨器2件，陶甗残片1件。

骨笄　H47⑥：1，2节，应属同一个体。细长条状，器身呈三棱体，尖端截面椭圆形。有烧烤痕迹，似为制作前形成。通体打磨光洁。其中一段残长3.3、宽0.7、厚0.6厘米，重1.9克；另一段残长2.2、径0.3～0.4厘米，总残长6.75厘米，重0.4克。（图二一四，5）

骨铲　H47⑥：3，残。系用动物肩胛骨加工而成。器身平直，上端原骨关节为柄，下端磨刃，刃部较宽。器表两面经打磨平整。通长28、柄宽6.4、刃宽9、厚0.2～2.8厘米，重232.4克（图二一四，15；图版一五，2）。

甗　H47⑥：2，口及腹部。夹砂陶，器表及内壁陶色黑灰，陶胎呈褐色。侈口，内卷沿，沿面窄平，方唇，腹部稍弧而微鼓。唇部下侧饰一周手指戳压纹的花边，腹饰竖向绳纹。手制，从断面处可见口沿部分与器身接合的痕迹。残高20、壁厚0.6～2厘米（图二一七，7）。

一一、H48

位于RT0202北隔梁中部，向北延伸至RT0302南部，开口于第1层下，距现地表深0.25米，打破G19。

（一）形制、堆积

开口平面近椭圆形，西侧壁较直，东侧壁略弧呈坡状，平底。口长径1.1、短径0.9、深0.73米。堆积为疏松的灰褐色沙质黏土，包含少量炭屑、动物骨骼及较多陶片。基本呈水平状。

判断该单位是处理废弃物的垃圾坑（图二一八）。

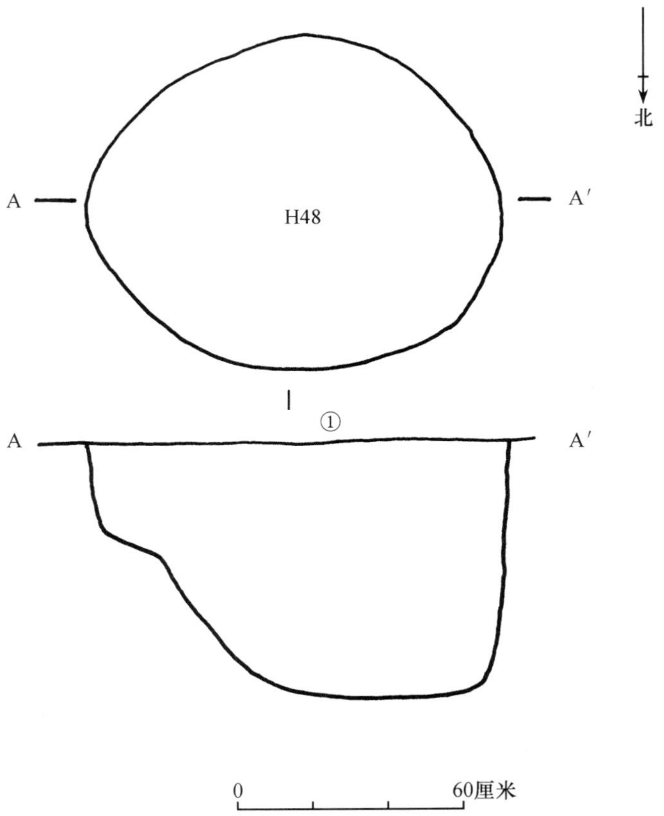

图二一八　H48平、剖面图

（二）遗物

1. 陶器面貌

陶质陶色方面，泥质陶占总数的31.65%/14.56%，夹砂陶占68.35%/85.44%。其中夹砂灰陶占32.91%/30.94%，夹砂黑皮褐胎陶占22.78%/25.53%，夹砂灰皮褐胎陶占8.86%/25.16%，泥质灰陶占21.52%/10.28%，夹砂褐陶占3.80%/3.80%，泥质灰皮褐胎陶占7.59%/3.37%。纹饰方面，素面陶占总数的5.06%/3.50%，绳纹占77.22%/71.85%，交错绳纹占2.53%/16.65%，绳纹+戳压纹占12.66%/7.08%，绳纹+划纹占1.27%/0.61%，绳纹+弦纹占1.27%/0.31%。可辨器形有鬲、瓮、罐、甗、杯（碗）等（表一三〇、表一三一）。

表一三〇　H48陶系统计表

纹饰＼陶质/陶色	夹砂				泥质			合计	百分比/%
	灰	褐	灰皮褐胎	黑皮褐胎	灰	褐	灰皮褐胎		
素面	2/38.7	1/46				1/13.1		4/97.8	5.06/3.50
绳纹	23/432.7	2/60.3	7/703.9	17/642.7	10/124.3	1/12.3	1/33.6	61/2009.8	77.22/71.85
交错绳纹	1/394.2			1/71.6				2/465.8	2.53/16.65
绳纹+弦纹					1/8.8			1/8.8	1.27/0.31
绳纹+划纹							1/17.1	1/17.1	1.27/0.61
绳纹+戳压纹					6/154.6		4/43.5	10/198.1	12.66/7.08
合计	26/865.6	3/106.3	7/703.9	18/714.3	17/287.7	2/25.4	6/94.2	79/2797.4	
	54/2390.1				25/407.3				
百分比/%	32.91/30.94	3.80/3.80	8.86/25.16	22.78/25.53	21.52/10.28	2.53/0.91	7.59/3.37		100.00/100.00
	68.35/85.44				31.65/14.56				

表一三一　H48可辨陶器器形统计表

器形＼陶质/陶色	夹砂			泥质		合计	百分比/%
	灰	灰皮褐胎	黑皮褐胎	灰	褐		
瓮	1	1				2	20.00
鬲			2			2	20.00
甗		1	1			2	20.00
罐			1	2		3	30.00
杯/碗					1	1	10.00
合计	1	2	4	2	1	10	
	7			3			
百分比/%	10.00	20.00	40.00	20.00	10.00		100.00
	70.00			30.00			

2. 器物举例

挑选器物标本2件，为陶瓮、鬲残片。

瓮　H48：1，口部。夹砂灰陶。敛口，宽平沿，方唇，束颈，上腹斜直外扩。唇部饰斜向绳纹，后再于其上饰一周手指戳压纹呈花边状，唇部以下通体饰竖向绳纹，沿面亦饰绳纹。手制，从断面处可见其口沿部分与器身接合的痕迹。残高9.4、壁厚1～2厘米（图二一九，1）。

鬲　H48：2，口及腹部。夹砂陶，器表及内壁陶色黑灰，陶胎呈褐色。侈口，方唇，束颈，鼓腹。颈部及以下通体饰竖向绳纹，腹部饰一周手指戳压纹。手制。残高6.3、壁厚0.3～0.9厘米（图二一九，2）。

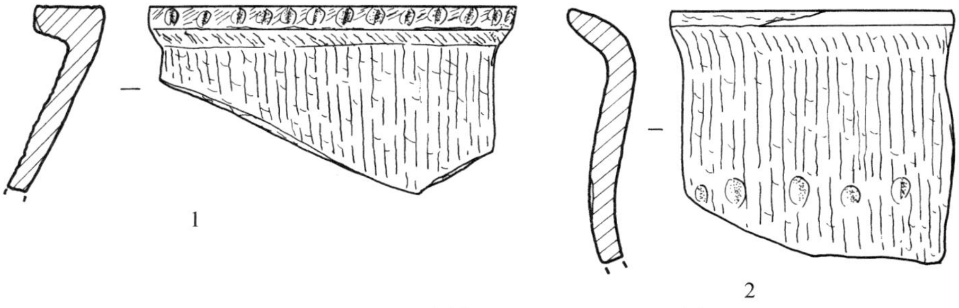

图二一九　H48陶器标本

1. 瓮（H48：1）　2. 鬲（H48：2）

第二节　灰　沟

1条，编号G19。广泛分布于R区的八个探方内，并分别继续向两侧延伸至探方之外，开口于第1层下，距现地表深0.1～0.3米，被H48打破。

（一）形制、堆积

方向324°。可见开口平面呈长条形，壁多略呈缓坡状，另有部分较直或不甚规整，底近平，局部凹陷略呈圜形。口长约23.6、宽3.8～6.5、深1.1～2.3米（图二二〇；图版一三，1）。

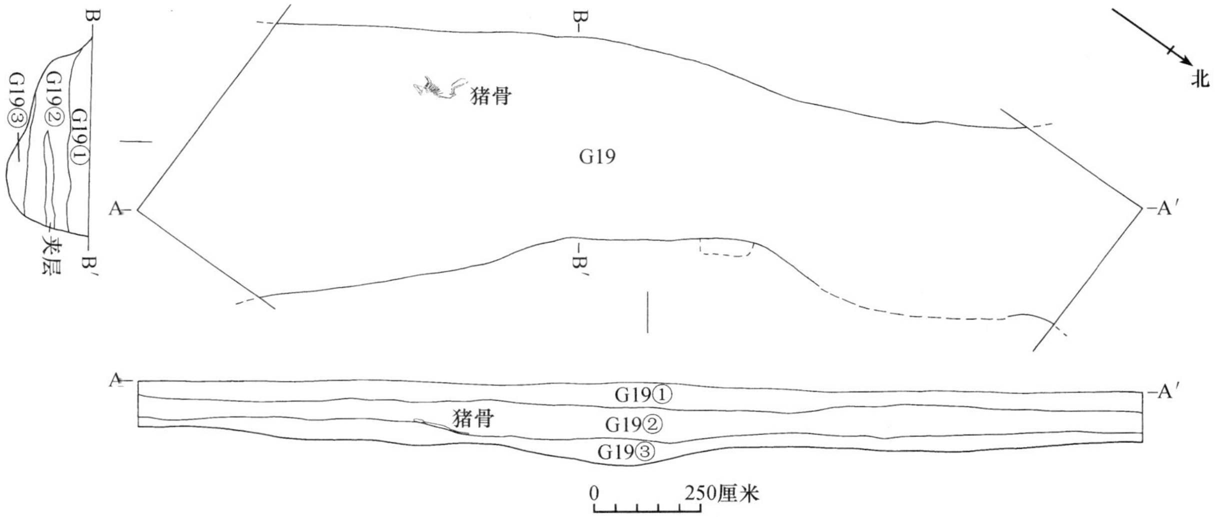

图二二〇　G19平、剖面图

沟内堆积分为三层。

第1层：浅褐色沙质黏土，土质较疏松。包含植物根茎、零散灰土块、石块、少量动物骨骼及较多陶片。近水平状堆积。厚0.29～0.59米。

第2层：红褐色沙质黏土，土质致密。包含零散红烧土块/粒、炭粒、石块、少量动物骨骼及较多陶片。分布不均匀，局部略呈坡状。厚0.35～0.86米。该层内局部发现小夹层，在RT0202东北部的G19②层堆积内发现有夹层，为较致密的黄褐色沙质黏土，土质纯净，无包含物，呈倾斜的条带状堆积。厚0.12～0.14米。

在RT0401东南部的G19①、②层堆积之间发现有夹层，为较致密的褐色沙质黏土，略呈凹镜状堆积。厚0～0.3米。

第3层：浅黄褐色淤土，土质较致密。纯净，无包含物。纵向堆积基本呈水平状，横向堆积呈由西向东倾斜的坡状。厚0～0.64米。

在RT0102北部的G19②层堆积中发现中型动物骨骼一具，保存较为完整，呈侧卧状，头南尾北，背向东，后肢部分较长，为一具成年个体的猪（图版一三，2）。

在清理RT0302内G19东侧壁面的过程中，发现有红褐色堆积继续向外侧延伸，沿其范围在该处壁面上清理出一近似龛类的遗迹，口部保存不完整，形制不甚明确，底部平面呈长方形，其内壁面较直，平底，底部平面长1.3、进深0.7、高0.8米。

该遗迹性质为壕沟。

（二）遗物

1. 陶器面貌

第1层出土陶片，陶质陶色方面，泥质陶占总数的32.15%/28.82%，夹砂陶占67.85%/71.18%。其中夹砂灰陶占54.52%/59.35%，泥质灰陶占16.50%/13.08%，泥质灰皮褐胎陶占12.84%/11.82%，夹砂褐陶占8.56%/8.08%，泥质褐陶占2.81%/3.92%，夹砂灰皮褐胎陶占4.77%/3.75%。纹饰方面，素面占总数的20.42%/16.08%，绳纹占59.54%/53.95%，戳压纹占5.13%/7.89%，交错绳纹占3.55%/4.98%，附加堆纹占0.86%/4.17%，绳纹+戳压纹占2.32%/3.50%，附加堆纹+绳纹占1.59%/3.35%，素面磨光占2.20%/2.46%，绳纹+弦纹占2.57%/1.84%，弦纹占0.73%/0.68%，附加堆纹+交错绳纹占0.61%/0.57%，方格纹占0.49%/0.52%。可辨器形有鬲、罐、瓮等，以罐最常见，但不排除部分其中包含部分残片属于鬲（表一三二、表一三三）。

表一三二　G19①层陶系统计表

纹饰＼陶色＼陶质	夹砂			泥质			合计	百分比/%
	灰	褐	灰皮褐胎	灰	褐	灰皮褐胎		
素面	56/1047.3	21/407		77/1390	13/531.2		167/3376	20.42/16.08
绳纹	276/6547	44/1012.1	39/788	20/447.1	3/49.7	105/2481	487/11324.9	59.54/53.95
交错绳纹	27/1016.5	2/29.8					29/1046.3	3.55/4.98
附加堆纹	7/876						7/876	0.86/4.17
附加堆纹+绳纹	10/456.5	3/246.3					13/702.8	1.59/3.35
附加堆纹+交错绳纹	5/119.2						5/119.2	0.61/0.57

续表

纹饰＼陶色＼陶质	夹砂			泥质			合计	百分比/%
	灰	褐	灰皮褐胎	灰	褐	灰皮褐胎		
绳纹+戳压纹	19/733.6						19/733.6	2.32/3.50
弦纹				6/143.6			6/143.6	0.73/0.68
绳纹+弦纹	13/305.3			5/45.7	3/35.1		21/386.1	2.57/1.84
戳压纹	33/1355.1			9/301.8			42/1656.9	5.13/7.89
方格纹				4/108.5			4/108.5	0.49/0.52
素面磨光				14/308.8	4/207.4		18/516.2	2.20/2.46
合计	446/12456.5	70/1695.2	39/788	135/2745.5	23/823.4	105/2481	818/20989.6	
	555/14949.7			263/6049.9				
百分比/%	54.52/59.35	8.56/8.08	4.77/3.75	16.50/13.08	2.81/3.92	12.84/11.82		100.00/100.00
	67.85/71.18			32.15/28.82				

表一三三　G19①层可辨陶器器形统计表

器形＼陶色＼陶质	夹砂			泥质		合计	百分比/%
	灰	褐	灰皮褐胎	灰	灰皮褐胎		
鬲	15	7				22	23.40
罐	12	6		19	2	39	41.49
瓮	6		5			11	11.70
甗	2		3			5	5.32
豆				4		4	4.26
簋				2		2	2.13
盆				11		11	11.70
合计	35	13	8	36	2	94	
	56			38			
百分比/%	37.23	13.83	8.51	38.30	2.13		100.00
	59.57			40.43			

第2层出土陶片，陶质陶色方面，泥质陶占总数的37.40%/37.12%，夹砂陶占62.60%/62.88%。其中夹砂灰陶占51.57%/53.46%，泥质灰皮褐胎陶占20.54%/23.04%，泥质灰陶占14.80%/11.93%，夹砂褐陶占7.17%/6.31%，夹砂灰皮褐胎陶占3.86%/3.11%，泥质褐陶占2.06%/2.14%。纹饰方面，素面陶占总数的17.04%/11.26%，绳纹占62.60%/66.85%，戳压纹占5.20%/5.93%，附加堆纹+交错绳纹占3.50%/4.02%，交错绳纹占2.96%/2.92%，附加堆纹+绳纹占1.70%/2.27%，附加堆纹占1.61%/1.96%，绳纹+戳压纹占1.43%/1.84%，素面磨光占1.52%/1.17%，弦纹占0.99%/1.07%，绳纹+弦纹占1.17%/0.47%，方格纹占0.27%/0.23%。可辨器形有鬲、罐、瓮、盆、甗、簋等，出现陶鼎，见有早期遗物（表一三四、表一三五）。

表一三四　G19②层陶系统计表

纹饰 \ 陶色 \ 陶质	夹砂			泥质			合计	百分比/%
	灰	褐	灰皮褐胎	灰	褐	灰皮褐胎		
素面	79/1227	13/231.1		89/1944.5	9/332.9		190/3736	17.04/11.26
绳纹	323/10579	57/1600.4	43/1032.1	37/1009.5	9/307.8	229/7642	698/22171	62.60/66.85
交错绳纹	33/968.2						33/968.2	2.96/2.92
附加堆纹	16/622	2/28.5					18/650.5	1.61/1.96
附加堆纹+绳纹	14/597.6	5/156					19/753.6	1.70/2.27
附加堆纹+交错绳纹	39/1332.7						39/1332.7	3.50/4.02
弦纹				9/321.1	2/32.7		11/353.8	0.99/1.07
绳纹+弦纹	7/89.1			3/29.8	3/35.6		13/154.5	1.17/0.47
绳纹+戳压纹	16/611.2						16/611.2	1.43/1.84
戳压纹	48/1703.3	3/75.9		7/188.9			58/1968.1	5.20/5.93
方格纹				3/76.2			3/76.2	0.27/0.23
素面磨光				17/387.9			17/387.9	1.52/1.17
合计	575/17730	80/2091.9	43/1032.1	165/3957.9	23/709	229/7642	1115/33163.7	
	698/20854			417/12309				
百分比/%	51.57/53.46	7.17/6.31	3.86/3.11	14.80/11.93	2.06/2.14	20.54/23.04		100.00/100.00
	62.60/62.88			37.40/37.12				

表一三五　G19②层可辨陶器器形统计表

器形 \ 陶色 \ 陶质	夹砂			泥质			合计	百分比/%
	灰	褐	灰皮褐胎	灰	褐	灰皮褐胎		
鬲	17	5					22	21.15
罐	22	3		17		5	47	45.19
瓮	8		6				14	13.46
甗	3		2				5	4.81
豆				3			3	2.88
簋				4			4	3.85
盆				7			7	6.73
鼎					2		2	1.92
合计	50	8	8	31	2	5	104	
	66			38				
百分比/%	48.08	7.69	7.69	29.81	1.92	4.81		100.00
	63.46			36.54				

2. 器物举例

第1层挑选陶器标本5件，唯有1件完整，其余为罐、盆、瓮类残片。

弹丸　1件。G19①：1，完整。泥质褐陶。体较小，圆球状，器表局部凹凸不平。直径2.2厘米，重15.1克（图二二一，4）。

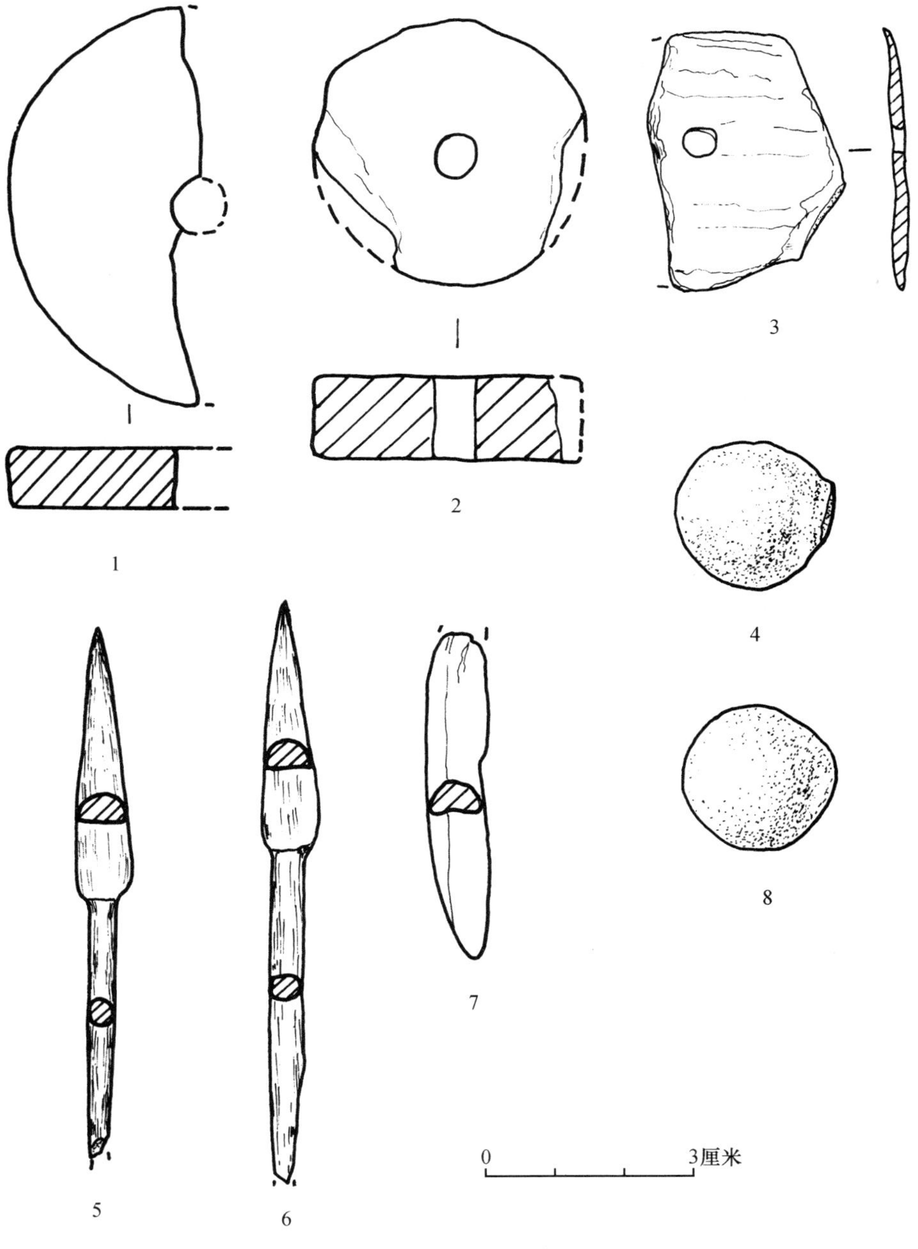

图二二一　G19器物标本

1、2. 陶纺轮（G19②：1、G19②：7）　3. 蚌器（G19②：6）　4. 陶弹丸（G19①：1）　5、6. 骨镞（G19②：5、G19②：4）　7. 骨笄（G19②：2）　8. 石弹丸（G19②：3）

盆　G19①：2，口及腹部。泥质灰陶。敛口，斜沿，尖圆唇，沿面稍显圆弧，上腹微鼓。腹部饰有戳印而成的方格纹。残高4.7、壁厚0.8厘米（图二二二，5）。G19①：9，口部。泥质灰陶。敛口，卷平沿，尖圆唇。素面。复原口径32、残高3.2、壁厚0.4～0.8厘米（图二二二，8）。

罐　口部。泥质灰陶。小口外侈，尖圆唇，束颈。素面无纹。G19①：3，复原口径10.8、残高4.4、壁厚0.6厘米（图二二二，1）。G19①：4，残高3.8、复原口径9.6、壁厚0.7厘米（图二二二，2）。G19①：7，复原口径12、残高3.3、壁厚0.4～0.9厘米（图二二二，6）。

瓮　G19①：5，口部。夹砂灰陶。敛口，宽平沿，厚方唇。器表饰竖向绳纹。残高4.9、壁厚0.9～1.2、沿宽3.3厘米（图二二二，3）。G19①：10，足部。夹砂灰陶。圆锥状，足跟内垫有泥芯。器表饰模糊细绳纹。直径1～8、残高8.4、壁厚0.9～1.2厘米（图二二二，9）。

鬲　G19①：6，口沿及腹部。夹砂灰陶。侈口，方唇，肩稍耸。器表饰纵向细绳纹至唇下，肩部有捏制花边。复原口径22.8、残高5.6、壁厚0.5～0.6厘米（图二二二，4）。

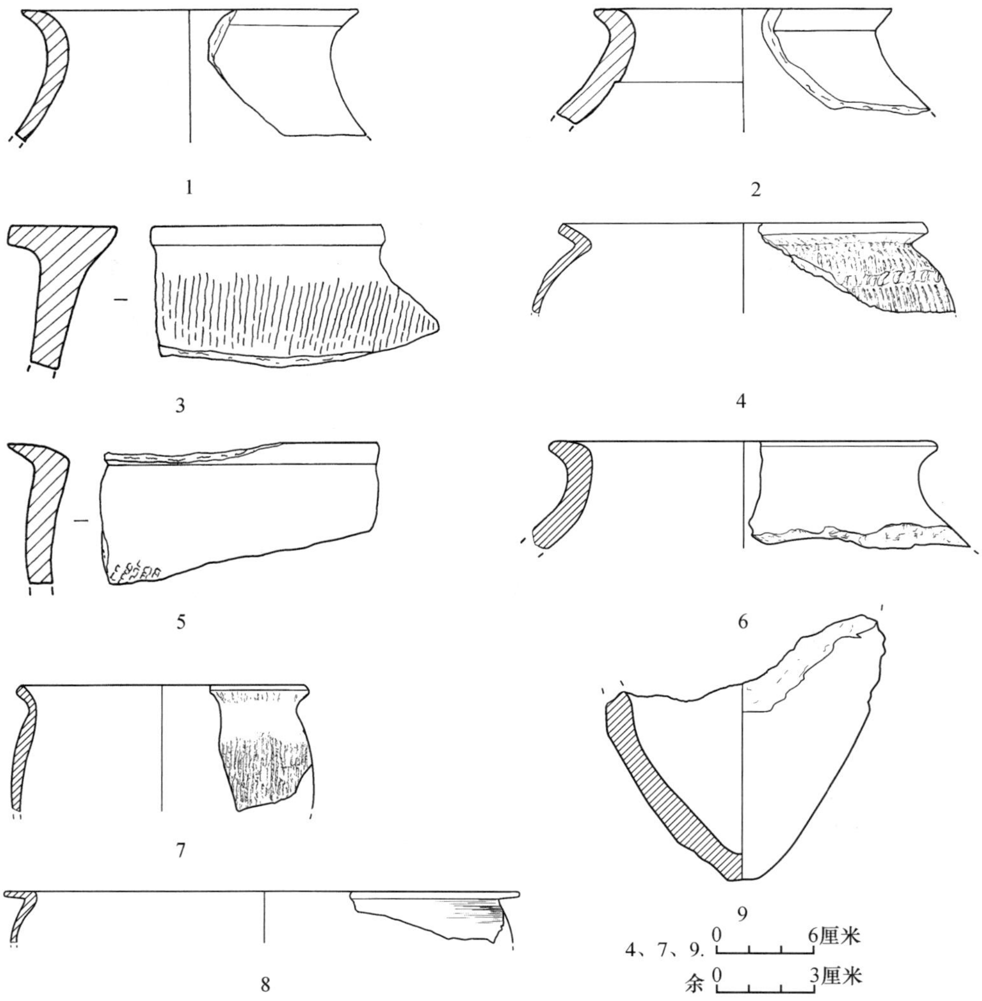

图二二二　G19①层陶器标本

1、2、6. 罐（G19①：3、G19①：4、G19①：7）　3、9. 瓮（G19①：5、G19①：10）　4. 鬲（G19①：6）　5、8. 盆（G19①：2、G19①：9）　7. 簋（G19①：8）

篮　G19①：8，口沿及腹部。泥质褐陶。侈口，方唇，束颈，近直腹。器表饰规整的纵向细绳纹，颈部抹光。复原口径18、残高7.85、壁厚0.6～0.8厘米（图二二二，7）。

第2层挑选器物标本13件，包括骨器3件、石器1件、蚌器1件，其余8件为纺轮、盆、罐、鼎、豆类陶器残片。

骨笄　G19②：2，残甚。扁条状，一端磨砺尖锐，加工较粗糙，器表一面仍部分保留原骨面。残长4.8、宽0.8、厚0.2～0.4厘米，重2.4克（图二二一，7）。

骨镞　磨制。首平面呈三角形，前锋尖锐，截面呈半圆形，后接实心圆柱状长铤。G19②：4，铤部残断。通体残长8.6厘米，首长3.8、最宽0.8、厚0.4厘米，铤残长4.8、径0.4～0.5厘米，重2.8克（图二二一，6）。G19②：5，铤部残断，首亦稍残。通体残长7.8厘米，首长4、最宽处0.8、厚0.4厘米，铤残长3.8、径0.4厘米，重2.6克（图二二一，5）。

石弹丸　G19②：3，完整。凝灰岩质，灰褐色。磨制。体较小，圆球状，器表局部凹凸不平。直径2 2厘米，重18.1克（图二二一，8）。

蚌器　G19②：6，残。不规则薄片状，表面为蚌壳原始形态，其上有一圆形钻孔，单面钻。残长3.8、残宽1.7～2.7、厚0.1～0.2、孔径0.4～0.6厘米，重4.7克（图二二一，3）。

纺轮　圆饼状。G19②：1，残存约1/2。泥质褐陶，器表一面呈深灰色。截面呈长方形，中部圆孔已残。直径5.9、孔径0.8厘米，重23克（图二二一，1）。G19②：7，残。泥质夹细砂，器表陶色深灰，胎体呈褐色。制作较粗糙，器表稍显凹凸不平，中部圆形穿孔。直径3.9、厚1.3、孔径0.6厘米，重24.7克（图二二一，2）。

盆　口及腹部。泥质灰陶。G19②：8，侈口，圆唇略外卷，颈部收束，上腹圆鼓。器表上腹部贴附有一圆形泥饼，其下饰斜向细绳纹。残高9.6、壁厚0.6厘米（图二二三，4）。G19②：11，敛口，卷平沿，方唇，上腹外鼓。鼓腹之下饰有模糊的竖向绳纹。残高6.5、壁厚0.4厘米（图二二三，7）。

罐　G19②：9，口及颈部。泥质灰陶。小口外侈，尖圆唇，束颈。素面无纹。残高4.7、复原口径9.8、壁厚0.4厘米（图二二三，5）。

豆　G19②：10，盘。泥质灰陶。侈口，圆唇，盘较深，腹壁斜收，底部稍平。外壁饰有较为模糊的竖向绳纹，似经抹平，漫漶不清。残高7.3、复原盘径20.8、壁厚0.4厘米（图二二三，2）。

鼎　足部。泥质陶，陶色灰褐。G19②：12，近似柱状，横截面呈圆形。残高5.1厘米（图二二三，8）。G19②：13，扁平蹄状足，下部渐外撇，横截面近椭圆形。残高5.3厘米（图二二三，6）。

鬲　口及腹部。夹砂灰陶，侈口，方唇，溜肩。G19②：14，器表饰规整的纵向细绳纹，肩部捏制花边。残高6.2、复原口径21.2、壁厚0.5～1厘米（图二二三，1）。G19②：15，器表饰规整的纵向细绳纹至唇部。残高7.4、残宽8.2、壁厚0.6厘米（图二二三，3）。

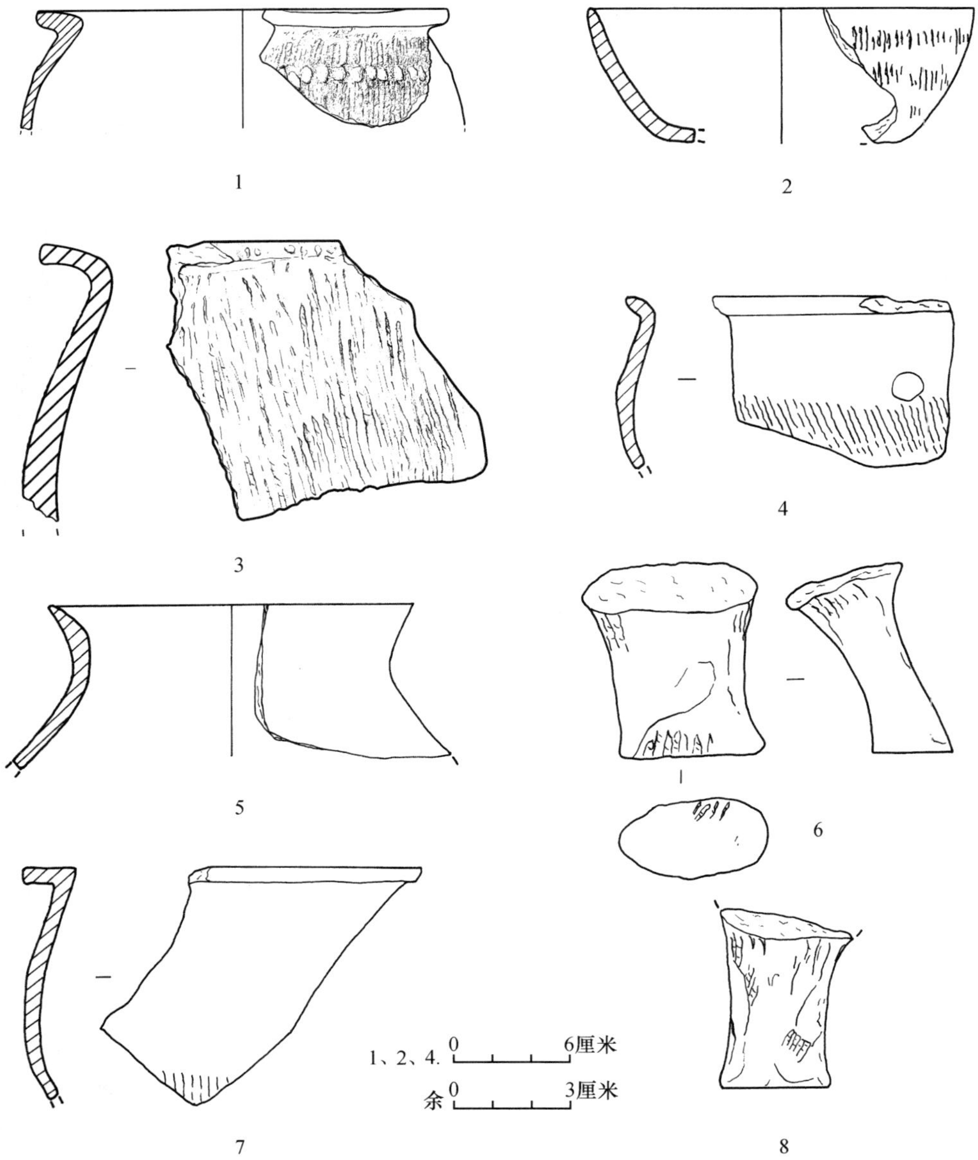

图二二三　G19②层陶器标本

1、3. 鬲（G19②：14、G19②：15）　2. 豆（G19②：10）　4、7. 盆（G19②：8、G19②：11）　5. 罐（G19②：9）　6、8. 鼎（G19②：13、G19②：12）

第三节　墓　　葬

1座，编号M30，位于JT0303中西部，部分压于JT0302东隔梁下，开口于第1层下，距现地表深0.14米，南部被M22打破，扰乱严重。

（一）形制

方向256°。竖穴土圹结构，残存平面呈梯形，斜壁略弧，口大底小。口残长1.12～1.62、宽2.22

米，底残长1.08～1.15、宽2.12米，深1.22米。填土未经处理，土质结构松散，颗粒状，包含西周时期绳纹陶片。在填土中发现零星漆皮颗粒，不能确定是否为木质葬具残余。未见人骨，葬式不详（图二二四；彩版七，1）。

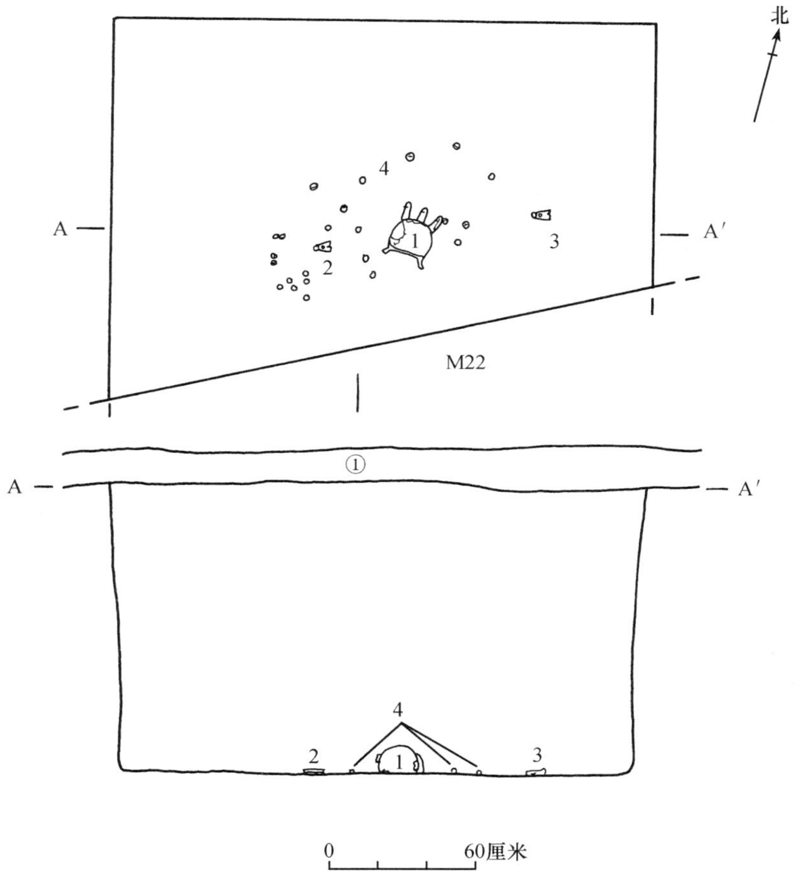

图二二四　M30平、剖面图

1. 铜鼎　2、3. 铜铃　4. 铜泡

（二）遗物

共发现器物26件，均为铜器。计有鼎1件、铃2件、泡23枚，皆散布于底中部。

铜鼎　1件。M30：1，残。圆形，三足，立耳。口微敛，平折沿，方唇。沿上附两实心方形立耳，耳孔呈拱形；圆腹微鼓，最大腹径在中部，器体略显宽扁。底较平。圆柱形三足较细高，上粗下细。口沿下有一周以圆涡纹、四瓣目纹为主体相间构成的纹饰带，每个圆涡纹及四瓣目纹之间以阴线方格分界，其间又以阴线卷云雷纹、三角形纹作地补白。四瓣目纹的四角呈月牙形。腹底及足部上有明显烟炱痕。有明显范铸痕迹。详见附录部分。通高21.8、口径15.4厘米，沿宽1、厚0.4厘米，腹最大径17.4、深9.6、壁厚0.2厘米；耳高3.6、宽4.2厘米，耳孔高2.6、宽2.2厘米，足高8.7、径2.1～2.55厘米，重1814.9克（图二二五；彩版七，2）。

铜铃　2件。形制皆同。平顶，上有半环形梁。体较修长，下部外撇，横截面呈扁叶形，弧形凹口。顶内有半环形鼻。铃舌青铜质，四棱形，截面梯形，上端为圆环套于鼻内，末端伸出铃口。

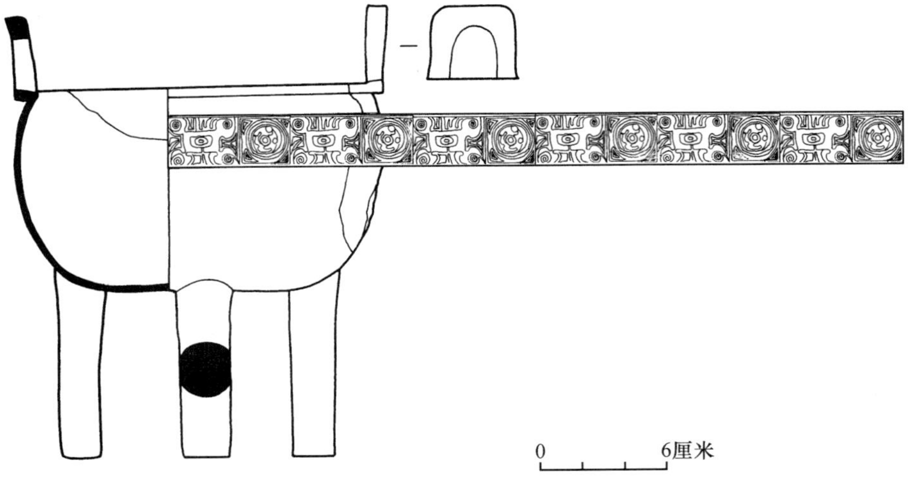

图二二五　M30铜鼎（M30：1）

素面。M30：2，基本完整。通高6.5厘米，顶长1.9、宽1.4厘米，口长3.6、宽2.2厘米，梁通高1、内孔高0.7厘米，舌通长5.3、宽0.5～0.7、厚0.4厘米，舌环径0.4～0.9厘米，壁厚0.2厘米，芯孔宽0.2厘米左右，重55.1克（图二二六，1；图版一五，3）。M30：3，基本完整。双范合铸而成。铃舌上未见明显范铸线，与鼻的套接方法亦不清楚。通高6.2厘米，顶长2、宽1.4厘米，口长3.2、宽2厘米，槽宽0.8、高0.6厘米，梁通高1.2、内孔高0.7厘米，舌通长4.8、宽0.3～0.5、厚0.3厘米，舌环径0.4～0.8厘米，壁厚0.2厘米，芯孔宽0.4厘米左右，重49.6克（图二二六，2；图版一五，4）。

铜泡　共23件。形制皆同。整体呈空心半球状，背部正中有片状长方形横梁用以穿系。部分铜泡表面残余少量纺织品遗痕，经纬清晰可辨，线径有别。直径约2.3、高约0.9厘米、壁厚0.1～0.2、横梁宽度约0.4厘米；重量最轻者4.3克，最重者6.9克（图二二六，3～8；图版一五，5；表一三六）。

表一三六　M30铜泡统计表

编号＼尺寸	直径/厘米	通高/厘米	壁厚/厘米	横梁宽/厘米	重量/克	备注
M30：4-1	2.3	0.9	0.2	0.4	6	有织物痕
M30：4-2	2.3	0.9	0.2	0.5	5.8	
M30：4-3	2.35	0.9	0.15	0.45	5.1	
M30：4-4	2.3	0.9	0.2	0.4	5.3	
M30：4-5	2.4	0.9	0.2	0.45	6.6	有织物痕（图二二六，4）
M30：4-6	2.3	0.9	0.2	0.45	6.1	图二二六，5
M30：4-7	2.4	1	0.2	0.5	6.6	有织物痕
M30：4-8	2.4	0.95	0.2	0.4	6.1	有织物痕
M30：4-9	2.4	0.9	0.1	0.5	6.9	
M30：4-10	2.35	0.9	0.1	0.45	5.6	残，表面略有变形凹陷；残留纺织品痕（图二二六，3）
M30：4-11	2.4	0.9	0.2	0.4	6.2	
M30：4-12	2.4	1.05	0.2	0.5	5.8	

续表

编号＼尺寸	直径/厘米	通高/厘米	壁厚/厘米	横梁宽/厘米	重量/克	备注
M30：4-13	2.4	0.9	0.15	0.5	5.7	
M30：4-14	2.35	0.9	0.1	0.4	5	
M30：4-15	2.3	1	0.2	0.5	5.9	有织物痕
M30：4-16	2.3	0.9	0.15	0.45	5.6	残，表面略有变形凹陷；残留纺织品痕（图二二六，6）
M30：4-17	2.4	1	0.2	0.45	5.2	有织物痕
M30：4-18	2.35	0.9	0.1	0.4	5.6	有织物痕
M30：4-19	2.35	0.95	0.15	0.5	6.1	
M30：4-20	2.3	0.9	0.2	0.5	5.3	残（图二二六，7）
M30：4-21	2.3	0.9	0.2	0.4	5.8	
M30：4-22	2.3	0.9	0.2	0.5	6.4	残，表面略有变形凹陷（图二二六，8）
M30：4-23	2.3	0.65	0.1	0.4	4.3	

第四节　考古学观察

通过调查和2001年发掘可知，东阳遗址内西周时期的遗存分布范围很广，本次发掘所获亦如前期。

一、遗　　迹

遗迹类型主要是灰坑、灰沟和墓葬。J区和R区都有分布，尤其是J区偏南部最为集中。

灰坑数量最多。平面呈椭圆形或半椭圆形者约占78%，圆形或半圆形者约占20%，不规则形只有少量，平底或斜平底者居多，约占67%，其余为圜底或近圜底。

灰沟G19位于R区西南部，边壁整齐，显系人为形成。其内有多层堆积尤其是底部的薄层淤积土，反映了灰沟使用到废弃的过程。沟内发现一具动物遗骸，应是有意识填埋。壁下近似龛类的遗迹，底平面规整，也应有特殊的使用目的。

本次发掘明确与祭祀活动有关的迹象2处。一处是G19南部西壁下第2层堆积中发现的一具较完整成年个体猪骨，头向南，背部朝向沟内（向东），深度约0.6米，显系有意识人为形成。另一处是G19南部东侧的H47。该坑平面近椭圆形，堆积共七层。第1～3层较致密，第4～7层为较疏松的灰土与较致密的黄褐色或红褐色土交替堆积。在第4层、第6层共发现3具幼体猪和羊的骨骼，均较完整，也应是有意识人为形成。坑中还发现较多的石质、骨质甚或铜质的生产工具，武器以及两件较完整的陶鬲。这些不同土色的堆积层和包含遗物，或许是多次祭祀活动形成。

另外一组可能与祭祀坑有关的遗迹是M30。该遗迹形制规整，南部几乎一半无存，残存的部分

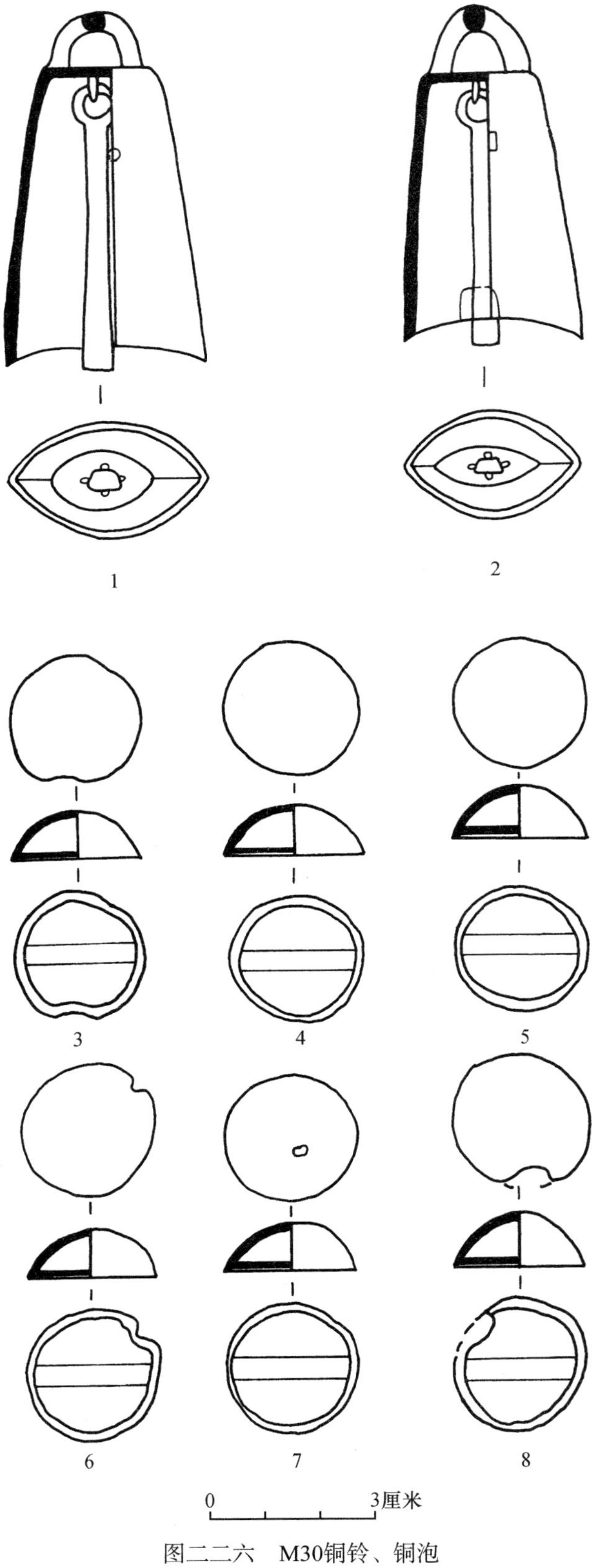

图二二六　M30铜铃、铜泡

1、2. 铜铃（M30：2、M30：3）　3～8. 铜泡（M30：4-10、M30：4-5、M30：4-6、M30：4-16、M30：4-20、M30：4-22）

中未见人骨及葬具痕迹。虽在发掘中暂以墓葬排序，但仍有很多疑点，如周边所见同期遗迹均为灰坑，仅此一座墓葬有悖墓区设置的一般规律。其次，未见人骨和葬具却有铜铃、铜鼎等遗物，也不符合盗扰的做法。

二、器　　物

遗物包括铜、陶、石、骨等不同质地。用途分为日常生活器具、工具和其他等共计三类。

（一）陶器

多见早期遗物夹杂。绝大多数为生活器具类，惜仅有少量完整或基本完整。除此之外，还有少量生产工具如纺轮、陶拍、弹丸，极少量或许与装饰有关的陶珠、陶环。

1. 陶器的基本面貌

陶质陶色方面，泥质陶占总数的41.37%/36.45%，夹砂陶占58.63%/63.55%。其中夹砂灰陶占42.26%/43.52%，泥质灰陶占19.75%/17.92%，泥质灰皮褐胎陶占13.66%/11.06%，夹砂褐陶占7.25%/8.98%，夹砂灰皮褐胎陶占4.21%/6.44%，泥质褐陶占2.95%/3.09%，泥质红陶占2.15%/1.95%，夹砂红陶占2.13%/1.88%，泥质黑陶占1.96%/1.67%，夹砂黑皮褐胎陶占1.50%/1.48%，夹砂黑陶占0.92%/0.97%，泥质黑皮褐胎陶占0.56%/0.52%，泥质黑皮灰胎陶占0.29%/0.19%，夹砂褐皮灰胎陶占0.17%/0,17%，夹砂黑皮灰胎陶占0.19%/0.13%，泥质褐皮灰胎陶占0.05%/0.04%。纹饰方面，素面陶占总数的14.26%/9.5%。绳纹占63.93%/58.5%，戳压纹+绳纹占2.56%/7.95%，交错绳纹占1.91%/5.12%，戳压纹占2.66%/3.07%，素面磨光占4.45%/2.95%，指甲戳压纹+绳纹占0.08%/2.54%，竖向绳纹占2.78%/2.35%，篮纹占2.15%/1.56%，弦纹+交错绳纹+划纹占0.02%/1.52%，附加堆纹占0.68%/1.24%，弦纹占1.20%/0.91%，弦纹+绳纹占1.11%/0.82%，附加堆纹+交错绳纹占3.10%/0.53%，素面磨光加绳纹占0.10%/0.24%，方格纹占0.17%/0.16%，线纹占0.14%/0.13%，绳纹+附加堆纹+戳压纹占0.02%/0.13%，素面磨光+云雷纹+绳纹占0.02%/0.1%，交错绳纹+麻点纹占0.07%/0.09%，抹光+绳纹占0.05%/0.09%，几何纹占0.10%/0.07%，云雷纹占0.07%/0.07%，素面磨光+黑彩占0.07%/0.06%，云雷纹+绳纹占0.05%/0.06%，弦纹+交错绳纹占0.02%/0.06%，压印纹+绳纹占0.02%/0.05%，划纹占0.07%/0.04%，麻点纹+绳纹占0.05%/0.04%，绳纹+穿孔占0.07%/0.03%，绳纹+弦纹+划纹占0.02%/0.02%（表一三七）。

陶器的制法以手制轮修为主，器物的口沿外侧可见轮修痕迹。唇与器身接合处多见二次覆泥和修整涂抹痕迹，尤以大型器物如瓮等最为明显。陶簋等器物的足上端断碴处可见其内壁贴附有一周泥条，用以加强圈足与器底的粘接。

可辨器形主要有罐、鬲、甗、瓮、盆、簋、豆。常见早期遗物夹杂，如仰韶时期彩陶和二里头时期器盖、罐等。

表一三七　西周时期遗存陶系统计总表

陶质 / 陶色 / 纹饰	泥质								夹砂								合计	百分比/%
	红	褐	黑	灰	灰皮褐胎	黑皮褐胎	黑皮灰胎	褐皮灰胎	红	褐	黑	灰	灰皮褐胎	黑皮褐胎	黑皮灰胎	褐皮灰胎		
素面	30/ 590.8	35/ 1196.6	6/ 136.2	224/ 4763.5	9/ 95.1	4/ 123.9		1/ 15.3	26/ 598.4	67/ 1337.5		179/ 3346.4	3/ 258.2	6/ 137.7			590/ 12599.6	14.26/ 9.50
素面磨光	9/ 209.9	17/ 574.4	40/ 866.8	108/ 2027.9		4/ 79.8	3/ 58.8	1/ 38.3							2/ 61.2		184/ 3917.1	4.45/ 2.95
篮纹	29/ 544.3	5/ 117.7	1/ 20	39/ 1013.4		1/ 81.8			10/ 148.8	4/ 150							89/ 2076	2.15/ 1.56
绳纹	9/ 562.1	46/ 1345.4	20/ 682.9	355/ 10543.5	535/ 13790.5	3/ 32.5	8/ 187.2		46/ 1569.7	176/ 5848	36/ 1198.7	1212/ 34629	142/ 5463.4	45/ 1479.5	4/ 55.8	7/ 220	2644/ 77608.2	63.93/ 58.50
弦纹	1/ 18	3/ 59.7	2/ 69.9	30/ 851.5		1/ 178.6			2/ 29.9	2/ ?		9/ ?					50/ 1207.6	1.20/ 0.91
划纹	1/ 23.4		1/ 8.8	1/ 20.1													3/ 52.3	0.07/ 0.04
附加堆纹				1/ 39.4							1/ 38.2	24/ 1545.5	2/ 28.5				28/ 1651.6	0.68/ 1.24
戳压纹+绳纹		2/ 292.6		8/ 338.1	5/ 285.3	1/ 25.9				10/ 1308		73/ 6498.6	7/ 1745.9	1/ 56.1			106/ 10550.5	2.56/ 7.95
磨光+黑彩	3/ 74.3																3/ 74.3	0.07/ 0.06
绳纹+堆纹+戳压纹										1/ 174.5							1/ 174.5	0.02/ 0.13
交错绳纹				4/ 859.5						14/ 962.7		47/ 3927.6	12/ 914.6	2/ 127.7			79/ 6792.1	1.91/ 5.12
弦纹+绳纹		7/ 111.9	1/ 12.4	10/ 179.5	2/ 135					1/ 190.9		24/ 421.6	1/ 34.4				46/ 1085.7	1.11/ 0.82

续表

纹饰＼陶色＼陶质	泥质								夹砂								合计	百分比/%
	红	褐	黑	灰	灰皮褐胎	黑皮褐胎	黑皮灰胎	褐皮灰胎	红	褐	黑	灰	灰皮褐胎	黑皮褐胎	黑皮灰胎	褐皮灰胎		
戳压纹		2/27.4		20/582.1	1/42.4	1/59.6			2/55.7	1/72.7		83/3232.2					110/4072.1	2.66/3.07
几何纹			2/68.8	2/23.8													4/92.6	0.10/0.07
指甲戳压纹+绳纹	1/282.9	1/132.6		3/199.9					1/73	4/493.3	1/45.7	22/2146.7					33/3374.1	0.08/2.54
交错绳纹+弦纹+划纹				1/2015													1/2015	0.02/1.52
弦纹+交错绳纹												1/77.2					1/77.2	0.02/0.06
交错绳纹+麻点纹										1/36.9		2/80.2					3/117.1	0.07/0.09
线纹	5/158.2								1/17								6/175.2	0.14/0.13
磨光+绳纹	1/128.4		2/112.5	1/72.5													4/313.4	0.10/0.24
云雷纹			3/92.8														3/92.8	0.07/0.07
方格纹				7/209.8													7/209.8	0.17/0.16
云雷纹+绳纹			2/78														2/78	0.05/0.06
磨光+云雷纹+绳纹		1/132.1															1/132.1	0,02/0.10

续表

陶质	泥质								夹砂								合计	百分比/%
纹饰 \ 陶色	红	褐	黑	灰	灰皮褐胎	黑皮褐胎	黑皮灰胎	褐皮灰胎	红	褐	黑	灰	灰皮褐胎	黑皮褐胎	黑皮灰胎	褐皮灰胎		
压印纹+绳纹			1/66.2														1/66.2	0.02/0.05
绳纹+弦纹+划纹				1/20.6													1/20.6	0.02/0.02
麻点纹+绳纹										2/47.9							2/47.9	0.05/0.04
抹光+绳纹										1/87.1		1/27.4					2/114.5	0.05/0.09
绳纹+穿孔					3/45.6												3/45.6	0.07/0.03
竖向绳纹		3/108.9		2/9.8	10/283.2	8/107.5	1/8.5			13/952.7		61/1340	7/98.3	8/157.5	2/56.2		115/3122.6	2.78/2.35
堆纹+交错绳纹										3/246.2		10/456.5					13/702.7	3.10/0.53
合计	89/2592.3	122/4099.3	81/2215.3	817/23769.9	565/14677.1	23/689.6	12/254.5	2/53.6	88/2492.5	300/11908.4	38/1282.6	1748/57728.9	174/8543.3	62/1958.5	8/173.2	7/220	4136/132659	100/100
	1711/48351.6								2425/84307.4									
百分比/%	2.15/1.95	2.95/3.09	1.96/1.67	19.75/17.92	13.66/11.06	0.56/0.52	0.29/0.19	0.05/0.04	2.13/1.88	7.25/8.98	0.92/0.97	42.26/43.52	4.21/6.44	1.50/1.48	0.19/0.13	0.17/0,17	4136/132659	
	41.37/36.45								58.63/63.55									

2. 可划分型式的器类

陶器可复原者仅有4件。参照已有的发掘材料，部分残片可供型式划分。

瓮　数量较多，选取口沿残片18件。平折沿，沿面平整且较宽，多为方唇，也有少量圆唇者，上腹部斜直外撇，唇部饰捏印或戳压纹呈花边状，部分唇部不施纹饰，腹部饰纵向细绳纹。依据细部变化分为二式。

Ⅰ式：14件。包括H15：2（图二二七，1）、H30：1（图二二七，2）、H35④：2（图二二七，

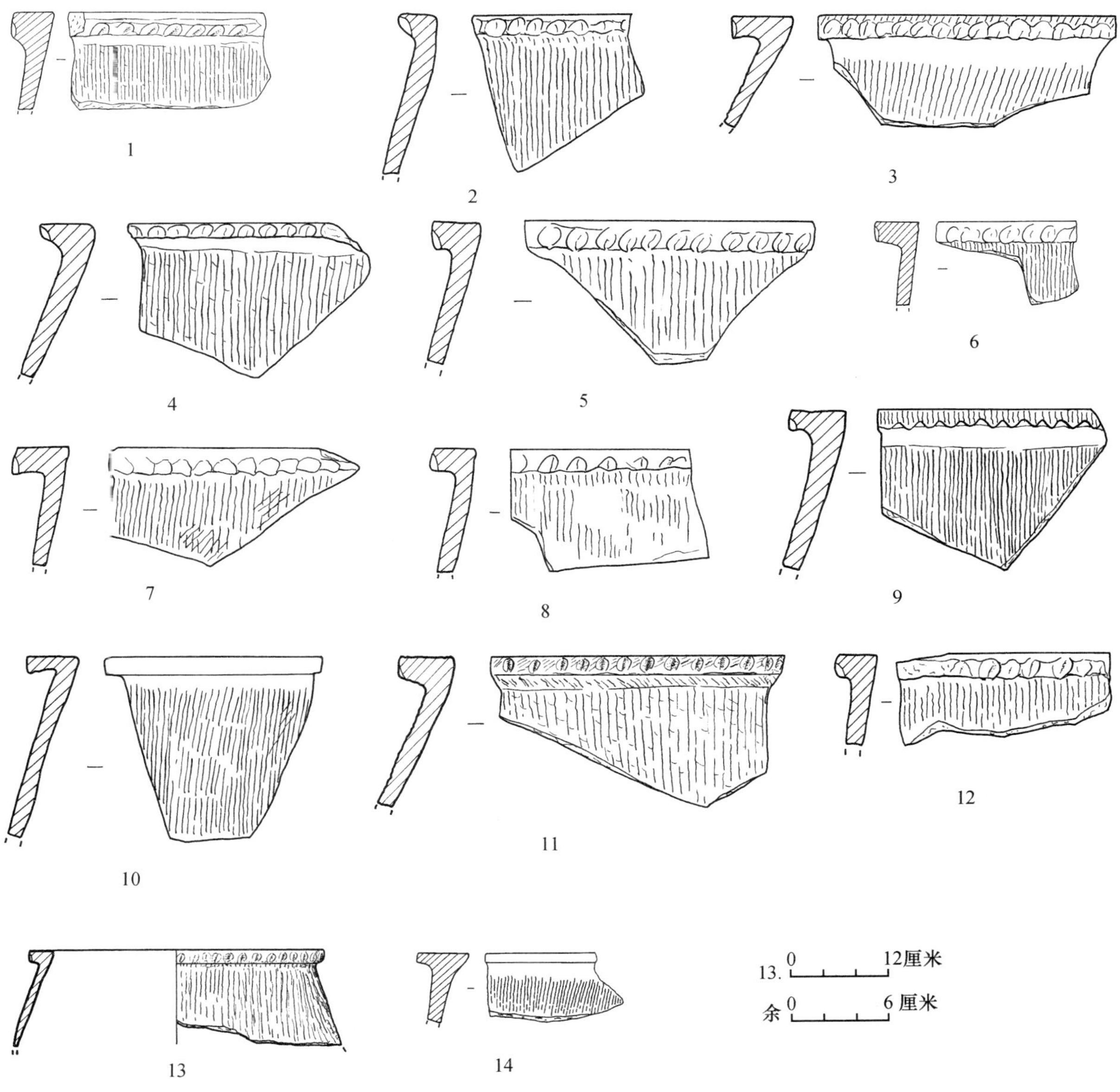

图二二七　Ⅰ式瓮

1. H15：2　2. H30：1　3. H35④：2　4. H35④：6　5. H35⑤：1　6. H35⑦：6　7. H35⑧：4　8. H35⑨：2　9. H44：2　10. H44：3　11. H48：1　12. H45：1　13. H47①：6　14. G19①：5

3）、H35④：6（图二二七，4）、H35⑤：1（图二二七，5）、H35⑦：6（图二二七，6）、H35⑧：4（图二二七，7）、H35⑨：2（图二二七，8）、H44：2（图二二七，9）、H44：3（图二二七，10）、H45：1（图二二七，12）、H47①：6（图二二七，13）、H48：1（图二二七，11）、G19①：5（图二二七，14）。

Ⅱ式：4件。直口或稍有外侈。包括H6：1（图二二八，1）、H8：1（图二二八，2）、H35②：1（图二二八，3）、H47①：5（图二二八，4）。

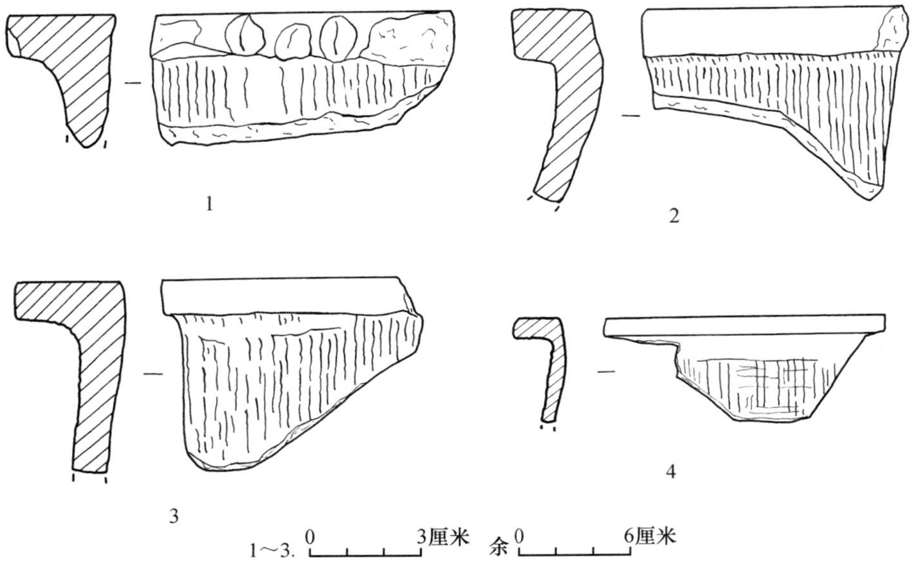

图二二八　Ⅱ式瓮

1. H6：1　2.H8：1　3. H35②：1　4. H47①：5

鬲　数量最多，共选取典型标本37件，其中修复完整或基本完整的有4件、口沿残片23件、鬲足10件。分为二型。

A型　共有20件。包括完整或基本完整器及口部。分二亚型。

Aa型　15件。完整或基本完整器4件。侈口，斜沿稍卷，领部较矮，短束颈，溜肩，大空心锥足，瘪裆，体稍显横宽。口沿残片11件。包括H10：1（图二二九，3）、H47①：2（图二二九，4）、H47④：1（图二二九，1）、H47⑤：1（图二二九，2）。侈口，斜卷沿，短束颈，肩部圆弧或溜肩。包括H11：3（图二三〇，1）、H30：2（图二三〇，8）、H30：4（图二三〇，2）、H35④：7（图二三〇，5）、H35⑤：4（图二三〇，4）、H35⑧：3（图二三〇，3）、H47①：4（图二三〇，6）、H47②：2（图二三〇，7）、H48：2（图二三〇，11）、G19②：14（图二三〇，10）、G19②：15（图二三〇，9）。

Ab型　5件。口部。侈口，斜卷沿，短束颈较甚，肩部稍耸。包括H10：6（图二三一，4）、H35④：12（图二三一，5）、H35⑧：2（图二三一，1）、H35④：3（图二三一，2）、G19①：6（图二三一，3）。

B型　3件。口部。侈口，平沿，方唇，短束颈。包括H35④：8（图二三二，1）、H44：4（图二三二，2）、H45：2（图二三二，3）。

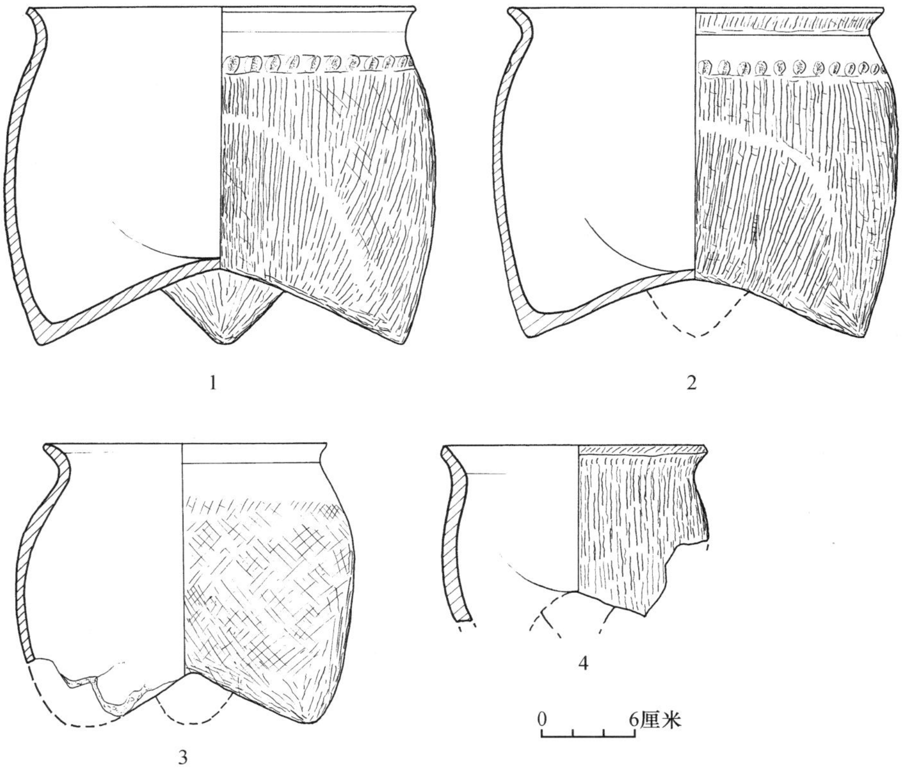

图二二九　Aa型鬲完整器

1. H47④：1　2. H47⑤：1　3. H10：1　4. H47①：2

鬲足　共10件。可分二型。

A型　8件。空心锥足。

Ⅰ式：5件。足跟尖锐，横截面呈圆形或近圆形。包括H44：5（图二三三，1）、H35③：2（图二三三，2）、H35⑤：5（图二三三，3）、H6：3（图二三三，4）、H47④：8（图二三三，9）。

Ⅱ式：3件。足跟较圆钝。包括H8：2（图二三三，7）、H30：3（图二三三，5）、H11：2（图二三三，6）。

B型　2件。实心柱足。分二亚型。

Ba型　1件。H10：7（图二三三，8），足较高且粗壮，有纹饰，足跟底部较平。

Bb型　1件。H47②：3（图二三三，10），足较矮，横截面较圆，无纹饰，足跟底部圆钝。

罐　数量较多，共选取口沿残片13件。可分四型。

A型　5件。侈口卷沿矮领罐。分二式。

Ⅰ式：4件。沿稍卷，沿下角较大，圆唇。H47①：8（图二三四，4）、G19①：3（图二三四，1）、G19①：4（图二三四，2）、G19①：7（图二三四，3）。

Ⅱ式：2件。卷沿程度加剧，沿下角稍小，沿面外缘有小平面，圆唇。H6：5（图二三四，6）、H44：6（图二三四，5）。

B型　3件。侈口斜沿矮领罐。

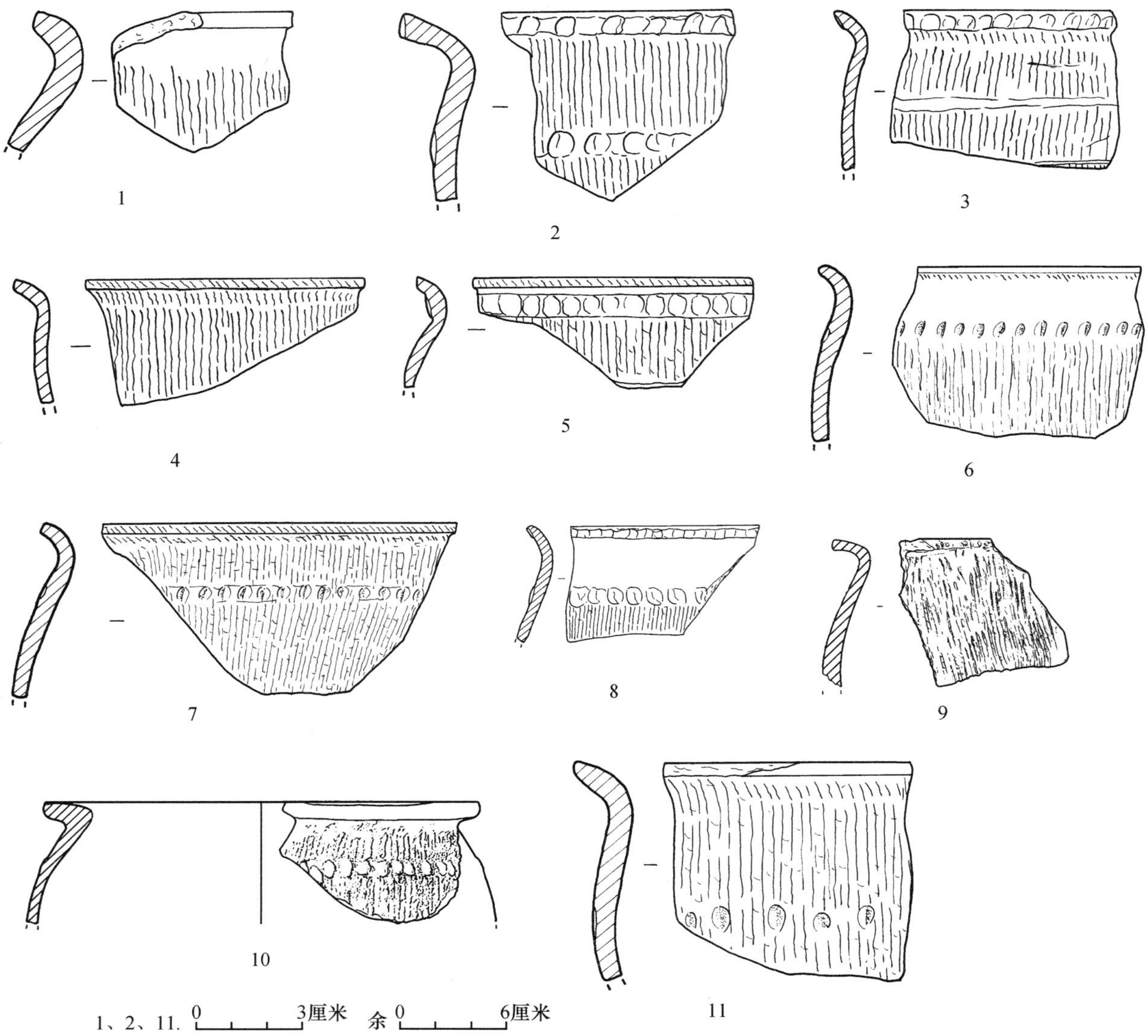

图二三〇　Aa型鬲口沿残片

1. H11：3　2. H30：4　3. H35⑧：3　4. H35⑤：4　5. H35④：7　6. H47①：4　7. H47②：2　8. H30：2　9. G19②：15　10. G19②：14　11. H48：2

Ⅰ式：1件。侈口，斜沿，圆唇，束颈稍高，圆肩。H6：4（图二三五，1）。

Ⅱ式：2件。侈口，斜沿较甚，短束颈明显，圆唇或尖圆唇。H35⑦：7（图二三五，2）、G19②：9（图二三五，3）。

C型　3件。敛口罐。分二亚型。

Ca型　分二式。

Ⅰ式：1件。敛口较甚。H35④：11（图二三五，4）。

Ⅱ式：1件。敛口程度减轻。H45：4（图二三五，5）。

Cb型 1件。敛口，广肩近平。H6：7（图二三五，7）。

D型　1件。直口矮直领罐。H47④：6（图二三五，6）。

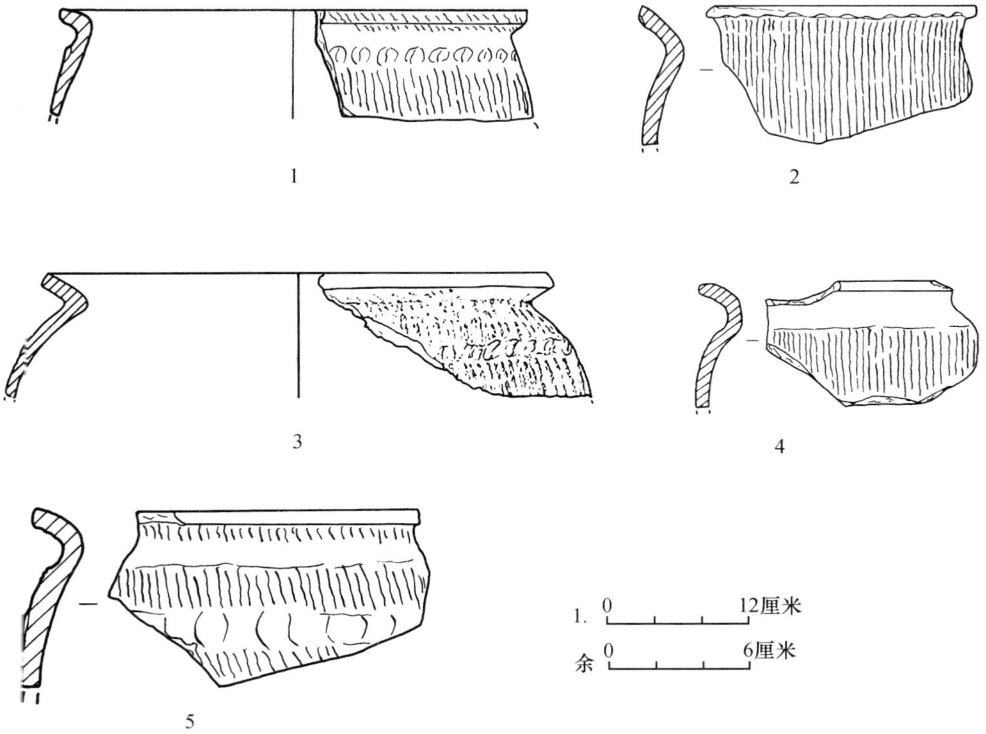

图二三一　Ab型鬲口沿残片

1. H35⑧：2　2. H35④：3　3. G19①：6　4. H10：6　5. H35④：12

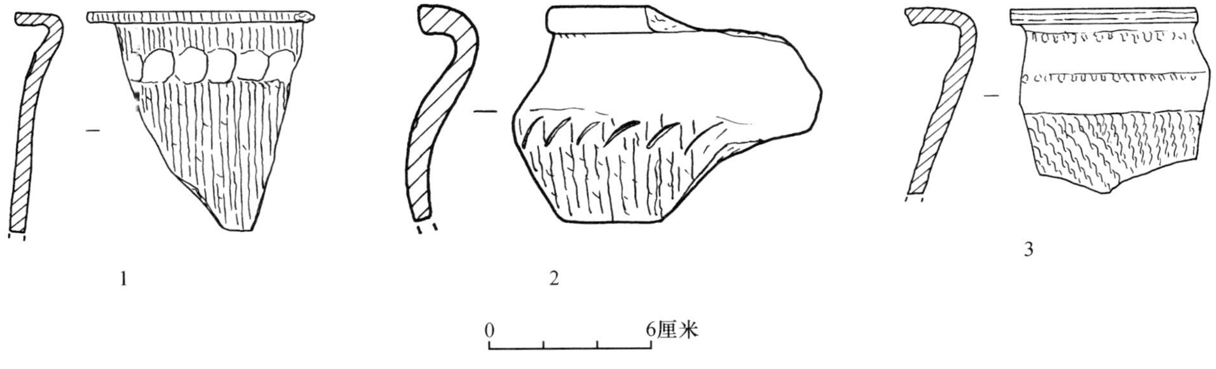

图二三二　B型鬲口沿残片

1. H35④：8　2. H44：4　3. H45：2

簋　共选取标本11件，绝大部分为口沿残片。可分二型。

A型　4件。侈口，平卷沿，圆唇居多，也有方圆唇者，粗高领。可分三式。

Ⅰ式：2件。折腹，腹饰绳纹或几何形纹饰带。包括H35③：1（图二三六，1）、H15：3（图二三六，4）。

Ⅱ式：1件。弧腹，腹饰几何形纹饰带。H35⑨：3（图二三六，2）。

Ⅲ式：1件。斜腹内侈，领基本消失。H44：7（图二三六，3）。

B型　7件。侈口，斜沿稍卷，圆唇，也见有方唇者。可分二式。

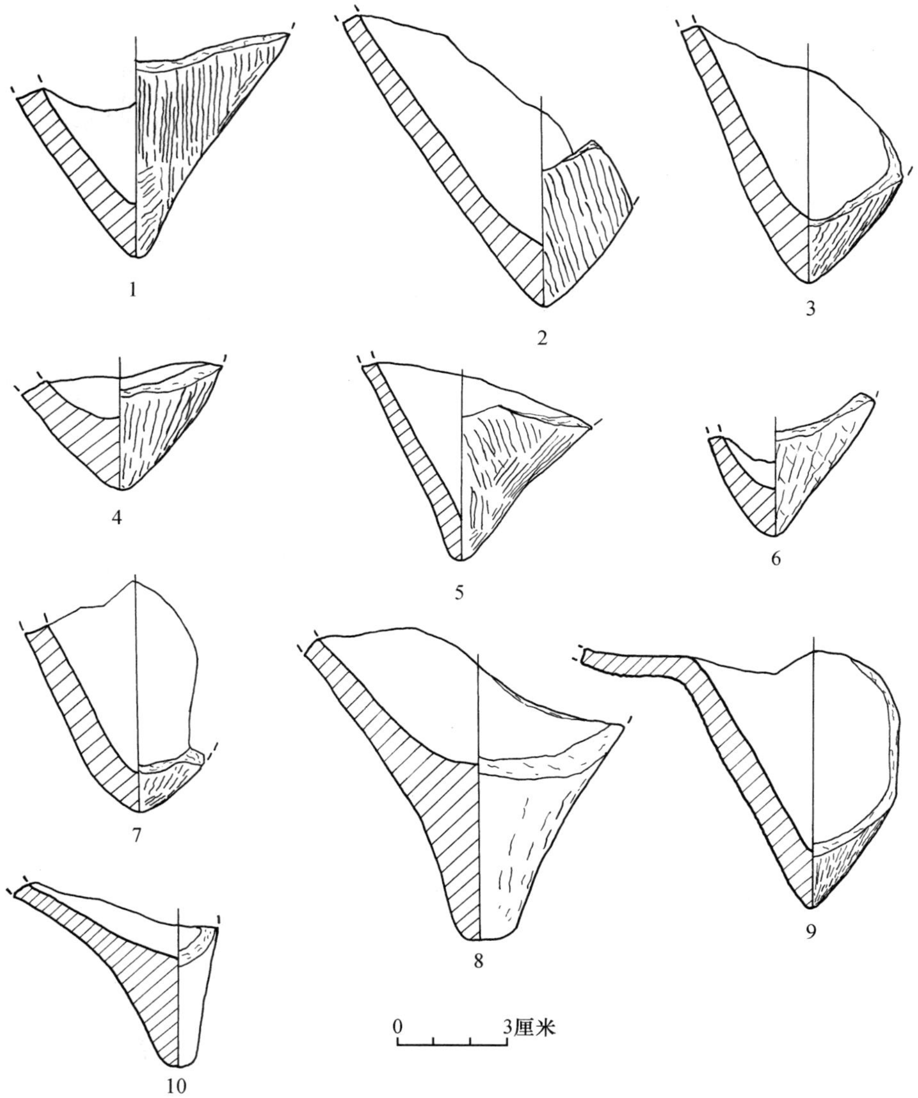

图二三三　A、B型鬲足

1～4、9. A型Ⅰ式（H44：5、H35③：2、H35⑤：5、H6：3、H47④：8）　5～7. A型Ⅱ式（H30：3、H11：2、H8：2）
8. Ba型（H10：7）　10. Bb型（H47②：3）

Ⅰ式：4件。粗高领，上腹鼓，腹饰绳纹或几何形纹饰带。包括H6：6（图二三七，6）、H35④：9（图二三七，7）、H47①：7（图二三七，1）、H47④：5（图二三七，4）。

Ⅱ式：3件。粗高领，上腹较直，腹饰绳纹或几何形纹饰带。包括H35④：10（图二三七，5）、H35⑤：3（图二三七，3）、G19①：8（图二三七，2）。

盆　选取标本6件。均为口沿残片。分二型。

A型　5件。圆唇或尖圆唇，弧腹。根据沿面变化分二式。

Ⅰ式：3件。卷斜沿。H35⑧：5（图二三八，3）、H35⑨：4（图二三八，1）、G19②：8（图二三八，2）。

Ⅱ式：2件。卷平沿。G19①：9（图二三八，5）、G19②：11（图二三八，4）。

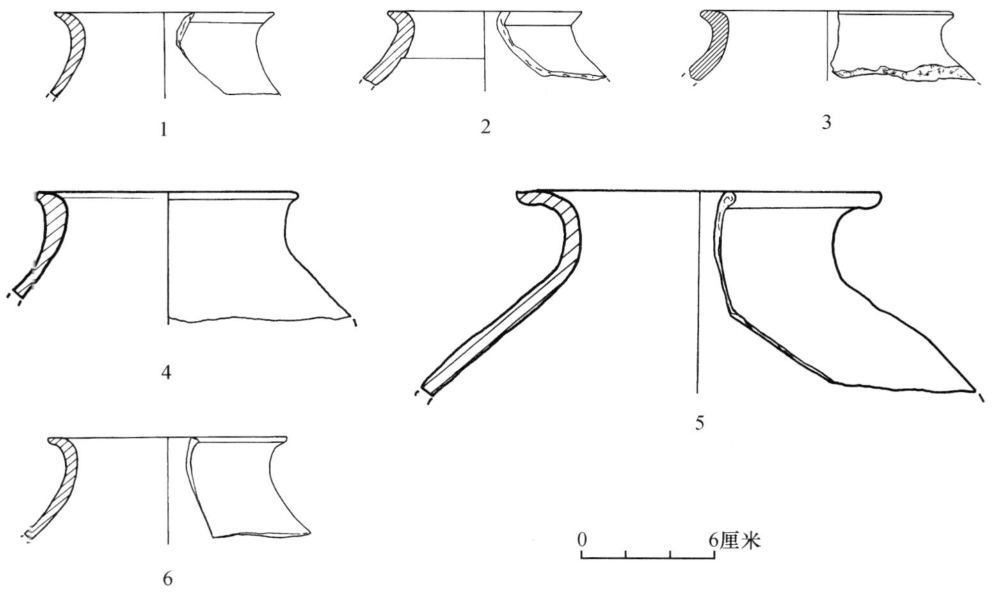

图二三四　A型罐

1～4. Ⅰ式（G19①：3、G19①：4、G19①：7、H47①：8）　5、6. Ⅱ式（H44：6、H6：5）

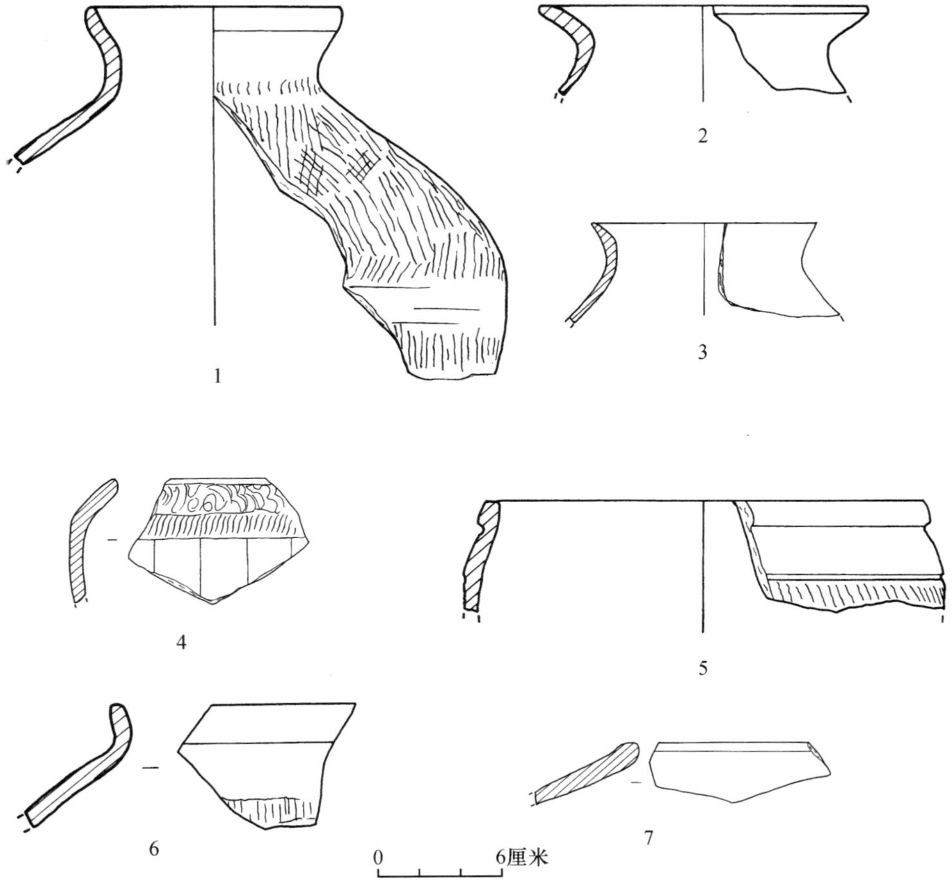

图二三五　B、C、D型罐

1. B型Ⅰ式（H6：4）　2、3. B型Ⅱ式（H35⑦：7、G19②：9）　4. Ca型Ⅰ式（H35④：11）

5. Ca型Ⅱ式罐（H45：4）　6. D型罐（H47④：6）　7. Cb型罐（H6：7）

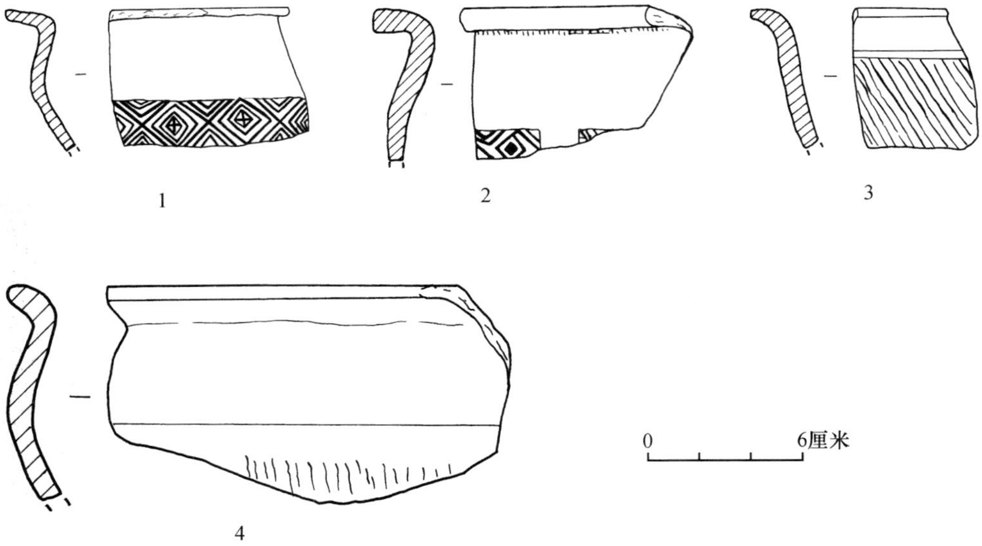

图二三六　A型簋

1、4. Ⅰ式（H35③：1、H15：3）　2. Ⅱ式（H35⑨：3）　3. Ⅲ式（H44：7）

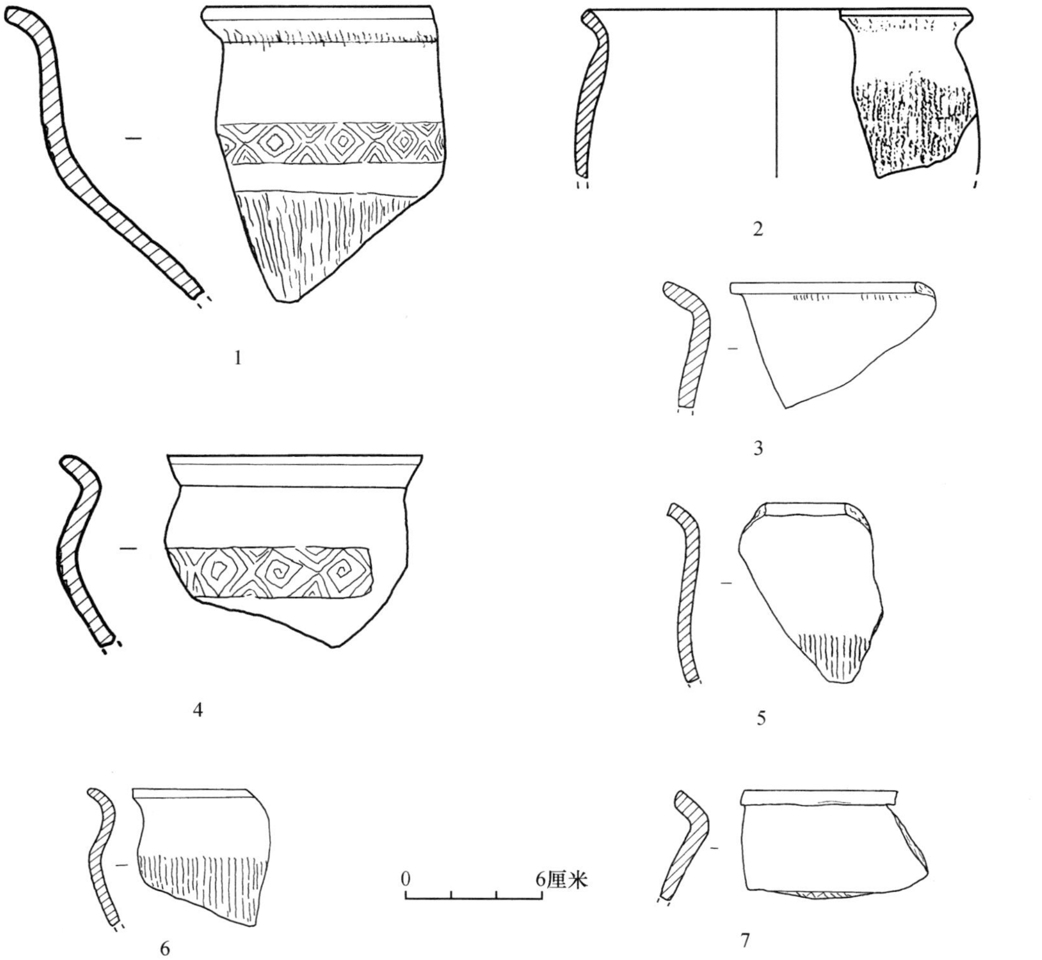

图二三七　B型簋

1、4、6、7. Ⅰ式（H47①：7、H47④：5、H6：6、H35④：9）　2、3、5. Ⅱ式（G19①：8、H35⑤：3、H35④：10）

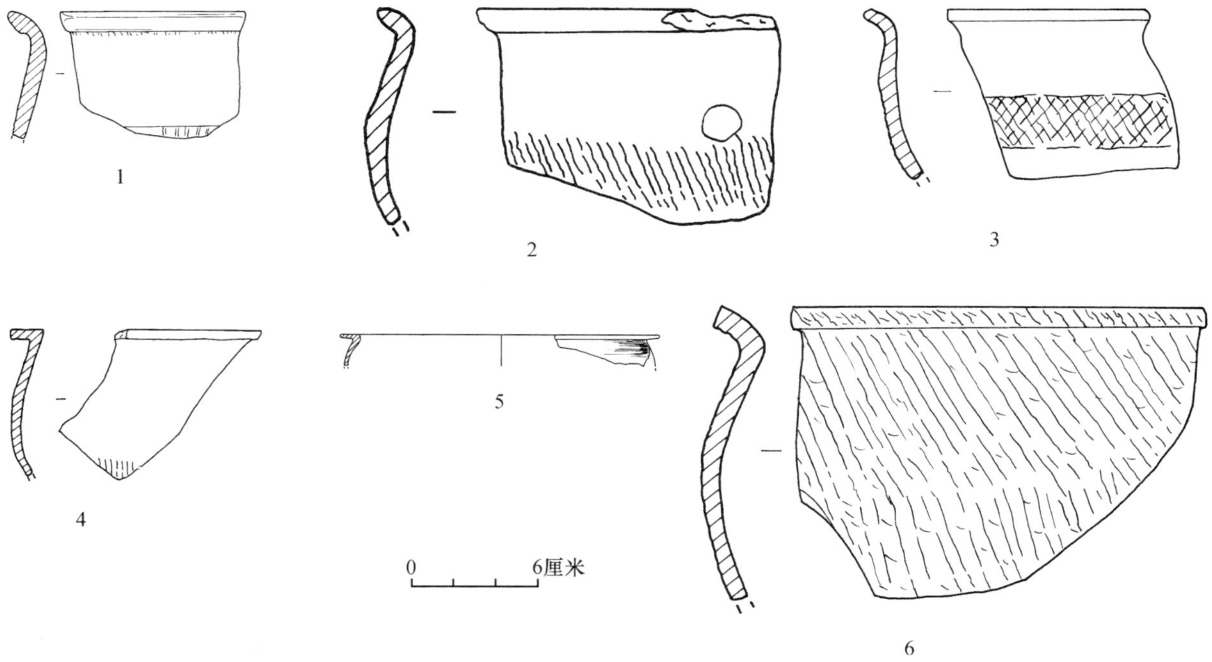

图二三八　A、B型盆
1～3. A型Ⅰ式（H35⑨：4、G19②：8、H35⑧：5）　4、5. A型Ⅱ式（G19②：11、G19①：9）　6. B型（H45：3）

B型　1件。方唇，卷斜沿，鼓腹。H45：3（图二三八，6）。

甗　共6件。腰部残片发现较多。可分二型。

A型　3件。束腰，外侧饰捏制或戳压花边形纹饰，内侧有固定的箅档。包括H6：2（图二三九，1）、H35⑤：2（图二三九，3）、H35⑥：2（图二三九，5）。

B型　3件。束腰，外侧饰纵向绳纹，内侧有固定的箅档。包括H8：3（图二三九，2）、H47③：9（图二三九，4）、H47④：7（图二三九，6）。

豆　选取豆柄及足部标本2件。分二型。

A型　1件。柄部无收束，自上而下呈喇叭口状，圈足外壁较直，整体较低矮。H10：8（图二四〇，1）。

B型　1件。柄部收束较明显且细高。H45：5（图二四〇，2）。

3. 未能划分型式的器类

甗　口沿。有H47⑥：2（图二四一，2），侈口、斜沿稍卷，唇部戳印呈花边形。箅包括H35④：5（图二四一，6）、H35⑦：5（图二四一，7），形制形似，均为活动式箅片，扁平圆形，上有钻孔。

簋　圈足。H35⑧：6，空心圈足较矮，上小下大，器壁斜直外扩，纵截面呈梯形（图二四一，5）。

罐　颈、肩、腹底等部。2件。包括H10：4（图二四一，1）、H47③：8（图二四一，4）一件可观察为折肩罐。

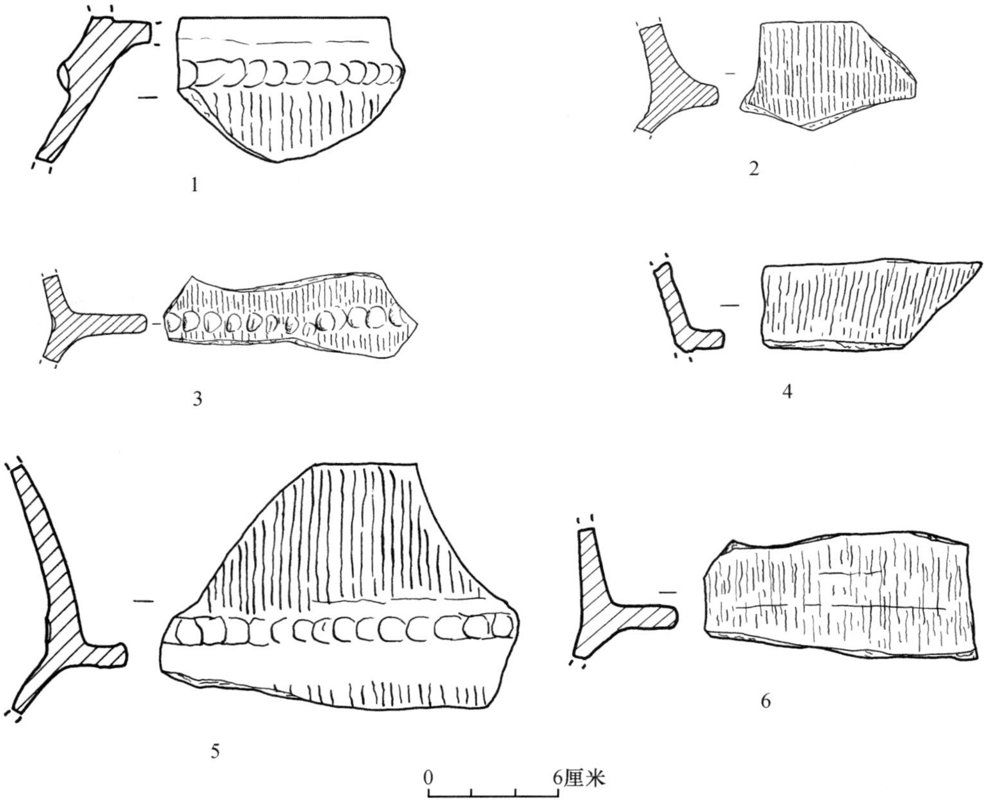

图二三九　A、B型甑

1、3、5. A型（H6：2、H35⑤：2、H35⑥：2）　2、4、6. B型（H8：3、H47③：9、H47④：7）

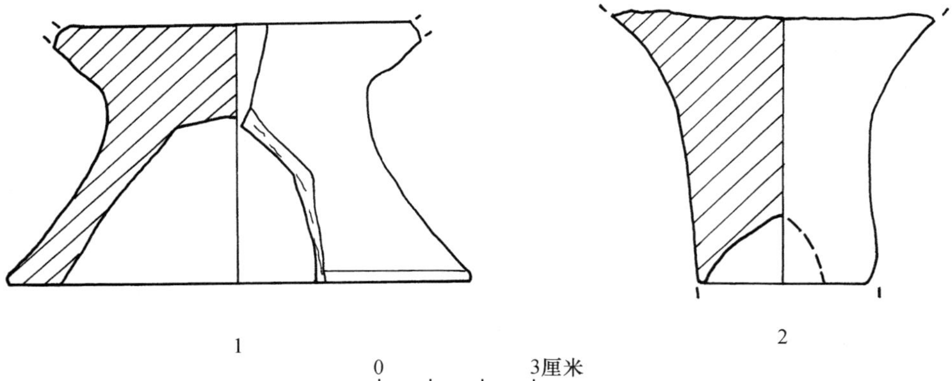

图二四〇　A、B型豆

1. A型（H10：8）　2. B型（H45：5）

豆　盘。G19②：10，侈口，圆唇，盘较深，腹壁斜收（图二四一，3）。

珠　1件。H10：2，体较小，扁圆珠状，器身薄厚不均，中部有一个圆孔（图二四二，4）。

纺轮　3件。包括H10：3（图二四二，3）、G19②：1（图二四二，1）、G19②：7（图二四二，2）。圆饼状，中有穿孔。

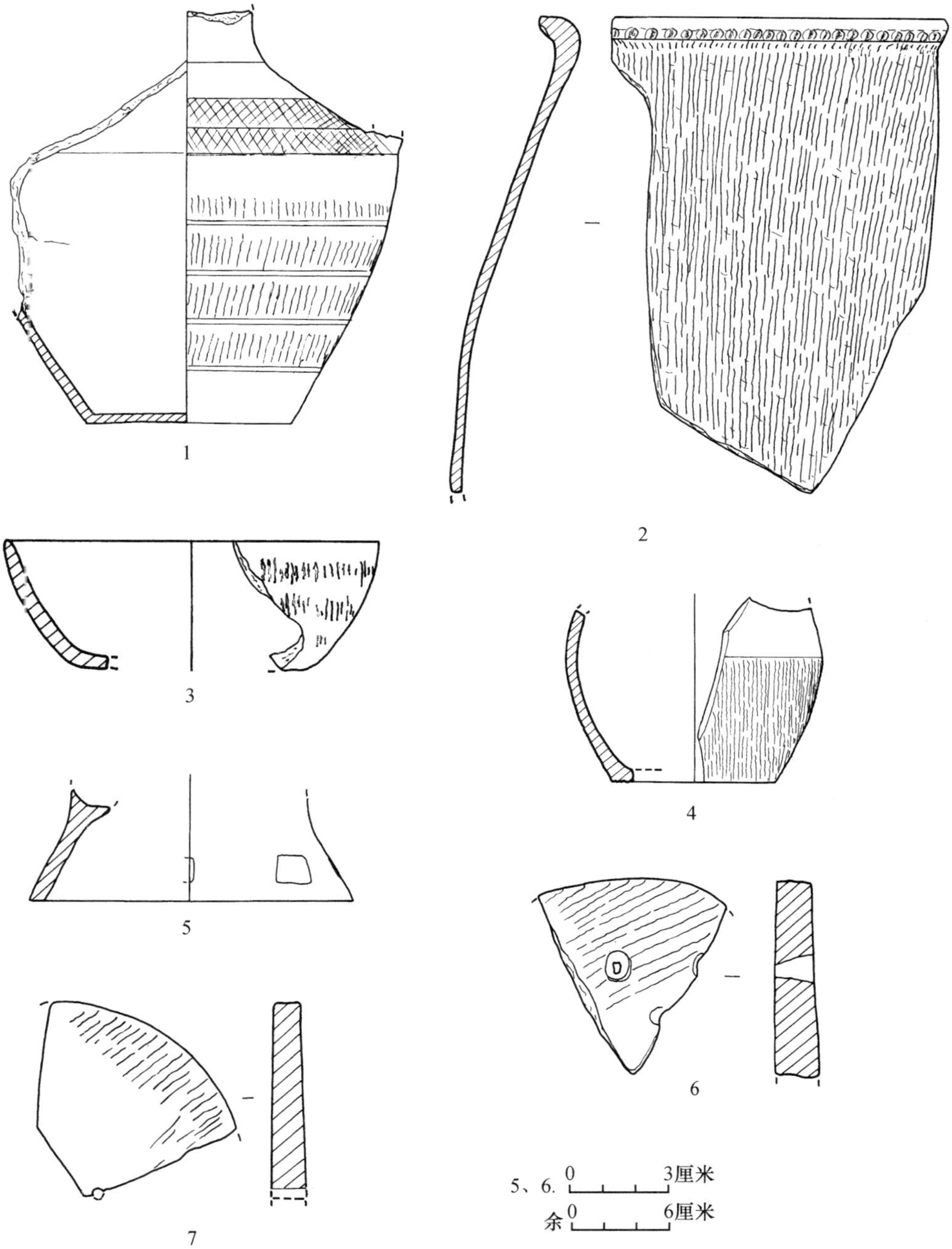

图二四一　未能划分型式的陶器标本

1、4. 罐（H10：4、H47③：8）　2. 甗（H47⑥：2）　3. 豆（G19②：10）　5. 簋（H35⑧：6）
6、7. 甗箅（H35④：5、H35⑦：5）

拍　1件。H47①：3，略呈空心锥状，头端圆弧，尾端渐宽，尾端残存部分断面较圆弧，近头端处有一斜向的圆形穿孔（图二四二，5）。

弹丸　2件。H47④：2（图二四二，7）、G19①：1（图二四二，6）。球状。烧制粗糙。

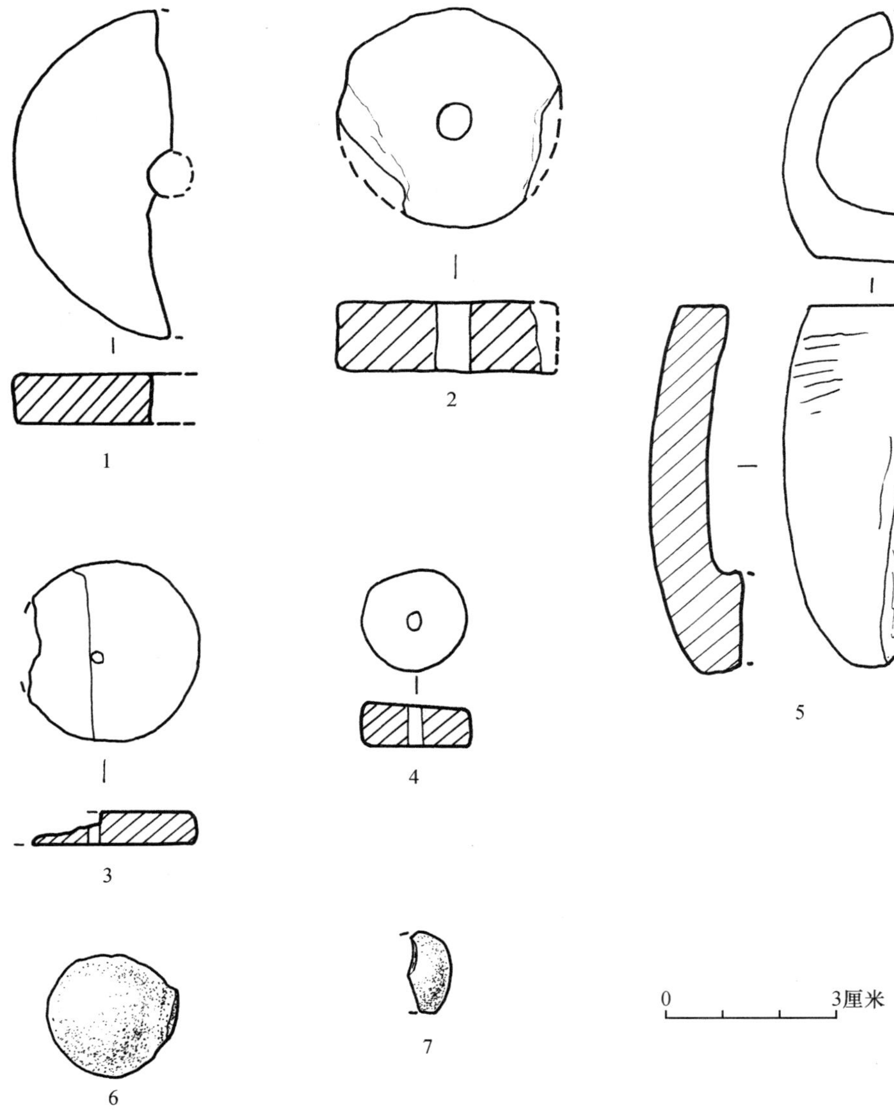

图二四二　未能划分型式的陶器标本

1～3. 纺轮（G19②：1、G19②：7、H10：3）　4. 珠（H10：2）　5. 陶拍（H47①：3）　6、7. 弹丸（G19①：1、H47④：2）

（二）石器

石器选材包括凝灰岩、页岩和砂岩。皆为磨制石器，加工多较为精良，器表打磨的光滑平整，仅个别几件制作得稍显粗糙。基本为生产工具，器类有楔、铲、刀、斧、磨石、弹丸等，以刀、磨石较多。有3件经过加工的石片如H47②：1、H47③：5、H47④：4，用途不明。另外H47③：3残缺严重，器形不辨。

楔　2件。刃端或稍宽，两侧平直，顶端平整，一端有单面刃。包括H10：5（图二四三，6）、H47①：1（图二四三，4）。

铲　1件。H15：1，器身呈扁平长方体，两侧边平直，一端有刃（图二四三，1）。

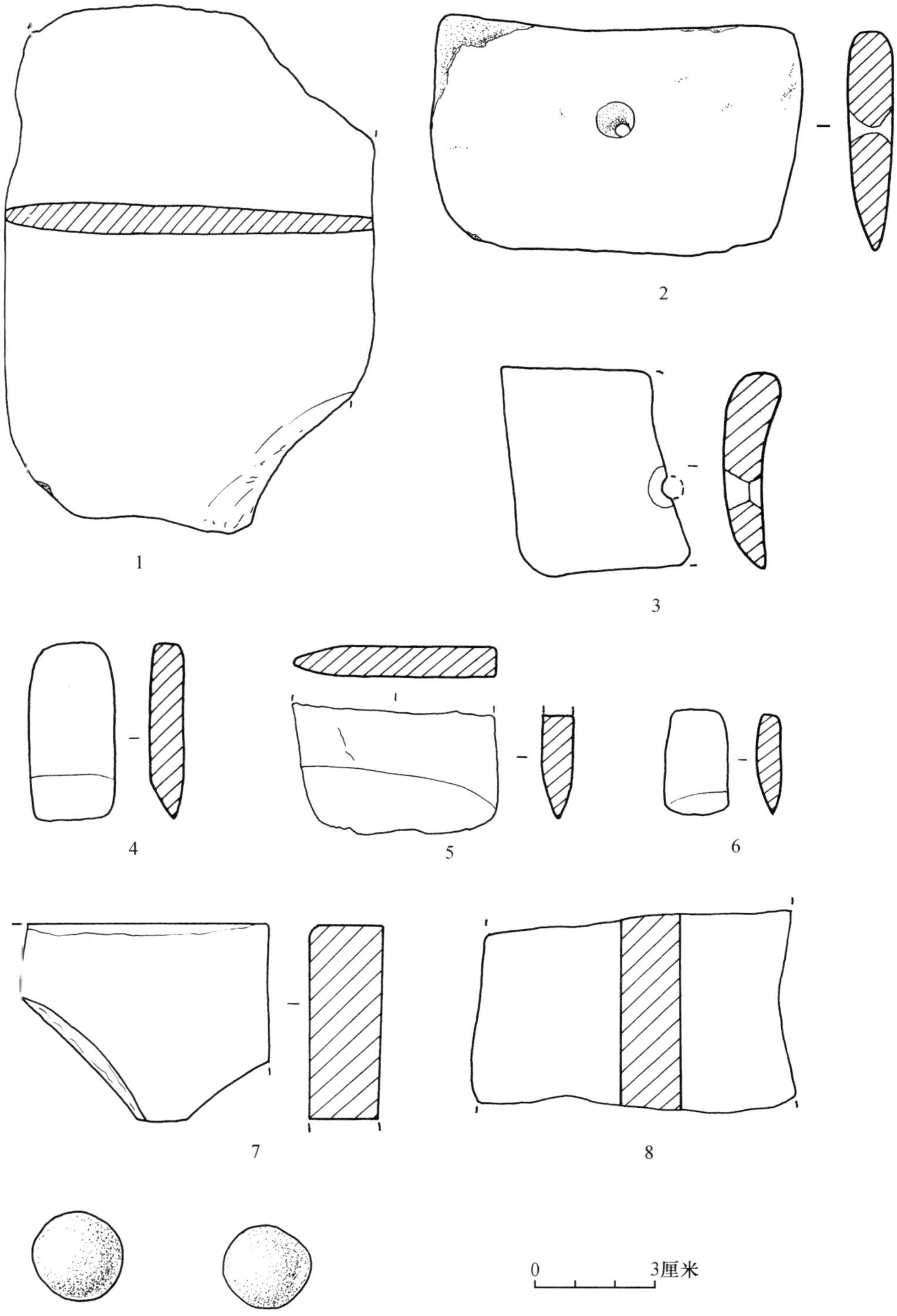

图二四三　西周时期石器标本

1. 铲（H15：1）　2、3. 刀（H47③：4、H35⑧：1）　4、6. 楔（H47①：1、H10：5）　5. 斧（H35⑦：1）

7、8. 磨石（H35⑨：1、H44：1）　9、10. 弹丸（H47③：2、G19②：3）

斧　1件。H35⑦：1，可见部分平面略呈长方形，体较窄、较薄，双面刃，器表打磨光滑（图二四三，5）。

刀　2件。包括弧背直刃及平背弧刃。包括H47③：4（图二四三，2）、H35⑧：1（图二四三，3）。

磨石　2件。厚方体，表面平整，形状不一。包括H35⑨：1（图二四三，7）、H44：1（图二四三，8）。

弹丸　2件。形制相同，圆球体，器表粗糙。包括H47③：2（图二四三，9）、G19②：3（图二四三，10）。

（三）骨、蚌器

包括笄、卜骨、镞、铲等，其中以笄、镞发现较多。蚌器见有经加工的片饰1件。

笄　共5件。可分二型。

A型　4件。体呈圆柱状，横截面呈圆形或近三角形，前端尖锐。包括H35④：1（图二四四，4）、H35⑥：1（图二四四，5）、G19②：2（图二四四，1）、H47⑥：1（图二四四，2）。

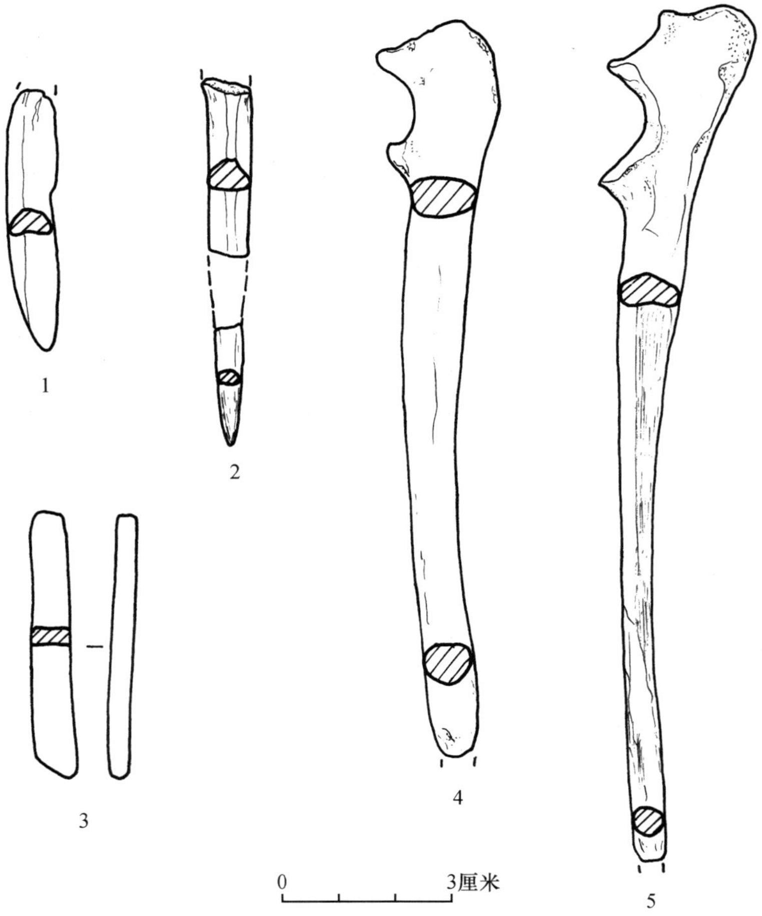

图二四四　A、B型骨笄

1、2、4、5. A型（G19②：2、H47⑥：1、H35④：1、H35⑥：1）　3. B型（H35⑦：2）

B型　1件。体呈条状，横截面呈梯形。H35⑦：2，（图二四四，3）。

卜骨　1件。H35⑦：4，系用牛肩胛骨加工而成，现仅残存带有骨关节的1小段，正面可见4个圆形钻孔，均残，分2排分布，不见灼痕及兆纹（图二四六，2）。

镞　共5件。可分二型。

A型　4件。有铤镞。分二亚型。

Aa型　2件。短铤长身，镞身为三棱体，铤身呈圆柱体。包括H35⑦：3（图二四五，1）、H47④：3（图二四五，2）。

Ab型　2件。长铤短身，镞身横截面近三角形，但较圆弧，铤身呈圆柱体。包括G19②：4（图二四五，3）、G19②：5（图二四五，4）。

B型　2件。身、铤一体，整体呈两端尖锐圆柱体。包括H47③：1（图二四五，5）、H47③：6（图二四五，6）。

铲　1件。H47⑥：3，用动物肩胛骨加工磨制而成，器身平直，上端基本保留原骨关节作为柄部，下端磨制出刃，刃部较宽，器表两面经打磨平整（图二四六，1）。

蚌器　1件。G19②：6，呈不规则形薄片状，器表两面均保持蚌壳的原始形态，其上有1圆形钻孔，系单面钻成（图二四六，3）。

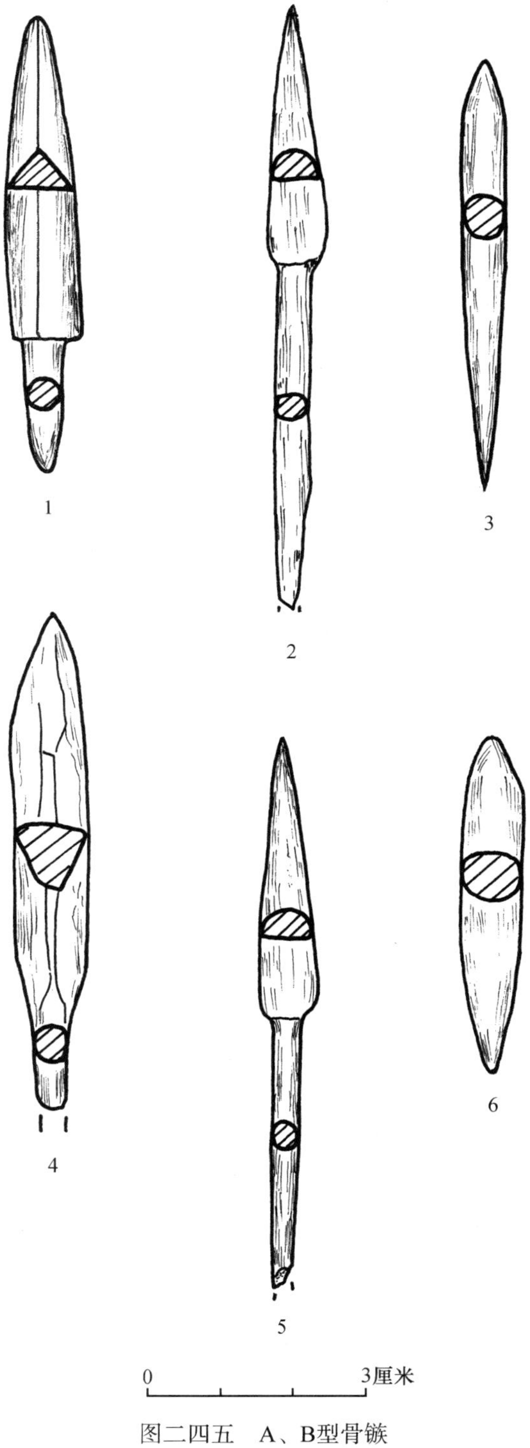

图二四五　A、B型骨镞

1、2. Aa型（H35⑦：3、H47④：3）

3、4. Ab型（G19②：4、G19②：5）

5、6. B型（H47③：1、H47③：6）

（四）铜器

铜器共27件，包括鼎、铃、铜泡等，其中以铜泡数量最多。包括铜镞1件、铜鼎1件、铜铃2件、铜泡23件。

鼎　M30：1，口微敛，平折沿，方唇，圆腹微鼓，底较平，腹部整体显得稍宽扁。沿上附两实心方形立耳，耳孔呈拱形；腹下为三圆柱形足。口沿下有以一周圆涡纹、四瓣目纹为主体相间构成的纹饰带，每个圆涡纹及四瓣目纹之间以阴线方格分界，其间又以阴线卷云雷纹、三角形纹作地补白。四瓣目纹的四角呈月牙形（图二四七，1）。

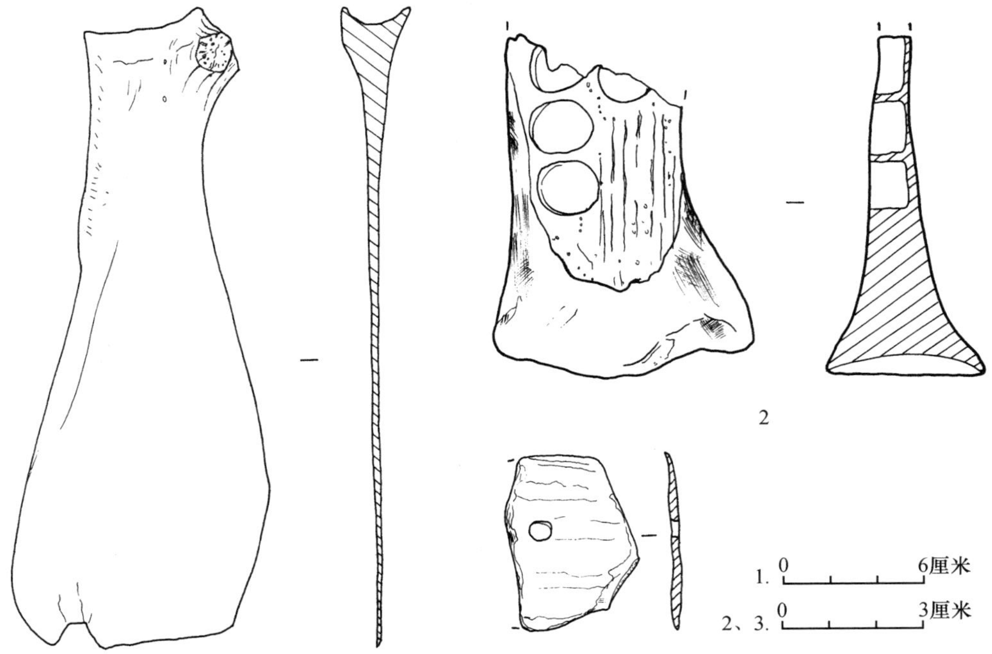

1　　3

图二四六　未能划分型式骨、蚌器

1. 铲（H47⑥：3）　2. 卜骨（H35⑦：4）　3. 蚌器（G19②：6）

铃　2件。M30：2（图二四七，2）、M30：3（图二四七，3）。形制相同。平顶，上有半环形梁，体较修长，下部外撇，横截面呈扁叶形，弧形凹口。顶内有半环形鼻。铃舌青铜质，立方体，横截面呈梯形，上端为圆环套于鼻内，末端伸出铃口。素面。

泡　23件。M4：4-1～M4：23，形制皆同。整体呈空心半球状，背部正中有片状长方形横梁用以穿系（图二四七，4）。

三、时 代 判 断

本次发掘的西周时期遗存，鲜见打破关系，时间上存在共时的可能。时代的断定只能借助其他考古材料的对比得出①。

（一）根据陶器做出的判断

1. 陶鬲

作为商周时期文化断代的标型器，陶鬲具有较强的时代特征。本次发现的陶鬲或口沿残片及鬲

① 陕西省考古研究所、秦始皇兵马俑博物馆：《华县东阳》，科学出版社，2006年；中国社会科学院考古研究所：《张家坡西周墓地》，中国大百科全书出版社，1999年；徐良高：《1997年沣西发掘报告》，《考古学报》2000年第2期。

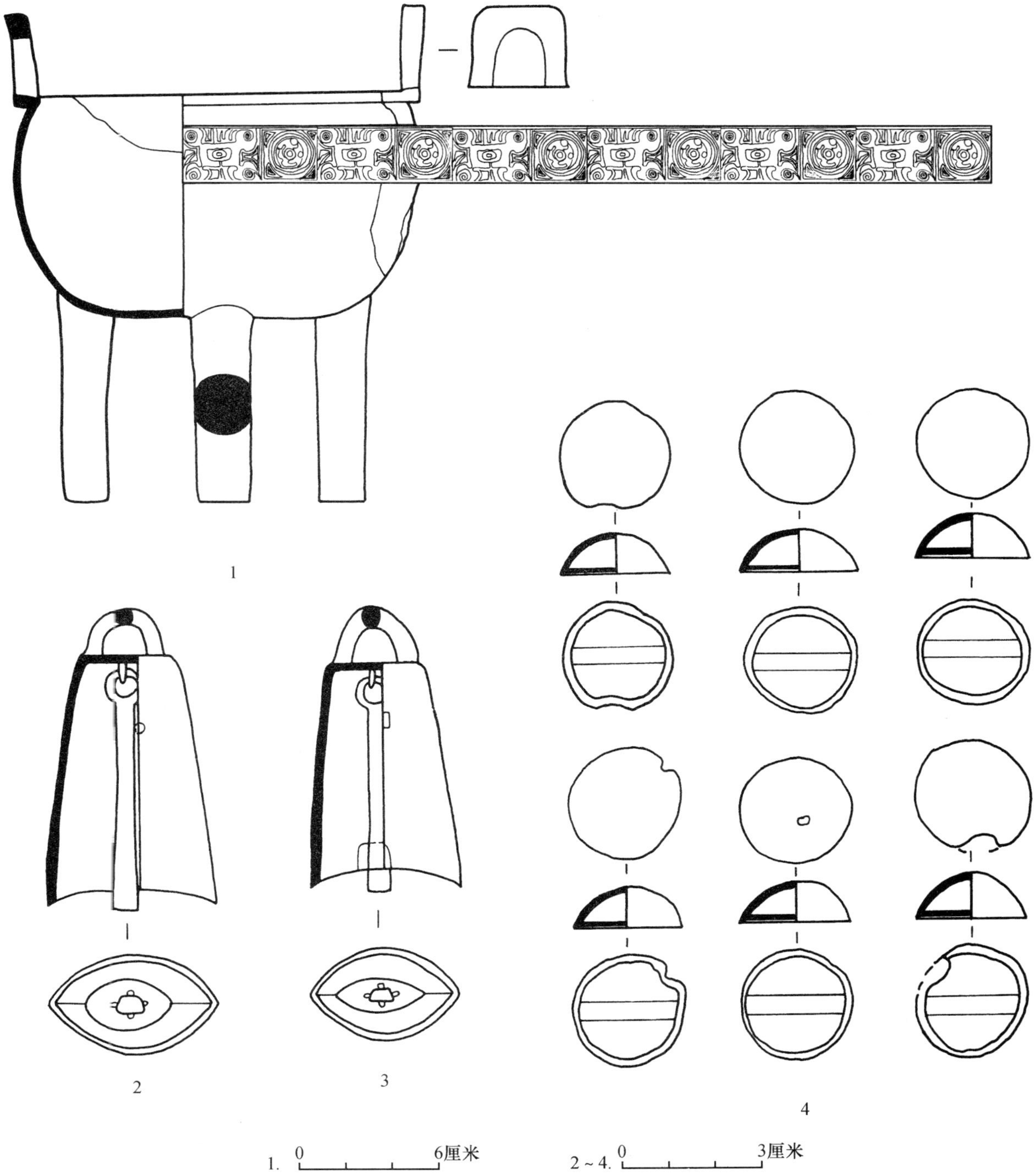

图二四七　西周时期铜器标本

1. 鼎（M30：1）　2、3. 铃（M30：2、M30：3）　4. 泡（自左至右、自上至下：M30：4-10、M30：5、M30：6、M30：16、M30：20、M30：22）

足均可分二型。

A型鬲或口沿残片中，Aa式鬲出现频率较高，包含该型器的遗迹单位或堆积单元有H10、H11、H30、H35④、H35⑤、H35⑧、H47①、H47②、H47④、H47⑤、H48、G19②，其形制与2001年华县东阳M91：1、M93：4[①]以及张家坡西周墓地的A型Ⅲb式鬲基本相同[②]。在《华县东阳》发掘报告中将M91、M93的年代定于西周早期偏早阶段，《张家坡西周墓地》一书中对其A型Ⅲb式鬲的流行时代定为西周早期，且与张家坡西周早期居址及第一、二期墓葬的时代相当，即西周早期至中期偏早阶段。包含Ab型鬲的遗迹单位或堆积单元有H10、H35④、H35⑧、G19①，其肩部微微耸起，形制与张家坡A型Ⅳb式鬲相似，其流行时间在西周中期偏早的昭穆时代[③]。

B型鬲口沿在H35④、H44、H45中有见，其形制风格与张家坡西周墓地中流行于西周早期至中期偏早阶段的C型Ⅱb式鬲相似[④]。

A型鬲足的形制与张家坡A型Ⅱ式鬲的鬲足基本相同，其又可根据足跟的圆钝程度区分为两个式别，足跟较为尖锐的Ⅰ式鬲足数量较多，在H6、H11、H44、H35⑤、H35⑧、H47④中见有；Ⅱ式鬲足足跟变得圆钝，在H8、H11、H30中有见。B型鬲足数量很少，仅在H10、H47②中发现，其与张家坡C型Ⅱc式及C型Ⅳ式鬲的足部相似。《张家坡西周墓地》发掘报告中将其A型Ⅱ式、C型Ⅱ式与C型Ⅳ式鬲的时代分别定为西周中期（昭穆至懿孝时代）、西周中期偏早阶段[⑤]。

2. 陶瓮

以A型Ⅰ式出现频率较高，包含该型器的遗迹单位或堆积单元有H15、H30、H35④、H35⑤、H35⑦、H35⑧、H35⑨、H44、H45、H47①、H48、G19①等，该器形与张家坡西周早期居址中的Ⅰ式瓮相似，在《沣西发掘报告》中将张家坡西周早期地层的时代定于成康之前，早于第一期墓葬的年代[⑥]，则A型Ⅰ式瓮的时代应在西周早期偏早阶段，或可早至商周之际。值得注意的是，其口部装饰大量捏制花边形纹饰具有明显的地方文化特色，与晚商时期的李家崖文化具有一定的传承关系。

包含A型Ⅱ式瓮的遗迹单位或堆积单元有H6、H8、H35②、H47①等。该型瓮的口部从A型Ⅰ式的敛口向直口，甚至侈口转变，唇部装饰花边形纹饰的频率降低，但此二种器形共存于一个遗迹单位或同一单位的不同堆积单元中，说明二者发生演变的时间距离较近。故判断其所属年代仍不晚于西周早期。

3. 陶簋

此型器物分为二型，其中以B型簋的出现频率较高。

A型簋为平沿，Aa型Ⅰ式折腹明显，在H15、H35③中见有，其腹部特征与张家坡B型Ⅰ式簋相

---

① 陕西省考古研究所、秦始皇兵马俑博物馆：《华县东阳》，科学出版社，2006年，第121页。

② 中国社会科学院考古研究所：《张家坡西周墓地》，中国大百科全书出版社，1999年，第350、351页。

③ 中国社会科学院考古研究所：《张家坡西周墓地》，中国大百科全书出版社，1999年，第351页。

④ 中国社会科学院考古研究所：《张家坡西周墓地》，中国大百科全书出版社，1999年，第353页。

⑤ 中国社会科学院考古研究所：《张家坡西周墓地》，中国大百科全书出版社，1999年，第353页。

⑥ 徐良高：《1997年沣西发掘报告》，《考古学报》2000年第2期；中国科学院考古研究所：《沣西发掘报告》，文物出版社，1963年，第99页。

似，口部特征近似张家坡B型Ⅱ式簋。Aa型Ⅱ式变为弧腹，在H35⑨中发现，与张家坡B型Ⅳb式簋相似。Aa型Ⅲ式仍为弧腹，但领部基本消失，在H44中发现，与张家坡B型Ⅳa式簋相似。B型簋为斜沿，与2001年华县东阳M93：3及张家坡B型Ⅰ式簋相似。其中Ⅰ式上腹较弧鼓，在H6、H47①、H47④中见有，Ⅱ式上腹部变直，在H35④、H35⑤、G19①中见有。此外，圈足1件与张家坡A型Ⅱ式相似。在《张家坡西周墓地》发掘报告中，将B型Ⅰ式、B型Ⅱ式、B型Ⅳa式、B型Ⅳb式簋的时代分别定于周初、西周早期及西周中期偏早阶段①，《华县东阳》发掘报告中将M93的年代定于西周早期偏早阶段②。

4. 陶罐

发掘出土陶罐的型式比较复杂，数量也较多。但西周时期陶罐演变特征以肩部较为明显，目前发掘的多为口沿残片，时代特征并不十分显著。

A型罐数量较多，与张家坡A型Ⅱa式罐相似，时代在西周早期，下限不过中期偏早阶段③，Ⅰ式在H47①、G19①中发现；Ⅱ式卷沿程度加剧，沿下角较变小，在H6、H44中见有。B型Ⅰ式在H6中发现，与张家坡A型Ⅴ式罐相似；B型Ⅱ式罐在H35⑦、G19①中发现，与张家坡B型Ⅱ罐相似，时代应为西周早、中期④。C型罐器形在西周时期较为少见，在H6、H35④、H45中见有，与96SC毛M2：1形制基本相同，时代在西周早期偏晚阶段⑤；D型罐仅在H47④中见有，与张家坡A型Ⅲa式相似，时代在西周中期偏早阶段⑥。此外，H10：4折肩罐与张家坡西周中期的B型Ⅲ式罐形态非常相似，肩部带耳，但H10：4折肩更为明显。

5. 陶盆

陶盆中以A型最为多见，其器形特征的演变规律与陶簋颇有相似之处，可以相互参照。A型Ⅰ式在H35⑧、H35⑨、G19②中见有，口部特征与张家坡B型Ⅰ式簋相似；A型Ⅱ式沿部变平，在G19①、G19②中发现，口部特征与沣西96SC毛M2：2相似。二者时代分别被定为周初及西周早期偏晚、中期偏早的成王后期至康昭时期⑦。

（二）根据铜器做出的判断

M30：1铜鼎的造型与张家坡西周墓地A型Ⅰ式铜鼎基本相同，鼎腹上部装饰的圆涡纹及四瓣目

① 中国社会科学院考古研究所：《张家坡西周墓地》，中国大百科全书出版社，1999年，第354页。
② 陕西省考古研究所、秦始皇兵马俑博物馆：《华县东阳》，科学出版社，2006年，第203页。
③ 中国社会科学院考古研究所：《张家坡西周墓地》，中国大百科全书出版社，1999年，第356页。
④ 中国社会科学院考古研究所：《张家坡西周墓地》，中国大百科全书出版社，1999年，第356页。
⑤ 徐良高：《1997年沣西发掘报告》，《考古学报》2000年第2期。
⑥ 中国社会科学院考古研究所：《张家坡西周墓地》，中国大百科全书出版社，1999年，第356页。
⑦ 中国社会科学院考古研究所：《张家坡西周墓地》，中国大百科全书出版社，1999年，第355页；徐良高：《1997年沣西发掘报告》，《考古学报》2000年第2期。

纹具有明显的西周早期风格。铜铃的形制则与2001年华县东阳所发掘的M68：3-1形制相似。铜泡形制则与2001年华县东阳M65：1-1素面圆铜泡完全相同。张家坡西周墓地A型Ⅰ式铜鼎的流行时代为成康时期[①]，2001年华县东阳M65、M68的时代则定于西周早期偏晚阶段[②]。综合来看，M30的年代也应在西周早期偏晚阶段。

综上，本期遗存整体时代的上限不早于西周早期早段，下限不晚于西周中期。

① 中国社会科学院考古研究所：《张家坡西周墓地》，中国大百科全书出版社，1999年，第360页。

② 陕西省考古研究所、秦始皇兵马俑博物馆：《华县东阳》，科学出版社，2006年，第158页。

第六章　东周时期遗存

清理的东周时期遗存主要是墓葬19座，其形制、葬式、随葬品均具有秦文化风格，应属秦人墓葬。另外还有灰坑9座、灰沟1条，常包含仰韶、二里头等早期遗物（图二四八）。

第一节　墓　　葬

19座。分布于J、I、E区。编号分别为M1～M4、M8～M11、M13、M15、M18、M19、M21、M25、M31～M33、M35、M38。

一、概　　况

均为竖穴土圹结构，方向多为西南—东北向或略偏南的东西向，仅极少数为正东西向。其中14座墓口平面呈长方形或圆角长方形（M2～M4、M8～M11、M13、M15、M18、M19、M25、M33、M38），5座为梯形（M1、M21、M31、M32、M35）；剖面形状可分三种，口底同大者有10座（M1～M4、M8、M9、M11、M13、M31、M35），口小底大者有7座（M10、M15、M18、M19、M21、M32、M33），还有2座为口大底小（M25、M38）；少量墓葬的底部四周留有完整或部分二层台。

按照土圹规格，可分为中型、小型两种。小型墓7座，包括M1、M4、M8、M9、M11、M13、M31，底长在2米以下，宽0.6～1米，深度1.6米左右，最浅仅0.4米。中型12座，包括M2、M3、M10、M15、M18、M19、M21、M25、M32、M33、M35、M38，底长大于2米，最小为2.12米，最大可达3.42米，宽多在1.5米左右，个别可达2米，最浅为1.62米，最深达6.3米。

大部分墓葬中发现有木质葬具，均已经腐朽。依痕判断，葬具多为一棺一椁，1座为二椁一棺，极少数墓葬为木质一棺或无葬具。椁室基本呈长方形，少数为梯形，2座墓葬的椁室中还分隔有长方形头箱。木棺平面呈长方形或梯形。个别墓主身上或身下有席痕，也应属葬具。

除3座墓葬中墓主骨骼腐朽严重无法判断外，其余墓主的葬式均为典型的屈肢葬。

随葬品以陶器为大宗，同时还见有数量较多的玉石器、少量铜器及蚌器。陶器可分为容器、礼器、装饰品三类。容器类有喇叭口陶罐、鼎、簋、鬲、盆、甗、盂等，亦见有缩小的豆、罐、囷、盘、匜等模型明器。礼器类仅见有陶圭；装饰品为陶玦。

铜器种类有容器、兵器、工具、装饰品等。容器类仅见鼎一种；兵器见有戈、镞；工具均为

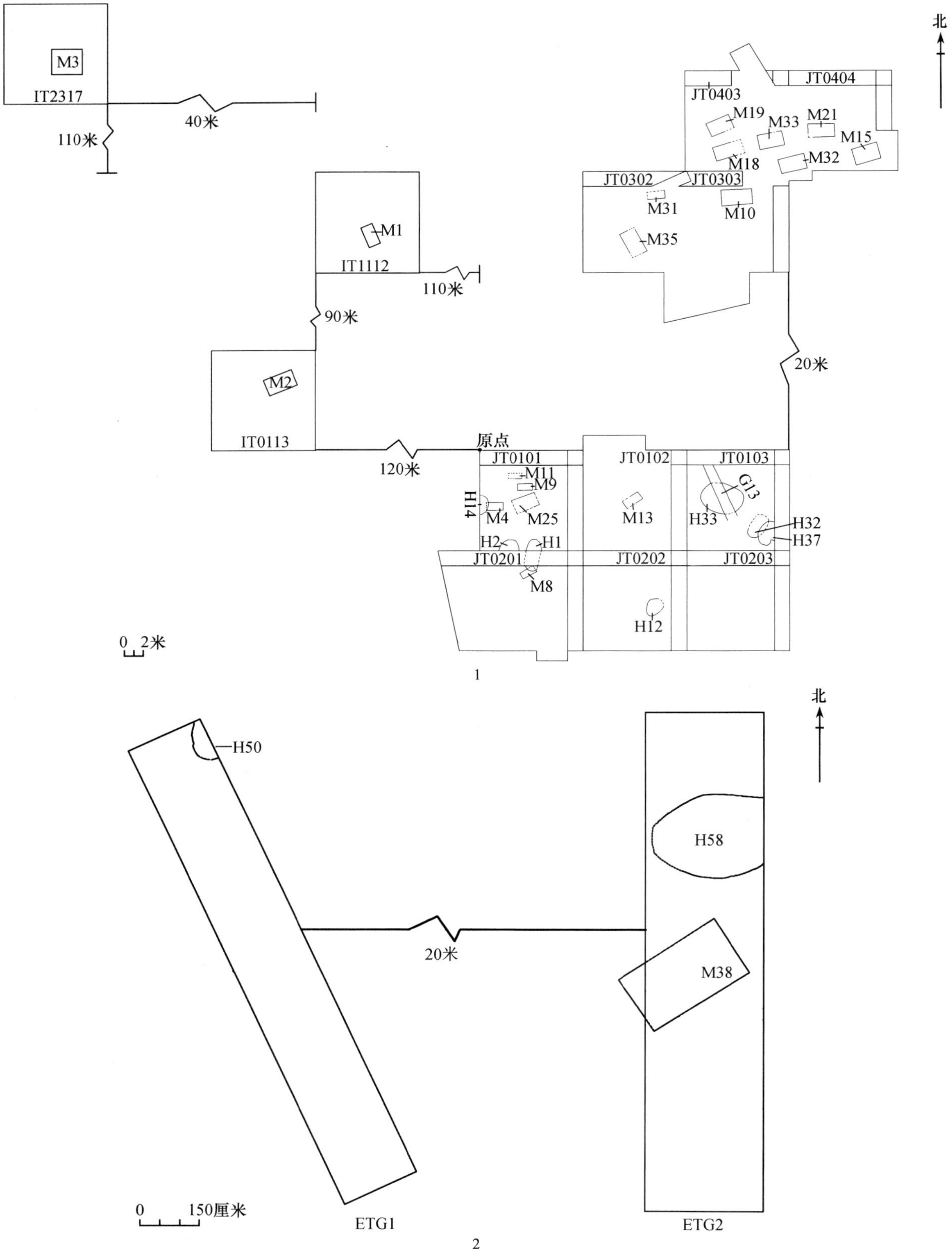

图二四八　东周时期遗迹总平面图

1. J、I区　2. E区

削；装饰品则有带钩、鱼形铜饰、铃。

玉石器中绝大多数为石圭，此外为零星的口琀或装饰品。蚌器中有穿孔蚌饰及串饰。

陶、铜质容器及铜兵器多位于椁室头端或椁室头箱内；陶圭、石圭的位置不甚固定，在椁室中各处、棺内均有发现；铜削及各材质装饰品多随墓主放置；铜铃及鱼形铜饰可能是缀于荒帷上的装饰，织物腐烂后则散布于椁室四处。

各墓葬具体情况详见附表八。

二、墓葬介绍

（一）M1

位于JT1112，开口于第2层下，距现地表深0.48米。

1. 发掘情况

方向337°。平面呈梯形，北宽南窄，口底同大，墓壁斜直。墓壁较光滑，经过修整但工具痕并不明显。口长2.1、宽1.09～1.14米，底长1.92、宽0.92～1米，深1.62米。填土经过粗夯，夯层厚0.25～0.3米，土质结构紧密。未见盗扰。

葬具为木质一棺一椁。椁贴墓壁，椁室平面呈梯形。长1.92、宽0.92～0.97、残高0.47、板厚0.08～0.1米。侧板横铺，挡板抵侧板。棺位于椁室略微偏北处，平面呈梯形，长1.61、宽0.71～0.78米，高度不详，板材厚约0.05米。此外，墓主骨骸上、下均有席痕，上部席痕纹理细密，下部较粗糙。

墓主骨骼保存情况较好，男性，年龄41～44岁。仰身屈肢葬式，头向北，面朝东。双手交放于盆骨处，下肢蜷曲特甚。跪姿，足部压于盆骨下，膝部向上顶起。

随葬品为一组蚌饰，放置于棺下东南角（图二四九；图版一八，1）。

2. 器物

随葬串饰一组，由18件蚌壳组成。3件残损严重，规格不详，无法绘图，余完整或稍残。乳白色。形制相同，自然蚌壳状态，仅在尾端钻有椭圆形孔。长5.1～6.1、宽2.6厘米左右，孔径大小不一（表一三八）。据其尾端偏转方向比对，不能两两成对，系不同个体组成（图二五〇；图版四五，1）。

（二）M2

位于IT0113，开口于第2层下，距现地表0.6米。

1. 发掘情况

方向248°。平面呈长方形，直壁，口底同大。长2.88、宽1.68、深3.2米。墓壁较光滑，有少

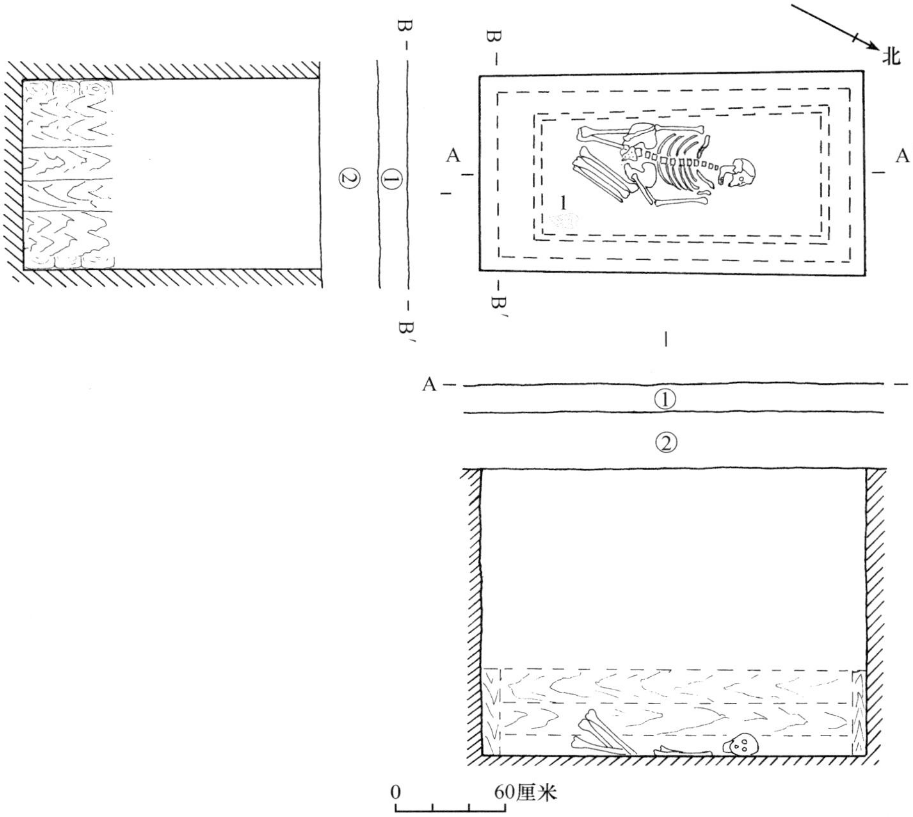

图二四九　M1平、剖面图

1. 蚌饰

表一三八　M1蚌饰统计表

编号	长/厘米	宽/厘米	高/厘米	壁厚/厘米	孔径/厘米	重量/克	备注
M1：1-1	5.5	2.5	0.7	0.1	0.2～0.3	5.1	
M1：1-2	5.1	2.4	0.6	0.1	0.2～0.3	4	
M1：1-3	5.4	2.7	0.6	0.2	0.3～0.6	6.1	
M1：1-4	5.5	2.5	0.5	0.15	0.1～0.3	6	
M1：1-5	5.2	2.6	0.8	0.2	0.1～0.3	4.5	
M1：1-6	5.2	2.6	0.75	0.2	0.3～0.6	6.8	
M1：1-7	6	2.6	0.7	0.2	0.2～0.3	5.7	
M1：1-8	5.3	2.5	0.7	0.1	0.3	4.5	
M1：1-9	6.1	2.8	0.7	0.2	0.3～0.8	6.8	
M1：1-10	5.4	2.7	0.8	0.2	0.2～0.4	4.5	
M1：1-11	5.2	2.5	0.6	0.2	0.2～0.5	4	
M1：1-12	5.1	2.4	0.6	0.15	0.2～0.4	4.4	
M1：1-13	5.5	2.5	0.8	0.2	0.3～0.4	6.1	
M1：1-14	4.5	2.6	0.8	0.2	0.2～0.5	5	残
M1：1-15	4.3	2.5	0.8	0.2	0.4～0.7	3.8	残
M1：1-16	2.1	2.4	0.8	0.2	—	1.1	残
M1：1-17	2.0	2.3	1.1	0.2	—	2.1	残
M1：1-18	1.8	2.3	0.8	0.2	—	1.4	残

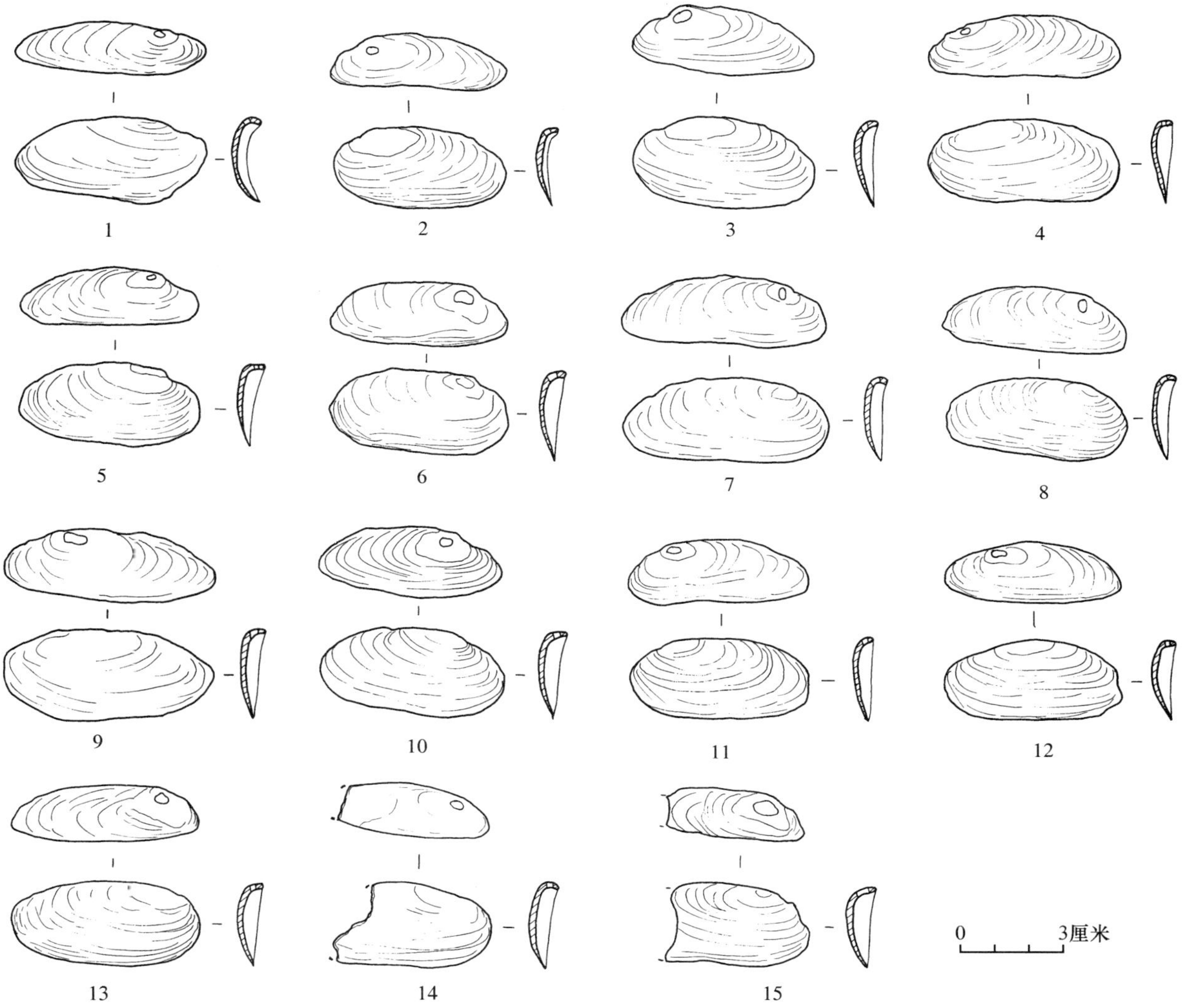

图二五〇　M1蚌饰

1～15. M1：1-1～M1：1-15

量条形的工具痕迹。每组痕长0.2、宽0.04米。北壁距墓口深约1.15米、距东南角1米与西北角0.36米处，各有圆形脚窝，直径约0.18、进深约0.08米，间距1.2米。西壁有3处圆形脚窝，最高处脚窝距开口深0.82米，距西南角0.2米，直径0.19、进深0.08米；中部脚窝距开口深1.1米，距西北角0.38米，直径0.22、进深0.08米；下部脚窝距开口深1.64米，直径0.16、进深0.08米，距西北角0.48米。墓壁西北部四处脚窝可搭配使用。墓室底部四周有熟土二层台，北台宽0.41、南台宽0.13～0.19、西台宽0.3～0.34、东台宽0.46米，高0.7米。填土经粗夯，夯层厚0.25～0.3米，土质结构紧密。未见盗扰。

葬具为木质一棺一椁。椁平面呈梯形，西宽东窄，位于墓室中央。长2.1、宽1.08～1.12、残高0.7米。中部残余少量盖板痕，南北向铺置，板宽0.14～0.22、厚0.06～0.08米，其余构建形式不清。棺位于椁室略偏西南处，平面呈梯形，西宽东窄，长1.39、宽0. 8～0.7米，高度不详。墓主骨骼保存情况较差，性别、年龄不详。仰身屈肢葬式，头向西偏南，面向不详。下肢蜷曲较甚。

随葬品共8件，为陶圭和石圭，放置于椁盖板西南角。2件圭首向南，1件圭首向西北，余向西（图二五一；图版一八，2）。

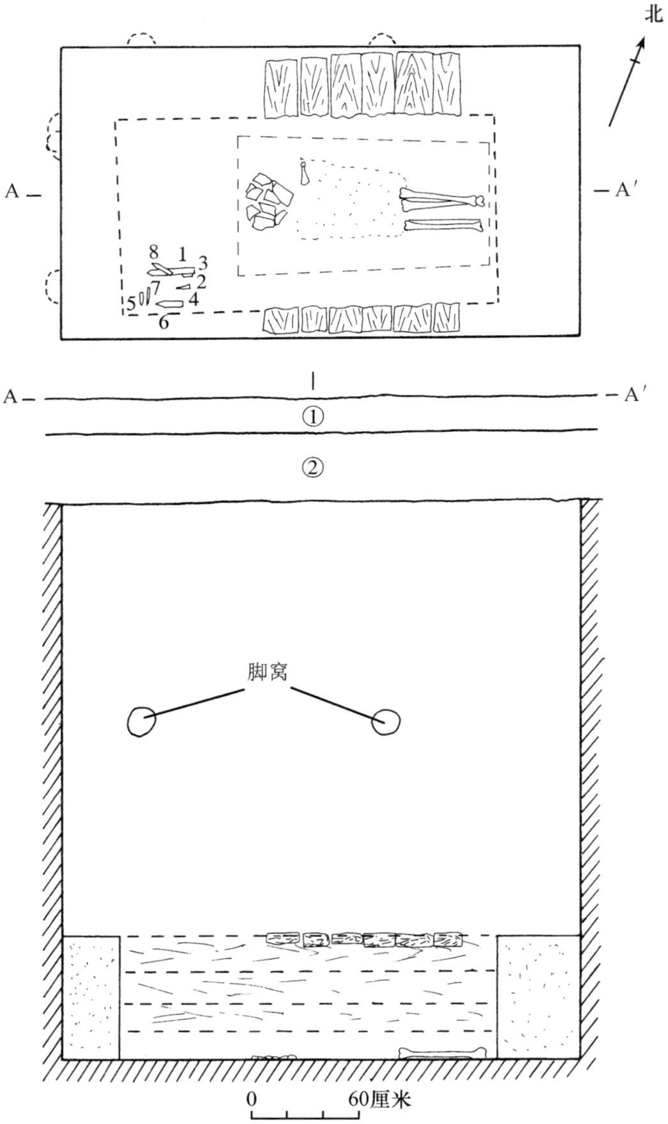

图二五一　M2平、剖面图
1～7. 石圭　8. 陶圭

2. 器物

陶圭　1件。M2：2，泥质灰褐陶，基本完整，器体厚重。首尖锐，基本呈三角形，两侧边长度不等，两侧面斜刹，与身相接处转折较明显；身呈梯形，至尾端渐窄，其一侧边略弧，截面基本呈长方形，尾端平。器表残余竖向细线条的刮划痕迹。通长12.3厘米，首长2.7、宽4、厚0.6厘米，身宽3.3～4厘米，厚1厘米。重77.8克（图二五二，7；图版四二，8）。

石圭　一组7件。均为页岩。6件紫色、1件青灰色。M2：1-1，残断、剥离严重。形体较为修长，首端尖锐，自首至尾端渐宽。残长21.8、最宽处3.2厘米，厚度不详，重44.4克（图二五二，1；图版四二，1）。M2：1-2，基本完整。形体较小，整体近似条形，两侧边稍弧。截面呈长方形。首前部较平，尾端稍弧。表面加工痕迹不明显。通长6.9、宽0.7～2.1、厚0.1厘米，重3.9克（图二五二，2；图版四二，2）。M2：1-3，尾端残。整体近等腰三角形，两侧边较直。截面呈长方形。首稍圆钝。表面加工痕迹不明显。残长8.7、宽0.3～2.9、厚0.1厘米，重5克（图二五二，3；图版四二，3）。M2：1-4，青灰色页岩质。尾端稍残。整体修长，两侧边较直。首尖锐呈等腰三角形，与身相接处有较明显的转折。身近梯形，至尾端渐窄，尾端稍弧，截面基本为长方形。器表残留较明显的竖向或斜向的细线条磨划痕迹。通长25、厚0.3厘米，首长5.7、最宽处4.1厘米，身宽2.8～4.1厘米，重69.1克（图二五二，8；图版四二，4）。M2：1-5，尾端残。形体较小，两侧边较直。截面呈长方形。首尖锐，等腰三角形，与身相接处转折较明显。身为长方形，两侧面残余少许磨痕。残长4.5、最宽1.5、厚0.3厘米，重4.3克（图二五二，4；图版四二，5）。M2：1-6，基本完整。整体基本呈等腰三角形，两侧边稍弧，一侧微内凹。剖面呈长方形。首较尖锐，尾端近平，一角斜刹。器表加工痕迹不明显。通长14.2、最宽4.5、厚0.3厘米，重39.7克（图二五二，5；图版四二，6）。M2：1-7，尾端残。整体

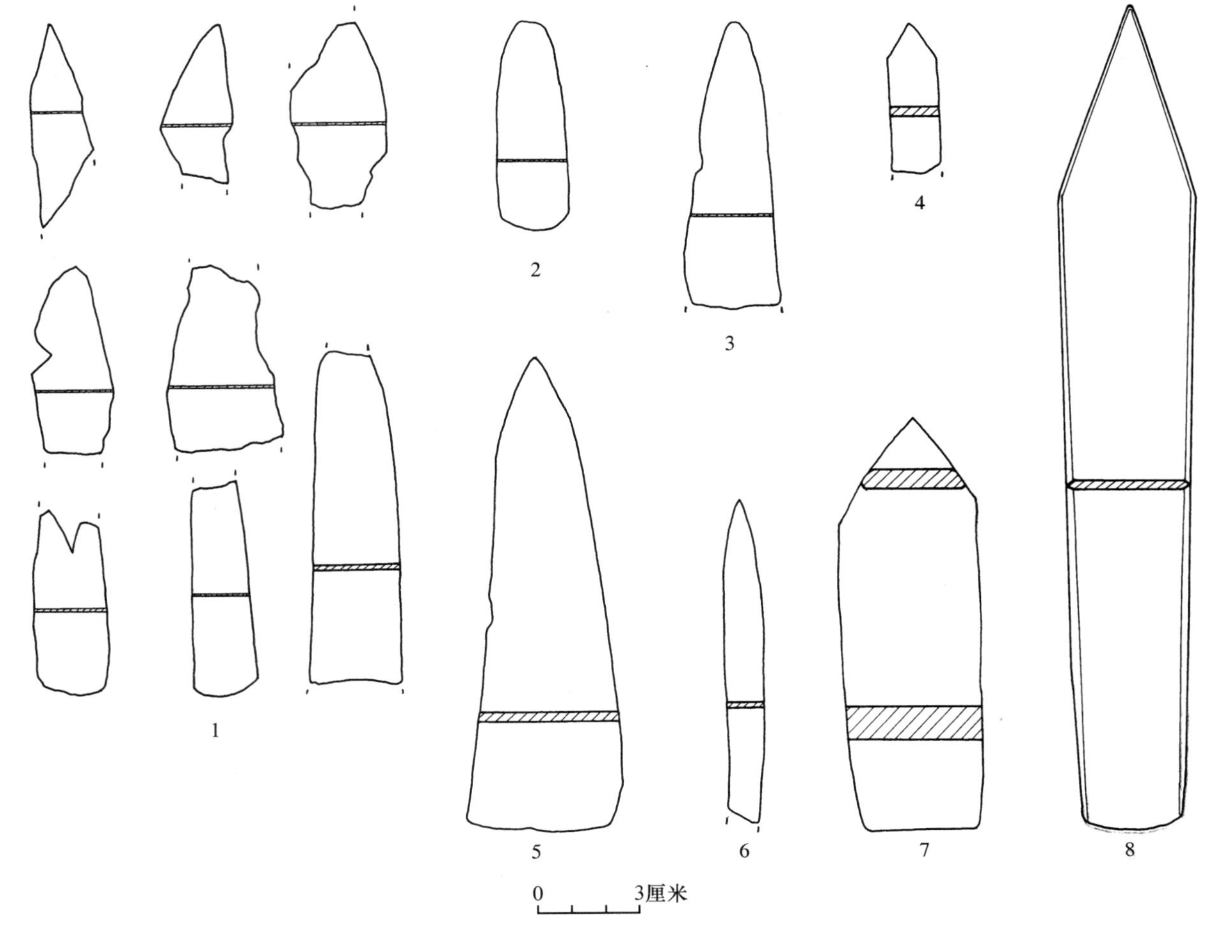

图二五二 M2石圭、陶圭

1～6、8.石圭（M2：1-1、M2：1-2、M2：1-3、M2：1-5、M2：1-6、M2：1-7、M2：1-4） 7.陶圭（M2：2）

呈细长条形，一侧边稍弧，另一侧较直。截面呈长方形。首尖锐。两侧面残余少许磨痕。残长9.7、最宽1.1、厚0.2厘米，重4.3克（图二五二，6；图版四二，7）。

（三）M3

位于IT2317，开口于第2层下，距现地表深0.99米。

1. 发掘情况

方向270°。平面呈长方形，口底同大。口长3.6、宽2.52、深3米。墓壁平直光滑，经修整，部分残余条形工具痕。墓室四角距开口深1米处各有一个竖向条状凹槽。凹槽内壁圆弧，宽0.1～0.14、进深0.2～0.15米。未见朽木痕迹，或为下葬过程中形成。填土经粗夯，夯层厚0.25～0.3米，土质结构紧密。未见盗扰。

葬具为木质二椁一棺。外椁贴壁而建，平面近长方形，长3.32、宽2.32～2.5、残高0.8～1.1米。挡板抵接侧板，顶板南北向平铺，似无底板。顶板宽0.2～0.28、残厚约0.02米；西挡板长约1.31、宽约0.24、厚约0.14米；东挡板长约2.4厘米，宽、厚与西挡板接近；北侧板长3.6、厚0.14～0.05米；南侧板长3.6、厚0.06米。内椁居中部偏南，平面近长方形，长2.54、宽1.5、残高0.4米。盖板及侧板结构不清，底板顺向放置。有头箱，长0.4、宽1.5米。棺位于椁室中央，平面呈长方形，长2.1、宽0.72、残高0.3米左右，板厚约0.06米。

墓主骨骼保存情况差，性别、年龄不详。仰身屈肢葬式，头向西，面向不详。双手置于腹部，下肢蜷曲程度较弱，膝侧右。

随葬品共39件。石圭放置于外椁盖板西南、东南等处，圭首均东向。鱼形铜饰与铜铃散布于内椁与棺之间。25件鱼形铜饰位于北、东、南等处，2件位于中部的东、西，与墓主头、足位置对应；铜铃1件位于西北侧，1件位于稍东南处，1件位于东中部，4件位于北侧呈东西一列分布。这些遗物应是棺外使用的荒帷残迹。铜鼎南北一列放置于内椁室头箱偏北处。串饰位于棺内墓主头部。外椁室南部有动物遗骸。此外，填土中夹杂陶球、石球，应为扰入（图二五三；彩版八，1）。

2. 器物

随葬品及填土出土物共41件。其中铜鼎3件、铜铃7件、鱼形铜饰25件、石圭3件、串饰1组、石球和陶球各1件。

铜鼎　共3件。一件较大，另外两件较小。浅腹，立耳，蹄足。多范合铸，器身与足、耳部一次成型。M3：10，完整。近直口，平折沿，方唇，弧腹稍浅，底较平，器身整体显得宽扁。沿上附两方形立耳，耳孔呈长方形；三蹄形足内侧面较平直。口沿下饰一周双线重环纹及并列排置的垂鳞纹构成的纹饰带，重环纹及垂鳞纹的纹饰线条较粗大，纹饰带存在严重错位。腹底表面正中有一椭圆形小凸，为制作时支垫外范的铜块。推测使用了至少四块外范和一块内模，器身及足、耳部一次成型。口径15.6、腹径15.5、腹深9.2、壁厚0.4厘米，沿宽0.4、壁厚0.4厘米，耳高3、宽3厘米，耳孔高1.6、宽0.8厘米，足高7.9、足径1.6～2.7厘米，通高15.2厘米，重1848克（图二五四，

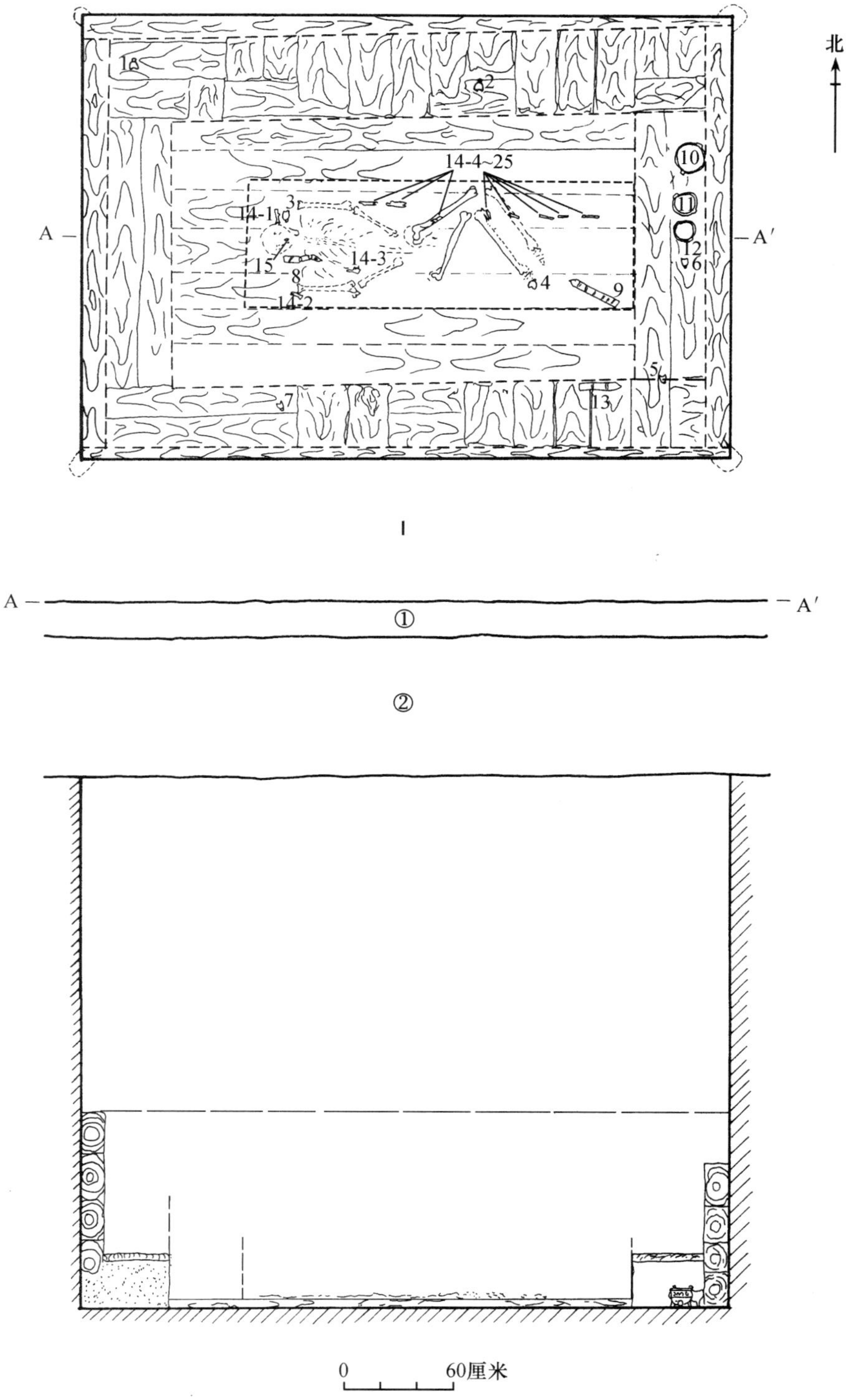

图二五三　M3平、剖面图

1～7. 铜铃　8、9、13. 石圭　10～12. 铜鼎　14-1～14-25. 鱼形铜饰　15.串饰

3；彩版八，2）。M3：11，体形较小。完整。近直口，平折沿，方唇，直腹较浅，底较平，整体显得宽扁。沿上附两长方形立耳；三蹄足，足内侧壁平直。素面。制作稍显粗糙。耳孔呈长方形。口径11.8、腹径10.66、腹深4.8、壁厚0.3厘米，沿宽0.3、壁厚0.2厘米，耳高1.7、宽2.2厘米，耳孔高1、宽0.7厘米，足高5.6、足径1.2～2.6厘米，通高10.4厘米，重812.9克（图二五四，1；图版三九，1）。M3：12，体形较小，器形与M3：1基本相同，制作粗糙，折沿近失。耳孔呈梯形。口径12.2、腹径12.2、腹深5.7、壁厚0.5～0.6厘米，沿宽0.2、壁厚0.2厘米，耳高2.4、宽2.8厘米，耳孔高1.3、宽0.6～0.8厘米，足高6、足径1.25～2.3厘米，通高11.6厘米，重1060克（图二五四，2；图版三九，2）。

铜铃　共7件。形制皆同。体较矮肥，横截面呈椭圆形。拱形梁，顶上有一较大的长方形孔，铃舌似通过顶孔系于梁上。弧形凹口，内凹程度较甚，下缘两角稍有内收趋势。素面。未见明显范线，应为双范合铸。部分铃体表面残余明显的编织物或人字纹席的压印痕。M3：1-1，完整。顶面近平。铃体表面残余人字纹席的印痕，每道痕迹宽0.2～0.3厘米，梁高0.5厘米，顶面

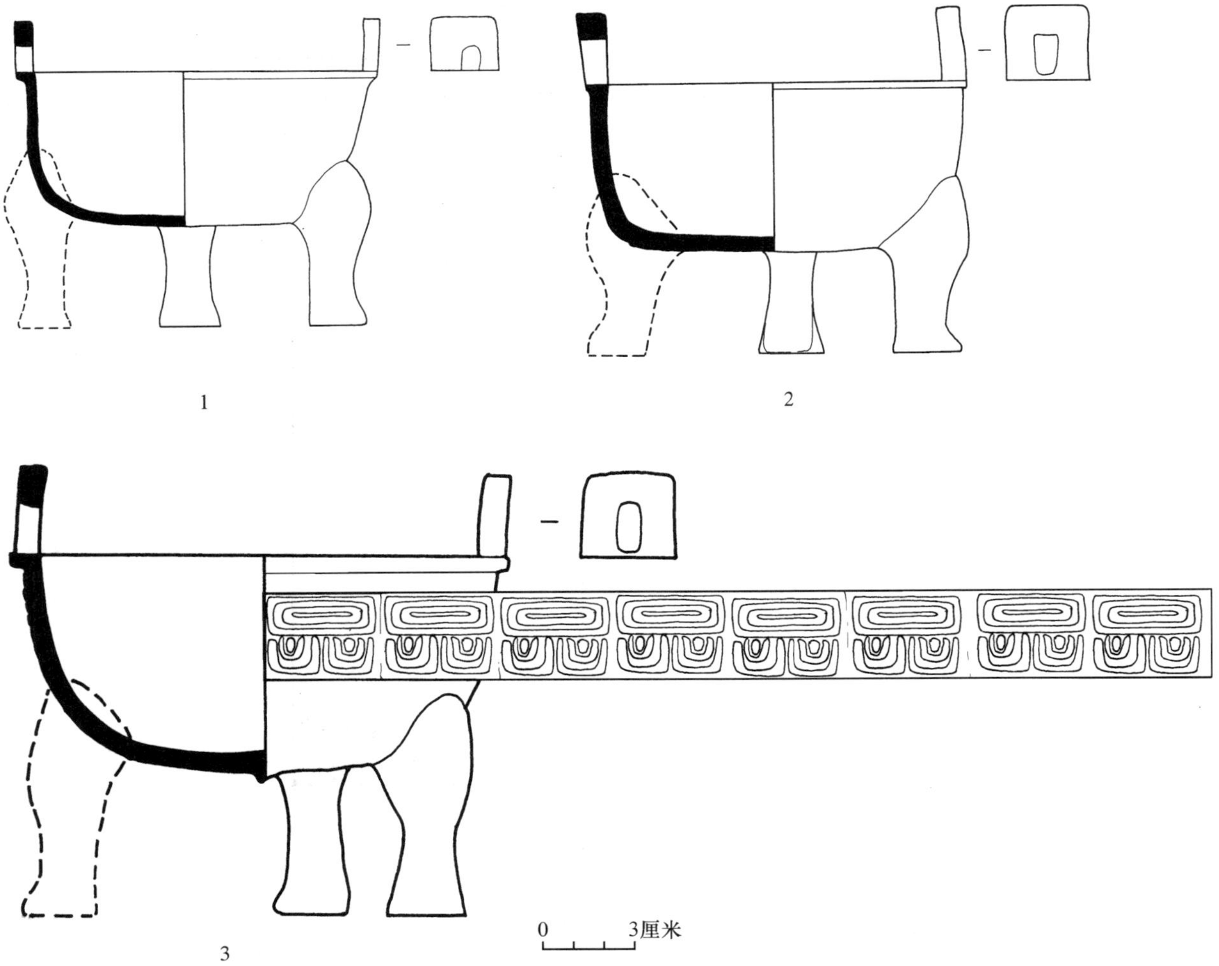

图二五四　M3铜鼎

1. M3：11　2. M3：12　3. M3：10

长2.2、宽1.5厘米，顶孔长0.6、宽0.4厘米，口长3.7、宽3厘米，通高5.6、壁厚0.2～0.3厘米，重79克（图二五五，1；图版三九，3）。M3：2，完整。顶面与铃身基本连为一体。未见铃舌。梁高0.5厘米，顶孔长0.4、宽0.3厘米，口长3.6、宽3.3厘米，通高6、壁厚0.2～0.3厘米，重76克（图二五五，2）。M3：3，完整。顶面与铃身基本连为一体。表面残余少量纺织品印痕及疑似朱砂的红色痕迹。梁高0.5厘米，顶孔长0.6、宽0.4厘米，口长3.4、宽3.2厘米，通高6、壁厚0.2～0.3厘米，重74.1克（图二五五，3）。M3：4，完整。顶面近平。梁高0.6厘米，顶面长2、宽1.6厘米，顶孔长0.4、宽0.3厘米，口长3.8、宽3.2厘米，通高5.6、壁厚0.1～0.3厘米，重61.8克（图二五五，4；彩版八，3）。M3：5，一角稍残。顶面与铃身基本连为一体。器表残余编织物

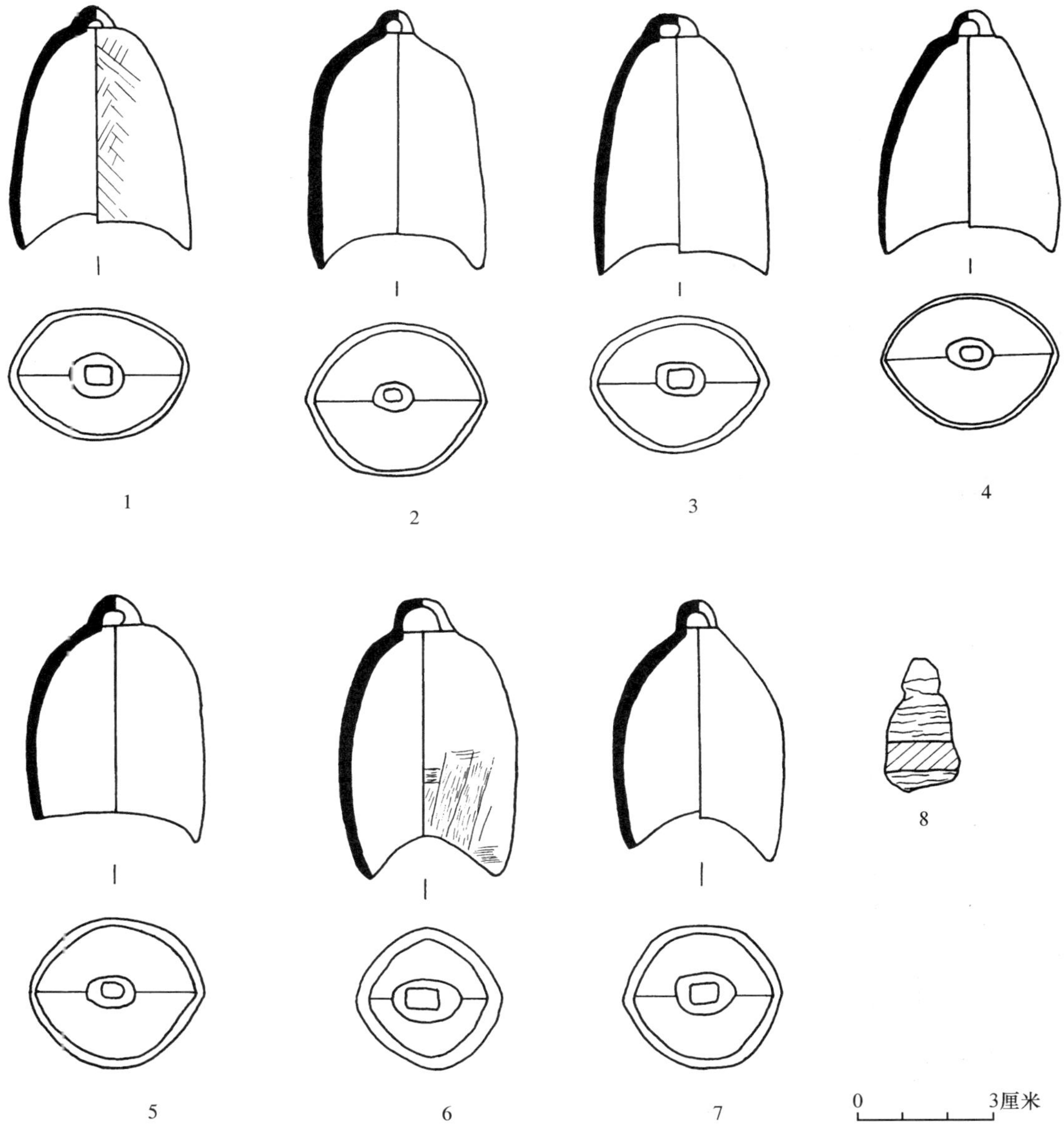

图二五五　M3铜铃、铃舌

1～7. 铜铃（M3：1-1、M3：2、M3：3、M3：4、M3：5、M3：6、M3：7）　8. 铃舌（M3：1-2）

印痕以及宽约0.9厘米的席印痕。梁高0.7厘米，顶孔长0.5、宽0.3厘米，口长3.8、宽3.5厘米，通高5.6、壁厚0.2～0.3厘米，重79.6克（图二五五，5；图版三九，5）。M3：6，完整。顶面近平。器表残余明显的人字纹席印痕，痕迹每道宽0.4～0.6厘米，梁高0.7厘米，顶面长2.2、宽1.5厘米，顶孔长0.7、宽0.5厘米，口长3.1、宽3.25厘米，通高6.3、壁厚0.4厘米，重95.3克（图二五五，6）。M3：7，完整。顶面与铃身基本连为一体。器表残余人字纹席印痕，每道痕迹宽0.5厘米，梁高0.6厘米，顶孔长0.6、宽0.5厘米，口长3.5、宽3.4厘米，通高6、壁厚0.2～0.3厘米，重82克（图二五五，7；图版三九，6）。

铃舌　M3：1-2，泥质灰陶。整体近似三角形，近尖端两侧为亚腰状用以系挂，局部饰中粗绳纹。通长2.9、宽0.4～1.6、厚0.7厘米，重3.7克，应为M3：2配件（图二五五，8；图版三九，4）。

鱼形铜饰　共25件。19件完整或基本完整，其余均朽残。形制基本相同，个别稍有变化，造型写意简化。扁平长条状，圆首，首端有一圆形穿孔，直身，身中部向侧面凸出一圆弧形鳍，双分尾，尾端近方，稍向外撇，应为单范浇铸而成。部分表面残余红色朱砂以及织物或席痕。织物经纬线纹理清晰，组织结构稀疏，线径纤细，间距约0.1厘米。席痕为人字形纹理，每股宽约0.5厘米（图二五六；表一三九；彩版八，4）。

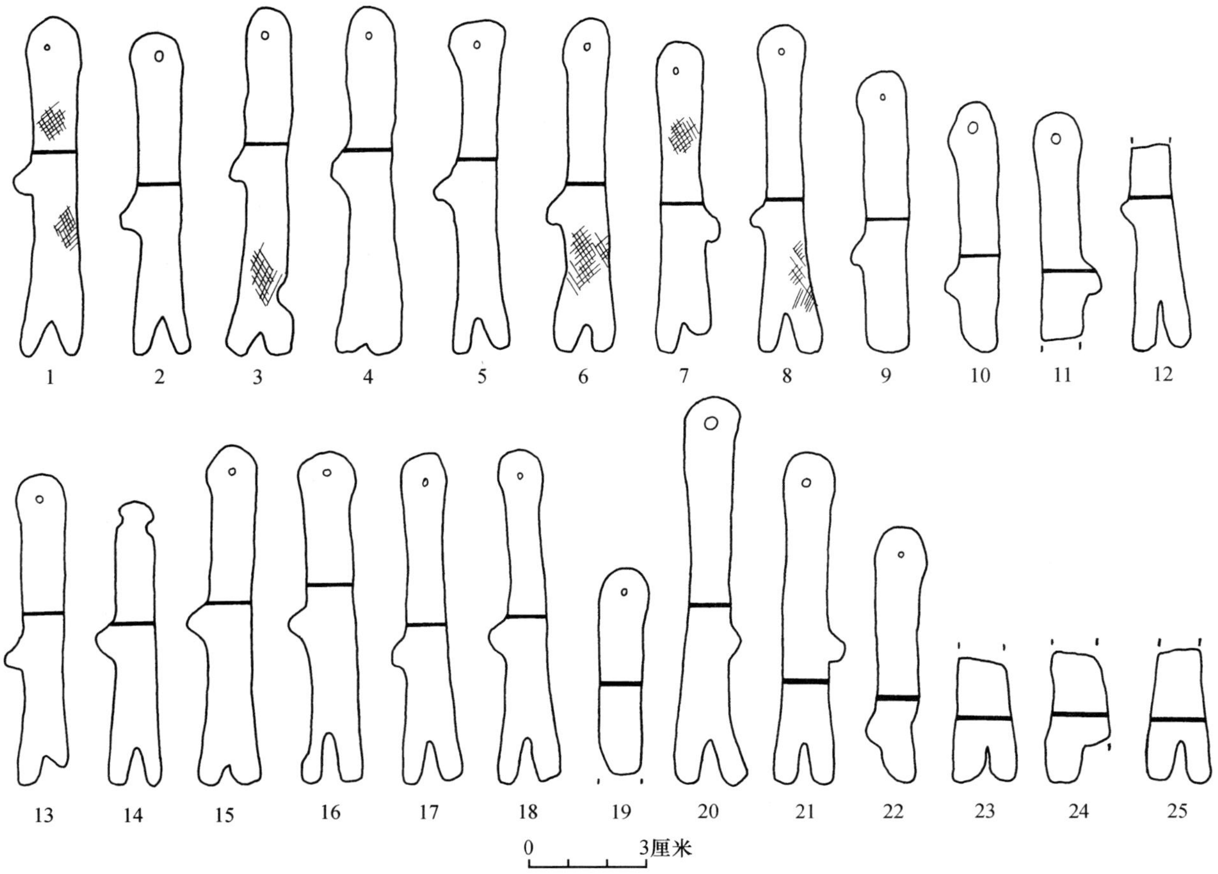

图二五六　M3鱼形铜饰（M3：14）

表一三九　M3出土鱼形铜饰统计表

编号	长/厘米	宽/厘米	厚/厘米	孔径/厘米	重量/克	备注
M3：14-1	9	1.1～1.6	0.1	0.15	11.6	有朱砂、织物痕；图二五六，1
M3：14-2	8.6	1.1～1.6	0.1	0.25	6.8	图二五六，2
M3：14-3	9.3	1.2～1.5	0.1	0.2	10.7	有席印痕；图二五六，3
M3：14-4	9.2	1.1～1.5	0.1	0.15	13.3	图二五六，4
M3：14-5	8.8	0.8～1.6	0.1	0.2	5.7	残为三段；图二五六，5
M3：14-6	9.1	1～1.5	0.1	0.2	7.3	有织物痕；图二五六，6
M3：14-7	8.2	1～1.5	0.1	0.15	5.9	残为两段，有朱砂及织物痕；图二五六，7
M3：14-8	8.6	0.9～1.5	0.1	0.2	6.6	残为两段，有席印痕；图二五六，8
M3：14-9	7.5	1.1～1.4	0.1	0.1	6.1	图二五六，9
M3：14-10	6.7	0.8～1.4	0.1	0.4	5.6	图二五六，10
M3：14-11	6	1～1.5	0.1	0.3	4.5	残，余上半部；图二五六，11
M3：14-12	5.5	1～1.3	0.1	—	4.4	残，余下半部；图二五六，12
M3：14-13	8.2	1～1.5	0.1	0.15	5.6	图二五六，13
M3：14-14	7.4	0.6～1.5	0.1	—	5.6	图二五六，14
M3：14-15	8.9	1.1～1.7	0.1	0.2	8	残为两段；图二五六，15
M3：14-16	8.7	1.1～1.7	0.1	0.2	6.9	残为两段；图二五六，16
M3：14-17	8.6	0.9～1.5	0.1	0.15	7.1	残为两段；图二五六，17
M3：14-18	8.7	0.9～1.5	0.1	0.15	7.5	残为两段；图二五六，18
M3：14-19	5.4	1.1～1.3	0.1	0.1	3.8	残，余上半部；图二五六，19
M3：14-20	10.1	1.1～1.4	0.1	0.4	7	残为四段；图二五六，20
M3：14-21	8.6	1～1.5	0.1	0.2	6.9	残为两段；图二五六，21
M3：14-22	6.6	1.1～1.3	0.1	0.1	4.6	残为两段；图二五六，22
M3：14-23	3.2	1.2～1.7	0.1	—	3.1	残，仅余尾部；图二五六，23
M3：14-24	3.4	1.3～1.7	0.1	—	2.5	残，仅余尾部；图二五六，24
M3：14-25	3.5	1.1～1.5	0.1	—	2	残，仅余尾部；图二五六，25

石圭　共3件。M3：8，残。乳白色，石灰岩质，表面残余较多深褐色土沁，残余少许朱砂。整体修长，两侧边较直，截面呈长方形。首尖锐，等腰三角形，与身相接处转折较明显；身后段稍残。残长19.8、宽3.4、厚0.35厘米，圭首长4厘米，重59.1克（图二五七，1；图版四三，1）。M3：9，首微残。浅灰色，凝灰岩质。体形修长，两侧边直且双面削刹变薄，截面近梭形。首尖端残缺，近等腰三角形，与身相接处转折明显；身近梯形，尾端略宽，一侧面有宽约2.9厘米的浅弧槽，正面自尾端有一道长约7.7、宽约0.3厘米的浅槽；尾端近平，一角斜刹。素面。整体制作精良，打磨光滑，器表残余多处磨划痕迹。残长30.1、宽3.3～3.7、厚0.5厘米，首残长3.6厘米，重116.5克（图二五七，3；图版四三，2）。M3：13，基本完整。深灰色间，局部白色，凝灰岩质。体形修长，两侧边斜直，双面削刹较薄，截面近梭形。首近等腰梯形，与身相接处转折明显；身呈梯形，向尾端渐宽，近尾侧边有一处宽约0.7厘米小浅槽；平尾，一角斜刹。素面。制作规整精良，器表残余细密的横向或斜向磨划痕迹。通长22.1、宽2.8～3.4、厚0.3～0.7厘米，首长3.6厘米，重84.4克（图二五七，2；图版四三，3）。

串饰　一组共2件。蚌、贝质，均残。M3：15-1，圆柱形，中有竖向穿孔。通高1.6、径1.1、孔径0.4厘米，重2.1克（图二五七，4；图版四五，2）。M3：15-2，残损严重，现形状不规则，推测原也应为圆柱形。残长1.4、残宽1厘米，重0.7克（图二五七，5；图版四五，2）。

石球　1件。M3填：1，残。红褐色，泥岩质。直径4～4.7厘米，重109.9克（图二五七，6；图版四六，1）。

陶球　1件。M3填：2，残。浅红褐色，泥质陶。素面。直径4厘米，重74.4克（图二五七，7；图版四六，2）。

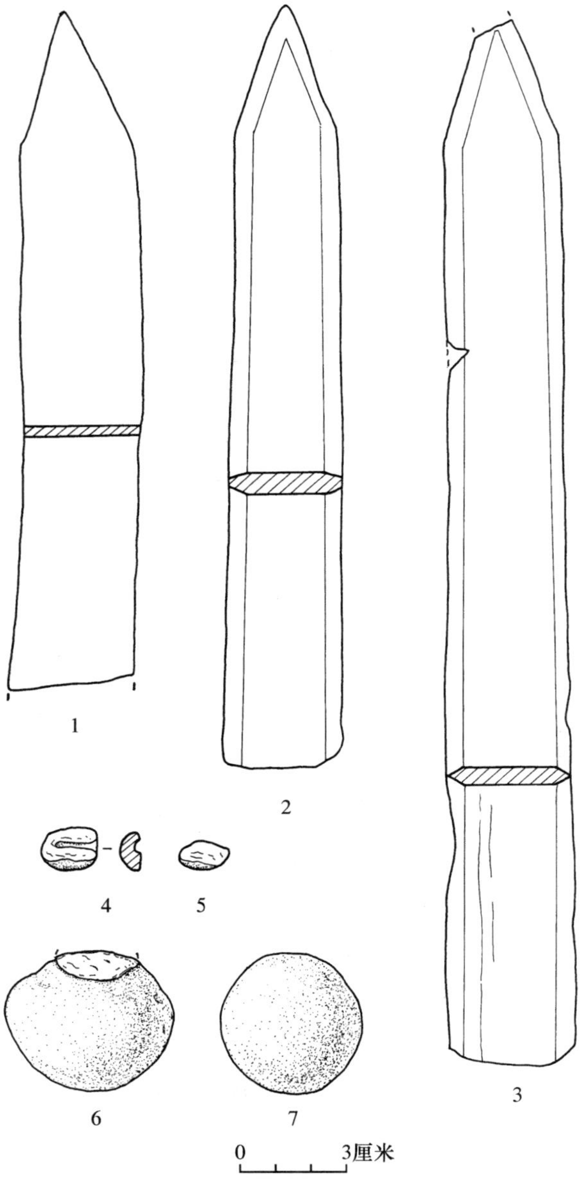

图二五七　M3石圭、串饰、石球、陶球

1～3. 石圭（M3：8、M3：13、M3：9）　4、5. 串饰（M3：15-1、M3：15-2）　6. 石球（M3填：1）　7. 陶球（M3填：2）

（四）M4

位于JT0101西部居中处，开口于第2层下，距地表深0.45米，其西部被H14打破。

1. 发掘情况

方向90°。平面呈圆角长方形，直壁，口底同大。长1.7、宽0.9、深0.9米。填土土色花杂，内含大量灰烬及早期陶片、石块等。未见盗扰。无葬具。墓主骨骼保存情况较好，女性，年龄29～30岁。仰身屈肢葬式，头向西，面向北。上肢呈抱臂于胸口状，右臂在上。下肢跪姿，蜷曲特甚。膝部略偏南，足部在盆骨下。随葬品共2件，为石玦，位于墓主耳部两侧（图二五八；图版一九，1）。

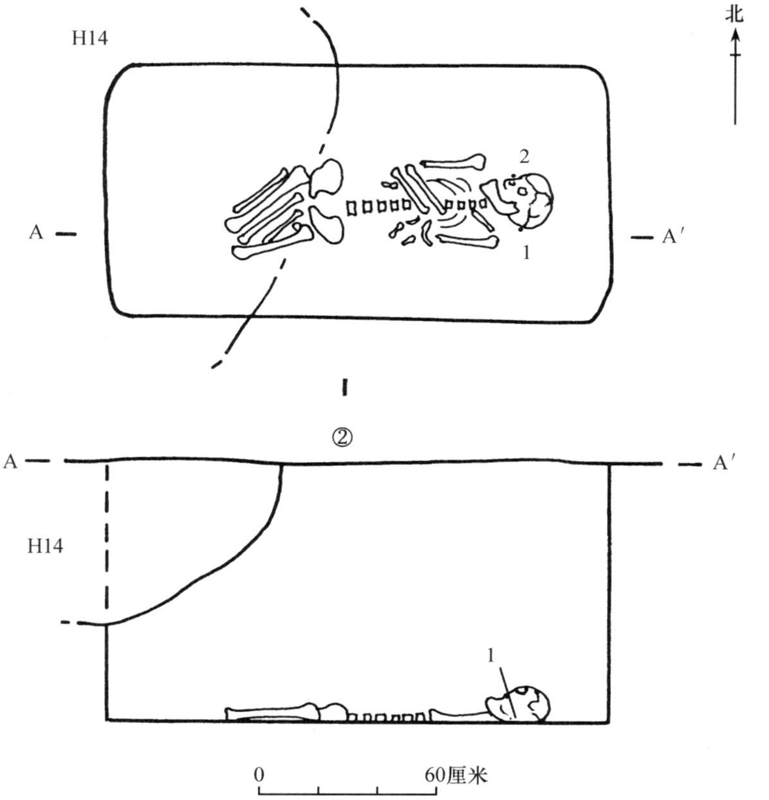

图二五八　M4平、剖面图

1、2. 石玦

2. 器物

石玦　2件。白色滑石质，基本呈圆环状，缺口狭长，相对处有穿孔。表面残留少量磨划痕。M4∶1，穿孔内壁竖直，单面钻。直径2.2、厚0.4、孔径0.8、缺口宽0.2厘米，重3.1克（图二五九，1；图版四六，3）。M4∶2，残。对钻孔。直径2、厚0.3、孔径0.5～0.7、缺口宽0.2厘米，重1.5克（图二五九，2；图版四六，3）。

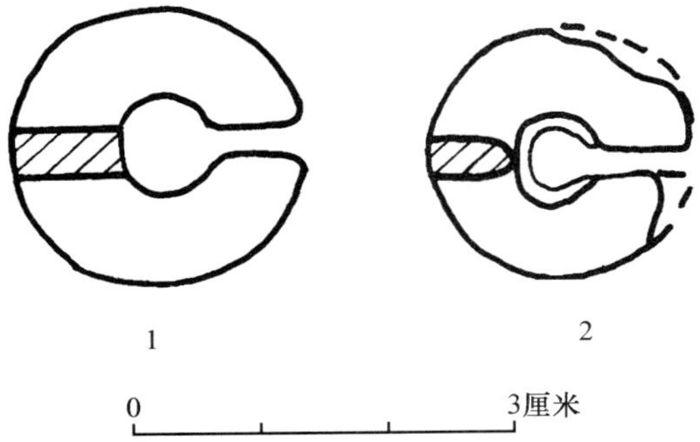

图二五九　M4石玦
1. M4：1　2. M4：2

（五）M8

位于JT0201东北部，开口于第1层下，距地表深0.3米，被H1打破，打破H17。

1. 发掘情况

方向64°。平面呈圆角长方形，直壁，口底同大，墓底北、南、西三侧有生土二层台。长1.55、宽0.7、深1.08米。二层台宽0.12、高0.17米。填土经粗夯处理。未见盗扰。无葬具。墓主骨骼保存较好，女性，年龄31～34岁。仰身屈肢葬式，头向东，面向南。双手交放于腹部。下肢蜷曲程度较弱，膝部朝北，左腿在上。随葬品共5件，其中石圭2件、陶玦2件、煤精棒1件，均放置于墓主两肩处（图二六〇；图版一九，2）。

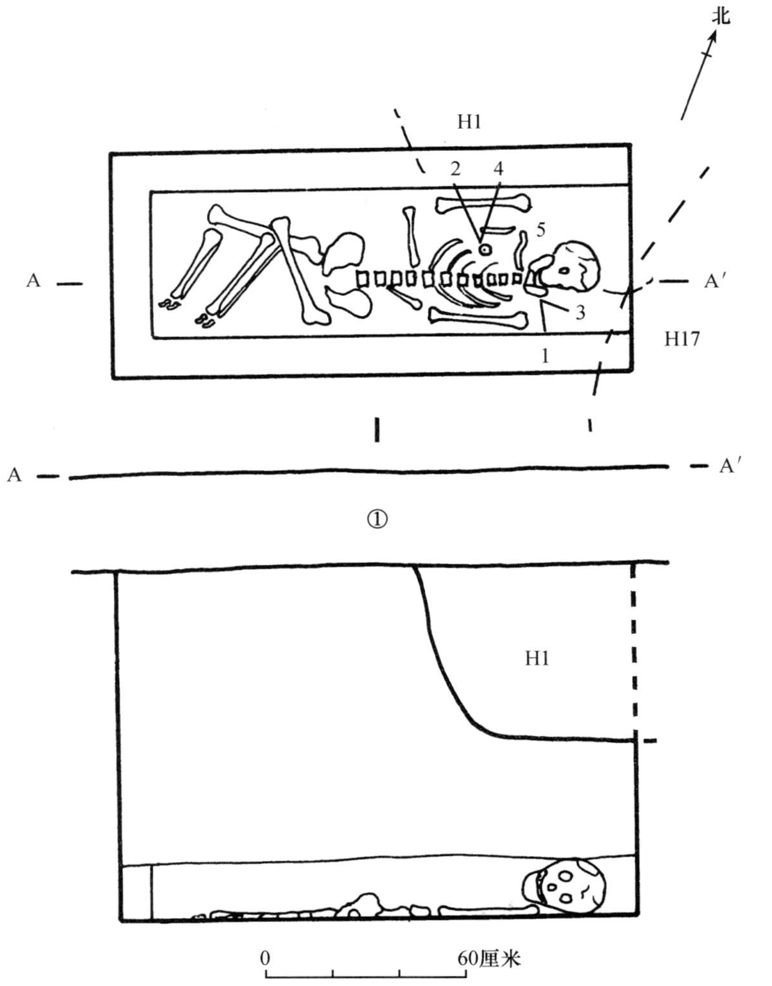

图二六〇　M8平、剖面图
1、3. 石圭　2、4. 陶玦　5. 煤精棒

2. 器物

陶玦　共2件。均完整，形制皆同。泥质黑陶。片状圆环，截面呈长方形，中有穿孔，孔内壁竖直，环体有一处狭长的缺口。M8：2，直径3.2、厚0.4、孔径0.8、缺口宽0.1～0.3厘米，重5.5克（图二六一，5；图版四六，4）。M8：4，直径3.1、厚0.35、孔径0.9、缺口宽0.2厘米，重4.7克（图二六一，6；图版四六，4）。

石圭　共2件。M8：1，残。剥离较严重，基本可复原。紫色页岩质。整体细长，截面呈长方形。首尖锐，三角形，侧边不对称，与身相接处转折较明显；直身，尾端略宽；平尾，一角斜刹。通长8.3、宽1.1～1.3、厚0.2厘米，首长1厘米左右，重6.5克（图二六一，1；图版四三，4）。M8：3，首端残缺。紫色页岩质。依形走势推断首为等腰三角形，与身相接处稍显转折；直身，尾端稍宽；平尾。整体截面呈长方形。两侧面见少许磨痕。残长10.5、宽2.2～3、厚0.2厘米，首残长0.6厘米，重15克（图二六一，4；图版四三，5）。

煤精棒　1件。M8：5，残。黑色，煤精质。推测其原为圆柱体，表面光润细腻。通高4.5、残径1.3厘米，重6.2克（图二六一，2；图版四六，5）。

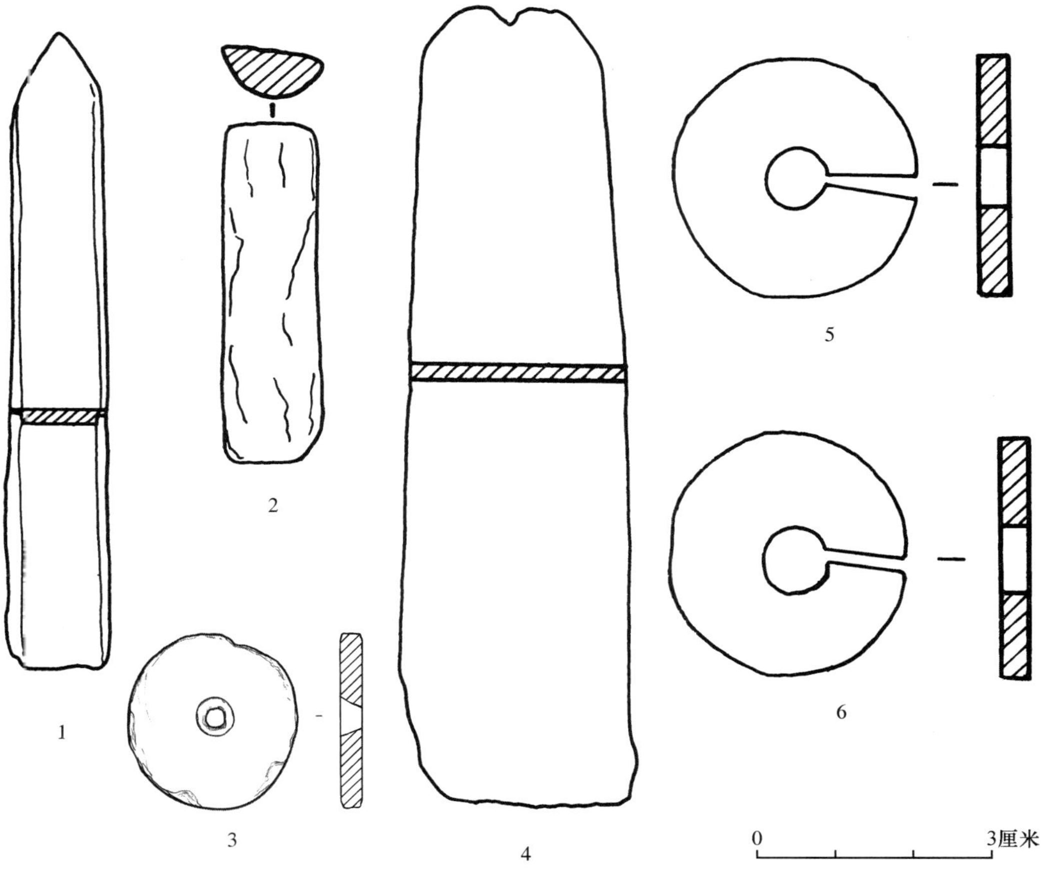

图二六一　M8、M9石圭、煤精棒、蚌饰、陶玦

1、4. 石圭（M8：1、M8：3）　2. 煤精棒（M8：5）　3. 蚌饰（M9：1）　5、6. 陶玦（M8：2、M8：4）

（六）M9

位于JT0101中部偏北，开口于第1层下，距现地表深0.28米。

1. 发掘情况

方向79°。平面呈圆角长方形，直壁，口底同大。长1.55、宽0.61、深0.74米。填土经粗夯。未见盗扰。葬具为木质一棺，位于墓室中部，平面呈长方形，长1.4、宽0.5米，高度不详。墓主骨骼保存情况较好，年龄9～10岁，性别不详。仰身屈肢葬式，头向东，面向北。上肢交放于腹部，左臂在上。下肢蜷曲较甚呈跪姿，膝部朝北，左腿在上。墓主颈下有蚌饰1件（图二六二；图版二〇，1）。

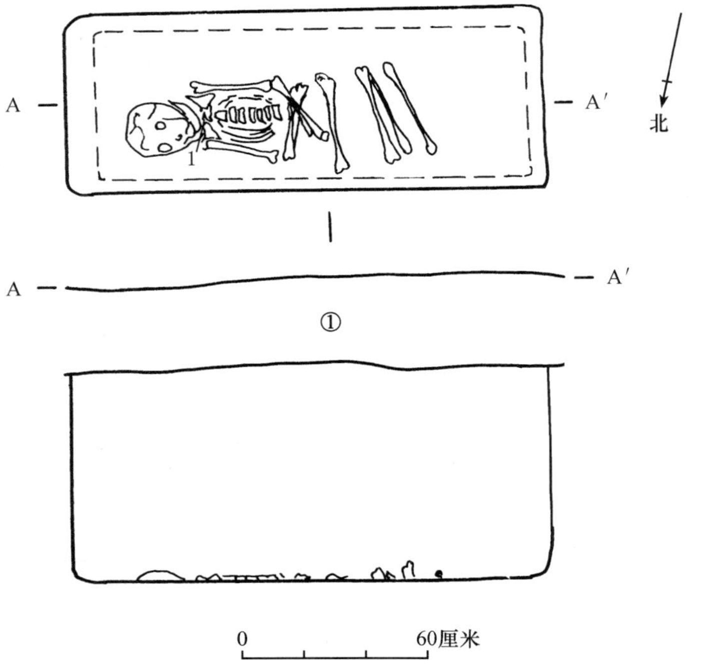

图二六二　M9平、剖面图

1. 蚌饰

2. 器物

蚌饰　1件。M9：1，基本完整。整体接近圆形，略不规则，片状，中有一圆形穿孔，单面钻。直径约2.3、厚0.3、孔径0.3～0.5厘米，重2.3克（图二六一，3；图版四六，6）。

（七）M10

位于JT0303东北部。开口于第1层下，开口距现地表深0.3米。

1. 发掘情况

方向270°。平面呈圆角长方形，斜直壁，口小底大。口长3、宽1.64米，底长3.4、宽1.8米，深7.6米。墓壁上残留较明显的工具痕迹。西北壁距开口深约1.4米处有三角形脚窝两处，口宽约0.18、高0.12、进深0.1、间距0.5米。填土经夯打，夯层厚0.15米，土质结构紧密。填土东北角深约0.8米处发现犬上颌骨一块。

墓室西部发现近代盗洞一处。平面为椭圆形，径0.5～0.64米。墓室西部被扰乱，墓主头骨遗失。盗洞填土松软，有烟盒。

葬具木质一棺一椁。椁贴壁而建，挡板抵于侧板上，横覆顶板，底板情况不详。椁室平面呈长方形，长3、宽1.64、残高0.8米，或有头箱。每块顶板长约1.8、宽约0.3米，厚度不详；侧板厚约0.1、挡板厚约0.2米。棺位于椁室中部，平面呈梯形，西宽东窄。长2.9、宽1～1.1米，高度不详。

墓主骨骼保存情况较差，头骨被扰乱不见，为成年女性。仰身屈肢葬式，头向西，面向不详。双手交放于胸部。下肢蜷曲特甚，足部紧贴盆骨，膝朝右侧上翘跪姿。

因扰，只见有陶器12件南北一列放置于椁室西端，计有鼎、喇叭口陶罐、豆各2件，匜、盘、囷、甗、盆、广肩小罐各1件。盗洞中有5件石圭，也应为其原有遗物（图二六三，图版二〇，2）。

2. 器物

陶鼎　2件。泥质陶，浅灰色。附板状耳，三蹄足。M10∶7，残。口微敛，凹唇，圆腹，平底。板耳上有竖向凹槽。上腹部饰三周凹弦纹。器身泥条盘筑后经轮修；耳部模制，足部捏制，再粘接于器身上，尚见敷泥涂抹痕迹。器身下腹有刮抹痕迹，上腹及内壁可见有轮修痕迹。口径16.4、腹最大径18.6、腹深9.4～10、底径9.2、壁厚0.4～0.5厘米，耳高7、宽4.4、厚0.8～1.4厘米，槽长4.4、宽1.2厘米，通高15.6～16.2厘米（图二六四，11；图版二六，1）。M10∶10，残。近直口，平沿，方唇，弧腹、圜底。上腹有子母口。双板耳稍外撇，上有一圆形钻孔，孔自外侧向内钻成；三蹄足稍扁，足尖外撇。腹饰一周凹弦纹，耳内侧饰竖向细绳纹。器身轮制，耳模制，足捏制；耳及足为后期粘接。制作较为粗糙，下腹部有敷泥修补痕迹。口径11、腹最大径13.4、腹深6.7、壁厚0.4～1厘米，耳高3.3、宽3.9、厚0.6、耳孔径0.6～0.8厘米，通高10.5～11.2厘米（图二六四，10；图版二六，2）。

喇叭口陶罐　2件。形制基本相同。泥质陶，浅灰色。大喇叭形口，平沿，方唇，束颈，折肩鼓腹，下腹内收，平底。口径大于最大腹径。均轮制，内底见拉坯痕，下腹部有刮抹修整痕迹。制作稍粗糙，口部高低不平。M10∶1，残。口沿内壁及肩部各饰两组弦纹，口沿外壁饰极模糊的竖向细绳纹，腹部饰一周竖向细绳纹。口径27.6、腹最大径21、底径9.2、壁厚0.4～0.6厘米，沿宽1.2、厚0.6、颈高2.2、通高20.6～21厘米（图二六四，12；图版二九，1）。M10∶8，残。沿部稍斜。口沿内壁饰两组弦纹，肩饰一道凸弦纹，腹部饰两组弦纹及一周部分被抹平的竖向细绳纹。口径28、腹最大径20.8、底径8.6、壁厚0.6厘米，沿宽1.2、厚0.4厘米，口高6.6～7.4、颈高1.2、通高19.8～20.6厘米（图二六四，9；图版二九，2）。

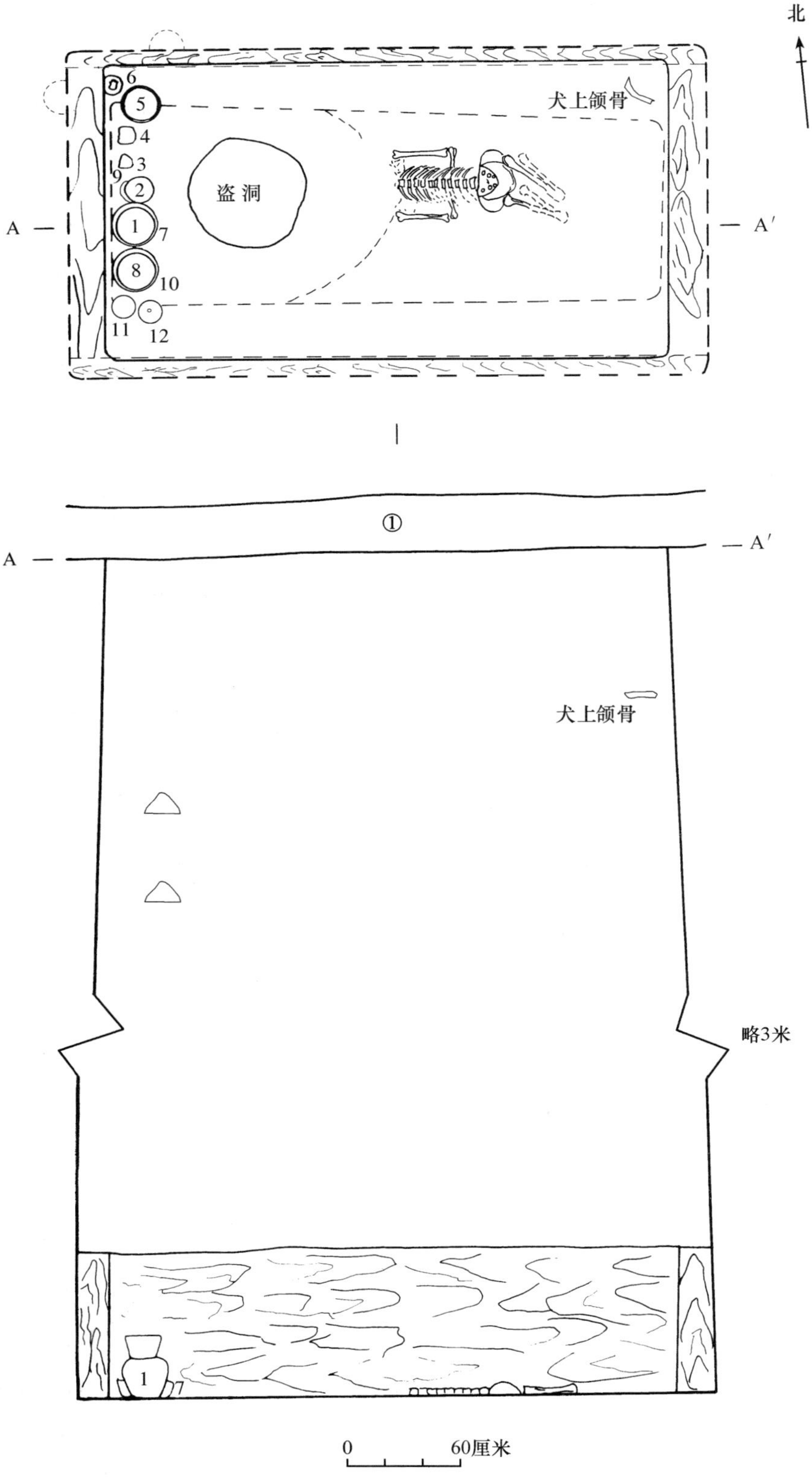

图二六三　M10平、剖面图

1、8. 喇叭口陶罐　2、9. 陶豆　3. 陶匜　4. 陶盘　5. 陶盆　6. 陶广肩小罐　7、10. 陶鼎　11. 陶甗　12. 陶困

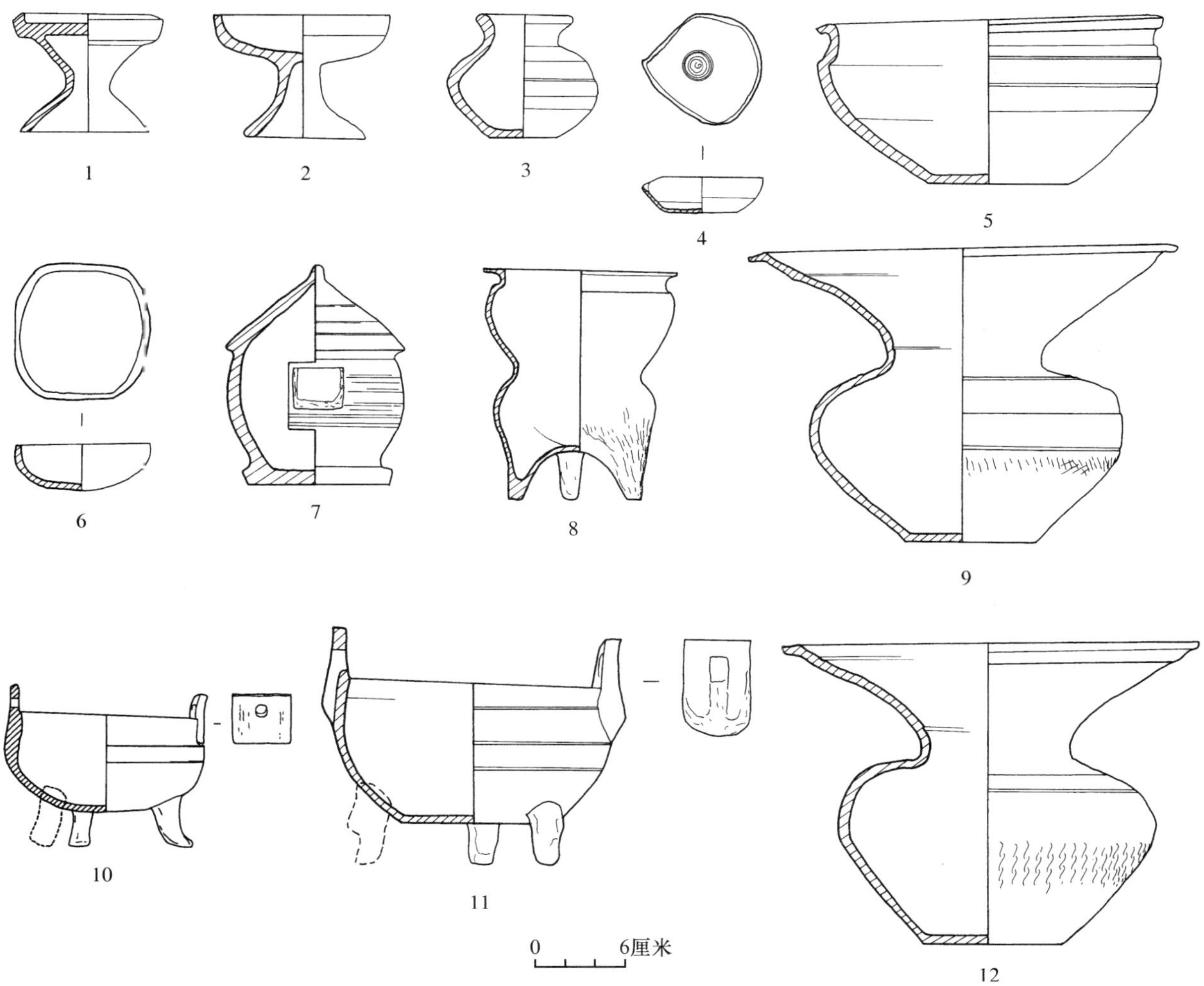

图二六四　M10陶器标本

1、2. 豆（M10：9、M10：2）　3. 广肩小罐（M10：6）　4. 匜（M10：3）　5. 盆（M10：5）　6. 盘（M10：4）　7. 囷（M10：12）　8. 甗（M10：11）　9、12. 喇叭口罐（M10：8、M10：1）　10、11. 鼎（M10：10、M10：7）

陶豆　2件。泥质陶，浅灰色。浅盘，细柄中空，平底。素面。M10：2，完整。敞口，方唇，弧腹，豆盘较浅，底微圜。柱状柄，底呈喇叭口状。盘、柄分别轮制后粘接，器表残留轮修痕迹。口径11.4、底径8.2、盘深2.6、壁厚0.6～0.8、柄长5.8、中段直径2.8、通高8.4厘米（图二六四，2；图版三三，2）。M10：9，基本完整。直口，圆唇，外折腹，豆盘极浅，底平。柄上下皆呈喇叭状，中部收束。盘、柄分别轮制后粘接，器表残留轮修痕迹。口径8.4、底径8.5、盘深0.6、壁厚0.5～1、柄长7.4、中段直径3、通高8厘米（图二六四，1；图版三三，3）。

陶匜　1件。M10：3，完整。泥质陶，浅灰色。直口，方唇，弧腹平底。整体平面近三角形，流呈三角形稍凸出，拐角处圆滑，腹较浅。素面。轮制后捏按修整，内外壁有轮修痕，内底还见明显的拉坯痕迹，外底面有刮抹修整痕迹。口径长7.6、最宽7.2、底径4.4、壁厚0.2、通高2.4厘米（图二六四，4；图版三三，4）。

陶盘　1件。M10：4，口部微残。泥质陶，浅灰色。近直口，方唇，直腹，底稍圜。整体平面近方形，拐角处圆滑，腹较浅。素面。轮制后按压修整，内壁见轮修痕迹及指甲压痕，外底面有刮削痕。口长8.4、宽8.2、通高3.2、壁厚0.4厘米（图二六四，6；图版三三，5）。

陶囷　1件。M10：12，残。泥质陶，浅灰色。盖、身一体。盖伞形，略出檐，顶正中有短柱形小纽。身腹圆鼓，近底部稍束，平底出沿稍外撇，沿较厚。器身偏上部有方形孔为窗。盖上饰三组弦纹，腹部饰密集弦纹。腹下部有手指按压修整痕迹，窗孔切胎痕迹明显。盖径12、腹最大径11.6、底径9.8、壁厚0.8～1、窗孔高2.8、宽3.4、通高15厘米（图二六四，7；图版三八，1）。

陶甗　1件。M10：11，残。泥质陶，浅灰色。甑、鬲联制，无箅。直口，平折沿，尖圆唇，短束颈，弧腹稍鼓，束腰，下部鼓腹，三足为平跟柱状，联裆较瘪，裆底中部较平，裆部弧高。上腹部及腰下各饰一组弦纹，足及裆部饰较规整的交错细绳纹，纹饰施至足跟。口径12.8、腹最大径12.6、腰径8.4、壁厚0.4、裆高3.3、通高15.7厘米（图二六四，8；图版三四，1）。

广肩小陶罐　1件。M10：6，残。泥质陶，浅灰色。小侈口，折沿外撇，尖圆唇，矮直颈，圆肩鼓腹，下腹内收，平底，体横宽。腹部有一圈凸棱，肩部饰两组弦纹，其余磨光。轮制，下腹部有刮抹痕迹。口径6.5、腹最大径10、底径4.2、壁厚0.5～0.8、通高8.4厘米（图二六四，3；图版三七，1）。

陶盆　1件。M10：5，完整。泥质陶，浅灰色。口微侈，折沿稍斜，方唇，束颈，颈腹交界处有一周小凸棱，弧腹略鼓，下腹斜收，小平底。颈、腹部饰竖向细绳纹，部分并有被抹平的痕迹，上腹部饰一道凸弦纹。轮制，内壁有轮修及拉坯痕，下腹外壁有明显刮削痕迹。制作稍粗糙，口部高低不平。口径20.4、肩径22.8、底径9.2、壁厚0.6～0.8、通高10.8～11.6厘米（图二六四，5；图版三五，2）。

石圭　5件。凝灰岩或紫色页岩。M10盗：3残损严重，形制及尺寸难以判断，可能是M10盗：2上剥离部分（图版四三，7）。M10盗：1，现残为四段，基本可复原。白色间杂团块状浅灰色，推测为凝灰岩质。截面呈长方形。首尖锐，等腰三角形，与身相接处转折不甚明显；身直边，平尾。通体磨光，制作精良，可见残余的细线状磨划痕迹。自首向下21.2厘米处断为两截，断碴处经过明显的细致打磨，残断应为早期形成。器表近尾端有一处明显的圭形浅灰色沁痕，与M10盗：4规格吻合，说明两件原为叠放。通长45.5、宽6.0、厚0.7、首长8.4厘米，重412.5克（图二六五，4；图版四三，6）。M10盗：2，紫色页岩质。残损严重。现存首部分较尖锐，呈等腰三角形，边缘部稍见打磨痕迹。残长21.5、宽约4.1、厚0.35厘米，残重215克（图二六五，1）。M10盗：4，残，现余上半部分。一面灰白色，另一面深灰色，凝灰岩质。首尖锐，等腰三角形，与身相接处转折较明显；身直边。通体磨光，器表残留较多斜向细线状的磨痕。残长15.8、宽3.5、厚0.5、首长5.4厘米，残重49.3克（图二六五，2；图版四三，6）。M10盗：5，残，现余下半部分。灰白色间杂小块青灰色及土黄色波纹状纹理，凝灰岩质。残余身及尾部。直身平尾，截面呈长方形。通体磨光，器表残余少量细线状磨痕。残长25.4、宽4.6、厚0.6厘米，重244.5克（图二六五，3；图版四三，6）。

（八）M11

位于JT0101北部偏西，开口于第1层下，距现地表深0.3米，被G6打破。

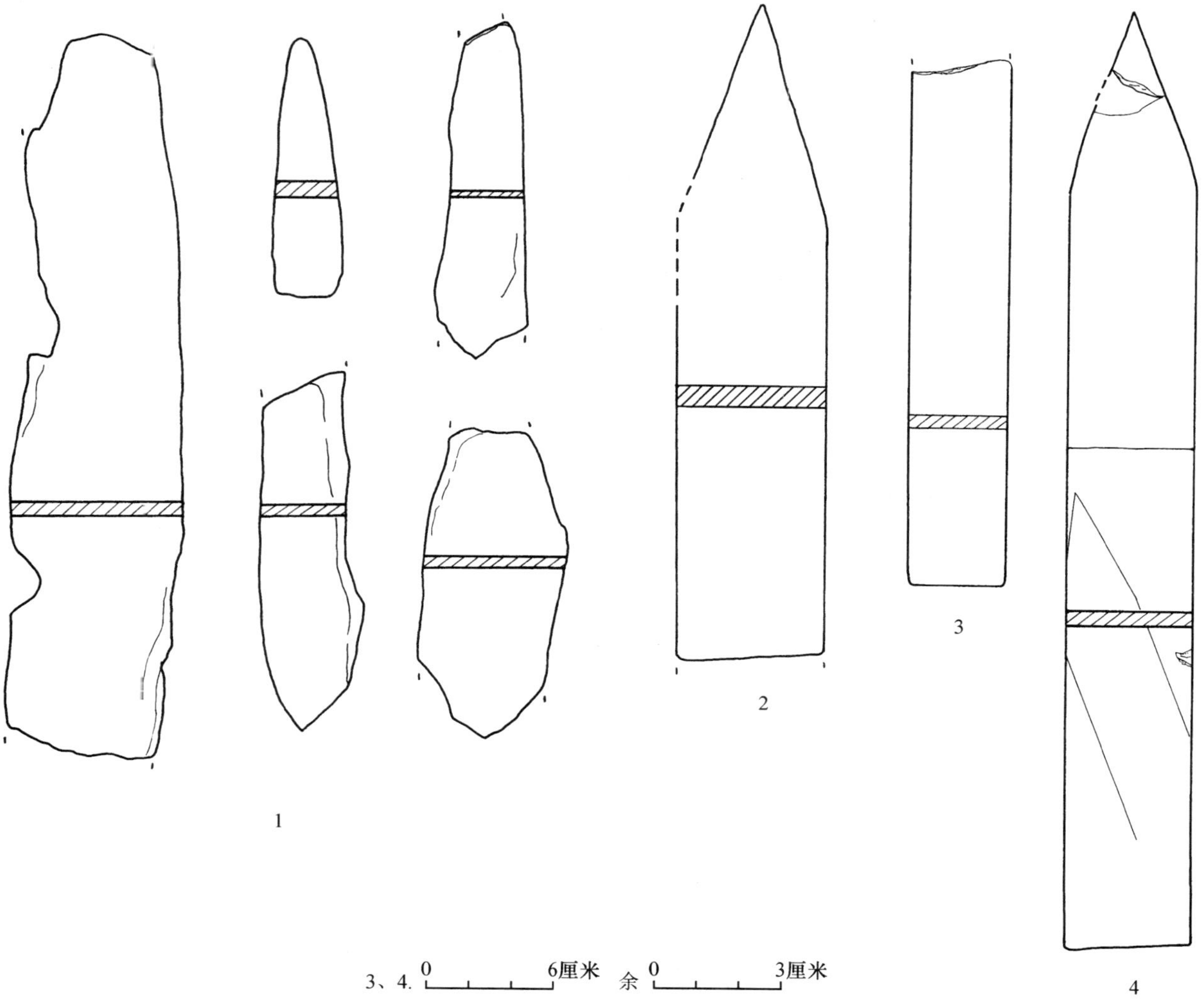

图二六五　M10盗洞内石圭

1. M10盗：2　2. M10盗：4　3. M10盗：5　4. M10盗：1

发掘情况

方向81°。平面呈圆角长方形，直壁，口底同大。长1.3、宽0.6、深0.46米。无葬具。墓主骨骼保存情况较好，男性，年龄20～30岁。仰身屈肢葬式，头向东，面向南。双臂交于胸部，左臂在上。下肢蜷曲较甚，膝部朝南。未见随葬品（图二六六；图版二一，1）。

（九）M13

位于JT0102中部，开口于第1层下，距现地表深0.3 米，被M12打破。

发掘情况

方向245°。平面呈圆角长方形，直壁，口底同大，四壁有熟土二层台。口长1.78、宽0.8、深1.1米。二层台宽0.1、高0.4米。葬具为木质一棺，位于墓室中部，平面呈长方形，长1.58、宽0.6米，高度不详。墓主骨骼保存情况较好。仰身屈肢葬式，头向西，面朝上。双手交放于腹部，下肢蜷曲较甚，呈跪姿，足部贴于盆骨下，膝部向北。疑似男性，年龄40岁左右。未见随葬品（图二六七；图版二一，2）。

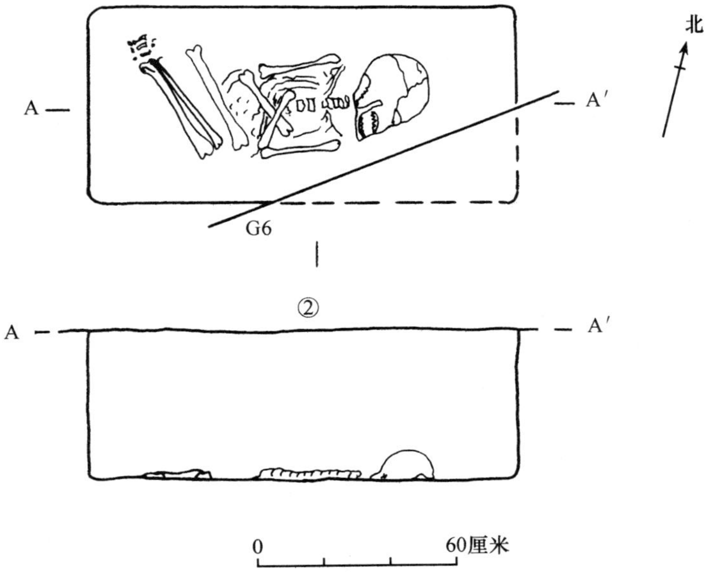

图二六六　M11平、剖面图

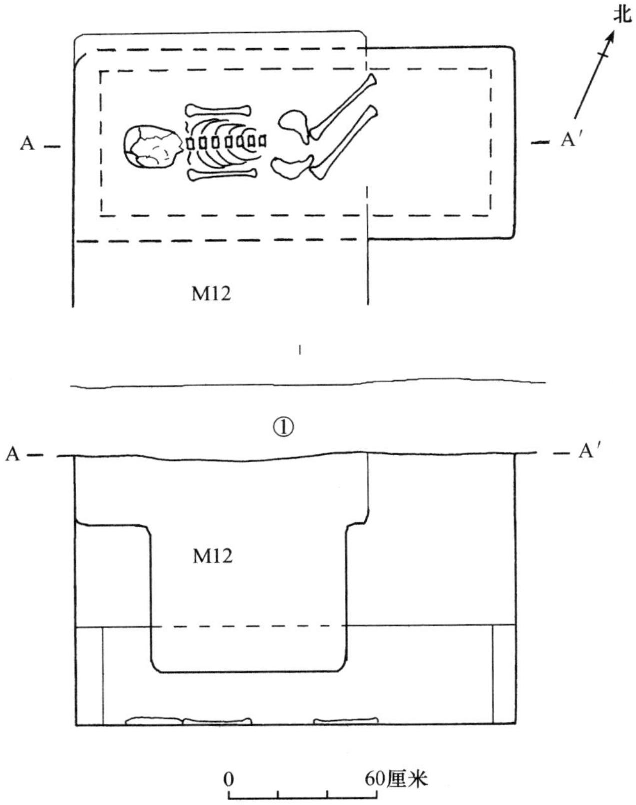

图二六七　M13平、剖面图

（一〇）M15

位于JT0404东南部，开口于第1层下，距现地表深0.3米。

1. 发掘情况

方向266°。墓口平面呈长方形，底平面呈梯形，口小底大。南、北直壁，东、西壁自开口向下1.79米处外扩各0.12米，上下皆直壁。口长2.5、宽1.36米，底长2.68、宽1.58～1.68米，深3.46米。墓壁经过修整，表面光滑，但未见明显工具遗痕。填土经粗夯，夯层厚0.25～0.3米，土质结构紧密。未见盗扰。

葬具为木质一棺一椁，椁贴壁而建，挡板抵侧板，顶板及底板情况不详。南、北侧板有坍塌。椁室平面呈长方形，长2.5、宽1.36、残高1米，板厚0.1～0.14米。棺位于椁室中部，平面呈梯形，长1.9、宽0.9～0.97、残高0.5米。

墓主骨骼保存情况稍差，男性，年龄45～50岁。仰身屈肢葬式，头向西，面朝北。上身稍侧，左臂自然放于身侧，右臂屈放于胸部。下肢蜷曲特甚，膝右侧且上翘呈跪姿。

随葬品共5件（组），包括喇叭口陶罐1件、陶鬲1件、陶甗1件、石圭1组、铜削1件，集中于椁室西北隅（图二六八；图版二二，1）。

2. 器物

铜削　1件。M15：5，完整。弧背，弧宽刃，窄柄，环首。环较大，近椭圆形，截面呈圆形；柄下部薄，截面呈三角形；刃部至前端向上翘起聚成锋尖，与背齐平，截面亦呈三角形；柄背与身背连为一线，其厚度渐薄至锋。素面。环上残余少许裹缠其上的织物印痕。柄背末端有一处铸造时遗留的范缝。环内径2.4～3.4、截径0.4厘米，柄长5.85、宽0.8、背厚0.35厘米，刃长13.25、宽1.5～1.7、背厚0.1～0.35厘米，通长21.5厘米，重40克（图二七〇，6；图版四〇，1）。

喇叭口陶罐　1件。M15：1，基本完整。泥质陶，浅灰色。大喇叭口，平沿，方唇，唇上有凹槽，长直颈，折肩，上腹较直，下腹斜收，平底。口径小于最大腹径。口内壁有一组弦纹，颈、肩、腹等处各有多重弦纹，腹部饰竖向细绳纹，部分被刮抹。轮制，内壁及底件轮修及拉坯痕迹，下腹外壁有刮削痕。口径19.4、腹最大径19.2、底径7.2、壁厚0.8厘米，沿宽1.5、壁厚0.4厘米，口高3.9、颈高3、通高17.5厘米（图二六九，2，图版二九，3）。

陶鬲　1件。M15：2，残。泥质夹细砂，浅灰色。侈口，斜沿，方唇，溜肩，鼓腹，联裆稍瘪而低平，三足跟近锥状。腹部饰深峻的竖向细绳纹，颈部有饰绳纹后被抹光的痕迹，足跟及裆底部饰大麻点纹。口沿及颈部有轮修痕迹。口径14.8、腹最大径17、壁厚0.6～0.8、裆高3.1厘米，足跟高2、径0.8～2、通高15.2厘米（图二六九，1；图版三二，1）。

陶甗　1件。M15：3，完整。泥质陶，深灰色。甑、鬲联制，无箅。直口，平沿，方唇，直腹，束腰。下部直腹稍鼓，联裆低平，三矮柱足。通体饰较杂乱的交错绳纹，较为深峻，口沿下、

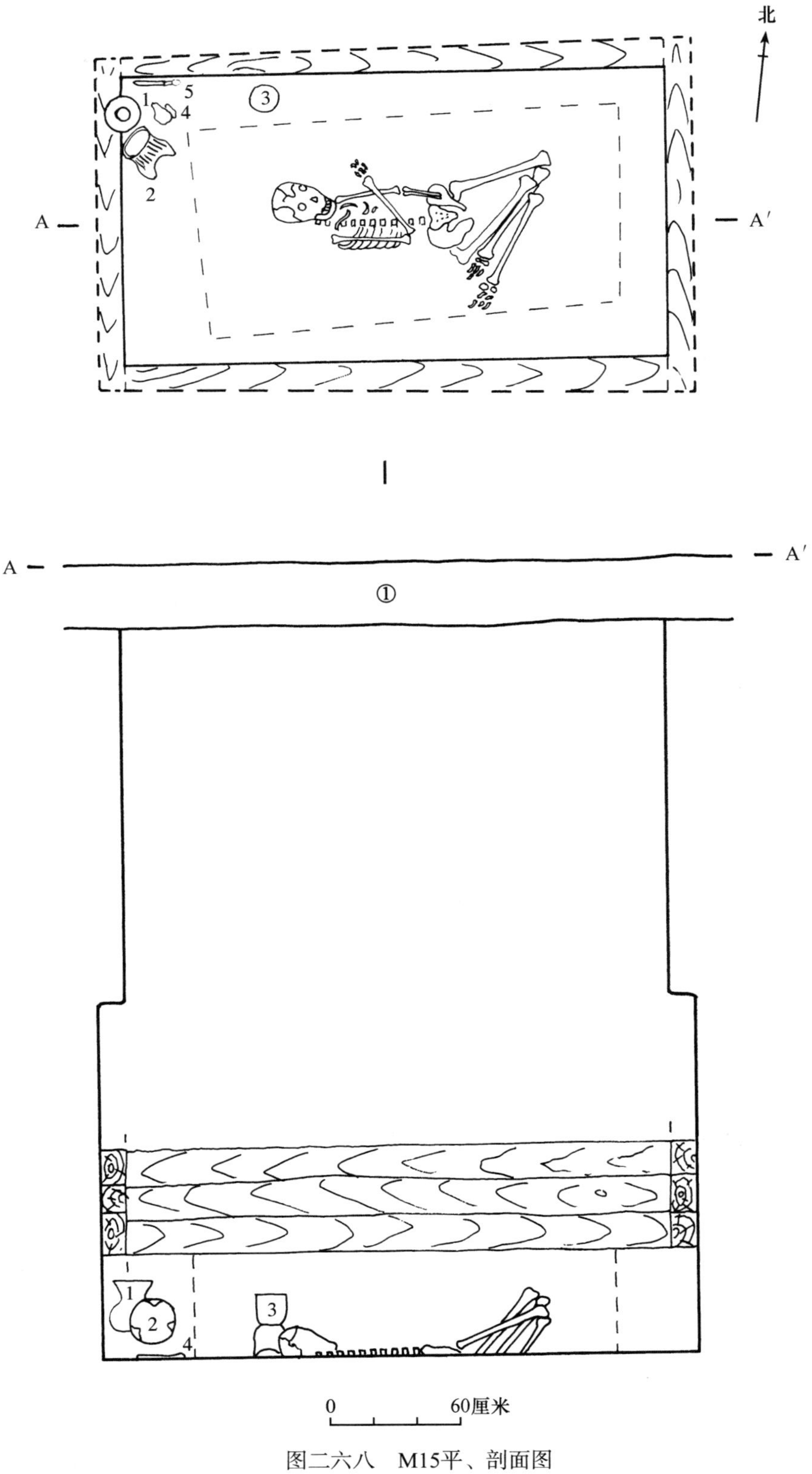

图二六八　M15平、剖面图

1. 喇叭口陶罐　2. 陶鬲　3. 陶甗　4. 石圭　5. 铜削

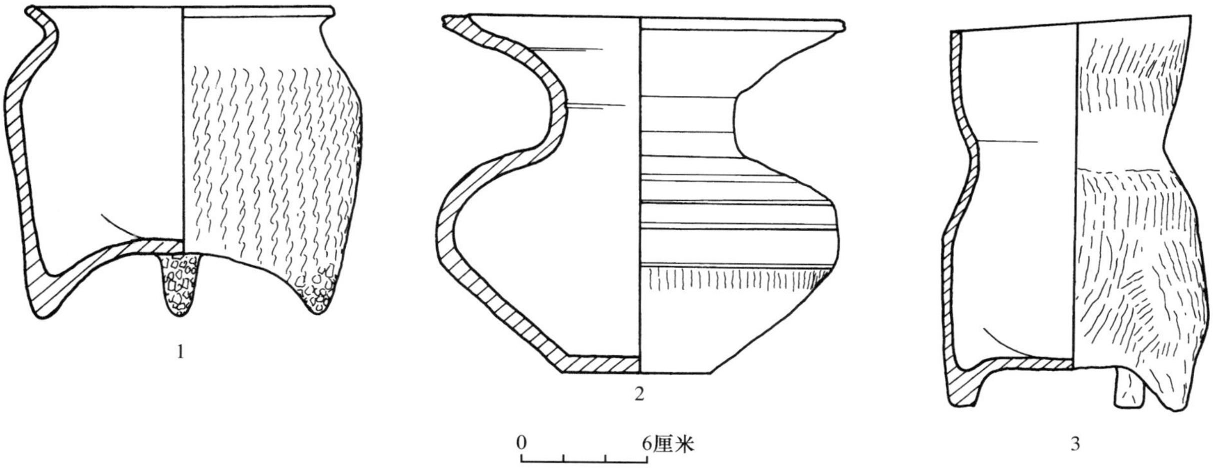

图二六九　M15陶器标本

1. 鬲（M15：2）　2. 喇叭口罐（M15：1）　3. 甗（M15：3）

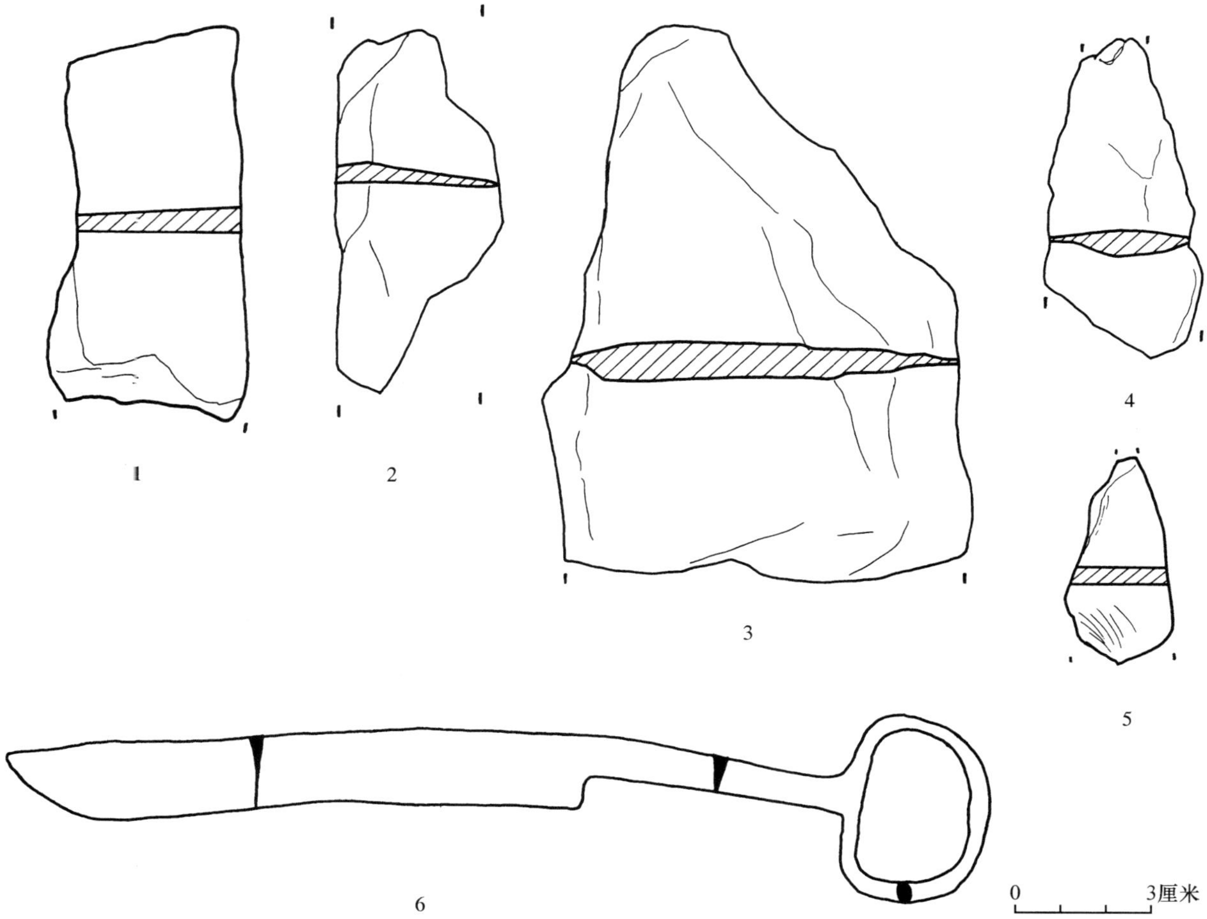

图二七〇　M15石圭、铜削

1～5. 石圭（M15：4-5、M15：4-13、M15：4-3、M15：4-4、M15：4-1）　6. 铜削（M15：5）

腰部、裆底部及足跟部皆抹光。主体应为轮制，内壁见明显轮制痕迹，足部捏制后粘接，尚见敷泥涂抹痕迹，裆外底部亦见刮抹痕迹。制作较粗糙，口部高低不平。口径12、腰径9.2、下腹最大径12.4、壁厚0.4～0.6、裆高1.8厘米，足跟高1.7、径1.2～2厘米，通高18.4～19.4厘米（图二六九，3；图版三四，2）。

石圭　一组14件。残损严重，剥离成10余片，难以复原。青色灰或紫色页岩质。M15：4-3为其中体形最大者，残长12.7、残宽9.2、厚0.1～0.9厘米，重133克（图二七〇，3；图版四三，8）。详见附表一。

（一一）M18

位于JT0403西南部，开口于第1层下，距现地表0.3米，被M17打破。

1. 发掘情况

方向255°。开口平面呈长方形，底平面呈梯形，斜直壁，口小底大。口长2.88、宽1.47米，底长3、东宽1.77、西宽1.84米，深5.96米。墓壁经修整，表面光滑平直，但未见明显工具遗痕。在西壁北部及北壁西部共发现7对圆形脚窝，最高距口深0.8、直径0.18～0.2、进深0.1～0.15、间距0.6～0.7米，脚窝底部有踩踏层。填土经粗夯，夯层厚0.25～0.3米，土质紧密。未见盗扰。

葬具为木质一棺一椁。椁贴壁而建，椁室平面呈长方形，长2.58、宽1.26、残高0.99米。头箱南北长1.26、东西宽0.6米。盖板长出侧板，横铺；挡板抵侧板，侧板竖向垒砌，皆因受力挤压内倾。板宽不一，最大宽0.2、最窄仅0.8、厚0.16～0.2米。棺位于椁室中部略偏东，平面呈长方形，长1.4、宽0.71米，高度不详。

墓主骨骼保存情况差，性别、年龄不详。仰身屈肢葬式，头向西，面向不详。下肢蜷曲特甚，呈跪姿，膝部朝南。

随葬品共22件（组），陶盆、陶甗、陶鬲、广肩小陶罐各1件，陶鼎2件，喇叭口陶罐3件；铜带钩、铜削、铜戈各1件，铜镞4枚；石圭3件（组），石块3件。石圭及石块放置于椁盖板西端中部，其中一件石圭首向内侧。头箱内，西北角放置铜戈、铜削、铜带钩及陶盆；中部自北向南为喇叭口陶罐、陶鼎、广肩小陶罐、陶甗，间有铜镞；西南角则自东向西成列摆放陶鼎、喇叭口陶罐、陶鬲（图二七一；图版二二，2）。

2. 器物

铜带钩　1件。M18：3，完整。体形较小，钩首为曲颈兽头，双圆角，双目圆凸，隆鼻弧口；体透雕，数条夔龙交缠，局部有绞索状纹饰，立体感和动态感强烈；宽钩尾，背有梯形框，框中心为圆柱形凸纽，纽首端稍大。通长4、最宽2.2、最高0.4厘米，纽高0.7厘米，重18.3克（图二七二，12；图版四一，1、2）。

铜削　1件。M18：4，残，可复原。弧折背，微弧刃。柄窄，刃宽，环首。柄首、环相连处成包卷状，刃锋尖弧形上翘。双范合铸。环内径1.1～1.8、截径0.5～0.7厘米，柄长6.5、宽0.9～1、

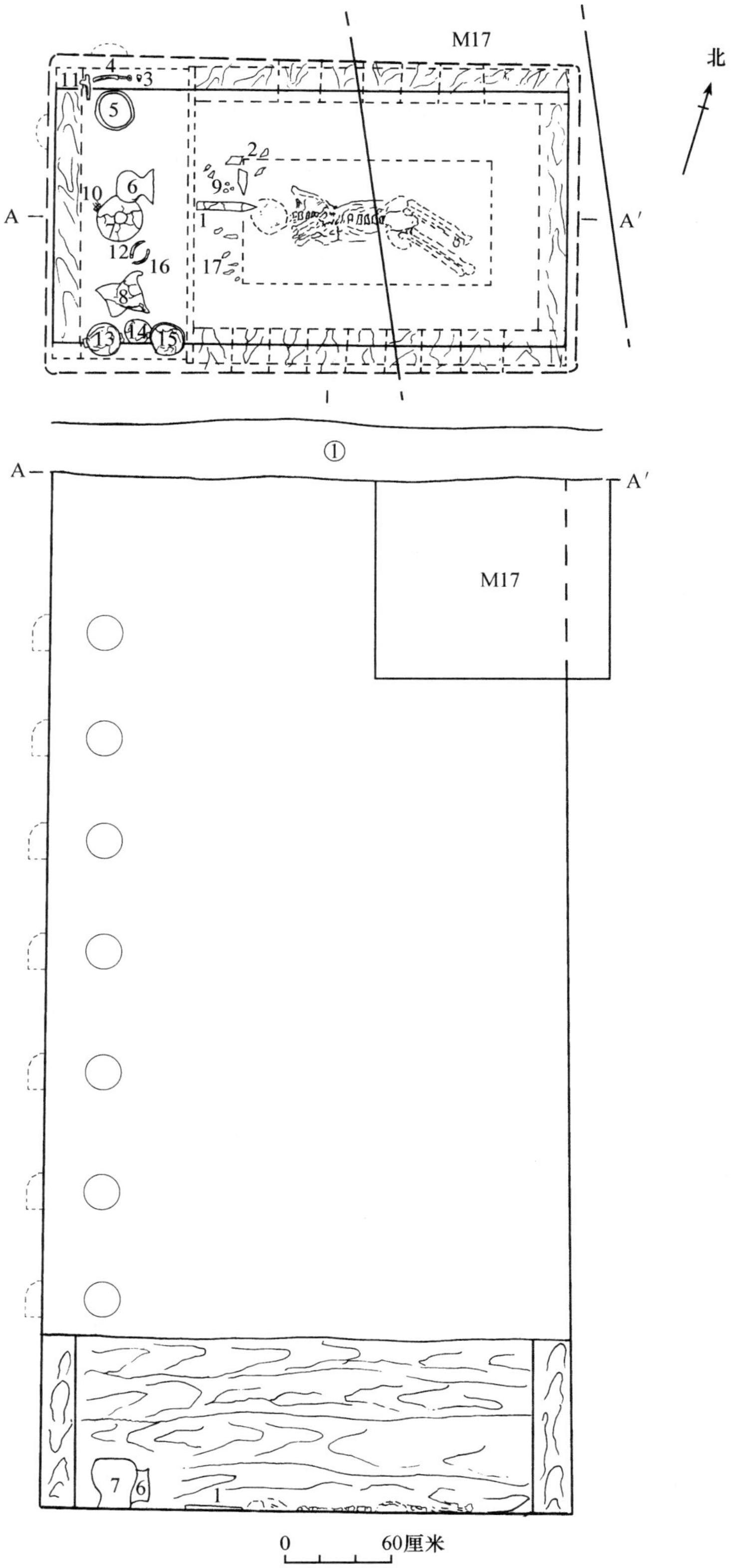

图二七一　M18平、剖面图

1、2、17. 石圭　3. 铜带钩　4. 铜削　5. 陶盆　6、7、14. 喇叭口陶罐　8. 陶甗　9. 石块　10. 铜镞　11. 铜戈　12、13. 陶鼎　15. 陶鬲　16. 广肩小陶罐

厚0.45～0.6厘米，刃长18、宽1.9、厚0.2～0.6厘米，通长24.5厘米，重91.4克（图二七二，6；图版四〇，2）。

铜戈　1件。M18：11，基本完整。中胡，三穿，直内，援长舌形，中有脊，从面斜，截面呈八角形。胡一横两竖三穿，高栏，略残。直内，有长方形横穿。双范合铸。援长11.5、宽2.3～2.8、厚0.15～0.35厘米，胡残长8.9、宽3.1～4.1、厚0.15～0.5厘米，内长7.1、宽3.2、厚0.25厘米，通长18.6厘米，重147.9克（图二七二，1；图版四一，4）。

铜镞　4枚。形制均相同。尖锋，弧刃，双尖翼，圆铤。铤、关部侧面见有未经打磨的范铸线残留，为双范合铸而成（图版四一，3）。M18：10-1，完整。铤部稍长，末端稍扁。通长6.2厘米，翼长3.4、宽0.6、厚0.15厘米，后锋间距2.7厘米，首径0.3～0.6、关径0.8厘米，铤长3.1、径0.3厘米，重7.1克（图二七二，2）。M18：10-2，残，一侧后锋缺失，铤后部亦残。残长4.9厘米，翼长3.5、宽0.6、厚0.15厘米，首径0.25～0.5、关径0.7厘米，铤残长1.8、径0.4厘米，重6.4克（图二七二，3）。M18：10-3，残，一侧后锋缺失。通长4.8厘米，翼长3.5、宽0.6、厚0.15厘米，首径0.3～0.5、关径0.7厘米，铤长2.1、径0.4厘米，重5.5克（图二七二，4）。M18：10-4，基本完整。通长5.4厘米，翼长3.5、宽0.6、厚0.15厘米，首径0.35～0.5、关径0.7厘米，铤长2.2、径0.4厘米。重7.1克（图二七二，5）。

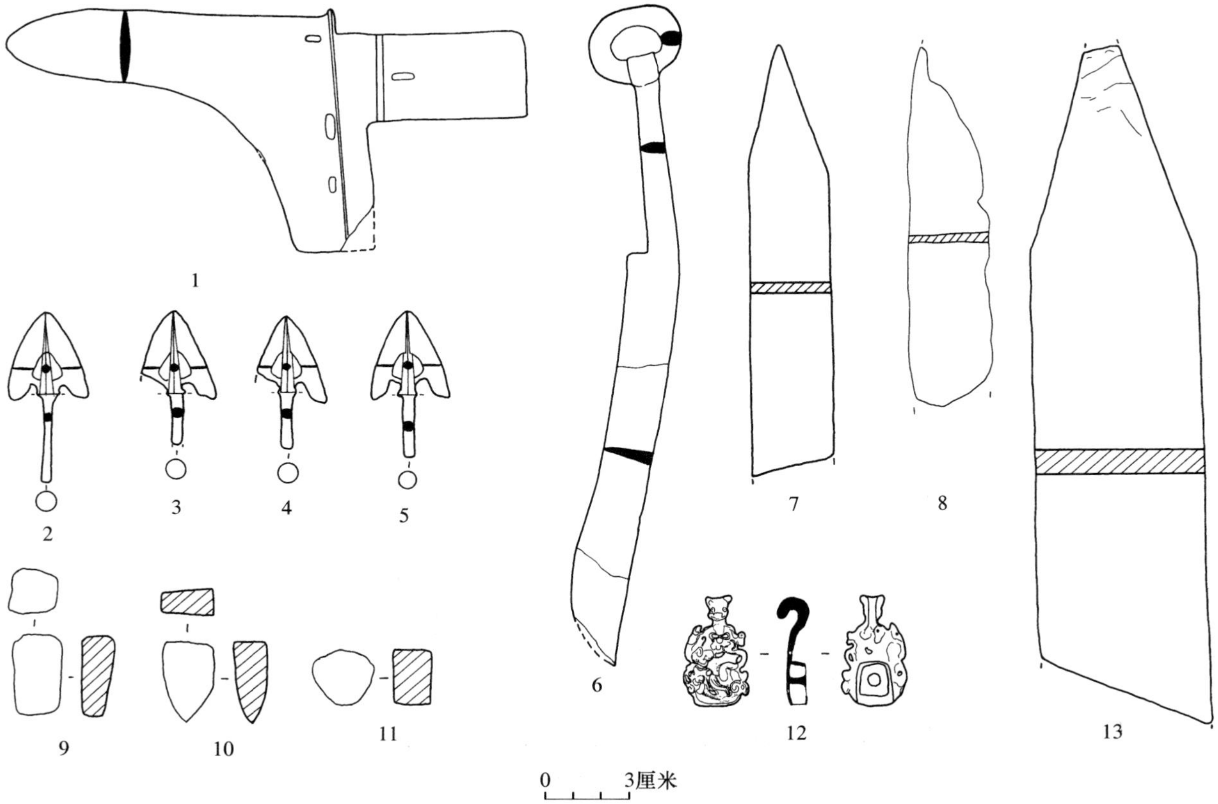

图二七二　M18铜戈、铜镞、铜削、铜带钩、石块

1. 铜戈（M18：11）　2～5. 铜镞（M18：10-1、M18：10-2、M18：10-3、M18：10-4）　6. 铜削（M18：4）
7、8、13. 石圭（M18：1、M18：17-3、M18：2）　9～11. 石块（M18：9-1、M18：9-2、M18：9-3）　12. 铜带钩（M18：3）

陶鼎　2件。器形基本相同。直口、方唇，上腹较直，台阶状渐外扩，下腹弧收，腹较深，平底。双立耳，耳上有孔。三蹄足较粗壮。器身轮制，残留轮修痕迹。耳模制、足捏制后粘接，尚见敷泥涂抹痕迹，足上还留有刮抹、按压痕。上腹抹光，下腹饰竖向细绳纹。底有模糊而杂乱的细绳纹。M18：12，残。泥质陶，陶色较深。耳孔为规整的圆形。口径17.6、腹最大径19.6、底径9.8、腹深11.6、壁厚0.6、通高18.8厘米（图二七三，7；图版二六，3）。M18：13，残。夹细砂陶，陶色较浅。耳孔外方里圆。口径16、腹最大径19.4、底径10.8、腹深12.2、壁厚0.8、通高18.8厘米（图二七三，8；图版二六，4）。

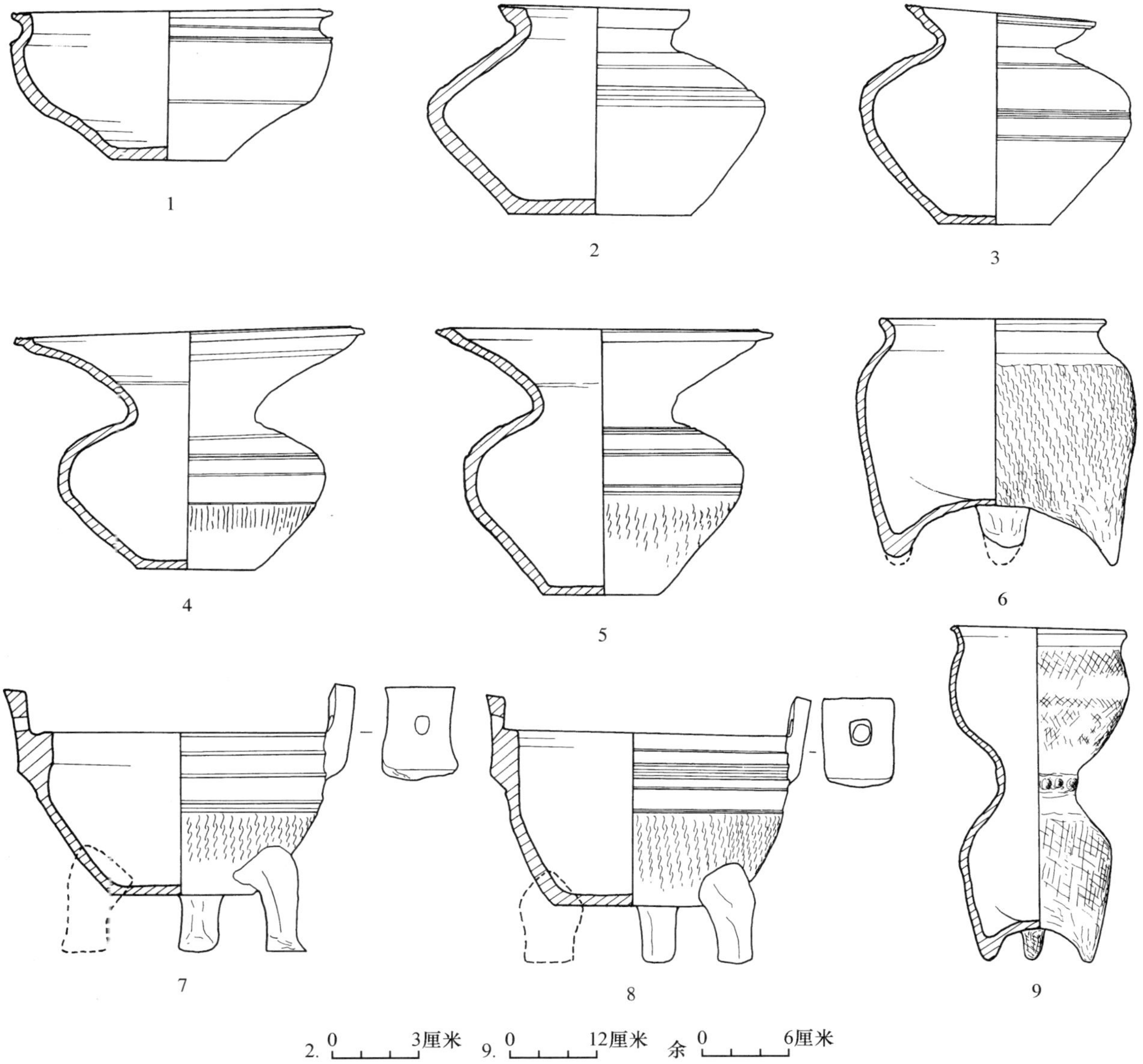

图二七三　M18陶器标本

1. 盆（M18：5）　2. 广肩小罐（M18：16）　3～5. 喇叭口罐（M18：14、M18：6、M18：7）
6. 鬲（M18：15）　7、8. 鼎（M18：12、M18：13）　9. 甗（M18：8）

喇叭口陶罐　3件，其中2件形制相同。均残。泥质陶，浅灰色。大喇叭口，平折沿，短束颈，斜肩，鼓腹，下腹内收，平底。口径大于最大腹径。喇叭口内壁、沿面、口部外壁、肩及上腹有多重弦纹，下腹有未被刮抹掉的竖向细绳纹。轮制，内壁见轮修及拉坯痕，下腹部经刮削修整。M18：6，口部变形。口径大于腹径，方唇。口径24、腹最大径18.4、底径8.2、壁厚0.6厘米，沿宽1.4、厚0.6厘米，口高4.6～5.6、颈高1.4厘米，通高16.4～17.4厘米（图二七三，4；图版二九，4）。M18：7，尖唇，喇叭口外侈程度同上。口径23.4、腹最大径19.2、底径8.2、壁厚0.6厘米，沿宽1、壁厚0.4厘米，口高4.6、颈高2厘米，通高19厘米（图二七三，5）。M18：14，残。泥质陶，浅灰色。喇叭口较小，平折沿，口沿内侧边缘有一周凸棱，尖圆唇，束颈极短，广肩，扁鼓腹，下腹内收，平底。口径小于最大腹径。口部歪斜，腹部有一处挤压致变形内凹，制作比较粗糙。口径11.4、腹最大径18.6、底径7.8、壁厚0.6厘米，沿宽1.1、壁厚0.4厘米，口高2.1、壁厚0.6厘米。通高14.4～15.4厘米（图二七三，3；图版二九，5）。

陶鬲　1件。M18：15，残。夹砂陶，黄褐色。侈口，斜沿，方唇而有圆意，颈微束，溜肩，腹部稍鼓，联裆微瘪，底部较弧，三锥足稍高。颈部抹光，其下饰规整深峻的交错细绳纹，裆及足部饰大麻点纹。口沿处有轮修痕迹，足部见刮削痕。口径15.6、腹最大径19.2、壁厚0.6、裆高4.2、通高17.6厘米（图二七三，6；图版三二，2）。

陶甗　1件。M18：8，残。泥质陶，浅灰色。甑、鬲联制，无箅。上部似罐形，侈口，方唇，短束颈，鼓腹，束腰较高、细。下部鬲为溜肩鼓腹，裆部弧高，联裆低平，三短柱足，足尖细。颈部抹光，其余部分多有交错细绳纹，腹中部绳纹经抹光，束腰部附加捏按花边。口沿处有轮修痕迹。口径24、上腹最大径24.8、腰径11.6、下腹最大径21.2、壁厚1.2、裆高4.4、通高47.2厘米（图二七三，9；图版三四，3）。

陶盆　1件。M18：5，残。泥质陶，浅灰色。口微侈，平折沿，尖圆唇，束颈，窄折肩，上腹弧而稍鼓，下腹微凹急收，小平底。沿面及颈部各饰一组弦纹，上腹部饰两组弦纹。轮制，内壁有轮修及拉坯痕，下腹外壁经刮抹修整，可见削痕。口部、腹部变形，制作较粗糙。口径22、肩径22.2、底径7.8、壁厚0.8厘米，沿宽1.6、厚0.4厘米，通高10.2～10.8厘米（图二七三，1；图版三五，3）。

广肩小陶罐　1件。M18：16，口部微残。夹粗砂陶，深灰色。小侈口，平沿，尖唇，短束颈，广斜肩，腹圆鼓，下腹内收，平底。肩饰四组弦纹。轮制，内壁见轮修及拉坯痕，下腹经刮抹修整。口径6.6、腹最大径11.6、底径6.2、壁厚0.5、通高7.3厘米（图二七三，2；图版三七，2）。

石圭　共3组。其中2件为凝灰岩质。均有残缺，形制基本相同。首基本呈等腰三角形，直身，截面呈长方形。尾部残缺，情况不详。通体经磨光，器表残余大量细线状磨划痕迹。M18：1，残长16、宽3、厚0.4、首长4厘米，重154克（图二七二，7；图版四四，1）。M18：2，残长25、宽6、厚0.9、首残长7.7厘米，重292.9克（图二七二，13；图版四四，2）。M18：17，多个体残件。紫色页岩质。残损、剥片现象较为严重，件数不详。最长13.5、最宽5.3、最厚0.7厘米，最重46.9克。M18：17-3，较完整。圭首稍显圆弧，与身相接处转折不甚明显，直身。残长13.2、残宽1.5、厚0.15厘米（图二七二，8）。

石块　一组3件。均为石英岩质。经过人工加工，表面残余细线状磨（图版四五，3）。M18：9-1，截面呈梯形。长2.9、宽1.5～1.8、厚0.7～1.2厘米，重16.9克（图二七二，9）。M18：9-2，圭首形。长2.9、最宽处1.8、厚0.7～1厘米。重10.2克（图二七二，10）。M18：9-3，近圆形，略不规则。直径2～2.2、厚1.4厘米，重13克（图二七二，11）。

（一二）M19

位于JT0403中部偏西，开口于第1层下，距现地表深0.3米，被M17打破。

1. 发掘情况

方向255°。平面呈长方形，口小底大，南、北斜直壁，东、西壁上部斜直，距开口4米处外扩各0.1米，下部直壁。口长2.53、宽1.53米，底长3.13、宽1.78米，深5.78米。填土经粗夯，夯层厚0.25～0.3米，土质结构紧密。未见盗扰。

墓壁平整光滑，经过修整，残留有宽约2厘米的长条状工具痕。墓壁有两组脚窝：第一组距开口3米，分列西壁偏南及南壁偏西处，直径分别为0.1、0.2米，进深均为0.1米；第二组与第一组间距约0.85米，直径约0.15、进深0.05米。脚窝内有踩踏迹象。

葬具为木质一棺一椁。椁贴壁而建，盖板横铺。椁室平面呈长方形，长2.9、宽1.54、残高0.89米，板厚0.1～0.14米，头箱长0.79、宽1.54米，隔板宽0.18米。棺位于椁室中部偏东处，平面呈长方形，长1.4、宽0.68米，高度不详。

墓主骨骼保存情况差，性别、年龄不详。仰身屈肢葬式，头向西，面向不详。下肢蜷曲特甚，膝侧左呈跪姿。

随葬品共11件，有陶鼎2件、喇叭口陶罐3件、盆1件、铜削1件、铜镞2件、石圭1件、石锛1件。石圭及石锛放置于椁盖板前端南、北侧，头箱西北角放置陶盆及铜削，中部放置喇叭口陶罐及铜镞，西南部放置陶鼎（图二七四；图版二三，1）。

2. 器物

铜削　1件。M19：1，完整。弧背，弧刃，柄窄，刃宽，环首。环半圆形，体空心，截面呈长方形，顶端交错分布三角形镂空孔，与柄相接处有缺口；柄截面呈三角形；宽刃弧形渐上翘，与背齐平，合拢聚成锋尖；双范合铸。环宽0.55、内径0.85～1.9厘米，柄长5、宽0.8～0.9、厚0.4～0.5厘米，身长14、宽1.35～1.65、厚0.2～0.55厘米，通长19厘米，重38.1克（图二七五，6；图版四〇，3、4）。

铜镞　2件。双范合铸。M19：7-1，残，无铤。双尖翼，弧刃，尖锋，凸脊，截面近椭圆形。翼短，尾稍弧，关銎纳铤。见未经打磨的范铸线。通长3.3、关径0.5～0.8厘米，重3.4克（图二七五，10；图版四一，5）。M19：7-2，残。形体较小。首截面呈菱形，脊透出本。双翼于脊前聚成锋，后部外张弱；关稍粗呈结节状，铤短，截面均为菱形，有范铸线。通长3.9、关径0.5厘

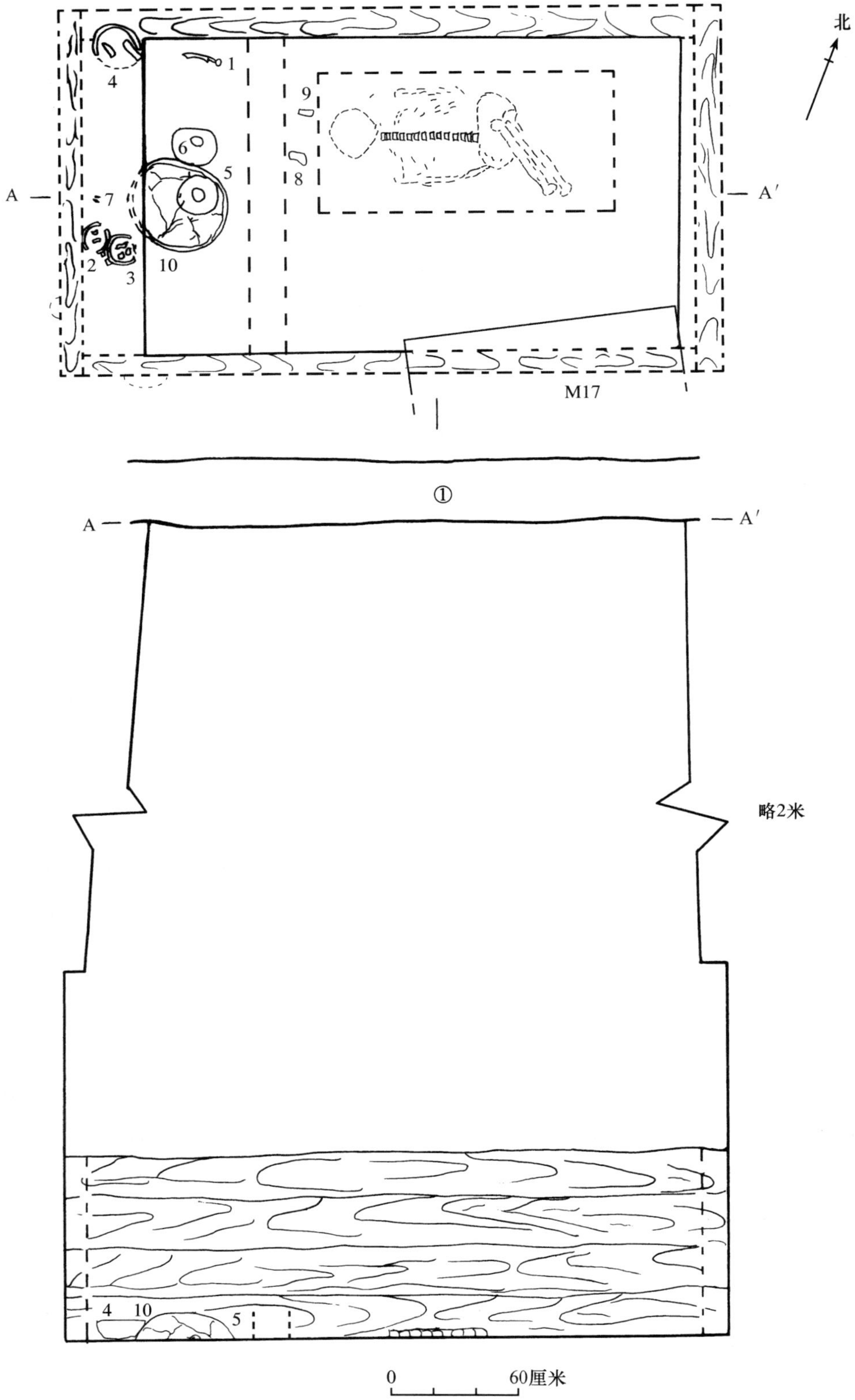

图二七四　M19平、剖面图

1. 铜削　2、3. 陶鼎　4. 陶盆　5、6、10. 喇叭口陶罐　7. 铜镞（2件）　8. 石圭　9. 石锛

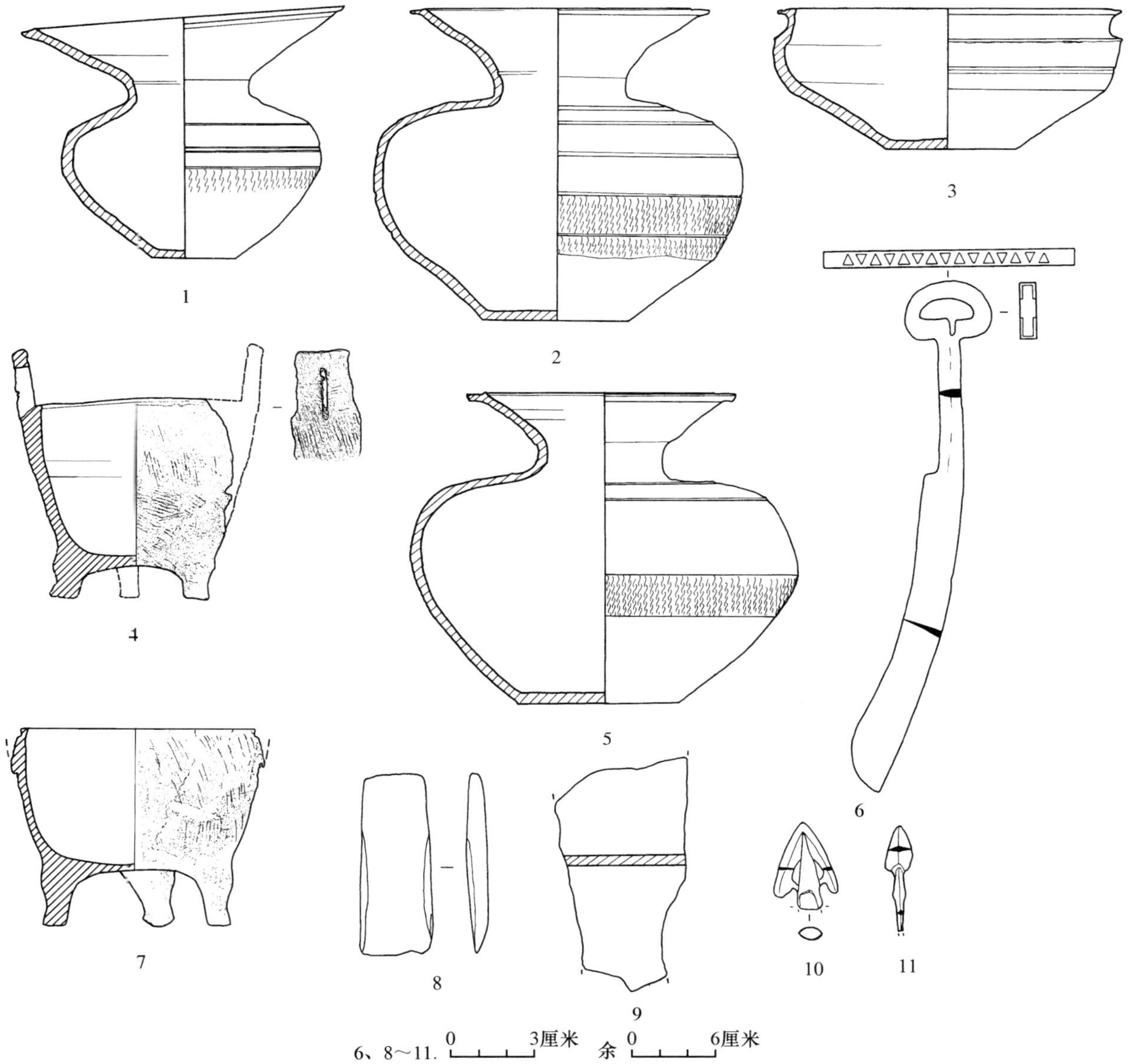

图二七五　M19随葬品

1、2、5. 喇叭口陶罐（M19：6、M19：5、M19：10）　3. 陶盆（M19：4）　4、7. 陶鼎（M19：2、M19：3）　6. 铜削（M19：1）　8. 石锛（M19：9）　9. 石圭（M19：8）　10、11. 铜镞（M19：7-1、M19：7-2）

米，铤长1、径0.2厘米，重2.1克（图二七五，11；图版四一，5）。

陶鼎　2件。形制相同。残。夹砂红褐陶。直口微敛，直腹稍弧，下腹内收，底较平。腹附两立耳，耳上有长条形孔。底附三较矮的蹄足。器腹及耳外侧面饰较规整的竖向细绳纹。器身有浓重的烟炱痕。器身轮制，耳、足模制或捏制后粘接。M19：2，复原口径14、通高18.6厘米（图二七五，4；图版二六，5）。M19：3，复原口径16.8、残高14.2厘米。

喇叭口陶罐　3件。泥质陶，浅灰色。喇叭口内壁、肩、腹等处饰多重弦纹，腹有竖向模糊细绳纹。轮制，内壁见有轮修及拉坯痕迹，下腹经刮抹修整。2件器形基本相同。M19：5，残。喇叭口较小，尖圆唇，平折沿，口沿内侧边沿有一周凸棱，短束颈，广平肩，扁鼓腹，下腹内收，平底。口径小于腹最大径。口径21、腹最大径26.4、底径10.6、壁厚0.6厘米，沿宽1.4、厚0.4厘米，口高4.8、颈高1.6厘米，通高22.8厘米（图二七五，2；图版二九，6）。M19∶10，器形与M19∶5基本相同。残。方唇。口径19.4、腹最大径27.6、底径11.4、壁厚0.8厘米，沿宽1.4、厚0.5厘米，口高3.6、颈高3厘米，通高22.8厘米（图二七五，5；图版三〇，2）。M19∶6，残。大喇叭口，平折沿稍斜，尖唇，短束颈，斜肩微折，上腹直而稍鼓，下腹斜收，平底。口径大于最大腹径。口部歪斜，制作稍显粗糙。口径23、腹最大径18.4、底径6、壁厚0.6厘米，沿宽1.2、厚0.6厘米，口高4～5.4、颈高1厘米，通高17～18.6厘米（图二七五，1；图版三〇，1）。

陶盆　1件。M19∶4，残。泥质陶，浅灰色。口微敛，平折沿稍斜，圆唇，短束颈，窄折肩，上鼓腹，下腹急收，小平底。沿面饰一组弦纹，上腹饰一道双凹弦纹。轮制，内壁见轮修及拉坯痕迹，下腹经刮削修整，见有横向的抹痕。口径24.8、腹最大径25、底径9.2、壁厚0.6厘米，沿宽1.4、厚0.2厘米，通高10.4厘米（图二七五，3；图版三五，4）。

石圭　1件。M19∶8，紫色页岩质。残损严重。难以判断属于何部位。残长8.6、宽3～4.7、厚0.4厘米，残重28.8克（图二七五，9；图版四四，3）。

石锛　1件。M19∶9，基本完整，刃部微残。黑色间杂少量团块状青绿色，石质细腻，推测为石英岩质。平面呈梯形，直边，一面稍平，其两侧边稍斜刹，另一面至末端下弧成刃，刃部较锋利。通体磨光，制作精良。器表残余少量细线条磨痕。宽2.1～2.6、厚0.3～0.7、通长6.7厘米，重30.3克（图二七五，8；图版四五，4）。

（一三）M21

位于JT0404中部略偏西处，开口于第1层下，距现地表深0.6米，被M14打破。

1. 发掘情况

方向265°。墓口平面呈西宽东窄的梯形，墓底平面呈西窄东宽的梯形，口小底大。南、北直壁，东、西壁距开口2.08米处分别外扩0.12、0.16米，上、下壁皆直。口长2.41、宽1.35～1.47米，底长2.71、宽1.52～1.6米。底东高西低，深3.3～3.5米。墓壁光滑平直，经过修整，但未见明显工具遗痕。填土经过粗夯，夯层厚0.25～0.3米。未见盗扰。

葬具为木质一棺一椁。西部墓室下凹处构筑椁室头箱。椁贴壁而建，椁室平面呈长方形，通长2.51、宽1.34米。东部为主室，长1.85、宽1.34米、残高约1.18米。西部为头箱，长1.34、宽0.66、残高1.1米，箱底低于主室0.2米。盖板整体横铺覆盖，底板仅见于头箱部分。侧板内压变形，板厚0.06～0.16米。棺位于主室中西部，平面呈梯形，长1.84、宽1.07～1.11、残高0.39米。

墓主骨骼保存情况较差，头骨破碎。男性，年龄40～44岁。仰身屈肢葬式，头向西，面朝南，上肢交放于胸部，右臂在上；下肢蜷曲较甚，呈跪姿，膝侧右向上翘起。

随葬品共12件，均为陶器，计有甗、鬲、鼎、囷、盆、广肩小罐各1件，喇叭口罐2件，簋4件。均放置于头箱中，由北至南分三组：第一组为鬲、囷、簋各1件；第二组为喇叭口罐2件、广肩小罐1件、盆1件；第三组为甗1件、鼎1件、簋3件（图二七六；图版二三，2、3）。

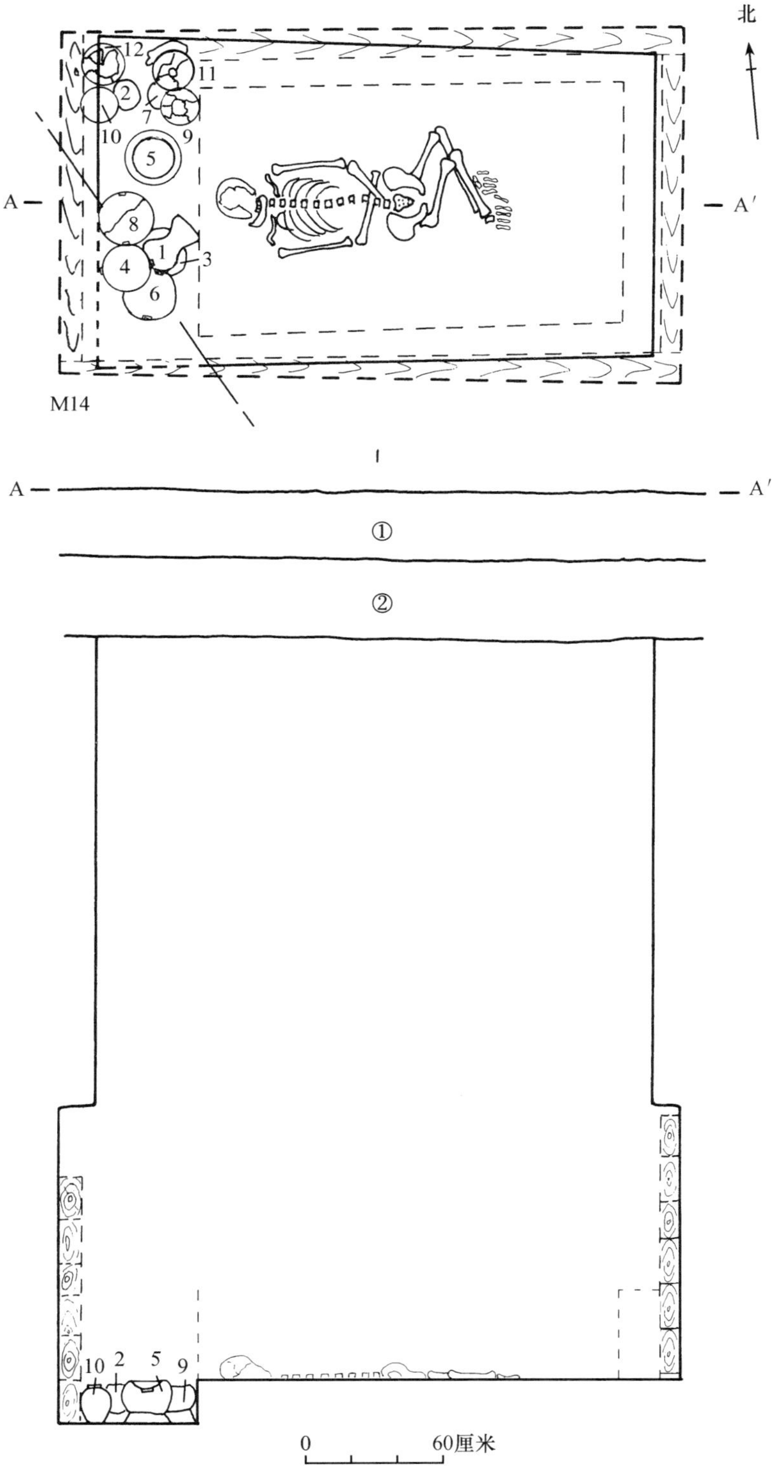

图二七六　M21平、剖面图

1. 陶甗　2. 陶鬲　3. 陶鼎　4～6、8. 陶簋　7、9. 喇叭口陶罐　10. 陶囷　11. 陶盆　12. 广肩小陶罐

2. 器物

鼎　1件。M21：3，基本完整。泥质陶，深灰色。敛口，方唇，子母口，弧腹，底较平。双鋬耳外撇较甚，有对钻椭圆形孔。下三蹄足。腹部饰弦纹及细绳纹，双耳外侧饰细绳纹，绳纹模糊，竖向。主体轮制，内壁见轮修痕迹，底、腹有刮抹痕；耳模制，足捏制后粘接，见敷泥涂抹痕迹，足上有刮削痕。制作较粗糙。口径15.2、腹最大径16、底径6.6厘米，腹深6.9、壁厚0.6～0.8厘米，耳高6.6、宽3.6、厚0.6～0.8、耳孔径0.4～1.2厘米，通高15～15.6厘米（图二七七，8；图版二六，6）。

簋　4件。形制、纹饰、制法基本相同。均残。泥质陶，浅灰色。浅覆钵形盖，盖沿大于腹口沿。子母口微敛，半假腹，外折腹，内腹直浅，底平，中空柄型圈足较高，束腰，底呈方沿喇叭口形外撇。腹两侧有凹形附耳一对，耳体近半圆柱体，中部有方形凹槽。盖边缘、圈足底等处饰放射状竖向短细绳纹，腹部饰多组弦纹，腹底有交错绳纹。绳纹均较模糊。盖轮制，外壁留有刮削痕；腹、足分别轮制后粘接，在进行整体轮修，圈足内壁有刮抹痕迹，耳模制后粘接，连接处有明显敷泥涂抹痕。M21：4，盖顶较平。盖高4、径18厘米，器身口径16、腹最大径23、内底径16、腹深3.4、壁厚0.6～1.6厘米，圈足高12、底径20.2、沿厚1厘米，耳长10.2、径2.2厘米，耳槽长2、深1厘米，通高20.2厘米（图二七七，3；图版二八，1）。M21：5，盖高4.0、径17.6厘米，器身口径14.4、腹最大径23、内底径15、腹深2.8、壁厚0.6～1.4厘米，圈足高12、底径20.2、沿厚1.2厘米，耳长10.4、径2.2厘米，耳槽长2.2、深1厘米，通高20.2厘米（图二七七，6；图版二八，2）。M21：6，盖高4.8、径18.4厘米，器身口径15、腹最大径22.6、内底径14、腹深3、壁厚0.7～1.4厘米，圈足高12.5、底径19.6、沿厚1.1厘米，耳长11、径2厘米，耳槽长2.6、深1厘米，通高21.2厘米（图二七七，9；图版二八，3）。M21：8，直口微侈。盖高4.6、径17.8厘米，器身口径14.2、腹最大径20.6、内底径13.6、腹深3、壁厚0.8～2.8厘米，圈足高11.8、底径20、沿厚1厘米，耳长10.8、径2厘米，耳槽长2.6、深1厘米，通高20.6厘米（图二七七，12；图版二八，4）。

喇叭口罐　2件。形制相同。残。泥质陶，浅灰色。大喇叭口外撇，平折沿，尖唇，短束颈，斜肩，肩面稍鼓，鼓腹，下腹内收，平底。口径大于最大腹径。口内壁、沿、肩、腹等部位均饰有弦纹，器表有刮抹后余留的竖向细绳纹，轮制，内壁有轮修及拉坯痕，下腹经刮抹修整，削痕明显。M21：7，口径22.2、腹最大径18.6、底径8.4、通高19、壁厚0.6厘米（图二七七，7；图版三〇，3）。M21：9，口径22.8、腹最大径18.2、底径8.4、通高16.4～17.8、壁厚0.5厘米（图二七七，10；图版三〇，4）。

鬲　1件。M21：2，完整。泥质陶，深灰色。侈口，斜沿，凹唇，短束颈，溜肩，腹稍鼓，联裆较瘪，裆底较弧，三柱状足较高，略带蹄足意。颈部抹光，其下饰较规整而深峻的细绳纹，足内侧及裆部饰大麻点纹。口沿有轮修痕迹，足跟上有削痕，制作较粗糙，口部整体呈椭圆形。口径11、腹最大径13.8、壁厚0.4、裆高3.9厘米，通高12.4～12.8厘米（图二七七，2；图版三二，3）。

甗　1件。M21：1，基本完整。泥质陶，浅灰色。甑、鬲联制，无箅。上体较瘦高，侈口，斜

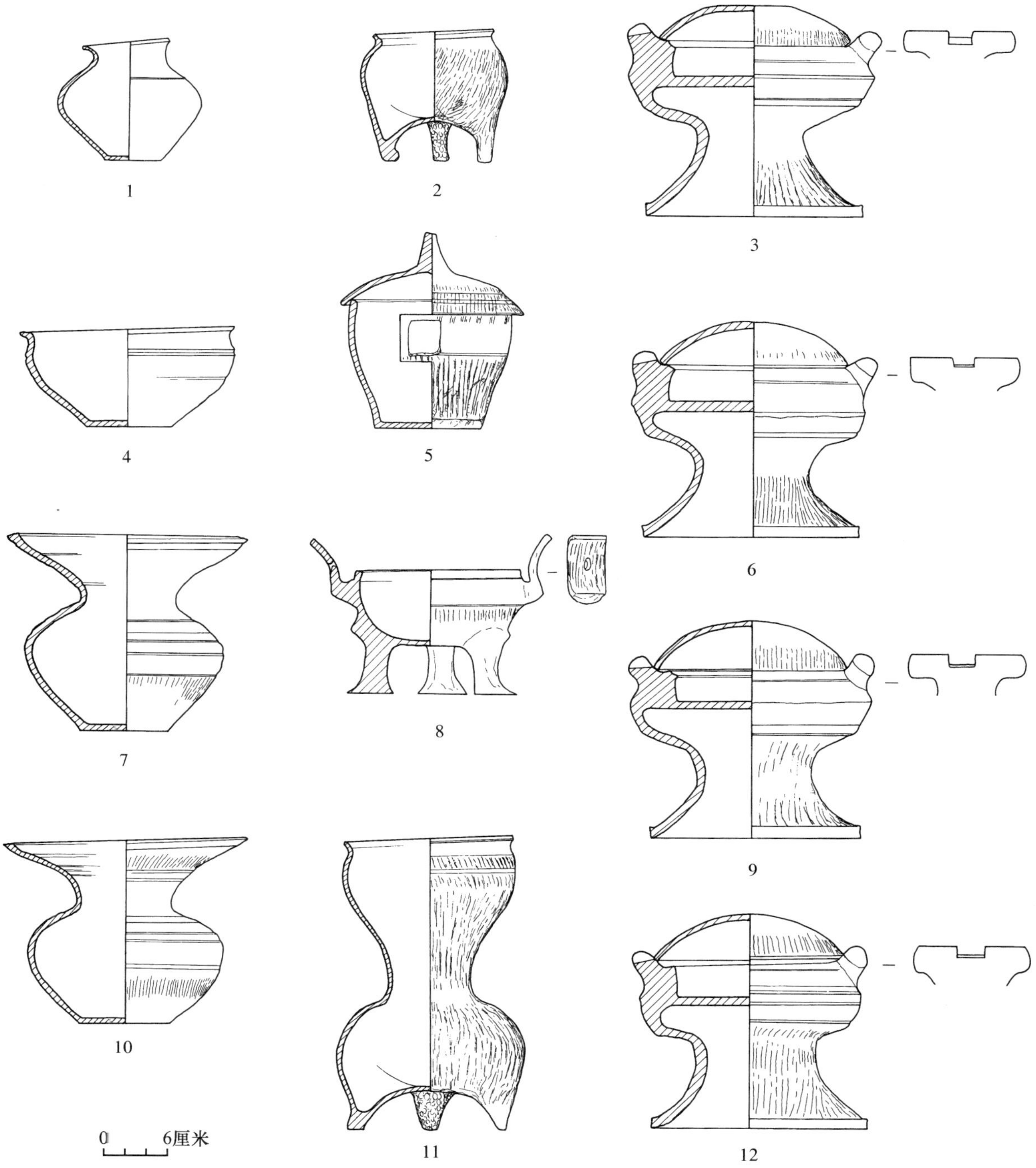

图二七七　M21陶器标本

1. 广肩小罐（M21：12）　2. 鬲（M21：2）　3、6、9、12. 簋（M21：4、M21：5、M21：6、M21：8）　4. 盆（M21：11）
5. 困（M21：10）　7、10. 喇叭口罐（M21：7、M21：9）　8. 鼎（M21：3）　11. 甗（M21：1）

沿，方唇，短束颈，鼓腹，束腰较高。下体高较宽扁，斜肩鼓腹，联裆稍瘪，裆底较弧，三锥足极矮。颈部抹平，其下至腰部饰较规整的交错细绳纹，间有一道抹光带，部分绳纹被抹；下腹饰斜向细绳纹，未至足跟，足内侧及裆部饰大麻点纹。口沿有轮修痕迹，足跟有削痕，腰偏下处有敷泥刮抹加固痕。制作稍粗糙，口部呈椭圆形。口径16、上腹最大径16.2、腰径7.6、下腹最大径17.6、壁厚0.4、裆高3.7、通高27.6～28.2厘米（图二七七，11；图版三四，4）。

囷　1件。M21：10，略残。泥质陶，浅灰色。圆囷，盖、身分离。覆钵形盖上有一较长的柱状纽。囷口略敛，平沿，方唇，上腹较鼓，有一长方形窗，下腹微收，饼状底较厚。器盖边缘处饰一周模糊的放射状细绳纹，间以三组细弦纹，器身上腹部饰绳纹后抹平，下腹部饰较规整的竖向细绳纹，部分被抹平，未至器底，上下腹之间有一组弦纹。盖模制后轮修，纽为后期粘接；身模制后轮修，内壁下部有刮抹痕，上部可见轮修痕，口部不甚规整，器底似为后期粘接，外壁可见涂泥加固的痕迹。口径16、上腹最大径16.2、腰径7.6、下腹最大径17.6、壁厚0.4、裆高3.7、通高27.6～28.2厘米（图二七七，5；图版三八，2、3）。

盆　1件。M21：11，稍残。泥质陶，浅灰色。口微侈，平折沿，斜方唇，短束颈，颈腹交界处有一周小凸棱，弧腹稍鼓，下腹斜收，小平底。腹部饰两组弦纹，下腹部有未被抹平的竖向细绳纹痕迹。轮制，内壁见有轮修及拉坯痕，下腹经刮抹修整，削痕明显。盖高7、径17.2厘米，纽高3.2、径1～2.8厘米，器身口径14、腹最大径15.2、底径10、壁厚0.6厘米，窗高3.4、宽3厘米，通高18.8厘米（图二七七，4；图版三五，5）。

广肩小罐　1件。M21：12，残。泥质陶，深灰色。小侈口外撇，方唇，束颈稍高，圆肩，鼓腹，下腹斜收，平底。肩饰一组弦纹。轮制，内壁见轮修及拉坯痕，下腹经刮抹修整，削痕极明显。口径19.6、腹最大径19.6、底径8、壁厚0.6厘米，沿宽1、厚0.4厘米，通高9～9.6厘米（图二七七，1；图版三七，3）。

（一四）M25

位于JT0101中部，开口于第2层下，距现地表深0.5米，被G3、M7打破。

1. 发掘情况

方向265°，平面呈圆角长方形，直壁，口大底小，有生土二层台。口长2.32、宽1.32米，底长2.18、宽1米，深3.89米。南二层台宽0.19、北二层台宽0.14米，西、东二层台宽0.07米，高0.4米。填土经过夯打，夯层不甚明显。未见盗扰。

葬具为木质一棺一椁。椁平面呈长方形，长2.18、宽1米，高度同二层台。棺位于椁室东北部，平面呈梯形，长1.7、宽0.57～0.62米，高度不详。

墓主骨骼保存情况较差，除下肢骨外其余多粉化严重，性别疑似男性，年龄40～45岁。仰身屈肢葬式，头向西，面向北。下肢蜷曲较甚，呈跪姿，膝部朝北。

随葬品共7件（组），喇叭口陶罐、陶豆、陶盒、陶鬲各1件，石圭（2件）1组，玉琀1件。玉琀位于墓主口内，石圭分别放置于椁盖板北中部和西南部，因盖板腐朽坍塌，一件落入陶鬲内。陶器均堆放于椁室西北端（图二七八；图版二四，1）。

2. 器物

喇叭口陶罐　1件。M25：3，残。泥质陶，黑皮红褐胎。整体较瘦高。喇叭口稍小，平折沿，

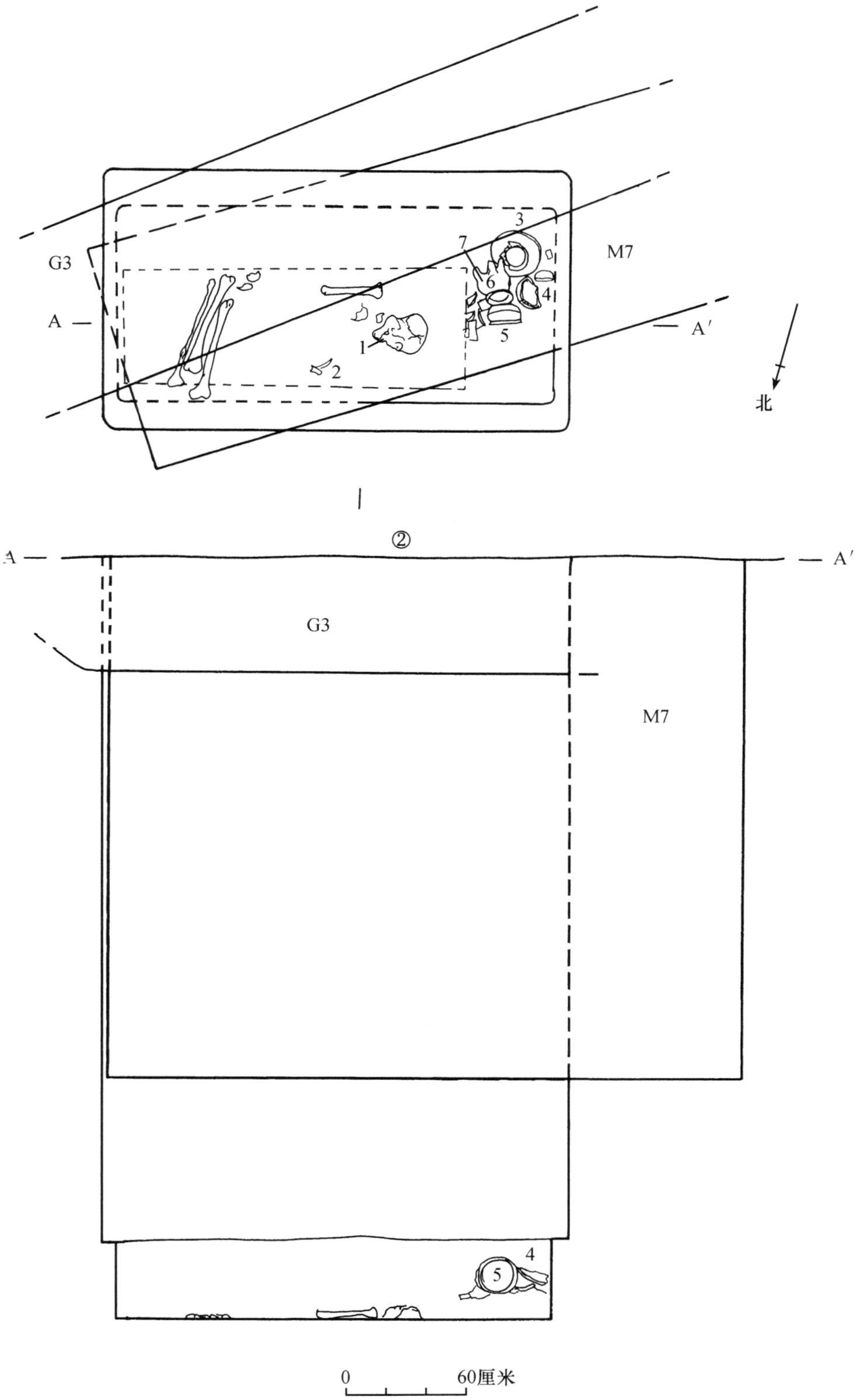

图二七八　M25平、剖面图

1. 玉琀　2、7. 石圭　3. 喇叭口陶罐　4. 陶豆　5. 陶盒　6. 陶鬲

圆唇，短直颈，溜肩，圆鼓腹，下腹内收，平底。口径稍大于最大腹径。通体磨光，喇叭口内壁有两组双凹弦纹，外壁有未被刮抹完全的绳纹痕迹，肩部以两组凹弦纹隔出一宽一窄的两道纹饰带，其中分别饰成组刻划的竖线纹和连三角纹，鼓腹处饰两组弦纹，下腹饰较规整的交错细绳纹，不甚深峻，底部亦有交错细绳纹。轮制，内壁见有轮修、拉坯痕迹，下腹近底部有刮抹修整痕。口径21、最大腹径20、底径9.6、壁厚0.5厘米，沿宽1.4、厚0.2厘米，颈高1厘米，通高20.2厘米（图二七九，1；图版三〇，5）。

陶鬲　1件。M25：6，完整。泥质陶，灰褐色。整体较瘦高。侈口，斜沿，方唇，短束颈，溜肩鼓腹，联裆较弧，三锥足，足跟较平。颈部抹光，其下饰规整的竖向细绳纹，部分被抹平，不甚深峻，纹饰基本不至足跟。口沿有轮修痕迹，其下内壁有明显的粘接缝隙，足部有明显的刮抹痕。口径14、腹最大径15.2、腹深12、壁厚0.6、裆高4、通高16厘米（图二七九，2；图版三二，4）。

陶豆　1件。M25：4，残损严重，无法修复。器形不详。

陶盒　1件。M25：5，残。泥质陶，黑皮灰胎。浅盘形盖，上有空心捉手。器身口微侈，平折沿，方唇，束颈稍高，颈腹交界处有一周台棱，弧鼓腹，平底。通体磨光，捉手、盖面、器身口、颈、腹等处饰多重弦纹。盖、身皆轮制，内壁见轮修及拉坯痕迹，捉手为后粘接。盖高4.8、径19.2厘米，捉手高1.7～2.2、径3～4.6厘米，器身口径15.6、腹最大径18.7、底径9、壁厚0.6厘米，通高14.1～14.6厘米（图二七九，3；图版三六，1、2）。

玉琀　1件。M25：1，残。青绿色。形状不规则，一面有一个未经钻透的孔。器表光滑。残长1.7、宽0.4～1.1、厚0.5～0.9厘米，重2.5克（图二七九，8；图版四六，7）。

石圭　1组39片。M25：2，紫色页岩质。残损、剥片严重，无法确定个体数量，按现状予以编号。基本呈等腰三角形的尖锐圭首，多平尾，偶见圆弧状尾部（图版四四，4）。详见附表一。M25：2-1，较完整。长12.4、最宽1.8、厚0.15厘米，重量6.5克（图二七九，4）。M25：2-2，尾残。长12.2、最宽2.5、厚0.1厘米，重量5.8克（图二七九，5）。M25：2-4，较完整。长9.8、最宽1.7、厚0.15厘米，重量7.1克（图二七九，6）。M25：7　紫色页岩质。残，现余后半部分。发现于陶鬲内，应为椁木腐朽后跌入。片状直身，平尾，尾一角斜刹。残长6.6、宽2.8、厚0.2厘米，重4.3克（图二七九，7；图版四四，5）。

（一五）M31

位于JT0302东北角，开口于第1层下，距现地表深0.3米，被M24打破。

1. 发掘情况

方向266°。平面呈梯形，基本直壁，口底同大，底部稍不平。长1.7、宽0.78～0.86、深1.6米。墓壁经修整后较光滑，但未遗留明显工具痕迹。填土土质结构松软呈颗粒状，内含西周时期陶片。未见盗扰。葬具为木质一棺。位于墓室西北部，平面呈西宽东窄的梯形，残长1.39、宽0.5～0.61米，高度不详。墓主骨骼保存情况较好，男性，年龄40岁左右。仰身屈肢葬式，头向西，面略偏北。上肢呈抱臂状放于腹部，右臂在上。下肢蜷曲较甚，膝侧向左上翘跪状。

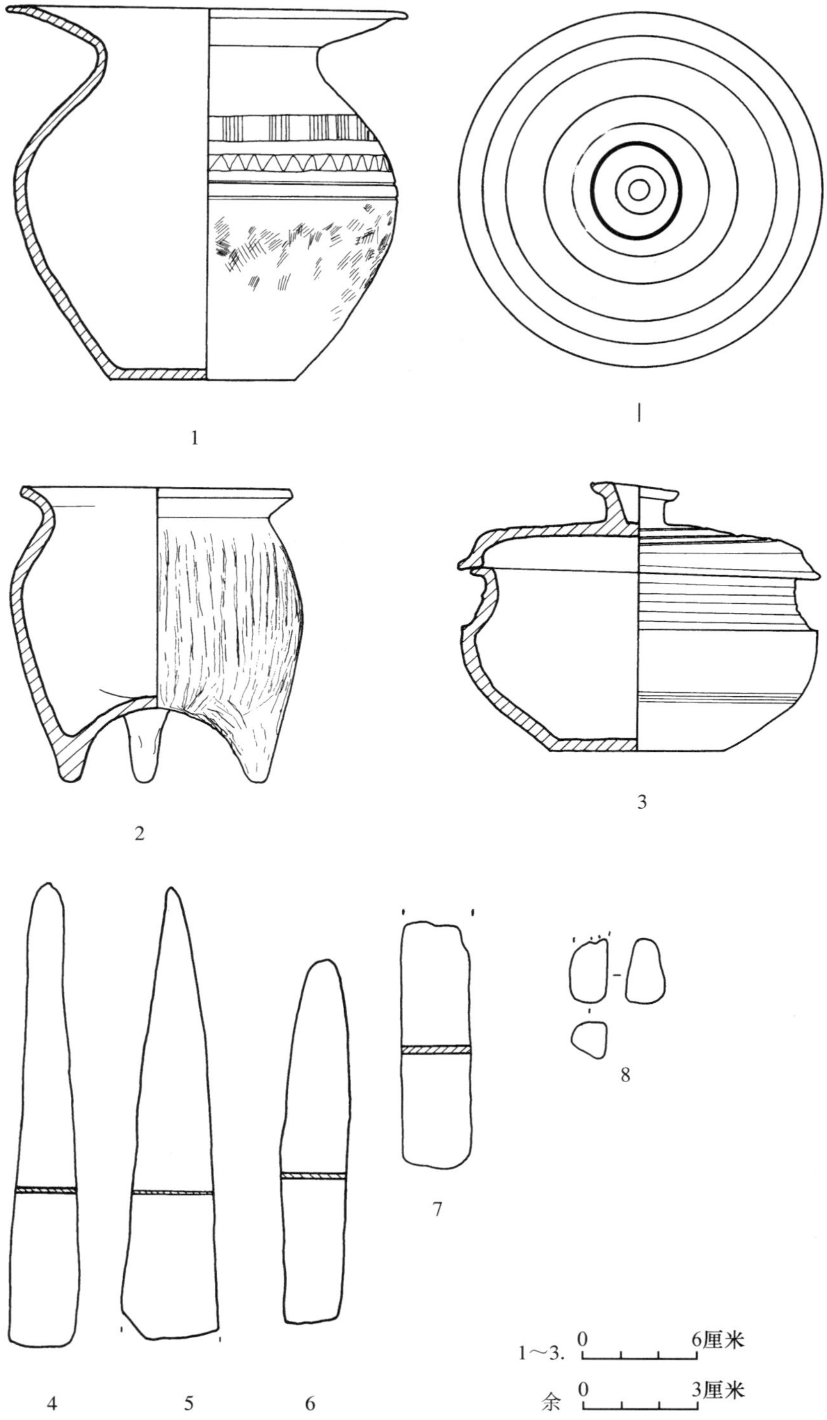

图二七九　M25随葬品

1. 喇叭口陶罐（M25：3）　2. 陶鬲（M25：6）　3. 陶盒（M25：5）

4～7. 石圭（M25：2-1、M25：2-2、M25：2-4、M25：7）　8. 玉琀（M25：1）

随葬品共14件，计为陶圭1件、石圭12件、石琀1件。圭类均叠压于棺木朽迹之上，原应放置在棺板之上。陶圭位于西南侧近墓主头部，圭首向西。其余石圭位于西北部，分作三组东西成排放置，其圭首指向方位也似有一定寓意。第一组3件位于西北角，圭首指向西北；第二组8件，7件指向西北，叠压在下层的1件圭首指向棺内；第三组仅1件，位于墓室北侧，圭首方向西北。石琀出于墓主口内（图二八〇；图版二四，2）。

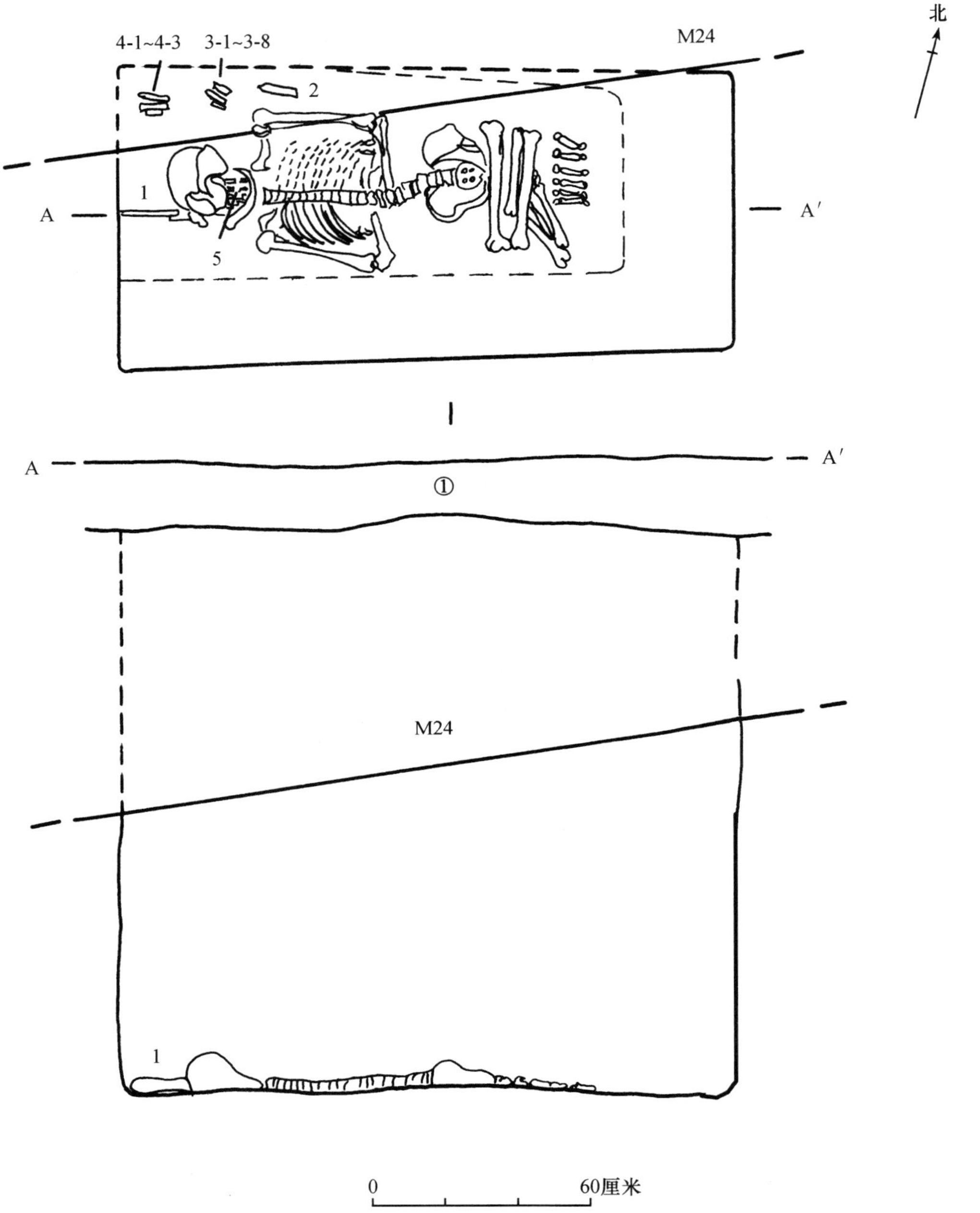

图二八〇　M31平、剖面图

1. 陶圭　2、3-1～3-8、4-1～4-3. 石圭　5. 石琀

2. 器物

陶圭　1件。M31：1　残。黑色，泥质灰陶。圭首较尖锐，与圭身相接处转折不甚明显，直身，平尾稍弧。剖面呈长方形。素面，除圭尖部外均磨光。制作稍显粗糙，器表可见大量磨划痕迹。通长29.8、宽4.8～5、厚1.3厘米，重286.6克（图二八一，5；图版四四，6）。

石圭　12件，均紫色页岩质。形体较小，形制均同。薄片状，圭首尖锐，与圭身相接处基本无转折或转折不明显，平尾，详见附表一。M31：2，完整。长8.5、最宽2、厚0.2厘米，重量7.4克（图二八一，2；图版四四，7）。M31：3-5，较完整。长4.1、最宽1.6、厚0.2厘米，重量3克（图二八一，1；图版四四，8）。M31：4-2，较完整。长8.5、最宽1.5、厚0.2厘米，重量5.1克（图二八一，3；图版四四，8）。

石琀　1件。M31：5，残。灰白色杂黑色，似为大理岩质。扁平片状，侧有断碴，似为玦或环的残件。残径3.5、宽1.2、厚0.3厘米，重3.3克（图二八一，4；图版四六，8）。

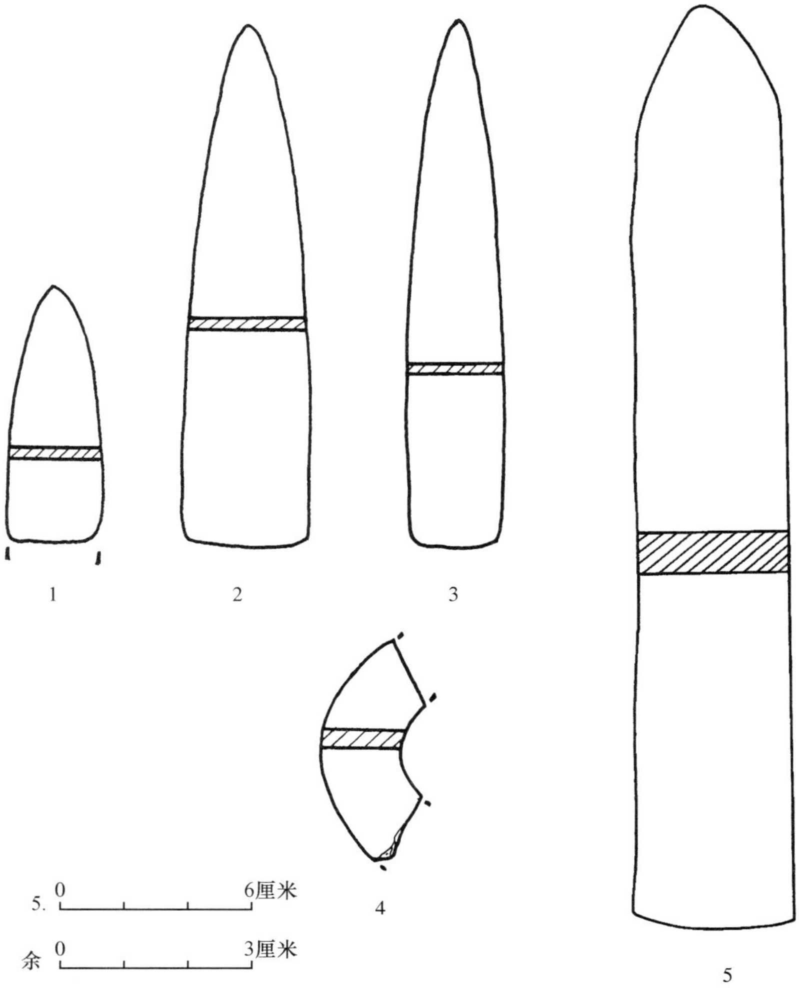

图二八一　M31随葬品

1～3. 石圭（M31：3-5、M31：2、M31：4-2）　4. 石琀（M31：5）　5. 陶圭（M31：1）

（一六）M32

位于JT0403东隔梁下，部分延伸至JT0404西南部，开口于第1层下，距现地表深0.3米。

1. 发掘情况

方向260°。平面呈梯形，西窄东宽，斜直壁，口小底大。口长2.58、宽1.49～1.59米，底长3、宽1.65～1.86米，深6.62米。墓壁平滑，经过修整，但未见明显工具痕。东壁南部及南壁东部发现有7对圆形脚窝，第一组距墓口0.78米，各组间距0.48～0.65米，脚窝直径约0.2、进深约0.15米，底部有踩踏硬面。填土经夯打，夯层厚0.15～0.2米。未见盗扰。

葬具为木质一棺一椁。椁位于墓室中部，椁室平面呈梯形，西宽东窄，长2.69、宽1.29～1.44、残高0.8米，板厚0.1～0.2米。椁木腐朽过甚，不能确定是否设有头箱。棺位于椁室略偏东南处，平面呈长方形，长1.5、宽0.64米，高度不详。椁室西北角发现少量动物肢骨，推测为狗的骨骼。

墓主骨骼保存情况较差，粉化严重，性别、年龄不详。仰身屈肢葬式，头向西，面向不详。下肢蜷曲较甚，膝右侧跪姿。

随葬品共13件，均为陶器，计有鬲、囷、匜各1件，喇叭口罐、鼎各2件，广肩小罐、盆各3件。椁室西北角放置盆、罐共3件，其东部另有1件盆；其余陶器则集中放置于椁室西南部（图二八二；图版二四，3）。

2. 器物

鼎　2件。形制相同。均残。夹砂陶，褐色。敛口，平沿，方唇，弧腹稍鼓，小底较平。两鋬耳宽大且外撇较甚，上有一长方形孔，与器身以一短柱相接；底接三蹄足，足底稍外撇。器身轮制，内壁可见轮修、拉坯及刮抹痕迹，耳、足后期粘接，与器身相接处可见敷泥涂抹的痕迹，足上有刮抹痕，耳下有工具刷痕。M32：7，腹饰两组弦纹和较规整而浅淡的竖向细绳纹，双耳内外侧饰较规整的竖向细绳纹，较浅淡。口径16.4、腹最大径17.5、底径5.4、腹深8.8、壁厚0.8厘米，耳高8.2、宽7、厚0.7厘米，耳孔长4、宽2.2厘米，通高19.8厘米（图二八三，9；图版二七，1）。M32：11，下腹有未被刮抹掉的模糊的竖向细绳纹，耳上饰浅淡的竖向细绳纹。口径15.4、腹最大径16.8、底径6.2厘米，腹深8.4、壁厚0.6厘米，耳高9.6、宽7、厚0.6厘米，耳孔长3.2、宽1.4厘米，通高18.8厘米（图二八三，11；图版二七，2）。

喇叭口罐　2件。形制相同。喇叭口稍小，平折沿，圆唇，沿下内侧有一周凸棱，直颈稍高，圆肩，鼓腹，下腹内收，平底。口径稍大或等于最大腹径。轮制，内壁见轮修、拉坯痕，下腹有涂抹迹象。M32：5，残。泥质陶，黄褐色。喇叭口内壁饰一组弦纹，外壁有未被抹掉的竖向细绳纹，肩饰一组弦纹，腹饰两道双凹弦纹，其下又饰模糊杂乱的交错细绳纹，近底部饰大麻点纹。口径19、最大腹径16.8、底径5.8、壁厚0.4～0.6厘米，沿宽1、厚0.4厘米，颈高1.6、通高

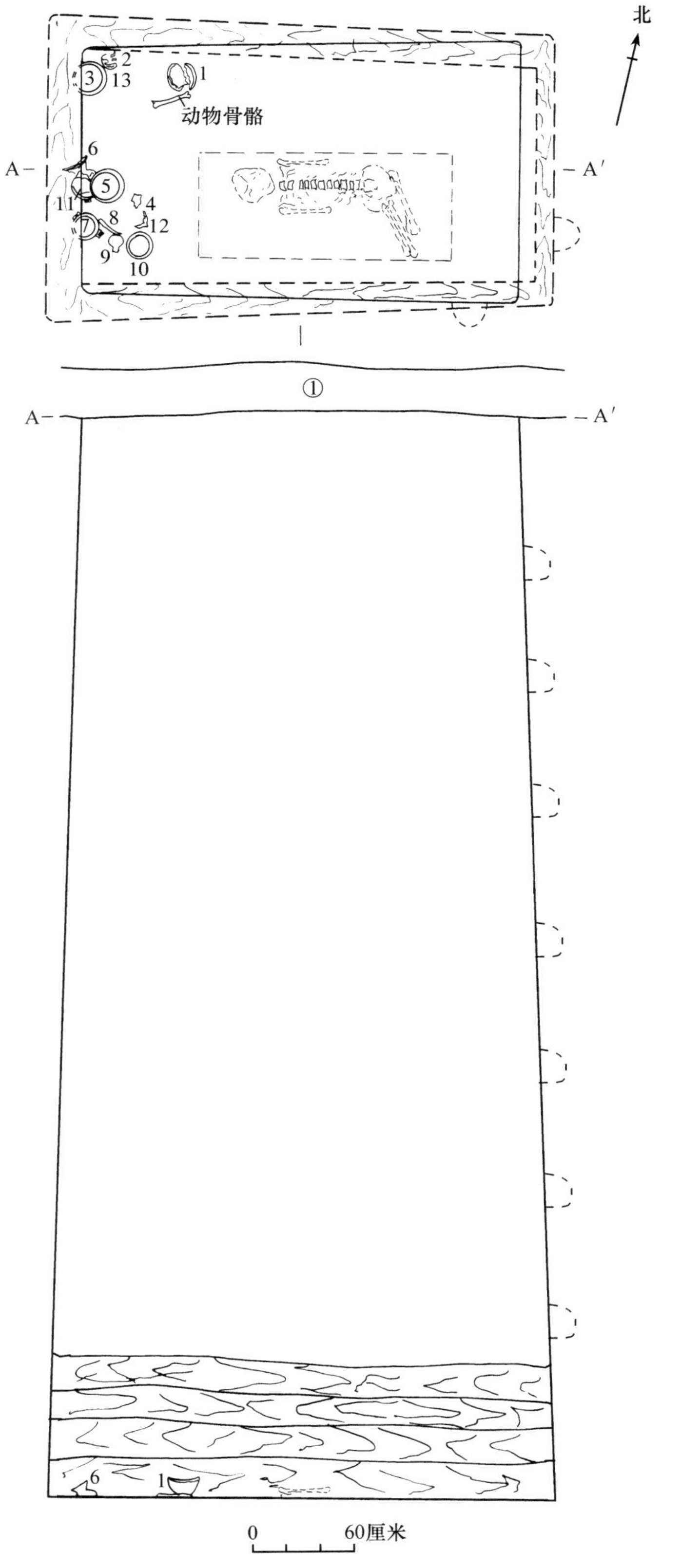

图二八二　M32平、剖面图

1、3、10. 陶盆　4. 陶鬲　2、9、13. 广肩小陶罐　5、6. 喇叭口陶罐　7、11. 陶鼎　8. 陶囷　12. 陶匜

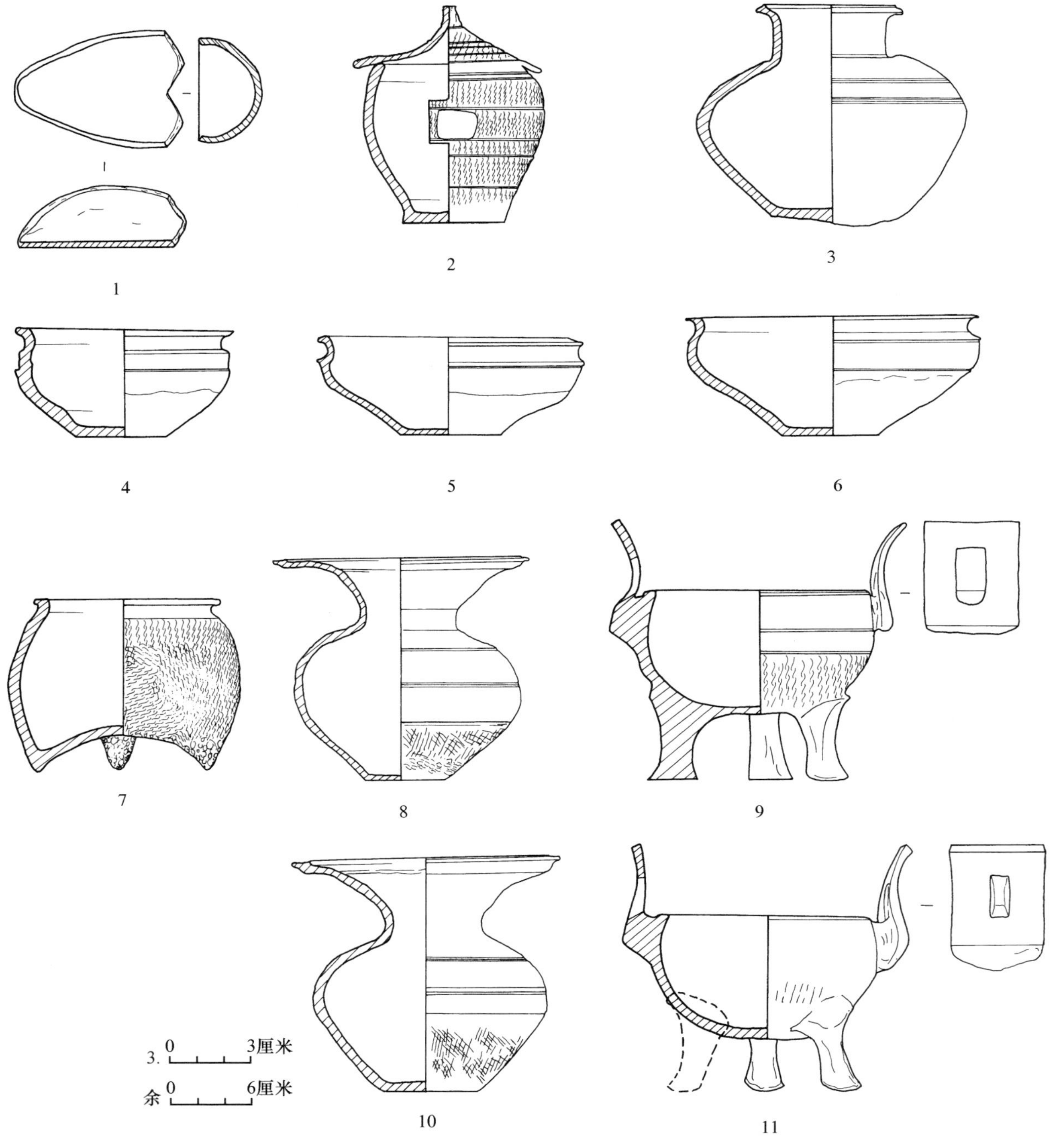

图二八三　M32陶器标本

1. 匜（M32：12）　2. 困（M32：8）　3. 广肩小罐（M32：9）　4～6. 盆（M32：3、M32：1、M32：10）
7. 鬲（M32：4）　8、10. 喇叭口罐（M32：5、M32：6）　9、11. 鼎（M32：7、M32：11）

16.9厘米（图二八三，8；图版三〇，6）。M32：6，残。泥质夹细砂陶，灰褐色。颈部有刮削痕。喇叭口内壁饰一组弦纹，肩饰一道双凹弦纹，腹部饰两组弦纹，其下饰模糊杂乱的交错细绳纹，近底部被抹平。口径19.8、最大腹径17.2、底径7.2、壁厚0.6～0.8厘米，沿宽1.4、厚0.4厘米，颈高2、通高17.8厘米（图二八三，10；图版三一，1）。

鬲　1件。M32：4，基本完整。夹砂陶，黑灰色。整体显得宽扁。微侈口，平折沿较窄、圆唇，束颈极短，圆肩鼓腹，联裆稍瘪，底低平，三锥足，足跟尖锐而低矮。颈部有被抹平绳纹的痕迹，沿面饰两组弦纹，肩、腹饰规整而深峻的交错细绳纹，裆底部和足部饰规整深峻的大麻点纹。口沿见有轮修痕迹。口径13.8、腹最大径17、壁厚0.8厘米，沿宽1、厚0.4厘米，裆高2.6、通高13厘米（图二八三，7；图版三二，5）。

囷　1件。M32：8，残。泥质陶，褐色。圆筒形，盖、身分离。伞形盖，短柱状顶纽。器身为敛口，圆唇，上腹部圆鼓，有一方孔为窗，下腹内收，饼状平底较厚。盖上饰五组弦纹及模糊杂乱的细绳纹，器身饰较规整的交错细绳纹，间有五组弦纹。盖模制后轮修，器身为泥条盘筑后压平、轮修，内壁可见明显的接缝痕，口部有后期敷泥贴补痕迹，底应为后期粘接。盖高4.6、径14厘米，纽高1.4、径0.8～1.4厘米，器身口径10.8、腹最大径13.2、底径7.5、壁厚0.6～0.8厘米，窗宽3、高2.2厘米，通高16.4厘米（图二八三，2；图版三八，4、5）。

匜　1件。M32：12，尾部残缺较多。泥质陶，灰褐色。近似船形，一端收窄为流，一端较宽，两侧卷起，敛口，方唇，圜底。素面。内壁有轮制痕，外底部有明显刮削痕迹。应为先轮制，后将一端捏收成流，修整其余边、底。残长12.4、流宽2.6、身最宽8、壁厚0.4、通高4.6厘米（图二八三，1；图版三三，6）。

广肩小罐　3件。M32：2、M32：13不能复原（图版三七，5）。M32：9，微残。泥质陶，灰褐色。小侈口，斜折沿，尖唇，直颈稍高，颈、肩相接处有一周小平面，斜肩，肩面稍鼓，鼓腹微扁，下腹斜收，平底微凸。肩、腹部饰两道双凹弦纹。轮制，内壁见轮修及拉坯痕迹，下腹及底经刮抹修整，有明显削痕。口径5.4、最大腹径9.9、底径4.7、壁厚0.3～0.5厘米，沿宽0.4、厚0.2厘米，颈高1.6、通高8.3厘米（图二八三，3；图版三七，4）。

盆　3件，2件形制大体相同。侈口，平折沿，短束颈，窄折肩，小平底。均轮制，内壁见有轮修及拉坯痕，下腹有明显刮抹修整痕。M32：1，残。泥质陶，浅灰色。方唇，折腹，上腹圆鼓，下腹急收，折腹处饰一组弦纹。口径19.7、最大腹径19.6、底径7.3、壁厚0.4～0.6厘米，沿宽0.8、厚0.4厘米，通高7.5厘米（图二八三，5；图版三六，3）。M32：10，完整。泥质陶，灰褐色。尖圆唇，折腹，上腹圆鼓，下腹微凹急收。沿面及腹部各饰一组弦纹。口径21.6、最大腹径21.6、底径7、壁厚0.6厘米，沿宽1.2、厚0.2厘米，通高9.1厘米（图二八三，6；图版三六，5）。M32：3，基本完整。泥质陶，灰白色。侈口，平折沿，圆唇，短束颈，颈腹交界处有一周小台棱，圆弧腹稍鼓且深，下腹斜收，小平底。沿面饰两组弦纹，腹部饰一道深凹弦纹。口径16、最大腹径15.6、底径6.6、壁厚0.8厘米，沿宽1.2、厚0.5厘米，通高8.3厘米（图二八三，4；图版三六，4）。

（一七）M33

位于JT0403东部偏南，部分延伸至东隔梁下，开口于第1层下，距现地表深0.3米，被M20打破。

1. 发掘情况

方向253°。平面呈圆角长方形，口小底大，南北斜直壁，东西壁在距开口3.45米处各外扩0.2米，上下皆直壁，剖面近“凸”字形，墓底西端略宽。口长2.5、宽1.47米，底长2.89、宽1.62～1.67米，深5.05米。墓壁经过修整，光滑平整，但未见明显的工具遗痕。在南壁西部及西壁南部发现4组圆形脚窝，直径0.2、进深0.1～0.15米，底部有一层较薄的踩踏面。第一组距墓口0.85米，各组间距0.49～0.53米。填土经粗夯，夯层厚0.25～0.3米。未见盗扰。

葬具为木质一棺一椁。椁贴壁而建，椁室平面呈梯形，西宽东窄，长2.67、宽1.04～1.25、残高1.09米，板厚0.1～0.2米。棺位于椁室偏东南处，平面呈长方形，长1.3、宽0.59米，高度不详。

墓主骨骼保存情况较差，粉化严重，性别、年龄不详。仰身屈肢葬式，头向西，面向不详。下肢蜷曲较甚，脚在盆骨下，呈跪姿，膝部朝南。

随葬品共10件，皆为陶器，计有喇叭口罐3件、鼎2件、广肩小罐2件，甗1件、鬲1件、盆1件。均放置于椁室西端，西北部有广肩小罐2件，其余集中于居中处（图二八四；图版二五，1）。

2. 器物

鼎　2件。形制相同。皆残。泥质陶，浅灰色。直口，平沿，方唇，圆腹圜底，腹较深。双立耳较高，顶端外撇，底附三蹄足，较粗壮。口沿下有未被刮抹掉的绳纹痕迹，腹饰两组双凹弦纹，底饰杂乱的交错细绳纹。口沿及上腹部有轮修痕迹，底部似为模制后粘接，耳、足上有刮削痕，均为后期粘接，残留敷泥涂抹的痕迹。M33：9，口部微敛。口径18.6、腹最大径20.1、腹深10.2、壁厚0.8厘米，耳高8.4、宽5.6、厚1厘米，通高20.3厘米（图二八五，8；图版二七，3）。M33：10，足部稍外撇。耳外侧饰有杂乱的交错细绳纹。口径18.6、腹最大径19.6、腹深8、壁厚0.8～1厘米，耳高10.4、宽5.8、厚1.2厘米，通高20.4厘米（图二八五，7；图版二七，4）。

喇叭口罐　3件，1件残缺严重。泥质陶，浅灰色。大喇叭口，短颈。轮制。口内外壁、肩、腹等有多组弦纹，另外还多见细绳纹并刮磨痕迹。2件形制相同，口径大于腹径。M33：4，基本完整。折沿稍斜，方唇，短颈较直，折肩稍宽，上腹较直，下腹内收，平底。口径大于最大腹径。口径25.8、最大腹径20.8、底径8.6、壁厚0.8厘米，沿宽1.4、厚0.4厘米，颈高3、通高20厘米（图二八五，5；图版三一，3）。M33：7，同M33：4。口径23、最大腹径21、底径9.2、壁厚0.8～1厘米，沿宽1.2、厚0.3厘米，颈高1.8、通高19.5厘米（图二八五，6；图版三一，4）。M33：3，口部残缺，仅余颈部以下部分。泥质陶，浅灰色。短颈较直，斜肩，鼓腹，下腹内收，平底。肩饰两道双凹弦纹，肩腹交界处饰一道凸弦纹，腹饰三组弦纹，下腹部有未被刮抹掉的斜向细绳纹，规整且深峻。轮制，内壁见有轮修及拉坯痕，下腹部经刮抹修整。最大腹径21.2、底径7.4、壁厚0.6、颈残高2、残高17.6厘米（图二八五，4；图版三一，2）。

鬲　1件。M33：6，残。口部泥质，其余夹细砂陶，浅灰色。整体显得稍宽扁。侈口，平折沿较宽，方唇，短束颈，斜肩鼓腹，联裆，底部稍弧，三锥足较高，足跟稍平。颈部以下是较规整而

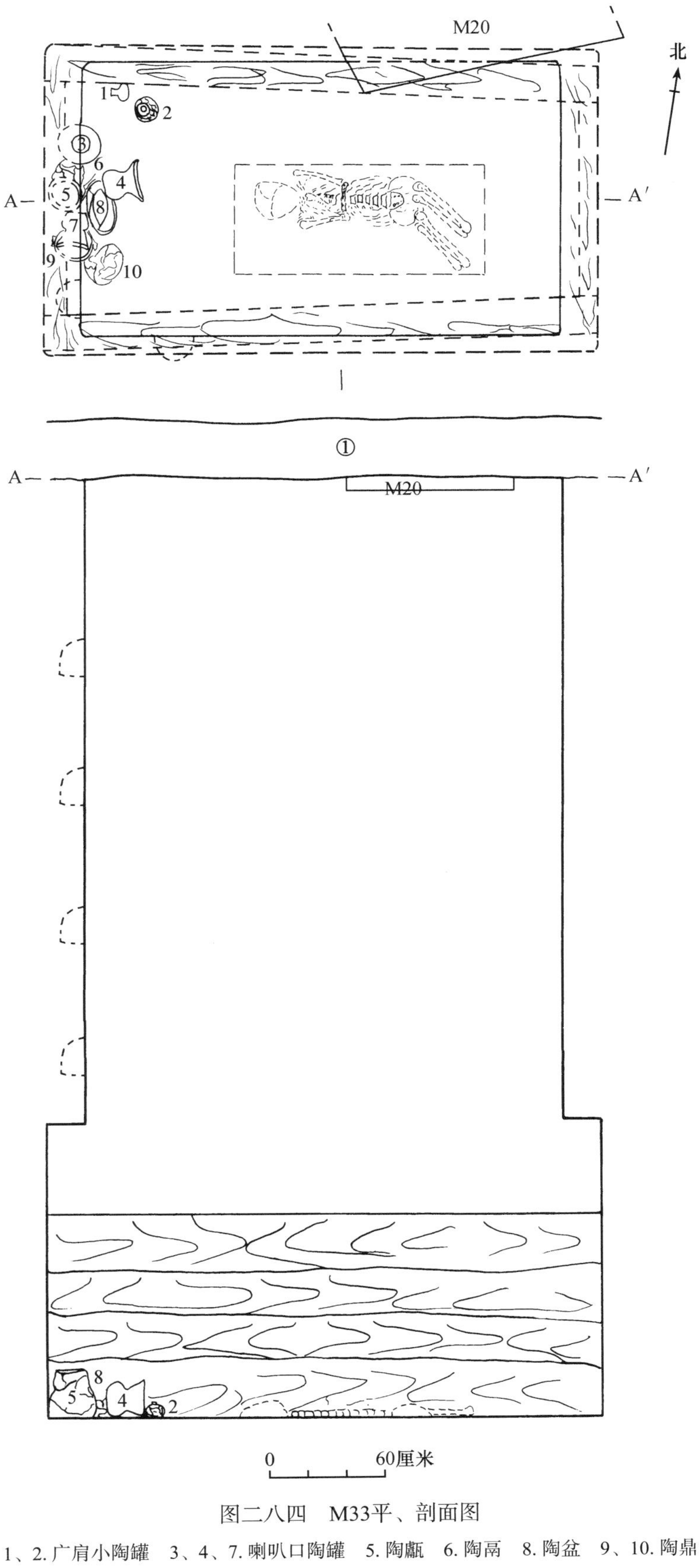

图二八四　M33平、剖面图

1、2. 广肩小陶罐　3、4、7. 喇叭口陶罐　5. 陶甗　6. 陶鬲　8. 陶盆　9、10. 陶鼎

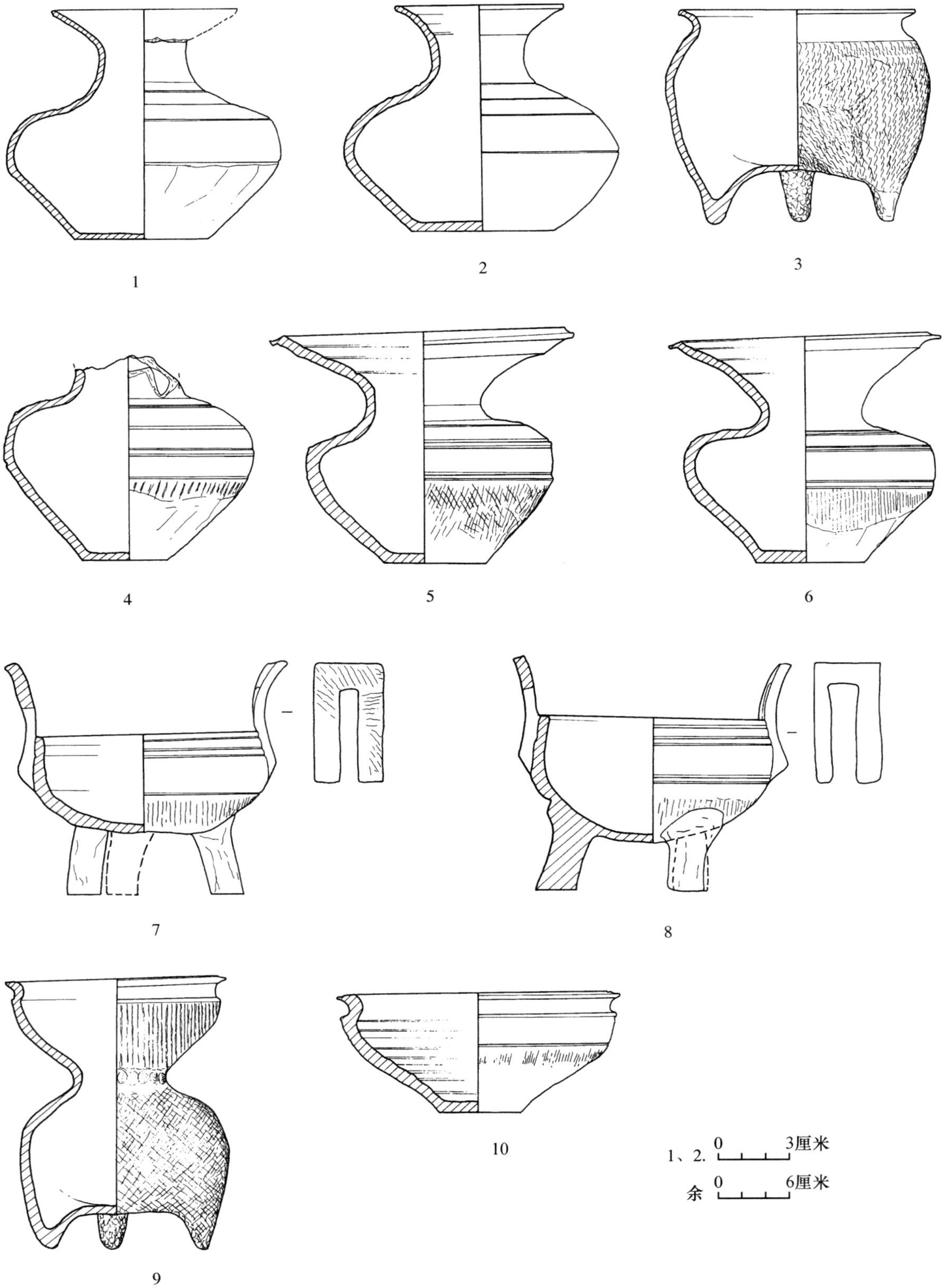

图二八五　M33陶器标本

1、2. 广肩小罐（M33：2、M33：1）　3. 鬲（M33：6）　4～6. 喇叭口罐（M33：3、M33：4、M33：7）　7、8. 鼎（M33：10、M33：9）　9. 甗（M33：5）　10. 盆（M33：8）

深峻的交错细绳纹，未至足跟，裆底及足内侧饰大麻点纹。口沿有轮修痕迹，足部有削痕。观察其陶质区别，口部与器体分别制胎粘接。口径20、最大腹径22、腹深13.8、壁厚0.6、裆高4.5、通高18.3厘米（图二八五，3；图版三二，6）。

甗　1件。M33：5，残。上部泥质陶，下部夹砂陶，深灰色。甑、鬲联制，无箅。侈口，平折沿，尖圆唇，短束颈，颈腹交接处有凸棱，弧腹，束腰较短、细。下部鬲体宽扁，斜肩，鼓腹，联裆低平，三柱足短。上部甑体饰规整的竖向细绳纹，较深峻，腰部捏按花边，下部鬲体饰较规整而深峻的交错细绳纹至足跟，裆底及足内侧饰规整而稍浅的大麻点纹。口沿有轮修痕迹，整体应为上下分制后粘接。口径18.5、上腹最大径17.5、腰径7.8、下腹最大径17.6、壁厚0.8厘米，沿宽1、厚0.5厘米，裆高3、通高23.3厘米（图二八五，9；图版三五，1）。

广肩小罐　2件。形制、纹饰、制法等完全相同。均残。泥质陶，浅灰色。小喇叭口外撇，尖唇，高直颈，广肩近平，扁鼓腹，下腹斜收，平底。肩腹部饰四组弦纹。轮制，内壁见有轮修及拉坯痕，下腹部经刮抹修整，刮削痕明显。M33：1，口径7、最大腹径11.5、底径6，壁厚0.3～0.5、颈高2、通高9.8厘米（图二八五，2；图版三七，6）。M33：2，口径7.8、最大腹径11.6、底径5.6、壁厚0.3、颈高2.1、通高9.9厘米（图二八五，1；图版三八，6）。

盆　1件。M33：8，残。泥质陶，浅灰色。侈口，折沿稍斜，沿面稍鼓，方唇，短束颈，窄折肩，折腹，上腹圆鼓，下腹微凹急收，小平底。沿面饰一组弦纹，腹饰两组弦纹及未被刮抹掉的细绳纹。轮制，内壁见有轮修及拉坯痕迹，下腹部有明显刮抹修整痕迹。口径23、最大腹径23、底径6.8、壁厚1厘米，沿宽1.6、厚0.3厘米，通高10.2厘米（图二八五，10；图版三六，6）。

（一八）M35

位于JT0302中南部，开口于第1层下，距现地表0.3米，西南角被M22打破，北部被M16打破。

1. 发掘情况

方向155°。平面近梯形，直壁，口底同大。残长1.85～2.34、宽1.64、深0.8米。墓壁经修整，残余铲刮后遗留的工具痕迹。填土的土质结构松软，呈颗粒状，包含西周时期陶片。葬具为木质一棺，仅余灰迹。棺位于墓室近西壁下，平面呈长方形，残长1.24～1.4、宽0.6米，高度不详。内部发现红色细粉末，推测为朱砂。墓主骨骼保存情况差，头骨破碎，下肢被扰动不存。头向南，面向不详。仰身，上肢自然放于身体两侧。依牙齿推断为成年，性别不详。

随葬品共1组计67件，为一组串饰，位于墓主颈部（图二八六；图版二五，2）。

2. 器物

串饰一组共67件，总重109.1克（图版四五，5）。根据饰品材质及形态可分八类。

蚌饰　片状，2件。M35：1-1，残。白色。基本呈长条形，略不规则，现存部位未见钻孔。种属应为河蚌。残长6.2、残宽3.4、厚约0.4厘米（图二八七，1）。M35：1-2，残。形状不规则，近

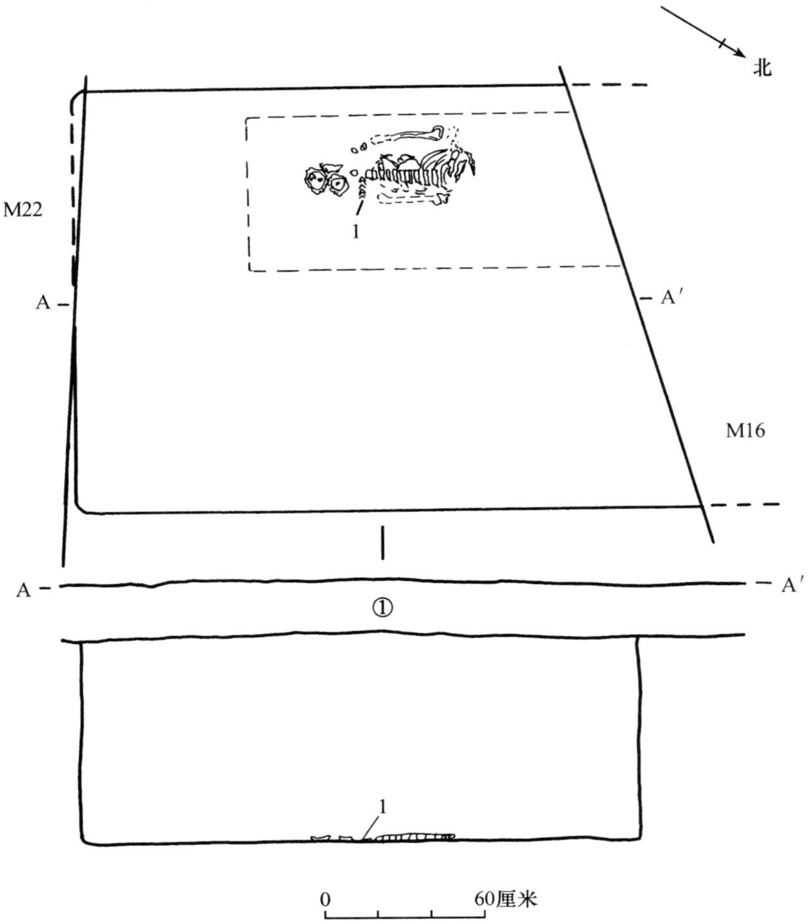

图二八六　M35平、剖面图
1. 串饰

心形。一面弧起，一面平。较平一面有一个圆形钻孔，孔径逐渐缩小。残长1.9、最宽处2、最厚处0.6、孔径0.4～0.6厘米（图二八七，15）。

石饰　绿松石，2件。M35：1-3，完整。绿色。整体略近斧形，一角有圆形穿孔，双面对钻而成。长1.4、宽0.8～1.1、厚0.2、孔径0.1～0.2厘米（图二八七，10）。M35：1-4，完整。整体近椭圆形，一侧较薄，一侧稍厚。较薄一侧上下各一处穿孔，单面钻成，下部穿孔极小。长1.3、最宽处0.8、厚0.1～0.4、上孔径0.15～0.3、下孔径0.1～0.25厘米（图二八七，11）。

圆柱形骨管　圆柱形管，8件。均完整，形制皆同。淡黄色。圆柱体，中有竖向贯通的圆形穿孔，或为单面钻成。长1.1～1.6、外径约0.8、孔径约0.2厘米。M35：1-5，通长1.4、外径0.9、孔径0.2厘米（图二八七，13）。M35：1-6，通长1.3、外径0.8、孔径0.2厘米（图二八七，14）。

竹节形骨管　6件。形制皆同，其中3件稍残。淡黄色。骨质。整体近圆柱体，中有一周棱脊，以其为界的上下部分均收束，似竹节形。中有竖向贯通的圆形穿孔，应为单面钻成。长1～1.3、外径约0.7、孔径约0.2厘米。M35：1-13，通长1、外径0.7～0.8、孔径0.2厘米（图二八七，5）。

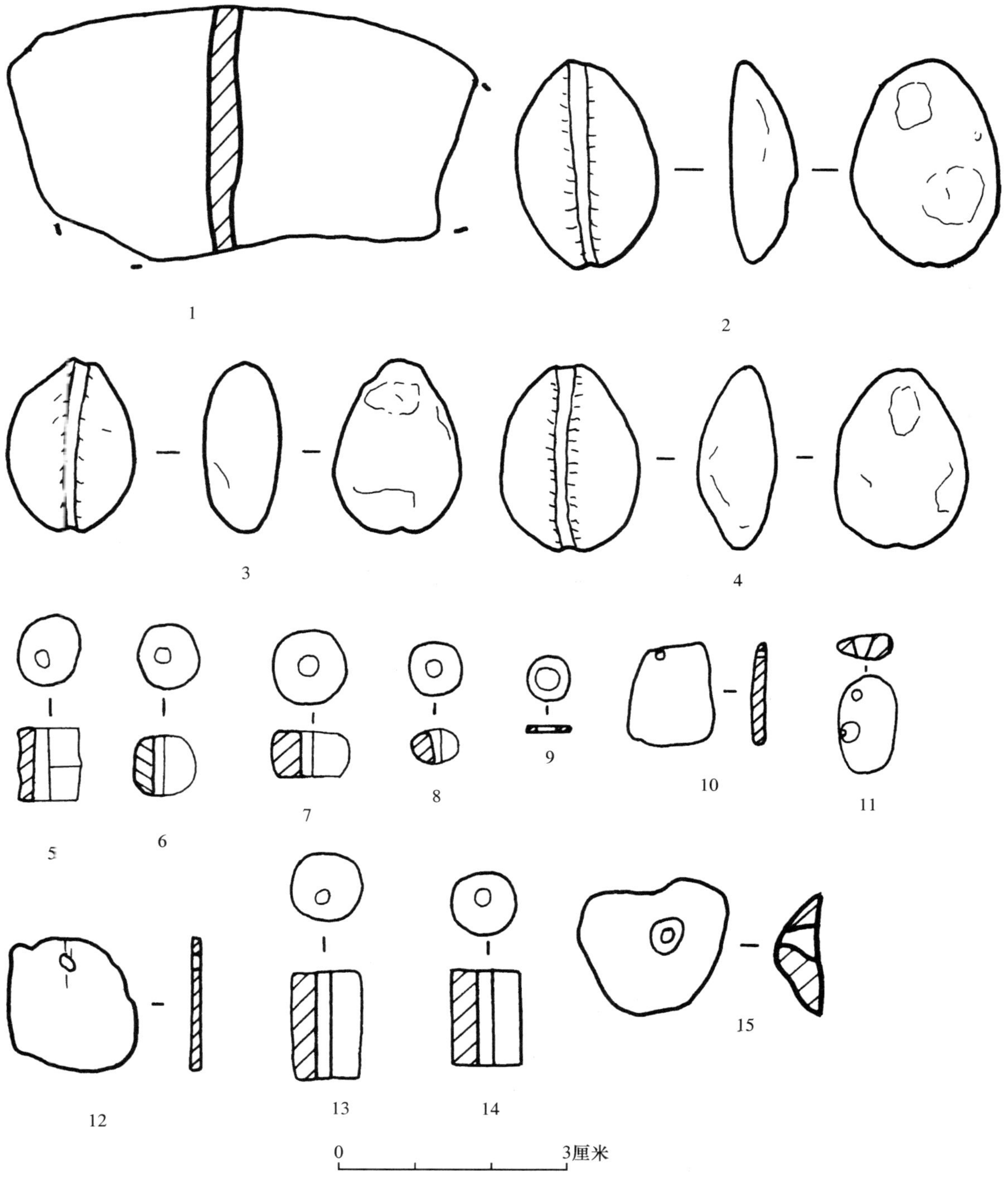

图二八七　M35串饰部分组件

1、15. 蚌饰（M35：1-1、M35：1-2）　2～4. 贝饰（M35：1-49、M35：1-50、M35：1-51）　5. 竹节形骨管（M35：1-13）　6～8. 石珠（M35：1-19、M35：1-20、M35：1-21）　9. 蚌环（M35：1-32）　10、11. 绿松石饰（M35：1-3、M35：1-4）　12. 铜片饰（M35：1-47）　13、14. 圆柱形骨管（M35：1-5、M35：1-6）

石珠　13件。均完整，形制基本相同。乳白色，稍透明。近圆球状，部分两端稍平，中有圆形穿孔。直径基本均为1厘米左右，最小者0.7厘米，孔径0.2厘米左右。M35：1-19，直径0.8、孔径0.15厘米（图二八七，6）。M35：1-20，直径0.9、孔径0.25厘米（图二八七，7）。M35：1-21，直径0.55、孔径0.2厘米（图二八七，8）。

蚌环　薄环形。15件，其中9件较完整、6件残。淡黄色或乳白色，应为蚌、贝壳磨成。形体小而薄。直径约0.6、孔径约0.2、厚0.1～0.2厘米。M35：1-32，直径0.6、孔径0.3、厚0.1厘米（图二八七，9）。

铜片饰　2件。皆残。M35：1-47，整体近方形片状，一端有椭圆形小孔。残长1.8、残宽1.7、厚0.1、孔径0.2～0.3厘米（图二八七，12）。

贝饰　19件，其中5件基本完整，余皆有不同程度残损。乳白色。应为海贝。一端有圆形或椭圆形钻孔。长约2.5、宽约1.9、厚1厘米左右。M35：1-49，通长2.8、宽1.8、厚0.8、孔径0.5厘米（图二八七，2）。M35：1-50，通长2.4、宽1.7、厚1、孔径0.5～0.8厘米（图二八七，3）。M35：1-51，通长2.5、宽1.9、厚1、孔径0.4～0.7厘米（图二八七，4）。

（一九）M38

位于ETG2中部，部分延伸至探沟西壁外，开口于第1层下，距现地表深0.28米，打破H59。

1. 发掘情况

方向250°，平面呈圆角长方形，南侧壁较直，其余三壁斜直内收，口大底小。口长2.84、宽1.58米，底长2.73、宽1.44米，深5.14米。墓壁光滑平直，但未发现明显的工具遗痕。填土经夯打，土质致密。局部有扰动现象，可能早期有盗扰。

葬具为木质一棺一椁。椁贴壁而建，椁室平面呈长方形，通长2.56、宽1.27、残高0.32米。西端隔有头箱，东西宽0.47、南北长1.27米。盖板横向覆盖，长出侧板；挡板抵侧板，发现榫卯痕迹一处，榫头长4.6、宽3厘米，插入侧板内。侧板顺向叠垒，局部因外力积压塌向内侧，板厚约0.08米。棺位于椁室中部，平面呈长方形，长1.82、宽0.88米，高度不详。

墓主骨骼保存情况较差，上身仅余部分头骨残片及椎骨，盆骨及下肢保存尚可，男性，年龄45～50岁。仰身屈肢葬式，头向西，面向不详。下肢蜷曲较甚，膝侧左近跪姿。棺外近墓主右臂旁发现一具动物骨骼，粉化严重，牙齿似犬，或为殉牲。

随葬品10件（组），包括陶器6件，有鬲1件、鼎1件、喇叭口罐2件、簋2件，铜戈1件，石圭2件（组）。铜戈于椁盖板北侧偏西处；石圭、陶鬲及动物发现与盖板南偏西朽灰之下，应置于椁室内，石圭首皆向西；头箱西南隅自北向南依次有鼎、喇叭口罐、簋等陶器。填土中出土石器1件，应为扰入（图二八八；图版二五，3）。

2. 器物

铜戈　1件。M38：1，援长舌形，中有脊，从面斜，截面菱形。尖锋稍弧；长胡，竖向三穿，

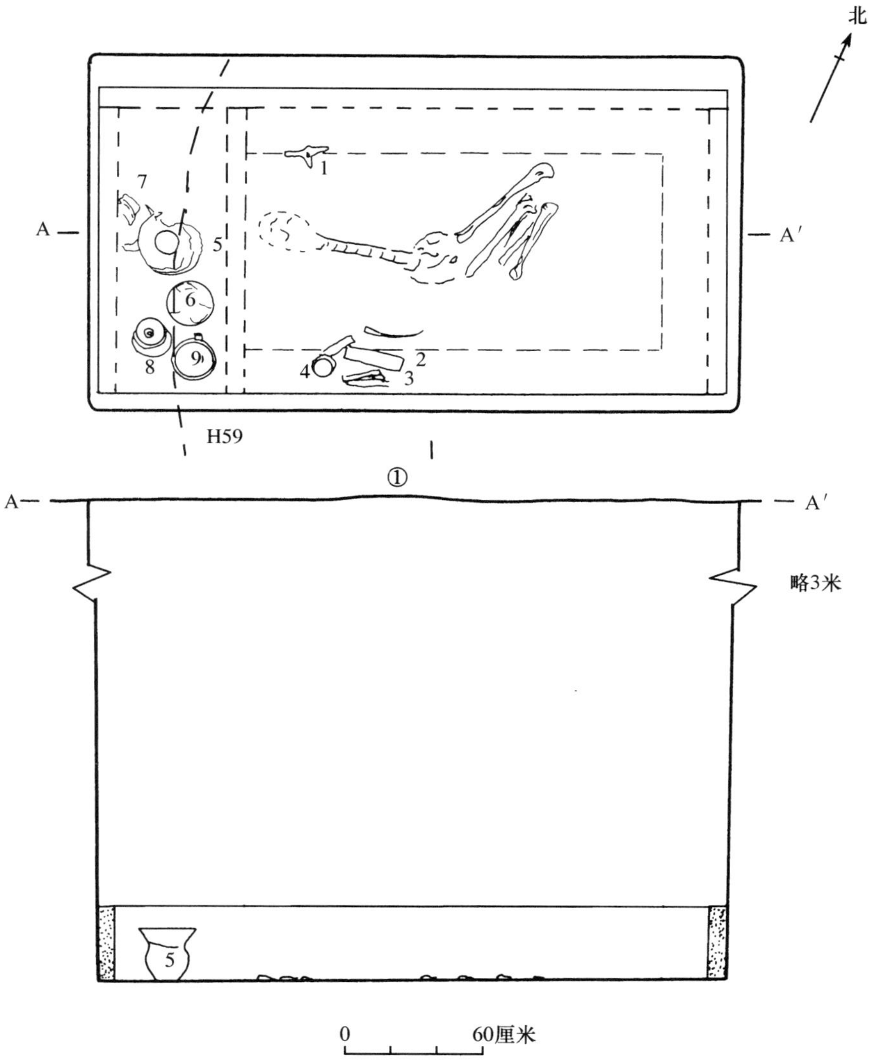

图二八八　M38平、剖面图
1. 铜戈　2、3. 石圭　4. 陶鬲　5、6. 喇叭口陶罐　7. 陶鼎　8、9. 陶簠

上下出栏；直内，微上翘，有一长方形横穿。双范合铸。通长16.5厘米，援长9.7、宽2.3～2.5、厚0.1～0.45厘米，胡长10.5、宽1.8～3.8、厚0.15～0.45厘米；穿自上而下依次为：长0.7、宽0.2～0.3厘米，长1.3、宽0.3厘米，长1.4、宽0.5厘米；内长5.8、宽2.5～2.8、厚0.35厘米，穿长1.5、宽0.5厘米；重128.1克（图二九〇，1；图版四一，6）。

陶鼎　1件。M38：7，残。泥质陶，浅灰色。器身似罐形。侈口，斜沿，圆唇，短束颈，弧腹较深，平底，双立耳，底附三蹄足。上腹部饰两组弦纹。器身轮制，可见轮修及拉坯痕迹，耳、足模制或捏制后粘接，存敷泥涂抹痕，足上有明显削痕。口径16.4、最大腹径19.4、底径10、腹深12.2、壁厚0.5厘米，耳高8、宽6.6、厚1.4厘米，通高21厘米，重1500克（图二八九，5；图版二七，5）。

陶簠　2件。形制相同。均残。泥质陶。通体磨光。盖覆钵形，顶较平，上有喇叭形短捉手。器

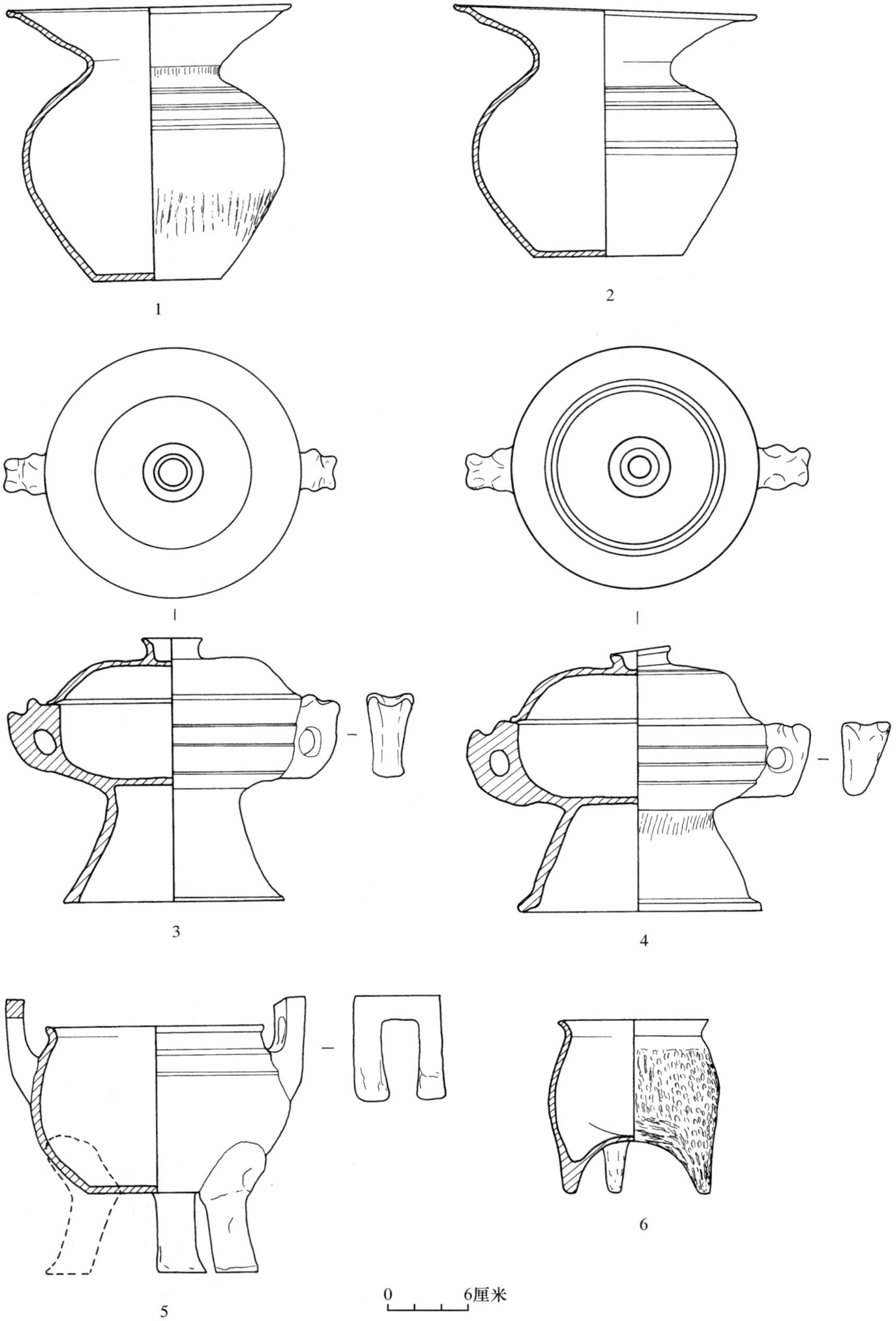

图二八九 M38陶器标本

1、2. 喇叭口罐（M38：5、M38：6） 3、4. 簋（M38：8、M38：9） 5. 鼎（M38：7） 6. 鬲（M38：4）

身直口，外弧腹，内为平底盘状直腹，较深，上细下粗的筒状圈足，底呈方沿喇叭形外撇。身两侧各有一环耳，顶有四小纽。盖轮制，内壁见有刮削修整痕；器身与圈足分别轮制后粘接，内壁有刮削修整痕迹；耳应为模制后粘接。盖顶、腹等处饰多重弦纹，器身、圈足等处有刮抹后残存的细绳纹。M38：8，浅灰色。盖径18.6、高5.8厘米，捉手径4～4.4、高1.4厘米，器身口径17.6、腹最大径19.2、腹深5.8、壁厚0.6～0.8厘米，圈足径11～18.2、高8.2厘米，耳高5.7、宽1.4～3.6、耳孔径2厘米，通高20.4厘米（图二八九，3；图版二八，5）。M38：9，深灰色。盖径18.9、高5厘米，捉手径4～4.4、高1.6厘米，器身口径16.8、腹最大径18.4、腹深5.9、壁厚0.5～0.8厘米，圈足径9.9～16.4、高9厘米，耳高6.4、宽2～3.4、耳孔径1.6～2.4厘米，通高20.4厘米（图二八九，4；图版二八，6）。

喇叭口陶罐　2件。形制与制法基本相同。均残。泥质陶。大喇叭口外撇，平折沿，方唇，短束颈，溜肩，鼓腹，下腹内收，平底。口径稍大于最大腹径。轮制，内壁见有轮修及拉坯痕，下腹部经刮抹修整。肩、腹部磨光。沿面饰一组弦纹，颈部饰模糊的细绳纹，肩饰三组三凹弦纹，腹部饰模糊的细绳纹。M38：5，深灰色。整体较瘦。口径21.2、腹最大径19.4、底径9.6、壁厚0.5厘米，沿宽1、厚0.4厘米，通高21厘米。（图二八九，1；图版三一，5）。M38：6，浅灰色。口部变形。口径22.6、腹最大径19.8、底径11.2、壁厚0.4厘米，沿宽1.2、厚0.5厘米，通高18.9厘米（图二八九，2；图版三一，6）。

陶鬲　1件。M38：4，残。泥质陶，深灰色。形体较小。侈口，斜沿，圆唇，短束颈，溜肩，鼓腹，联裆较高，底部稍平，三锥足，足跟高、尖。颈部以下饰较规整而深峻的粗绳纹至足跟。口沿有轮修痕迹。口径11.2、腹最大径12.8、壁厚0.5、裆高3.8、通高13.2厘米（图二八九，6；图版三三，1）。

石圭　2件（组）。M38：2，尾部残缺。灰黑色，页岩质。圭首尖锐，与圭身相接处不见转折，直身。截面呈长方形。通体磨光，器表残余零星细线状磨划痕迹。残长24.1、最宽处5.3、厚0.95厘米，重157.3克（图二九〇，6；图版四五，6）。M38：3，约65片。紫色页岩质。残损、剥片严重，难以确定个体数量。较完整者11件，体形较小，尖首条形，圭首与圭身相接处转折均不甚明显，基本平尾。其余残片中含圭首部位计27件，仅为尾部计7件，圭身残片计20件（图版四五，6）。M38：3-12，尾部缺。残长9.5、最宽3.6、厚0.3～0.5厘米，重量27.6克（图二九〇，3）。M38：3-46，尾部缺。残长20.5、最宽3.1、厚0.2～0.6厘米，重量68.1克（图二九〇，5）。M38：3-47，尾部缺。残长15.8、最宽5.1、厚0.15厘米，重量26.1克（图二九〇，4）。详见附表一。

石器　1件。M38填：1，残。灰白色，石英岩质。呈长方体，应为某种石器的尾端。通体磨光，器表见少量磨划痕迹。残长4、宽3.5、厚1.5厘米，重47克（图二九〇，2；图版四五，7）。

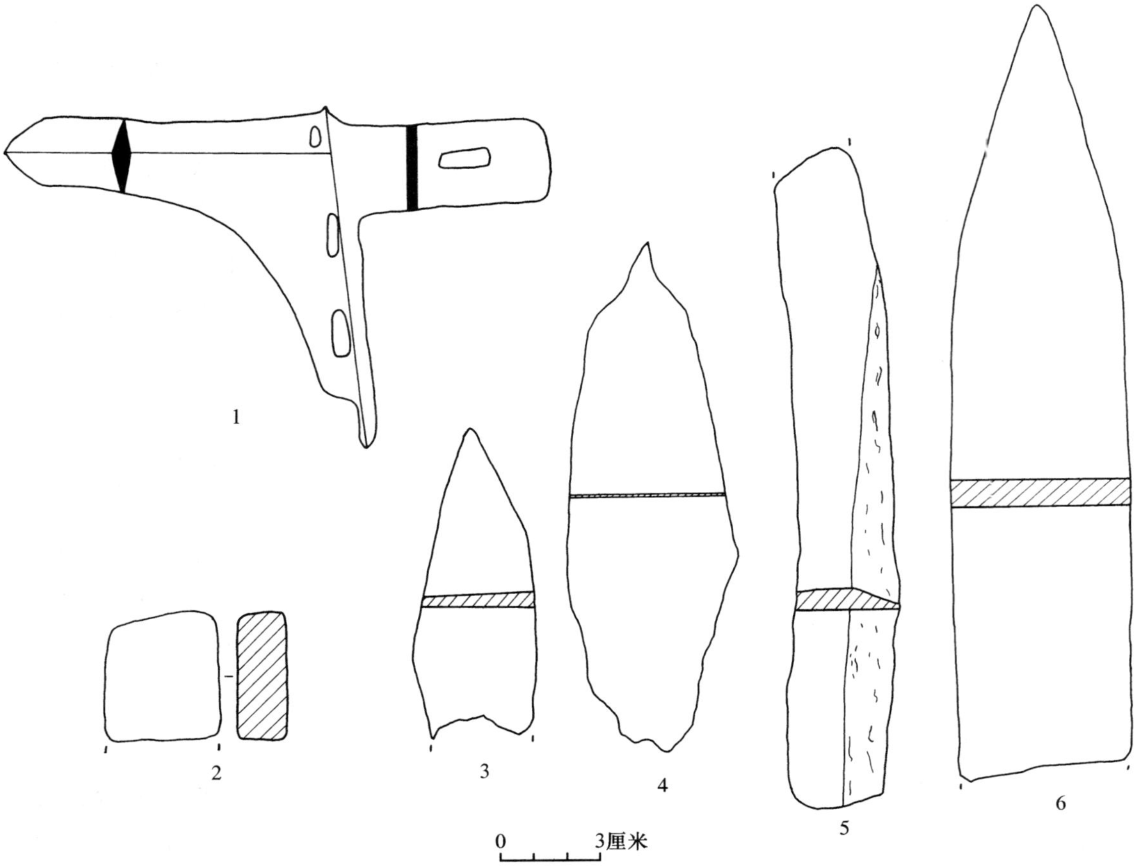

图二九〇　M38铜、石器

1. 铜戈（M38：1）　2. 石器（M38填：1）　3～6. 石圭（M38：3-12、M38：3-47、M38：3-46、M38：2）

第二节　灰　　坑

共计9座，其中7座位于J区，编号为H1、H2、H12、H14、H32、H33、H37；2座位于E区，编号为H50、H58。平面形状包括椭圆形、圆形及不规则形，以椭圆形为主；剖面形状包括筒形、袋形、弧形及不规则形等。灰坑填土中多见早期遗物。

一、H1

位于JT0101南壁下，部分延伸至JT0201中。开口于第2层下，距现地表深0.23米，打破M8、H17。

（一）形制、堆积

方向6°。开口平面近椭圆形，侧边稍直，壁斜直稍内收，平底。口长径3.08、短径0.96～1.18

米，底长径3、短径0.85～1.06米，深0.55米。其内堆积为青灰色砂质黏土，较疏松，水平状堆积，包含较多陶片。

判断该单位是处理废弃物的垃圾坑（图二九一）。

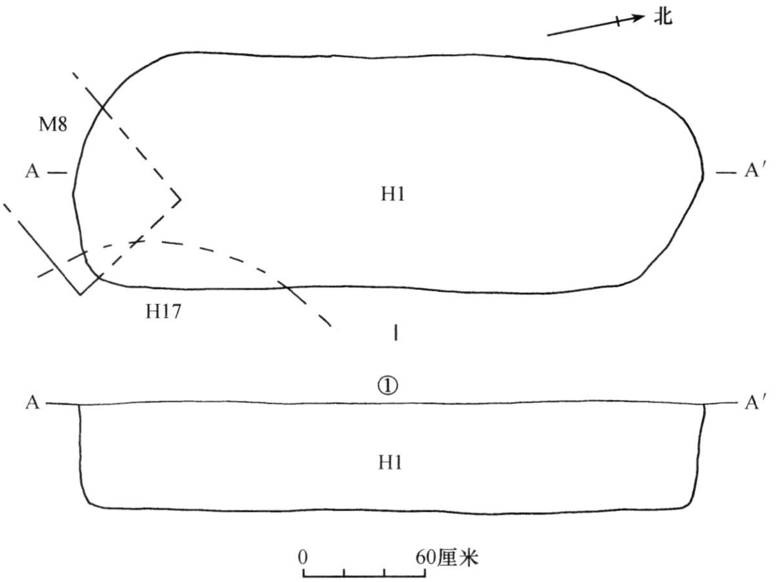

图二九一　H1平、剖面图

（二）遗物

1. 陶器面貌

陶质陶色方面，泥质陶占总数的66.04%/50.09%，夹砂陶占33.96%/49.91%。其中泥质灰陶占49.06%/38.08%，夹砂灰陶32.08%/47.32%，泥质褐陶占5.66%/4.91%，泥质黑皮灰胎陶占7.55%/3.71%，泥质灰皮褐胎陶占3.77%/3.39%，夹砂灰皮褐胎陶占1.89%/2.58%。纹饰方面，素面陶占总数的30.19%/17.56%，绳纹占37.74%/45.59%，弦纹占5.66%/13.60%，交错绳纹占9.43%/12.52%，篮纹占7.55%/4.43%，素面磨光占7.55%/3.71%，弦纹+交错绳纹占1.89%/2.58%。器形可辨有盆、鬲、罐、甑等（表一四〇、表一四一）。

表一四〇　H1陶系统计表

陶质 / 陶色 / 纹饰	夹砂		泥质				合计	百分比/%
	灰	灰皮褐胎	灰	灰皮褐胎	褐	黑皮灰胎		
素面	4/61.1		9/99.5	2/50.5	1/50.5		16/261.6	30.19/17.56
绳纹	11/567.2		7/89.3		2/22.6		20/679.1	37.74/45.59
交错绳纹	2/76.6		3/109.9				5/186.5	9.43/12.52
篮纹			4/66				4/66	7.55/4.43
弦纹+交错绳纹		1/38.5					1/38.5	1.89/2.58
弦纹			3/202.6				3/202.6	5.66/13.6

续表

<table>
<tr><th rowspan="2">纹饰＼陶色＼陶质</th><th colspan="2">夹砂</th><th colspan="4">泥质</th><th rowspan="2">合计</th><th rowspan="2">百分比/%</th></tr>
<tr><th>灰</th><th>灰皮褐胎</th><th>灰</th><th>灰皮褐胎</th><th>褐</th><th>黑皮灰胎</th></tr>
<tr><td>素面磨光</td><td></td><td></td><td></td><td></td><td></td><td>4/55.3</td><td>4/55.3</td><td>7.55/3.71</td></tr>
<tr><td rowspan="2">合计</td><td>17/704.9</td><td>1/38.5</td><td>26/567.3</td><td>2/50.5</td><td>3/73.1</td><td>4/55.3</td><td rowspan="2">53/1489.6</td><td rowspan="2"></td></tr>
<tr><td colspan="2">18/743.4</td><td colspan="4">35/746.2</td></tr>
<tr><td rowspan="2">百分比/%</td><td>32.08/47.32</td><td>1.89/2.58</td><td>49.06/38.08</td><td>3.77/3.39</td><td>5.66/4.91</td><td>7.55/3.71</td><td colspan="2" rowspan="2">100.00/
100.00</td></tr>
<tr><td colspan="2">33.96/49.91</td><td colspan="4">66.04/50.09</td></tr>
</table>

表一四一　H1陶器可辨器形统计表

<table>
<tr><th rowspan="2">器形＼陶色＼陶质</th><th>夹砂</th><th colspan="2">泥质</th><th rowspan="2">合计</th><th rowspan="2">百分比/%</th></tr>
<tr><th>灰</th><th>灰</th><th>褐</th></tr>
<tr><td>盆</td><td></td><td>5</td><td></td><td>5</td><td>55.56</td></tr>
<tr><td>鬲</td><td>2</td><td></td><td></td><td>2</td><td>22.22</td></tr>
<tr><td>罐</td><td>1</td><td></td><td>1</td><td>2</td><td>22.22</td></tr>
<tr><td rowspan="2">合计</td><td>3</td><td>5</td><td>1</td><td rowspan="2">9</td><td rowspan="2"></td></tr>
<tr><td>3</td><td colspan="2">6</td></tr>
<tr><td rowspan="2">百分比/%</td><td>33.33</td><td>55.56</td><td>11.11</td><td colspan="2" rowspan="2">100.00</td></tr>
<tr><td>33.33</td><td colspan="2">66.67</td></tr>
</table>

2. 器物举例

挑选器物标本4件。包括石器1件，鬲、盆类陶器残片3件。

石器　H1：1，残损较甚，器形不辨。凝灰岩质，浅灰色。体较扁平，一端有圆孔，对钻。通体打磨，光滑平整。残长5.1、宽5、厚1.7、孔径0.9～1.4厘米，重108克（图二九二，4）。

盆　H1：2，口及腹部。泥质灰陶。直口，平沿，圆唇，束颈，颈部与腹部交界处有一周折棱，弧腹内收。沿面及器表腹部各饰数周凹弦纹。手制轮修，下腹部见有少量指甲戳印痕迹。残高7.2、口径28、腹径27、壁厚0.3～0.8厘米（图二九二，1）。

鬲　H1：3，口及上腹部。夹砂灰陶。侈口，圆唇，束颈，上腹外鼓。器表颈部以下饰竖向绳纹。手制轮修。残高6.3、壁厚0.7～1厘米（图二九二，3）。H1：4，足。夹砂灰陶。柱状实心，足尖较平。器表饰竖向粗绳纹。手制。残高8、壁厚1.1厘米（图二九二，2）。

二、H2

位于JT0101南壁下偏西处，部分延伸至JT0201北隔梁下。开口于第2层下，距现地表0.7米，被G1打破。

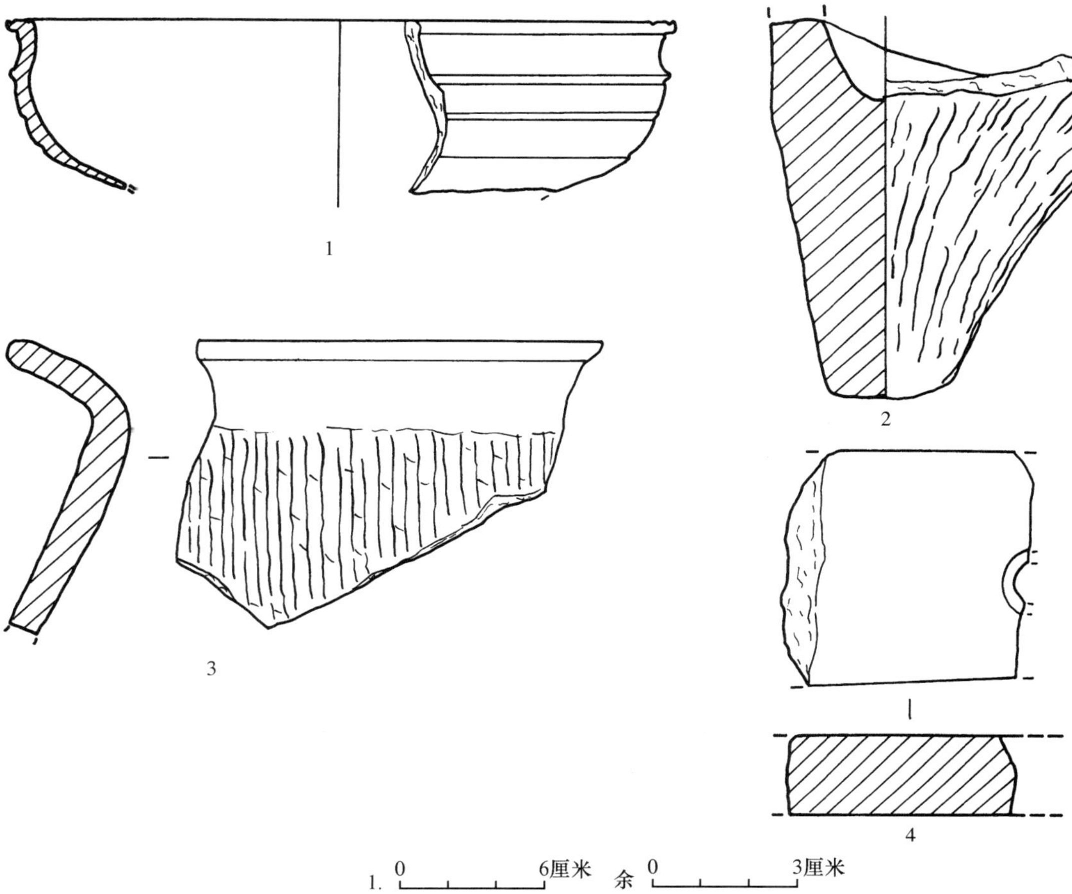

图二九二　H1石器、陶器标本

1. 陶盆（H1：2）　2、3. 陶鬲（H1：4、H1：3）　4. 石器（H1：1）

（一）形制、堆积

开口平面近半圆形，北端略平，弧壁，底部不甚平，有起伏。口长径2、短径1.05、深0.35～0.45米。坑内堆积为灰黑色细砂土，较疏松，夹杂炭屑，水平状堆积。包含较多陶片、少量动物骨骼。

判断该单位是处理废弃物的垃圾坑（图二九三）。

（二）遗物

1. 陶器面貌

陶质陶色方面，泥质陶占总数的61.63%/48.32%，夹砂陶占38.37%/51.68%。其中泥质灰陶占43.00%/36.88%，夹砂灰陶占18.60%/23.71%，夹砂黑皮陶占5.81%/6.01%，泥质黑皮陶占6.98%/4.77%，夹砂褐陶占1.10%/0.65%。此外，还见较多仰韶时期红陶片，其中夹砂红陶占12.80%/21.31%，泥质红陶占11.63%/6.67%，纹饰方面，素面陶占总数的12.70%/9.06%。绳纹占61.60%/72.56%，素面磨光占12.70%/9.37%，弦纹占6.98%/5.52%，篮纹占3.49%/1.51%，附加堆纹+绳纹占1.16%/1.51%，附加堆纹占1.16%/0.47%。可辨器形有鬲、罐（表一四二、表一四三）。

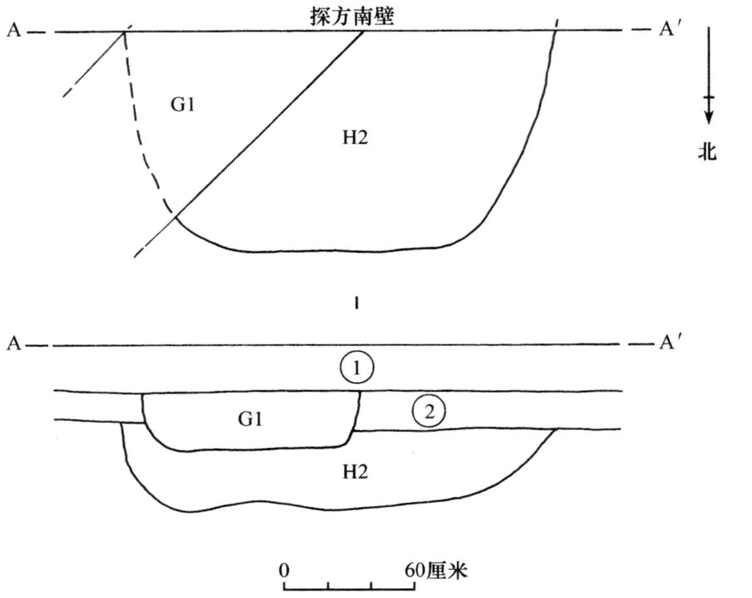

图二九三　H2平、剖面图

表一四二　H2陶系统计表

纹饰＼陶色＼陶质	泥质			夹砂				合计	百分比/%
	红	黑	灰	红	褐	黑	灰		
素面	3/23.3		2/15.6	2/50.7	1/12.6		3/73.2	11/175.4	12.70/9.06
素面磨光	2/38.4	2/31.2	7/111.6					11/181.2	12.70/9.37
篮纹	3/29.3							3/29.3	3.49/1.51
绳纹	1/25.9	3/57	25/506.7	9/361.6		4/87.1	11/365.4	53/1403.7	61.60/72.56
弦纹	1/12.2	1/3.9	3/79.5				1/11.1	6/106.7	6.98/5.52
附加堆纹							1/9	1/9	1.16/0.47
附加堆纹+绳纹						1/29.2		1/29.2	1.16/1.51
合计	10/129.1	6/92.1	37/713.4	11/412.3	1/12.6	5/116.3	16/458.7	86/1934.5	
	53/934.6			33/999.9					
百分比/%	11.63/6.67	6.98/4.77	43.00/36.88	12.80/21.31	1.10/0.65	5.81/6.01	18.6/23.71		100.00/100.00
	61.63/48.32			38.37/51.68					

表一四三　H2陶器可辨器形统计表

器形＼陶色＼陶质	夹砂				泥质			合计	百分比/%
	灰	褐	黑皮褐胎	灰皮褐胎	灰	褐	黑皮褐胎		
鬲	4	1	1					6	42.86
罐				1	5	1	1	8	57.14
合计	4	1	1	1	5	1	1	14	
	7				7				
百分比/%	28.57	7.14	7.14	7.14	35.71	7.14	7.14		100.00
	50.00				50.00				

2. 器物举例

挑选陶器标本3件，为罐、鬲的残片。

罐　H2：1，口及颈部。泥质灰陶。敞口，平沿，圆唇，沿面微凹，束颈，颈部内侧有一周折棱。素面，沿面磨光。手制轮修，器表及内壁轮修痕迹明显。残高3.6、壁厚0.5～1厘米（图二九四，1）。

鬲　H2：2，口及肩部。夹砂灰陶。侈口，方唇，束颈，弧肩。器表颈部及以下饰交错绳纹，施纹顺序为先饰竖向绳纹，再于其上饰斜向短绳纹。手制轮修。残高6、壁厚0.6～1厘米（图二九四，2）。H2：3，足。夹砂红褐陶。实心柱状足，足尖处较平。器表饰麦粒状粗绳纹。手制，足跟近底部处可见刮削形成的棱面。残高6.5厘米（图二九四，3）。

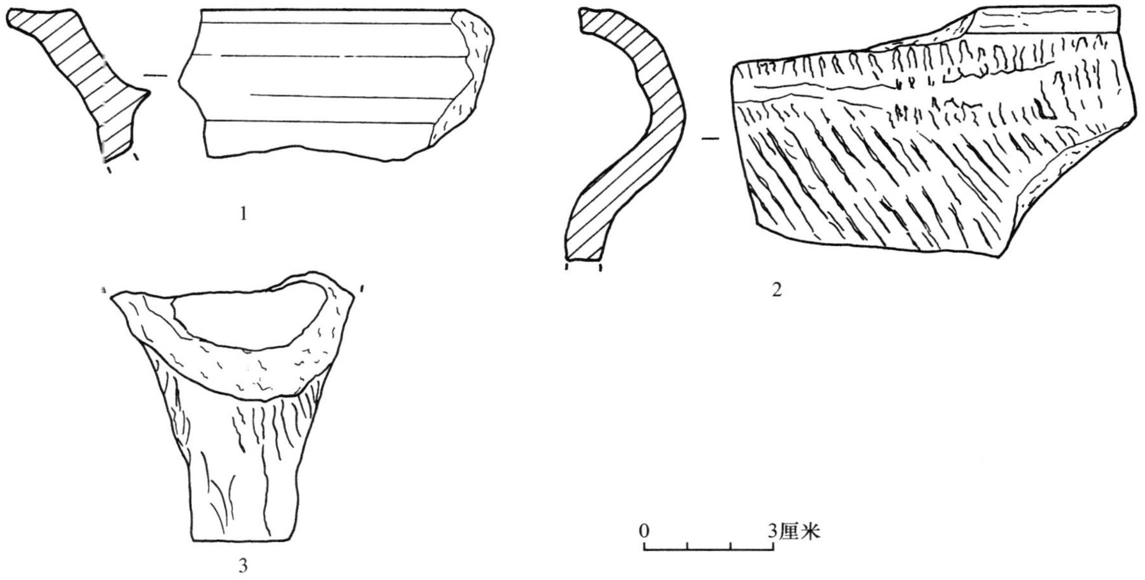

图二九四　H2陶器标本

1. 罐（H2：1）　2、3. 鬲（H2：2、H2：3）

三、H12

位于JT0202东部，开口于第1层下，距现地表深0.1米，被G7打破。

（一）形制、堆积

方向239°。开口平面为略不规则的椭圆形，西北部有一处半圆形凸出。西壁弧内收，南、北部壁斜直外扩，东部基本为直壁。底近平，东南有一层台阶。开口长径1.76、短径1.7米，底长径1.84、短径1.42米，最深0.6米。半圆形凸出长、宽均为0.36米。台阶距底高差0.3米，坑内堆积为灰黑色粉砂土，夹杂较多炭屑，疏松，水平状堆积。

判断该单位为处理废弃物的垃圾坑（图二九五；图版一六，1）。

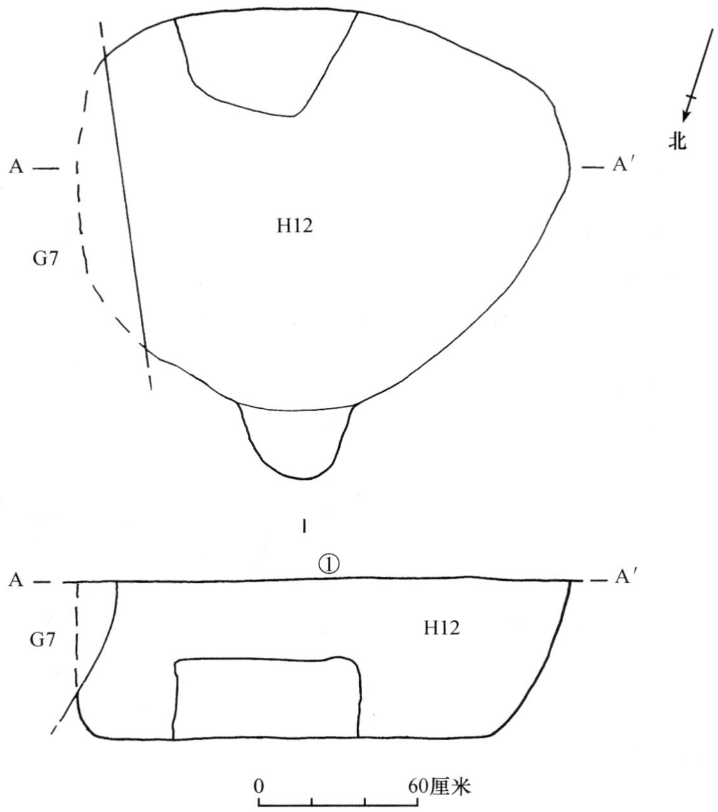

图二九五　H12平、剖面图

（二）遗物

1. 陶器面貌

包含较多陶片、少量动物骨骼等。陶片陶质陶色方面，泥质陶占总数的49.06%/44.45%，夹砂陶占50.94%/55.55%。其中夹砂灰陶占44.65%/49.89%，泥质灰陶占37.74%/38.86%，夹砂褐陶占3.77%/3.91%，泥质褐陶占4.40%/2.13%，泥质黑皮陶占5.03%/2.09%，夹砂灰皮褐胎陶占2.52%/1.75%，泥质灰皮褐胎陶占1.26%/1.15%，泥质褐皮灰胎陶占0.63%/0.22%。纹饰方面，素面陶占总数的17.61%/11.10%，绳纹占47.80%/54.17%，交错绳纹占12.58%/16.71%，弦纹占3.77%/4.97%，素面磨光占8.18%/4.53%，弦纹+绳纹占3.14%/3.91%，大麻点纹占1.89%/2.17%，篮纹占1.89%/0.93%，绳纹+戳压纹占1.26%/0.57%，绳纹+大麻点纹占0.63%/0.46%，弦纹+戳压纹占0.63%/0.19%。可辨器形有鬲、甑、甗、豆、罐、瓮、盆等（表一四四、表一四五）。

2. 器物举例

挑选器物标本均为陶器残片，包括鬲、盆、甑、瓮、豆等器形。

鬲　H12：1，足部。夹砂灰陶。实心柱足，足尖处较平。器表饰竖向粗绳纹。手制，足跟近底部处有刮削形成的棱面。残高7.2厘米（图二九六，5）。

盆　H12：2，口及颈部。泥质灰陶。侈口，平沿，方唇，束颈。沿面饰两周凹弦纹，颈部之下亦饰有一周凹弦纹，其下饰竖向绳纹。手制轮修。残高4.6、壁厚0.6～0.9厘米（图二九六，1）。

甑　H12：3，腹、底部。夹砂灰陶。下腹斜收，平底有孔。器表饰交错细绳纹。手制轮修。残高6.4、壁厚0.8～1.2厘米（图二九六，4）。

豆　H12：4，盘口及下腹部。泥质灰陶。直口，尖圆唇，腹浅，上腹直，下腹弧收急。下腹部饰绳纹后经抹平。手制轮修，口沿内外可见轮修痕迹。残高3.4、壁厚0.3～0.7厘米（图二九六，3）。

表一四四　H12陶系统计表

纹饰＼陶色＼陶质	夹砂			泥质					合计	百分比/%
	灰	褐	灰皮褐胎	灰	褐	黑	灰皮褐胎	褐皮灰胎		
素面	6/95			20/303.3	2/23.3				28/421.6	17.61/11.10
绳纹	47/1196	5/139.2	3/57.1	19/646		1/15.8	1/4.2		76/2058.3	47.80/54.17
交错绳纹	12/492	1/9.4	1/9.4	6/124					20/634.8	12.58/16.71
篮纹						3/35.4			3/35.4	1.89/0.93
大麻点纹	3/82.3								3/82.3	1.89/2.17
绳纹+大麻点纹	1/17.6								1/17.6	0.63/0.46
弦纹+戳压纹				1/7.2					1/7.2	0.63/0.19
弦纹				5/183.4	1/5.3				6/188.7	3.77/4.97
弦纹+绳纹				3/109.1			1/39.4		5/148.5	3.14/3.91
弦纹+交错绳纹				1/11.2					1/11.2	0.63/0.29
绳纹+戳压纹	1/12.5				1/9.2				2/21.7	1.26/0.57
素面磨光				5/92.5	3/43.2	4/28.1		1/8.4	13/172.2	8.18/4.53
合计	71/1895.4	6/148.6	4/66.5	60/1476.7	7/81	8/79.3	2/43.6	1/8.4	159/3799.5	
	81/2110.5			78/1689						
百分比/%	44.65/49.89	3.77/3.91	2.52/1.75	37.74/38.86	4.40/2.13	5.03/2.09	1.26/1.15	0.63/0.22		100.00/100.00
	50.94/55.55			49.06/44.45						

表一四五　H12陶器可辨器形统计表

器型＼陶色＼陶质	夹砂			泥质				合计	百分比/%
	灰	褐	灰皮褐胎	灰	褐	黑	褐皮灰胎		
豆				1				1	5.00
鬲	2	1						3	15.00
罐	1			5		1	1	8	40.00
盆				3	1			4	20.00
瓮				1				1	5.00
甗		1	1					2	10.00
甑				1				1	5.00
合计	3	2	1	11	1	1	1	20	
	6			14					
百分比%	15.00	10.00	5.00	55.00	5.00	5.00	5.00		100.00
	30.00			70.00					

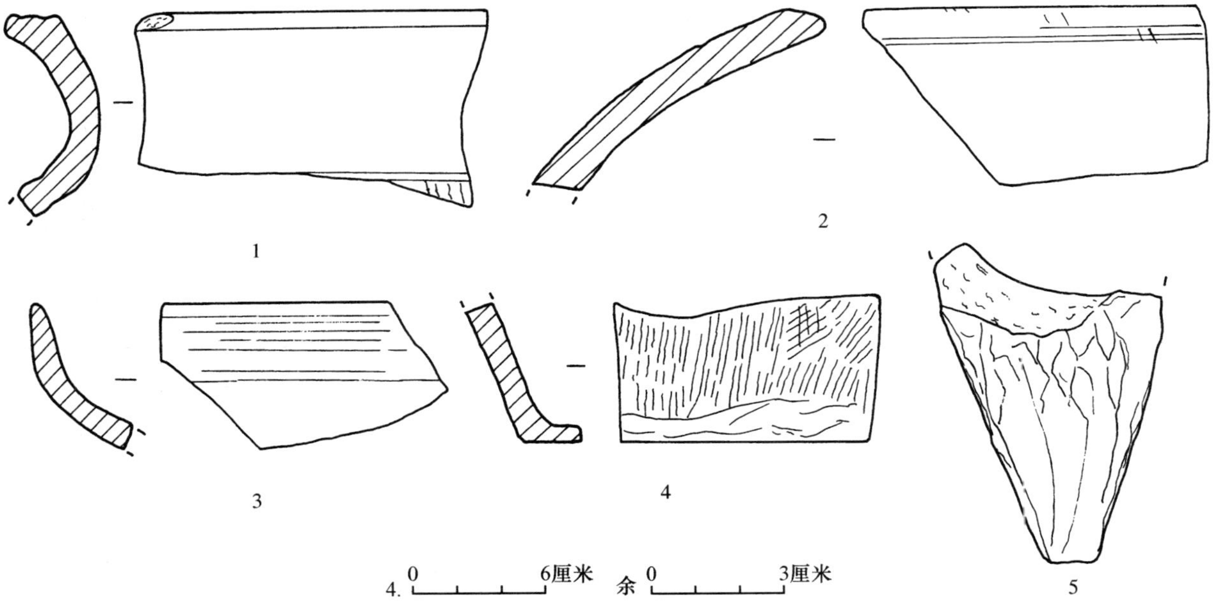

图二九六　H12陶器标本

1. 盆（H12：2）　2. 瓮（H12：5）　3. 豆（H12：4）　4. 甗（H12：3）　5. 鬲（H12：1）

瓮　H12：5，口沿及肩部。泥质灰陶。敛口，圆唇，圆肩。肩部饰一周凹弦纹。手制轮修，口沿外侧见有少量指甲戳印的痕迹。残高4、壁厚0.4～0.9厘米（图二九六，2）。

四、H14

位于JT0101西壁下，部分延伸至探方外，开口于第2层下，距现地表0.7米。被G6打破，打破M4。

（一）形制、堆积

开口平面近半圆形，北壁直，南壁外端略有台，内端斜坡渐低至底，底近平。开口长径2.14、短径1.36、深0.21～0.56米。坑内堆积为灰褐色夹杂大量黄褐色土点的砂质黏土，较疏松，水平状堆积。包含较多陶片、石块等。

判断该单位是处理废弃物的垃圾坑（图二九七）。

（二）遗物

1. 陶器面貌

陶质陶色方面，泥质陶占总数的53.91%/44.80%，夹砂陶占46.09%/55.20%。其中泥质灰陶占38.26%/30.50%，夹砂灰皮褐胎陶占15.65%/24.54%，夹砂灰陶占24.35%/20.81%，泥质褐陶占6.96%/8.62%，夹砂褐陶占4.35%/5.94%，泥质灰皮褐胎陶占7.83%/4.91%，夹砂褐皮灰胎陶占0.87%/2.54%，夹砂黑皮褐胎陶占0.87%/1.35%，泥质褐皮灰胎陶占0.87%/0.78%。纹饰方面，素面陶占总

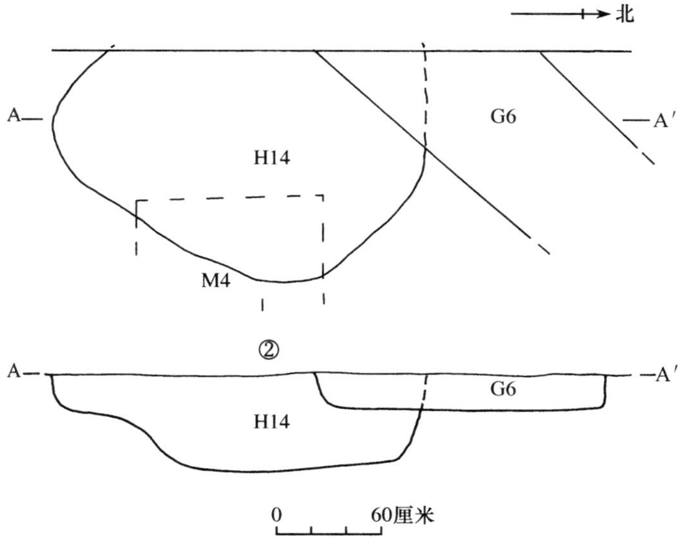

图二九七　H14平、剖面图

数的8.70%/8.46%，绳纹占61.74%/57.13%，绳纹+戳压纹占6.09%/17.77%，篮纹占10.43%/6.76%，素面磨光占6.09%/4.57%，交错绳纹占3.48%/2.31%，弦纹占2.61%/2.21%，戳压纹占0.87%/0.78%。可辨器形有罐、甗、瓮、鬲、簋等（表一四六、表一四七）。

表一四六　H14陶系统计表

纹饰＼陶色＼陶质	夹砂					泥质				合计	百分比/%
	灰	褐	灰皮褐胎	褐皮灰胎	黑皮褐胎	灰	褐	灰皮褐胎	褐皮灰胎		
素面				1/63.5		6/91.1	2/37.3		1/19.5	10/211.4	8.70/8.46
绳纹	24/462.1	5/148.4	14/320.8			20/282.8	3/130.4	5/82.3		71/1426.8	61.74/57.13
交错绳纹	4/57.7									4/57.7	3.48/2.31
篮纹						8/128.6		4/40.3		12/168.9	10.43/6.76
弦纹						2/42	1/13.3			3/55.3	2.61/2.21
绳纹+戳压纹			4/292.2		1/33.8	2/117.9				7/443.9	6.09/17.77
戳压纹						1/19.4				1/19.4	0.87/0.78
素面磨光						5/79.9	2/34.2			7/114.1	6.09/4.57
合计	28/519.8	5/148.4	18/613	1/63.5	1/33.8	44/761.7	8/215.2	9/122.6	1/19.5	115/2497.5	
	53/1378.5					62/1119					
百分比/%	24.35/20.81	4.35/5.94	15.65/24.54	0.87/2.54	0.87/1.35	38.26/30.50	6.96/8.62	7.83/4.91	0.87/0.78		100.00/100.00
	46.09/55.2					53.91/44.8					

表一四七　H14陶器可辨器形统计表

器形＼陶色＼陶质	夹砂	泥质	合计	百分比/%
	灰皮褐胎	灰		
罐		1	1	16.67
甗	1		1	16.67
瓮	1		1	16.67

续表

陶质／陶色／器形	夹砂	泥质	合计	百分比/%
	灰皮褐胎	灰		
鬲	2		2	33.33
簋		1	1	16.67
合计	4	2	6	
百分比/%	66.67	33.33		100.00

2. 器物举例

瓮　H14：1，口及上腹部。夹砂陶，器表及内壁陶色浅灰，陶胎呈红褐色。敛口，宽平沿，戳印纹花边唇。上腹向下斜外扩。唇部饰一周手指戳印纹的花边，上腹部饰竖向绳纹。手制。残高5.1、壁厚0.7～1.1厘米（图二九八，1）。

簋　H14：2，口及腹部。泥质灰陶。敛口，卷沿，圆唇，深腹略鼓。上腹部戳印一周由重菱

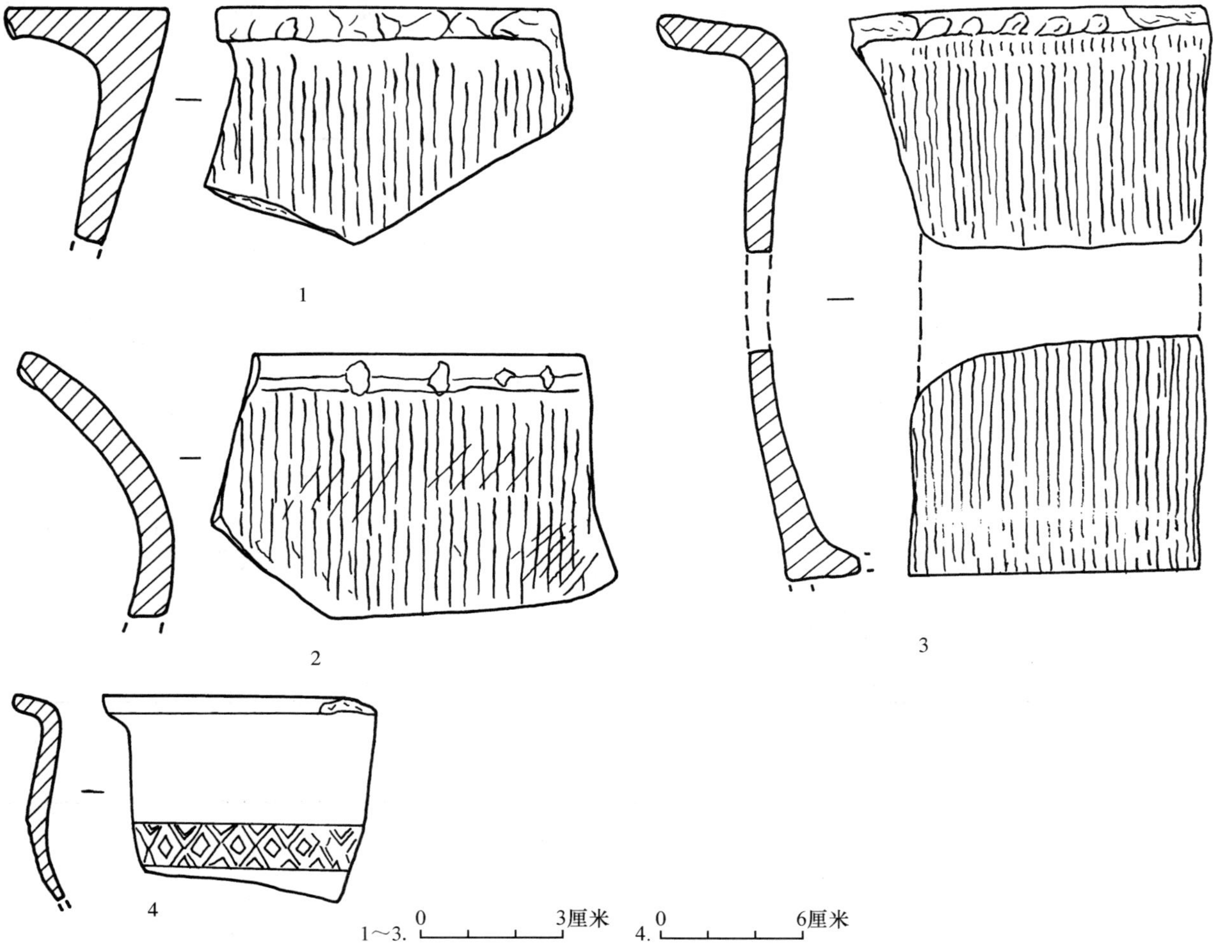

图二九八　H14陶器标本

1. 瓮（H14：1）　2. 鬲（H14：4）　3. 甗（H14：3）　4. 簋（H14：2）

形及三角形组成的几何纹，两重菱形印纹分次戳印，局部可见叠压错印。口部及腹部器表磨光。手制轮修。残高9、壁厚0.4～0.75厘米（图二九八，4）。

甗　H14：3，口及腰部。夹砂陶，器表及内壁陶色深灰，陶胎呈褐色。侈口，宽斜沿，花边唇。上腹略鼓，下腹内收，饰竖向细绳纹。束腰较宽，内侧有固定的箅挡。甑口唇部花边为手指戳印纹，手制。残高10.5、壁厚0.5～1厘米（图二九八，3）。

鬲　H14：4，口及颈部。夹砂陶，器表及内壁陶色浅灰，陶胎呈红褐色。侈口，花边唇。领较高，颈微束。唇边花边为手指戳印纹，颈部饰竖向绳纹。手制轮修。残高5.8、壁厚0.7～1厘米（图二九八，2）。

五、H32

位于JT0103东南角。开口于第1层下，现地表深0.15米，被H37打破，被G5打破。

（一）形制、堆积

方向44°。开口平面呈半椭圆形，斜壁内收急，平底。开口长径2.34、短径残长1.04米，底长径2.14、短径残长0.8米，深0.6米。坑内堆积为浅黄褐色砂质黏土，夹杂少量生土块，疏松，水平状堆积，包含零星陶片。

判断该单位是处理废弃物的垃圾坑（图二九九）。

（二）遗物

1. 陶器面貌

陶质陶色方面，泥质陶占总数的63.89%/72.33%，夹砂陶占36.11%/27.67%。其中泥质灰陶占52.78%/66.39%，夹砂灰陶占36.11%/27.67%，泥质黑皮陶占8.33%/4.32%。此外还见有零星仰韶时期泥质红陶片，占2.78%/1.62%。纹饰方面，素面陶占总数的11.11%/13.04%，绳纹占55.56%/50.05%，篮纹占19.43%/22.93%，附加堆纹占5.56%/6.49%，弦纹占5.56%/6.35%，素面磨光占2.78%/1.14%。可辨器形有鬲、豆、罐、盆等，其中包含有较多早期陶片（表一四八、表一四九）。

2. 器物举例

盆　H32：1，口、颈部。泥质灰陶。大敞口，宽斜沿，方唇，束颈。沿面、唇面及器表颈部以下饰数

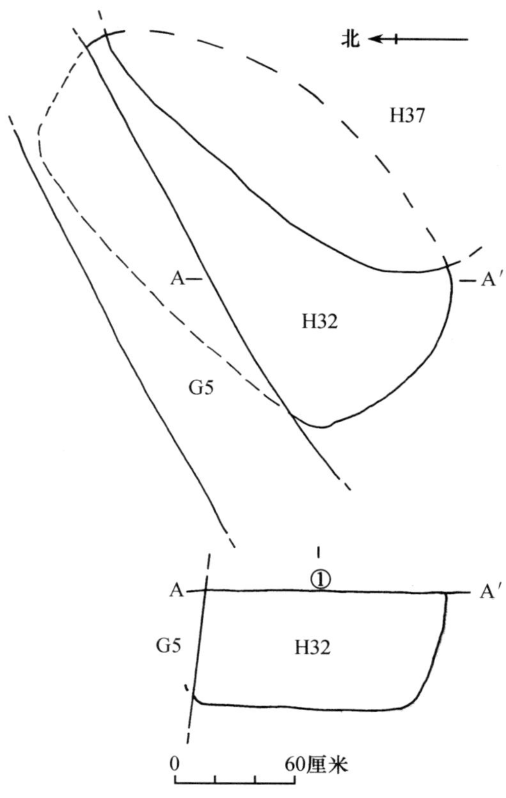

图二九九　H32平、剖面图

表一四八　H32陶系统计表

陶质 / 陶色 / 纹饰	泥质			夹砂	合计	百分比/%
	红	黑	灰	灰		
素面			2/158.2	2/49.2	4/207.4	11.11/13.04
素面磨光		1/18.2			1/18.2	2.78/1.14
篮纹	1/25.7	2/50.6	4/288.4		7/364.7	19.43/22.93
绳纹			10/467.6	10/328.6	20/796.2	55.56/50.05
弦纹			2/101		2/101	5.56/6.35
附加堆纹			1/40.9	1/62.4	2/103.3	5.56/6.49
合计	1/25.7	3/68.8	19/1056.1	13/440.2	36/1590.8	
	23/1150.6			13/440.2		
百分比/%	2.78/1.62	8.33/4.32	52.78/66.39	36.11/27.67		100.00/100.00
	63.89/72.33			36.11/27.67		

表一四九　H32陶器可辨器形统计表

陶质 / 陶色 / 器型	夹砂	泥质		合计	百分比/%
	灰	灰	褐		
鬲	1			1	12.50
豆		1		1	12.50
罐	3	1	1	5	62.50
盆		1		1	12.50
合计	4	3	1	8	
	4	4			
百分比/%	50.00	37.50	12.50		100.00
	50.00	50.00			

道凹弦纹，器表及内壁磨光。手制轮修，口沿内侧轮修痕迹明显。残高4.4、口径30、壁厚0.6厘米（图三〇〇，1）。

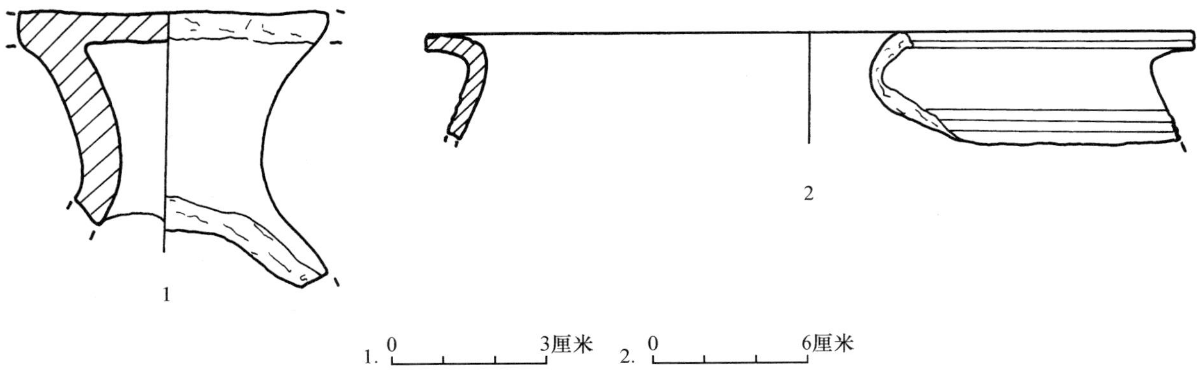

图三〇〇　H32陶器标本

1. 盆（H32：1）　2. 豆（H32：2）

豆　H32：2，柄。泥质灰陶。柄短，束腰。素面。手制。残高5.3、壁厚0.5～0.8厘米（图三〇C，2）。

六、H33

位于JT0103中部略偏西处，开口于第1层下，距现地表深0.22米，打破H36、H41、G17，被G13打破（图版一六，2）。

（一）形制、堆积

方向90°。开口平面近椭圆形，壁斜直稍内收，底呈西高东低坡状。开口长径4.29、短径3.2米，底长径4.12、短径3米，深0.41～0.56米。坑内堆积为灰褐色砂质黏土，夹杂大量草木灰、红烧土块等，疏松，坡状堆积，包含陶片、石块、动物骨骼等。

判断该单位是处理废弃物的垃圾坑（图三〇一）。

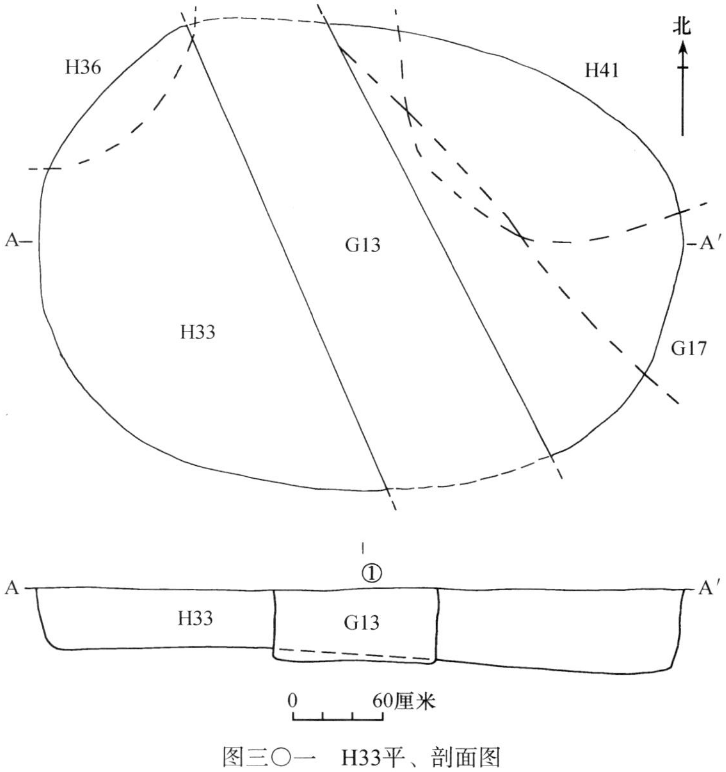

图三〇一　H33平、剖面图

（二）遗物

1. 陶器面貌

陶片数量较多，以泥质灰陶为主，陶质陶色方面，泥质陶占总数的65.91%/67.66%，夹砂陶占34.09%/32.34%。其中夹砂灰陶占23.86%/26.06%，泥质灰陶占35.23%/22.76%，泥质黑皮陶占9%/34.01%，泥质褐陶占6.80%/3.63%，夹砂褐陶占2.27%/1.09%，夹砂黑皮陶占2.27%/0.37%。此外还见有少量仰韶时期红陶片，其中泥质红陶占14.77%/7.26%，夹砂红陶占5.69%/4.82%。纹饰方面，素面陶占总数的20.45%/39.93%，绳纹占32.95%/31.46%，篮纹占19.32%/9.40%，素面磨光占15.91%/6.79%，麻点纹+绳纹占2.27%/6.34%，弦纹占3.41%/2.47%，附加堆纹占2.27%/1.70%，戳压纹+弦纹占2.27%/0.99%，戳压纹占1.18%/0.92%。器形可辨有鬲、罐、盆等（表一五〇、表一五一）。

表一五〇　H33陶系统计表

陶质 / 陶色 / 纹饰	泥质				夹砂				合计	百分比/%
	红	褐	黑	灰	红	褐	黑	灰		
素面	5/86	1/27.2	5/1631.7	2/83.1	2/105.8	1/26.8	1/10.6	1/35.1	18/2006.3	20.45/39.93
素面磨光	4/93.7	1/22.4	3/76.7	6/148.4					14/341.2	15.91/6.79
篮纹	2/61.2	3/60.5		11/301.6	1/48.8				17/472.1	19.32/9.40
绳纹	1/107	1/72.3		7/407.5	2/87.5		1/7.9	17/898.1	29/1580.3	32.95/31.46
弦纹				3/124.1					3/124.1	3.41/2.47
附加堆纹						1/27.8		1/57.8	2/85.6	2.27/1.70
麻点纹+绳纹								2/318.4	2/318.4	2.27/6.34
戳压纹				1/46.2					1/46.2	1.18/0.92
戳压纹+弦纹	1/17			1/32.5					2/49.5	2.27/0.99
合计	13/364.9	6/182.4	8/1708.4	31/1143.4	5/242.1	2/54.6	2/18.5	21/1309.4	88/5023.7	
	58/3399.1				30/1624.6					
百分比/%	14.77/7.26	6.80/3.63	9/34.01	35.23/22.76	5.69/4.82	2.27/1.09	2.27/0.37	23.86/26.06		100.00/100.00
	65.91/67.66				34.09/32.34					

表一五一　H33陶器可辨器形统计表

陶质 / 陶色 / 器形	夹砂			泥质			合计	百分比/%
	灰	褐	灰皮褐胎	灰	黑皮褐胎	黑皮灰胎		
鬲	3		1				4	22.22
罐	4	1		4	1		10	55.56
盆					2	2	4	22.22
合计	7	1	1	4	3	2	18	
	9			9				
百分比/%	38.89	5.56	5.56	22.22	16.67	11.11		100.00
	50.00			50.00				

2. 器物举例

挑选陶器标本5件，为鬲、罐残片。

鬲　H33：1，口及颈部。夹砂灰陶。侈口，斜沿，方唇，束颈，圆肩。唇面饰一周凹弦纹，器表颈部及以下饰交错绳纹。手制轮修。残高7.4、口径32.8、壁厚0.7～1厘米（图三〇二）。

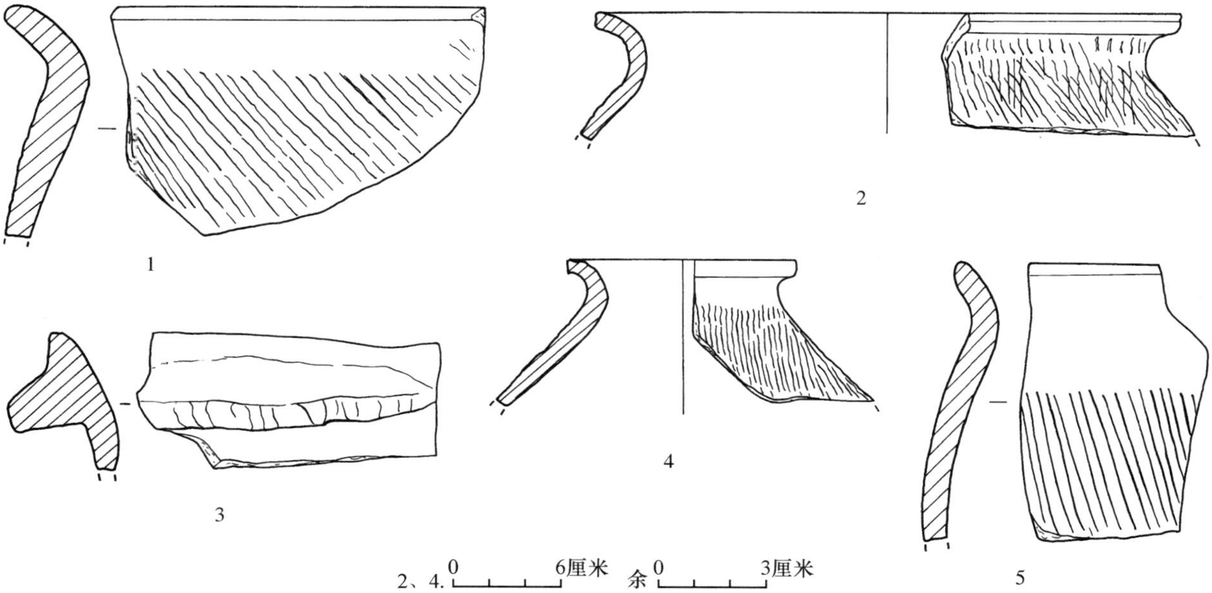

图三〇二　H33陶器标本

1、2. 鬲（H33：2、H33：1）　3、4、5. 罐（H33：5、H33：3、H33：4）

H33：2，口及肩部。夹砂灰陶。侈口，圆唇，束颈，溜肩。肩部饰斜向绳纹。手制轮修。残高6.6、壁厚0.6～1.3厘米（图三〇二，2）。

罐　H33：3，口及肩部。夹砂灰陶。侈口，窄斜沿，方唇，沿面微凹，束颈，斜肩。肩部饰竖向绳纹。手制轮修。残高8.4、壁厚0.6～1.3厘米（图三〇二，4）。H33：4，口及腹部。泥质灰陶。侈口，圆唇，束颈，腹部略鼓。腹部饰斜向篮纹，口沿内外经磨光。手制轮修，内壁可见明显的轮修痕迹。残高8.4、复原口径13、壁厚0.6～1.3厘米（图三〇二，5）。H33：5，口部。夹砂灰陶。侈口，尖唇，高领，口沿外侧贴附有鋬，鋬部周边稍经戳压。手制。残高3.9、壁厚0.6～0.8厘米（图三〇二，3）。

七、H37

位于JT0103东南角，部分延伸至探方东隔梁下。开口于第1层下，距现地表深0.2米，打破H32。

（一）形制、堆积

开口平面为不规则形，西北部被H32打破不存，南部圆弧，东南部边较直，弧壁，底部近平。开口长2.42、残宽0.47～1.6、深0.54～0.6米。坑内堆积为灰褐色砂质黏土，夹杂少量红烧土块，疏松，水平状堆积，包含陶片、石块、动物骨骼等。

判断该单位是处理废弃物的垃圾坑（图三〇三）。

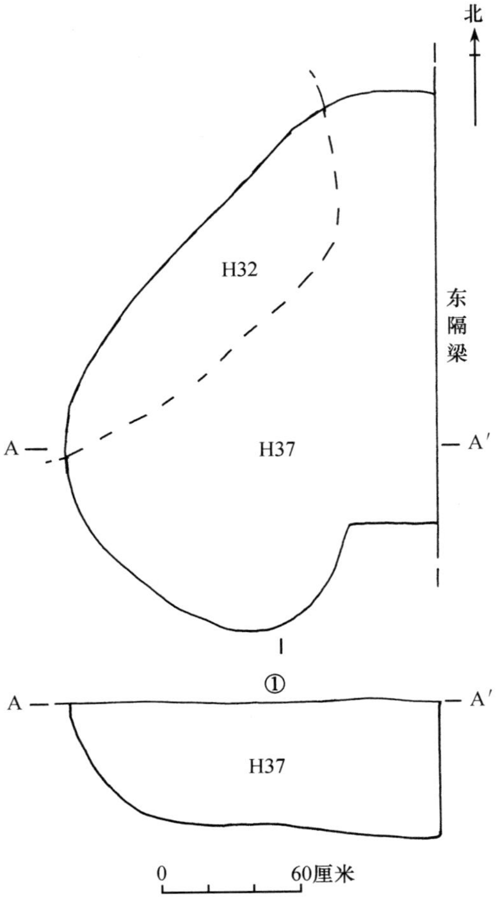

图三〇三　H37平、剖面图

（二）遗物

1. 陶器面貌

陶质陶色方面，泥质陶占总数的70.13%/74.97%，夹砂陶占29.87%/25.03%。其中泥质灰陶占46.75%/60.24%，夹砂灰陶占15.58%/11.31%，夹砂褐陶占9.09%/9.57%，泥质黑皮陶占11.69%/8.03%，夹砂黑皮陶占3.90%/2.01%，泥质褐陶占2.60%/1.33%。此外还见有较少量仰韶时期红陶片，泥质红陶占9.09%/5.38%，夹砂红陶占1.30%/2.14%。纹饰方面，素面陶占总数的11.69%/3.83%，绳纹占57.14%/48.99%，篮纹占16.88%/40.10%，素面磨光占9.09%/4.02%，弦纹占2.60%/2.19%，压印纹占1.30%/0.68%，指甲戳压纹加绳纹占1.30%/0.19%。可辨器形有鬲、豆、甑、甗、罐、盆等（表一五二、表一五三）。

2. 器物举例

鬲　H37：1，口及颈部。夹砂灰陶。近直口，宽斜沿，圆唇，束颈。颈部以下饰竖向绳纹。手制轮修。残高4.9、壁厚1.1厘米（图三〇四，1）。

表一五二　**H37陶系统计表**

陶质 / 陶色 / 纹饰	泥质				夹砂				合计	百分比/%
	红	褐	黑	灰	红	褐	黑	灰		
素面	1/18.5	1/6.8	2/49	4/58			1/14.3		9/146.6	11.69/3.83
素面磨光	1/27		1/26.2	5/100.5					7/153.7	9.09/4.02
篮纹	4/135.2			9/1398.4					13/1533.6	16.88/40.1
绳纹	1/25.2	1/43.9	4/157.5	17/711.5	1/81.8	7/366.1	1/55.1	12/432.6	44/1873.7	57.14/48.99
弦纹			1/48.3	1/35.3					2/83.6	2.60/2.19
压印纹			1/26						1/26	1.30/0.68
指甲戳压纹+绳纹							1/7.3		1/7.3	1.30/0.19
合计	6/205.9	2/50.7	9/307	36/2303.7	1/81.8	7/366.1	3/76.7	12/432.6	77/3824.5	
	54/2867.3				23/957.2					
百分比/%	9.09/5.38	2.60/1.33	11.69/8.03	46.75/60.24	1.30/2.14	9.09/9.57	3.90/2.01	15.58/11.31		100.00/100.00
	70.13/74.97				29.87/25.03					

表一五三　H37陶器可辨器形统计表

器型 \ 陶质陶色	夹砂			泥质		合计	百分比/%
	灰	褐	红皮灰胎	灰	黑皮褐胎		
豆				1		1	5.56
甑				1		1	5.56
甗	1					1	5.56
鬲	3					3	16.67
罐	2	1	1	5	1	10	55.56
盆				2		2	11.11
合计	6	1	1	9	1	18	
	8			10			
百分比/%	33.33	5.56	5.56	50	5.56	100.00	
	44.44			55.56			

盆　H37：2，口至下腹部。泥质灰陶，夹零星砂粒。敞口，圆唇，上腹较直，下腹内收。腹部饰斜向篮纹。手制轮修，口沿内外轮修痕迹明显。残高7、壁厚0.5～1厘米（图三〇四，2）。

罐　H37：3，下腹部及器底。泥质陶，陶色整体呈黑灰色，仅器表下夹有一层较薄的褐色陶胎。下腹呈斜直内收状，平底。下腹部饰交错篮纹。手制。残高18、复原底径14.8、壁厚1.2～1.6厘米（图三〇四，3）。

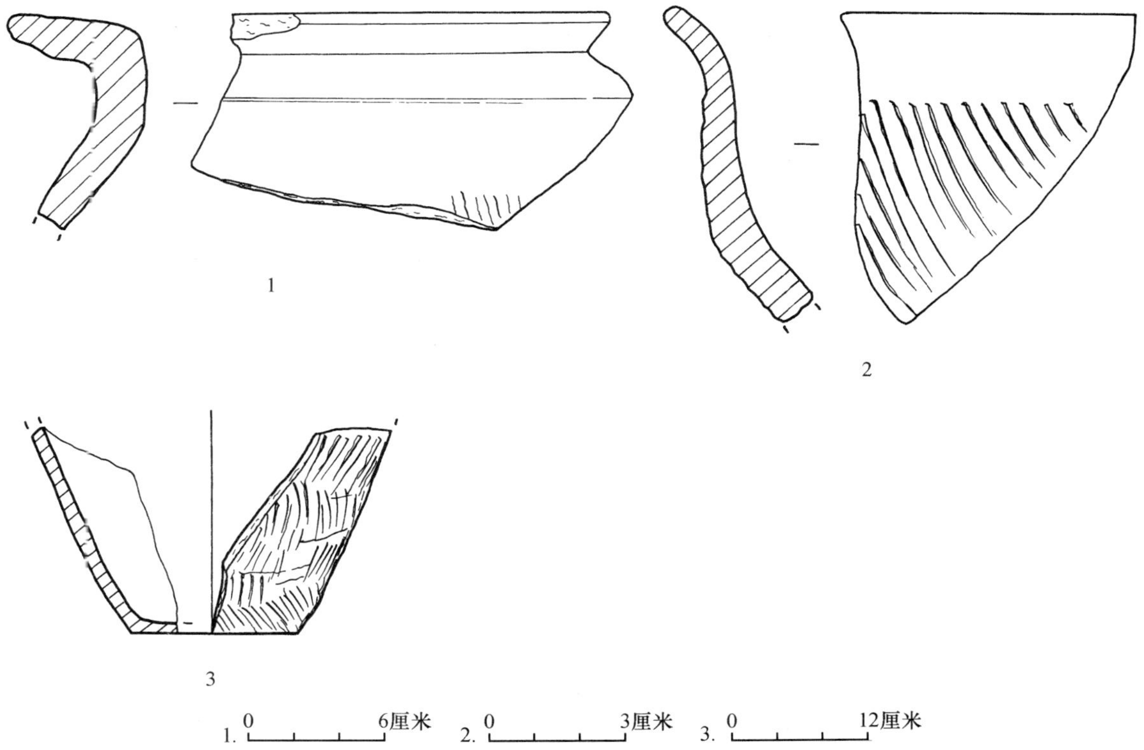

图三〇四　H37陶器标本

1. 鬲（H37：1）　2. 盆（H37：2）　3. 罐（H37：3）

八、H50

位于ETG1东北角，北部及东部向两侧延伸压于ETG1北壁及东壁之下，开口于第1层下，距现地表深0.25米。

（一）形制、堆积

开口平面近半椭圆形，直壁，平底，筒状。口长径1.21、短径0.5、深0.9米。

堆积共分为三层。

第1层：浅灰色沙质黏土，土质疏松。夹杂黄土块及炭粒。包含少量陶片。近水平状堆积。厚0.16～0.24米。

第2层：黑灰色沙质黏土，土质疏松。包含零星陶片。夹杂黄土块，略呈波状堆积。厚0.15～0.24米。

第3层：黄褐色沙质黏土，土质疏松。夹杂红烧土颗粒及炭粒。包含少量陶片。近水平状堆积。厚0.5～0.54米。

判断该单位是处理废弃物的垃圾坑（图三〇五）。

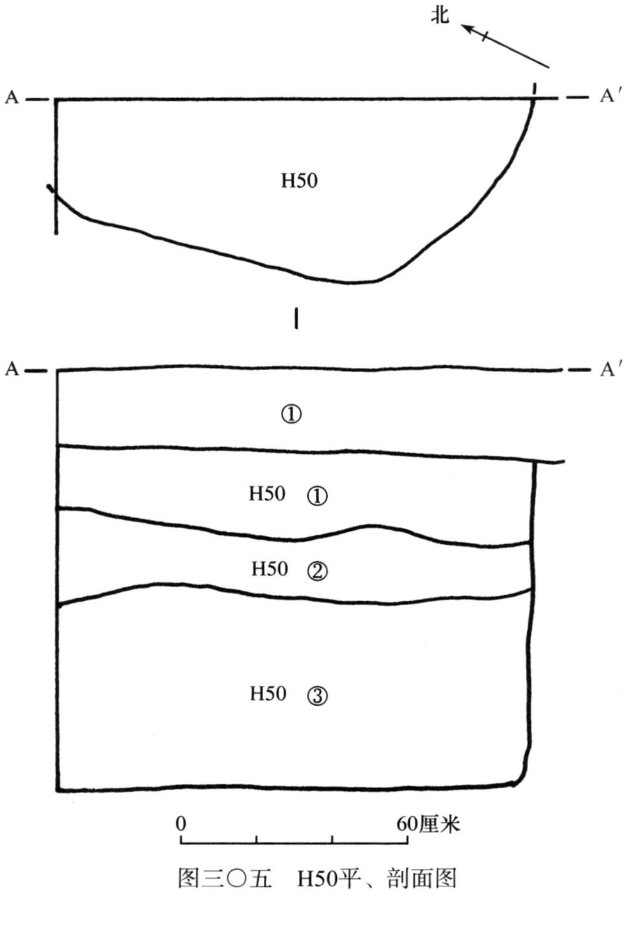

图三〇五　H50平、剖面图

（二）遗物

1. 陶器面貌

第1层陶质陶色方面，泥质陶占总数的42.86%/34.60%，夹砂陶占57.14%/65.40%。其中夹砂灰陶占50.00%/48.35%，泥质灰陶占39.29%/29.68%，夹砂褐陶占7.14%/17.05%，泥质灰皮褐胎陶占3.57%/4.92%。纹饰方面，素面陶占总数的32.14%/31.22%，绳纹占39.29%/43.43%，交错绳纹占10.71%/9.08%，素面磨光占10.71%/7.68%，弦纹+绳纹占3.57%/6.86%，戳压纹占3.57%/1.73%。可辨器形有罐、甗、鬲等（表一五四、表一五五）。

第2层出土陶片极少，只有泥质灰陶残5片。素面或磨光；可辨器形为罐和盆。

第3层陶质陶色方面，泥质陶占总数的65.00%/45.77%，夹砂陶占35.00%/54.23%。其中泥质黑皮灰胎陶占30.00%/19.04%，夹砂灰陶占20.00%/21.76%，泥质灰陶占25.00%/18.25%，夹砂灰皮褐胎陶占5.00%/19.79%，夹砂褐陶占5.00%/9.39%，泥质褐陶占5.00%/5.18%，泥质褐皮灰胎陶占5.00%/3.29%，夹砂黑皮褐胎陶占5.00%/3.29%。纹饰方面，素面陶占总数的10.00%/2.94%，绳纹占40.00%/63.05%，素面磨光占40.00%/27.64%，戳压纹占5.00%/3.29%，交错绳纹占5.00%/3.07%。可辨器形仅有鬲一类（表一五六）。

表一五四　H50①层陶系统计表

陶质 / 陶色 / 纹饰	夹砂		泥质		合计	百分比/%
	灰	褐	灰	灰皮褐胎		
素面	3/22.2	1/54.7	5/38.6		9/115.5	32.14/31.22
绳纹	8/123.1	1/8.4	1/11	1/18.2	11/160.7	39.29/43.43
交错绳纹	3/33.6				3/33.6	10.71/9.08
弦纹+绳纹			1/25.4		1/25.4	3.57/6.86
戳压纹			1/6.4		1/6.4	3.57/1.73
素面磨光			3/28.4		3/28.4	10.71/7.68
合计	14/178.9	2/63.1	11/109.8	1/18.2	28/370	
	16/242		12/128			
百分比/%	50.00/48.35	7.14/17.05	39.29/29.68	3.57/4.92		100.00/100.00
	57.14/65.40		42.68/34.60			

表一五五　H50①层陶器可辨器形统计表

陶质 / 陶色 / 器形	夹砂	泥质	合计	百分比%
	灰	灰		
罐	2	3	5	55.56
甗	1	1	2	22.22
鬲	1	1	2	22.22
合计	4	5	9	
百分比/%	44.44	55.56		100.00

表一五六　H50③层陶系统计表

陶质 / 陶色 / 纹饰	夹砂				泥质				合计	百分比/%
	灰	褐	黑皮褐胎	灰皮褐胎	灰	褐	褐皮灰胎	黑皮灰胎		
素面					2/6.7				2/6.7	10/2.94
绳纹	3/42.6	1/21.4	1/7.5	1/45.1	2/27.1				8/143.7	40/63.05
交错绳纹	1/7								1/7	5.00/3.07
戳压纹							1/7.5		1/7.5	5.00/3.29
素面磨光					1/7.8	1/11.8		6/43.4	8/63	40.00/27.64
合计	4/49.6	1/21.4	1/7.5	1/45.1	5/41.6	1/11.8	1/7.5	6/43.4	20/227.9	
	7/123.6				13/104.3					
百分比/%	20.00/21.76	5.00/9.39	5.00/3.29	5.00/19.79	25.00/18.25	5.00/5.18	5.00/3.29	30.00/19.04		100.00/100.00
	35.00/54.23				65.00/45.77					

2. 器物举例

均为陶器残片，数量较少，一并叙述。

支垫　H50①：1，完整。泥质灰陶。略呈圆锥状，顶端圆钝，底面呈椭圆形。底径2.2～2.7、高2.7厘米，重14克（图三〇六，4）。

鬲　H50①：2，口及肩部。夹砂灰陶。侈口，斜沿，圆唇，短束颈，溜肩。肩部饰竖向细绳纹。手制轮修，口沿外侧可见轮修痕。残高4.1、壁厚0.3～0.9厘米（图三〇六，2）。H50③：1，足。夹砂陶，器表呈白灰色，胎体呈红褐色。圆钝锥足，体较圆。器表饰竖向细绳纹直至足尖。手

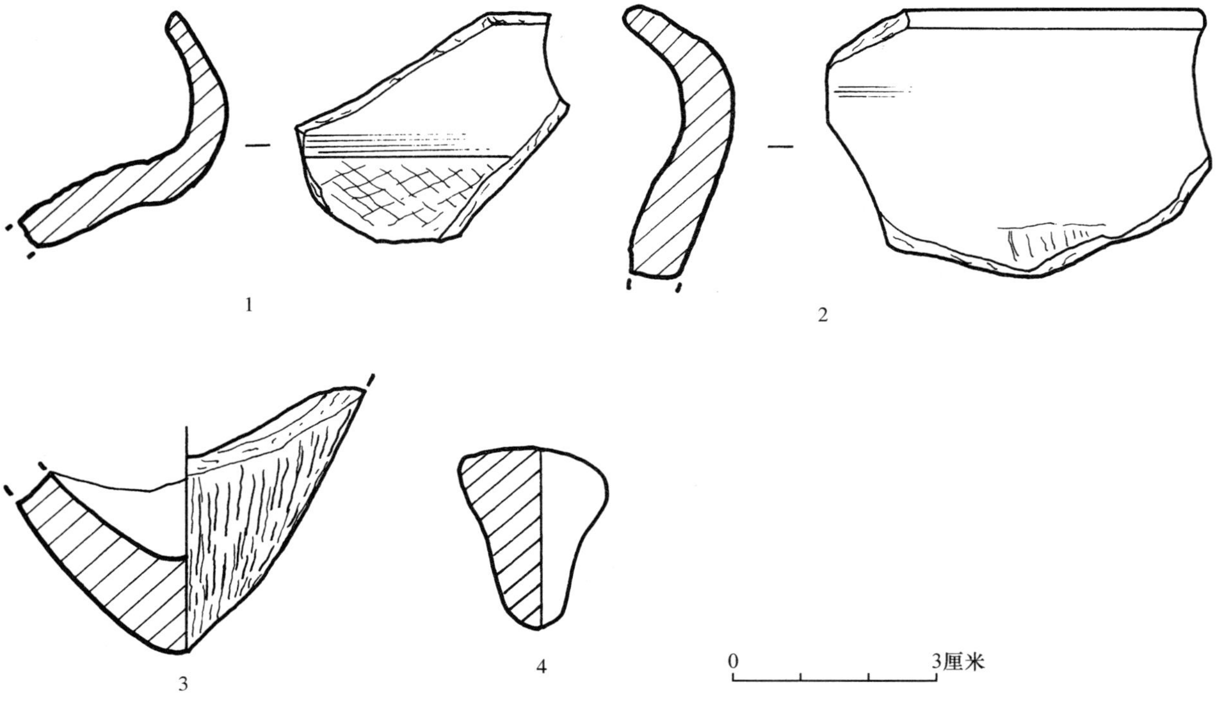

图三〇六　H50陶器标本

1. 罐（H50①：3）　2、3. 鬲（H50①：2、H50③：1）　4. 支垫（H50①：1）

制。残高3.9、壁厚0.7～1.4厘米（图三〇六，3）。

罐　H50①：3，口部。夹砂灰陶。侈口，方唇，直颈稍短，圆肩。肩部饰斜向细绳纹。手制轮修，口沿内外可见轮修痕。残高3.5、壁厚0.4～1厘米（图三〇六，1）。

九、H58

位于ETG2北部，其东部延伸至ETG2东壁之下，开口于第1层下，距现地表深0.3～0.35米，北部打破H61，南部打破H59。

（一）形制、堆积

开口平面近椭圆形，口大底小，壁不规整，底较平整。残口长径2.8、短径2.06米，底残长径约2.71、短径约1.47米，底最深0.4米。坑内堆积土色呈灰褐色，土质较疏松，包含较多红烧土块、颗粒，少量炭屑，动物骨骼及大量陶片。

判断该单位是处理废弃物的垃圾坑（图三〇七）。

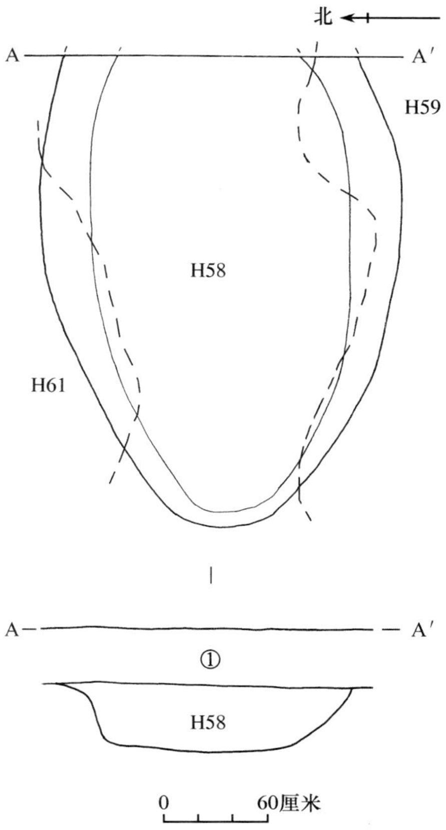

图三〇七　H58平、剖面图

（二）遗物

1. 陶器面貌

陶质陶色方面，泥质陶占总数的33.61%/25.20%，夹砂陶占66.39%/74.80%。其中夹砂灰陶占35.29%/36.91%，泥质灰陶占27.73%/20.37%，夹砂褐陶占9.66%/21.25%，夹砂灰皮褐胎陶占13.87%/12.72%，夹砂黑皮灰胎陶占7.56%/3.92%，泥质灰皮褐胎陶占4.62%/3.82%，泥质褐陶占0.84%/0.64%，泥质褐皮红胎陶占0.42%/0.37%。纹饰方面，素面陶占总数的15.55%/10.33%，绳纹占56.72%/44.79%，交错绳纹占7.14%/7.12%，绳纹+大麻点纹占3.36%/22.50%，交错绳纹+弦纹占1.68%/3.62%，绳纹+戳压纹占2.10%/3.37%，绳纹+弦纹占2.52%/2.15%，素面磨光占4.62%/1.68%，弦纹占2.52%/1.66%，戳压纹占1.68%/1.44%，绳纹+堆纹+戳压纹占0.84%/0.65%，大麻点纹占0.84%/0.51%，绳纹加穿孔占0.42%/0.16%。可辨器形有罐、鬲、瓮、甗、盆、甑和簋（表一五七、表一五八）。

表一五七　H58陶系统计表

陶质 / 陶色 / 纹饰	夹砂				泥质				合计	百分比/%
	灰	褐	灰皮褐胎	黑皮灰胎	灰	褐	灰皮褐胎	褐皮红胎		
素面	10/260.8	6/170.5	2/90.9		18/503.1	1/36.1			39/1061.4	15.55/10.33
绳纹	47/1776.9	13/521.6	26/848.1	16/335.8	22/708.5	1/29.6	10/380.8		135/4601.3	56.72/44.79

续表

纹饰＼陶质／陶色	夹砂				泥质				合计	百分比/%
	灰	褐	灰皮褐胎	黑皮灰胎	灰	褐	灰皮褐胎	褐皮红胎		
交错绳纹	10/425		2/142.3		4/126.8			1/37.7	17/731.8	7.14/7.12
绳纹+戳压纹	3/207.2	1/29.8	1/109.6						5/346.6	2.10/3.37
绳纹+穿孔					1/16.6				1/16.6	0.42/0.16
交错绳纹+弦纹	3/94.4				1/277.7				4/372.1	1.68/3.62
弦纹	1/32.7				5/137.4				6/170.1	2.52/1.66
绳纹+弦纹	2/65.9	1/26.1	1/26.1		2/102.8				6/202.9	2.52/2.15
大麻点纹	2/52.7								2/52.7	0.84/0.51
绳纹+大麻点纹	6/876	2/1435							8/2311	3.36/22.50
戳压纹			1/89.4		2/47.4		1/11.5		4/148.3	1.68/1.44
绳纹+堆纹+戳压纹				2/66.7					2/66.7	0.84/0.65
素面磨光					11/172.6				11/172.6	4.62/1.68
合计	84/3791.6	23/2183	35/1306.4	18/402.5	66/2092.9	2/65.7	11/392.3	1/37.7	240/10254	
	160/7665.1				80/2588.6					
百分比/%	35.29/36.91	9.66/21.25	13.87/12.72	7.56/3.92	27.73/20.37	0.84/0.64	4.62/3.82	0.42/0.37		100.00/100.00
	66.39/74.80				33.61/25.20					

表一五八　H58陶器可辨器形统计表

器形＼陶质／陶色	夹砂			泥质		合计	百分比/%
	灰	褐	灰皮褐胎	灰	灰皮褐胎		
罐	4	1	1	5	1	12	36.36
鬲	6	1	3			10	30.3
瓮				2	1	3	9.09
甗			2	1		3	9.09
盆				3		3	9.09
甑				1		1	3.03
簋				1		1	3.03
合计	10	2	6	13	2	33	
	18			15			
百分比/%	30.30	6.06	18.18	39.39	6.06		100.00
	54.55			45.45			

2. 器物举例

鬲　多件残片，以夹砂陶为主。H58：1，已修复。褐色。口微侈，窄平沿，方唇，束颈，溜肩，直腹，平裆，三锥足。肩、腹部饰竖向绳纹，锥足、裆部及下腹部饰大麻点纹。手制。口径14.6、腹径18、壁厚0.6～0.8、通高16.4厘米（图三〇八，7；图版一七，2）。H58：2，口及腹部。器表及内壁呈浅灰色，陶胎呈褐色。直口，窄平沿，沿面有一周凹槽，束颈，鼓

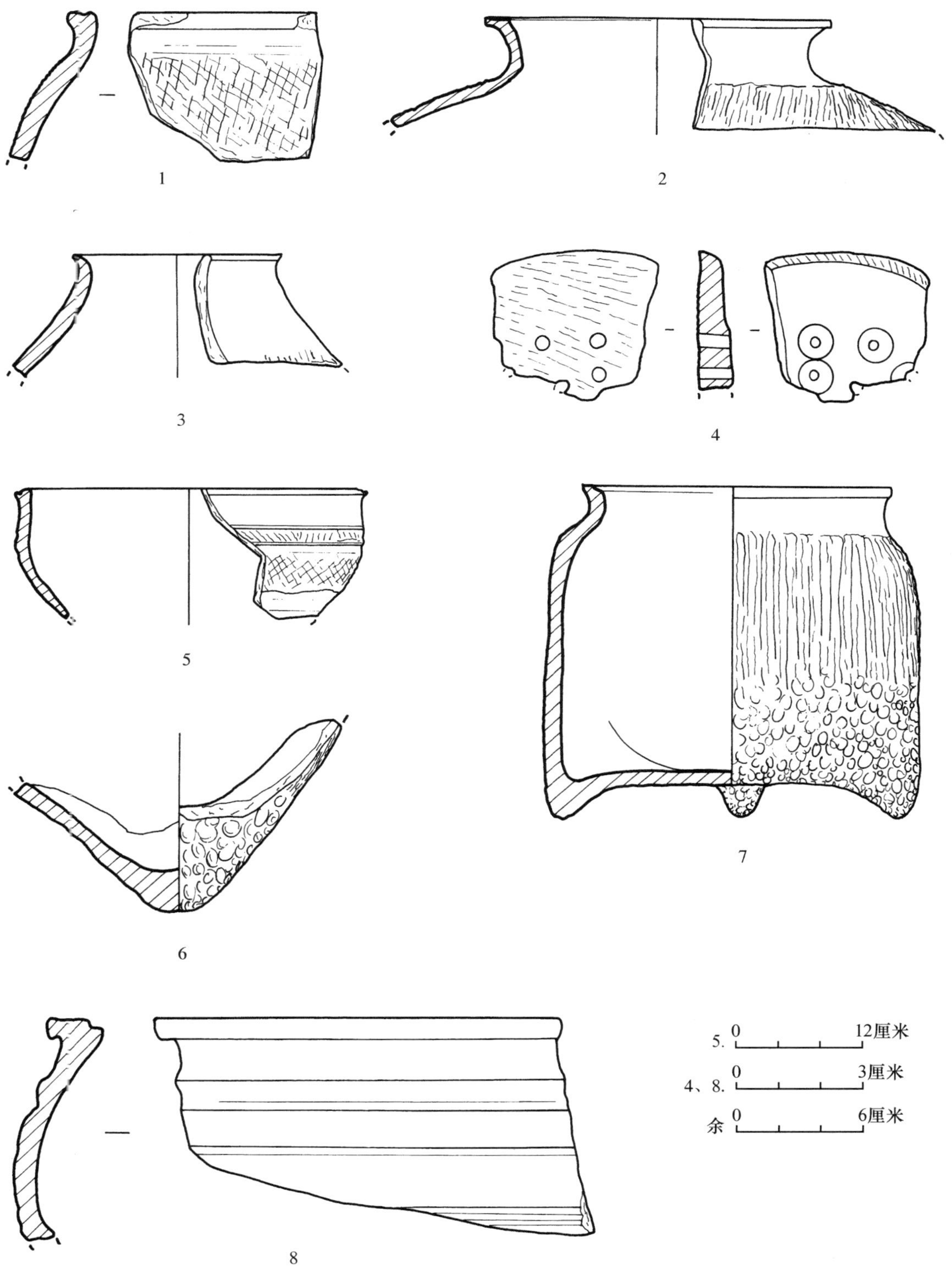

图三〇八　H58陶器标本

1、6、7. 鬲（H58：2、H58：7、H58：1）　2、3. 罐（H58：3、H58：6）

4. 甗（H58：8）　5. 簋（H58：5）　8. 盆（H58：4）

腹。腹部饰交错绳纹。手制轮修。残高7.2、壁厚0.7～1厘米（图三〇八，1）。H58：7，足部。矮锥足，足尖圆钝。足部以上饰交错绳纹，足部饰大麻点纹。手制。残高9.4、壁厚0.6～2厘米（图三〇八，6）。

罐　多件残片。陶质、陶色均不同。H58：3，口至肩部。夹砂灰陶。侈口，窄平沿，方唇，束颈，圆肩。口沿外侧饰绳纹后经抹平，肩部饰竖向细绳纹。手制轮修。口径16.3、残高5.4、壁厚0.4～0.6厘米（图三〇八，2）。H58：6，口及肩部。泥质陶，器表及内壁呈黑色，陶胎呈褐色。侈口，尖唇，短束颈，斜肩外扩。口部处器表经磨光，肩部饰竖向细绳纹。手制，器内壁可见修整时留下的指捺及指甲戳印的痕迹。口径10、残高5.8、壁厚0.2～0.8厘米（图三〇八，3）。

盆　H58：4，口及腹部。泥质灰陶。敛口，平沿，方唇，上腹圆鼓。沿面及上腹部饰多组弦纹。手制轮修，内壁轮修痕迹明显。残高5.4、壁厚0.5～0.8厘米（图三〇八，8）。

簋　H58：5，口及腹部。泥质灰陶。直口，方唇外斜，唇外起一周凸棱，上腹微鼓，下腹斜收。唇面外侧饰一道凹弦纹，口沿外侧饰绳纹后经抹平，腹部饰间断交错绳纹。手制轮修，口沿内外轮修痕迹明显，下腹部可见刮抹痕。口径34、腹径33.2、残高13.2、壁厚0.4～0.9厘米（图三〇八，5）。

甗　H58：8，箅。泥质灰陶。活动箅片，残存一侧弧边，体较扁，箅面平整，保留有五个小圆孔。箅片一面及侧边均饰有细绳纹。手制。残长3.9、残宽3.6、厚0.6～0.8、圆孔孔径0.3厘米（图三〇八，4）。

第三节　灰　　沟

仅发现1条，位于J区发掘点，编号G13。位于JT0103中部，向北部延伸至探方外，开口于第1层下，距现地表深0.2米，打破G17、H33，被G5打破。

（一）形制、堆积

方向331°，西北—东南向，开口平面呈长条形，两侧边较直，南端稍宽，内壁斜直稍内收，平底。开口长5.82、宽0.9～1.05、深0.56～0.6米。沟内堆积为灰褐色沙质黏土，夹杂较多淤土块及生土块，较疏松，水平状堆积，包含陶片、石块、动物骨骼等。

判断该单位为排水沟（图三〇九，图版一七，1）。

陶片数量较少，陶质陶色方面，泥质陶占总数的58.14%/58.94%，夹砂陶占41.86%/41.06%。其中泥质灰陶占41.86%/41.60%，夹砂灰陶占30.23%/35.06%，泥质黑皮陶占9.30%/13.19%，夹砂褐陶占4.65%/1.40%。此外还见有零星仰韶时期红陶片，其中夹砂红陶占6.98%/4.60%，泥质红陶占6.98%/4.15%。纹饰方面，素面陶占总数的20.93%/19.89%。绳纹占44.19%/47.22%，篮纹占18.60%/14.67%，素面磨光占9.30%/9.90%，弦纹占4.65%/6.91%，戳压纹+附加堆纹+绳纹占2.33%/1.42%。可辨器形有盆（表一五九）。

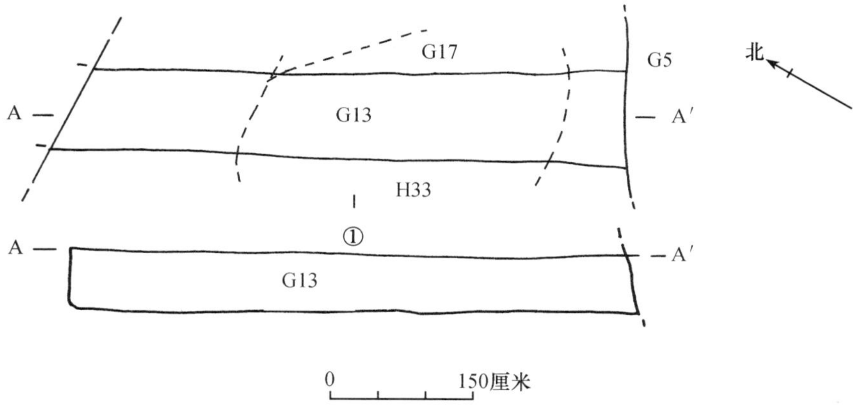

图三〇九　G13平、剖面图

表一五九　G13陶系统计表

陶质/陶色/纹饰	泥质			夹砂			合计	百分比/%
	红	黑	灰	红	褐	灰		
素面	1/44.4	1/42	3/108.5	2/50.6		2/63.4	9/308.9	20.93/19.89
素面磨光	1/6.3	1/87.7	2/59.7				4/153.7	9.30/9.90
篮纹	1/13.8		5/180.3	1/20.8	1/12.9		8/227.8	18.6/14.67
绳纹		1/23	6/220.4		1/8.9	11/481.1	19/733.4	44.19/47.22
弦纹		1/52.1	1/55.3				2/107.4	4.65/6.91
戳压纹+附加堆纹+绳纹			1/22				1/22	2.33/1.42
合计	3/64.5	4/204.9	18/646.2	3/71.4	2/21.7	13/544.5	43/1553.2	
	25/915.6			18/637.6				
百分比/%	6.98/4.15	9.30/13.19	41.86/41.60	6.98/4.60	4.65/1.40	30.23/35.06	100.00/100.00	
	58.14/58.94			41.86/41.06				

（二）遗物

盆　G13：1，口及腹部。泥质灰陶。口微敛，平折沿，圆唇，束颈，颈部与腹部交界处有一周折棱，腹部略鼓。腹部饰三周较细的凹弦纹。手制轮修，口沿内外轮修痕迹明显。残高6.8、壁厚0.3～0.8厘米（图三一〇）。

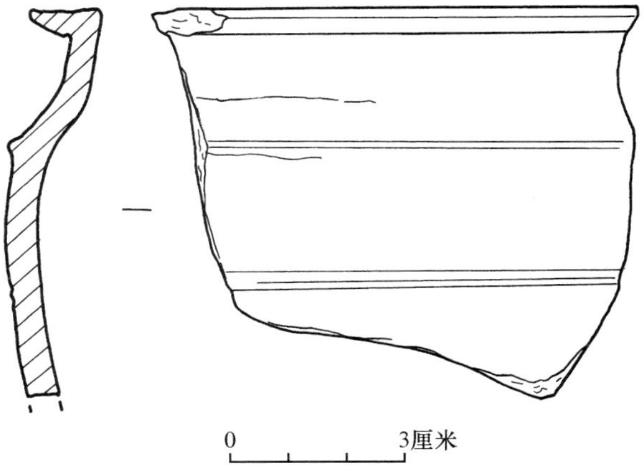

图三一〇　G13陶盆（G13：1）

第四节　考古学观察

同期遗存之间存在打破关系的单位有三组，即H1→M8；H14→M4；G13→H33。

灰坑、灰沟和墓葬的成因不同，划分为日常生活类和墓区两种类型进行观察。

一、日常生活类

（一）遗迹

灰坑除H50、H58位于E区探沟内，其余均位于J区发掘点的南部，与同时期的墓葬相隔一定距离。其长度（直径）多在2米以上，最长者达4.28米，个别不到2米，宽度不等，短者仅0.49米，最宽者达3.16米，现存深度均不到1米，0.35～0.9米不等。平面形制可分为四大类：圆形、半椭圆形、椭圆形、不规则形等；剖面基本为口大底小，见有极个别口小底大或口底同大者，内壁斜直内收或弧壁，多为平底，也有剖面形状不规则的。所有灰坑均为处理废弃物的一般性垃圾坑，无特殊使用意义。

灰沟内堆积杂乱，夹杂较多淤土块及生土块，推测与排水有关。

（二）遗物

观察对象主要为陶器。石器只有1件，残损较甚，器形不辨。凝灰岩质，浅灰色，磨制。

1. 陶器面貌

有大量早期遗物夹杂，仅发现少量完整或稍完整的器物，其余皆为陶片。整体来看，陶片从质地上分为泥质陶与夹砂陶两大类，以泥质陶稍多，占53.67%；从陶色上可分为红陶、灰陶（含灰皮褐胎）、褐陶（含褐皮灰胎、褐皮红胎）、黑陶（包括黑皮灰胎、黑皮褐胎）四种，以灰陶数量最多，占72.49%，其余三种比例相近。陶片中可辨器形有鬲、罐、盆、甑、甗、豆、瓮、簋等数种，其中以盆、鬲、罐出现频率最高，数量最多，其中又以罐类居首，次为盆、鬲，其他器形数量较少，仅为零星发现。

2. 可分型式器类

鬲　共选取典型标本13件，其中有1件可修复，其余为5件足部残片、7件口部残片。

口部形态可分二型。

A型　5件。侈口。分二式。

Ⅰ式：3件。方唇或圆唇，侈口。H33：1、H33：2、H1：3（图三一一，1、5、2）

Ⅱ式：2件。方唇或尖唇，口微侈。H2：2、H58：1，一件复原（图三一一，3、4）。

B型　2件。直口或近直口。H37：1、H58：2（图三一二，1、2）。

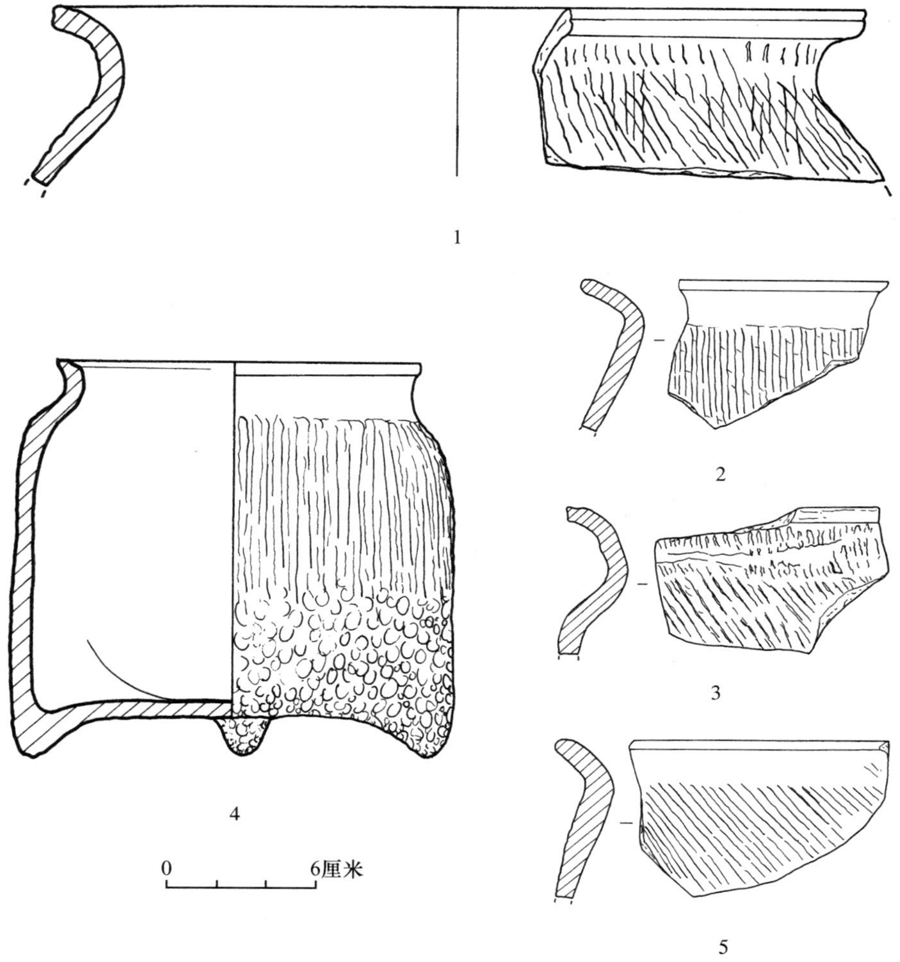

图三一一　A型鬲口部

1、2、5. Ⅰ式（H33∶1、H1∶3、H33∶2）　3、4. Ⅱ式（H2∶2、H58∶1）

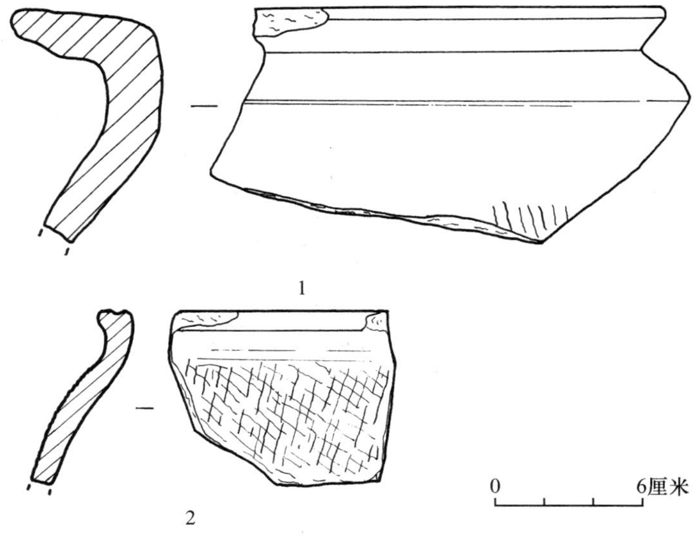

图三一二　B型鬲口部

1. H37∶1　2. H58∶2

鬲足可分二型。

A型　3件。柱状足，稍高。H1：4、H2：3、H12：1（图三一三，1、2、4）。

B型　2件。圆钝锥足，较矮。分二式。

Ⅰ式：1件。圆钝锥足稍有尖意，饰细绳纹。H50③：1（图三一三，3）。

Ⅱ式：1件。圆钝锥足，饰大麻点纹。H58：7（图三一三，5）。

罐　共选取典型标本8件，其中底部及身1件，其余皆为口部及身。分三型。

A型　1件。带錾，侈口。H33：5（图三一四，8）。

B型　6件。侈口无錾。可分三亚型。

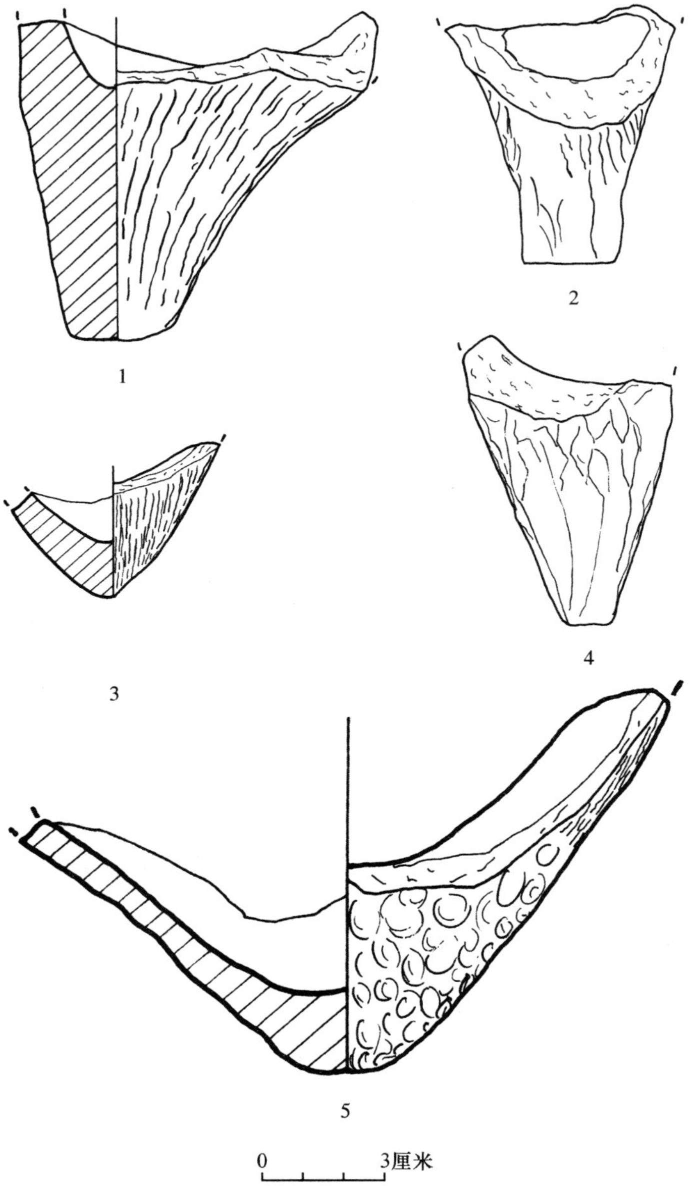

图三一三　A、B型鬲足

1、2、4. A型（H1：4、H2：3、H12：1）　3. B型Ⅰ式（H50③：1）　5. B型Ⅱ式（H58：7）

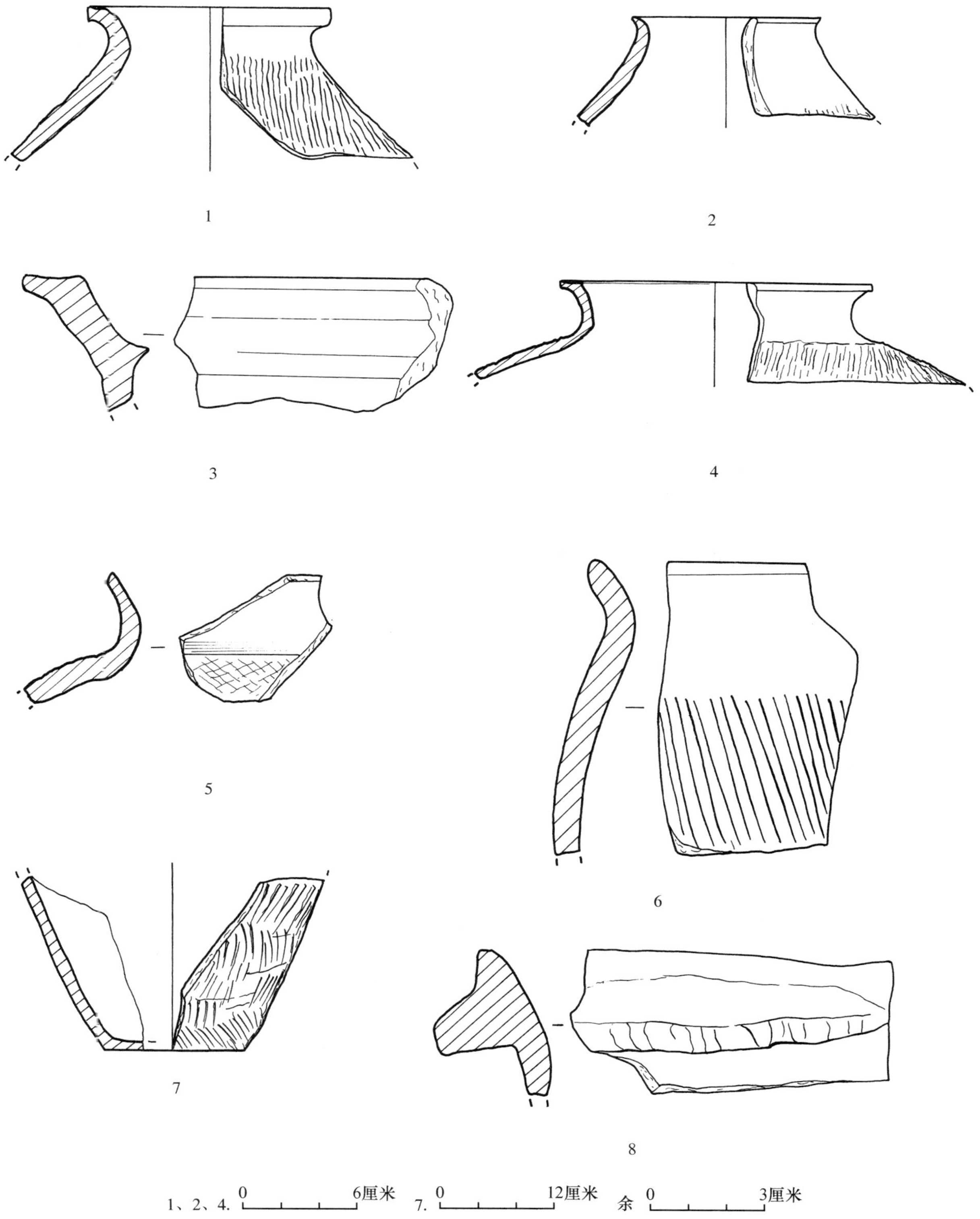

图三一四　A、B、C型罐

1、2. Ba型（H33：3、H58：6）　3、4. Bb型（H2：1、H58：3）
5、6. Bc型（H50①：3、H33：4）　7. C型（H37：3）　8. A型（H33：5）

Ba型　2件。小侈口，斜肩外扩。H33：3、H58：6（图三一四，1、2）。

Bb型　2件。侈口，平沿。H2：1、H58：3（图三一四，3、4）。

Bc型　2件。侈口，斜沿。H33：4、H50①：3（图三一四，6、5）。

C型　1件。平底。H37：3（图三一四，7）。

盆　共选取典型标本6件，均为口部残片。分四型。

A型　3件。敛口，平沿。H58：4、H32：1、G13：1（图三一五，1、2、5）。

B型　1件。直口，平沿。H1：2（图三一五，3）

C型　1件。侈口。H12：2（图三一五，4）。

D型　1件。敞口，圆唇。H37：2（图三一五，6）

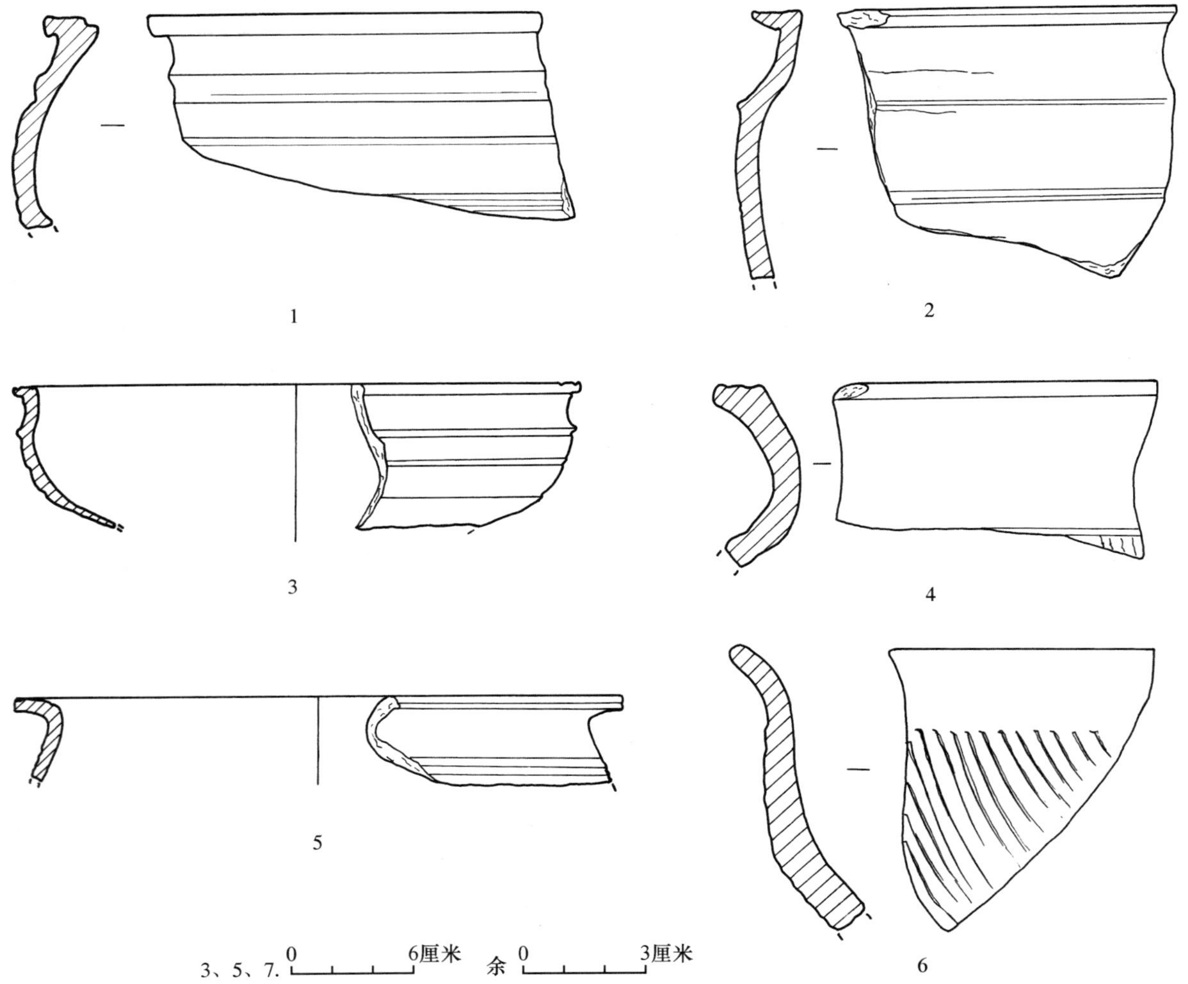

图三一五　A、B、C、D型盆

1、2、5. A型（H58：4、G13：1、H32：1）　3. B型（H1：2）　4. C型（H12：2）　6. D型（H37：2）

3. 未能划分型式器类

簋　1件。H58：5，直口，方唇外斜，唇外起一周凸棱，上腹微鼓，下腹斜收（图三一六，1）。

甑　1件。H12∶3，下腹斜收，平底有孔（图三一六，5）。

甗　1件。H58∶8，活动箅片，残存一侧弧边，体较扁（图三一六，2）。

豆　2件。H12∶4、H32∶2。其中H12∶4，直口，尖圆唇，腹浅，上腹直，下腹弧收急（图三一六，3）。H32∶2，柄短，束腰（图三一六，4）。

瓮　1件。H12∶5，敛口，圆唇，圆肩（图三一六，7）。

支垫　1件。H50①∶1，略呈圆锥状，顶端圆钝，底面呈椭圆形（图三一六，6）。

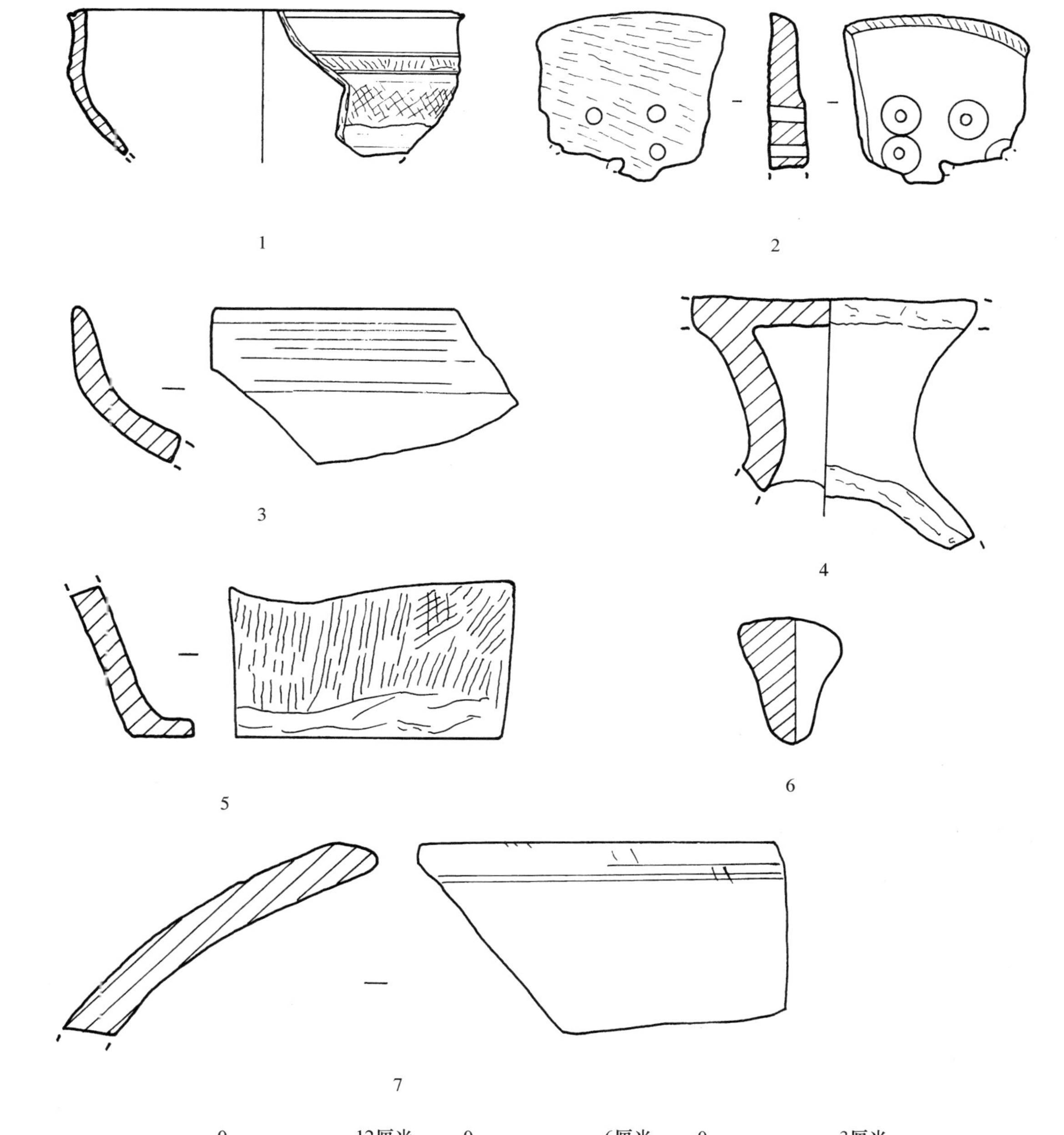

图三一六　未能划分型式陶器标本

1. 簋（H58∶5）　2. 甗（H58∶8）　3、4. 豆（H12∶4、H32∶2）　5. 甑（H12∶3）　6. 支垫（H50①∶1）　7. 瓮（H12∶5）

（三）时代判断

受晚期活动的影响，遗迹单位中多见早期遗物，时代判定以最晚遗物为标尺。遗物以罐类口沿最多，其次为盆、鬲等，属于时代敏感器类。

A型Ⅰ式鬲口沿与2001年华县东阳A型鬲M37：1、M62：6相似；A型Ⅱ式鬲口沿与2001年华县东阳D型Ⅰ鬲相似；B型鬲口沿则与2001年华县东阳B型Ⅲ式鬲相似。在《华县东阳》发掘报告中，将M37、M62的年代分别定为春秋晚期与战国早期，而B型Ⅲ式鬲流行的时代则在战国中期，D型Ⅰ式鬲流行的时代在战国早期。A型鬲足与2001年华县东阳A型鬲M62：6的足部特征相似；B型Ⅰ式鬲足与2001年华县东阳B型Ⅰ式鬲的足部特征相似；B型Ⅱ式鬲足与2001年华县东阳B型Ⅳ式鬲的足部特征相似，足部施加大麻点纹是战国中晚期秦鬲的典型特征。在《华县东阳》发掘报告中，将B型Ⅰ式鬲的流行时代定于春秋晚期，B型Ⅳ式鬲的流行时代定于战国中晚期①。

A、B型盆的特征与2001年华县东阳E型盆M31：2及B型Ⅰ式盆M24：4相似；C型盆与2001年华县东阳C型M22：2及A型Ⅲ式M10：1较为相似。M31及M24的时代为战国早期，M10的时代定为战国中期②。

Bb型罐与2001年华县东阳B型Ⅱ式罐M42：1相似；Bc型罐则与2001年华县东阳C型罐M30：2相似。M42及M30的时代分别为战国晚期及战国中期③。

结合遗迹单位中包含器类型式情况初步判断，东周时期遗迹的时代为战国时期，其中H1、H33、G13的时代稍早，为战国早期；H12、H14、H32、H50的时代为战国中期；H2、H37、H58的时代为战国晚期。

早期遗物中，可见时代包括仰韶文化、夏商文化等不同时期。

二、墓　　区

（一）墓型

19座东周时期墓葬均为竖穴土圹墓。根据墓口与墓底的平面形状，可分为三型。

A型　7座，包括M10、M15、M18、M19、M21、M32、M33。口小底大。

B型　10座，包括M1～M4、M8、M9、M11、M13、M31、M35。口底同大。

C型　2座，即M25、M38。口大底小。

根据墓底的长、宽尺寸，墓葬有中、小两种型别。小型墓7座，墓底长度在2米以下，分别为M1、M4、M8、M9、M11、M13、M31；其余中型墓12座，墓底长度在2米以上。

① 陕西省考古研究所、秦始皇兵马俑博物馆：《华县东阳》，科学出版社，2006年，第376、377页。

② 陕西省考古研究所、秦始皇兵马俑博物馆：《华县东阳》，科学出版社，2006年，第376页。

③ 陕西省考古研究所、秦始皇兵马俑博物馆：《华县东阳》，科学出版社，2006年，第376页。

（二）墓向

包括三组。

甲组：M2、M13、M15、M18、M19、M21、M25、M31、M32、M33、M38共计11座。墓向西偏南。

乙组：M3、M10共计2座。墓向正西。

丙组：M4计1座。墓向正东。

丁组：M8、M9、M11共计3座，墓向东偏北。

戊组：M1、M35共计2座，墓向北偏西。

（三）葬具、葬式

19座墓的葬具情况可分为三型。

A型　12座，有木棺及木椁。其中M3为二椁一棺，其余M1、M2、M10、M15、M18、M19、M21、M25、M32、M33、M38共计11座为一棺一椁；

B型　4座，仅有一木棺，包括M9、M13、M31、M35。

C型　3座，无葬具，包括M4、M8、M11。

葬式情况除一座（M35）下肢骨骸残缺不能明确之外，其余18座均为仰身屈肢或侧身屈肢，秦文化特征明显。按照墓主下肢蜷曲程度，18例保存较好的骨骸葬式可分为二型。

A型　15座，包括M1、M2、M4、M9～M11、M13、M15、M18、M19、M25、M31～M33、M38。墓主仰身屈肢，屈肢特甚，呈跪姿（图三一七，1～15）。

B型　3座，有M3、M8、M21。墓主仰身屈肢，屈肢程度一般，膝部朝向身一侧，双手交放于下腹部。（图三一七，16～18）。

A型葬式发现较多，所占比例可达81%，明显属于主流形式。

（四）墓葬因素组合情况

通过对各种墓葬因素的观察，结合随葬品的有无，墓型与葬式、墓向、葬具和规格的对应情况主要有包括：

A型墓的墓向6座甲组，1座为乙组；葬式6座A型、1座B型。均使用A型葬具，规格属于中型，均有随葬遗物。

B型墓的墓向3座为甲组，1座乙组、1座丙组、3座丁组、2座戊组；葬式7座为A型，2座B型，1座不详。葬具3座A型，4座B型，3座C型。规格有3座属于中型，7座属于小型。2座无随葬遗物。

C型墓的墓向为甲组2座；葬式、葬具为A型；属于中型墓，有随葬遗物（表一六〇）。

（五）随葬品

除填土扰入的遗物外，共出土随葬品248件，质地包括陶器、铜器、玉石器、骨贝器四类，以

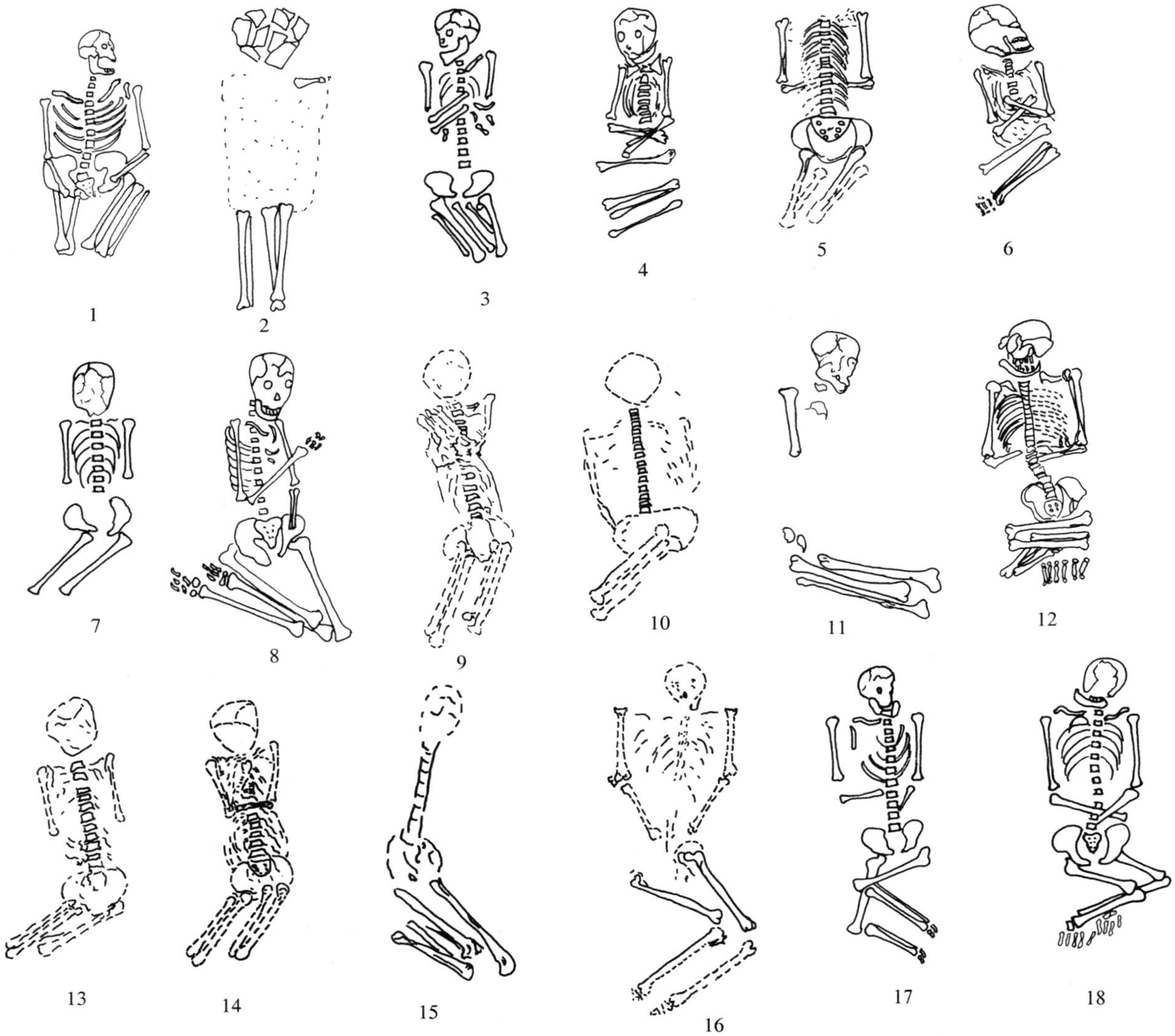

图三一七　东周墓葬葬式

1～15. A型（M1、M2、M4、M9、M10、M11、M13、M15、M18、M19、M25、M31、M32、M33、M38）　16～18. B型（M3、M8、M21）

表一六〇　墓葬因素组合表

A型						B型						C型					
墓号	墓向	葬具	级别	葬式	遗物	墓号	墓向	葬具	级别	葬式	遗物	墓号	墓向	葬具	级别	葬式	遗物
M10	乙	A	中	A	12	M1	戊	A	小	A	1	M25	甲	A	中	A	7
M15	甲	A	中	A	5	M2	甲	A	中	A	8	M38	甲	A	中	A	10
M18	甲	A	中	A	22	M3	乙	A	中	B	39						
M19	甲	A	中	A	11	M4	丙	C	小	A	2						
M21	甲	A	中	B	12	M8	丁	C	小	B	5						
M32	甲	A	中	A	13	M9	丁	B	小	A	1						
M33	甲	A	中	A	10	M11	丁	C	小	A	0						
						M13	甲	B	小	A	0						
						M31	甲	B	小	A	14						
						M35	戊	B	中	?	1						

陶器数量最多，其次为铜器，玉石器与骨贝器数量较少。陶器中基本为各类陶质容器或模型化的陶明器，亦见有陶圭一类的礼器；铜器包括容器、兵器、乐器、工具及装饰品等，其中以装饰品及乐器数量较多；玉石器中石圭出土数量最多，其余为零星口琀或装饰品；骨贝器皆为装饰品。

A型墓随葬品数量明显居于首位，其次为C型墓葬。B型墓随葬品数量悬殊，种类少见陶器。

1. 陶器

共79件，器类包括陶鼎、陶簋、喇叭口陶罐、陶鬲、陶甗、陶盆、陶盂、陶豆、陶盘、陶匜、广肩小陶罐、陶囷、陶圭。结合以往发掘资料，部分分别进行类型学划分。

可划分型式的器物包括鼎、豆、喇叭口罐、盆、囷、甗、广肩小罐、鬲、簋、匜、圭。

鼎　12件，2件残碎严重。根据鼎腹形态及口沿特征，可分为三型。

A型　1件。M38：7，腹为釜形，台棱状，平底（图三一八，4）。

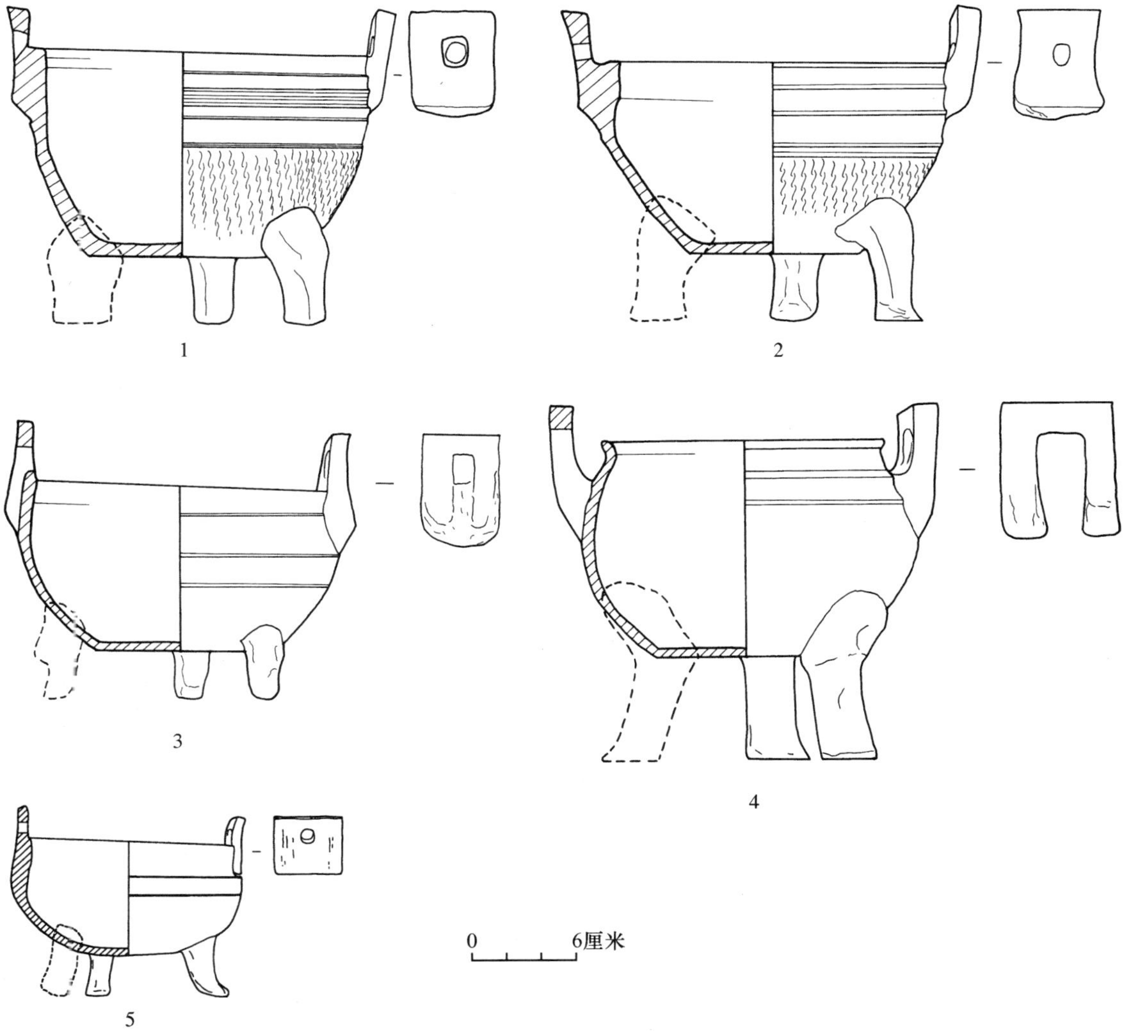

图三一八　A、B型鼎

1、2. B型Ⅰ式（M18：13、M18：12）　3、5. B型Ⅱ式（M10：7、M10：10）　4. A型（M38：7）

B型　6件。鼎腹呈钵形，直口，短耳。按照耳、腹、足等形态可分为二式。

Ⅰ式：4件。耳高，外撇甚，腹浅，底较平，足低，器体扁宽。包括M18：13、M18：12（图三一八，1、2）。另外M19：1、M19：13虽残碎严重，可辨特征也属于此式。

Ⅱ式：2件。腹较深，平底，足矮，器体较浑圆，制作较粗糙，明器化特征明显。M10：7、M10：10（图三一八，3、5）。

C型　5件。鼎腹呈钵形，敛口，高耳外撇。按照形态特征分为三式。

Ⅰ式：1件。弧腹，底平。M21：13（图三一九，1）。

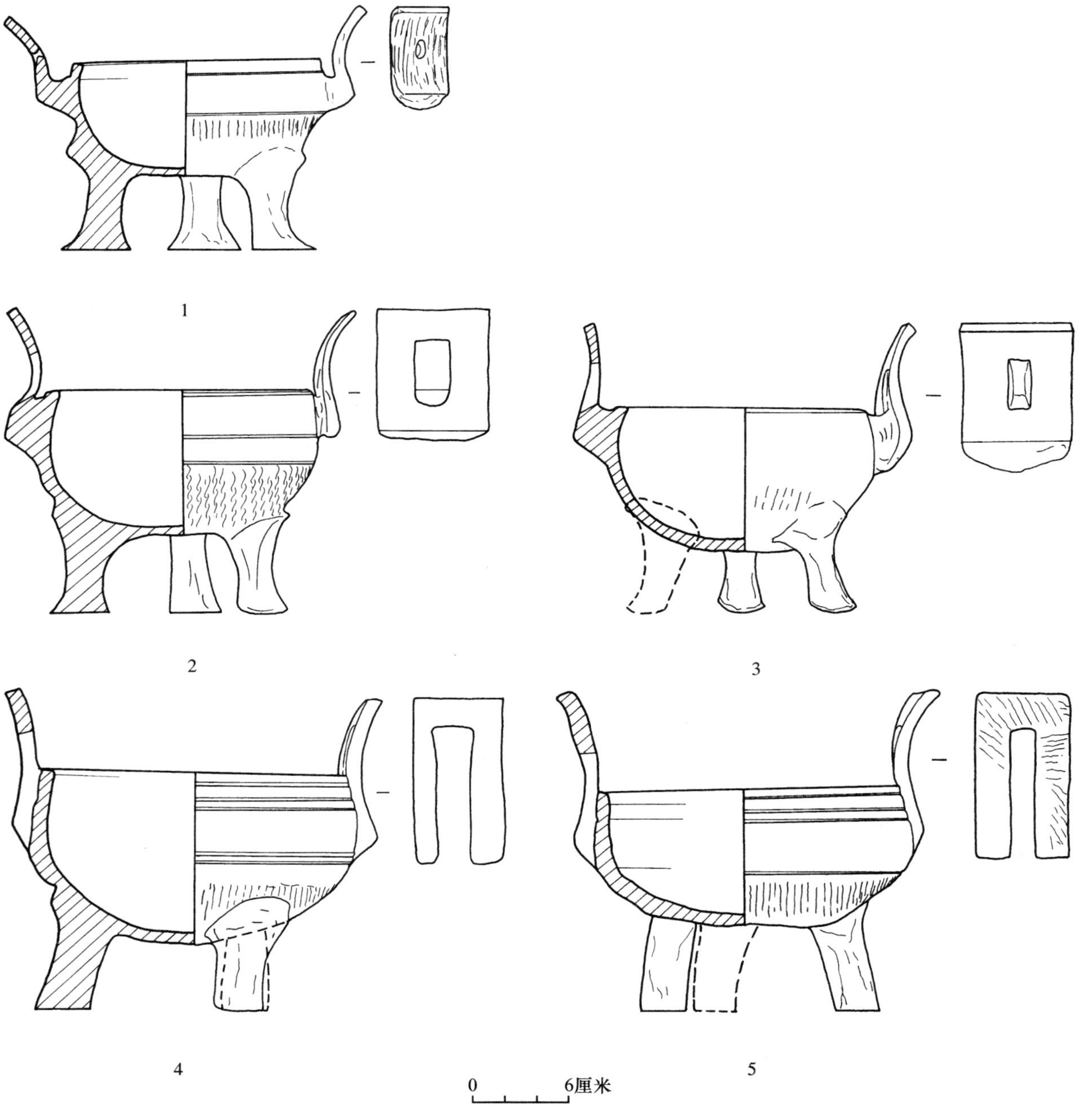

图三一九　C型鼎

1. Ⅰ式（M21：13）　2、3. Ⅱ式（M32：7、M32：11）　4、5. Ⅲ式（M33：9、M33：10）

Ⅱ式：2件。弧腹稍鼓，底较平有圜底趋势。M32：7、M32：11（图三一九，2、3）。

Ⅲ式：2件。圆腹，圜底。M33：9、M33：10（图三一九，4、5）。

豆　3件。1件（M25：4）烧制火候极低，难以复原。其余2件可分为二型。

A型　1件。M10：2，敞口、方唇，弧腹，豆盘较浅，内壁微圜。中空柱状柄，底呈喇叭口状。素面（图三二〇，1）。

B型　1件。M10：9，直口、圆唇，外折腹，豆盘极浅，内底平。柄上下皆呈喇叭口外放状，中部收束，内中空。素面（图三二〇，2）。

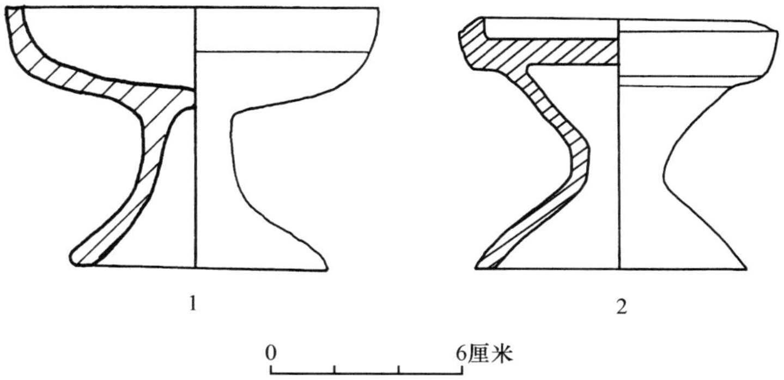

图三二〇　A、B型豆

1. A型（M10：2）　2. B型（M10：9）

喇叭口罐　19件。为陶质随葬品中出土数量最多者。根据其口、腹部形态及口径与腹最大径的相对长度可分为二型。

A型　16件。大喇叭形口，口径大于或等于最大腹径，束颈，平底。根据其肩、腹形态及颈部高度可分为四式。

Ⅰ式：3件。平折沿、圆唇或方唇，束颈很短，溜肩，腹部圆鼓，下腹内收，整体显得瘦高。口径稍大于最大腹径。包括M25：3、M38：5、M38：6（图三二一，1～3）。

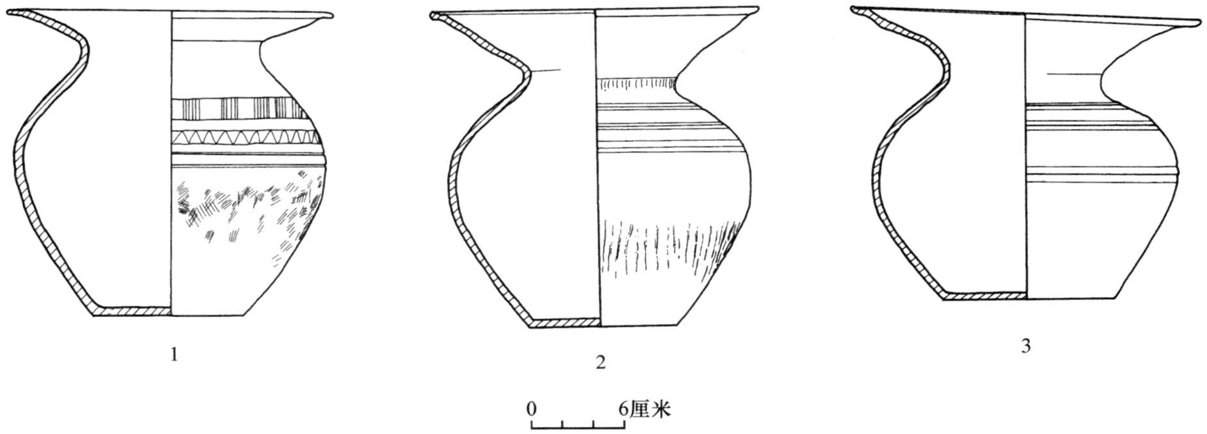

图三二一　A型Ⅰ式喇叭口罐

1. M25：3　2. M38：5　3. M38：6

Ⅱ式：5件。平折沿，方唇或尖唇，沿内侧边缘或有一周凸棱，斜肩，部分肩面稍鼓，圆鼓腹稍显宽扁，下腹内收。口径大于最大腹径。包括M18：6、M18：7、M19：6、M21：7、M21：9（图三二二，1～5）。

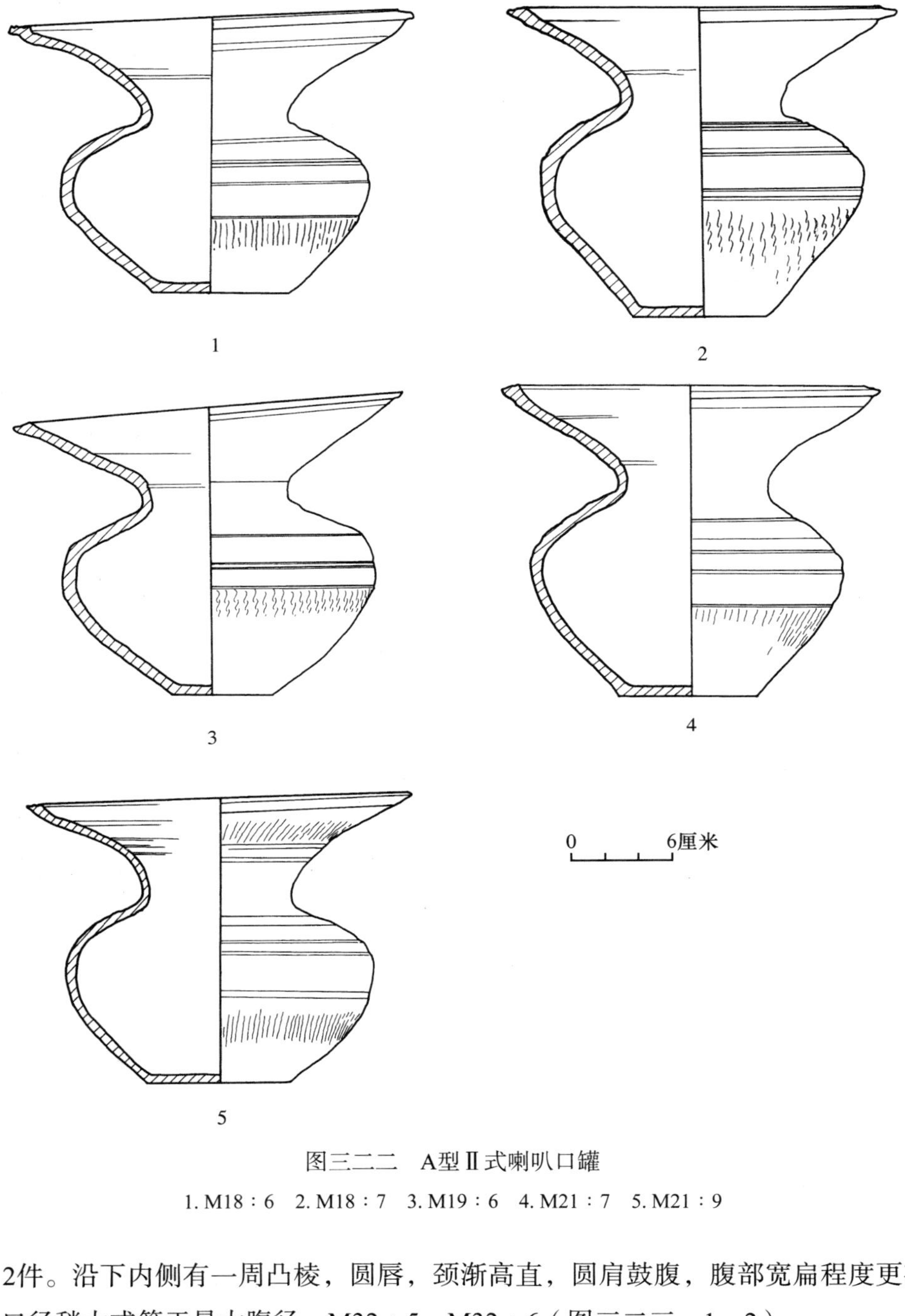

图三二二　A型Ⅱ式喇叭口罐

1. M18：6　2. M18：7　3. M19：6　4. M21：7　5. M21：9

Ⅲ式：2件。沿下内侧有一周凸棱，圆唇，颈渐高直，圆肩鼓腹，腹部宽扁程度更甚，下腹内收，平底。口径稍大或等于最大腹径。M32：5、M32：6（图三二三，1、2）。

Ⅳ式：6件。平沿，方唇，直颈，折肩，上腹部直或稍鼓，下腹内收，整体呈"亚"字形。口径多大于最大腹径，亦有稍小于最大腹径者。包括M10：1、M10：8、M33：4、M33：7、M33：3、M15：1（图三二四，1～6）。

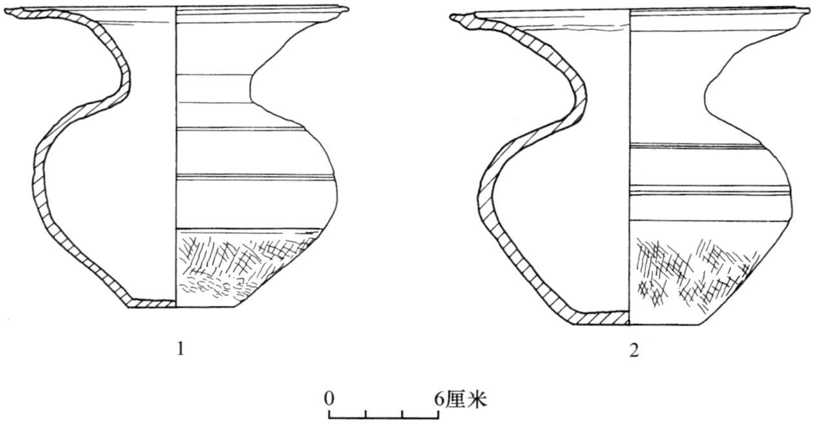

图三二三　A型Ⅲ式喇叭口罐

1. M32：5　2. M32：6

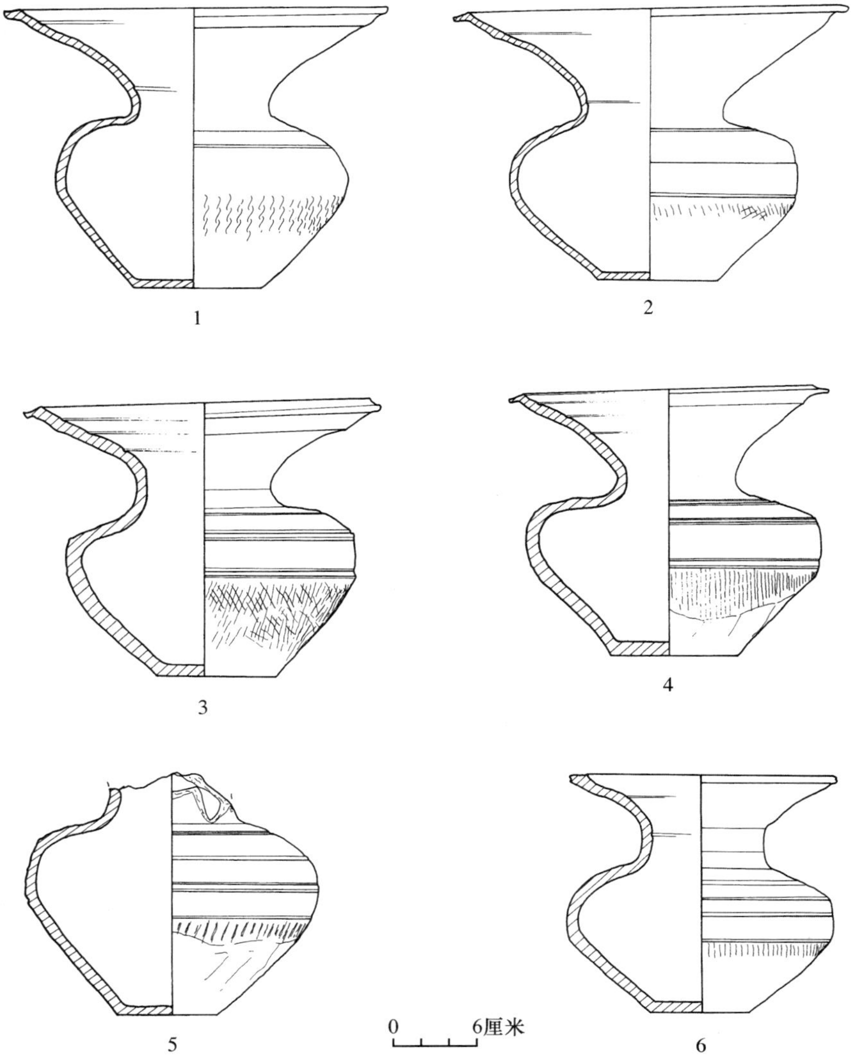

图三二四　A型Ⅳ式喇叭口罐

1. M10：1　2. M10：8　3. M33：4　4. M33：7　5. M33：3　6. M15：1

B型　3件。平折沿，口沿内侧边沿有一周凸棱，广肩，扁鼓腹，下腹内收，平底。口径小于最大腹径。包括M18∶14、M19∶5、M19∶10（图三二五，1～3）。

囷　3件。伞形盖，圆形囷体。按照盖与囷体的结合方式以及腹部形态，分为三式。

Ⅰ式：1件。M21∶10，盖、体分离。囷体腹较鼓，下腹束收明显，饼状底较厚（图三二六，1）。

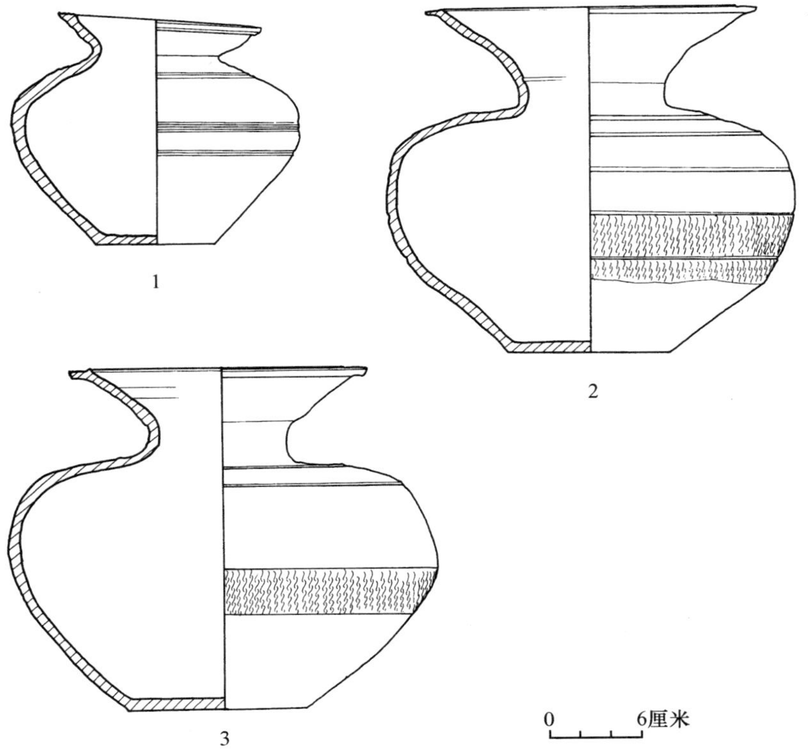

图三二五　B型喇叭口罐

1. M18∶14　2. M19∶5　3. M19∶10

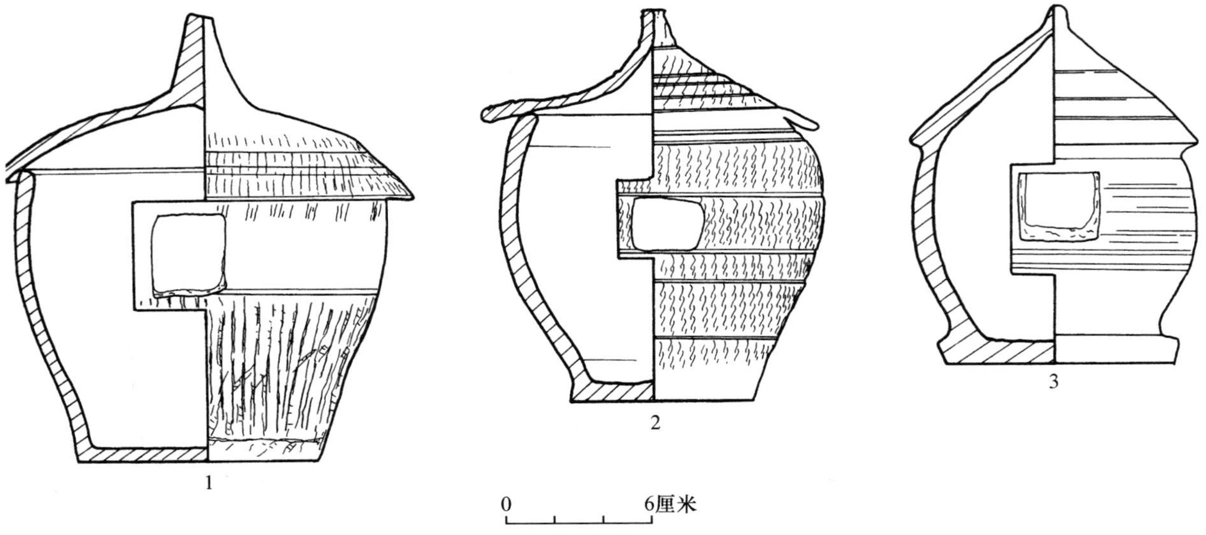

图三二六　陶囷

1. Ⅰ式（M21∶10）　2. Ⅱ式（M32∶8）　3. Ⅲ式（M10∶12）

Ⅱ式：1件。M32：8，盖、体分离。困体上腹部圆鼓，下腹内收，饼状平底较厚（图三二六，2）。

Ⅲ式：1件。M10：12，盖、体不分离。困体腹部圆鼓，近底部稍束，方沿平底较厚，沿稍外撇（图三二六，3）。

甗　5件。根据甗上甑部形制和整体形态的不同分为四式。

Ⅰ式：1件。M21：1，甑体罐形，鬲体圆扁，裆部弧（图三二七，1）。

Ⅱ式：2件。甑体罐形，鬲体弧长，裆部弧高。出现缩小明器风格。M18：8、M10：11（图三二七，2、5）。

Ⅲ式：1件。M33：5，甑部呈钵形，鬲体宽扁，裆部低平（图三二七，3）。

Ⅳ式：1件。M15：3，甑部呈直筒形，束腰不明显，裆部低平。完全明器化（图三二七，4）。

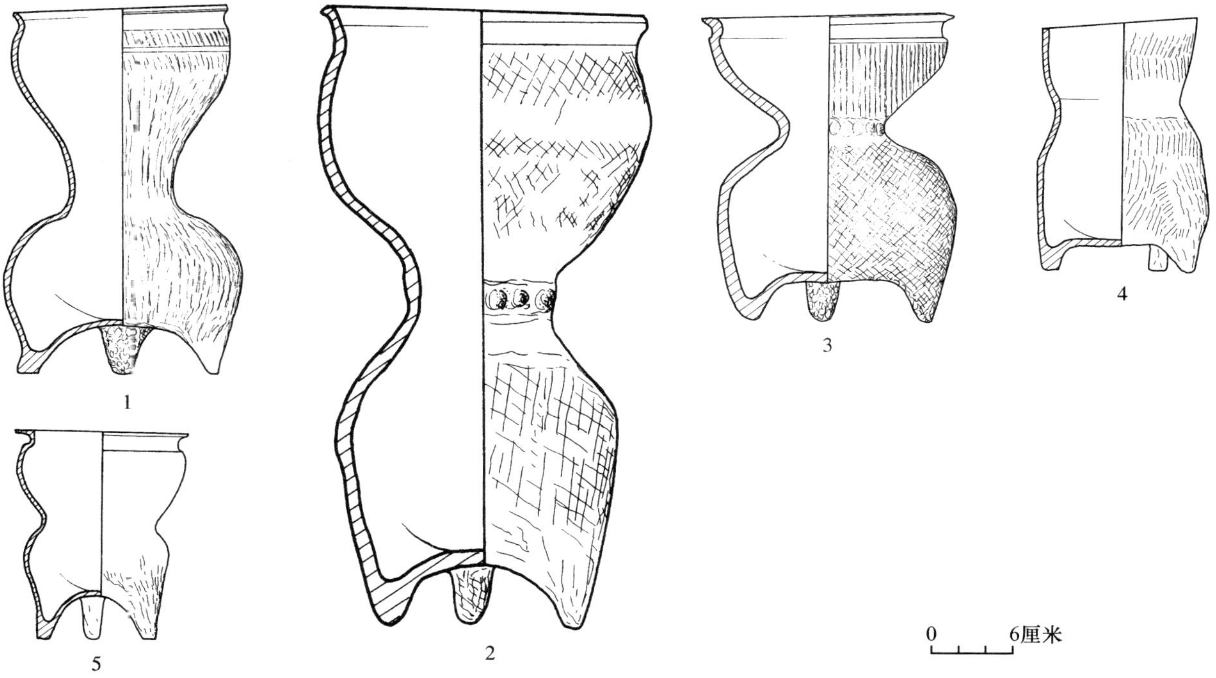

图三二七　陶甗

1. Ⅰ式（M21：1）　2、5. Ⅱ式（M18：8、M10：11）　3. Ⅲ式（M33：5）　4. Ⅳ式（M15：3）

盆　8件。根据其腹部形态的不同可分三型。

A型　1件。M21：11，弧腹稍鼓，小平底（图三二八，1）。

B型　5件。折肩，折腹，下腹急收。根据其折腹及下腹部收分的程度可分为二式。

Ⅰ式：2件。折腹不甚明显，下腹急收。包括M18：5、M19：4（图三二八，3、4）。

Ⅱ式：3件。折腹明显，下腹收分更急，腹最宽处上移。包括M32：1、M32：10、 M33：8（图三二八，5、6、2）。

C型　2件。弧腹略鼓或圆弧略鼓，腹深。M10：5、M32：3（图三二八，7、8）。

广肩小罐　8件。根据颈、腹形态分为二式。

Ⅰ式：3件。颈矮，广肩外扩急，折腹。体横宽。包括M10：6、M18：16、M21：12。

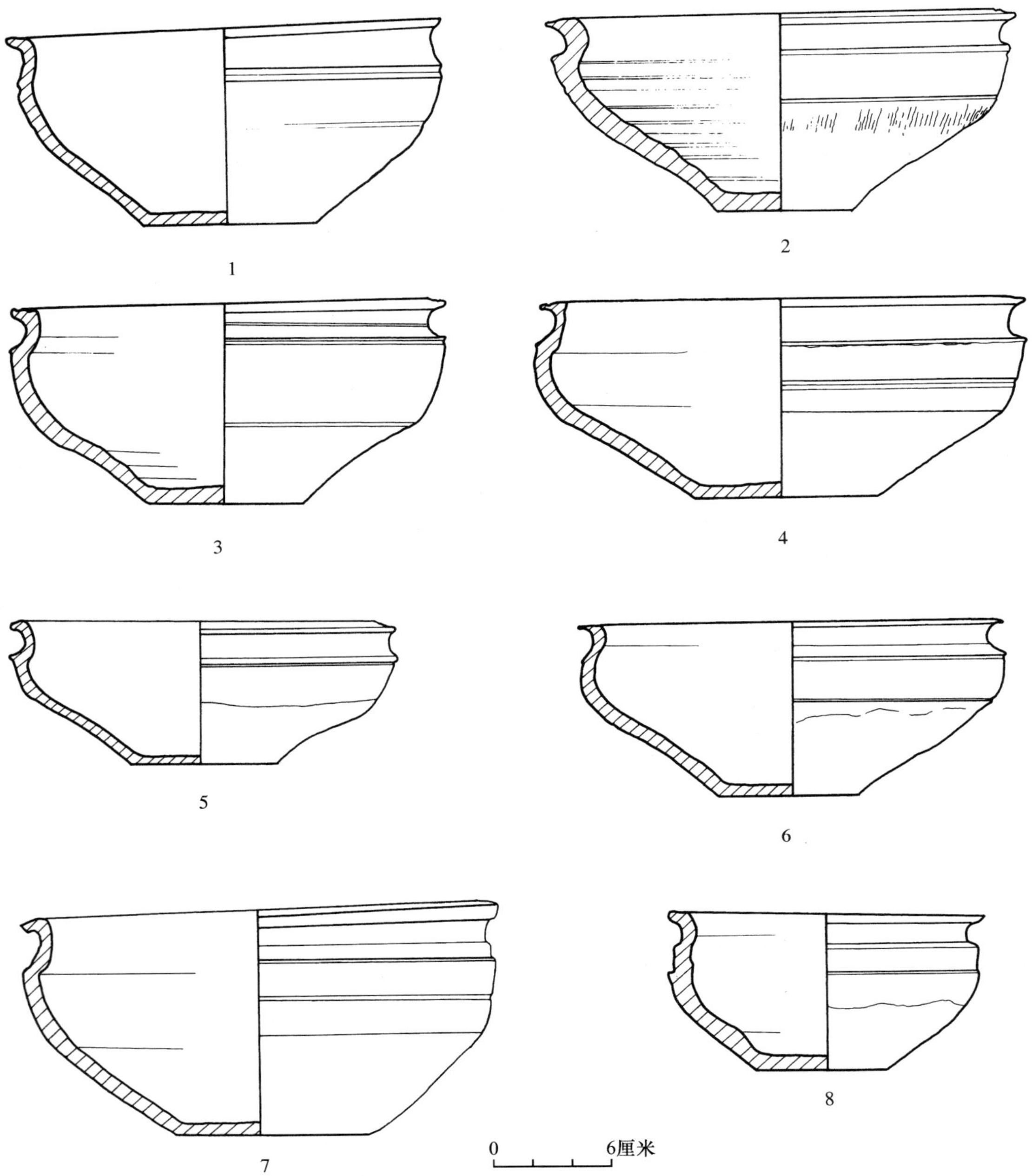

图三二八　陶盆

1. A型（M21：11）　2、5、6. B型Ⅱ式（M33：8、M32：1、M32：10）

3、4. B型Ⅰ式（M18：5、M19：4）　7、8. C型（M10：5、M32：3）

（图三二九，1、3、5）。

Ⅱ式：5件。颈较长，鼓腹。体扁圆。包括M33：1、M33：2、M32：9。另有M32：2及M32：13残碎严重，不可复原，但形态基本符合此式（图三二九，2、4、6）。

鬲　7件。根据其口部、足部及整体形态特征可分为三型。

A型　1件。M21：2，柱足（图三三〇，7）。

B型　4件。宽沿，锥足。根据其鬲体的高宽比演变可分为三式。

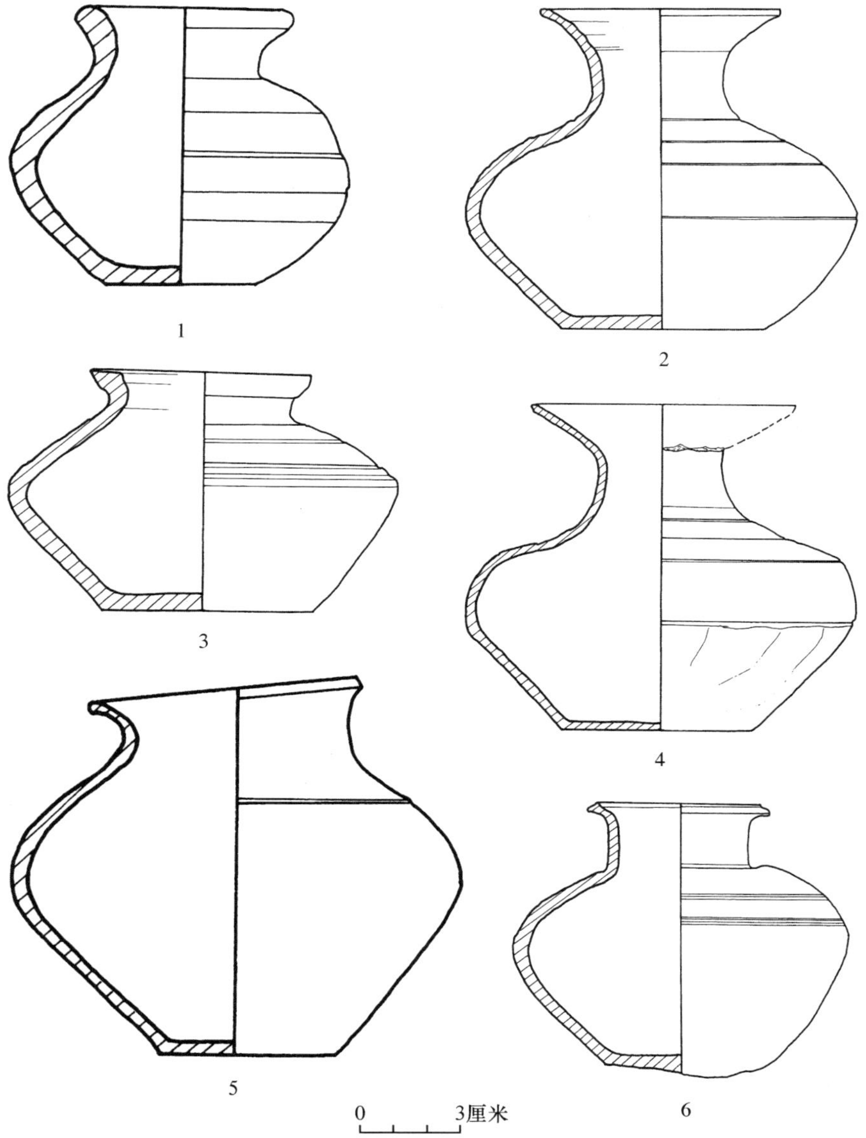

图三二九　陶广肩小罐

1、3、5. Ⅰ式（M10：6、M18：16、M21：12）　2、4、6. Ⅱ式（M33：1、M33：2、M32：9）

Ⅰ式：2件。鬲体高瘦。包括M25：6、M38：4（图三三〇，1、2）。

Ⅱ式：1件。M18：15，鬲体弧圆（图三三〇，3）。

Ⅲ式：1件。M15：2，鬲体宽扁（图三三〇，5）。

C型　2件。窄沿，锥足。根据其鬲体的高宽比演变可分为二式。

Ⅰ式：1件。M33：6，沿较宽，裆较高（图三三〇，4）。

Ⅱ式：1件。M32：4，沿较窄，鬲体向横宽转变，裆变低（图三三〇，6）。

簋　5件。根据腹部深浅等形态分为二式。

Ⅰ式：2件。覆钵形盖，顶较平，有捉手。器弧腹较深，柄中空圈足束腰弱M38：8、M38：9（图三三一，1、2）。

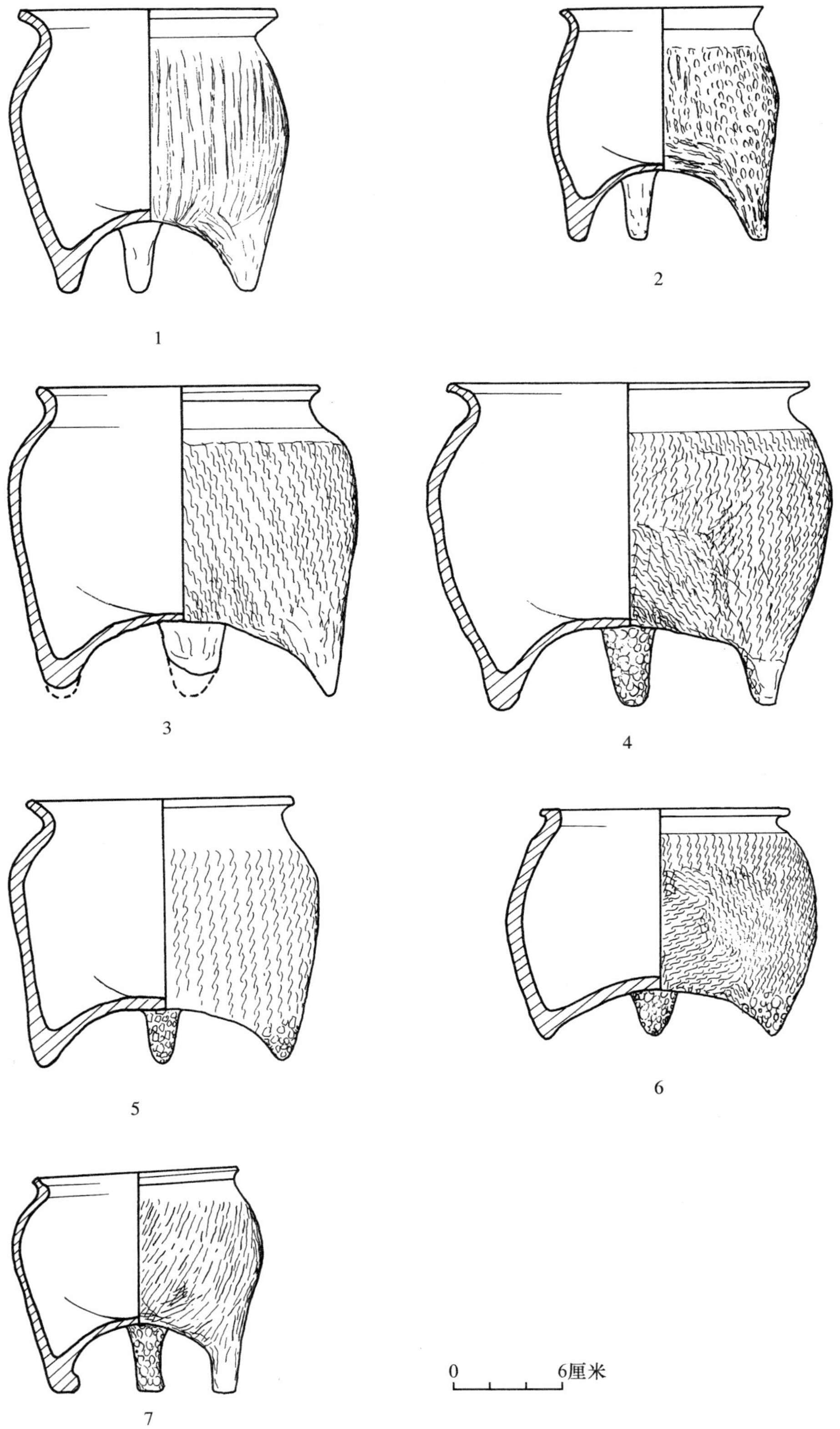

图三三〇　陶鬲

1、2. B型Ⅰ式（M25：6、M38：4）　3. B型Ⅱ式（M18：15）　4. C型Ⅰ式（M33：6）　5. B型Ⅲ式（M15：2）　6. C型Ⅱ式（M32：4）　7. A型（M21：2）

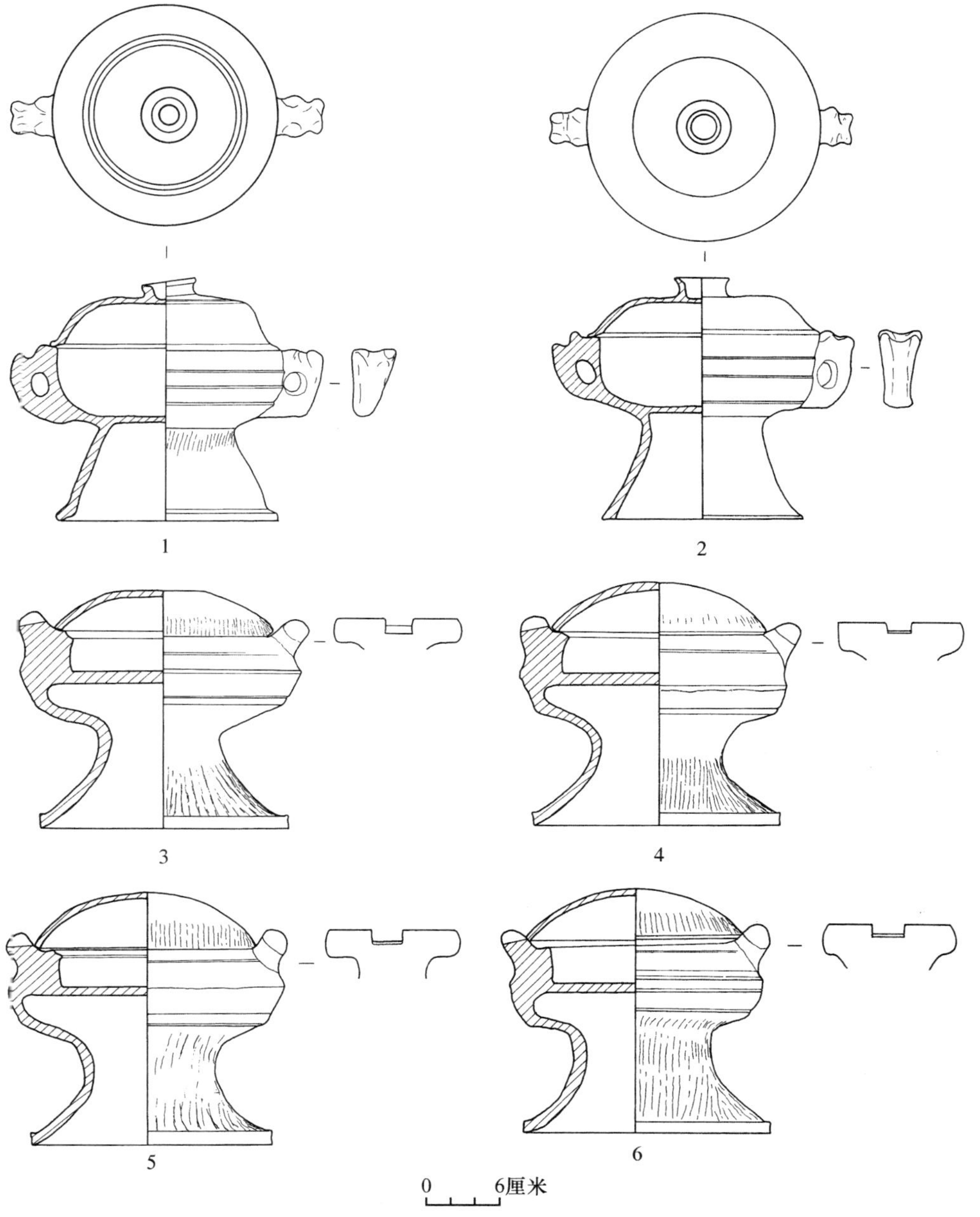

图三三一　陶簋

1、2. Ⅰ式（M38∶8、M38∶9）　3～6. Ⅱ式（M21∶4、M21∶5、M21∶6、M21∶8）

Ⅱ式：4件。浅覆钵形盖，顶弧，无捉手。器直腹浅，柄中空圈足束腰甚包括M21∶4 、M21∶5、 M21∶6、 M21∶8（图三三一，3～6）。

匜　2件，形制皆不同。分二型。

A型　1件。M10∶3，直口方唇，弧腹平底。整体平面近三角形，流呈三角形稍凸出，拐角处圆滑，腹较浅（图三三二，1）。

B型　1件。M32∶12，近似船形，一端收窄为流，一端较宽，两侧卷起，敛口方唇，圜底（图三三二，2）。

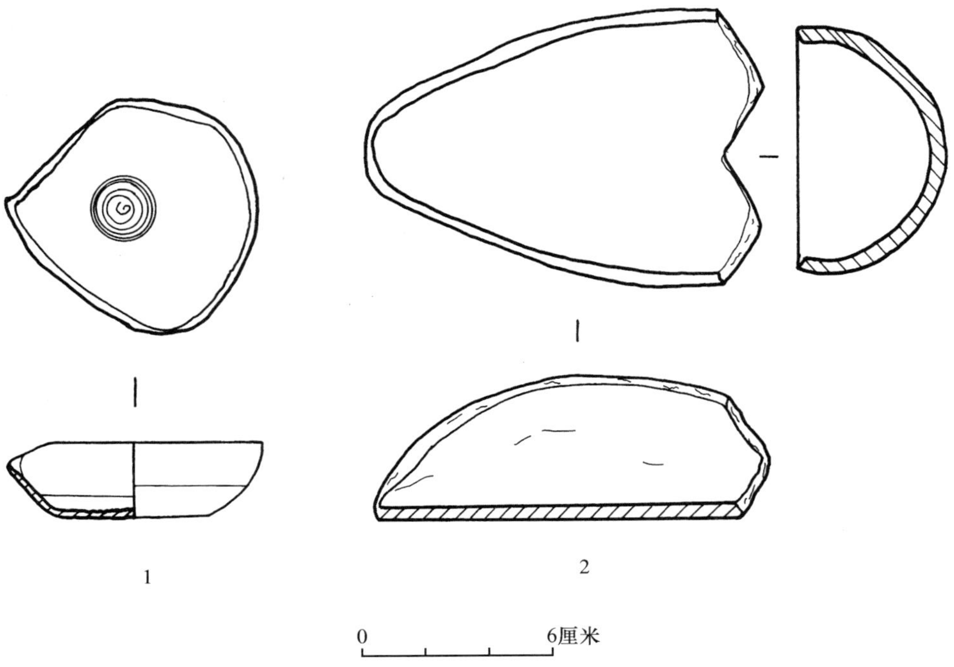

1

2

图三三二　陶匜

1. A型（M10：3）　2. B型（M32：12）

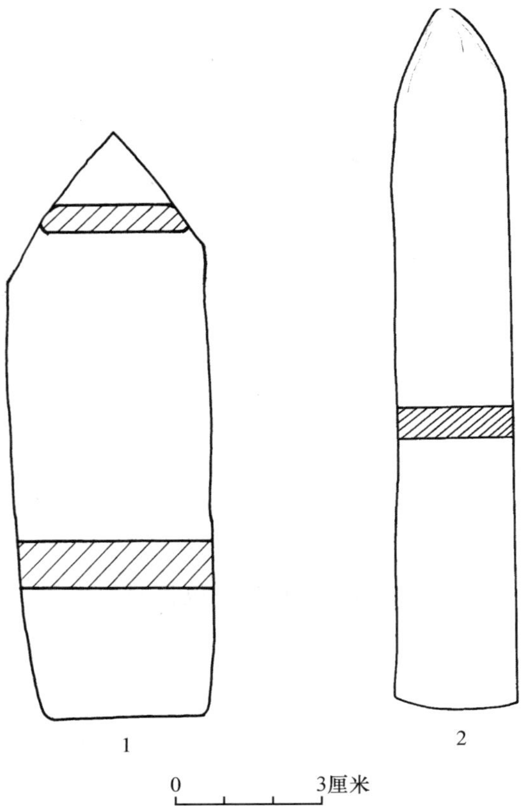

1

2

图三三三　陶圭

1. A型（M2：8）　2. B型（M31：1）

圭　2件。整体形体不同。分二型。

A型　1件。M2：8，泥质灰褐陶。圭首尖锐，基本呈三角形，与圭身相接处转折明显（图三三三，1）。

B型　1件。M31：1，泥质灰陶。圭首较尖锐，与圭身相接处转折不甚明显（图三三三，2）。

不可划分型式的器物有盘、盒、玦。

盘　1件。M10：4，近直口，方唇，直腹，底稍圜。整体平面近方形，拐角处圆滑，腹较浅。素面（图三三四，2）。

盒　1件。M25：5，浅盘形盖，上有空心捉手。器身口微侈，平折沿，方唇，束颈稍高，颈腹交界处有一周台棱，弧鼓腹，平底。通体磨光，捉手、盖面饰、器身口沿、颈、腹等处饰宽弦纹（图三三四，1）。

玦　2件。泥质黑陶，形制相同。直径3.2厘米。M8：2、M8：4（图三三四，3、4）。

2. 铜器

共49件。器类包括鼎、铃、戈、镞、削、带钩、鱼形铜饰、铜片饰。

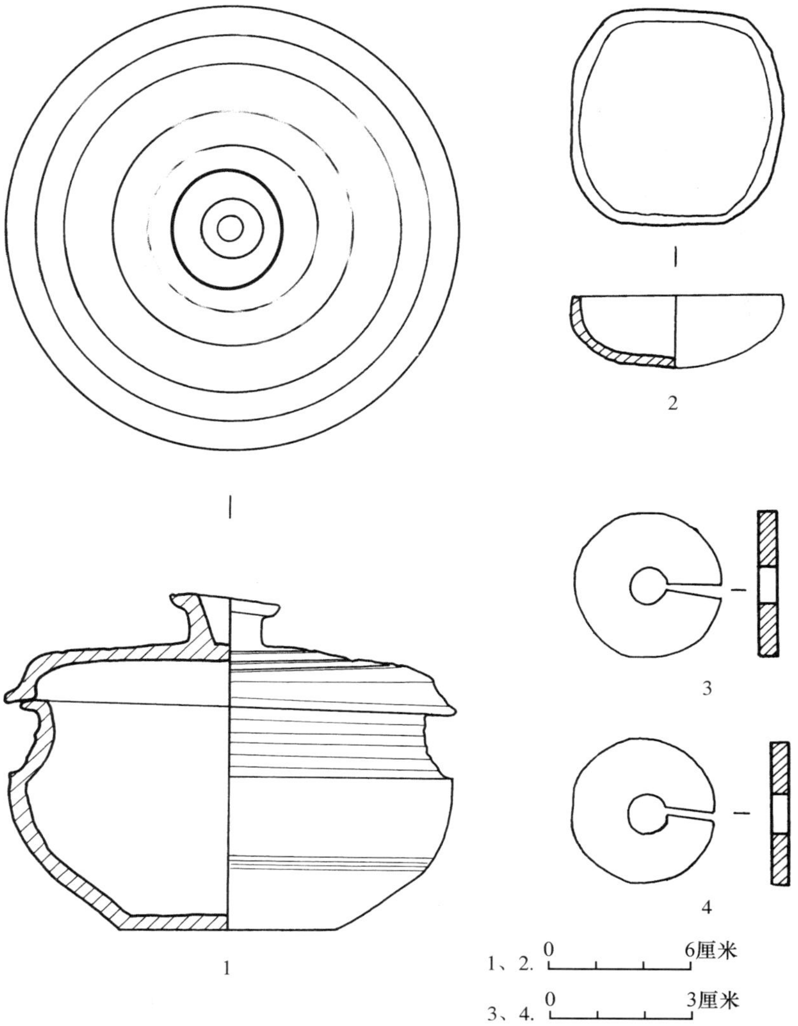

图三三四　未能划分型式陶器标本

1. 盒（M25：5）　2. 盘（M10：4）　3、4. 玦（M8：2、M8：4）

鼎　3件，皆出于一座墓中。根据其整体形态可分为二型。

A型　1件。M3：10，近直口，平折沿，方唇，弧腹稍浅，底较平，器身整体显得宽扁。沿上附两方形立耳，耳孔呈长方形；底有三蹄形足，内侧面较平直。口沿下饰一周双线重环纹及并列排置的垂鳞纹构成的纹饰带，重环纹及垂鳞纹的纹饰线条较粗大（图三三五，1）。

B型　2件。体形均较小。完整。近直口，平折沿，方唇，直腹较浅，底较平，整体显得宽扁。沿上附两长方形立耳；底有三蹄形足，足内侧壁平直。素面。M3：11、M3：12（图三三五，2、3）。

鱼形铜饰　25件。为简化的鱼形。扁平长条状，圆首，上有一圆形穿孔，直身，身中部向侧面凸出一圆弧形鳍，多有分尾。素面。根据其尾部形态可分为四型。

A型　20件。双分尾，尾端近方，稍向外撇。M3：14-1、M3：14-2、M3：14-4～M3：14-8、M3：14-11～M3：14-13、M3：14-15～M3：14-21、M3：14-23～M3：14-25（图三三六，1）。

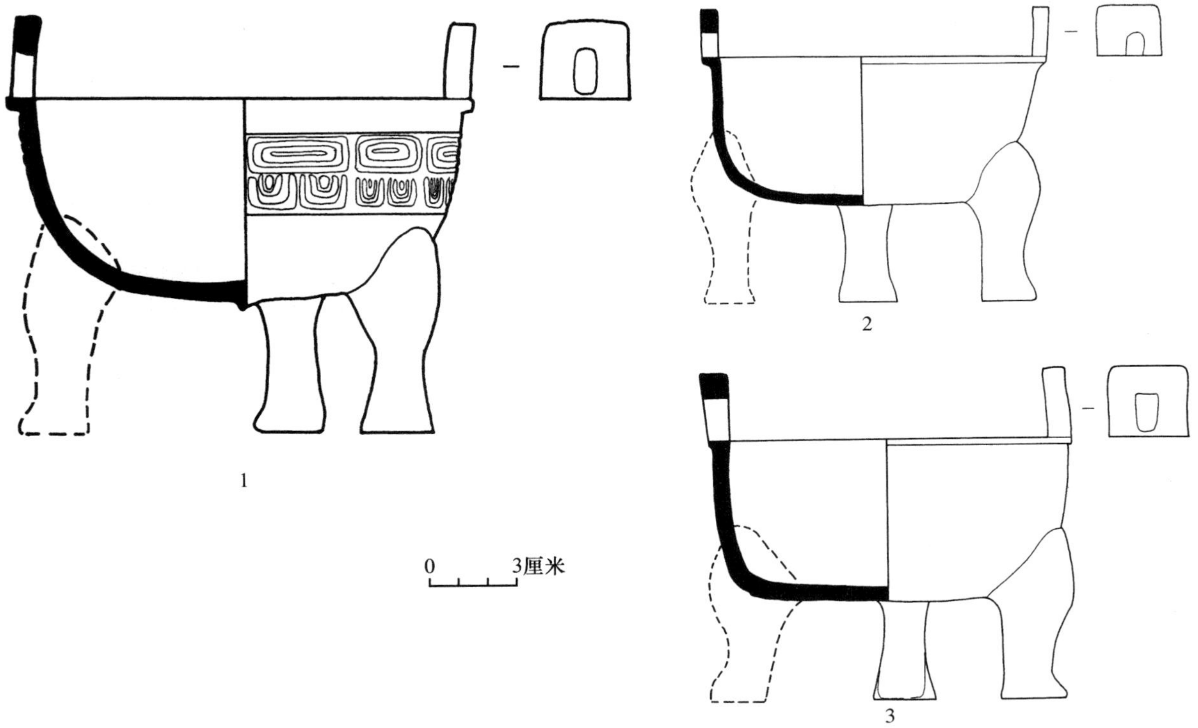

图三三五　铜鼎

1. A型（M3：10）　2、3. B型（M3：11、M3：12）

B型　3件。尾部圆弧，未分尾。M3：14-9、M3：14-10、M3：14-22（图三三六，2）。

C型　1件。近尾部一侧有一宽约0.8厘米的半圆形内凹。M3：14-3（图三三六，3）。

D型　1件。首端无穿孔，两侧呈束腰状内凹以系绳。M3：14-14（图三三六，4）。

削　3件。弧背，弧刃，环首近椭圆形。素面。根据其环部形态不同可分为三型。

A型　1件。M15：5，环首较大，环体截面为圆形（图三三七，1）。

B型　1件。M18：4，环近椭圆形，环体截面为椭圆形。柄首、环相连处铸成宽带包卷状（图三三七，2）。

C型　1件。M19：1，环平面近椭圆形，一侧较平，环体空心，截面为长方形，顶端饰镂空三角形，与柄相接处有槽（图三三七，3）。

戈　2件。形制不同。分二型。

A型　1件。M18：11，中胡三穿，援为长舌形，锋尖弧形。素面（图三三八，1）。

B型　1件。M38：1，长胡三穿，援为长条形，锋圭首形，素面（图三三八，2）。

镞　6件。尖锋，弧刃，双尖翼。可分为三型。

A型　4件。M18：10-1～M8：10-4，一枚完整。翼长，平。圆铤与关一体（图三三九，1）。

B型　1件。M19：7-1，翼短，尾稍弧。关銎纳铤（图三三九，2）。

C型　1件。M19：7-2，形体较小（图三三九，3）。

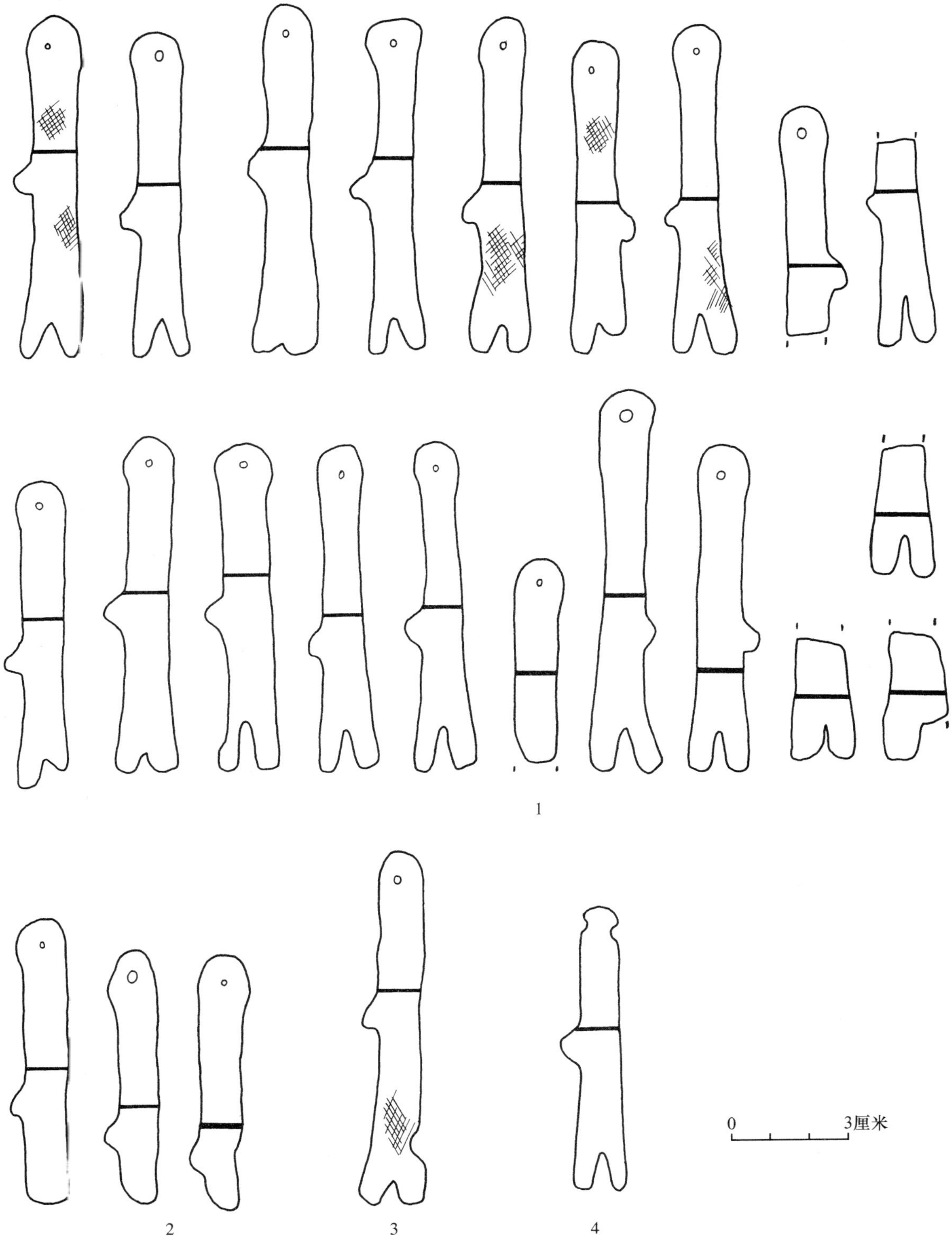

图三三六　鱼形铜饰

1. A型（M3：14-1、M3：14-2、M3：14-4、M3：14-5、M3：14-6、M3：14-7、M3：14-8、M3：14-11、M3：14-12、M3：14-13、M3：14-15、M3：14-16、M3：14-17、M3：14-18、M3：14-19、M3：14-20、M3：14-21、M3：14-23、M3：14-24、M3：14-25）　2. B型（M3：14-9、M3：14-10、M3：14-22）　3. C型（M3：14-3）　4. D型（M3：14-14）

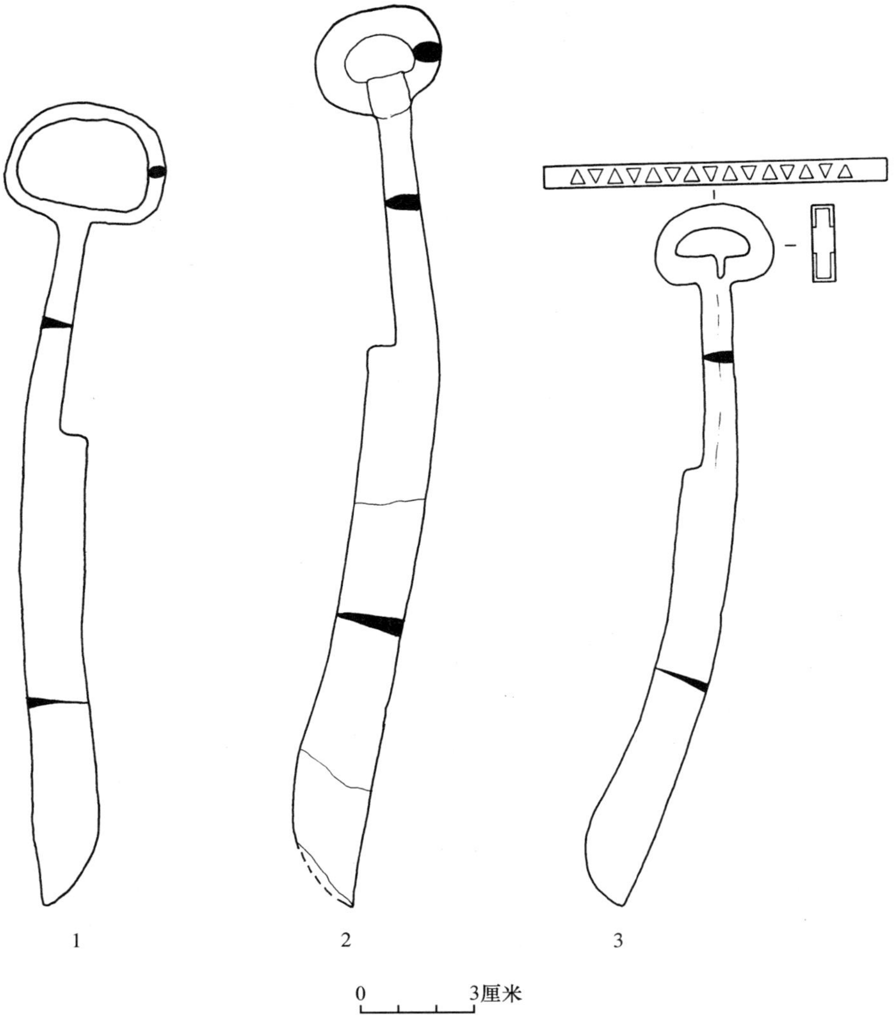

图三三七　铜削

1. A型（M15：5）　2. B型（M18：4）　3. C型（M19：1）

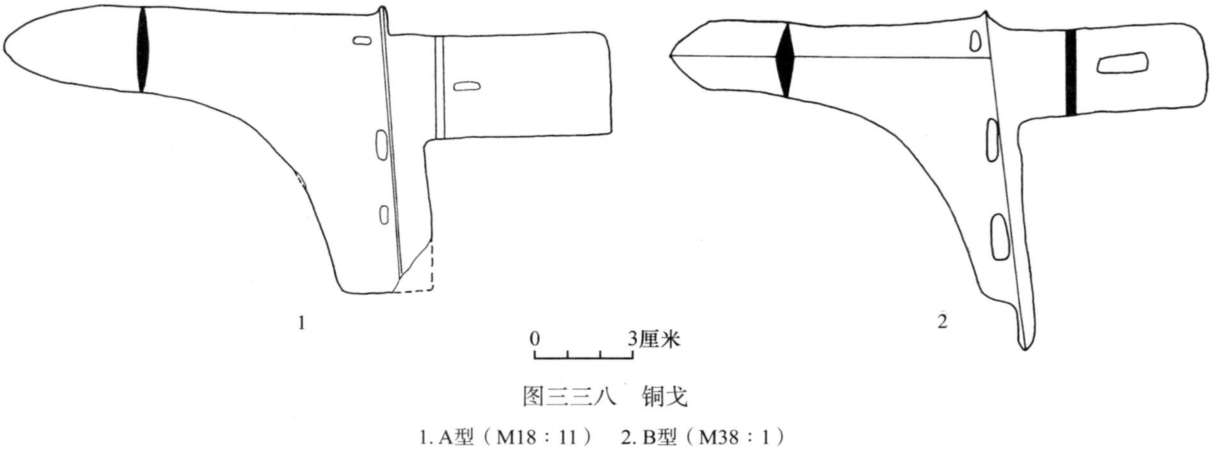

图三三八　铜戈

1. A型（M18：11）　2. B型（M38：1）

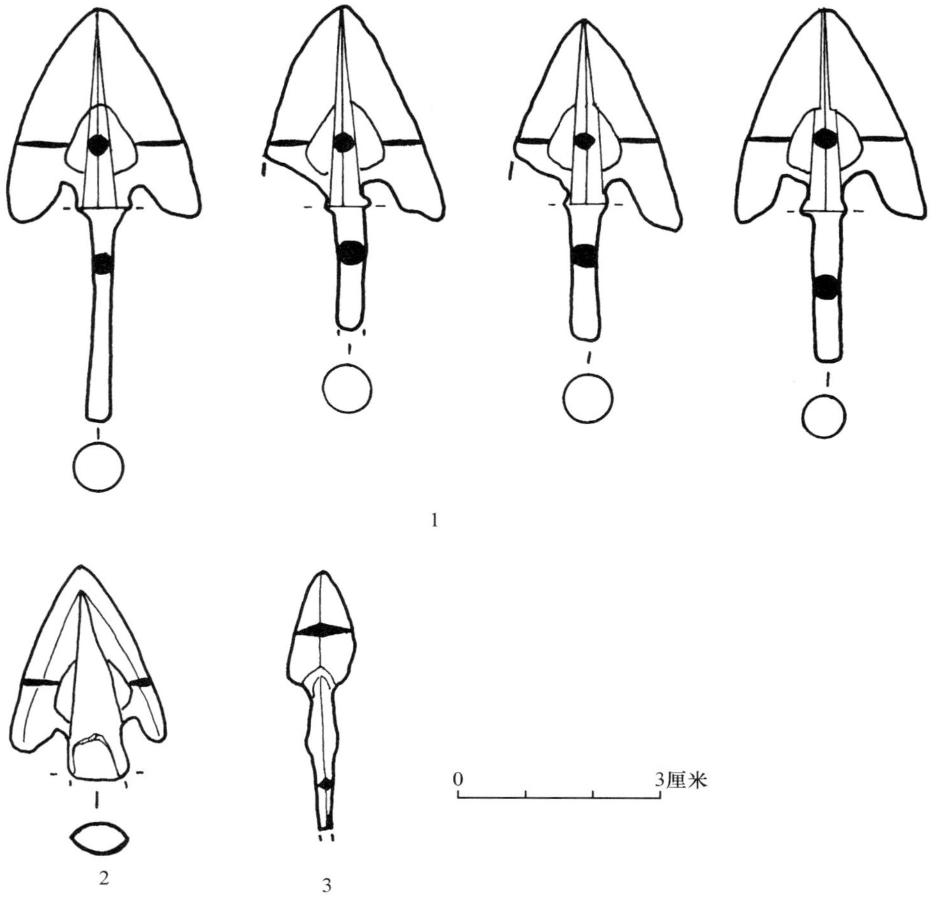

图三三九　铜镞

1. A型（M18：10-1、M18：10-2、M18：10-3、M18：10-4）　2. B型（M19：7-1）　3. C型（M19：7-2）

不可划分型式的铜器　10件。分别为铃、带钩及铜片饰。

铃　7件。形制相同，体较矮肥，横截面呈椭圆形。拱形梁，顶上有一较大的长方形孔，弧形凹口，内凹程度较甚，下缘两角稍有内收趋势。素面M3：1～M3：7（图三四〇，1～7）。

带钩　1件。M18：3，体形较小，或为襟钩。钩首为曲颈兽头，顶有小角，双目圆凸，隆鼻弧口；体透雕，数条夔龙交缠，立体感和动态感强烈；宽钩尾，背有梯形框，框中心为圆柱形凸纽（图三四〇，8）。

铜片饰　2件，皆残。均属M35出土串饰中的组成部分。M35：1-47，整体近方形片状，一端有椭圆形小孔（图三四〇，9）。

3. 玉石器

共63件（组），器类包括石圭、石玦、石锛、石口琀、石块、玉口琀、煤精棒、石珠、绿松石饰。

石圭　39件（组）。根据其石质不同可分二型。

A型　31件（组）。页岩质，紫色或青灰色。除M18：17、M38：7残损严重，其余根据首、身

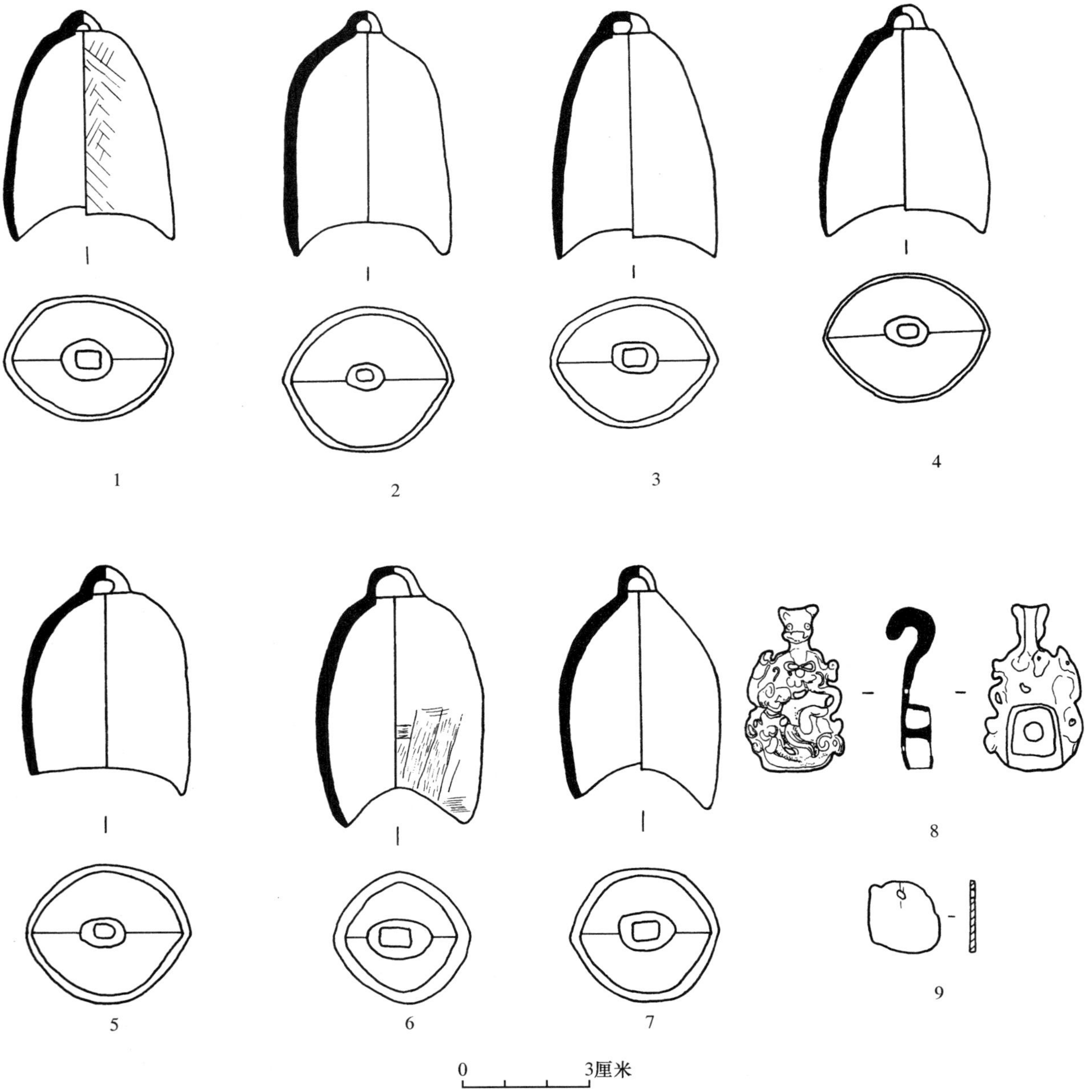

图三四〇　未能划分型式铜器标本

1～7. 铃（M3：1～M3：7）　8. 带钩（M18：3）　9. 铜片饰（M35：1-47）

相接处形态不同又分二亚型。

Aa型　4件。圭首与身转折较明显。包括M2：1-4、M2：1-5、M8：1、M8：3（图三四一，3）。

Ab型　25件（组）。圭首与身无转折或转折不明显。包括M31：2、M31：3-1～M31：3-8、M31：4-1～M31：4-3、M38：2、M38：3、M2：1-1～M2：1-3、M2：1-6、M2：1-7、M10盗：2、M15：4、M19：8、M25：2、M25：7等（图三四一，1、2）。

B型　8件。灰色或白色，凝灰岩质。体较厚重。圭首尖锐呈等腰三角形，与身相接处有转折，直身平尾。包括M3：8、M3：9、M3：13、M10盗：1、M10盗：5、M10盗：4、M18：1、M18：2

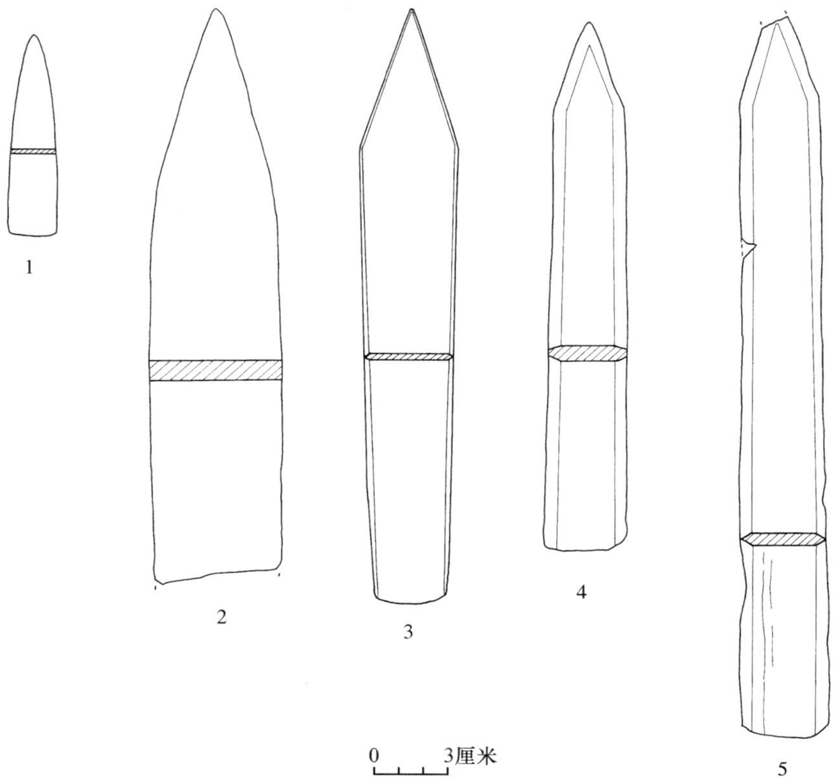

图三四一　A、B型石圭

1、2. Ab型（M31：2、M38：2）　3. Aa型（M2：1-4）　4、5. B型（M3：13、M3：9）

（图三四一，4、5）。

煤精棒　1件。M8：5，其原为圆柱体。表面光润细腻（图三四二，1）。

石块　3件。形态皆不同。石英岩质，经过人工加工，表面残余细线状磨痕。包括M18：9-1、M18：9-2、M18：9-3（图三四二，4、5、6）。

石锛　1件。M19：9，平面梯形，直边，弧刃。素面。磨光（图三四二，11）。

口琀　2件。前者为玉质，形状不规则，一面有一个未经钻透的孔。器表光滑。后者为石质，扁平片状. 应为玦改制。包括M25：1、M31：5（图三四二，7、8）。

石玦　2件。形制皆同。白色滑石质，基本呈圆环状，一侧有狭长的缺口，中心有一穿孔。表面残留少量磨划痕。M4：1、 M4：2（图三四二，9、10）。

绿松石饰　2件，皆属M35出土串饰的组成部分。不规则片状，有穿孔。如M35：1-3，整体略近斧形，一角有圆形穿孔，双面对钻而成（图三四二，2）。

石珠　13件，属M35出土串饰组成部分。形制基本相同，近圆球状，中有圆形穿孔（图三四二，3）。

4. 骨贝器

蚌、贝饰　57件（组）。包括M1：1-1～M1：1-18一组共18件，M3：5一组2件，M9出土1

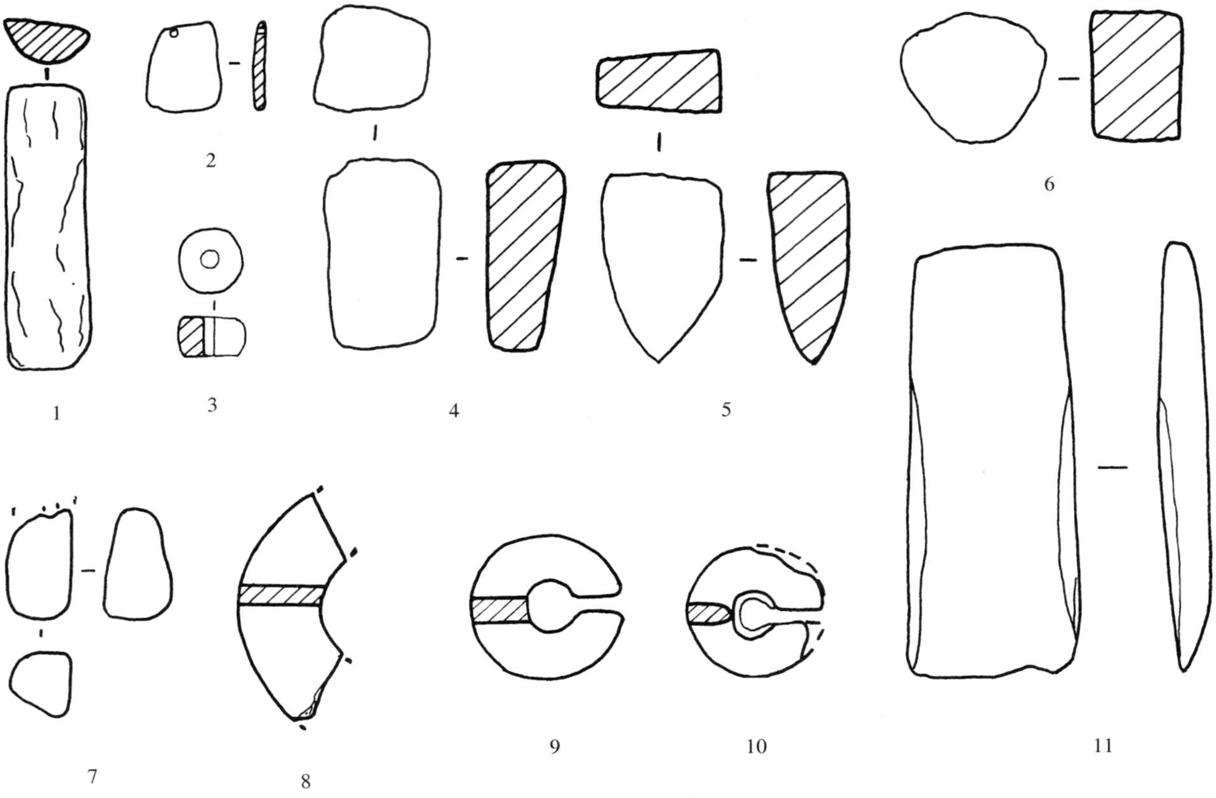

图三四二　未能划分型式玉石器标本

1. 煤精棒（M8：5）　2.绿松石饰（M35：1-3）　3. 石珠（M35：1-20）　4～6.石块（M18：9-1～M18：9-3）
7、8. 口琀（M25：1、M31：5）　9、10. 石玦（M4：1、M4：2）　11. 石锛（M19：9）

件，M35串饰中有蚌片饰件2件、贝饰19件、蚌环15件。

M1出土者为小型河蚌，一面微鼓，一面平，仅在尾端钻有一椭圆形孔（图三四三，1）。M3及M9出土皆为蚌壳加工。M3：15-1为圆柱体，中有纵向穿孔（图三四三，3）；M9：1为原形片状，中有穿孔（图三四三，8）。M35出土者由蚌、贝壳两类，其中蚌类经人工加工，如M35：1-2，近心形（图三四三，5）。贝饰则基本为原生形状，仅在一端加孔，如M35：1-50（图三四三，6）。蚌环形体小而薄，如M35：1-32（图三四三，7）。

骨饰　共14件。皆为M35出土串饰的组成部分，分为圆柱形和竹节形两种，中有穿孔（图三四三，2、4）。

（六）器物组合

小型墓中出土随葬品的有4座，不见陶容器、铜器，基本皆为玉石器及蚌质装饰品，且每座墓葬中的品类都比较单一，不能构成组合。

中型墓中M2随葬品比较种类单一，仅有陶圭和石圭。M3中未见陶器，除了荒帷附件外，只有铜器及装饰品。M35只有装饰品。其他9座墓葬使用了三类随葬品。

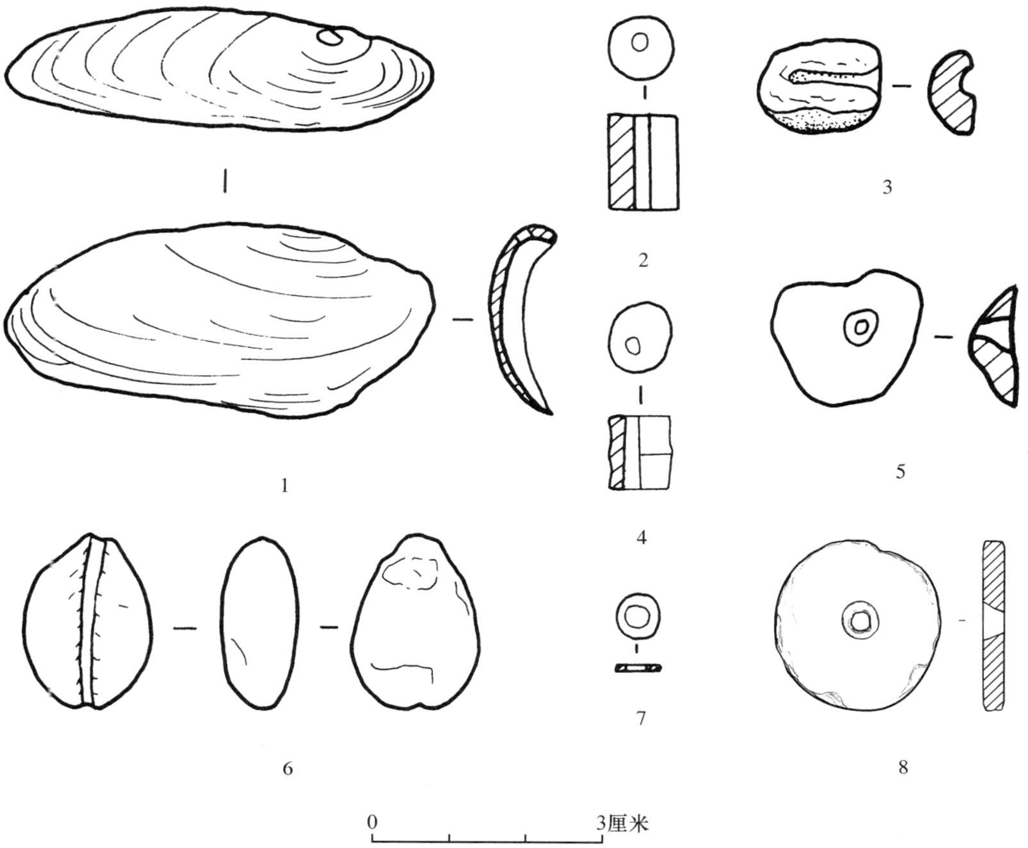

图三四三　蚌、贝、骨器标本

1. 蚌饰（M1：1-1）　2. 圆柱形骨管（M35：1-6）　3、5、8. 蚌饰（M3：15-1、M35：1-2、M9：1）
4. 竹节形骨管（M35：1-13）　6. 贝饰（M35：1-50）　7. 蚌环（M35：1-32）

第一类：鼎、簋、甗、盂、豆、匜、盘，为仿铜陶礼器类。

第二类：鬲、喇叭口陶罐、盆、罐，为日用陶器类。

第三类：囷，为象征财富的模型明器类。

陶礼器类中，鼎的出现频率最高，次为甗。有鼎、甗单独出现的情况；由两者构成简单组合模式有鼎-甗、鼎-簋、豆-盂三种类型，其中以鼎-甗组合出现稍多；由两者以上构成的复杂组合模式有鼎-匜-囷、鼎-簋-甗-囷、鼎-甗-豆-匜-盘-囷三类。可见鼎、甗是礼器组合中的比较重要的要素，二者的组合是礼器器物组合中的一种基本形态。其他如簋、豆、盂、匜、盘等在组合中则显示出随意性。囷多出现在更加复杂化的礼器组合中，代表了礼器使用从身份等级到私有财富的意义转变。

而在日用陶器系统中，喇叭口陶罐的出现频率最高，每座墓葬中必出，其次为鬲、盆。未见某类器单独出现的情况；鬲-喇叭口陶罐以及鬲-喇叭口陶罐-盆-罐组合模式的出现频率很高；此外还见有喇叭口陶罐-盆、喇叭口陶罐-盆-罐的组合形式。故鬲、喇叭口陶罐应是日用陶器组合系统中的核心要素，鬲-喇叭口陶罐、鬲-喇叭口陶罐-盆-罐的组合模式是日用陶器器物组合中的基本形式（表一六一）。

表一六一　东周墓葬陶器组合形式表

陶礼器器物组合	墓例	日用陶器器物组合	墓例
鼎	M19	鬲、喇叭口陶罐	M15、M25、M38
甗	M15	喇叭口陶罐、盆	M19
鼎、甗	M18、M33	喇叭口陶罐、盆、罐	M10
鼎、簋	M38	鬲、喇叭口陶罐、盆、罐	M18、M21、M32、M33
豆、盒	M25		
鼎、匜、困	M32		
鼎、簋、甗、困	M21		
鼎、甗、豆、匜、盘、困	M10		

（七）分期与断代

东周墓葬中未发现纪年材料，各墓葬之间也不存在打破关系。墓葬形制均为竖穴土圹墓，但该型墓葬流行时间很长，不足以成为分期、断代的依据。分期与断代只能依据时代敏感的陶器。

1. 依据陶器形式的判断

在可分型式的陶器类型中，喇叭口陶罐是秦文化最典型器物，其中A型有四式，涉及墓葬9座，基本包括了随葬陶器墓葬的期段。鬲、甗、盆等式别变化与喇叭口陶罐基本吻合。参照以往发掘资料，10座墓葬可依据器类型式分为三期（图三四四）。

第一期：3座，即M3、M25、M38。时代为春秋中期偏早阶段，以M38稍晚。

M3使用铜礼器，不见陶器。其A、B型铜鼎形制与陇县边家庄春秋早期秦墓出土列鼎有相似之处，A型鼎上饰重环纹带及垂鳞纹也是西周晚期至春秋早期的流行纹饰。出土铜铃体型瘦长，与宝鸡南阳村春秋早期M3：7、M2填土：1形制基本相同。

M25、M38分别使用鼎、甗或鼎、簋仿铜陶礼器及鬲、喇叭口陶罐日用陶器组合。其中A型Ⅰ式喇叭口陶罐、B型Ⅰ式陶鬲、Ⅰ式簋、A型鼎均是时代较早器类。A型鼎与宝鸡西高泉春秋早期秦墓中出土Ⅰ式鼎形制相似，但其腹部稍深，底部更平；Ⅰ式簋与宝鸡西高泉春秋早期秦墓中Ⅰ式簋形制类似，但其腹部要稍浅一些，制作也稍显粗糙；A型Ⅰ式喇叭口陶罐与2001年东阳墓地M29：3形制基本相同，短束颈，腹部显得瘦高，口径基本与最大腹径相当①；B型Ⅰ式鬲与陇县店子M287：2、宝鸡西高泉M2：10形制相同②，鬲体高瘦，裆部较高，体饰较规整的绳纹。此外，M38伴出的B形铜戈为长胡三穿，身平直，中部起横脊至胡部，前端呈圭首形，内平直而无刃，这类圭首形戈在春秋至战国早期秦文化中始终比较流行③。

三座墓葬的墓型包括A、B、C三型。墓向甲组2座、乙组1座。葬式A型2座，B型1座。仿铜

① 陕西省考古研究所、秦始皇兵马俑博物馆：《华县东阳》，科学出版社，2006年，第295页。

② 陕西省考古研究所：《陇县店子秦墓》，三秦出版社，1998年，第83页；卢连成、杨满仓：《宝鸡县西高泉村春秋秦墓发掘记》，《文物》1980年第9期。

③ 井中伟：《先秦时期青铜戈、戟研究》，吉林大学博士学位论文，2006年，第209页。

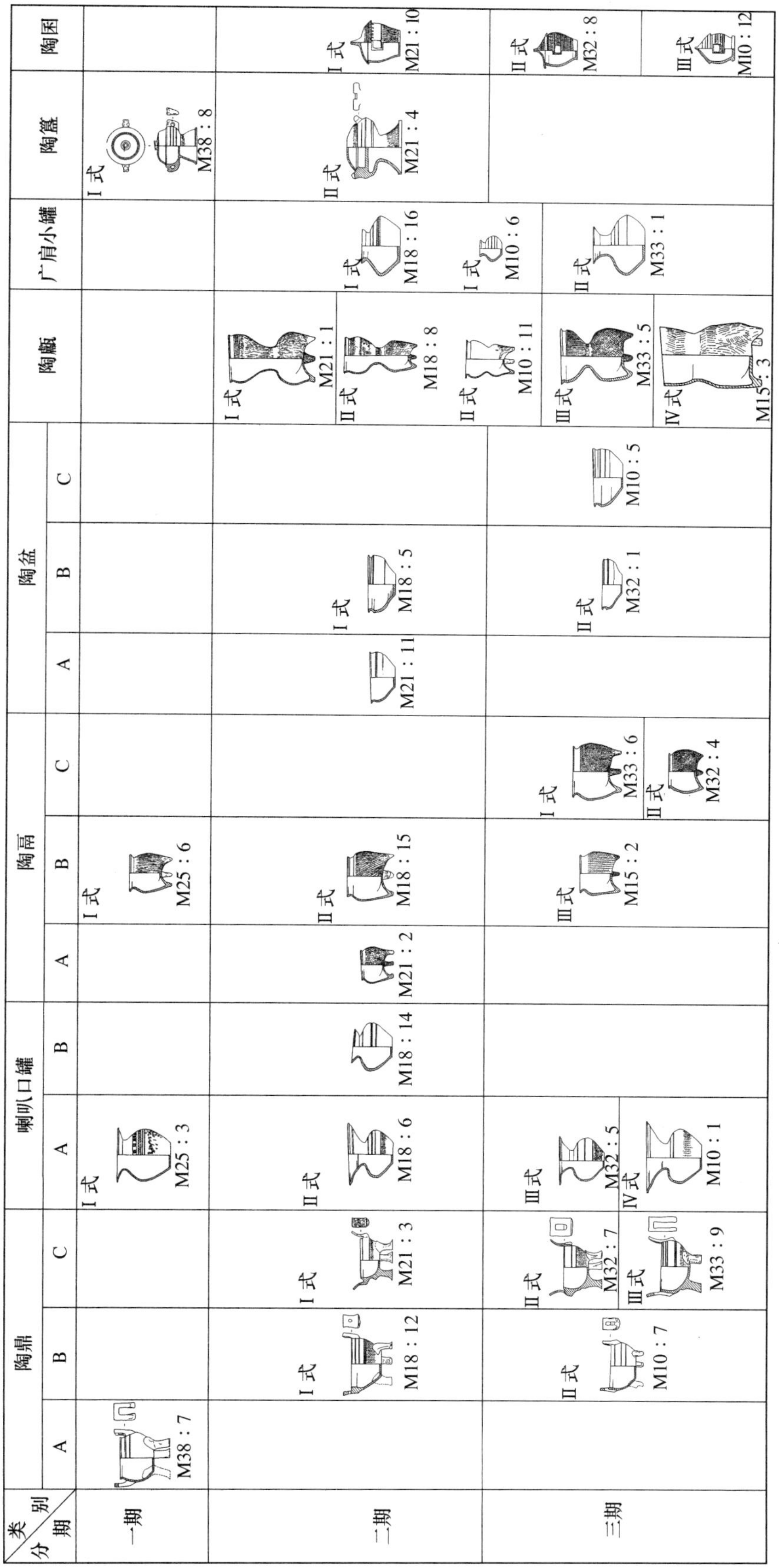

图二四四　墓葬出土陶器分期图

陶礼器的组合是M38为鼎-簋，M25为豆-盂，日用陶器组合是M38为鬲-喇叭口陶罐。2座墓葬使用一棺一椁葬具。M3使用铜礼器铜鼎3件，使用二椁一棺葬具，覆荒帷，身份最高。总体分布非常分散。

第二期：3座，为M18、M19、M21。时代为春秋战国之际，以M21稍早。

本期使用B型Ⅰ式和C型Ⅰ式鼎、A型Ⅱ式和B型喇叭口陶罐、Ⅱ式簋、Ⅰ式囷、Ⅰ式及Ⅱ式甗、Ⅰ式广肩小罐、A型及B型Ⅱ式鬲、B型Ⅰ式盆等器类。

B型Ⅰ式鼎与凤翔八旗屯Ⅱ式鼎（M8：7）、凤翔高庄Ⅲ式鼎（M34：3）形制相似[①]；A型Ⅱ式喇叭口陶罐与陇县店子M252：4、凤翔高庄M12：3形制接近[②]；Ⅱ式簋假腹程度较甚，呈直口浅盘状，凤翔高庄秦墓有类似材料，但其腹两侧为圆柱状錾，圈足高度从整体比例来看仍较高；Ⅰ式甗与陇县店子M114：2形制相同[③]；B型Ⅱ式鬲与铜川王家河M1：1形制相同[④]；A型盆与凤翔高庄M19：13、铜川枣庙Ⅱ式盆形制基本相同[⑤]；B型Ⅰ式盆与2001年东阳M24：4形制类似[⑥]；Ⅰ式广肩小罐与宝鸡茹家庄M6：11形制相似[⑦]，但体量较小，呈模型化；Ⅰ式囷与西安南郊M43：2形制相同[⑧]。

此外，M18中铜带钩与凤翔上郭店SGM2金带钩、凤翔高庄秦墓M25：1、M3：19铜带钩的形制完全相同[⑨]。

本期墓葬使用的墓型均为A型，墓向为甲组，葬式2座A类，1座B类。仿铜陶礼器组合中，M18为鼎-甗；M19仅有鼎；M21为鼎-簋、甗。日用陶器中，M19为喇叭口陶罐-盆，M18、M21为鬲-喇叭罐-盆-广肩小罐。此外，M21出现陶囷。三座墓葬集中分布，尤其是M18、M19几乎为南北并列，间隔只有1.2米，应该有密切的血缘或亲缘关系。

第三期：4座，包括M10、M15、M32、M33。时代为战国早期，以M10稍早，或可到战国早期早段。

该期流行的陶器形式为Ba型Ⅱ式、Bb型Ⅱ式、Ca型Ⅱ式、Cb型Ⅱ式鼎，A型Ⅲ式、A型Ⅳ式喇叭口陶罐，B型Ⅲ式、C型Ⅰ式、C型Ⅱ式鬲，Ⅱ、Ⅲ、Ⅳ式甗，B型Ⅱ式、C型盆，Ⅱ式广肩小罐。其中，Bb型Ⅱ式鼎与宝鸡茹家庄M6：1形制相似，且均为模型明器；Cb型Ⅱ式鼎与凤翔八旗屯M21：1形制相似[⑩]，但耳部稍外撇；A型Ⅲ式、A型Ⅳ式喇叭罐分别与2001年东阳墓地M99：3、

① 尚志儒、赵丛苍：《陕西凤翔八旗屯西沟道秦墓发掘简报》，《文博》1986年第3期；吴镇烽、尚志儒：《陕西凤翔高庄秦墓地发掘简报》，《考古与文物》1981年第1期。

② 陕西省考古研究所：《陇县店子秦墓》，三秦出版社，1998年，第91页。

③ 陕西省考古研究所：《陇县店子秦墓》，三秦出版社，1998年，第69页。

④ 陕西省考古研究所、北京大学考古实习队：《铜川市王家河墓地发掘简报》，《考古与文物》1987年第2期。

⑤ 陕西省考古研究所：《陕西铜川枣庙秦墓发掘简报》，《考古与文物》1986年第2期。

⑥ 陕西省考古研究所、秦始皇兵马俑博物馆：《华县东阳》，科学出版社，2006年，第330页。

⑦ 王光永：《陕西宝鸡市茹家庄东周墓葬》，《考古》1079年第5期。

⑧ 西安市文物保护考古所：《西安南郊秦墓》，陕西人民出版社，2004年，第128页。

⑨ 景宏卫：《陕西凤翔县上郭店村出土的春秋时期文物》，《考古与文物》2005年第1期。

⑩ 尚志儒、赵丛苍：《陕西凤翔八旗屯西沟道秦墓发掘简报》，《文博》1986年第3期。

M62：16形制相似，颈部稍高于前期[①]；B型Ⅲ式鬲与铜川王家河M1：1形制相类似，唯有裆、足部饰大麻点纹；C型Ⅱ式鬲与铜川枣庙A型Ⅲ式鬲形制相同；Ⅱ型甗与凤翔南指挥村M2：3、宝鸡茹家庄M6：10形制相似；Ⅲ式甗与2001年东阳试掘M3：9形制相同；B型Ⅱ式盆与铜川枣庙Ⅲ式盆形制相同；C型盆与2001年东阳M62：3形制相同。此外，Ⅲ式囷与凤翔南指挥M1：4、凤翔八旗屯M13：6形制相同。

该期陶器出现较多模型化明器，特别是出现象征财富的陶囷。不见广泛流行于战国中期的颈部长、腹接近"亚"字形、折肩及折腹明显的喇叭口陶罐。陶礼器组合中，M15仅见甗；M33鼎-甗；M32为鼎-匜-囷；M10组合最为复杂，为鼎-甗-豆-匜-盘。日用陶器组合中，M15为鬲-喇叭口陶罐；M10为喇叭口陶罐-盆-广肩小罐；M32、M33为鬲-喇叭口陶罐-盆-广肩小罐。M10使用陶囷。其中M10身份较高。

本期墓型均为A类，墓向1座属于乙组，其余均为甲组，葬式均为A类。分布较为集中，尤其与第二期墓葬有一定的规律，如M33，位于M19与M21之间，M10与M18、M19近南北一线。

2. 综合因素的判断

参照上述分期结果，对另外缺乏陶器分期材料的10座墓葬，综合其所处位置、墓型、墓向等因素做出判断。

M4、M9、M11墓型均为B类，紧密围绕在M25周围，无打破关系，时代不会相隔太远，并与M25存在一定的依附关系。M25当为其中等级稍高者。此三座墓葬的时代可划入第一期。

M2随葬石圭包括Aa型和Ab型，其中的Ab型与M38、M31、M25相同。时代应接近。但该墓使用B类墓型，属于中型墓葬，其墓圹口、底平面形状的变化，应有一定的时代意义。时代应稍晚于M38、M25，或可划入第二期。

M8、M13墓型均为B类，属于小型墓葬，墓圹较浅，难以体现口、底变化。从位置看，M8、M13距M25等墓葬稍远，似有意避让。M8出土石圭为Aa型，不见Ab型，与M2情况不同，可划入第三期。

M31墓型为B类，与M38出土同样质地和型式的石圭，年代应接近，二者墓向亦相同，均属甲组，时代应相隔不远，可划为第一期。

M1与M35均以蚌质串饰为随葬品，墓向均属于戊组，墓型也一致，之间应存在一定的关系，两座墓葬或可归入第二期。

综合上述，本次发掘的19座东周时期墓葬划分为三期。属于第一期的墓葬有M3、M4、M9、M11、M25、M31、M38共计7座；属于第二期的墓葬有M1、M2、M18、M19、M21、M35共计6座；属于第三期的墓葬有M8、M10、M13、M15、M32、M33共计6座。总体时代上限为春秋中期偏早阶段，下限为战国中期。

---

① 陕西省考古研究所、秦始皇兵马俑博物馆：《华县东阳》，科学出版社，2006年，第295、297页。

第七章　汉代遗存

汉代遗存均位于J区发掘点，以16座墓葬为主，兼有少量灰坑、灰沟及围墓沟。灰坑仅1座，编号为H3；灰沟1条，编号G3；围墓沟5条，编号分别为G4、G5、G6、G7、G9（图三四五）。

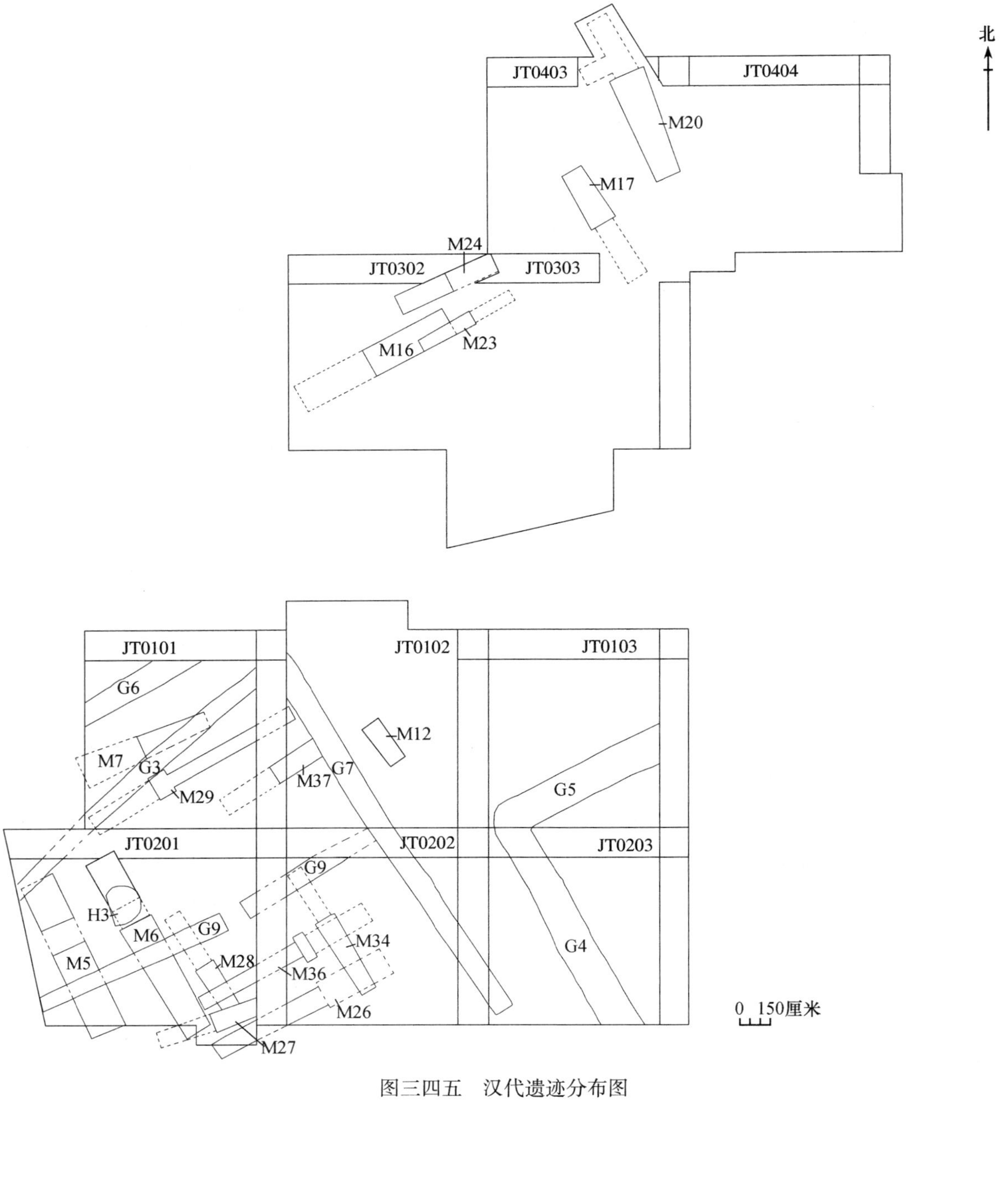

图三四五　汉代遗迹分布图

第一节　墓　葬

墓葬16座，编号分别为M5～M7、M12、M16、M17、M20、M23、M24、M26～M29、M34、M36、M37。其中M12未见典型汉代遗物，只根据其打破东周秦墓（M13）的层位关系，暂归入汉墓。

一、概　况

竖穴土圹墓、洞室墓两大类，其中又以洞室墓居多。绝大多数为斜坡墓道，个别墓葬的墓室一侧附有小型的单耳室，两例墓道内端发现天井。

葬具均为木质，均已腐朽。依痕判断，基本为梯形棺，极少数墓葬中还附有一椁。墓主葬式均为仰身直肢，头向比较复杂，有西北、西南、东北、东南四种情况。绝大多数墓主骨骼保存情况较为一般，对其性别、年龄的判断工作造成困难。

由于大多数墓葬未经盗扰，出土的随葬品比较丰富，共有548件（组），包含陶器、铜器（含铜钱）、铁器、铅器、泥器、石器、漆器等多种材类。陶器整体轮制，下腹部经刮抹修整，形成纵向棱线，同时有多处较明显的斜向抹划、戳划痕。内壁可见明显的轮制及拉坯痕迹。

二、墓葬介绍

（一）M5

位于JT0201西南部，部分延伸出探方外。开口于第2层下，距地表深0.45米，分别被G3、G9打破，同时打破H21、H40。

1. 发掘情况

方向160°。竖穴土圹结构。平面近长方形，由南至北依次由墓道、甬道、耳室、墓室四部分组成，墓室及甬道稍窄。墓道平面为长方形，直壁，斜坡底至近甬道处转平底。开口长4.7、宽1.8米，坡底长3.42、深1.4～2.88米，坡度25°；平底长1.66、深2.97米。甬道位于墓道内端居中处，下部直壁，向上渐弧成拱顶。长1.29、宽1.68、高2米。外端有横向封门槽，槽长1.96、宽0.12、高2.2米。其西壁上距底高0.1米处有一近圆角长方形耳室，直壁，平底，顶较平，宽0.74～0.92、进深0.72、高0.7米。墓室竖穴土圹式，平面呈长方形，口底同大，直壁，平底。长2.48、宽1.69、深3米。墓道及墓室上部填土经夯打。未经盗扰。

葬具为木质一棺，位于墓室后部偏西壁处。平面呈长方形，长2.13、宽0.65～0.68米，残高不详。墓主骨骼保存状况极差，已成粉末状。大致可判断葬式为仰身直肢，头向西北，面向不详。年龄、性别不详。

随葬品共8件。陶器有大口大罐1件、大口小罐2件、缶2件、盆1件、甑1件计7件，铁釜1件。均位于耳室内。此外，填土中发现陶饼、铜刀各1件（图三四六；图版四八，1、2）。

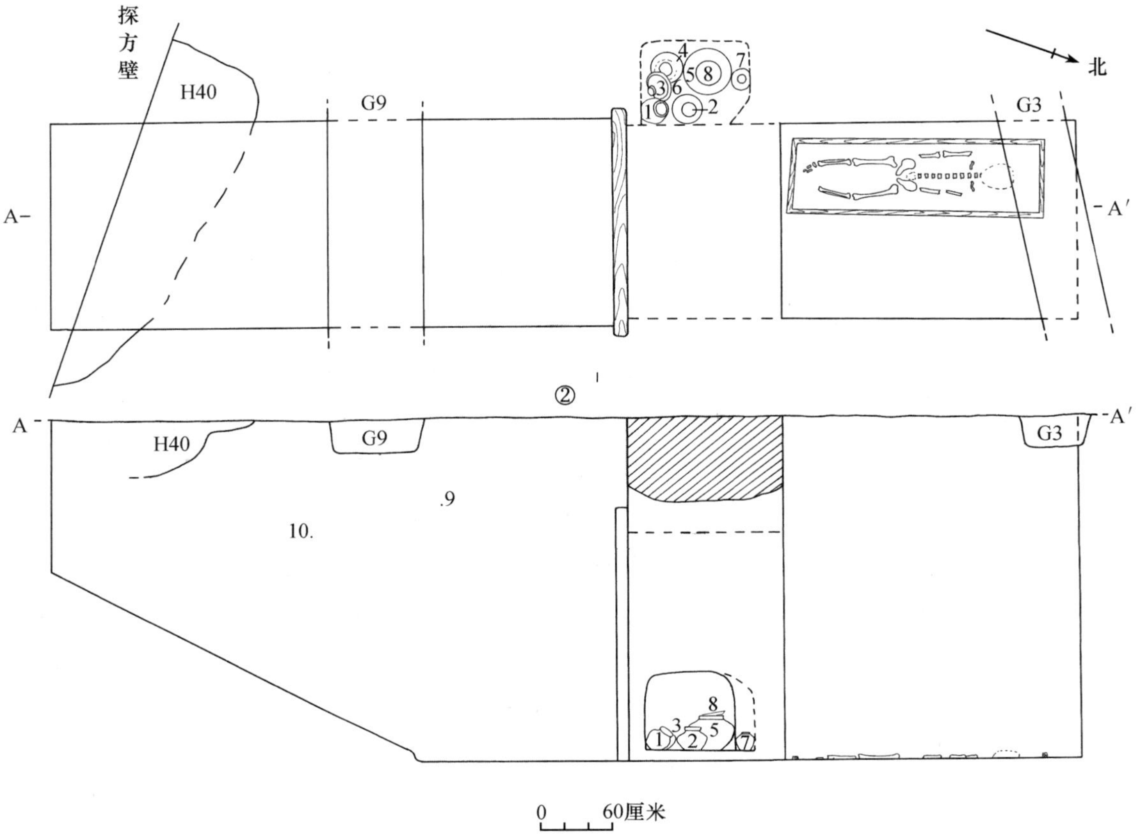

图三四六　M5平、剖面图

1、4. 陶缶　2. 陶大口大罐　3、7. 陶大口小罐　5. 铁釜　6. 陶盆　8. 陶甑　9. 陶饼（M5填：1）　10. 铜刀（M5填：2）

2. 器物

陶罐　3件。根据痕迹可知制作过程中将器胎倒置，自底部向腹部进行修整。

陶大口大罐　M5：2，泥质，浅灰色。口沿微残。大侈口，窄斜沿，方唇，短束颈，弧肩微折，肩面稍鼓，鼓腹，下腹斜收，平底稍内凹。肩部、腹部有多重弦纹，腹部靠上处亦有一周波浪状棱线。口径15.2、腹最大径26、底径12、壁厚0.6、通高21.2厘米（图三四七，8；图版五五，2）。

陶大口小罐　M5：3，泥质，浅灰色。大口微侈，平沿，尖唇，短束颈，斜肩，鼓腹，下腹内收，平底。颈部有两重弦纹，肩部有多重磨光弦纹。口径16.4、腹最大径17、底径7.2、壁厚0.6、通高12.6厘米（图三四七，6；图版五五，3）。M5：7，泥质夹细砂，浅灰色。侈口，方唇，束颈，斜肩微折，鼓腹，微折内收，平底。颈肩交界处有弦纹。口径10.4、腹最大径17.8、底径10.4、壁厚0.6、通高13.8厘米（图三四七，3；图版五五，5）。

陶缶　2件。泥质灰陶。小侈口，窄斜沿，方唇较厚，短束颈，圆肩较广，鼓腹，下腹内收，平

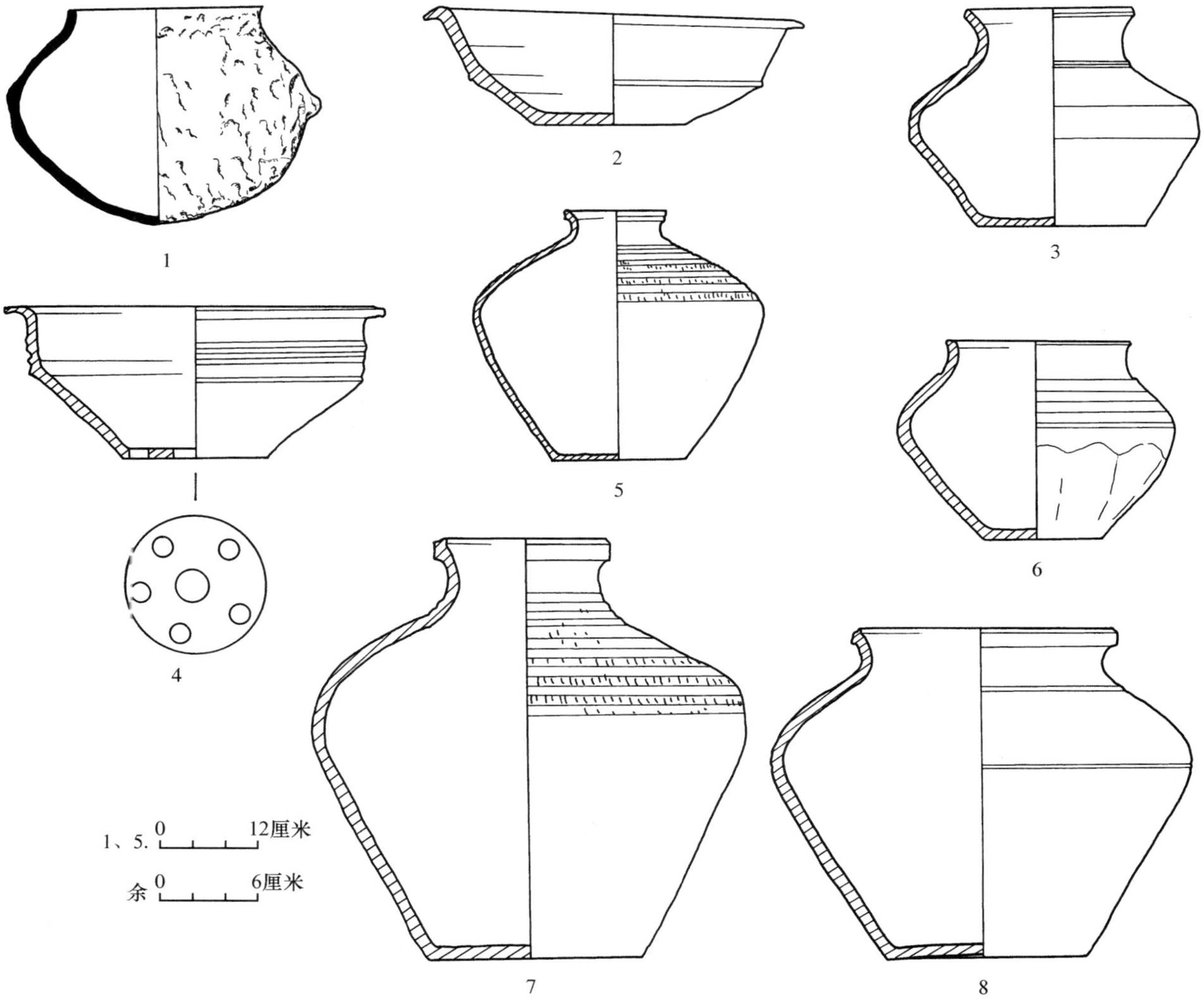

图三四七　M5随葬品

1. 铁釜（M5：5）　2. 陶盆（M5：6）　3、6、8. 陶罐（M5：7、M5：3、M5：2）　4. 陶甑（M5：8）　5、7. 陶缶（M5：4、M5：1）

底。颈及肩偏上部饰多重弦纹，其下至腹最鼓处又饰相间的弦纹及环形戳压纹带。戳压纹多为由器表垂直下压形成，观察其痕迹似为一种方头片状工具。M5：1，深灰色。口径10.7、腹最大径26.6、底径13、壁厚0.8、通高26.8厘米（图三四七，7；图版五五，1）。M5：4，窄平沿，唇上饰一组弦纹。口径12.4、腹最大径36、底径16、壁厚0.8、通高31.8厘米（图三四七，5；图版五五，4）。

陶盆　1件。M5：6，泥质夹细砂，浅灰色。口沿微残。敞口，斜平沿，尖唇，折腹，上腹部较斜，下腹急收，折腹处有一凸棱，平底。口径23.4、沿宽1.6、腹最大径17.7、底径9.4、壁厚0.8、通高7.4厘米（图三四七，2；图版六四，1）。

陶甑　1件。M5：8，泥质，浅灰色。沿部微残。敞口，平折沿，方唇，沿面微鼓。折腹，上腹部较直，下腹急收，平底上有6个箅孔，一个较大的箅孔居中，余较小者环列周围。沿、腹、内壁多见浅弦纹。箅孔由底外部向内钻成。折腹处及口沿下有较多铁锈痕，推测该器物与铁釜成套。口径23.4、沿宽1、腹最大径20.6、底径9、壁厚0.6、箅孔径1.2～2、通高9.7厘米（图三四七，4；图版六五，1）。

铁釜　1件。M5：5，直口微敛，方唇，矮领，溜肩，鼓腹外接两拱形耳，下腹内收，圜底。口径22、腹最大径39、壁厚0.8～1.2厘米，耳长8、宽2、高3.6、通高27.2厘米（图三四七，1；图版六六，1）。

陶饼　1件。M5填：1，泥质灰陶。圆饼状。素面。直径3、厚0.5厘米，重8.2克（图三八〇，4；图版七〇，1）。

铜刀　1件。M5填：2，已残，仅余刀尖部分。平背，直刃，尖锋弧上翘。器形较小。残长3.6、宽1、背厚0.3厘米，重3.9克（图三八〇，3；图版七〇，2）。

（二）M6

位于JT0201中部，开口于第2层下，距地表深0.45米，墓道被H3、G91M2T打破，墓室部分打破H4。

1. 发掘情况

方向155°。竖穴土圹结构，平面近长方形，由南至北依次由墓道、甬道、耳室、墓室四部分构成，墓室及甬道稍窄。墓道平面呈长方形，直壁，斜坡底至近甬道处转平底。开口长5、宽1.78米，斜坡底长4.15、深1.7～3.56米，坡度25°。平底长1.2；深3.56米。填土经夯打。甬道位于墓道北端中居中，下部直壁，向上渐弧成拱顶。长1、宽1.58、高2.32米。西壁下距底0.06米处开有一圆角长方形耳室，西壁稍弧，顶微弧，南北两侧直壁，平底。长0.99、进深0.62、高1.19米。墓室为竖穴土圹式，平面呈长方形，口底同大，直壁，平底。长2.68、宽1.58、深3.56米。未经盗扰。

葬具为木质一棺一椁。椁室位于墓室及甬道中部，平面呈长方形，由南、北两端挡板，东、西两侧板及顶盖板构成，侧板抵挡板，挡板伸出，顶盖板北端稍长于北挡板，南端与挡板齐。长3.48、宽1.19、高1.32、板厚0.1米。棺位于椁室北部偏西处，平面呈梯形，北宽南窄，长2.08、宽0.6～0.7米，高度不详。

墓主骨骼保存状况较差，已成粉末状。葬式为仰身直肢，头向西北，面向上。年龄、性别不详。

随葬品共12件，其中陶器7件、铜钱2枚、漆器3件。耳室东南部内放置陶盒盖1件、陶鼎盖1件，西部放置陶瓮1件，东部放置陶锜及甑1组；椁室南部自西至东依次放置陶钫1件、陶鼎身1件、陶盒1件、漆盘1件、漆耳杯2件、陶瓮1件。漆器的保存状况极差，已无法提取。陶盒东侧有动物肢骨一段。棺内墓主右手处放置铜钱2枚。此外，填土内出1件骨镞（M6填：1）（图三四八，彩版九，1）。

2. 器物

陶瓮　2件。泥质灰陶。M6：1，敛口，圆方唇，斜肩微折，鼓腹，下腹略弧内收，平底。素面。口径27.4、肩宽48.8、腹最大径52、底径8.8、壁厚1.2、通高40.4厘米（图三四九，5；图版五五，6）。M6：5，敛口，方唇，广平肩，圆鼓腹，下腹略弧内收，平底。肩部饰浅弦纹，肩腹部有弦纹，腹部饰三周戳印纹。口径19.2、肩宽43.2、腹最大径48、底径19.2、壁厚1.2、通高41.6厘米（图三四九，6；图版五六，1）。

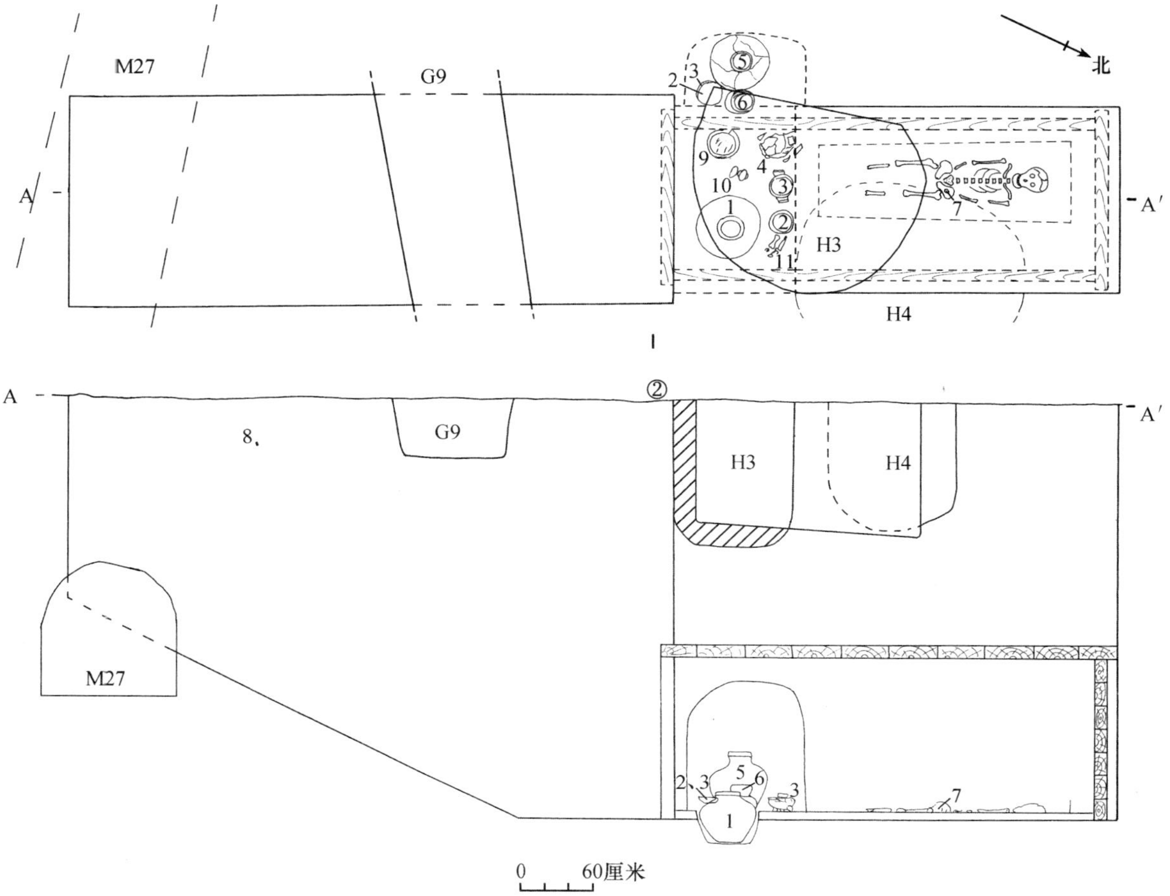

图三四八 M6平、剖面图

1、5. 陶瓮 2. 陶盒 3. 陶鼎 4. 陶钫 6. 陶甑、陶锜 7. 铜钱 8. 骨镞（M6填：1） 9. 漆盘 10. 漆耳杯 11. 动物肢骨

陶盒 1件。M6：2，泥质夹少量细砂，浅灰色。盖微残。浅覆钵形盖，矮空心捉手。器身子母口较直，弧腹较深，平底。器盖及上腹部施彩，黑色为底，上施白、红色。器盖捉手内壁涂绘红，中心填白彩勾连卷云纹，盖身上、下两重红彩条带，中段绘红彩勾连卷云纹三组，等距分布，并以白彩细线勾边。器身近沿及腹部分别有红、白彩条带。盖径18、高5.2厘米，捉手径8、高0.4～0.6厘米，器身口径14.4、腹最大径18、底径8.8、腹深8.4、壁厚0.6、通高13.4厘米（图三四九，2；彩版九，2）。

陶鼎 1件。M6：3，泥质，浅灰色。盖浅覆钵形，其上等距分布三椭圆形小纽。鼎身子母口较直，上腹较直，下腹斜收，腹中部有一周小凸棱，腹底较平，三蹄形足。腹部附两鋬耳，耳上段稍外撇，外侧有长方形凹槽及圆形小透孔。盖、身口沿下施彩，有褐、白、红三色，其中褐为底色。器盖顶部中心饰四个白彩小点，其外等分饰三组勾连卷云纹，红、白彩宽带相间而绘，其中又加白彩细线条补白，再外则饰白色及红色的宽带纹各一周，三组上以红彩满涂；器身口沿下饰一周红彩宽带。器耳及器足模制或捏制，上见多处捏按修整痕，与器身连接处见明显敷泥粘接痕迹。卷云纹绘彩的顺序为：先绘最外圈的白彩宽带，再绘中圈红彩宽带，再绘内圈白彩二分宽带，最后于中圈、内圈之间绘两道白彩细线条补白。器盖径17.6、高5、纽径0.4～1.2、壁厚0.8厘米，器身口径

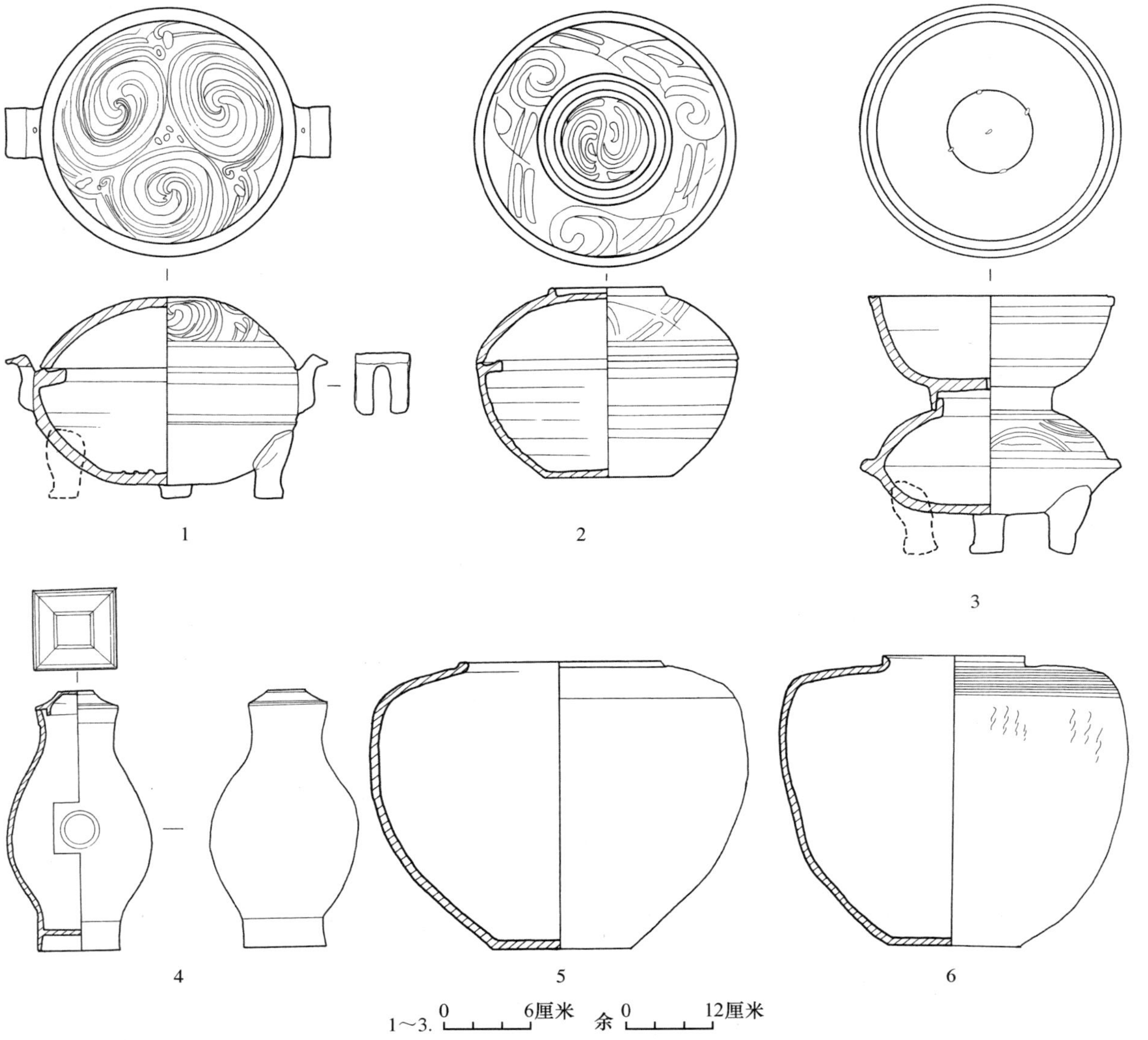

图三四九　M6陶器标本

1. 鼎（M6：3）　2. 盒（M6：2）　3. 甑、锜（M6：6-1、M6：6-2）　4. 钫（M6：4）　5、6. 瓮（M6：1、M6：5）

14、腹最大径18.2、腹深8、壁厚0.4～0.8厘米，足宽2、高4.8厘米，耳宽3.8、高6.2厘米，孔径0.4厘米，通高14.2厘米（图三四九，1；彩版九，3）。

陶锜与陶甑　一组2件，组合使用，甑的圈足稍大于锜的口部，恰能叠摞锜上。M6：6-1，甑，泥质，浅灰色。碗形，口沿微残。敞口，平沿，方唇，沿面上有一周浅凹槽，弧腹，圈足直、矮。底部有五个细长条箅孔，梅花状分布。器身黑彩为底，腹部施两道红彩宽带，其中施两重窄白彩条带，下腹部施一重白彩宽条带，圈足上施一重红彩窄条带。圈足与腹部分别制作再粘接，外壁仍可见接痕；箅孔用尖头物自底外侧向内戳刺而成。口径17、底径8.2、腹深7.8、壁厚0.6～0.8厘米，圈足径8.2、高1.8厘米，通高8厘米。M6：6-2，锜。泥质，浅褐色。直口，方唇，矮直领，扁圆腹，外圈有隔，底近平，三蹄形足，足底不平，尖部着地，跟部悬空。口沿下施红、白彩宽带各一重，再下似施红、白彩相间勾连云纹，已模糊不清，隔部上沿面绘满白彩。该器物制作方法似为：自隔部分上、下分别轮制后粘接而成，内壁可见接痕，隔部也为后期粘接。足部模制后捏压修整，再敷泥粘接于器底。口径3.8、腹最大径16、腹深7.6、壁厚0.6～0.8厘米，隔宽1、厚0.8厘米，足宽2.2、高7.8厘米，通高11厘米（图三四九，3；彩版九，4）。

陶钫　1件。M6：4，泥质，深灰色。已残。盖盝顶形，侈口，平沿，方唇，束颈，鼓腹，方圈足较高。盖上饰两重红彩方框，腹部及圈足亦有红彩残留，器身两侧各附有一模印圆环。其内壁有两转角处上有以泥贴补加固痕迹，钫身为分片模制后拼合而成。器盖上边长4.4、下边长11.6、高3.4厘米，器身口部边长10.4、颈宽10、高6.4、腹最宽处20.6、壁厚0.4～0.8厘米，圈足边长11.6、高2.2厘米，模印圆环内、外径分别为4、5.6厘米，通高36.8厘米（图三四九，4；图版五四，1）。

铜钱　2枚。锈蚀严重，钱文不清，从其造型判断为“半两”（图版六七，1）。M6：7-1，轻薄无郭。钱径1.95、穿宽0.2、肉厚0.1厘米，重2.3克。M6：7-2，无郭。钱径2.1、穿宽0.4、肉厚0.1厘米，重2 4克（图三五九，1）。参见附表二。

漆器　根据朽痕判断有盘1件、耳杯2件，未提取，其余情况不详。

骨镞　1件。M6填：1，扁平的长条状，横截面呈梯形，首端尖，圆铤较短，首、铤分界不甚明显。兽骨磨制而成，表面光滑。铤部长1.7、宽0.1～0.2、首宽0.4～0.8、通长5.5厘米，重1.9克（图三八〇，1；图版七〇，3）。

（三）M7

位于JT0101中部，向西延伸至探方外，开口于第2层下，距现地表深0.5米，被G3打破，打破M25。

1. 发掘情况

方向75°。斜坡墓道土洞墓室结构，平面呈梯形，由东至西依次为墓道、墓室两部分。墓道平面为梯形，东端较窄，直壁，底部由东至西依次有台阶、斜坡、平底。开口长3.59、宽0.91～1.27、深0.37～2.68米。台阶二层，高差0.66米，阶宽0.34～0.56米；坡底长2.06、平底长0.56米。墓道填土经粗夯。墓道内端有木质封门，底及两侧壁有封门槽。底部封门槽长1.5、宽0.14、深0.1～0.12米，两侧封门槽宽约0.1、进深约0.1、高0.15米。墓室平面呈长方形，拱顶东端较西渐高，平底．长3.2、宽1.3、高1.5～1.7米。局部被扰。

葬具为木质一棺，位于墓室偏后部居中。平面呈梯形，东端较窄，长2.1、宽0.6～0.7米，高度不详。墓主骨骼保存情况较差，已成粉末状。葬式为仰身直肢，头向西南，年龄、性别不详。

随葬品共10件。棺内墓主头部北侧放置铜钱1枚，东北角放置铁削刀、石球各1件，墓室东南部放置陶质大口大罐1件、大口小罐2件、甑1件、釜1件、盆1件，东北部放置陶缶1件、漆器1件。漆器已残朽，无法提取。填土中发现石器1件、铁刀1件，应为扰入（图三五〇，图版四九，1）。

2. 器物

铜钱　1枚。M7：1，穿上一横，边缘有周郭，无内郭。钱文为“五铢”，“五”字瘦长，竖画缓曲，“铢”字不清。钱径2.15、穿宽0.55、郭厚0.15、肉厚0.1厘米，重4.4克（图三五九，2；

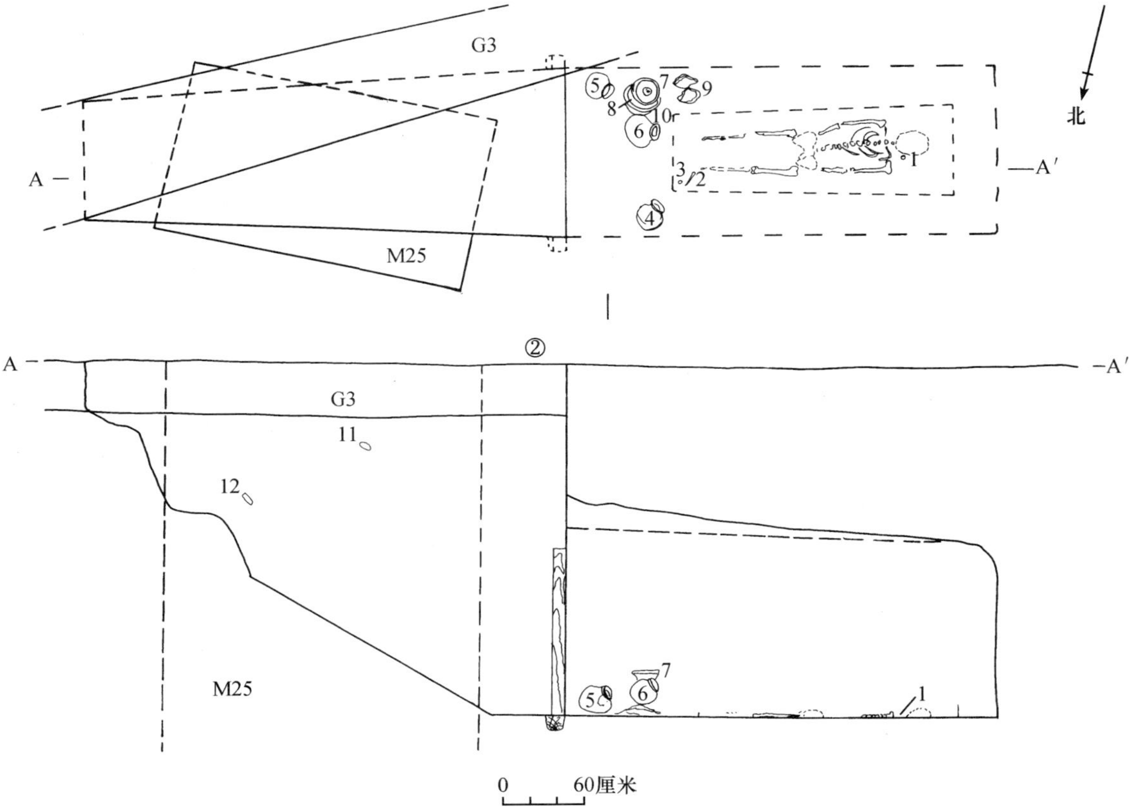

图三五〇　M7平、剖面图

1. 铜钱　2. 铁削刀　3. 石球　4. 陶缶　5、6. 陶大口小罐　7. 陶甑　8. 陶釜　9. 陶盆
10. 陶大口大罐　11. 石器（M7填：1）　12. 铁刀（M7填：2）

图版六七，2）。参见附表二。

铁削刀　1件。M7：2，锈蚀严重，残为两段，直背，直刃，首部残缺。残长7.8、残宽0.6～1.4、厚0.5厘米，重25克（图三七九，9；图版六七，4）。

石球　1件。M7：3，圆球状。表面较粗糙。直径2.8厘米，重25克（图三七九，10；图版六七，3）。

陶缶　1件。M7：4，泥质，浅灰色。口沿微残。盘形口外侈，尖圆唇，束颈稍高，圆肩，鼓腹，平底。自肩部至腹最鼓处饰细密的弦纹。口径11.6、颈高1.4、腹最大径30、底径15.2、壁厚0.8、通高33.6厘米（图三五一，7；图版五六，2）。

陶大口小罐　2件。泥质，浅灰色。M7：5，口沿微残。大口微侈，方唇而有圆意，直颈极矮，圆肩微折，腹微折，上腹较直，下腹斜收，平底。肩腹相接处有弦纹，其上又饰两组抹光波浪纹带。口径12.8、腹最大径18、底径8.4、壁厚0.6、通高11厘米（图三五一，5；图版五六，3）。M7：6，口沿微有扭曲变形。口沿稍残。大侈口，窄平沿，方唇，短束颈，斜肩微折，斜腹内收，平底。肩腹相接处饰弦纹，肩部有数处模糊的纵向细绳纹。口径18、颈高1.6、腹最大径26.8、底径14.4、壁厚0.8、通高22.4厘米（图三五一，6；图版五六，4）。

陶大口大罐　1件。M7：10，泥质夹细砂，浅灰色。残。大口微侈，尖圆唇，广肩稍鼓，上腹

图三五一　M7陶器标本

1. 大口大罐（M7：10）　2. 盆（M7：9）　3. 甑（M7：7）　4. 釜（M7：8）
5、6. 大口小罐（M7：5、M7：6）　7. 缶（M7：4）

直而略鼓，下腹微凹内收，平底稍内凹。口沿下饰磨光暗纹，为三角形锯齿图案，肩部及上腹部饰多重浅弦纹。口径20.8、腹最大径37.2、底径18.8、壁厚0.8、通高25.2厘米（图三五一，1；图版五六，5）。

陶甑　1件。M7：7　泥质，浅灰色。残。敞口，平折沿，沿面微鼓，方唇，斜腹微弧，平底上有8个箅孔，一孔居中，余环列四周。上腹饰弦纹，腹内壁有多重磨光浅凹的弦纹。箅孔由底外侧向内旋钻而成。口径33.1、沿宽2、底径13.2、壁厚0.8、箅孔径2、通高17.6厘米（图三五一，3；图版六五，2）。

陶釜　1件。M7：8，夹砂，浅褐红色。残。侈口，方唇，短直颈，溜肩，鼓腹，圜底。肩部及上腹部饰多重弦纹，下腹部及底部饰较规整横篮纹。口沿及上腹部轮制，下腹部及底部模制后拼接制成整器。内壁见有涂抹、按压加固连接处的痕迹。下腹部及底部的夹砂量明显大于口沿及上腹部。底部有灰黑色烟炱。口径23.6、颈高1.4、腹最大径28.8、壁厚0.8、通高20.2厘米（图三五一，4；图版六二，3）。

陶盆　1件。M7：9，泥质，浅灰色。口沿微残。敞口，平折沿，方唇，斜腹稍弧，平底。口沿上饰两重浅弦纹，上腹部饰弦纹，腹部、底部内壁有切胎、拉坯痕迹。口径33.6、沿宽1.8、腹最大径28、底径13.6、壁厚0.6～0.8、通高15.4厘米（图三五一，2；图版六四，2）。

石器　1件。M7填：1，石灰石质，浅灰色。整体呈扁平状的椭圆体，剖面形状接近半圆形。边缘处有刃，较为锋利，其中一侧的近中部有一个半圆形凹槽。通长11、宽5.3、厚2.2厘米，重160克（图三八〇，11；图版七〇，4）。

铁刀　1件。M7填：2，已残，锈蚀严重。直背。残长9.1、残宽1.5～3.1、背厚0.3厘米，重40克（图三八〇，6；图版七〇，5）。

（四）M12

位于JT0102中部偏南处，距现地表深1.07米，开口处完全被一近代坑打破，打破M13。其应晚于东周时期，暂时归入汉墓叙述。

发掘情况

方向345°。竖穴土圹结构，平面呈圆角梯形，南部较窄，北、东、西部直壁，南部壁较斜，平底，四周有熟土二层台。内部填土经粗夯。口长3.2、宽0.92～1.1米，底长2.35、宽0.67～0.74、深约0.9米。东、西、北三面的二层台，较规整，东台长0.05～0.11、高约0.2米，西台宽0.1～0.34、高约0.2米，北台宽0.26、高0.6米；南端二层台上部呈缓坡状，下部为台阶状，宽约0.6、高0.2～0.6米。受扰严重。

未见葬具及随葬品。墓主骨骼经严重扰乱，保存差，仅见少量碎骨块零散分布。葬式、年龄、性别无法判断（图三五二；图版四九，2）。

（五）M16

位于JT0302中部，开口于第1层下，距现地表深0.26米。打破M35，被M23打破。

1. 发掘情况

方向68°。斜坡道土洞墓室结构，平面呈长方形。墓道在东，平面呈长方形，直壁经修整，可

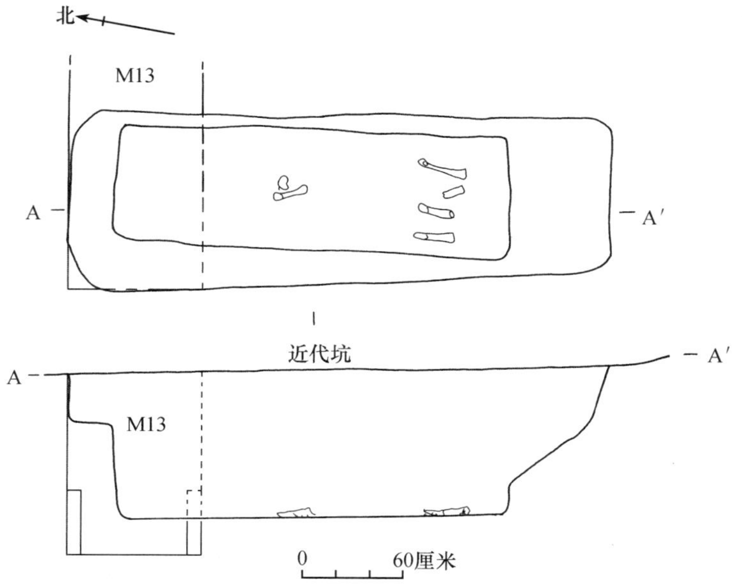

图三五二　M12平、剖面图

见明显工具痕迹，斜坡底，至近墓室处转为平底。填土分层夯打，未处理的填土和夯打填土相间分布，填土层厚约0.2米，夯层厚0.15～0.2米。开口长4.97、宽1.52米，斜坡底长3.14、深0.3～1.77米，平底长2.38、深1.77米。墓道内端有木质封门朽迹。两侧封门槽进深0.2、宽0.19、高1.17米，高出洞室顶约0.18米。底槽长1.52、宽0.19、深约0.12米。墓室平面呈近长方形，拱顶，平底，长3.77、宽1.5、高1.06米。东南角近封门处有一耳室，平面呈长方形，拱顶，平底，口宽0.95、高0.8、进深0.53米，壁残留明显工具修整痕迹。

葬具为木质一棺一椁。椁室平面呈长方形，长2.61、宽1.22、残高0.25米，板宽0.12～0.18米。棺位于椁室西部稍偏北处，平面近梯形，西端稍窄，长1.9、宽0.6～0.71米，高度不详。墓主骨骼保存一般，仅盆骨及两大腿肢骨保存稍好，余皆粉化，成年女性。仰身直肢，头向东北，面向不详。

随葬品共64件。椁室南部放置陶釜2件、陶甑1件、陶缶1件，东部居中处放置铜鋗1件，东南部放置陶质大口大罐1件；耳室内放置陶瓮2件。棺内墓主左、右手中各握铜钱1枚，头部南侧放置铜钱一组计53枚，口含铜钱1枚，已残不可提取。墓道填土中出陶纺轮1件（图三五三；图版四九，3）。

2. 器物

陶釜　2件。夹砂红陶。肩、腹部饰多重弦纹，下腹及底饰粗篮纹。下腹部及底部的夹砂量明显大于口沿及上腹部。口沿至腹部以及柄为轮制，底部疑为模制。内壁可见明显的轮制痕迹，器身及底部有多处黑色烟炱痕。M16：2，夹砂红陶。微残。侈口，卷沿，圆唇，短颈微束，溜肩，鼓腹，圜底稍尖，一侧有喇叭口形中空柄。柄及底部为后期拼接于器身，拼接部可见涂泥修整加固痕迹。口径11.2、颈高1.4、腹最大径20、壁厚0.4～0.6厘米，柄长5.4、径2.4～3.6厘米，通高12.6厘米（图三五四，2；图版六二，4）。M16：4，大侈口，微卷沿，圆唇，短直颈，溜肩，鼓腹，圜底稍尖。口径15.4、颈高1.6、腹最大径22.6、壁厚0.6、通高19.2厘米

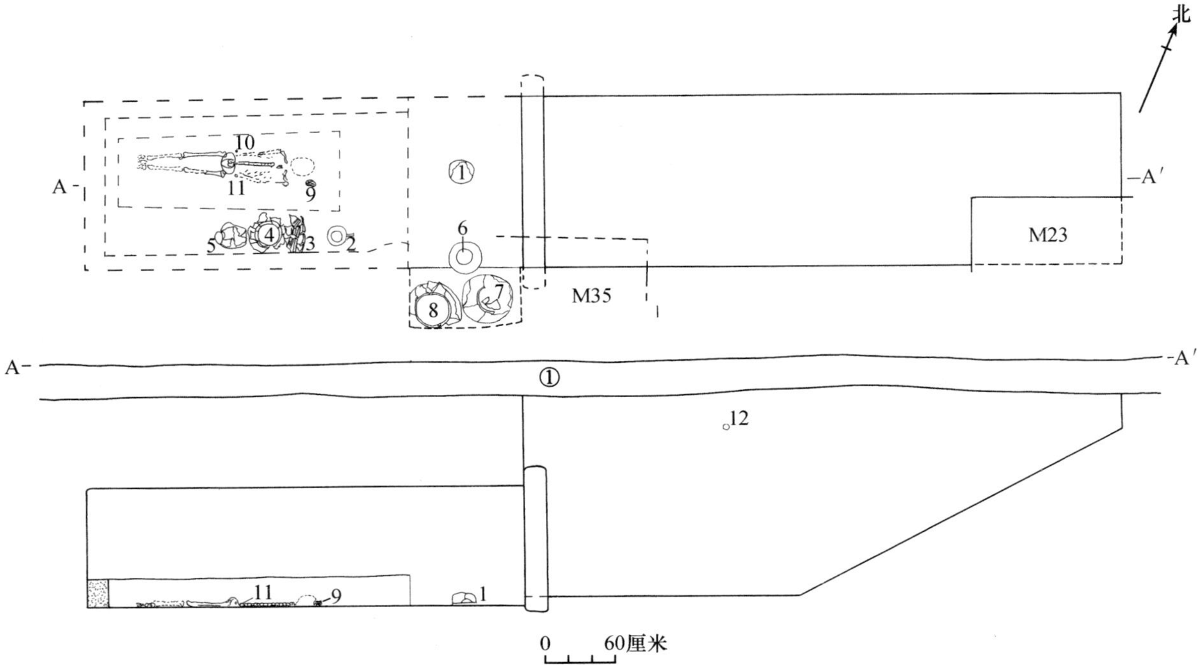

图三五三　M16平、剖面图

1. 铜鍋　2、4. 陶釜　3. 陶甑　5. 陶缶　6. 陶大口大罐　7、8. 陶瓮　9～11. 铜钱　12. 陶纺轮（M16填：1）

（图三五四，3；图版六二，5）。

陶甑　1件。M16：3，泥质灰陶，色浅。微残。敞口，平沿稍下斜，圆唇，折腹，上腹部较直，下腹内收，折腹处形成一周台棱。平底上有8个箅孔，一孔居中，余环列周围。沿面上饰弦纹，上腹部饰四重弦纹。下腹部制成后经刮抹，形成数道不明显的斜向棱线，同时有较多成片的、细小的斜向戳划印痕及抹划痕迹。戳划印痕从器底至器腹自左而右约斜向45°施加。箅孔由底外部向内钻成。口径26.6、沿宽1、腹最大径27、底径5.8、壁厚0.8、箅孔径1.4～1.6、通高15.4厘米（图三五四，6；图版六五，3）。

陶缶　1件。M16：5，泥质灰陶，色深。残。小侈口，窄沿稍斜，方唇，短束颈，圆肩稍广，鼓腹，下腹斜收，平底。肩部饰密集弦纹。口径11.2、腹最大径21.2、底径10.8、壁厚0.8、通高22.8厘米（图三五四，4；图版五六，6）。

陶大口大罐　1件。M16：6，泥质灰陶，色浅。残。大侈口，窄平沿，方唇，束颈极短，斜肩微折，鼓腹，下腹内收，平底。颈肩部一周斜向磨光暗纹，肩部有多重弦纹，肩腹交接处饰弦纹。口径17.4、腹最大径28、底径15、壁厚0.8～1、通高21.2厘米（图三五四，5；图版五七，1）。

陶瓮　2件。器形硕大。M16：7，泥质灰陶。敛口，方唇，广平肩，圆鼓腹，下腹略弧内收，平底。唇上饰一道弦纹，肩腹部有弦纹，上腹部饰两组戳印纹。口径26、腹最大径50、底径19.6、壁厚1.2、通高38.8厘米（图三五四，7；图版五七，2）。M16：8，夹砂灰陶。口微侈，方唇，斜肩近平，圆鼓腹，下腹略弧内收，平底。口沿下有凹槽，肩部及腹部饰有多重磨光弦纹。口径30.4、肩宽52.4、腹最大径56、底径18、壁厚1.2～1.6、通高46.8厘米（图三五四，8；图版五七，3）。

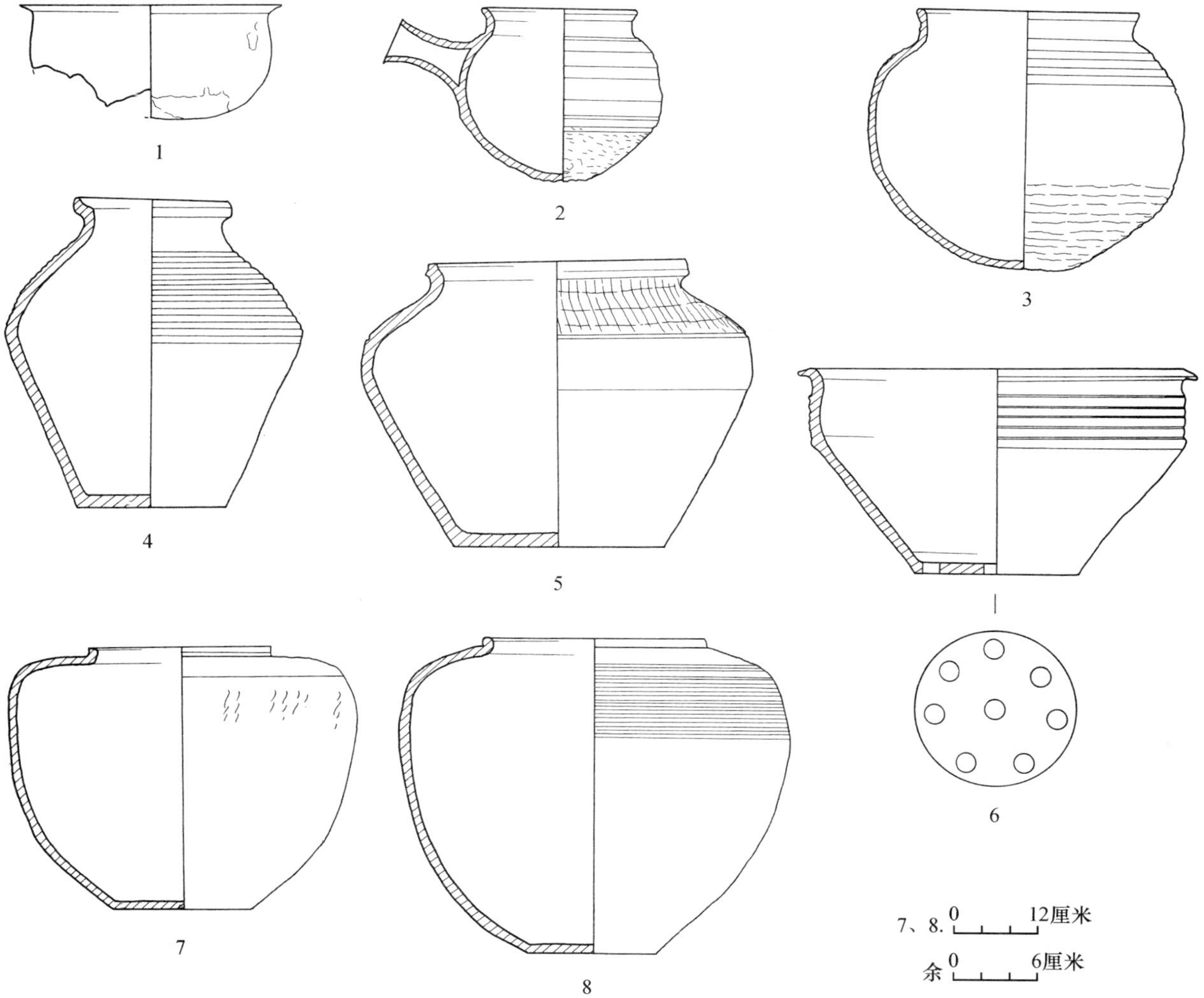

图三五四　M16陶器标本

1. 铜鋗（M16：1）　2、3. 陶釜（M16：2、M16：4）　4. 陶缶（M16：5）　5. 陶大口大罐（M16：6）　6. 陶甑（M16：3）　7、8. 陶瓮（M16：7、M16：8）

铜鋗　1件。M16：1，已残，锈蚀严重。侈口，平沿，尖唇，圆鼓腹，圜底。口径18.8、腹最大径17.2、壁厚0.05、通高8.2厘米，重255克（图三五四，1；图版六六，2）。

铜钱　共56枚，除1枚残甚，详情不辨外，其余钱文为“五铢”，外有郭。M16：9-20，“五”字稍瘦，竖画较直；“朱”头方折，余不清。钱径2.55、穿宽0.98、郭厚0.22、肉厚0.11厘米，重4.3克（图三五九，11；图版六九，1）。M16：9-24　“五”字稍瘦，竖画较直；“金”头三角形，四圆点，“朱”头方折。钱径2.55、穿宽0.95、郭厚0.25、肉厚0.13厘米，重4.5克（图三五九，12；图版六九，1）。余详见附表二。

陶纺轮　1件。M16填：1，泥质灰陶。圆形，截面近梯形，中心有一穿孔。通高3.6、径6.3、孔径0.5～1.1厘米，重165克（图三八〇，12；图版七〇，6）。

（六）M17

位于JT0403中部略偏东南，开口于第1层下，距现地表深0.28米。打破M18、M19。

1. 发掘情况

方向325°。斜坡墓道土洞墓室结构，平面近长方形，墓室位于墓道南端居中。墓道平面呈梯形，北端较窄，直壁可见明显工具修整痕迹，斜坡底。开口长3.2、宽1.1～1.4米，斜坡底长3.43、深0.3～1.64米，坡度20°。墓室平面呈梯形，北窄南宽，直壁渐成拱顶，长3.22、宽1.19～1.44、高1.21米。

葬具为木质一棺，位于墓室中部。平面呈长方形，长1.91、宽0.52米，高度不详。墓主骨骼保存情况较差，性别、年龄不详。葬式仰身直肢，头向东南，面向不详。

随葬品共315件，其中铁器3件、铅器4件、铜钱一串共303枚、陶器5件。棺内墓主头南部放置铜钱一串，头东侧放置铅镇4件，棺内东北部贴墓主盆骨及腿骨处放置铁剑1柄；墓室中部偏东，棺东侧放置陶盆1件、陶甑1件，东北角放置有陶釜1件、铁釜1件、陶大口大罐1件、陶大口小罐1件及铁弩机1件（图三五五，图版五〇，1）。

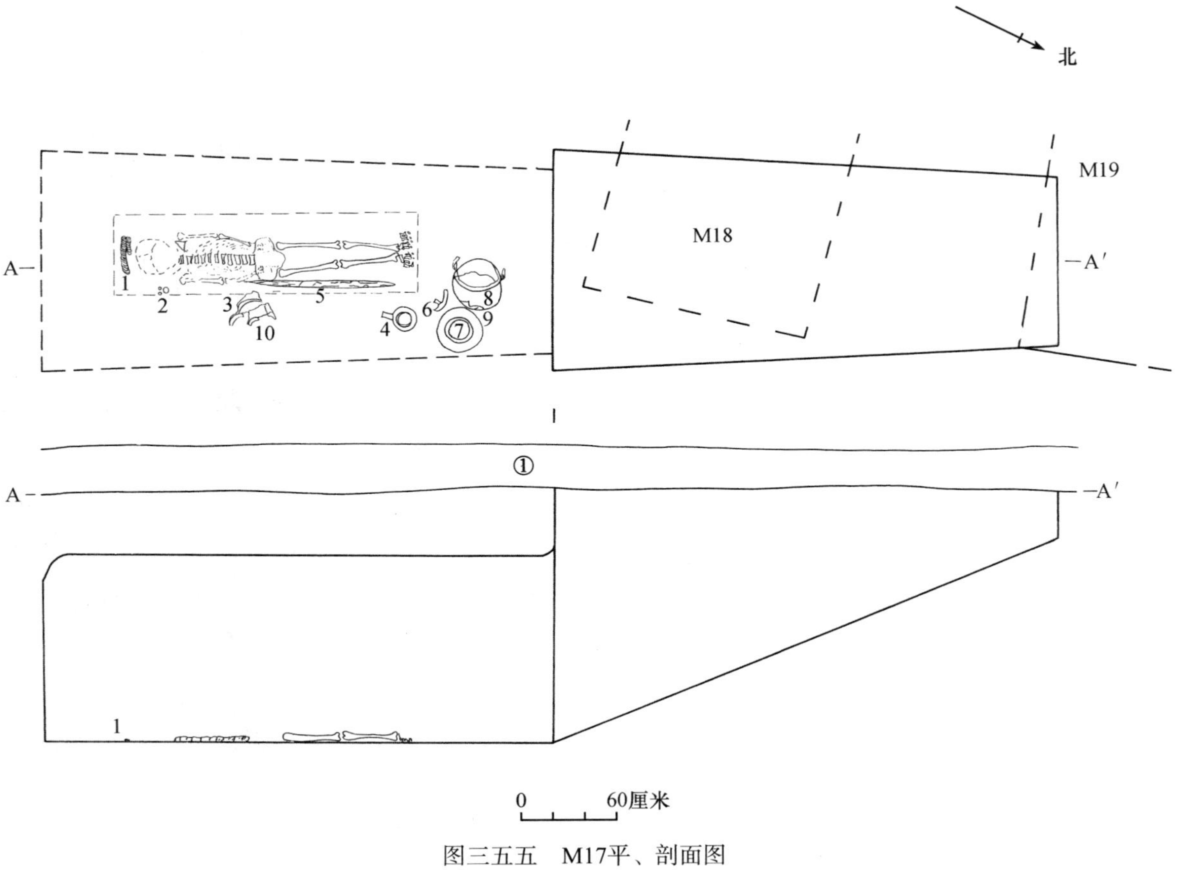

图三五五　M17平、剖面图

1. 铜钱　2. 铅镇　3. 陶盆　4. 陶釜　5. 铁剑　6. 铁弩机　7. 陶大口小罐　8. 铁釜　9. 陶大口大罐　10. 陶甑

2. 器物

除铁釜（M17∶8）残不可提取外，其余均基本完整。

陶盆 1件。M17∶3，泥质，浅灰色。稍残。敞口，平沿，方唇略带圆意，折腹，上腹部较直，下腹内收，平底。上腹部饰弦纹。口径28.8、沿宽1、腹最大径26.8、底径12.8、壁厚0.8、通高12.6厘米（图三五六，2；图版六四，3）。

陶釜 1件。M17∶4，夹砂红陶，下腹部及底部的夹砂量明显大于口沿及上腹部。稍残。口微侈，卷沿，圆唇，短直颈，溜肩，鼓腹，圜底，一侧有喇叭形中空柄。肩腹部饰五重弦纹，底部饰粗篮纹。口沿至腹部以及柄为轮制，底部疑为模制。柄及底部为后期拼接于器身，内壁仍可见底与腹部的拼接线。器腹及底部内外有多处黑色烟炱痕。口径11.2、腹最大径16、底径4.6、壁厚

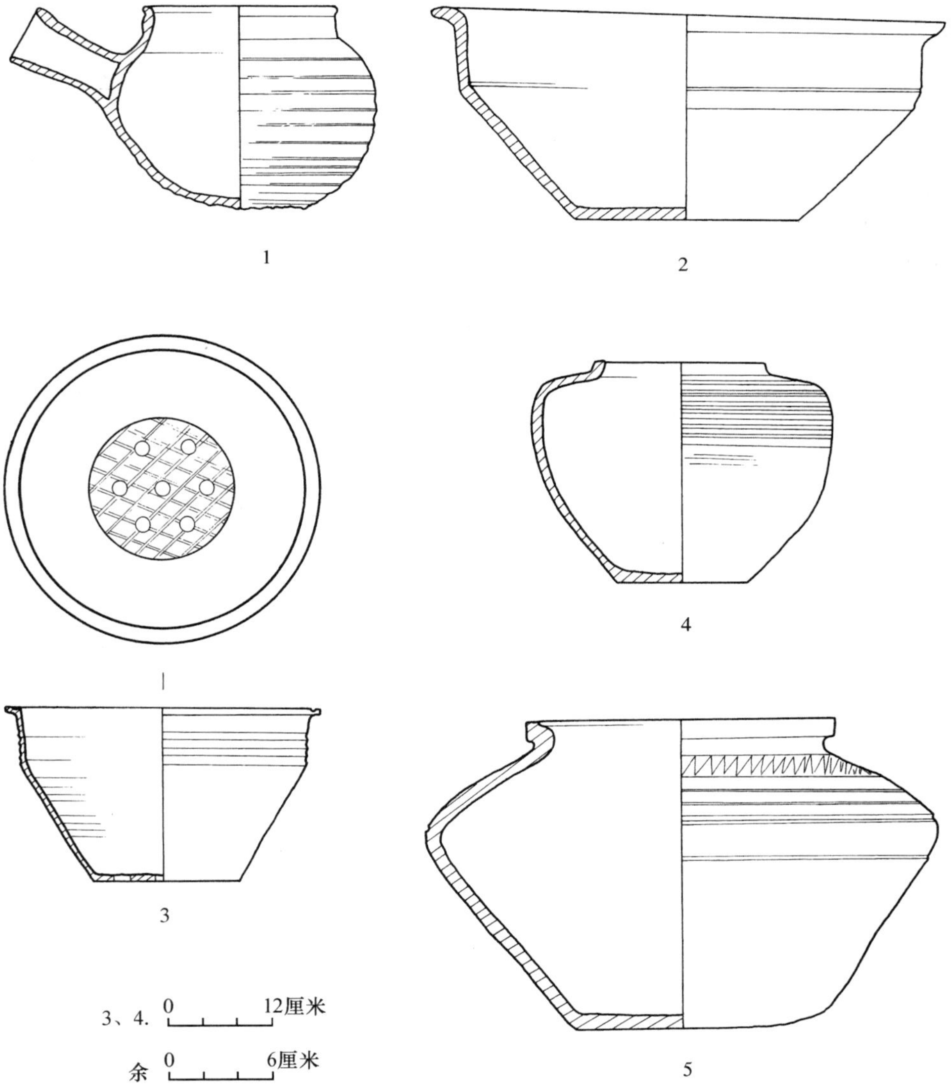

图三五六 M17陶器标本

1. 釜（M17∶4） 2. 盆（M17∶3） 3. 甑（M17∶10） 4. 大口大罐（M17∶9） 5. 大口小罐（M17∶7）

0.4～0.8厘米，柄长5.8、径3.2～3.8厘米，通高12厘米（图三五六，1；图版六二，6）。

陶大口小罐　1件。M17：7，夹砂，深灰色。大侈口，窄平沿，方唇，短束颈，斜肩微折，鼓腹，下腹内收，平底稍凹。口沿下有一周方框组成的磨光纹饰带，肩部有多重浅弦纹，鼓腹处上下各有弦纹。口沿、腹部及底部均有不同程度的歪斜变形，说明作为明器对其造型的完美性并没有极高的要求。口径18、沿宽0.8、腹最大径29.6、底径12.4、壁厚0.8～1.6、颈高1、通高18.3厘米（图三五六，5；图版五七，4）。

陶大口大罐　1件。M17：9，泥质，深灰色。微残。直口，方唇，广肩较平，圆腹微弧，下腹内收，平底内凹。肩及上腹部有多重磨光浅凹弦纹。整体轮制，内外壁均见明显的轮制痕迹，应为一次成型。器物肩腹外部残留大量铁器锈蚀遗留痕迹。口径19.6、腹最大径34.8、底径14.8、壁厚1.2、通高26.4厘米（图三五六，4；图版五七，5）。

陶甑　1件。M17：10，泥质，浅灰褐色。残。敞口，平折沿，方唇，沿面微鼓，折腹，上腹较直，下腹内收，平底上有7个箅孔，一孔居中，余环列。口沿、上腹等处多饰弦纹，内壁饰多重磨光弦纹，箅上内侧饰磨光菱形网格纹。箅孔由外向内钻出。下腹部有一周明显的铁器锈蚀遗痕，应与铁釜配合使用。口径36.4、沿宽1.2、腹最大径33.2、底径16.8、壁厚0.8、通高20.6、箅孔径约2厘米（图三五六，3；图版六五，4）。

铁剑　1柄。M17：5，基本完整。首已残。茎截面呈长方形，近首部略窄，残余木质朽迹。无格。身脊微鼓，两侧聚收成刃，截面似梭形，束腰，锋部已残。茎残长13、残宽1.2～2、厚0.8厘米，身残长77、宽2.3～3.4、脊高0.8厘米，残长90厘米，重635克（图三七九，11；图版六八，1）。

铁弩机　1件。M17：6，残，锈蚀严重。现存望山、牙、钩心、悬刀、键等部分，已粘成一体。未见廓。整体残长14.2、残宽1.3～6厘米，望山残长约6.5、残宽约2.2厘米，悬刀残长约9、残宽1.3～2.1厘米，重315克（图三七九，1；图版六八，2）。

铅镇　一组4件。均为扁体圆形，剖面似算珠状，中有一个穿孔（图版六六，3）。

M17：2-1，保存较完整。穿孔为圆形。直径2、孔径0.25厘米，重30克（图三七九，4）。

M17：2-2，残。孔为圆形。直径2.3、孔径0.2厘米，重20克（图三七九，5）。

M17：2-3，稍残。穿孔为圆形。直径2.5、孔径0.25厘米，重20克（图三七九，6）。

M17：2-4，残。穿孔近方形。直径3.3、孔边长1.5厘米，重20克（图三七九，7）。

铜钱　303枚。除3枚钱文为“五铢”外，其余皆为“半两”，铜钱中还发现小铜片1件（图版六九，2）。

“半两”钱基本无郭，制作粗糙。钱径大小有别，以小半两居多。M17：1-17，钱文“半两”稍宽，笔画较细，字体挺拔硬朗。“半”字字头方折，两横等齐；“两”字上横较长，“从”划为⊥⊥形，竖画较长。钱径2.38、穿宽0.9、厚0.15厘米，重3.4克（图三五九，3）。M17：1-72，钱文“半两”宽大，笔画稍粗，凸起略带圆意。“半”字字头方折而有圆意，下横稍短；“两”字上横较长，“从”画为连山形，顶部较尖锐。钱径2.4、穿宽0.69、厚0.1厘米，重3.4克（图三五九，4）。M17：1-134，钱文“五铢”宽大。“五”字竖画较直；“铢”字“金”头大三角形，“朱”字头方折稍向外撇。钱径2.72、穿宽0.88、郭厚0.26、肉厚0.15厘米，重4.2克（图三五九，

6）。M17∶1-136，有外郭，钱文“半两”较宽，笔画较细。“半”字字头方折，两横等齐；“两”字上横较长，“从”画竖笔甚长。钱径2.45、穿宽0.85、郭厚0.12、肉厚0.1厘米，重2.8克（图三五九，9）。M17∶1-243，钱文“半两”稍瘦长，笔画稍细，字体高挺硬朗。“半”字字头方折，上横稍短；“两”字上横较长，“从”画为一横。钱径2.3、穿宽0.81、厚0.1厘米，重2.3克（图三五九，7）。M17∶1-251，钱文“半两”稍瘦长，笔画稍细，字体高挺硬朗。“半”字字头方折，两横等齐；“两”字上横较长，“从”划为一横。钱径2.31、穿宽0.69、厚0.09厘米，重2.6克（图三五九，5）。M17∶1-266，钱文“半两”稍瘦长，笔画稍细，字体高挺硬朗。“半”字字头方折而有圆意，两横等长；“两”字上横较长，“从”画为连山形，顶部较弧。钱径2.35、穿宽0.81、厚0.12厘米，重2.5克（图三五九，8）。其余详见附表二。

此外，铜钱中还发现小铜片1件。M17∶1-304，片状，残为两段。一端为方形，两侧有收腰，另一端为圆环首。圆环首未封闭，留一缝隙，且一头前伸；体一侧又有一处凸出的方形。或为钱串或钱串于腰带勾连所用。通长4.9、宽0.9～1.05、厚0.1厘米（图三五九，13）。

（七）M20

位于JT0403东北部，部分延伸至东隔梁下。开口于第1层下，距现地表深0.3米，打破M33。

1. 发掘情况

方向156°。斜坡墓道土洞墓室结构，平面近长方形，墓室位于墓道北端居中，但稍向西偏与墓道形成夹角。墓道平面呈梯形，南端稍窄，直壁，其上可见明显的工具修整痕迹，斜坡底至近墓室处转平底。开口长5.66、宽1.28～1.85米，斜坡底长4.5、深0～1.5米，坡度20°，平底长1.42、深1.5米。墓室平面近长方形，下壁近直，向上渐弧成拱顶，平底。长3.27、宽1.22、洞高1.2米。墓室西南角有一平面长方形的耳室，拱顶，平底，口宽0.96、进深1.4、高1.2米。

葬具一木棺，位于墓室中后部略偏西。棺痕平面呈梯形，长1.8、宽0.68～0.72米，高度不详。墓主骨骼保存情况较差，性别、年龄不详。葬式为仰身直肢，头向西北，面向不详。

随葬品共14件，其中陶器11件、铁器1件、铜钱2枚。除棺内墓主右侧盆骨处有铜钱2枚、墓室南部有陶质大口大罐1件之外，随葬品基本集中于耳室内。耳室内的随葬品自西向东大体可分为三组放置，分别为陶甑1件、陶缶2件，陶盆1件、陶缶4件、铁釜1件、陶缶2件。墓道填土内发现铁锸1件（图三五七；图版五〇，2、3）。

2. 器物

陶大口大罐　1件。M20∶2，泥质夹细砂，浅灰色。口沿微残。大侈口，窄斜沿，方唇，短颈微束，圆肩，鼓腹，下腹内收，平底。口沿上有一道浅凹弦纹，颈部有一周竖向抹光短线纹，肩部饰数道浅弦纹。口径16.6、腹最大径26.4、底径12.6、壁厚0.6、通高20.1厘米（图三五八，11；图版五七，6）。

陶缶　8件。器形基本一致，小侈口，窄沿稍斜，方唇，短束颈，圆肩较广，鼓腹，下腹内

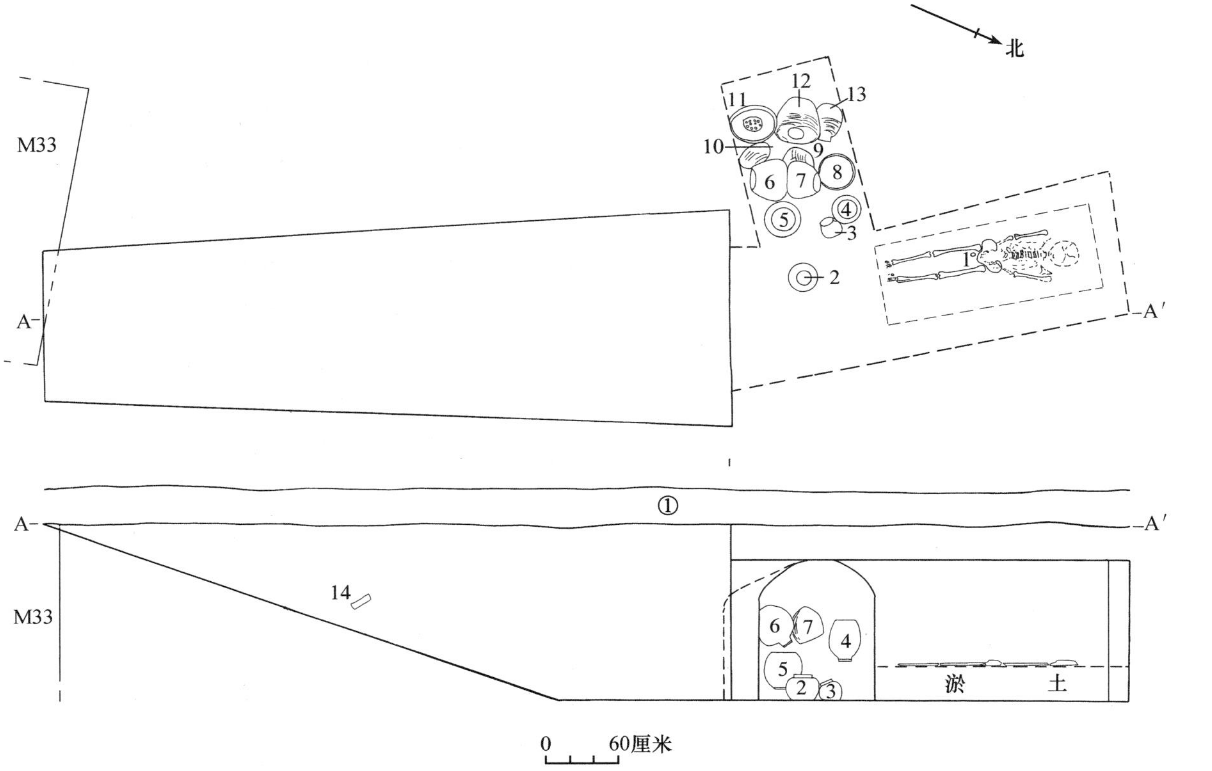

图三五七　M20平、剖面图

1. 铜钱　2. 大口大罐　3. 铁釜　4～7、9、10、12、13. 陶缶　8. 陶盆　11. 陶甑　14. 铁锸（M20填：1）

收，平底。颈部饰一周磨光弦纹，肩部饰多周浅凹弦纹及深凹弦纹。7件泥质夹细砂，深灰色，纹饰及制法相同，腹部有戳压纹圈带。戳压纹分大小两种，小者为斜向向内戳压而成，似用一种尖圆头工具形成；大者或用一种方头工具形成垂直戳压。1件泥质陶，色浅，纹饰稍异。M20：4，泥质，浅灰色。口沿及腹部有残。腹部有椭圆形小孔，不能判断是否有特殊用意。口径11.8、肩宽28.8、腹最大径31、底径14、壁厚0.8、通高31.2厘米（图三五八，6；图版五八，1）。M20：5，平底但中部略凸出。沿、底多有变形处。口径10.8、腹最大径35.5、底径16.8、壁厚0.8、通高34厘米（图三五八，3；图版五八，2）。M20：6，口径11.6、腹最大径33.4、底径16.8、壁厚0.8、通高33.4厘米（图三五八，1；图版五八，3）。M20：7，口沿微残，腹部有一处较大的挤压向内变形。口径11.6、肩宽32.8、腹最大径35、底径15、壁厚0.8、通高31.2厘米（图三五八，7；图版五八，4）。M20：9，口径11.4、腹最大径34、底径16、壁厚0.8、通高32.6厘米。戳压纹较小而模糊，经过抹划，似用一种尖圆头工具形成（图三五八，4；图版五八，5）。M20：10，口径9.6、腹最大径35、底径17.6、壁厚0.8、通高33.6厘米（图三五八，2；图版五八，6）。M20：12，腹部有一处按压致向内变形。口径12.4、腹最大径35、底径16.4、壁厚0.8、通高31.6厘米（图三五八，8；图版五九，1）。M20：13，肩部见多处敷泥涂抹致纹饰消失的痕迹。口径11.5、腹最大径35.4、底径16.8、壁厚0.8、通高34.4厘米（图三五八，5；图版五九，2）。

陶盆　1件。M20：8，泥质夹少量粗砂，浅灰色。口沿稍残。敞口，平折沿，方唇而有圆意，折腹，上腹稍直，下腹微凹内收，平底。素面。口径33、沿宽2、最大腹径27.8、底径12.6、壁厚

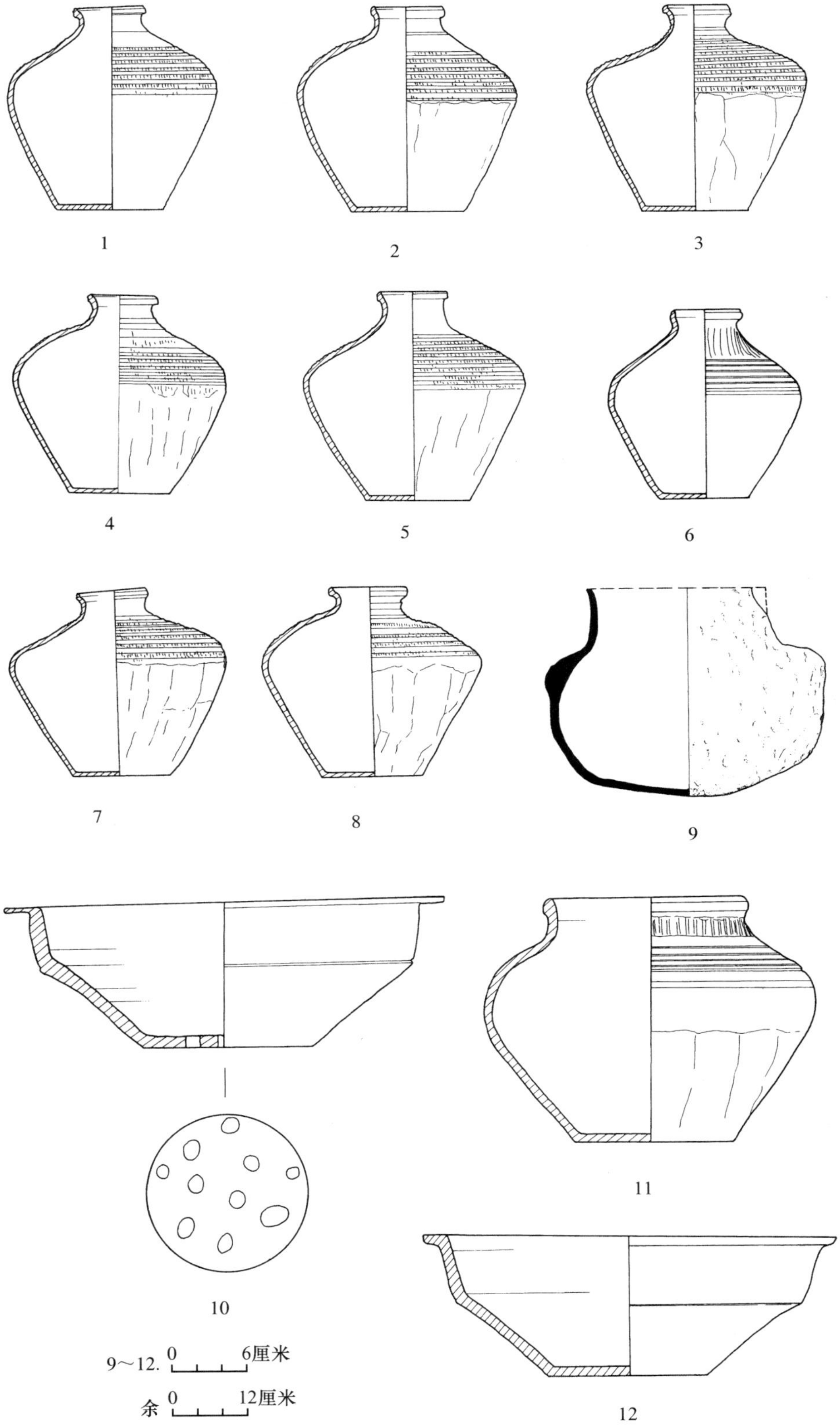

图三五八　M20随葬品

1～8. 陶缶（M20：6、M20：10、M20：5、M20：9、M20：13、M20：4、M20：7、M20：12）　9. 铁釜（M20：3）　10. 陶甑（M20：11）　11. 陶大口大罐（M20：2）　12. 陶盆（M20：8）

0.8、通高11.6厘米（图三五八，12；图版六四，4）。

陶甑　1件。M20：11，泥质夹少量细砂，深灰色。残。敞口，平折沿，方唇，折腹，上腹较直，下腹微凹内收，折腹处有一周凸棱，平底上有10个箅孔，分布不规则。口径35.2、沿宽2.8、最大腹径29.6、底径12.8、壁厚0.4～1、箅孔径1～2、通高16厘米（图三五八，10；图版六五，5）。

铁釜　1件。M20：3，残，锈蚀严重。侈口，尖圆唇，高直领，溜肩上附有两拱形耳，鼓腹，圜底。口径14.4、领高5、腹最大径22、壁厚0.6厘米，耳高1.6、长4.4厘米，通高17.4厘米，重3270克（图三五八，9；图版六六，4）。

铜钱　2枚。M20：1-1、M20：1-2，粘连，表面锈蚀严重。钱文不清，似为"半两"。钱径2.5、穿宽0.7、肉厚0.1厘米，两枚总重5.6克（图三五九，10；图版六九，3）。

铁锸　1件。M20填：1，锈蚀严重。平面为长方形，截面呈三角形，直刃，背较宽平。残长17.5、残宽5.5、背厚1.5厘米，重355克（图三八〇，9；图版七一，1）。

（八）M23

位于JT0302东北处，开口于第1层下，距现地表深0.3米，打破M16。

1. 发掘情况

方向248°。斜坡墓道土洞墓室结构。平面近长方形，墓室位于东部。墓道平面呈梯形，外端稍窄，底平，内端斜坡接墓室，壁较直。开口长2.9、宽0.67～0.8米，平底长0.8、深1米，斜坡底长2.12、深1～1.48米，坡度14°。墓室平面呈长方形，宽度较之于墓道内端稍窄，直壁渐弧呈拱顶，平底。壁经铲直而光滑，可见有明显的工具痕迹。长2.4、宽0.72、高1.1米。在墓室东部发现一处椭圆形盗洞，径0.66米，贴墓南北壁垂直向下至墓底部。其中填土土质结构松软，推断为近代形成。

葬具为木棺一具，仅余朽痕，位于墓室中部。残长1.07、残宽0.54米。由于盗扰破坏，墓主仅残存部分大腿及小腿肢骨，年龄、性别不详。葬式应为仰身直肢，头应向东北，面向不详。

随葬品有陶盆1件、漆盒1件。陶盆置于墓室西北角，漆器已无法提取（图三六〇，图版五一，1）。

2. 器物

陶盆　1件。M23：1，泥质，浅灰色。敞口，平折沿较窄，圆唇，弧腹微鼓，下腹内收，平底。腹部饰两道凹弦纹。口径24.3、沿宽0.6厘米，腹最大径23、底径11.4、壁厚0.6、通高9.4厘米（图三六一；图版六四，5）。

（九）M24

位于JT0302东北角，南邻M23，开口于第1层下，距现在地表深0.2米，打破M31。

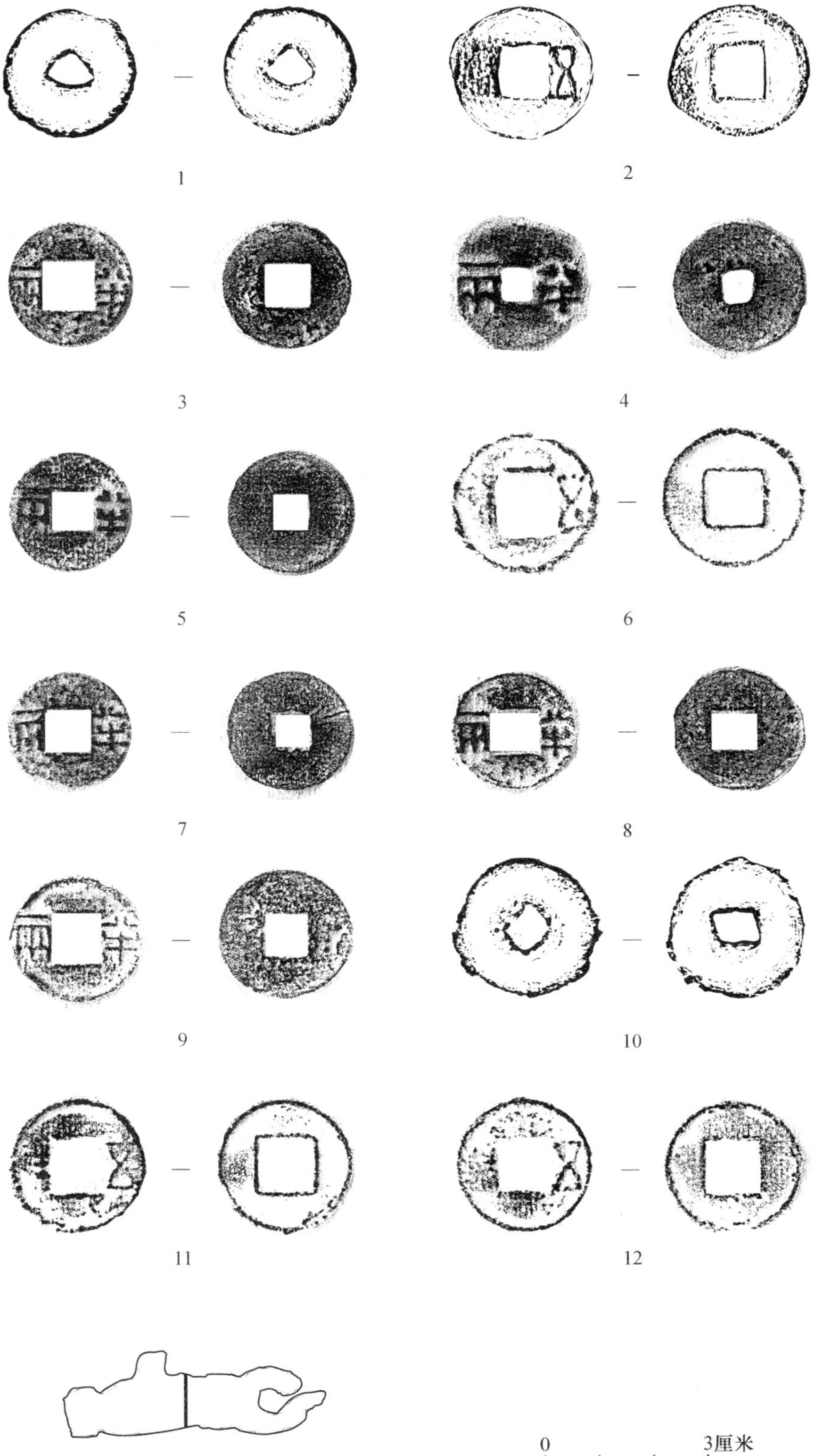

图三五九　M6、M7、M16、M17、M20铜钱、铜片

1、3～5、7～10. 半两（M6：7-2、M17：1-17、M17：1-72、M17：1-251、M17：1-243、M17：1-266、M17：1-136、M20：1-1）
2、6、11、12. 五铢（M7：1、M17：1-134、M16：9-20、M16：9-24）　13.铜片（M17：1-304）

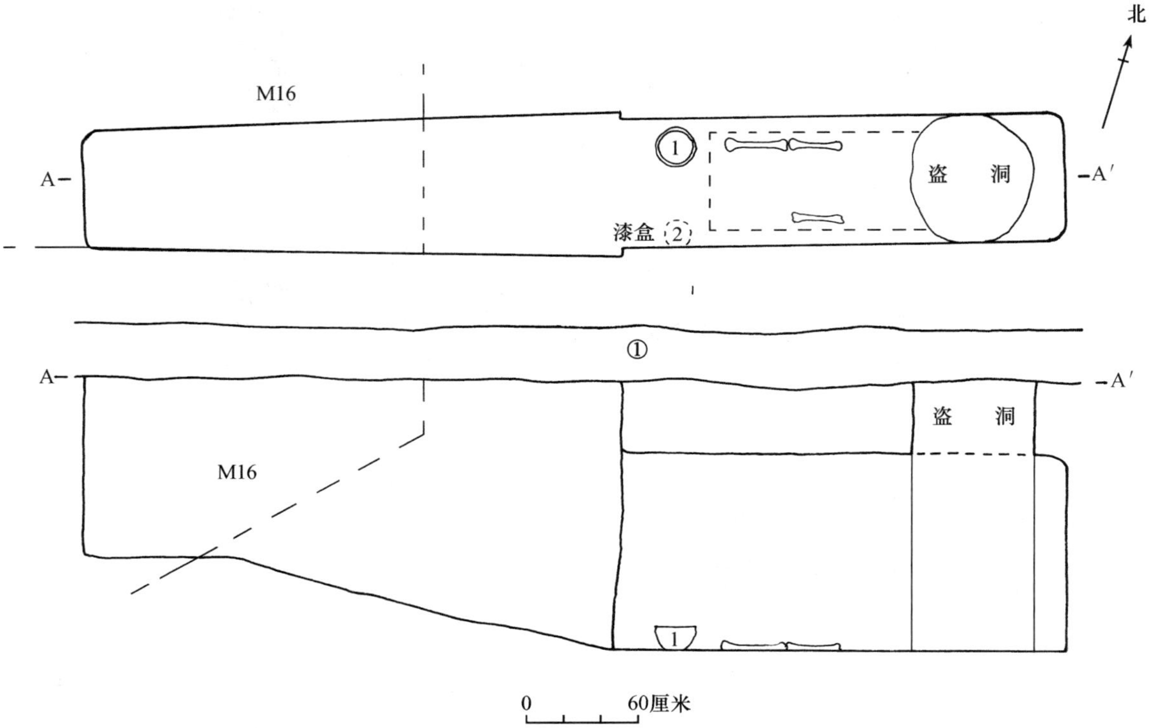

图三六〇　M23平、剖面图

1. 陶盆　2. 漆盒

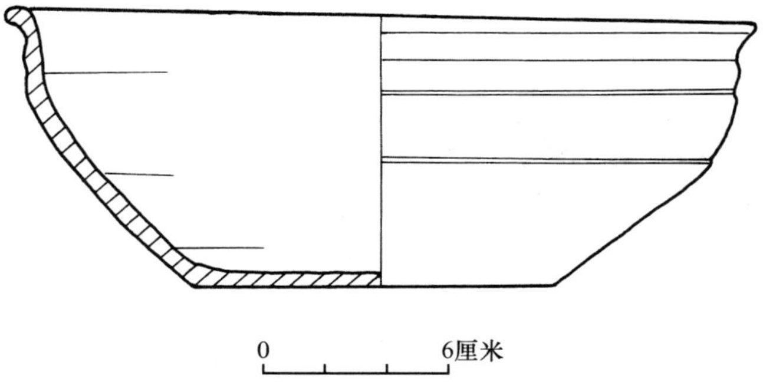

图三六一　M23陶盆（M23：1）

1. 发掘情况

方向245°。斜坡墓道土洞墓室结构，平面近梯形，墓室位于墓道东端居中，略宽于墓道。墓道平面呈梯形，外端较窄，近直壁，壁面经铲光处理，斜坡底。开口长2.8、宽0.83～0.98米，斜坡底长2.98米，深0.21～1.2米。墓室平面近长方形，外端稍宽，下部直壁向上渐弧呈拱顶，壁面遗留明显的工具修整痕迹，平底。长2.5、宽1～1.07、高0.89米。

葬具为木质一棺，位于墓室中后部。平面呈梯形，西端较宽，长1.8、宽0.56米，高度不详。墓主骨骼保存情况较好，男性，年龄25岁左右。葬式为仰身直肢，头向西南，面朝南。

随葬品为陶器2件。墓室北壁下偏西处置有大口大罐1件，其上放有陶盆1件。陶罐西侧有动物骨，鉴定为禽类（图三六二；图版五一，2）。

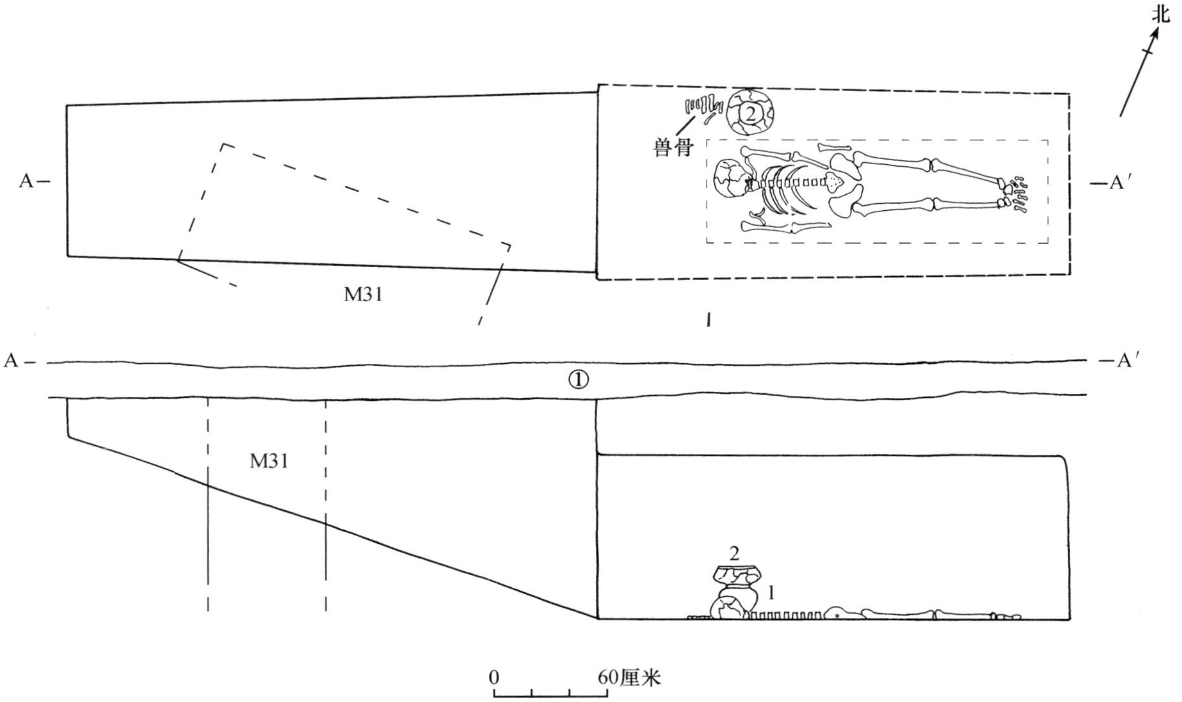

图三六二　M24平、剖面图
1. 陶大口大罐　2. 陶盆

2. 器物

陶大口大罐　1件。M24：1，泥质，深灰色。口沿微残。大侈口，窄平沿，方唇，短束颈，弧肩，鼓腹，下腹内收，平底。口沿内侧有两道浅凹弦纹，颈部有一周磨光短线纹，肩部饰多重密集弦纹。腹部有一内向挤压变形处，口沿亦有少许扭曲变形。口径20.8、腹最大径30.6、底径17.6、壁厚0.8、通高26.4厘米（图三六三，1；图版五九，3）。

陶盆　1件。M24：2，夹砂，浅红色。残。口微敛，重唇，弧腹较浅，圜底。口沿下有弦纹，

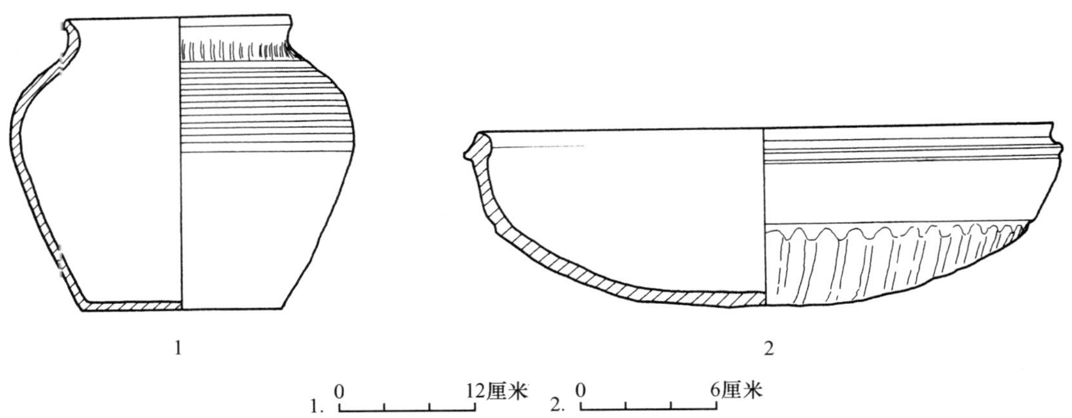

图三六三　M24陶器标本
1. 大口大罐（M24：1）　2. 盆（M24：2）

腹部饰弦纹，底部饰粗篮纹。腹部有一挤压内向变形处。口径25.6、腹最大径26、壁厚0.6～1、通高8厘米（图三六三，2；图版六四，6）。

（一〇）M26

位于JT0202西南部，部分墓道延伸至JT0201东隔梁下。开口于第1层，距现地表深0.3米，打破F7。

1. 发掘情况

方向200°。斜坡墓道土洞墓室结构，平面略近“甲”字形，墓室居东，宽于墓道。墓道仅清理少部分。可见部分平面为梯形，外宽内窄，直壁，斜坡底至近墓室处转平底。口现长1.21、宽0.78～1米，斜坡底长0.7、现深2.68～3.02米，平底长0.61、深3.02米。墓道内端稍偏北处有单层垒砌的弧形砖封门，高1.08、宽1.5、厚0.18米。砖纵向平铺，上下共18层。砖长36、宽18、厚6.5厘米。

墓室平面呈梯形，外宽内窄，基本直壁，底稍大，平底。底铺长条砖。外端近封门处，用残砖3块，其余部分横、纵相间错缝，较随意，南多不及墓壁。铺地砖的规格同封门。墓室长3.6、宽1.19～1.77、高1.2米。

葬具为木质一棺。平面呈长方形，位于墓室后部偏南。长2.31、宽0.61米，高度不详。墓主骨骼保存情况较差，年龄、性别不详。仰身直肢，头向西南，面向不详。

随葬品共68件，其中陶器9件、铜器1件、铜钱26枚、泥丸32枚。棺内墓主头部西南侧有泥丸32枚，右肩旁有铜镜1面，墓主头部两侧、两大臂外侧、左盆骨外侧、两膝部两侧分别放置铜钱共计26枚。墓室西部居中处放置陶樽1件、陶鼎1件，墓室中部近墓壁下有陶质大口小罐5件、陶甑1件、陶盆1件（图三六四，图版五一，3）。

2. 器物

陶大口小罐　5件。器形与制法一致，大小基本相同，唯陶色、陶质有别。侈口，斜沿，尖唇，束颈极短，圆肩，鼓腹，下腹斜收，平底。M26：4，泥质，色浅灰。口径9.5、腹径14、底径6.2、壁厚0.6、通高12.1厘米（图三六五，5；图版五九，4）。M26：5，泥质，色浅灰。口径10.1、腹最大径14、底径6.4、壁厚0.8、通高11.4厘米（图三六五，1；图版五九，5）。M26：6，泥质夹细砂，陶色不一，浅灰或浅褐。口径10、腹径14.6、底径6.6、壁厚0.6、通高11.8厘米（图三六五，2；图版五九，6）。M26：7，陶质、陶色同上，肩腹部有多处黑色烟炱点。口径9.6、腹最大径13.6、底径6.4、壁厚0.8、通高11.4厘米（图三六五，3；图版六〇，1）。M26：8，泥质，浅灰色。口径9.8、腹最大径14、底径6.6、壁厚0.8、通高11.4厘米（图三六五，4；图版六〇，2）。

陶甑　1件，器形较小。M26：9，泥质，浅灰色，口沿部分为浅褐色。敞口，平沿，方唇，斜直腹，下部微鼓，平底上有一孔。外壁见三处似植物叶片的印痕。口径8.5、沿宽0.6、腹径7.2、底径2.8、壁厚0.3～1、通高5.4厘米（图三六五，9；图版六五，6）。

陶盆　1件。器形较小。M26：10，泥质，浅灰色。敞口，平折沿，方唇，斜直腹，平底。下

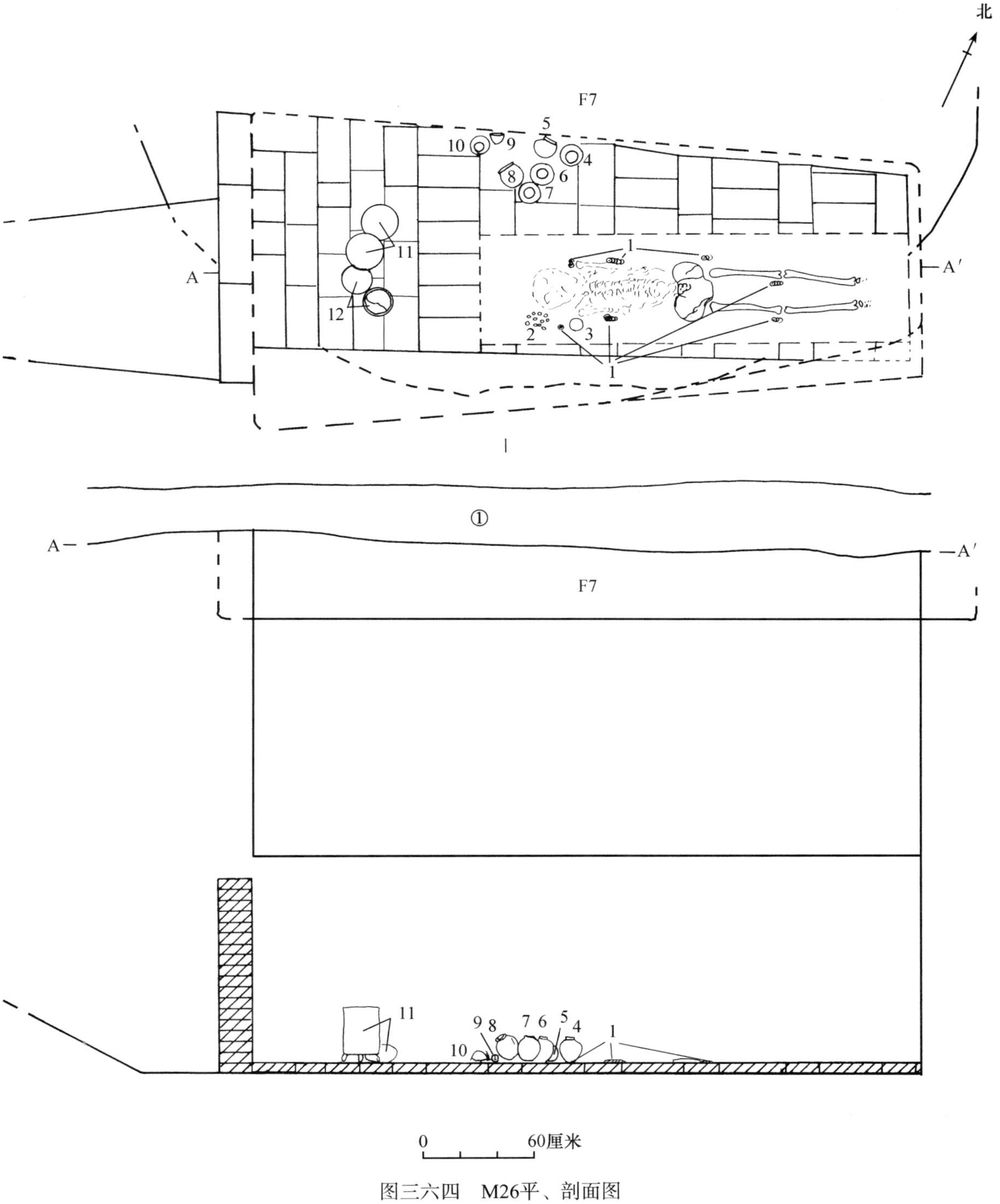

图三六四　M26平、剖面图

1. 铜钱　2. 泥丸　3. 铜镜　4～8. 陶大口小罐　9. 陶甑　10. 陶盆　11. 陶樽　12. 陶鼎

腹近底部有弦纹，内壁有多重浅凹弦纹。口径9.9、沿宽0.9、底径4.6、壁厚0.3～0.5、通高3.9厘米（图三六五，6；图版六四，7）。

陶樽　1件。M26：11，泥质，浅灰色，部分显浅褐色。盖博山形，高浮雕纹饰分上下两层，上层为四峰山峦，下层为流水。流水浪头分居四等分处，少者两叠，多者三叠，其中一处浪头侧有

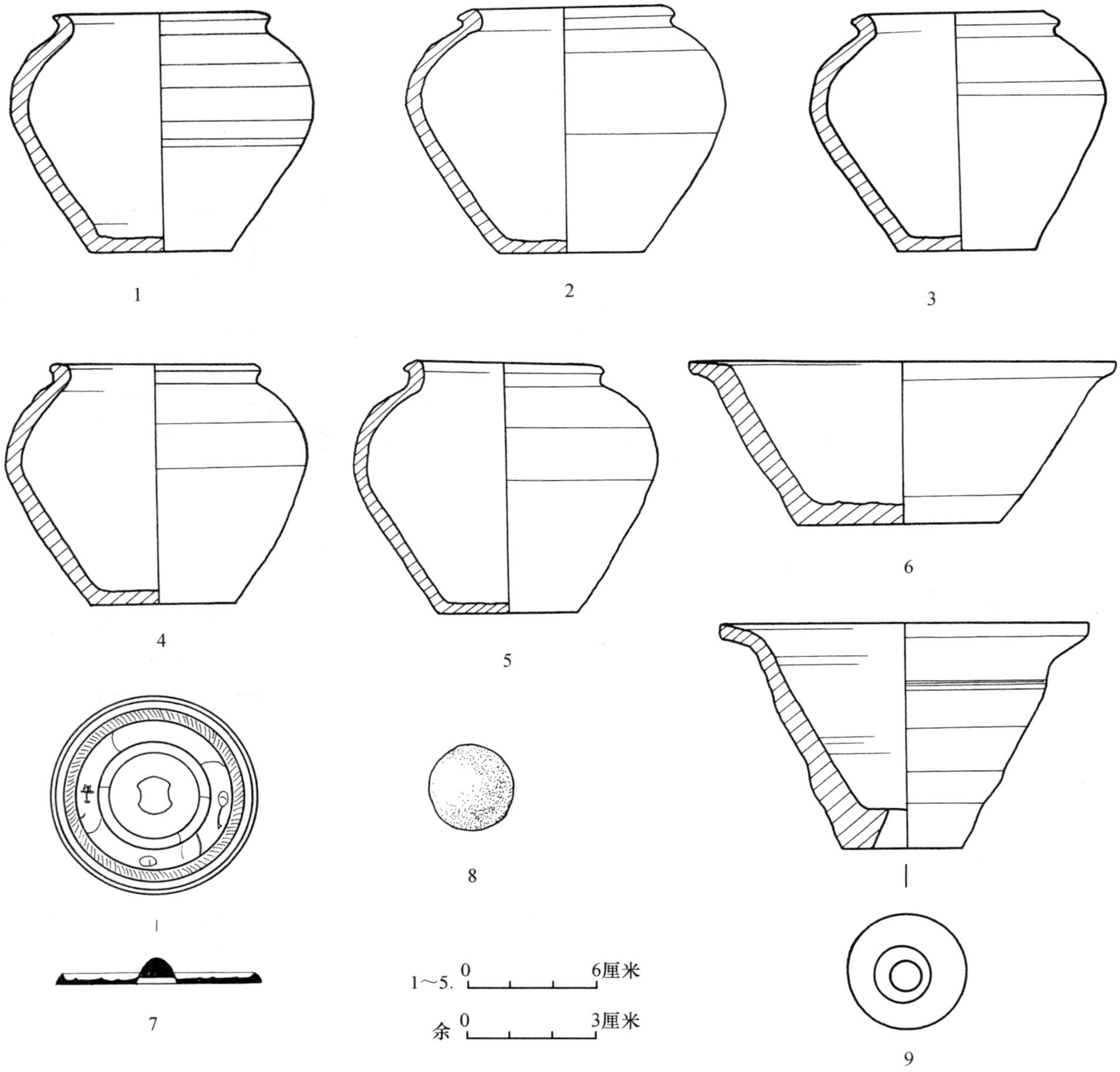

图三六五　M26随葬品

1～5. 陶大口小罐（M26：5、M26：6、M26：7、M26：8、M26：4）　6. 陶盆（M26：10）
7. 铜镜（M26：3）　8. 泥丸（M26：2-1）　9. 陶甑（M26：9）

两条似鱼形的纹样，头向山峦。表面还有二重弦纹。器身直口、方唇，近筒形，平底稍大，中部微鼓，下有三熊踞形足。器盖内侧有杂乱的抹、涂、划等修整痕；器足内侧及底有指按痕迹，与器身连接处有明显敷泥涂抹加固痕。推测其器盖、器足皆模制，器身轮制，器足后粘接与器身。盖径22.3、高10.4、壁厚0.8～1.6厘米，樽口径21.6、底径21.2、腹深13、壁厚1厘米，足宽2.6～3.8、厚1.6～3.6、高5.2厘米，通高27.4厘米（图三六六，1；图版六三，1、2）。

陶鼎　1件。M26：12，泥质，浅灰色。残。盘形盖，三圆形凸纽。表面等距分布绞索纹三圈，其间由外至内依次填充卷云纹、连珠纹、柿蒂纹；纹饰均为模印阳文，立体感强。鼎身母口内敛、圆唇，弧腹，腹中部有一台棱，圜底。口沿两侧附双立耳，耳顶端外撇，上有未贯通的长方形

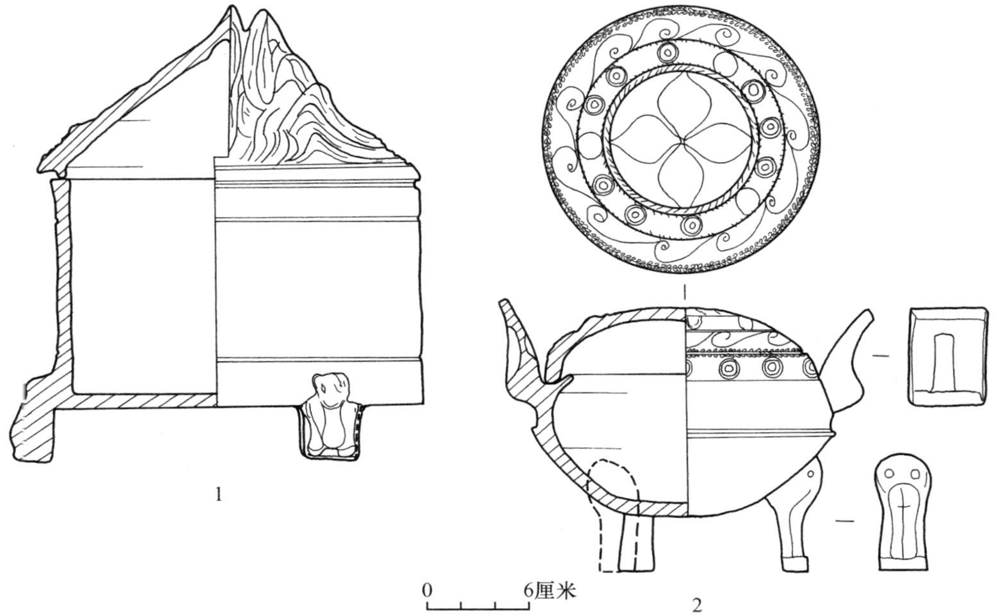

图三六六　M26陶樽、陶鼎

1. 陶樽（M26：11）　2. 陶鼎（M26：12）

孔，下腹接三蹄足。一耳外侧饰模印三角形纹及菱形方格纹。器盖内壁、器耳内侧、蹄足内侧及底部多有指印，器身主体见轮制及拉坯痕迹，连接器身处有敷泥粘接修整痕；足与器身连接处有明显敷泥粘接痕迹。器身主体轮制，器盖、器耳、器足皆为模制，其后粘接器耳、器足。盖径16、高4.4、壁厚0.6～1厘米，身口径13.2、腹最大径17.8、腹深8.8、壁厚0.4～1.4厘米，耳高6.2、宽4.4、厚0.6～2厘米，孔长3.4、宽1.4厘米，足宽2.4～3.2、高7厘米，通高16.4厘米（图三六六，2；图版五四，2、3）。

铜镜　1面。M26：3，日光镜。圆形，半圆纽，半圆形穿，圆纽座，素缘较窄，外凸成尖。纽座外有一周细凸弦纹，再外为铭文带，最外为一周短斜线纹带。铭文带被四道短弧线四等分，其中三个区间内各有一字，合读为“见日之”。面径4.8、背径4.5厘米，纽高0.6、宽0.8、纽座径2厘米，穿高0.3、穿宽0.8、缘厚0.25、缘宽0.2厘米，肉厚0.1厘米，重20克（图三六五，7；图版六七，5）。

铜钱　26枚。M26：1-1～26，钱文“五铢”，包括内外有郭、穿背无郭、穿上横郭和穿下带半月形记号等型别（图版六九，4）。M26：1-13，“五”字稍瘦，竖画甚曲，两端近乎平行；“金”头三角形，四圆点，“朱”头方折（图三七七，2）。M26：1-21，“五”字稍瘦，竖画甚曲，两端近乎平行；“铢”字不清。钱径2.62、穿宽0.95、郭厚0.22、肉厚0.16厘米，重4.3克（图三七七，1）。余详见附表二。

泥丸　共32个。M26：2，大部分较完整，少数残缺。近圆球状，表面粗糙，内芯色黑，渣朽状，疑为药丸。手制，形态稍有别。直径1.5～2.3厘米。M26：2-1，直径2厘米（图三六五，8；图版六七，6）。

（一一）M27

位于JT0201东南部，部分墓道延伸至探方东隔梁下。开口于第2层下，距现地表深0.55米，被H7打破，打破M28、M6。

1. 发掘情况

方向65°。斜坡墓道土洞墓室结构，平面近长方形，中部较两端略宽，墓室位于西部，偏于墓道北侧。部分墓道延伸至东隔梁下，未发掘。已清理墓道平面近梯形，东部稍窄，直壁，斜坡底。开口长2.3、宽0.9～1.05米，斜坡长2.34、深2.15～2.53米，坡度9.5°。墓室平面呈梯形，下部直壁，向上渐收为拱顶，平底。长2.77、宽0.93～1.01、高1.11米。墓道部分被晚期灰坑扰动。

葬具为木质一棺，位于墓室中后部北壁下。平面呈梯形，东宽西窄，长2、宽0.52～0.6米，高度不详。可见板厚约0.04米。墓主骨骼保存情况较好，女性，29～30岁。葬式仰身直肢，头向东北，面朝北。

随葬品共7件，其中陶器2件、铜钱4枚、铁钉1枚。棺内墓主口内含铜钱1枚，左臂上肢处置铜钱3枚，棺东北部有铁钉1枚；墓室东端中部放置陶质大口小罐1件，棺东南角外放置大口小罐1件（图三六七；图版五二，1）。

2. 器物

陶大口小罐　2件。泥质，浅灰色。口微敛，方唇，短直颈，圆肩，鼓腹，下腹斜收，平底稍内凹。肩部饰两重弦纹。M27：1，口沿稍残。口径9、颈高1、腹最大径15.2、底径6、壁厚0.6、通高12.5厘米（图三六八，1；图版六〇，3）。M27：2，口径8.5、颈高0.8、腹最大径15.2、底径6.2、壁厚0.8、通高12.6厘米（图三六八，2；图版六〇，4）。

铜钱　4枚。钱文“五铢”（图版六九，5）。M27：3，穿背有郭。“五”字较瘦长，竖画甚曲，至两端近平行；“金”头箭头形，四竖点，“朱”头方折。穿上一横。钱径2.15、穿宽0.55、郭厚0.1、肉厚0.08厘米，重量3.9克（图三七七，4）。M27：4-3，“五”字宽大，竖画甚曲，至两端近平行；“金”头箭头形，四竖点，“朱”头方折。穿下半星。钱径2.61、穿宽0.9、郭厚0.2、肉厚0.1厘米，重量3.6克（图三七七，3）。余详见附表二。

铁钉　1件。M27：5，残。铁质，圆平顶帽，钉身锥状，锈蚀严重。帽径4.2、身径约1、残长6.7厘米，重30克（图三七九，3；图版六七，7）。

（一二）M28

位于JT0201东南部。开口于第2层下，距现地表深0.45米，被G9、M36及M27打破。

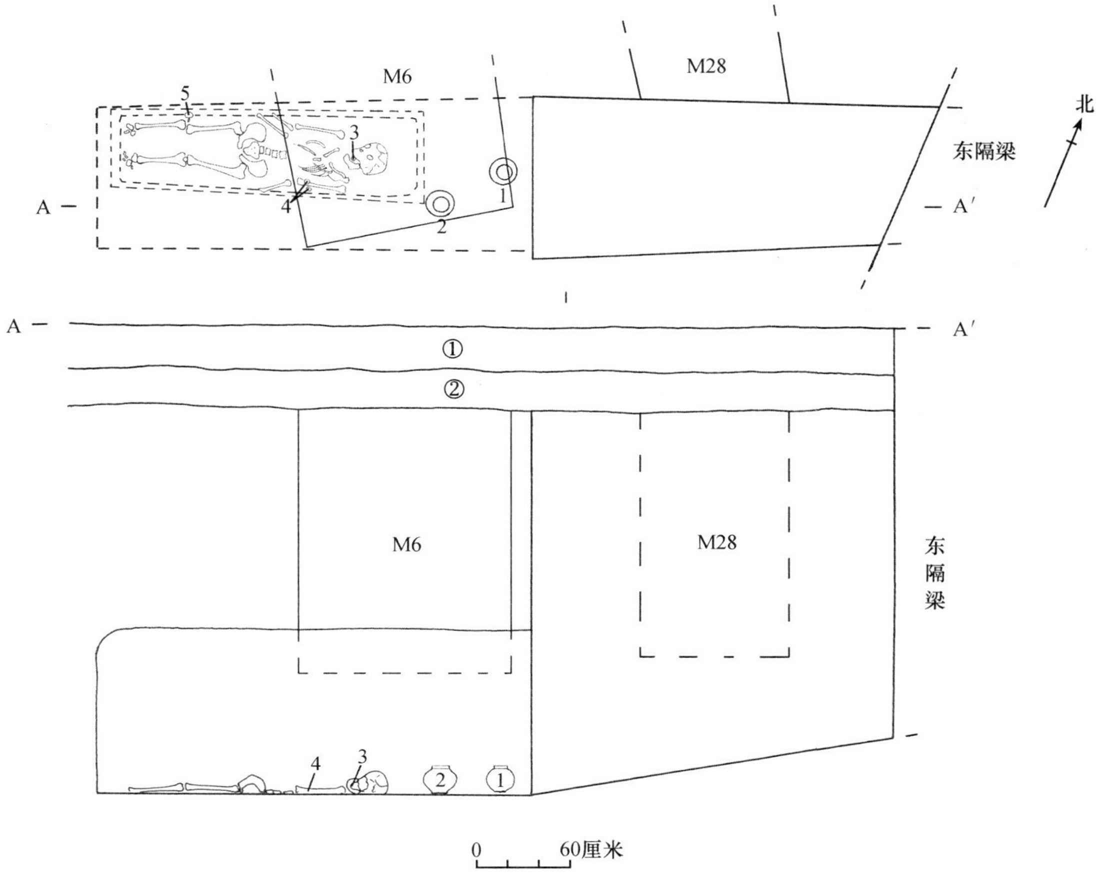

图三六七　M27平、剖面图

1、2. 陶大口小罐　3、4. 铜钱　5. 铁钉

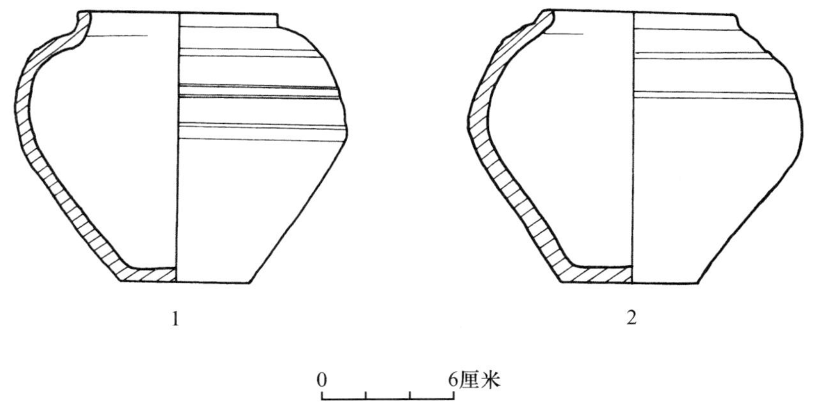

图三六八　M27陶大口小罐

1. M27∶1　2. M27∶2

1. 发掘情况

方向160°。斜坡墓道土洞墓室结构，平面近长方形，中部较两端稍宽。墓室位于北部，东部被M27完全打破。现存平面呈梯形，南端较宽，直壁，斜坡底至近墓室处转平底。填土经粗夯。

开口残长2.45、宽0.9～1.1米，底斜坡部分残长1.83、深1.6～1.9米，坡度9.1°。平底部分长0.64米。墓室平面呈梯形，南窄北宽，下部直壁，向上渐弧成拱顶，顶部南高北低，平底。长3.02、宽0.9～0.97、高0.88～1.23米。受扰严重。

葬具为木质一棺，位于墓室中后部。平面呈梯形，北宽南窄，长2.07、宽0.6～0.67米，高度不详。墓主骨骼保存状况一般，躯干部分骨骼零乱，头骨已破碎，男性，22～28岁。葬式仰身直肢，头向西北，面向上。

随葬品共4件，其中陶器2件、铁器1件、铜钱1枚。棺内墓主右腿处置铁剑1柄、右手处有铜钱1枚、两腿间近盆骨处置陶质大口小罐1件，墓室西南部放置陶质大口大罐1件（图三六九，图版五二，2）。

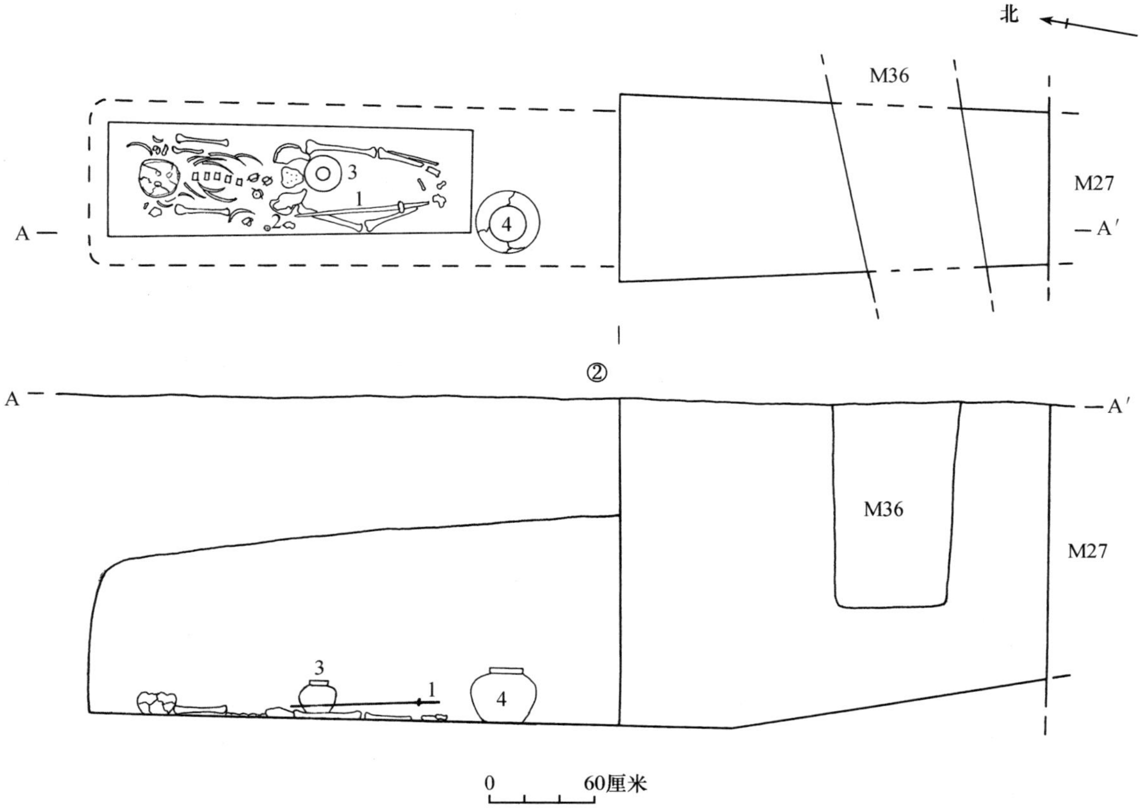

图三六九　M28平、剖面图

1. 铁剑　2. 铜钱　3. 陶大口小罐　4. 陶大口大罐

2. 器物

陶大口小罐　1件。M28：3，泥质，深灰色。侈口稍大，平沿，方唇而有圆意，广肩微折，上腹部直而稍鼓，下腹斜收，平底。口沿微残。肩部自上而下分别饰三道磨光浅凹弦纹、波浪纹、四道浅凹弦纹，上腹部饰密集的浅凹弦纹。口径12.3、腹最大径20.2、底径11.2、壁厚0.8、通高15厘米（图三七〇，2；图版六〇，5）。

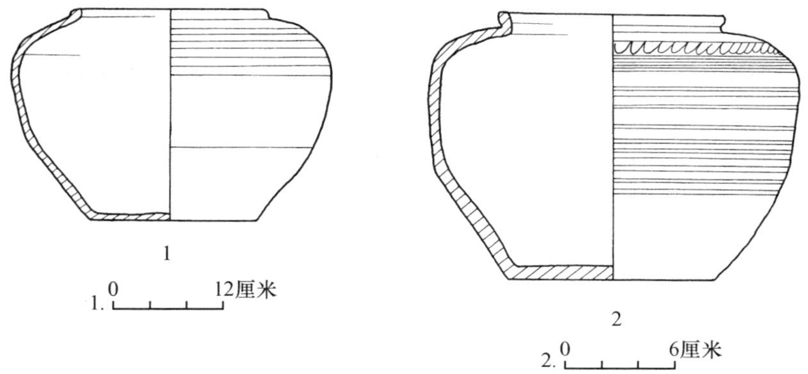

图三七〇 M28陶器标本
1. 大口大罐（M28：4） 2. 大口小罐（M28：3）

陶大口大罐 1件。陶质、造型与上述基本相同，唯形体较大。M28：4，残。肩、腹相接处饰弦纹，其下局部有米粒状戳压纹带，腹中局部有浅凹弦纹。口径21.2、腹最大径34.8、底径17.6、壁厚0.8、通高23.6厘米（图三七〇，1；图版六〇，6）。

铁剑 1柄。M28：1，由茎、格、身构成，未见首，锋部残。剑茎近长方体，近首部略窄；剑格为铜质，近菱形，中部起脊，两侧较方；剑身细长，向锋部渐收窄呈束腰，脊部有稍凸棱，两侧收聚成刃，截面似梭形。茎、身部位残余较多木质朽痕，为夹茎及鞘的木质残留物。鞘表面还有一处宽约2.3厘米的缠紥线，线径约0.05厘米。茎残长14.8、宽1.6～2.8、厚1厘米，格长4.6、宽0.6～2、厚0.8厘米，身残长65.8、宽2～3.2、脊高0.6厘米，残长80.6厘米，重555克（图三七九，12；图版六八，3）。

铜钱 1枚。M28：2，正面穿下带半月形符号。“五”字模糊，较矮，竖画较直，“铢”字不清。钱径2.2、穿宽0.5、郭宽0.9、郭厚0.2、肉厚0.16厘米，重4.5克（图三七七，10；图版六九，6）。

（一三）M29

位于JT0101东南部。开口于第2层下，距现地表深0.54米，被G3打破。

1. 发掘情况

方向65°。斜坡墓道土洞墓室结构，平面呈“甲”字形，有墓道、天井、墓室三部分，天井及墓室宽于墓道，墓室位于西部。墓道平面呈梯形，外端略宽，直壁，斜坡底至近天井处转平底。开口长7.18、宽0.8～0.89米，底斜坡部分长7.81、深0.19～3.68米，坡度27°。平底部分长0.94、深3.68米。天井位于墓道及墓室之间，南北向长方形土圹式，直壁。长0.94、宽1.5、深3.65米。天井内端与墓室相接处有木质封门槽。侧壁槽长约1.39、宽0.14、进深0.12米；底槽呈方形，伸入墓壁外，长、宽皆0.14、高0.2米。墓室平面呈长方形，下部直壁向上渐弧成拱顶，平底。长3.49、宽1.3、高1.46米。

葬具为木质一棺一椁。椁室平面呈长方形，长3.05、宽1.02～1.12、残高0.74米，由两端挡板、两侧板及底板构成，侧板抵挡板。东挡板伸入两侧壁约0.06米。棺位于椁室后部偏北处，平面呈梯形，头端稍宽，长2.1、宽0.62～0.68米，高度不详。

墓主骨骼保存情况不佳，呈粉末状，年龄、性别不详。仰身直肢，头向西南，面向不详。

随葬品共9件（组），棺内墓主左、右手处各有铜钱1枚，腹部有铜带钩1件；椁室西北角放置陶质大口大罐1件，东北角分别放置陶灶1组、陶质大口大罐1件、大口小罐1件、陶缶1件、陶盆1件（图三七一，图版五二，3）。

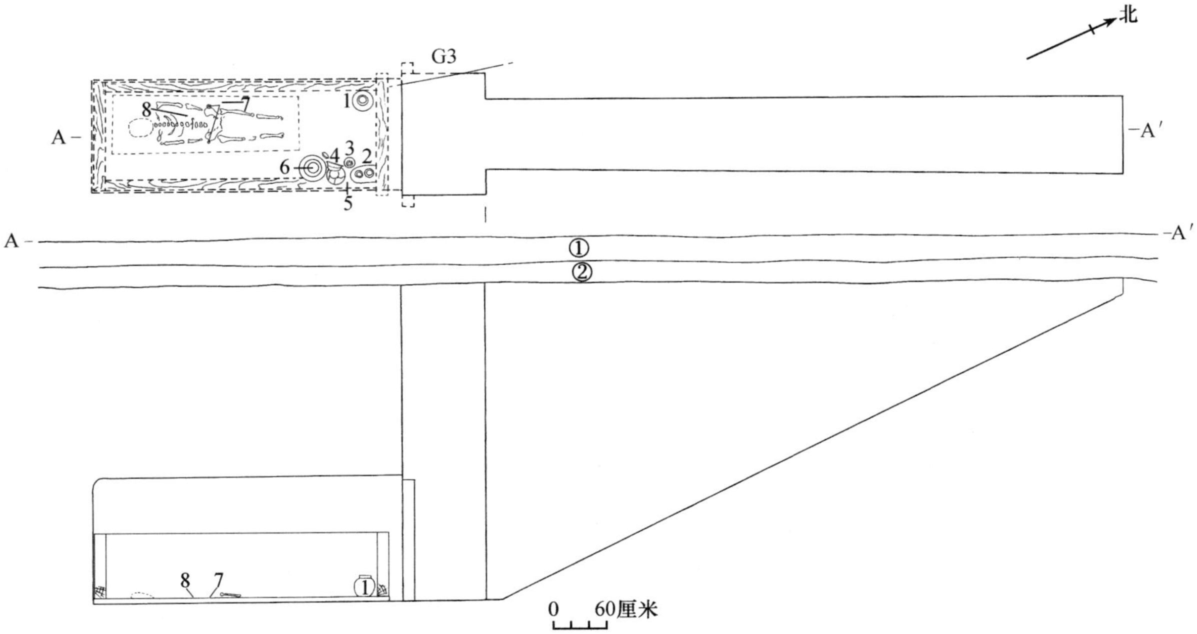

图三七一　M29平、剖面图

1、6. 陶大口大罐　2. 陶灶及甑、釜　3. 陶缶　4. 陶盆　5. 陶大口小罐　7. 铜钱　8. 铜带钩

2. 器物

陶大口大罐　2件。泥质灰陶，器形大。M29：1，色稍浅。稍残，口沿处微有扭曲变形。大口微侈，圆唇，广肩，上腹直而稍鼓，下腹微凹内收，平底。上腹部有二重弦纹及刻划折线，肩部及上腹部饰多重密集的浅弦纹，下腹磨光。口径16.1、肩宽25.6、腹最大径26.8、底径15.4、壁厚0.8、通高21.2厘米（图三七二，6；图版六一，1）。M29：6，色深。大侈口，平沿，方唇，短束颈，溜肩，鼓腹，下腹内收，平底。颈部饰多道竖向抹光短线纹，肩部饰多重抹光细弦纹，下腹磨光。口径20.8、沿宽1.2、腹最大径32.4、底径17.6、壁厚1.2、通高30.2厘米（图三七二，2；图版六一，4）。

陶大口小罐　1件。M29：5，色深。残。侈口稍大，斜平沿，尖唇，短束颈，圆肩，鼓腹，下腹内收，平底而中部稍凸。肩部及上腹部饰密集的浅弦纹。口沿内侧见少许按压修整痕。口径13、沿宽1、腹最大径20、底径9.8、壁厚0.9、通高17.8厘米（图三七二，3；图版六一，3）。

陶缶　1件。M29：3，小敞口，双唇，短束颈，溜肩，鼓腹，下腹内收，平底。下唇上饰一道弦纹，肩部饰密集弦纹。口径7.4、腹最大径12.6、底径7.4、壁厚0.6、通高14.4厘米（图三七二，

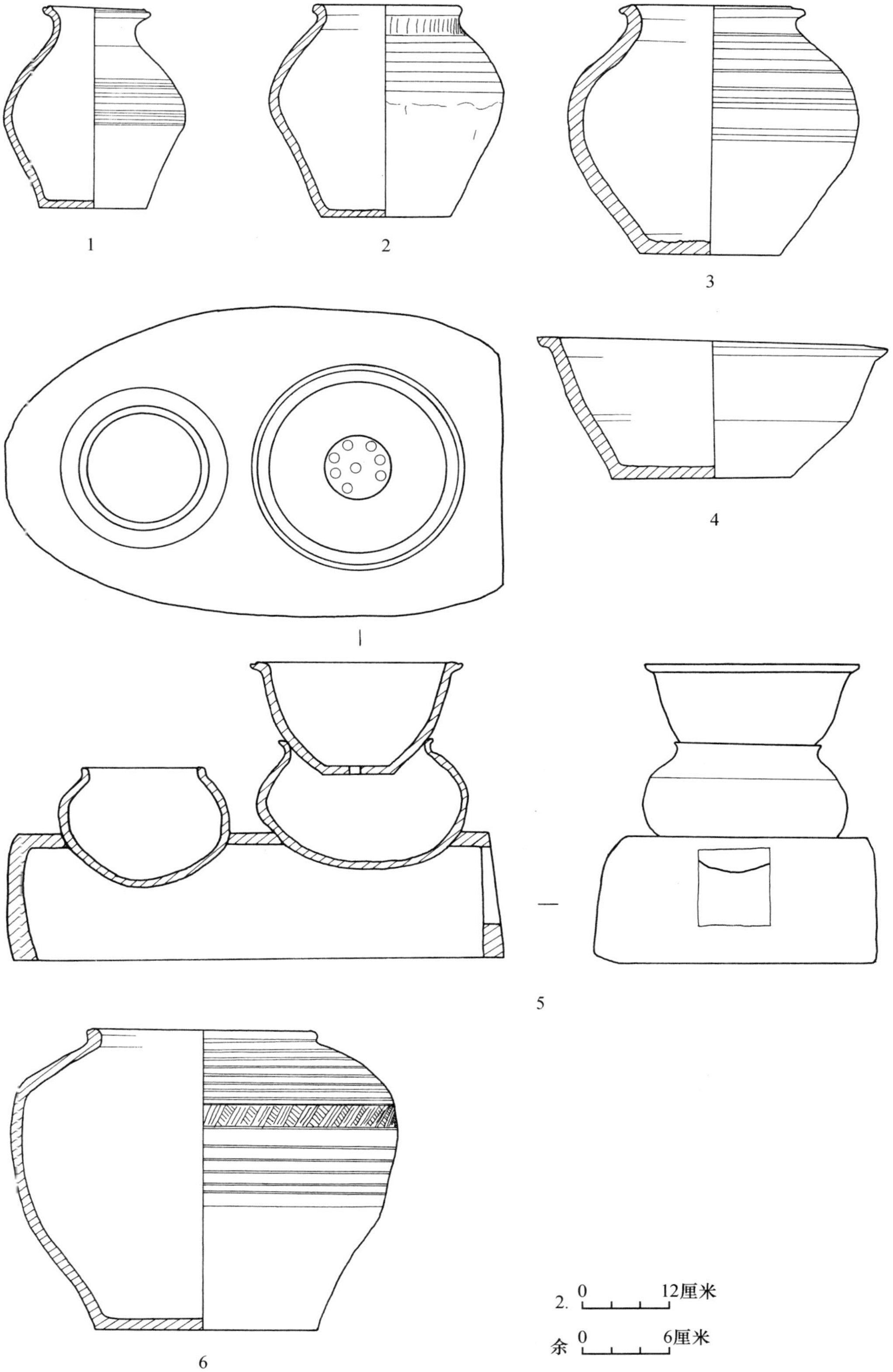

图三七二 M29陶器标本

1. 缶（M29：3） 2、6. 大口大罐（M29：6、M29：1） 3. 大口小罐（M29：5）
4. 盆（M29：4） 5. 灶、釜、甑（M29：2、M29：2-1、M29：2-2、M29：2-3）

1；图版六一，2）。

陶灶　1组，包括灶体1件、甑1件、釜2件。泥质灰陶。M29：2，灶体。平面呈马蹄形，前方后圆，长方形灶门不及地，双火眼，圆形烟孔。火眼上各置釜、釜及甑。灶身外侧一周仅饰竖向细绳纹，较模糊，部分被涂抹不见。灶体外侧偏上一周多见横向刮削痕迹，内壁器身转角处见有敷泥痕迹，推测为分体模制，拼接后刮削修整而成。出烟孔为由器身外侧向内钻成。火眼及灶门切面光滑而有划痕，推测为泥坯切割而成。整体长34.4、宽23.6、高21.2、壁厚0.8～1.6厘米，烟孔径0.7厘米，灶门距底高2.6、宽5、高5.4厘米。陶釜2件。口沿及腹部轮制，器底为模制后粘接。下腹部见一处刮抹形成的波浪状棱线。口沿及上腹部的内壁见明显的轮制痕迹，底部内壁见数处指压痕迹。M29：2-1，色深。近直口，方唇，直领极矮，斜肩，鼓腹，圜底稍尖。底饰环器表一周的粗篮纹。口径7.8、腹最大径11.6、壁厚0.6、通高8.6厘米。M29：2-2，色浅灰。口微侈，窄平沿，尖唇，短束颈，圆肩，鼓腹，圜底。底饰整齐的细篮纹。腹、底交联处内壁见有一周敷泥涂抹痕迹。口径9.8、腹最大径14.6、壁厚0.6、通高9.2厘米。陶甑1件。M29：2-3，深灰色。微残。敞口，平折沿，尖唇，沿面稍鼓，弧腹稍鼓，平底上有8个箅孔。孔自外向内钻成，一孔居中，余环列周围。沿面、腹上部均有浅凹的弦纹。口径12.6、沿宽1、底径4.8、壁厚0.6、箅孔径0.8、通高8厘米（图三七二，5；图版六三，3、4）。

陶盆　1件。M29：4，泥质，深灰色。敞口，平折沿，尖唇，腹微折，平底。多处二次敷泥痕迹。口径24.5、沿宽1.6、腹最大径24.4、底径12.4、壁厚0.8、通高10.1厘米（图三七二，4；图版六四，8）。

铜带钩　1件。M29：8，曲棒形，钩首稍细，兽首，腹部较长，背部偏下有一短柱形纽。通长12.2、宽0.6～1.2厘米，纽径1.5、高0.8厘米，重75克（图三七九，2；图版六六，5）。

铜钱　2枚。锈蚀较为严重，钱文依稀可辨为“五铢”（图版六九，7）。M29：7-1，“五”字较瘦长，竖画缓曲；“铢”字不清，穿下半星，钱径2.3、穿宽0.45、郭宽1.2、郭厚0.25，肉厚0.1厘米，重量4.8克（图三七七，5）。余详见附表二。

（一四）M34

位于JT0202中部偏西南。开口于第1层下，距现地表深0.3米，打破F7、M36。

1. 发掘情况

方向155°。斜坡墓道土洞墓室结构，平面近梯形，墓室位于墓道北部居中处，较墓道稍窄。墓道平面呈梯形，南端较窄，直壁，斜坡底至近墓室处转平底。开口长4.24、宽0.82～1.08米，斜坡底长3.32、深0～1.9米，坡度35°；平底长1.52、深1.89米。墓室平面呈梯形，南窄北宽，下部直壁，向上渐弧成拱顶，平底。长2.88、宽0.79～0.89、高1.01米。

葬具为木质一棺，位于墓室中后部偏西处。平面呈长方形，残长1.8、残宽0.5米，高度不详。墓主骨骼保存一般，成年男性。葬式仰身直肢，头向西北，面朝东。

未见随葬品。仅填土中出鹿角1件（图三七三，图版五三，1）。

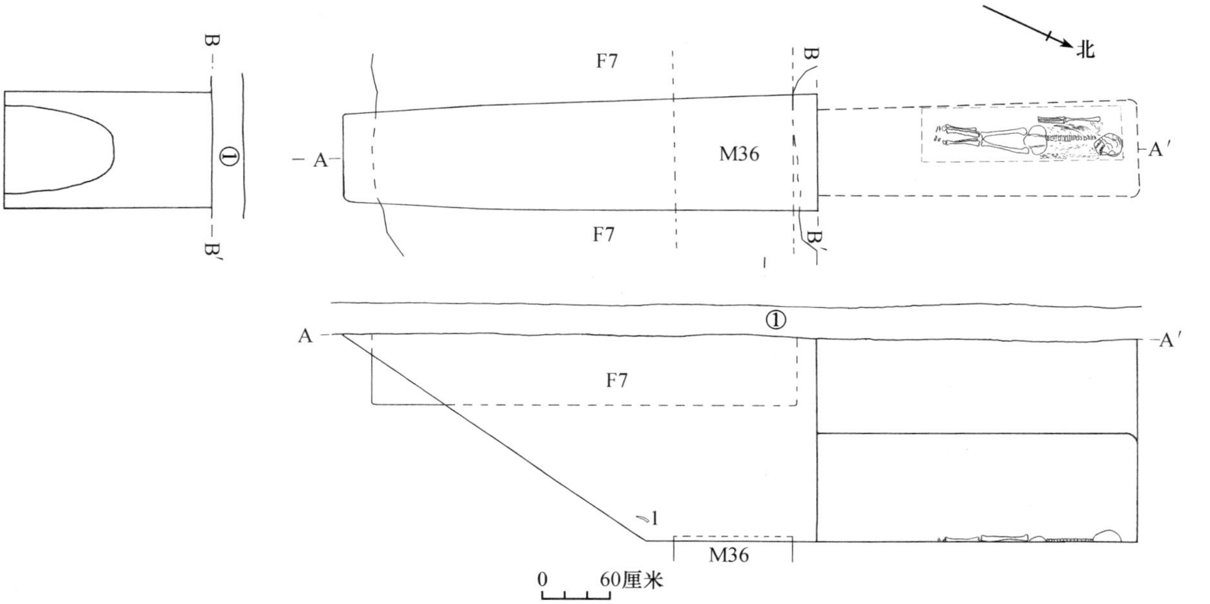

图三七三　M34平、剖面图
1. 鹿角

2. 器物

鹿角　M34填：1，残。圆锥状，整体有一定的弧度，剖面为椭圆形。长12、直径0.5～2厘米，重60克（图三八〇，10；图版七一，2）。

（一五）M36

位于JT0202中西部，延伸至JT0201，大部分墓道压于探方西壁下。开口于第1层下，距现地表深0.3米，打破F7、M28，被M34打破。

1. 发掘情况

方向240°。斜坡墓道土洞墓室结构，由墓道、天井、墓室三部分构成，平面近“中”字形。墓道仅清理了局部，平面呈长方形，直壁，斜坡底至近墓室处转平底。可见开口长1.71、宽0.88米，可见平底部分长1.98、深2.78米。天井为横长的竖井式，平面不甚规整，近梯形，南部较窄，直壁。开口长0.47～0.6、宽1.53、深2.78米，宽于墓道及墓室。内端有木质封门设施，底部可见长方形封门槽。槽长1.53、宽0.12、深0.16米。墓室位于墓道东部居中处，平面呈梯形，东端稍窄，下部直壁向上渐弧为拱顶，平底。长3.36、宽1.18～1.24、高0.99米，底较天井底低0.1米。

葬具为木质一棺一椁。椁室平面呈长方形，长2.49、宽1.12米，高度不详。构造方式不详。棺位于椁室中部略偏北，平面呈长方形，长2、宽0.68米，高度不详。

墓主骨骼保存较差，年龄、性别不详。仰身直肢，头向西南，面向不详。

随葬品共37件（组），其中陶器5件（组）、铁器1件、铜器1件、铜钱30枚。棺内墓主头西部放有铜镜1面，镜下压13枚铜钱，墓主左肩处有1件铁铗，左手握铜钱1枚，右手握铜钱16枚；椁室西南部置有陶大口小罐4件，椁室外西南部放有陶灶一组。此外，填土中发现陶环2件、骨镞1件（图三七四，图版五三，2）。

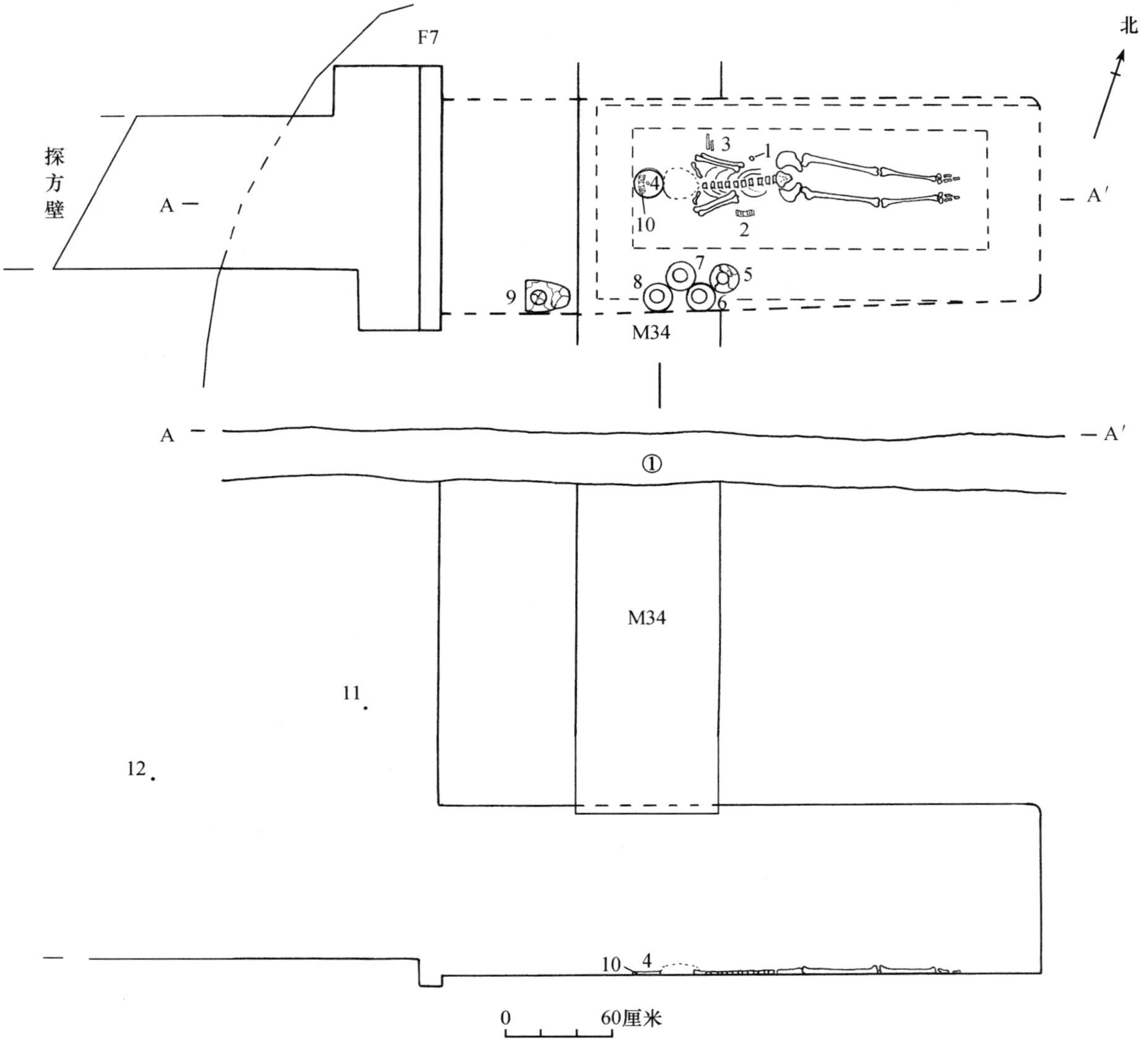

图三七四　M36平、剖面图

1、2、10. 铜钱　5～8. 陶大口小罐　3. 铁铗　4. 铜镜　9. 陶灶　11. 陶环（2件）（M36填：1）　12. 骨镞（M36填：2）

2. 器物

陶大口小罐　4件。泥质，浅灰色。M36：5，直口微敛，方唇，直颈较短，圆肩微耸，鼓腹，下腹微凹内收，平底内凹。底部不见拉坯痕迹，推测口沿及肩部为轮制，腹部及底模制后粘接制成整器。口沿内侧见按压修整痕。口径8.7、腹最大径15.4、底径6.6、壁厚0.8、通高11.2厘米（图三七五，1；图版六一，5）。M36：6，器形、纹饰同上。肩部磨光，口沿内壁见按压修整痕。口径8.6、腹最大径15.5、底径6.6、壁厚0.6、通高10.8厘米（图三七五，2；图版六二，1）。

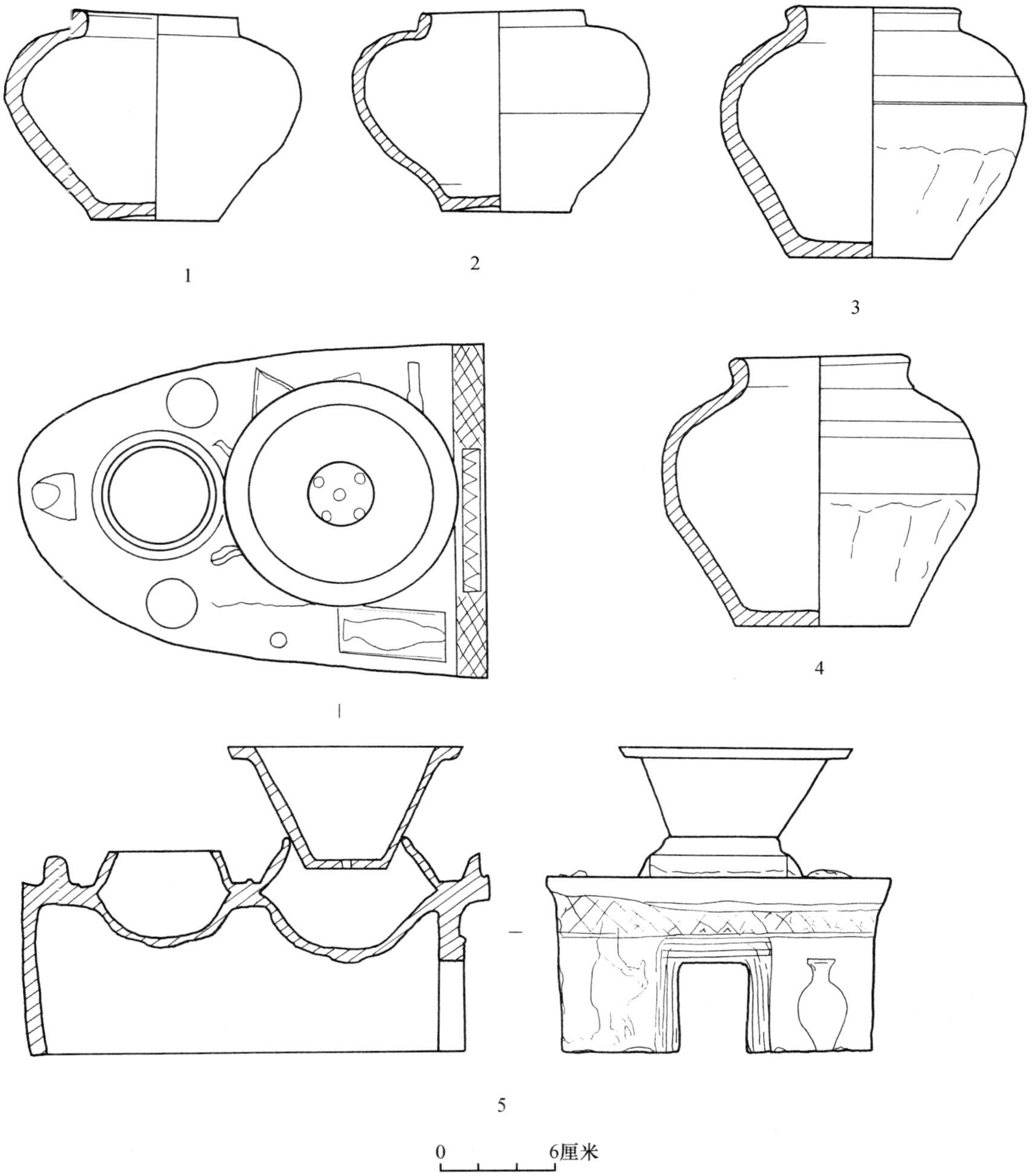

图三七五　M36陶器标本

1～4. 大口小罐（M36：5、M36：6、M36：7、M36：8）　5. 陶灶（M36：9-1、M36：9-2）

M36：7，口微侈，方唇而有圆意，短束颈，圆肩，鼓腹，平底。肩部饰二重弦纹。口径9.2、腹最大径16、底径8.4、壁厚0.8、通高13.5厘米（图三七五，3；图版六二，2）。M36：8，微残。器形、制法同上，口沿一处稍有扭曲变形。口径9.6、腹最大径16.6、底径9、壁厚0.8、通高14.6厘米（图三七五，4；图版六一，6）。

陶灶　一组2件，泥质灰陶。M36：9-2，灶体。平面为马蹄形，前方后圆。两釜呈“一”字形分布，靠前一釜上置一小陶甑。釜与灶体联制，均敛口，方唇，鼓腹，圜底。灶面前端略出檐，中间有一道竖立的短隔挡，尾部有一短柱形烟囱。灶门为长方形。灶面前端饰一道菱形几何纹饰带，两侧模印鱼纹以及盘、勺等厨具纹饰。灶门上方饰一道菱形几何纹饰带，四周饰多道弦纹，左、右两侧分别模印一人物形象及一个壶。整体长24.4、宽18、高11.6、壁厚0.4～1.4厘米。烟囱径1.4、高1.6厘米；前、后两釜分别为口径5.8、5厘米，腹径8.8、6.6厘米，腹深6、4.6厘米；隔挡长7.8、宽0.9、高1.6厘米。灶门宽3.6、高4.8厘米。灶身内壁转角处及灶面出檐与灶身后部相交处见明显敷泥粘接痕迹，两釜底部在灶面内侧上亦见明显敷泥粘接痕迹。推测制法为灶面、灶身两侧及前部、灶身后部分别模制后粘接，灶上两釜的制法推测为：灶面上部分与底部分别模制，再进行粘接。灶面外侧及灶身外侧转角处见刮削修整痕迹。灶门内侧见切割后留下的纵向划痕。陶甑1件，M36：9-1，形体小。泥质，浅灰色。微残。敞口，平折沿，方唇，斜直腹，腹最下部微凹，平底上有五个梅花形分布的箅孔。整体轮制。箅孔由底外侧向内钻成。口径9.6、沿宽1.4、底径4.2、箅孔径0.6、壁厚0.6、通高6.6厘米（图三七五，5；图版六三，5、6）。

铜镜　1件。M36：4，铜华镜。圆形，半圆纽带一扁圆形穿，四叶纹纽座，四叶间饰有花苞纹，其外一周短斜线纹。座外一圈内向连弧纹圈带，内间饰变形山字纹及草叶纹。其外两周短斜线纹间夹饰一周铭文带，外缘为两周凸弦纹圈带，其间夹饰一周双线波折纹。铭文右旋读，内容为："湅冶铜华清而明，以之为镜因宜文章，延年益寿去不羊，与天无极日月光，长乐未央。"径17.4、背径17.2、缘宽0.7、厚0.5、肉厚0.3、纽径2.1、高0.9厘米，穿宽0.7、高0.4、座径6.4厘米，重835克（图三七六，1；图版六七，8）。

铁铗　1件。M36：3，残为5块，其中三块为较宽的长方形，一块细长，一块为扁平的环状，残长8.2厘米（图三七九，8；图版六六，6）。

铜钱　共30枚，钱文皆为"五铢"，外侧边缘有周郭，穿背有郭，少量穿下有星等记号（图版六九，8）。M36：2-1，"五"字稍宽，竖画甚曲，至两端平行；"金"头三角形，四竖点，"朱"头方折。钱径2.58、穿宽0.95、郭厚0.1、肉厚0.06厘米，重3.5克（图三七七，6；图版六九，8）。M36：2-14，"五"字较瘦，竖画直；"金"头三角形，四竖点，"朱"头方折。穿上一横。钱径2.5、穿宽0.85、郭厚0.1、肉厚0.08厘米，重3.9克（图三七七，9；图版六九，8）。M36：10-7，"五"字稍宽，竖画甚曲，至两端平行；"金"头三角形，四圆点，"朱"头方折。钱径2.6、穿宽0.85、郭厚0.2、肉厚0.13厘米，重4克（图三七七，7；图版六九，8）。M36：10-8，"五"字瘦长，竖画较曲；"金"头箭头形，四竖点，"朱"头方折。穿上一横。钱径2.55、穿宽0.95、郭厚0.15、肉厚0.09厘米，重3.9克（图三七七，8；图版六九，8）。余详见附表二。

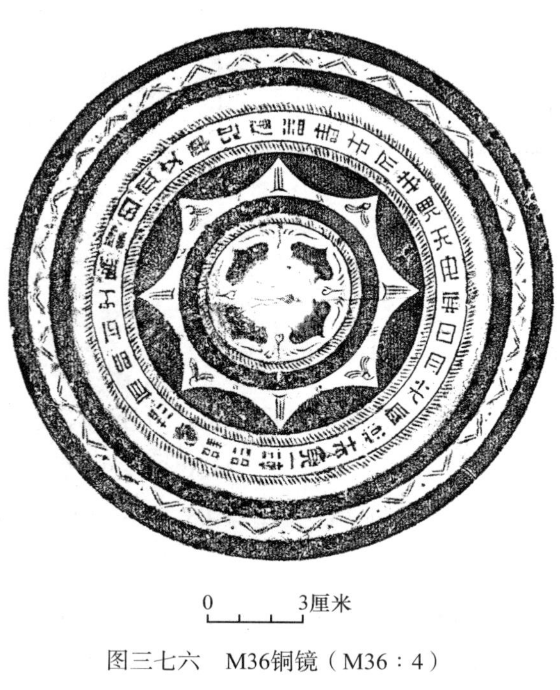

图三七六　M36铜镜（M36：4）

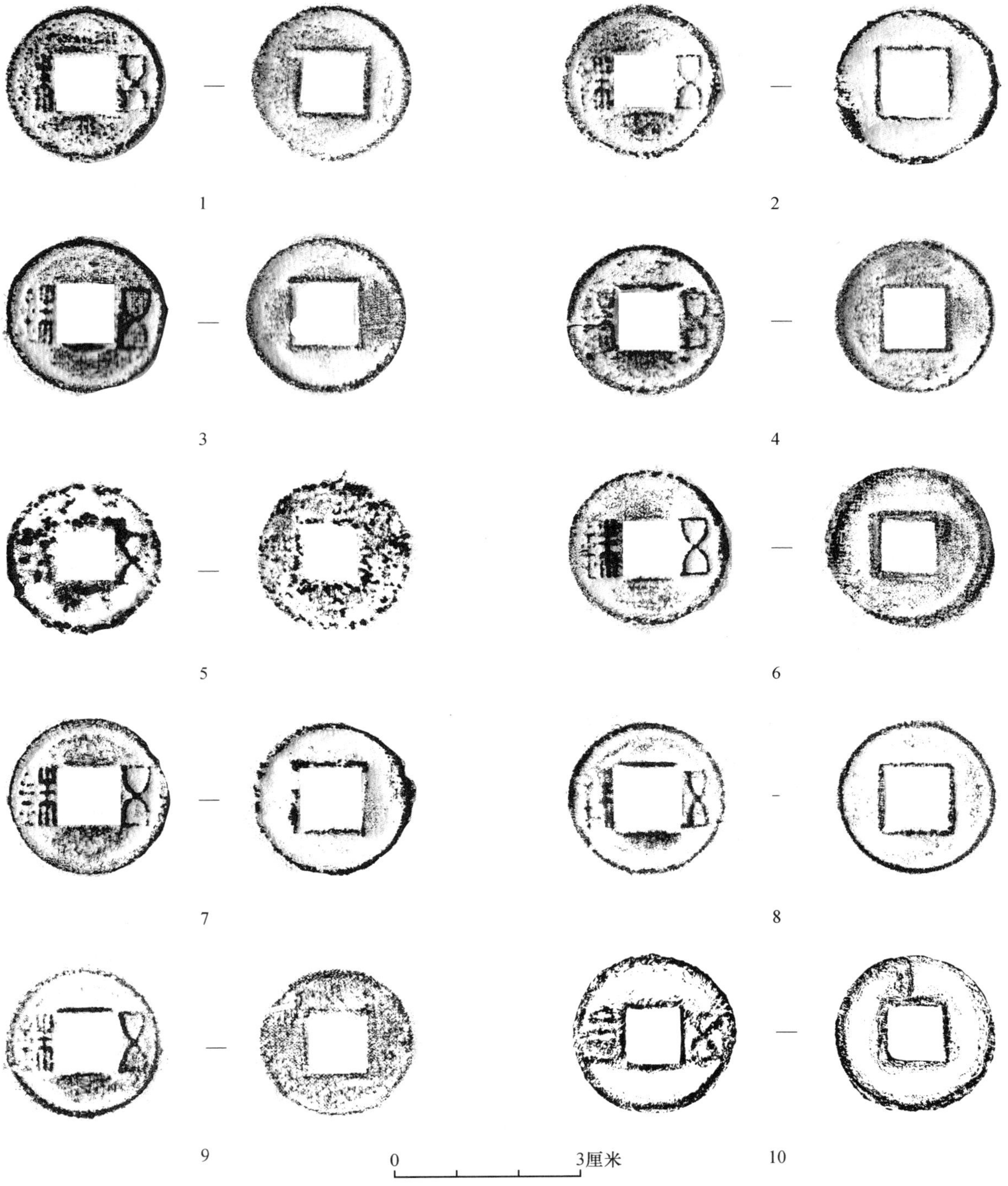

图三七七　M26、M27、M28、M29、M36“五铢”铜钱

1、2. M26：1-21、M26：1-13　3、4. M27：4-3、M27：3　5.M29：7-1

6～9. M36：2-1、M36：10-7、M36：10-8、M36：2-14　10. M28：2

陶环　2件。皆残损。M36填：1-1，残为两段，环体较细，剖面近圆形，内缘较平，外径5.5、内径4厘米，重10克（图三八〇，7；图版七一，3）。M36填：1-2，截面略呈三角形，表面光滑。外径5.8、内径4、宽2.4厘米（图三八〇，8；图版七一，3）。

骨镞　1件。M36填：2，通体扁平，呈纺锤状。锋部尖锐，铤部收分不明显，尾端稍圆钝。通长6.4、最宽处1.2、厚0.3厘米，重2.4克（图三八〇，2；图版七一，4）。

（一六）M37

位于JT0102西部，部分延伸至JT0101东隔梁下。开口于第1层下，距现地表深0.34米，被G7打破。

1. 发掘情况

方向60°。斜坡墓道土洞墓室结构。平面近长方形，中部较两端稍宽。墓道位于东部，东端被G7打破，平面近梯形，东窄西宽，直壁，斜坡底。开口残长2.44～2.54、宽0.78～0.97米，斜坡底长2.6、深0.91～1.6米，坡度15°。墓道内端接墓室处有木质封门设施。底部长方形封门槽长0.97、宽0.14、深0.06米。墓室平面呈梯形，东宽西窄，下部直壁向上渐弧呈拱顶，平底。长3、宽0.97～0.8、高1.09米。受盗扰。

未见葬具。墓主骨骼保存较差，放置凌乱且有所缺失，年龄、性别不详。葬式不详，从残存盆骨及下肢骨判断其头向应朝东北。

未见随葬品。仅在墓室东南部发现一些漆皮痕迹，但已无法提取。此外填土中发现陶球1件（图三七八，图版五三，3）。

2. 器物

陶球　1件，M37填：1，泥质灰胎褐皮陶。残。圆球形，一面稍平，器表粗糙，有多处小凹窝，凹窝内有多重同心圆状圈痕。直径3.7、凹窝径0.3～0.4厘米（图三八〇，5；图版七一，5）。

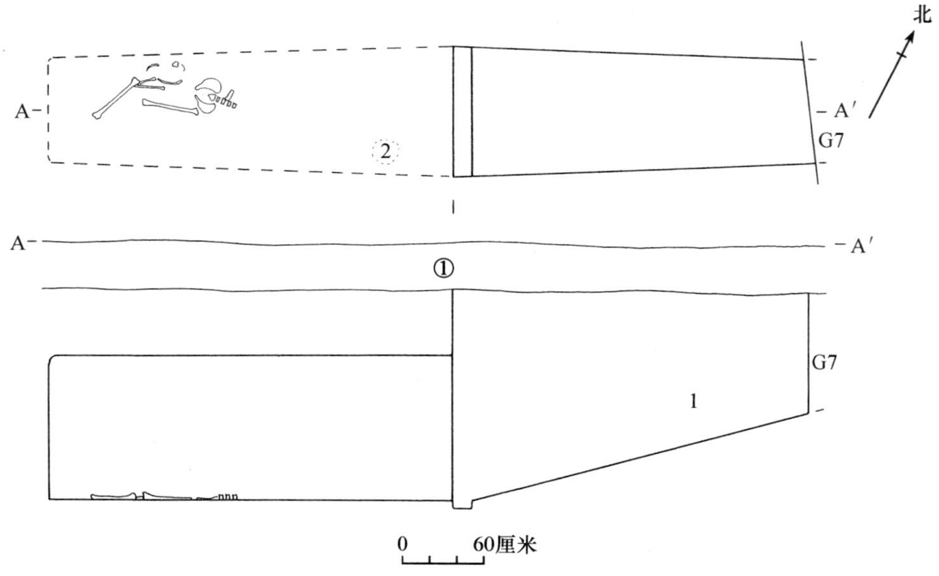

图三七八　M37平、剖面图

1. 陶球　2. 漆器痕迹

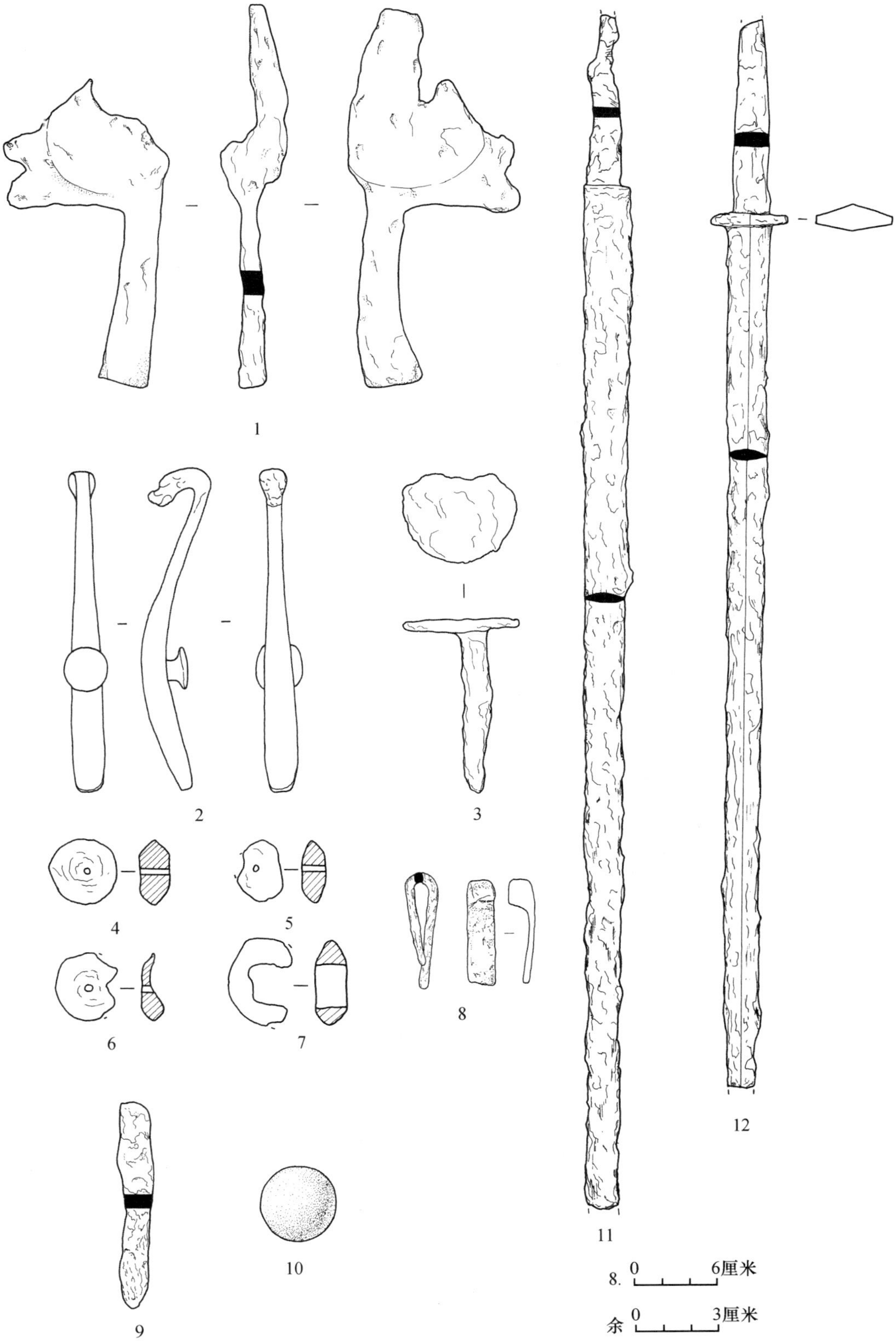

图三七九　汉代墓葬随葬品

1. 铁弩机（M17：6）　2. 铜带钩（M29：8）　3. 铁钉（M27：5）　4～7. 铅镇（M17：2-1～M17：2-4）　8. 铁铗（M36：3）　9. 铁削刀（M7：2）　10. 石球（M7：3）　11、12. 铁剑（M17：5、M28：1）

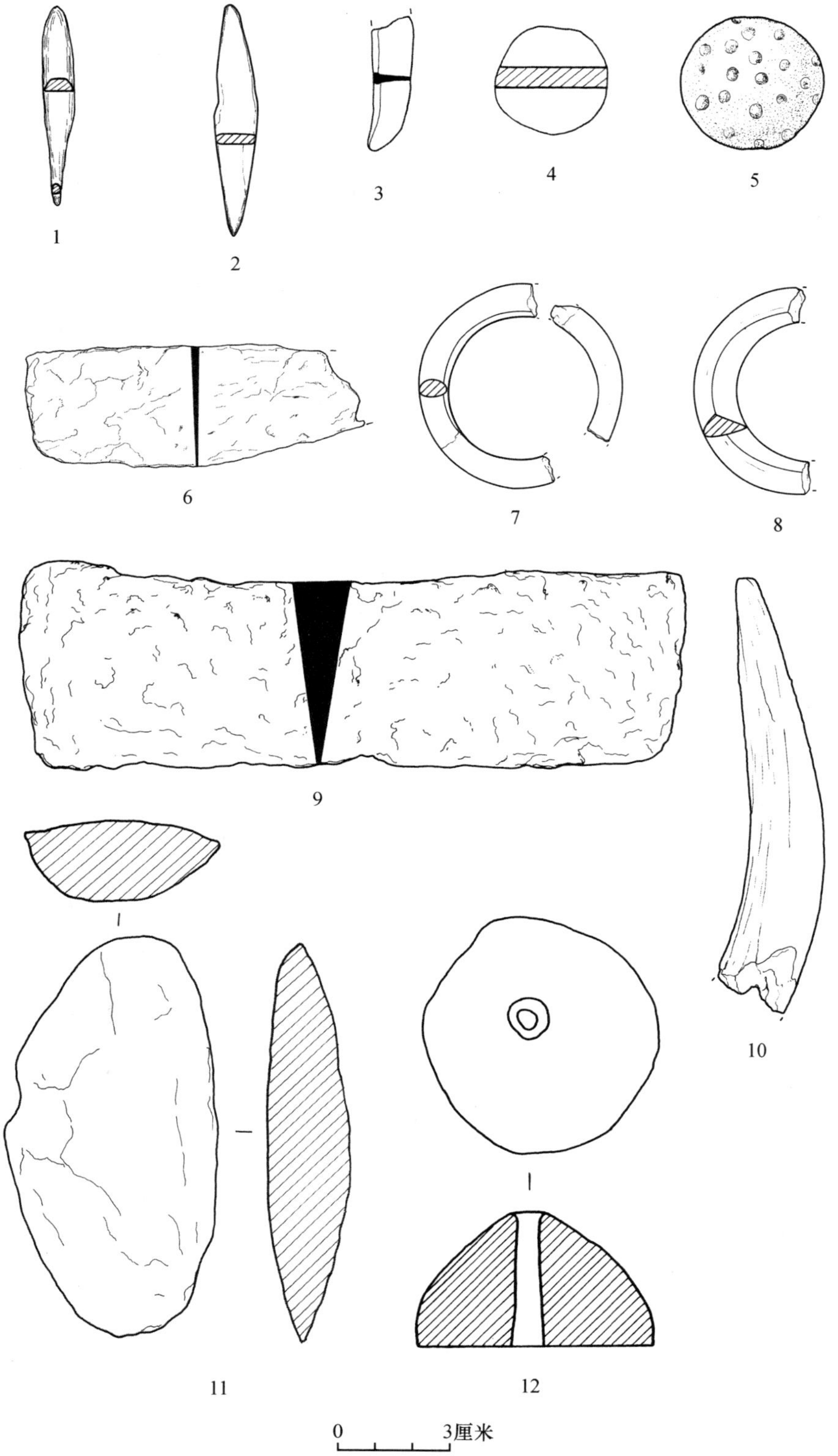

图三八〇　汉代墓葬填土中出土遗物

1、2. 骨镞（M6填：1、M36填：2）　3. 铜刀（M5填：2）　4. 陶饼（M5填：1）
5. 陶球（M37填：1）　6. 铁刀（M7填：2）　7、8. 陶环（M36填：1-1、M36填：1-2）　9. 铁锸（M20填：1）
10. 鹿角（M34填：1）　11. 石器（M7填：1）　12. 陶纺轮（M16填：1）

第二节　沟

本次发掘的汉代沟类遗迹共有6条，除G3外，其余皆属于墓葬围沟。

一、G3

位于JT0201西北角、JT0101中部，西南延伸出JT0201探方外，东北延伸至G7。开口于第1层下，距现地表深0.3米，打破H6、H21、M5、M7、M25、M29。

（一）形制、堆积

方向37°。平面呈长条形，两侧边较直，内壁较平直，平底，横向剖面形状呈筒状。现暴露部分长16.02、宽0.64～0.99、深0.44～0.51米。沟内堆积为红褐色夹杂黄褐土点的砂质黏土，较致密，水平状堆积。包含较多陶片，大量存在有早期文化遗物。

为处理废弃物的垃圾坑（图三八一）。

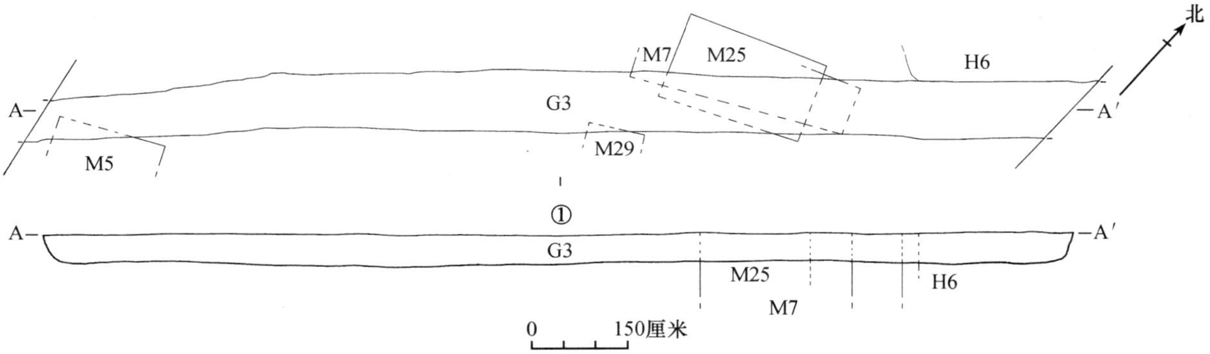

图三八一　G3平、剖面图

（二）遗物

1. 陶器面貌

陶质陶色方面，泥质陶占总数的54.20%/47.24%，夹砂陶占45.80%/52.76%，其中夹砂灰陶占29.01%/28.94%，泥质灰陶占30.54%/20.46%，泥质黑皮陶占8.40%/9.62%，夹砂黑皮陶占6.10%/5.94%，夹砂褐陶占3.82%/4.72%，泥质褐陶占0.76%/0.25%。此外还包含少量仰韶时期红陶片，其中泥质红陶占14.50%/16.91%，夹砂红陶占6.87%/13.16%。纹饰方面，素面陶占总数的9.16%/9.00%。绳纹占60.31%/68.15%，素面磨光占17.56%/11.00%，戳压纹+绳纹占3.05%/5.61%，篮纹占4.59%/3.70%，弦纹占3.05%/1.11%，戳压纹占0.76%/1.04%，几何纹占0.76%/0.21%，压印纹占0.76%/0.18%。可辨器形有瓮、甗、鬲、罐、盆等（表一六二、表一六三）。

表一六二　G3陶系统计表

陶质/陶色/纹饰	泥质				夹砂				合计	百分比/%
	红	褐	黑	灰	红	褐	黑	灰		
素面	4/208.4			2/43	2/38.8	2/68.9		2/41.5	12/400.6	9.16/9.00
素面磨光	3/61.6	1/11.1	8/231.1	11/186					23/489.8	17.56/11.00
篮纹	3/90.8			3/74					6/164.8	4.59/3.70
绳纹	6/360.6		3/197.2	19/435.2	7/547.1	3/141	8/264.3	33/1088.1	79/3033.5	60.31/68.15
弦纹	3/31.3			1/17.9					4/49.2	3.05/1.11
几何纹				1/9.2					1/9.2	0.76/0.21
戳压纹				1/46.6					1/46.6	0.76/1.04
压印纹				1/8					1/8	0.76/0.18
戳压纹+绳纹				1/90.8				3/158.8	4/249.6	3.05/5.61
合计	19/752.7	1/11.1	11/428.3	40/910.7	9/585.9	5/209.9	8/264.3	38/1288.4	131/4451.3	
	71/2102.8				60/2348.5					
百分比%	14.50/16.91	0.76/0.25	8.40/9.62	30.54/20.46	6.87/13.16	3.82/4.72	6.10/5.94	29.01/28.94		100.00/100.00
	54.20/47.24				45.80/52.76					

表一六三　G3可辨陶器器形统计表

陶质/陶色/器形	夹砂			泥质			合计	百分比/%
	灰	褐	灰皮褐胎	灰	褐	灰皮褐胎		
瓮	2				1		3	17.65
甑		1					1	5.88
鬲	3		2				5	29.41
罐	2		1	1		1	5	29.41
盆				1			1	5.88
甗	1		1				2	11.76
合计	8	1	4	2	1	1	17	
	13			4				
百分比/%	47.06	5.88	23.53	11.76	5.88	5.88		100.00
	76.47			23.53				

2. 器物举例

石斧　1件。G3：1，顶部残损，刃部亦稍残。凝灰岩质，黑灰色。体较厚重，平面呈梯形，刃部较宽，器身横截面呈椭圆形。双面刃，刃部圆弧，器表大部打磨光滑。残长11.9、刃宽6.5、厚3.9厘米，重548.4克（图三八二，7）。

骨锥　1件。G3：2，尖端稍残。由犬科动物的尺骨加工而成，柄端基本保留原骨关节，前端磨尖，加工痕迹不甚明显，器身略扁，横截面呈不规则椭圆形。残长11.2、最宽处1.7、最厚处0.6厘米，重8.3克（图三八二，8）。

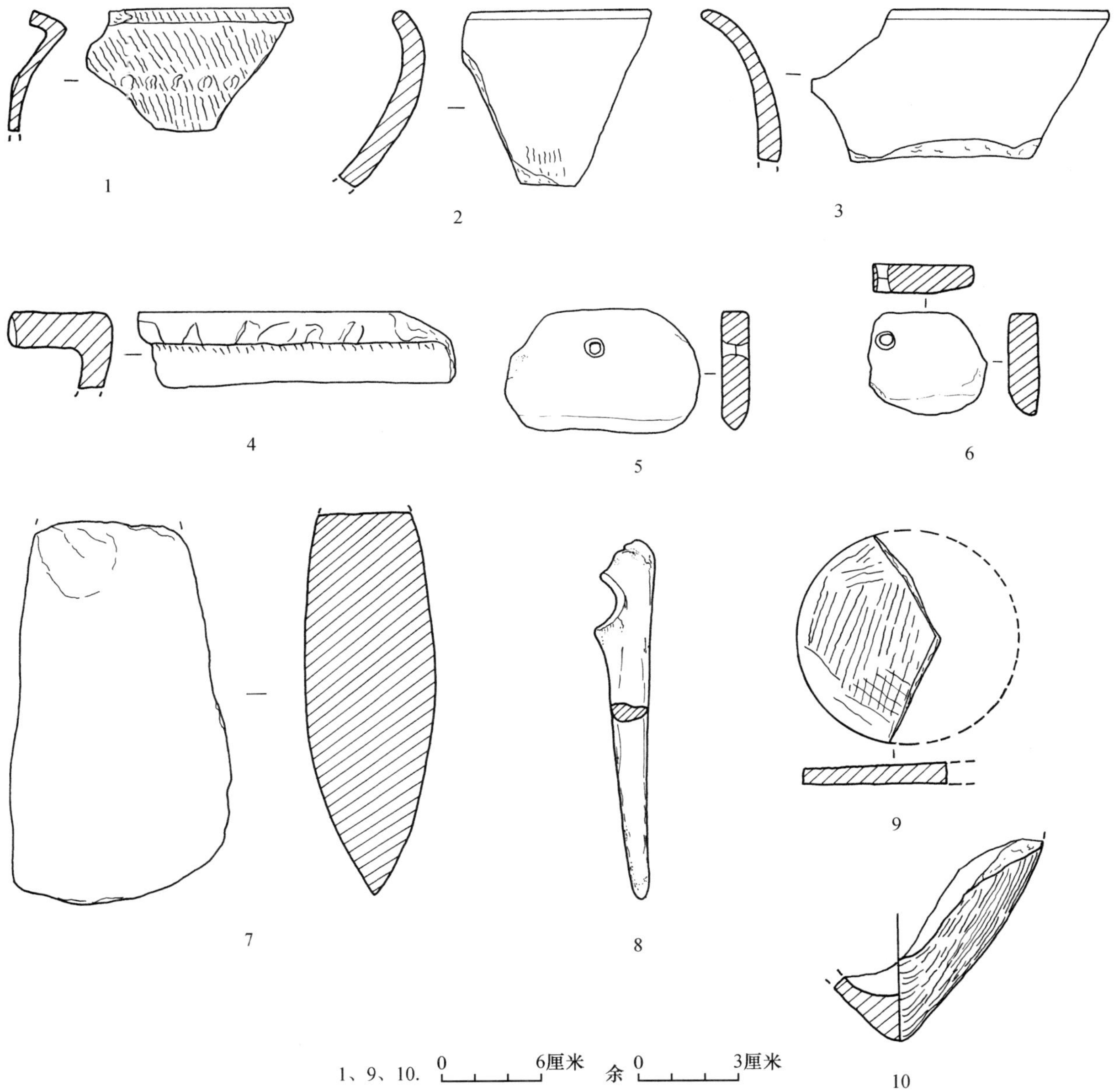

图三八二　G3器物标本

1. 陶鬲（G3：6）　2、3. 陶罐（G3：8、G3：7）　4. 陶瓮（G3：4）　5、6. 石刀（G3：3-2、G3：3-1）　7. 石斧（G3：1）　8. 骨锥（G3：2）　9. 陶饼（G3：9）　10. 陶甗（G3：5）

石刀　2件。磨制。有对钻圆孔。平背，直刃，刃部圆钝。G3：3-1，砂岩质，黑灰色。单面刃，器身侧边圆弧，在近背部处有一个对钻圆孔。残长3.5、宽3.2、厚0.9、孔径0.4～0.6厘米，重16克（图三八二，6）。G3：3-2，砂岩质，黑灰色。双面刃，器身侧边圆弧，在近背部处有一个对钻圆孔。残长5.8、宽3.7、厚0.8、孔径0.4～0.6厘米，重29.6克（图三八二，5）。

瓮　G3：4，口部。夹砂灰陶。敛口，宽平沿，方唇。唇部饰一周手指戳印花边，口沿外侧饰有短绳纹。手制。残高2.3、壁厚0.75～1厘米（图三八二，4）。

甗　G3：5，足，或为瓮足。夹砂褐陶。空心锥足，体较厚重。器表大部饰纵向绳纹直至足尖，局部压印有斜向短绳纹与之交错。手制。残高12.8、壁厚0.7厘米（图三八二，10）。

鬲　G3：6，口及腹部。夹砂陶，器表及内壁陶色深灰，陶胎呈褐色。侈口，方唇，沿面略弧，束颈，鼓腹。器表通体饰斜向细绳纹，唇面亦饰绳纹，上腹部饰一周指甲戳印纹。手制轮修。残高7.4、壁厚0.5～0.9厘米（图三八二，1）。

罐　G3：7，口及颈部。泥质灰陶。敞口，圆唇，束颈较高。素面。手制轮修，器表及内壁轮修痕迹明显。残高4.7、壁厚0.4～0.8厘米（图三八二，3）。G3：8，口及肩部。夹砂灰陶。侈口，方唇，矮领，斜肩，肩部似曾贴附有耳，因残存部分甚少已无从辨识。素面。手制。残高5.4、壁厚0.6～0.9厘米（图三八二，2）。

饼　G3：9，夹砂陶，器表一面呈深灰色，另一面及陶胎呈褐色。残存部分平面呈扇形，保留有一侧弧边，体较扁平，器表一面饰交错绳纹，另一面亦饰有绳纹。手制。复原直径13.2、厚1～1.4厘米（图三八二，9）。

二、G4

位于JT0203中部，向西北延伸至JT0103中，与G5相连接，向南延伸出探方外。开口于第1层下，距地表深0.3米，打破H23北部。

（一）形制、堆积

方向333°。北部与G5相接处为一处直转角，两侧边较直，内壁斜直内收，底部较窄，底呈北高南低的坡状。口平面呈东南—西北向长条形，长9.72、宽1.86～2、底宽0.65～0.88、深1.42～1.66米（图三八三；图版四七，1）。

沟内堆积分三层。

第1层：灰褐色砂质黏土，疏松。近水平状堆积。包含陶片。厚0.23～0.28米。其中仅见陶片1件。

第2层：浅褐色淤土，较致密。坡状堆积，东高西低。包含陶片、少量板瓦及筒瓦残片、动物骨骼等。厚0.45～0.72米。

第3层：红褐色淤土，致密。近坡状堆积，东高西低。包含陶片、大量筒瓦及板瓦残片。厚0.58～0.7米。

（二）遗物

1. 陶器面貌

第2层陶片陶质陶色方面，泥质陶占总数的75.76%/87.74%，夹砂陶占24.24%/12.26%。其中泥质灰陶占48.48%/51.57%，夹砂灰陶占15.15%/10.16%，泥质黑皮陶占2.02%/1.96%，泥质褐陶占1.01%/0.75%。此外还见有少量仰韶时期红陶片，其中泥质红陶占24.24%/33.46%，夹砂红陶占9.09%/2.10%。纹饰方面，素面陶占总数的20.20%/7.55%。绳纹占40.40%/41.11%，布纹+绳纹占14.14%/29.17%，弦纹占4.04%/4.46%，篮纹占14.14%/3.49%，黑彩占2.02%/1.38%，零星几何纹+抹

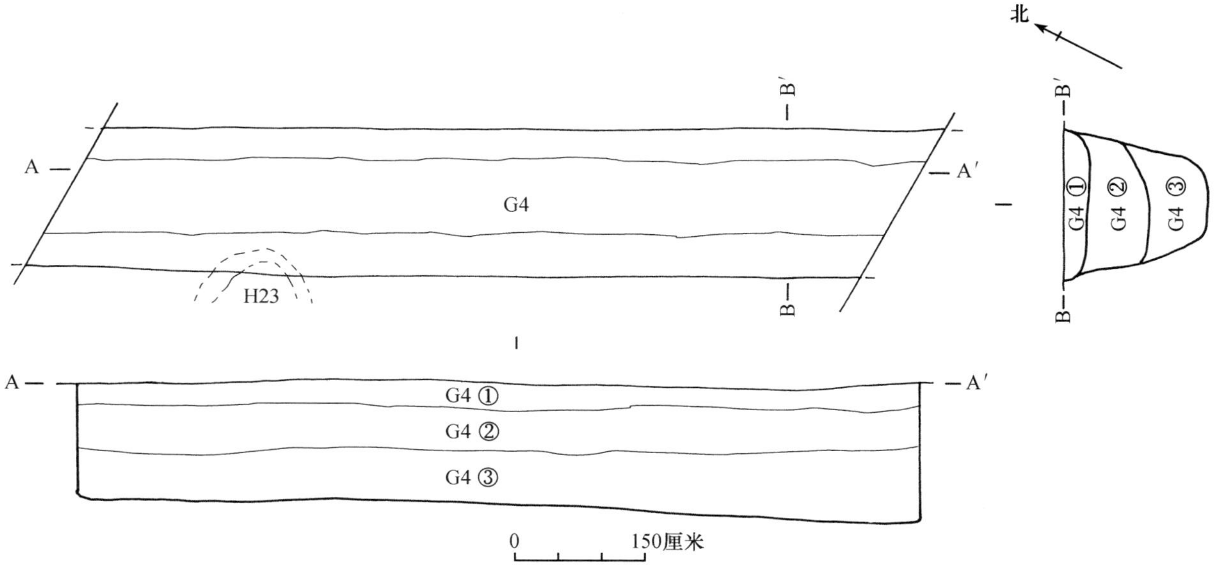

图三八三　G4平、剖面图

光+绳纹占1.01%/1.25%，素面磨光占3.03%/1.07%，麻点纹+绳纹占1.01%/0.53%。瓦多为泥质红褐陶，少量泥质灰陶，零星夹砂灰陶。多为瓦面绳纹加瓦沟布纹的组合，仅见一例瓦面绳纹加瓦沟麻点纹的组合（表一六四）。

表一六四　G4②层陶系统计表

纹饰＼陶质陶色	泥质				夹砂		合计	百分比/%
	红	褐	黑	灰	红	灰		
素面	6/74.8			8/233.4	4/66.7	2/53.2	20/428.1	20.20/7.55
素面磨光	3/60.5						3/60.5	3.03/1.07
篮纹	5/83.9			4/61.7	5/52.5		14/198.1	14.14/3.49
绳纹				28/1839.2		12/492.6	40/2331.8	40.4/41.11
弦纹			1/40.2	3/212.5			4/252.7	4.04/4.46
黑彩	2/78.2						2/78.2	2.02/1.38
麻点纹+绳纹						1/30.3	1/30.3	1.01/0.53
布纹+绳纹	8/1600.7	1/42.8		5/578.1			14/2221.6	14.14/29.17
几何纹+抹光+绳纹			1/70.8				1/70.8	1.01/1.25
合计	24/1898.1	1/42.8	2/111	48/2924.9	9/119.2	15/576.1	99/5672.1	
	75/4976.8				24/695.3			
百分比/%	24.24/33.46	1.01/0.75	2.02/1.96	48.48/51.57	9.09/2.10	15.15/10.16		100.00/100.00
	75.76/87.74				24.24/12.26			

第3层陶片陶质陶色方面，泥质陶占总数的93.62%/98.57%，夹砂陶占6.38%/1.43%。其中泥质灰陶占48.99%/54.10%，泥质褐陶占32.55%/35.01%，泥质红陶占11.41%/9.32%，夹砂红陶占2.68%/0.61%，夹砂灰陶占3.02%/0.59%，夹砂褐陶占0.34%/0.22%，泥质黑陶占0.67%/0.14%，夹砂黑陶占0.34%/0.01%。纹饰方面，素面陶占总数的1.68%/0.38%，绳纹+布纹占71.48%/87.04%，绳纹

占20.81%/10.44%，素面磨光占2.01%/0.83%，素面磨光+布纹占0.67%/0.44%，指甲戳压纹加绳纹占0.67%/0.30%，麻点纹+绳纹占0.34%/0.22%，篮纹占1.34%/0.20%，素面磨光+篮纹占0.34%/0.09%，戳压纹占0.34%/0.05%，附加堆纹占0.34%/0.03%。瓦多为泥质褐陶，次为较多泥质灰陶，少量泥质红陶，零星见有夹砂褐陶。纹饰基本均为瓦面绳纹+瓦沟布纹的组合，仅见两例瓦面磨光+瓦沟布纹以及一例瓦面绳纹加瓦沟麻点纹的组合（表一六五）。

表一六五　G4③层陶系统计表

纹饰＼陶质/陶色	泥质				夹砂				合计	百分比/%
	红	褐	黑	灰	红	褐	黑	灰		
素面				1/57.9			1/5.7	3/118.1	5/181.7	1.68/0.38
素面磨光	1/73.5			5/324.1					6/397.6	2.01/0.83
篮纹				3/72	1/23.8				4/95.8	1.34/0.20
绳纹	1/9.5		1/25.1	49/4598.1	7/268.1			4/115.5	62/5016.3	20.81/10.44
绳纹+布纹	31/4375.7	95/16619.4		87/20850.3					213/41845.4	71.48/87.04
附加堆纹								1/13.4	1/13.4	0.34/0.03
麻点纹+绳纹						1/105			1/105	0.34/0.22
素面磨光+篮纹			1/42.6						1/42.6	0.34/0.09
戳压纹	1/21.8								1/21.8	0.34/0.05
素面磨光+布纹		2/209							2/209	0.67/0.44
指甲形戳印纹+绳纹				1/107.4				1/37.7	2/145.1	0.67/0.30
合计	34/4480.5	97/16828.4	2/67.7	146/26009.8	8/291.9	1/105	1/5.7	9/284.7	298/48073.7	
	279/47386.4				19/687.3					
百分比/%	11.41/9.32	32.55/35.01	0.67/0.14	48.99/54.10	2.68/0.61	0.34/0.22	0.34/0.01	3.02/0.59		100.00/100.00
	93.62/98.57				6.38/1.43					

2. 器物举例

筒瓦　瓦面上部饰中等粗细的纵向绳纹，瓦沟饰布纹。侧边可见由内向外切胎痕迹。G4①：1，残。泥质灰陶夹细砂，部分胎体呈褐色。方唇，唇较长。瓦头素面，下部饰绳纹后经抹平。残长42.4、瓦径15.2、壁厚1.6厘米，瓦唇长4厘米，壁厚1.6厘米（图三八四，3）。G4③：2，残。泥质夹细砂，陶色红褐。瓦头处饰斜向短绳纹后经抹平。残长26.8、瓦径14.6、壁厚1.4～2厘米，瓦唇长3.4、壁厚1.6厘米（图三八四，2）。

板瓦　G4②：1，残。泥质红陶夹细砂。瓦面饰斜向粗绳纹，近瓦头处绳纹经抹平，瓦沟饰布纹。由内向外切割。残长24、残宽17.4、壁厚0.8～1.6厘米（图三八四，4）。G4③：1，残。泥质褐陶夹细砂。唇上翘。残长40、宽20.8、壁厚1.2～2厘米，唇部厚2.4厘米（图三八四，1）。

三、G5

位于JT0103东北部，向东延伸至探方外，向西南与G4相连接。开口于第1层下，距现地表深0.22～0.43米，打破H32、G13、G17。

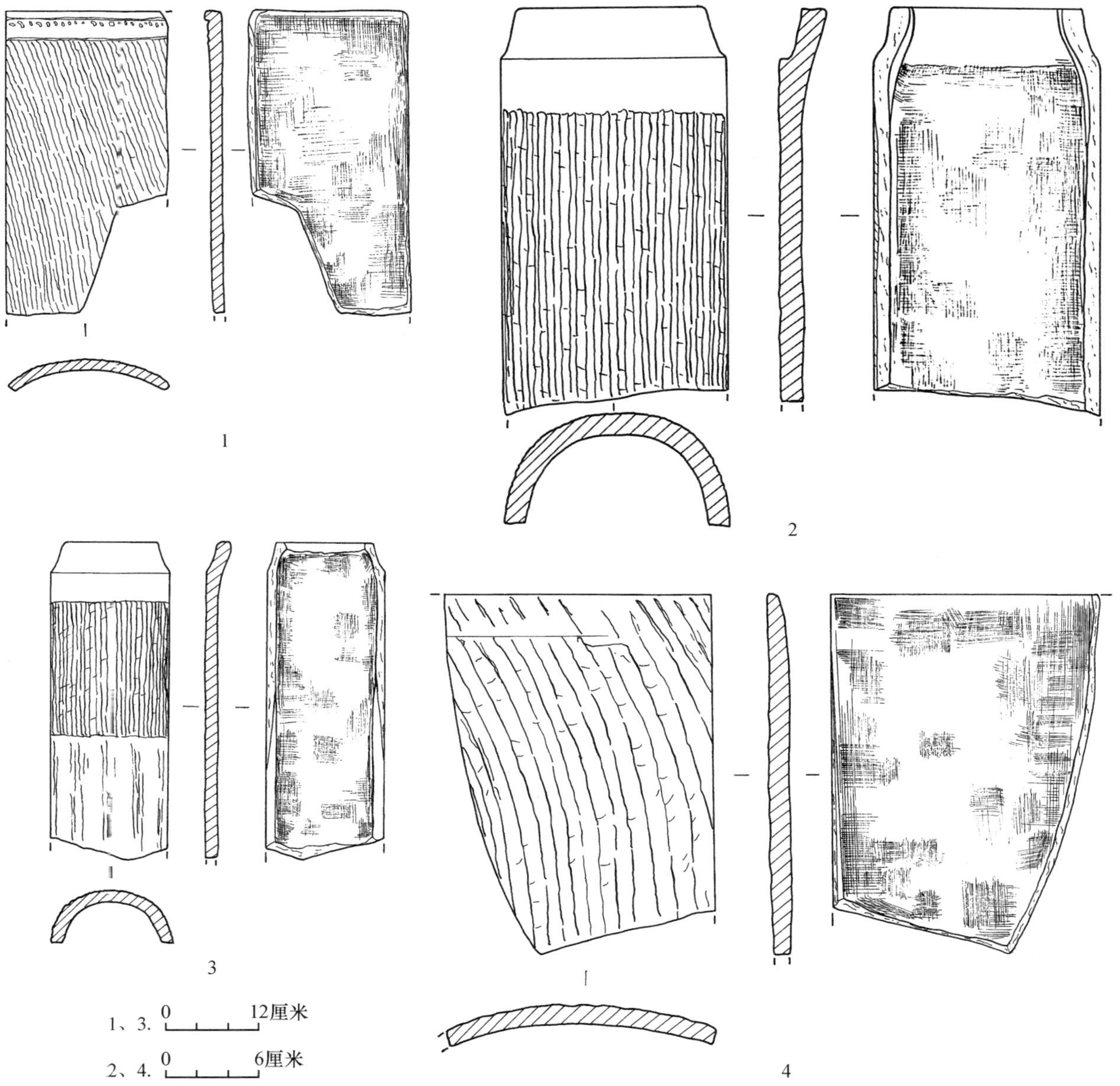

图三八四　G4筒瓦、板瓦
1、4. 板瓦（G4③：1、G4②：1）　2、3. 筒瓦（G4③：2、G4①：1）

（一）形制、堆积

方向65°。残存开口平面呈东北—西南向长条形，南部与G4相接处为一处直转角，两侧边较直，内壁斜直内收，底部较窄，底呈东高西低的坡状。可见口长9.26、宽1.75～1.97米，底宽0.7、深1.39～1.44米。

沟内堆积分三层。

第1层：灰褐色砂质黏土，疏松。水平状堆积。包含陶片、零星瓦残片。厚0.23～0.31米。

第2层：浅褐色淤土，较致密。水平状堆积。包含陶片、少量板瓦及筒瓦残片、动物骨骼等。

厚0.72～0.84米。

第3层：红褐色淤土，致密。水平状堆积。包含陶片、少量板瓦及筒瓦残片。厚0.24～0.5米（图三八五，图版四七，2）。

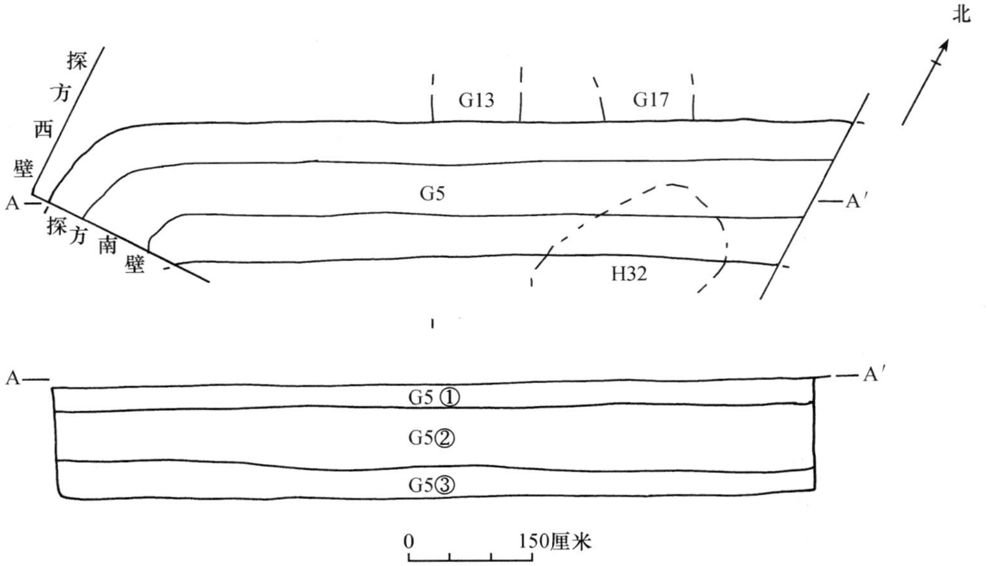

图三八五　G5平、剖面图

（二）遗物

1. 陶器面貌

第1层陶片陶质陶色方面，泥质陶占总数的58.18%/54.94%，夹砂陶占41.82%/45.06%。其中泥质灰陶占47.27%/38.30%，夹砂褐陶占21.82%/23.10%，夹砂灰陶占12.73%/17.47%，夹砂黑皮陶占5.45%/3.01%，泥质褐陶占1.82%/0.55%。此外见有极少量仰韶时期红陶片，其中泥质红陶占9.09%/16.09%，夹砂红陶占1.82%/1.48%。纹饰方面，素面陶占总数的16.36%/10.85%，绳纹占54.55%/52.56%，布纹+绳纹占3.64%/14.12%，篮纹占10.91%/7.26%，弦纹占5.45%/6.15%，指甲戳压纹+绳纹占1.82%/5.78%，素面磨光占5.45%/2.47%，线纹占1.82%/0.81%。瓦均为泥质红陶，瓦面饰绳纹，瓦沟饰布纹（表一六六）。

第2层陶片陶质陶色方面，泥质陶占总数的70.79%/91.07%，夹砂陶占29.21%/8.93%。其中泥质褐陶占16.85%/45.37%，泥质灰陶占34.83%/17.33%，夹砂灰陶占16.85%/5.90%，夹砂褐陶占10.11%/1.95%，夹砂黑皮陶占2.25%/1.08%。此外零星见有仰韶时期泥质红陶，占19.10%/28.37%。纹饰方面，素面陶占总数的6.74%/0.86%，绳纹+布纹占40.45%/84.90%，绳纹占35.96%/9.02%，附加堆纹+绳纹占2.25%/2.23%，篮纹占7.87%/1.55%，弦纹+绳纹占2.25%/0.54%，戳压纹占1.12%/0.33%，素面磨光占2.25%/0.30%，附加堆纹+戳压纹占1.12%/0.27%。瓦多为泥质红陶或褐陶，较少量泥质灰陶，均为瓦面饰绳纹，瓦沟饰布纹者（表一六七）。

第3层陶片陶质陶色方面，泥质陶占总数的73.85%/75.62%，夹砂陶占26.15%/24.38%。其中泥质灰陶占38.46%/35.55%，泥质红陶占26.15%/31.21%，夹砂灰陶占15.38%/14.00%，夹砂红陶占4.62%/5.97%，泥质褐陶占3.08%/5.51%，夹砂黑皮陶占6.15%/4.41%，泥黑皮陶占总数的6.15%/3.35%。纹饰方面，素面陶占总数的24.61%/23.89%。布纹+绳纹占16.92%/30.02%，绳纹占29.23%/26.77%，篮纹占13.85%/8.75%，弦纹占7.69%/6.14%，素面磨光占4.62%/2.54%，网格纹占1.54%/1.35%，麻点纹占1.54%/0.53%。瓦多为泥质红陶，极少量泥质灰陶，均为瓦面饰绳纹，瓦沟饰布纹者（表一六八）。

表一六六　G5①层陶系统计表

纹饰＼陶质／陶色	泥质			夹砂				合计	百分比/%
	红	褐	灰	红	褐	黑	灰		
素面	1/20	1/14.6	5/210.9		2/42.6			9/288.1	16.36/10.85
素面磨光			3/65.7					3/65.7	5.45/2.47
篮纹	1/10.9		4/142.5	1/39.4				6/192.8	10.91/7.26
绳纹			11/434.5		9/417.2	3/79.9	7/463.8	30/1395.4	54.55/52.56
弦纹			3/163.2					3/163.2	5.45/6.15
线纹	1/21.4							1/21.4	1.82/0.81
布纹+绳纹	2/374.8							2/374.8	3.64/14.12
指甲戳压纹+绳纹					1/153.5			1/153.5	1.82/5.78
合计	5/427.1	1/14.6	26/1016.8	1/39.4	12/613.3	3/79.9	7/463.8	55/2654.9	
	32.00/1458.5			23.00/1196.4					
百分比/%	9.09/16.09	1.82/0.55	47.27/38.30	1.82/1.48	21.82/23.10	5.45/3.01	12.73/17.47		100.00/100.00
	58.18/54.94			41.82/45.06					

表一六七　G5②层陶系统计表

纹饰＼陶质／陶色	泥质			夹砂			合计	百分比/%
	红	褐	灰	褐	黑	灰		
素面	1/35.4		5/109.6				6/145	6.74/0.86
素面磨光			2/51.2				2/51.2	2.25/0.30
篮纹	1/25.2		6/237.4				7/262.6	7.87/1.55
绳纹			9/438	9/329.2		14/757.9	32/1525.1	35.96/9.02
附加堆纹+绳纹					1/136.5	1/241	2/377.5	2.25/2.23
戳压纹			1/55.4				1/55.4	1.12/0.33
附加堆纹+戳压纹					1/46		1/46	1.12/0.27
弦纹-绳纹			2/90.8				2/90.8	2.25/0.54
绳纹+布纹	15/4738	15/7675.4	6/1949.6				36/14363	40.45/84.90
合计	17/4798.6	15/7675.4	31/2932	9/329.2	2/182.5	15/998.9	89/16916.6	
	63/15406			26/1510.6				
百分比/%	19.10/28.37	16.85/45.37	34.83/17.33	10.11/1.95	2.25/1.08	16.85/5.90		100.00/100.00
	70.79/91.07			29.21/8.93				

表一六八　G5③层陶系统计表

纹饰＼陶色＼陶质	泥质				夹砂			合计	百分比/%
	红	褐	黑	灰	红	黑	灰		
素面	4/68.8	1/8.4		6/254.8	2/99.7		3/221.6	16/653.3	24.61/23.89
素面磨光			3/69.6					3/69.6	4.62/2.54
篮纹			1/21.9	8/217.4				9/239.3	13.85/8.75
绳纹		1/142.4		7/259	1/63.5	4/120.7	6/146.6	19/732.2	29.23/26.77
弦纹	4/137.4			1/30.6				5/168	7.69/6.14
麻点纹							1/14.6	1/14.6	1.54/0.53
网格纹				1/37				1/37	1.54/1.35
布纹+绳纹	9/647.4			2/173.6				11/821	16.92/30.02
合计	17/853.6	2/150.8	4/91.5	25/972.4	3/163.2	4/120.7	10/382.8	65/2735	
	48/2068.3				17/666.7				
百分比/%	26.15/31.21	3.08/5.51	6.15/3.35	38.46/35.55	4.62/5.97	6.15/4.41	15.38/14.00	100.00/100.00	
	73.85/75.62				26.15/24.38				

2. 器物举例

板瓦　多件残片，泥质灰陶夹细砂，瓦面饰粗绳纹。G5②：2，陶色浅灰。瓦身两侧向下略弧。瓦面饰斜向粗绳纹，近瓦头处绳纹被抹平，瓦沟饰布纹。侧边可见切割痕，系由内向外切割。残长34.8、宽24、壁厚1.4～1.6厘米（图三八六，1）。G5②：3，陶色褐。体较圆弧。瓦面饰有斜向粗绳纹及数周不甚规整的横向划痕，瓦沟饰麻点纹，近瓦身尾端处的瓦沟见有模糊的绳纹。从保留下来的一侧边可见切割痕，系由内向外切割，另在瓦面可见少许指捺痕。残长40、残宽28、壁厚1.6～2厘米（图三八六，2）。

石斧　2件。磨制，双面刃。G5③：1，刃部残损。凝灰岩质，青灰色。体较厚重，弧顶，最大宽度位于中腰部，横截面呈圆角长方形。长14.2、最宽处6.5、厚4.3厘米，重932.6克（图三八六，3）。G5③：3，顶部残损。凝灰岩质，青灰色。平面略呈平面长方形，横截面亦呈平面长方形，侧边平直，刃部圆弧，器表打磨光滑。残长12.5、宽6.4、厚1.8厘米，重340.4克（图三八六，4）。

石刀　G5③：2，残。砂岩质，青灰色。磨制。平背，双面弧刃，刃部圆钝，加工较粗糙，器表斑驳不平。残长7.2、宽7.2、厚1.4厘米，重113.8克（图三八六，5）。

四、G6

位于JT0101西北角，开口于第1层下，距现地表深0.3米，打破H6、H14、H18、M11。

形制、堆积

方向32°。现开口平面呈长条形，长5.27、宽1.19米，底呈西高东低的坡状，深0.25～0.44米，填土呈青灰色，土质细沙较疏松，包含极少量小陶片、石块等（图三八七）。

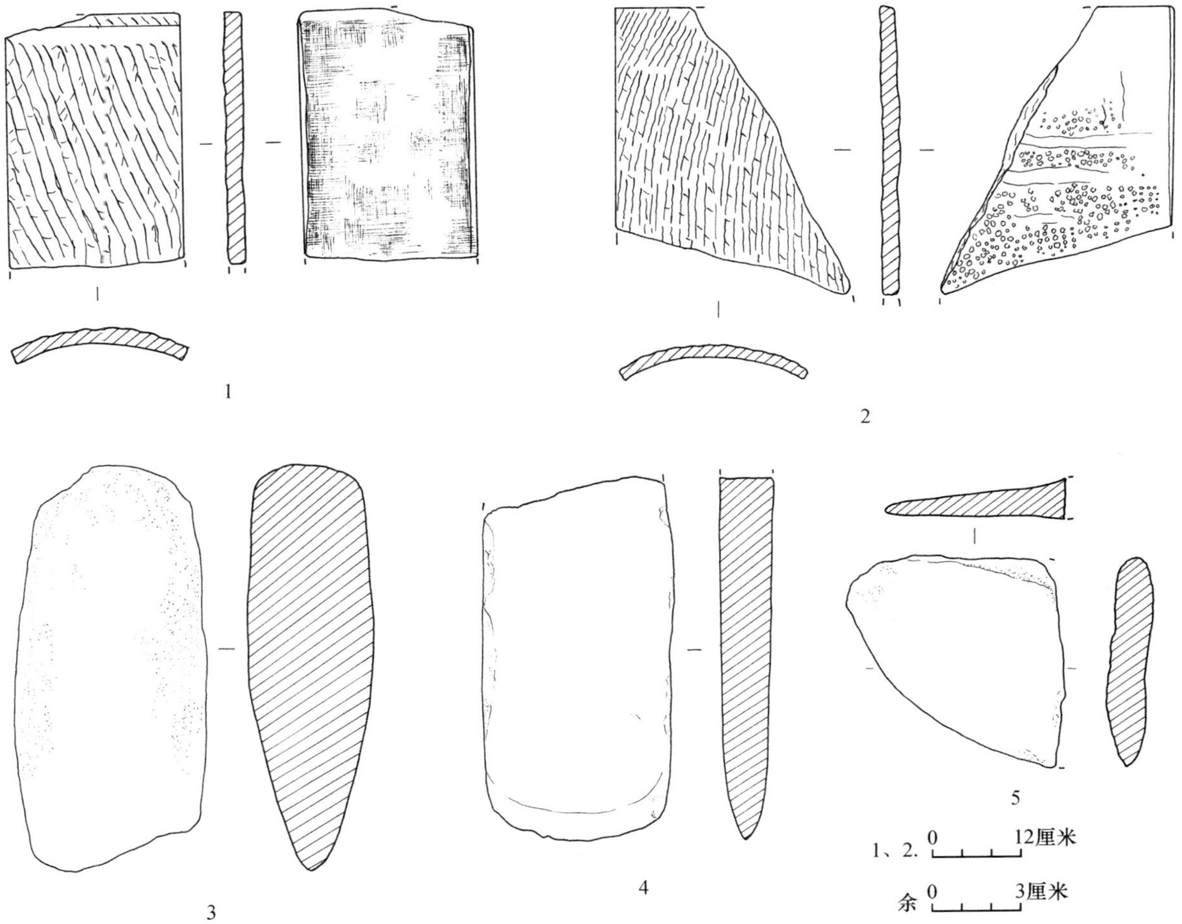

图三八六　G5器物标本

1、2. 板瓦（G5②：2、G5②：3）　3、4. 石斧（G5③：1、G5③：3）　5. 石刀（G5③：2）

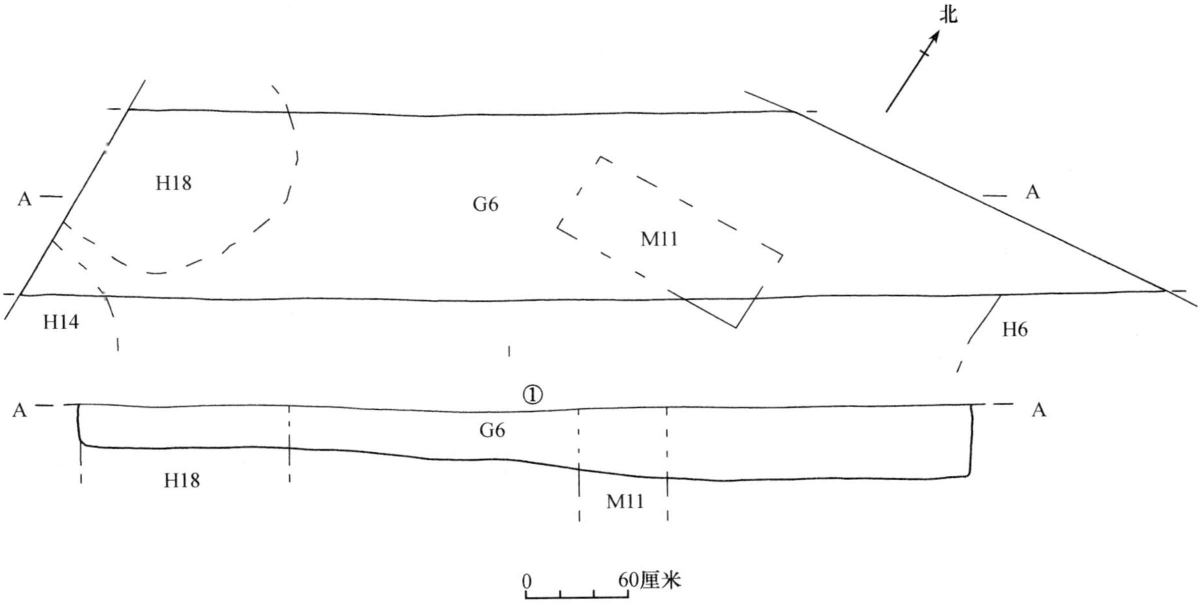

图三八七　G6平、剖面图

五、G7

位于JT0102西部、JT0202东北部及JT0203西南角，西北部延伸出探方外，开口于第1层下，距现地表深0.46米，打破M37、H11、H12。

（一）形制、堆积

方向146°。现开口平面为西北—东南向长条形，两侧边较直，南端较方，直壁，其上涂抹料姜石面进行处理，平底。该沟与G9相连接。开口长约20.6、宽1.04～1.14、深0.78～0.83米。沟内堆积为青灰色细砂土，较致密，水平状堆积。包含瓦、陶片、动物骨骼等（图三八八）。

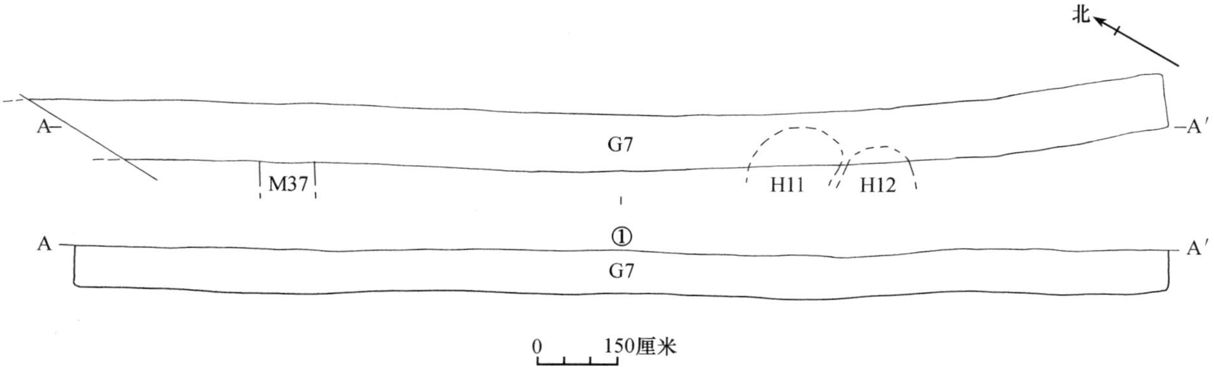

图三八八　G7平、剖面图

（二）遗物

1. 陶器面貌

陶质陶色方面，泥质陶占总数的69.71%/53.00%，夹砂陶占30.29%/47.00%。其中泥质灰陶占40.66%/33.05%，夹砂灰陶占9.96%/27.81%，泥质褐陶占11.20%/10.78%，夹砂黑皮陶占9.13%/7.26%，夹砂褐陶占4.98%/5.89%，泥质黑皮陶占9.96%/4.58%。此外还见有较少量的仰韶时期红陶片，其中夹砂红陶占6.22%/6.03%，泥质红陶占7.88%/4.60%。纹饰方面，素面陶占总数的37.34%/25.78%，绳纹占35.68%/47.43%，麻点纹占4.56%/9.54%，弦纹占8.30%/5.99%，素面磨光占4.15%/3.11%，戳压纹+绳纹占1.24%/2.11%，篮纹占4.15%/1.99%，弦纹+交错绳纹占0.83%/1.24%，几何纹占1.24%/0.85%，附加堆纹占0.83%/0.82%，戳压纹占0.41%/0.49%，交错绳纹占0.83%/0.48%，弦纹+绳纹占0.41%/0.17%。可辨器形有鬲、甗、豆、簋、罐、盆、瓮等（表一六九、表一七〇）。

表一六九　G7陶系统计表

纹饰 \ 陶色 \ 陶质	泥质				夹砂				合计	百分比/%
	红	褐	黑	灰	红	褐	黑	灰		
素面	13/388.2	8/388.7	15/283.1	32/1175.9	8/289.8		6/215.8	8/199.9	90/2941.4	37.34/25.78
绳纹		11/490	5/123.1	40/1752.8	7/398	8/279.9	14/564.7	1/1802.9	86/5411.4	35.68/47.43
交错绳纹								2/54.3	2/54.3	0.83/0.48
篮纹	3/57			7/170.5					10/227.5	4.15/1.99
附加堆纹						1/55.7		1/38.4	2/94.1	0.83/0.82
弦纹+交错绳纹				1/50.9				1/90.2	2/141.1	0.83/1.24
弦纹	3/79.2			17/604.5					20/683.7	8.30/5.99
弦纹+绳纹							1/19.7		1/19.7	0.41/0.17
戳压纹+绳纹							1/28.7	2/212.4	3/241.1	1.24/2.11
麻点纹						3/336.4		8/752	11/1088.4	4.56/9.54
戳压纹		1/55.7							1/55.7	0.41/0.49
几何纹		2/73.7						1/23.4	3/97.1	1.24/0.85
素面磨光		5/221.9	4/116.4	1/16.1					10/354.4	4.15/3.11
合计	19/524.4	27/1230	24/522.6	98/3770.7	15/687.8	12/672	22/828.9	24/3173.5	241/11409.9	
	168/6047.7				73/5362.2					
百分比/%	7.88/4.60	11.20/10.78	9.96/4.58	40.66/33.05	6.22/6.03	4.98/5.89	9.13/7.26	9.96/27.81		100.00/100.00
	69.71/53.00				30.29/47.00					

表一七〇　G7可辨陶器器形统计表

器形 \ 陶色 \ 陶质	夹砂		泥质			合计	百分比/%
	灰	褐	灰	褐	黑		
鬲	19	4	1			24	34.78
罐	5		21	2		28	40.58
豆			3			3	4.35
盆			6	1		7	10.14
甗	2					2	2.90
瓮	3					3	4.35
簋					2	2	2.90
合计	29	4	31	3	2	69	
	33		36				
百分比/%	42.03	5.80	44.93	4.35	2.90		100.00
	47.83		52.17				

2. 器物举例

铜钱　12枚，10枚完整、2枚残。钱文皆为“五铢”，形制规整，内外有郭，其中1枚正面穿下一星。钱径2.51～2.64、穿宽0.89～1.01、厚0.1～0.18厘米，重2.4～3.8克。G7：1-1，“五”字较瘦，交笔甚曲，至两端近乎平行，似上下相对的“炮弹形”，“铢”字“金”头三角形，四圆点，“朱”字头方折。正面穿下有一星。钱径2.51、穿宽0.12、郭宽0.93、郭厚0.17厘米，重量3.1克（图三八九，6）。余详见附表二。

石锛　1件。G7∶2，完整。凝灰岩质，黑色，局部夹杂少许红色。通体磨制光滑。平面呈梯形，顶窄刃宽，截面呈长方形，平顶，单面直刃。长8.6、顶宽3、刃宽6.1、厚2.4厘米，重284.3克（图三八九，2）。

石斧　1件。G7∶5，残。砂岩质，黑灰色。磨制。器身较窄，平面近梯形，顶窄刃宽，弧顶，双面刃，刃部圆弧，横截面略呈椭圆形。长11.6、顶宽3.1、刃宽5、厚2.1厘米，重200.2克（图三八九，1）。

纺轮　1件。G7∶3，残存1/2。夹砂灰陶。圆饼状，中部有圆孔，器表可见指捺痕。直径6.3、厚1、孔径0.9厘米，重38.2克（图三八九，3）。

饰　1件。G7∶4，完整。泥质褐陶。圆柱状，通体打磨光滑。直径1.2、高4.3厘米，重9.7克（图三八九，4）。

牙饰　G7∶6。残。由野猪獠牙磨制而成，器身圆弧，断面呈三角形，表面打磨光滑。残长6.5、宽1.4、厚1.5厘米，重13.3克（图三八九，5）。

甗　1件。腰部。G7∶8，夹砂陶，器表及内壁陶色深灰，陶胎呈褐色。束腰，内侧有固定的宽箅挡。器表饰纵向绳纹。手制。残高5.3、壁厚1.1、箅挡宽2.5～3、箅挡厚0.9～1厘米（图三九〇，6）。

鬲　5件。均为残片。G7∶9，足。夹砂灰陶。空心大锥足，壁较厚。器表饰大麻点纹直至足尖。手制。残高10、壁厚1厘米（图三九〇，10）。G7∶10，足部。夹砂陶，器表陶色浅灰，陶色呈褐色。实心柱状足，足尖处较平。器表饰纵向绳纹。手制，足跟下部可见刮削形成的棱面。残高6、壁厚0.7～1.2厘米（图三九〇，12）。G7∶11，足。夹砂灰陶。空心锥足，足尖处较尖。器表饰纵向细绳纹直至足尖。手制。残高4.5、壁厚0.6厘米（图三九〇，11）。G7∶12，口及腹部。泥质灰陶。敛口，斜沿近平，方唇，束颈，鼓腹。沿面饰三周凹弦纹，上腹部饰一周交错细绳纹纹饰带。手制轮修。口沿内外可见轮修痕迹。残高6.3、壁厚1厘米（图三九〇，5）。G7∶16，口及颈。夹砂灰陶。侈口，尖唇，高领，口沿外侧贴附有鋬，鋬部经戳压呈鸡冠状。手制。残高4.6、壁厚0.2～0.7厘米（图三九〇，1）。

盆　3件。泥质灰陶。G7∶13，口及上腹部。侈口，宽平沿，方唇，颈微束，上腹外鼓。素面。手制轮修。残高5.7、壁厚0.5～0.8厘米（图三九〇，2）。G7∶14，口及颈部。器表及内壁陶色灰褐，陶胎呈浅灰色。敞口，方唇，颈微束。口沿外侧及颈部饰纵向绳纹后稍经抹平。手制轮修，口沿内侧轮修痕迹明显。残高5.2、壁厚0.6～0.9厘米（图三九〇，3）。G7∶19，口及腹部。直口微侈，圆唇，弧腹。口沿外侧饰两道凹弦纹。手制轮修，口沿内侧可见轮修痕迹。残高7.2、壁厚0.4～1厘米（图三九〇，7）。

罐　G7∶15，口及颈部。泥质褐陶。敞口呈喇叭状，方圆唇，竖颈较高。素面，口沿外侧稍经磨光。手制。复原口径11.2、残高5.7、壁厚0.7～1厘米（图三九〇，9）。

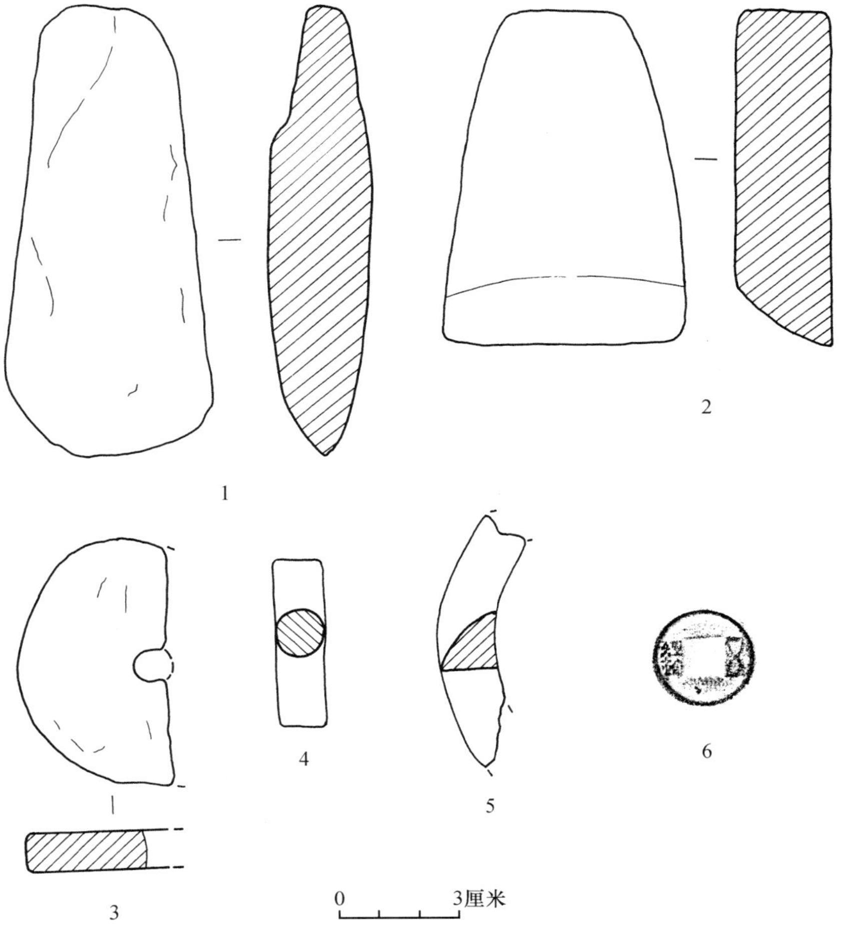

图三八九　G7器物标本

1. 石斧（G7：5）　2. 石锛（G7：2）　3. 陶纺轮（G7：3）　4. 陶饰（G7：4）　5. 牙饰（G7：6）　6. 铜钱（G7：1-1）

豆　G7：17，盘口沿及腹部。泥质灰陶。直口，圆唇，浅盘，直腹下折。腹部饰两周凹弦纹，器表磨光。手制轮修。复原口径14、腹径14.8、残高3.2、壁厚0.4～0.7厘米（图三九〇，8）。

簋　G7：18，口及腹部。泥质陶，器表及内壁陶色黑灰，陶胎呈褐色。敞口，沿略卷，方唇，上腹直。唇面饰一周凹弦纹，口沿外侧饰绳纹后稍经抹平，腹部戳印重菱形几何纹饰带，菱形中心为圆乳钉纹，上腹器表磨光。手制。残高7.4、壁厚0.6～0.8厘米（图三九〇，4）。

六、G9

位于JT0201中部、JT0202西北部，向西延伸出JT0201探方外，东北与G7相接。开口于第1层下，距现地表深0.24～0.25米，打破M5、M6。

（一）形制、堆积

方向63°。分为东、西两段，以宽约1.1米的生土相隔。平面近长方形，内壁较直，西段底呈

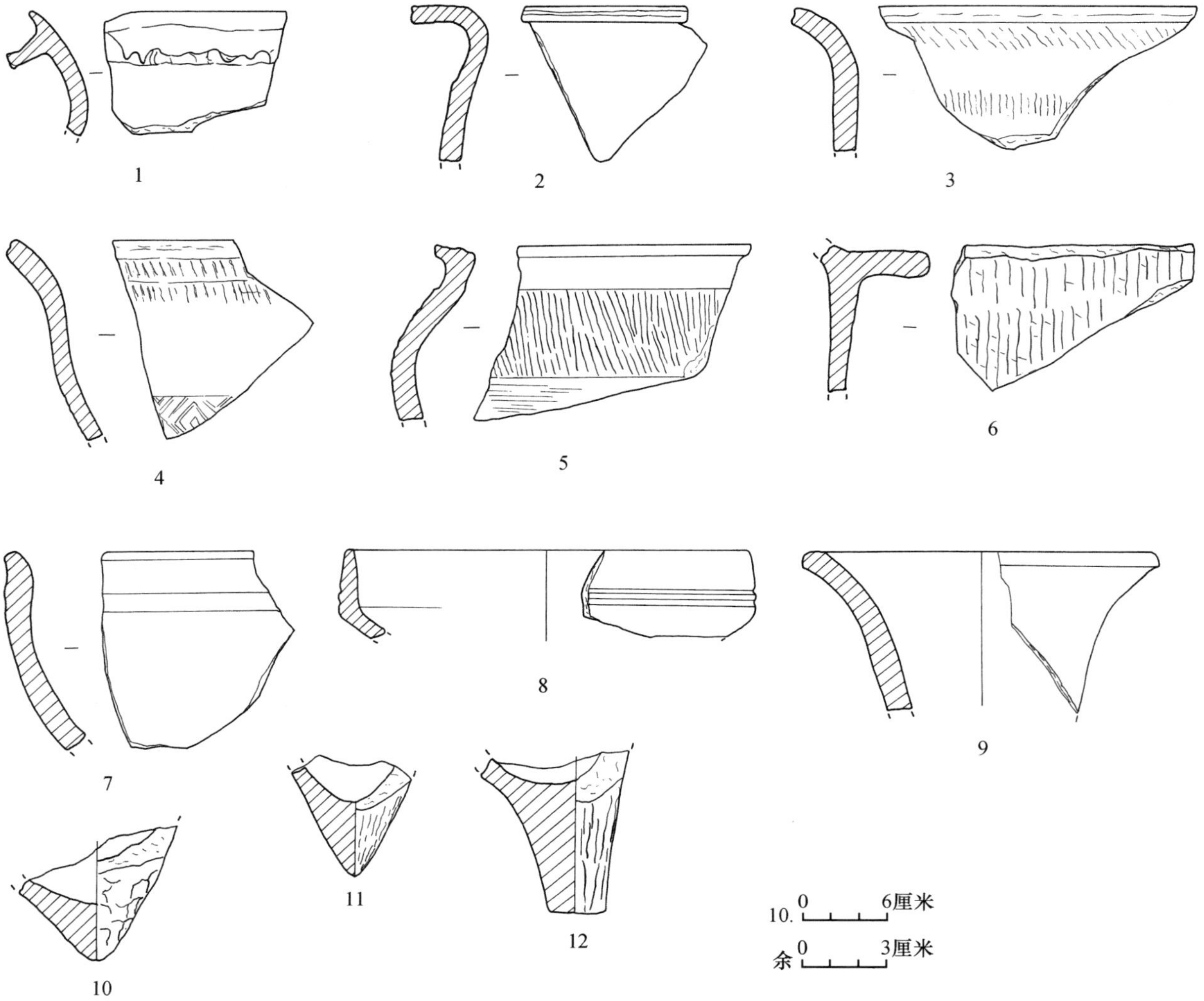

图三九〇　G7陶器标本

1、5、10～12. 鬲（G7：16、G7：12、G7：9、G7：11、G7：10）　2、3、7. 盆（G7：13、G7：14、G7：19）　4. 簋（G7：18）　6. 甗（G7：8）　8. 豆（G7：17）　9. 罐（G7：15）

西高东低的斜坡状，东段为平底。可见西段开口长10.1、宽0.78～1、深0.23～0.8米；东段开口长5.03、宽0.91、深0.77～0.8米。沟内堆积为青灰色砂质黏土，较疏松，水平状堆积。包含陶片、布纹筒瓦、石块等（图三九一）。

（二）遗物

1. 陶器面貌

陶质陶色方面，泥质陶占总数的42.86%/42.46%，夹砂陶占57.14%/57.54%。其中夹砂灰陶占42.86%/44.22%，泥质灰陶占39.68%/39.59%，夹砂褐陶占6.88%/9.82%，夹砂黑皮陶占7.41%/3.50%，泥质褐陶占2.65%/2.02%，泥质黑皮陶占0.53%/0.85%。纹饰方面，素面陶占总数的15.87%/13.88%，绳纹占50.26%/50.84%，交错绳纹占6.88%/7.45%，绳纹+戳压纹占1.59%/6.01%，

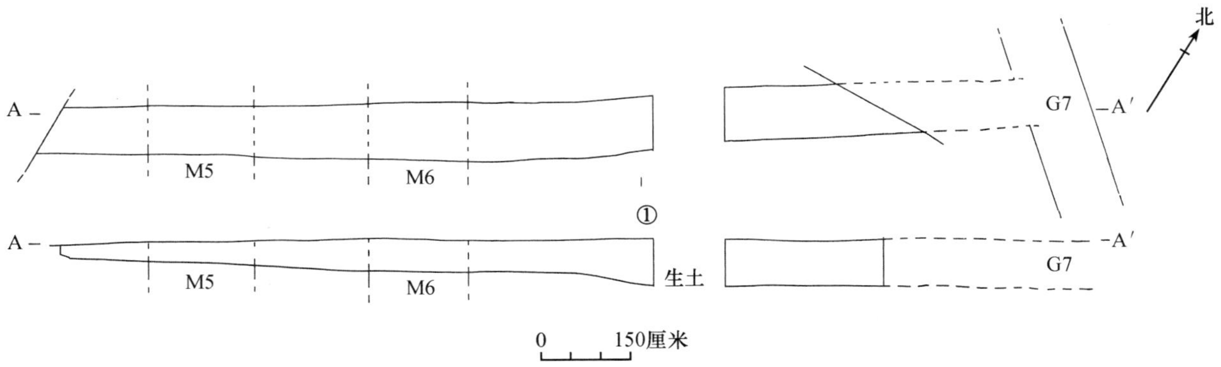

图三九一　G9平、剖面图

弦纹+绳纹占5.29%/5.81%，素面磨光占7.41%/5.16%，弦纹占3.70%/4.35%，篮纹占3.17%/1.68%，弦纹+交错绳纹占1.59%/1.42%，方格纹占1.06%/1.24%，麻点纹占1.59%/0.94%，戳压纹+篮纹占0.53%/0.81%，绳纹+麻点纹占0.53%/0.25%，戳压纹占0.53%/0.14%。可辨器形有鬲、豆、甗、罐、盆、瓮等（表一七一，表一七二）。

表一七一　G9陶系统计表

纹饰＼陶质／陶色	夹砂			泥质			合计	百分比/%
	灰	褐	黑	灰	褐	黑		
素面	7/218.1	2/111.3		19/435.9	1/15.5	1/51.2	30/832	15.87/13.88
绳纹	52/1602	6/130.4	14/209.7	22/1085.1	1/19.4		95/3046.6	50.26/50.84
交错绳纹	10/362.1			3/84.5			13/446.6	6.88/7.45
篮纹				6/100.6			6/100.6	3.17/1.68
弦纹+交错绳纹	1/33.8				2/51.3		3/85.1	1.59/1.42
戳压纹+篮纹				1/48.8			1/48.8	0.53/0.81
绳纹+麻点纹	1/15						1/15	0.53/0.25
麻点纹	3/56.4						3/56.4	1.59/0.94
弦纹				7/260.8			7/260.8	3.70/4.35
弦纹+绳纹	5/224.6	3/84.4		2/39			10/348	5.29/5.81
绳纹+戳压纹	1/97.9	2/262.5					3/360.4	1.59/6.01
戳压纹				1/8.3			1/8.3	0.53/0.14
方格纹	1/39.6				1/34.8		2/74.4	1.06/1.24
素面磨光				14/309.2			14/309.2	7.41/5.16
合计	81/2649.5	13/588.6	14/209.7	75/2372.2	5/121	1/51.2	189/5992.2	
	108/3447.8			81/2544.4				
百分比/%	42.86/44.22	6.88/9.82	7.41/3.50	39.68/39.59	2.65/2.02	0.53/0.85		100.00/100.00
	57.14/57.54			42.86/42.46				

表一七二　G9陶器可辨器形统计表

器形 \ 陶质/陶色	夹砂			泥质		合计	百分比/%
	灰	褐	黑	灰	黑		
盆			1	2	1	4	8.16
豆				1		1	2.04
罐	7			11	2	20	40.82
鬲	5		1	11	2	19	38.78
甗	1					1	2.04
瓮	3	1				4	8.16
合计	16	1	2	25	5	49	
	19			30			
百分比/%	32.65	2.04	4.08	51.02	10.2		100.00
	38.78			61.22			

2. 器物举例

骨锥　1件。G9：1，残。磨制。扁平条状，尖端磨砺得较为尖锐，器表一面打磨光滑。另一面磨制得较为粗糙，保留有部分原骨面。残长7、宽0.7、厚0.15～0.3厘米，重1.8克（图三九二，6）。

鬲　多件，均为残片。夹砂灰陶。G9：2，口及肩部。侈口，斜沿，圆唇，短束颈，溜肩。肩部饰纵向绳纹。手制轮修，沿面可见轮修痕迹。残高6、壁厚0.3～1厘米（图三九二，1）。G9：7，口及肩。直口，窄平沿，圆唇，短束颈，弧肩。沿面饰两周凹弦纹，中部凸起，肩部饰交错绳纹。手制轮修。残高4.1、壁厚0.65～1厘米（图三九二，7）

盆　多残片，陶色、陶质不一。G9：3，口及腹部。泥质灰陶。直口，平沿，方唇，束颈，颈部与腹部相接处有一周折棱，腹部微鼓。沿面饰两周凹弦纹。手制轮修，器表及内壁轮修痕迹明显。残高5.6、壁厚0.6厘米（图三九二，3）。G9：4，口及腹部。夹砂陶，器表陶色不均，口沿处呈浅灰色，其下呈黑色。敞口，斜沿，方唇，颈微束，上腹略鼓，下腹斜收。沿面及腹部各饰二组凹弦纹。手制轮修，器表下腹部可见刮抹的痕迹。残高6.8、壁厚0.6厘米（图三九二，4）。

瓮　G9：5，口部。夹砂灰陶。敛口，宽平沿，方唇。唇下部饰一周手指戳印纹的花边，口沿外侧以下饰纵向绳纹。手制。口径14.4、残高6、壁厚1.1～1.6厘米（图三九二，2）。

豆　G9：6，盘口沿及腹部。泥质灰陶。直口，方唇，浅盘，腹壁下折斜收。口沿外侧及下腹部各饰两周较细的凹弦纹。手制轮修。残高4、壁厚0.7厘米（图三九二，5）。

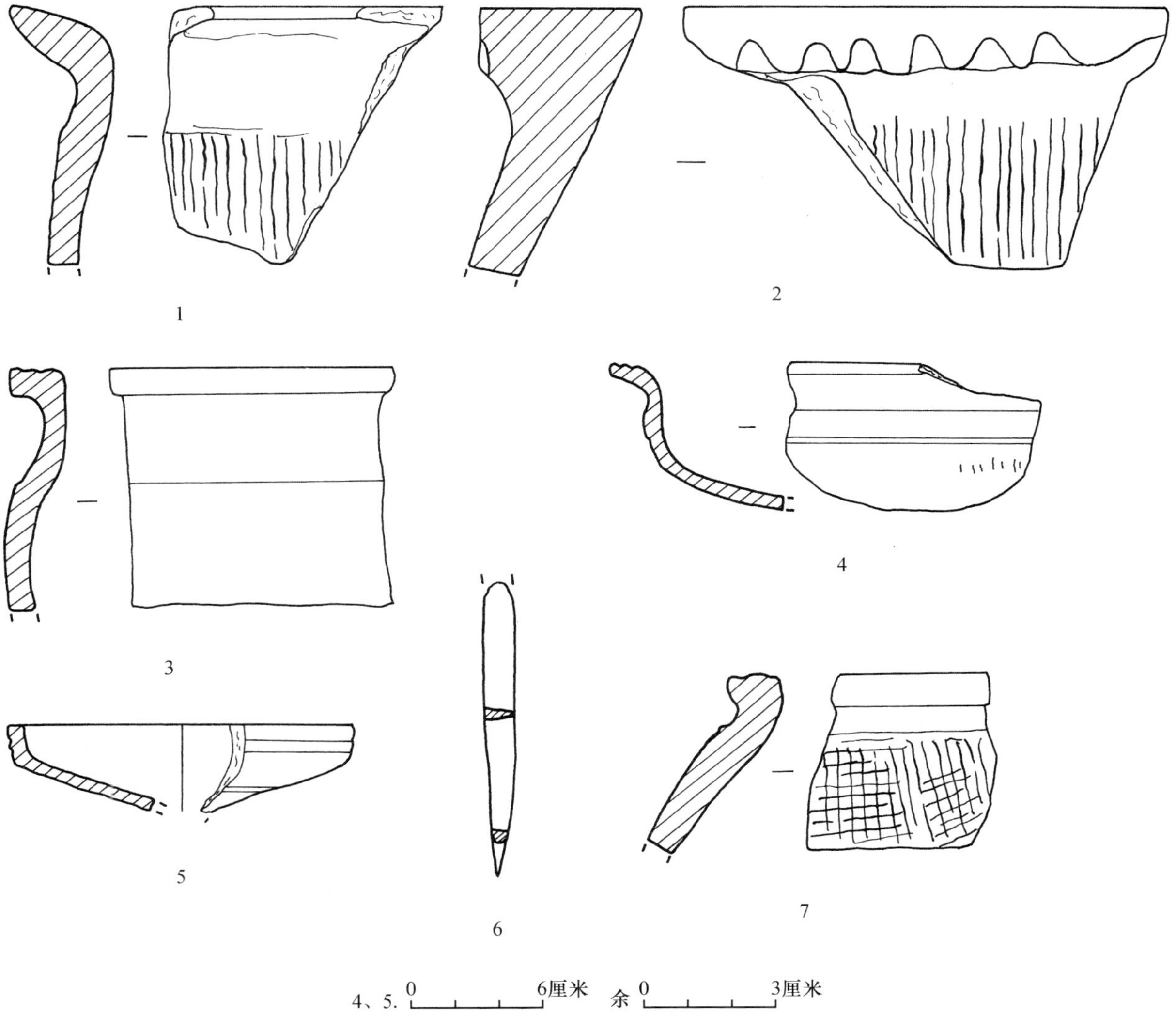

图三九二　G9器物标本

1、7. 陶鬲（G9：2、G9：7）　2. 陶瓮（G9：5）　3、4. 陶盆（G9：3、G9：4）　5. 陶豆（G9：6）　6. 骨锥（G9：1）

第三节　灰　　坑

仅发现1座，编号H3。位于JT0201中部偏北。开口于第2层下，距现地表深0.45米，打破M6、H4。现开口平面近南北向长方形。

（一）形制、堆积

方向350°。北、东两边稍弧，内壁基本较直，坡状底，南高北低。开口长1.88、宽1.43、深0.6～0.67米。坑内堆积为青灰土砂质黏土，夹杂炭屑，较致密，水平状堆积。包含陶片、石块等。

判断为处理废弃物的一般灰坑（图三九三）。

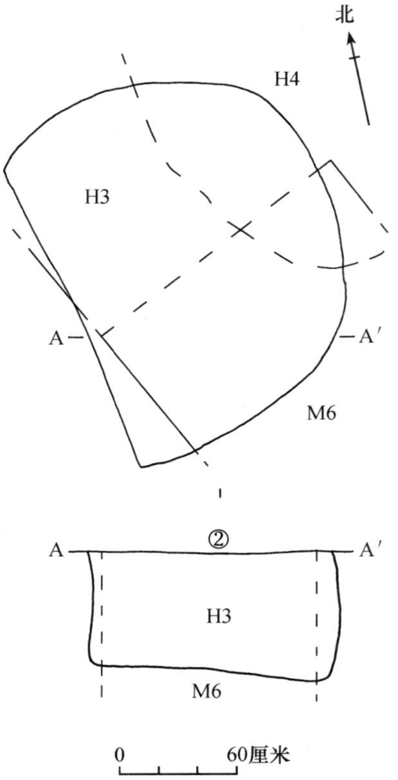

图三九三　H3平、剖面图

（二）遗物

1. 陶器面貌

陶质陶色方面，泥质陶占总数的41.79%/28.73%，夹砂陶占58.21%/71.27%。其中夹砂灰陶占43.28%/49.51%，泥质灰陶占37.31%/25.83%，夹砂灰皮褐胎陶占7.46%/13.05%，夹砂褐陶占7.46%/8.71%，泥质黑皮灰胎陶4.48%/2.90%。纹饰方面，素面陶占总数的8.96%/7.93%，绳纹占70.15%/74.84%，素面磨光占11.94%/6.88%，戳压纹占1.49%/3.90%，交错绳纹占1.49%/2.08%，篮纹占2.99%/1.91%，弦纹+戳压纹占1.49%/1.91%，方格纹占1.49%/0.55%。可辨器形有鬲、罐、瓮等（表一七三，表一七四）。

2. 器物举例

鬲　H3：1，口及腹部。夹砂灰陶。侈口，斜沿，方唇，束颈，上腹略鼓。通体饰纵向绳纹，口沿外侧绳纹经抹平。手制轮修。残高8.3、壁厚0.5～0.7厘米（图三九四，2）。

罐　H3：2，口及颈部。泥质灰陶。敞口，圆唇，束颈较高。颈部饰一周凹弦纹，其下饰一周戳压纹，口沿内外经磨光。手制轮修，内壁可见轮修痕迹及修整时留下的指纹。残高4.1、壁厚0.4～0.8厘米（图三九四，1）。

表一七三　H3陶系统计表

陶质 / 陶色 / 纹饰	夹砂			泥质		合计	百分比/%
	灰	褐	灰皮褐胎	灰	黑皮灰胎		
素面	2/26.6	1/25.6		3/47.9		6/100.1	8.96/7.93
绳纹	27/598.3	3/58	4/115.5	13/172.8		47/944.6	70.15/74.84
交错绳纹		1/26.3				1/26.3	1.49/2.08
篮纹				2/24.1		2/24.1	2.99/1.91
弦纹+戳压纹				1/24.1		1/24.1	1.49/1.91
戳压纹			1/49.2			1/49.2	1.49/3.90
方格纹				1/6.9		1/6.9	1.49/0.55
素面磨光				5/50.2	3/36.6	8/86.8	11.94/6.88
合计	29/624.9	5/109.9	5/164.7	25/326	3/36.6	67/1262.1	
	39/899.5			28/362.6			
百分比/%	43.28/49.51	7.46/8.71	7.46/13.05	37.31/25.83	4.48/2.90		100.00/100.00
	58.21/71.27			41.79/28.73			

表一七四　H3可辨陶器器形统计表

器形＼陶质＼陶色	夹砂		泥质	合计	百分比/%
	灰	灰皮褐胎	灰		
鬲	4			4	44.44
罐			4	4	44.44
瓮		1		1	11.11
合计	4	1	4	9	
	5		4		
百分比/%	44.44	11.11	44.44	100.00	
	55.56		44.44		

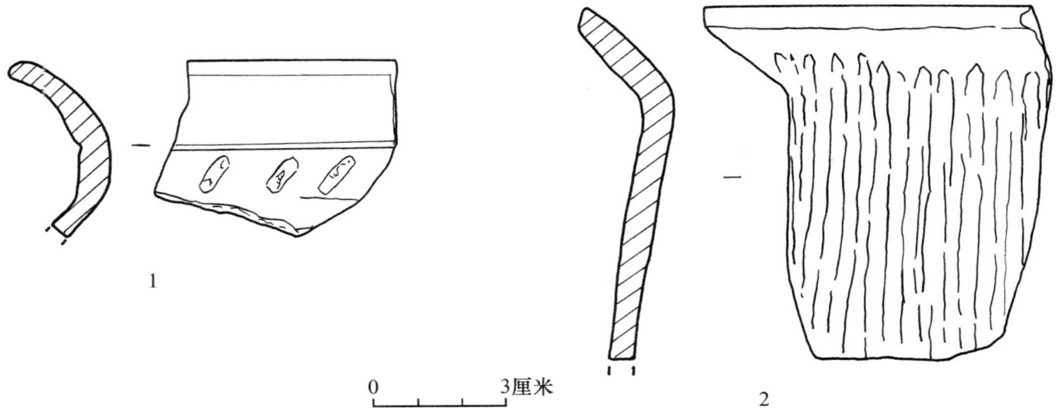

图三九四　H3陶器标本

1. 罐（H3：2）　2. 鬲（H3：1）

第四节　考古学观察

汉代遗存分布于J区，以墓葬及与墓葬有关的围沟为主，说明该区是一处汉代墓地。少量灰坑及灰沟应该和墓地营造或使用活动有关，非居址内的生活性遗存。

一、遗　　迹

（一）层位关系

遗迹之间存在早晚打破关系的单位有四组：

H3→M6、G3→M5、M7与M29、G7→M37、G9→M5、M6、M28。

属于同期关系的单位有二组，即G4与G5、G6与G7、G9。

（二）围墓沟

G4、G5、G6、G7、G9共5条沟类遗迹，与墓葬关系密切，为茔域之围沟。

G4、G5位于最东部两个探方中，相互连接并形成直角，应为一组，钻探发现其围绕的东南范围内存在斜坡墓葬。

G6、G7、G9位于西、中部探方，G6、G7相互连接并形成直角，G9、G7相互连接并形成直角。从平面上观察，G6、G7构成了茔域的最外围界限，而G9则将茔域分隔为两个区间，尤其值得注意的是，G9中部留有宽约110厘米的生土隔断，显然是两小区域之间通行的门道。三条围沟构成了一处双重套合的墓园界域。其平面呈西北—东南向的长方形，包括M7、M29两座墓葬在内的北区，M26、M27与M36三座墓葬在内的南区（图三九五）。

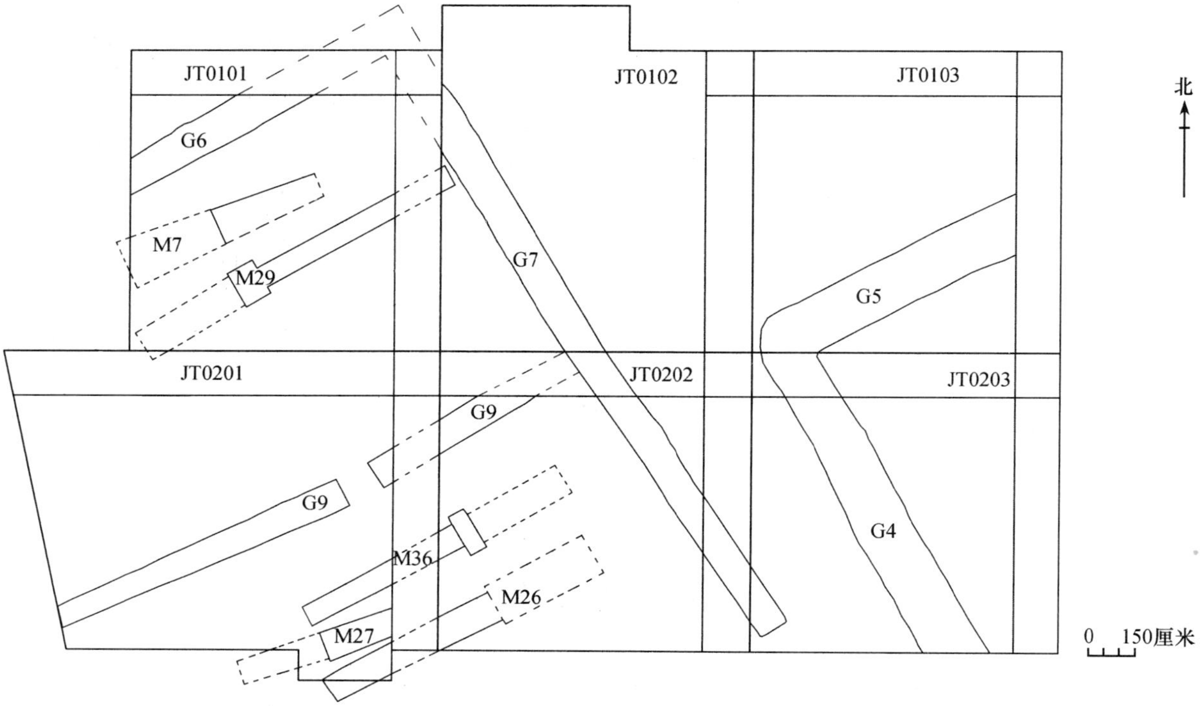

图三九五　汉代墓园平面图

（三）墓葬

1. 墓型

包括M12在内，16座墓葬的结构形制可分竖穴土圹墓及土洞墓两大类。

A型　竖穴土圹墓。共4座。其中以墓道的有无又可分为二亚型。

Aa型　无墓道。仅1座，为M12。

Ab型　斜坡墓道，土圹式墓室，有的设甬道、耳室，如M5、M6，有的局部用砖，如M26。

B型 土洞墓。共12座。其中根据墓道形制的区别又可分为二亚型。

Ba型 斜坡墓道，共10座，分别为M7、M16、M17、M20、M23、M24、M27、M28、M34、M37。其中M7、M23墓道外端设有台阶。

Bb型 斜坡墓道，近墓室处墓道外扩有一个天井。共2座，为M29、M36。

2. 墓向

包括甲、乙两组。

甲组：M5、M6、M12、M17、M20、M28、M34。均为东南—西北向，此中M12无墓道，余墓道基本向东南，墓主头向为西北，仅M17墓道朝向西北，墓主头向东南。

乙组：M7、M16、M23、M24、M26、M27、M29、M36、M37，均为东北—西南向。其中M23、M24、M26、M36墓道朝向西南，墓主头向基本为西南；而M7、M16、M27、M29、M37墓道朝向东北，墓主头向为西南或东北。

（四）组合关系

根据围沟及墓向、墓型等因素，墓葬分为四组。

第一组：M7、M16、M26、M27、M29、M36、M37计7座。包括墓型有4座Ba型、1座Ab型、2座Bb型，均为乙组墓向。

第二组：M5、M6、M28、M34计4座。包括墓型2座Ab型、2座Ba型，均为甲组墓向。

第三组：M23、M24计2座。包括墓型Ba型，均为乙组墓向。

第四组：M17、M20计2座。包括墓型Ba型，均为甲组墓向。

其中，M7、M26、M27、M29、M36位于G6、G7、G9围绕的双重墓园内，关系最为亲近。

二、随 葬 品

由于发掘区域是一处汉代墓区，只对时代敏感类型的部分随葬品予以作考古学型式的观察。

随葬品548件（套）。其中只出1件的器物有陶盒（M6：2）、陶钫（M6：4）、陶锜（M6：6）、陶樽（M26：11），不具备分型式的条件，不再列举；漆器因残未能提取；泥质器只有泥丸（M26：2）一类；一组4件铅器（M17：2）或为纺轮或为镇，石器亦不能排除早期遗物扰入的可能。因此，型、式划分只针对约70件（组）陶器、426枚铜钱、2面铜镜、2件铁剑、2件铁釜进行。

（一）陶器

作为时代最敏感的陶器，以罐、缶为大宗。

缶 13件。小口，束颈，肩外扩较甚，体型较瘦高，体最大径在肩、腹部。肩、腹部多重弦纹及戳压纹。可分三式。

Ⅰ式：9件。侈口，束颈，体最大径在肩部，横径稍大于纵径，器体宽扁。M5：1、M5：4、M20：5、M20：6、M20：7、M20：9、M20：10、M20：12、M20：13（图三九六，1～7、9、13）。

Ⅱ式：3件。体最大径上腹部，横径与纵径近等，器体修长。M20：4、M7：4、M16：5（图三九六，8、12、10）。

Ⅲ式：1件。M29：3，体最大径在下腹部，横径小于纵径，器体修长（图三九六，11）。

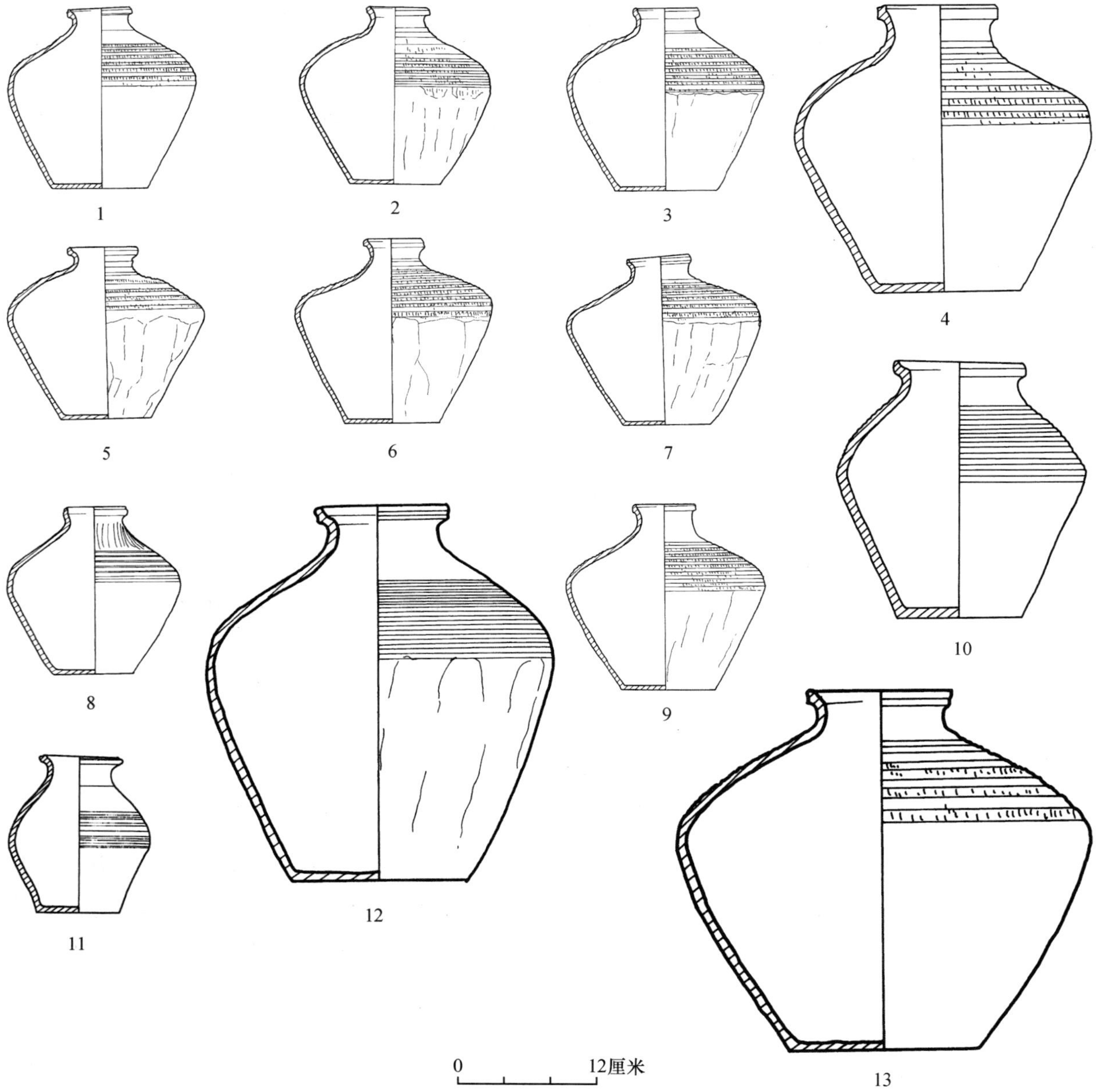

图三九六　陶缶

1～7、9、13. Ⅰ式（M20：6、M20：9、M20：10、M5：1、M20：12、M20：5、M20：7、M20：13、M5：4）

8、10、12. Ⅱ式（M20：4、M16：5、M7：4）　11. Ⅲ式（M29：3）

大口大罐　9件。大口，鼓腹或圆腹，器体较扁。分二型。

A型　5件。束颈。按照口、肩、腹的变化分为三式。

Ⅰ式：1件。M20：2，束颈较长，广肩微弧，器体宽扁（图三九七，1）。

Ⅱ式：3件。束颈较短，弧肩或有微折，器体宽圆。M5：2、M16：6、M24：1（图三九七，3、2、4）。

Ⅲ式：1件。M29：6，束颈较短，溜肩。器体修长（图三九七，5）。

B型　4件。无颈或短颈，广肩，肩、腹有弦纹或磨光暗纹。按照肩部的变化分二式。

Ⅰ式：1件。M17：9，体最大径在肩部（图三九七，7）。

Ⅱ式：3件。体最大径在上腹部。M7：10、M28：4、M29：1（图三九七，9、6、8）。

大口小罐　18件。按照颈、肩、腹的形态分二型。

A型　12件。按照肩、腹的形态分为二式。

Ⅰ式：4件。侈口，束颈，斜肩微折。M7：6、M17：7、M5：3、M5：7（图三九八，1～4）。

Ⅱ式：8件。侈口或直口，短束颈，圆肩或鼓肩。M26：4、M26：5、M26：6、M26：7、M26：8、M36：7、M36：8、M29：5（图三九八，5～12）。

B型　6件。按照肩、腹的形态分为二式。

Ⅰ式：2件。M7：5、M28：3。口部较大，肩部有折意（图三九九，4、3）。

Ⅱ式：4件。M27：1、M27：2、M36：5、M36：6。口部较小，圆肩微耸（图三九九，1、5、2、6）。

瓮　4件。器体巨大、浑圆。耸肩。按照肩部特点分为二型。

A型　2件。口稍小，立领极短，广平肩，折肩至腹。M6：5、M16：7（图四○○，1、2）。

B型　2件。斜肩稍弧，折肩至腹。M6：1、M16：8（图四○○，3、4）。

盆　8件。按照腹、底部特征分三型。

A型　6件。折腹或斜直腹、平底。M5：6、M20：8、M17：3、M29：4、M26：10、M7：9（图四○一，3、2、5、8、6、4）。

B型　1件。M24：2，沿下有凸棱，弧腹，圜底（图四○一，7）。

C型　1件。M23：1，弧腹、平底（图四○一，1）。

甑　9件[①]。根据整体形态及腹部特征可分三型。

A型　共6件，折腹或斜直腹。根据口沿特征可分二式。

Ⅰ式：5件。方唇。M20：11、M17：10、M5：8、M26：9、M36：9-1（图四○二，1、4、2、7、8）。

Ⅱ式：1件。M16：3，平沿稍下斜，圆唇，折腹处形成一周台棱（图四○二，3）。

B型　2件。斜腹稍弧。M7：7、M29：2-3（图四○二，6、9）。

C型　1件。M6：6-1，碗形，圈足，为陶锜上部（图四○二，5）。

---

① 与灶组合的甑数量未计入出土器物总数内。

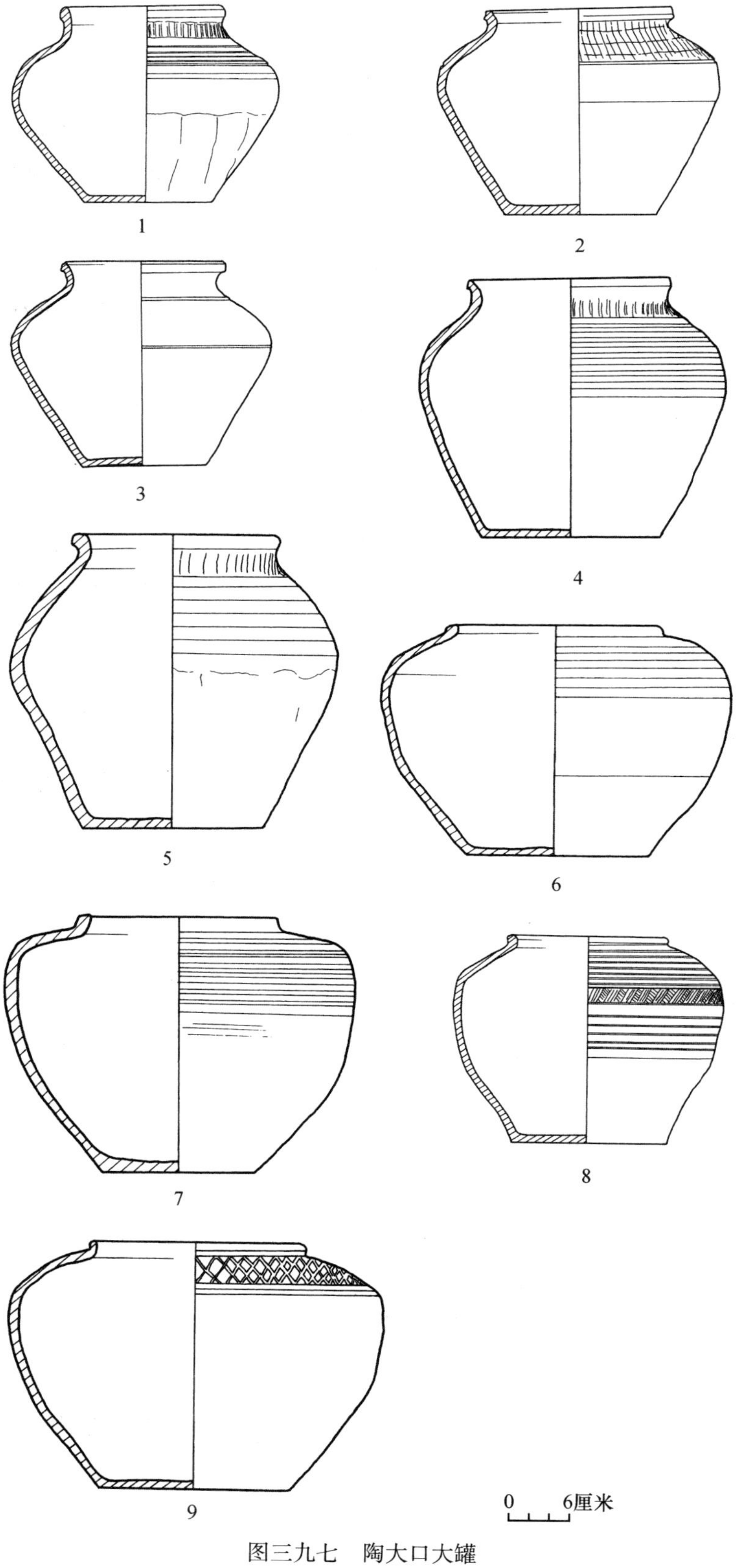

图三九七　陶大口大罐

1. A型Ⅰ式（M20：2）　2～4. A型Ⅱ式（M16：6、M5：2、M24：1）　5. A型Ⅲ式（M29：6）　6、8、9. B型Ⅱ式（M28：4、M29：1、M7：10）　7. B型Ⅰ式（M17：9）

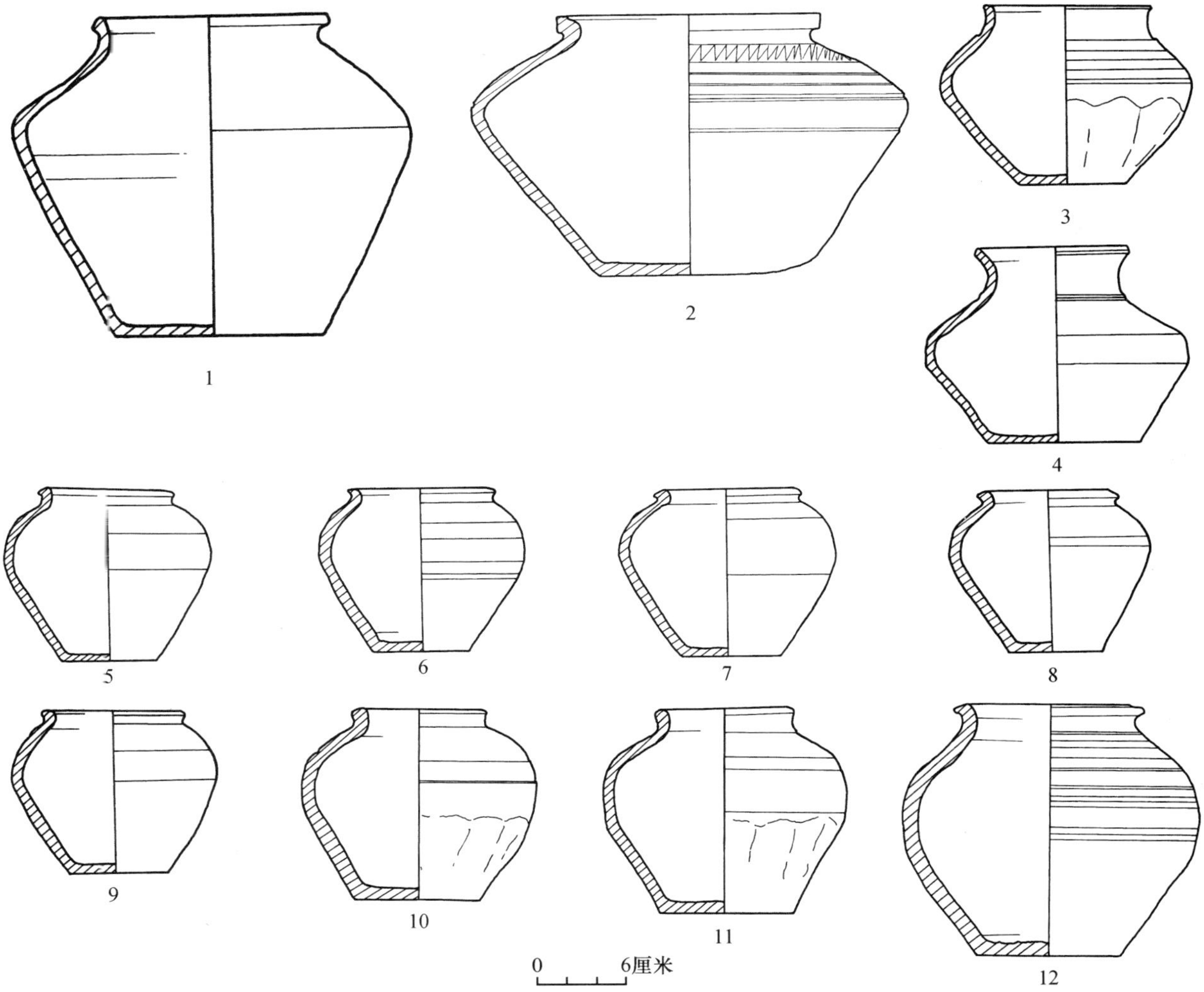

图三九八　A型大口小罐

1～4. Ⅰ式（M7：6、M17：7、M5：3、M5：7）

5～12. Ⅱ式（M26：4、M26：5、M26：6、M26：7、M26：8，M36：7、M36：8、M29：5）

釜　8件[①]。4件属于陶灶组合的明器，为泥质灰陶。另外4件为实用器，为夹砂红陶。根据器柄的有无分为二型。

A型　6件。无柄。按照肩、底特征分为二式。

Ⅰ式：4件。腹略显浅，圜底较宽。M7：8、M29：2-2、M36：9-2（一组两件，与灶体联制）（图四〇三，1、2、5）。

Ⅱ式：2件。短束颈。底弧尖。M16：4、M29：2-1（图四〇三，4、3）。

B型　2件。带柄。按照底部特征分二式。

Ⅰ式：1件。M17：4，口微侈，短直颈，腹略显浅，底弧圆（图四〇三，6）。

Ⅱ式：1件。M16：2，侈口，短束颈。底弧尖（图四〇三，7）。

① 与釜组合的甑数量未计入出土器物总数内。

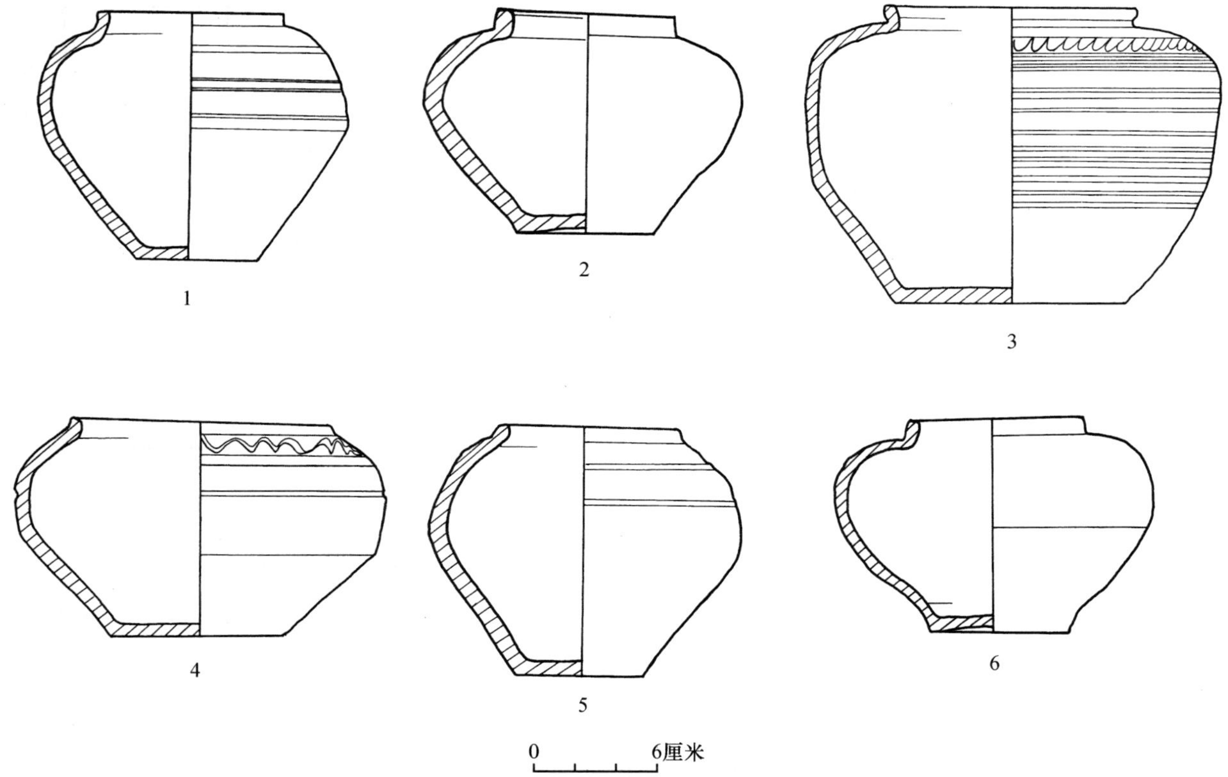

图三九九　B型大口小罐

1、2、5、6. Ⅱ式（M27：1、M36：5、M27：2、M36：6）　3、4. Ⅰ式（M28：3、M7：5）

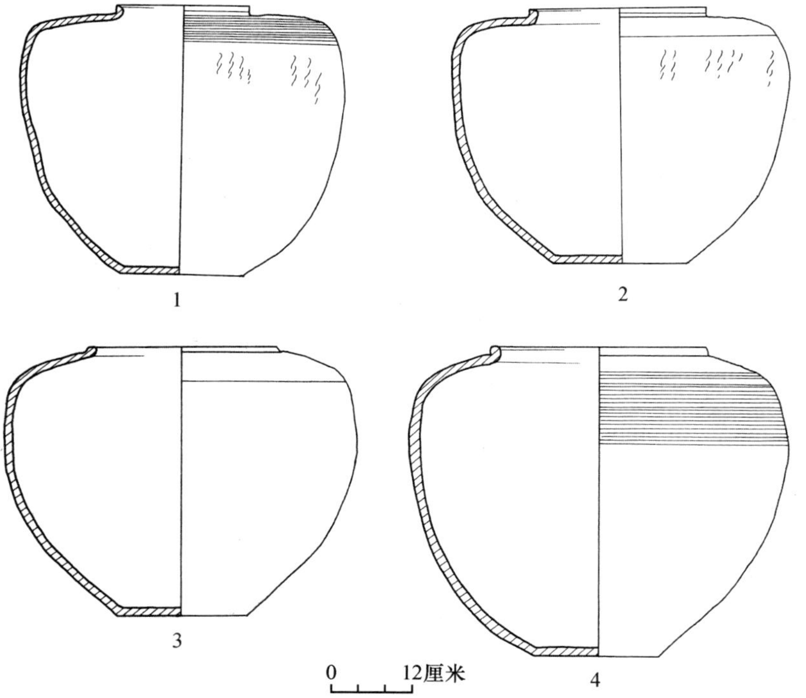

图四〇〇　陶瓮

1、2. A型（M6：5、M16：7）　3、4. B型（M6：1、M16：8）

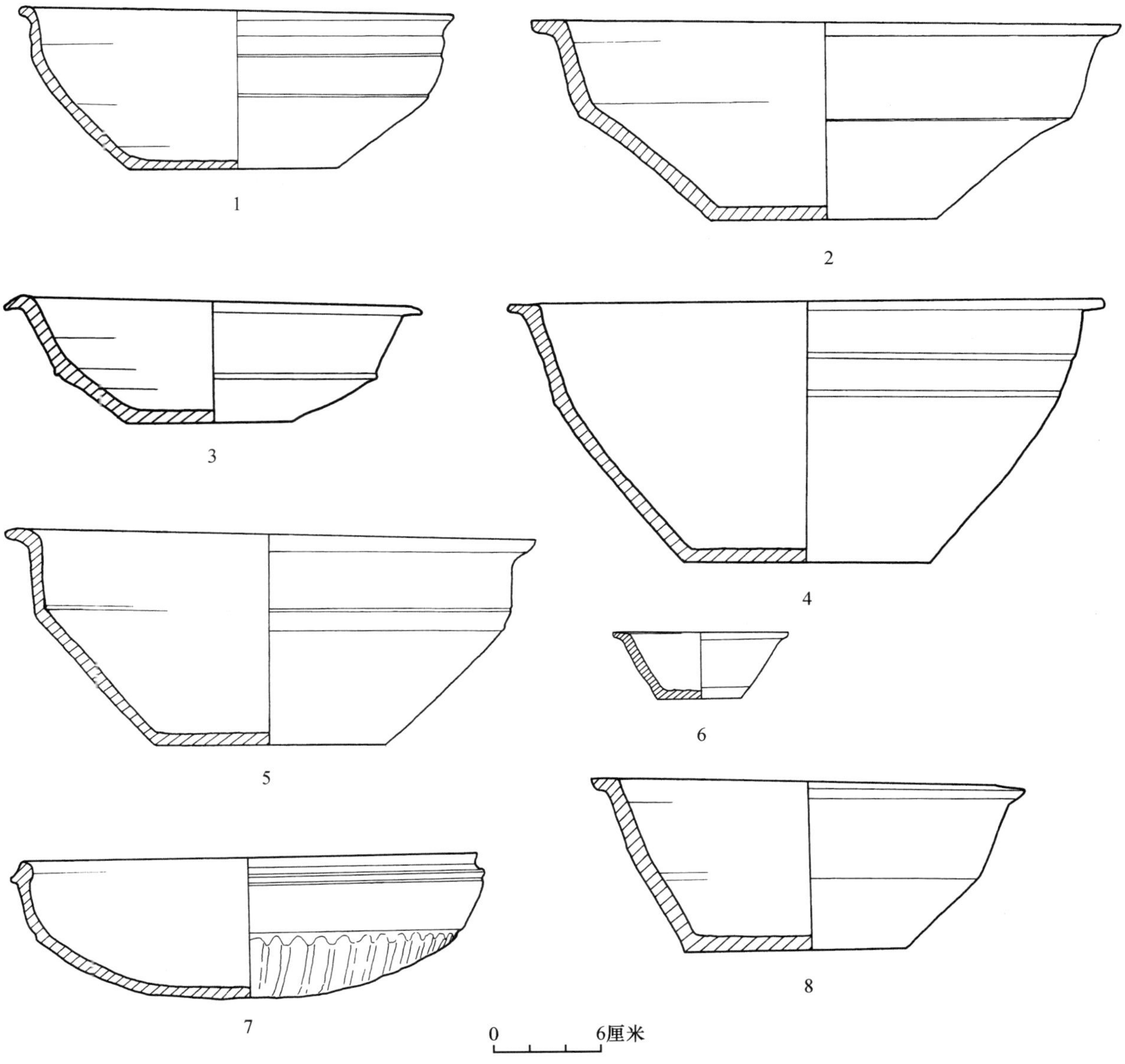

图四〇一　陶盆

1. C型（M23：1）　2～6、8. A型（M20：8、M5：6、M7：9、M17：3、M26：10、M29：4）　7. B型（M24：2）

灶　2件。均泥质灰陶，平面为马蹄形，前方后圆。灶面上两圆形火眼呈“一”字形分布。根据灶门、出烟孔等细部特征可分二式。

Ⅰ式：1件。M36：9，灶门及地，有挡火墙，短柱形烟囱。配套实用A型Ⅰ式釜，灶面、灶门等处模印纹饰（图四〇四，1）。

Ⅱ式：1件。M29：2，灶门不及地，无挡火墙，出烟设施简化，局部有绳纹（图四〇四，2）。

鼎　2件。通体彩绘。浅腹盖，子母口，器身有凸棱，附耳外撇，蹄足短粗，可分二式。

Ⅰ式：1件。M6：3。钵形盖，无捉手；鼎身宽扁，附耳矮，蹄足矮粗；盖部彩绘图案为以勾连卷云为主（图四〇五，1）。

图四〇二　陶甑

1、2、4、7、8. A型Ⅰ式（M20：11、M5：8、M17：10、M26：9、M36：9-1）

3. A型Ⅱ式（M16：3）　5. C型（M6：6-1）　6、9. B型（M7：7、M29：2-3）

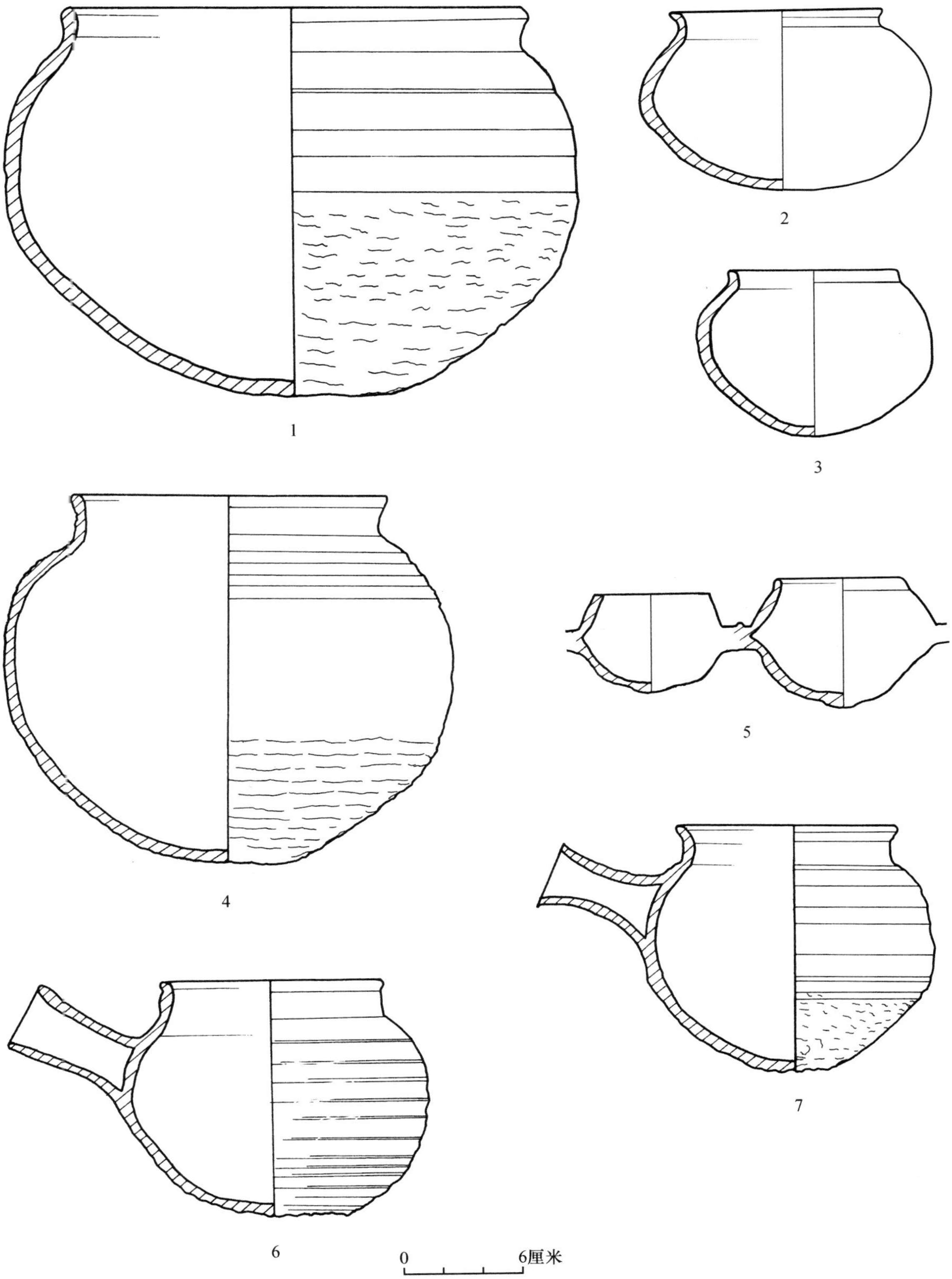

图四〇三　陶釜

1、2、5. A型Ⅰ式（M7：8、M29：2-2、M36：9-2）

3、4. A型Ⅱ式（M29：2-1、M16：4）　6. B型Ⅰ式（M17：4）　7. B型Ⅱ式（M16：2）

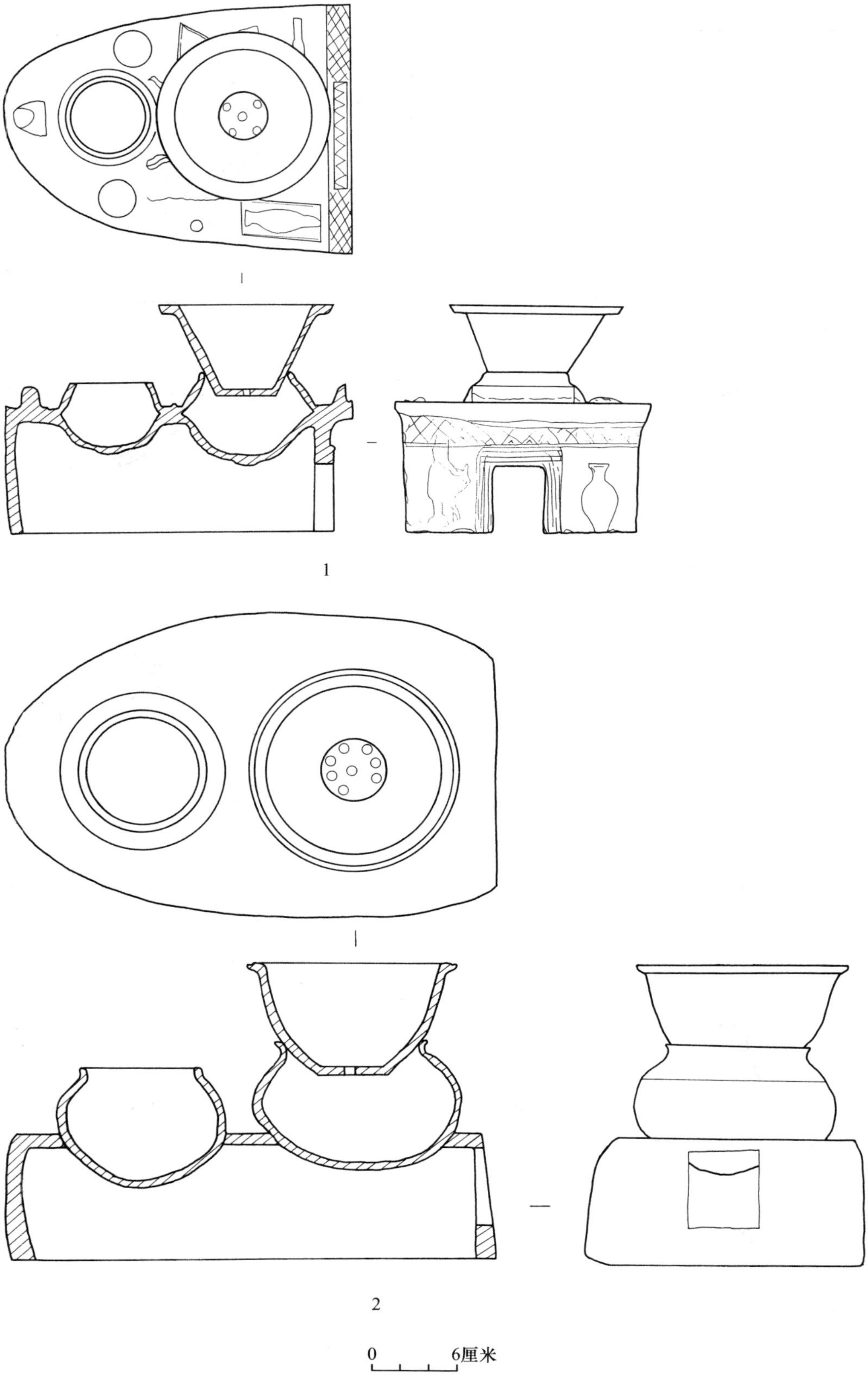

图四〇四　陶灶

1. Ⅰ式（M36：9）　2. Ⅱ式（M29：2）

Ⅱ式：1件。M26∶12。盘形盖，极矮捉手。鼎身浑圆，附耳高，蹄足较高；盖部彩绘图案由外至内依次填充卷云纹、连珠纹、柿蒂纹四叶柿蒂纹（图四〇五，2）。

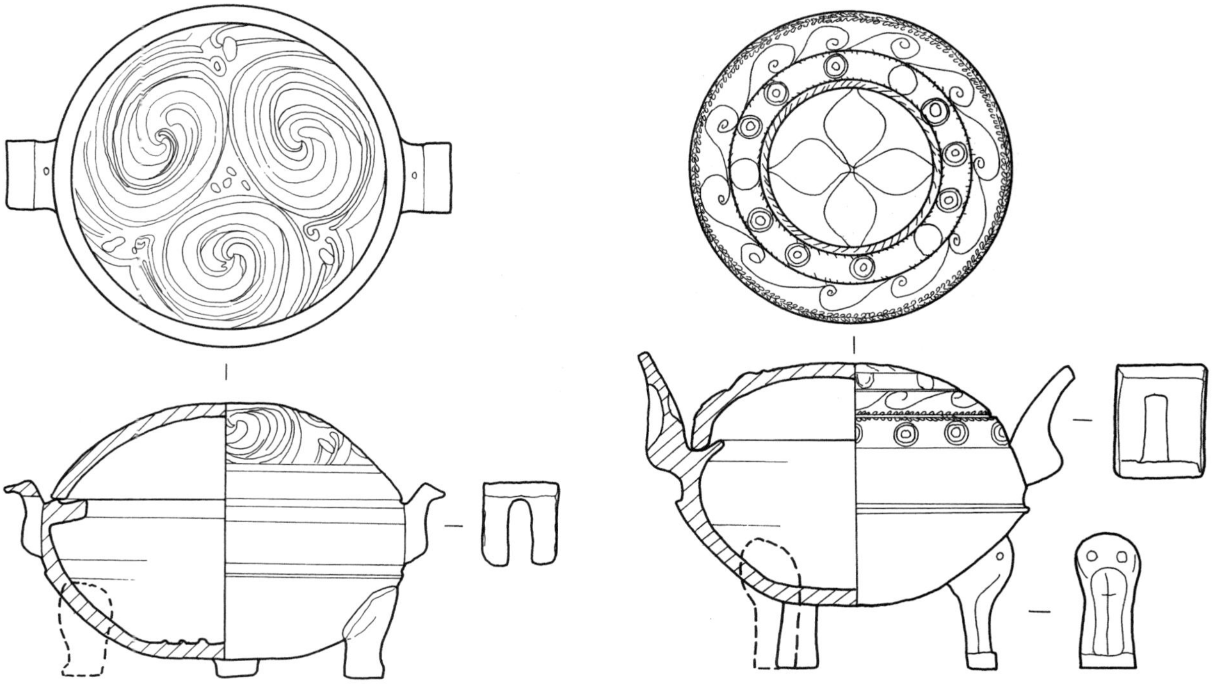

1　2

0　6厘米

图四〇五　陶鼎

1. Ⅰ式（M6∶3）　2. Ⅱ式（M26∶12）

（二）金属器

具有型式区别条件的金属器物只有铜镜2面、铜钱426枚、铁剑2件、铁釜2件。

铜镜　2面。根据铭文分为二型。

A型　日光镜。M26∶3，圆形，半圆纽，半圆形穿，圆纽座，素缘较窄，外凸成尖。纽座外有一周细凸弦纹，再外为铭文带，最外为一周短斜线纹带。铭文带被四道短弧线四等分，其中三个区间内各有一字，合读为“见日之”（图四〇六，1）。

B型　铜华镜。M36∶4，圆形，半圆纽带一扁圆形穿，四叶纹纽座，四叶间饰有花苞纹，其外一周短斜线纹。座外一圈内向连弧纹圈带，内间饰变形山字纹及草叶纹。其外两周短斜线纹间夹饰一周铭文带，外缘为两周凸弦纹圈带，其间夹饰一周双线波折纹。铭文右旋读，内容为“湅冶铜华清而明，以之为镜因宜文章，延年益寿去不羊，与天无极日月光，长乐未央”（图四〇六，2）。

根据钱文内容，426枚铜钱分为二类。

A类　共304枚，钱文为“半两”，数量居多。除32枚钱文不清或残缺严重难以分型外，其余

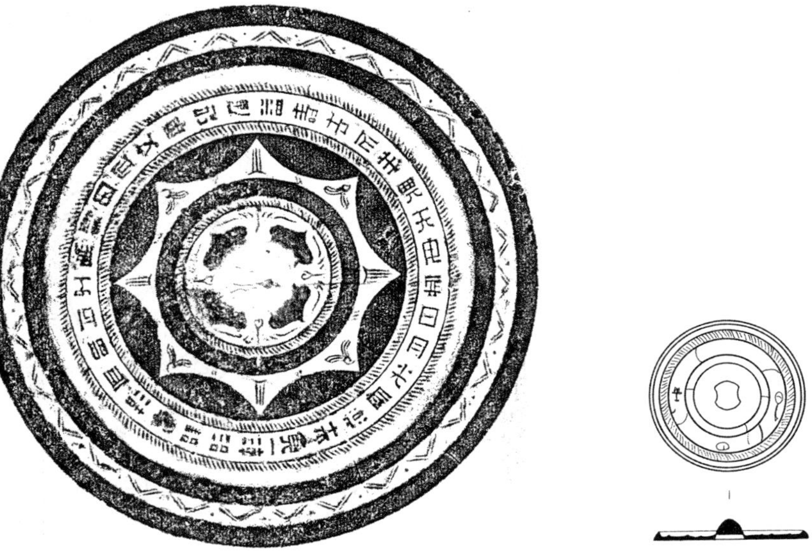

1　　2

0　3厘米

图四〇六　铜镜

1. A型（M26：3）　2. B型（M36：4）

按照钱径大小、钱文特征分七型。

A型　108枚。无郭。“半”字字头方折，或稍带圆意；“两”字上横较长，“从”画为连山形。分七亚型。

Aa型　57枚。“半”字两横等齐，“两”字的“从”画连山形较圆缓（图四〇七，1）。

Ab型　3枚。“半”字两横等齐，下横两端稍向下撇。“两”字的“从”画连山形较圆缓（图四〇七，2）。

Ac型　21枚。“半”字下横稍长，“两”字的“从”画连山形较圆缓（图四〇七，3）。

Ad型　1枚。“半”字下横稍短，“两”字的“从”画连山形较圆缓（图四〇七，4）。

Ae型　17枚。“半”字两横等齐，“两”字的“从”画连山形较尖锐（图四〇七，5）。

Af型　8枚。“半”字下横稍长，“两”字的“从”画连山形较尖锐（图四〇七，6）。

Ag型　1枚。“半”字下横稍短，“两”字的“从”画连山形较尖锐（图四〇七，7）。

B型　44枚。无郭。“半”字字头方折，或稍带圆意；“两”字“从”画为双人形。分七亚型。

Ba型　12枚。“半”字两横等齐，“两”字上横较长，“从”画竖笔较长（图四〇八，1）。

Bb型　2枚。“半”字下横稍短，“两”字上横较长，“从”画竖笔较长（图四〇八，2）。

Bc型　13枚。“半”字两横等齐，“两”字上横较长，“从”画竖笔较短（图四〇八，3）。

Bd型　11枚。“半”字两横等齐，“两”字上横较长，“从”画竖笔较短而横笔外扩较甚，近乎成一直线（图四〇八，4）。

Be型　1枚。“半”字上横稍短，“两”字上横较长，“从”画竖笔较短而横笔外扩较甚，近乎成一直线（图四〇八，5）。

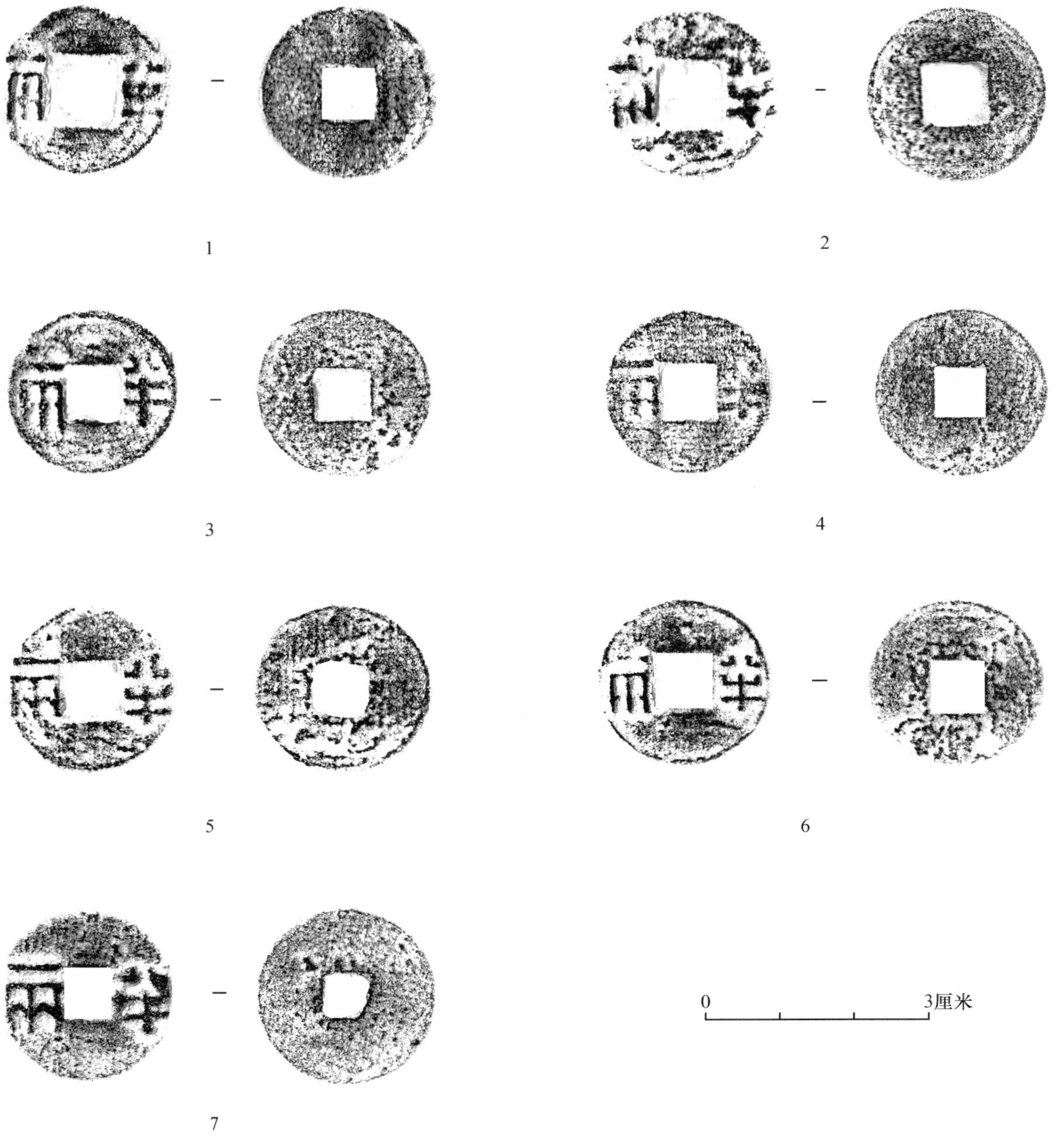

图四〇七　A类A型铜钱

1. Aa型（M17：1-180）　2. Ab型（M17：1-3）　3. Ac型（M17：1-27）
4. Ad型（M17：1-189）　5. Ae型（M17：1-38）　6. Af型（M17：1-29）　7. Ag型（M17：1-72）

Bf型　2枚。“半”字下横较短，“两”字上横稍短，“从”画竖笔较长，横笔外扩较甚，近乎成一直线（图四〇八，6）。

Bg型　3枚。“半”字两横等齐，“两”字上横稍长，“从”画竖笔较长，横笔外扩较甚，近乎成一直线（图四〇八，7）。

C型　7枚。无郭。“半”字字头方折，“两”字上横较长，“从”画为⊥⊥形，分三亚型。

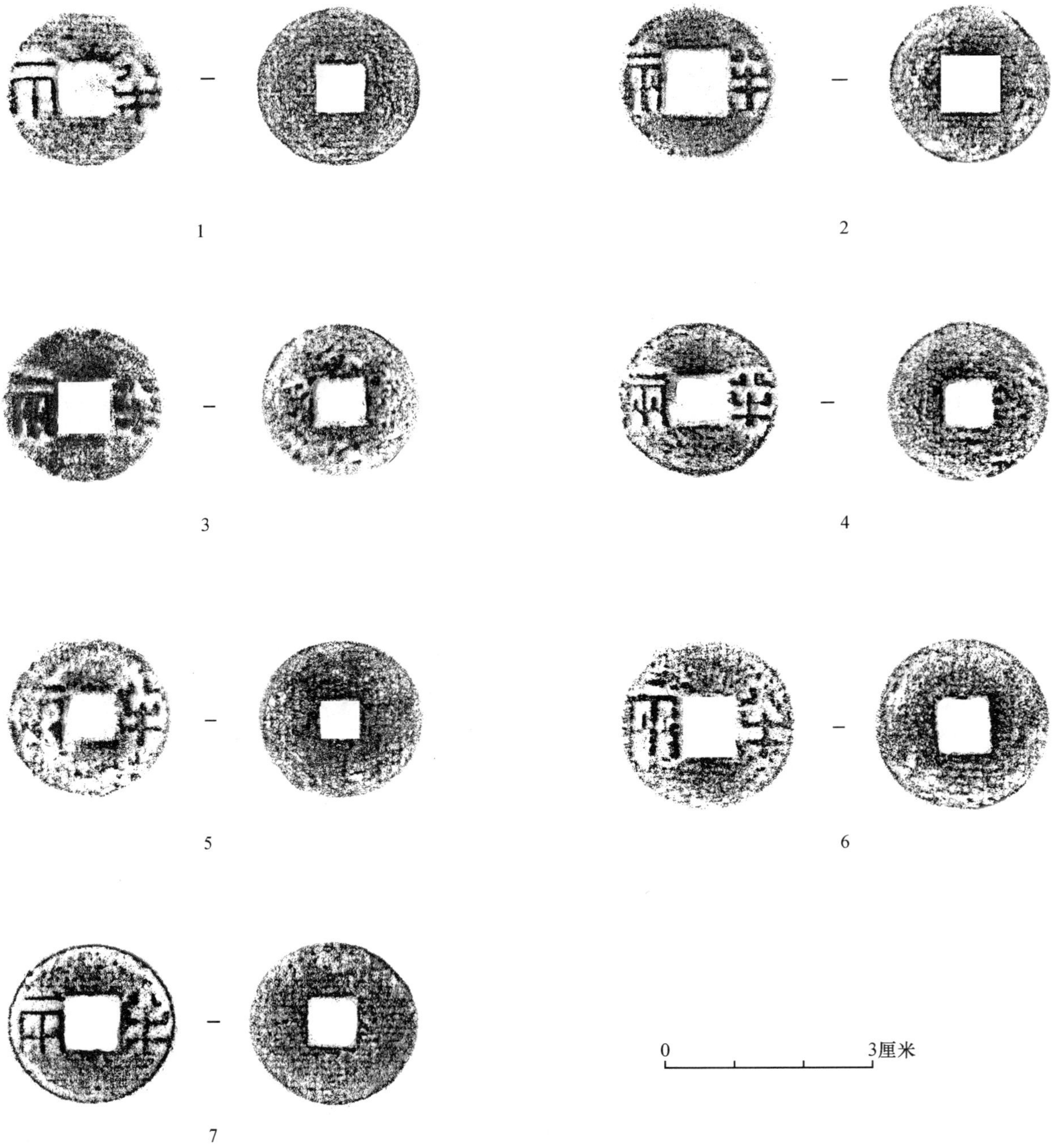

图四〇八　A类B型铜钱

1. Ba型（M17：1-140）　2. Bb型（M17：1-232）　3. Bc型（M17：1-166）　4. Bd型（M17：1-237）

5. Be型（M17：1-239）　6. Bf型（M17：1-146）　7. Bg型（M17：1-147）

Ca型　1枚。“半”字下横稍短；“两”字“从”画为⊥⊥形，竖画较长（图四〇九，1）。

Cb型　4枚。“半”字两横等齐，“两”字“从”画为⊥⊥形，竖画较长（图四〇九，2）。

Cc型　2枚。“半”字两横等齐，“两”字“从”画为⊥⊥形，竖画较短（图四〇九，3）。

D型　93枚。“半”字字头方折，或有圆意，“两”字上横较长，“从”画为一横。分三亚型。

Da型　81枚。“半”字两横等齐（图四一〇，1）。

Db型　8枚。“半”字下横稍长（图四一〇，2）。

Dc型　4枚。“半”字下横稍短（图四一〇，3）。

E型　9枚。无郭。“半”字字头为两撇点，近“八”字，“两”字上横较长。分五亚型。

Ea型　3枚。“半”字两横等齐，“两”字“从”画为连山形，顶部较圆弧（图四一一，1）。

Eb型　1枚。“半”字上横一端弧翘，下横稍短，“两”字“从”画为双人形，竖笔甚长（图四一一，2）。

Ec型　1枚。“半”字两横等齐，上横折头向外撇，“两”字“从”画为双人形，竖笔稍短，横笔外扩较甚，几乎连为一直线（图四一一，3）。

Ed型　1枚。“半”字两横等齐，“两”字“从”画为双人形，竖笔稍短（图四一一，4）。

Ee型　3枚。“半”字两横等齐，“两”字“从”画为一横（图四一一，5）。

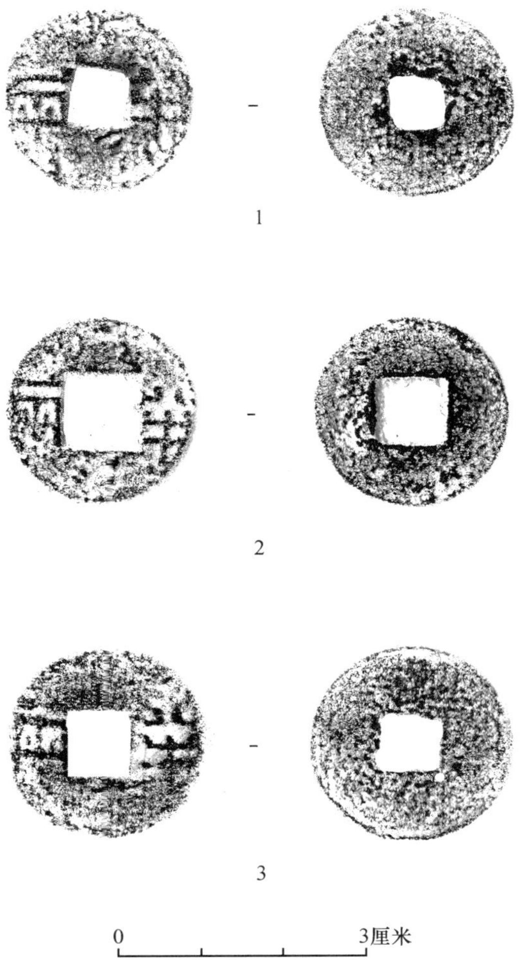

图四〇九　A类C型铜钱

1. Ca型（M17：1-16）　2. Cb型（M17：1-17）

3. Cc型（M17：1-22）

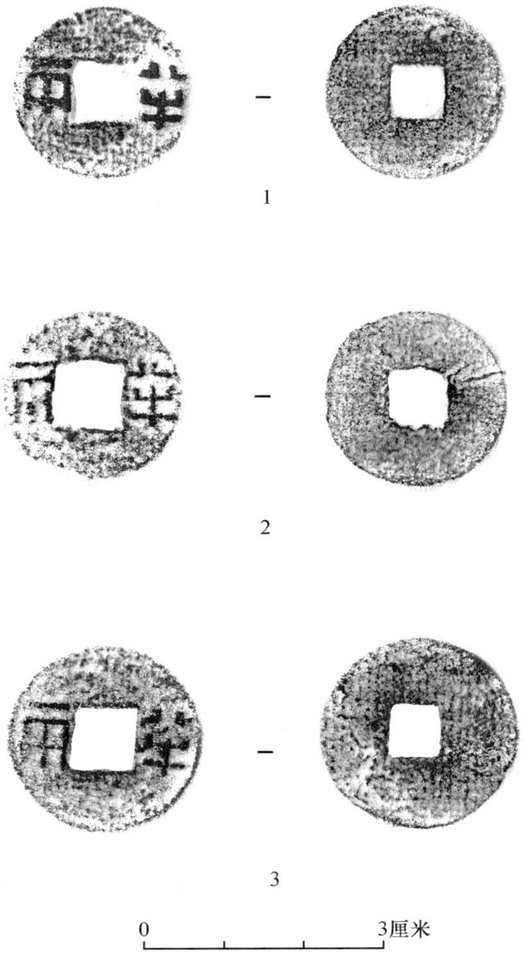

图四一〇　A类D型铜钱

1. Da型（M17：1-251）　2. Db型（M17：1-243）

3. Dc型（M17：1-227）

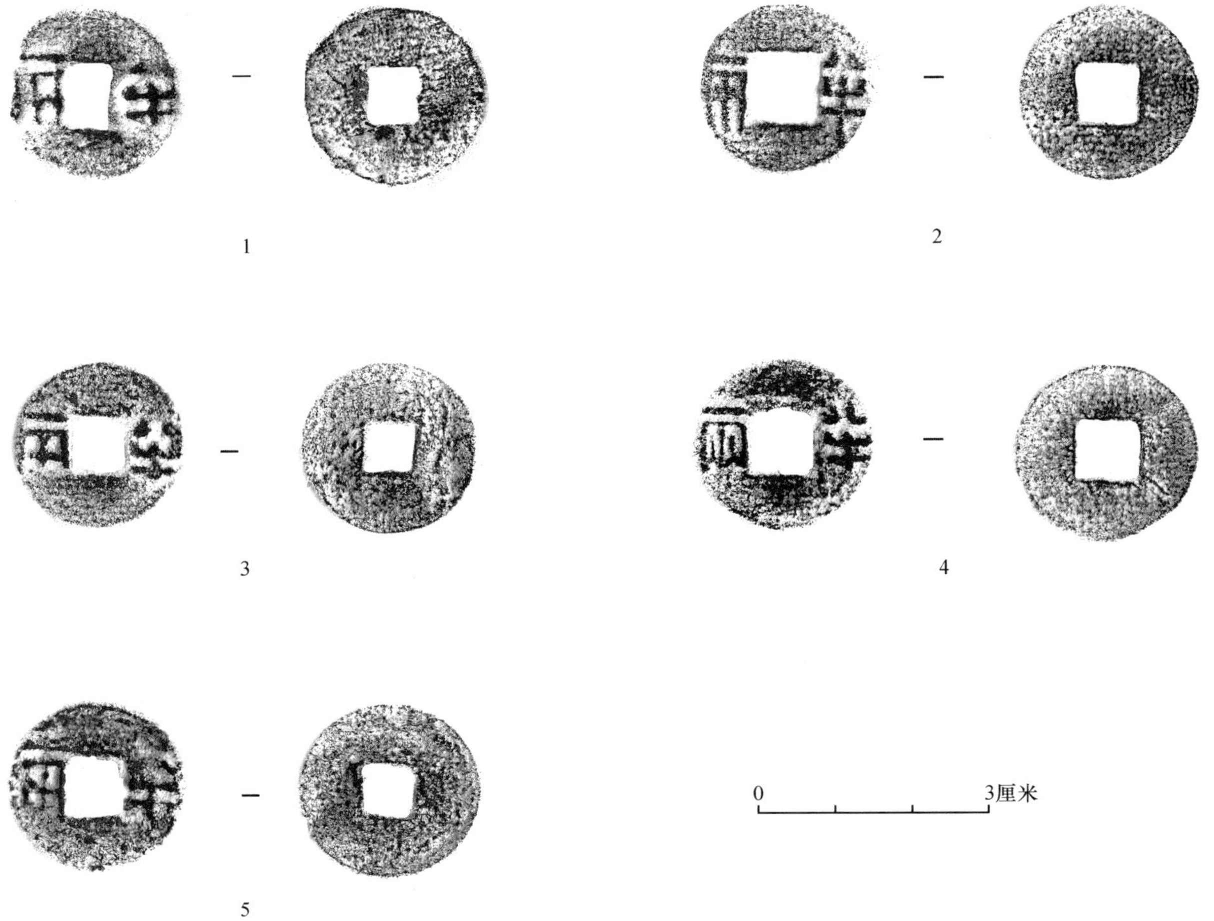

图四一一　A类E型铜钱

1. Ea型（M17：1-186）　2. Eb型（M17：1-236）　3. Ec型（M17：1-159）　4. Ed型（M17：1-67）　5. Ee型（M17：1-98）

F型　6枚。有郭。“半”字字头方折，或稍带圆意，两横等齐，“两”字上横较长。分三亚型。

Fa型　2枚。“两”字“从”画为连山形，顶部较弧（图四一二，1）。

Fb型　1枚。“两”字“从”画为双人形，竖笔甚长（图四一二，2）。

Fc型　3枚。“两”字“从”画为一横（图四一二，3）。

G型　5枚。无郭。形体较大。1枚钱文不清，其余4枚钱文“半”字字头方折，或稍有圆意，“两”字上横较短，“从”画为双人形。分三亚型。

Ga型　2枚。“从”画竖笔较长（图四一三，1）。

Gb型　1枚。“从”画竖笔稍长，横笔外扩较甚，几乎成直线（图四一三，2）。

Gc型　1枚。“从”画竖笔极短，横笔外扩较甚，几乎成直线（图四一三，3）。

B类　122枚。钱文为“五铢”。6枚钱文漫漶不清，无法分型。其余可根据钱文及形制分三型。

A型　17枚。“五”字竖笔缓曲，“朱”字头方折。分七亚型。

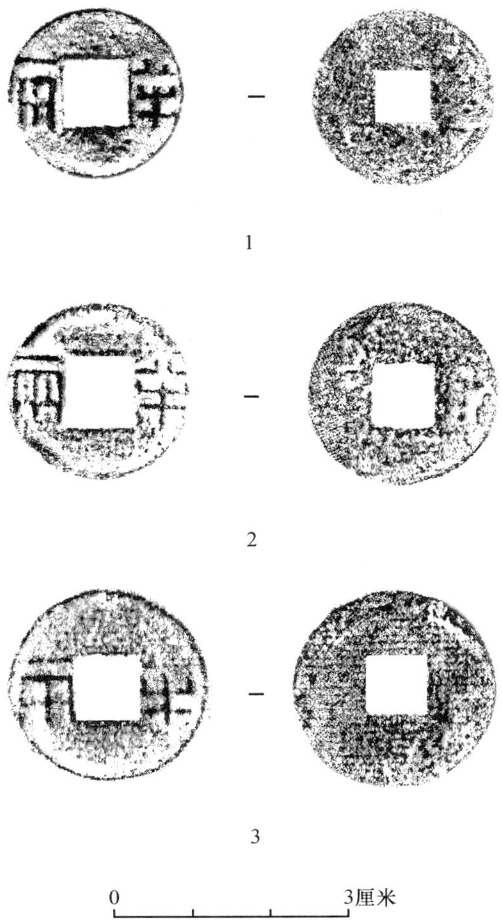

图四一二　A类F型铜钱

1. Fa型（M17：1-137）　2. Fb型（M17：1-136）

3. Fc型（M17：1-158）

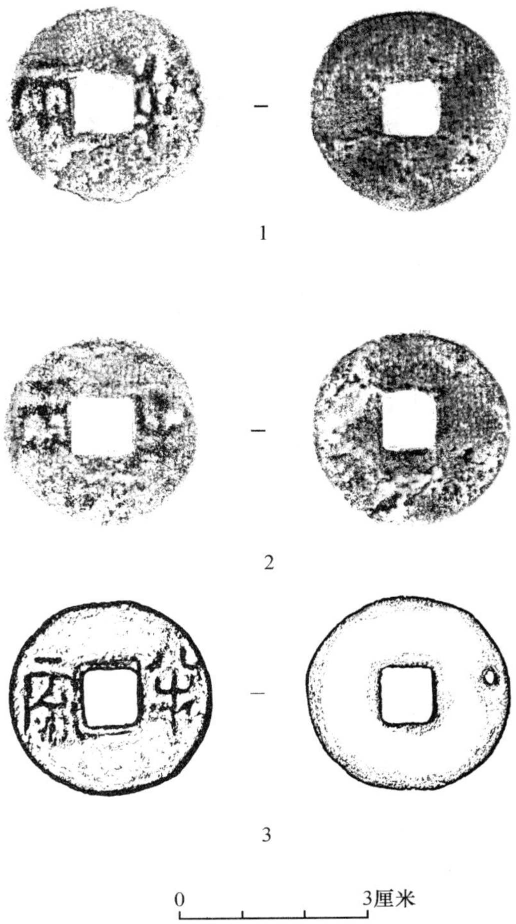

图四一三　A类G型铜钱

1. Ga型（M17：1-298）　2. Gb型（M17：1-300）

3. Gc型（M17：1-301）

Aa型　1枚。“五”字较短小，“铢”字“金”头三角形，四竖点（图四一四，1）。

Ab型　1枚。“五”字瘦长，“铢”字“金”头箭头形，四竖点（图四一四，2）。

Ac型　5枚。“五”字稍宽，“铢”字“金”头三角形，四圆点（图四一四，3）。

Ad型　4枚。“五”字稍宽，“铢”字不清（图四一四，4）。

Ae型　2枚。“五”字瘦长，“铢”字不清（图四一四，5）。

Af型　1枚。“五”字瘦长，“铢”字“金”头三角形，四短竖点（图四一四，6）。

Ag型　3枚。“五”字稍瘦，“铢”字“金”头三角形，四圆点（图四一四，7）。

B型　45枚。“五”字竖画较曲，至两端近乎平行，似上下相对的“炮弹形”，“朱”字头方折。分七亚型。

Ba型　16枚。“五”字较宽，“金”头三角形，四圆点（图四一五，1）。

Bb型　10枚。“五”字较瘦，“金”头三角形，四圆点（图四一五，2）。

Bc型　3枚。“五”字稍宽，“金”头三角形，四竖点（图四一五，3）。

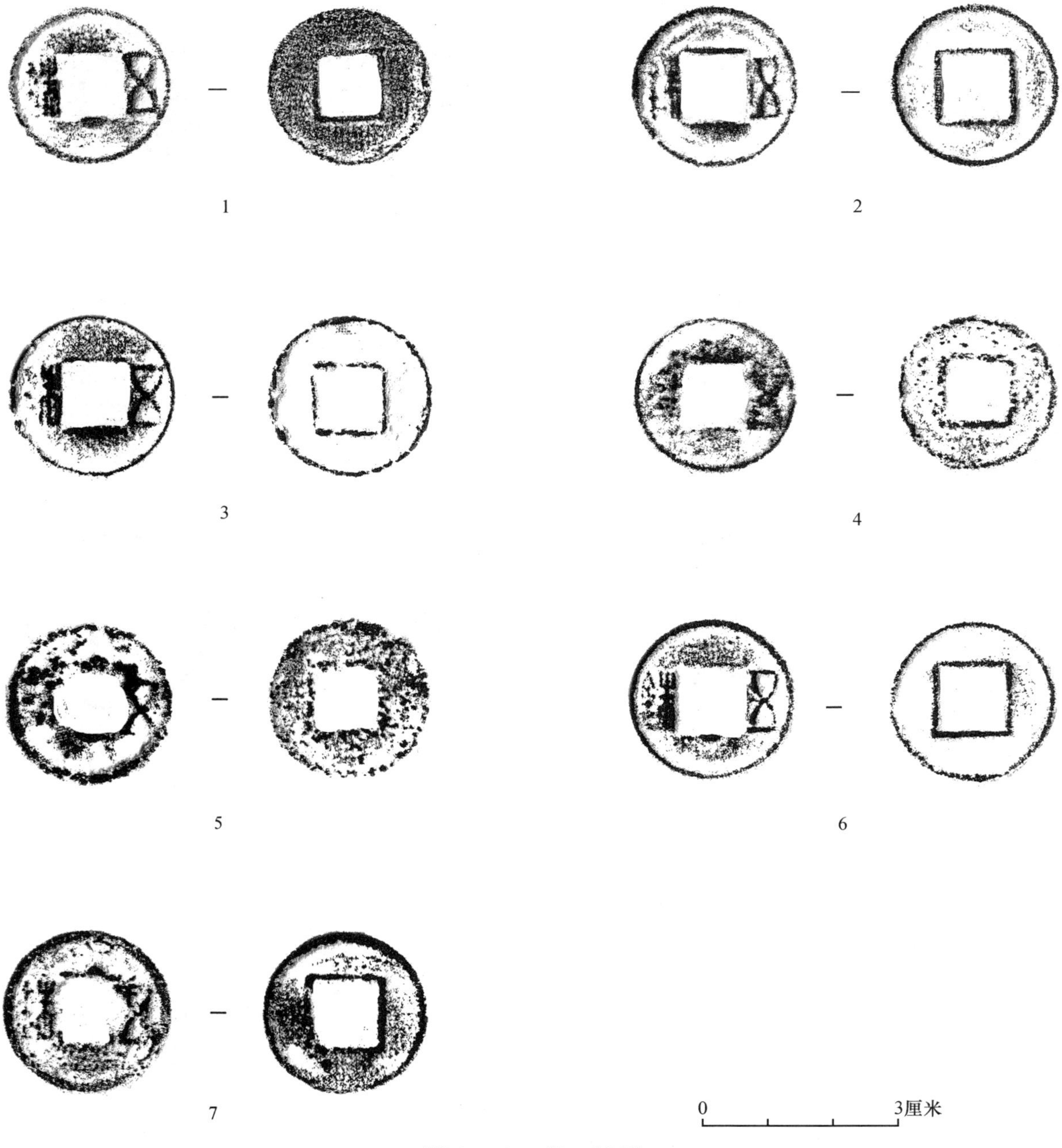

图四一四　B类A型铜钱

1. Aa型（M36：1）　2. Ab型（M36：10-8）　3. Ac型（M17：1-303）　4. Ad型（M16：9-4）
5. Ae型（M29：7-1）　6. Af型（M27：4-2）　7. Ag型（M26：1-4）

Bd型　5枚。“五”字较瘦，“金”头三角形，四短竖点（图四一五，4）。

Be型　2枚。“五”字稍宽大，“金”头箭头形，四竖点（图四一五，5）。

Bf型　2枚。“五”字较瘦，“金”头箭头形，四竖点（图四一五，6）。

Bg型　7枚。“五”字较瘦，“铢”字不清（图四一五，7）。

C型　54枚。“五”字竖画较直，“朱”头方折。分六亚型。

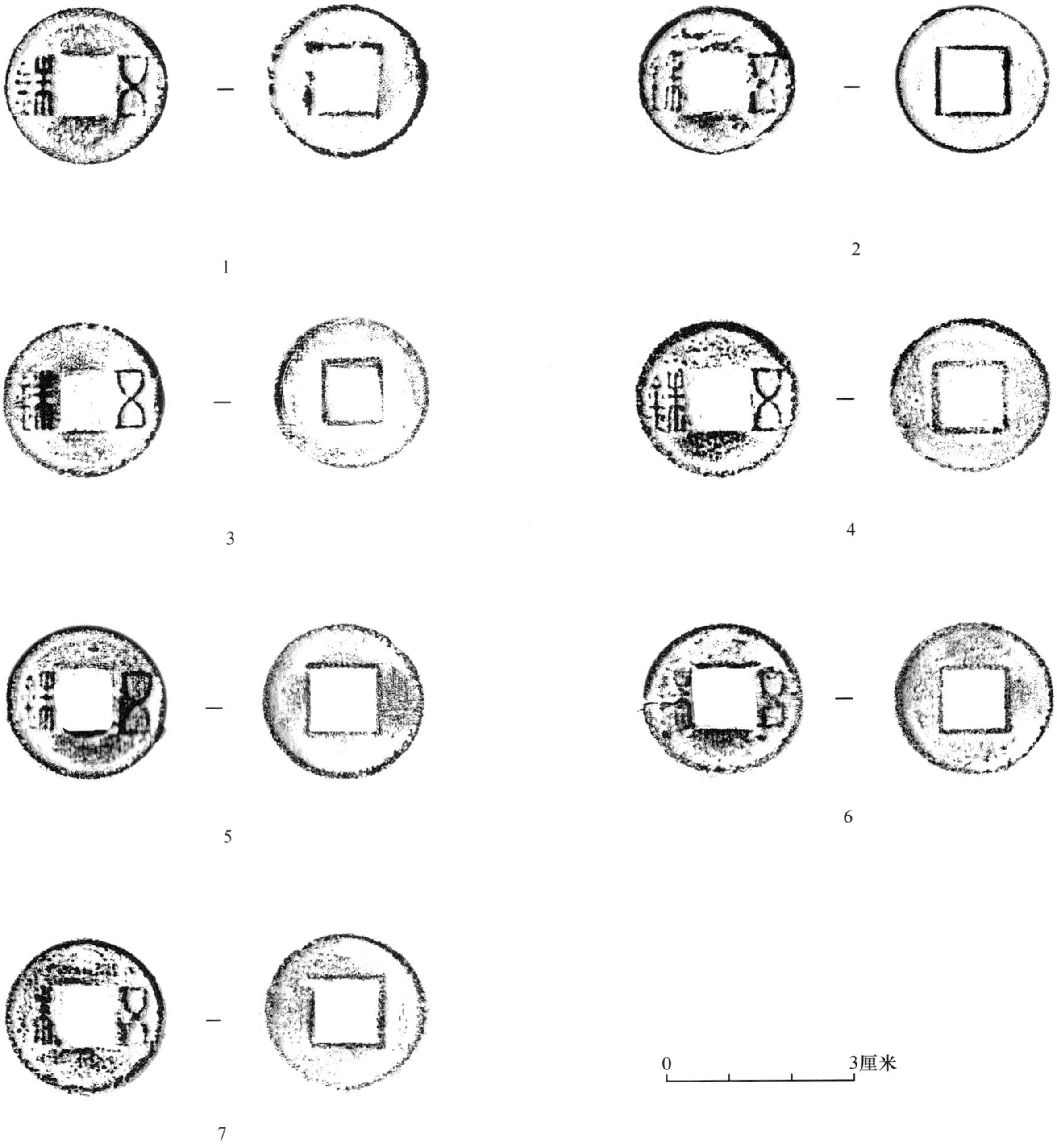

图四一五　B类B型铜钱

1. Ba型（M36：10-7）　2. Bb型（M36：2-12）　3. Bc型（M36：2-1）　4. Bd型（M26：1-8）
5. Be型（M27：4-3）　6. Bf型（M27：3）　7. Bg型（M26：1-21）

Ca型　11枚。“五”字较瘦，“金”头三角形，四竖点（图四一六，1）。

Cb型　8枚。“五”字稍瘦，“金”头三角形，四圆点（图四一六，2）。

Cc型　2枚。“五”字稍宽，“金”头箭头形，四圆点（图四一六，3）。

Cd型　4枚。“五”字稍瘦，“金头”三角形，内笔不清（图四一六，4）。

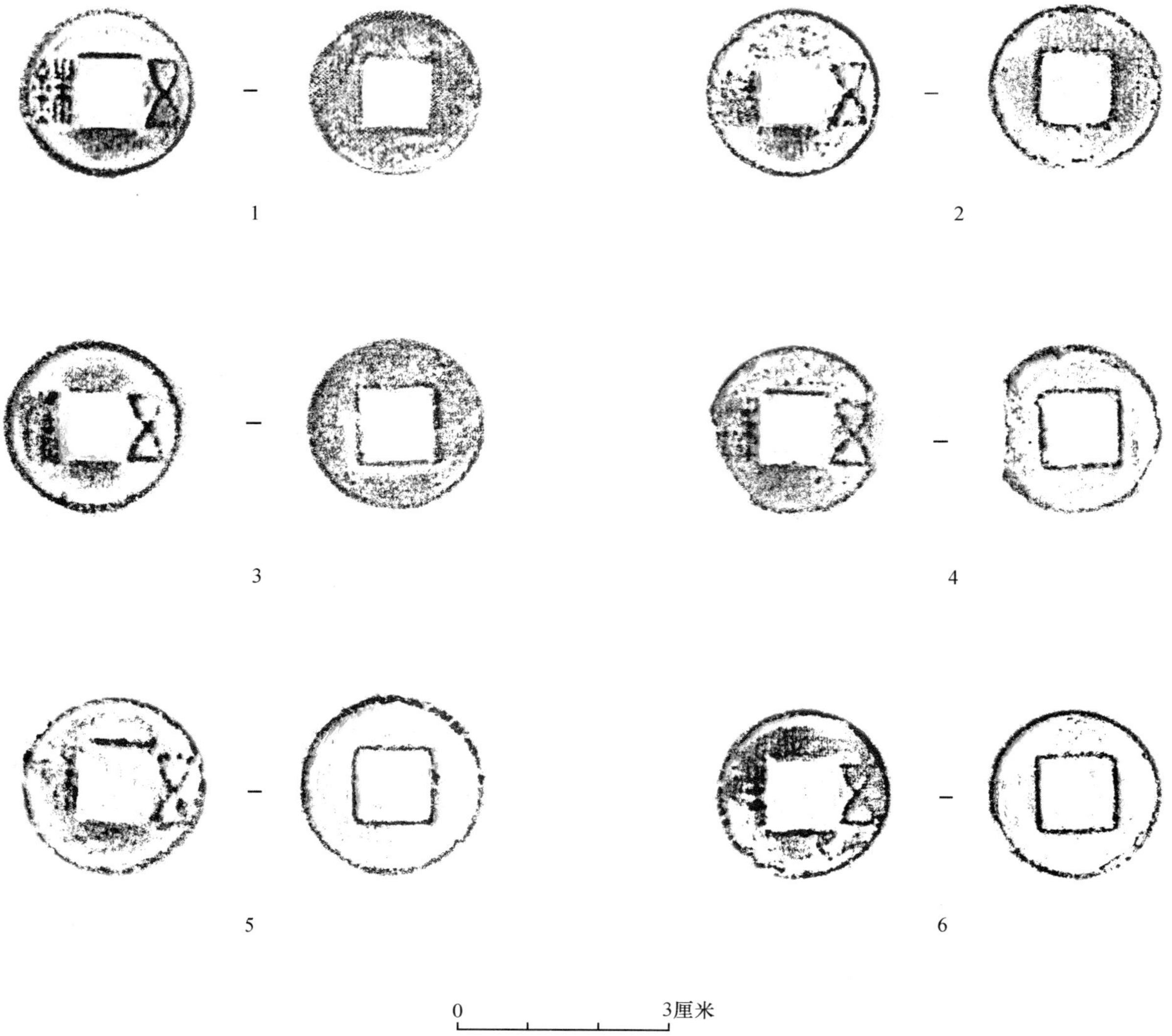

图四一六　B类C型铜钱

1. Ca型（M36：2-14）　2. Cb型（M16：9-24）　3. Cc型（M36：10-13）

4. Cd型（M16：9-29）　5. Ce型（M17：1-134）　6. Cf型（M16：9-20）

Ce型　1枚。钱文宽大，“金”头大三角形，“朱”头方折而稍向外撇（图四一六，5）。

Cf型　28枚。“五”字多较瘦，“铢”字不清（图四一六，6）。

铁质器物可进行型式划分的有釜、剑。

铁釜　3件。M17：8因锈蚀未能提取，其余2件根据腹、底形态可分二式。

Ⅰ式：1件。M20：3，侈口，尖圆唇，高直领，溜肩上附有两拱形耳，鼓腹，圜底。器体宽扁。耳已锈蚀（图四一七，1）。

Ⅱ式：1件。M5：5，直口微敛，方唇，矮领，溜肩，鼓腹外接两拱形耳。下腹内收，圜底。器体宽圆。耳已锈蚀（图四一七，2）。

铁剑　2柄。可分二型。

A型　1柄。M17：5，剑茎基本呈长方体，近首部略收小，首已残。剑茎上残余木质夹的朽

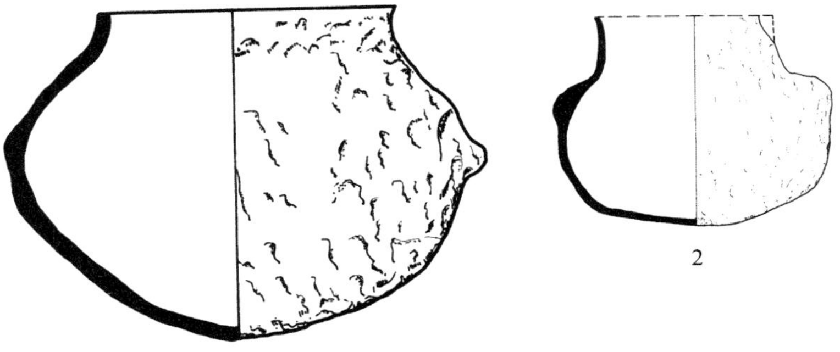

图四一七 铁釜

1. Ⅰ式（M20：3） 2. Ⅱ式（M5：5）

痕。无剑格（图四一八，1）。

B型 1柄。M28：1，由剑茎、剑格、剑身构成，剑首及锋部残。剑茎近长方体，近首部束腰。剑格为铜质，近菱形，中部起脊，两侧较方；剑身细长，向锋部渐收窄，脊部稍鼓，两侧收聚成刃，剖面似梭形。剑茎及剑身上残余较多木痕，应为夹及鞘的残留物（图四一八，2）。

三、分期与断代

通过对地层关系、出土随葬品、墓葬形制等要素，参照以往发掘资料将汉代墓葬分为三期（图四一九）。

第1期：8座，分别为M5～M7、M16、M17、M20、M24、M28。其中，以五铢钱的发现与否又可分早、晚两段。

早段 M5、M6、M20共3座。墓型有Ab型与Ba型，墓向为甲组。其中Ab型墓形较为特殊，《白鹿原汉墓》中发现墓形相同者一例，时代不晚于汉武帝元狩五年[①]；在《龙首原汉墓》中则发现两例墓形接近者，其墓道为竖穴式，时代上限不超过文帝五年[②]。该类墓型带有比较浓郁的早期竖穴椁墓风格。本次发掘M5、M6在墓道与墓室相接处为预留生土后挖通的甬道，并设有木质封门，兼有洞室墓形制特点，可以说这是二者相糅合的产物。

从随葬品来看，M6随葬品组合为Ⅰ式鼎、盒、锜、钫等仿

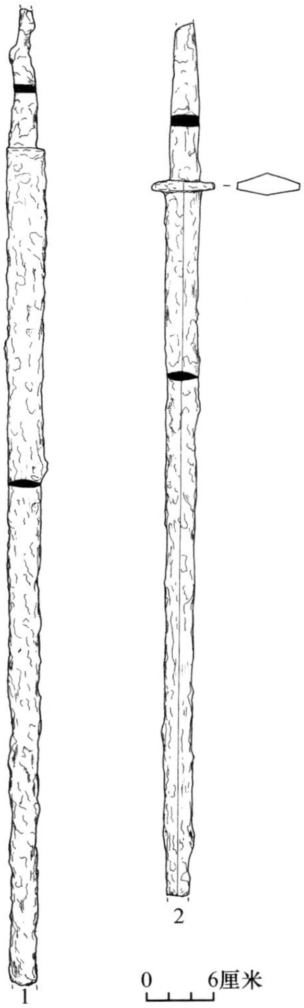

图四一八 铁剑

1. A型（M17：5） 2. B型（M28：1）

① 陕西省考古研究所：《白鹿原汉墓》，三秦出版社，2003年，第311页，五M95。

② 西安市文物保护考古所：《西安龙首原汉墓》（甲编），西北大学出版社，1999年，第240、257、258页，医M28、医M58。

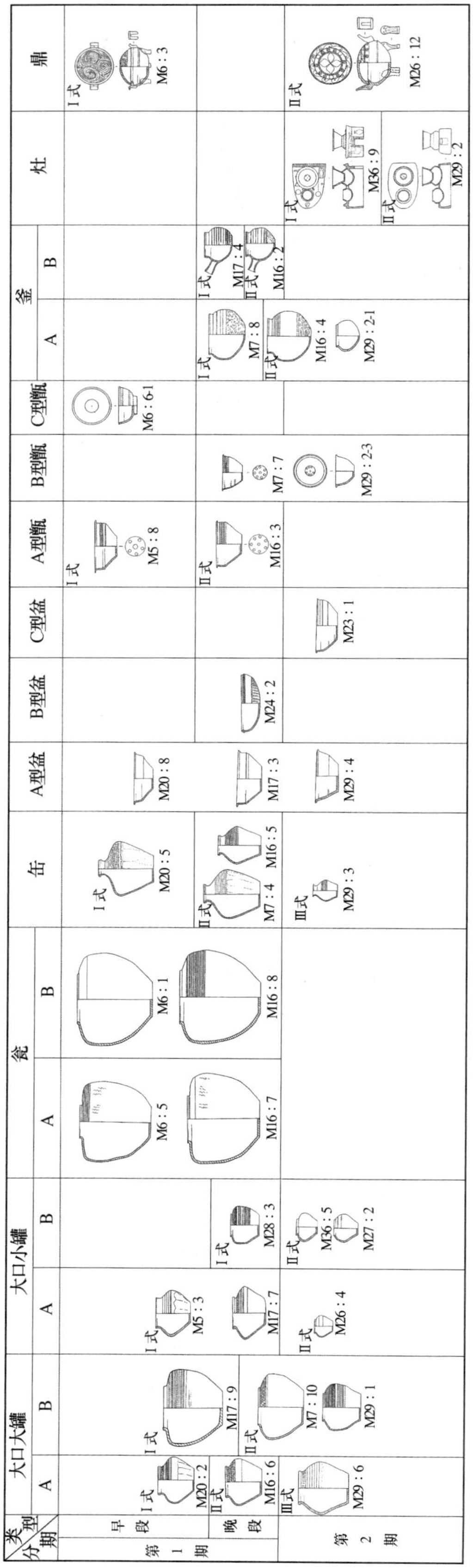

图四一九　墓葬出土陶器分期图

铜陶礼器，日用器仅A、B型瓮一类，其陶礼器的形制及彩绘纹样均显露出偏早的特征。特别是陶锜在关中东部地区的发现较为少见，出土该类器物的墓葬之年代多集中在西汉早期及中期偏早阶段，偶见为西汉中期偏晚者。M6所出与《周原汉唐墓》中05FZM10、05FZM13所出A型陶锜形制相同，后者年代定为文景至武帝前期①；相同者还有1993年渭南市区发掘的西汉早期墓葬93渭西电M6中所出陶锜②。M5、M20未见陶礼器，日用器组合则完全相同，为A型Ⅰ式、A型Ⅱ式大口大罐及A型Ⅰ式大口小罐，Ⅰ、Ⅱ式缶，A型Ⅱ式盆，A型Ⅰ式甑，Ⅰ、Ⅱ式釜（铁质），其中Ⅰ式缶多见，较之西汉初年的同类器，其肩部外张不甚夸张，肩腹部夹角呈圆钝角，束颈也稍高，腹部内收较缓。盆、甑等器物的折腹明显，大口大罐肩部广平或圆弧，大口小罐折肩明显。同时，此段墓葬中出土铜钱仅4枚，钱文虽漫漶不清，但据其形制、重量推测应为文帝始铸的“四铢半两”。虽故而判断此段墓葬的年代下限不晚于武帝元狩年间，上限则不到西汉初年高祖、惠帝时期。

晚段　5座，为M7、M16、M17、M24、M28。墓型均为Ba型，土洞墓室结构，且以斜坡墓道土洞墓为多数。从随葬品来看，未见仿铜陶礼器出现，日用陶器组合以罐、缶、盆、甑、釜为基本组合，与前段墓葬基本相似，但有简化趋势，如M24及M28仅有罐、盆或罐随葬。较之于前段，罐类中A型Ⅱ式大口大罐、A型Ⅰ式大口小罐仍常见，新出现B型Ⅰ式、Ⅱ式大口大罐及B型Ⅰ式、Ⅱ式大口小罐，罐类器的折肩特征有趋于消失的倾向，肩部多开始圆鼓外扩。Ⅱ式缶多见，已不见Ⅰ式缶，肩部外扩不明显，器体从宽扁向修长发展。盆、甑类器物中除前段常见的A型Ⅱ式盆、A型Ⅰ式甑外，新出现B型盆、A型Ⅱ式甑、B型甑，唇部变圆，腹部圆弧。釜为A型Ⅰ、Ⅱ式，B型Ⅰ、Ⅱ式，多为陶质，仅M17随葬铁釜1件（残损严重，无法复原）。M16随葬A、B型瓮与前段M6相同。M16所出A型Ⅱ式、B型Ⅱ式釜分别与2001年东阳所发掘的M38所出A型陶釜、M98所出B型陶釜基本相同，后者年代定于西汉中期③。

此外，金属质随葬品增加，如铜鋗、铅纺轮等，铁剑、铁弩机、铜钱等，尤其是铜钱随葬数量有剧烈的增长，兵器也是前段墓葬所未见的。铜钱有“半两”及“五铢”两类。“半两”仅在M17内集中出土，其钱文、钱径及重量均显示出西汉早期“半两”的特征，有数枚战国时期的大“半两”。“五铢”均为A型、C型，“五”字交笔较直或弧缓，为武帝时期风格。值得注意的是，M17中与“半两”共出有3枚“五铢”，所以其年代应为“半两”与“五铢”间杂使用的过渡时期。该段墓葬年代的上限不早于武帝元狩五年，下限或可至昭宣时期，同时M16、M17的年代较之本段其他墓葬应当是稍早的。

第2期：5座，分别为M23、M26、M27、M29、M36。该期墓葬存在打破关系：M23打破M16；M27打破M28、M6；M36打破M28。墓型有Ab型Ⅱ式、Ba型、Bb型及Bc型。此中Bb型墓形较为特殊，在其他已发掘墓葬中与之形制完全相同者有《白鹿原汉墓》中的五M28、五M30、五M32、五M93、五M94，时代定于昭宣帝时期④；《长安汉墓》中的西北医疗设备厂M119、M144，

---

① 陕西省考古研究院、宝鸡市周原博物馆：《周原汉唐墓》，科学出版社，2014年，第119、136页。

② 崔景贤、王文学：《渭南市战国、汉墓清理简报》，《考古与文物》1998年第2期。

③ 陕西省考古研究所、秦始皇兵马俑博物馆：《华县东阳》，科学出版社，2006年，第393页。

④ 陕西省考古研究所：《白鹿原汉墓》，三秦出版社，2003年，第251、252页。

时代分别定于西汉晚期及西汉中晚期[①]；此外，与Bb型墓相似者，即天井前后有一处过洞或各有一处过洞的墓例有30余座，时代均在西汉中晚期，上限不过武帝时期[②]。而Ab型Ⅱ式墓中以砖铺底、设砖封门等做法则有明显的西汉晚期风格。该期墓葬随葬品中日用陶器基本组合以罐、盆为中心，新出现灶，个别亦见有甑，或为前期墓葬中釜、甑组合的残留，但不见陶釜。极少见前期墓葬中常出的缶，不见陶瓮。陶礼器重新出现，但数量、种类都大不如前，仅有鼎、樽两种。罐类器中有A型Ⅲ式、B型Ⅱ式大口大罐，A型Ⅱ式、B型Ⅰ式、B型Ⅱ式大口小罐，不见A型Ⅰ式、A型Ⅱ式、B型Ⅰ式大口大罐以及A型Ⅰ式大口小罐，A型Ⅱ式大口小罐的底径明显小于口径，肩部圆鼓而耸，但下腹内收多较直缓，同时M36所出者下腹内凹而收，似有新莽时期风格。陶缶数量极少，仅见有Ⅲ式缶1件，溜肩明显，器体修长。盆多见A型Ⅱ式，折腹明显，与前期墓葬相似，同时见有一例A型Ⅰ式盆。甑数量很少，实用器为A型Ⅰ式，此外还有陶灶上附有的模型陶甑，形制为A型Ⅰ式、B型，形制皆与前期墓葬相似。此外，新出现明器化的直腹小盆、甑、陶等，Ⅰ式灶的釜与灶体分制，器表也不见模印纹饰，灶门不接地；Ⅱ式灶釜体联制，器表模印各式炊具，灶门接地，两侧亦模印陶壶及女子形象，具有明显晚期风格。陶礼器中鼎的双耳加高，顶端外撇但已无翻折，足部亦升高，纹饰模印而成，无彩绘。陶奁盖为高耸的山峦间以河水，足为兽形足。这些均显露西汉晚期风格。

铜器中未见容器、武器类，铜镜为前期墓葬所不见，A型日光镜形体小而薄，窄尖缘，铭文略字极多，明显为西汉晚期风格[③]。B型铜华镜的流行时间则多为西汉晚期者，部分可至新莽—东汉初年[④]。江苏扬州一座新莽至东汉初年墓葬中出土一面铜华镜，其纹饰、镜铭等与本次发现者均相同[⑤]。铜钱仍常见，不见“半两”，A、C型五铢大量存在，新出现B型五铢，即“五”字交笔缓曲而至两端平行或近平行者，一般认为此为西汉中晚期的特征。综合墓葬形制、器物风格的因素，本期墓葬的年代应为西汉晚期，即元帝至平帝时期。而M23出土弧腹的C型盆虽具早期风格，但M23打破M16，综合层位关系考虑将其划分于本期。M36的年代较之其他墓葬则应当稍晚些，或可至新莽时期。

第3期：1座，为M34。该墓形制为Ba型，并未发现随葬品，但由于其打破第2期墓葬M26、M36，故判断其年代上限不早于西汉晚期。

此外，M12、M37两座墓葬未发现随葬品，年代实难判断。但M12打破一座春秋时期墓葬，又被一近代坑打破，判断其仍为古墓葬。M37从其墓向及所在位置推测与M7、M29或可成组，又被一条汉代沟打破，推测其年代仍应在西汉时期。

① 程林泉、韩国河、张翔宇：《长安汉墓》，陕西人民出版社，2004年，第905、907页。

② 参见陕西省考古研究所：《白鹿原汉墓》，三秦出版社，2003年，第251、252页；长安汉墓墓葬登记表。

③ 程林泉、韩国河：《长安汉镜》，陕西人民出版社，2002年，第104、105页。

④ 程林泉、韩国河：《长安汉镜》，陕西人民出版社，2002年，第120页。

⑤ 孔祥星：《中国铜镜图典》，文物出版社，1997年，第235页。

陕西省考古研究院田野考古报告　　第86号

华县东阳遗址考古报告
（2014）（下）

陕西省考古研究院　编著

科　学　出　版　社
北　京

内 容 简 介

本书是关于陕西省华县东阳遗址第二次考古工作的报告。东阳遗址发现于2001年，曾抢救发掘了周、秦、汉等时代的墓葬116座及祭祀坑、灰坑，2006年出版《华县东阳》发掘报告。2014年3～6月，为配合宁西铁路建设，陕西省考古院派队第二次对遗址展开系统调查、勘探和局部发掘，本书即此次工作成果的全面公布，包括仰韶、夏商、两周、汉、唐及清代的房址、灰坑、灰沟、墓葬等田野工作内容，另外还有相关的动植物、人骨、陶器、漆器等检测结果，是研究关中东部地区古文化面貌的重要资料。

本书适合从事史前、夏商周三代及秦汉考古与历史研究人员以及大专院校相关专业的师生阅读、参考。

图书在版编目（CIP）数据

华县东阳遗址考古报告（2014）：全2册 / 陕西省考古研究院编著. —北京：科学出版社，2018.9
（陕西省考古研究院田野考古报告. 第86号）
ISBN 978-7-03-059036-7

Ⅰ. ①华… Ⅱ. ①陕… Ⅲ. ①墓葬（考古）- 发掘报告 - 华县 Ⅳ. ① K878.85

中国版本图书馆CIP数据核字（2018）第225571号

责任编辑：王琳玮 / 责任校对：邹慧卿
责任印制：肖 兴 / 封面设计：陈 敬

科学出版社 出版
北京东黄城根北街16号
邮政编码：100717
http: //www.sciencep.com

中国科学院印刷厂 印刷

科学出版社发行 各地新华书店经销

*

2018年9月第 一 版 开本：889×1194 1/16
2018年9月第一次印刷 印张：48 3/4 插页：54
字数：1360 000

定价：568.00 元（上、下册）

（如有印装质量问题，我社负责调换）

第八章　唐及清代遗存

本次发掘唐、清两代遗存皆为墓葬，共计7座。分别位于J区和R区（参见图四二）。

第一节　唐　　墓

墓葬共5座。均位于R区宁西铁路的施工线路范围内。从整体观察，位于东阳遗址的最南部台地偏西处，南部为山脉，北面为阶梯台地，地势相对较高。4座墓葬东西一线排列，相距较近，自东向西分别为M39、M40、M41、M42、M43。其皆开口于第2层下，相互之间无打破关系。均为南北向斜坡墓道洞室墓，墓道居南，多数墓葬设有石块封门。葬具多为单木棺，也有未见葬具者。墓主骨骼均凌乱不全，部分墓葬中有两个墓主，应为合葬墓。随葬品不甚丰富（图四二〇）。

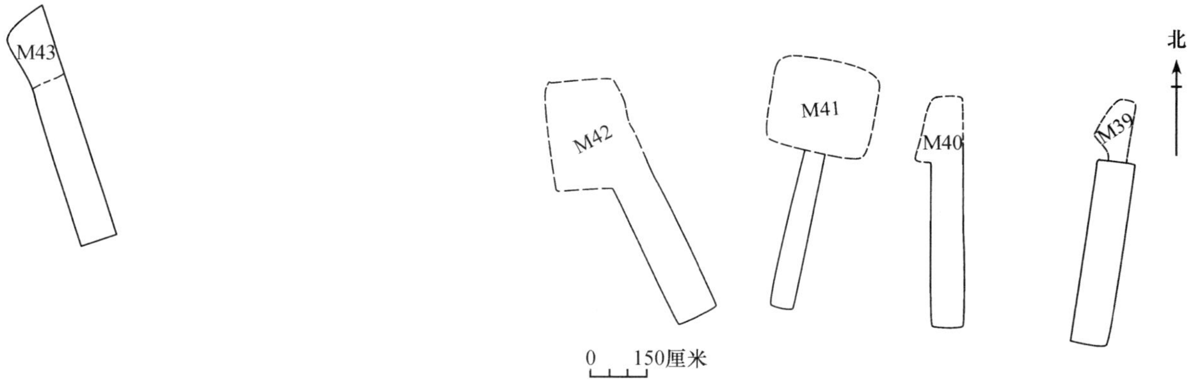

图四二〇　唐代墓葬分布平面图

一、M39

该墓位于此组墓葬最东端，开口于第2层下，距现地表深0.4米，打破生土。

发掘情况

方向203°。斜坡墓道土洞墓室结构，平面近“刀”字形。墓道位于墓室南部，稍宽于墓室，开口平面呈长方形，直壁，南部为斜坡底，近墓室处转平底。墓道长5.17、宽1米，坡底长4.63米，坡度15°，平底长0.7、深0.6～1.8米。墓室位于墓道北端居中处，平面近梯形，墓室西北部外扩，下部直壁向上渐弧成拱顶，平底。墓室长1.79、宽0.52～1.02、高1米。被盗扰，墓道北端发现一处圆形盗洞，直径0.6～0.8米，斜向通于墓室口部。

墓室内未见葬具。墓主骨骼凌乱散布于墓室内，似为二次葬，性别、年龄均不详。未见任何随葬品（图四二一）。

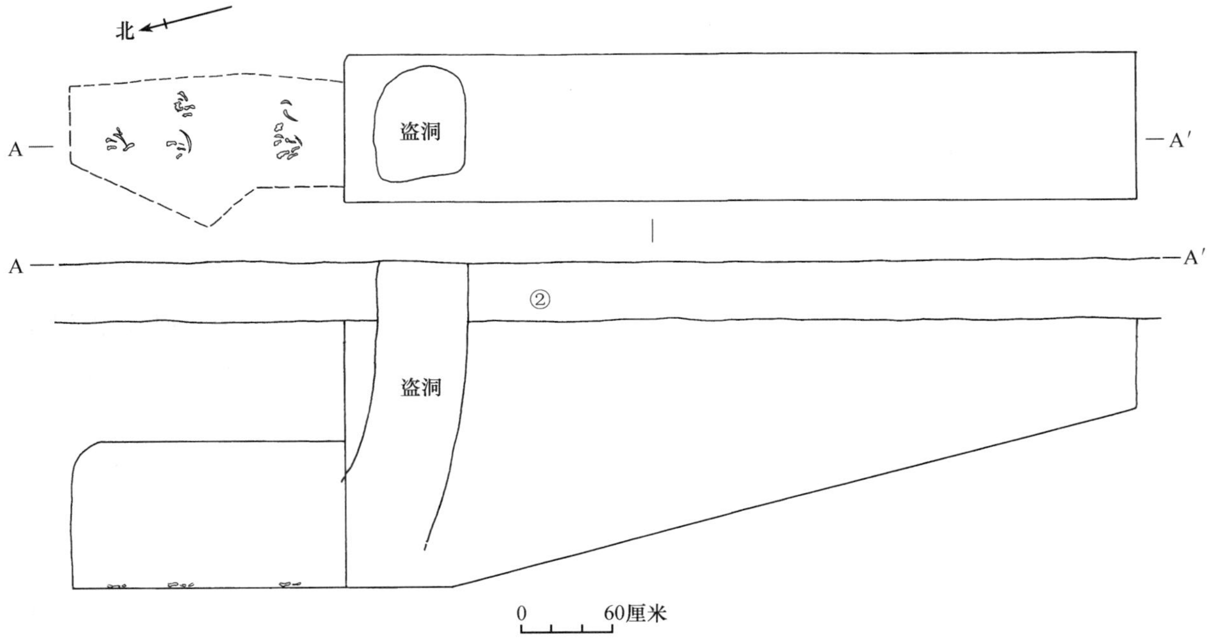

图四二一　M39平、剖面图

二、M40

距M39西部约32米，开口于第2层下，距现地表深0.32～0.4米，打破生土。

（一）发掘情况

方向180°。斜坡墓道土洞墓室结构，平面似“刀”形。墓道位于墓室南部偏东处，口平面呈长方形，直壁，南部斜坡底，近墓室处转平底。口长4.7、宽0.88、坡底长4.28米，坡度16°，平底长0.9、深0.85～2.13米。墓室口设有石块垒砌的封门，现可见为3层，高0.67米，部分石块塌入墓室内。墓室平面形制不甚规整，东侧稍直，西侧及北侧较圆弧，下部直壁向上渐弧成拱顶，平底。墓室长2.48、宽0.69～1.36、高1.02米。未见盗扰。

葬具为木棺一具，平面呈长方形，长0.97、宽0.53米，高不详。二次葬，头骨居南，放置于聚拢堆放的其他骨骼之上。骨骼保存情况较差，年龄、性别难以判断。

在散乱的人骨中夹杂有蚌壳1件、卜骨1件及兽骨2节。不能确定是否为随葬品。卜骨的骨面有圆形钻痕（图四二二）。

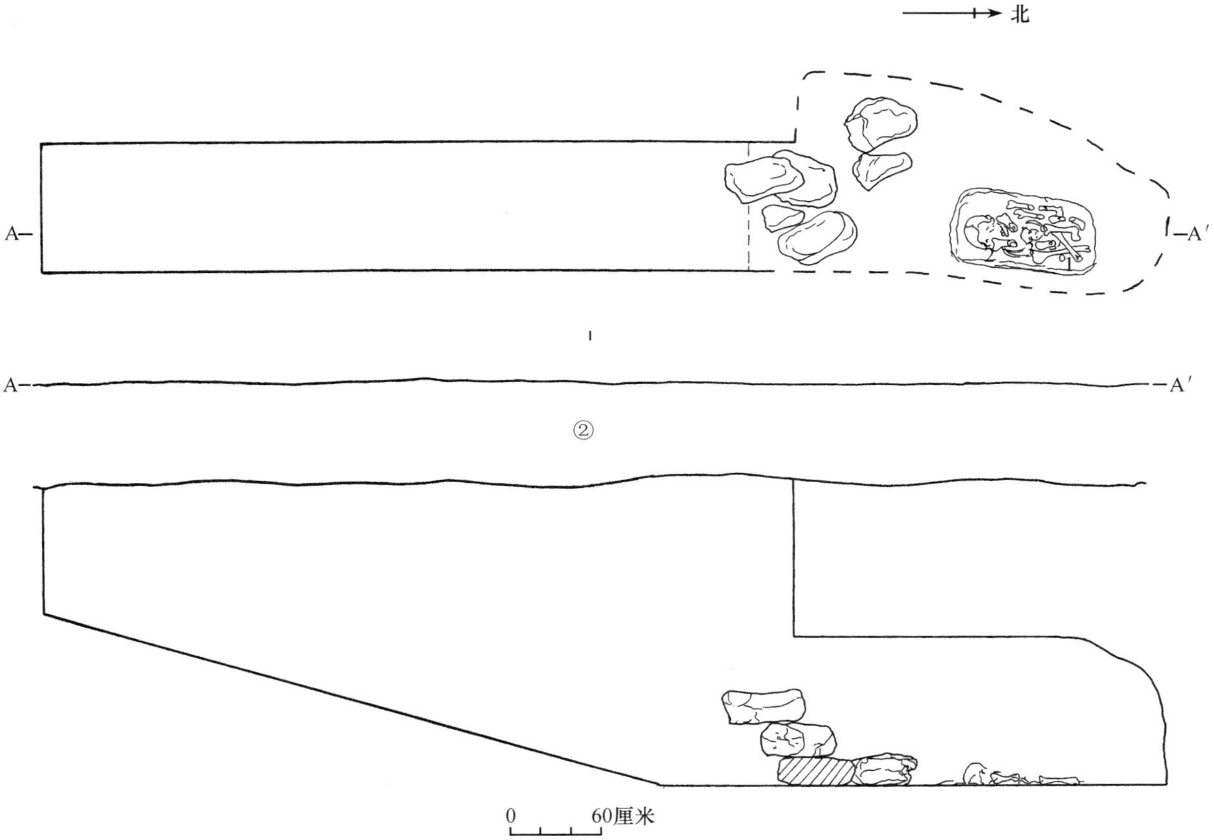

图四二二　M40平、剖面图
1. 蚌壳　2. 兽骨　3. 卜骨

（二）器物

蚌壳　M40：1，残。乳白色，丽蚌属，壳厚而坚硬，表面有瘤状结节，铰合部发达。未见有明显的人类加工痕迹。此种蚌类栖息于水较深、底质较硬的流水湖泊和河流内，可入中药，称为珍珠母。残长7.2、宽6.6、厚0.6～1.2厘米，重量72克（图四二三，1；图版七二，1）。

兽骨　M40：2，动物肢骨及肩胛各一。M40：2-1，肩胛骨保存完整，骨壁薄，长15、宽10厘米，重23克（图四二三，2；图版七二，1）；M40：2-2，肢骨残缺，粗壮。残长15、宽6厘米，重41克（图四二三，3；图版七二，1）。

卜骨　M40：3，为动物肩胛骨的一部分，现残余部分近舌形，一面有规整的上下排列的圆形钻窝两处，一个完整，另一个残半，未见灼痕，无字。残长10.5、宽2.8～4.7、厚0.3～0.6厘米，钻窝径1.8、深0.6厘米，重22克（图四二三，4；图版七二，1）。

三、M41

该墓位于M40西侧1米处，开口于第2层下，距现地表深0.35米，打破生土。

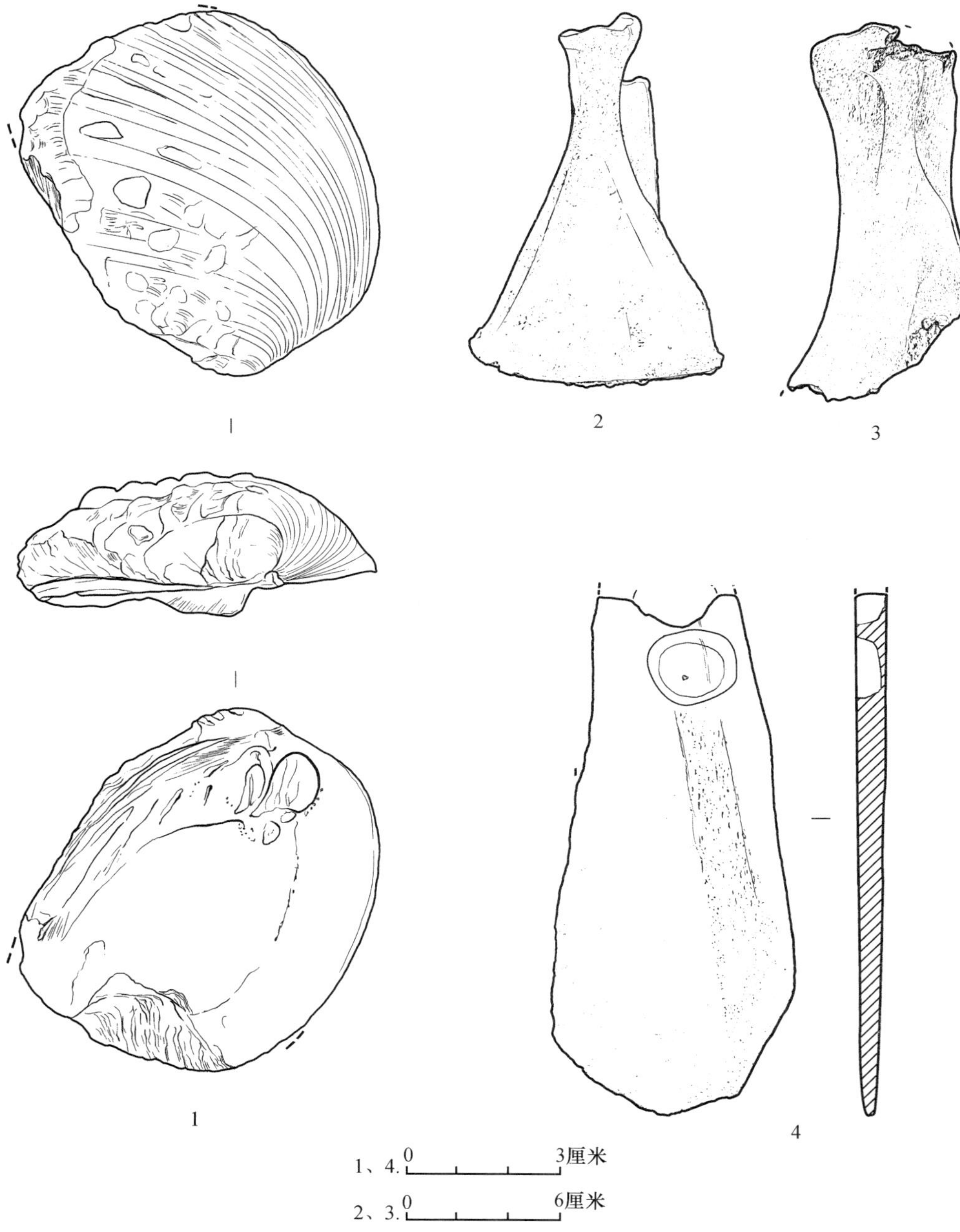

图四二三　M40人骨间器物

1. 蚌壳（M40：1）　2、3. 兽骨（M40：2-1、M40：2-2）　4. 卜骨（M40：3）

（一）发掘情况

方向193°。斜坡墓道土洞墓室结构，平面近“甲”字形。墓道位于墓室南部居中稍偏西处，口平面呈长方形，斜直壁，口小底大，斜坡底，近墓室处转平底。长4.41、口宽0.62、底斜坡长4.01米，坡度17°，平底长0.58、底宽1.2、深1.65～2.83米。墓室口设有不规则卵石块垒砌的封门，保存状况较好。现可见7层，残高1.2、宽0.35米左右。墓室平面近圆角方形，直壁，向上渐弧成拱顶，平底。长2.6、宽2.8、高1.5米。未见盗扰。

葬具为木棺一具，位于墓室北端居中，西南—东北向放置，仅余断续的朽痕。平面为西宽东窄的梯形，长2、宽0.74～0.9米，高度不详。骨骸2具，并排置于棺内，骨骼保存情况均不佳。南侧墓主为成年女性，头向西南，仰身，下身蜷曲较甚。部分骨骼有移位现象，疑为二次葬。北侧墓主为成年男性，头向西南，仰身直肢，骨骼放置未见错乱现象，为一次葬。

随葬品4件。女性墓主头部有铁弯刀1件，胸部上放置陶罐1件；男性墓主左腹部有铜钱1枚，右腰处有铁腰带饰1组（图四二四）。

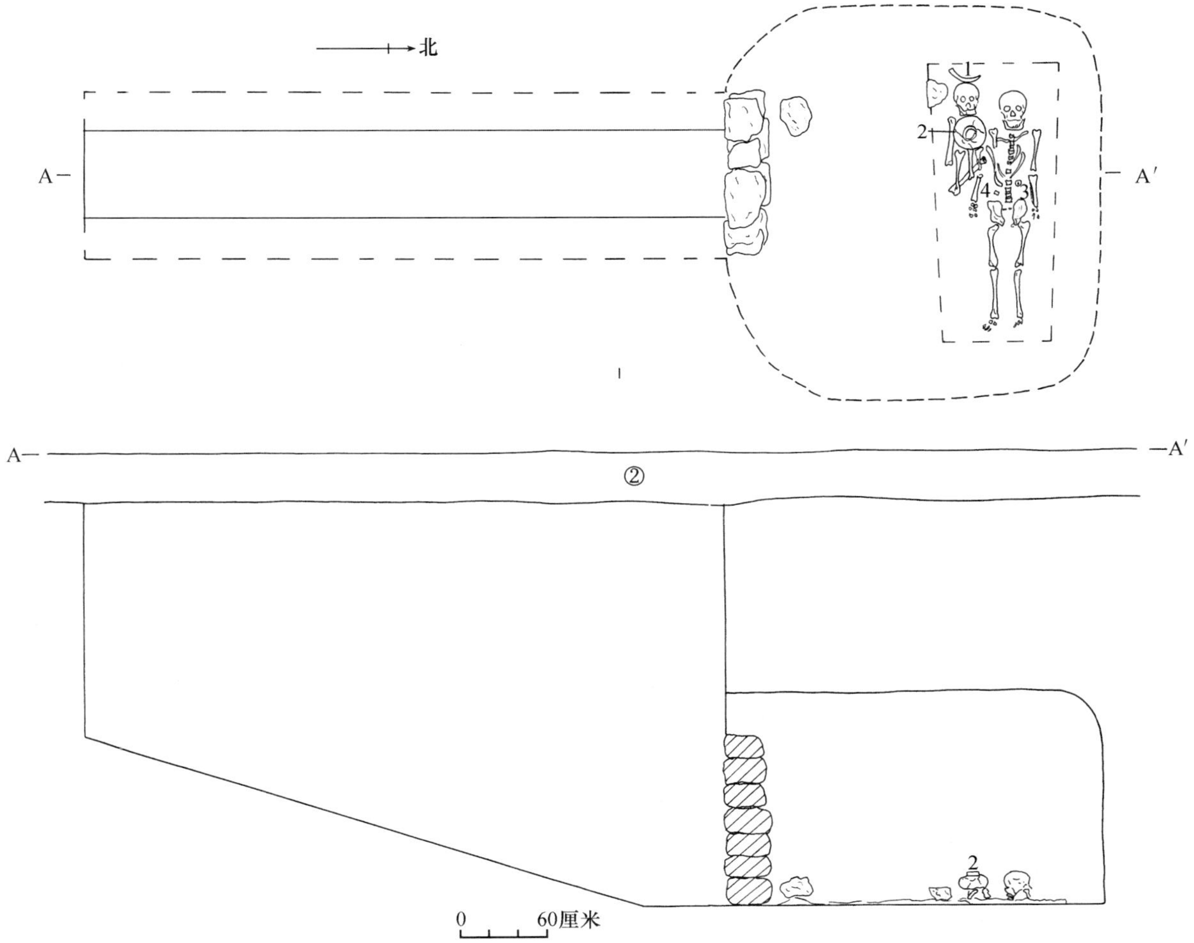

图四二四　M41平、剖面图

1. 铁弯刀　2. 陶罐　3. 铜钱　4. 铁腰带饰

（二）器物

铁弯刀　1件。M41：1，仅存刀身，锈蚀严重。钩弯似弯月，刃口在内，尖端稍圆钝。刀身通长23.8、宽1.5～2.6、最厚处0.3厘米，重量213.0克（图四二五，2；图版七二，2）。

陶罐　1件。M41：2，残。泥质灰陶。子母口稍敛，圆肩鼓腹，下腹斜收，平底稍大。口沿部略显歪扭。口径11.2、腹最大径23、底径14.6、壁厚0.5、通高17.1厘米（图四二五，1；图版七二，3）。

铜钱　1枚。M41：3，保存状况较好，正背面皆有内、外郭。钱文“开元通宝”，楷体，“元”字第二横右挑。钱径2.55、穿宽0.65、郭宽0.8、郭厚0.18、肉厚0.1厘米，重4.4克（图四三〇，1；图版七二，4）。参见附表二。

铁腰带饰　1组，铁质。M41：4，锈蚀较严重，由舌形带头1件、方形带环1件、圆角方形带銙2件、铊尾1件组成。带头内有扣针，长4、宽2.5～3.6、厚1.2厘米；带环已残，残长3.1、宽2.8、体厚0.6厘米；銙上有方形窄穿，长3.3、宽3.7、体厚0.7厘米；铊尾近长方形，末端较圆弧，长3.8、宽2.9、体厚0.3厘米（图四二五，3；图版七二，5）。

四、M42

该墓位于M41西侧1.4米处，开口于第2层下，距现地表深0.04～0.54米，打破生土。

（一）发掘情况

方向200°。斜坡墓道土洞墓室结构，平面近“刀”字形。墓道位于墓室南部，与墓室东南角相接，平面呈长方形，直壁，斜坡底，近墓室处转平底。口长4.62、宽1.26、坡底长4.46米，坡度30°；平底长0.74、深1.63～3.79米。墓室口设有不规则卵石块垒砌的封门，保存状况较好。现可见为8层，高1.38、厚0.34米左右。墓室西南—东北走向，梯形，北窄南宽，东侧稍内弧，渐弧成拱顶，平底。长3.33、宽2.1～2.7、高1.37米。未见盗扰。

葬具为木棺2具，墓室西部居中并排放置。两棺平面均为西宽东窄的梯形，北棺长2.19、宽0.51～0.55米；南棺长2.1、宽0.49～0.55米，高度不详。墓主2人，均头向西南，仰身直肢，骨骼放置整齐，判断为一次葬。东侧墓主为成年女性，西侧墓主为成年男性。

随葬品4件。墓室南部居中处有陶罐1件，女性墓主头部西侧有铜钱1枚，男性墓主右臂处有2枚铜钱（图四二六）。

（二）器物

陶罐　1件。M42：1，残。泥质灰陶。侈口，卷平沿，圆唇，短颈斜直，圆肩鼓腹，下腹斜收，平底。器表肩腹部残余少量彩绘，其以白彩作地，饰以橘红色彩绘图案，但保存状

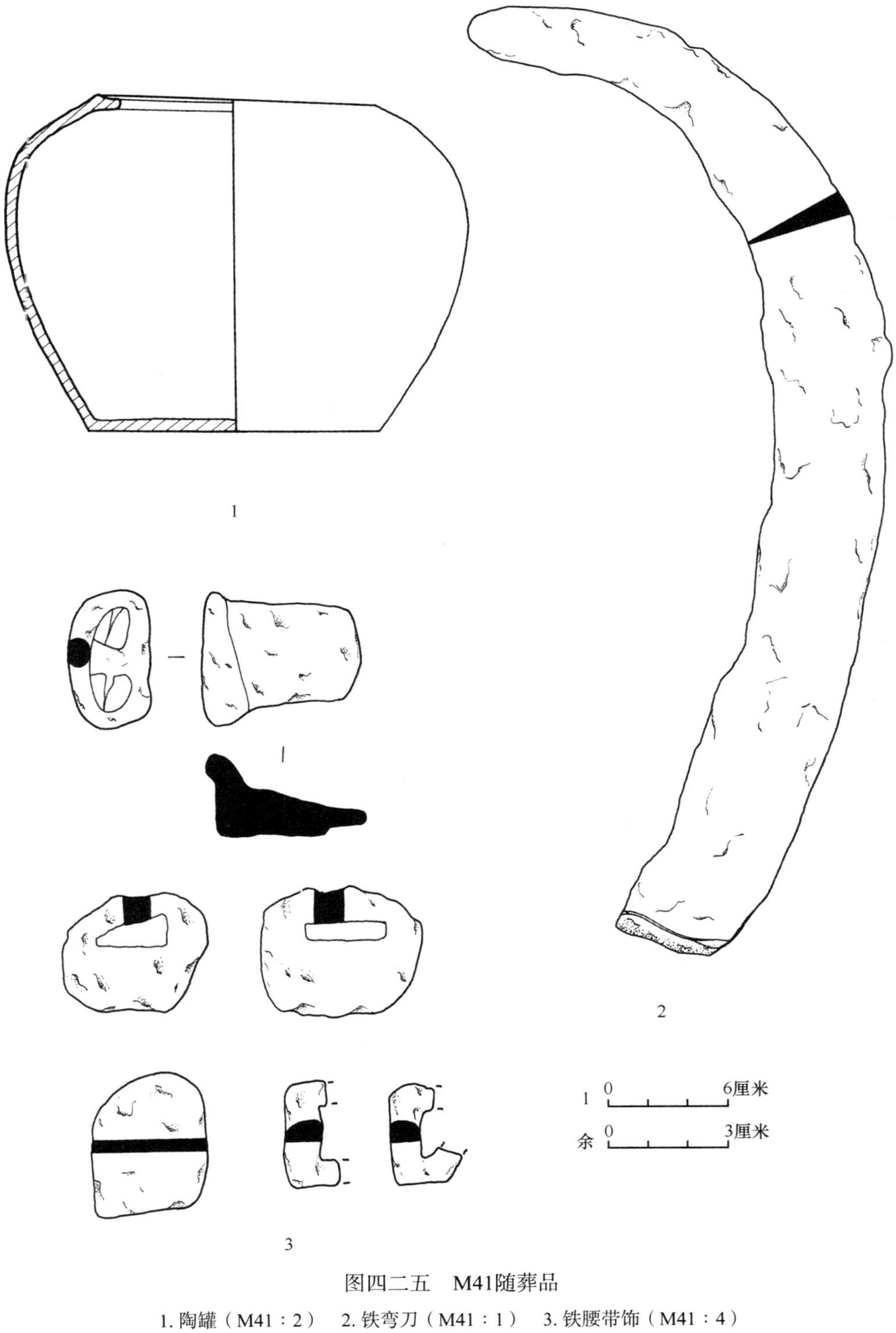

图四二五　M41随葬品

1. 陶罐（M41：2）　2. 铁弯刀（M41：1）　3. 铁腰带饰（M41：4）

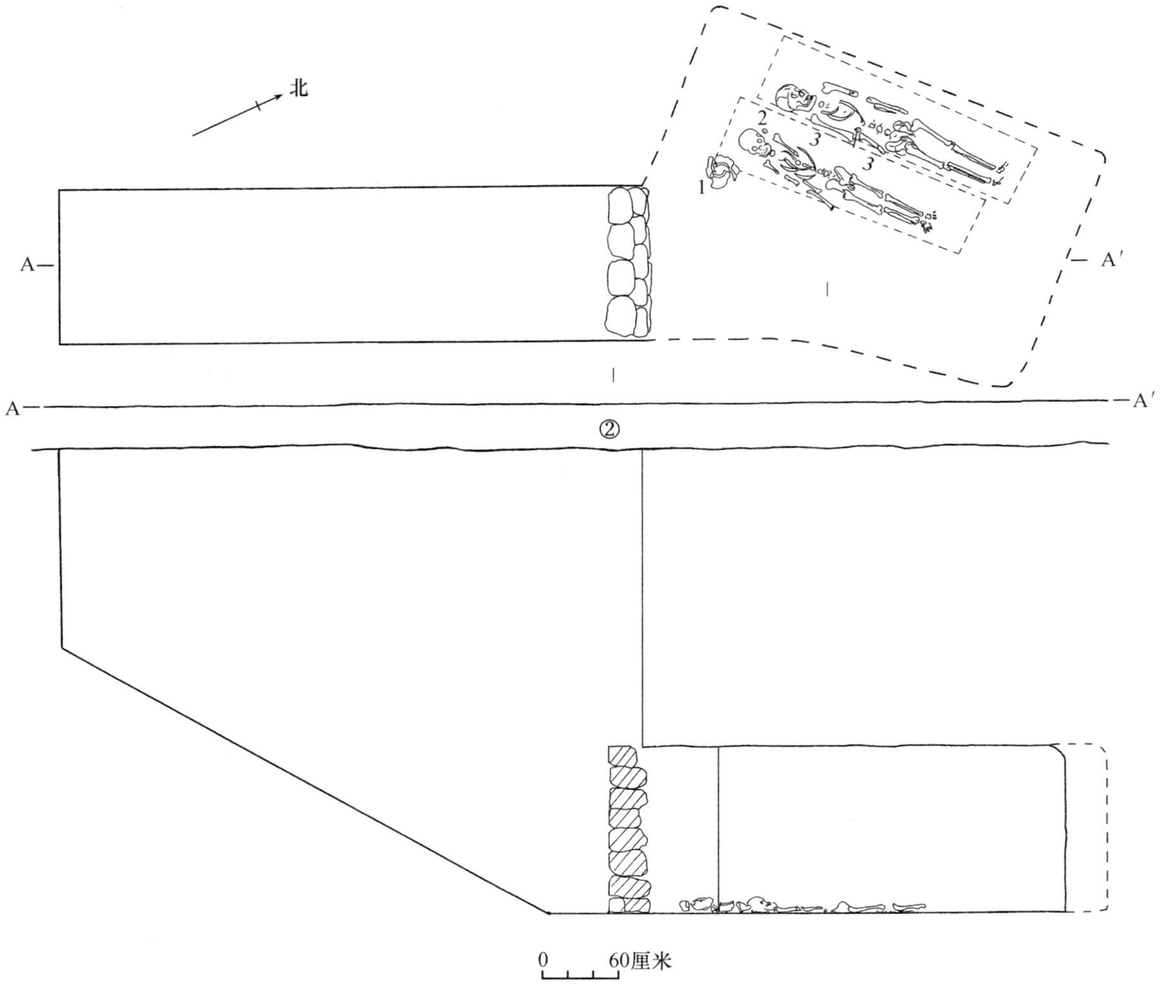

图四二六　M42平、剖面图
1. 陶罐　2、3. 铜钱

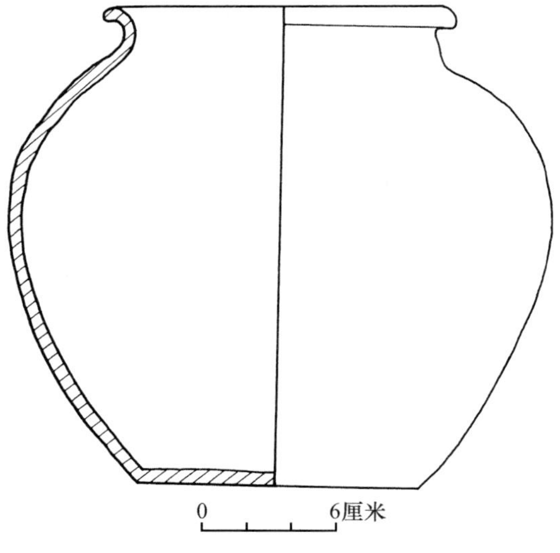

图四二七　M42陶罐（M42：1）

况不佳。口径16、腹最大径24、底径12.4、通高23.8、壁厚0.56厘米（图四二七；图版七二，6）。

铜钱　共3枚。保存较好，形制皆同。正背面皆有内、外郭。钱文“开元通宝”，字体挺拔工整，字口较为深峻，“元”字第二横右挑。M42：2，“元”字上横稍长。钱径2.55、穿宽0.6、郭宽0.8、郭厚0.2、肉厚0.1厘米，重4.3克（图四三〇，2；图版七二，7）。详见附表二。

五、M43

该墓位于在建的宁西铁路线上，开口于第2层下，距现地表深0.4米，打破生土。

（一）发掘情况

方向215°。斜坡墓道土洞墓室结构，平面形状近“刀”形。墓道位于墓室南部，偏于墓室西侧，平面呈长方形，直壁，斜坡底，近墓室处转平底。长4.5、宽0.9、坡长4.36米，坡度13°；平底长0.25、深0.69～1.59米。墓室平面呈方形，直壁，向上渐弧成拱顶，平底。长1.3、高0.7米。墓室口有木板封门痕迹，现仅余灰迹，宽0.9、高0.74、厚0.25米。

墓室中未见葬具痕迹。墓主头部朝北，其余骨骼凌乱放置，判断为二次葬。年龄、性别不详。

随葬品仅见铜钗1件，发现于墓主颈部。墓主头部西侧发现有小木匣的灰迹，难以提取（图四二八）。

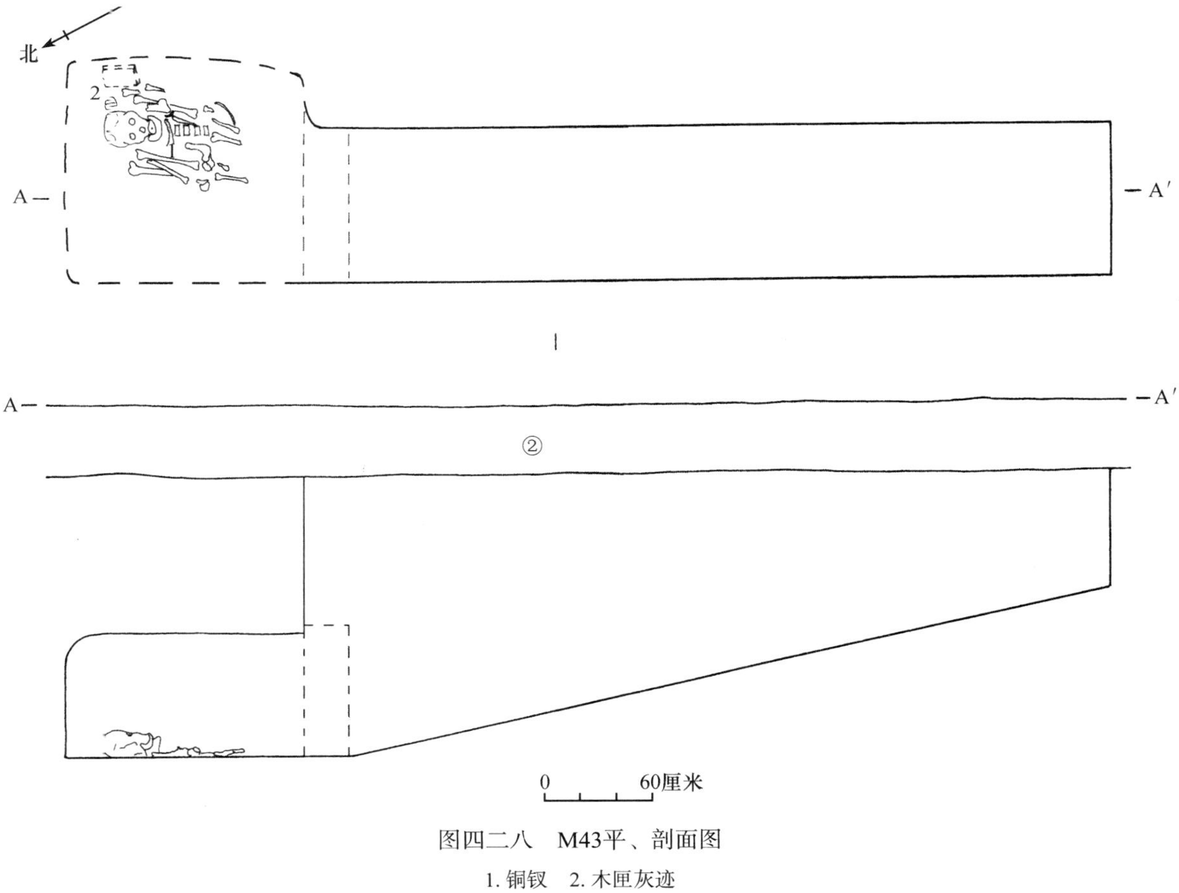

图四二八 M43平、剖面图

1. 铜钗 2. 木匣灰迹

（二）器物

铜钗　M43：1　基本完整。双股近“几”字形，体呈扁平条棒状，尾端弧翘，饰有螺旋形纹。通长15厘米，重12克（图四二九；图版七二，8）。

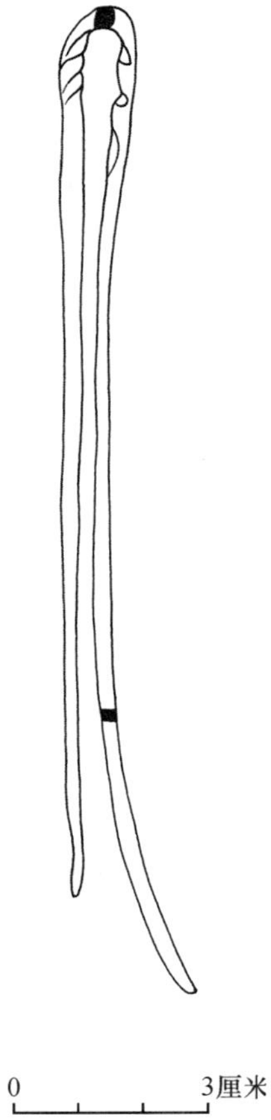

图四二九　M43铜钗（M43：1）

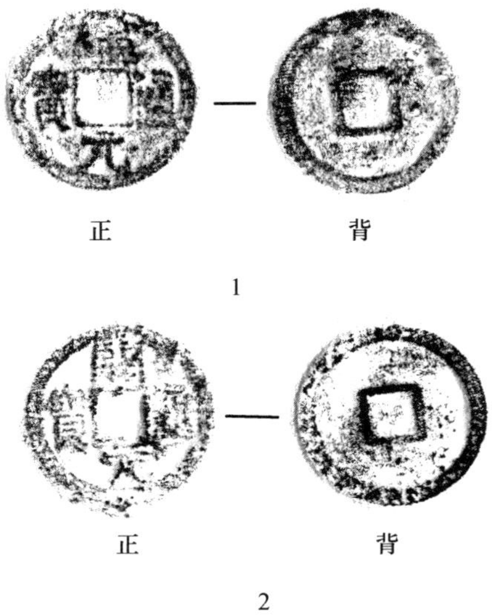

图四三〇　唐代墓葬出土铜钱拓片
1. M41：3　2. M42：2

第二节　清　　墓

清代墓葬2座，编号分别为M14、M22，分布于J区，一座为斜坡墓道洞室墓，一座应为斜坡墓道竖穴土圹砖砌墓（图四三一）。

一、M14

位于JT0404西南部，开口于第1层下，距现地表深0.3米，打破M21。

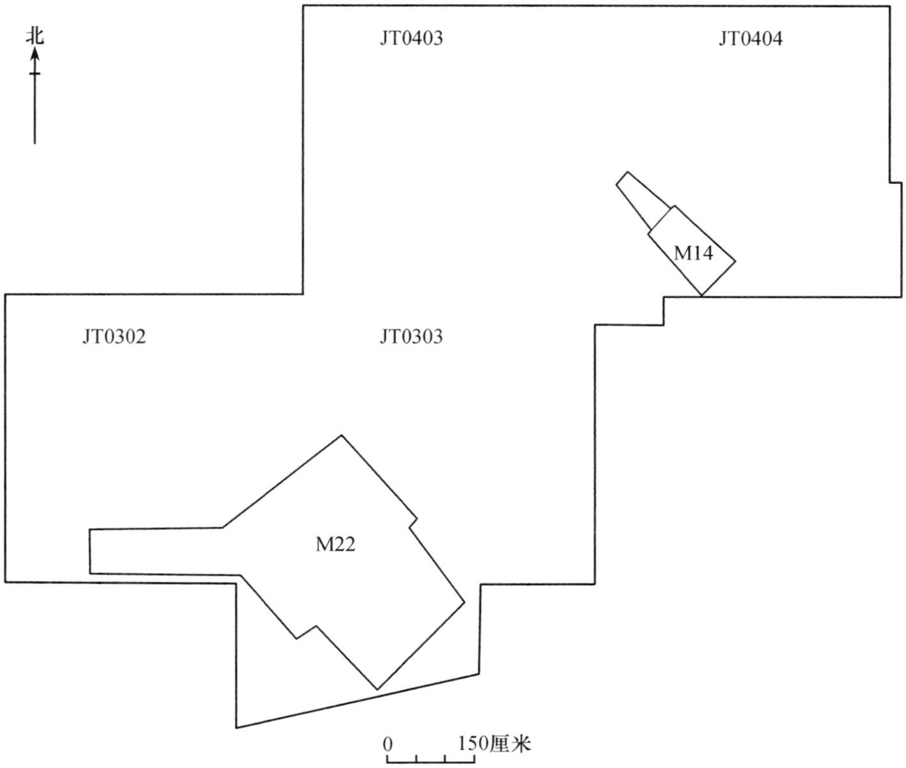

图四三一　J区清代墓葬平面分布图

（一）发掘情况

方向315°。斜坡墓道土洞墓室结构，由墓道、墓室两部分构成。墓道位于墓室北部居中，且稍窄于墓室。口平面呈梯形，南宽北窄，直壁，斜坡底。口长2.03、宽0.6～1.06、坡底长1.92米，坡度8°，深2.41～2.74米。墓道与墓室相接处有土坯封门，宽1、厚0.13、残高0.64米。墓室平面近梯形，南宽北窄，南端东部外凸，直壁向上渐弧成拱顶，平底。长2.26～2.55、宽0.96～1.44、高1.53米。墓室内壁面残余明显的工具痕迹。填土及墓壁均有打破痕迹，应二次使用形成。未见盗扰。

葬具为木棺2具，并列放置。东棺平面呈梯形，南宽北窄，通长2.03、宽0.43～0.56米，高度不详；西棺平面呈长方形，通长1.94、宽0.54米，高度不详。

骨骸2具。西墓主为成年女性，东为成年男性。均仰身直肢，头向东南，头部下各枕一块板瓦，面向不详。

该墓经过两次使用，两位墓主的下葬时间有前后顺序，其中男性墓主下葬时间要稍晚。随葬品共4件，均发现于东侧墓主头部附近，为铜簪2件、铜扣2件（图四三二，图版七三，1）。

（二）器物

铜簪　2件。形制基本相同。身为稍扁的条棒状，近首端稍曲，首端装饰扁片状六曲花形。M14：1，残。通长11.8厘米，重9.1克（图四三三，1；图版七四，1）。M14：2，完整。通长10.2厘米，重10克（图四三三，2；图版七四，1）。

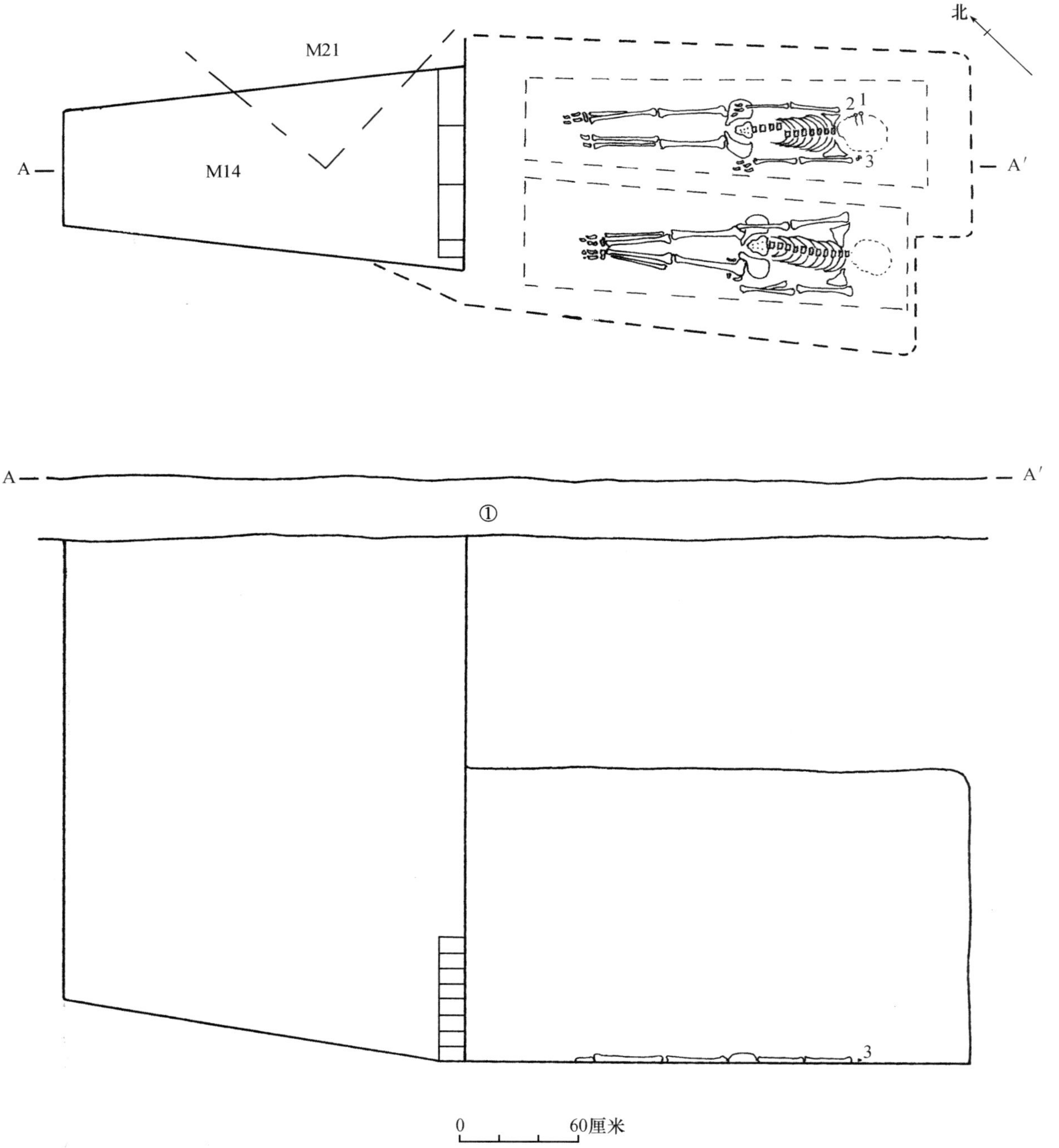

图四三二　M14平、剖面图

1、2. 铜簪　3. 铜扣

铜扣　2件。形制、大小均基本相同，空心圆球状，一端有环，为衣襟扣。M14：3-1，体径0.9、环高0.4、穿径0.2厘米，重量1.1克（图四三三，3；图版七四，1）。

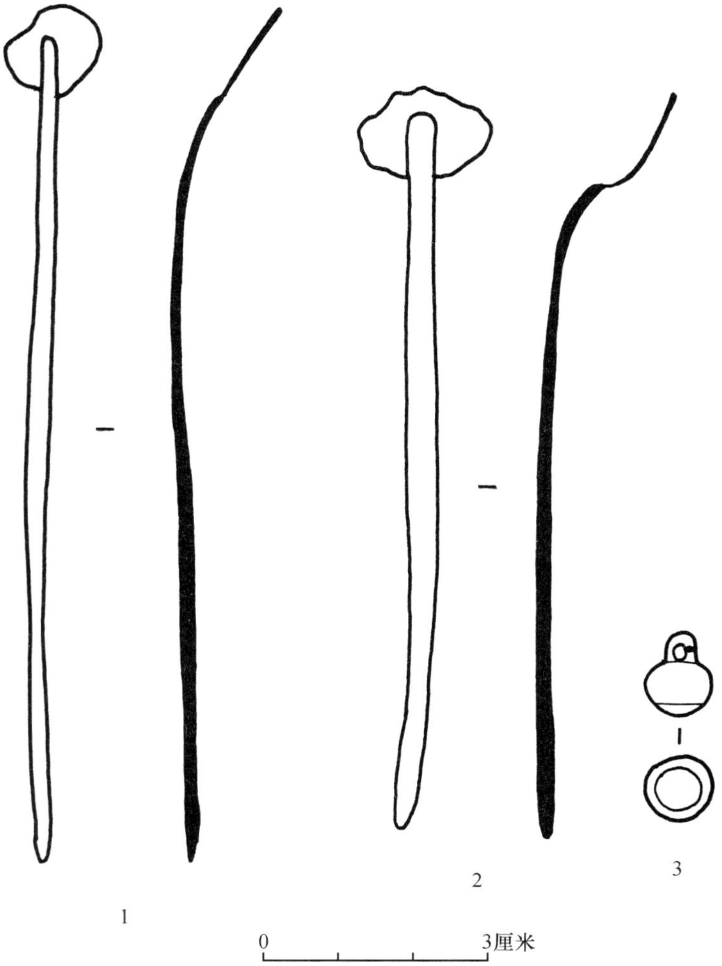

图四三三　M14铜簪、铜扣

1、2. 铜簪（M14：1、M14：2）　3. 铜扣（M14：3-1）

二、M22

位于JT0302和JT0303的中南部，开口于第1层下，距现地表深0.25米，打破M30、M35、H42、H44。

（一）发掘情况

方向266°。斜坡墓道多室砖墓，平面形状不规则，由墓道、庭院、双室等部分组成。

墓道在西，与墓室西北角接。平面为长方形，基本直壁，斜坡底，上有少量踩踏面。口长5.38、宽1.55米，坡长5.14、深0～1.81米，坡度20°。

墓室为土圹内再砌砖筑成，平面近似倒“凸”字形，西北—东南斜向，包括前、后两部分，近直壁，部分稍外斜，平底。总长7.5、宽4.23～5.44、深1.81米。前部分似为庭院，平面呈长方形，长4.04、宽5.44米。扰土中有大量残砖、筒瓦及瓦当残片，应有砖构的门楼等设施。西南角及东南角发现少量残留砌砖，其中西南部砌砖残长1.81、宽0.5米，局部有铺地砖，应为一处附属小室。前后部分之间残存砖墙局部。单砖竖砌。后为墓室，由双室组成，平面呈长方形，稍窄于前室，长3.46、宽4.23米。东室局部见砖，扰乱严重，仅见东南角残余零星铺地砖。西室保存稍好，有砖铺底及部分砖壁，内长3.55、内宽1.62米；两室之间有隔墙。砖为素面，长24～25、宽10.5～14、厚6～7厘米。

墓道及墓室内填黄褐色花土，土质结构松软呈颗粒状，夹大量砖、瓦及瓷片，扰乱严重。西室中部发现木棺残部。平面呈梯形，长2.52、宽0.3～0.35米，高度不详，板厚0.08米。填土内发现女性头骨一具，应为墓主之一，年龄20～25岁。推测为双人合葬墓。

未见原始位置的随葬品，扰土中发现残木质神主1件、大量瓷片和瓦当、筒瓦、滴水、瓦当等建筑材料，应属墓葬用品。另有石锛1件（图四三四，图版七三，2）。

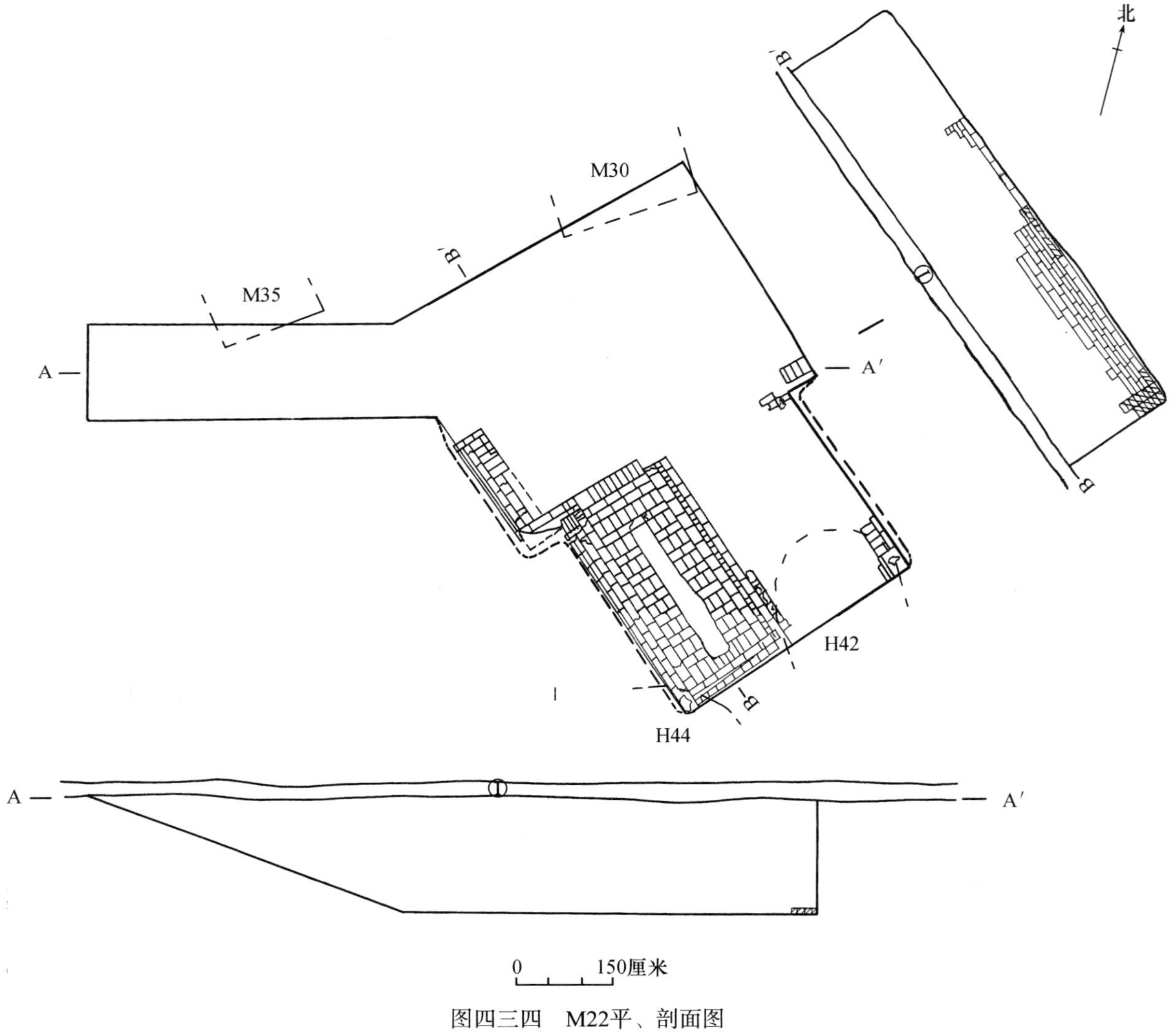

图四三四　M22平、剖面图

（二）器物

石锛　1件。M22填：1，残。石灰岩质。整体平面呈梯形，刃端稍宽，厚体。尾端较为圆弧，身两侧平直，刃不甚锋利。器表打磨痕迹不甚明显。残长9.8、宽3.4、厚1.3厘米，重81.4克（图四三五，2；图版七四，2）。

骨匕　1件。M22填：2，以大型动物肢骨为原料，分剖之后一端磨光成弧形刃。骨腔打磨程度较轻，外壁光滑，磨制精心。残长11.4、直径2.8、壁厚0.5厘米（图四三五，3）。

陶三足瓮　口、肩至腹残片。M22填：3，夹砂灰陶。敛口，折沿宽平，厚方唇花边状。斜直肩、腹外扩。肩颈部抹光，腹部有竖向细绳纹。残高6.2、残宽12、壁厚1.2厘米（图四三五，4）。

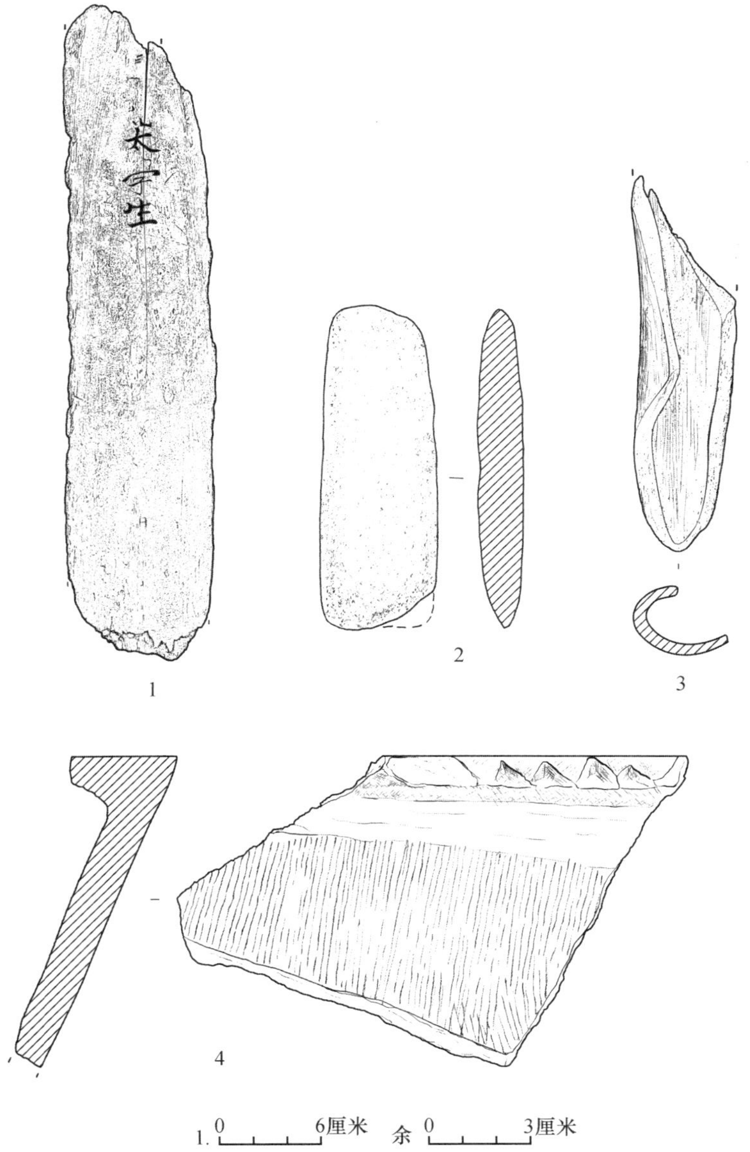

图四三五　M22填土内出土物及神主

1. 木质神主（M22：15）　2. 石锛（M22填：1）　3. 骨匕（M22填：2）　4. 三足瓮残片（M22填：3）

瓦当　多件，大部分已残。圆形。泥质灰陶。轮背有与筒瓦粘接的断碴。面有兽首纹饰圆耳、粗眉、瞠目、阔鼻、咧嘴，外张浓须略有动感，额中三横，似为虎头造型。边轮低，欠规整。纹饰凸出，立体感强。模制。M22：16，直径8.6、厚0.8～2厘米（图四三六，1）。

筒瓦　多件，均残。泥质灰陶。尖缘短唇，肩部较高，耸肩状。胎体厚。侧壁由外至内利刃切胎。瓦面有刮抹痕迹，瓦沟可见稀疏布纹，唇部有与瓦当结合的断碴。M22：17，残长18.4、直径10.2、厚0.5～2.3厘米（图四三六，3）。

鸱吻　多件，均残。泥质灰陶。上部内卷云形，下部为分叉龙尾，为鸱吻的简化形式，又取“平步青云”寓意，模印。M22：18，残高10.3、最宽8.8、壁厚3厘米（图四三六，2）。

滴水　多件，均残。泥质灰陶。三角状如意形，内部有蝴蝶纹样。模印。M22：19，通高11.5、上宽11.5、厚1.2～1.5厘米（图四三六，4）。

木质神主　1件。M22：15，残。整体平面近圆角长方形，上下两端较圆弧。一面削平，另一

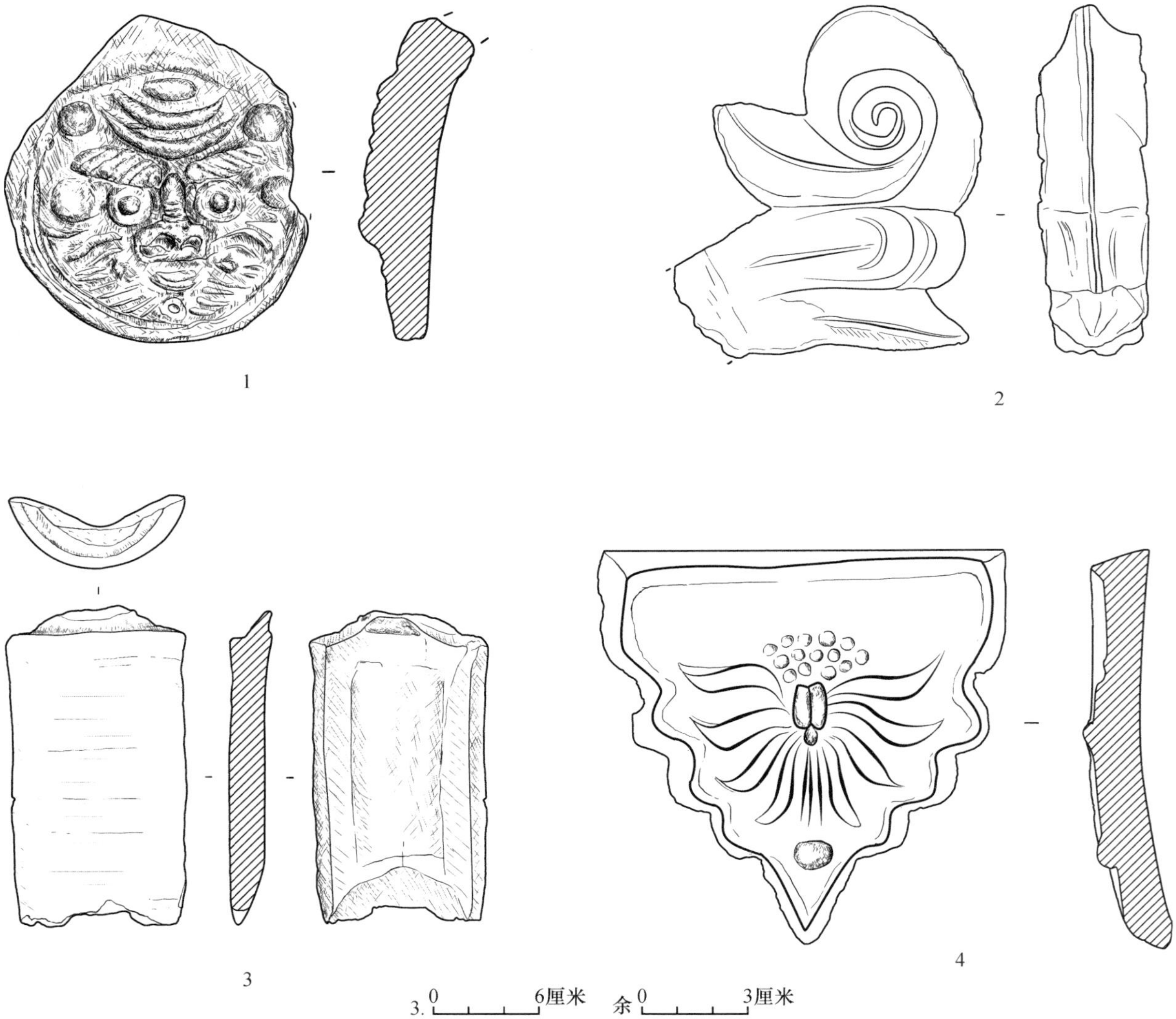

图四三六　M22建筑材料标本

1. 瓦当（M22：16）　2. 鸱吻（M22：18）　3. 筒瓦（M22：17）　4. 滴水（M22：19）

面保留圆弧的木材原态。削平的一面上涂满白色颜料，居中自上而下墨书文字，多数文字已漫漶不辨，仅在靠上部可见“太学生”三字，小楷书成，字形端正。残长39、宽8.6、厚2.5厘米（图四三五，1；图版七四，3）。

瓷器　均为残片，重量约6500克，釉色以青花为主。可辨器形主要有碗、碟、罐等，按照器类、釉质等特点选择标本分述。

碗　9件。有青花、黑、豆青三类釉色，大小不一，青花釉色又有灵芝、菊花、梵文等不同图案纹饰。

青花灵芝纹碗　3件可复原。敞口，圆唇，深腹，圈足。胎呈灰白色，较细腻，釉色青白，青花发色深蓝，圈足内外底满釉。碗心青花双圈中绘一单枝茶花图案，外壁绘两层纹饰多组开光，开光内绘灵芝茶花图案，近圈足处青花双圈装饰，青花双圈押花款。M22：1，口径14.2、底径6.4、腹深5.5、壁厚0.55厘米，圈足内径5.8、外径6.5、高0.85厘米，通高7厘米（图四三七，1）。M22：2，圈足外底粘有窑砂，碗外壁近底处刻“言”字。口径14、底径6.4、腹深5.5、壁厚0.3厘米，圈足内径5.8、外径6.4、高0.75厘米，整器通高6.6厘米（图四三七，2；图版七四，4）。M22：11，可复原，器小。碗外壁近底处刻“林”字。口径9.2、底径4.2、腹深3.9、壁厚0.25厘米，圈足内径3.5、外径4.2、高0.75厘米，整器通高4.8厘米（图四三七，3；图版七五，7）。

青花梵文千寿折腰碗　1件可复原。M22：4，敞口圆唇，弧腹折腰，圈足。胎呈灰白色，较细腻，釉色青白，青花色深蓝泛灰，圈足内外底满釉，内底青花双圈内书写一梵文“寿”字装饰，口沿处内外双圈青花装饰，外壁满绘梵文“寿”字整齐排列，底足施有护胎釉。口径17.6、底径6.4、腹深6.8、壁厚0.3厘米，圈足内径5.8、外径6.3、高0.8厘米，整器通高8厘米（图四三七，4；图版七四，6）。

青花菊花纹碗　2件可复原。直口，圆唇，深腹，圈足。瓷石与麻仓土二元配方制胎，胎体较厚重、胎质坚硬；胎色是层次不一的灰白色，有偏狭形缝隙，气孔较多。圈足外壁斜削一刀的做法，具有元代瓷器的突出特点。釉色青白。内壁口沿处一圈青花纹饰，碗心双圈花卉纹，外壁缠枝菊花纹，近圈足青花双圈装饰。青花色淡蓝，青花晕散呈炸开状，青花釉面有浓黑丝及小点。国产釉料质感。M22：12，圈足内底无釉，墨书双圈款，有跳刀痕。口径13.7、底径7.3、腹深5.85、壁厚0.35厘米，圈足内径5.8、外径7.8、高0.9厘米，整器通高7.2厘米（图四三七，5；图版七五，8）。M22：13，圈足内底满釉，有跳刀痕和乳钉状凸点，圈足内外粘有窑砂，口径13.6、底径6、腹深5.8、壁厚0.4厘米，圈足内径5、外径6.5、高0.45～0.9厘米，整器通高7.2厘米（图四三七，6）。

黑釉碗　2件。外壁挂黑釉，近底部施釉不全，有窑变。底外壁无釉，内壁施白釉，有覆烧工艺的涩圈痕迹。M22：7，体大。仅存底部，圈足。胎呈黄白色，含细砂，胎体厚重。挖足较深，修足痕明显，具有明代修足工艺的特点。外壁有流釉，碗心模印团花图案。残高2.5、底径8.8、壁厚1.6厘米，圈足内径6.45、外径8.95、高1.65厘米（图四三七，7；图版七五，3）。M22：14，体小，可复原。敞口，圆唇，深腹，平底。胎质为黄白色细砂。口径13.6、腹深4.6、壁厚0.6、残高5.5厘米（图四三七，8）。

豆青釉碗　1件可复原。M22：3，撇口，圆唇，斜弧腹，圈足。胎呈灰白色，较细腻。单色豆青釉，外壁色釉略深于内壁，圈足内外底满釉，盘外壁有锔钉修补痕。口沿及圈足施护胎釉，碗外壁近底处刻“玉”字，圈足内青花押花款。口径17、底径6.6、腹深6、壁厚0.45厘米，圈足内径

图四三七　M22瓷器标本

1～3. 青花灵芝纹碗（M22：1、M22：2、M22：11）　4. 青花梵文千寿折腰碗（M22：4）
5、6. 青花菊花纹碗（M22：12、M22：13）　7、8. 黑釉碗（M22：7、M22：14）　9. 豆青釉碗（M22：3）

6.0、外径6.5、高1厘米，整器通高7.5厘米（图四三七，9；图版七四，5）。

瓷盘　4件。

豆青釉盘　1件可复原。M22∶5，体小。撇口，尖唇，浅弧壁圈足。胎呈灰白色，较细腻。单色豆青釉，口沿无釉。口沿及圈足施护胎釉，底方形堂名款。盘外壁有锔钉修补痕。口径15.4、底径8.9、腹深2.3、壁厚0.5厘米，圈足内径8、外径8.7、高0.5厘米，整器通高3.2厘米（图四三八，4；图版七五，1）。

图四三八　M22瓷器标本

1. 青花灵芝纹盏（M22∶6）　2. 黄釉盘（M22∶9）　3. 黑釉罐（M22∶8）　4. 豆青釉盘（M22∶5）　5. 青花双螭龙折沿盘（M22∶10）

青花灵芝纹盘　1件可复原。M22：6，体小。撇口，圆唇，浅弧壁，圈足。胎呈灰白色，釉色青白，较细腻，青花色深蓝，圈足内外底满釉，盘外壁绘一层灵芝茶花图案多组开光，内壁绘两层灵芝茶花纹饰多组开光，盘正中为旋弧曲线，盘近圈足处青花双圈装饰，底有青花双框押花款识。口径15.2、底径9.4、腹深2.2、壁厚0.35厘米，圈足内径8.8、外径9.2、高0.23厘米，整器通高2.8厘米（图四三八，1；图版七五，2）。

黄釉盘　1件可复原。M22：9，体大。敞口，圆唇，浅弧腹，浅圈足。黄白色砂胎。口沿处有脱釉现象；腹外壁酱黄釉，近底部施釉不全；底足无釉，内壁酱黄釉下绘黑彩花卉。属磁州窑典型的釉下彩绘风格。口径22.4、底径15.6、腹深3.1、壁厚0.66厘米，圈足内径13.2、外径15.7、高4.2厘米，整器通高4.1厘米（图四三八，2；图版七五，5）。

青花双螭龙折沿盘　1件可复原。M22：10，撇口，尖唇，折沿，圈足。胎呈灰白色，较细腻。青花色深蓝。清代康熙吹蓝留白工艺特征，内壁一圈留白，盘心两条白螭龙并列对视，外壁釉青白，口沿下花草纹装饰，圈足内外底满釉，圈足内底部刻有一字，青花双圈款。口径17.4、底径10.2、腹深1、壁厚0.25厘米，圈足内径9.35、外径10.2、高0.3厘米，整器通高1.8厘米（图四三八，5；图版七五，6）。

瓷罐　1件。不可复原。M22：8，残，仅存底部。圈足。釉呈黑棕色，灰白色细沙胎，修胎薄厚均匀，近圈足2厘米处有一圈方棱凸起，为瓶或罐造型常见特征。内外壁满釉到底，有流釉，足内无釉。残高6.2、底径11.7、壁厚0.3厘米，圈足内径9.5、外径11.2、高0.6厘米（图四三八，3；图版七五，4）。

第三节　考古学观察

本次发掘唐、清代遗迹类型只有墓葬一类，出土遗物较少。

一、唐　代

唐代墓葬集中分布于遗址南部边缘。其中4座分布有一定的规律，均为南北向，墓主头向皆向南，东西一字排开，相对距离较近，应为一处家族墓地。

5座墓葬均为斜坡墓道洞室墓。M41墓室近方形，墓道位置居中，整体平面近“甲”字形，其余皆呈刀形。M40、M41、M42设有石块垒砌的封门，M43存木质封门朽迹。葬具仅见有简单的木棺。M41、M42墓主均为两人，应为夫妻合葬，M40为二次迁葬，M39因盗扰严重不能辨明墓主属一次葬或二次葬。随葬品极为简单，仅见少量陶罐、铜钗、铁带具、铁弯刀和“开元通宝”铜钱。

值得注意的是，在清理M40人骨时，发现在人骨之中夹杂有少量动物骨骼、1件较为完整的蚌壳和1件卜骨，卜骨上发现圆形钻窝，这些遗物在以往唐代考古资料中从未出现过。

M40出土卜骨首先应该是下葬过程中混入的早期遗物，并非是特意放置的随葬物品。从卜骨的形态和圆钻痕迹特征看，为较多具有商代卜骨的风格。这批墓葬所处位置之北为2001年发掘墓葬的D区，清理墓葬具有浓厚的商代风俗，墓主可能属于商遗民。M40所见卜骨推测是当时下葬时无意发现的商遗民之物。

M43头部出土铜钗之外，还有一处木质朽迹，类似材料在唐代小型墓葬中多发现。如2014年西安市西郊唐墓M7，为一处漆盒印痕，同出木梳、白瓷粉盒、白瓷四棱水盂和一蚌壳，发掘者认为其墓主为女性①，漆盒为梳妆盒。

M39、M40、M42、M43皆为刀形或称靴形单室土洞墓，墓室一端较窄，与墓道连接一端较宽，且一侧的壁较弧，可称之为A类墓，其与河南安阳402号墓（隋开皇十一年）几乎相同②。而M41的墓室四壁较弧，四角转折较圆，称之为B类墓，其形制显露初唐时代的特征，甚至有隋代遗风。

出土的4枚开元通宝铜钱，铸造较精致，正背有郭，钱文工整，“元”字上横较短，“宝”字的“贝”部内两短横不与竖笔相连，“通”字起始三笔互不相连，背部不见掐纹，重量皆在4克左右，应为唐代前期，即高祖武德年至玄宗开元年中期所铸③。结合这些因素判断，这批墓葬的时代应在初唐时期，下限不超过太宗时期。

从墓葬规格、随葬品出土情况来看，这批墓葬的墓主生前仅为平民，且经济条件非常一般。5座墓葬成组分布，应是一处家族墓地。

二、清　　代

清代墓葬数量极少，只有2座。M14出土的铜簪、铜扣都是清代墓葬中常见器类，墓葬规格属于普通百姓所用，根据墓主性别判断这是一座夫妇合葬墓。M22虽遭严重扰乱，但仍可见双室，其规模较大，营建考究，规格较高，属于当地的富豪合葬墓。

M22的墓葬结构和建筑方式，见于2002年在大荔县八鱼村清代中、晚期李氏家族墓地等多处。这些墓葬往往为坐西向东，斜坡墓道，竖穴土圹式结构，以青石或砖为构件仿照地上建筑形式构筑出庭院、墓室。土圹平面呈不规则，略呈凸字形，圹壁竖直，范围、深度大于实际构筑后的规格，底部还经过地基夯打处理。庭院部分有青砖铺地，墓上原有较大的封土堆。墓室为券顶形多洞室，墓主为姻缘关系合葬。侧室为女性墓主，中室为男性墓主，为了突出男性地位，中室高度略大于侧室。八鱼村清代李氏家族墓地的大型墓葬还多有院落、南北厢房，如M3由东向西依次为墓道、院落、中庭、南北厢房、北中南三个墓室。使用石质构件，并雕刻大量当时流行的花鸟祥瑞、人物故事。M2由东向西依次为院、庭、室三部分，在当时埋葬结束之后，院的位置以砖墙被一次性独立围成长方形，其西墙紧贴中庭三门，与石室结构完全隔开。根据墓志记载，M3、M2为父子关系，其中M3墓主卒于光绪元年（1875年）；M2墓主李树德，生前被道光皇帝诰授中宪大夫，道员职

① 陕西省考古研究院：《西安西郊唐代小型墓葬发掘简报》，《考古与文物》2017年第5期。

② 中国社会科学院考古研究所安阳工作队：《安阳隋墓发掘报告》，《考古学报》1981年第3期。

③ 许殿魁：《试论唐开元通宝的分期》，《考古》1991年第6期。

衔，贡生出身，被赏戴花翎，后来做了西安府兴平县教谕[①]。2016年陕西省考古研究院在高陵县的一次配合基本建设项目发掘中，也清理了类似结构的墓葬，其中M3为斜坡墓道带前庭石室结构，前庭和墓室位于竖穴土圹中。前庭平面近东西向长方形，东西侧紧贴墓圹各有照壁。墓室为石砌的3个并列洞室[②]。可见此种墓型是关中地区清代富豪常见的形式，根据墓主经济条件，构筑材料略有差别。

M22墓葬中出土木质神主，墨书“太学生”，说明墓主曾就读国家最高学府与教育行政机构。在清代，太学生的来源主要是全国各州府县按名额贡入，只有生员即秀才的功名。若入仕为官，一般仍需要参加乡试。否则多被用作县丞，或教谕、训导等学官，秩低而俸薄，权轻而利小。因此，M22墓主应该是当时地方的一位乡绅富豪，墓葬时代不早于清代晚期。

此墓经严重扰乱，扰土中夹杂大量瓷器残片，不乏可辨器形者。可确定M22：5、M22：3等数件瓷片曾有过修补，使用的是铜质金属锔钉。

锔瓷是中国古代瓷器修补的独特工艺，最晚在16世纪中叶已经成熟，在明代医药学家李时珍《本草纲目》中已经提到锔瓷使用了金刚石材质的钻，即“其砂可以钻玉补瓷，故谓之钻”[③]。据研究，与西方瓷器修补工艺不同，中国的锔钉补瓷是在相邻破片上打眼，并不穿透，采用中部扁平两边翘起的金属钩子，在器物外壁利用金属拉力紧和瓷器破片；西方的金属连接修补工艺是在相邻破片上钻洞，用金属丝或金属条进行双面连接，有的用熔融技术进行传统方式的焊接。所以在外观上也造成了截然不同的两种效果，中国的从外观看似铜钉嵌进碗内，但在碗内却见不到任何锔钉的痕迹，只能看到破裂时所产生的极细的裂痕，而西方的金属痕在器物内外均可看到。而摸触的手感也不尽相同，中方的锔钉多扁平（尤其是清代以后），于器物本身有帖服感，而西方的比较凸出有立体感，且露在器物表面的金属形状不甚规整[④]。另据研究，从材质上看，明代锔钉多为铁质，比较粗大宽厚，且容易锈蚀，至清代铜质的较多，形体也较小巧[⑤]。M22瓷片上所见均为铜锔钉，两端铆入瓷胎内壁但不穿透，应为清代的锔瓷工艺。

M22出土的瓷片上还见到刻字，如M22：2、M222：11、M22：3，文字内容有“言”“林”“玉”。字体较规整，阴刻于釉上。物品表面刻文的做法，基本有两种含义：一是“物勒属名”；二是“物勒工名”。前者是一种物权的表达，后者则是手工业管理制度的体现。但瓷器外表破坏釉层后刻字，难免会影响器物美观。这些内容不一的文字出现在同一座墓葬中，显然也不完全是为了体现物权归属。

---

① 陕西省考古研究所：《陕西大荔八鱼二号石室墓发掘简报》，《文博》2002年第4期；陕西省考古研究所：《陕西大荔八鱼三号石室墓发掘简报》，《文物》2003年第7期。

② 陕西省考古研究院：《2017年考古年报》（内部资料），第75、76页。

③ （明）李时珍撰、尚志钧校：《本草纲目：金陵初刻本校注》，安徽科学技术出版社，2001年，第364页。

④ 陈馨：《锔钉补瓷技术之中外比较》，《文博》2008年第5期。

⑤ 冯先铭：《中国古陶瓷图典》，文物出版社，1998年，第395页。

第九章　结　　语

东阳遗址文化面貌丰富，古人类活动频繁，早期遗迹被扰严重，晚期遗迹单位中常见早期遗物。尤其是近现代的平整土地，造成各时期遗迹单位基本开口于耕土层或近代垫土层下，大部分区域在近代垫土层下即见生土。残存遗址范围广泛但中心区狭促，早期遗迹单位保存状况较差。

第一节　调查和探方发掘

通过调查、勘探、发掘，初步明确整个遗址的北点可至里寺村北，南至郭村、江凹村一线，东达西涧峪河，西近箭峪河东部支流，包括了第三次全国文物普查记录的“里寺遗址”和“东阳墓地”两部分。在此范围内，以里寺村台塬地为中心，分布有密集的史前、商周、秦、汉等不同时代遗存，应该统一以“东阳遗址”或“里寺遗址”命名。

东阳遗址的仰韶、夏商文化遗存，呈南北向分布，主要位于里寺村东南部高凸的台地上，西界可至东阳村东部（DY5）；西周遗存自村北一直延续到里寺南部至江凹村台塬地及东阳村东部，略呈喇叭形分布，居址区在北、墓葬区在南；东周至秦汉遗存主要是墓葬，呈东向分布在里寺、东阳塬地中北部，与之隔沟相望的留马村居址遗存，时代与其相合，应该有对应关系（图四三九）。总体看，东阳遗址西周时代达到鼎盛阶段，截至目前两次发掘的范围所涉及的内容主要有仰韶、夏、商、西周、东周、西汉、唐及清代。

东阳遗址外围区域有数量较多的古代遗存（图四四〇）。这些遗存以仰韶文化庙底沟类型为主，少量可至龙山和商周时期。主要分布在箭峪河，涧峪河的二、三级阶地，沿河流呈散点状分布，大部分遗址规模基本相当。其中，泽口遗址面积近20万平方米，属其中最大者，应该是该地同时期文化的主中心，而随着近年研究的深入，越来越多的夏、商时期遗址被甄别出来。

《陕西省第三次全国文物普查丛书·渭南卷·华县文物》中有关于本次调查点南堡遗址的记录。文中写道：“遗址面积约20万平方米。在多处断崖上可见暴露的文化层堆积，最厚处约2米，地表可见少量陶片分布，采集陶片有泥质、夹砂两种，以红陶为主，灰陶、红褐陶次之，纹饰有绳纹、素面、附加堆纹、戳刺纹以及圆点勾叶、弧线三角黑色彩绘陶片，可辨器形有尖底瓶、罐、钵、瓮等”，“判断此为一处新石器时期仰韶文化庙底沟类型及东周遗址”①，这条资料与本次调查结果相

① 陕西省文物局：《陕西省第三次全国文物普查丛书·渭南卷·华县文物》，陕西出版集团、陕西旅游出版社，2012年，第25页。

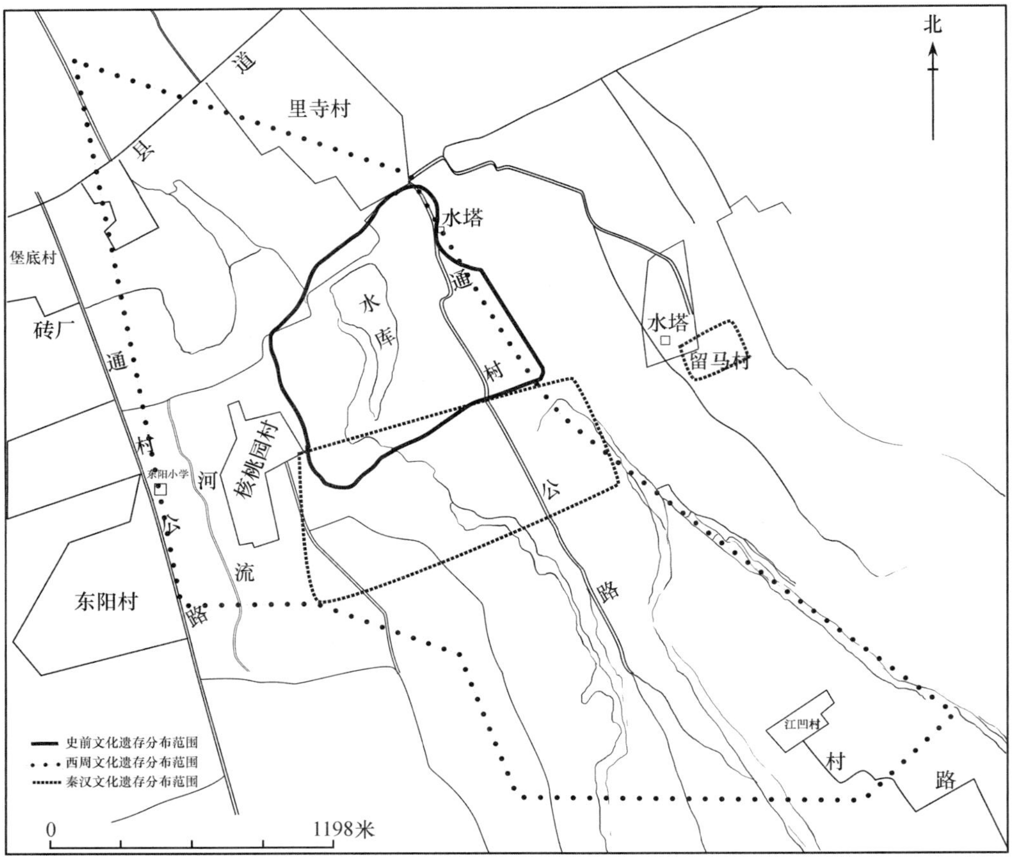

图四三九　东阳遗址各时代遗存分布图

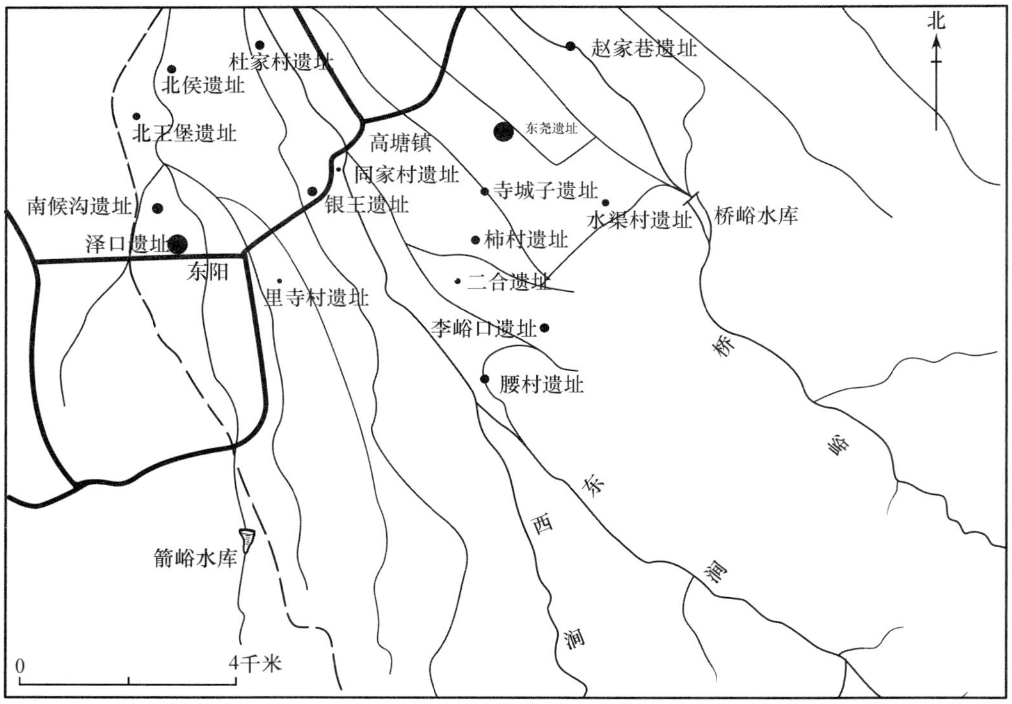

图四四〇　高塘乡史前—秦汉遗址分布图

同，只是遗址被破坏得非常严重，第三次全国文物普查时已经予以剔除。与此地点相连、文化面貌相似的还有两处遗址：一是“东尧遗址”；一是“寺城子遗址”①。三处遗址从所在位置和文化属性看，或许原本即为一体。其隔涧峪河与东阳遗址相望，遗存面貌相同，它们之间的关系值得深究。

野沃泫墓地调查所见遗物较少，墓葬出土遗物属于商。其与东尧村（南堡、寺城子）、东阳等遗址之间是否存在关系？存在怎样的关系？要解决这些问题还需开展更多的工作。

第二节　仰韶时期

仰韶遗存分布范围主要集中于J、E区，又受后期人类活动严重干扰，所揭露的遗迹形制多不完整，完整遗物极少。但遗迹、遗物的数量和类型都比较丰富。

一、遗迹性质

此次发掘所见的仰韶文化遗迹总体数量有限，以灰坑为主，另有少量灰沟、洞类遗迹，房址仅见1座，未发现墓葬，所发现的遗迹在分布位置上并不集中，很难总结出其潜在的聚落布局规律。造成这一问题的原因：一是发掘范围有限；二是或与发掘的区域位置有关。此次发掘所涉及的区域很可能并非当时人类活动的核心区域，而只是边缘地带，保留下来的与人类生产生活活动相关的遗迹数量较为有限。另外也不排除一部分遗迹被晚期人类活动破坏的可能性。

一些圆形筒状坑，形制普遍较为规整，推测曾作为窖穴一类的仓储设施而存在，废弃之后才被用来填埋生活垃圾。在H13和H41底部均发现有不规则形的生土台阶，另在H17的坑壁上还发现有若干插设木棍支撑所形成的小洞，推测曾用来搭设棚架一类的设施。这些迹象有助于探究其初始功能及多次使月过程。

沟类遗迹形制普遍较小，应该只是仰韶先民们的排水设施，而非具有防卫功能的壕沟。

3处灰土洞暂定为柱洞，分布集中，未发现其他相应的房屋类遗迹设施，未显示出其他可供探寻的规律性，故难于确定其具体属性。

二、遗物特征

出土的仰韶文化遗物以陶器为大宗，石器、骨器的数量极少，而陶器中又以日常生活所用的陶质容器为主，器类较为多样，包括尖底瓶、罐、盆、钵、瓮、器盖和甑等，以罐、盆、钵最为常见，另有少量陶纺轮、陶锉等生产加工工具及个别陶球、陶饼形器。

有相当一部分陶片存在陶色不纯正的现象，这些陶片中或器表不同的陶色相互掺杂，或器表与内壁陶色不一致，或器表与胎体陶色不一致，究其原因，推测应与当时对烧制气氛的把控程度尚不够完全

① 国家文物局：《中国文物地图集·陕西分册（下册）》，西安地图出版社，1998年，第592页。

成熟有关。而在一些钵类器表常见有较为整齐的条带状颜色分层现象，这也与当时所采取的烧制方法有关，在入窑烧制时将成型的陶坯叠置在一起且未用支垫分隔开，交叠在一起的器表下半部及器内壁部分由于被阻隔而未能充分接触氧气，所以在烧制时就会形成不同于器表口沿处的陶色，这种类似于后代叠烧的烧制方法无疑提高了产量，而其所造成的艺术色彩效果很可能也是仰韶先民们较为推崇的。

仰韶时期遗物素面陶所占比例较高，彩陶的数量有限，总体而言仍以在器物口沿处施绘一周条带纹为大宗，其他几类几何形纹饰次之，鱼纹、花卉纹等数量最少，反映出当时的彩陶纹饰更加体现出简洁的风格。所发现的彩陶纹饰绝大多数为黑彩，另有极个别的白彩。白彩在关中地区的仰韶文化遗存中并不多见，但在与关中东部地区毗邻的郑洛地区，却是一种较为常见的文化因素，出现在本地区的白彩彩陶很可能反映了当时地区间的文化交流。从地理位置来看，华县及其周边区域在连接关中地区与郑洛地区方面所能起到的地缘作用，与考古发现的材料相吻合。

陶器仍是泥条盘筑法手制，口沿部分多经慢轮修整而成，尤其是在一些夹砂陶罐的腹部器表多有体现。在个别盆和钵的近口沿处或腹部还见有圆形的小穿孔，虽然准确用途尚不能判断，但其做法与后代修补瓷器的“锔”有相同之处。

一件泥质红陶钵的口沿残片（H59⑤：20）上发现有呈“|”形的竖向短直道刻划符号。该陶钵的口沿外侧施有一周宽条带状黑彩，刻划符号即刻划于黑彩纹饰带内。根据以往的考古发现来看，这也是仰韶文化刻划符号较为常见的呈现部位。目前所见最早的刻划符号可追溯至距今8000～7000年的裴李岗文化，而有关仰韶文化刻划符号的考古发现更是屡见不鲜，在西安半坡、临潼姜寨、临潼零口、临潼原头、长安五楼、蓝田泄湖、宝鸡北首岭、华县元君庙、商县紫荆、铜川李家沟、陇县原子头、秦安大地湾、秦安王家阴洼等遗址内均发现有仰韶文化的刻划符号①。目前学术界关于仰韶文化的刻划符号是否具有文字属性的问题还存在一定争议，有些学者认为其已属于文字的范畴，于省吾先生更是对一部分刻划符号所代表的含义进行了考证，提出“五作×，七作+，十作|……”的观点②，其中就包含有本次发现的“|”形刻划符号；而另有一些学者则认为其只是一种原始的记事符号，并不具备文字的功能③。虽然尚无法对这一问题给予定论，但更多的资料累积及

① 中国科学院考古研究所、陕西省西安半坡博物馆：《西安半坡——原始氏族公社聚落遗址》，文物出版社，第197页；半坡博物馆等：《姜寨——新石器时代遗址发掘报告》，文物出版社，1988年，第141～144页；王志俊：《关中地区仰韶文化刻划符号综述》，《考古与文物》1980年第3期，第15页；赵康民：《临潼原头、邓家庄遗址勘察记》，《考古与文物》1982年第1期；石兴邦：《丰镐一带考古调查简报》，《考古通讯》1955年第1期；中国社会科学院考古研究所陕西六队：《陕西蓝田泄湖遗址》，《考古学报》1991年第4期；中国社会科学院考古研究所：《宝鸡北首岭》，文物出版社，1983年，第48～52页；北京大学历史系考古教研室：《元君庙仰韶墓地》，文物出版社，1983年，第34页；商县博物馆、西安半坡博物馆、商洛地区图书馆：《陕西商县紫荆遗址发掘简报》，《考古与文物》1981年第3期；西安半坡博物馆：《铜川李家沟新石器时代遗址发掘报告》，《考古与文物》1984年第1期；宝鸡市考古工作队、陕西省考古研究所：《陇县原子头》，文物出版社，2005年，第28、136页；甘肃省文物考古研究所：《秦安大地湾——新石器时代遗址发掘报告》，文物出版社，2006年，第127页；甘肃省博物馆大地湾发掘小组：《甘肃秦安王家阴洼仰韶文化遗址的发掘》，《考古与文物》1984年第2期。

② 于省吾：《关于古文字研究的若干问题》，《文物》1973年第2期。

③ 汪宁生：《从原始记事到文字发明》，《考古学报》1981年第1期。

更加深入的探讨对于该问题的进一步研究无疑是十分有益的。

在遗址范围内的夏商时期房址F7中出土有一件泥质红陶彩陶盆残片，圆唇，沿面圆弧外卷，上腹外鼓，口沿处施一周黑彩纹饰，器表外壁饰有圆点状及弧线勾连组合成的图案，无论是器形方面还是纹饰方面都呈现出明显的庙底沟类型的特征。这一材料证明东阳遗址内的仰韶文化遗存的下限可延续至庙底沟时期。这样一个较为完整、前后衔接的发展序列，也再次印证了从史家类型经原子头三期类型向庙底沟类型逐渐过渡的发展演变过程。

三、相关遗址文化面貌比较

东阳遗址和原子头第三期遗存，扶风案板第二期遗存，芮城东庄遗址，翼城北橄第一、二期遗存的对比情况来看，在陶质方面都反映出泥质陶所占比例大于夹砂陶的特征。陶色方面，以上遗址中夹砂陶与泥质陶陶色均以红色为主，夹砂陶中褐色次之，灰色又次之，而泥质陶中则以灰色次之，褐色又次之，黑色仅在东阳遗址和扶风案板第二期遗存中发现（表一七五）。

东阳遗址仰韶文化遗存兼具史家类型和庙底沟类型的特征，且与仰韶文化原子头三期遗存在文化面貌上存在诸多相似之处，初步认为二者应属同类遗存。但与原子头仰韶文化三期遗存不同的是，本次发掘所见仰韶文化遗存中彩陶的比例始终较低，且红陶所占的比例也不及其他同期遗址，而无论是从时间方面还是地域分布方面似乎都无法解释造成这些差异的原因。

表一七五　相关遗址陶系统计对比表

陶系 / 遗址	夹砂陶/%					泥质陶/%				
	红	褐	灰	黑	小计	红	褐	灰	黑	小计
东阳遗址	24.17	6.69	5.01	0.3	36.17	35.51	7.72	11.32	9.27	63.82
原子头遗址仰韶文化第二期文化遗存	9.7	30.7	24.8		65.3	30.1	1.2	3.3		34.60
原子头遗址仰韶文化第三期文化遗存	20.1	13.4	0.8		34.3	56.9	3.7	5.1		65.70
芮城东庄遗址	30.4		2.93		33.33	66.4		0.27		66.67
扶风案板遗址第二期遗存	22.35	7.47	5.71	0.69	36.22	43.35	6.8	11.88	1.75	63.78
翼城北橄遗址第一期遗存（H34、H38）	原报告中提到出土夹砂陶陶色多不纯，一般呈红褐色，也有些呈灰褐色，统计表中描述为灰砂红褐陶				29.85	59.49		10.64		70.13
翼城北橄遗址第二期遗存（H32）	陶质陶色与该遗址第一期情况基本相同				31.3	65.1		3.6		68.7

通过对堆积层位关系和器物类型式的划分、对比，将此次发掘的仰韶文化遗存定位为原子头三期类型。

原子头三期类型遗存属于仰韶文化史家期向庙底沟期过渡阶段的遗存，有学者在综合考量了该类遗存的文化特点、变异情况及分布区域的基础上，将原子头三期遗存划分为原子头类型、东庄类型及王墓山坡下类型等三个地方类型，并对这三个地方类型的文化内涵进行了细致的比较，这三个类型在分布范围上相互毗邻，在文化内涵上既表现出相当的共性，又存在明显的差异[①]。

① 和建荣：《陇县原子头仰韶文化遗存分期及相关问题探讨》，西北大学硕士学位论文，2004年，第28页。

从地域范围来看，东阳遗址无疑应与分布在关中东部、豫西及晋西南地区的东庄类型关系更为密切，但通过可辨器类特征的比对，此次出土的属于原子头三期类遗存的遗物在形制上更多地显现出原子头类型的特征。其中最显著的一点，此次发现的尖底瓶，口沿部分均呈葫芦形，而不见东庄类型的双唇口尖底瓶。

第三节　夏商时期

包括华县在内的陕西东部，地处渭河下游，与豫西、晋南为邻，自20世纪50年代后期开始，就发现了与二里头遗址时代接近的遗存。但文化面貌、文化类型未得到统一命名。或称之“夏代”，或称之“老牛坡远古类型”，或为“东龙山文化”。本次发掘遗物的器形与纹饰风格与东龙山遗址夏代晚期、商时期遗存颇有相似之处，特别是罐、鬲、盆等器物上附加鸡冠形花边鋬的情况。二者或有渊源关系，暂统称为“夏商时期”。

一、遗迹性质

该时期遗迹按照使用功能，包括一般性处理废弃物的垃圾坑、储藏坑、房址。

房址半地穴式，面积较大，其中出现以生土隔墙区隔的房间。房址周边分布着基本同时代的灰坑，说明该发掘点是此时期遗存的一处生活聚落区。

灰坑形制是否规整，一方面受到打破关系及发掘所布探方的限制等多种因素的影响，另一方面应该也反映出了这些灰坑原始功能的差异。形制比较规整的灰坑，最初应该是作为储藏窖穴一类的设施。例如，H25是一座典型的圆形袋状灰坑，虽然在其内未发现有其他具有指向性的加工处理痕迹，但如果不是作为一类具有特殊功能的设施，很难想象为何要将其构筑的如此规整。而那些形制不甚规整的灰坑，从一开始就是发挥倾倒、填埋废弃堆积所用，因此构筑的非常随意。

单从灰坑形制来看，8座灰坑中有4座可能都曾作为储藏坑来使用，分别为H23、H25、H26和H42。这4座灰坑现可见部分的平面形状包括半圆形、椭圆形、“葫芦”形和不规则形等，其中H26平面近似“葫芦”形；H23平面呈椭圆形；H25现可见部分平面为较规整的半圆形，其南侧还有一部分延伸至探方外，推测其整体平面当为圆形；H42现可见部分平面呈不规则形，但其北部被M22打破不存，南部延伸至探方外，故不排除其原始的平面形制可能亦较为规整。剖面形制方面，H23、H25和H42的剖面皆为斜壁平底、口小底大的袋状；唯独H26比较特殊，其南半部为斜壁外扩的袋状，北半部则为直壁筒状，整体形似两个不同形制灰坑的组合体。

在整体布局上，大致可以将这4座储藏坑划分为两组，其中H23和H26位置邻近，H25与H42相距也不是太远。从这几座储藏坑并非全部集中于一处，两两成组的分布情况来看，应该是分别附属于单个家庭的经济设施，而非聚落成员集体所有。仅从位置关系看，很难确定哪组与F7有直接的关系。

储藏坑作为古代先民们存储生活物资的地方，反映了当时的生产力水平有了一定的提高，在满足自身消费需求的基础上，还能有结余，而且当时的人们也有意识地将结余的生活物资存储起来，以应对物资短缺期及可能出现的灾荒，提升抵抗风险的能力，重要性不言而喻。而储藏一类经济设施的确认，加之其在聚落之中的分布情况，对我们探讨当时的经济制度、社会形态等问题无疑是大有裨益的。

灰沟位于同时代遗存的西北部，为居址的排水设施，同时从整体遗迹布局看所有灰坑和房址均位于其东南部，或许还有界域的作用。

二、同期遗址文化面貌比较

在此次发掘出土的诸类陶器之中，以口沿外侧贴附一周泥条后再经戳压呈花边状的花边鼓腹罐最为多见，此类陶罐是一种传播范围极广的器物，在西至甘青地区，东至河南地区，北至内蒙古中南部，南至江汉平原的广大地区内的多支考古学文化中均有发现。

在关中东部地区，此类陶罐出现于客省庄文化的晚期，是东龙山遗址中的典型器物。而受到东龙山文化的影响，夏时期遗址中也见有较多的花边鼓腹罐。这类陶罐不仅反映了关中东部地区与伊洛地区之间存在的文化交流，也成为判断是否进入夏时期的一种标志性器物。

与东龙山遗址早期遗存相比，此次发现的同时期遗迹在数量上相差甚远。在东龙山遗址中，仅灰坑一类即有62座，其中平面形制规整者占到83%以上，以圆形和椭圆形为主，兼有零星长方形，不规则形极为少见，而此次发掘清理的灰坑却以不规则形居多；从剖面形制来看，东龙山遗址的灰坑之中，直壁平底的筒状坑约占到总数的56%，弧壁圜底的锅底状坑约占13%，还有部分口大底小者，唯独不见口小底大的袋状灰坑，而此次清理的H25和H42却为典型的袋状坑。

两个遗址的出土遗物中，都以陶器为主。陶系方面，据东龙山遗址可辨陶器的陶系，泥质陶约占总数的38%，夹砂陶约占62%，这一数据同此次发掘出土陶片中泥质陶与夹砂陶所占比例恰好大致相反。陶色方面，二者俱以灰、黑色为主，但具体所占比例仍有较大出入，而且，此次出土红陶所占的比重较东龙山遗址明显不及。纹饰方面，二者似存在较多一致性，施纹饰者及素面所占的比例大致相当，施纹饰者中均以绳纹数量最多，弦纹亦都占有一定比例，此外，兼有篮纹、方格纹、戳压纹等纹饰。器形方面，此次发掘出土的陶器中可辨的有罐、盆、瓮、鼎、豆、鬲、器盖、盘和钵，共计9类，较东龙山遗址，不见盉、爵、觚、大口尊等较为典型的夏时期陶器。其中，盉、爵、觚三类均为酒器。

东龙山遗址早期遗存中还出土有石质、骨质、陶质及用蚌壳加工而成的各类生产工具共计144件，而此次清理的8座灰坑中仅出土磨石3件、蚌器2件、骨器1件（或为骨匀），无论是数量还是器类上都与前者相距甚远。生产工具的多少无疑能在一定程度上反映出当时的生产力水平，初步推断本次发掘清理的8座灰坑中有一半都曾作为储藏坑来使用，如此高的比例，可能与发掘中存在的偶然性因素有关，但也足以说明当时的社会生产力水平可以在满足人们基本生存需求的基础上，还能留下一些富余的物资。目前所见生产工具寥寥无几的情况，可能并不能完全代表当时的生产力水平，只是囿于发现较少。

通过上述几方面可见，虽然此次清理的属于夏商时期遗存与东龙山遗址早期遗存时代相近，且存在部分相似的文化特征，但整体来看，二者的差异也是比较明显的。

在老牛坡遗址中，共清理10座时代上属于夏时期的遗迹，其中灰坑3座、墓葬7座。与之相比，此次发掘虽然也出土有数量可观的花边鼓腹罐，但却很少发现老牛坡遗址中常见的泥质带耳罐，也不见石璧一类的礼仪性器物。究其原因，或与清理遗迹的性质有关，老牛坡遗址中兼有墓葬和灰坑，此次清理的遗迹仅有灰坑一类，而上述泥质带耳罐与石璧恰好以墓葬中的发现为主。两者之间的差异很可能是墓葬与居址之间的区别。

总体来看，这批遗迹遗物无论在数量还是种类上，稍显单薄，可以说明的问题也有限，因此还需要更多的资料积累。

三、余　论

大口尊是夏商时期的一类重要器形。关于其用途，由于缺乏直接的考古学证据，所以目前似尚无定论。一种观点认为其可能是酿酒用的酒缸或储酒的容器，持此类观点的学者不在少数[①]，更有甚者进一步提出大口尊或同时作为一种祭祀器具[②]。另一种观点则认为大口尊是粮食交易中的一种陶质量器[③]。

中国古代的社会经济长期处于自给自足的状态，生产多以小家庭为单位来进行，所获的劳动产品也基本能够满足各个家庭的消费需求，先秦时期更是如此。所以，即使当时存在成规模的粮食贸易，主要目的很可能也并非日常食用。另外，夏商时期，饮酒之风盛行，作为酿酒的必备原料，粮食的需求量大增，故而不排除买卖的粮食大多或为酿酒所用的可能。如此看来，无论大口尊的具体功能为上述哪一种，显然都与饮酒的风俗脱不开关系。

但是，考虑到当时的生产力水平和社会状况，可能并不是所有的阶层都存在饮酒的习惯，尤其是一些处于文化边缘地区的普通聚落居民。在东阳遗址内未出土盉、爵、觚、大口尊等与酒相关的器具，很可能正是对其聚落等级、社会及经济状况的真实反映。当然，在这几类器物中，大口尊的起源时间最晚，始见于二里头第二期，加上文化传播所需的过程，所以即使传入关中东部地区，其出现也理应具有一定的迟滞性，这就不难理解为什么此次发掘中未能发现此器了。

第四节　西周时期

东阳遗址广泛分布有西周时期的遗存。G19、H45、M30是本次发掘西周遗迹中特别需要注意的单位。

---

① 林巳奈夫：《中国古代之酒瓮》，《考古学杂志》第65卷第2号，1979年，转引自宋镇豪：《中国上古酒的酿制与品种》，《远望集：陕西省考古研究所华诞四十周年纪念文集（上卷）》，陕西人民美术出版社，1998年；岳洪彬、杜金鹏：《唇边的微笑：酒具》，上海文艺出版社，2002年；许宏：《最早的中国》，科学出版社，2009年，第110页；孙战伟：《夏商时期陶大口尊研究》，陕西师范大学硕士学位论文，2011年，第59、60页。

② 方酉生：《偃师二里头遗址第三期遗存与桀都斟鄩》，《考古》1995年第2期。

③ 安金槐：《商代的粮食量器——对于商代陶大口尊用途的探讨》，《农业考古》1984年第2期。

一、G19的性质

G19向北约120米即为2001年度所发掘的D区墓葬群南界，向东约130米为一处西北—东南走向的自然土沟。该土沟贯穿遗址区，将2001年度发掘的西周墓群分隔为东西相望的两部分，其中C区、D区位于土沟西侧，E区位于土沟东侧（参见图三）。

从出土陶片的时代来看，多见与墓葬区相类的器形，使用时代基本与C区、D区墓葬相同，属西周偏早阶段。其目前可见长度为23.6、宽3.8～6.5、深2米。西北—东南走向，基本与其东部的自然土沟相平行。从总体位置上看，G19位于C区、D区以南，按其走向如继续向北延伸则恰在两区西边界处，与自然土沟相结合后可将墓群区隔为相对独立的茔域。因此，G19与C区、D区墓葬群有直接的关系，甚至是整个西周墓地的一部分。

考古发现中已经得到证实，利用人工壕沟区隔、保护茔域的做法可以追溯至史前，并延续了较长的历史时期。西周时期采取公墓、邦墓相区分的制度，同时又以血缘家族为标准对墓葬位置进行规划。据《周礼·春官》："冢人掌公墓之地，辨其兆域而为之图。先王之葬居中，以昭穆为左右。凡诸侯居左右以前，卿大夫士居后，各以其族。""墓大夫掌凡邦墓之地域，为之图，令国民族葬。……使皆有私地域"，说的就是这种规划、管理制度。

2001年所发掘的西周墓葬，C区基本为大型墓及中型墓，墓主为高层统治者与高级贵族，对应于"公墓"；D区基本为中型偏小墓及小型墓，墓主应为中、小贵族与自由民，对应于"邦墓"。两区南北相隔约500米，形成自然区分。但同时都被G19及自然土沟围绕于一个整体的茔域之内。两区的时间基本相同，属于西周早期阶段，明显早于沟东的E区。这种情况反映了东阳墓地西周墓区沿用时间较长，到了西周中期以后，另辟E区进行茔域建设。

二、祭祀遗迹

本次发掘明确祭祀遗迹的单位为H47和G19，应当是同时代的C区、D区墓葬群的附属设施或相关遗迹。一方面，G19与其东侧的自然土沟限定了墓地的范围，起到以"辨其兆域"的作用。另一方面，沟内发现的猪骨以及H47所见的相关迹象，都显示出与丧葬祭祀活动有密切关联。

另外一处可能与祭祀坑有关的遗迹是M30。该遗迹虽在发掘中暂以墓葬排序，但仍有很多与墓葬不合之处。

在2001年度发掘中，E区南部发现祭祀坑一座（J2）。其平面近圆形，直径2.7～2.9、深1.0米。坑内自下而上分别发现三副幼年犬骨骼以及一副中年女性骨骼。同时发现有石块、石球、石斧等遗物。该祭祀坑东侧环绕有8座墓葬，但都相隔一定距离，似乎并非专为某一座墓葬而设的。而A区发掘也发现一座祭祀坑（J1）。该坑位于A区的西南，是一座形状规整的圆形袋状坑。坑内不同层次堆积中葬有幼犬、成年犬、羊等动物骨骼，填土为纯净的五花土。A区墓葬上限自春秋中期，数量较少，大量墓葬属于战国早期以后，而J1被战国中期M27打破，说明其时代或许早于墓葬。这种可能性从该区灰坑出土遗物表现的时代也可得到佐证。比如H2位于战国中期墓葬M31西部，出土遗物中除了少量粗绳纹板瓦外，更多的是具有西周时代特点的鬲、簋（原文称为盆）、三足器。显然，A区存在早于墓葬时代的西周遗存。

J1、M30、J2、H47四处遗迹的分布位置，几乎分别位于西周墓地的西北、东北、东南、西南四角。其中，J1与M30基本东西对应，前两者被G19整体包容于茔域范围之内，位于整个墓地的北边缘；H47与J2处于墓地的南部，分处自然沟的东、西两侧，按照墓葬分区E区时代整体较晚的分期，H47早于J2。

4处遗迹除了所在位置有一定的对称规律外，还有一点就是附近都不存在明确同期关系的墓葬。因此很有可能是属于多座墓葬的公共祭祀坑，或是针对“茔域”概念而设。

有关墓地发现的祭祀遗迹，有祭墓和墓祭两种不同的情况。

祭墓又称为祭位，据《周礼·春官·小宗伯》：“王崩大肆……。既葬，诏相丧葬之礼。成葬而祭墓为位。”郑玄注：“成葬丘已封也。天子之冢，盖不一日而毕。位坛位也，先祖形体托于此地，祀其神以安之。”贾公彦疏：“成葬者，谓造丘坟已讫，以王之灵柩托于此土，故祭后土之神，使安祐之，当设祭位于墓左也。”《周礼·春官·冢人》载：“大丧既有日，请度甫竁，遂为之尸”，“及葬……凡祭墓，为尸”。在开始挖墓穴时或是墓成之后举行对后土之神的祭祀，以保墓穴建造顺利或墓主平安。常见“除地为墠”即土地填埋平整好之后设置祭祀坑，如2006年甘肃礼县大堡子山发现春秋早期乐器祭祀坑与4座“人祭坑”[①]。这种形式的具体表现是大型墓葬的旁侧设立祭位。一般百姓受经济条件限制，只能营造祭位的小坑，如陕西骊山刘庄和柿园砖厂小型秦墓地、河南平顶山黑庙墓地都有这样的例子[②]。祭位应该是墓葬营造之时。

墓祭，不同于祭墓为位。古代的祭祀包括祭神和祭祖，而墓祭是祭祀活动的重要内容之一。《礼记》认为治人之道，莫急于礼。“理有五经，莫重于祭。”《礼记·郊特牲》认为“万物本乎天，人本乎祖”，又认为人死是“魂气归于天，形魄归于地”。《礼记·丧服小记》载：“奔兄弟之丧，先之墓而后之家，为位而哭。所知之丧，则哭于宫，而后之墓。”这种到墓地去的活动实际就是墓祭。

在形魄之处进行一定的祭祀活动，更多地成为社会底层平民使用的方式，所形成的遗迹对应的正是大型墓葬的享堂、寝殿。在雍城的“中”字形大墓和“甲”字形大墓墓室上的地面一般都发现绳纹瓦片；在M1墓室上有柱洞、陶水管道、“凹”字形板瓦等建筑遗迹；在M37墓口上部铺设有散水，散水中有黄色的夯土墙基，构成一个长方形的闭合空间，类似于平山中山王墓上的享堂；对墓主的祭祀活动，应是在这些墓上建筑内进行的[③]。直至今日，墓祭作为庙祭、寝祭形式的补充，在重要的节日如清明、寒节等都还有保存。墓祭应该不早于丧或葬。

东汉蔡邕《独断》中提出：“古不墓祭，至秦始皇出寝，起之于墓侧，汉因而不改。”唐代杜佑《通典》有“三代以前无墓祭，至秦代，始起寝陵于墓侧。汉因秦上陵皆有园寝，故称寝陵”。

---

① 早期秦文化联合考古队：《2006年甘肃礼县大堡子山祭祀遗迹发掘简报》，《文物》2008年第11期。

② 林泊：《陕西骊山小型秦墓祭位坑的勘查》，《考古》2002年第1期；河南省文物局、秦始皇帝陵博物院：《平顶山黑庙墓地》，科学出版社，2014年，第143页。

③ 梁云：《甘肃礼县大堡子山青铜乐器坑探讨》，《中国历史文物》2008年第4期。

由于这样的记录，对墓地所见祭祀问题学界常有争议[①]。

从考古资料来看，殷墟商王室大型祭祀遗迹有宗庙祭祀和王陵区祭祀两部分内容，埋有人及马、牛、羊等动物，杨锡璋等先生认为这里是商王室用于祭祀祖先的一个公共祭祀场所，商王祭祀他们的先公先王就是在这一特定的场所进行，而不是在每个祭祀对象的墓旁进行。从目前材料看，商代没有专门在某个祖先墓旁祭祀的实例。

西周时期确实存在祭祀，而且是专门针对某一特定墓主举行。其中有的是墓祭，有的是祭墓即祭位。

在曲村晋侯墓地M13、M8、M64、M62、M63、M93的墓室前、墓道及其附近都发现有祭祀坑，坑内或埋人，或埋牛，或埋马，或埋狗；伴出玉石器和髻饰。晋侯墓祭祀坑的数量多于夫人墓。其中有大量的祭祀坑晚于墓葬，比如M64的祭祀坑成排分布，打破墓道；M13的祭坑打破墓道，内埋一犬[②]。这些应该属于墓祭。

两周之际或稍晚的上村岭虢国墓地也发现有祭祀坑，分布在国君墓及高等级贵族墓的周围[③]，应该是祭位。2006年在曲村晋侯墓地东南4.5千米的滏河南侧羊舌村，发现一处于虢国墓地同一时期的晋侯墓地，其中M1、M2为两座南北向并穴合葬的“中”字形大墓，“墓室南部和南墓道上及两侧至少发现了227座祭祀坑，用以祭祀的牺牲种属有人、马、牛、羊和狗，祭祀坑之间有多处叠压和打破关系，说明是多次祭祀的结果，反映了祭祀规模的宏大和频繁”[④]，这些祭祀坑应该包括墓祭和祭位两种情况。

本次发掘所见祭祀遗迹，不见与某一墓葬有特属关系，初步推测应为祭位。其做法更多体现了殷墟商王室不是在某个祭祀对象的墓旁进行祭祀的习俗。这些材料为进一步探讨东阳西周墓地的形制范围、等级结构、祭祀礼仪乃至族群来源等方面的研究，都提供了极为重要的线索。

第五节　东周遗存

遗存主要见于J区，其中灰坑和墓葬相杂分布，时代并不完全一致。灰坑均为废弃物的一般性填埋坑，系日常生产、生活造成，时代为战国早期至晚期。而墓葬时代上至春秋中期偏早阶段，下至战国中期。19座墓葬有18座明确使用典型屈肢葬式，无疑为秦文化属性，属于秦墓。

灰坑中包含遗物的时代比较杂乱，常见仰韶时期、夏商时期遗物。墓葬中虽然也有早期遗物，但器类形体都较小，几乎不见陶片，下葬填埋过程中可能有意识地剔除了夹杂物。从另一个侧面也说明这个区域内的秦人墓地使用时间不长，短时间之后成为具有同一种文化面貌人群的日常活动区域，或许这是一种人员流动频繁的反映。而灰坑的时代整体上和2001年A区的时代非常接近，或许它们之间的联系更密切。

① 杨竟：《先秦墓上建筑问题的再探讨》，《考古》1983年第7期；杨鸿勋：《关于秦代以前墓上建筑的问题》，《考古》1982年第4期。

② 李伯谦：《从晋侯墓地看西周公墓墓地制度的几个问题》，《考古》1997年第11期。

③ 河南省文物考古研究所：《三门峡虢国墓地（第一卷）》，文物出版社，1999年，第5页。

④ 吉琨璋：《曲沃羊舍晋侯墓地1号墓墓主初论——兼论北赵晋侯墓地93号墓主》，《中国文物报》2006年9月29日第7版。

一、墓地布局

19座墓葬之间无同期打破关系，显然是一处使用时间较短、有规划的墓地。墓葬排列显示出一些规律。比如J区15座密集的两大区块，北部的M10—M15—M18—M19、M32—M33、M15—M21，为三排三列摆布；南部以M25为中心，分布有M4、M9、M11。这种摆布是血缘或姻缘关系的反映。

比较J区15座的两大区块墓葬规格和随葬品数量、种类，等级存在明显差别。北部的9座只有一座（M31）属于小型墓葬，其余均为中型墓，占墓葬总数量的47%强，占中型墓总数量的75%。随葬品数量突出。即使是其中最低级的小型墓葬M31，虽未见随葬陶器，但也使用了成组的圭类礼器。

南部墓葬只有M25规格较大，随葬品7件，其余均为小型墓，少见随葬品。即使是M25，使用随葬品的数量与北部随葬品最少的M15多了2件，仿铜陶礼器只有豆、盒，和M10使用鼎、甗、豆、匜、盘等较完备组合差别明显。

显然，南、北两大区块存在不同的集团体，之间存在等级地位、经济条件的差异。

二、随　葬　品

仿铜陶礼器类均为不完全组合，M38、M21使用1鼎，其余皆为2鼎，且仅M38随葬1鼎2簋，M21则随葬1鼎4簋。大部分墓葬并不遵循西周以来用鼎制度的规定；其他如甗、豆、匜、盘等多为1件。一方面是受墓主地位身份影响，一方面是时代变化使然。西周晚期“礼崩乐坏”，代表生前地位、身份的礼仪制度渐衰，私有财富观念逐盛。

仿铜陶礼器墓葬亦多见陶囷，正是这种思想意识形态变化的写照。陶囷是储粮设施，在秦国有着悠久的传统。据长安沣西客省庄战国早期秦墓之后，相继在宝鸡凤翔、临潼等地发现了这类器物，说明它是秦墓中常见的随葬品，流行时代为春秋晚期至秦统一[①]。该器物的出现与流行不仅反映了秦国农业的快速发展，也体现了一种思想观念的变化，即重功利、重实用。

日用陶器类，鬲、甗的数量均为1件，喇叭口罐的数量有1～3件，并无明显规律可言，盆、罐则出现复数量的情况。喇叭口罐和广肩小罐共存，两种器类的使用功能显然是有区别的。

除M1、M4、M32、M33、M35外，其余墓葬均出数量不等的圭类器。圭是朝聘、祭祀、丧葬时的礼器，依其大小，以别尊卑。M31等一些小型墓葬中，仅出土圭类遗物，是否为提供给逝者的“使用品”，抑或是下葬过程中的一些行为的道具，还应进一步思索。

① 韩伟：《秦国的贮粮设施浅议》，《陕西考古学会第一届年会论文集》，《考古与文物》丛刊第3号，1983年，第76页。

三、墓主身份

有学者将关中秦墓划分为四个集中区域和四种类别。四个区域是宝鸡地区、西安地区、铜川地区、大荔地区，分别位于关中平原的西部、中部、北部、东部，在前两个地区发现的秦墓较多，而后两个地区则较少；四种类别是随葬青铜礼器的A类墓，随葬仿铜陶礼器的B类墓，随葬日用陶器的C类墓，无随葬品的D类墓[①]。本次所发掘属小型墓的M1、M4、M8、M9、M11、M13、M31中，仅M1为一棺一椁，随葬品仅见18件蚌饰；M9、M13、M31葬具为一棺，仅M31随葬陶圭、石圭、口琀，其余两座墓葬无随葬品；M4、M8、M11无葬具，其中M4、M8随葬陶玦、石玦、石圭、煤精棒等小型装饰品，M11无随葬品。仅从葬具规格和随葬品数量种类两方面结合情况看，葬具数量的多寡并不完全代表身份等级和经济状况。

这些墓葬均无铜器或陶容器随葬，基本为石圭及简单的石质、蚌质小型装饰品，并不能体现出明显的身份差异，所以需要结合墓葬形制及葬具等因素进行综合区分。M1的墓底长度接近2米，墓口长度稍超过2米，葬具规格最高，虽然随葬品仅为蚌饰，但整体来看其墓主的经济实力稍高于其他；M31葬具为一棺，随葬少量物品，稍次于M1墓主的层级；M9、M13虽也有一棺作为葬具，但无随葬品，似乎稍逊一筹；无葬具的小型墓中，M4、M8出有少量简单的装饰品随葬，或可与M9、M13相接近，而M11不见任何随葬品，显然是处于最底层的身份。

上述墓葬显然只能属于D类甚至更低的层级，墓主均为下层平民，M1墓主的经济实力稍好，M11墓主为最困窘者。

所发掘的中型墓葬有三种情况：M2墓葬规模较大，葬具为一棺一椁，但未出铜、陶器，仅见陶圭、石圭随葬；M3墓葬规模较大，葬具为一棺二椁，使用荒帷，随葬有铜礼器，石圭及蚌质串饰，不见陶器随葬；M10、M15、M18、M19、M21、M25、M32、M33、M38等9座墓葬规模较大，葬具均为一棺一椁，均随葬数量、品类不等的仿铜陶礼器，基本共出有石圭或小型石质装饰品，其中M15、M18、M19、M38伴出少量铜兵器、工具、衣饰类等铜饰1件，而M10随葬仿铜陶礼器品类最多，却非常明器化。

M3属于A类墓葬，其墓主身份应属统治阶层，根据《礼记·丧大记》载："饰棺，大夫画帷，二池，不振容，鱼跃拂池……。士布帷布荒，一池，揄绞。"可见大夫以上身份的人，棺饰才可以有"鱼跃拂池"。M3出土鱼形铜饰和铜铃，即是荒帷的"鱼跃拂池"，属大夫阶层。但按照西周时期的用鼎制度，M3有3鼎，与大夫阶层不合。这些都显示出春秋时期秦人葬俗对周文化礼制的偏离，不能单纯以周文化礼器制度对墓主社会政治身份进行更加细致的判定。综合看，此墓主身份等级或为末流大夫，是东阳遗址两次发掘秦人墓葬中地位最高者。

东阳遗址秦墓仿铜陶礼器系统组合随意性较强。在使用仿铜陶礼器的墓葬中，M2虽墓葬形制及葬具显示出较高的等级，但从其随葬品判断，其经济实力较低，或接近于C类墓葬的水平，墓主或为没落的平民阶层；其余随葬仿铜陶礼器的9座墓葬属于B类墓葬，墓主身份应为层级稍高的平

① 滕铭予：《关中秦墓研究》，《考古学报》1992年第3期。

民，有向统治阶层靠拢的趋向。M10、M15、M18、M19、M21、M25、M32、M33、M38墓主地位稍次，为一般性平民；M1、M4、M8、M9、M31等墓主地位最低，其中不乏与某些上层次墓主有一定的依附关系。尤其是小型墓墓主头向呈现较为杂乱的情况，是否说明这些从属地位的人群来源和中型墓主之间存在更细微上的区别，是值得深思的问题。

四、关中东部秦文化的传播

一般认为随着战争的持续，秦文化才得以逐渐在关中东部扩张开来。据《史记·秦本纪》等文献记载，战国中期以后，秦与三晋在关中东部曾有持久的拉锯战。如武公元年伐彭戏氏，至于华山下，十年，伐邽、冀戎，初次设立郑县；宣公四年秦与晋战河阳；穆公五年秋，秦伐晋，战于河曲；十五年与晋惠公夷吾合战于韩地。近年来，越来越多的考古发现证明，秦文化东进的时间上限完全可以推前到春秋早期。

2009年为配合西潼高速公路改扩建，华阴市沙渠村发掘了秦墓11座。皆为竖穴土坑结构，墓向基本为东西向。平面呈长方形，口小底略大或口底同宽。墓葬一般棺、椁齐备，棺室一般位于椁室中部偏东。葬式为仰身或侧身屈肢葬，头向西。随葬器物多放于椁里棺外，头箱或头顶的位置。随葬品主要为陶器，以鬲、盆、罐为基本组合，其他器类有鼎、仓、盘、方壶等；铜器主要为削刀、戈、箭头等。另外还出土大量的板岩石圭，有的摆放似有规律，尖头朝外，呈放射状。多数墓葬随葬有羊骨，与随葬品放在一起。其中一座墓葬填土中发现有殉狗。墓葬的时代主要集中在春秋晚期到战国中期①。

2011年，蒲城县永丰镇以北洛河东岸发现面积约40万平方米的古墓群②。从地理位置上看，这里在战国时期曾一度为魏国占领，是秦魏两种文化的交融地带。经局部勘探，确定26座墓葬并发掘其中4座。墓葬结构包括竖穴土圹1座、竖穴墓道土洞3座。出土器物包括鼎、盒、壶、茧形壶等陶器，还有铜剑柄、玉璧等。竖穴土圹墓开口长9.7、宽7、深11.5米，使用一椁二棺，墓主生前具有较高的级别。在该墓北部发现3个祭祀坑，2个内埋幼犬骨架，另一有陶罐。墓室西壁龛内有大量的殉牲，种类包括牛、马、羊、鸡、狗、兔六种。4座墓葬的时代为战国晚期至秦代。

同年，在白水史官乡西章村发掘东周墓20座。均为长方形土圹结构、一棺一椁葬具，墓主仰身屈肢葬式、头西脚东。绝大多数的陶器组合为一鼎或二鼎、二簋、二壶、二豆，少数为罐、盆、鬲或仅有罐、鬲。尽管墓葬形制及器物组合与宝鸡地区东周墓葬类似，但仿铜陶礼器器形差别较大，日用陶器制作粗糙，明器化特征明显，发掘者将其年代判断为春秋晚期至战国早期。从M13出土的喇叭罐、甗等器看，时代可早到春秋中期，日用陶器制作粗糙具有明器化特征，或许是受当地经济水平的影响③。

2013年在澄城县居安墓地的工作中，探明了墓葬和城址的基本情况。城址位于西北部，是一处沿沟而建、居险设守的军事堡垒，东、南、北三面城墙与西边自然沟合围，面积逾20万平方米。墓地南北长约1600、东西宽约1000米，北部早南部晚，东部早西部晚，明确墓葬数量3211座。重点发掘了2

① 陕西省考古研究院：《2010年陕西省考古研究院考古调查发掘新收获》，《考古与文物》2011年第2期。

② 陕西省考古研究院：《2011年陕西省考古研究院考古发掘新收获》，《考古与文物》2012年第2期。

③ 陕西省考古研究院：《2011年陕西省考古研究院考古发掘新收获》，《考古与文物》2012年第2期。

座墓葬，均为竖穴土坑结构，南北向，方向8°。墓室开口长5、宽3、深7.5米，深度复原为12米左右，葬具为一棺一椁，仰身屈肢。出土器物多在头箱处，有陶、铜、玉、石及煤精制品等，其中铜器有鼎、甗、盖盒、戈、箭头、刀等，陶器有鼎、豆、罐等7件，另有圭18件、玉器饰件2件。两墓均出有典型秦人器物，时代为春秋中晚期，其中M158出土陶鬲有周文化因素，时代可能略早于M8[①]。

2017年，在澄城县王庄镇刘家洼村发掘的春秋早期或偏晚阶段墓葬中也发现大量的秦文化遗物，如铜柄铁剑[②]。

分析上述材料可知，关中东部地区所见秦墓的墓主人身份以平民居多，早期少有随葬兵器，应该是一种和平状态下的自然移民。战国早中期开始，秦墓数量突然增加，陶质随葬品的多寡与兵器的有无存在一些关系，一部分墓主应该属于战争性移民。作为文化过渡地区，这些墓地中也常包含三晋及楚的文化因素（图四四一）。

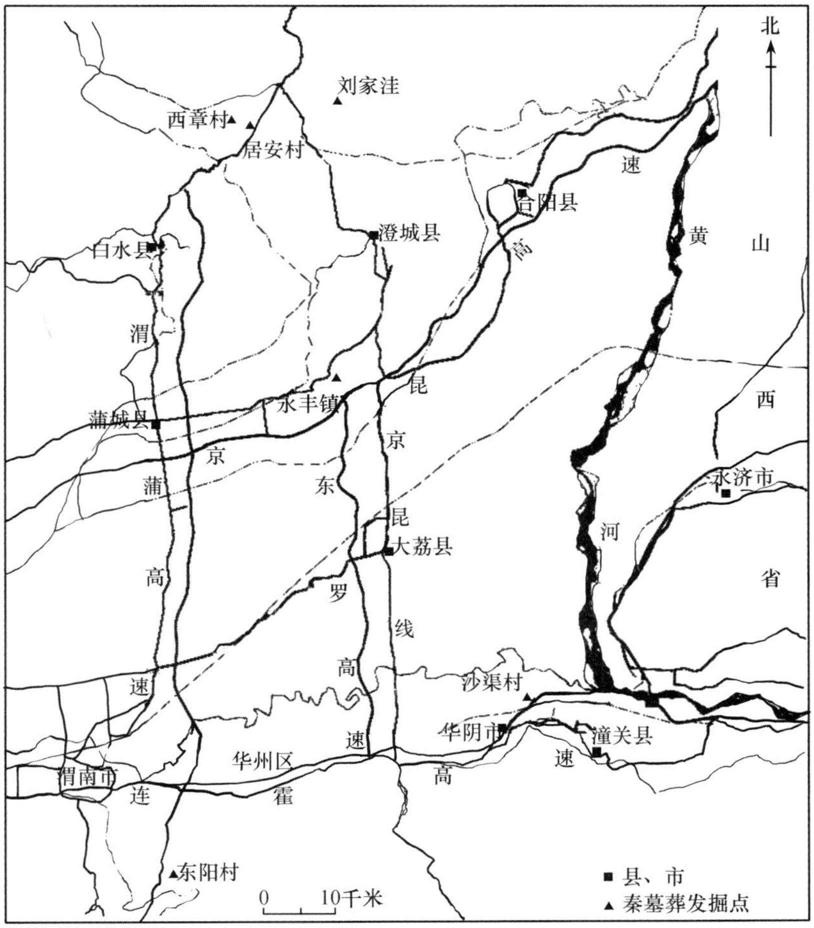

图四四一　关中东部秦墓葬发掘点

① 陕西省考古研究院：《2013年陕西省考古研究院考古发掘调查新收获》，《考古与文物》2014年第2期。

② 陕西省考古研究院：《周代封国考古的新发现——陕西澄城刘家洼春秋墓地发掘取得重大收获》．中国文物信息网，2018-01-15。

第六节　汉 代 墓 葬

本次发掘的汉代遗存类型单一。基本与2001年发掘B区墓葬同时代，唯布局更加密集、有序，并有可确认的围沟设施。

一、墓主身份及文化因素

从时代性来看，在按照墓向划分的甲、乙二组中甲组基本为第一期，未见第二期者；但乙组中未见第一期早段者，多为第二期。二者在第一期晚段有并存。不同墓向体现着使用群体的差异，整体而言，甲、乙两组人群在第一期晚段共存，但乙组群体在当地的活动时间要稍晚于甲组，或许是一支后期迁入的人群。

随葬品中，仿铜陶礼器少见，在第一期晚段甚至不见，实用器中罐、缶类器较发达，陶器组合以罐（缶）、盆、甑或罐（缶）、盆常见，同时中期偏晚阶段组合中的釜在晚期被灶替代，不见象征财富和庄园经济形式的陶仓、方缸、井、模型院落，不见釉陶器。金属类随葬品的比例较低。在厚葬之风兴盛的汉代社会，这些情况体现出此人群的经济状况、社会身份比较普通。

西汉墓葬的一些因素显示出相较长安地区而言的滞后性。例如，陶灶在随葬品体系中出现较晚，长安地区墓道带天井的墓形在西汉晚期多为一侧或两侧带甬道结构①，但东阳Bb型墓葬未见甬道，仍保留着稍早的面貌。在与周边地区汉代墓葬材料进行对比后发现，其文化因素仍受长安及周边地区影响较深，但又有自身的区域特色。

二、陶　　锜

M6：6是一组炊器组合，由陶质碗形甑和陶锜组成。出土时甑底部套合在锜口上，显然有共存关系。此型器在关中、晋西南地区以往常有发现，虽定名颇为杂乱，或“釜”或“甗”或“鍑”或“锜”，但炊具属性的认定非常一致。

《毛诗·豳风·破斧》有诗文：“既破我斧，又缺我锜。”清人段玉裁《说文解字注》锜：“……传曰：鑿属曰锜。此盖所谓鉏鎁者与。字或作奇。从金。奇声。鱼绮切。古音在十七部。按豳风音义巨宜反。江淮之间谓釜锜。郭云：或曰三脚釜也，音技。按诗，左传皆锜、釜并言，然则本以有足别于釜，而江淮语同之耳。”可见，锜与釜用途相近，造型因有三足而有别于釜，这与目前考古所见相同。

在陕西地区，目前主要在8处地点出土陶锜14件。如1977年凤翔高庄战国晚期墓葬M1及M39，咸阳市杨凌区西北林学院M9、M15、M24及88XYXM3，扶风纸白墓地05FZM10、05FZM11及

① 陕西省考古研究所：《白鹿原汉墓》，三秦出版社，2003年，第251页。

05FZM13，眉县长兴汉墓M21及M28，西安南郊潘家庄世家星城M121，西安北郊的西北医疗设备厂M92，临潼秦始皇陵1986M1，渭南市区93渭西电M6，蒲城永丰墓地等，最北的一例为陕西北部的甘泉县[①]。出土数量一般是1件，与碗形甑形成组合。造型基本一致，直口或小直口，扁圆腹，腹部有隔，下有三足。腹部或深或稍浅，有的在上腹两侧对称模印铺首衔环，底或平或圜。均施以彩绘（图四四二，1、2）。多与鼎、盒、钫共存，应该是礼器组合。这些墓葬的时代以凤翔高庄、杨凌西北林学院、蒲城永丰三处最早，为战国晚期。其余时代稍晚，基本为西汉初期，不晚于武帝前斯。

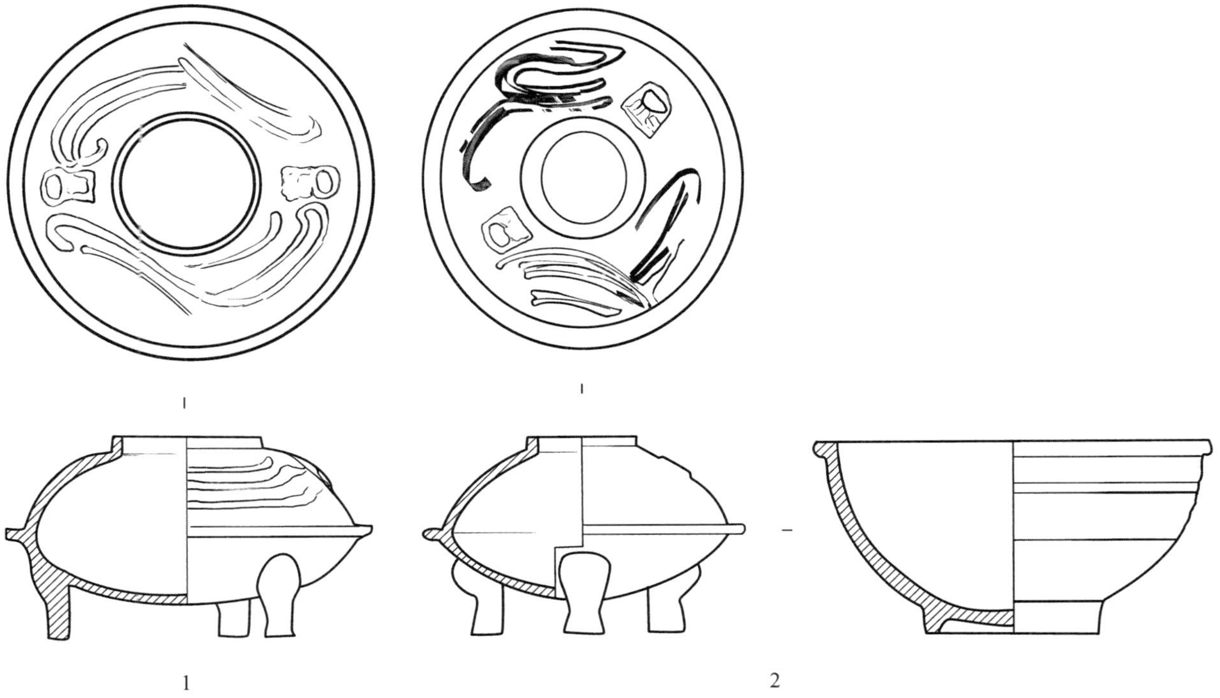

图四四二　关中地区出土陶锜

1. 凤翔高庄M39：4　2. 杨凌西北林学院88XYXM3：5

甘肃庆阳地区与陕西关中近邻。在甘肃宁县西沟的一座砖墓中也有曾有陶锜，与双耳铁釜同出，时代最晚似不过西汉[②]。

① 雍城考古队：《陕西凤翔高庄秦墓地发掘简报》，《考古与文物》1981年第1期；咸阳市文管会：《西北林学院古墓清理简报》，《考古与文物》1992年第3期；咸阳市文物考古研究所：《咸阳市杨陵区秦、汉墓葬清理简报》，《考古与文物》1996年第2期；陕西省考古研究院、宝鸡市周原博物馆：《周原汉唐墓》，科学出版社，2014年，第35、38、46、112页；陕西省考古研究所宝鸡工作站、宝鸡市考古工作队：《陕西眉县长兴汉墓发掘报告》，《文博》1989年第3期；西安市文物保护考古所：《西安南郊秦墓》，陕西人民出版社，2004年，第486、487页；西安市文物保护考古研究所：《西安龙首原汉墓》，西北大学出版社，1999年，第117、240页；王学理：《秦始皇陵园汉墓清理简报》，《文物》2004年第5期；崔景贤、王文学：《渭南市区战国、汉墓清理简报》，《考古与文物》1998年第2期；陕西省考古研究所等：《西延铁路甘泉段汉唐墓清理简报》，《考古与文物》1995年第5期。

② 李仲立等：《甘肃宁县西沟发现战国古城遗址》，《考古与文物》1998年第4期。

在山西北部的朔县平朔煤矿区，发掘出的陶锜分为二式。Ⅰ式以6M12：6为代表，小直口，扁圆腹，圆底，下接三足。腹中部凸出一平沿，肩部有两个模贴铺首。甑下部圈足与锜口以子母口套合（图四四三，1）。Ⅱ式以9M21：9、3M34：6为代表，小口，扁圆腹，平底，蹄足。锜上部绘流云纹（图四四三，3、4）。在朔县集中公布的秦汉墓葬资料中该器类出现在第二期至第五期，即西汉中期开始出现，至东汉中晚期消失，有一定的变化序列。朔县墓地处于北方边缘，不仅与北方文化系统近距离接触，更重要的是在第一期中存在着大量的秦文化遗风。虽然陶锜在第二期始见，但在第一期秦至西汉初期阶段的墓葬中有Ⅱ型釜，如QM14：2，其浅盘口，束颈，圆腹，圜底附三矮足，与陶锜有一定的相似性[①]（图四四三，2）。

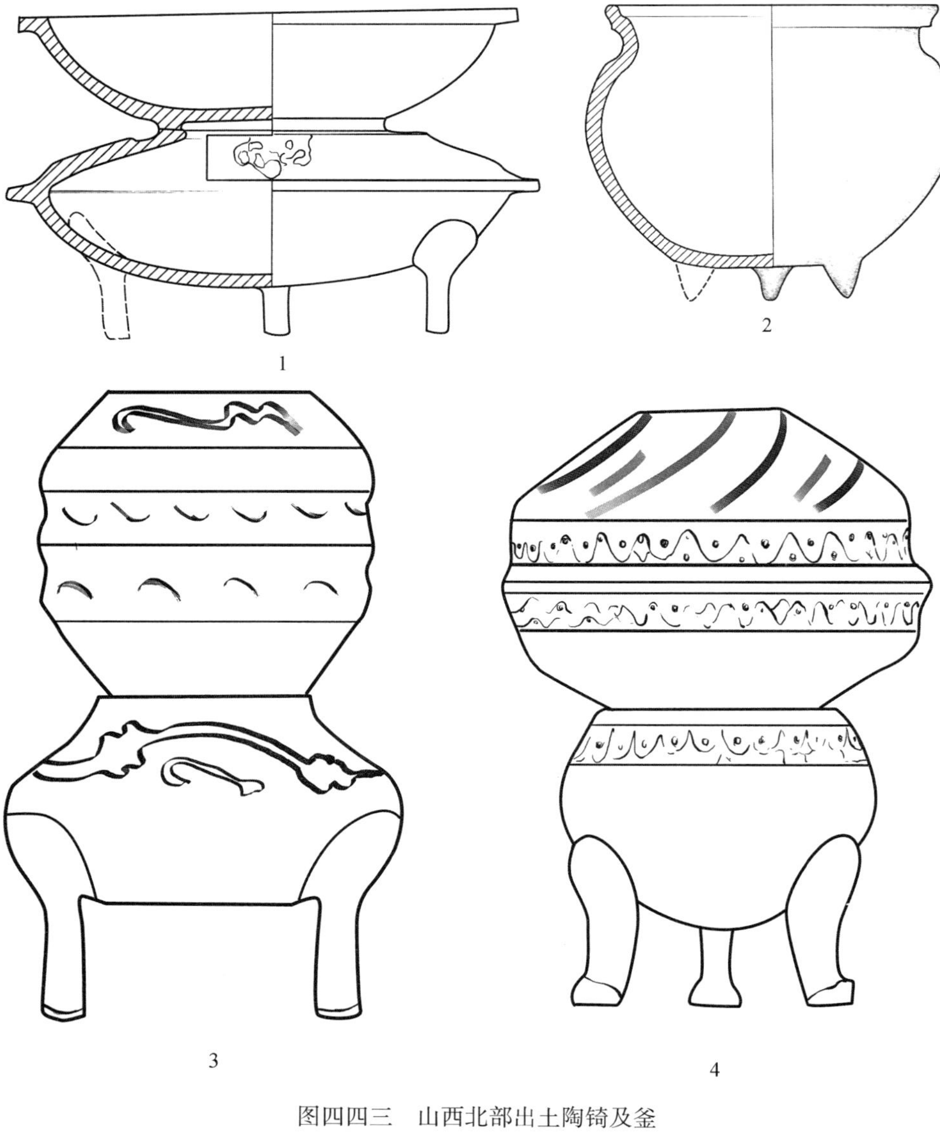

图四四三　山西北部出土陶锜及釜

1. 朔县6M12：6　2. 朔县QM14：2　3. 朔县9M21：9　4. 朔县3M34：6

① 平朔考古队：《山西朔县秦汉墓发掘简报》，《文物》1987年第6期。

在山西省南部地区出土陶锜的地点包括侯马、临汾、长治、孝义、潞城等地，仅临汾曲沃县曲村墓地就有28件①。侯马市区及附近地区陶锜出现时代较晚，至少有的已经到了东汉晚期。总体看，这个地区陶锜的使用时间延续长、数量多，基本每座墓仅出1件。器腹从浅到深变化，蹄足也渐成扁足（图四四四）。

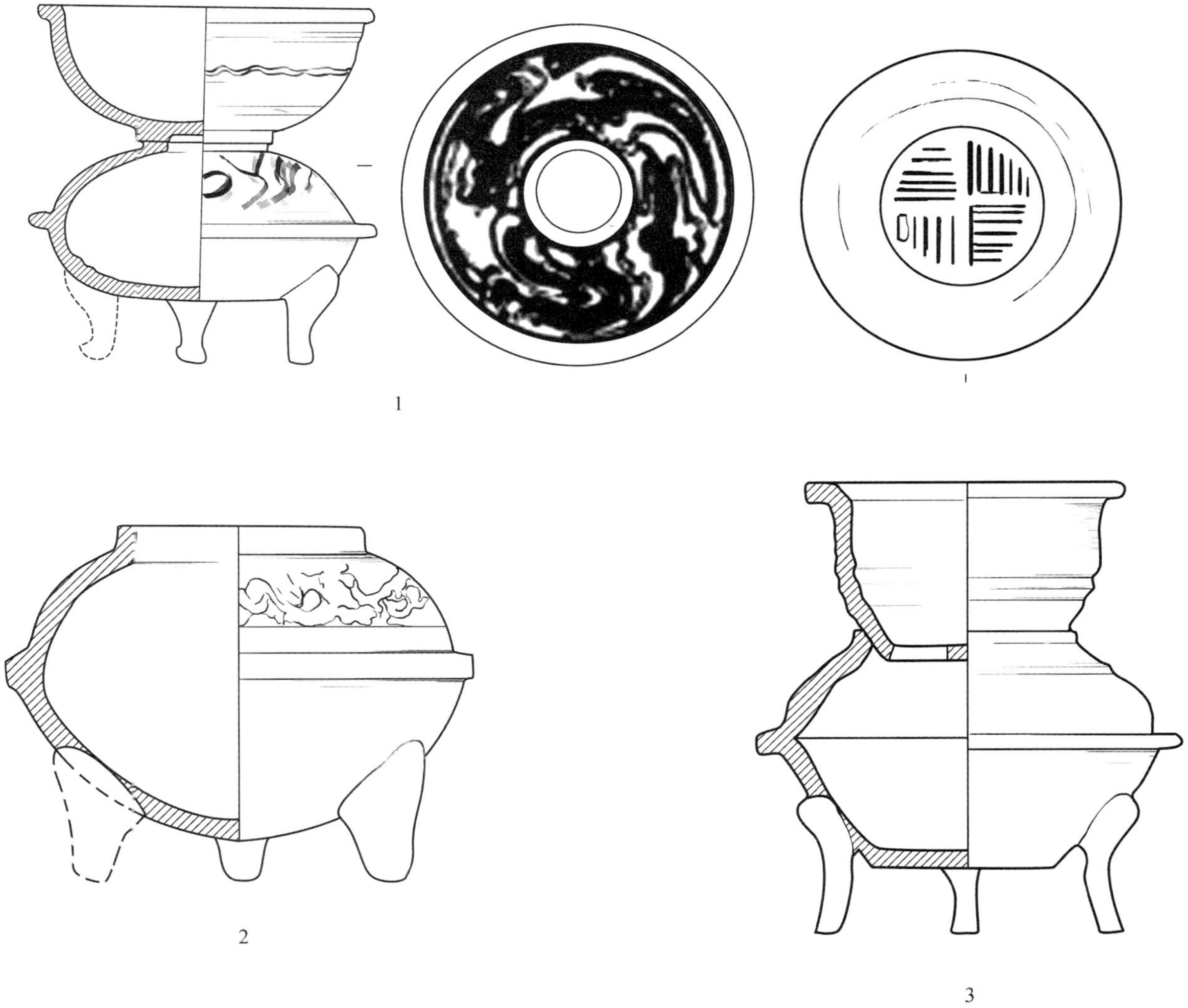

图四四四　山西南部出土陶锜

1. 1990侯马M4：2　2. 1990侯马M2：4　3. 屯留西庄M17：13

① 杨哲峰：《曲村秦汉墓葬分期》，《考古学研究（四）》，科学出版社，2000年，第250、251、260～262页；山西省文管会侯马工作站：《侯马地区东周、两汉、唐、元墓葬发掘简报》，《文物》1959年第6期；山西省文物管理委员会：《山西省文管会侯马工作站工作的总收获（1956年冬至1959年初）》，《考古》1959年第5期；王晓毅、杨林中：《山西屯留县西庄发现一座汉墓》，《考古》2009年第4期；山西省文物管理委员会、山西省考古研究所：《山西孝义张家庄汉墓发掘记》，《考古》1960年第7期；山西省考古研究所侯马工作站：《山西侯马市虒祁墓地的发掘》，《考古》2002年第4期。

与山、陕两省近邻的河南地区，陶锜出土数量也比较多。其中有济源、新乡、安阳、淅川、新安等地①。甑的内底绘鱼形图案是新乡地区的特色，不知是否象征该类器加工的食材（图四四五，1、2）。山东聊城、临淄齐王墓中也有一些出土②（图四四五，3）。聊城阳谷县吴楼一号汉墓是西汉晚期阳平侯王禁家族成员，随葬的陶锜原简报中称“鼎”，直口，圆唇，无耳，扁腹，腹中部外

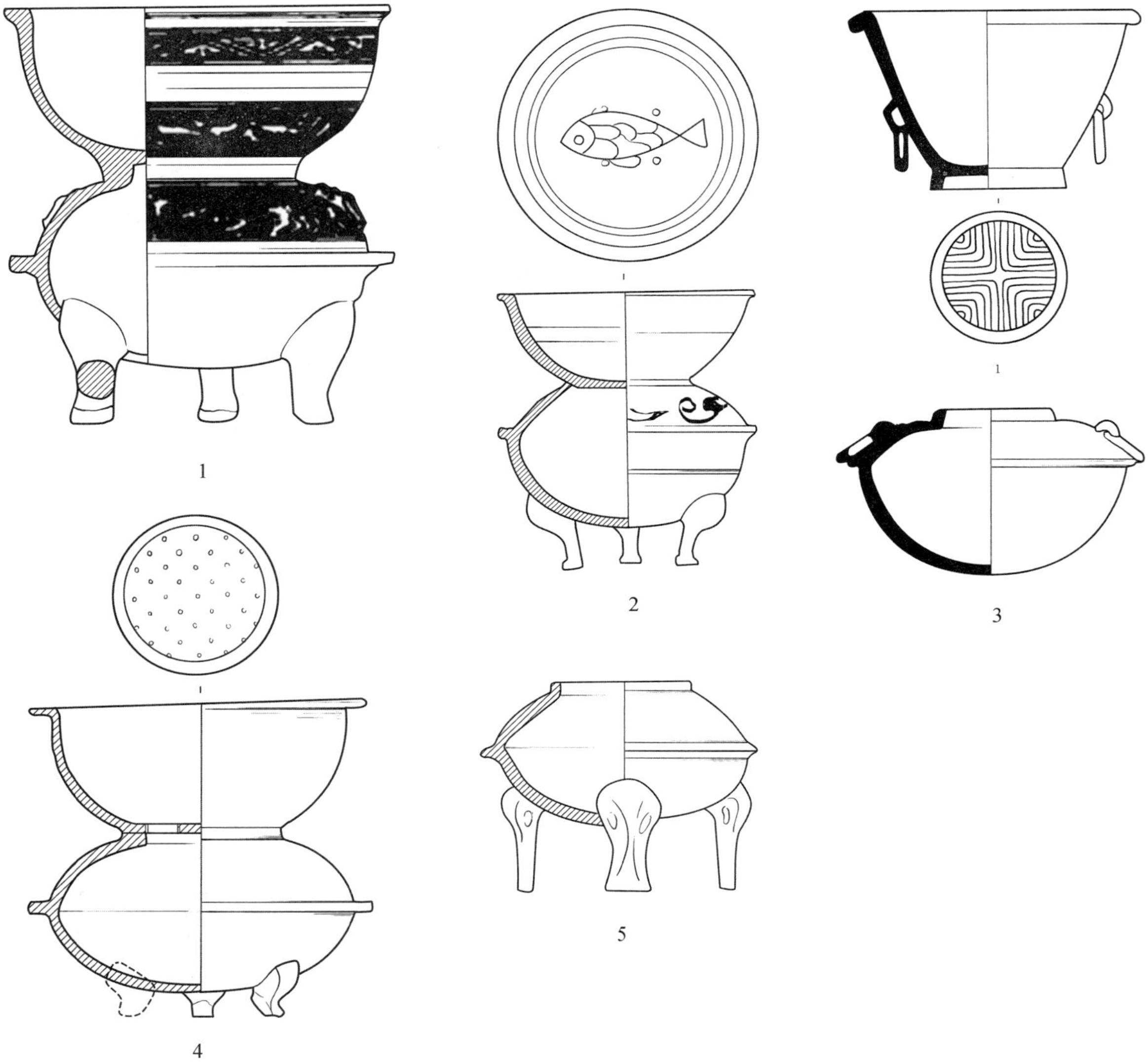

图四四五　河南、山东出土陶锜

1. 河南济源桐花沟M63：4　2. 河南新乡五陵村M13：1　3. 山东临淄齐王墓1：107

4. 河南淅川马川M7：4、M7：6　5. 山东阳谷吴楼M1：23

① 河南省文物局南水北调文物保护办公室等：《河南淅川马川墓地汉代积石积炭墓的发掘》，《考古学报》2014年第2期；四川大学历史文化学院等：《河南淅川泉眼沟汉代墓葬发掘报告》，《考古学报》2014年第3期；河南省文化局文物工作队：《河南新安铁门镇西汉墓葬发掘报告》，《考古学报》1959年第6期。

② 聊城市文物管理委员会：《山东阳谷县吴楼一号汉墓的发掘》，《考古》1999年第11期；山东省临淄市博物馆：《西汉齐王墓随葬器物坑》，《考古学报》1985年第2期。

凸有一扉棱，圜底近平，三蹄状足（图四四五，5）。该墓还出有一甑一灶，但甑底径明显小于锜口径约3.3厘米，应不属同一组。

北方东部地区完全符合锜器造型的材料很少。在河北、北京的一些考古发掘中虽然出土有功能比较接近的器物，如1980年石家庄北郊柳庄村南东汉墓出土铜甗、1958年北京平谷县发掘出土的三足鍑、釜与炉组合器类，但和陕西、河南等中、西部材料相比有根本的区别[①]（图四四六，4）。

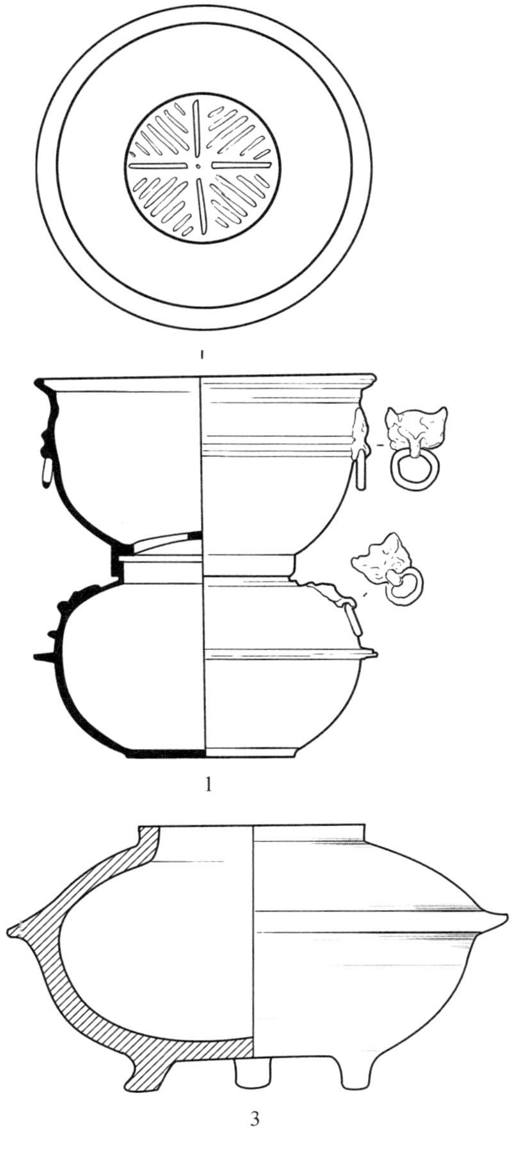

图四四六　类似锜形铜、陶器

1. 湖北襄樊樊城M1：158　2. 安徽潜山彭岭M40：13、M40：14　3. 湖南长沙桐梓坡M14：10　4. 北京平谷1号墓

① 石家庄市文物保管所、获鹿县文物保管所：《河北获鹿高庄出土西汉常山国文物》，《考古》1994年第4期；石家庄市文物保管所：《石家庄北郊东汉墓》，《考古》1984年第9期；北京市文物管理处：《北京顺义临河村东汉墓发掘简报》，《考古》1977年第6期；北京市文物工作队：《北京平谷县西柏店和唐庄子汉墓发掘简报》，《考古》1962年第5期。

综合上述材料，可见陶锜多与彩绘鼎、盒、钫壶之类的仿陶礼器同出，彩绘用色、纹饰内容完全一致。其流行时代明确，按照早晚序次有自西向东扩散的态势。

在上引文献中，有言“江淮之间谓釜锜”，说明江淮地区也有类似的器类。但典型的只有湖南长沙西郊桐梓坡V式釜，时代为西汉初年至文景之际[①]。直口，圆腹，凸沿，平底，下立三足，应该与甑同出（图四四六，3）。其余各地如安徽潜山、湖南长沙、湖北襄樊、宜昌、枝江以及江苏仪征等地一些汉代墓葬中，常见的是无三足的铜、陶器，腹部或有一周宽棱，和碗形、盆形甑配合使用，总体看比较接近锜，但却多平底无足（图四四六，2）[②]。其时代涵盖战国至两汉，在湖北襄樊地区类似的平底器类甚至延续到了三国时期（图四四六，1）[③]。

南、北方两类器物之间是否存在演变关系？抑或是同器类的不同型别？在河南洛阳、陕西安康等地还有一种炊具，造型和使用方法正介于上述两器类之间。如洛阳火车站西汉中期或稍晚墓葬IM1779，一组4件，由炉、釜、甑、盆组成，釜腹部有凸棱，无足，架设在炉上使用（图四四七，1）[④]。陕西安康一里坡战国秦墓M3：60釜的造型同上，又同出2件支架，形成组合（图四四七，2）。这种使用方法无疑是融合了南、北方文化因素形成的过渡类型。

第七节　唐代及清代墓葬

本次发掘所见唐、清两代遗存，虽然数量较少，类型单一，但对于复原东阳遗址整体文化面貌也具有一定的意义。

一、卜　　骨

M40在人骨之中夹杂有少量动物骨骼、1件较为完整的蚌壳和1件卜骨，卜骨上发现圆形钻窝，这些遗物在以往唐代考古资料中从未出现过。这些应该是下葬过程中混入的早期遗物，并非是随葬品。

卜骨是先秦时期常用的占卜器。为克服甲骨占卜的随意性和盲目性，在二里头、夏家店下层、

---

① 长沙市文物工作队：《长沙西郊桐梓坡汉墓》，《考古学报》1986年第1期。

② 参见安徽省文物考古研究所、潜山县文物管理所：《安徽潜山彭岭战国西汉墓》，《考古学报》2006年第2期；湖北省文物考古研究所、襄樊市博物馆：《湖北襄樊郑家山战国秦汉墓》，《考古学报》1999年第3期；湖北省京九铁路考古队、黄冈市博物馆：《湖北蕲春茅草山西汉墓》，《考古学报》1998年第4期；湖北省荆州地区博物馆：《江陵扬家山135号秦墓发掘简报》，《文物》1993年第8期；湖北京九铁路考古队、黄冈市博物馆：《湖北蕲春枫树林东汉墓》，《考古学报》1999年第2期；湖北省文物考古研究所、襄樊市博物馆：《湖北襄樊郑家山战国秦汉墓》，《考古学报》1983年第3期；北京市文物研究所、湖北省文物局南水北调办公室：《湖北丹江口市莲花池墓地战国秦汉墓》，《考古》2011年第4期；南京博物院、仪征博物馆筹备办公室：《仪征张集团山西汉墓》，《考古学报》1982年第4期。

③ 襄樊市文物考古研究所：《湖北襄樊樊城菜越三国墓发掘报告》，《考古学报》2013年第3期。

④ 洛阳市第二文物工作队：《洛阳火车站西汉墓（ⅠM1779）发掘简报》，《文物》2004年第9期。

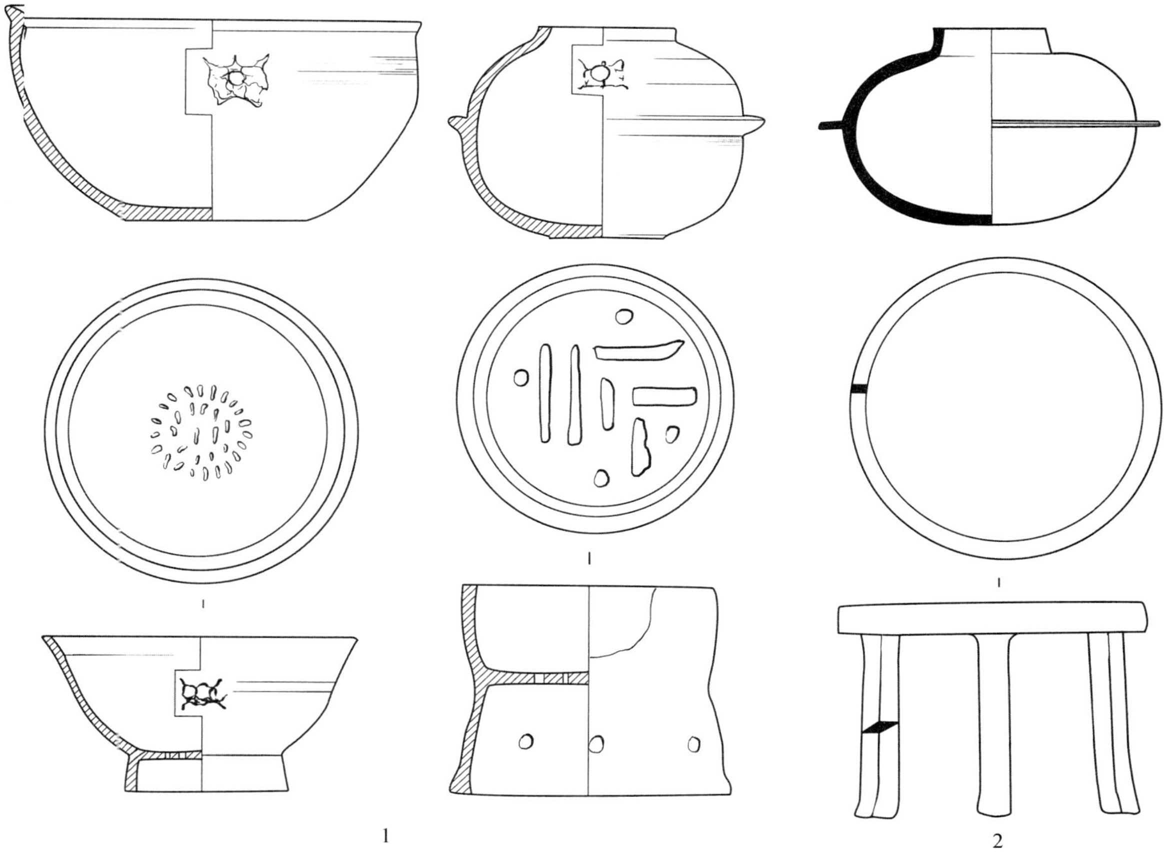

图四四七　釜、甑支架或炉组合

1. 洛阳火车站IM1779：16、IM1779：18、IM1779：21、IM1779：30　2. 陕西安康一里坡M3：5、M3：60

岳石等文化系统中，出现对甲骨的整治加工和施用钻、灼。这种做法在中原地区则迟至商代才普遍流行[①]。商代后期，根据郑州二里冈遗址考古发掘材料可知，卜骨用料多用骨，少用甲。卜骨多是牛肩胛骨，多用钻，少用凿。钻孔有尖圆、平圆、钝圆三种，以钝圆为多。全是密集的、深钻的钻孔，不用直接灼法。钻眼密集而不规则[②]。西周时期，陕西岐山凤雏村发现了大宗卜骨，从卜骨钻凿形态看，多施以方凿，排列整齐而且密集，在凿的靠外部有一道较深的竖槽。背面施圆钻，圆钻之底部靠外侧凿一竖槽。钻孔排列不规则[③]。M40所见卜骨具有商代风格，这与J区发掘结果吻合。墓葬所在地与2001年发掘墓葬D区距离较近，而D区墓葬具有浓郁的商文化特点，比如大量使用殉人。

显然，卜骨是和上层社会的政治活动有关。它的出现再次说明东阳遗址是一处高等级的商文化聚落。

① 慧超：《论甲骨占卜的发展历程及卜骨特点》，《华夏考古》2006年第1期。

② 河南省文化局文物工作队：《郑州二里岗》，科学出版社，1959年，第37、38页；安志敏：《一九五二年秋郑州二里岗发掘记》，《考古学报》第八册，1954年。

③ 王宇信：《西周甲骨探论》，中国社会科学出版社，1984年，第174页。

二、瓷器刻文

M22是一座规模较大的清代墓葬，虽然遭受后期严重扰乱，但扰土和墓底还是出土了大量的瓷器残片，应该是原来的随葬品。这些残片类型丰富，时代风格也有早晚之别，不乏元、明瓷器的特点。从M22的规模可知，墓主人生前拥有较富裕的经济条件，又曾为“太学生”，应该属于当地的乡绅或文人雅士，这些瓷器是其生前的收藏品吗?

明清瓷器在器底多见制作款识，民间瓷器的款识包括花押、年款等多种形式，此为“物勒工名”的一种表现形式，但M22所见多件器表上内容不同的刻文，形成于器物制作完成后，内容不一且仅为一字，推测为人名简写。文刻在器表较显著位置，又是刻在釉层上，应该和“物勒工名”无关，是“物属其名”的习惯。可为何不同所有者的瓷器会集中出现在一座墓中呢?

在两周时期的葬礼中有助葬的赗赙制度，即在贵族死后，由王、诸侯或者其他方国的首领赠送车马、衣物以及钱财等随葬之物以帮助埋葬死者时使用。赠送不同的物品，名称亦不相同。据《春秋公羊传》：“赗者何？丧事有赗，赗者盖以马、以乘马束帛。车马曰赗，货财曰赙，衣被曰襚。”《荀子·大略篇》：“货财曰赙，舆马曰赗，衣服曰襚，贝玉曰含，钱财曰赙。玩好曰赠，玉贝曰唅。赙赗所以佐生也，赠襚所以送死也。送死不及柩尸，吊生不及悲哀，非礼也。故吉行五十，奔丧百里，赗赠之物包括车马、衣衾、贝玉以及钱财。”赗赙制度是助葬的重要部分，涉及古人的思想意识形态、祖先崇拜、灵魂崇拜等多个问题，也涉及宗法制度中的血缘关系和社会关系①。初步判断，M22中出现的这些不同刻字的瓷器，应该是古代赗赙制度习俗的遗留。墓主曾是“太学生”的身份，文人爱好风雅，助葬以瓷器也是情理之中的事。其实，直至今日这种助葬的习俗仍在延续，更多是货财方面的赙了。

① 曹玮：《东周时期的赗赙制度》，《考古与文物》2002年第6期。

附　　表

附表一　石圭统计表

编号	特征	长	最宽	厚	重量	残损情况	备注
M2：1-1	形体较为修长，首端尖锐，自首至尾端渐宽	21.8	3.2		44.4	残断、剥离严重	
M2：1-2	形体较小，整体近似条形，两侧边稍弧。截面呈长方形。首前部较平，尾端稍弧。表面加工痕迹不明显	6.9	2.1	0.1	3.9	基本完整	
M2：1-3	整体近等腰三角形，两侧边较直。截面呈长方形。首稍圆钝。表面加工痕迹不明显	8.7	2.9	0.1	5	尾端残	
M2：1-4	青灰色页岩质。整体修长，两侧边较直。首尖锐呈等腰三角形，与身相接处有较明显的转折。身近梯形，至尾端渐窄，尾端稍弧，截面基本为长方形。器表残留较明显的竖向或斜向的细线条磨划痕迹	25	4.1	0.3	69.1	尾端稍残	
M2：1-5	形体较小，两侧边较直。截面呈长方形。首尖锐，等腰三角形，与身相接处转折较明显。身为长方形，两侧面残余少许磨痕	4.5	1.5	0.3	4.3	尾端残	
M2：1-6	整体基本呈等腰三角形，两侧边稍弧，一侧微内凹。剖面呈长方形。首较尖锐，尾端近平，一角斜刹。器表加工痕迹不明显	14.2	4.5	0.3	39.7	基本完整	
M2：1-7	整体呈细长条形，一侧边稍弧，另一侧较直。截面呈长方形。首尖锐。两侧面残余少许磨痕	9.7	1.1	0.2	4.3	尾端残	
M3：8	乳白色，石灰岩质，表面残余较多深褐色土沁，残余少许朱砂。整体修长，两侧边较直，截面呈长方形。首尖锐，等腰三角形，与身相接处转折较明显	19.8	3.4	0.35	59.1	身后段稍残	
M3：9	浅灰色，凝灰岩质。体形修长，两侧边直且双面削刹变薄，截面近梭形。首近等腰三角形，与身相接处转折明显；身近梯形，尾端略宽，一侧面有宽约2.9厘米的浅弧槽，正面自尾端有一道长约7.7、宽约0.3厘米的浅槽；尾端近平，一角斜刹。素面。整体制作精良，打磨光滑，器表残余多处磨划痕迹	30.1	3.7	0.5	116.5	首微残	

续表

编号	特征	长	最宽	厚	重量	残损情况	备注
M3：13	深灰色间，局部白色，凝灰岩质。体形修长，两侧边斜直，双面削刹较薄，截面近梭形。首近等腰梯形，与身相接处转折明显；身呈梯形，向尾端渐宽，近尾侧边有一处宽约0.7厘米小浅槽；平尾，一角斜刹。素面。制作规整精良，器表残余细密的横向或斜向磨划痕迹	22.1	3.4	0.3～0.7	84.4	基本完整	
M8：1	紫色页岩质。整体细长，截面呈长方形。首尖锐，三角形，侧边不对称，与身相接处转折较明显；直身，尾端略宽；平尾，一角斜刹	8.3	1.3	0.2	6.5	残，剥离较严重，基本可复原	
M8：3	紫色页岩质。依形走势推断首为等腰三角形，与身相接处稍显转折；直身，尾端稍宽；平尾。整体截面呈长方形。两侧面见少许磨痕	10.5	3	0.2	15	首端残缺	
M10盗：1	白色间杂团块状浅灰色，推测为凝灰岩质。截面呈长方形。首尖锐，等腰三角形，与身相接处转折不甚明显；身直边，平尾。通体磨光，制作精良，可见残余的细线状磨划痕迹。自首向下21.2厘米处断为两截，断碴处经过明显的细致打磨，残断应为早期形成。器表近尾端有一处明显的圭形浅灰色沁痕，与M10盗：4规格吻合，说明两件原为叠放	45.5	6	0.7	412.5	残为四段，基本可复原	
M10盗：2	紫色页岩质。现存首部分较尖锐，呈等腰三角形，边缘部稍见打磨痕迹	21.5	4.1	0.35	215	残损严重	
M10盗：4	一面灰白色，另一面深灰色，凝灰岩质。首尖锐，等腰三角形，与身相接处转折较明显；身直边。通体磨光，器表残留较多斜向细线状的磨痕	15.8	3.5	0.5	49.3	残，余上半部分	
M10盗：5	灰白色间杂小块青灰色及土黄色波纹状纹理，凝灰岩质。残余身及尾部。直身平尾，截面呈长方形。通体磨光，器表残余少量细线状磨痕	25.4	4.6	0.6	244.5	残，余下半部分	
M15：4-1	青灰色，圭首	4.7	2.4	0.4	5.4	残损严重	
M15：4-2	紫色，尾部	6	3.4	0.1～0.6	17.8	残损严重	
M15：4-3	青灰色，圭身	12.7	9.2	0.1～0.9	133	残损严重	
M15：4-4	青灰色，圭首	7.4	3.5	0.1～0.6	16.7	残损严重	
M15：4-5	青灰色，圭身	9	4.4	0.4～0.6	37.1	残损严重	
M15：4-6	青灰色，圭身	6.6	3.7	0.1～0.6	19.6	残损严重	
M15：4-7	青灰色，圭身	6.2	2.4	0.1～0.4	6.8	残损严重	
M15：4-8	紫色，圭首	6.5	2.5	0.1～0.3	8.4	残损严重	

续表

编号	特征	长	最宽	厚	重量	残损情况	备注
M15：4-9	青灰色，圭身	8.4	3.6	0.1～0.5	16.6	残损严重	
M15：4-10	青灰色，圭身	5.5	4.3	0.2～0.6	16.6	残损严重	
M15：4-11	青灰色，圭首	4.9	4.6	0.2～0.4	13	残损严重	
M15：4-12	青灰色，圭身	3.6	3.2	0.2～0.3	3.9	残损严重	
M15：4-13	青灰色，圭身	4.9	1.8	0.2	2.9	残损严重	
M15：4-14	青灰色，圭身	2.7	1.2	0.1	0.6	残损严重	
M18：1	首基本呈等腰三角形，直身，截面呈长方形	16	3	0.4	154	尾残	
M18：2	首基本呈等腰三角形，直身，截面呈长方形	25	6	0.9	292.9	尾残	
M18：17-3	圭首稍显圆弧，与身相接处转折不甚明显	13.2	1.5	0.15		身、尾残	
M19：8	紫色页岩质	8.6	4.7	0.4	28.8	残损严重	
M25：2-1	紫色，基本呈等腰三角形的尖锐圭首，多平尾，偶见圆弧状尾部	12.4	1.8	0.15	6.5	整	
M25：2-2	紫色，基本呈等腰三角形的尖锐圭首，多平尾，偶见圆弧状尾部	12.2	2.5	0.1	5.8	尾残	
M25：2-3	紫色，基本呈等腰三角形的尖锐圭首，多平尾，偶见圆弧状尾部	11.8	2.2	0.2	13.1	尾残	
M25：2-4	紫色，基本呈等腰三角形的尖锐圭首，多平尾，偶见圆弧状尾部	9.8	1.7	0.15	7.1	整	
M25：2-5	紫色，基本呈等腰三角形的尖锐圭首，多平尾，偶见圆弧状尾部	9.8	2.3	0.2	12.6	尖、尾残	
M25：2-6	紫色，基本呈等腰三角形的尖锐圭首，多平尾，偶见圆弧状尾部	9.7	2.1	0.1	5.3	尖残	
M25：2-7	紫色，基本呈等腰三角形的尖锐圭首，多平尾，偶见圆弧状尾部	8.8	2.1	0.15	7.6	尾残	
M25：2-8	紫色，基本呈等腰三角形的尖锐圭首，多平尾，偶见圆弧状尾部	8.5	1.8	0.1	4.5	尾残	
M25：2-9	紫色，基本呈等腰三角形的尖锐圭首，多平尾，偶见圆弧状尾部	8.7	2	0.1	4.8	整	
M25：2-10	紫色，基本呈等腰三角形的尖锐圭首，多平尾，偶见圆弧状尾部	7.4	2	0.15	6.1	整	
M25：2-11	紫色，基本呈等腰三角形的尖锐圭首，多平尾，偶见圆弧状尾部	7.3	2.6	0.2	9.3	整	
M25：2-12	紫色，基本呈等腰三角形的尖锐圭首，多平尾，偶见圆弧状尾部	7.5	2.6	0.1～0.2	9.7	尖、尾残	
M25：2-13	紫色，基本呈等腰三角形的尖锐圭首，多平尾，偶见圆弧状尾部	6.3	2.3	0.1～0.2	7.4	尖稍残、尾残	
M25：2-14	紫色，基本呈等腰三角形的尖锐圭首，多平尾，偶见圆弧状尾部	7.2	1.9	0.1	3.9	尾残	

续表

编号	特征	长	最宽	厚	重量	残损情况	备注
M25：2-15	紫色，基本呈等腰三角形的尖锐圭首，多平尾，偶见圆弧状尾部	6.4	1.6	0.2	5	整	
M25：2-16	紫色，基本呈等腰三角形的尖锐圭首，多平尾，偶见圆弧状尾部	5.7	2.3	0.1	3.8	整	
M25：2-17	紫色，基本呈等腰三角形的尖锐圭首，多平尾，偶见圆弧状尾部	5.5	2.2	0.25	6.6	尾残	
M25：2-18	紫色，基本呈等腰三角形的尖锐圭首，多平尾，偶见圆弧状尾部	5.7	1.4	0.1	1.7	整	
M25：2-19	紫色，基本呈等腰三角形的尖锐圭首，多平尾，偶见圆弧状尾部	6	1.4	0.15	2.9	尾残	
M25：2-20	紫色，基本呈等腰三角形的尖锐圭首，多平尾，偶见圆弧状尾部	5.4	2.1	0.2	4.3	尾残	
M25：2-21	紫色，基本呈等腰三角形的尖锐圭首，多平尾，偶见圆弧状尾部	6.5	1.7	0.1	3.5	尾残	
M25：2-22	紫色，基本呈等腰三角形的尖锐圭首，多平尾，偶见圆弧状尾部	6.3	1.3	0.1	1.5	尾残	
M25：2-23	紫色，基本呈等腰三角形的尖锐圭首，多平尾，偶见圆弧状尾部	6.2	1.2	0.2	2.5	尾稍残	
M25：2-24	紫色，基本呈等腰三角形的尖锐圭首，多平尾，偶见圆弧状尾部	5.5	1.3	0.1	1.3	身、尾残	
M25：2-25	紫色，基本呈等腰三角形的尖锐圭首，多平尾，偶见圆弧状尾部	3.1	0.9	0.1	1.1	身、尾残	
M25：2-26	紫色，基本呈等腰三角形的尖锐圭首，多平尾，偶见圆弧状尾部	6.5	1	0.1	1.3	尾残	
M25：2-27	紫色，基本呈等腰三角形的尖锐圭首，多平尾，偶见圆弧状尾部	3.7	1.4	0.15	1.3	身、尾残	
M25：2-28	紫色，基本呈等腰三角形的尖锐圭首，多平尾，偶见圆弧状尾部	4	1.1	0.1	1.3	身、尾残	
M25：2-29	紫色，基本呈等腰三角形的尖锐圭首，多平尾，偶见圆弧状尾部	4.3	1.3	0.15	1.3	身、尾残	
M25：2-30	紫色，基本呈等腰三角形的尖锐圭首，多平尾，偶见圆弧状尾部	5.9	2.6	0.2～0.3	5.9	首残	
M25：2-31	紫色，基本呈等腰三角形的尖锐圭首，多平尾，偶见圆弧状尾部	5.2	1.3	0.3～0.4	4	首残	
M25：2-32	紫色，基本呈等腰三角形的尖锐圭首，多平尾，偶见圆弧状尾部	3.4	1.6	0.15	1.3	身、尾残	
M25：2-33	紫色，基本呈等腰三角形的尖锐圭首，多平尾，偶见圆弧状尾部	3.7	1.7	0.15	1.5	首、尾残	
M25：2-34	紫色，基本呈等腰三角形的尖锐圭首，多平尾，偶见圆弧状尾部	3.7	1.5	0.1～0.2	1.6	首残	
M25：2-35	紫色，基本呈等腰三角形的尖锐圭首，多平尾，偶见圆弧状尾部	3	1.4	0.1	0.5	身、尾残	
M25：2-36	紫色，基本呈等腰三角形的尖锐圭首，多平尾，偶见圆弧状尾部	4.8	1.4	0.15	1.2	首残	
M25：2-37	紫色，基本呈等腰三角形的尖锐圭首，多平尾，偶见圆弧状尾部	3.7	1.5	0.2	1.4	身、尾残	
M25：2-38	紫色，基本呈等腰三角形的尖锐圭首，多平尾，偶见圆弧状尾部	3.9	1.7	0.2	2.3	首残	
M25：2-39	紫色，基本呈等腰三角形的尖锐圭首，多平尾，偶见圆弧状尾部	4.5	1.7	0.15	1.8	首、尾残	

续表

编号	特征	长	最宽	厚	重量	残损情况	备注
M25：7	紫色，片状直身，平尾，尾一角斜刹	6.6	2.8	0.2	4.3	首、身残	
M31：2	紫色，形体较小，薄片状，圭首尖锐，与圭身相接处基本无转折或转折不明显，平尾	8.5	2	0.2	7.4		
M31：3-1	紫色，形体较小，薄片状，圭首尖锐，与圭身相接处基本无转折或转折不明显，平尾	9.1	1	0.3	5	尾残	
M31：3-2	紫色，形体较小，薄片状，圭首尖锐，与圭身相接处基本无转折或转折不明显，平尾	7.6	2	0.2	6.3	尾残	
M31：3-3	紫色，形体较小，薄片状，圭首尖锐，与圭身相接处基本无转折或转折不明显，平尾	5.9	1.8	0.1	2.9	尾稍残	
M31：3-4	紫色，形体较小，薄片状，圭首尖锐，与圭身相接处基本无转折或转折不明显，平尾	6.5	2	0.25	5.3	首残	
M31：3-5	紫色，形体较小，薄片状，圭首尖锐，与圭身相接处基本无转折或转折不明显，平尾	4.1	1.6	0.2	3		
M31：3-6	紫色，形体较小，薄片状，圭首尖锐，与圭身相接处基本无转折或转折不明显，平尾	3.7	1	0.25	2.1	尾残	
M31：3-7	紫色，形体较小，薄片状，圭首尖锐，与圭身相接处基本无转折或转折不明显，平尾	3.6	1.8	0.1	1.1		
M31：3-8	紫色，形体较小，薄片状，圭首尖锐，与圭身相接处基本无转折或转折不明显，平尾	3.9	1.3	0.1	1.1	尾残	
M31：4-1	紫色，形体较小，薄片状，圭首尖锐，与圭身相接处基本无转折或转折不明显，平尾	8.8	1.6	0.2	6.1		
M31：4-2	紫色，形体较小，薄片状，圭首尖锐，与圭身相接处基本无转折或转折不明显，平尾	8.5	1.5	0.2	5.1		
M31：4-3	紫色，形体较小，薄片状，圭首尖锐，与圭身相接处基本无转折或转折不明显，平尾	7.4	1.5	0.15	4.5		

续表

编号	特征	长	最宽	厚	重量	残损情况	备注
M38：2	灰黑色，圭首尖锐，与圭身相接处不见转折，直身。截面呈长方形。通体磨光，器表残余零星细线状磨划痕迹	24.1	5.3	0.95	157.3	尾残	
M38：3-1	紫色，体形较小，尖首条形，圭首与圭身相接处转折均不甚明显，基本平尾	9.9	2.2	0.25	9.8		
M38：3-2	紫色，体形较小，尖首条形，圭首与圭身相接处转折均不甚明显，基本平尾	9.7	2.6	0.3～0.4	15.3		
M38：3-3	紫色，体形较小，尖首条形，圭首与圭身相接处转折均不甚明显，基本平尾	7.5	1.7	0.2	5.5		
M38：3-4	紫色，体形较小，尖首条形，圭首与圭身相接处转折均不甚明显，尾一角斜刹	6.7	1.6	0.15	4.9		
M38：3-5	紫色，体形较小，尖首条形，圭首与圭身相接处转折均不甚明显，基本平尾	7	1.5	0.2～0.3	6.3		
M38：3-6	紫色，体形较小，尖首条形，圭首与圭身相接处转折均不甚明显，基本平尾	5.5	1.6	0.2	3.6		
M38：3-7	紫色，体形较小，尖首条形，圭首与圭身相接处转折均不甚明显，基本平尾	7.8	2.2	0.3	10.2		
M38：3-8	紫色，体形较小，尖首条形，圭首与圭身相接处转折均不甚明显，基本平尾	6.5	2.1	0.4	10.8		
M38：3-9	紫色，体形较小，尖首条形，圭首与圭身相接处转折均不甚明显，基本平尾	6.8	1.8	0.3	7.7		
M38：3-10	紫色，体形较小，尖首条形，圭首与圭身相接处转折均不甚明显，尾稍弧	6.9	1.7	0.35	6.5		
M38：3-11	紫色，体形较小，尖首条形，圭首与圭身相接处转折均不甚明显，基本平尾	6.7	2.1	0.4	8.5		
M38：3-12	紫色，体形较小，尖首条形，圭首与圭身相接处转折均不甚明显，基本平尾	9.5	3.6	0.3～0.5	27.6		
M38：3-13	紫色，体形较小，尖首条形，圭首与圭身相接处转折均不甚明显，基本平尾	7.9	1.8	0.2	5.6		
M38：3-14	紫色，体形较小，尖首条形，圭首与圭身相接处转折均不甚明显，基本平尾	6.8	1.9	0.3	3.9		
M38：3-15	紫色，体形较小，尖首条形，圭首与圭身相接处转折均不甚明显，基本平尾	6.7	2.1	0.15	3.7		
M38：3-16	紫色，体形较小，尖首条形，圭首与圭身相接处转折均不甚明显，基本平尾	5.1	0.9	0.1	0.8		
M38：3-17	紫色，体形较小，尖首条形，圭首与圭身相接处转折均不甚明显，基本平尾	4.6	1.4	0.1	1		
M38：3-18	紫色，体形较小，尖首条形，圭首与圭身相接处转折均不甚明显，基本平尾	6.7	1.4	0.15	2.2		
M38：3-19	紫色，体形较小，尖首条形，圭首与圭身相接处转折均不甚明显，基本平尾	5.7	1.7	0.65	8.1		
M38：3-20	紫色，体形较小，尖首条形，圭首与圭身相接处转折均不甚明显，基本平尾	3.8	1.85	0.2	1.9		
M38：3-21	紫色，体形较小，尖首条形，圭首与圭身相接处转折均不甚明显，基本平尾	3.8	1.6	0.25	1.5		
M38：3-22	紫色，体形较小，尖首条形，圭首与圭身相接处转折均不甚明显，基本平尾	6.1	1.8	0.2	2.5		
M38：3-23	紫色，体形较小，尖首条形，圭首与圭身相接处转折均不甚明显，基本平尾	3.8	1.7	0.15	1.2		

续表

编号	特征	长	最宽	厚	重量	残损情况	备注
M38：3-24	紫色，体形较小，尖首条形，圭首与圭身相接处转折均不甚明显，基本平尾	3.2	1.1	0.15	0.7		
M38：3-25	紫色，体形较小，尖首条形，圭首与圭身相接处转折均不甚明显，基本平尾	8.1	1.9	0.35	8.4		
M38：3-26	紫色，体形较小，尖首条形，圭首与圭身相接处转折均不甚明显，基本平尾	6.6	1.8	0.35	5.9		
M38：3-27	紫色，体形较小，尖首条形，圭首与圭身相接处转折均不甚明显，基本平尾	3.7	1	0.2	1.1		
M38：3-28	紫色，体形较小，尖首条形，圭首与圭身相接处转折均不甚明显，基本平尾	6.6	1.8	0.15	2.2		
M38：3-29	紫色，体形较小，尖首条形，圭首与圭身相接处转折均不甚明显，基本平尾	4.1	1.5	0.15	1.5		
M38：3-30	紫色，体形较小，尖首条形，圭首与圭身相接处转折均不甚明显，基本平尾	8.4	1.6	0.35	6.3		
M38：3-31	紫色，体形较小，尖首条形，圭首与圭身相接处转折均不甚明显，基本平尾	4.1	1.2	0.3	1.4		
M38：3-32	紫色，体形较小，尖首条形，圭首与圭身相接处转折均不甚明显，基本平尾	4.8	1	0.3	1.8		
M38：3-33	紫色，体形较小，尖首条形，圭首与圭身相接处转折均不甚明显，基本平尾	8.2	3.6	0.25	7.9		
M38：3-34	紫色，体形较小，尖首条形，圭首与圭身相接处转折均不甚明显，基本平尾	9.7	2.3	0.45	15.3		
M38：3-35	紫色，体形较小，尖首条形，圭首与圭身相接处转折均不甚明显，基本平尾	8.8	2.5	0.2～0.5	10.8		
M38：3-36	紫色，体形较小，尖首条形，圭首与圭身相接处转折均不甚明显，基本平尾	13.2	2.6	0.25	11.5		
M38：3-37	紫色，体形较小，尖首条形，圭首与圭身相接处转折均不甚明显，基本平尾	13	3.1	0.1～0.35	20.2		
M38：3-38	紫色，体形较小，尖首条形，圭首与圭身相接处转折均不甚明显，基本平尾	17.8	2	0.1～0.65	27.6	尾残	
M38：3-39	紫色，体形较小，尖首条形，圭首与圭身相接处转折均不甚明显，基本平尾	5	2.6	0.25	5.6		
M38：3-40	紫色，体形较小，尖首条形，圭首与圭身相接处转折均不甚明显，基本平尾	5.2	1.9	0.3	4.9		
M38：3-41	紫色，体形较小，尖首条形，圭首与圭身相接处转折均不甚明显，基本平尾	3.5	2	0.2	2.5		
M38：3-42	紫色，体形较小，尖首条形，圭首与圭身相接处转折均不甚明显，尾略弧	6.2	1.8	0.3	5		
M38：3-43	紫色，体形较小，尖首条形，圭首与圭身相接处转折均不甚明显，基本平尾	4.3	1.2	0.6	4.9		
M38：3-44	紫色，体形较小，尖首条形，圭首与圭身相接处转折均不甚明显，基本平尾	4	1.3	0.2	1.9		
M38：3-45	紫色，体形较小，尖首条形，圭首与圭身相接处转折均不甚明显，基本平尾	3.9	1.3	0.1～0.3	2.6		
M38：3-46	紫色，体形较小，尖首条形，圭首与圭身相接处转折均不甚明显，基本平尾	20.5	3.1	0.2～0.6	68.1	尾残	
M38：3-47	紫色，体形较小，尖首条形，圭首与圭身相接处转折均不甚明显，基本平尾	15.8	5.1	0.15	26.1	尾残	
M38：3-48	紫色，体形较小，尖首条形，圭首与圭身相接处转折均不甚明显，基本平尾	8.8	2.5	0.2	7.5		

续表

编号	特征	长	最宽	厚	重量	残损情况	备注
M38：3-49	紫色，体形较小，尖首条形，圭首与圭身相接处转折均不甚明显，基本平尾	6.8	1.4	0.2～0.4	5.2		
M38：3-50	紫色，体形较小，尖首条形，圭首与圭身相接处转折均不甚明显，基本平尾	4.9	2	0.2	2.6		
M38：3-51	紫色，体形较小，尖首条形，圭首与圭身相接处转折均不甚明显，基本平尾	5	2.1	0.15	2.4		
M38：3-52	紫色，体形较小，尖首条形，圭首与圭身相接处转折均不甚明显，基本平尾	7	2.4	0.1	4.1		
M38：3-53	紫色，体形较小，尖首条形，圭首与圭身相接处转折均不甚明显，基本平尾	5.3	1.8	0.2	3.6		
M38：3-54	紫色，体形较小，尖首条形，圭首与圭身相接处转折均不甚明显，基本平尾	5	2	0.25	4		
M38：3-55	紫色，体形较小，尖首条形，圭首与圭身相接处转折均不甚明显，基本平尾	7	1.9	0.2	2.7		
M38：3-56	紫色，体形较小，尖首条形，圭首与圭身相接处转折均不甚明显，基本平尾	4	1.8	0.2	2.6		
M38：3-57	紫色，体形较小，尖首条形，圭首与圭身相接处转折均不甚明显，基本平尾	4.2	1.5	0.2	1.9		
M38：3-58	紫色，体形较小，尖首条形，圭首与圭身相接处转折均不甚明显，基本平尾	4.8	1.9	0.1	1.5		
M38：3-59	紫色，体形较小，尖首条形，圭首与圭身相接处转折均不甚明显，基本平尾	6.7	1	0.2	1.5		
M38：3-60	紫色，体形较小，尖首条形，圭首与圭身相接处转折均不甚明显，基本平尾	4.4	1.3	0.1	1		
M38：3-61	紫色，体形较小，尖首条形，圭首与圭身相接处转折均不甚明显，基本平尾	4.6	1.4	0.15	1.3		
M38：3-62	紫色，体形较小，尖首条形，圭首与圭身相接处转折均不甚明显，基本平尾	3.8	0.9	0.15	1.2		
M38：3-63	紫色，体形较小，尖首条形，圭首与圭身相接处转折均不甚明显，基本平尾	2.3	1.3	0.1	0.5		
M38：3-64	紫色，体形较小，尖首条形，圭首与圭身相接处转折均不甚明显，基本平尾	2.3	1.4	0.3	1.3		
M38：3-65	紫色，体形较小，尖首条形，圭首与圭身相接处转折均不甚明显，基本平尾	2.8	1.3	0.25	1		

附表二　铜钱统计表

编号	种类	特征、记号	尺寸/厘米					重量/克	型别
			钱径	穿宽	郭宽	郭厚	肉厚		
M6：7-1	半两		1.95	0.2			0.1	2.3	
M6：7-2	半两		2.1	0.4			0.1	2.4	
M7：1	五铢	穿上一横，边缘有周郭，无内郭	2.15	0.55		0.15	0.1	4.4	Ae
M16：9-1	五铢		2.5	0.85	1.1	0.15	0.08	4.5	Ac
M16：9-2	五铢		2.5	0.85	1.2	0.18	0.1	4.5	Ac
M16：9-3	五铢		2.5	0.85	1.08	0.1	0.07	3.8	Ad
M16：9-4	五铢		2.5	0.88	1.18	0.15	0.08	4.3	Ad
M16：9-5	五铢		2.58	0.95	1.25	0.18	0.1	4.9	Ad
M16：9-6	五铢		2.52	0.9	1.18	0.12	0.07	4.2	Ad
M16：9-7	五铢		2.5	0.8	1.15	0.14	0.08	4.5	Cf
M16：9-8	五铢		2.58	0.95	1.15	0.15	0.09	4.6	Cf
M16：9-9	五铢	穿上一横	2.5	0.95	1.2	0.2	0.1	3.8	Cf
M16：9-10	五铢		2.55	0.9	1.1	0.2	0.1	3.8	Cf
M16：9-11	五铢		2.65	0.95	1.2	0.2	0.1	4.2	Cf
M16：9-12	五铢		2.61	1.08	1.25	0.2	0.1	4.1	Cf
M16：9-13	五铢	穿上一横	2.6	0.92	1.15	0.21	0.14	4.3	Cf
M16：9-14	五铢		2.55	1	1.3	0.25	0.15	4.9	Cf
M16：9-15	五铢		2.55	0.9	1.22	0.25	0.1	4.5	Cf
M16：9-16	五铢		2.5	0.95	1.3	0.22	0.15	4.4	Cf
M16：9-17	五铢	穿下半星	2.55	1	1.2	0.22	0.1	4.3	Cf
M16：9-18	五铢		2.55	0.95	1.2	0.25	0.1	4.1	Cf
M16：9-19	五铢		2.58	0.95	1.28	0.25	0.12	4.2	Cf
M16：9-20	五铢		2.55	0.98	1.25	0.22	0.11	4.3	Cf
M16：9-21	五铢	穿上一横	2.52	0.9	1.15	0.22	0.1	4.4	Cb
M16：9-22	五铢		2.55	0.98	1.2	0.22	0.12	4.2	Cb
M16：9-23	五铢		2.55	0.95	1.2	0.25	0.1	4.7	Cb
M17：1-23	半两		2.41	0.85			0.09	2.5	Cc
M17：1-24	半两		2.35	0.8			0.1	2.3	Ac
M17：1-25	半两		2.38	0.9			0.12	3.1	Ac
M17：1-26	半两		2.31	0.78			0.11	2.4	Ac
M17：1-27	半两	浇口在右上角，宽0.52厘米	2.38	0.85			0.1	2.2	Ac
M17：1-28	半两		2.31	0.81			0.1	2.5	Ac
M17：1-29	半两		2.36	0.75			0.11	2.5	Af
M17：1-30	半两		2.32	0.8			0.1	2.2	Af
M17：1-31	半两		2.32	0.8			0.11	2.6	Ae
M17：1-32	半两	面有雨丝纹	2.38	0.85			0.1	2.3	Ae

续表

编号	种类	特征、记号	尺寸/厘米					重量/克	型别
			钱径	穿宽	郭宽	郭厚	肉厚		
M17：1-33	半两		2.3	0.8			0.15	3	Ae
M17：1-34	半两		2.32	0.68			0.1	2.3	Ae
M17：1-35	半两		2.3	0.81			0.1	2.3	Af
M17：1-36	半两		2.3	0.81			0.11	2.4	Af
M17：1-37	半两		2.38	0.78			0.11	2.4	Ac
M17：1-38	半两	浇口在右上角，宽0.5厘米，内部有砂眼	2.38	0.8			0.12	3	Ae
M17：1-39	半两		2.38	0.85			0.1	2.7	Ae
M17：1-40	半两		2.38	0.8			0.1	2.8	Ae
M17：1-41	半两		2.4	0.81			0.12	2.7	Ae
M17：1-42	半两		2.31	0.81			0.12	2.4	Ae
M17：1-43	半两	面有雨丝纹	2.4	0.78			0.1	2.6	Ae
M17：1-44	半两		2.39	0.82			0.1	2.1	Ae
M17：1-45	半两		2.45	0.74			0.15	3.2	
M17：1-46	半两	浇口在左下角，宽0.4厘米	2.42	0.81			0.1	2.7	
M17：1-47	半两	浇口在下方偏左，宽0.4厘米	2.3	0.8			0.11	2.5	Db
M17：1-48	半两		2.35	0.75			0.1	2.3	Db
M17：1-49	半两		2.32	0.8			0.11	2.3	Db
M17：1-50	半两		2.32	0.79			0.1	2.7	Da
M17：1-51	半两		2.35	0.8			0.1	2.4	Da
M17：1-52	半两		2.4	0.75			0.12	3.1	Da
M17：1-53	半两		2.32	0.8			0.1	2.1	Da
M17：1-54	半两		2.49	0.7			0.11	2.7	Da
M17：1-55	半两		2.5	0.75			0.1	2.7	Da
M17：1-56	半两		2.45	0.7			0.1	2.6	Da
M17：1-57	半两		2.45	0.81			0.11	2.3	Da
M17：1-58	半两		2.35	0.7			0.1	2.4	Da
M17：1-59	半两		2.32	0.78			0.1	2.5	Da
M17：1-60	半两		2.41	0.82			0.1	2.8	Da
M17：1-61	半两		2.4	0.68			0.1	3.3	Da
M17：1-62	半两		2.31	0.68			0.12	3	Da
M17：1-63	半两		2.3	0.72			0.1	2.5	Da
M17：1-64	半两	浇口在左下角，宽0.3厘米	2.3	0.55			0.11	2.2	Da
M17：1-65	半两	正面有外郭	2.25	0.88		0.1	0.08	2.2	Da
M17：1-66	半两	浇口在右下角，宽0.38厘米	2.32	0.8			0.11	2.4	Da
M17：1-67	半两		2.4	0.82			0.1	3	Eb
M17：1-68	半两		2.4	0.81			0.15	2.9	Bc
M17：1-69	半两		2.32	0.78			0.12	2.6	Bc
M17：1-70	半两		2.3	0.75			0.12	2.2	Bc

续表

编号	种类	特征、记号	尺寸/厘米					重量/克	型别
			钱径	穿宽	郭宽	郭厚	肉厚		
M17：1-71	半两	浇口在左下角，宽0.52厘米	2.35	0.8			0.12	3.2	Bd
M17：1-72	半两		2.4	0.69			0.1	3.4	Ag
M17：1-73	半两		2.32	0.92			0.12	2.7	Ae
M17：1-74	半两		2.39	0.85			0.12	2.7	Ac
M17：1-75	半两		2.31	0.78			0.1	2.4	Ac
M17：1-76	半两		2.38	0.82			0.15	2.9	Ac
M17：1-77	半两		2.4	0.68			0.11	2.8	Ac
M17：1-78	半两		2.45	0.84			0.1	2	Aa
M17：1-79	半两	浇口在左上角，宽0.3厘米	2.3	0.69			0.09	2.2	Aa
M17：1-80	半两		2.4	0.81			0.1	2.3	Aa
M17：1-81	半两		2.4	0.75			0.15	2.5	Aa
M17：1-82	半两		2.4	0.71			0.11	2.5	Aa
M17：1-83	半两		2.42	0.81			0.1	2.2	Aa
M17：1-84	半两		2.4	1			0.1	2.2	Aa
M17：1-85	半两		2.32	0.9			0.12	2.6	Aa
M17：1-86	半两	浇口在下方，宽0.7厘米	2.31	0.89			0.11	2.4	Aa
M17：1-87	半两		2.48	0.65			0.15	3.2	Aa
M17：1-88	半两		2.4	0.95			0.15	2.7	Aa
M17：1-89	半两	浇口在右上角，宽0.4厘米	2.45	0.81			0.11	2.9	Aa
M17：1-90	半两		2.45	0.89			0.1	2.5	Aa
M17：1-91	半两		2.38	0.8			0.12	2.5	Aa
M17：1-92	半两		2.41	0.85			0.11	2.4	Aa
M17：1-93	半两		2.38	0.89			0.14	2.5	Aa
M17：1-94	半两		2.4	0.8			0.18	2.5	Aa
M17：1-95	半两		2.45	0.81			0.11	2.7	Aa
M17：1-96	半两		2.4	0.79			0.1	2.6	Aa
M17：1-97	半两		2.42	0.81			0.1	2.4	Aa
M17：1-98	半两		2.4	0.71			0.12	2.6	Ee
M17：1-99	半两		2.31	0.8			0.12	2.7	Ee
M17：1-100	半两	浇口在左上角，宽0.35厘米	2.31	0.71			0.1	2.8	Ee
M17：1-101	半两		2.35	0.7			0.12	2.7	Da
M17：1-102	半两		2.32	0.8			0.1	2.7	Da
M17：1-103	半两		2.38	0.75			0.1	2.5	Da
M17：1-104	半两		2.4	0.7			0.16	3.5	Da
M17：1-105	半两		2.32	0.75			0.1	2.7	Da
M17：1-105	半两		2.32	0.69			0.1	2.5	Da
M17：1-107	半两		2.35	0.72			0.12	2.3	Da
M17：1-108	半两		2.38	0.7			0.1	3.2	Da

续表

编号	种类	特征、记号	尺寸/厘米					重量/克	型别
			钱径	穿宽	郭宽	郭厚	肉厚		
M17：1-109	半两		2.29	0.8			0.15	3.1	Da
M17：1-110	半两		2.38	0.8			0.12	2.8	Da
M17：1-111	半两	面有雨丝纹	2.4	0.8			0.1	2.8	Da
M17：1-112	半两		2.41	0.79			0.14	4.1	Da
M17：1-113	半两		2.3	0.8			0.11	2.8	Da
M17：1-114	半两		2.38	0.92			0.1	2.5	Da
M17：1-115	半两		2.41	0.71			0.11	2.7	Da
M17：1-116	半两		2.42	0.9			0.12	2.8	Da
M17：1-117	半两		2.3	0.9			0.12	2.7	Da
M17：1-118	半两		2.32	0.72			0.1	2.8	
M17：1-119	半两		2.5	0.72			0.14	2.9	
M17：1-120	半两	浇口在左上角，宽2.65厘米	2.38	0.7			0.1	2.8	
M17：1-121	半两		2.25	0.75			0.1	1.7	
M17：1-122	半两		2.2	0.68			0.12	2.2	
M17：1-123	半两		2.3	0.85			0.11	2.8	
M17：1-124	半两	浇口在右下角，宽0.52厘米	2.38	0.85			0.12	3	
M17：1-125	半两		2.39	0.8			0.1	2.4	
M17：1-126	半两		2.38	0.81			0.15	2.9	
M17：1-127	半两		2.38	0.8			0.1	2.5	
M17：1-128	半两		2.39	0.6			0.1	2.9	
M17：1-129	半两		2.3	0.7			0.1	2.5	
M17：1- 130、131	半两		2.4	0.7			0.08 0.1	3.6	
M17：1- 132、133	半两		2.4	0.75			0.22	4.7	Da
M17：1-134	五铢	穿上一横	2.4	0.88	1.2	0.26	0.15	4.2	Ce
M17：1-135	五铢		2.3	0.9	1.28	0.29	0.12	2.6	
M17：1-136	半两		2.29	0.85		0.12	0.1	2.8	Fb
M17：1-137	半两	浇口在上方，宽0.32厘米	2.15	0.8		0.12	0.1	2.4	Fa
M17：1-138	半两		2.15	0.8		0.1	0.08	2.2	Fa
M17：1-139	半两		2.15	0.81		0.12	0.1	2.2	Fc
M17：1-140	半两		2.4	0.75			0.11	3.1	Ba
M17：1-141	半两		2.51	0.75			0.1	3.3	Ba
M17：1-142	半两	浇口在右上角，宽0.41厘米	2.41	0.65			0.11	3	Ba
M17：1-143	半两		2.42	0.75			0.1	2.9	Ba
M17：1-144	半两	浇口在上方，宽0.48厘米	2.5	0.8			0.1	2.6	Ba
M17：1-145	半两	浇口在左上方，宽0.4厘米	2.42	0.8			0.11	3.6	Ba
M17：1-146	半两		2.55	0.8			0.1	3	Bf

续表

编号	种类	特征、记号	尺寸/厘米					重量/克	型别
			钱径	穿宽	郭宽	郭厚	肉厚		
M17：1-147	半两	浇口在右上角，宽0.41厘米	2.5	0.75			0.1	2.3	Bg
M17：1-148	半两		2.42	0.72			0.11	2.8	Bg
M17：1-149	半两		2.4	0.8			0.1	2.8	Bg
M17：1-150	半两		2.4	0.78			0.11	2.7	Aa
M17：1-151	半两	浇口在右下方，宽0.4厘米	2.45	0.65			0.1	3.5	Dc
M17：1-152	半两		2.48	0.69			0.09	2.1	Da
M17：1-153	半两		2.38	0.75			0.1	2.6	Da
M17：1-154	半两		2.58	0.8			0.1	2.7	Da
M17：1-155	半两	浇口在左上角，宽0.55厘米	2.35	0.79			0.1	2.6	Da
M17：1-156	半两		2.55	0.78			0.11	2.2	Da
M17：1-157	半两		2.4	0.79			0.1	2.3	Da
M17：1-158	半两	浇口在左上角，宽0.6厘米	2.45	0.8		0.11	0.1	3.1	Fc
M17：1-159	半两		2.3	0.7			0.1	2.6	Ec
M17：1-160	半两		2.4	0.8			0.12	2.9	Bd
M17：1-161	半两		2.42	0.7			0.11	3	Bd
M17：1-162	半两	浇口在右上角，宽0.6厘米	2.4	0.75			0.11	3	Bd
M17：1-163	半两	浇口在左上角，宽0.5厘米	2.36	0.7			0.1	2.9	Bd
M17：1-164	半两		2.4	0.88			0.13	2.6	Bd
M17：1-165	半两		2.38	0.78			0.11	3	Bd
M17：1-166	半两		2.35	0.8			0.1	2.5	Bc
M17：1-167	半两		2.32	0.65			0.1	2.9	Bc
M17：1-168	半两		2.5	0.85			0.11	3	Bc
M17：1-169	半两		2.4	0.75			0.11	2.5	Bc
M17：1-170	半两	浇口在左上角，宽0.68厘米	2.42	0.72			0.08	2.1	Bc
M17：1-171	半两		2.4	0.78			0.1	2.8	Bc
M17：1-172	半两		2.4	0.7			0.1	2.3	Bc
M17：1-173	半两	上下皆有浇口，宽0.49、0.6厘米	2.35	0.75			0.11	2.8	Aa
M17：1-174	半两		2.42	0.8			0.1	3.1	Aa
M17：1-175	半两	浇口在右下角，宽0.3厘米	2.4	0.65			0.1	2.9	Aa
M17：1-176	半两		2.4	0.8			0.11	2.5	Aa
M17：1-177	半两		2.49	0.7			0.14	3.5	Aa
M17：1-178	半两		2.39	0.85			0.11	2.6	Aa
M17：1-179	半两		2.35	0.69			0.1	2.7	Aa
M17：1-180	半两		2.41	0.8			0.1	3	Aa
M17：1-181	半两	穿左上角刹角。同上	2.36	0.9			0.1	2.7	Aa
M17：1-182	半两	浇口在右上角，宽0.5厘米	2.4	0.82			0.15	3	Aa

续表

编号	种类	特征、记号	尺寸/厘米					重量/克	型别
			钱径	穿宽	郭宽	郭厚	肉厚		
M17：1-183	半两		2.4	0.85			0.1	2.6	Aa
M17：1-184	半两		2.4	0.85			0.1	2.1	Aa
M17：1-185	半两		2.41	0.8			0.11	2.8	Aa
M17：1-186	半两		2.35	0.7			0.1	2.9	Ea
M17：1-187	半两		2.4	0.7			0.12	3.2	Ea
M17：1-188	半两		2.4	0.85			0.09	2.2	Ea
M17：1-189	半两		2.32	0.71			0.1	2.8	Ad
M17：1-190	半两		2.41	0.81			0.12	2.8	Aa
M17：1-191	半两	浇口在右上角，宽0.52厘米	2.38	0.78			0.11	2.6	Aa
M17：1-192	半两		2.4	0.78			0.1	1.9	Aa
M17：1-193	半两		2.31	0.68			0.1	2.8	Aa
M17：1-194	半两	浇口在右上角，宽0.4厘米	2.48	0.8			0.12	3.4	Da
M17：1-195	半两	浇口在左上角，宽0.6厘米	2.32	0.69			0.09	2.8	Da
M17：1-196	半两	浇口在左下角，宽0.65厘米	2.4	0.75			0.12	2.9	Da
M17：1-197	半两	浇口在右下角，宽0.59厘米	2.22	0.78			0.12	2.7	Da
M17：1-198	半两	浇口在右上角，宽0.49厘米	2.24	0.69			0.11	2.8	Da
M17：1-199	半两	圆形不甚规整	2.5	0.75			0.1	2.6	Da
M17：1-200	半两		2.4	0.71			0.11	2.5	Da
M17：1-201	半两		2.3	0.71			0.11	2.7	Da
M17：1-202	半两	浇口在右上角，宽0.8厘米	2.42	0.7			0.11	2.6	Da
M17：1-203	半两		2.28	0.7			0.09	2.6	Da
M17：1-204	半两		2.38	0.9			0.1	2.1	Da
M17：1-205	半两		2.29	0.75			0.09	2	Da
M17：1-206	半两		2.41	0.69			0.1	2.5	Da
M17：1-207	半两		2.49	0.81			0.09	1.9	Da
M17：1-208	半两		2.42	0.62			0.09	2.7	Da
M17：1-209	半两		2.29	0.8			0.1	1.9	Da
M17：1-210	半两	浇口在右上角，宽0.35厘米	2.5	0.8			0.1	2.3	Da
M17：1-211	半两		2.29	0.71			0.09	1.7	Da
M17：1-212	半两		2.31	0.75			0.1	2.4	Da
M17：1-213	半两		2.39	0.81			0.1	2.8	Da
M17：1-214	半两	浇口在右上角，宽0.6厘米	2.39	0.86			0.1	2.4	Da
M17：1-215	半两	“两”字上有砂眼	2.4	0.89			0.1	2.7	Da
M17：1-216	半两		2.38	0.91			0.09	2.5	Da
M17：1-217	半两		2.38	0.88			0.1	2.4	Da
M17：1-218	半两	浇口在左上角，宽0.45厘米	2.39	0.7			0.1	2.5	Dc

续表

编号	种类	特征、记号	尺寸/厘米					重量/克	型别
			钱径	穿宽	郭宽	郭厚	肉厚		
M17：1-219	半两		2.25	0.81			0.09	1.7	Da
M17：1-220	半两		2.49	0.75			0.1	2.1	Da
M17：1-221	半两		2.32	0.7			0.08	2	Da
M17：1-222	半两		2.38	0.8			0.1	2.6	Bd
M17：1-223	半两		2.31	0.65			0.1	2.6	Bd
M17：1-224	半两	浇口在左上角，宽0.48厘米	2.4	0.71			0.15	3.3	Db
M17：1-225	半两		2.35	0.78			0.11	2.8	Da
M17：1-226	半两	浇口在右上角，宽0.55厘米	2.42	0.8			0.11	2.6	Da
M17：1-227	半两		2.5	0.8			0.1	2.4	Dc
M17：1-228	半两	浇口在左上角，宽0.45厘米	2.5	0.8			0.1	2.9	Dc
M17：1-229	半两		2.3	0.69			0.11	2.8	
M17：1-230	半两		2.38	0.91			0.11	2.6	
M17：1-231	半两		2.34	0.7			0.11	2.7	
M17：1-232	半两		2.38	0.88			0.1	3.1	Bb
M17：1-233	半两		2.39	0.7			0.11	3	Bb
M17：1-234	半两		2.35	0.72			0.09	2.3	Bc
M17：1-235	半两	穿上有一半弧	2.4	0.9			0.1	1.5	Bc
M17：1-236	半两		2.32	0.81			0.1	2.5	Ed
M17：1-237	半两	浇口在上方，宽0.4厘米	2.39	0.72			0.11	2.5	Bd
M17：1-238	半两	浇口在上方，宽0.38厘米	2.4	0.8			0.1	2.5	Bd
M17：1-239	半两	浇口在右上方，宽0.55厘米	2.42	0.6			0.1	2.4	Be
M17：1-240	半两		2.4	0.89			0.1	2.6	Db
M17：1-241	半两		2.35	0.95			0.12	2.2	Db
M17：1-242	半两		2.39	0.78			0.1	2.8	Db
M17：1-243	半两		2.3	0.81			0.1	2.3	Db
M17：1-244	半两		2.48	0.85			0.11	2.7	Da
M17：1-245	半两		2.38	0.88			0.09	2.4	Da
M17：1-246	半两	穿上有一短竖	2.32	0.89			0.1	2.9	Da
M17：1-247	半两		2.34	0.78			0.11	2.3	Da
M17：1-248	半两	浇口在左上角，宽0.4厘米	2.38	0.8			0.12	3	Da
M17：1-249	半两		2.36	0.8			0.1	2.2	Da
M17：1-250	半两		2.41	0.81			0.1	2.7	Da
M17：1-251	半两		2.31	0.69			0.09	2.6	Da
M17：1-252	半两	浇口在右上角，宽0.38厘米	2.38	0.69		0.1	0.09	2.3	Fc
M17：1-253	半两		2.35	0.75			0.1	2.5	Ac
M17：1-254	半两		2.3	0.85			0.12	2.5	Ac

续表

编号	种类	特征、记号	尺寸/厘米					重量/克	型别
			钱径	穿宽	郭宽	郭厚	肉厚		
M17：1-255	半两		2.31	0.81			0.09	2.4	Ac
M17：1-256	半两		2.31	0.85			0.12	2.5	Ac
M17：1-257	半两		2.32	0.78			0.11	2.6	Ac
M17：1-258	半两		2.31	0.85			0.1	2.3	Ac
M17：1-259	半两		2.36	0.79			0.1	2.4	Ac
M17：1-260	半两		2.31	0.81			0.11	2.5	Ac
M17：1-261	半两		2.31	0.69			0.1	2.5	Ac
M17：1-262	半两		2.35	0.78			0.1	2.3	Ac
M17：1-263	半两		2.31	0.76			0.11	2.5	Ac
M17：1-264	半两		2.3	0.84			0.1	2.3	Aa
M17：1-265	半两		2.38	0.8			0.1	2.5	Aa
M17：1-266	半两		2.35	0.81			0.12	2.5	Aa
M17：1-267	半两		2.41	0.95			0.11	2.9	Aa
M17：1-268	半两		2.41	0.88			0.1	2.6	Aa
M17：1-269	半两	浇口在右下角，宽0.4厘米	2.41	0.8			0.1	2.4	Aa
M17：1-270	半两		2.3	0.85			0.09	2	Aa
M17：1-271	半两		2.4	0.79			0.11	2.6	Aa
M17：1-272	半两		2.39	0.85			0.1	2.6	Aa
M17：1-273	半两		2.39	0.85			0.1	2.3	Aa
M17：1-274	半两		2.38	0.79			0.1	2.3	Aa
M17：1-275	半两		2.41	0.8			0.11	2.7	Aa
M17：1-276	半两		2.39	0.89			0.1	2.3	Aa
M17：1-277	半两		2.41	0.78			0.1	2.4	Aa
M17：1-278	半两		2.32	0.71			0.1	2	Aa
M17：1-279	半两		2.39	0.8			0.1	2.8	Aa
M17：1-280	半两		2.35	0.8			0.1	2.4	Af
M17：1-281	半两		2.31	0.85			0.11	2.4	Af
M17：1-282	半两	浇口在右下角，宽0.52厘米	2.3	0.8			0.1	2.3	Af
M17：1-283	半两		2.31	0.8			0.1	2.4	Af
M17：1-284	半两		2.31	0.89			0.11	2.9	Ae
M17：1-285	半两	面有雨丝纹	2.41	0.8			0.1	2.2	Ae
M17：1-286	半两		2.38	0.8			0.1	2.7	Ae
M17：1-287	半两	浇口在左下部，宽0.55厘米	2.32	0.91			0.1	2.7	Ae
M17：1-288	半两		2.4	0.89			0.1	2.5	Ae
M17：1-289	半两		2.38	0.79			0.11	2.8	
M17：1-290	半两		2.38	0.79			0.11	2.6	

续表

编号	种类	特征、记号	尺寸/厘米					重量/克	型别
			钱径	穿宽	郭宽	郭厚	肉厚		
M17：1-291	半两		2.3	0.85			0.11	2.6	
M17：1-292	半两		2.31	1.15			0.11	2.5	
M17：1-293	半两		2.38	0.88			0.11	2.6	
M17：1-294	半两		2.39	0.7			0.1	2.6	
M17：1-295	半两		2.38	0.9			0.09	2	
M17：1-296	半两		2.31	0.72			0.11	2.8	
M17：1-297	半两		2.4	0.72			0.12	3.2	
M17：1-298	半两		3.25	0.91			0.11	5.3	Ga
M17：1-299	半两		3.19	0.91			0.14	7.3	Ga
M17：1-300	半两		3.2	0.86			0.1	4.6	Gb
M17：1-301	半两	“半”字旁有砂眼	3.22	0.82			0.12	7.2	Gc
M17：1-302	半两	肉部有砂眼	3.2	0.89			0.18	6.7	Gd
M17：1-303	五铢		2.5	0.95	1.2	2	0.1	3.5	Ac
M20：1-1、2	半两		2.5	0.7			0.1	5.6	
M26：1-1	五铢	穿上一横	2.55	1	1.25	0.19	0.1	3.1	Ca
M26：1-2	五铢		2.55	1	1.25	0.2	0.12	3.9	
M26：1-3	五铢		2.6	0.99	1.22	0.18	0.1	3.3	Ac
M26：1-4	五铢	穿上一横半星	2.6	0.99	1.3	0.2	0.1	3.3	Ag
M26：1-5	五铢		2.6	0.95	1.22	0.22	0.13	3.2	Ag
M26：1-6	五铢		2.58	0.9	1.28	0.2	0.16	4.6	Ag
M26：1-7	五铢		2.61	0.95	1.28	0.22	0.13	4.1	Bd
M26：1-8	五铢		2.62	0.95	1.21	0.21	0.12	3.9	Bd
M26：1-9	五铢		2.61	1	1.3	0.19	0.1	3.4	Bd
M26：1-10	五铢	穿上半星	2.6	0.98	1.25	0.21	0.13	3.8	Bd
M26：1-11	五铢	穿下半星	2.65	0.98	1.21	0.19	0.12	3.5	Bb
M26：1-12	五铢		2.68	0.95	1.28	0.19	0.14	3.7	Bb
M26：1-13	五铢		2.62	0.9	1.31	0.21	0.12	3.7	Bb
M26：1-14	五铢		2.55	1.05	1.3	0.2	0.11	3.5	Bb
M26：1-15	五铢		2.68	0.9	1.25	0.2	0.14	3.9	Bb
M26：1-16	五铢		2.65	0.9	1.29	0.2	0.15	3.3	Bb
M26：1-17	五铢		2.65	1	1.29	0.25	0.14	4.2	Bb
M26：1-18	五铢		2.68	0.95	1.25	0.21	0.13	4.3	Bb
M26：1-19	五铢		2.51	0.95	1.22	0.2	0.1	3.8	Bb
M26：1-20	五铢		2.5	0.9	1.25	0.2	0.15	3.2	Bg
M26：1-21	五铢		2.62	0.95	1.28	0.22	0.16	4.3	Bg

续表

编号	种类	特征、记号	尺寸/厘米					重量/克	型别
			钱径	穿宽	郭宽	郭厚	肉厚		
M26：1-22	五铢		2.68	0.95	1.31	0.21	0.13	4	Bg
M26：1-23	五铢	穿上一横	2.65	0.92	1.25	0.2	0.12	4.3	Bf
M26：1-24	五铢	穿上一横	2.61	1	1.3	0.21	0.15	4.9	Bd
M26：1-25	五铢		2.61	0.95	1.29	0.25	0.15	3.4	Bg
M26：1-26	五铢		2.6	0.95	1.21	0.21	0.13	4.5	Bg
M27：3	五铢	穿上一横	2.15	0.55	1.1	0.1	0.08	3.9	Bf
M27：4-1	五铢		2.5	1	1.25	0.15	0.1	3.5	Ca
M27：4-2	五铢	穿下半星	2.58	0.7	1.2	0.2	0.1	3.9	Af
M27：4-3	五铢	穿下半星	2.61	0.9	1.4	0.2	0.1	3.6	Be
M28：2	五铢	穿下半星	2.2	0.5	0.2	0.16	0.13	4.5	Cf
M29：7-1	五铢	穿下半星	2.2	0.45	0.25	0.1	0.08	4.8	Ae
M29：7-2	五铢	穿上一横	2.7	0.85	0.3	0.12	0.1	4.6	Cf
M36：1	五铢	穿下半星	2.1	0.5	0.6	0.1	0.08	3.2	Aa
M36：2-1	五铢		2.58	0.95	1.1	0.1	0.06	3.5	Bc
M36：2-2	五铢		2.5	0.9	1.25	0.12	0.05	2.5	Bc
M36：2-3	五铢	穿下半星	2.6	0.8	1.1	0.15	0.09	4.1	Ba
M36：2-4	五铢		2.7	0.9	1.2	0.1	0.06	4	Ba
M36：2-5	五铢		2.58	0.9	1.2	0.1	0.05	4.1	Ba
M36：2-6	五铢		2.6	0.9	1.2	0.1	0.04	3.2	Ba
M36：2-7	五铢		2.65	0.9	1.1	0.1	0.05	4	Ba
M36：2-8	五铢		2.6	0.9	1.18	0.12	0.05	3.6	Ba
M36：2-9	五铢	穿上一横	2.5	0.95	1.2	0.15	0.06	4.1	Ba
M36：2-10	五铢	穿下一横	2.6	0.95	1.2	0.15	0.06	4.1	Ba
M36：2-11	五铢		2.5	0.9	1.1	0.1	0.06	4.2	Ba
M36：2-12	五铢		2.5	0.9	1.1	0.15	0.05	2.8	Bb
M36：2-13	五铢	穿下半星	2.5	0.85	1.15	0.1	0.06	2.9	Bg
M36：2-14	五铢	穿上一横	2.5	0.85	1.1	0.1	0.08	3.9	Ca
M36：2-15	五铢		2.5	0.85	1.2	0.1	0.06	3.3	Ca
M36：2-16	五铢		2.5	0.85	1.25	0.1	0.05	4.2	Ca
M36：10-1	五铢		2.6	0.9	1.15	0.12	0.09	3.7	Ba
M36：10-2	五铢	穿下半星	2.6	1	1.25	0.15	0.1	4	Ba
M36：10-3	五铢	穿下半星	2.6	0.95	1.18	0.15	0.09	3.3	Ba
M36：10-4	五铢	穿下半星	2.62	0.85	1.1	0.15	0.1	4.5	Ba
M36：10-5	五铢		2.6	0.98	1.05	0.1	0.07	3.6	Ba
M36：10-6	五铢		2.6	0.9	1.12	0.1	0.05	3.2	Ba
M36：10-7	五铢		2.6	0.85	1.12	0.2	0.13	4	Ba

续表

编号	种类	特征、记号	尺寸/厘米					重量/克	型别
			钱径	穿宽	郭宽	郭厚	肉厚		
M36：10-8	五铢	穿上一横	2.55	0.95	1.2	0.15	0.09	3.9	Ab
M36：10-9	五铢	穿下半星	2.65	0.8	1.12	0.15	0.1	4.6	Be
M36：10-10	五铢		2.69	0.95	1.2	0.15	0.9	4.4	Bc
M36：10-11	五铢		2.6	0.95	1.2	0.1	0.05	3	Bg
M36：10-12	五铢	穿上一横	2.55	0.9	1.28	0.15	0.08	4.4	Cf
M36：10-13	五铢		2.55	0.88	1.15	0.1	0.08	3.8	Cc
G7：1-1	五铢	穿下一星	2.51	0.93	1.1	0.17	0.1	3.1	Ba
G7：1-2	五铢		2.58	0.93	1.2	0.16	0.1	3.1	Bd
G7：1-3	五铢		2.61	0.9	1.1	0.15	0.1	2.9	Bd
G7：1-4	五铢		2.6	0.9	1.1	0.14	0.1	2.8	Af
G7：1-5	五铢		2.63	0.93	1.2	0.14	0.1	3.6	Af
G7：1-6	五铢		2.57	0.95	1.1	0.15	0.1	3.2	Af
G7：1-7	五铢		2.61	0.89	1.2	0.14	0.1	3.8	Aa
G7：1-8	五铢		2.64	1.01	1.1	0.1	0.08	2.4	Aa
G7：1-9	五铢		2.59	0.91	1.2	0.14	0.1	3.4	Aa
G7：1-10	五铢		2.59	0.91	1	0.16	0.1	3.5	Ac
G7：1-11	五铢		2.64	0.91	1.2	0.18	0.1	3.6	Ad
G7：7	五铢		2.59	0.92	1.1	0.17	0.1	2.7	Aa
M41：3	开元通宝		2.55	0.65	0.8	0.18	0.1	4.4	
M42：2	开元通宝		2.55	0.6	0.8	0.2	0.1	4.3	
M42：3-1	开元通宝		2.5	0.65	0.8	0.15	0.1	3.8	
M42：3-2	开元通宝		2.51	0.7	0.85	0.17	0.1	4.2	

注：未标注型别的是由于钱文漫漶不清，无法分型者；“开元通宝”数量少，未做分型

附表三　仰韶时期遗迹登记表

编号	方向/（°）	平面形制	剖面形制	尺寸/米							堆积	包含物	期别
				口			底						
				直径	长（长径）	宽（短径）	直径	长（长径）	宽（短径）	深			
F3	28	不规则形	内壁较直，底呈西高东低的坡状	门道残长1.12、宽1.26～1.36，深0.18；房间进深5、面阔2.2～2.4，残深0.2～0.3；灶坑长0.6、宽0.4、深0.08							灰褐色	陶片、石块	仰韶早中期之际
H4		半圆形	弧壁，近圜底		2.02	0.8				1.1	青灰色	草木灰、炭屑、陶片	
H13	西北—东南	近椭圆形	弧壁内收，平底，口略大于底		2.74	2.35	1.8			1.4	①灰黑色 ②黄褐色	①炭屑、陶片、动物骨骼②陶片	
H16		圆形	斜壁略外扩，平底，口小底大	1.6			1.7			0.6	①青灰色 ②黑灰色	①炭屑、陶片②炭屑、陶片	
H17		近圆形	坑壁较直，筒形平底	2.3～2.5						1.4	①青灰色 ②青灰色 ③青灰色	①陶片②陶片③陶片	
H18		圆形	近直壁，平底	1.44			1.2			0.9	灰褐色夹杂黄褐土点	陶片、石块	
H27	东西向	近椭圆形	弧壁，坡底		1.75	1				0.54	灰褐色	红烧土粒、草木灰、石块、陶片	
H31		不规则形	西壁稍外扩，其余为直壁，底部有起伏		2.26	1.5		2.25	1.56	0.72	灰褐色	红烧土块、陶片、石块、动物骨骼	
H41		近圆形	东壁斜直，其余为直壁，口大于底，底部有台阶	2.34～2.56			2～2.2			1.68	①灰褐色 ②浅灰色	①生土块、草木灰、红烧土块、石块、陶片②草木灰、炭粒、红烧土点、石块、动物骨骼、陶片	

续表

编号	方向/（°）	平面形制	剖面形制	尺寸/米							堆积	包含物	期别
				口			底						
				直径	长（长径）	宽（短径）	直径	长（长径）	宽（短径）	深			
H49	西北—东南	长条形	弧壁，圜底		6.9	2				3.4	①灰褐色 ②灰褐色夹黄褐色土块 ③黑灰色夹黄色及乳白色土块 ④黑灰色夹黄褐色及乳白色土块 ⑤浅灰褐色 ⑥黄褐色夹青灰色带状土块 ⑦黄褐色夹红褐色	①炭屑、陶片②炭屑、陶片③炭屑、红烧土、陶片④陶片⑤木屑、炭屑、陶片⑥炭屑、水锈斑⑦红烧土、炭屑、石块、水锈斑、陶片	仰韶早中期之际
H51	西北—东南	半椭圆形	西北壁上部较直，下部呈台阶状内收，东南壁斜直，平底		2.5	1.02		1.4	0.7	0.68	①黄褐色夹浅灰色 ②灰褐色	①红烧土粒、陶片②炭粒、红烧土粒、陶片	
H57	西北—东南	窄条形	西北壁斜直，东南壁略弧，坡底		1.78	0.16				0.36	灰褐色	炭屑、红烧土粒、陶片	
H59		不规则性	坑壁上部斜直，下部弧收呈缓坡或台阶状，圜底		4.9	3				3	①浅灰色 ②灰褐色 ③浅灰褐色 ④灰褐色夹黄褐色 ⑤黄褐色夹深褐色	①炭屑、料姜石粒、陶片、动物骨骼②炭屑、红烧土粒、石块、陶片、动物骨骼③炭屑、红烧土粒、陶片、动物骨骼④炭屑、红烧土块、水锈斑、陶片⑤炭屑、水锈斑、石块、红烧土粒、陶片	
H60		近半圆形	坑壁斜收，口大于底，平底	3			2.2			1.27	灰褐色夹黄褐色土块	炭屑、红烧土粒、陶片	

续表

编号	方向/（°）	平面形制	剖面形制	尺寸/米							堆积	包含物	期别
				口			底						
				直径	长（长径）	宽（短径）	直径	长（长径）	宽（短径）	深			
H61		不规则形	东南壁较直，西侧壁斜直或呈弧壁，大部为平底，部分处为圜底		3	2.65		3	2.14	1.15	灰褐色夹黄色	红烧土、炭屑、料姜石、陶片、动物骨骼	仰韶早中期之际
G17	323	长条形	斜壁，圜底		5.5	1.2～1.95				0.85	黑褐色	红烧土粒、陶片、石块、动物骨骼	
G20	23	长条形	斜壁，坡底		2	0.9～1.45		2	0.6～1.2	0.4	黄褐色	陶片、动物骨骼	
G21	270	长条形	弧壁，底部不规整		1.72	0.78～1.56		1.72	0.44	0.38	黄褐色	炭粒、陶片	
G22	337	长条形	弧壁内收，底较平		6.2	1.76		4.4	0.4	2.55	①灰褐色 ②黄褐色 ③深灰褐色	①炭屑、陶片②炭屑、黄土块、料姜石粒、陶片③炭屑、红烧土粒、陶片	
D1	东西向	椭圆形	弧壁，圜底		0.46	0.36				0.25	红褐色	零星陶片	
D2	东南—西北	椭圆形	弧壁，圜底		0.3	0.22				0.26	红褐色	零星陶片	
D3	东南—西北	半椭圆形	弧壁，圜底		0.4	0.1				0.35	红褐色	无	

附表四　夏商时期遗迹登记表

编号	方向	平面形制	剖面形制	尺寸/米							堆积	包含物	期别
				口			底						
				直径	长（长径）	宽（短径）	直径	长（长径）	宽（短径）	深			
H23	近东西向	椭圆形	斜壁，口小底大，平底		1.36	1.12		1.56	1.46	0.92	灰褐色	草木灰、陶片、动物骨骼、石块	夏代晚期至商代前期
H25		半圆形	斜壁外扩，口小底大，平底		2	0.98		2.8	1.4	1.04	①黄褐色夹浅灰色②灰褐色③黄褐色	①红烧土块、陶片②草木灰、炭屑、料姜石块、陶片③草木灰、红烧土块、石块、草拌泥块、陶片	
H26	南北向	不规则，似“葫芦形”	南壁斜直，北壁较直，坡底		1.95	0.71～1.95		2.18	1.09	0.8	黑褐色	陶片、动物骨骼、石块	
H34	西北-东南	椭圆形	弧壁，圜底		2.4	1.88				0.62	①浅褐色②灰褐色	①红烧土点、陶片、石块、动物骨骼②草木灰、木炭屑、陶片、石块、动物骨骼	
H36		不规则形	坑壁较直，底部不平整		2.66	1.6～2.12				0.4～0.56	①浅褐色②灰褐色	①红烧土点、陶片、石块、动物骨骼②草木灰陶片、石块、动物骨骼	
H40		不规则形	弧壁，平底		3.2	0.6～0.9		2.62	0.15～0.42	0.5	灰褐色	陶片、动物骨骼	
H42		不规则形	口小底大，内壁斜直，平底		1.76～2.12	1.46～1.96		2.34～2.68	1.46～1.96	1.16	①黄褐色夹浅灰色②青灰色③红褐色	①红烧土块、料姜石块、陶片②草木灰、炭屑、料姜石块、陶片、动物骨骼③草木灰、红烧土块、草拌泥块、陶片、动物骨骼	
H43		近扇形	弧壁，近平底		1.97	1.5				1.1	黄褐色	草木灰、红烧土块、陶片、石块、动物骨骼	
G12	39°	长条形	壁稍弧，底近平		5	0.4～1.04				0.56	黄褐色	少量陶片	
F7	338°	推测近圆形	壁斜直，近平底	门道残长1.3、宽1、深0.18；前室面阔3.38、进深1.8～2.4，深0.66；后室面阔3.18、进深1.3～1.8、深0.6～0.7							①灰褐色②红褐色	炭屑、少量陶片、动物骨骼	

附表五　西周时期遗迹登记表

编号	方向/（°）	平面形制	剖面形制	尺寸/米					堆积	包含物	时代
				口		底					
				长（长径）	宽（短径）	长（长径）	宽（短径）	深			
H6		不规则扇形	直壁平底，口底同大	2.1	1.8			0.5	灰褐色	陶片	西周早期至中期偏早阶段
H8		半圆形	南弧壁，北直壁，圜底	2.65	1.3			0.6～1.18	青灰色	陶片	
H10	244	椭圆形	斜直壁外扩，平底，口小底大	1.8	1.6	1.9	1.8	0.56	灰黑色	炭屑、陶片、动物骨骼、石块	
H11	东西	椭圆形	弧壁，底稍圜	1.58	1.5			0.44	青灰色	炭屑、陶片	
H15	南北	椭圆形	壁稍弧，近圜底	3.1	0.96～1.64			0.3～0.5	青灰色	陶片	
H30		半圆形	壁稍弧，平底	1.4	0.7			0.58	①红褐色夹杂黄褐色土点②灰黑色	红烧土粒、陶片	
H35	97	椭圆形	弧壁，坡底	4.8	3.6			1.6～1.8	①浅黄色②浅黄色③青灰色④灰褐色⑤青灰色⑥黄褐色⑦青灰色⑧黑灰色⑨灰褐色⑩黄褐色	①极少量陶片②极少量陶片③炭屑、较多陶片、动物骨骼④炭屑、草木灰、较多陶片⑤炭屑、较多陶片、动物骨骼⑥少量陶片⑦红烧土粒、炭屑、较多陶片⑧炭屑、红烧土粒、大量陶片、动物骨骼⑨炭屑、草木灰、较多陶片、动物骨骼⑩无	
H44	东西向	半椭圆形	弧壁，平底	4.55	1.15			1.3	①浅灰色②灰黄色③黄褐色夹杂浅灰色土块	①草木灰、陶片、石块②炭屑、红烧土粒、陶片③草木灰、红烧土块、玻璃化烧结物、陶片	
H45		不规则扇形	弧壁，平底	3	1.76～2.46			0.9	红褐色夹杂黄褐色土点	陶片	

续表

编号	方向/（°）	平面形制	剖面形制	尺寸/米					堆积	包含物	时代
				口		底					
				长（长径）	宽（短径）	长（长径）	宽（短径）	深			
H47	南北向	椭圆形	不规则，南、东、西直壁，北弧壁，平底，底略大	3.18	2.5	3.26	2.54	1.12	①黄褐色夹红土点②黄褐色③黄褐色夹灰土点④浅灰色夹黄褐土斑块 ⑤黄褐色⑥深灰色夹黄土斑块 ⑦红褐色	①陶片②陶片、料姜石块粒③炭屑、红烧土粒、陶片、动物骨骼④炭屑、红烧土块粒、陶片、动物骨骼⑤料疆石块粒⑥炭屑、红烧土粒、陶片、动物骨骼⑦炭粒	西周早期至中期偏早阶段
H48	东西向	椭圆形	西直壁，东弧壁，平底	1.1	0.9			0.73	灰褐色	炭屑、陶片、动物骨骼	
G19	324	长条形	不规则，直壁或弧壁，整体较平，部分圜底	23.6	3.8～6.5			1.1～2.3	①浅褐色②红褐色③浅黄色	①陶片、石块、动物骨骼②红烧土块粒、炭粒、陶片、石块、动物骨骼③无	

附表六　西周时期墓葬登记表

墓号	墓向	形制	墓口/米			墓底/米			葬具	墓主	随葬品	时代
			长	宽	距现地表	长	宽	深				
M30	256	竖穴土圹	1.12～1.62	2.22	0.14	1.08～1.15	2.12	1.22	棺？	未见人骨	铜鼎1，铜铃2，铜泡23	西周早期偏晚

附表七　东周时期遗迹登记表

编号	方向/（°）	平面形制	剖面形制	尺寸/米					堆积	包含物	期别
				口		底					
				长（长径）	宽（短径）	长（长径）	宽（短径）	深			
H1	6	椭圆形	口大底小，内壁斜直内收，平底	3.08	0.96～1.16	3	0.85～1.06	0.55	青灰色	较多陶片	战国早期
H2		半圆形	口大底小，弧壁，底不甚平	2	1.05			0.35～0.45	灰黑色	炭屑、陶片、动物骨骼	战国晚期
H12	239	椭圆形	不规则，底不甚平	1.76	1.7	1.84	1.42	0.6	灰黑色	炭屑、陶片、动物骨骼	战国中期
H14		半圆形	壁稍弧，不规则底	2.14	1.36			0.21～0.56	灰褐色夹杂大量黄褐色土点	陶片、石块	战国中期
H32	44	半椭圆形	口大底小，弧壁平底	2.34	1.04	2.14	0.8	0.6	浅黄褐色	零星陶片	战国中期
H33	90	椭圆形	口大底小，内壁斜直内收，坡底	4.29	3.2	4.12	3	0.41～0.56	灰褐色	陶片、石块、动物骨骼	战国早期
H37		不规则形	口大底小，弧壁平底	2.42	0.47～1.6			0.54～0.6	灰褐色	陶片、石块、动物骨骼	战国晚期
H50	西北—东南	半椭圆形	口底同大，筒状平底	1.21	0.5			0.9	①浅灰色②黑灰色③黄褐色	①炭粒、少量陶片②零星陶片③红烧土粒、炭粒、少量陶片	战国中期
H58	东西向	椭圆形	口大底小，不规则，平底	2.8	2.06	2.71	1.47	0.4	灰褐色	红烧土块、炭屑、动物骨骼、陶片	战国晚期
G13	331	长条形	口大底小，内壁斜直内收，平底	5.82	0.9～1.05			0.56～0.6	灰褐色	陶片、石块、动物骨骼	战国早期

附表八　东周时期墓葬登记表

墓号	墓向/（°）	形制	葬具	墓主					随葬品					期别	备注
				葬式	头向	面向	性别	年龄	陶器	铜器	玉石器	骨蚌器	其他		
M1	337	B	A	A	北	东	男性	41～44				蚌饰18		二	
M2	248	B	A	A	西				圭A1		圭Aa2、Ab5			二	
M3	270	B	A	B	西					鼎A1、B2，鱼形饰A20、B3、C1、D1，铃7	圭B3	蚌饰1组2件		一	填土中有石球1、陶球1
M4	90	B	C	A	西	北	女	29～30			玦2			一	
M8	64	B	C	B	东	南	女	31～34	玦2		圭Aa2，煤精棒1			三	
M9	79	B	B	A	东	北	？	9～10				蚌饰1		一	
M10	270	A	A	A	西	？	女	成年	鼎BⅡ2，豆A1、B1，喇叭口罐AⅣ2，匜A1，盘1，囷Ⅲ1，甗Ⅱ1，盆C1，广肩小罐Ⅰ1		圭Ab2、B3			三	西、北壁上有脚窝，盗，填土东北角发现狗上颌
M11	81	B	C	A	东	南	男	20～30						一	
M13	245	B	B	A	西	上	男？	40±						三	
M15	266	A	A	A	西	北	男	45～50	喇叭口罐AⅣ1，鬲BⅢ1，甗Ⅳ1	削A1	圭Ab1组			三	
M18	255	A	A	A	西	？			鼎BⅠ2，喇叭口罐AⅡ2、B1，鬲BⅡ1，甗Ⅱ1，盆BⅠ1，广肩小罐Ⅰ1	削B1，戈A1，镞A4，带钩1	圭B2，石块3			二	西、北壁共7对脚窝
M19	255	A	A	A	西	？			鼎BⅠ2，喇叭口罐AⅡ1、B2，盆BⅠ1	削C1，镞B1、C1	圭Ab1，锛1			二	西、南壁发现2对脚窝

续表

墓号	墓向/（°）	形制	葬具	墓主					随葬品					期别	备注
				葬式	头向	面向	性别	年龄	陶器	铜器	玉石器	骨蚌器	其他		
M21	265	A	A	B	西	南	男	40～44	鼎CⅠ1，簋Ⅱ4，喇叭口罐AⅡ2，鬲A1，甗Ⅰ1，盆A1，广肩小罐Ⅰ1，困Ⅰ1					二	
M25	265	C	A	A	西	北	男？	40～45	喇叭口罐AⅠ1，鬲BⅠ1，盒1，豆1		圭Ab2（组），口琀1			一	
M31	266	B	B	A	西	北	男	40±	圭B1		圭Ab12，口琀1			一	
M32	260	A	A	A	西	？			鼎CaⅡ2，喇叭口罐AⅢ2，鬲CⅡ1，盆BⅡ2、C1，困Ⅱ1，广肩小罐Ⅱ1、不可修复2，匜B1					三	东、南壁有7对脚窝
M33	253	A	A	A	西	？			鼎CbⅡ2，喇叭口罐AⅣ3，鬲CⅠ1，甗Ⅲ1，盆BⅡ1，广肩小罐Ⅱ2					三	南、西壁有4组脚窝
M35	155	B	B	？	南	？	？	成年					串饰1组共67件，包括蚌、骨、铜、石等质地	二	
M38	250	C	A	A	西	？	男	45～50	鼎A1，簋Ⅰ2，喇叭口罐AⅠ2，鬲BⅠ1	铜戈B1	圭Ab2			一	或经早期盗掘，墓主旁有一具动物骨骼，填土中出石器1

附表九　汉代遗迹登记表

编号	方向/（°）	形制	尺寸/米			堆积	出土物	备注
			长	宽	深			
G3	37	长条形，直壁平底	16.02	0.64~0.99	0.44~0.51	红褐色夹杂黄褐土点	较多陶片	
G4	333	长条形，斜壁坡底，口大底小	9.72	口：1.86～2 底：0.65～0.88	1.42～1.66	①灰褐色②浅褐色淤土③红褐色淤土	①零星陶片②少量瓦片、动物骨骼③大量陶片、瓦片	为一组围墓沟
G5	65	长条形，斜壁坡底，口大底小	9.26	口：1.75～1.97 底：0.7	1.39～1.44	①灰褐色②浅褐色淤土③红褐色淤土	①零星瓦片、陶片②少量瓦片、陶片、动物骨骼③少量瓦片、陶片	
G6	32	长条形，近直壁坡底	5.27	1.19	0.25～0.44	青灰色	极少量陶片、石块	为一组围墓沟
G7	146	长条形，直壁平底	20.6	1.04～1.14	0.78～0.83	青灰色细砂土	较多瓦片、陶片、动物骨骼等	
G9	63	长方形，直壁，西段坡底，东段平底	东段 5.03	0.91	0.77～0.8	青灰色砂质黏土	较多陶片、瓦片、石块	
			西段 10.1	0.78～1	0.23～0.8			
H3	350	长方形，直壁坡底	1.88	1.43	0.6～0.67	青灰土砂质黏土	炭屑、陶片石块	

附表一〇　汉代墓葬登记表

墓号	墓向/（°）	形制	葬具	墓主				随葬品				分期
				葬式	头向	性别	年龄	陶器	金属器	铜钱	其他	
M5	160	Ab	一棺	仰身直肢	西北			缶Ⅰ2，大口大罐AⅡ1，大口小罐AⅠ2，盆A1，甑AⅠ1	铁釜Ⅱ1			第1期早段
M6	155	Ab	一椁一棺	仰身直肢	西北			瓮A1、甑C1，盒1，鼎Ⅰ1，钫1，锜1		半两2		第1期早段
M7	75	Bc	一棺	仰身直肢	西南			缶Ⅱ1，大口大罐BⅡ1，大口小罐AⅠ1、BⅡ1，盆A1，釜AⅠ1，甑B1	铁削1	五铢Ae1	石球1	第1期晚段
M12	345	Aa		?	?							?
M16	68	Ba	一椁一棺	仰身直肢	东北	女	成年	缶Ⅱ1，大口大罐AⅡ1，瓮A1、B1，釜AⅡ1、BⅡ1，甑AⅡ1	铜鋗1	五铢Ac3、Ad4、Ca6、Cb8、Cc1、Cd4、Cf24、型式不清5		第1期晚段
M17	325	Ba	一棺	仰身直肢	东南			大口大罐BⅠ1，大口小罐AⅠ1，盆A1，釜BⅠ1，甑AⅠ1	铁釜1，铁剑A1，铁弩机1，铅镇4	半两300，五铢Ac1、Ce1、型式不清1		第1期晚段
M20	156	Ba	一棺	仰身直肢	西北			缶Ⅰ7、Ⅱ1，大口大罐AⅠ1，盆A1，甑AⅠ1	铁釜Ⅰ1	半两型式不清2		第1期早段
M23	248	Bc	一棺	仰身直肢	东北			盆C1				第2期
M24	245	Ba	一棺	仰身直肢	西南	男	25±	大口大罐AⅡ1，盆B1				第1期晚段
M26	200	Ac	一棺	仰身直肢	西南			大口小罐AⅡ5，盆A1，甑AⅠ1，鼎Ⅱ1，樽1	铜镜A1	五铢Ac1、Ag3、Bb9、Bd5、Bf1、Bg5、Ca1、Cf1	泥丸32	第2期
M27	65	Ba	一棺	仰身直肢	东北	女	29～30	大口小罐BⅠ1、BⅡ1	铁钉1	五铢Af1、Be1、Bf1、Ca1		第2期
M28	160	Ba	一棺	仰身直肢	西北	男	22～28	大口大罐BⅡ1，大口小罐BⅠ1	铁剑B1	五铢Cf1		第1期晚段
M29	65	Bb	一棺一椁	仰身直肢	西南			缶Ⅲ1，大口大罐AⅢ1、BⅡ1，大口小罐AⅡ1，盆A1，灶Ⅱ1	铜带钩1	五铢Ae1、Cf1		第2期
M34	155	Ba	一棺	仰身直肢	西北	男	成年					第3期
M36	240	Bb	一棺一椁	仰身直肢	西南			大口小罐AⅡ2、BⅠ2，灶Ⅰ1	铜镜B1，铁铗1	五铢Aa1、Ab1、Ba16、Bb1、Bc3、Be1、Bg2、Ca3、Cc1、Cf1		第2期
M37	60	Ba	?	?	东北							?

附表一一　唐代墓葬登记表

墓号	方向/（°）	形制	葬具	墓主					随葬品	时代	备注
				位置	葬式	头向	性别	年龄			
M39	203	斜坡墓道土洞，刀形	无		二次葬?	?				初唐时期	盗
M40	180	斜坡墓道土洞，刀形	一棺		二次葬	南					人骨间发现蚌壳1、卜骨1、兽骨2
M41	193	斜坡墓道土洞，甲字形	一棺	南侧	仰身，下身蜷曲	西南	女	成年	铁弯刀1，陶罐1，铜钱1，铁带饰1组		
				北侧	仰身直肢	西南	男	成年			
M42	200	斜坡墓道土洞，刀形	两棺	东侧	仰身直肢	西南			陶罐1，铜钱3		
				西侧	仰身直肢	西南					
M43	215	斜坡墓道土洞，刀形	无		二次葬	北			铜钗1		

附表一二　清代墓葬登记表

墓号	方向/（°）	形制	葬具	墓主					随葬品	备注
				位置	葬式	头向	性别	年龄		
M14	315	斜坡墓道土洞	两棺	东侧	仰身直肢	东南	女	成年	铜簪2，铜扣2	两墓主头下各枕板瓦一块
				西侧	仰身直肢	东南	男	老年		
M22	266	斜坡墓道砖砌多室			?	?	女	20～25	木质神主1，青花瓷、青瓷、黑釉瓷、黄釉瓷残片，瓦当、滴水等陶质建筑材料	经晚期严重破坏

附　　录

附录一　东阳遗址2014年出土人骨鉴定及分析

陈　靓　景雅琴
（西北大学文化遗产学院）

本文鉴定及分析的人骨出土于陕西省考古研究院2014年度发掘的华县东阳遗址，目前保存在西北大学文化遗产学院实验室。这些人骨分别出自年代属于东周、汉代、唐代、清代等延续时间近三千年的20座墓葬。其中东周墓13座，编号分别为M1、M4、M8～M11、M13、M15、M21、M25、M31、M35、M38；汉代墓4座，编号为M16、M24、M27、M28；唐代墓葬1座，编号为M41；清代墓2座，编号是M14和M22。所有人骨将按照时代先后分别从个体信息的判断、头骨的形态观察与测量、种族特征的分析及病理现象的研究等方面展开。

一、人骨的保存状况和性别年龄鉴定

骨骼保存状况仅指已经采集到实验室进行整理的骨骼。东阳遗址人骨的性别、年龄鉴定根据吴新智等、邵象清著作中的标准[①]，鉴定结果见表一。

表一　人骨性别与年龄鉴定

墓葬号及年代	人骨保存情况及主要特征	性别	年龄
M1（东周）	颅骨破损，脑颅骨基本完好，左右颞骨、左侧顶骨靠近颞骨处破碎，右侧颞骨、枕骨下部缺损。面颅骨保存差，颧弓断裂，鼻骨残存左侧，左侧颧骨、上颌骨残破 眉弓范围小于1/2，眉间突度弱，乳突中等，枕外隆突中等，下颌齿槽窝全部闭合，下颌角大 左右髋骨完整，坐骨大切迹狭而深，耳前沟细而浅，坐骨棘发达，卵圆孔近三角形，耻骨下支下缘呈凹形，耻骨联合部近三角形，骶椎完好，盆面最凹处在第三节 四肢骨基本完整，保存有左右肱骨，左右桡骨，左右尺骨下端残，左右股骨下端略残，股骨嵴发达，左右胫骨，左右腓骨，右侧跟骨、距骨，跖骨、指骨、趾骨、掌骨、跗骨、腕骨等。耻骨联合面磨耗9级	男	41～44岁

① 吴新智、席焕久等：《人体测量方法》，科学出版社，2010年；邵象清：《人体测量手册》，上海辞书出版社，1985年。

续表

墓葬号及年代	人骨保存情况及主要特征	性别	年龄
M4（东周）	颅骨破碎。额骨右侧缺失，左右顶骨残，枕骨残破，左右颧骨残损，右侧上颌骨残破。眉弓中等发育，眉弓范围小于1/2，前额平直，乳突中等，枕外隆突稍显，下颌骨左右侧喙突及右侧髁突略残，左右下颌角略残。下颌角区直型 椎骨若干节，肋骨若干，肩胛骨喙突及关节盂处残块，左锁骨断裂拼合略残，右锁骨残损 仅存第一骶椎，第一骶椎未融合。髋骨残，耻骨联合部方形，坐骨大切迹宽 左侧肱骨上端残，右侧肱骨上段缺失，左右尺骨下段缺失，右侧尺骨、左右桡骨可复原。 左右侧股骨下端残，左侧胫骨下段略残，右侧胫骨上端缺失，左侧腓骨下段缺失，右侧腓骨下段残损，右侧髌骨，跟骨、距骨等跗骨若干，跖骨、趾骨若干。耻骨联合面磨耗6级	女	29～30岁
M8（东周）	头骨保存状况一般，面颅骨基本完好，脑颅骨破碎，额骨基本完好，左右顶骨略残，左侧颞骨残缺，右侧颞骨破损、无法和颅骨拼合，左右颧骨颧弓残，枕骨枕鳞部残缺、基底部残块。眉弓范围小于1/2，眉弓中等发育，前额中等，乳突中等，枕外隆突稍显。左侧下颌角及髁突略残。下颌角区外翻，下颌角小 左右锁骨略残，左右肩胛骨残破，椎骨24节，肋骨若干 骶椎残，左右髋骨耻骨残，坐骨大切迹宽，耳前沟宽 左肱骨上下端略残，右肱骨完整，左右尺骨下段残缺，左右桡骨下端残缺，左侧股骨上下端略残，右侧股骨可复原，股骨嵴发达。左右胫骨略残，左右腓骨略残。右侧股骨、腓骨骨干弯曲程度较大。左侧髌骨，跗骨、跖骨、趾骨、指骨若干 下颌左右侧M_1磨耗Ⅲ级，耻骨联合面磨耗7级	女	31～34岁
M9（东周）	颅骨破碎。眉弓范围缺如，眉弓弱，前额平直，乳突极小，枕外隆突缺如 胸骨柄，右侧锁骨，肩胛骨残块，椎骨22节，肋骨若干，髋骨为髂骨、坐骨、耻骨三块，骶骨4节 左右肱骨、尺骨、桡骨基本保存完好，左侧股骨上端残，右侧股骨下段缺失，左右胫骨完好，左侧腓骨下端残，右侧腓骨上下端残，所有长骨的骨骺线均未愈合、上端和下端与骨干分离。跗骨、跖骨、趾骨若干 下颌第一犬齿正在萌出、下颌第一前臼齿出齐齿列	?	9～10岁
M10（东周）	不见头骨。左侧锁骨肩峰端，左右肩胛骨下部残，椎骨12节，肋骨若干，骶椎完好，左侧髂骨，右侧髋骨缺少耻骨，髂翼薄，透光，耳前沟很宽 左侧肱骨完好，右侧肱骨上端残，左右尺骨下段残缺，左侧股骨上端断裂、下段残缺，右侧股骨下段残缺，左侧胫骨下段残缺，右侧胫骨上段残缺，左侧腓骨残留中段，右侧腓骨残留下段。跟骨、跖骨、趾骨若干	女	成年
M11（东周）	颅骨保存良好，面颅骨残块基本可以拼合，拼合后左侧颧骨、上颌骨残缺，右侧上颌骨残缺，枕骨大孔处残缺。眉弓显著，眉弓范围大于1/2，前额中斜，乳突小，枕外隆突稍显。下颌角区外翻 椎骨19节，左右肩胛骨残存肩缝、喙突、左右锁骨略残，胸骨体残块，肋骨若干。骶骨残，左髋骨缺耻骨，坐骨大切迹深，耳前沟小 左侧肱骨下端略残，右肱骨上端略残，肱骨有滑车上孔。左尺骨中部断裂拼合，右尺骨上端略残，左桡骨上端残缺，右桡骨中部断裂拼合。左股骨上下端略残，右股骨骨干下段残缺，左胫骨断裂拼合，右胫骨上端略残，左腓骨中部断裂拼合，右腓骨上段缺失。右髌骨，跟骨、距骨等跗骨若干，跖骨、趾骨若干 下颌左右侧M_1磨耗Ⅲ级，耻骨联合面6期	男	29～30岁

续表

墓葬号及年代	人骨保存情况及主要特征	性别	年龄
M13（东周）	颅骨破碎，存额骨额鳞部、左右顶骨、左右颞骨、枕骨、右侧颧骨、左右上颌骨残块，无法拼合。乳突中等。下颌支略残，喙突尖端略残，下齿槽前点处残，左侧下颌角处残。下颌角区外翻 椎骨24节，左右锁骨残，左肩胛骨上缘和腋缘残，右肩胛骨肩峰端和腋缘残块，胸骨柄残块，肋骨若干 左侧肱骨上端残、下端略残，右侧肱骨上段缺失，下端略残，左肱骨有滑车上孔。左右尺骨存上段，右侧尺骨上段断裂经拼合，左侧桡骨上下端略残，右侧桡骨下段缺失、上段断裂经拼合有裂隙。下肢骨保存差，存股骨中段一截，右侧腓骨残留下段，左侧残留中段。跗骨、跖骨、趾骨若干 下颌右侧M_1磨耗Ⅳ级	男？	40±岁
M14（清代）	合葬墓，东西两侧各有1具人骨。东侧人骨骨骼保存状况一般，表面有焦黑色渣，颅骨残块内部焦黑色，头骨保留颅骨残块。左右肩胛骨略残，右侧锁骨略残，椎骨14节（无颈椎），肋骨若干，左右肱骨上下端略残，左尺骨下端残，右尺骨下段残，左桡骨，左右髋骨耻骨部分缺失，骶骨左侧耳状面部残，左右股骨上下端略残，左右胫骨上端略残，跖骨、趾骨若干 西侧人骨骨骼保存状况一般，骨骼表面有黑色渣滓。头骨不完整，保留枕骨上部、左右顶骨上部，部分右侧下颌骨。左肱骨下段残，右肱骨仅存中部，左尺骨下端，右桡骨略残，右侧肩胛骨仅存肩缝，椎骨14节，肋骨若干，胸骨体，左右髋骨残，骶骨完整，左右股骨上下端略残，左侧胫骨上端残，右侧胫骨上端略残，跖骨、趾骨若干	女 男	成年 老年
M15（东周）	头骨破碎，面颅骨基本完好，脑颅骨碎片无法拼合，残留额骨、颞骨、顶骨、枕骨残块。眉弓范围大于1/2，眉弓显著，前额倾斜，乳突中等。左侧下颌支残，下颌角区外翻 椎骨23节，骶椎残存上部，左右胸骨残段，左右肩胛骨残段，胸骨柄，肋骨若干，右侧髋骨残块 右肱骨残存下部，左肱骨残存中部，右桡骨残存下部。左右侧股骨上端残，股骨嵴发达，左侧胫骨完好，右侧胫骨上端残，左侧腓骨上端残，右侧腓骨下端残，左右髌骨，左右距骨，跖骨、趾骨若干 下颌M_1磨耗Ⅳ～Ⅴ级	男	45～50岁
M16（汉代）	骨骼保存状况差，仅有椎骨6块，左右股骨保留上段，左右侧髋骨残留髂骨和坐骨部分	女	成年
M21（东周）	颅骨保留左侧颧弓残块，右侧颞骨残块。乳突中等，下颌骨下部残，下颌角区外翻。 左右锁骨残，左侧肩胛骨残，右侧肩胛骨肩缝残块，椎骨23节（缺枢椎），骶骨残，肋骨若干，髋骨基本完好，坐骨大切迹深，坐骨棘发达，耻骨联合部近三角形，耻骨下支下缘直型 右侧肱骨下部残，左侧肱骨残留上部，左侧尺骨无，右侧尺骨仅存上端，右侧桡骨残留上部，左侧桡骨中部、下端残块。左侧股骨下端残，右侧股骨下端略残，股骨嵴发达。右侧胫骨完好，左侧胫骨骨干、下端残块，左右腓骨下部残。跟骨、距骨、跖骨、趾骨、指骨、掌骨、跗骨若干 下颌左右侧M_1磨耗Ⅳ级，耻骨联合面磨耗9级	男	40～44岁

续表

墓葬号及年代	人骨保存情况及主要特征	性别	年龄
M22（清代）	头骨保存基本完好。左侧肩胛骨残，左肱骨，左侧股骨上端残，右侧胫骨下端缺失。下颌左右侧M_1磨耗程度Ⅰ～Ⅱ级	女	20～25岁
M24（汉代）	下颌骨残破，椎骨保留19块，肋骨若干，左锁骨残破，肩胛骨残破，左右髋骨的耻骨残缺，骶椎完好，左右肱骨上段残，左右尺骨下段残，左桡骨下端残，右桡骨仅存下段，左右股骨、胫骨基本完好，左腓骨残存上段，右腓骨残存下段，右髌骨残块，左右跟骨、距骨、舟骨、骰骨、楔骨等，跖骨、趾骨、指骨、掌骨等。下颌右M_1磨耗I级	男	25±岁
M25（东周）	颅骨仅见左侧上颌骨残块。椎骨保存5块，右侧肱骨上、下端残，左侧股骨仅存下段，右侧股骨仅存中段，股骨头、下端残，胫骨上、下端残，右侧坐骨保留残块，右侧髌骨、左侧跟骨保留残块 上颌左侧M^1磨耗Ⅳ级	男?	40～45岁
M27（汉代）	颅骨基本完好，下颌骨略残。左侧肩胛骨下部残，左右锁骨肩峰端、胸骨端略残。保留椎骨5节，肋骨若干，胸骨柄残块。左侧肱骨下端略残，右侧肱骨上端残，左右桡骨略残，右侧尺骨完好，骶椎残存上部。右侧髋骨耻骨联合面下部略残，右侧髋骨缺耻骨。左侧股骨略残，右侧缺股骨头。右侧髌骨，左右胫骨上端略残，左右腓骨略残，左右跟骨、左侧距骨、左侧舟骨等跗骨，跖骨若干。下颌左右侧M_1磨耗Ⅲ级，耻骨联合面磨耗6级	女	29～30岁
M28（汉代）	颅骨破碎，下颌骨略残。右侧锁骨肩峰端残，胸骨柄，左右肩胛骨破损。椎骨保存19节，肋骨若干。左右髋骨耻骨残缺，骶椎完好。左肱骨上下端略残，右肱骨下段缺失，尺骨仅存左侧下端，左右股骨基本完好，右侧髌骨，左胫骨基本完好，右胫骨下端残，左右腓骨仅存上段，跟骨、距骨、骰骨、舟骨、跖骨、趾骨若干。下颌左右侧M_1磨耗I级。耻骨联合面磨耗4级	男	22～24岁
M31（东周）	颅骨保存枕骨残片，左右顶骨残片及右侧颞骨残片，右侧上颌骨、颧骨残，部分可以拼合。眉弓范围小于1/2，眉弓显著，前额倾斜，乳突中等，枕外隆突中等 左右肩胛骨肩峰及关节盂残块，右侧锁骨残块，椎骨至少5节，肋骨若干。右侧髋骨残块，左侧髋骨断裂，经拼合缺少耻骨下支，坐骨大切迹深，骶骨存残块 左右肱骨上端均残缺、下端略残，左右尺骨下段缺，左右桡骨下段缺，左侧股骨上段、下端断裂经拼合，右侧股骨上下端残缺，左侧胫骨下端断裂拼合，右侧胫骨上端残缺，左侧腓骨断裂拼合，右侧胫骨仅存中段。右侧髌骨，左跟骨、左右距骨等跗骨及跖骨、趾骨若干	男	40±岁
M35（东周）	人骨保存差，仅剩部分残块。保留左侧肩胛骨肩峰残块，椎骨17块，肋骨若干。左侧肱骨下段，左侧尺骨上端，桡骨残段	?	成年
M38（东周）	颅骨缺损多，枕骨枕外隆突处残破，左右顶骨残损，左侧颞骨乳突残破、额骨残损。枕外隆突显著。下颌骨仅存左侧下颌体部，牙齿保存差 椎骨保留15节，残留右侧肩胛骨肩峰根部，肋骨若干。骶椎残存下部，左侧髋骨仅缺耻骨，右侧髋骨断裂，但耻骨联合面残存。坐骨大切迹深 右侧肱骨中段保存差。左侧股骨头与骨干断裂无法拼合，右侧股骨下端残破、上端与骨干断裂，股骨嵴发达。左侧胫骨下段基本完整、上端残缺，右侧胫骨上端残缺，左侧腓骨断裂拼合后略残，右侧腓骨仅存上端。左侧跟、左右舟骨、楔骨等跗骨若干，跖骨若干。耻骨联合面磨耗10级	男	45～50岁
M41（唐代）	合葬墓，埋葬两个个体。M41：1为一例缺少完整颅骨，体骨保存较差个体 M41：2为一例颅骨、体骨保存较好的个体	女 男	成年 成年

二、两性比例分布与年龄结构分析

1. 两性比例分析

本文中20例人骨延续时间长达三千年。时代定为汉代的M16、M24、M27、M28共4例个体，男女各占2例，性别比为1：1。时代为唐代的M41为一男一女合葬墓，清代的M14为一男一女合葬墓，M22葬一女性。

人骨标本相对集中的是东周时期的个体，其中可判断性别的人骨有11例。依据破碎头骨、盆骨和四肢骨的性别差异判断，共有8例男性，占总数的66.67%；3例女性，占总数的25%；14岁以下无法判断性别的儿童1例，占总数的8.33%。该墓地中男性比例远大于女性，男女性比为2.67：1。在自然状态下，古代人群的男女性别比例应该基本相同。东阳遗址东周人群男性的比例远大于女性，表现出明显的不平衡性，不排除是由于小样本量造成的偶然性。

2. 年龄结构分析

东阳遗址汉墓中3例能够鉴定出较为准确的年龄段的个体M24为25±岁，M28为22～24岁，M27为29～30岁。前2例为男性，后1例是女性，死亡年龄段均属于青壮年期。

东周墓中根据耻骨联合面的形态变化和现代华北人下颌第一或第二臼齿咬合面磨耗程度与年龄变化关系的标准，估计该组人群死亡的年龄结构的结果统计见表二。

表二　东周时期死亡人群中两性的年龄分布　　单位：例；%

年龄组	男性	女性	无法判断性别	总计
未成年（14岁以下）	-	-	1（100.00%）	1（8.33%）
青年期（14～23岁）	-	-	-	-
壮年期（24～35岁）	1（12.50%）	2（66.67%）	-	3（25.00%）
中年期（36～55岁）	7（87.50%）	-	-	7（58.33%）
老年期（56岁以上）			-	
成年（无法估计年龄）		1（33.33%）		1（8.33%）
总计	8（66.67%）	3（25.00%）	1（8.33%）	12（100.00%）

从表二中两性死亡的年龄分布看，男性死亡高峰期集中在中年期，87.50%的男性死于中年期，其余的男性死于壮年期，占12.50%。女性死亡高峰期集中在壮年期。总体来看，东阳东周组人群死亡的高峰期在中年期和壮年期，未成年期死亡人数较少，仅占8.33%，无青年期和老年期的死亡个体。

三、头骨的形态观察

1. 东周时期头骨形态观察

由于保存状况欠佳，东阳东周时期可供观察的较完整的头骨只有M13，另有部分个体或保留颅骨部分，或保留面骨部分，现将可供进行形态观察的头骨描述如下。

M1　颅形呈椭圆形，眉弓范围小于1/2，眉弓弱，眉间突度弱，前额平直，额鼻颌缝弧线型，乳突小，枕外隆突稍显，矢状脊弱，颅顶缝前囟段为微波、顶段为锯齿、顶孔段和后段为深波型，顶孔左右全。鼻根无凹陷，翼区H型，无额中缝，下颌角区直型（图版七七，1～4）。

M4　眉弓及眉间突度中等，眉弓范围小于1/2，前额平直，颅顶缝前囟段微波、顶段锯齿。乳突中等，枕外隆突稍显，眶型方型，额鼻颌缝方凸型，矢状脊弱，梨状孔下缘鼻前沟型，下颌角区直型。

M8　颅形呈卵圆形，眉弓范围小于1/2，眉弓及眉间突度中等，前额中等，颅顶缝前囟段微波、顶段和顶孔段深波，乳突中等，枕外隆突稍显。眶型圆形，梨状孔梨型，梨状孔下缘锐型，鼻前棘Ⅲ级，犬齿窝弱，鼻根凹陷浅，额鼻颌缝方凸型，鼻骨中窄型，顶孔仅左孔，矢状脊中等，无额中缝，腭圆枕嵴状，下颌角区外翻（图版七七，5、6）。

M9　眉弓范围缺如，眉间突度弱，前额平直，颅顶缝前囟段深波、顶段锯齿、顶孔段深波，乳突极小，枕外隆突缺如，眶型方形，梨状孔下缘钝型，额鼻颌缝弧型，鼻前棘I级，犬齿窝弱，鼻骨中窄型，无顶孔，无额中缝，腭形U形，下颌角区直型。

M11　颅形呈椭圆形，眉弓显著，眉弓范围大于1/2，眉间突度稍显。前额中斜，颅顶缝前囟段微波、顶段深波、顶孔段锯齿、后段复杂型。乳突小，枕外隆突稍显，眶型长方形，梨状孔心形，梨状孔下缘鼻前沟型，鼻前棘Ⅱ级，犬齿窝弱，鼻根凹陷浅，额鼻颌缝弧型，鼻骨中窄型，矢状脊中等，顶孔仅左孔，无额中缝，腭形呈椭圆形，腭圆枕嵴状，下颌角区外翻，属于摇椅式下颌（图版七八，1～4）。

M13　乳突中等，梨状孔下缘锐型，鼻前棘II级，犬齿窝中等，额中缝大于2/3，腭型U形，腭圆枕嵴状，下颌角区外翻。

M15　眉弓显著，眉弓范围大于1/2，眉间突度中等。前额倾斜，颅顶缝前囟段深波、顶段锯齿、顶孔段锯齿、后段锯齿，乳突中等，眶形方形，梨状孔下缘鼻前窝型，额鼻缝方凸型，矢状脊中等，犬齿窝弱，鼻根凹陷浅，鼻骨中窄型，顶孔左右全，无额中缝，下颌角区外翻。

M31　眉弓显著，眉弓范围小于1/2，眉间突度稍显，前额倾斜，颅顶缝前囟段微波、顶段锯齿、顶孔段深波、后段锯齿，乳突中等，枕外隆突中等，眶型方形，梨状孔下缘鼻前沟型，犬齿窝显著，顶孔左右全，无额中缝，矢状脊发育中等。

从可供观察的东阳东周时期颅骨分析，2例女性颅骨形态有椭圆形和卵圆形，1例男性颅骨形态为椭圆形。女性眉间突度中等偏弱，眉弓范围均小于1/2，男性眉间突度均显著，眉弓范围多等于或大于1/2。女性额坡度多中等偏平直，男性额坡度中等偏倾斜。额中缝只有1例男性大于2/3，女性不见额中缝。可观察颅顶缝的头骨共7例，多为简单型。乳突女性中等偏小，男性中等。枕外隆突女性均为稍显级，男性多中等和显著级。女性眶型有方形和圆形，男性眶型有长方形和方形。梨状孔下缘女性以鼻前沟型和锐型为主，男性以鼻前沟型和鼻前窝型为主。犬齿窝发育男性中等，女性弱。矢状脊发育女性弱，男性中等和显著。梨状孔形状女性有1例梨形，男性有1例心形。鼻前棘发育男女不压。鼻根凹陷男女均浅。翼区仅观察到1例，为顶蝶型。男女多无下颌圆枕。腭形以U形为主。腭圆枕多嵴状。下颌角区女性平直为主，男性外翻为主。

2. 汉代墓葬头骨形态观察

属于汉代的4座墓中，M24的颅面部部分形态特征可以观察记录，M27头骨保存基本完好，可以观察绝大部分颅面部形态特征。分别将M24和M27的形态观察记录如下。

M24　颅形呈卵圆形，眉弓突度弱，眉弓范围小于1/2，眉间突度稍显。前额平直，颅顶缝前囟段和后段是微波型，顶段锯齿型，顶孔段为深波型。乳突中等。圆形眶。鼻根凹陷浅，额鼻颌缝弧型，鼻骨中窄型，无顶孔，额中缝保留全长超过2/3。下颌角区内翻，颏孔位置P_2位，无下颌圆枕。

M27　颅形呈卵圆形，眉弓弱，眉弓范围小于1/2，眉间突度不显。前额平直，颅顶缝前囟段和顶孔段为微波型，顶段和后段是深波型。乳突小，枕外隆突稍显，眶型斜方形，梨状孔心形，梨状孔下缘鼻前窝型，鼻前棘Ⅲ级，犬齿窝中等，无鼻根凹陷，翼区为顶蝶型。额鼻颌缝呈方凸型，鼻骨中窄型，矢状脊发育弱，无顶孔，无额中缝。腭形椭圆形，腭圆枕嵴状。下颌角区外翻型，颏孔位置在P_2位，无下颌圆枕，属于轻度摇椅型下颌（图版七九，1～4）。

M24和M27分别为一例壮年男性和壮年女性的头骨，他们的形态特征较为一致，眉弓弱、眉间突度不显或稍显、简单的颅顶缝、无或者浅的鼻根凹陷、短宽的上颌等。但是在M27的头骨上也体现出部分差异，如中等发达的鼻前棘和中等深的犬齿窝以及方凸形的额鼻颌缝走向等。

3. 清代墓葬头骨形态观察

两座清代墓葬中只有M22的头骨部分特征能够进行形态观察，M22是一例青年女性，颅型卵圆形，眉弓弱，眉弓范围小于1/2，眉间突度不显。前额平直。乳突小，枕外隆突中等，眶型斜方形。犬齿窝浅，无鼻根凹陷，翼区为顶蝶型。额鼻颌缝呈弧线型，鼻骨中窄型，矢状脊中等发育，无顶孔，无额中缝。下颌角区直型，颏孔位置在P_1P_2位，无下颌圆枕，属于非摇椅型下颌（图版八〇，1～4）。

四、头骨的测量特征

1. 东周时期头骨测量数值

东周时期可拼合的头骨有4例，保存基本完好的颅骨仅1例，为男性。其余的头骨有的保存脑颅骨部分，缺少面颅骨部分，有的则保存面颅骨部分，缺少脑颅骨部分。女性头骨中无一例保存完好。现将男性头骨测量数据列于表三，女性测量结果列于表四。

表三中M11的颅型属于长颅型、高颅型结合狭颅型。颅长宽指数、颅长高指数和颅宽高指数分别为74.46、75.5和101.4。拥有中等偏小的垂直颅面比例，垂直颅面指数为48.1，上面指数sd为53.15，属于中上面型。额宽指数为70，属于阔额型，眶指数I左值为72.39，归入低眶型。鼻指数是53.73，属于阔鼻型。鼻根指数是27.27，属于弱级。总面角值为77.5°，表明面部在矢状方向属于突颌型；中面角值为82°，属于中颌型；齿槽面角值为59°，为超突颌型。面部突度指数为95.15，是正

颌型。鼻颧角为131.5°，表明上面部在水平方向上的扁平程度很小。上颌骨的腭指数为79.55，是狭腭型，上齿槽弓指数是118.1，为阔腭型。

M15的脑颅骨残破，面颅骨保存相对较好。眶指数I值为70.5，眶指数II为75.4，同属于低眶型，鼻指数为48.2，属于中鼻型。鼻根指数为37.5，表明鼻根部中等程度隆起。鼻颧角为140.5°，表明上面部在水平方向上的扁平程度中等偏小。

表四中M1的颅指数为81.18，属于圆颅形，额宽指数为67.75，属于中额型。M1与M8的鼻根指数分别是27.27和24.36，都属于弱级。上面部在水平方向非常扁平，鼻颧角分别是146°和150°。M8为狭鼻型，鼻指数是45.2，眶指数I是82.9，为中眶型，眶指数II是89.1，属于高眶型。

表三　东周时期男性头骨测量项目表　　单位：毫米；（°）；%

测量项目	M11	M15	平均值	测量项目	M11	M15	平均值
颅长（g—op）	188.0	—	188.0	齿槽弓长	54.5	—	54.5
颅宽（eu—eu）	140.0	—	140.0	齿槽弓宽	64.4	—	64.4
颅高（ba—b）	142.0	—	142.0	腭长（ol—sta）	49.4	—	49.4
耳上颅高	120.8	—	—	腭宽（enm—enm）	39.3	—	39.3
最小额宽	98.0	91.5	94.8	枕大孔长（ba—o）	—	—	—
耳点间宽	119.0	—	119.0	枕大孔宽	31.2	—	31.2
颅矢状弧	—	—	—	d—d	—	21.0	21.0
额矢状弧	132.0	125.0	128.5	全面高（n—gn）	115.0	—	115.0
顶矢状弧	128.0	129.0	128.5	枕骨最大宽（ast—ast）	107.2	—	107.2
枕矢状弧	—	—	—	n—pr　FH	77.5	—	77.5
额矢状弦	114.9	115.0	115.0	n—ns　FH	82.0	—	82.0
顶矢状弦	117.5	115.0	116.3	ns—pr　FH	59.0	—	59.0
枕矢状弦	—	—	—	g—m　FH	72.0	—	72.0
上面宽	109.6	—	109.6	n—m　FH	81.0	—	81.0
两眶宽	108.0	102.0	105.0	g—b　FH	46.0	—	46.0
颅周长	544.0	—	544.0	n—rhi　FH	70.0	—	70.0
颅横弧	332.0	—	332.0	fmo—n—fmo	131.5	140.5	136.0
颅基底长	113.5	—	113.5	zm—ss—zm	123.0	118.0	120.5
面基底长	108.0	—	108.0	zm1—ss—zm1	127.0	121°	124.0
上面高（pr）	64.6	72.5	68.6	n—pr—ba	78.0°	—	78.0°
（sd）	68.3	74.0	71.2	pr—n—ba	67.0°	—	67.0°
颧宽（zy—zy）	128.5	—	128.5	n—ba—pr	35.0°	—	35.0°
中面宽1（zm—zm）	102.8	107.9	105.4	鼻梁角	—	—	—
Sub zm—ss—zm	28.2	32.5	30.4	颅长宽指数	74.46	—	74.46
中面宽2（zm —zm1）	106.2	110.0	108.1	颅长高指数	75.50	—	75.5
Sub zm1—ss—zm1	26.0	31.0	28.5	颅宽高指数	101.40	—	101.4
中眶间宽	—	62.0	62.0	鼻指数	53.73	48.20	50.97

续表

测量项目	M11	M15	平均值	测量项目	M11	M15	平均值
鼻尖高	23.0	19.6	21.3	鼻根指数	27.27	37.5	32.4
鼻宽	25.9	27.1	26.5	垂直颅面指数	48.10	—	48.10
鼻高	48.2	56.2	52.2	上面指数pr	50.27	—	50.27
鼻最小宽	11.0	8.0	9.5	上面指数sd	53.15	—	53.15
鼻最小高	3.0	3.0	3.0	额宽指数	70.0	—	70.0
眶宽1（L）	46.0	46.5	46.3	腭指数	79.55	—	79.55
（R）	46.5	46.0	46.3	齿槽弓指数	118.0	—	118.0
眶宽2（L）	—	43.5	43.5	面部突度指数	95.15	—	95.15
（R）	—	43.5	43.5	眶指数I左	72.39	70.5	71.5
眶高（L）	33.3	35.8	34.6	眶指数I右	71.61	75.4	73.5
（R）	33.3	35.6	34.5	眶指数II左	—	70.5	70.5
mf—mf	20.0	18.0	19.0	眶指数II右	—	75.4	75.4
两眶内宽（fmo—fmo）	103.0	102.5	102.8	鼻尖点指数	—	31.61	31.61

表四　东周时期女性头骨测量项目表　　单位：毫米；（°）；%

测量项目	M1	M8	平均值	测量项目	M1	M8	平均值
颅长（g—op）	170.0	—	170.0	mf—mf	—	16.9	16.9
颅宽（eu—eu）	138.0	—	138.0	两眶内宽（fmo—fmo）	94.6	94.3	94.45
颅高（ba—b）	—	—	—	齿槽弓长	—	45.4	45.4
耳上颅高	—	—	—	齿槽弓宽	—	—	—
最小额宽	93.5	84.2	88.9	腭长（ol—sta）	—	43.5	43.5
耳点间宽	—	—	—	腭宽（enm—enm）	—	—	—
颅矢状弧	—	—	—	枕大孔长（ba—o）	—	—	—
额矢状弧	118.5	122.0	120.3	枕大孔宽	—	27.8	27.8
顶矢状弧	110.0	—	110.0	d—d	—	17.9	17.9
枕矢状弧	—	—	—	全面高（n—gn）	—	114.6	114.6
额矢状弦	104.8	111.0	107.9	枕骨最大宽（ast—ast）	107.9	—	107.9
顶矢状弦	104.5	—	104.5	n—pr　FH	—	—	—
枕矢状弦	—	—	—	n—ns　FH	—	—	—
上面宽	—	101.8	101.8	ns—pr　FH	—	—	—
两眶宽	—	95.9	95.9	g—m　FH	—	—	—
颅周长	—	—	—	n—m　FH	—	—	—
颅横弧	—	—	—	g—b　FH	—	—	—
颅基底长	—	—	—	n—rhi　FH	—	—	—
面基底长	—	—	—	fmo—n—fmo	146.0	150.0	148.0
上面高（pr）	—	67.9	67.9	zm—ss—zm	—	143.5	143.5

续表

测量项目	M1	M8	平均值	测量项目	M1	M8	平均值
（sd）	—	69.4	69.4	zm1—ss—zm1	—	—	—
颧宽（zy—zy）	—	122.5	122.5	n—pr—ba	—	—	—
中面宽1（zm—zm）	—	96.0	96.0	pr—n—ba	—	—	—
sub zm—ss—zm	—	19.0	19.0	n—ba—pr	—	—	—
中面宽2（zm1—zm1）	—	—	—	鼻梁角	—	—	—
sub zm1—ss—zm1	—	—	—	颅长宽指数	81.18	—	—
中眶间宽	—	49.2	49.2	颅长高指数	—	—	—
鼻尖高	—	15.2	15.2	颅宽高指数	—	—	—
鼻宽	—	23.0	23.0	鼻指数	—	45.2	45.2
鼻高	—	50.9	50.9	鼻根指数	27.27	24.36	25.82
鼻最小宽	4.4	7.8	6.1	垂直颅面指数	—	—	—
鼻最小高	1.2	1.9	1.55	额宽指数	67.75		—
眶宽1（L）	—	41.6	41.6	腭指数	—	—	—
（R）	—	42.2	42.2	齿槽弓指数	—	—	—
眶宽2（L）	—	39.1	39.1	面部突度指数	—	—	—
（R）	—	39.7	39.7	眶指数I	—	82.9	82.9
眶高（L）	—	—	—	眶指数II	—	89.1	89.1
（R）	—	35.4	35.4	鼻尖点指数	—	30.89	30.89

东周时代组的颅骨形态特征体现出了较多的一致性。他们在面部特征上拥有中等宽的额部，中等的上面比值，中等的垂直颅面比例，短阔的上齿槽弓和腭形，弱的鼻根隆起程度，低的眶形。从颅型看，一例男性是长颅型，女性则是短颅型，这例女性颅骨由于残破，颅高值无法测量，但是从颅形的轮廓看，明显区别于低颅、阔颅的颅型。此外，男女两性的鼻颧角值差异较大，男性偏小，女性属于大级。

2. 汉代、清代头骨测量数值

东阳汉代能够测量的个体只有M27，为女性。清代墓也只有M22可以测量，也是女性。这2例个体测量结果列于表五。

M27的颅指数为79.08，属于中颅型，颅长高指数是77.36，为高颅型，颅宽高指数为97.83，属于偏狭的中颅型，上面指数显示为中上面型，拥有中等的垂直颅面比例。额宽指数为68.12，属于中额型。鼻指数是55.89，为阔鼻型。面部突度指数94.9，是正颌型。总面角显示为87°，是平颌型，齿槽面角显示为79°，属于突颌型，但接近中颌型下限。M27的鼻颧角中等偏小，上面部在水平方向的扁平程度中等。

M22的脑颅骨保存稍好，面颅骨多残破，能够测量的仅有右侧眶宽和眶高。从颅指数、颅长高指数和颅宽高指数看，属于中颅、高颅结合狭颅。与东周组相比，M22具有明显的高狭眶特征。

表五　汉代、清代女性头骨测量项目表　　单位：毫米；（°）；%

测量项目	M27（汉）	M22（清）	测量项目	M27（汉）	M22（清）
颅长（g—op）	174.5	184.0	两眶内宽（fmo—fmo）	94.0	—
颅宽（eu—eu）	138.0	138.5	齿槽弓长	—	—
颅高（ba—b）	135.0	143.0	齿槽弓宽	—	—
耳上颅高	116.8	123.5	腭长（ol—sta）	—	—
最小额宽	94.0	—	腭宽（enm—enm）	—	—
耳点间宽	125.5	120.0	枕大孔长（ba—o）	34.0	35.6
颅矢状弧	370.0	387.0	枕大孔宽	29.5	28.1
额矢状弧	127.5	139.0	d—d	—	—
顶矢状弧	132.0	135.0	全面高（n—gn）	112.0	—
枕矢状弧	110.5	113.0	枕骨最大宽（ast—ast）	109.4	109.6
额矢状弦	105.5	125.0	n—pr　FH	87.0	—
顶矢状弦	114.0	113.5	n—ns　FH	92.0	—
枕矢状弦	95.0	92.0	ns—pr　FH	79.0	—
上面宽	101.1	—	g—m　FH	87.0	84.5
两眶宽	95.1	—	n—m　FH	90.0	85.0
颅周长	500.0	532.0	g—b　FH	47.0	42.0
颅横弧	320.0	330.0	n—rhi　FH	71.0	—
颅基底长	98.0	102.0	fmo—n—fmo	140.5	—
面基底长	93.0	—	zm—ss—zm	126.0	—
上面高（pr）	65.7	—	zm1—ss—zm1	129.0	—
（sd）	69.2	—	n—pr—ba	71.0	—
颧宽（zy—zy）	130.5	—	pr—n—ba	69.0	—
中面宽1（zm—zm）	97.4	—	n—ba—pr	40.0	—
sub zm—ss—zm	24.7	—	鼻梁角	16.0	—
中面宽2（zm1—zm1）	98.5	—	颅长宽指数	79.08	75.27
sub zm1—ss—zm1	23.5	—	颅长高指数	77.36	77.72
中眶间宽	55.0	—	颅宽高指数	97.83	103.25
鼻尖高	19.0	—	鼻指数	55.89	—
鼻宽	27.5	—	鼻根指数	29.27	29.41
鼻高	49.2	—	垂直颅面指数	51.26	—
鼻最小宽	8.2	10.2	额宽指数	68.12	—
鼻最小高	2.4	3.0	上面指数pr	50.34	—
眶宽1（L）	39.3	—	上面指数sd	53.03	—
（R）	39.4	38.5	面部突度指数	94.90	—
眶宽2（L）	—	—	眶指数I左	87.28	—
（R）	—	37.3	眶指数I右	88.07	92.99
眶高（L）	34.3	—	眶指数II左	—	—
（R）	34.7	35.8	眶指数II右	—	95.98
mf—mf	23.7	—	鼻尖点指数	34.23	—

五、种族形态分析

种族特征的分析依照本学科研究惯例，只选用男性头骨的数据比较，东阳遗址发掘出土的头骨只有东周组有男性成年个体可供种系研究，汉代和清代的头骨由于是女性，不做种族特征的研究。

为了探讨东周组头骨在蒙古人种中的位置，本文选用蒙古人种的北亚组、东北亚组、东亚组、南亚组四个地区类型的测量项目及指数进行比较，具体数据见表六。

表六　东阳东周组与四个蒙古人种支系之间的比较（男性） 单位：毫米；（°）；%

测量项目	东阳组	北亚组	东北亚组	东亚组	南亚组
颅长（g—op）	188.0	174.9～192.7	180.7～192.4	175.0～182.2	169.9～192.7
颅宽（eu—eu）	140.0	144.4～151.5	134.3～142.6	137.6～143.0	137.9～143.9
颅高（b—ba）	142.0	127.1～132.4	132.9～141.1	135.3～140.2	134.4～137.8
最小额宽（ft—ft）	94.75	90.6～95.8	94.2～96.6	89.0～93.7	87.7～95.4
颧宽（zy—zy）	128.5	138.2～144.0	137.9～144.8	131.3～136.0	131.5～136.3
上面高（n—sd）	71.15	72.1～77.6	74.0～79.4	70.2～76.6	66.1～71.5
鼻高（n—ns）	51.6	55.0～57.0	55.0～65.0	55.0	50.0～53.0
鼻宽	26.5	27.0～28.0	23.0～25.0	25.0	26.0
额角（n—mFH）	81.0	77.30～85.10	77.00～79.00	83.30～86.90	84.20～87.00
鼻颧角（fmo—fmo）	131.5	147.0～151.4	149.0～152.0	145.0～146.6	142.1～146.0
上面指数	53.15	51.4～55.0	51.3～56.6	51.7～56.8	49.9～53.3
垂直颅面指数	48.10	55.8～59.2	53.0～58.4	52.0～54.9	48.0～52.2
鼻指数	51.65	45.0～50.7	42.6～47.6	45.2～50.2	50.3～55.5
眶指数	73.5	79.3～85.7	81.4～84.9	80.7～85.0	78.2～81.0
颅指数	74.46	75.4～85.9	69.8～79.0	76.9～81.5	76.9～83.3
颅长高指数	75.5	67.4～74.8	73.2～75.6	75.3～80.2	67.4～80.2
颅宽高指数	101.4	83.5～94.5	92.1～100.0	96.8～100.3	94.4～101.3
鼻根指数	32.4	26.9～38.5	34.7～42.5	31.0～35.0	26.1～36.1

从表六看，东阳东周组的测量特征与北亚类型差异较大。它只有颅长、最小额宽、上面指数和鼻根指数落入了北亚类型中。与东北亚类型比较，东周组的颅长、颅宽、最小额宽、上面指数、颅指数、颅长高指数等6项测量项目和指数数值落入东北亚类型，但是东阳东周组有着很窄的面型，很低的眶型，倾斜不显著的前额，很小的垂直颅面比例和欠扁平的上面部等特征又与东北亚类型区别明显。东阳东周组的颅长、颅宽、最小额宽、上面高、鼻高、上面指数、垂直颅面指数、鼻指数、颅长高指数等9项测量项目和指数数值落入南亚蒙古人种的变异范围，该组的鼻宽和颅宽高指数的数值接近南亚蒙古人种变异范围的上限。与东亚类型比较，东阳东周组居民在颅宽、上面高、上面指数、颅长高指数、鼻根指数等项目上比较接近，他们的区别体现在东阳东周组很大的颅长绝对值、很窄的面宽，很小的上面部扁平度和很低的眶型，这应该是标本例数太少造成的。综合考虑，东阳东周组的种族特征最接近南亚蒙古人种，同时也有部分特征接近东亚类型蒙古人种，在很

小的鼻颧角、很窄的面宽等项目上，甚至不排除受到其他地区人种因素的影响。

将陕西、山西以及其他地区周代—汉代的九个古代组十七项测量数值与东阳东周组进行比较，这九个古代组分别是陕西韩城梁带村组①、青海湟中李家山组②、陕西凤翔西村周人组③、陕西凤翔孙家南头秦人组④、陕西神木大保当组⑤、山西曲沃天马-曲村组⑥、山西侯马乔村组⑦、山西侯马上马组⑧以及宁夏固原彭堡乡于家庄组⑨。具体数值见表七。用SPSS11.5统计软件计算彼此间的欧式距离系数值，结果见表八。

表七　东阳东周组与其他古代组的比较（男性）　　长度单位：毫米；角度：度；指数：%

项目	东阳	梁带村	李家山	西村	孙家南头	大保当	天马-曲村	乔村	上马	彭堡
颅长	188.0	181.0	182.2	180.63	181.6	183.1	183.26	181.78	181.62	182.2
颅宽	140.0	141.5	140.0	136.81	142	148.1	141.56	142.79	143.41	146.8
颅高	142.0	143.5	136.5	134.67	139.2	136.9	141.30	140.99	141.11	131.9
颧宽	128.5	140.5	138.6	131.48	139.5	138.3	138.28	137.52	137.36	139.8
眶宽	46.3	44.9	43.2	42.48	43.85	43.2	40.37	43.45	42.99	42.6
眶高	34.5	36.1	35.4	33.62	33.88	34.9	34.21	34.43	33.57	33.8
鼻宽	26.5	28.0	26.7	27.74	26.92	26.7	27.16	26.34	27.27	26.8
鼻高	51.6	58.2	57.0	51.61	53.75	55.9	53.99	54.55	54.41	58.6
上面高	71.15	82.3	77.3	72.6	74.67	74.7	73.55	74.39	75.02	77.8
面角	77.5	84.0	87.0	81.05	86.2	85.9	85.58	84.02	82.42	90.7
颅指数	74.46	78.17	76.93	75.75	78.36	80.9	77.30	79.10	79.00	81.1
颅长高指数	75.5	79.29	74.96	77.16	76.74	74.4	77.18	78.45	77.69	72.4
颅宽高指数	101.4	101.43	97.6	102.04	98.06	92.2	99.68	98.59	98.62	89.7
上面指数	53.15	56.58	55.88	55.28	54.21	54.2	53.56	54.56	54.59	55.6
垂直颅面指数	48.10	54.37	55.99	51.49	55.41	54.2	52.05	52.76	53.16	59
眶指数	73.5	80.36	82.0	79.25	77.3	79.6	77.05	78.96	78.00	83.1
鼻指数	51.65	48.29	47.0	53.84	50.05	47.8	50.52	49.00	50.43	46.2

① 陈靓等：《梁带村墓地出土人骨鉴定报告》，《梁带村芮国墓地——二零零七年度发掘报告》附录一，文物出版社，2010年，第231～245页。

② 张君：《青海李家山卡约文化墓地人骨种系研究》，《考古学报》1993年第3期。

③ 韩伟等：《凤翔南指挥西村周墓人骨的测量与观察》，《考古与文物》1985年第3期。

④ 陈靓等：《陕西凤翔孙家南头秦墓人骨的种系研究》，《西部考古》第三辑，三秦出版社，2008年。

⑤ 韩康信等：《陕西神木大保当汉墓人骨鉴定报告》，《神木大保当》附录，科学出版社，2001年，第132～159页。

⑥ 潘其风：《天马-曲村遗址西周墓地出土人骨的研究报告》，《天马曲村·1980—1989》第三册附录一，科学出版社，2000年，第1138～1152页。

⑦ 潘其风：《侯马乔村墓地出土人骨的人类学研究》，《侯马乔村墓地（1959—1996）》附录四，科学出版社，2004年，第1218～1255页。

⑧ 潘其风：《上马墓地出土人骨的初步研究》，《上马墓地》附录一，文物出版社，1994年，第398～483页。

⑨ 韩康信：《宁夏彭堡于家庄墓地人骨种系特征之研究》，《考古学报》1995年第1期。

表八　东阳东周组与其他古代组的欧式距离系数值

	东阳	梁带村	李家山	西村	孙家南头	大保当	曲村	乔村	上马	彭堡
东阳	0.000	23.494	22.760	14.745	19.301	23.255	16.643	17.245	16.543	32.071
梁带村	23.494	0.000	11.800	19.813	12.133	17.091	13.235	10.944	11.259	21.675
李家山	22.760	11.800	0.000	16.090	8.562	11.566	11.343	9.852	11.026	13.624
西村	14.745	19.813	16.090	0.000	14.430	20.266	13.379	13.717	13.253	26.122
孙家南头	19.301	12.133	8.562	14.430	0.000	10.512	6.226	5.367	5.787	17.072
大保当	23.255	17.091	11.566	20.266	10.512	0.000	13.096	10.848	11.213	11.017
曲村	16.643	13.235	11.343	13.379	6.226	13.096	0.000	5.616	5.838	20.849
乔村	17.245	10.944	9.852	13.717	5.367	10.848	5.616	0.000	2.993	19.045
上马	16.543	11.259	11.026	13.253	5.787	11.213	5.838	2.993	0.000	19.694
彭堡	32.071	21.675	13.624	26.122	17.072	11.017	20.849	19.045	19.694	0.00

表八中东阳东周组与所有对比组都存在一定的差距，原因可能是个体数太少造成的极端性。如该组很窄的面宽、很小的面角和鼻颧角、很大的颅长值、很低的眶指数等。但从欧式距离系数的结果，我们仍然能够一窥东阳东周组与西村周组以及晋南地区的天马-曲村、乔村和上马组生物学距离相对较近，与梁带村组、大保当组距离居中，与彭堡组关系最远。十个古代组中位于凤翔的孙家南头组是年代属于战国时期的秦人墓地，它虽然与东阳组欧式距离系数值较大，但是可以发现它与晋南的三个古代组欧式距离系数分别只有6.266、5.367和5.787，形态特征很相近。有理由推测战国时期的关中地区秦墓或者与秦文化因素有关的墓葬出土的人骨与晋南地区的人群存在着密切的联系。

六、肢骨的特征及其身高的推算

1. 东阳东周组四肢骨特征

肢骨基本完好可供测量的人骨只有7例，其中女性2例、男性5例。现将其股骨、胫骨、肱骨最大长、全长等测量项目及指数平均值列于表九。

表九　东周组股骨、胫骨、肱骨测量值平均值及指数　　单位：毫米；%

测量项目	女性			男性					
	M4	M8	平均值	M1	M10	M11	M15	M21	平均值
股骨最大长 L	385.0	414.0	399.5	393.0	—	443.0	462.0	—	432.7
股骨最大长R	392.0	414.0	403.0	400.0	—	451.0	—	—	425.5
股骨全长L	380.0	413.0	396.5	392.0	—	440.0	459.5	—	430.5
股骨全长R	385.0	413.0	399.0	397.0	—	444.0	—	—	420.5
骨干中部周L	72.0	—	72.0	84.5	—	82.0	97.5	—	88.0
骨干中部周R	71.0	90.0	80.5	84.0	—	84.0	—	—	84.0
股骨颈周长L	83.0	93.0	88.0	91.0	93.0	101.0	—	102.0	96.8

续表

测量项目	女性			男性					
	M4	M8	平均值	M1	M10	M11	M15	M21	平均值
股骨颈周长R	82.0	93.0	87.5	90.5	92.5	101.0	—	101.5	96.4
骨干上部横径L	27.7	31.1	29.4	31.0	35.5	32.4	32.5	34.0	33.1
骨干上部横径R	27.7	31.9	29.8	28.9	33.6	32.2	30.5	31.2	31.3
骨干上部矢径L	18.8	25.5	22.2	24.0	24.3	23.6	29.5	27.0	25.7
骨干上部矢径R	19.5	26.0	22.8	25.0	23.4	24.5	29.8	26.1	25.8
骨干中部横径L	22.9	—	22.9	26.0	—	29.5	29.8	—	28.4
骨干中部横径R	21.9	27.2	24.6	24.9	—	28.0	—	—	26.5
骨干中部矢径L	23.0	—	23.0	27.0	—	26.3	32.5	—	28.6
骨干中部矢径R	22.6	29.6	26.1	27.2	—	26.1	—	—	26.7
颈干角L	133.0	130.0	131.5	130.0	—	130.0	—	122.0	127.3
颈干角R	126.0	130.0	128.0	130.0	134.0	130.0	—	127.0	130.3
股骨粗壮指数 L	12.08	—	12.08	13.65	—	12.68	13.57	—	13.30
股骨粗壮指数 R	11.56	13.75	12.66	13.12	—	12.18	—	—	12.65
股骨扁平指数 L	67.87	81.99	74.93	77.42	68.45	72.84	90.76	79.41	71.78
股骨扁平指数 R	70.4	82.45	76.43	86.51	69.64	76.09	97.70	83.65	82.72
股骨嵴指数 L	100.4	—	100.4	101.9	—	89.2	109.1	—	100.0
股骨嵴指数 R	103.2	108.8	106.0	109.2	—	93.2	—	—	101.2
胫骨最大长 L	310.0	351.0	330.5	326.0	—	367.0	375.0	—	355.9
胫骨最大长 R	—	352.0	352.0	326.0	—	367.0	—	361.0	351.3
胫骨全长 L	303.0	346.5	324.8	323.0	—	360.0	368.0	—	350.3
胫骨全长 R	—	347.0	247.0	320.0	—	360.0	—	355.0	345.0
中部最大径L	27.0	29.9	28.5	31.0	—	31.5	32.0	—	31.5
中部最大径R	—	28.8	28.8	31.1	—	31.0	—	34.2	32.1
中部横径L	16.8	19.9	18.4	21.1	—	21.7	27.0	—	23.3
中部横径R	—	19.0	19.0	20.5	—	22.1	—	25.0	22.5
滋养孔处矢径L	—	31.4	31.4	31.0	36.0	33.5	39.5	—	35.0
滋养孔处矢径R	28，2	32.4	32.4	30.5	—	33.3	38.5	39.0	35.3
滋养孔处横径L	18.6	20.5	19.6	24.2	21.8	23.4	29.5	—	24.7
滋养孔处横径R	18.9	21.2	20.1	24.5	—	23.0	30.5	25.5	25.9
胫骨指数L	—	65.29	65.29	78.06	60.56	69.85	74.68	—	70.79
胫骨指数R	67.02	65.43	66.23	80.33	—	69.07	79.22	65.38	73.5
肱骨最大长 L	285.0	291.0	288.0	285.1	295.0	327.0	—	—	302.4
肱骨最大长 R	—	306.0	306.0	288.5	302.0	320.0	—	—	303.5
肱骨全长L	280.0	288.0	284.0	280.0	290.0	313.0	—	—	294.3
肱骨全长R	—	301.0	301.0	283.0	300.0	315.0	—	—	299.3
骨干中部周长L	54.0	—	54.0	64.8	63.0	61.0	—	—	62.9

续表

测量项目	女性			男性					
	M4	M8	平均值	M1	M10	M11	M15	M21	平均值
骨干中部周长R	—	—	—	65.0	63.5	64.0	—	—	64.2
骨干最小周长L	50.5	47.0	48.8	57.0	58.0	58.0	—	—	57.7
骨干最小周长R	52.0	47.5	49.8	59.0	59.0	60.0	—	65.0	60.8
中部横径L	15.4	18.6	17.0	21.9	20.6	21.5	—	—	21.3
中部横径R	—	17.7	17.7	21.0	19.4	20.5	—	—	20.3
中部矢径L	18.3	19.8	19.1	21.9	21.7	19.3	—	—	21.0
中部矢径R	—	20.5	20.5	22.0	21.8	19.4	—	—	21.1
中部最大径L	19.0	20.8	19.9	23.0	22.6	21.9	—	—	22.5
中部最大径R	—	20.7	20.7	23.0	23.2	22.6	—	—	22.9
中部最小径L	15.0	16.3	15.7	14.5	15.4	15.5	—	—	15.1
中部最小径R	—	—	—	15.0	16.2	16.4	—	—	15.9
肱骨粗壮指数 L	17.7	19.24	18.47	19.99	19.66	17.74	—	—	19.13
肱骨粗壮指数 R	—	18.3	18.3	20.45	19.54	18.75	—	—	19.58

根据股骨扁平指数的划分，女性左右两侧平均指数都属于扁型，男性左侧平均值属于超扁型，右侧平均值属于扁型。可见该组股骨多数上部较扁平。男性左右胫骨最大长平均值相差无几，女性胫骨平均值左侧小于右侧，该组胫骨属于短型。男性左右肱骨最大长平均值相差不大，女性亦如此。从胫骨指数分型看，女性全部为中胫型，男性分布比较分散，以宽胫型为主，中胫和扁胫型较少。左右肱骨粗壮程度大致相同，但右侧比左侧略粗壮。

对于东阳组居民的身高推算，这里选用《体质人类学》[①]中计算黄种男人和女人的计算公式

黄种男人：身高＝股骨×3.66+5厘米

身高＝胫骨×4.53+5厘米

身高＝肱骨×5.06+5厘米

黄种女人：

身高＝股骨×3.71+5厘米

身高＝胫骨×4.61+5厘米

身高＝肱骨×5.22+5厘米

根据上述公式计算结果如下，运用股骨推算公式，计算出3个男性身高值，分别是M1身高150.1厘米、M11身高168.6厘米、M15身高174.1厘米，平均值164.27厘米。

运用胫骨推算公式，计算出4个男性身高值，分别是M1身高152.7厘米、M11身高171.3厘米、M15身高174.8厘米、M21身高168.5，平均值166.83厘米。

运用肱骨推算公式，计算出3个男性身高值，分别是M1身高150.1厘米、M10身高156厘米、

① 朱泓：《体质人类学》，高等教育出版社，2004年。

M11身高168.7厘米，平均值158.3厘米。

以上三者的平均值为163.1厘米，可见，东阳组男性居民身高属于中等水平。

运用股骨推算公式，计算出2个女性身高值，分别是M4身高149.1厘米、M8身高158.6厘米，平均值为153.85厘米。

运用胫骨推算公式，计算出女性身高值分别为，M4身高147.9厘米、M8身高167.04厘米，平均值157.47厘米。

运用肱骨推算公式计算出女性身高值分别为，M4身高153.77厘米、M8身高160.82厘米，平均值157.3厘米。

以上三者的平均值为156.2厘米。可见，东阳组女性居民身高属于中等水平。

2. 汉唐组四肢骨特征

汉代组肢骨基本完好可供测量的人骨只有4例，包括3例男性和1例女性。由于个体的上肢骨保存状况欠佳，因此表一〇中仅列出下肢骨中保存较好的股骨、胫骨的最大长、全长等项目及由此计算出的指数平均值。

表一〇　汉代组股骨、胫骨的测量平均值及指数　　单位：毫米；%

测量项目	女性	男性			
	M27	M24	M28	M41	平均值
股骨最大长 L	380.0	429.0	435.0	399.0	421.0
股骨最大长R	—	426.0	432.0	396.0	418.0
股骨全长L	375.0	425.0	431.0	392.0	416.0
股骨全长R	—	421.0	429.0	390.0	413.3
骨干中部周L	79.0	83.5	91.0	74.4	83.0
骨干中部周R	—	85.0	90.8	75.8	83.9
股骨颈周长L	87.0	90.0	100.0	90.0	93.3
股骨颈周长R	—	92.5	105.0	88.0	95.2
骨干上部横径L	27.4	27.1	30.3	26.0	27.8
骨干上部横径R	28.9	27.9	31.6	26.5	28.7
骨干上部矢径L	24.8	25.0	27.5	23.0	25.2
骨干上部矢径R	24.8	24.6	28.0	22.5	25.0
骨干中部横径L	26.0	24.6	26.6	23.5	24.9
骨干中部横径R	—	24.7	28.0	23.2	25.3
骨干中部矢径L	24.2	28.0	31.0	25.0	28.0
骨干中部矢径R	—	29.0	30.9	24.5	28.1
颈干角L	130.0	131.0	138.0	132.0	133.7
颈干角R	—	127.0	133.0	130.0	130.0
股骨粗壮指数 L	13.55	12.38	12.55	12.37	12.43
股骨粗壮指数 R	—	12.76	13.73	12.23	12.91

续表

测量项目	女性	男性			
	M27	M24	M28	M41	平均值
股骨扁平指数 L	91.18	92.25	90.76	88.46	90.49
股骨扁平指数 R	85.81	88.17	88.61	84.91	87.23
股骨嵴指数 L	93.08	113.82	116.54	106.38	112.25
股骨嵴指数 R	—	117.89	110.36	105.60	111.28
胫骨最大长 L	310.0	—	334.0	—	334.0
胫骨最大长 R	309.5	—	—	—	—
胫骨全长 L	302.0	—	328.0	—	328.0
胫骨全长 R	302.0	—	—	—	—
中部最大径L	24.8	—	31.3	—	31.3
中部最大径R	25.4	—	—	—	—
中部横径L	20.1	—	23.8	—	23.8
中部横径R	20.1	—	—	—	—
滋养孔处矢径L	28.7	32.0	35.7	—	33.9
滋养孔处矢径R	27.9	32.3	35.9	—	34.1
滋养孔处横径L	26.5	26.6	23.6	—	25.1
滋养孔处横径R	22.7	26.8	23.6	—	25.2
胫骨指数L	92.33	83.13	66.11	—	74.62
胫骨指数R	81.37	82.97	65.74	—	74.36

股骨扁平指数显示，M27这例女性左右两侧都属于正型，男性中M24和M28左右两侧也都属于正型，M41左侧为正型，右侧属于扁型，已经达到扁型的上限，接近正型。由此可见该组股骨绝大多数上部趋向圆形。从胫骨指数看，M27和M24都属于宽胫型，M41属于中胫型。与股骨一致，胫骨骨干也逐步趋向更圆①。

鉴于下肢骨测量值相互比较的便利，汉唐组也选用与东周组相同的股骨和胫骨最大值计算公式来推测个体的身高。利用左右侧股骨推算公式计算出M24的身高分别是162.01、160.92厘米，M28的身高分别是164.21、163.11厘米，M41的身高为151.03、149.94厘米。3例男性的身高平均值是158.54厘米。M27的身高为145.98厘米。

男性中只有M28保留了左侧胫骨，根据胫骨最大长推算公式，计算出M28的身高为156.3厘米。M27这例女性左右侧胫骨最大长推算出的身高分别是147.91、147.45厘米。

男性股骨和胫骨推测出的身高的平均值为158.22厘米，处于偏矮的水平。女性的平均值为147.11厘米，同样处于偏矮的水平。

3. 清代组四肢骨特征

清代组只有M14合葬的一男一女下肢骨尚可以测量。M14东侧的女性左右侧股骨最大长分别是

① 朱泓：《体质人类学》，高等教育出版社，2004年。

377、383毫米，推测出身高值为144.87、147.09厘米，胫骨最大长分别是325、322毫米，推测出身高值为154.83、153.44厘米，综合股骨和胫骨推算出身高的平均值为150.06厘米。M14西侧的男性只有右侧胫骨保存完整，最大长值为372毫米，由此推算出身高值为173.52厘米，处于中等偏高水平。

七、骨骼的病理特征

东阳遗址人骨上的病理特征集中记录个体数较多的东周组人骨，汉代组能够观察到的病理现象也将逐一记录。清代组两例个体骨骼上不见明显的病理特征，故不予记录。东周及汉代组人骨病理特征主要记录口腔疾病，如龋齿、牙周炎、根尖脓肿、牙釉质发育不全等，四肢骨的关节疾病，如骨刺等，感染性疾病，如骨膜炎等。

1. 东周组居民的病理特征

东周组居民骨骼上所见的病理特征记录如下。

M1第一至第五腰椎椎体周缘遍布骨赘。第一腰椎椎体右侧呈楔形，应该是压缩性骨折的结果（图版八一，1、2）。第一尾椎骶椎化，与第五骶椎发生融合 （图版八一，3）。跖骨、趾骨关节处有骨赘生成。

该个体四肢骨如肱骨、尺骨、桡骨、股骨、胫骨、腓骨上下端关节处多小孔，系骨质疏松造成的（图版八一，4）。右侧腓骨下端关节面增生骨赘。右侧胫骨骨干沿长轴分布条纹状瘢痕，在骨密质的表层生成片状新骨，罹患骨膜炎。

上颌左侧第一前臼齿到第一臼齿在齿颈处出现侧面龋（图版八一，5）。下颌骨齿槽窝生前闭合（图版八一，6）。

M4罹患龋齿，右侧上颌第一臼齿龋齿仅剩牙根，下颌左侧第一前臼齿、第二臼齿龋齿仅剩牙根。牙齿生前脱落。下颌右侧第二前臼齿、第一臼齿、第二臼齿处齿槽窝闭合，左侧第一臼齿处齿槽窝闭合。

M8罹患牙周炎，上下颌所有牙齿齿根暴露齿槽超过2毫米（图版八一，7）。下颌牙齿显示牙釉质发育不全。下颌牙齿上有牙结石附着物。下颌左侧髁突关节变形（图版八一，8）。

M11同样罹患牙周炎，上下颌牙齿齿根暴露超过齿槽嵴2毫米。下颌牙齿有牙结石附着物。

M13下颌右侧第二臼齿为龋齿，属于侧面龋（图版八二，1）。左侧第二臼齿齿槽窝闭合。患有牙周炎，牙根暴露超过齿槽嵴2毫米。上颌牙齿和下颌部分牙齿齿冠咬合面呈黑色，为龋面。第十一、十二胸椎椎体右侧边缘发生连桥，系骨刺生长过长所致。这两块椎体前部呈楔形塌陷，为压缩性骨折的特征（图版八二，2）。第一至第五腰椎椎体周缘遍布骨刺（图版八二，3、4）。左右侧的胫骨自中部至下端出现了沿长轴方向的纵向细条状瘢痕，骨密质表面增厚，M13亦罹患骨膜炎（图版八二，5、6）。

M15龋齿严重，上颌左右侧侧门齿，右侧第二前臼齿、第一、第二臼齿在颊侧齿颈处沿长轴存在沟状龋面。上颌右侧犬齿处患根尖脓肿，在颊侧形成一4.5毫米的蚀洞。患牙周炎，齿根暴露超过齿槽嵴3毫米。

M21上颌左侧和下颌右侧的第二臼齿在颊侧齿颈处形成沟状龋面。M21左右侧股骨臀肌粗隆特别发达，左侧的臀肌粗隆已经形成了明显的第三转子（图版八二，7）。

M25 罹患牙周炎，上颌仅保留的第二前臼齿、第一臼齿和第二臼齿的牙根暴露齿槽嵴达3.1毫米。

M31的下颌右侧第一、第二臼齿、上颌右侧第一臼齿在颊侧齿颈处出现条状龋面，上颌右侧第一、第二前臼齿的齿冠几乎完全龋蚀。患牙周炎，上下颌齿根暴露出齿槽嵴超过2毫米。上颌右侧第一、第二前臼齿、下颌右侧第一臼齿齿根暴露，在上颌骨颊侧形成直径约4.4毫米的圆形蚀洞。

东周组的病理特征主要体现口腔疾病中，龋齿发病比率高，从患龋位置看，与现代人存在差异，东周人群龋蚀面集中在连接齿冠、齿根的齿颈处，呈条带状贯通齿颈的颊侧，现代人则高发于齿冠的咬合面。牙周炎也呈现高发状态，能够观察到的标本都出现了牙周炎的病灶。躯干骨上的疾病主要体现在第十一、十二胸椎及第一、二、三腰椎上明显的骨刺，有些个体甚至出现了椎体的连桥现象。除了退行性病变的因素外，与具体个体从事繁重的体力劳作有关。

2. 汉唐组居民的病理特征

东阳遗址汉代组仅有的4例个体中，M16的一块腰椎由于残破无法辨别具体为第几腰椎，这块腰椎椎体周缘生有骨刺。

M24从保留的残破的下颌看，左右侧第一臼齿生前脱落，齿槽窝完全闭合。该个体处于青年期，无诸如牙周病、根尖脓肿等能够致使牙齿自然脱落的口腔疾患，下颌仅第一臼齿脱落，并且左右侧对称脱落，怀疑为生前有意人工拔除的结果（图版八二，8）。

M27为牙釉质发育不全病例，其上颌左侧中门齿、侧门齿，下颌右侧中门齿、侧门齿、犬齿在齿冠的唇面平行的线状的凹陷（图版七九，1）。患牙周病，下颌所有牙齿齿根暴露齿槽嵴超过3毫米。

八、小　结

本文鉴定了2014年华县东阳遗址出土的东周、汉代、唐代、清代四个时间段的人骨，鉴定和初步分析如下。

（1）根据对骨骼性别、年龄标志的认定，东周组可供鉴别的个体12例，包括男性8例、女性3例、未成年人1例。男性死亡高峰期集中在中年期和壮年期，女性死亡高峰期集中在壮年期和老年期，总体看该组人死亡的高峰期在中年期和壮年期，未成年、青年和老年较少。汉代组4例个体中，男女各2例，死亡年龄集中在青壮年期。唐代1男1女，均为成年。清代组1男2女3例个体中，男性为老年，女性为青壮年。

（2）从颅骨的形态观察和测量特征看，东阳东周组人骨颅形以椭圆形和圆形为主，颅顶缝为简单型，鼻根凹陷多浅，梨状孔下缘多鼻前沟型和锐型，眶型多方型，鼻前棘发育较弱，犬齿窝多浅和中等，腭型以U形为主。颅型为长颅型、高颅型结合狭颅型，中鼻型和中偏阔鼻型，阔额型，短颌型，正颌型，狭腭型，中等偏小的垂直颅面比例，中等偏高的眶型。汉代组除了与东周组接近的特征外，个别个体还出现了中等发达的鼻前棘、中等深的犬齿窝以及方凸形额鼻颌缝走向等特征，不排除有其他人群种族成分的混入。

（3）根据人种学分析，东阳东周组在种系特征上最接近蒙古人种的南亚类型，也接近蒙古人种中的东亚类型。与古代组的比较分析显示，该组相对接近凤翔西村周组先民，同时也与以曲村、乔村、上马组为代表的晋南地区先秦时期居民相对接近。

（4）从测量所得的长骨数据来看，东周组的股骨上部较扁平，胫骨为短胫型，肱骨右侧较为粗壮。根据测量数据推测身高，男性平均身高为163.1厘米，女性平均身高为156.2厘米，均为中等身高水平。汉唐组男性平均身高为158.22厘米，女性平均身高为147.11厘米，处于较低发育水平。清代组女性平均身高为150.06厘米，男性则为173.53厘米。

（5）从骨骼上反映的病理标志来看，东周组居民龋齿和牙周炎严重，超过半数居民患有不同程度的龋齿和牙周炎，部分龋齿特别严重。还有一部分患有齿槽脓肿、牙结石和牙釉质发育不全。值得注意的是，除了1例老年个体因年龄较大齿槽全部闭合之外，还有部分个体怀疑为人工拔牙。关节炎在该组人群中的患病率也很高。

附录二　2014年华县东阳遗址动物遗存初步鉴定

刘　欢
（西北大学文化遗产学院）

2014年华县东阳遗址在考古发掘过程中发现一批动物遗存，根据西北大学文化遗产学院动植物考古实验室所藏动物骨骼标本比对，同时参考了一系列的动物骨骼图谱，包括伊丽莎白·施密德的《动物骨骼图谱》①、西蒙·赫森的《哺乳动物骨骼和牙齿鉴定方法指南》②，对其进行了鉴定。现将鉴定结果公布如下。

一、动物种属鉴定

经初步统计动物遗存出自61个遗迹单位中，包括地层、灰坑、房址以及墓葬，共计1478件。鉴定结果显示，华县东阳遗址动物骨骼包括软体动物、鸟纲、爬行纲、哺乳纲在内的4纲，共14个属种。具体动物种属如下：

软体动物门Mollusca
　腹足纲Gastropoda
　　中腹足目Mesogastropoda
　　　田螺科Viviparidae
　　　　圆田螺属*Cipangopaludina*
　　　　　圆田螺（未定种）*Cipangopaludina* sp.
瓣鳃纲Lamellibranchia
　真瓣鳃目Eulamellibranchia
　　蚌科Unionidae
　　　丽蚌属*Lamprotula*
　　　　丽蚌（未定种）*Lamprotula* sp.
　　　珠蚌属*Unio*
　　　　圆顶珠蚌*Unio douglasiae*
　　　矛蚌属*Lanceolaria*
　　　　矛蚌（未定种）*Lanceolaria* sp.
脊索动物门Chordata

① 伊丽莎白·施密德著，李天元译：《动物骨骼图谱》，中国地质大学出版社，1991年。
② 西蒙·赫森著，马萧林译：《哺乳动物骨骼和牙齿鉴定方法指南》，科学出版社，2012年。

鸟纲Aves

鸡形目Galliformes

雉科Phasianidae

雉属*Phasianus*

雉未定种*Phasianus* sp.

爬行纲Reptilia

龟鳖目Chelonia

鳖科Trionychidae

中华鳖属*Pelodiscus*

中华鳖*Pelodiscus sinensis*

哺乳纲Mammalia

啮齿目Rodenti

兔科Leporidae

兔属*Lepus*

兔未定种*Lepus* sp.

食肉目Carnivora

犬科Canidae

犬属*Canis*

狗*Canis familiaris*

熊科Ursidae

熊属*Ursus*

黑熊*Ursus thibetanus*

奇蹄目Perissodactyla

马科Equidae

马属*Equus*

马*Equus caballus*

偶蹄目Artiodactyla

猪科Suidae

猪属*Sus*

家猪*Sus scrofa domestica*

牛科Bovidae

牛属*Bos*

黄牛*Bos taurus domestica*

盘羊属*Pseudois*

绵羊*Ovis aries domestica*

鹿科Cervidae

鹿属*Cervus*

梅花鹿*Cervus nippon*

鹿（未定种）*Cervus* sp.

二、重要遗迹单位中出土的动物骨骼

（一）仰韶时期

1. H49

H49年代属于仰韶时期，该遗迹的功能可能是一座废弃的储藏室或房屋。出土动物遗存共计5件，可鉴定标本数（NISP）3件，动物种属有羊、牛、小鹿（很可能是麂）等。其中羊可鉴定标本数（NISP）1件，最小个体数（MNI）1件；牛可鉴定标本数（NISP）1件，最小个体数（MNI）1件；小鹿（很可能是麂）可鉴定标本数（NISP）1件（图版七六，1），最小个体数（MNI）1件。

灰坑内骨骼保存情况一般。在羊、牛的骨骼上发现啮齿动物啃咬的痕迹，小鹿骨骼上发现食肉动物啃咬痕迹。

值得注意的是，根据标本比对，H49出土的羊右侧肱骨与绵羊非常相似，牛的桡腕骨与黄牛非常相似。但是目前动物考古学研究显示，我国最早的家养绵羊约在距今5600～5000年时在甘肃和青海地区出现[1]，中国家养黄牛最早起源于距今4500～4000年的黄河中下游地区。而H49属于仰韶时期的灰坑，出现了羊骨与牛骨是十分特殊的现象，这需要更加准确的测年和相关科技手段才能进一步确定骨骼所属的年代、种属以及是否为家养动物。

2. H17

H17年代属于仰韶时期，该遗迹的功能可能是一座废弃的储藏坑或房屋。出土动物遗存共计17件，可鉴定标本数（NISP）为8件。动物种属包括猪、黄牛（图版七六，2）、绵羊（图版七六，3）、梅花鹿等。其中，猪可鉴定标本数（NISP）1件，最小个体数（MNI）1件；黄牛可鉴定标本数（NISP）3件，最小个体数（MNI）1件；绵羊可鉴定标本数（NISP）2件，最小个体数（MNI）1件；梅花鹿可鉴定标本数（NISP）1件，最小个体数（MNI）1件。

在H17中发现1件梅花鹿废弃角料。该角料属于梅花鹿角的分叉处，保留少部分主枝以及眉枝。共发现3个锯面，皆从两端对锯至中间处折断。保留的这部分形状不规则，正好处于分叉的位置，无法制作器物，故推测为废料。

---

① 袁靖：《中国古代家养动物的动物考古学研究》，《第四纪研究》2010年第2期，第298～306页。

（二）西周时期

1.H35

H35年代属于西周时期，在该灰坑第2～9层中出土动物遗存共计65件，可鉴定标本数共计24件。动物种属包括矛蚌（未定种）、狗、猪、黄牛、绵羊、梅花鹿。其中矛蚌（未定种）的可鉴定标本数（NISP）1件，最小个体数（MNI）1件；狗的可鉴定标本数（NISP）2件，最小个体数（NISP）1件；猪的可鉴定标本数（NISP）6件，最小个体数（MNI）1件；黄牛的可鉴定标本数（NISP）11件，最小个体数（MNI）2件；绵羊可鉴定标本数（NISP）2件，最小个体数（MNI）1件；梅花鹿可鉴定标本数（NISP）2件，最小个体数（MNI）1件。

在H35第8层中发现1件黄牛的第1节指/趾骨，其上有数条横向平行的人工割划痕迹，近端关节面边缘及前侧被烧黑。

此外，该灰坑第6层内出土一件卜骨。该卜骨是利用黄牛左肩胛骨的远端骨体制成，残损。将关节盂附近的骨体向下锯成一剖面，将剖面内部松质打磨平整，在其上钻孔，可观察到5个残损的钻孔，未在残孔内观察到凿痕、烧痕与兆痕。

2. H47

H47年代属于西周时期，属性为祭祀坑。共计出土动物遗存860件，其中可鉴定标本数共计490件。动物种属有啮齿目、蚌、鸟、狗、马、猪、黄牛、绵羊、梅花鹿、兔等。其中狗可鉴定标本数（NISP）30件，最小个体数（MNI）2件；马可鉴定标本数（NISP）2件，最小个体数（MNI）1件；猪的可鉴定标本数（NISP）288件，最小个体数（MNI）5件；黄牛可鉴定标本数（NISP）40件，最小个体数（MNI）3件；绵羊可鉴定标本数（NISP）124件，最小个体数（MNI）4件；梅花鹿可鉴定标本数（NISP）5件，最小个体数（MNI）1件；兔的可鉴定标本数（NISP）3件，最小个体数（MNI）1件。

狗　坑内第3层出土狗骨骼包括头骨、右下颌骨（图版七六，4）、颈椎、腰椎、左右肱骨、左右尺骨、左右盆骨、左股骨、右胫骨等，由于破损严重，无法拼合，但从骨骼愈合状况来看[①]，应属于同一个体。推测年龄在10个月左右。

猪　此坑至少有4具较为完整的猪骨，年龄普遍较小。其中第3层中发现2具较为完整的猪骨骼，根据牙齿萌出和骨骼愈合状况推测[②]，年龄分别为5～8个月与小于1岁；第4层东隔梁处发现2具较为完整的猪骨骼，根据骨骼愈合状况推测，年龄皆小于1岁（图版七六，5）。

绵羊　此坑第6层东隔梁处发现1具较为完整的羊骨骼，根据牙齿萌出状况推测年龄为0～2个月[③]（图版七六，6）。

① 李志鹏：《商文化墓葬中随葬的狗牲研究二题》，《南方文物》2011年第2期。

② 李志鹏：《殷墟孝民屯遗址出土家猪的死亡年龄与相关问题研究》，《江汉考古》2011年第4期。

③ 李志鹏：《晚商都城羊的消费利用与供应——殷墟出土羊骨的动物考古学研究》，《考古》2011年第7期。

H47坑内骨骼较为破碎，但出土了较为完整的幼狗、幼猪与幼羊，这似乎是人为挑选的结果，很有可能与其祭祀坑的属性相关。《礼记·郊特牲》中载："用犊，贵诚也。"[①]有学者认为，用牲年龄小很可能与周人"尚幼"有关。

3. G19

G19年代属于西周时期，其属性为墓地界域的性质，也带有祭祀性质。出土动物遗存共计81件，其中可鉴定标本数（NISP）41件。动物种属有圆田螺（未定种）、圆顶珠蚌、狗、猪、黄牛、羊、梅花鹿等。其中，圆田螺（未定种）可鉴定标本数（NISP）1件，最小个体数（MNI）1件；圆顶珠蚌可鉴定标本数（NISP）1件，最小个体数（MNI）1件；狗可鉴定标本数（NISP）2件，最小个体数（MNI）1件；猪可鉴定标本数（NISP）24件，最小个体数（MNI）5件；黄牛可鉴定标本数（NISP）7件，最小个体数（MNI）1件；羊可鉴定标本数（NISP）5件，最小个体数（MNI）1件；梅花鹿可鉴定标本数（NISP）1件，最小个体数（MNI）1件。

其中发现的大量骨块多较为破碎，多数骨骼表面风化。很有可能是食用后丢弃的骨骼。但是，发现有完整猪骨一具，侧卧，前肢蜷曲，后肢自然下垂。保存完好，应是人为有意识放置。观察其肱骨远端、股骨近远端、胫骨远端端皆未愈合，推测年龄小于3～3.5岁。

4. M30

M30年代属于西周时期。出土铜鼎1件、铜泡23枚及铜铃2枚，未见人骨、葬具等痕迹，从所在位置看，远离西周墓区，可能也是一座祭祀坑。出土动物遗存共计2件，可鉴定标本数2件，包括绵羊左掌骨远端1件、猪左上颌骨1件。

根据绵羊左掌骨远端未愈合推测，其所属个体年龄小于2岁；根据猪的左上颌骨所存牙齿推测，其所属个体年龄为9～24个月。

该遗迹单位中仅发现两件残破骨骼，似乎与随葬或祭祀无关，很有可能是填土中混入。

三、其他遗迹单位

其他遗迹单位出土的动物种属信息参见表一。

表一　2014年华县东阳遗址各遗迹单位出土动物种属情况表

所在区域	遗迹单位	时代	动物种属
J	H4	仰韶	黄牛
J	H16	仰韶	黄牛、羊
J	H17	仰韶	猪、黄牛、绵羊、梅花鹿、大型鹿科动物、小型鹿科动物
J	H18	仰韶	猪、黄牛、羊

① 杨天宇：《礼记译注》，上海古籍出版社，2004年。

续表

所在区域	遗迹单位	时代	动物种属
J	H27	仰韶	绵羊
J	H31	仰韶	无法鉴定到具体种属（大型、中型哺乳动物）
J	H41	仰韶	蚌、猪、黄牛、羊
E	H49	仰韶	黄牛、绵羊、小型鹿科（獐/麝）麂的可能性最大
E	H51	仰韶	黄牛
E	H57	仰韶	黄牛、羊
E	H59	仰韶	猪、黄牛
E	H60	仰韶	猪、黄牛
E	H61	仰韶	猪、黄牛、梅花鹿
E	G20	仰韶	圆田螺（未定种）、圆顶珠蚌、猪
E	G21	仰韶	梅花鹿
E	G22	仰韶	黄牛、圆田螺（未定种）、猪
E	D3	仰韶	梅花鹿
J	F3	仰韶	无法鉴定到具体种属（大型哺乳动物）
J	H23	夏商	无法鉴定到具体种属（大型哺乳动物）
J	H25	夏商	马、猪
J	H34	夏商	猪
J	H36	夏商	狗、大型犬科动物（狼？）、猪、黄牛、羊
J	H40	夏商	猪、绵羊、黄牛
J	H42	夏商	猪
J	H43	夏商	无法鉴定到具体种属（大型哺乳动物）、猪、黄牛、绵羊
J	F7	夏商	猪、黄牛、羊、梅花鹿
J	H6	西周	猪、黄牛、绵羊、梅花鹿
J	H8	西周	黄牛、大型鹿科动物、小型鹿科动物
J	H10	西周	狗、猪、黄牛
J	H15	西周	马
J	H30	西周	梅花鹿
J	H35	西周	矛蚌（未定种）、狗、猪、黄牛、绵羊、梅花鹿
J	H44	西周	狗、黄牛、梅花鹿
J	H45	西周	猪、黄牛
R	H47	西周	啮齿目、蚌、鸟、狗、马、猪、黄牛、绵羊、梅花鹿

续表

所在区域	遗迹单位	时代	动物种属
R	H48	西周	马、猪、羊
R	G19	西周	蚌、中型鸟、狗、猪、黄牛、绵羊
J	M30	西周	猪、绵羊
J	H1	东周	马
J	H33	东周	无法鉴定到具体种属（大型哺乳动物）
J	H50	东周	黄牛、羊、大型鹿科动物
J	G13	东周	无法鉴定到具体种属（大型哺乳动物）
I	M2	东周	狗
I	M3	东周	猪
J	M13	东周	无法鉴定到具体种属（中型哺乳动物）
J	M15	东周	梅花鹿
J	M18	东周	绵羊
J	M21	东周	黄牛、羊
E	M38	东周	墓室内随葬绵羊（头骨+左前肢）；填土内有马、猪、梅花鹿
J	H3	西汉	黄牛
J	G4	西汉	马、猪、黄牛
J	G5	西汉	无法鉴定到具体种属（大型哺乳动物）
J	G7	西汉	狗、马、猪、黄牛、羊、梅花鹿
J	G9	西汉	马、猪、黄牛、绵羊
J	M5	西汉	猪、羊
J	M6	西汉	墓道：狗、黄牛、绵羊；填土：黄牛；墓室有猪的左前肢、雉科、啮齿目
J	M16	西汉	填土内发现黄牛的骨骼
J	M24	西汉	绵羊
J	M26	西汉	猪
J	M36	西汉	填土内发现黄牛
J	G3	西汉	猪
R	M40	唐	墓室内存在中华鳖、啮齿目、黄牛、绵羊、黄牛肩胛骨制作成的卜骨
R	M41	唐	中型鸟、猪、大型鹿科
R	M43	唐	丽蚌
J	T0203②		猪、黄牛
J	T0202②		猪、黄牛

续表

所在区域	遗迹单位	时代	动物种属
J	T0403②		羊
E	TG1①		猪、黄牛
E	TG1②		无法鉴定到具体种属（大中型哺乳动物）
E	TG2②		狗、猪、羊、梅花鹿
J	T0302②		猪、黄牛、梅花鹿
J	T0401②		梅花鹿

四、存在问题

值得注意的是，H17与H49同属仰韶时期，灰坑内亦出有绵羊、黄牛的骨骼（包括绵羊右侧肱骨远端、有角的头骨；黄牛第2节指/趾骨、左胫骨远端、右桡骨+尺骨远端）。这个现象十分特殊，需要更加准确的测年和科技分析才能最终确定其所属年代、种属以及是否属于家养动物。

附录三　陶器成分检测报告

金普军
（陕西师范大学材料科学与工程学院）

华县东阳遗址2014年发掘出土大量陶质遗物。为系统研究该地区文化面貌，受发掘人员委托，选取39片标本进行成分检测，涉及文化时代包括仰韶、夏商和西周等时期。其中绝大多数为生活类容器，器形包括仰韶时期的钵、盆、尖底瓶，夏商时期的罐、盆、鬲，西周时期的鬲、罐、簋等。只有1件（No.39）被认为或是用于农作物加工的工具，即陶铧，时代为仰韶时期（表一，彩版一〇）。

表一　样品信息表

编号	质地	出土单位	时代	编号	质地	出土单位	时代
No.1	泥质灰陶	T0202②	夏商	No.21	泥质黄褐陶	H35⑥	夏商
No.2	夹砂灰陶	H10：1	夏商	No.22	夹砂黑陶	H35⑤	西周
No.3	夹砂红陶	H31	仰韶	No.23	夹细砂红陶	H35⑤	仰韶
No.4	泥质黑陶	H31	仰韶	No.24	夹细砂灰陶	H35⑤	西周
No.5	泥质红陶	H17	仰韶	No.25	夹砂褐陶	H35⑨	仰韶
No.6	夹砂红陶	H17	仰韶	No.26	夹粗砂褐陶	H35⑨	仰韶
No.7	夹砂褐陶	H17	仰韶	No.27	泥质灰陶	H35⑨	仰韶
No.8	夹砂红陶黑彩	H17	仰韶	No.28	泥质灰陶	H35⑨	西周
No.9	泥质红陶	H17	仰韶	No.29	泥质褐陶	H35⑨	夏商
No.10	泥质黑陶	H17	仰韶	No.30	夹砂红陶	H35③	西周
No.11	泥质褐陶	H17	仰韶	No.31	泥质灰陶	H35③	西周
No.12	夹砂红陶	H41	仰韶	No.32	夹砂灰陶	H35③	西周
No.13	泥质黑陶	H41	仰韶	No.33	夹砂褐陶	H35④	仰韶
No.14	彩陶	H41	仰韶	No.34	泥质黑陶	H35④	西周
No.15	泥质红陶	H4	仰韶	No.35	夹砂黑陶	H35④	夏商
No.16	夹砂褐陶	H4	仰韶	No.36	泥质褐陶	H35④	夏商
No.17	泥质红陶	H4	仰韶	No.37	泥质红陶	H35④	仰韶
No.18	泥质黑陶	H4	仰韶	No.38	夹砂褐陶	H35④	西周
No.19	夹砂褐陶	H35⑥	西周	No.39	夹砂褐陶	H35④	仰韶
No.20	夹砂褐陶	H35⑥	西周				

一、实验仪器

采用日本岛津公司生产的XRF-1800 型波长色散X射线荧光光谱仪对陶器样品进行成分分析，铑靶（Rh），工作电压和电流分别为40kV和95 mA，检测元素范围：19F～92U。采用的荧光仪器为美国EDAX公司生产的IncEagleⅢ台式X-射线聚焦荧光能谱仪对陶器样品中夹杂去进行了成分分析，铑（Rh）靶，检测器Si（Li），X光管管压40kV，管流600μA，试样上X光聚焦点直径40um。采用日本岛津公司生产的智能型X射线衍射仪（Smart Lab）对样品进行物相鉴定，实验条件：Cu靶，Kα辐射，工作电压和电流分别为40 kV和30mA，扫描范围10°～70°。

样品Si-Al-Fe三角图样品显示，这些样品主要元素比较集中（图一）。而其他主量元素Na-Mg-Ca三角图中则显示了比较零散的数据分布（图二）。而其因子分析图也没有明显将样品区分开来（图三）。

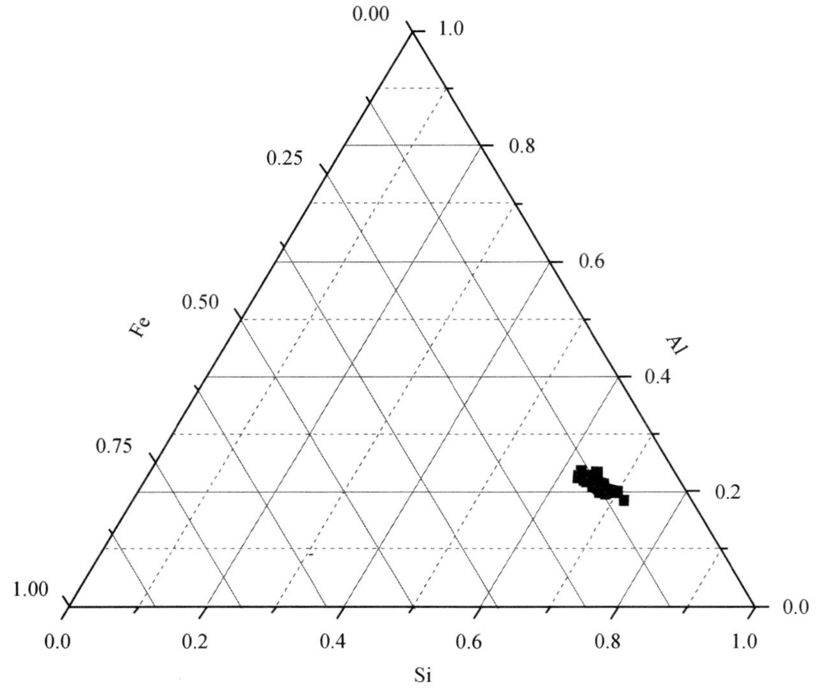

图一　Si-Al-Fe含量三角图

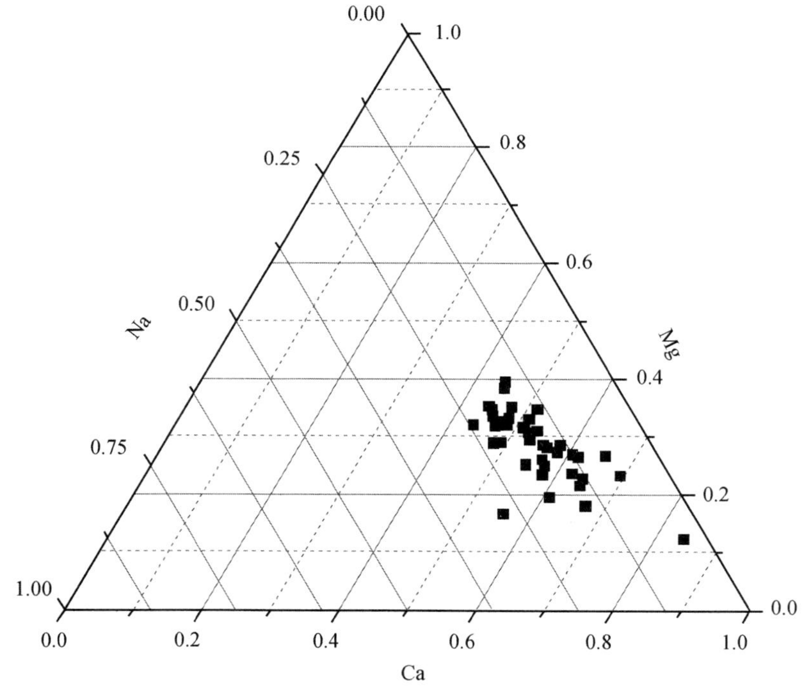

图二　Na-Mg-Ca含量三角图

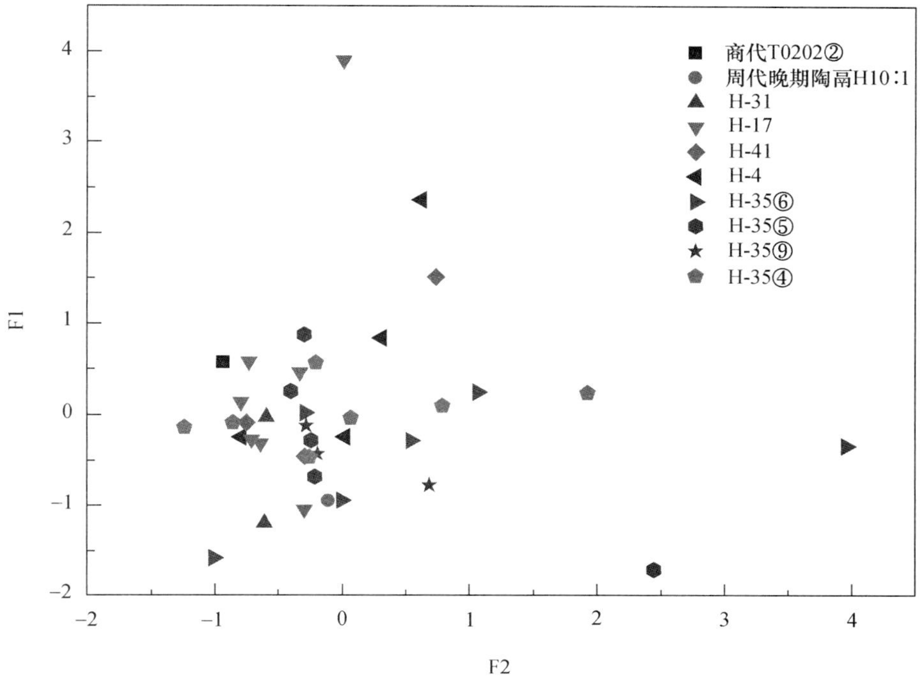

图三 因子分析图

将H35出土不同地层陶器数据进行聚类分析，也发现这些样品在除Si、Al和Fe外进行系统聚类分析时，并没有明显区分情况（图四）。

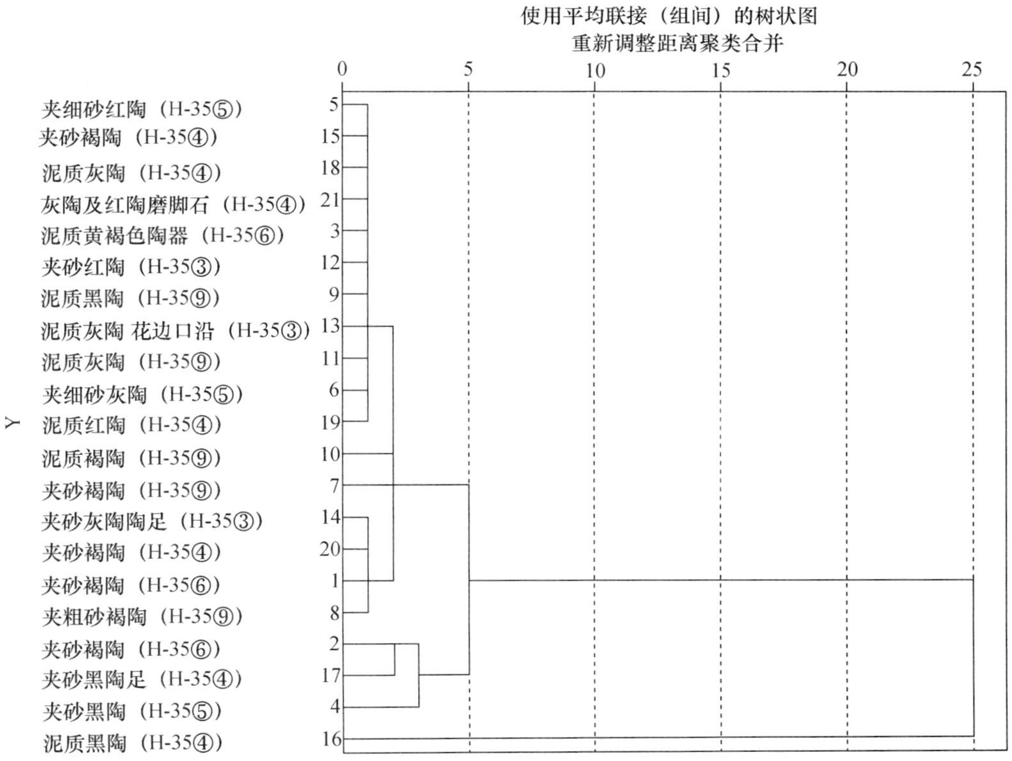

图四 H35样品聚类分析图

二、XRF样品元素含量分析

采用岛津XRF-1800扫描型X射线荧光光谱仪半定量法分析了陶器主要元素组成。测试前打磨除去样品表面污染层，对样品进行10min超声，干燥后研磨成细粉。采用硼酸压片法制备测试式样，测试数据见表二。

表二　样品成分含量

编号	Si	Al	Fe	Ca	Mg	Na	Ti	P
No.1	62.1711	18.6817	11.7291	2.6705	1.9499	1.2129	1.0392	0.2567
No.2	57.3631	16.3843	9.3953	3.5834	1.4514	1.1431	0.9607	0.4953
No.3	59.3923	16.7719	8.847	4.0063	1.3399	0.8724	1.1151	0.6961
No.4	57.3363	17.7122	10.8903	4.1939	1.7035	0.4972	1.1476	0.8893
No.5	58.5845	16.6808	10.3318	3.9515	1.7528	0.8138	1.044	0.4843
No.6	59.6469	17.0687	8.6425	3.054	1.7974	1.3529	1.0247	0.3635
No.7	57.8752	17.5991	10.965	2.4447	1.6809	1.051	1.2502	0.4498
No.8	57.748	18.1948	11.6718	2.388	1.7485	0.8645	1.11	0.2451
No.9	51.298	16.4726	10.0307	16.9033	2.4657	0.6951	1.0677	0.5531
No.10	56.2466	18.8751	12.0027	2.1978	1.9402	0.7859	1.1142	0.3525
No.11	58.9179	16.8036	9.7388	4.3459	1.8608	0.831	1.0638	0.55
No.12	58.8107	17.1532	11.2469	2.152	1.706	0.9921	1.3463	0.2118
No.13	58.7754	17.082	9.9525	2.2625	1.6569	1.2586	0.9752	0.2001
No.14	52.342	17.9139	11.5149	5.1408	2.6408	1.468	1.0275	0.3427
No.15	49.9208	17.6148	11.6954	8.7365	2.9301	0.9026	1.0626	0.329
No.16	58.5316	17.1153	9.6286	3.7321	1.7494	0.9283	0.9368	0.2467
No.17	58.3028	17.5671	10.4854	2.8951	1.6949	0.9402	1.1863	0.4001
No.18	54.2853	18.0437	11.6312	3.0773	2.3687	1.3808	1.0205	0.2636
No.19	54.6182	17.2907	10.4541	4.7371	2.0557	1.4381	1.0217	0.7082
No.20	53.5484	17.6984	10.6401	6.1657	2.1873	1.251	0.8635	0.3835
No.21	61.5918	15.7226	8.5338	2.9506	1.3568	0.9016	1.0615	0.5467
No.22	49.6391	18.708	10.7056	6.1414	1.9627	1.9531	0.6214	0.7221
No.23	58.6388	17.2974	9.7871	2.9119	2.0062	1.1193	1.0817	0.2401
No.24	58.281	16.9045	9.3683	3.7933	1.8894	1.0471	0.9476	0.9737
No.25	57.6523	17.1399	9.8449	2.7123	1.7861	1.0854	1.0344	0.4075
No.26	53.4531	19.2187	9.3656	4.3266	1.2899	2.1466	0.8526	0.7522
No.27	57.9255	17.3252	9.9981	3.2858	2.1076	1.0072	0.9903	0.7028
No.28	55.2376	20.0342	12.6563	2.4322	1.7856	0.8779	1.0886	0.1742
No.29	57.4274	17.3428	10.393	3.4793	2.3308	0.9213	1.0145	0.2914
No.30	57.4365	18.5537	10.1746	2.7497	1.5235	0.8991	1.146	0.2005
No.31	57.8334	17.0224	9.6504	3.6363	2.1014	1.0557	1.0184	0.6181
No.32	56.5463	17.8354	9.6762	3.8408	1.768	1.405	0.9611	0.3812
No.33	57.136	17.9841	10.4654	2.7455	1.8646	1.2354	1.013	0.296
No.34	63.3772	18.5511	10.5493	3.1617	1.5525	0.732	1.0578	0.7536
No.35	54.4803	18.8104	11.7086	5.2159	1.4038	1.164	0.7818	0.3259
No.36	57.7148	17.7291	10.4473	2.5577	2.1791	0.9408	1.0851	0.2924
No.37	58.9581	17.0328	10.0665	3.5129	1.3354	0.798	1.1588	0.8644
No.38	53.3252	18.9154	10.8807	3.5892	2.2002	1.2066	0.8694	0.3044
No.39	59.2203	17.1659	9.7925	2.7915	1.6727	1.3245	1.0015	0.3245

数据

单位：%

Zr	K	Sr	S	Cr	Zn	Rb	Ba
0.0664	0	0	0	0	0	0	0
0.0336	8.6902	0.1047	0	0	0	0.0483	0
0.0416	6.6717	0.088	0	0	0	0	0
0.0345	5.3558	0.0673	0	0	0	0	0
0.069	6.0256	0.0782	0	0	0	0	0
0.0496	6.7231	0.0898	0	0	0	0	0
0.0743	6.3145	0.0369	0	0	0	0.0482	0
0.0734	5.7048	0	0	0	0	0.0447	0
0.032	0	0.0809	0.1278	0	0	0.0481	0
0.0365	6.1931	0.047	0	0	0	0	0
0.0552	5.6005	0.0665	0	0	0	0	0
0	6.1802	0	0	0	0	0	0
0.0642	7.4584	0.0572	0	0	0	0.0487	0
0.051	7.2111	0.0539	0	0.0684	0	0.0405	0
0.0267	6.5178	0.0641	0	0	0	0.0423	0
0.0229	6.7938	0.0928	0	0	0	0.0471	0
0.0602	6.2242	0.0494	0	0	0	0	0
0.046	7.5955	0.0409	0	0	0	0.0443	0
0.0344	7.3538	0.1039	0	0	0.0442	0	0
0	6.8298	0.2334	0	0	0	0	0
0.0562	6.9551	0.0767	0	0	0	0	0
0	7.6823	0.5308	0	0.0501	0	0.0483	1.0417
0.0469	6.5733	0.0626	0	0	0	0.0488	0
0.024	6.4172	0.1219	0	0	0	0	0
0.0378	8.0835	0.0529	0	0	0	0	0
0	7.4867	0.3559	0	0	0	0	0.6084
0.0554	6.449	0.0462	0	0	0	0	0
0.0565	5.4446	0	0	0	0	0	0
0.0553	6.5007	0.0454	0	0	0	0	0
0.047	6.9655	0.0494	0	0.0723	0	0	0
0.037	6.7474	0.0794	0	0	0	0	0
0	7.153	0.2168	0	0	0	0	0
0.0368	6.8799	0.081	0	0	0	0.0416	0
0.0592	0	0	0	0	0	0	0
0.0095	5.8922	0.09	0	0	0	0	0
0.0609	6.6277	0.0561	0	0.0662	0	0.042	0
0.051	5.8841	0.0694	0.0945	0	0	0	0
0	7.69	0.3175	0	0	0	0.0486	0.4938
0.0536	6.3452	0.0594	0	0	0	0.0443	0

三、胎体物相分析

为了了解样本胎体的晶体物质的物相组成，采用了X衍射粉末分析方法分析了华县东阳遗址出土陶器样品物相组成。

用玛瑙研钵将胎体磨细，最佳的直径为1～10μm（能通过325目的筛子），得到的样品X射线衍射图谱。

样品No.1～9为仰韶时期的陶质容器残片。XRD图谱显示其中包括石英（α-SiO_2）、微斜长石［$KAlSi_3O_8$］、云母［$KAl_3Si_3O_{10}(OH)_2$］和钠长石［$NaAlSi_3O_8$］等物质（图五）。这些物质反映出黏土特性，表明陶器土壤来源为当地土壤。根据微斜长石在900℃时会转变成透长石的特点，判断这批陶器烧成温度在900℃以下。

样品No.39为仰韶时期的红陶夹砂陶锉残片。内部中间为灰黑色，部分表面为黑红相间的瘤疤痕迹。XRD图谱显示其主要物相组成为石英、微斜长石和钠长石，云母未被检测到（图六）。一般而言，陶器烧成温度小于900℃，当温度高于1200℃时就会出现烧流现象。云母在900℃时可以完全分解，结构全被破坏，只剩下一些金属氧化物。因此，该器物的烧成温度较其他容器类陶器的烧制温度要高，大致在1200℃以上。

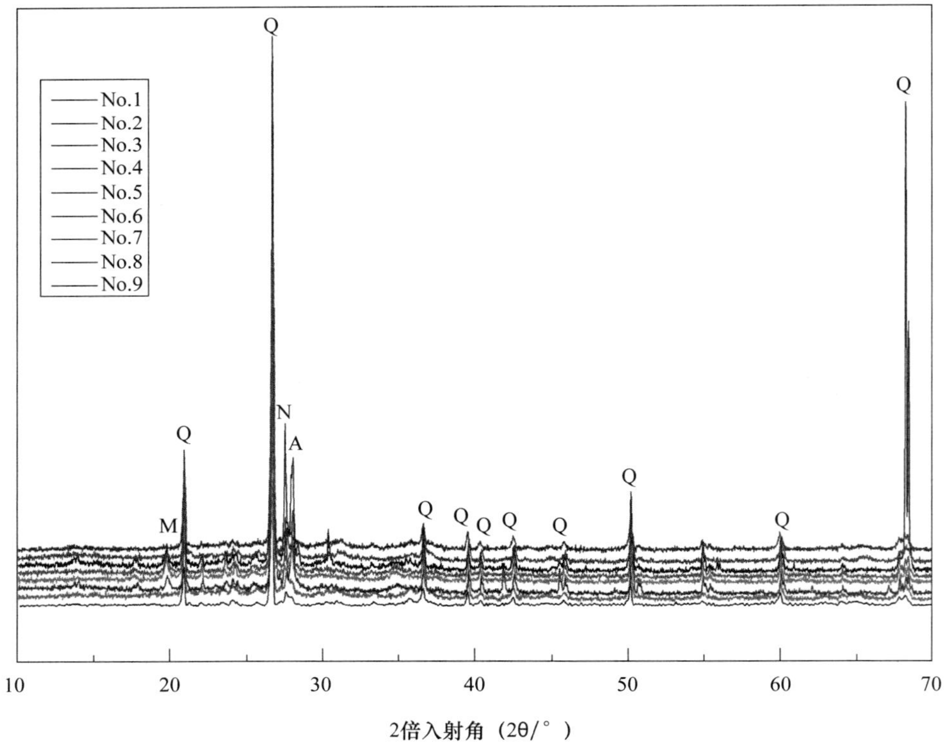

图五　XRD图谱（No.1～9）

Q为石英［α-SiO_2］、N为微斜长石［$KAlSi_3O_8$］、M为云母［$KAl_3Si_3O_{10}(OH)_2$］、A为钠长石［$NaAlSi_3O_8$］

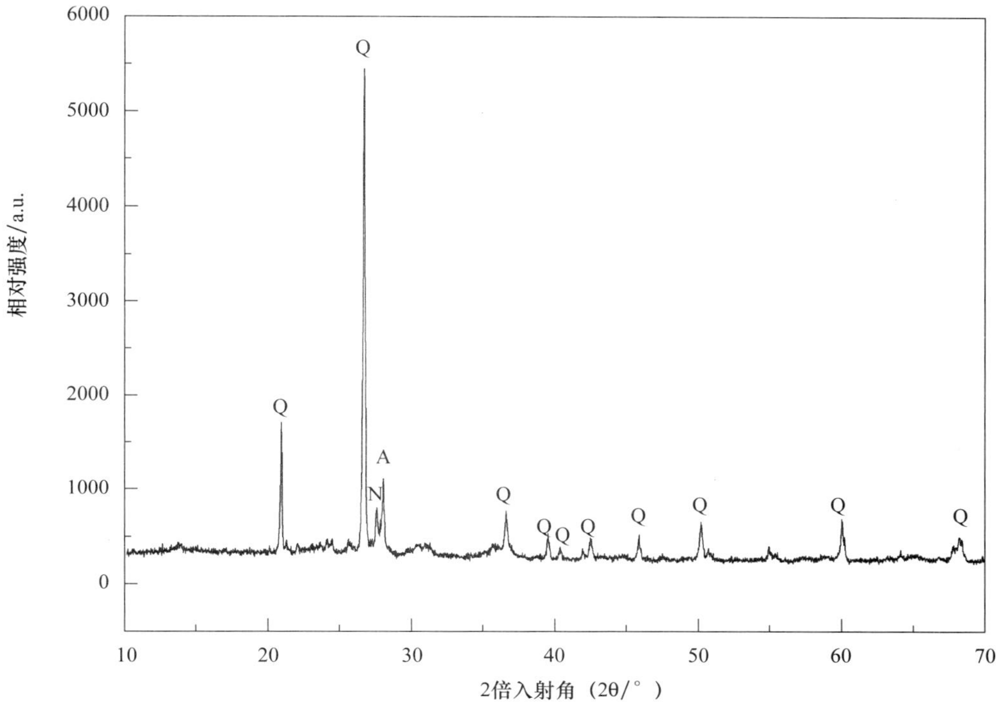

图六　No.39 XRD图谱

Q为石英［α-SiO_2］、N为微斜长石［$KAlSi_3O_8$］、A为钠长石［$NaAlSi_3O_8$］

四、结　　论

本次测试的陶质遗物，以Si、Al、Fe元素为主，说明这一地区的制陶技术在原材料和工艺比较一致。容器类样本的胎体晶体物质的物相组成为石英［α-SiO_2］、微斜长石［$KAlSi_3O_8$］、云母［$KAl_3Si_3O_{10}(OH)_2$］、A为钠长石［$NaAlSi_3O_8$］，烧成温度在900℃以下。工具类样本（陶锉）的胎体晶体物质的物相组成为石英［α-SiO_2］、微斜长石［$KAlSi_3O_8$］、钠长石［$NaAlSi_3O_8$］，烧成温度1200℃左右。

附录四　华县东阳出土青花瓷片化学成分与工艺特征初步研究

李静波　温　睿
（西北大学文化遗产学院，西北大学文化遗产研究与保护技术教育部重点实验室）

一、引　　言

2015年，西北大学文化遗产研究与保护技术教育部重点实验室对东阳M22中出土瓷片进行了分析，现将结果成文如下。

二、实 验 部 分

（一）样品概述

此次研究共选取东阳遗址M22出土青花瓷片16件，这批样品大多为碗、盘等日常用具的小型残片，编号为HDBNW-1～HDBNW-16，样品照片及样品信息详见表一、图一。

表一　出土青花瓷残片基本情况

样品编号	名称	样品描述
HDBNW-1	瓷盘	胎白细致密，胎体轻薄，釉面光亮呈白色，饰莲瓣纹及卍纹
HDBNW-2	瓷盘	胎白、粗糙、釉色白呈淡青色，釉有开裂，花色偏深蓝，有少量色料颗粒，内饰万寿梵文，底有图案款识
HDBNW-3	瓷碗	胎白细致密，釉色白呈淡青色，饰灵芝纹，碗底饰四朵花款
HDBNW-4	瓷碗	胎白、粗糙有大颗粒，釉色呈青灰色，釉底粘沙，釉面有铁锈斑，花色偏深蓝，饰花卉纹
HDBNW-5	瓷盘	胎白、致密，釉色白呈淡青色，花色偏亮蓝，饰灵芝纹
HDBNW-6	瓷碗	胎白、粗糙，釉色白呈淡青色，花色偏亮蓝，碗底饰花样款
HDBNW-7	瓷盘	胎白发青灰、致密，釉色白呈淡灰色，花色偏灰蓝，饰龙纹，底部有跳刀痕
HDBNW-8	瓷碗	胎白、致密，釉色白呈淡青色，外壁饰菊花纹
HDBNW-9	瓷盘	胎白、粗糙，釉色白呈淡青色，花色偏灰蓝，盘内饰婴戏纹，底部有跳刀痕
HDBNW-10	瓷碗	胎灰、粗糙，釉色呈淡灰色，花色偏蓝黑
HDBNW-11	瓷盘	胎白、致密，釉色白呈淡青色，花色偏蓝
HDBNW-12	瓷碗	胎白、致密，釉面光亮呈淡青色，外壁饰双线勾莲纹
HDBNW-13	瓷盘	胎白、致密，釉色白呈淡青色，花色偏蓝
HDBNW-14	瓷杯	胎白、致密，釉色白呈淡青色，外壁饰双线勾莲纹
HDBNW-15	瓷片	胎白、致密，釉色白呈淡灰色，花色偏灰蓝，饰“寿”字梵文，表面有三处锔孔
HDBNW-16	瓷片	胎灰、粗糙有颗粒，釉薄呈灰色，花色黑蓝，有晕散

HDBNW-1

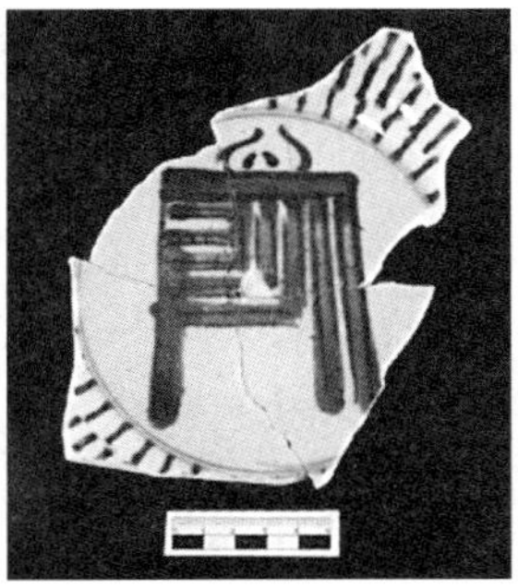

HDBNW-2

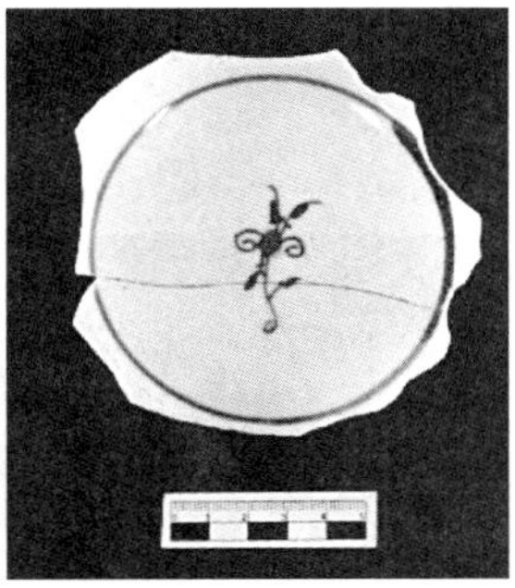

HDBNW-3

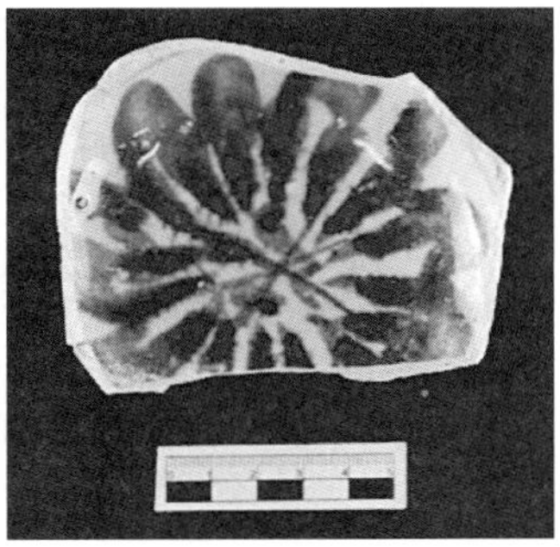

HDBNW-4

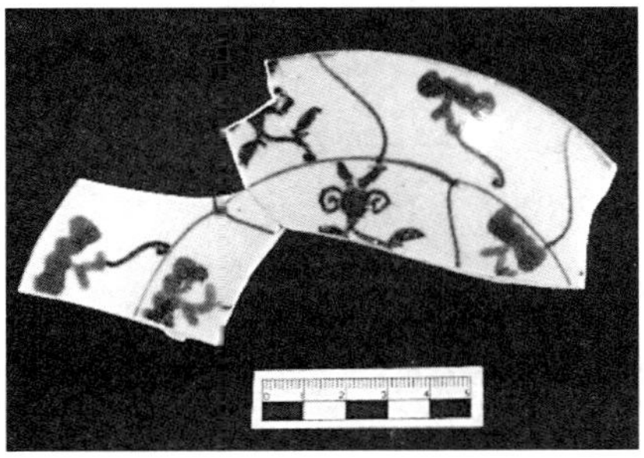

HDBNW-5

HDBNW-6

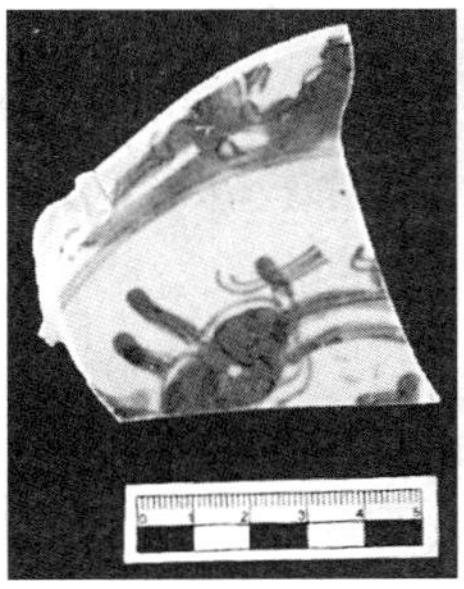

HDBNW-7

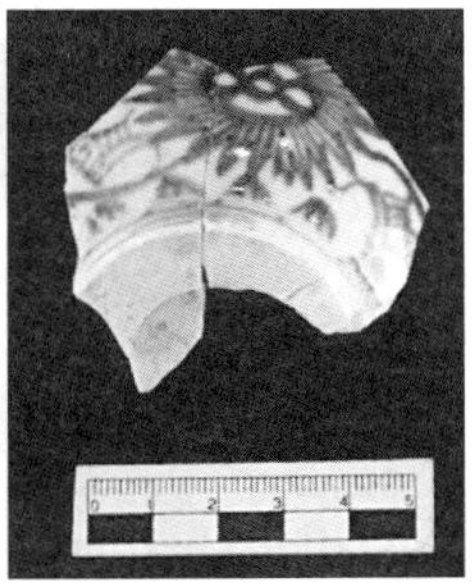

HDBNW-8

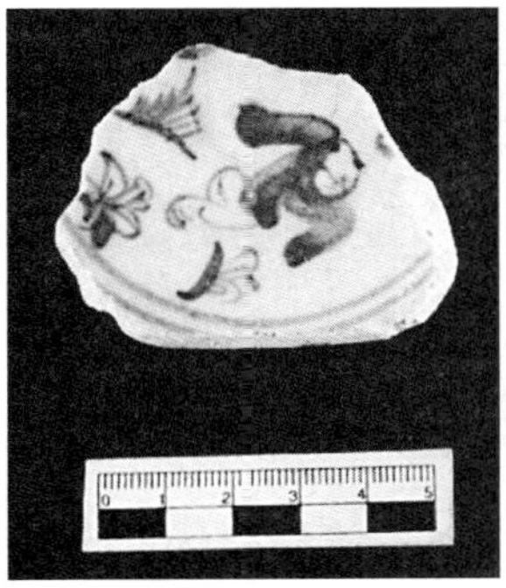

HDBNW-9

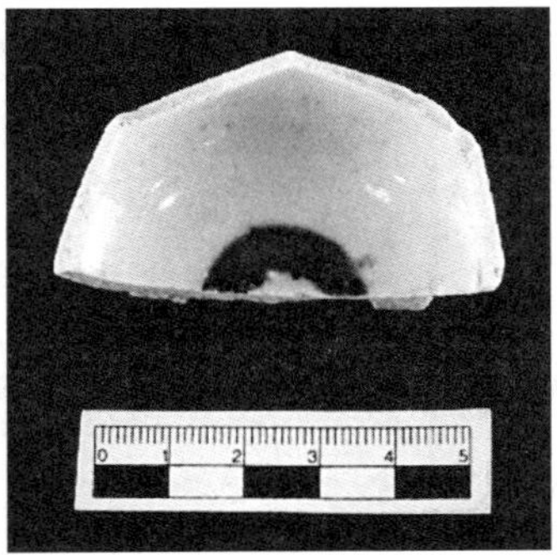

HDBNW-10

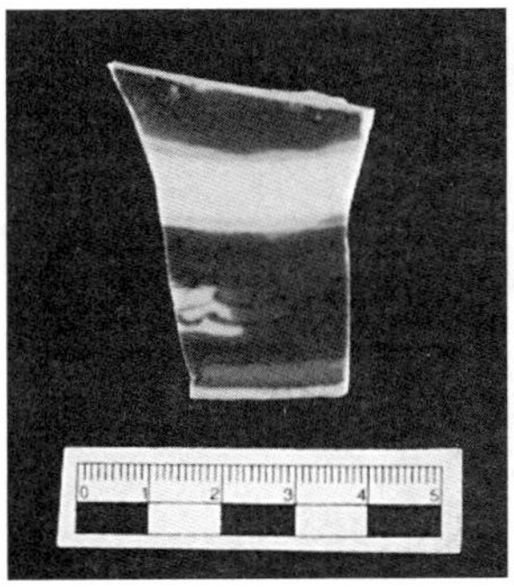

HDBNW-11

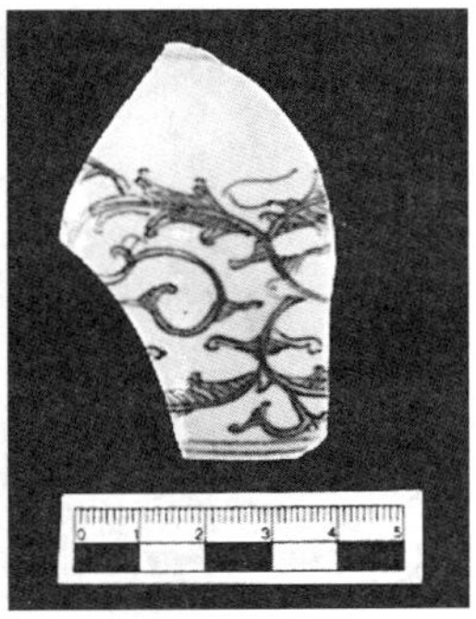

HDBNW-12

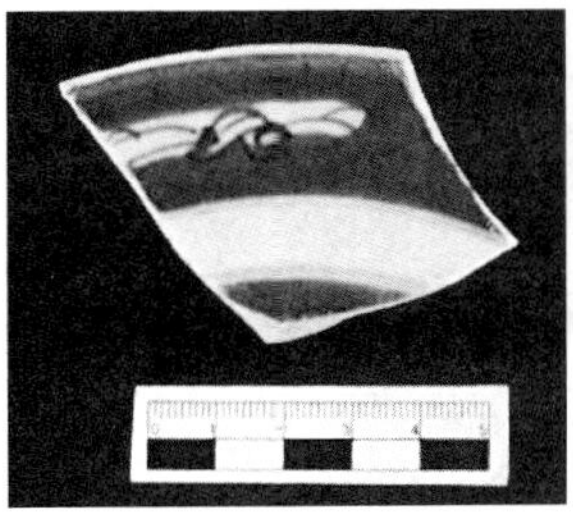

HDBNW-13

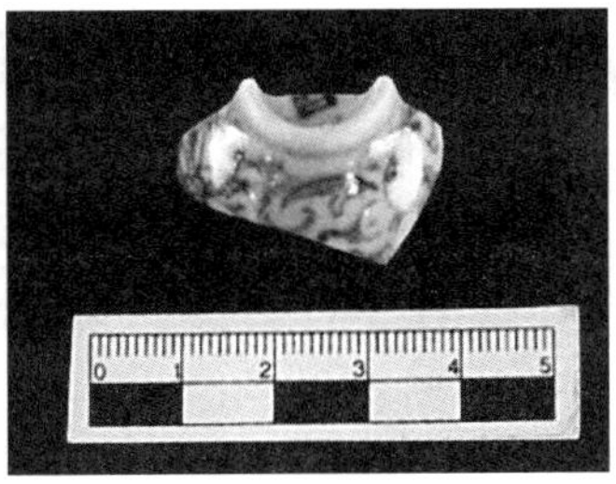

HDBNW-14

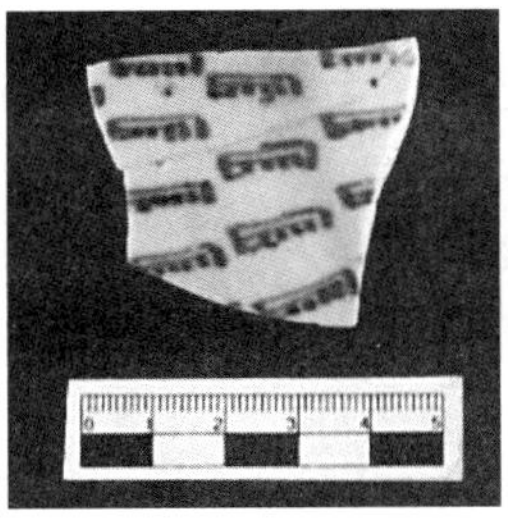

HDBNW-15

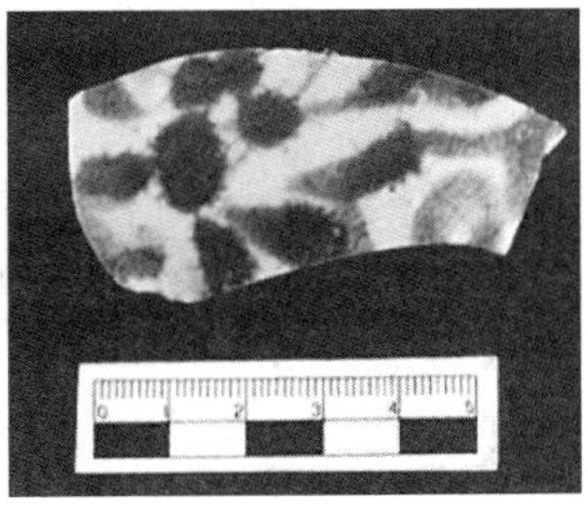

HDBNW-16

图一　出土青花瓷样品照片

（二）测试结果

1. 显微结构观察

样品的显微结构观察采用西北大学文化遗产研究与保护技术教育部重点实验室的超景深三维视频显微系统，仪器型号为日本浩视公司生产的KH-7700型。实验主要使用金属卤素冷光源在

50～100倍率下对玻璃珠样品进行观察。因样品显微观察照片较多，仅列出其中具有典型性和代表性的照片，具体如图二～图九所示。

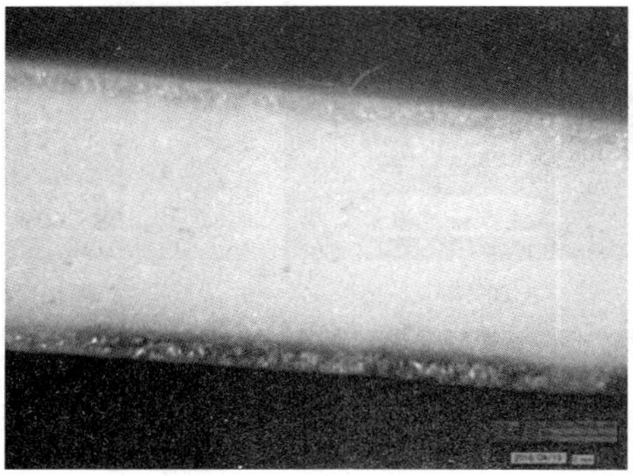

图二　HDBNW-1瓷胎（×50）

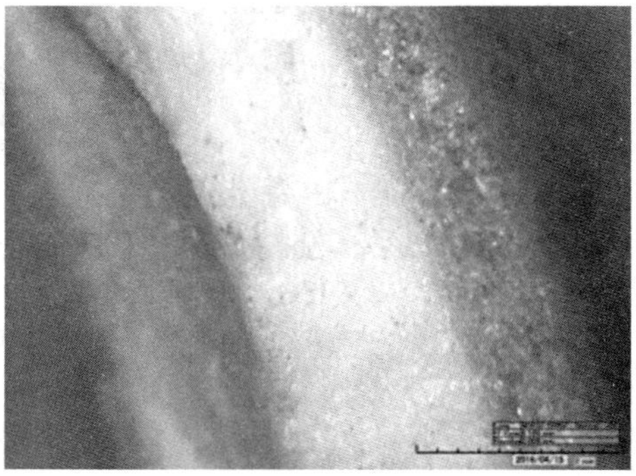

图三　HDBNW-3瓷胎（×50）

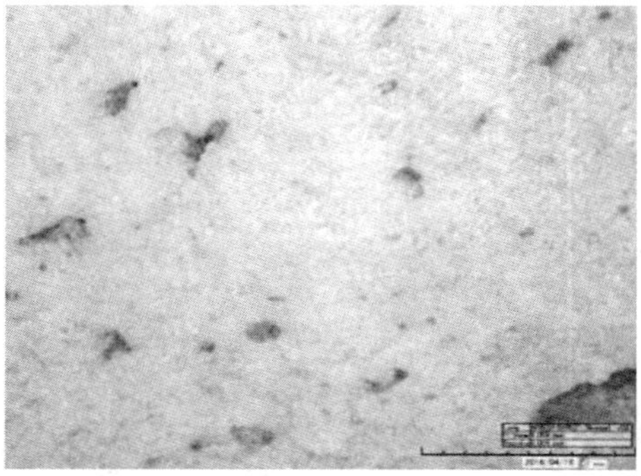

图四　HDBNW-9瓷胎（×50）

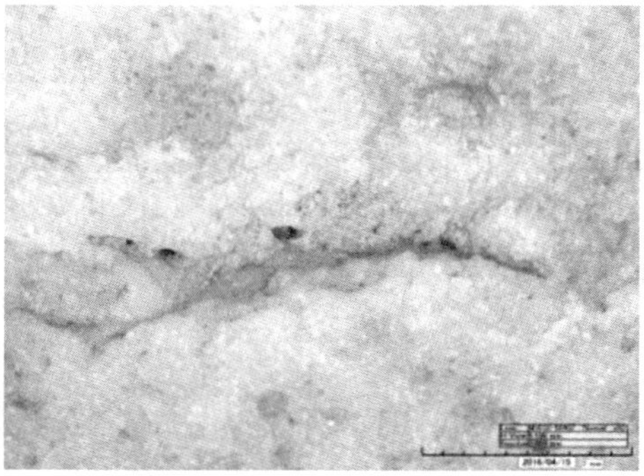

图五　HDBNW-10瓷胎（×50）

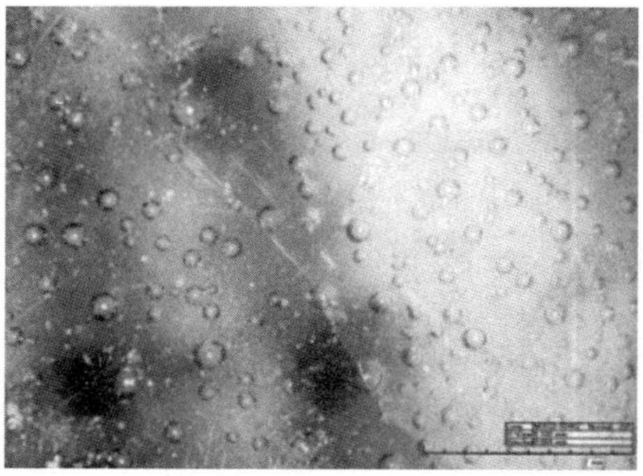

图六　HDBNW-2釉面（×100）

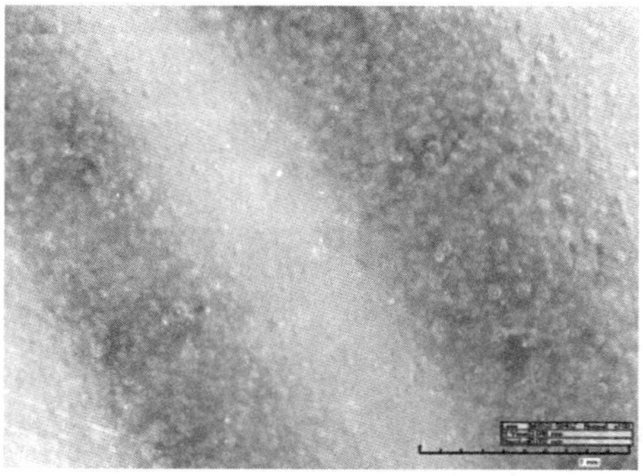

图七　HDBNW-1釉面（×100）

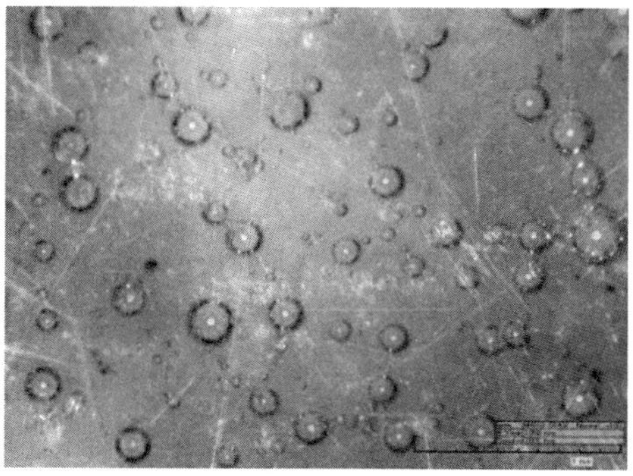

图八　HDBNW-4釉面（×50）

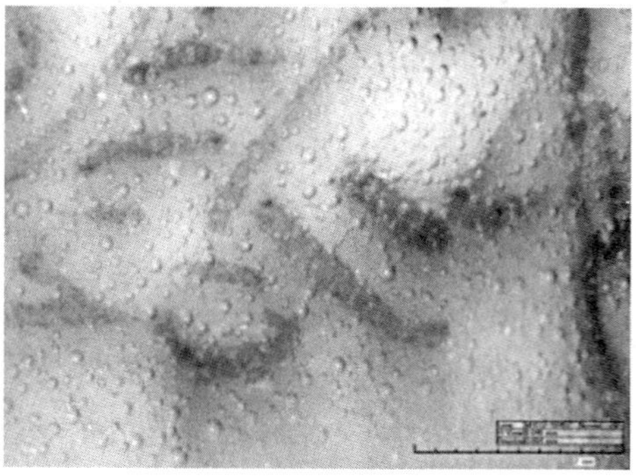

图九　HDBNW-14釉面（×50）

2. 胎釉化学成分分析

样品的成分分析采用德国布鲁克公司生产的ARTAX-400可移动式能量色散X射线荧光光谱仪。实验测试条件：Mo靶X射线，光管功率40w，分析元素11Na-92U，空间分辨率0.2～1.5mm，管电压30kV，管电流900uA，扫描时间300s，氦气保护条件下测试。实验过程中对胎、釉及蓝彩分别测试多次，取其平均值，测试结果见表二～表四。

表二　青花瓷胎的化学组成（wt%）

样品编号	Na_2O	MgO	Al_2O_3	SiO_2	P_2O_5	K_2O	CaO	TiO_2	MnO_2	Fe_2O_3
HDBNW-1	1.64	0.02	24.16	69.43	0.08	2.21	0.96	0.06	0.08	1.53
HDBNW-2	0.59	0.28	20.98	72.65	0.02	2.37	0.96	0.09	0.05	2.30
HDBNW-3	0.10	0.11	20.94	74.24	0.00	2.37	0.65	0.07	0.06	1.57
HDBNW-4	1.16	1.41	18.43	72.23	0.17	2.64	1.90	0.16	0.05	2.10
HDBNW-5	0.87	0.02	20.28	73.23	0.00	2.51	1.34	0.10	0.04	1.95
HDBNW-6	0.02	0.02	17.15	74.62	0.31	2.26	4.48	0.09	0.03	1.34
HDBNW-7	1.90	0.20	24.44	68.07	0.04	2.61	0.33	0.12	0.06	2.33
HDBNW-8	1.51	0.01	22.00	71.73	0.02	2.33	0.81	0.06	0.05	1.62
HDBNW-9	0.32	2.78	18.62	74.28	0.01	2.60	0.31	0.09	0.03	1.24
HDBNW-10	1.78	0.83	17.67	73.80	0.07	2.76	1.00	0.15	0.05	2.04
HDBNW-11	0.40	0.01	24.13	69.49	0.09	2.75	0.99	0.11	0.10	2.02
HDBNW-12	1.77	0.83	19.85	71.71	0.01	3.19	1.26	0.06	0.04	1.39
HDBNW-13	2.16	0.02	22.91	68.81	0.15	2.52	1.43	0.09	0.10	2.01
HDBNW-14	2.18	1.54	20.35	67.99	0.81	2.62	2.58	0.19	0.04	2.00
HDBNW-15	2.65	0.02	23.93	69.08	0.01	2.00	0.42	0.08	0.07	2.02
HDBNW-16	0.62	0.04	18.82	75.29	0.00	2.94	0.86	0.08	0.05	1.64

表三　青花瓷釉的化学组成（wt%）

样品编号	Na_2O	MgO	Al_2O_3	SiO_2	P_2O_5	K_2O	CaO	TiO_2	MnO_2	Fe_2O_3
HDBNW-1	2.08	0.01	10.49	71.94	0.00	3.62	9.81	0.03	0.11	1.08
HDBNW-2	0.05	0.23	9.24	71.54	0.00	3.47	12.79	0.06	0.07	1.81
HDBNW-3	1.92	0.01	10.66	71.89	0.01	3.91	9.41	0.11	0.12	1.33
HDBNW-4	0.78	0.16	9.10	67.01	0.00	3.82	15.71	0.06	0.10	2.40
HDBNW-5	0.76	0.55	9.17	69.30	0.01	4.06	13.74	0.07	0.06	1.61
HDBNW-6	0.17	0.01	10.39	73.91	0.00	5.11	8.46	0.07	0.08	1.01
HDBNW-7	0.98	0.41	10.21	72.38	0.07	3.92	9.27	0.06	0.11	1.65
HDBNW-8	0.66	0.24	10.32	71.80	0.00	4.38	9.24	0.07	0.12	2.31
HDBNW-9	1.56	0.34	10.51	70.82	0.00	7.02	7.00	0.05	0.15	1.67
HDBNW-10	0.74	0.13	9.83	71.24	0.00	3.93	11.63	0.07	0.12	1.41
HDBNW-11	1.89	0.03	9.85	71.61	0.00	3.46	10.72	0.05	0.13	1.38

续表

样品编号	Na_2O	MgO	Al_2O_3	SiO_2	P_2O_5	K_2O	CaO	TiO_2	MnO_2	Fe_2O_3
HDBNW-12	0.76	0.38	10.71	72.08	0.02	5.31	7.80	0.07	0.09	1.67
HDBNW-13	1.96	0.01	9.89	71.60	0.00	3.40	10.73	0.05	0.13	1.35
HDBNW-14	0.70	0.24	10.7	73.73	0.10	5.01	5.77	0.08	0.15	2.70
HDBNW-15	1.66	0.04	11.12	75.04	0.00	3.93	4.91	0.05	0.18	2.09
HDBNW-16	0.22	0.64	9.86	65.57	0.00	3.93	16.59	0.10	0.10	2.03

表四　青花瓷蓝彩的化学组成（wt%）

样品编号	MgO	Al_2O_3	SiO_2	P_2O_5	K_2O	CaO	TiO_2	MnO_2	Fe_2O_3	CoO	MnO_2/Fe_2O_3
HDBNW-1	0.01	10.17	71.56	0.00	3.69	8.32	0.03	2.48	1.61	0.21	1.54
HDBNW-2	0.27	9.01	66.64	0.00	3.74	9.61	0.02	5.08	2.84	0.86	1.79
HDBNW-3	0.41	10.08	68.17	0.00	3.90	6.62	0.02	5.38	2.04	0.55	2.64
HDBNW-4	0.49	9.62	60.56	0.00	4.58	12.44	0.02	6.05	3.37	1.03	1.79
HDBNW-5	0.35	8.92	63.49	0.00	4.40	10.47	0.03	7.88	2.54	1.03	3.11
HDBNW-6	0.01	10.05	69.33	0.00	5.27	5.79	0.02	5.34	1.73	0.76	3.08
HDBNW-7	0.50	10.25	68.52	0.09	3.89	7.59	0.06	3.40	2.58	0.28	1.32
HDBNW-8	0.21	10.01	68.41	0.03	4.49	7.68	0.07	3.33	2.29	0.46	1.45
HDBNW-9	0.07	10.37	66.90	0.00	7.14	5.30	0.02	4.88	2.60	0.59	1.87
HDBNW-10	0.12	10.28	59.98	0.00	3.65	10.97	0.00	9.04	2.49	0.84	3.63
HDBNW-11	0.48	9.34	67.44	0.00	3.54	8.75	0.04	4.44	2.27	0.41	1.95
HDBNW-12	0.30	10.63	69.86	0.03	5.23	6.46	0.07	2.82	1.91	0.38	1.47
HDBNW-13	0.80	9.62	68.37	0.00	3.53	8.50	0.04	4.34	2.27	0.39	1.91
HDBNW-14	0.01	10.30	71.82	0.00	4.42	5.56	0.04	3.74	2.41	0.54	1.55
HDBNW-15	0.08	11.00	71.77	0.00	3.93	3.63	0.05	3.72	2.66	0.31	1.40
HDBNW-16	0.43	8.58	60.74	0.00	4.03	15.72	0.03	5.50	2.62	0.72	2.10

三、结果讨论

（一）样品工艺特征

根据超景深显微结构观察结果，结合传统眼学和相关文献资料对这批青花瓷的形貌和工艺特征进行分析。第一，从造型而言，样品均为残片，主要为日用器件，诸如青花碗、盘、小杯等，样品大多足跟滚圆且薄厚、深浅不一，也有玉璧底，釉底粘沙等现象，并且局部有锔孔等使用和修复痕迹（图一 HDBNW-15）；第二，从瓷胎而言，这批瓷片的瓷胎薄厚不均，其中大部分瓷胎洁白、细致，瓷化程度较高，有景德镇青花瓷胎质坚细白的特征，明显区别于明清其他地区民窑青花瓷的胎质，但也有少量样品胎质粗松量轻，光洁度差且发青灰色，样品整体的制作工艺不均衡；第三，从瓷釉而言，样品釉面大多光滑，白呈淡青色，但薄厚细腻程度不同；第四，从青花发色来看，颜色从鲜艳到灰暗不一，发色不稳定，部分有晕散、铁锈斑等；第五，从纹饰来看，主要包括花卉、婴戏、龙纹、文字等，其中图案细腻程度不一，但均具有民窑随意、多样、写意的风格。此外，部分样品底部绘有花押款，明清时期民窑款识由文字款进一步发展到动植物款、花押款等[1]，成为民间作坊制作的标识性特征。综上，这批样品质量不均、工艺不同，制作严谨性不及明清御窑，应为民窑制作。

东阳遗址M22时代为清代，众所周知，明清时期是青花瓷器达到鼎盛又走向衰落的时期，明代永乐、宣德时期是青花瓷器发展的一个高峰，清康熙、雍正、乾隆三朝将景德镇制瓷业发展到了顶峰，清乾隆以后因粉彩瓷的发展而逐渐走向衰退，虽在清末（光绪）时一度中兴，最终无法延续康熙朝的盛势。总体而言，这一时期的御窑瓷器制作严谨、精致，民窑器则随意、洒脱，画面写意性强。通过对瓷器微观形貌观察和局部工艺特征分析，大致判断样品可能为景德镇明末至清末的民窑青花瓷，少量样品可能为其他地区民窑所产，具体将其细分三类讨论。

1. 样品HDBNW-1、HDBNW-3、HDBNW-6、HDBNW-8、HDBNW-11～HDBNW-15

此类青花瓷的瓷胎细致洁白，瓷化程度高，胎体厚薄匀称，釉层光滑滋润，青花发色较为鲜艳均一，纹饰绘画细致且多饰花样款，质量相对较高（如图一～图三）。其中，通过对HDBNW-11、HDBNW-13、HDBNW-12残片纹饰的观察对照（图一），发现其纹饰为青花留白双龙纹和双线勾莲纹，这种类型的纹饰在清代中晚期较为常见；HDBNW-1内饰的卍字锦文以寓长久不断，在明代晚期和清代的瓷器上也较为流行。另外，需要指出的是，瓷器上的花样款，即指器物底部非文字的图案纹样标记，主要见于景德镇民窑瓷器上，并且清代康雍时期广为流行，“四朵花”图案是其中运用较广泛的图案之一，该花样款主要特征是在双重圆圈内绘制四个似字非字的图案，或四个花朵，简单的只绘“×”，东阳遗址M22出土的HDBNW-3就属于此款（图一〇）；还有一种名为“豆腐干”的花样款，即在双重方框内绘横竖相间的线条，HDBNW-6款识与其极为类似（图一一、图一二）；此外，关于灵芝花卉纹（如HDBNW-3、6），这种纹饰在康雍时期较多，但乾隆及以后，各朝瓷器上的花样款已很少见[2]。因此，综合对明清景德镇青花瓷的特征比较，推测第一类样品可能为清代中期康乾时期景德镇民窑所制。

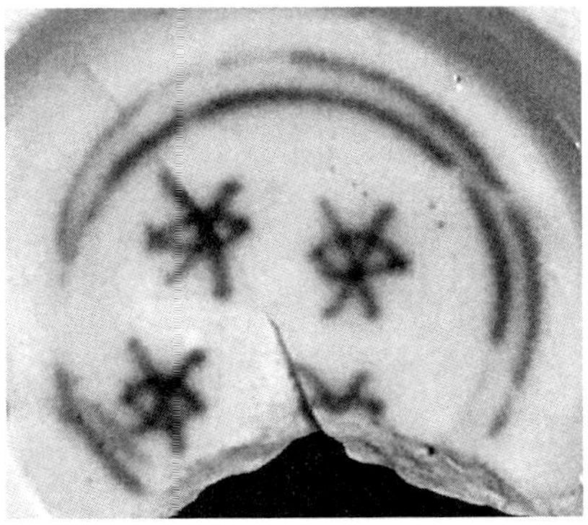
图一〇　HDBNW-3四朵花款

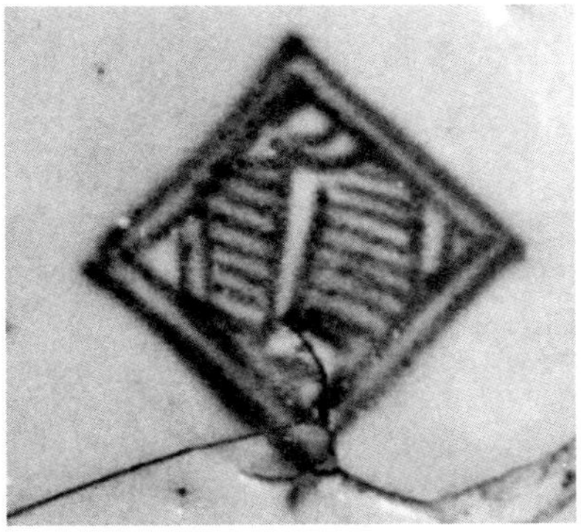
图一一　HDBNW-6豆腐干款

图一二　清民窑青花豆腐干款

① 徐智明、董亮：《中国瓷器款识的演变》，《中国陶瓷》2007年第8期。

② 冯先铭：《中国古陶瓷图典》，文物出版社，1998年，第345、346页。

2. 样品HDBNW-2、HDBNW-5、HDBNW-7

第二类青花瓷总体质量低于第一类，瓷胎白度有所下降，胎质较粗糙，纹饰也不及第一类细腻规整，但胎质仍符合景德镇瓷胎的特征。如HDBNW-2为饰变体梵文“寿”字的万寿青花盘，此类纹饰康雍时期就已出现，但除样品中心“万”字外，盘内周边文字简易潦草，与HDBNW-15相比几乎无法辨别盘内万寿的梵文字迹，且胎质较粗糙、釉面有大量开裂，气泡较多且大小不均（见图六），气泡平均直径大于第一类瓷片（见图七），控制窑温的技艺有所下降，整体质量不及清中期。HDBNW-5所饰的灵芝花卉纹，画工明显不如HDBNW-3、HDBNW-6流畅规整，胎釉质量也有所下降。综上推测第二类样品质量不及清中时期，时期可能为清晚期景德镇民窑所制的青花瓷。

3. 样品HDBNW-4、HDBNW-9、HDBNW-10、HDBNW-16

这一类青花瓷大多质量较差，胎质疏松、杂质较多（图四、图五），青花发色偏灰且部分晕散严重，胎质不具景德镇青花瓷胎质坚细白的特征，特别是HDBNW10、HDBNW-16。此外，通过超景深显微观察，发现HDBNW-4、HDBNW-9胎中含有大颗粒，釉色呈青灰，相比第一类样品气泡较多且大小不均（图八、图九），HDBNW-4青花发色较深，釉底粘沙，釉面有铁锈斑，总体而言质量相比清代民窑青花瓷较差。从纹饰来看，HDBNW-4中心饰大十字花卉纹，这类纹饰多流行于明代。HDBNW-9所饰婴戏纹也与明代婴戏纹的特征相符，纹饰中孩童身姿矫健、头小身大，五官刻画略写，形象生动活泼，衣服采用勾线平涂的方法，使外衣和裤子以示分别（图一三、图一四），而清代孩童的形体有的精准，五官清晰，有的不够准确，上大下小，雍正、乾隆青花婴戏纹人物以白描勾线，孩童形象由具象向抽象转化，康、雍、乾青花发色以湛蓝为主，釉色偏亮青（图一五～图一七）[①]，这些特征都与本样品有明显差异。综上，推测此类样品制作时期较早，可能早至明代晚期，特别是HDBNW10、HDBNW-16可能非景德镇所产。

综上所述，通过超景深显微观察，结合传统眼学和相关文献资料对这批样品工艺进行分析，推测华县东阳遗址M22出土的青花瓷片大多属于景德镇民窑烧制，时期多集中于清代中晚期，少量样品可能为明代晚期。

图一三　HDBNW-9婴戏纹

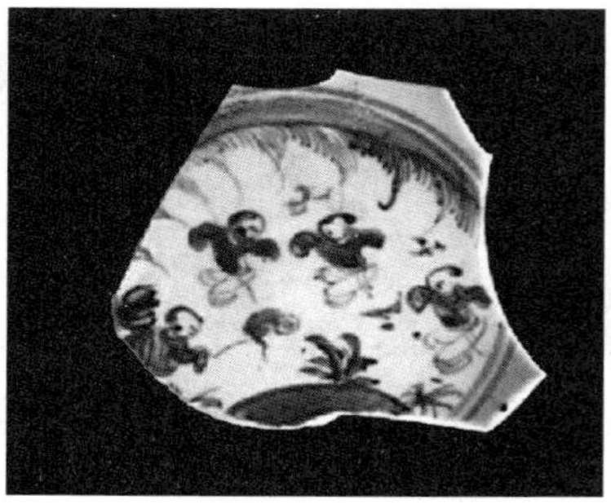

图一四　成化婴戏蹴鞠图（景德镇窑址）

① 余志琴：《明清景德镇民窑青花婴戏纹研究》，景德镇陶瓷学院2010年硕士学位论文，第11～50页。

图一五　康熙青花蹴鞠婴戏纹

图一六　雍正青花婴戏纹

图一七　乾隆持莲婴戏纹

（二）青花瓷胎的化学组成

由表二可知，样品瓷胎中SiO_2的含量在67.99%～75.29%，Al_2O_3为17.15%～24.44%，应为瓷石和高岭土的二元配方。此外，瓷胎中Fe_3O_4含量较高会导致瓷胎的白度降低，因此，景德镇明清御窑青花瓷的Fe_3O_4较为集中在0.4%～1.1%，而民窑青花瓷的Fe_3O_4含量较高且分散，在0.7%～1.6%范围内波动①，表二成分结果表明样品胎中Fe_3O_4的含量均大于1.24%，不似御窑所制，应属民窑所产，这在一定程度上也与之前工艺特征推断一致。

由于青花瓷胎成分相对稳定，胎的含量差异与地域有紧密的关系，因此对产地有重要的指向性。为探讨这批瓷片的来源，将样品与明清时期生产青花瓷的几个窑址（江西景德镇、福建德化、云南玉溪、建水等）的民窑青花瓷胎数据进行比较②，得到不同地区青花瓷胎SiO_2/Al_2O_3比箱式图，具体如图一八所示。

箱式图表明，不同地区之间样品的差异明显，云南和德化地区SiO_2/Al_2O_3偏高，而华县东阳（HD）和景德镇（Jingdezhen）的SiO_2/Al_2O_3比相对偏低，华县东阳青花瓷胎的SiO_2/Al_2O_3比值与福建德化（Dehua）、云南玉溪（Yuxi）、建水（Jianshui）有较大差别，但与景德镇出土样品的数据重叠性最好，这说明东阳遗址瓷胎的配方和工艺方面与景德镇相近，大部分样品应产于江西景德镇窑。

值得一提的是，在瓷胎的二元配方中提高高岭土的含量，是清代青花瓷制瓷技术上的重要进步

① 李家治：《中国科学技术史陶瓷卷》，科学出版社，1998年，第371～383页。

② 陈尧成、郭演仪、张志刚：《历代青花瓷器和青花色料的研究》，《硅酸盐学报》1978年第6期；承焕生、王建华、黄云鹏：《景德镇元、明、清民窑青花的PIXE研究》，《2005古陶瓷科学技术国际研讨会论文集》，上海科学文献出版社，2005年，第167～171页；吴隽、梁宝鎏、李家治：《各产地青花瓷组成的比较研究》，《2002古陶瓷科学技术国际研讨会论文集》，上海科学技术出版社，2002年，第234～292页；陈尧成、郭演仪、赵光林、王溪：《建水窑青花瓷研究》，《中国陶瓷》1989年第6期；陈尧成、张志刚、郭演仪：《景德镇元、明、清青花的着色和显微结构特征》，《中国陶瓷》1981年第4期；周仁等：《景德镇瓷器的研究》，科学出版社，1958年，第72页；李家治等：《中国古代陶瓷科学技术成就》，上海科学技术出版社，1958年，第300～332页；张志刚、郭演仪、陈尧成：《景德镇明代民间青花瓷器》，《硅酸盐通报》1987年第6期；温睿：《明代景德镇官窑青花瓷研究》，中国科学技术大学硕士学位论文，2005年。

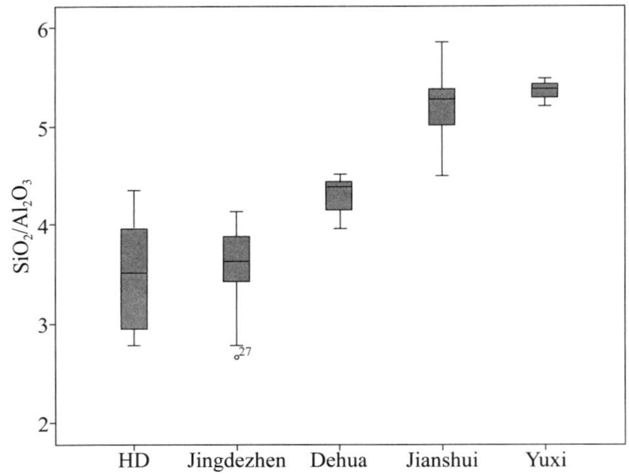

图一八　HD与不同地区青花瓷胎SiO_2/Al_2O_3比箱式图

之一。致使该时期青花瓷胎中Al_2O_3含量明显高于明代，明代大多低于20%，而清代绝大部分都高于20%，康熙时期已达29%①。由表二可得除样品HDBNW-4、6、9、10、16外，其余样品Al_2O_3的含量基本都大于20%，具有景德镇清代瓷胎的特征，与之前根据形貌特征的分类结果基本相符。因此，再次证明了大部分样品极有可能产自景德镇地区，且可能有明清两个时期之分。

（三）青花瓷釉的化学组成分析

青花瓷釉中CaO、K_2O和Na_2O的含量在一定程度上反映了制釉的配方，K_2O和Na_2O来自釉石，CaO来自釉灰。由表三可知，样品釉料为钙-碱釉，其中K_2O含量在3.40%～5.31%，K_2O是提高釉面的莹润光亮程度的影响因素，从景德镇所用釉果原矿的成分来看，只能用淘洗工艺才能把K_2O的含量提高到5%以上②，这批样品K_2O含量平均值为4.72%，因此认为样品总体釉质质量和釉果原料精制处理程度并不太高。此外，样品中Fe_2O_3含量在1.8%左右，Fe_2O_3含量的升高会使釉色从白色变为青灰色，同样显示当时釉料也并未经过严格的炼制。另外，瓷釉中CaO的含量介于5.77%～16.59%，釉中CaO的含量决定于配入釉灰量的多少，当釉中灰量减少时，相对釉石（风化程度差的瓷石）的量就增多，对于烧成后釉面的光亮度有利，清代景德镇青花瓷釉中CaO含量大概一般在7%～11%，因此根据CaO的含量小于和大于11% 为界限，将样品大致分类为HD1（HDBNW-1、HDBNW-3、HDBNW-6～HDBNW-9、HDBNW-11～HDBNW-15）和HD2（HDBNW-2、HDBNW-4、HDBNW-5、HDBNW-10、HDBNW-16）两组，并与明清景德镇御窑（Ming-Imperial、Qing-Imperial）

① 承焕生、王建华、黄云鹏：《景德镇元、明、清民窑青花的PIXE研究》，上海科学文献出版社。

② 谢喜国、冯松林：《王家湾出土景德镇明代民窑青花瓷的EDXRF研究》，《第二届全国核技术应用研究学术研讨会论文摘要集》，2009年。

和民窑（Ming-Common、Qing-Common）的CaO含量相比①，结果见图一九。

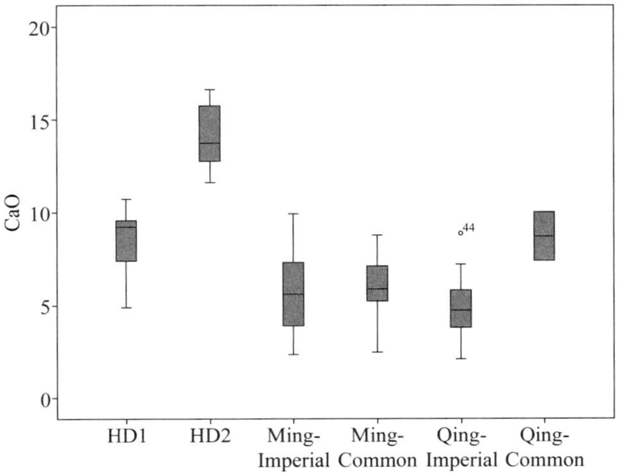

图一九 HD1、HD2与景德镇青花瓷釉CaO含量箱式图

由图一九可见，景德镇明清民窑青花瓷釉中CaO含量即所用釉灰量平均大于御窑青花瓷，清代御窑含量偏低，由于清代御窑已有部分青花瓷釉降低了CaO的含量，即减少了釉灰的配入量，增加了釉面的光亮度，但民窑配釉的工艺在一定程度上不及御窑，因此清代民窑CaO含量整体较高。HD1的CaO含量高于明清御窑及明代民窑数据，与清代民窑数据的重叠性最好，且中位值相近，进一步增加了样品为清代景德镇民窑的可能性，而HD2明显偏离景德镇青花瓷的数据。样品釉成分的分析结果，再次证明了大部分样品应为清代景德镇民窑青花瓷。

（四）青花瓷蓝彩（青花+釉）分析

通过XRF检测青花瓷蓝彩化学成分，实际检测的是青花+釉的成分含量，由于穿过釉层检测青花，含量会受到白釉厚度及成分差异的影响，因此通过XRF无损检测无法绝对定量青花的成分，仅提供蓝彩的定性分析结果。由表四可知样品蓝彩的化学组成锰的含量在2.48%～9.04%，铁在1.61%～3.37%，具有国产钴料高锰低铁的特征。钴、铁、锰含量影响青花的发色，锰含量较高的色料烧成后青花往往呈灰黑色，烧成温度和拣选的方法也会影响青花的呈色，这批样品的发色从鲜艳到灰黑不均，与民窑使用色料来源、技术工艺、烧成温度各异等都有一定关系，难以判断钴矿的准确来源。

国产青料在清代民窑中普遍使用，万历以后到清代康熙、雍正、乾隆时期，景德镇御窑青花瓷

① 承焕生、王建华、黄云鹏：《景德镇元、明、清民窑青花的PIXE研究》，《2005古陶瓷科学技术国际研讨会论文集》，上海科学文献出版社，2005年，第167～171页；吴隽、梁宝娑、李家治：《各产地青花瓷组成的比较研究》，《2002古陶瓷科学技术国际研讨会论文集》，上海科学技术出版社，2002年，第234～292页；温睿：《明代景德镇官窑青花瓷研究》，中国科学技术大学硕士学位论文，2005年；谢喜国、冯松林：《王家湾出土景德镇明代民窑青花瓷的EDXRF研究》，《第二届全国核技术应用研究学术研讨会论文摘要集》，2009年；胡东波等：《景德镇明代御窑遗址出土瓷器分析研究·下》，科学出版社，2011年，第467～472页。

器以国产浙江青料为主①，但清代景德镇窑和明清时期云南一些瓷窑也采用云南珠明料钴土矿作为青花色料②。因此，为初步探讨钴料的来源，将本样品与清代景德镇官窑（可能为浙料）和云南建水（当地珠明料）青花瓷的蓝彩MnO_2/Fe_2O_3比值做比较③，得到图二〇。

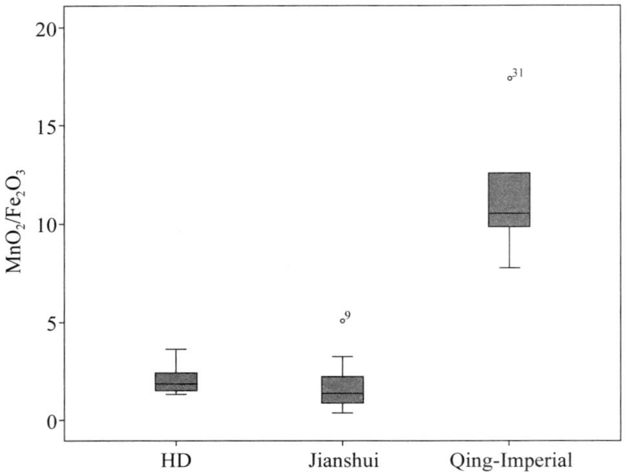

图二〇　HD与建水、清代御窑蓝彩MnO_2/Fe_2O_3比箱式图

由箱式图可得，华县东阳（HD）的蓝彩MnO_2/Fe_2O_3比与云南建水（Jianshui）青花的珠明料最为接近，而与清代御窑（Qing-Imperial）的矿料相差甚远。清代御窑多用上等的浙料，华县样品青花发色的稳定程度及化学成分与清代御窑的部分青花瓷相差较大，据此推测，样品的青花矿料有可能来自云南地区的珠明料，但也不能排除其他地区的可能性，所以明确矿料来源还需深入分析和讨论。

四、结　论

综上所述，结合传统眼学和相关文献资料，采用超景深显微镜和XRF对东阳遗址M22出土青花瓷样品进行化学组成和工艺特征研究，结果表明样品胎料为瓷石和高岭土的二元配方，釉属高温钙釉，青花采用国产钴料。

通过与同时期其他地区出土的青花瓷片胎釉的形貌结构及化学组成、纹饰和款识特征进行比较，对这批样品的来源和生产时期进行探讨，初步推测华县东阳遗址M22出土的大部分青花瓷样品属于清代中晚期景德镇民窑青花瓷，少量瓷片时期可能早至明代晚期，产地有待于进一步研究。此外，从M22出土瓷器的质量而言，并没有非常上等的青花瓷，随葬品多为日用器，说明墓主人的身份并非达官显贵，但在县城应具有一定地位。考虑到清代中晚期景德镇生产的青花瓷出现在陕西地区，表明当时青花瓷贸易已相当发达，景德镇制瓷业仍然在市场上占有主导地位。

① 李家治：《中国科学技术史陶瓷卷》，科学出版社，1998年，第371～383页。

② 冯先铭：《中国古陶瓷图典》，文物出版社，1998年，第345～346页。

③ 李家治：《中国科学技术史陶瓷卷》，科学出版社，1998年，第371～383页；胡东波等：《景德镇明代御窑遗址出土瓷器分析研究·下》，科学出版社，2011年，第467～472页。

附录五　西汉彩陶颜料检测报告

金普军
（陕西师范大学材料科学与工程学院）

2014年华县东阳发掘的M6，时代为西汉早期墓葬，随葬有彩绘陶鼎、钫、锜等器物，均为烧成后绘彩，各种器形所施颜色包括红、白、蓝、紫等。为了明确彩绘所用颜料成分，受发掘者委托，提取不可修复的陶钫（M6：4）部分残片样本进行了检测分析。

该器表面彩绘颜色主要为红、紫、白三色（图一）。

图一　陶钫残片（M6：4）

一、实验仪器

采用FEI公司的Quanta 200型环境扫描电子显微镜，配备有EDAX公司X射线能谱仪（EDS）。测试条件：高真空模式5×10^{-3}Pa，加速电压20kV，分辨率3.5～4.0nm，DT20%～40%。拉曼光谱仪采用了Renishaw公司生产的配备有Leica显微镜invia拉曼光谱分析仪。采用氩离子激光器，激发光波长为532nm，物镜放大倍数为50，信息采集时间为l0s，1累加次数1次，样品上功率5%～10%。

二、实验结果

根据二次电子像及能谱图可知，三种颜料均呈颗粒态分布（图二）。红色颜料含有12.01%Fe，紫色颜料含有3.95%S和2.58%Cu，白色颜料含有17.88%Al和17.63%Si。详见表一。

表一　彩绘样品能谱元素分析

元素 颜色	C	O	Na	Mg	Al	Si	S	K	Ca	Ti	Mn	Fe	Cu	Ba	Mn
白色	9.35	40.72	0.95	0.37	17.88	17.63	3.7	4.63	0.68	0.58	0.5	3.0	/	/	/
红色	9.82	34.18	/	0.95	12.61	23.27	/	3.72	1.25	1.13	/	12.01	/	/	1.03
蓝色	13.41	32.96	/	/	4.5	18.76	3.95	1.68	1.5	/	/	2.57	2.58	18.09	/

根据拉曼光谱图可知，红色颜料的主要物相为赤铁矿（Fe_2O_3）、针铁矿（α-FeOOH）和石英（SiO_2），后两者为赤铁矿的伴生矿物（图三）。这个结果与能谱元素分析相一致。紫色颜料的主要物相

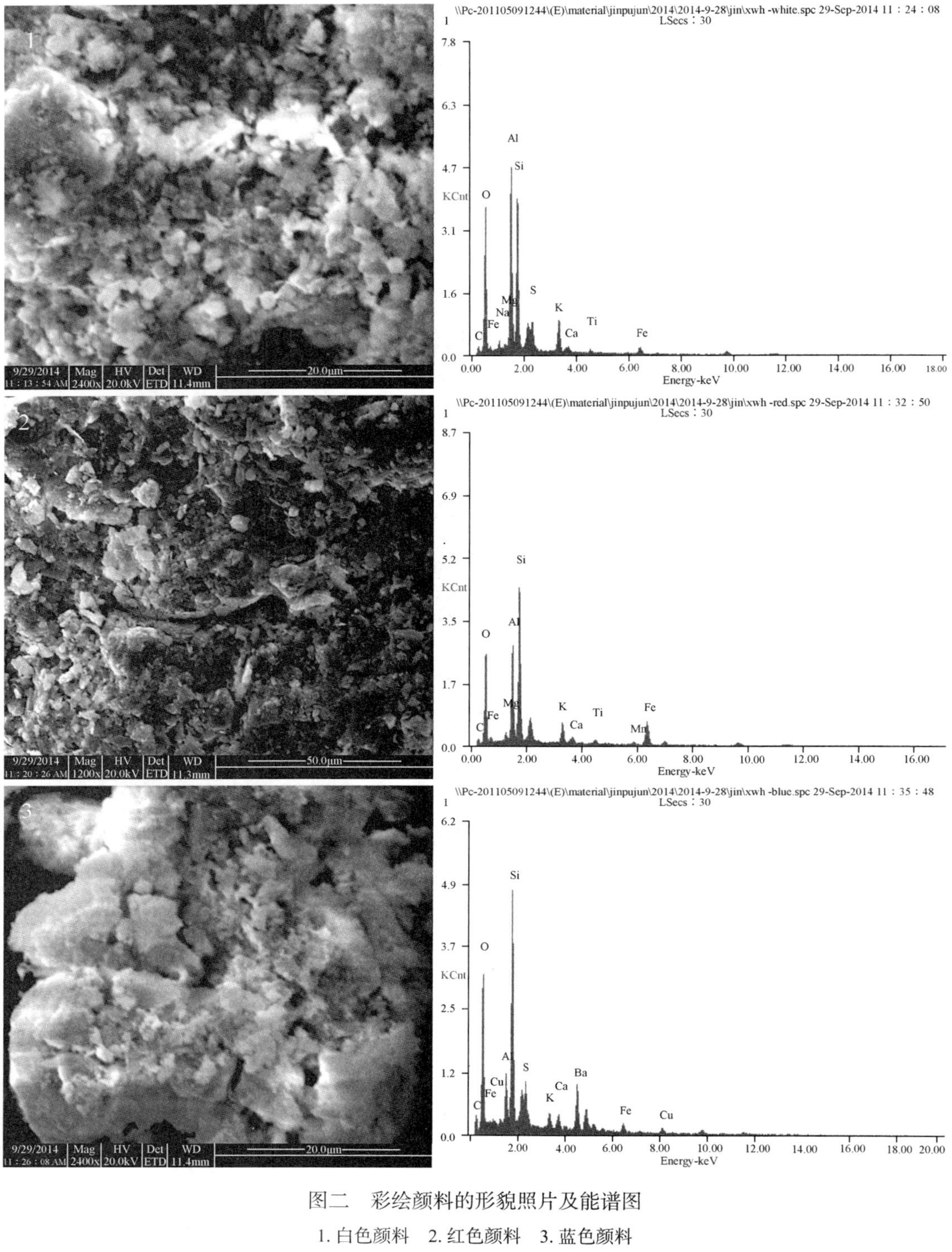

图二　彩绘颜料的形貌照片及能谱图

1. 白色颜料　2. 红色颜料　3. 蓝色颜料

为“中国紫”（$BaCuSi_2O_6$），这种物质是一种人工制造的颜料（图四）。白色颜料受到拉曼荧光背景干扰，只在142cm^{-1}左右出现了一个强峰，属于$Al_2O_3 \cdot 2SiO_2 \cdot 2H_2O$即高岭土的拉曼特征峰[①]（图五）。

① 简家成、刘峥等：《高岭土煅烧活化过程研究》，《中国粉体技术》2015年总21卷第1期。

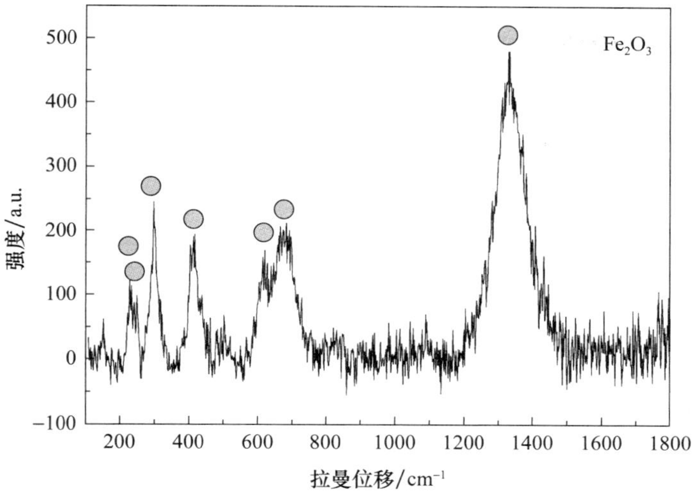

1

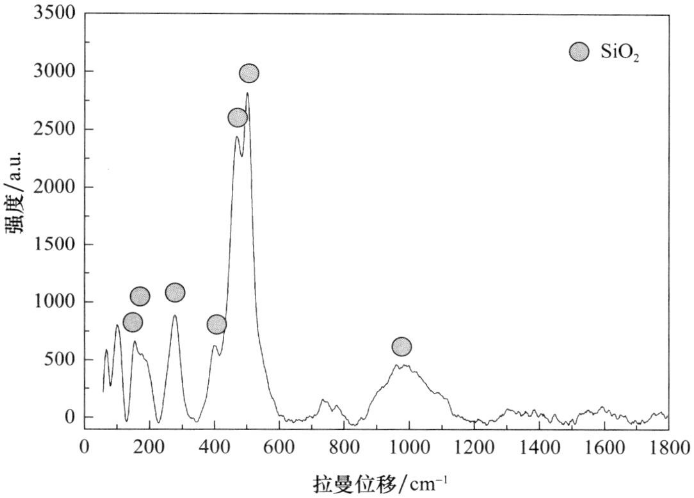

2

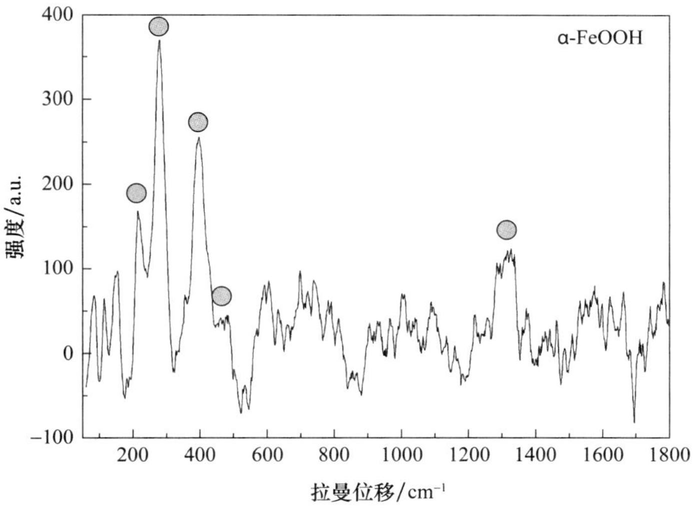

3

图三 红色样品的拉曼光谱图

1. 赤铁矿 2. 石英 3. 针铁矿

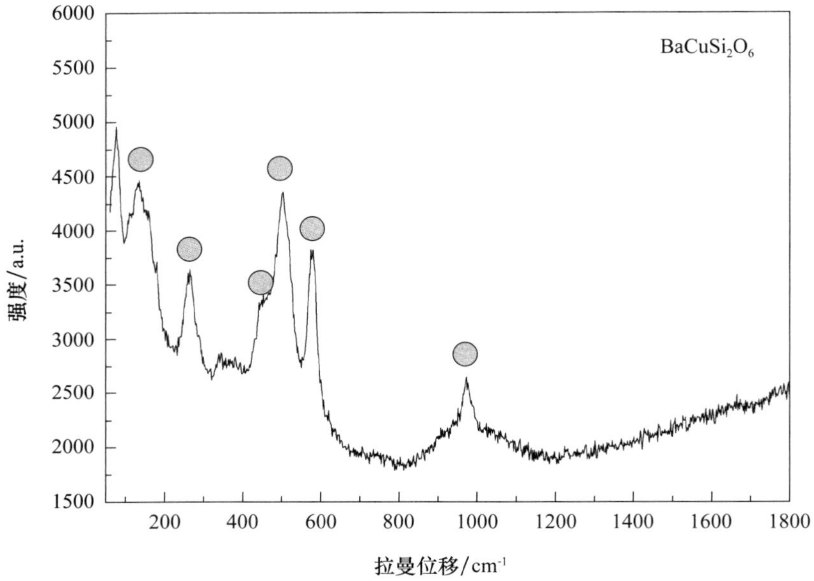

图四　紫色样品的拉曼光谱图

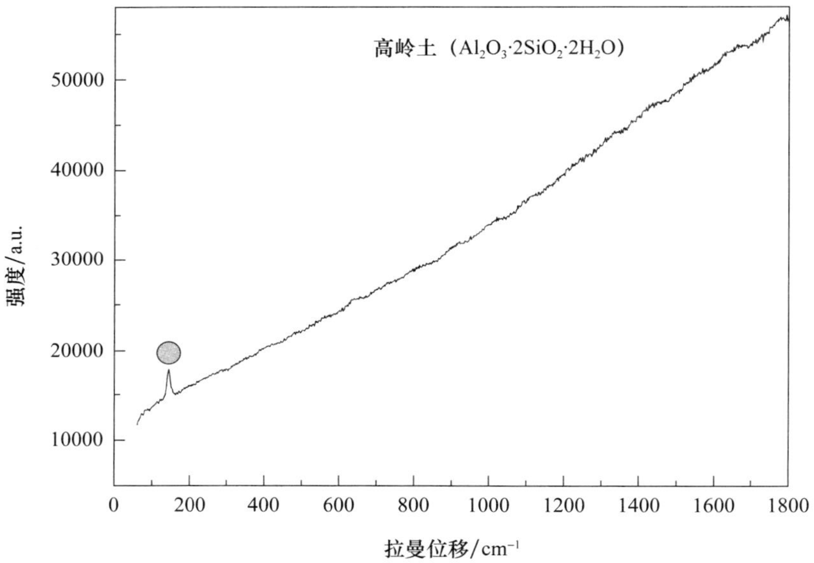

图五　白色样品的拉曼光谱图

三、结　　论

本次检测样本的颜料，红色的主要成分为赤铁矿，白色的主要成分为高岭土，是来自自然界的矿物质。紫色又被俗称“中国紫”，是一种人工合成材料。研究表明，中国紫起源于春秋时期，在战国中期其副产品又有“中国蓝”。西汉时期是其大规模制造和使用阶段，至东汉逐渐消失①，本次检测样品来自西汉早期墓葬，与以往研究结果相吻合。

① 夏寅等：《遗彩寻微·中国古代颜料偏光显微分析研究》，科学出版社，2017年，第70页。

附录六　铜器铸造工艺观察

李建西
（陕西省考古研究院）

2015年12月，对华县东阳遗址出土铜器72件开展铸造工艺方面的观察。时代和器类信息见表一。

表一　标本统计表

器类	编号	数量	时代	器类	编号	数量	时代
圆鼎	M30：1	1	西周早期	镞	M19：7	2	春秋晚期
	M3：10	1	春秋中期		H47③：7	1	西周
	M3：11	1	春秋中期		M18：10	4	春秋晚期
	M3：12	1	春秋中期	戈	M18：11	1	春秋晚期
带钩	M18：3	1	春秋晚期		M38：1	1	春秋中期
	M29：8	1	西汉晚期	铃	M30：3	2	西周早期
削刀	M18：4	1	春秋晚期		M3：1-7	7	春秋中期
	M19：11	1	春秋晚期	釜	M16：1	1	西汉早期
	M15：5	1	战国早期	泡	M30：14	23	西周早期
鱼饰	M3：14	21	春秋中期				

铸造痕迹观察

1. 鼎

4件。均为圆形。

M30：1，体形较小，浑铸而成，未见水平分范痕迹。通体均经打磨，腹外底、足内侧和耳内侧打磨较粗，其他部位打磨较细。鼎外壁沿三足中心线位置可见三条垂直范线，由口沿而及足跟，由于打磨部分不存，纹饰在范线两侧略有错位现象。三足内侧均可见两条平行的范线，且与器底部的三角形范线相互连接。外底上，三足根部均有三条细凸线延伸至中部交叉。外底上，其中两足见一块不规则垫片。推测底部还有两块垫片在足间位置。其他位置未见垫片。足部不能判断是否有芯。此器为浑铸，三分型范，铸型由三腹足范、三角形底范和一腹芯组成，双耳型腔位于腹芯外端（图版八三，1～3）。

M3：10，体形较小，浑铸而成，未见水平分范痕迹。内外表面经打磨，腹外底、足内侧和耳内侧打磨较粗。鼎外壁沿三足中心线位置可见三条垂直范线，纹饰在范线两侧有明显错位现象。三足内侧两边各为两条范线，与器底部的三角形范线相互连接。外底中央见长2.1、宽0.6厘米的扁形浇道残碴。未见明显的垫片痕迹，其中两足外侧上部近中线位置各见一个近方形小孔，露出足芯，是为足芯自带陶质芯撑位置，推测另一足相同位置也有芯撑。其中两足内侧有凸起，性质不明。一足底不平，另两足底部均有凸起，可能为冒口残碴。除芯撑外，足芯还因流铜不足在一足底和另一足内侧露出。推测此器为三分型范，铸型由三腹足范、三角形底范、三足芯和一腹芯组成，双耳型腔位于腹芯外端（图版八三，4、5）。

M3：11，体形较小，浑铸而成，未见水平分范痕迹。内外表面经打磨，腹外底、足内侧和耳内侧打磨较粗。三足内侧两边各为两条范线，与器底部的三角形范线相互连接。外壁及三足外侧范线因打磨和土锈覆盖不可见。外底中央见长1.6、宽0.4厘米的扁形浇道残碴。浇道残碴与一足间有一块凸起，因土锈覆盖，性质不明。一耳下腹壁锈蚀穿孔，可能为垫片位置。其中两足底不平，另一足底部有方形凸起，可能为冒口残碴。其中一足内侧有凸起，性质不明。足芯在一足内侧露出。推测此器为三分型范，铸型由三腹足范、三角形底范、三足芯和一腹芯组成，双耳型腔位于腹芯外端（图版八三，6；图版八四，1、2）。

M3：12，体形较小，浑铸而成，未见水平分范痕迹。因铸造缺陷原因，鼎口折沿部分缺失。内外表面经打磨，腹外底、足内侧和耳内侧打磨较粗。鼎外壁沿三足中心线位置可见三条垂直范线。三足内侧两边各为两条范线，与器底部的三角形范线相互连接。外底中央见长1.5、宽0.4厘米的扁形浇道残碴。三足略不平。其中两足内侧有凸起，另一足内侧有碴痕，性质不明。据另两鼎推测该鼎足部也有盲芯。推测此器为三分型范，铸型由三腹足范、三角形底范、三足芯和一腹芯组成，双耳型腔位于腹芯外端（图版八四，3、4）。

2. 带钩

2件。

M18：3，立体镂空动物纹饰，动物身体纹饰圆点直径约0.5毫米。器物背面随动物身形起伏不平。通体未见铸造痕迹（图版四一，1、3）。

M29：8，通体土锈覆盖，未能见铸造痕迹（图版六六，5）。

3. 削刀

3件。从削背与刃口角度推测，利右手持用。

M18：4，削背等处可见打磨痕迹，在柄与刃口之间见残留相连范线，环内侧中部亦可见范线。为双合范一次铸成（图版四〇，2）。M15：5，表面可见打磨痕迹，柄上侧边中线见范线。为双合范一次铸成（图版四〇，1）。M19：1，削背、刃口、环等处可见打磨痕迹，柄部打磨较粗，柄部上下侧边中线见范线，环部侧边镂空成三角纹，可知该器为双合范加一个自带芯撑的环部芯一次铸成（图版四〇，3、4）。

4. 戈

2件。双合范一次铸成。

M18：11，通体打磨较细，侧边局部中间可见范线（图版四一，4）。M38：1，通体打磨，内部上下侧边、阑部侧边中线见范线（图版四一，6）。

5. 镞

7件。双合范，一范多器铸造。

M19：7，2件，有銎镞的銎两侧和有铤镞铤两侧均见有范线，镞身均有打磨痕（图版四一，5）。H47③：7，1件，铤两侧可见范线。M18：10，4件，铤两侧可见范线（图版四一，3）。

6. 鱼形饰

一组25件。

M3：14一端有孔，鱼形，范线位于侧边一侧，可知为单面范加平面范合范铸造，可能一范多器，浇道或浇口位置不明（彩版八，4）。

7. 泡

一组23件。

M30：14，表面土锈覆盖，未能见铸造加工痕迹。

8. 铃

9件。

M30：3，铃身两侧和纽外侧范线相连，纽内侧和铃身顶部的范线相连。正背面方孔为芯撑所在。铃舌为单面范预先铸造。内顶半环形挂纽可能也以单面范预先铸造，与铃舌穿套后置于芯中，露出挂环两端于型腔中，与铃身铸成一体。由于双合范错位，挂环其中一端被铜液完全包埋，另一端露出外表，修饰后形成小坑。总体上，铃以双合范加一个嵌有铃舌及挂环的内芯铸成（图版八四，5、6）。

M30：2与M30：3铸造方式相同，挂环一端露出外表，铃身正背面有两处因流铜不足造成的孔洞。其中一方孔也因流铜不足而成不规则孔状。

M3：1～M3：7，均为双合范加一个内芯铸成，据M3：6可知范线位于两侧延伸至纽外侧中线（彩版八，3）。

附录七　水稻遗存在陕西华县东阳遗址的发现与探讨

夏秀敏[1, 2]　殷宇鹏[3]　许卫红[3]　吴妍[1]

（1. 中国科学院古脊椎动物与古人类研究所脊椎动物演化与人类起源重点实验室

2. 中国科学院大学考古学与人类学系　3. 陕西省考古研究院）

一、引　　言

水稻是世界上最重要的粮食作物之一，养活着全球近半数以上的人口①。史前水稻的栽培和驯化对中华文明的诞生和人口增长具有至关重要的作用。水稻的起源和传播一直是考古学界和农史学界研究的热点问题。目前，学界关于水稻起源于中国长江中下游地区已经基本达成共识②，但是稻作农业从其起源地向外传播的时间、路径和方式，还存在着诸多疑问和分歧③。

考古证据表明，中国史前农业明显形成南北两大系统，南方是以长江中下游为中心的稻作农业系统，北方是以黄河中下游为中心的粟作农业系统④。这两种农业模式在各自起源发展的同时，又不断地向外扩散和传播，存在着广泛的交流。近年来，黄河流域发现了一大批史前水稻遗存，为水稻从长江中下游地区向北、向东、向西传播的这一认识提供了新的证据⑤。

水稻的东传和北传，尤其是在海岱地区，早期水稻遗存的研究成果显示，水稻种植至少距今7000年前就越过黄淮地区，抵达了黄河下游地区⑥。但目前黄河中游至渭河地区的水稻遗存仍主要

---

① 钟旭华、黄农荣、Singleton G R等：《水稻可持续生产与自然资源优化管理》，中国农业出版社，2012年。

② 严文明：《我国稻作起源研究的新进展》，《考古》1997年第9期；向安强：《长江中游是中国稻作文化的发祥地》，《农业考古》1998年第1期；赵志军：《有关农业起源和文明起源的植物考古学研究》，《社会科学管理与评论》2005年第2期；Jiang L P, Liu L. New evidence for the origins of sedentism and rice domestication in the Lower Yangzi River, China［J］. Antiquity, 2006, 80(308): 355-361; Fuller D Q, Qin L, Zheng Y F, et al. The domestication process and domestication rate in rice: Spikelet bases from the Lower Yangtze［J］. Science, 2009, 323(5921): 1607-1610; Zhao Z J. The middle Yangtze region in China is one place where rice was domesticated: Phytolith evidence from the Diaotonghuan cave, northern Jiangxi. Antiquity, 1998, 72: 885-897.

③ 吴诗池：《浅论中国原始稻作农业的起源与发展》，《农业考古》1998年第1期；黄镇国、张伟强：《再论中国稻作的起源发展和传播》，《热带地理》2002年第1期；安志敏：《中国稻作文化的起源和东传》，《文物》1999年第2期；秦岭：《中国农业起源的植物考古研究与展望》，《考古学研究》2012年第0期。

④ 任式楠：《中国史前农业的发生与发展》，《学术探索》2005年第6期。

⑤ 王星光：《气候变化与黄河中下游地区的早期稻作农业》，《中国农史》2011年第3期；赵越云、樊志民：《稻旱关系：中华早期文明形成的农史考察——兼论历史早期的“华夏”意识》，《西北农林科技大学学报（社会科学版）》2016年第2期。

⑥ 靳桂云、栾丰实：《海岱地区龙山时代稻作农业研究的进展与问题》，《农业考古》2006年第1期；靳桂云、燕生东、宇田津彻郎等：《山东胶州赵家庄遗址4000年前稻田的植硅体证据》，《科学通报》2007年第18期。

发现于仰韶晚期。如李小强等在甘肃天水西山坪遗址中发现了距今5000年的水稻遗存①；张健平等通过对关中地区泉护遗址、杨官寨遗址、扶风案板遗址的植硅体分析得出：在距今5600年，水稻出现在以粟黍种植为主的关中地区，并形成黍、粟、稻兼作的种植模式②。这些证据为探索水稻向中国西部传播提供了重要的时空节点。然而，水稻最早何时传入关中地区并形成粟、黍、水稻兼作的种植模式，水稻在先民生活中的地位，水稻在关中传播的过程以及其背后的发展动力等问题，由于缺乏系统的植物考古研究和确切的考古测年资料，仍然存在诸多疑问，需要进一步研究与探讨。

作为一种微体生物指标，植硅体已经在农作物的起源和扩散研究中发挥了重要作用，如美洲玉米的起源与传播③、西亚麦类植物的发现与鉴定④、东亚地区粟黍的鉴定与区分⑤以及稻作农业的起源与传播⑥等。近年来，史前稻作农业研究不断取得新的进展，很多成果的取得都得益于植硅体分析的方法，这一技术的运用是稻作研究走向深入的一个重要手段。已有的研究表明，水稻可以产生三种特征型植硅体，即颖壳双峰型植硅体、稻叶表皮机动细胞扇型植硅体和叶茎中的并排哑铃型植硅体⑦。此外，大植物遗存是研究史前农业最为直接、可信的第一手资料。炭化稻的化学性质非常稳定，能够长久地保存于遗址中，且因颗粒大、种属特征明显等而易于鉴定。综合植硅体和大植物遗存两方面的证据，能够较为深入全面地探讨史前先民对植物的栽培与利用。

本文尝试以关中地区华县东阳遗址的植硅体分析和大植物遗存研究为切入点，探讨水稻在该地的栽培和利用情况，并试图分析水稻在关中地区出现的原因以及稻粟兼作的种植模式在黄河中游的形成过程。

---

① 李小强、周新郢、张宏宾等：《考古生物指标记录的中国西北地区5000 a BP水稻遗存》，《科学通报》2007年第6期。

② Zhang J P, Lu H Y, Wu N Q, et al. Phytolith evidence for rice cultivation and spread in Mid-Late Neolithic archaeological sites in central North China［J］. Boreas, 2010, (39): 592-602.

③ Pearsall D M. Phytolith analysis of archeological soils: Evidence for maize cultivation in formative ecuador［J］. Science, 1978, 199(4325): 177.

④ Ball T B, Ehlers R, Standing M D, et al. Review of typologic and morphometric analysis of phytoliths produced by wheat and barley［J］. Breeding Science, 2009, 59(5): 505-512.

⑤ Lu H Y, Zhang J P, Liu K B, et al. Earliest domestication of common millet (Panicum miliaceum) in East Asia extended to 10,000 years ago［J］. Proceedings of the National Academy of Sciences of the United States of America, 2009, 106(18): 7367-7372.

⑥ Zhao Z J. The middle Yangtze region in China is one place where rice was domesticated: Phytolith evidence from the Diaotonghuan cave, northern Jiangxi. Antiquity, 1998, 72: 885-897;Pearsall D M, Piperno D R, Umlauf M, et al. Distinguishing rice (Oryza sativa Poaceae) from wild Oryza species through phytolith analysis: Results of preliminary research［J］. Economic Botany, 1995, 49(2): 183-196.

⑦ 陈报章：《植硅石分析与栽培稻起源研究》，《作物学报》1997年第1期；Lu H Y, Wu N Q, Liu B. Recognition of rice phytoliths［A］// Pinilla A, Juan-Tresserras J, Machado MJ. Estado actual de los estudios defitolitos ensuelosy plantas: The state-of-the-art phytoliths in soils and plants［C］. Madrid: Monografias del Centro de Ciencias Medioambientales, 1997: 159-174.

二、研究材料与方法

（一）样品采集

本文的采样地点位于ETG1北壁剖面，该剖面主要被H49打破（图一）[①]。其中H49堆积较为丰富，自上而下可分为7层，土质、土色呈现出一定的差异，遗物与仰韶文化地层包含物相同。依据地层和堆积单位的叠压情况，自下而上按照一定的间隔逐层进行取样。在该剖面上共采集了8个植硅体分析样品，同时还收集了探沟内H49的土样以备大植物的浮选和测年。

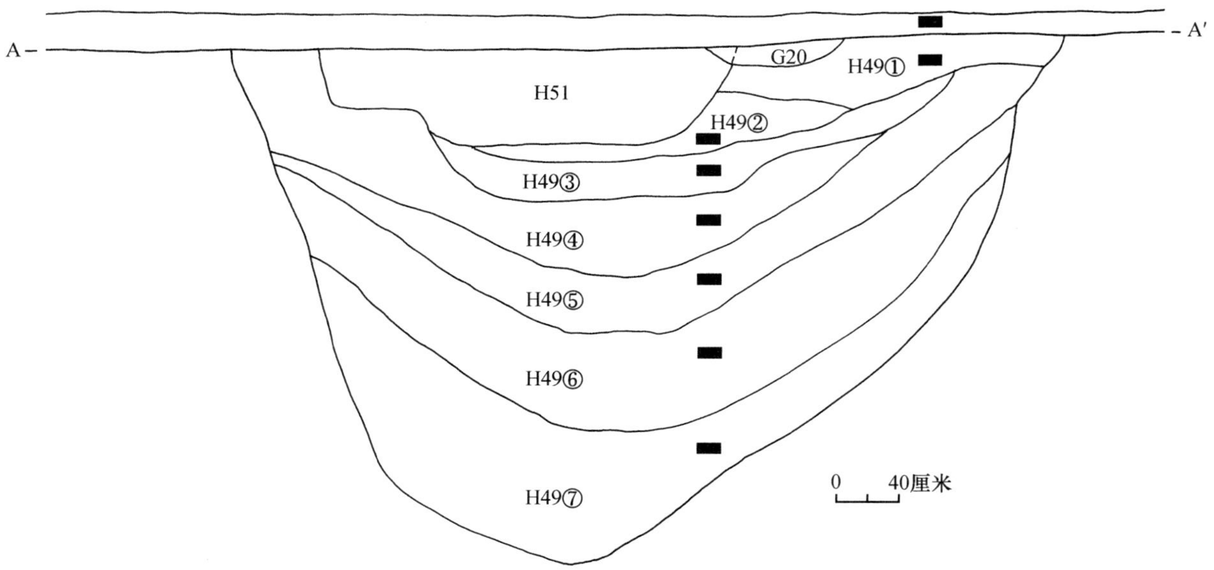

图一　东阳遗址ETG1北壁采样示意图

（二）实验方法

遗址文化层中往往含有大量的炭屑，会影响植硅体的提取和观察。本文采用灰化-重液法对土壤样品进行植硅体提取，该方法可以有效去除土壤中的炭屑，提高植硅体的提取纯度[②]。从每个样品分离出10g左右的土样放入坩埚中，将坩埚放置到电炉中，550℃灼烧8h。然后将灰化后的土样采用常规的重液浮选法进行植硅体提取。具体步骤如下：称量5g灰化后的土样，放入干净的烧杯中；加入双氧水（H_2O_2），以去除样品中的有机质，放置加热板上反应约20 min；反应结束后再加入稀盐酸（10% HCl）并煮沸，去除铁、钙等矿物质；待冷却静置24h后加入蒸馏水离心三次，洗净盐酸为止；加入相对密度为2.3～2.4的溴化锌重液，吸取上清液后清洗离心三次，将提取出来

① 陕西省考古研究所，秦始皇兵马俑博物馆：《华县东阳》，科学出版社，2006年，第1、2页。

② 种建荣：《陇县原子头仰韶文化遗存分期及相关问题探讨》，西北大学硕士学位论文，2004年，第18～29页。

的植硅体样品放置烘箱中晾干以待制片观察。最后将样片置于日本Nikon公司生产的型号为eclipse LV100P0L的显微镜（200×和500×）下进行观察、鉴定，并做数量统计。每一个样品均随机选择了约300粒植硅体进行统计分析，并计算每个类型的百分比含量。

大植物浮选的工作在发掘驻地进行，所用设备为水波浮选仪。我们仅对探沟ETG1内H49②和H49⑦层各14L的土样进行抽样浮选。浮选所得的上浮部分阴干后被送至中国科学院古脊椎动物与古人类研究所脊椎动物演化与人类起源重点实验室进行整理、分类和鉴定工作。

此外，我们挑选了ETG1中的H49②层浮选出的炭化水稻种子和H49⑦层的动物骨骼样品进行AMS^{14}C年龄分析，样品由美国BETA实验室测试完成。

三、结　果

（一）测年

除第1层外，H49的测年结果显示其年代大致在距今5900～5600年（表一）。根据文化遗物，发掘者推断其文化性质属于仰韶文化原子头三期[①]，即处于仰韶文化早期偏晚阶段向中期过渡的时期，测年结果也基本证实了这一推断。

表一　东阳遗址^{14}C年代数据

实验室编号	单位	层位	测年样品	^{14}C年代（BP）	树轮校正后年代（cal. BP）	
					1δ（68.2%）	2δ（95.4%）
Beta-454987	H49	⑦层下	动物骨骼	5100±30	5909（19.9%）5886	5917（37.2%）5845
					5821（48.3%）5760	5830（58.2%）5749
Beta-454986	H49	②层下	炭化水稻	5000±30	5841（4.2%）5834	5888（23.0%）5817
					5747（64.0%）5661	5762（72.4%）5651

（二）植硅体鉴定结果

在该剖面的样品中共鉴定出16类植硅体形态（彩版一一），统计2500余粒个体。在所有的样品中都发现有农作物植硅体类型，主要有水稻特征型植硅体，包括来自稃壳的双峰型植硅体、来自叶片的水稻扇型植硅体及茎秆的横排哑铃型植硅体，同时也有大量来自粟、黍稃壳的植硅体。其他类型主要有哑铃型、莎草型、齿型、帽型、尖型、方型、芦苇扇型、平滑棒型、刺棒型、木本型和部分无法鉴定的植硅体等。

通过观察剖面植硅体的百分比图谱（图二），可以看出，粟、黍、水稻三种农作物植硅

① Wang X, Jiang H E, Shang X, et al. Comparison of dry ashing and wet oxidation methods for recovering articulated husk phytoliths of foxtail millet and common millet from archaeological soil［J］. Journal of Archaeological Science, 2014, 45(1): 234-239.

体形态在剖面的各个层位上都有发现。其中粟、黍的比例最高可达到30%，水稻的比例较低，1.2%～7%。同时结合整个剖面来看，来自早熟禾本科的平滑棒型、刺棒型、尖型占据了植硅体组合的半数，指示冷干气候的齿型、帽型植硅体比例较低，莎草科和海绵骨科的含量极低。此外来自阔叶植物的木本植硅体也有一定量的发现。

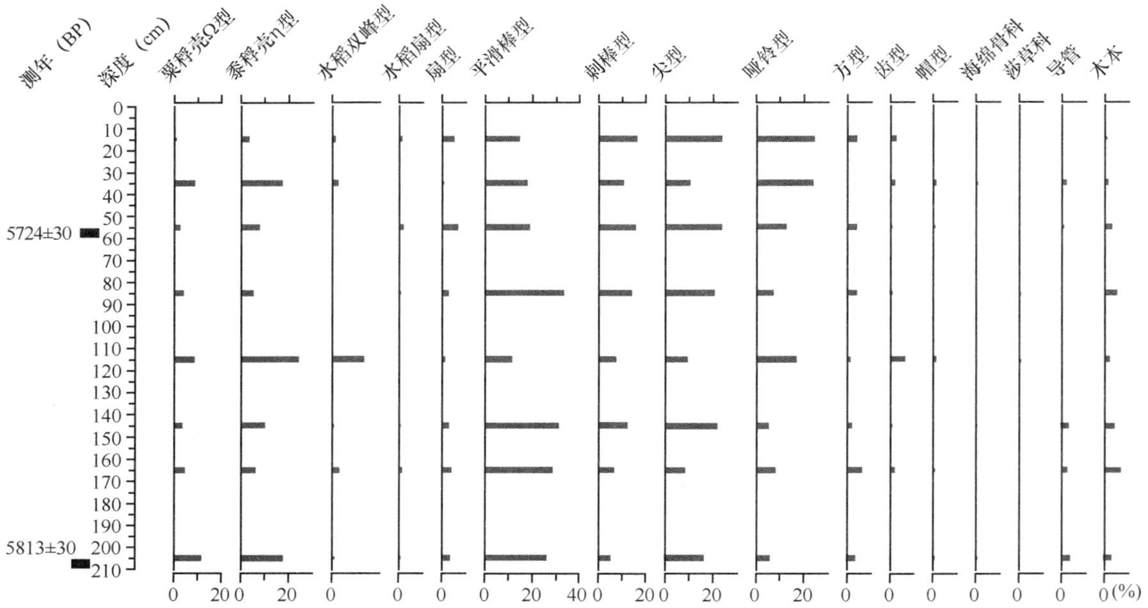

图二　东阳遗址ETG1北剖面植硅体组合百分比图谱

（三）大植物浮选结果

H49②层和③层的大植物浮选中，共发现7大类炭化种子，共计66粒。包括炭化粟27粒、炭化黍5粒、炭化水稻8粒、藜科种子15粒、狗尾草6粒（彩版一二）；葡萄1粒，比较新鲜，应为现代混入，将其排除；还有无法鉴定种属的一类4粒。8粒炭化水稻中，2粒较为完整，其余多破损。

四、讨　　论

（一）华县东阳遗址的农业面貌

我们获得的样品基本都来自文化层和遗迹单位，文化层堆积过程中不可避免地会受到人为的扰动，因而无法像自然剖面那样可以依据植硅体的组合来探讨当时当地的植被和环境特点。但是我们依旧可以通过文化层中植硅体的形态类型和大植物的证据，来探寻史前农业的特点。

图二、彩版一一、彩版一二均表明粟、黍、水稻三种农作物的植硅体形态在剖面的各个层位中普遍出现，大植物浮选的结果亦是如此，这说明仰韶先民的食谱中已经包含了粟、黍、水稻三种作物。单从水稻植硅体的发现来看，包含了来自稃壳、叶片、茎秆三种特征型植硅体形态，这在一定程度上证明了水稻不是交换或贸易得来的，而是本地栽培的产物。在观察中还发现水稻扇型的鱼鳞状纹饰（彩版一一，m）除个别不清晰外，基本上都是≥9的，据吕厚远等多位学者的研究成果[①]，我们推断该地的水稻已经呈现出典型的驯化形态。接下来，从这三种作物的植硅体数量来看，粟、黍的比例高达30%，水稻低至1.2%～7%，这反映了东阳先民在从事一定规模的粟作农业生产，同时也开始栽培水稻。H49的初步浮选结果也显示，粟、黍、水稻三种农作物的种子同时在灰坑中发现。综合微体和大植物的证据，显示该地区已经出现了稻粟兼作的种植模式。

从民族学资料看，稻的收获方法在历史上经过了三个阶段：采集野生稻（敲打稻穗）；收获栽培稻，摘（割）穗，一般带着剑叶，晾干后脱粒加工；传统农业中常见的连同秸秆一块收割的方法[②]。不同的收获方式产生了不同的农作物残余，也就保留了不同的水稻植硅体形态组合（扇型和并排哑铃型来自水稻茎叶组织，双峰型来自稻壳）[③]。在该剖面灰坑的水稻植硅体组合中，发现了较多的来自水稻稃壳的双峰型植硅体，甚至是多峰的植硅体形态（彩版一一，n），而且这一数量要比来自叶片中的水稻扇型植硅体要多。水稻不同部位的植硅体形态集中出现在该灰坑中，且以稃壳植硅体形态居多，推测先民是以穗收割的方式收获水稻。石刀被认为是中国原始农业发展过程中出现的一种专业化较强的谷物收割工具[④]。该灰坑中出土的穿孔石刀或可作为摘穗收获的工具。

总体来说，我们认为这一时期的农业面貌呈现出以下特点：该地出现的水稻系原地栽培的产物，并呈现出典型的驯化形态；先民以种植粟黍为主，也开始少量栽培水稻，出现了稻粟兼作的种植模式；先民很可能是以收割穗的方式来收获水稻。鉴于目前缺乏对遗址各遗迹单位的系统取样与分析，我们尚不清楚此时水稻在先民生活中的具体地位以及水稻的种植规模。

（二）水稻在关中地区的出现及动因探讨

随着考古工作的扩展和深入，关中地区陆续有零星的史前水稻遗存发现。东阳遗址水稻遗存的出土再次证实了关中地区的稻作农业有着悠久的历史。关中地区，地理位置优越，是我国人类活动

---

① Lu H Y, Liu Z X, Wu N Q, et al. Rice domestication and climatic change: phytolith evidence from East China［J］. Boreas, 2002, 31(4): 378-385.

② 郑云飞、蒋乐平：《上山遗址出土的古稻遗存及其意义》，《考古》2007年第9期。

③ Harvey E L, Fuller D Q. Investigating crop processing using phytolith analysis: the example of rice and millets［J］. Journal of Archaeological Science, 2005, 32(5): 739-752.

④ 赵小帆：《贵州发现的早期稻作遗存及谷物的收割和加工》，《古今农业》2008年第2期。

和古文化发展较早的地区，也是中华民族主要发祥地之一。水稻能够在仰韶早中期的东阳遗址中存在并得以栽培绝非偶然，而是多重因素共同作用的结果。

稻为一年生水生草本，属喜温好湿的短日照作物。水稻的生长与栽培，与一定的环境背景息息相关。关中地区是我国开展环境考古学研究最早最多的区域，研究成果也较为丰硕。吕厚远等通过对渭南全新世剖面的孢粉、植硅体、蜗牛、粒度等多种环境指标的综合分析，揭示了该区全新世以来有3次突出的气候温暖湿润期，其中包括仰韶早中期，即距今6800～5500年①。杨青等依据炭化小米及其同位素数据对关中盆地的降水进行定量重建，得出平均夏季降水量在全新世中期（距今6100～5500年）达到最大值（414mm），高于现今的降水量约109mm②。孙楠等则依据木炭和高精度的测年重建了关中盆地的古气候，结果表明在距今6200～5600年，年平均温度约14.8℃，年降水量约831.1mm，同比今西安地区高出约1.1℃，降水量高出278mm③。仰韶早期姜寨遗址的动物遗存中包括了多种鱼类、水禽类动物骨骼，喜温暖的动物如中华竹鼠、猕猴、鹿、豺、猪獾等也有出土，反映了当时姜寨一带湿地较多，气候温暖宜人④；仰韶中期的华县泉护村遗址发现了至少33个属种的动物，涵盖了不少喜湿好温的动物群，充分展现了“华县泉护村一带是一个鸟语花香、动物多样并和谐相处的理想生境地区”⑤。水分影响水稻分布区域，表现出“以水定稻”的原则。渭河作为黄河最大的一条支流，横贯整个关中地区，为先民饮水和农业灌溉提供了充足的水源。多种指标的研究都阐明了该地区自仰韶文化初到中期属于全新世适宜期内稳定的暖湿阶段，气候温暖湿润，降水量丰富，古土壤发育程度高，呈现出草原-森林植被景观⑥。得益于该地区仰韶早中期优越的自然环境，粟作农业获得大发展的同时，也为水稻的培植提供了良好契机。

除却自然因素，关中地区史前文化的大发展也发挥了重要作用。据初步统计，关中地区仰韶文化早期遗址为139处，中期增加到234处⑦；早期遗址面积多在4万～5万平方米，到中期有了明显扩大，出现了达几十万平方米的遗址，如华县泉护村遗址面积达60万平方米⑧。贾鑫等通过对关中陕北陇东地区考古资料的数据处理分析，指出距今7000～5600年是该地区文化开始发展和繁荣的时期，从老官台文化时期到仰韶文化的半坡、史家类型文化时期，是文化快速发展的时期，

① 吕厚远、张健平：《关中地区的新石器古文化发展与古环境变化的关系》，《第四纪研究》2008年第6期，第1050～1060页。

② Yang Q, Li X Q, Zhou XY, et al. Quantitative reconstruction of summer precipitation using a mid-Holocene δ13C common millet record from Guanzhong Basin, northern China［J］. Climate of the Past, 2016, 12(12): 2229-2240.

③ Sun N, Li X Q, Dodson J, et al. The quantitative reconstruction of temperature and precipitation in the Guanzhong Basin of the southern Loess Plateau between 6200 BP and 5600 BP［J］. Holocene, 2016, 26(8): 1200-1207.

④ 祁国琴：《姜寨新石器时代遗址动物群的分析》，《姜寨》，文物出版社，1988年，第504～538页。

⑤ 陕西省考古研究院：《华县泉护村：1997年考古发掘报告》，文物出版社，2014年，第595～661页。

⑥ 倪爱武：《三门峡及邻区公元前5000～2000年环境变化与人类响应研究》，中国地质大学博士学位论文，2011年，第89、90页。

⑦ 国家文物局：《中国文物地图集（陕西分册）》，中国地图出版社，1998年。

⑧ 北京大学考古学系：《华县泉护村》，科学出版社，2003年，第1～135页。

文化规模有了较大提高，并在仰韶文化的庙底沟时期出现了空前的繁荣[①]。伴随着粟作农业在北方的强盛，遗址数量和规模迅速扩张、人口数量激增等因素加剧了粮食需求，迫使先民在旱作农业的基础上引入新的作物（如稻谷）和种植技术，从而缓解粮食生产的压力。客观来讲，这种稻粟兼作的种植方式不仅可以提高农作物的产量，养活更多的人口，还能降低单一品种粮食种植的危险系数[②]。

当然，稻谷本身的一些特性也吸引了先民对水稻的引入和栽培。首先是产量，在中国古代主要的粮食作物“五谷”中，稻的单产历来是最高的，现代也不例外[③]。在北方旱作区域，引进了稻作实际就等同于引进了产量。其次从粒径上看，粟果实的直径大概在1～2mm，黍果实的直径亦仅2～3mm；这二者的体积均小于稻粒数倍乃至十余倍[④]。最后就是口感上的优势，炊煮后的大米颗粒饱满、色泽晶莹、软糯香甜，这种绝佳的口感对于旱作区的北方先民来说也是非常有吸引力的。

诚然，稻谷的引入和栽培是一个复杂漫长的发展过程，但是仰韶早中期适宜的气候、良好的水热条件、日益增长的粮食需求及稻谷的优良特性等因素无疑是促进关中地区稻作农业发展的助推器。

（三）水稻在关中地区的传播进程

已有的资料表明，中国北方处于野生稻分布范围以外的地区[⑤]。黄河流域史前稻作农业的发展无疑是长江流域稻作文化不断传播的结果。20世纪有学者在陕西汉水流域老官台文化时期的西乡李家村遗址和何家湾遗址的红烧土块中发现了稻谷印痕，被认为是陕西境内最早发现的水稻遗存[⑥]。但是囿于实物遗存和测年资料，水稻何时扩散到关中地区并发展成稻粟兼作的种植模式仍不得而知。

结合现有的考古成果，我们寄希望于黄河中上游史前水稻遗存的梳理，试图寻找关中地区史前稻作农业的发展轨迹和传播进程。表二的信息基本上反映了以关中地区为代表的稻作农业在黄河中上游地区渐次推进的过程。具体而言：目前发现的水稻遗存大都处于仰韶中晚期到龙山早期，可以说是稻作农业的史前大发展时期；仰韶文化早中期是水稻遗存发现的上限，至龙山晚期水稻在关中地区则鲜少发现；从测年数据上看，具有确切测年的水稻遗存中以关中地区略多，但以炭化稻实物为测年对象的整体较少；此次研究的东阳遗址，作为仰韶早中期过渡时期的遗存，是目前关中地区发现的已知测年最早的水稻遗存；黄河上游的水稻遗存发现较少，测年在距今

① 贾鑫、王琳、董广辉等：《中全新世关中陕北陇东地区文化演变及环境驱动力》，《兰州大学学报（自科版）》2008年第6期，第8～14页。

② 赵志军：《有关农业起源和文明起源的植物考古学研究》，《社会科学管理与评论》2005年第2期。

③ 裴安平、熊建华：《长江流域的稻作文化》，教育出版社，2004年，第172、173页。

④ 裴安平、熊建华：《长江流域的稻作文化》，教育出版社，2004年，第172、173页。

⑤ 靳桂云：《中国北方史前遗址稻作遗存的植物硅酸体判别标准》，《文物保护与考古科学》2002年第1期。

⑥ 魏京武、杨亚长：《从考古资料看陕西古代农业的发展》，《农业考古》1986年第1期。

5000年前后。

综上所述，至少在距今5800年时，水稻已经传播到黄河中游的关中地区；仰韶晚期至龙山早期，水稻已然在水源充足的多个地区扩散种植，稻粟兼作的种植模式得以进一步发展；到距今5000年前后，水稻沿渭水流域传入黄河上游的甘肃地区；自龙山晚期以来，水稻在关中盆地则少有发现。

表二　黄河中上游地区发现的史前水稻遗存统计表

分布区域	遗址名称	考古学文化	绝对年代（cal. BP）	测年对象	遗存类型
黄河中游	陕西华县东阳遗址	仰韶文化	5813 5724	动物骨骼 炭化稻	植硅体和8粒炭化稻米※
黄河中游	陕西华县泉护村遗址	仰韶文化	5570①	炭屑土	植硅体和10粒炭化稻米②
黄河中游	陕西华阴兴乐坊遗址	仰韶文化	/	/	炭化稻21粒④
黄河中游	陕西扶风案板遗址	仰韶文化	5690③	灰坑土	植硅体
黄河中游	陕西户县八丈寺遗址	仰韶文化	/	/	稻谷印痕⑤
黄河中游	河南三门峡南交口遗址	仰韶文化	5868⑥ 5402	炭化稻 炭化稻	早期38粒完整稻米⑦晚期数粒炭化稻米⑨
黄河中游	陕西西安杨官寨遗址	仰韶文化	5380⑧	文化层沉积	植硅体
黄河中游	河南三门峡仰韶村遗址	仰韶文化	/	/	稻谷印痕⑩

① 张健平：《黍、粟和青狗尾草植硅体分析及我国典型农作物的起源与传播》，中国科学院研究生院博士学位论文，2010年，第79～85页。

② 赵志军：《泉护村遗址出土植物遗存报告》，《华县泉护村：1997年考古发掘报告》，文物出版社，2014年，第726～727页。

③ 张健平：《黍、粟和青狗尾草植硅体分析及我国典型农作物的起源与传播》，中国科学院研究生院博士学位论文，2010年，第79～85页。

④ 刘焕、胡松梅、张鹏程等：《陕西两处仰韶时期遗址浮选结果分析及其对比》，《考古与文物》2013年第4期。

⑤ 吴梓林：《从考古发现看中国古稻》，《人文杂志》1980年第4期。

⑥ 吴小红、魏兴涛：《南交口遗址^{14}C年代的测定与相关遗存的年代》，《三门峡南交口》，科学出版社，2009年，第436～443页。

⑦ 秦岭：《南交口遗址2007年出土仰韶文化早、中期植物遗存及相关问题探讨》，《三门峡南交口》，科学出版社，2009年，第427～435页。

⑧ 张健平：《黍、粟和青狗尾草植硅体分析及我国典型农作物的起源与传播》，中国科学院研究生院博士学位论文，2010年，第79～85页。

⑨ 孔昭宸、刘长江、魏兴涛：《南交口遗址1997年出土仰韶文化中期农作物遗存初步研究》，《三门峡南交口》，科学出版社，2009年，第420～426页；魏兴涛、孔昭宸：《三门峡南交口遗址仰韶文化稻作遗存的发现及其意义》，《农业考古》2000年第3期。

⑩ 黄其煦：《关于仰韶遗址出土的稻谷》，《史前研究》1986年第1期。

续表

分布区域	遗址名称	考古学文化	绝对年代（cal. BP）	测年对象	遗存类型
黄河中游	河南郑州大河村遗址	仰韶文化	/	/	稻谷印痕①
黄河中游	河南洛阳西高崖遗址	仰韶文化	/	/	稻谷印痕②
黄河上游	甘肃庆阳遗址	仰韶文化	/	/	炭化稻米和稻谷数千粒③
黄河上游	甘肃天水西山坪遗址	仰韶文化	5070	炭化稻	植硅体和5粒炭化稻米④
黄河中游	河南巩义羽林庄遗址	仰韶文化	/	/	植硅体⑤
黄河中游	河南巩义赵城遗址	仰韶文化	/	/	炭化稻？⑥
黄河中游	陕西蓝田新街遗址	仰韶晚-龙山早	/	/	共发现919粒炭化稻米⑦
黄河中游	陕西武功浒西庄遗址	龙山文化	4990	灰坑土	植硅体⑧
黄河中游	陕西扶风案板遗址	龙山文化	4920⑨	灰坑土	4粒完整和6粒残破稻粒⑩
黄河中游	陕西扶风周原遗址	龙山文化	/	/	5粒炭化稻谷⑪
黄河中游	陕西华县泉护村遗址	龙山文化	4900⑫	灰坑土	植硅体

① 严文明：《中国稻作农业的起源》，《农业考古》1982年第1期。

② 曾意丹、朱亮：《洛阳西高崖遗址试掘简报》，《文物》1981年第7期。

③ 张文绪、王辉：《甘肃庆阳遗址古栽培稻的研究》，《农业考古》2000年第3期，第80～85页。

④ 李小强、周新郢、张宏宾等：《考古生物指标记录的中国西北地区5000 a BP水稻遗存》，《科学通报》2007年第6期。

⑤ 陈星灿、刘莉、李润权等：《中国文明腹地的社会复杂化进程——伊洛河地区的聚落形态研究》，《考古学报》2003年第2期。

⑥ Lee G A, Crawford G W, Liu L, et al. Plants and people from the early Neolithic to Shang periods in North China[J]. Proceedings of the National Academy of Sciences of the United States of America, 2007, 104(3): 1087。

⑦ 钟华、杨亚长、邵晶等：《陕西省蓝田县新街遗址炭化植物遗存研究》，《南方文物》2015年第3期。

⑧ 张健平：《黍、粟和青狗尾草植硅体分析及我国典型农作物的起源与传播》，中国科学院研究生院博士学位论文，2010年，第79～85页。

⑨ 张健平：《黍、粟和青狗尾草植硅体分析及我国典型农作物的起源与传播》，中国科学院研究生院博士学位论文，2010年，第79～85页。

⑩ 谢伟：《案板遗址灰土中所见到的农作物——兼论灰像法的改进》，《扶风案板遗址发掘报告》，科学出版社，2000年，第286～289页；刘晓媛：《案板遗址2012年发掘植物遗存研究》，西北大学硕士学位论文，2014年，第15页。

⑪ 赵志军、徐良高：《周原遗址（王家嘴地点）尝试性浮选的结果及初步分析》，《文物》2004年第10期。

⑫ 张健平：《黍、粟和青狗尾草植硅体分析及我国典型农作物的起源与传播》，中国科学院研究生院博士学位论文，2010年，第79～85页。

续表

分布区域	遗址名称	考古学文化	绝对年代（cal. BP）	测年对象	遗存类型
黄河中游	山西襄汾陶寺遗址	龙山文化	4415～3885①*	木炭	植硅体②和30粒稻谷③
黄河中游	河南巩义罗口东北遗址	龙山文化	/	/	植硅体④
黄河中游	河南巩义南石遗址	龙山文化	/	/	植硅体⑤
黄河中游	河南博爱西金城遗址	龙山文化	3990⑤	草木灰	82粒稻谷⑥
黄河中游	河南登封南洼遗址	二里头文化	3750～3500*	/	10粒稻谷⑦
黄河中游	河南洛阳皂角树遗址	二里头文化	3660*	/	9粒稻谷⑧

注："※"代表数据来源于本文；"/"表示未发表的绝对年代数据；"*"代表不确定年代是否校正；"？"表示未知稻谷遗存数量

五、结　论

（1）植硅体和大植物分析表明，仰韶早中期的东阳先民以种植粟黍为主，已经开始少量栽培水稻；先民很可能是以收割穗的方式来收获水稻；稻粟兼作的种植模式开始出现在关中地区。华县东阳遗址发现了目前关中地区已知测年最早的水稻遗存。

（2）关中地区水稻遗存的出现是多种因素共同作用的结果，其中仰韶早中期适宜的气候、良好的水热条件、日益增长的粮食需求及稻谷的优良特性等因素无疑是促进关中地区稻作农业发展的助推器。

（3）结合现有的考古成果，我们认为至少在距今5800年的时候，水稻已经传播到黄河中游的关中地区；仰韶晚期至龙山早期，水稻已经在水源充足的多个地区得以扩散种植，稻粟兼作的种植模式得以进一步发展；龙山晚期以来，水稻遗存在关中地区则鲜少发现。

致谢：感谢中国科学院古脊椎动物与古人类研究张贵林和刘文晖两位博士研究生在浮选鉴定、绘图方面的指导和帮助。

（原文刊登于《人类学学报》2017年第36卷，略有删减）

① 高天麟、张岱海、高炜：《龙山文化陶寺类型的年代与分期》，《史前研究》1984年第3期。

② 姚政权、吴妍、王昌燧等：《山西襄汾陶寺遗址的植硅石分析》，《农业考古》2006年第4期。

③ 赵志军、何驽：《陶寺城址2002年度浮选结果及分析》，《考古》2006年第5期。

④ 陈星灿、刘莉、李润权等：《中国文明腹地的社会复杂化进程——伊洛河地区的聚落形态研究》，《考古学报》2003年第2期。

⑤ 王良智：《西金城遗址环境考古研究》，山东大学硕士学位论文，2009年，第31页。

⑥ 陈雪香、王良智、王青：《河南博爱县西金城遗址2006～2007年浮选结果分析》，《华夏考古》2010年第3期。

⑦ 吴文婉、张继华、靳桂云：《河南登封南洼遗址二里头到汉代聚落农业的植物考古证据》，《中原文物》2014年第1期。

⑧ 洛阳市文物工作队：《洛阳皂角树》，科学出版社，2002年，第103～113页。

附录八　陕西华县东阳遗址浮选报告

赵志军
（中国社会科学院考古研究所）

东阳遗址位于陕西省华县高塘乡，是一处分布范围广、时间跨度大、文化性质复杂的考古遗址。2014年陕西省考古研究院对遗址进行了发掘，出土了大量的遗迹和遗物。在发掘过程中开展了浮选工作，系统获取遗址中埋藏的炭化植物遗存，本文是对此次浮选结果的报告及其分析。

一、采样与浮选

东阳遗址浮选样品的采集是伴随考古发掘的进程同步开展的。在发掘过程中，针对发现的性质比较明确的遗迹单位，如房址、灰坑、灰沟等，按照堆积单位及时采取适量土样作为浮选样品。另外，东阳遗址清理的墓葬较多，对有些墓葬中随葬陶器内的积土也进行了收集。采用这两种方法，在东阳遗址先后采集到浮选样品60份（表一）。

表一　浮选样品采集情况统计表

来源／时期	灰坑	灰沟	房址	柱洞	随葬陶器	合计
仰韶时期	10	1	1	1		13
夏商时期	6		1			7
西周时期	15	2				17
东周时期	5				7	12
西汉时期					11	11
合计	36	3	2	1	18	60

东阳遗址的文化堆积相对比较复杂，可划分为五个不同的时期，即仰韶文化时期、夏商时期、西周时期、东周时期和西汉时期。在各时期的文化堆积中采集到的浮选样品的数量略有不同，西周时期的样品数量最多，达17份，夏商时期的样品最少，仅7份，其他几个时期的样品数量相差不大。浮选样品的采集背景包括灰坑、灰沟、房址、柱洞、随葬陶器等，其中以采自灰坑的样品数量最多，计36份，占样品总数的60%；其次为随葬陶器内的土样，计18份，占样品总数的30%；采自灰沟、房址和柱洞的样品数量较少，合计6份，占样品总数的10%。

采集到的浮选土样在发掘工地现场进行了浮选，采用的是水桶浮选方法，收取浮出炭化物质的分样筛的规格是80目（筛网孔径0.2毫米）。浮选结果在当地阴干后被送交中国社会科学院考古研究所植物考古实验室进行分类、鉴定和分析。植物种属的鉴定工作由杨金刚馆员负责完成。

二、浮 选 结 果

东阳遗址浮选出的炭化植物遗存主要包括炭化木屑、植物种子以及谷物的基盘和小穗轴。

炭化木屑是指经过燃烧的木材的细小残存，其主要来源应该是未燃尽的燃料，或遭到焚烧的建筑木材以及其他用途的木料等。考古遗址浮选出土的炭化木屑很容易识别，在高倍数的体视显微镜下观察，其细胞结构如导管、筛管和纤维等清晰可见。但如果打算对出土炭化木屑的植物种属进行鉴定，则需要比较专业的植物解剖学的知识和技术。

炭化植物种子是东阳遗址浮选工作的最大收获，在60份浮选样品中共计出土各种炭化植物种子21299粒。经鉴定分别属于27个不同的植物种类，其中绝大多数可以准确地鉴定到种（species），少数仅能鉴定到属（genus）（表二）。出土的植物种类可进一步分为农作物和其他植物两大类，下面分别给予介绍。

表二　浮选出土植物遗存数量统计

相对年代	仰韶时期	夏商时期	西周时期	东周时期	西汉时期	合计
样品数量	13	7	17	12	11	60
农作物						
粟（*Setaria italica*）	593	40	4399	197	221	5450
黍（*Panicum miliaceum*）	104	1	50	3	1	159
水稻（*Oryza sativa*）						
完整稻粒	33					33
残破稻粒	110		2			112
稻谷基盘	73*					
小麦（*Triticum aestivum*）						
完整麦粒	1	4	248	11	3	267
残破麦粒	3	2	630	37	1	673
小穗轴			2*			
大麦（*Hordeum vulgare*）						
完整麦粒			4	1	1	6
残破麦粒			9			9
大豆（*Glycine max*）						
完整豆粒			28		1	29
残破豆粒	4		114		2	120
红小豆（*Vigna angularis*）			1			1
豌豆（*Pisum sativum*）				1		1
其他植物	848					
禾本科（Poaceae）						
狗尾草（*Setaira viridis*）	212	2	228	5	4	451
马唐属（*Digitaria sanguinalis*）	10	2	816		1	829

续表

相对年代	仰韶时期	夏商时期	西周时期	东周时期	西汉时期	合计
稗属（*Echinochloa crusgalli*）	26					26
豆科（Leguminosae）						
野大豆（*Glycine sojo*）	20		5			25
胡枝子属（*Lespedeza* sp.）	3		26	2		31
草木犀（*Melilotus* sp.）			25		2	27
黄芪（*Astragalus membranaceus*）	1		1			2
藜科（Chenopodiaceae）						
藜（*Chenopodium album*）	114	8	11412	115	78	11727
蓼科（Polygonaceae）						
萹蓄（*Polygonum aviculare*）	1		3			4
酸模（*Rumex acetosa*）		1	2			3
唇形科（Lamiaceae）						
紫苏（*Perilla frutescens*）	11					11
水棘针（*Amethystea caerulea*）			1096			1096
马鞭草科（Verbenaceae）						
牡荆（*Vitex negundo*）			1	1	1	3
大戟科（Euphorbiaceae）						
铁苋菜（*Acalypha australis*）			146			146
锦葵科（Malvaceae）						
锦葵（*Malva Sinensis*）	5					5
鼠李科（Rhamnacea）						
酸枣（*Ziziphus jujuba* vas. *spinosa*）	1					1
柿树科（Ebenaceae）						
君迁子（*Diospyros lotus*）	1					1
蔷薇科（Rosaceae）						
梨属（*Pyrus* sp.）			26			26
葡萄科（Vitaceae）						
葡萄属（*Vitis* sp.）	24	1				25

（一）农作物

东阳遗址浮选出土的农作物包括粟（谷子）、黍（糜子）、水稻、小麦、大麦、大豆、红小豆和豌豆等8个品种，合计6860粒，占所有出土植物种子总数的32%。但需要说明的是，在东阳遗址浮选出土的植物种子中，有一类植物种子即藜的出土数量异常，总计多达11724粒，占所有出土植物种子的55%。在北方地区考古遗址的浮选结果中，一般都能发现藜科植物种子，而且数量也都比较多，这与藜科植物盛产种子的生物特性有关。如果不考虑数量异常的藜科植物种子，东阳遗址浮选结果中应该是以农作物为大宗，占出土植物种子总数（9575粒）的72%。

1. 粟（*Setaria italica*）

东阳遗址各时期浮选样品出土的炭化粟粒合计共5450粒，占出土农作物总数（6860粒）的

79.5%。这些出土炭化粟粒近球状，胚部因炭化爆裂呈沟状（图一）。经过测量统计，东阳遗址出土炭化粟粒的平均直径在1～1.5毫米。

2. 黍（*Panicum miliaceum*）

与炭化粟粒的出土数量相比，炭化黍粒的出土数量并不多，合计仅159粒，占出土农作物总数的2.3%。这些炭化黍粒的形状也为近球状，因炭化略有变形，胚部爆裂敞开，使得整个谷粒呈心状（图二）。经过测量统计，东阳遗址出土炭化黍粒的直径在1.5～1.8毫米。

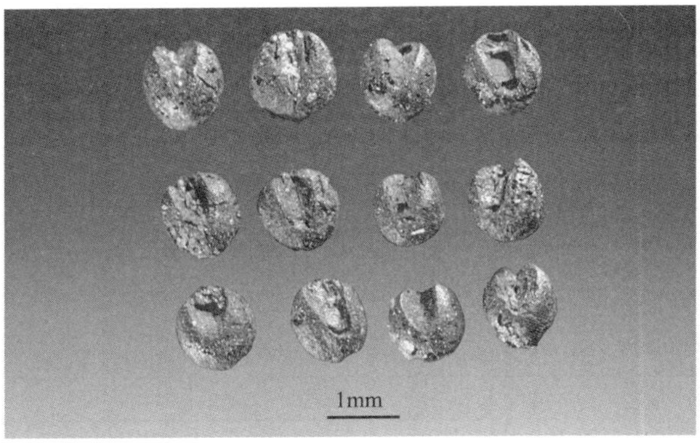

图一　仰韶文化时期的粟粒

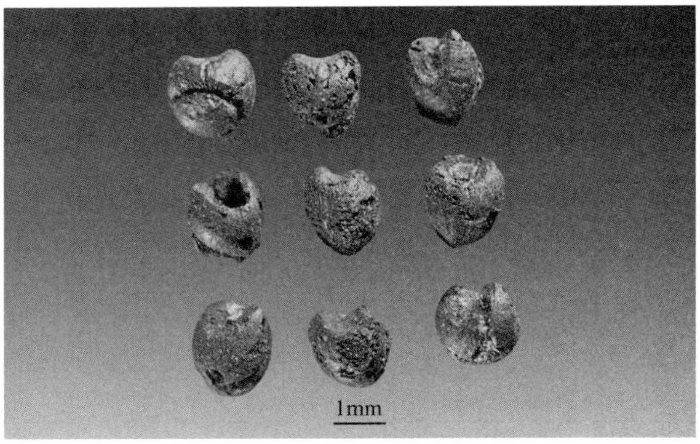

图二　仰韶文化时期的黍粒

3. 水稻（*Oryza sativa*）

东阳遗址出土的水稻遗存集中发现在仰韶文化时期的浮选样品中，包括炭化稻米和稻谷基盘两类。

图三　仰韶文化时期的稻米

炭化稻米共发现145粒，占出土农作物总数的2.1%，其中仅有两粒出自西周时期样品，其他的全部出土自仰韶文化时期样品。这些炭化稻米在出土时大多数已经残破，完整的有33粒（图三），从中抽取20粒进行了测量，平均粒长是4.19毫米，粒宽2.20毫米，粒厚1.58毫米，长宽比的平均值是1.91（表三）。现代籼稻的稻粒的长宽比值一般在2以上，粳稻的在1.6～2.3。按照这个标准，东阳遗址出土的仰韶文化时期炭化稻米在形态特征上应该属于粳稻。但利用稻粒形态特征判别水稻品种是相对的，因为判别的界限是根据一般的规律人为设定的，而实际上现生的各种籼稻品种中也有长宽比值较低的；再则，以稻粒的长宽比值作为判别标准一般适用于带壳的稻谷，而东阳遗址发现的多是裸露的稻米，原来设定的判别界限是否仍然适用仍需要讨论；还有，考古遗址浮选出土都是被炭化的稻米或稻谷，一般而言，植物籽粒经过火的烧烤多少都会有些变形，而稻米或稻谷在炭化后的形态变化规律目前还不清楚。

表三　稻米测量　单位：毫米

粒长	粒宽	粒厚	粒长/粒宽
4.51	2.42	1.56	1.86
4.14	2.31	1.73	1.79
3.85	2.01	1.38	1.91
4.04	2.17	1.63	1.87
3.86	1.87	1.43	2.06
3.84	2.03	1.49	1.89
4.27	2.52	1.32	1.69
4.49	2.16	1.60	2.07
4.16	1.94	1.51	2.14
4.34	2.55	1.87	1.70
4.36	2.02	1.53	2.16
4.17	2.15	1.63	1.94
4.29	1.94	1.30	2.21
3.96	2.34	1.37	1.69
3.92	2.02	1.61	1.95
4.46	2.10	1.71	2.12
4.52	2.53	2.09	1.78
4.45	2.25	1.60	1.98
4.78	2.50	1.60	1.91
3.49	2.12	1.55	1.65

除了炭化稻米，在东阳遗址浮选结果中还发现了73粒稻谷基盘（图四），全部出自仰韶文化时期样品中。生长中的稻谷籽粒是通过小穗与稻穗相连接的，稻谷籽粒的底部与小穗连接的圆环部位称作“基盘”，小穗的顶端与基盘连接的相应部位被称作小穗轴。稻谷基盘虽然也是水稻遗存，但不是种子，与其他出土植物种子在绝对数量上没有可比性，因此在出土植物种子总数中没有统计这些稻谷基盘的出土数量。

图四　仰韶文化时期的稻米基盘

图五　西周时期的小麦粒

4. 小麦（*Triticum aestivum*）

东阳遗址浮选出土的炭化小麦粒的数量很多，总计多达940粒，占出土农作物总数的13.7%，绝对数量的比例仅次于炭化粟粒，远高于其他农作物品种。出土的炭化小麦粒多数已经残破，但仍然有很多保存完整，总计267粒（图五）。在出土数量最多的西周时期炭化小麦粒中随机抽取20粒进行测量，平均粒长是3.56毫米，粒宽2.61毫米，粒厚2.20毫米（表四）。我们曾对不同地区的现生的小麦粒进行过测量和统计，如采自河南的一组现生小麦粒的平均粒长是5.68毫米，粒宽3.13毫米，粒厚2.64毫米；采自河北的一组现生小麦粒的平均粒长是6.14毫米，粒宽2.98毫米，粒厚2.85毫米。不难看出，东阳遗址出土小麦粒明显小于现生小麦粒，也许这些早期小麦与现生小麦属于不同品种。

表四　小麦粒测量　　单位：毫米

长度	宽度	厚度	长度	宽度	厚度
4.32	2.66	2.08	3.43	2.50	2.08
4.54	3.04	2.71	3.11	2.47	2.11
3.05	2.03	1.86	3.15	2.74	2.32
3.91	2.44	2.25	3.73	2.73	2.11
3.00	2.77	2.52	3.72	2.53	1.96
3.26	2.97	2.36	3.77	2.42	2.06
3.29	2.34	2.09	3.54	2.60	2.23
3.85	3.15	2.71	4.09	2.44	1.90
3.25	2.54	2.20	3.16	2.25	1.97
3.46	2.66	2.16	3.63	2.84	2.30

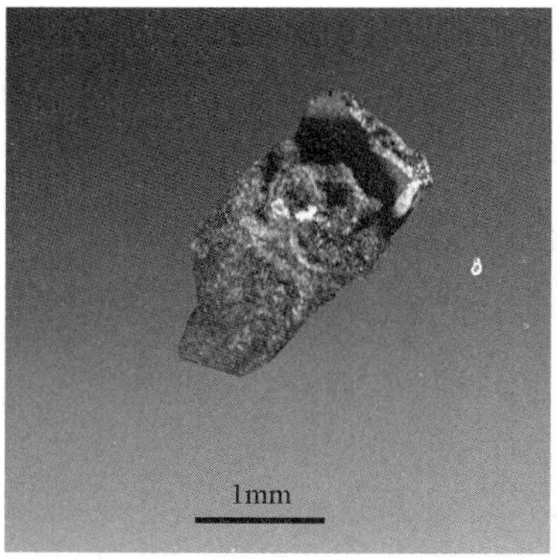

图六　西周时期的小麦穗轴

除了炭化麦粒之外，在西周时期浮选结果中还发现了两粒小麦的小穗轴（图六）。与稻谷基盘的情况相同，由于小麦的小穗轴不是种子，因此在出土植物种子统计数据中未包含这两粒小穗轴。值得指出的是，在西亚地区有关麦类作物起源的研究中，考古出土的小穗轴是最重要的植物遗存资料，因为其特征是判别麦类作物和野生祖本的关键依据。但是，小麦起源于西亚，大约在距今4000～4500年传入中国①，所以从理论上讲，传入中国的麦类作物应该都是栽培品种，因此不存在栽培属性的鉴别问题。

5. 大麦（*Hordeum vulgare*）

图七　西周时期的大麦粒

与炭化小麦粒的出土数量相比，东阳遗址出土的炭化大麦粒的数量很少，仅发现了15粒，在出土农作物总数中所占比例微不足道。这些出土大麦粒的形态特征比较一致，麦粒两端略尖，整体呈梭形，背部略弓呈浅弧状，腹部扁平，腹沟较浅（图七）。历史上的和现生的大麦有很多种类，农学家们以去皮的难易将其分为皮大麦和裸大麦两类，前者也被称作草大麦或有稃大麦，后者也被称为米大麦、元麦或

① 赵志军：《小麦传入中国的研究——植物考古资料》，《南方文物》2015年第3期。

青稞[①]。通过显微镜观察，东阳遗址出土的炭化大麦都是裸粒，未发现附带有残存内稃的个体，据此判断应该是以裸大麦为主。对出自西周时期的4粒完整大麦粒进行测量，平均粒长是4.50毫米，粒宽3.08毫米，粒厚2.22毫米（表五）。与现代大麦粒相比，东阳遗址出土炭化大麦粒的尺寸也明显偏小。

表五　大麦粒测量　单位：毫米

粒长	粒宽	粒厚	粒长	粒宽	粒厚
4.83	3.58	2.27	4.45	3.08	2.19
4.53	3.00	2.41	4.19	2.67	2.01

6. 大豆（*Glycine max*）

出土炭化大豆共计149粒，占出土农作物总数的2.2%。这些大豆粒集中出自西周时期浮选样品中，其中大多数已经残破，完整的有29粒，从中抽取20粒进行测量，平均值粒长是3.68毫米，粒宽2.52毫米，粒厚1.94毫米（表六）。从测量结果可以看出，东阳遗址出土炭化大豆粒的尺寸很小，明显低于现生栽培大豆的平均尺寸，接近现生野大豆的平均尺寸。

表六　大豆粒测量　单位：毫米

粒长	粒宽	粒厚	粒长	粒宽	粒厚
4.10	2.80	2.40	4.50	2.62	2.29
4.46	3.22	2.54	3.79	2.75	2.18
4.03	2.96	1.98	3.30	2.16	1.49
4.29	2.80	2.46	3.88	2.70	1.71
3.52	3.20	2.50	3.92	2.26	1.80
4.51	3.12	1.88	3.41	2.45	1.89
3.16	2.41	1.87	2.58	1.74	1.58
3.57	2.58	2.08	3.15	1.85	1.75
3.93	2.45	1.40	2.84	1.68	1.40
3.82	2.61	2.05	2.77	1.99	1.49

我们曾针对考古出土大豆遗存的鉴定方法开展过系统的研究，据此建立了考古出土炭化大豆粒的鉴定标准[②]，根据新的鉴定标准，豆粒的尺寸大小对栽野属性的鉴别误差较大，仅具参考价值。对考古出土炭化大豆而言，最有效和准确的鉴定标准应该是种皮的形态特征以及被炭化后的变化规律，子叶（豆瓣）被炭化后所发生的变化规律也具有很强的识别性。东阳遗址出土的大豆粒因炭化而严重变形，豆皮基本都已剥落，裸露的子叶出现大小不同的蜂窝状凹坑（图八）。根据新建立的鉴定标准，东

图八　西周时期的大豆粒

① 全国农业区划委员会、中国农业资源与区划要览编委会：《中国农业资源与区划要览》，测绘出版社和工商出版社，1987年。

② 赵志军、杨金刚：《考古出土炭化大豆的鉴定标准和方法》，《南方文物》2017年第3期。

阳遗址出土的炭化大豆粒所表现出的形态特征和炭化后出现的变化都符合栽培大豆的特点。据此我们判断东阳遗址出土的大豆粒应该属于栽培大豆。

7. 红小豆（*Vigna angularis*）

在西周时期浮选样品中发现了一粒红小豆，呈圆柱状，豆皮经烧烤已经脱落，但豆脐仍然保存，细长，上端宽，下端窄（图九）。经测量，豆粒长2.83毫米，粒宽2.03毫米，粒厚1.66毫米。红小豆是重要的豆类作物，被驯化的时间和地点仍在讨论中，目前考古发现的最早的红小豆遗存出自日本绳纹时代中期遗址①。近些年来，在中国的一些考古遗址也陆续浮选出土了红小豆遗存，例如，山西襄汾陶寺遗址②、重庆忠县中坝遗址③、北京房山丁家洼遗址④、西安汉墓陶仓⑤等。为了谨慎起见，这些红小豆遗存在正式报告中都曾被暂时鉴定到属，即豇豆属。现在看来，当时被鉴定为豇豆属的发现应该是红小豆。

8. 豌豆（*Pisum sativum*）

除了大豆和红小豆之外，在东阳遗址的东周浮选样品中还发现了一粒豌豆，豆粒较小，近圆球状，直径在3.5毫米（图一〇）。豌豆也是现今世界上重要的豆类作物之一，属于豆科的豌豆属。豌豆起源于地中海地区，后传入中国。此次在东阳遗址东周时期样品中发现的豌豆是目前在中国出土的时代最早的豌豆遗存，为探讨豌豆传入中国的时间提供了重要的信息。

图九　西周时期的红小豆粒

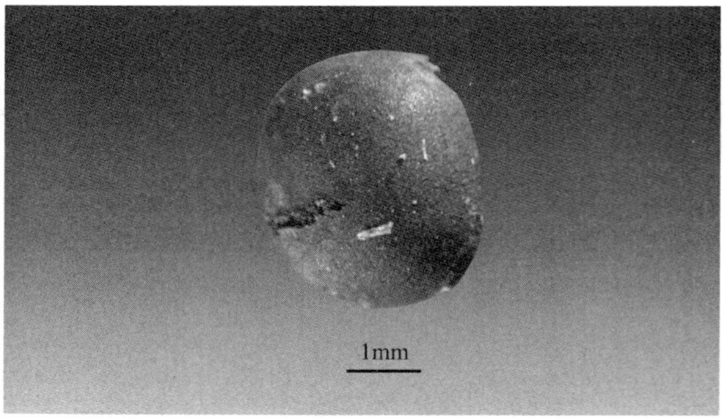

图一〇　东周时期的豌豆粒

① 小畑弘己：《从古民族植物学认识绳纹时代的栽培作物及起源》，《极东先史古代的谷物（3）》，熊本大学，2008年，第43～94页。

② 赵志军、何努：《陶寺城址2002年度浮选结果及分析》，《考古》2006年第5期。

③ 赵志军、傅罗文：《中坝遗址浮选结果分析报告》，《盐业考古》（第四集），科学出版社，2013年，第362～387页。

④ 赵志军：《丁家洼遗址浮选结果分析报告》，《北京段考古发掘报告集》，科学出版社，2008年，第229～237页。

⑤ 赵志军：《西安地区两汉墓葬出土陶仓内植物遗存的鉴定和分析》，《西安东汉墓》，文物出版社，2009年，第1077～1088页。

（二）其他植物

在东阳遗址浮选出土的非农作物植物种子中，藜科植物的出土数量最多，多达上万粒，其次为禾本科和唇形科的，达千粒，出土数量上百粒的有豆科和铁苋菜科，其他植物科属的植物种子出土数量都很少。

1. 禾本科（Poaceae）

在东阳遗址浮选出土的非农作物植物种子中以禾本科的最为重要，出土数量也较多，总计1306粒。根据鉴定，这些禾本科植物种子分别属于狗尾草、马唐和稗草。

狗尾草（*Setaria viridis*）种子共451粒，均呈扁长圆形，背部微凸，腹部扁平，胚部显著，胚长约占整个粒长的2/1以上（图一一）。狗尾草为一年生杂草，是秋熟旱田的主要杂草种类。

马唐（*Digitaria sanguinalis*）种子的出土数量较多，总计829粒。马唐属植物种子的个体较小，略显细长，胚部短小，胚长约占粒长的1/3（图一二）。马唐与狗尾草相同，也是秋熟旱田的主要杂草品种。

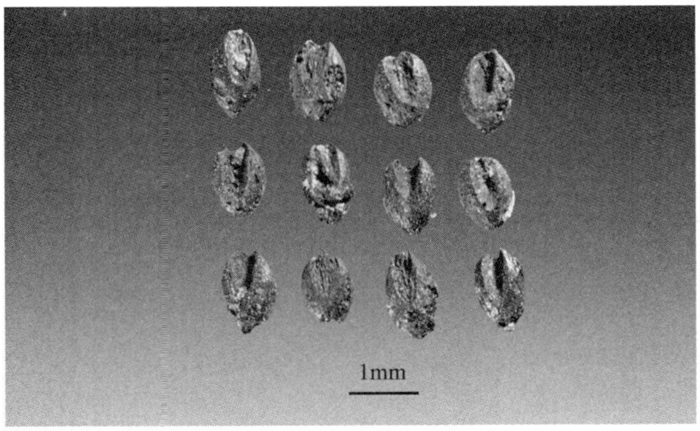

图一一　仰韶文化时期的狗尾草种子

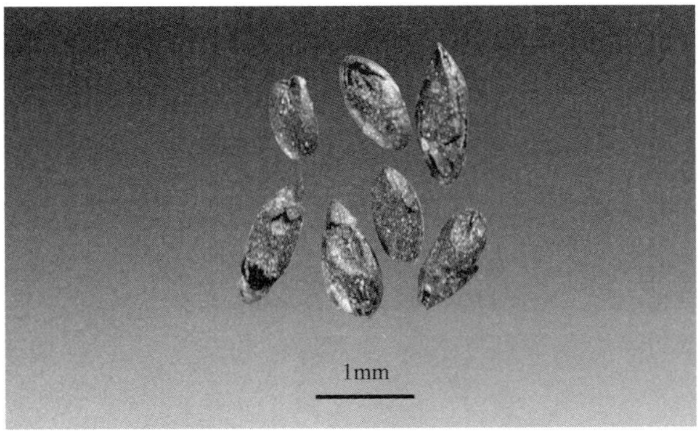

图一二　西周时期的马唐种子

稗草（*Echinochloa crusgalli*）种子的出土数量很少，仅发现26粒，呈卵形，胚区宽大，胚长占颖果的2/3至3/4。值得说明的是，东阳遗址出土的稗草种子集中发现于仰韶文化时期的浮选样品中，这与水稻遗存的出土情况完全相同。稗草是现代水稻田中危害最大的杂草，由于其生长习性与水稻完全相同，伴随水稻的生长，与水稻争水、争肥、争光，严重影响水稻的收获。

2. 豆科（Leguminosae）

除了前面提及的大豆、红小豆和豌豆这三种栽培豆类作物之外，在东阳遗址浮选结果中还发现了一些野生的豆科植物种子，包括野大豆、胡枝子属、草木樨属和黄芪。

野大豆（*Glycine sojo*）种子共25粒，大多数出自仰韶文化时期的浮选样品。这些野大豆种子的形态特征比较一致，呈长椭圆形，豆脐窄长形，位于腹部偏上部，虽经过炭化，豆粒变形并不明显，大多数豆粒的种皮保存基本完好，有的出现裂纹，少数豆粒因子叶膨胀挤爆豆皮凸出呈瘤状

（图一三）。根据新建立的鉴定标准，这些炭化豆粒的形态特征、尺寸大小和炭化后出现的变化都符合野大豆的特点。

胡枝子属（*Lespedeza*）种子的出土数量不多，共31粒，尺寸较小，略显细长，豆脐微小也呈环丘状，偏于腹侧中下部（图一四）。胡枝子属是一种灌木类豆科植物，叶子具有浓郁的香味，适口性好，营养价值高，是饲养家畜的优良饲料。

图一三　仰韶文化时期的野大豆

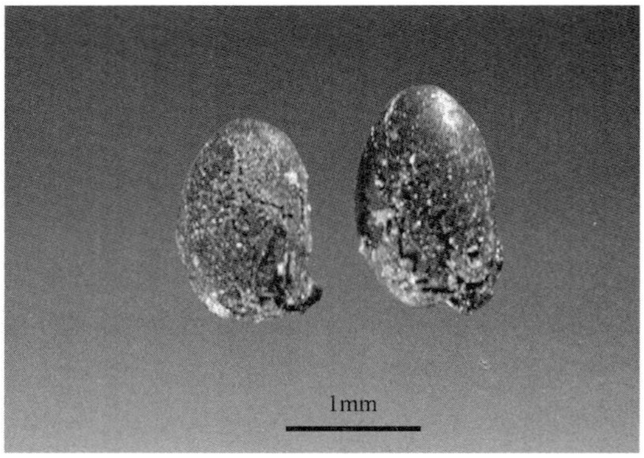

图一四　西周时期的胡枝子种子

草木樨属（*Melilotus*）种子的出土数量更少，计27粒，呈肾状，豆脐呈环丘状，位于腹侧下部凹陷处。草木樨属是一种草本类豆科植物，也是一种饲养家畜的饲料。

在浮选样品中还发现的2粒黄芪（*Astragalus membranaceus*）种子。黄芪豆粒的尺寸较小，呈肾状，种脐微小偏于腹侧中上部。黄芪虽然是豆科植物，但可利用价值却是根部，现今仍然被人们采集食用。

图一五　西周时期的藜（灰菜）种子

3. 藜科（Chenopodiaceae）

前面已经多次提到，在东阳遗址浮选结果中，藜科植物种子的出土数量惊人，总计多达11727粒。这些藜科植物种子被鉴定为藜（*Chenopodium album*），俗称“灰菜”，种子尺寸很小，扁圆形，呈双凸透镜状，腹部具有放射状网纹，胚根显著，直径多在0.6～1.0毫米（图一五）。藜是现今中国北方地区麦田中危害较大的一种田间杂草，但茎叶可以食用，是现在餐桌上常见的一种野生蔬菜。

4. 蓼科（Polygonaceae）

在东阳遗址浮选结果中仅发现了7粒蓼科植物种子，数量虽少，但从中识别出了两个种，萹蓄（*Polygonum aviculare*）和酸模（*Rumex acetosa*）。这两种蓼科植物种子都是一年生草本植物，多生长在水边或潮湿地带。

5. 唇形科（Labiatae）

在东阳遗址浮选出土的唇形科植物种子包括紫苏和水棘针两种，其中紫苏比较重要，水棘针的出土数量较多。

紫苏（*Perilla frutescens*）种子共出土37粒，呈卵圆形，外皮有六边形的褶皱纹，大多数出土时已经残破。紫苏是一年生的草本植物，叶、梗和籽粒均能食用，在古代可能被作为食物，在现代是一种常见的中草药。

图一六　西周时期的水棘针种子

水棘针（*Amethystea caerulea*）种子的出土数量较多，共计1096粒，这些种子很小，呈三棱状卵形，表面密布网状纹（图一六）。水棘针是一种常见的杂草。

6. 马鞭草科（Verbenaceae）

在浮选结果中发现了3粒牡荆（*Vitex negundo*）种子。牡荆属于马鞭草科，种子呈圆球状，有凸出尖部。牡荆也称荆条，是一种落叶灌木。牡荆的枝条十分坚韧，在古代常被选作编筐或编篮的材料，也被用来制作妇女的发钗，称之为“荆钗”，由此形成了“荆钗布裙”这一成语，用来形容妇女装束朴素。

图一七　西周时期的铁苋菜种子

7. 大戟科（Euphorbiaceae）

在浮选结果中发现了172粒铁苋菜（*Acalypha australis*）种子，呈卵圆形，平均粒长约1.5毫米。粒宽约1.1毫米（图一七）。铁苋菜属于大戟科，是一年生的草本植物，植株低矮，生于山坡、沟边、路旁和田野，可用作中药材。

8. 锦葵科（Malvaceae）

锦葵（*Malva Sinensis*）是多年生草本植物，花色鲜艳，是一种常见的观赏类植物。据考证，《诗经·陈风·东门之枌》中的“视尔如荍”的荍就是指的锦葵。东阳遗址仅发现了5粒锦葵种子，呈肾形，长约1毫米。

9. 鼠李科（Rhamnacea）

东阳遗址浮选出土了一枚枣核，鉴定为酸枣（*Ziziphus jujuba* vas. *spinosa*）。酸枣又名野枣或山枣，是枣的变种。酸枣核短长圆形，表面布满深沟纹（图一八）。酸枣的果肉虽然较薄，但味道酸甜，在我

图一八　仰韶文化时期的酸枣核

国古代是一种重要的果品，后被栽培成为大枣。

10. 柿树科（Ebenaceae）

在东阳遗址浮选结果中发现的另一种果品是君迁子（*Diospyros lotus*）。君迁子的果实俗称“黑枣”，在植物分类上与柿树同科同属，现今多将其作为嫁接柿树的砧木。君迁子的种子在形态上与柿的种子十分相似，但略显瘦长，尺寸也略小（图一九）。黑枣果味甘甜，富含丙种维生素，可生食，也可用来酿酒或制醋。

11. 葡萄科（Vitaceae）

出土的葡萄属植物种子共计25粒，大多数出自仰韶文化时期。葡萄籽的特征明显，背面中部有一个内凹的合点，腹部有两条并列的深槽（图二〇）。葡萄属植物是落叶藤本植物，包含60余个种，中国有近30个种，多数分布在长江以南地区。葡萄属中的绝大多数其果实可以食用。

图一九　仰韶文化时期的君迁子

图二〇　仰韶文化时期的葡萄籽

12. 蔷薇科（Rosaceae）

除了以上农作物籽粒和野生植物种子之外，在东阳遗址的西周时期浮选样品中还出土了一些炭化的果实（图二一），共26个，经过鉴定，这些炭化的果实应该是属于蔷薇科的梨属（*Pyrus*）植物的果实，很可能是秋子梨的果实。出土的秋子梨果实大多数已残破，从果实的破损部位可清晰地看到内含的种子。一般而言，考古遗址浮选出土植物果实的概率很小，因为大多数果实在土壤中经过长期埋藏已经腐朽，但如果由于某些特殊原因，植物果实在埋藏前经过火的烧烤成为炭化物质，也有可能长期保存在考古遗址中。

图二一　西周时期的秋子梨果实

三、分析讨论

东阳遗址的文化堆分为五个不同的时期，时间跨度相差数千年，浮选出土的植物种子数量和组合也各不相司，其中以仰韶文化时期和西周时期的浮选结果比较丰富，下面重点给予分析和讨论。

（一）仰韶文化时期

东阳遗址的仰韶文化时期文化堆积包括了仰韶文化早期末段（史家类型）和仰韶文化中期（庙底沟）两个阶段的文化遗存。仰韶文化时期浮选样品分别采自遗址的J区和E区，共13份，采样背景以灰坑为主，浮选出土了1253粒植物种子，平均每份浮选样品出土植物种子近百粒。出土植物种子中的绝大多数是农作物籽粒，合计848粒，占出土植物种子总数的68%。农作物遗存不仅出土数量多，而且品种也相对比较齐全，包括了四种禾谷类作物，即粟、黍、水稻和小麦，以及一种豆类作物即大豆。

从表二仰韶文化时期的植物种子出土数量统计可以看出，炭化粟粒的出土数量明显高于其他农作物品种，计593粒，在属于这一时期的农作物遗存总数中所占比例高达70%。这说明在东阳遗址仰韶文化时期古代居民的日常粮食消费中，粟应该是占据第一位的。相对粟而言，炭化黍粒的出土数量不多，计104粒，但也达到了一定比例，占出土农作物总数的12%。粟和黍的出土数量合计占出土农作物总数的82%。根据以往的考古发现证实，粟和黍的农作物组合是典型的中国古代北方旱作农业的特点。东阳遗址的浮选结果显示，当地在仰韶文化时期的农业生产特点是以种植粟和黍两种小米为主，应该属于中国北方旱作农业传统。

但是，在仰韶文化时期农作物遗存中水稻遗存的出土数量也不容忽视，在13份浮选样品中共发现了143粒炭化稻米，占农作物总数的17%。另外还发现了73粒稻谷基盘，如果按照一个基盘等同于一粒稻谷计算，实际出土水稻遗存的数量应该是216粒。一个遗址能够浮选出如此丰富的仰韶文化时期水稻遗存，在关中地区新石器时代考古遗址中实属罕见。

水稻起源于长江中下流域地区，是中国南方稻作农业的代表性农作物。20世纪的考古发现就已经揭示，水稻在仰韶文化时期已经传播到了包括关中地区在内的黄河中游一带[①]，但当时的考古发掘缺乏植物考古的参与，没有采用浮选方法系统地获取植物遗存，所以当时的所谓考古发现均属于偶然发现，而且大多是在红烧土上观察到的稻壳印痕，并没有发现稻谷实物，因此没有引起学术界的广泛关注。自21世纪以来，由于浮选法的应用，在中国北方地区不断发现属于新石器时代的水稻遗存，特别是黄河中下游地区的龙山时代考古遗址，凡是开展过浮选工作的几乎都出土有水稻遗存[②]。但是，属于仰韶文化时期的水稻遗存仍然十分稀缺，即便有所发现，出土数量也极少。例如，近期在西安鱼化寨遗址开展的浮选工作，出土了属于仰韶文化时期的农作物遗存5万余粒，其中的绝大多数是粟和黍两种小米，水稻遗存仅发现了5粒破碎的炭化稻米和2粒稻谷基盘，在出土农作物总数中所占比例微不足道[③]。由此可以看出东阳遗址浮选出土水稻遗存的特殊性和重要性。

稻属植物原本是一种半水生的热带植物，但栽培稻在人的帮助下可以在多种多样的生态环境

① 吴耀利：《黄河流域新石器时代的稻作农业》，《农业考古》1994年第1期。

② 赵志军：《中华文明形成时期的农业经济发展特点》，《中国国家博物馆馆刊》2011年第1期。

③ 赵志军：《鱼化寨遗址植物遗存报告》，《西安鱼化寨》（第六章），科学出版社，2017年，第1312～1326页。

中生存，现如今我国水稻种植的北界已达到黑龙江省的黑河市。水稻种植的范围大幅度向北延伸是得益于东亚季风气候的特点，即纬度越高季节性反差越大，具体地讲，在我国的高纬度地区，不论冬季有多么寒冷，春季迅速提升的气温和夏季持续的高温足以保证一季水稻的良好生长。但是水稻毕竟是湿地作物，生长期的大部分时间均离不开水。由于整体水资源的缺乏，在中国北方包括黄河中下游地区的农业生产中，水稻的种植规模和比例在任何时期都不可能超过旱地作物，包括史前时期。例如，在黄河中下游地区的龙山时代考古遗址中，出土水稻的现象虽然非常普遍，但所占比重都不高，尤其是与同出的粟和黍两种小米的出土数量相比，存在显著差距。

然而，在东阳遗址仰韶文化时期的浮选结果中水稻遗存的出土数量却格外突出，超过了炭化黍粒的出土数量，仅次于炭化粟粒的出土数量。这个异常现象可能与东阳遗址的周边微环境相关，在东阳遗址发现的仰韶文化时期的各种遗迹现象，如房址、灰坑、灰沟、柱洞等，都集中分布在一个高凸的台地上，反映出当时的遗址周边环境比较潮湿，所以人类才选择高地居住，然而潮湿低洼的环境却比较适合水稻的种植。另外，仰韶文化时期恰处在全新世大暖期期间，当时关中地区的气候应该比现今更加温暖湿润，水源相对充足[①]，因此在东阳遗址周边曾经种植过水稻是有可能的。再有，在东阳遗址仰韶文化时期的浮选样品中发现有稗草遗存，由于稗草的生长习性与水稻完全相同，能够在水稻田中伴随水稻生长，因此成为现今最常见也是危害最大的水稻田杂草种类[②]。浮选出土的稗草种子从另一个侧面旁证了东阳遗址仰韶文化时期存在种植水稻的事实。

东阳遗址仰韶文化时期的浮选样品中发现的小麦遗存有些出乎意料，虽然出土数量极少。小麦起源于西亚，后通过中亚传入中国。截至目前，在中国发现的年代比较可靠的最早的小麦遗存都属于龙山时代，绝对年代在距今4500～4000年中间[③]，其中经过^{14}C年代测定的都出土于山东半岛一带[④]。这些重要的发现对探讨小麦传入中国的时间和传播路线提出了新的证据[⑤]。但是，东阳遗址的仰韶文化堆积的绝对年代在距今5500年以前，比目前在中国所发现的最早的小麦遗存的年代早约一千年。一般而言，考古遗址出土植物遗存的年代如果出现异常，最有可能的原因是出土层位的混淆。考古发现的遗迹和遗物皆因埋藏在土壤中才得以保存，但土壤自身的特性以及自然界中各种因素对土壤的作用可能会扰动埋藏中的古代文化遗存[⑥]，由于炭化植物遗存如植物种子的个体非常细小，在埋藏过程中受到扰动的可能性更为严重。例如，植物根系在生长过程中对周边土壤产生的机械挤压作用，以及植物死亡后其根系腐朽在土壤中造成空洞，都有可能改变炭化植物遗存的埋藏层位或位置。再例

① 周昆叔、张广如、曹兵武：《中原古文化与环境》，《中国生存环境历史演变规律研究》，海洋出版社，1993年。

② 中国农田杂草原色图谱编委会：《中国农田杂草原色图谱》，农业出版社，1990年。

③ Zhao Zhijun. “Eastward Spread of Wheat into China-New Data and New Issues”.Chinese Archaeology, Vol. 9, 2009. pp1-9.

④ Long Tengwen. “The early history of wheat in China from ^{14}C dating and Bayesian chronological modelliong”. Nature Plants, Vol.4, 2018. pp272-279.

⑤ 赵志军：《小麦传入中国的研究——植物考古资料》，《南方文物》2015年第3期。

⑥ 赵志军：《考古出土植物遗存的误差》，《文物科技研究》（第一辑），科学出版社，2004年，第78～84页。

如，生活在土壤中的蚯蚓、蚂蚁等蠕虫或昆虫的活动也对埋藏的炭化植物遗存造成搬运作用。鉴于此，对于东阳遗址出土的仰韶文化时期小麦遗存应该持谨慎态度。另外还需要指出的是，东阳遗址出土的唯一一粒完整的炭化小麦粒是在柱洞样品中发现的，这对我们判断小麦遗存的确切年代又增添了更多的疑点。总之，东阳遗址出土的仰韶文化时期小麦遗存十分重要，但对其年代不能过早下结论，应该有待于直接的^{14}C年代测定结果，并参考更多的相关考古资料进行综合的分析和探讨。

（二）西周时期

东阳遗址西周时期的浮选结果非常丰富，从17份浮选土样中出土了近2万粒炭化植物种子，这其中包括了前面提到的出土数量异常的藜即灰菜的种子。如果不考虑这些灰菜种子，西周时期浮选样品出土的其他植物种子总数应该是7860粒，平均每份浮选样品出土植物种子462粒，数量仍然十分惊人，这其中以农作物为主，合计达5485粒，占其他出土植物种子总数的70%。除了豌豆之外，东阳遗址浮选出土的农作物遗存基本都出现在了西周时期的样品中，包括五种禾谷类作物，即粟、黍、水稻、小麦和大麦，两种豆类作物即大豆和红小豆。

与仰韶文化时期浮选结果相同的是，在西周时期出土农作物中也是以炭化粟粒的出土数量最为突出，总计4399粒，占西周时期样品出土农作物总数的80%。但是与仰韶文化时期浮选结果不同的是，炭化黍粒的出土数量极少，仅发现50粒，在出土农作物总数中所占比例不到1%。前面提到，粟和黍都是古代北方旱作农业的主体农作物，但一般认为在二者之间应该是以粟为主，黍为次，所以有些学者称古代中国北方旱作农业为“粟作农业”①。21世纪以来，在中国北方地区一系列考古遗址开展的浮选工作证实了这一看法，在绝大多数遗址中浮选出土的属于秦汉以前的植物遗存中，粟的出土数量都高于黍。粟和黍均是耐逆性较强的旱地谷物品种，但二者之间相比较，黍的耐逆性更强。黍也称作“糜子”，是所有谷类作物中抗旱能力最强的作物之一，而且耐盐碱，能够在各种土壤上种植，所以常被作为新垦荒地的首选农作物②。但是粟的单位面积产量高，作为食物口感好，而且易储藏。因此，在古代北方旱作农业中虽然粟和黍同为代表性农作物品种，但如果在自然环境和农业生产条件较差的地区，一般以种植黍为主，而在农耕生产条件相对较好的地区，粟是首选。东阳遗址所处地区位于关中平原的东部，渭河南岸，当地土壤肥沃，水资源充足，这种良好的农业生产条件也许就是西周时期当地先民在农业生产中选择高产的粟作为主要农作物品种的原因。

黍在中国北方旱作农业种植制度中的衰退应该也与麦类作物的兴起有关。所谓农业种植制度是指在一个特定区域内根据当地的自然环境、农业生产条件、经济条件以及农作物的生态适应性等诸多因素，确定农耕生产所采用的农作物品种以及相应的种植方式。据此，如果在西周时期出现了一个可以替代黍的优良旱地作物，当地的种植制度就有可能放弃黍而采用新品种即小麦。

前面已经提到，起源于西亚的小麦在距今4000年前后传入中国。考古新发现还揭示，到了距今

① 石兴邦：《中国新石器时代考古文化体系及其有关问题》，《亚洲文明论丛》第一集，四川人民出版社，1992年，第28～50页。

② 柴岩：《糜子》，中国农业出版社，1999年。

3500年前后的商代早期，小麦在黄河中下游地区已经被普遍种植，小麦在传入中国后其高产的优良价值很快被人们所认识[①]。此次在东阳遗址浮选出土的西周时期的炭化小麦遗存数量惊人，总计多达878粒，占西周时期样品出土农作物总数的16%。这说明，到了距今3000～2700年的西周时期，小麦的种植规模和在当时农业生产中的地位又有所提高。小麦作为一种优良的高产旱地粮食作物，传入中国后势必对北方旱作农业原有的主体粮食作物粟和黍产生巨大的冲击，促使当地的农业种植制度逐步地由依赖粟类作物向以种植小麦为主的方向转化。东阳遗址的浮选结果显示，在这个转化过程中首先受到冲击的是黍。

在西周时期的浮选结果中发现的水稻遗存非常少，仅有2粒碎稻米，在出土农作物总数中所占比例完全可以忽略不计。前面提到，水稻在仰韶文化时期传入中国北方地区，借助仰韶文化时期的温暖湿润的气候条件，水稻很快成为黄河中下游地区农耕生产中的谷物品种之一，到了龙山时期曾经兴盛一时，开展过浮选工作的龙山时期考古遗址几乎都出土有水稻遗存。然而，考古发现还揭示，到了西周时期，水稻在中国北方地区农业生产中的地位大幅度降低，如在已经开展过浮选工作的考古遗址中的西周时期浮选结果中，水稻遗存显著减少乃至完全消失，此次东阳遗址西周时期的浮选结果再次证明了这一变化。西周时期水稻在北方地区农业生产中的突然衰退至少应该有两个原因：其一是发生在西周中期的大幅度降温事件[②]，造成了中国北方出现的短时期内的气候变干变冷[③]，致使许多区域失去了水稻的种植条件。其二是小麦传入中国之后的迅速普及，为中国北方地区农业种植制度的改良提供了更好的农作物选择。前面提到了，由于中国北方地区生态环境的制约，水稻在任何时期都不可能替代粟类作物成为北方旱作农业的主体农作物，但小麦却具有这种潜力。与水稻相同的是，小麦是高产谷物，单位面积产量与水稻不相上下；但是与水稻不同的是，小麦是旱地粮食作物，更适合在水源相对不充足的中国北方地区广泛种植和推广。

在东阳遗址的西周时期浮选样品中出土的大豆遗存的数量也很显著，总计发现了142粒炭化大豆粒，占出土农作物总数的2.6%。这说明，在西周时期的农业生产中大豆的种植规模和比例虽然不突出，但也是重要的农作物品种之一。大豆是当今世界上最为重要的一种豆类作物，国内外学术界普遍认为大豆应该是起源于中国，但以往有关大豆起源的研究却十分薄弱，其中一个重要原因就是缺乏考古出土的实物证据。但随着浮选法的广泛开展，目前在许多遗址都出土了炭化的大豆类植物遗存，为我们探讨大豆在中国的起源和发展提供了条件。

最后需要讨论的是藜即灰菜的问题。东阳遗址的西周时期浮选结果中出土的灰菜种子总计多达11410粒，其中几乎全部（11380粒）出土自一个遗迹单位中，即灰坑H47。一种植物遗存的出土数量如此巨大，而且出土的单位又如此集中，这不应该是一种偶然现象。藜属（*Chenopodium*）植物有250余个种，分布在中国的约有20个种，其中有些品种可以用作家畜饲料，有些品种可用作中草药材，还有些人类可以食用，如此次出土的灰菜。但总体而言，分布在中国的藜属植物中的绝大

① 赵志军：《中华文明形成时期的农业经济发展特点》，《中国国家博物馆馆刊》2011年第1期。

② 《古本竹书纪年·周》记载："孝王七年，冬大雨雹，牛马死，江、汉俱冻。"

③ 竺可桢：《中国近五千年来气候变迁的初步研究》，《考古学报》1972年1期。

多数品种都属于杂草类植物，对农田有一定的危害。然而，分布在美洲的藜属植物对人类却非常重要，其中包含有栽培作物。例如，生活在北美洲的古代印第安人曾经将某种野生的藜属植物驯化成了栽培作物品种（*C. berlandieri*），考古发现证实，至迟在距今3500年前后，这种栽培藜成了美国中西部地区和东南部地区印第安人种植的主要谷物类作物。随着玉米从中美洲传入北美洲后，栽培藜逐渐退出了当地的农业生产。南美洲地区也有自己的栽培藜，被称为藜麦（*C. quinoa*），目前在全世界许多地区都引进了藜麦，如在我国北方一些地区现在也开始种植藜麦。但是，藜属植物在中国古代是否也属于一种原始栽培作物，这是一个需要认真考虑的问题。

通过我们的植物种属鉴定，有一点是可以确定的，东阳遗址出土的藜不是栽培作物，而是野生的灰菜的种子。另外还有一点也是可以确定的，在灰坑H47中出土的数量显著的灰菜种子应该是人为的结果，即当时人们有意识地采集并储藏在聚落中的。然而东阳遗址西周时期的古代先民为什么要大量采集和储藏灰菜种子，值得今后进一步的分析和研究。

（三）其他时期的浮选结果

从表二可以看出，东阳遗址的仰韶文化时期和西周时期的浮选结果比较丰富，其他时期的浮选样品出土的植物遗存就显得相对贫乏。例如，夏商时期的浮选样品有7份，从中仅浮选出土了60粒炭化植物种子，平均每份样品出土植物种子不到10粒；东周时期的浮选样品有12份，从中出土植物种子373粒，平均每份浮选样品31粒；西汉时期的浮选样品有11份，从中出土植物种子316粒，平均每份浮选样品29粒。然而，这三个时期的浮选样品虽然出土植物种子数量不多，但植物种类还是多样的，而且不同植物种类在出土植物种子总数中所占的比例与西周时期浮选结果十分类似。

以出土的农作物品种在农作物总数中所占比重为例，夏商时期、东周时期和西汉时期与前面分析的西周时期十分相似（表七）。例如，在这四个时期的出土农作物中，都是以炭化粟粒所占比重最高，均在80%～90%，而炭化黍粒的比重极低，所占比例仅在1%上下。除了西周样品之外，在其他三个时期的浮选结果中均未发现水稻遗存，而且即便是在西周样品中出土的水稻遗存所占比重也是微不足道的。再有，在这四个时期的出土农作物中，小麦的出土数量相对比较突出，所占比重基本维持在15%上下。大麦仅是零星发现，大豆的比重与黍的相似。据此，我们也许可以得出这样一个推测，自夏商时期至西汉时期，东阳遗址所处的关中平原地区的古代农业特点是一脉相承的，属于典型的北方旱作农业，主要农作物品种是粟和小麦两种，同时还种植有黍、大豆、大麦等。

表七　各时期出土农作物品种在农作物总数中所占的百分比

时期 / 作物	夏商时期	西周时期	东周时期	西汉时期
粟	85%	80%	79%	96%
黍	2%	0.9%	1%	0.4%
水稻	—	> 0.1%	—	—
小麦	13%	16%	19%	1.7%
大麦	—	0.2%	—	0.4%
大豆	—	2.5%	—	1.30%

四、结　论

伴随东阳遗址的考古发掘，先后采集并浮选土样60份，从中出土炭化植物种子2万余粒。经鉴定分别属于27个不同的植物种类。如果不考虑出土情况异常的藜的数量，东阳遗址浮选结果中是以农作物遗存最为突出，合计达6860粒。东阳遗址出土的农作物遗存不仅数量多，而且种类丰富，包括粟、黍、水稻、小麦、大麦、大豆、红小豆和豌豆等8个不同的品种，对探讨东阳遗址各时期的农业生产特点提供了实物资料。

东阳遗址的文化堆积包含有仰韶文化、夏商、西周、东周和西汉等五个不同的时期，其中以仰韶文化时期和西周时期的浮选结果比较丰富。

在仰韶文化时期浮选出土农作物遗存中，粟的出土数量明显地高于其他农作物品种，黍的数量也达到了一定比例，粟和黍两种小米的出土数量合计占农作物总数的82%。反映出东阳遗址仰韶文化时期的农业生产特点是以种植粟和黍为主，属于典型的中国古代北方旱作农业传统。然而更值得关注的是，在浮选结果中发现了143粒炭化稻米和73粒稻谷基盘，出土如此丰富的仰韶文化时期水稻遗存在关中地区新石器时代考古遗址中尚属首例。再考虑浮选结果中还发现有稻田杂草种子，我们判断东阳遗址仰韶文化时期的农业生产中应该包括水稻种植，这与东阳遗址所在的关中平原的环境特点以及仰韶文化所处的全新世大暖期的气候特点有关。

西周时期浮选结果中的农作物遗存也是以炭化粟粒最为突出，但炭化黍粒的出土数量极少。究其原因，其一在于伴随着农业生产技术的提高，当地先民开始有意识地选择产量高、口感好、易储藏的粟作为农业生产中的主要农作物品种；其二可能与麦类作物的兴起有关。东阳遗址西周时期的浮选样品中发现的炭化小麦的数量惊人，说明在西周时期小麦的种植规模和在当时农业生产中的地位又有所提高。小麦作为一种外来的高产旱地粮食作物，传入中国后势必对北方旱作农业原有粮食作物粟和黍产生冲击，东阳遗址的浮选结果显示，在这个转化过程中首当其冲的是黍。浮选结果还揭示出。西周时期水稻在北方农业生产中的地位大幅度降低乃至消失。这个现象与发生在西周中期的大幅度降温事件和小麦传入中国之后的迅速普及都有关联。

与仰韶文化时期和西周时期的浮选结果相比较，夏商、东周和西汉三个时期的浮选样品出土的植物遗存数量较少，但通过比较分析发现，这三个时期的浮选结果所反映的情况与西周时期的十分类似。据此推测，自夏商时期至西汉时期，东阳遗址所处的关中平原地区的古代农业生产是以旱作农业为特点，种植的主要农作物品种是粟和小麦，同时还种植黍、大豆、大麦等。

详见各区植物浮选统计详表（附表一～附表三）。

附表一　J区植物浮选统计详表

探方	堆积单位	器物类型	年代	植物类型																										
				炭化木屑	粟	黍	稻米整	稻米碎	基盘	小麦整	小麦碎	穗轴	大麦整	大麦碎	大豆整	大豆碎	豌豆	狗尾草	马唐	稗	草木犀	胡枝子	藜	地肤	酸模	荆条	锦葵	葡萄	栎果	麦瓶草
T0201	H4		仰韶	0.069	1																	1					3			
T0202	H13			0.091	5																	1	1							
T0201	H16			0.129	3						1												10							
T0201	H17			0.151	1	1							1										3							
T0203	H31			0.102	5	1																								
T0103	H41			0.756	16						1					3						1								
T0201	F3			0.063	5																		8				2			
T0103	G17			0.056	2																									
T0203	H23		夏商	0.833	22					3	2																			
T0404	H25			0.548	2																									
T0203	H26			0.235	1																		1							
T0103	H36			0.585	2																		2		1			1		
T0201	H40			0.091	4																		1							
T0303	H42			3.596	3					1																				
T0101	H6		西周	0.293	3																									
T0201	H8			0.037	49	18		2										1	1		5		1							
T0102	H10			0							1												10							
T0202	H11			0.013	1					1	1												4							
T0202	H30			0.215	4	1																								
T0103	H35			0.684	124	13					1																			
T0202	F7			0.509	6	1												2	2				4							

续表

探方	堆积单位	器物类型	年代	植物类型																										
				炭化木屑	粟	黍	稻米整	稻米碎	基盘	小麦整	小麦碎	穗轴	大麦整	大麦碎	大豆整	大豆碎	豌豆	狗尾草	马唐	稗	草木犀	胡枝子	藜	地肤	酸模	荆条	锦葵	葡萄	栎果	麦瓶草
T0101	H1		东周	0.118	1																		4							
T0101	H2			0.244	48	1				4	16							5				2	92							
T0202	H12			0.062	94					5	19						1									1				
T0103	H33			0.518	3																									
T0103	H37			1.248	23	1				2	2												14	1						
T0404	M21:1	陶甗		0.1	4																		2							
T0404	M21:5	陶簋		0.025	1								1																	
T0404	M21:7	喇叭口陶罐		0	2																									
T0404	M21:8	陶簋		0.067	5	1																								
T0404	M21:9	喇叭口陶罐		0	5																									
T0404	M21:10	陶囷		0.041	10																		2							
T0101	M25:6	陶鬲		0	1																									
T0201	M5:1	陶罐	西汉	0.094	16											1														
T0201	M5:2	陶罐		0.09	23								1			1					2		11							
T0201	M5:3	陶盆		0	2																									
T0201	M5:7	陶罐		0.612	51										1			2					28							
T0403	M20:3	铁釜		0.07	6																		1							
T0302	M24:1	陶罐		0.004	7																		15			1				
T0101	M29:1	陶罐		0	1																		2							
T0101	M29:2	陶灶		0.064	4					1	1							1					12							
T0101	M29:5	陶罐		0	2																		6							
T0101	M29:6	陶罐		0	2																		3							
T0202	M36:5	陶罐		0.277	107	1				2								1	1											
T0201	H3			0						1													3							

附表二 E区植物浮选统计详表

探方	堆积单位	年代	土样量	植物类型																										
				炭化木屑	粟	黍	稻米整	稻米碎	基盘	小麦整	小麦碎	大麦整	大麦碎	大豆整	人豆碎	紫苏	狗尾草	稗	马唐	野大豆	黄芪	野燕麦	藜	萹蓄	葡萄	酸枣	君迁子	桃花	未知	粟结块
TG1	H49③	仰韶	14	0.523	110	58	11	27	1								10			6			10		6				1	
TG1	H49④		14	0.74	256	29	21	72	66							5	124	9		9	1		46		15		1			6
TG1	H49①		30	4.361	65	3		8	4						1	5	30		3	4			11		2	1				
TG1	H49②		15	0.171	113	12	1	3	2							1	48	17	6	1			17	1		1				7
TGI	D1		15	0.027	11					1	1								1				8							
TG2	H58南采2	东周	16.5	0.169	309	142	14	94						4	16		72						2							
TG2	H58南采3		16	0.313	341	100	12	40						3	9		67					1	2			1				
TG2	H58南采1		16	0.314	180	61	6	21						5	13		36						3							

附表三　R区植物浮选统计详表

探方	堆积单位	年代	土样量	植物类型																									
				炭化木屑	粟	黍	稻米整	稻米碎	小麦整	小麦碎	小麦穗轴	大麦整	大麦碎	大豆整	大豆碎	红小豆	狗尾草	马唐	野大豆	草木犀	胡枝子	黄芪	酸模	萹蓄	铁苋菜	水棘针	打碗花	藜	秋子梨
T0401	G19①	西周	16	0.485	2																								
T0301	G19②		28	1.276	6				3																			3	
T0302	H47（底部灰土洞内）		12.2	0.648	1193	7			4	6				7	18	1	64	224	5	2			1	1	68	608	1	3496	2
T0302	H47①		15	0	5				3	2																		4	
T0302	H47②		28.5	0.589	18				4	19																		9	
T0302	H47③		33.5	0.411	176	5			37	46		1	3					2										522	
T0302	H47④		150	7.489	1029	4			153	506	1	3	5	1	17		10	37		3	5	1				73	1	2425	13
T0302	H47⑤		10	0.357	45				12	6					4		7	16		1	4				5	21		280	
T0302	H47⑥		46	2.537	1275	2			20	34				15	65		146	376		11	10			2	65	312		3940	9
T0302	H47⑦		16	0.392	458				10	8	1			5	10			160		3	7		1		8	82		704	2
T0202	H48		10	0	11				1																			12	

后　　记

在田野发掘结束之时，许卫红、张杨力铮、殷宇鹏、王永荣、狄明、许广健等大部分队员需要马上转入秦都咸阳城的工作中。为了保证资料整理工作的顺利开展，文物标本只能运至陕西省考古研究院下设的咸阳市窑店镇工作站。对此，渭南市和华县的文物管理部门给予了充分的理解和协助。

已故著名考古学者、故宫博物院前院长张忠培先生说："考古不写报告，等于花钱买破坏，比盗墓贼还坏。"为了能尽快完成资料整理，写出报告，实现考古发掘的最终成果，也为了遵守撤离时和当地管理部门达成的协议，所有参加报告编写的同事在不影响新工作任务的前提下自觉加班加点。

本报告最终由许卫红、张杨力铮、殷宇鹏主笔完成。首先，张杨力铮、殷宇鹏二位先生完成了大量的前期工作，拼对标本，核查记录，撰写初稿，正是这些琐碎、复杂的工作为报告的成型奠定了扎实的基础。这期间，咸阳城考古队的其他队友们为了保证编写人员的时间，默默分担了咸阳城考古队的一些工作。而来自各方的师友，如张天恩、赵丛苍、赵志军、温睿、豆海峰、金普军、李建西、吴妍、陈靓、刘欢、李帖霖等先生热心助力，以各自业务所长提供了无偿的、多方面的指导和协助。王炜林先生、张宏彦先生对初稿提出了修改意见。

按照编次分工，许卫红、李红燕主要完成了前言、第一章的编写，殷宇鹏、马金磊主要完成了第二章、第三章的编写，张杨力铮主要完成了第四章、第五章、第六章的编写。许卫红完成了第七章、第八章的编写，最后，按照审稿专家的意见，由许卫红进行了统稿、修改和结构调整。狄明完成了所有线图的绘制和编排，张杨力铮、马金磊进行了最终修改和核定。王永荣、武新年、王会利分别负责了器物的修复和拓印。图版内容由张杨力铮、殷宇鹏、狄明、许广健、李钦宇等完成。英国利物浦大学考古、古典和埃及学系博士研究生张睿锜女士负责了英文提要的翻译。穆艾嘉、王頔、马博、梁一凡、李升韬、许余亮等同学协助完成后期校对工作。

本次工作承蒙陕西省考古研究院各位先生的支持。难忘之初，王炜林、孙周勇、种建荣、田亚岐等师长设定的以科研为目标的工作思路。难忘期间，孙伟刚、张伟、夏楠等师友进行的各种行政手续协调。难忘付梓之终，科学出版社的王琳玮编辑付出的辛勤劳动。

因此，《华县东阳遗址（2014）考古报告》是一部集体共同努力的成果。

本报告涉及遗存内容复杂，囿于学识能力有限，难免存在瑕疵。对于编者，完成报告是履行职责，更是一次学业的历练和研习，恳请师友批评指正。

编　者

Abstract

Ⅰ Background

The Dongyang（东阳）site is located 25 kilometers southwest of Hua County in Shaanxi province. In 2001, 116 ancient tombs were excavated at the site, which were dated to the early and middle Western Zhou Dynasty, the late Spring and Autumn Period, the Warring States Period, and the Western and Eastern Han dynasties. The tombs dated to the Western Zhou are obviously influenced by the Shang culturey, and a few Qin tombs might be dated as early as the middle of the Spring and Autumn period.

From March to August 2014, Shaanxi Provincial Institute of Archaeology organized related archaeological works again. On the basis of extensive investigation, nearly 600,000 square meters of archaeological exploration have been completed, and nearly 1,500 square meters of archaeological excavation have been finished.

Through investigation, exploration and excavation, it is preliminarily confirm that the north point of the site reaches the north of Lisi Village（里寺村）, the south point until the Guo Village（郭村）and the Jiang'ao Village（江凹村）, the Xijianyu River and the Jianyu River lay to the east and west respectively. Centered on the tableland of Lisi Village, there are dense remains that dated back to the prehistory, Shang, Zhou, Qin and Han dynasties.

In the excavations of concentration areas, a total of 41 sites of grey pits[1], 2 sites of houses, 7 grey gullies, 43 tombs, 5 surrounding graves and 3 post holes are unearthed. According to the features of inclusion, the grey pits are dated to the Yangshao Period, the Xia and Shang Periods, the Eastern and Western Zhou dynasties; while the tombs are from the Eastern Zhou to the Han dynasties, the Tang and the Qing dynasties.

Ⅱ The Yangshao Period

The remains of the Yangshao Culture include 14 grey pits, 1 house site, 4 grey gullies and 3 grey soil

---

① A Chinese archaeological terminology. Grey pit is one of the human remians which contains many objects intentionally or unintentionally left by people who were living here. Usually, the soil colour is grey, or brown because of the organic material decomposition. (translator)

holes. A large quantity of pottery fragments was discovered.

The house site is semi-cavity single-room structure with a depth of about 5 metre, a width of 2.2 to 2.4 metre and a residual height of 0.2 to 0.3 metre. The ground is a hard surface of loess-doll mixed with loess. Cooking bench locates in the south central of the room.

The cross section (plane) of the grey pits are mainly circular, elliptic, rectangle, irregular, etc., and the shape of circular is the majority. While the longitudinal section are mainly cylindrical shape with flat bottom, pouched shape with flat bottom, cambered shape with surrounding bottom and irregular shapes. Some of the circular cylindrical shape of the grey pits has regular shape, which is speculated that were original a type of storage facilities.

The excavated gully remains are small in shape. The widest point is only 1.76 metres, while the depth is no more than 2.55 metres.

Among the cultural relics, ceramic is the most widely found, few stone and bone wares are unearthed. Pottery can be divided into three categories according to its function. The first type is the containers used in daily life, including sharp-bottomed bottles, pots, basins, bowls, urns, lids, *zeng*[①], etc. Pots, basins and bowls are the most common vessels. Second type includes a small number of pottery spinning wheels, pottery files and other means of production. The third category is a few pottery balls and pie-shaped implements.

From the perspective of the pottery system, mainly consist of clay pottery and sand pottery. Among them, clay pottery accounts for 63.83%, while the sand pottery occupies 36.71%. Some of the clay potteries contain fine sand. In terms of the colour, red pottery is in the majority, accounting for about 60%, followed by grey pottery and brown pottery, accounting for 16.33% and 14.52% respectively. Besides, there is a few pottery has black or grey surface and light or uneven colour body, namely black pottery, accounting for about 9.57%.

Plain pottery makes up a higher proportion, but a few painted pottery. The decoration is very simple. To be specificly, vessels are mainly painted stripes on the top edge, some of them are also decorated geometric patterns, fish and flower patterns are appeared but not too many. Major part of painted pottery are painted in black colour, few of them are suspected to be white colour. It’s very interesting that a sign of vertical short straight line in the shape of “|” is found on a fragment of the rim of a red bowl (H59 ware：20) where is also the common position of symbols of the Yangshao Culture.

Those potteries were formed by clay-strip, and rims were shaped by slow wheel, especially in some sand potteries. In addition, some small round holes distribute at the edge or middle of a few basins and bowls. Although the exact function can not be confirmed so far, its very similar with the way to mend ceramic with cramps later.

---

① *Zeng* is an ancient pottery vessel for steaming rice. (translator)

Through the division and comparison of the accumulation horizon and the typeology, the excavated Yangshao site is positioned as the Yuanzitou III type.

Ⅲ The Xia and Shang Periods

The ruins include 8 grey pits, 1 grey gully and 1 building site that dated to the Xia and Shang periods.

Building site is semi-cave type, constructed by doorway, front room, partition wall, back room, cooking stove, storage niches and other parts. The upper part seems to be round, pilaster structure; the cooking stove is in oval shape. Trace grain or powder of loess doll is found around the doorways and storage niches.

Most planes of grey pits are irregular. The profile is not uniform in shape, with regular shape such as pouched shape with flat bottom and cambered shape with surrounding bottom; and also irregular shapes. From the perspective of shape, 4 of the 8 grey pits may have been used as storeroom, and two of them in one group which should be attached to a single family.

The culture relics are divided into four types: pottery, stoneware, bone ware and mother-of-pearl implement. Pottery occupies the largest part, and only few of the rest kinds are found.

All of the potteries, include clay pottery and sand pottery, are necessity. Only one piece is worth to be repaired, the rest are seriously damaged. Clay potteries are more than sand potteries, accounting for 68.7% and 31.3% respectively. Potteries in grey colour make up more than 70%, and the brown, black and red pottery roughly occupies the same proportion of the rest 30%.

The number of plain pottery is small, accounting for only about 28.4%. More than 70% of pottery fragments are decorated, and the patterns are diverse. Rope pattern is the most common type, about 30%. Followed by basket pattern and string lines, accounted for 29.5% and 5.5% respectively. Also pouncing and print pattern, cross rope pattern, piled pattern, string with rope pattern, string with pouncing pattern, string and engraved hole, carved line, pouncing pattern, piled pattern with pouncing and print pattern, basket pattern with piled pattern, rope pattern with pouncing pattern, check design, check design with basket pattern, wave design, string of beads design, string lines and geometric pattern, rope with piled pattern and pouncing pattern, basket lines with piled design and pouncing print pattern, etc.

The identified vessel shapes include 9 categories, pots, basin, urn, tripod, *dou*①, dishes, bowls, among which pot occupies the largest part. The most common kind of vessel is the lace-shaped pot with drum abdomen, which is attached with a clay strip at the outside of rim and then pressed to lace shape. This sort of pot not only reflect the cultural exchanges between the eastern part of Guanzhong② area and the Yiluo

① *Dou* is an ancient Chinese food and ritual ware in the pre-Qin period, which looks like a stem-dish. (translator)

② Guanzhong is the central Shaanxi plain. (translator)

region[①], but also become a kind of symbolic ware for identifying the Erlitou Period.

In general, these remains are roughly dated to the early stage of the Erlitou Culture.

Ⅳ The Western Dynasty

Dongyang ruins are widely distributed with remains from the Western Zhou Dynasty. The sites include 11 grey pits, 1 grey gully and 1 burial.

The plane of the grey pits are mainly in oval or semi-oval shape which accounts for about 78%, circular or semi-circular shape accounts for about 20%, the rest are irregular shapes. Most bottoms are flat or with angles, accounting for about 67%, the rest is surrounding or near surrounding bottom.

It is important that the founction of the G19 and H45 in this excavation. G19 is located in the southwest of R region, with neat border wall. There are complete remains of pigs, dogs and other animals in the accumulation horizon. The H47 is located on the east side of G19, nearly ellipse in plane, with 7 layers of accumulation horizons. Small animal bones and large quantities of stone, bone and even copper tools, weapons and two complete pottery *l*[②]*i* are found in H47. Overall, G19 is located in the south of the Western Zhou cemetery of Dongyang site, if it continues to extend to the north, it will reach the western boundary of the cemetery. Therefore, it is speculated that it also is a boundary ditch. The animal remains found in the two sites (G19 and H47) may be sacrificial remains in the Western Zhou cemetery area.

The relics include copper, pottery, stone, bone and other wares. According to their founctions, they are divided into 3 categories: daily utensils, tools and others. Most of the potteries are living utensils, only a few of them are completed or almost completed. Besides, there are also a small number of production tools, such as spinning wheel, pottery mould, projectiles, and a few decorative pottery beads and pottery ring.

Pottery has clay pottery and sand pottery. The majority of pottery is sand pottery, about 57%. The main decoration is vertical thin lines. Pressed decoration by fingers around the rim and upper abdomen parts is very common. They were mainly hand-made and assisted with wheel, and the wheel traces can be found at the outside of the rim. Finishing traces can also be seen at the joint between rim and body, especially large objects such as urns. The broken feet of pottery *gui*[③] and other vessels were repaired with a clay strip to strengthen the binding between the feet and the bottom. The mainly identified wares are pot, *li*, *yan*[④], urn, basin, *gui*, *dou*. Earlier relics inclusions, such as painted pottery from the Yangshao period, lid and pot from the Erlitou period, are very common.

---

① Yiluo area is the area around Yi River and Luo River. Yiluo is short for the two reivers. (translator)

② *Li* is a kind of ancient Chinese cooking vessel with three hollow legs. (translator)

③ *Gui* is a round-mouthed food vessel with two or four loop handles. (translator)

④ *Yan* is a cooking vessel has two layers with grate in the middle. (translator)

The relics in this period are dated from not later than the early Western Zhou Dynasty to not later than the middle of the Western Zhou Dynasty.

V The Eastern Zhou Remains

19 tombs, all of which are in the style of the Qin culture; 9 grey pits and a grey gally with relics from Yangshao, Xia and other periods; are discovered in the Eastern Zhou remains. These relics are mainly found in Zone J, where grey pits and tombs are mixed in distribution, and the dates are not completely the same.

The plane shape of the grey pit can be divided into 4 types: circular, semi-elliptic, elliptical, and irregular. The profile shape is basically inverted trapezoidal, few of them are trapezoidal, vertical or irregular, inner walls are inclined or curving, bottoms are flat. All grey pits are general garbage pits used for waste disposal.

The relics unearthed in the grey pits and grey gully are mainly pottery fragments with a large number of early relics intermingled. The pottery can be divided into two categories: clay pottery and sand pottery. The clay pottery accounting for 53.67%. according to the colour, the pottery can be divided to red pottery, grey pottery (including gray pottery with brown body), brown pottery (including brown pottery with grey or red body), black pottery (including black pottery with grey or brown body), etc. Among them, the grey pottery occupies 72.49%, the other three kinds of pottery are similar in proportion. The idientified vessels are *li*, pot, basin, *zeng*, *yan*, *dou*, urn, *gui*, etc. Pot accounts for the large part, followed by basin and *li*.

These remains are dated from the early to late Warring States Period.

The 19 tombs are all vertical earthern tomb, and they are divided into three shapes: trapezoidal, vertical, inverted trapezoidal. There are six small burials under 2 meters in length (bottom) and 13 medium burials over 2 meters in length (bottom). 11 tombs face to west by south, 2 tombs face to the west, 1 to the east, 3 to east by north and 1 to north by west. Except an unknown situation, 15 of the rest used wooden funerary utensils, including 11 tombs with 1 inner and 1 outer coffins, 1 tomb with 1 inner and 2 outer coffins, 3 tombs with 1 inner coffin and 3 tombs without any funerary utensils. Except one tomb (M35) with the incomplete lower limbs, the other 18 were all buried in bent on their backs or their sides position which is the typical Qin Culture.

18 of the tombs are densely distributed in Zone J, and they are in good organization and order. They should be arranged to buried, and many groups of tombs are related by blood or by marriage.

The funeral objects include sacrificial pottery which are replicas of copper vessels and household pottery, as well as *qun*① which is a symbolic of wealth. Sacrificial vessels are not in set, mainly have *ding*②,

① *Qun* is an round granary which was always be regarded as a wealth symbol for burials in ancient China. (translator)

② *Ding* is an ancient cooking vessel which is usually has three feet and two ears. (translator)

gui, *yan*, *dou*, *yi*①, plate, box, etc. Household pottery are *li*, trumpet-mouthed pot and wide shoulder pot. 14 burials have different amounts of stone or pottery *gui*② (a kind of tablet for sacrifice). M3 is the highest status tomb which was buried a senior official with one inner coffin and two outer coffins and 3 bronze *ding*. The rest are midodle class civilians, some of which have a certain relationship to some upper level tomb owners.

The period of the tombs is dated from the middle of the Spring and Autumn Period to the middle of the Warring States Period.

Ⅵ The Han Remians

The Han remains are all found at the Zone J in this excavation, mainly including 16 tombs,1 grey pit, 1 grey gally and 5 ditches surrounded tombs. The remians in the Han Dynasty were distributed in J, mainly are tombs and the surrounding ditches related to tombs, indicating that this area is a cemetery of the Han Dynasty. A small number of grey pits and gally should be associated with the construction or useage of cemetery.

The structure of the 16 tombs can be divided into two types: the vertical earthern tomb and the earthern cave tomb. There are 4 vertical earthern tombs, one without ramp, the rest 3 of them have ear chamber, and part of them use bricks. There are 12 cave graves with sloping tomb passage. 2 of them built steps at the out side of ramp, and 2 tombs have patios out side of ramp. 7 tombs face to northwest, and 9 tombs face to southwest.

The cultural relics mainly include 548 funeral articles (sets). The pottery includes the *fou*③ 13 pieces, big mouth large pot 9 pieces, big mouth small pot 18 pieces, basin 8 pieces, *zeng* 9 pieces, *fu*④ 8 pieces, cooking stove 2 pieces, *ding* 2 pieces, box 1 piece, *fang*⑤ 1 piece, *Qi*⑥ 1 piece, *zun*⑦ 1 piece, and bronze mirror 2 pieces, coin 426 pieces, iron sword 2 pieces, iron caldron 3 pieces, lead vessel 4 pieces, clay balls many pieces. The sacrificial pottery that rapilicas of bronze is not common, practical pots and *fou* are relatively popular. Pot (fou)， basin, zeng; or jar (fou)， basin, are useally in set. *Fu* was replaced by

① *Yi* is ancient water vessel for washing hands. (translator)

② *Gui* is a long ritual vessel with rounded-headed (or sword-headed). In ancient China, its was used in strict hierarchy to indicated the status of the owner. (translator)

③ *Fou* is an ancient wine pot with a big belly and a small mouth. (translator)

④ *Fu* is a Chinese name of caldron. (translator)

⑤ *Fang* is square bottle. (translator)

⑥ Qi is an ancient cooking pot with three legs. (translator)

⑦ *Zun* is a kind of ancient wine vessel. (translator)

cooking stove at the end of Han Dynasty, and no vessels like pottery granary, square cylinder, well, moudle courtyard, etc, which are symbolic of wealth; and also no glazed pottery. The proportion of metal funeral products is also low. In the Han Dynasty, the trend of funeral was flourishing, which reflected the common economic and social status of the people living in the region, were slightly lagging compared with Chang'an area.

The age of burials can be divided into three periods.

The first phase consists of the early and late stages. The early stage is from 188 BC to 122 BC, while the late stage is from 118 BC to 49 BC. The second stage is the late Western Han Dynasty (49BC - AD 6). Few of them may reach the Xin Dynasty (AD 8-23). The third period is is not earlier than the late Western Han Dynasty, and only a few of tombs are dated to this stage.

Ⅶ The Tang and Qing Dynasties

The remains of the Tang and Qing Dynasties are all tombs.

The Tang tombs are located at the southern end of the site, a total of 5. All of them are cave tombs with tomb ramps placed at south, face to southnorth. Most of the tombs have stones for sealing doors. Most of the funerary utensils are signle wooden coffin, but also a few without coffin. The bones of the tomb owners are all messy and incomplete. Some tombs sharing with two tomb owners, which should be a joint burials. Funeral goods are not abundant, a piece of mother-of-pearl, a oracle bone, 2 animal bones, a iron machete, 2 pottery jars, a iron belt decoration, a copper hair pin, 4 coins with "Kaiyuan Tongbao".

The M40 mixed a small amount of animal bones in human bones, a complete mother-of-pearl shell and a oracle bone with a round hole, which are never found in the previous archaeological materials. These relics should be intermingled in the process of burial, not specially buried items. The oracle bone has the style of the Shang Dynasty. Its appearance indicates that Dongyang site was a high-level commercial cultural settlement.

The M22 is a large tomb of the Qing Dynasty. Although it was seriously disturbed in the later period, a large number of porcelain fragments were unearthed from the disturbed clay layers and the bottom of the tomb, which should be the original burial goods. These types of fragments are varous, the styles are also different. Most of them have the characteristic of the porcelain in the Yuan and Ming Dynasties. Some pieces have different inscriptions, presumed to be short names of its owner, which should be legacy of the Fengfu system①. The tomb owner used to be a student of the Imperial College, ancient literati used to burial with porcelain. In fact, until today the buried custom still popular.

① Fengfu system was an ancient Chinese burial custom that gave the bereaved family who service the funeral. Feng is the funeral gifts, and Fu means present a gift to a bereaved family. (translator)

遗址环境（北一南）

遗址大地貌

1. J区全景（南—北）

2. R区全景（东南—西北）

J区、R区发掘区整体

1. LSF1（北—南）

2. LSM1（北—南）

3. LSM2

4. LSY1（东—西）

里寺调查遗迹

彩版四

1. 三足瓮（DY3：1）

2. 三足瓮（DY3：2）

3. 鬲（DY3：4）

4. DY6：1

5. 罐（DY7：1）

6. 尖底瓶（DY7：2）

7. 钵（DY7：5）

8. 残片（DY7：6）

9. 豆（DY8：5）

东阳调查陶器

1. 寺城子遗址调查灰坑1

2. 寺城子遗址调查灰坑2

3. 寺城子遗址调查灰坑3

4. 寺城子遗址采集陶片

寺城子调查遗迹遗物

彩版六

1. 南堡遗址调查

2. 南堡遗址调查

3. 陶大口罐（NB：1）

4. 陶瓮（NB：2）

5. 陶瓶（NB：4）

6. 陶尖底瓶（NB：5）

7. 陶盆（NB：6）

8. 陶器盖（NB：11）

南堡调查遗迹遗物

1. M30（东—西）

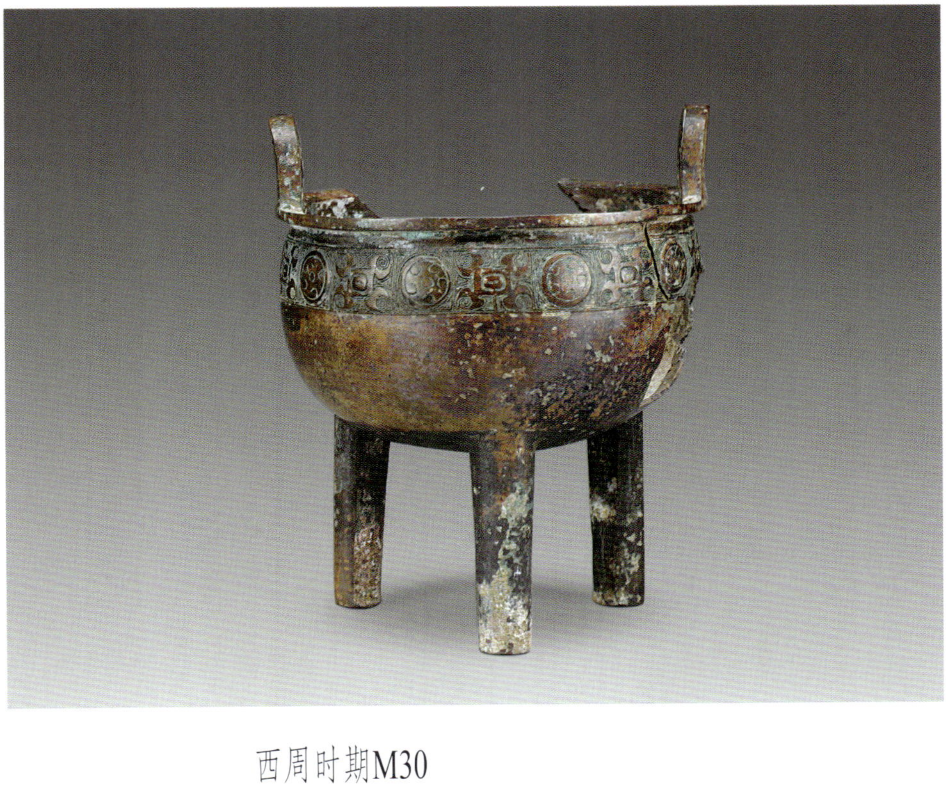

2. 铜鼎（M30：1）

西周时期M30

1. M3（南—北）

2. 铜鼎（M3：10）

3. 铜铃（M3：4）

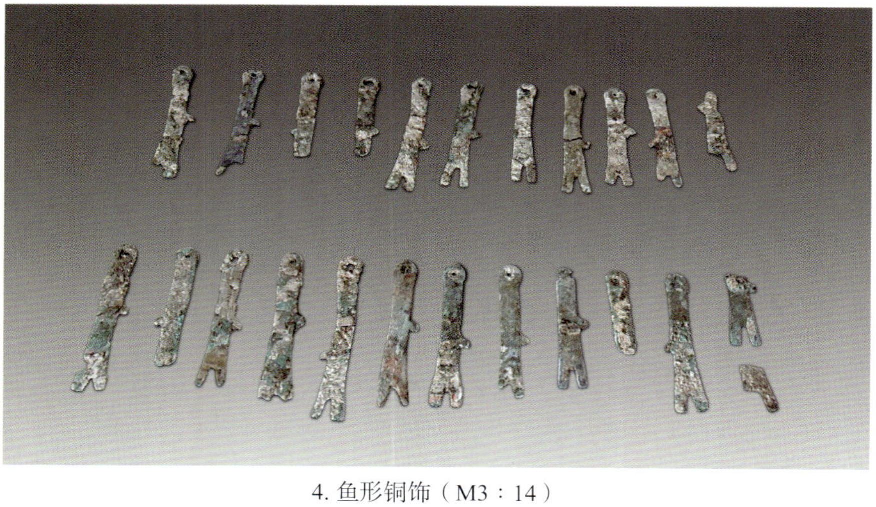

4. 鱼形铜饰（M3：14）

东周时期M3

1. M6墓室（南—北）

2. 陶盒（M6：2）

3. 陶鼎（M6：3）

4. 陶甑、陶锜（M6：6）

汉代M6

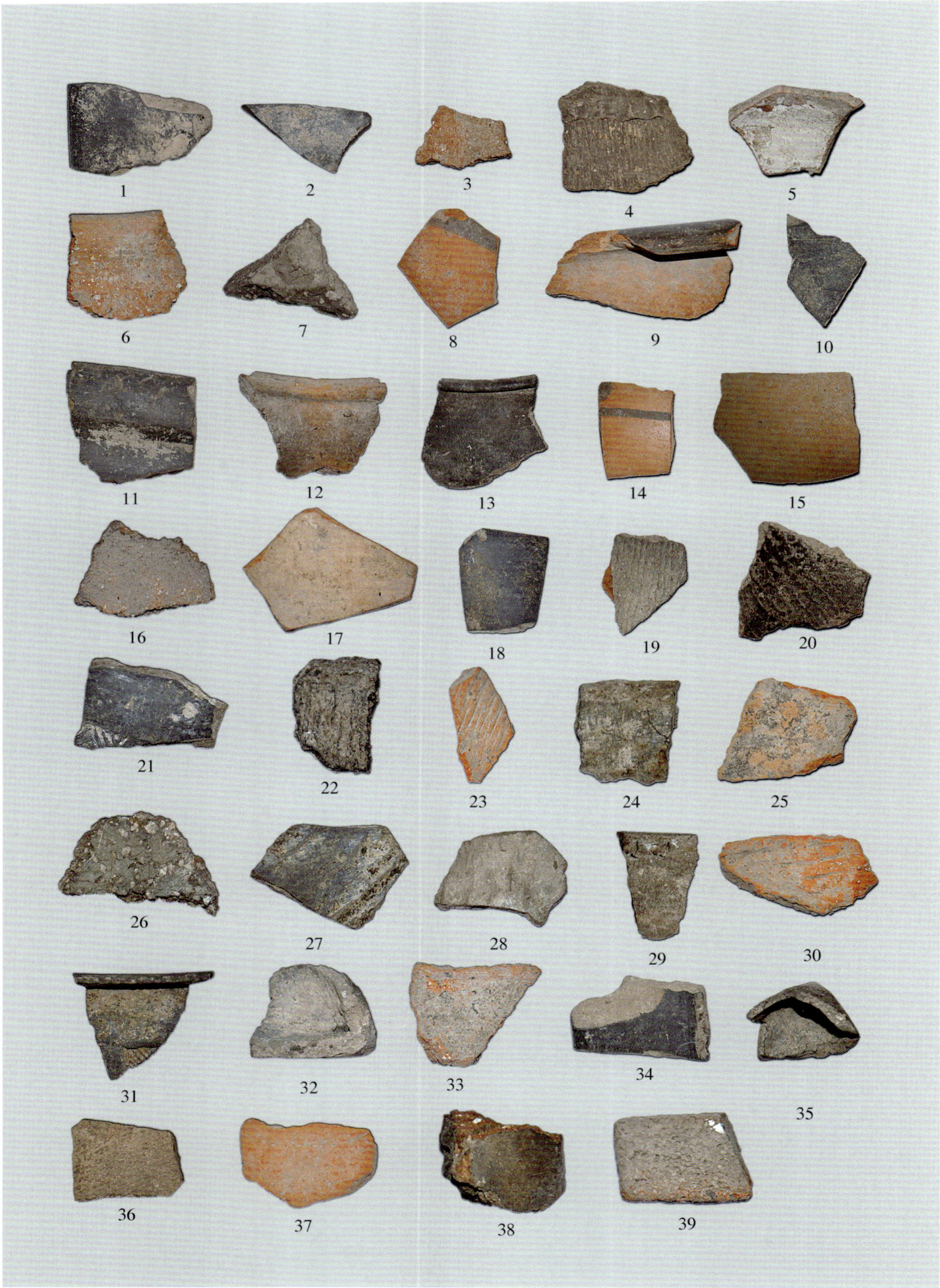

1、5、9～11、14、31、34. 盆　2、16、19、20、22、24、26、27、32、35、38.鬲　3、4、7、15、17、23、25、28～30、33. 器腹　6、12、18、36. 罐　8、13. 钵　21. 簋　37. 尖底瓶耳部　39. 锉

陶器成分检测标本

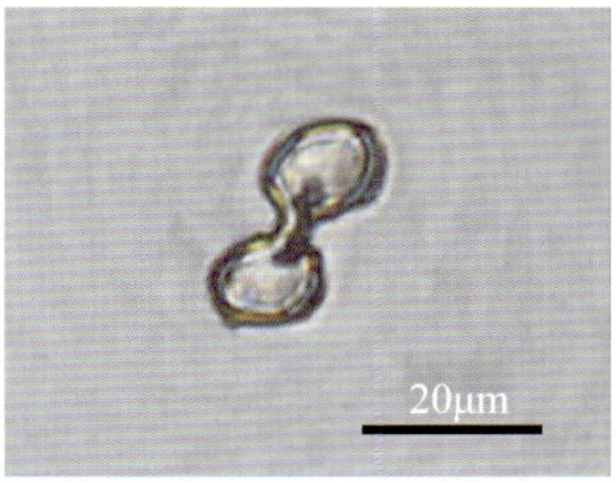

a. ETG1北壁（80～90厘米）哑铃型植硅体

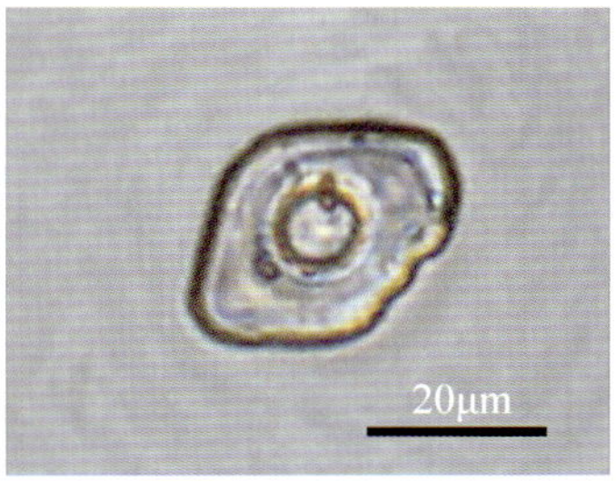

b. ETG1北壁（80～90厘米）莎草型植硅体

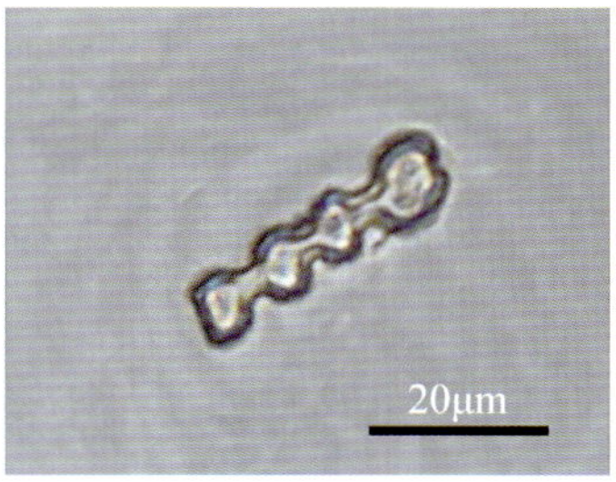

c. ETG1北壁（80～90厘米）齿型植硅体

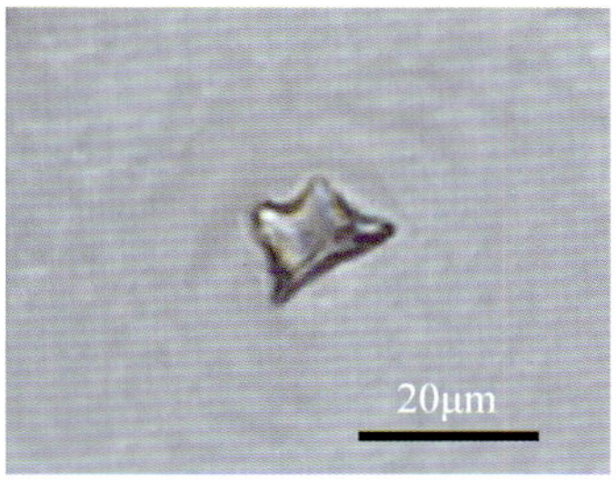

d. ETG1北壁（30～40厘米）帽型植硅体

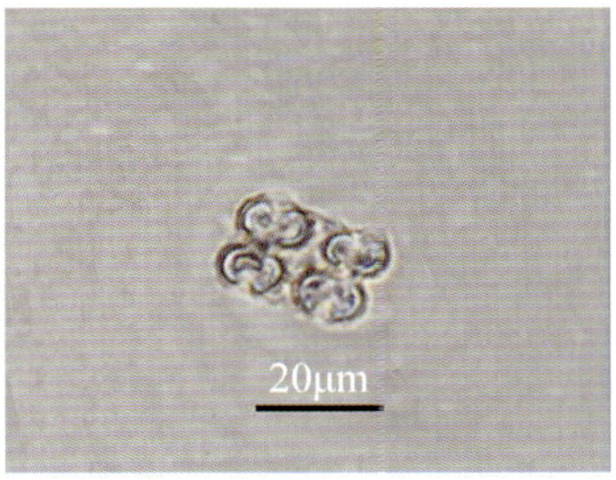

e. ETG1北壁（10～20厘米）并排哑铃型植硅体

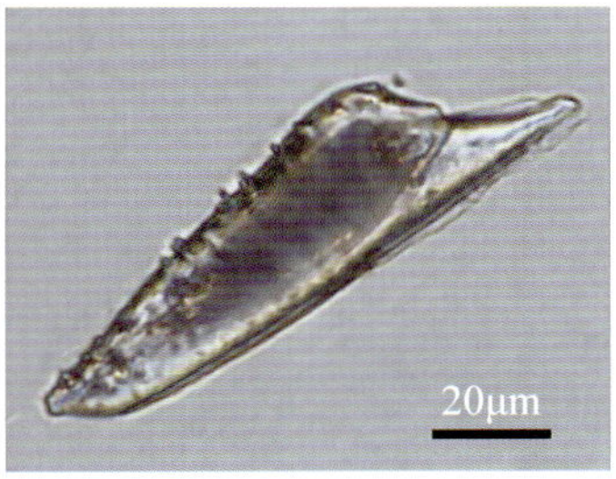

f. ETG1北壁（160～170厘米）尖型植硅体

g. ETG1北壁（80～90厘米）方型植硅体

h. ETG1北壁（80～90厘米）芦苇扇型植硅体

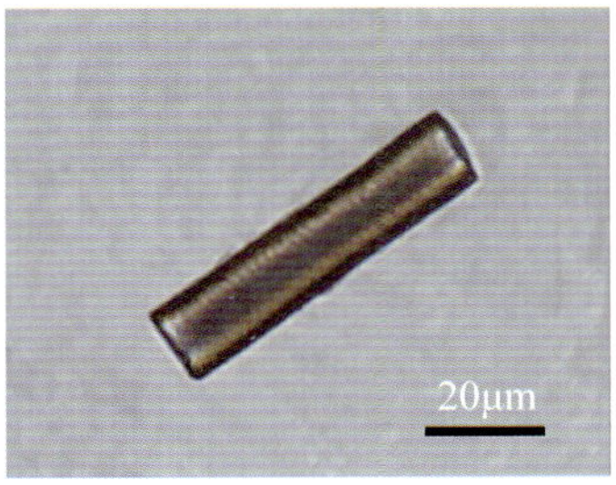

i. ETG1北壁（160～170厘米）平滑棒型植硅体

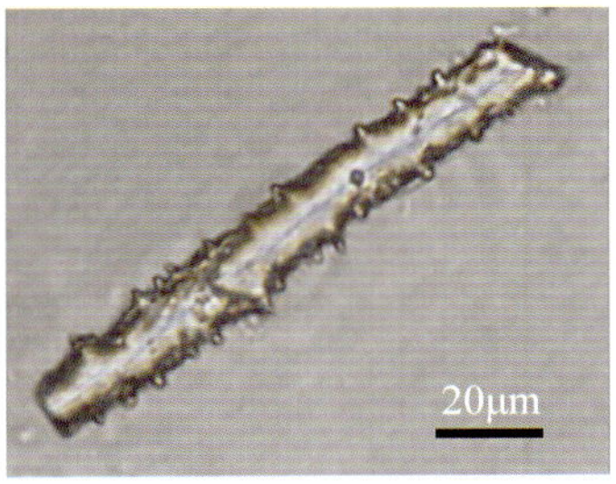

j. ETG1北壁（50～60厘米）刺状棒型植硅体

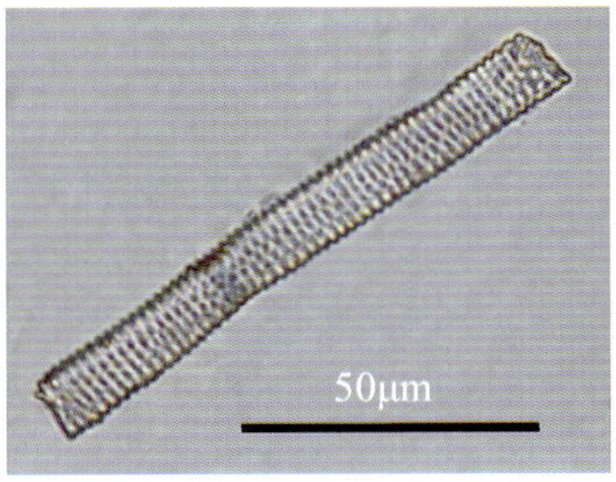

k. ETG1北壁（160～170厘米）导管

l. ETG1北壁（160～170厘米）大本型植硅体

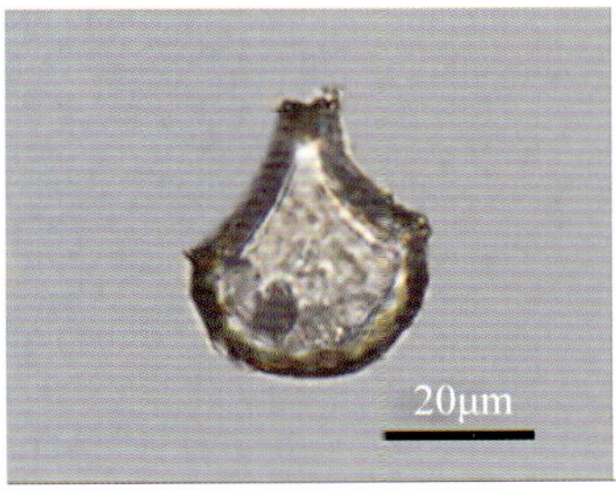

m. ETG1北壁（50～60厘米）水稻扇型植硅体

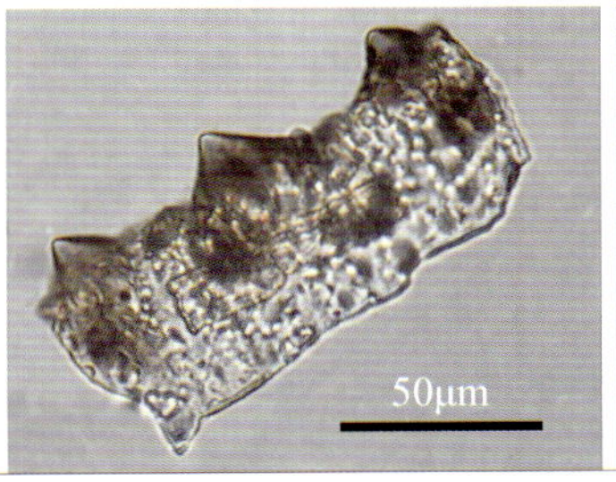

n. ETG1北壁（30～40厘米）水稻稃壳双峰型植硅体

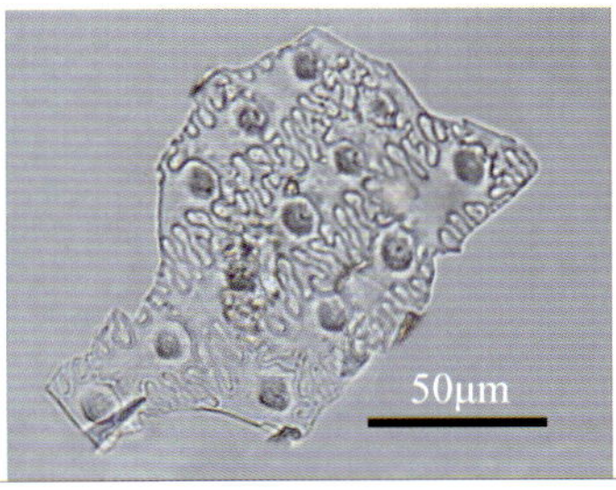

o. ETG1北壁（50～60厘米）黍稃壳η型植硅体

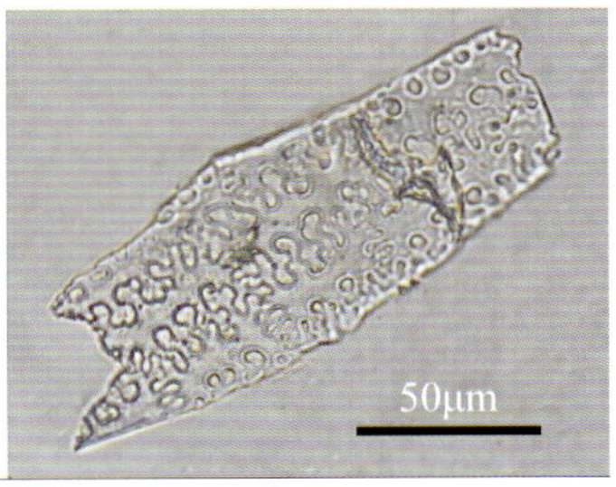

p. ETG1北壁（30～40厘米）粟稃壳Ω型植硅体

植硅体标本显微照片

a-藜科（Chenopodiaceae）；b-狗尾草属（*Setaria*）；c-粟（*Setaria italica*）；d-黍（*Panicum milcaeum*）；e-水稻（*Dryza sativa*）

东阳遗址H49浮选炭化种子主要类型

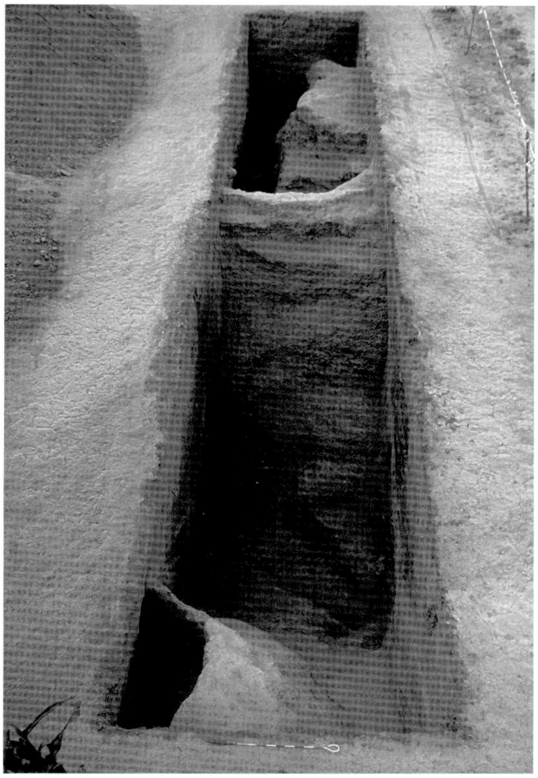

1. ETG1全景（北—南）

2. ETG2全景（北—南）

E区发掘区全貌

图版二

1. LSM3残存情况（东—西）

2. 陶盒（LSM3：8）

3. 陶鼎（LSM3：2）

4. 陶奁（LSM3：1）

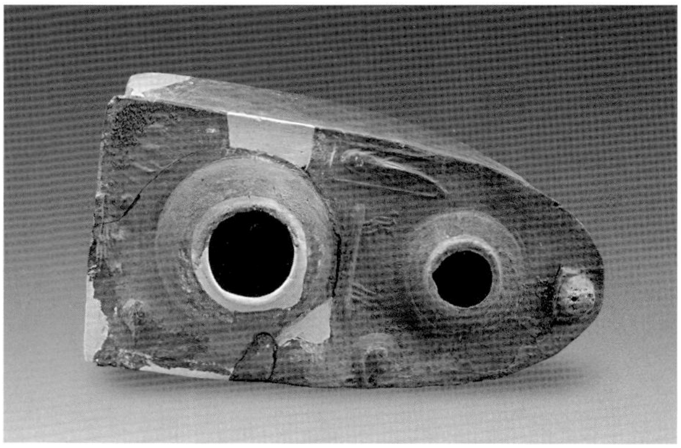

5. 陶灶（LSM3：9）

里寺调查遗迹LSM3及采集物

图版三

1. 陶甗（JW1：1）

2. 陶罐（JW1：4）

3. 陶簋（JW1：6）

4. 石刀（JW1：8）

5. 陶罐（JW2：1）

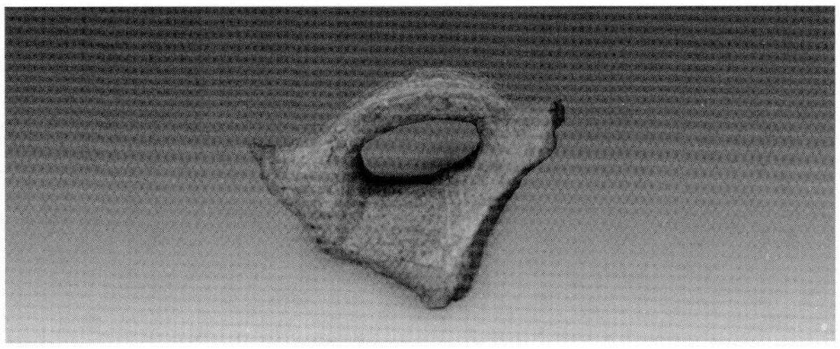

6. 陶罐（JW3：1）

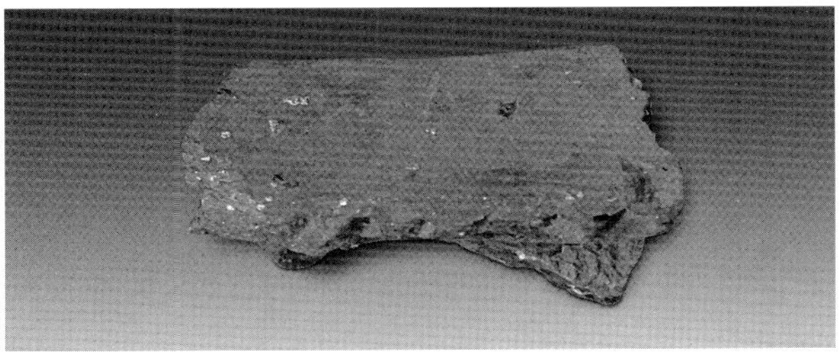

7. 陶瓮（JW3：4）

8. 陶鬲（JW3：3）

9. 陶钵（JW3：5）

江凹村调查遗物

图版四

1. 堡底遗址采集陶片

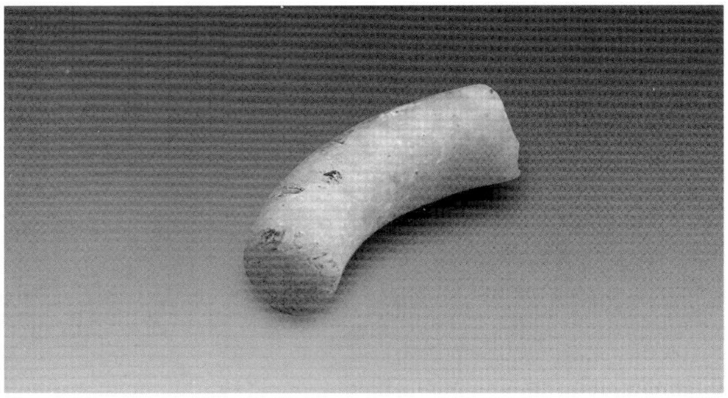

2. 堡底遗址采集石环

3. 南侯沟遗址采集陶片

4. 泽口遗址采集陶片

5. 泽口遗址采集陶片

6. 泽口遗址采集陶片

7. 泽口遗址采集陶片

8. 泽口遗址采集陶片

堡底、南侯沟、泽口等遗址调查采集遗物

1. F3（东—西）

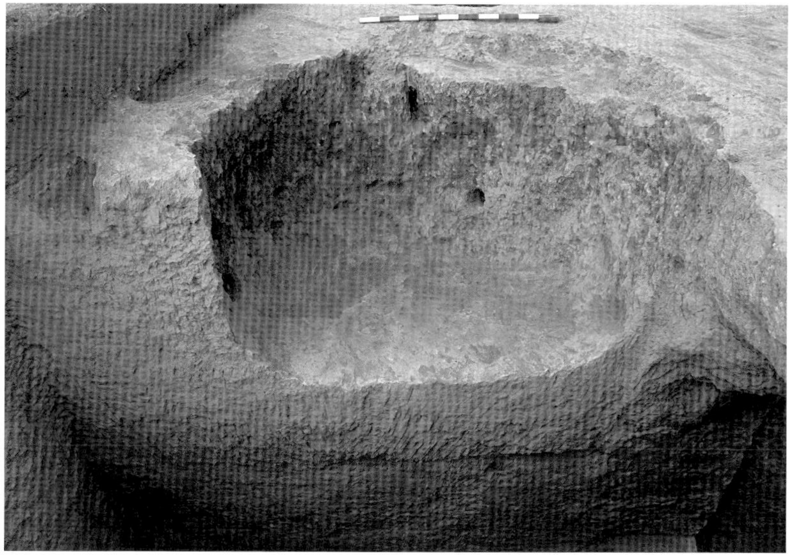

2. H4（西—东）

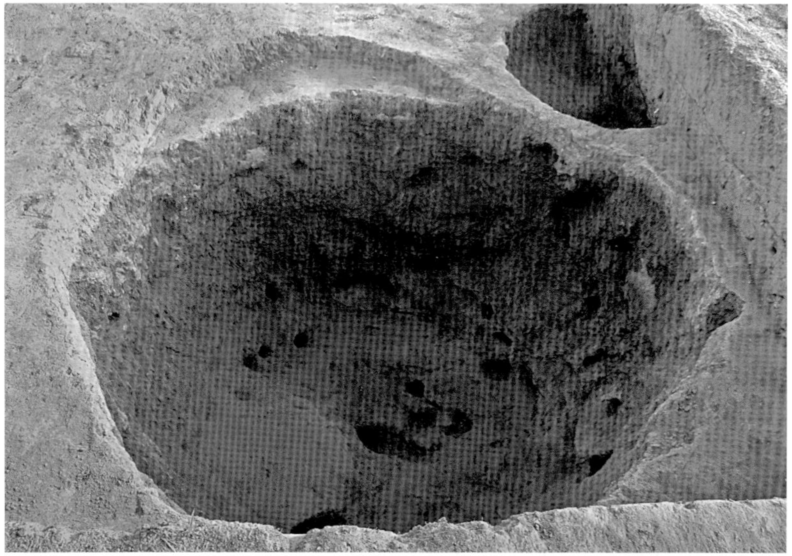

3. H13（南—北）

4. H16（北—南）

仰韶时期遗迹

1. H17（南—北）

2. G17（南—北）

3. G22（南—北）

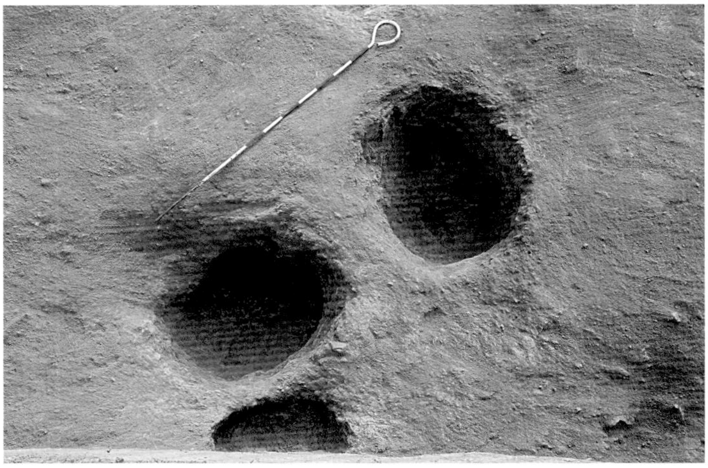

4. D1、D2、D3（西—东）

仰韶时期遗迹

1. 陶罐（H13：1）

2. 陶尖底瓶（H49④：3）

3. 陶盆（H49④：4）

4. 陶罐（H49⑦：2）

仰韶时期遗物

图版八

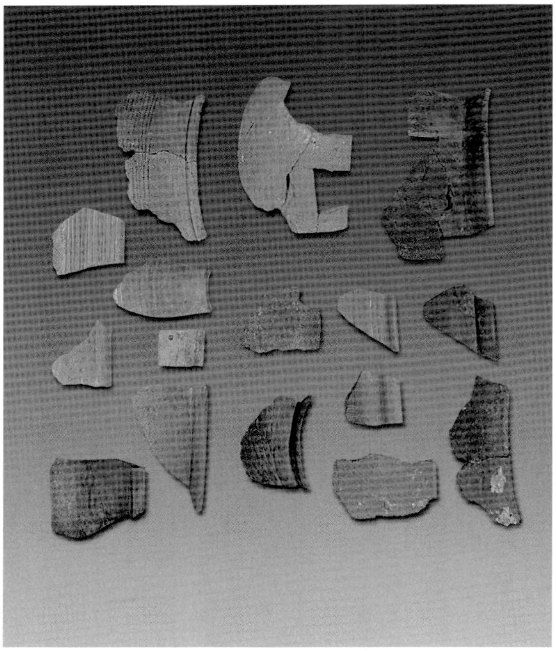

1. H49部分陶片标本

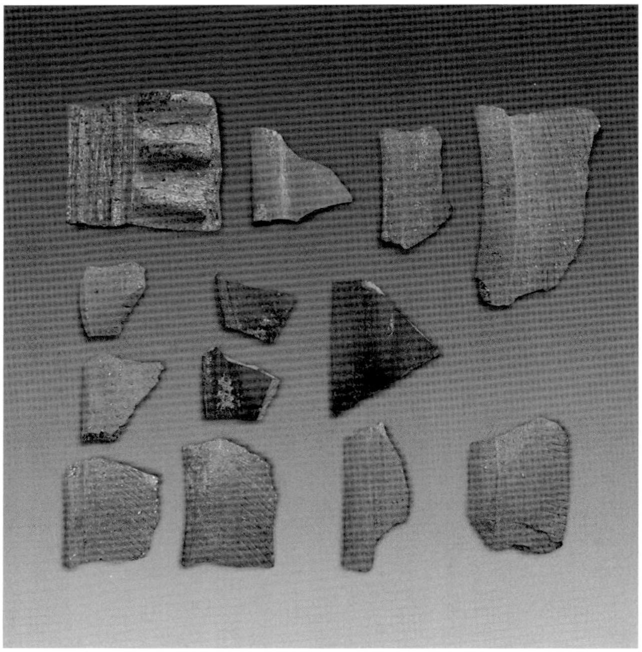

2. H59部分陶片标本

3. 陶钵（H59⑤：8）

4. 陶罐（H49③：2）

5. 陶锉（H59⑤：4）

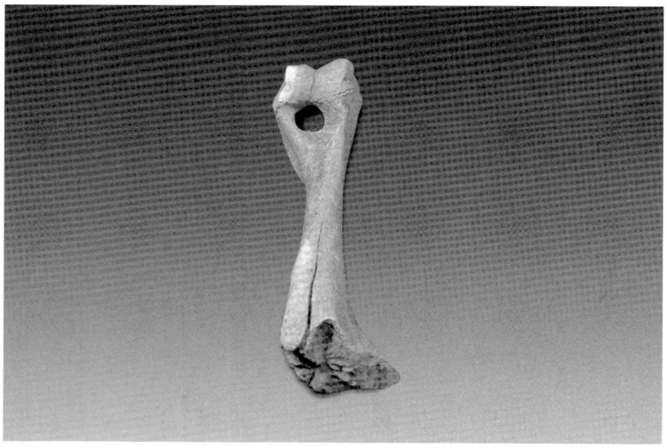

6. 穿孔兽骨（H61：4）

仰韶时期遗物

1. H25（南—北）

2. H42（北—南）

3. F7（东—西）

4. F7残留墙皮

夏商时期遗迹

2. 陶盘（H36：4）

1. 陶罐（H34①：1）

3. 陶鬲（H42：1）

4. 陶罐 (H43：4)

5. 陶罐（H43：6）

夏商时期遗物

1. H10（南—北）

2. H35（东南—西北）

西周时期遗迹

图版一二

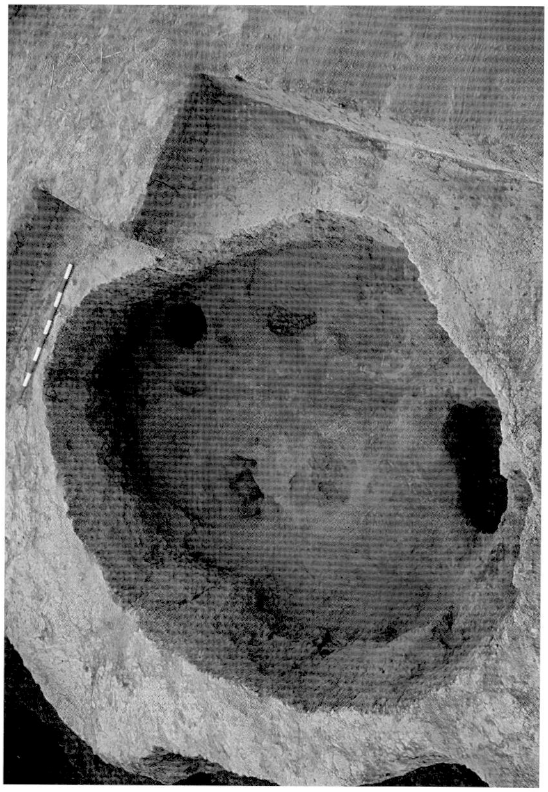

1. H47（南—北）

2. H47剖面（西—东）

3. H47④层出土动物骨骼

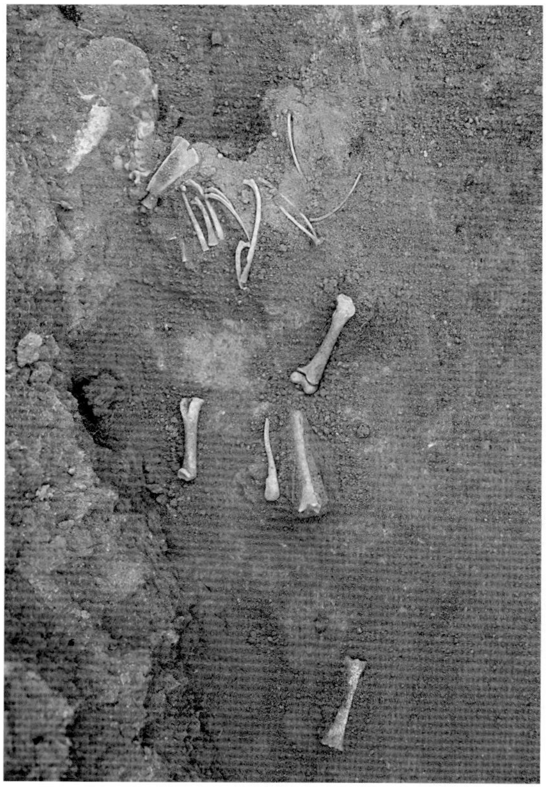

4. H47⑥层出土动物骨骼

西周时期遗迹

1. G19（西北—东南）

2. G19内出土动物骨骼

图版一四

1. 陶鬲（H10：1）

2. 陶罐（H10：4）

3. 陶鬲（H47①：2）

4. 陶鬲（H47④：1）

5. 陶鬲（H47⑤：1）

西周时期遗物

1. 卜骨（H35⑦：4）

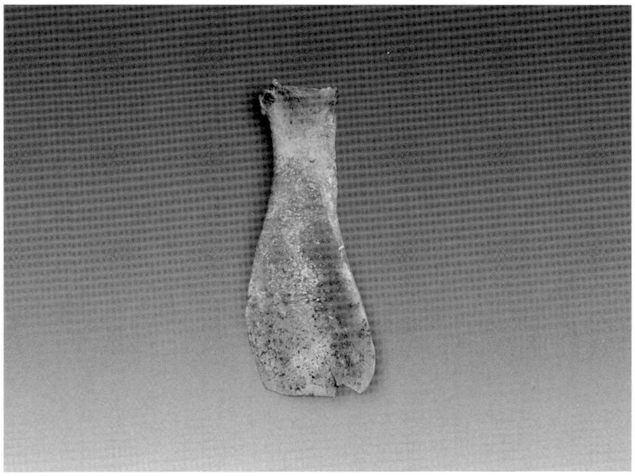
2. 骨铲（H47⑥：3）

3. 铜铃（M30：2）

4. 铜铃（M30：3）

5. 铜泡（M30：4）

西周时期遗物

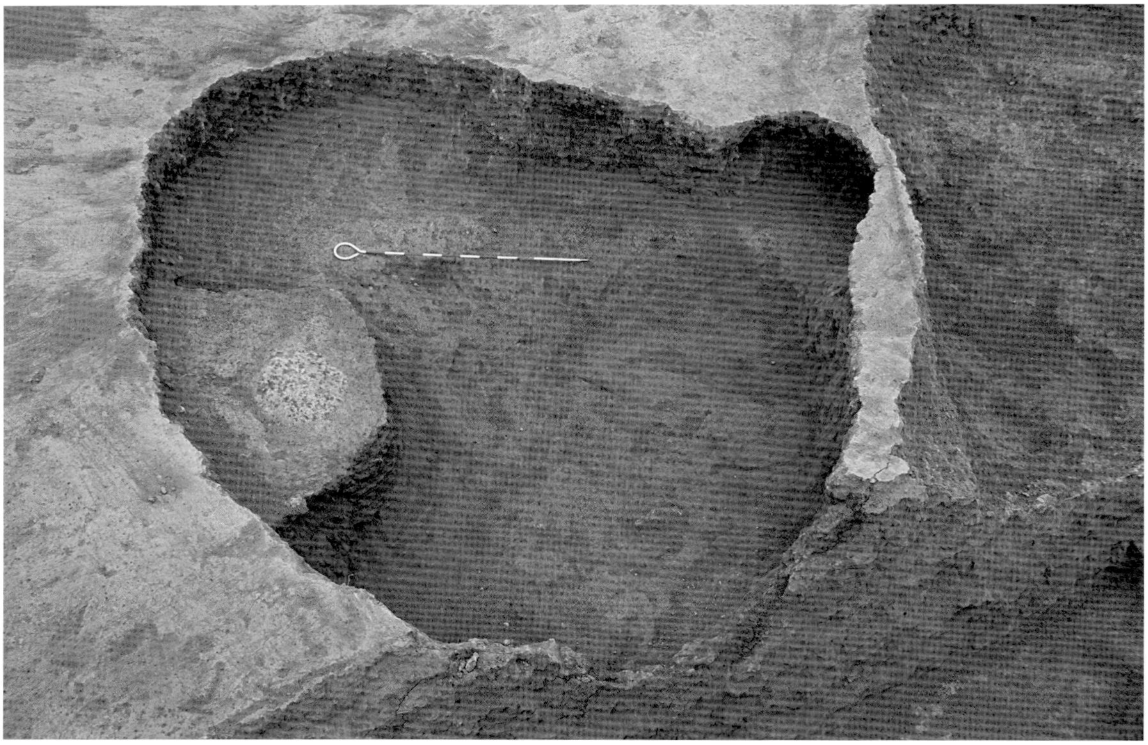

1. H12（东—西）

2. H33（南—北）

东周时期遗迹

1. G13（北—南）

2. 陶鬲（H58：1）

东周时期遗迹遗物

图版一八

1. M1(南—北)

2. M2（南—北）

东周秦墓

1. M4（西—东）

2. M8（北—南）

东周秦墓

图版二〇

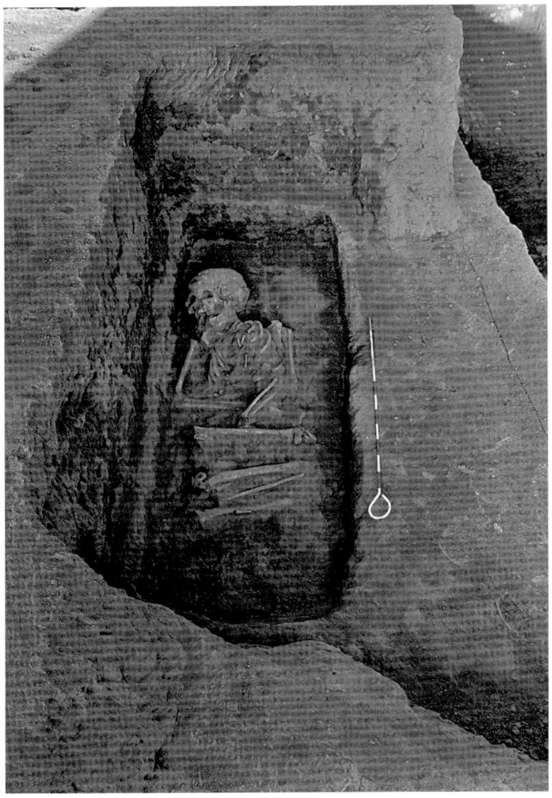

1. M9（北—南）

2. M10墓室（北—南）

图版二一

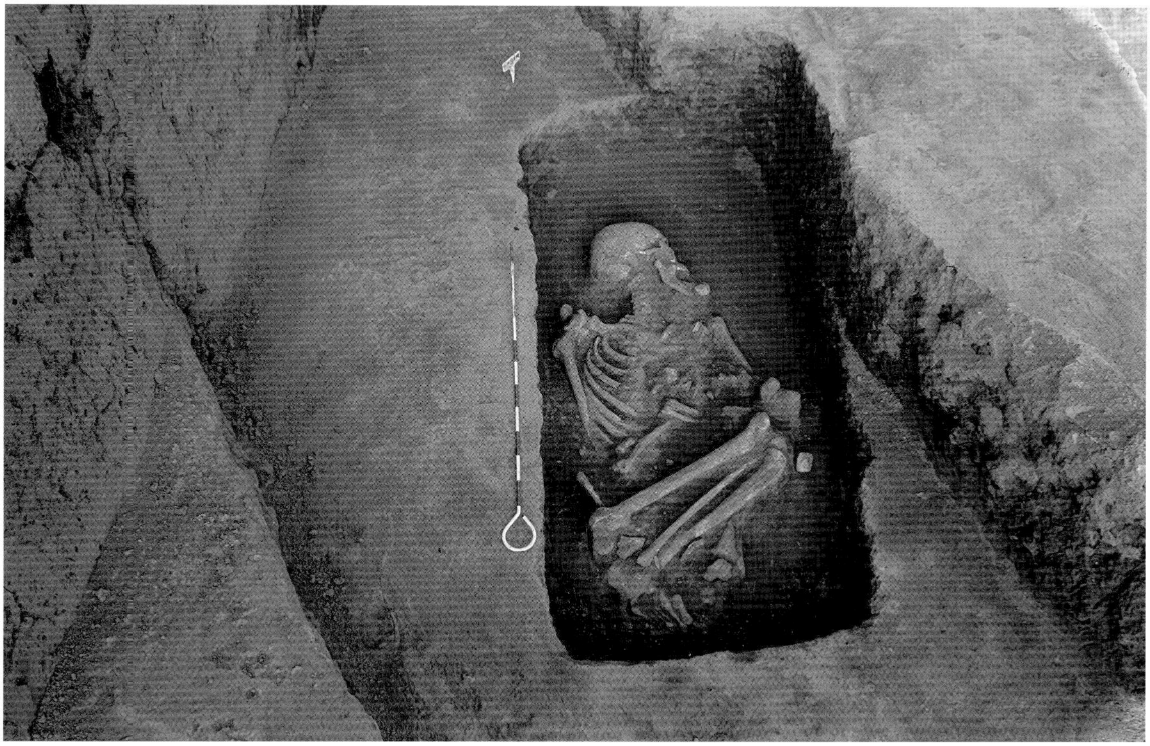

1. M11（西—东）

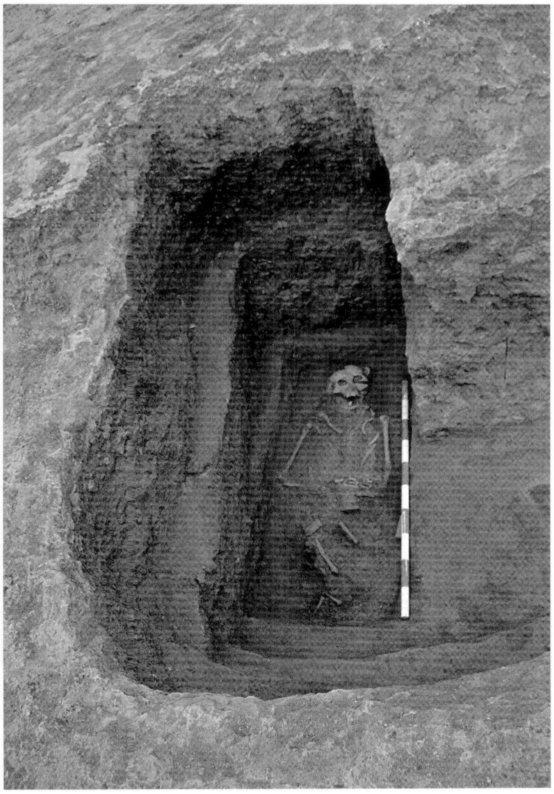

2. M13（西—东）

东周秦墓

图版二二

1. M15（西—东）

2. M18墓室

1. M19墓室

2. M21（东—西）

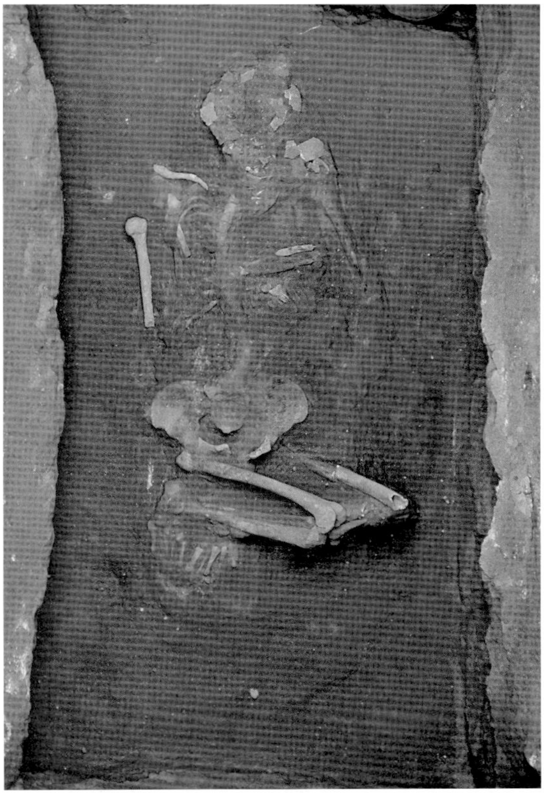

3. M21人骨（东—西）

图版二四

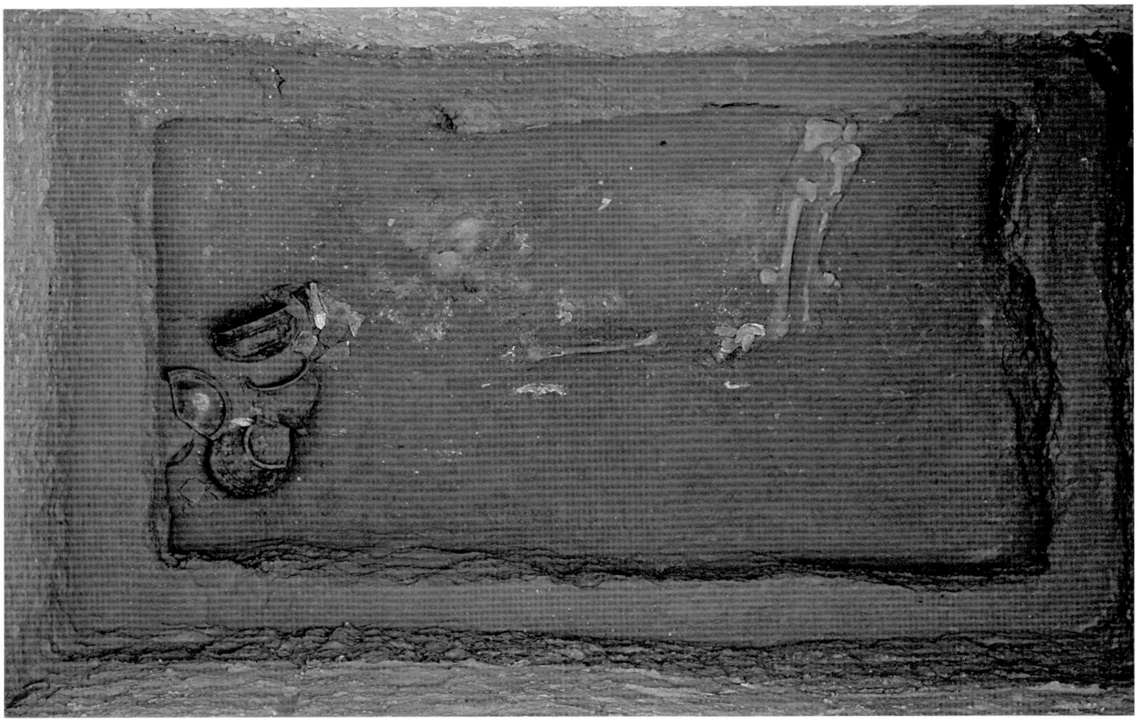

1. M25墓室（南—北）

2. M31（西—东）

3. M32墓室（东—西）

1. M33

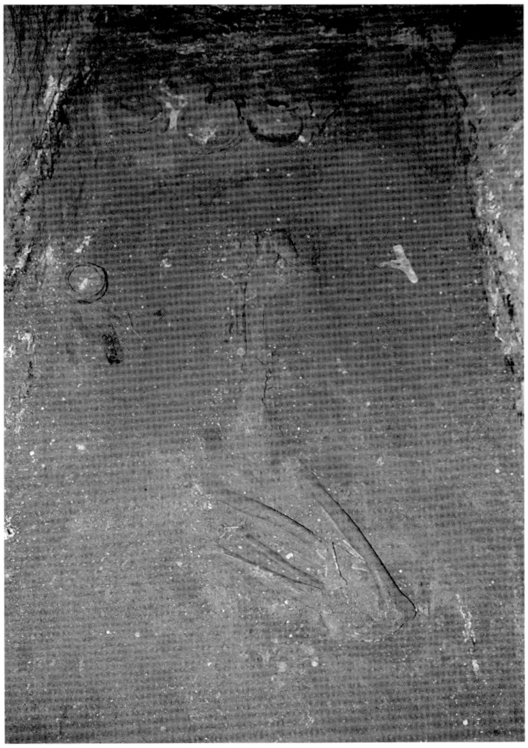

3. M38人骨及随葬品

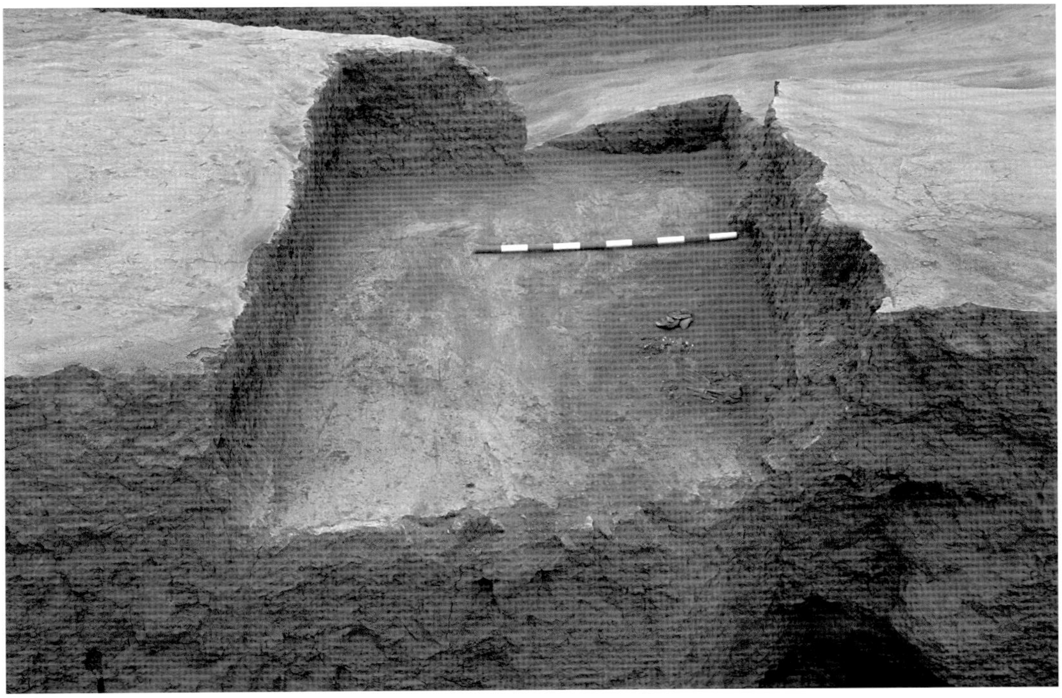

2. M35墓室（北—南）

1. M10：7

2. M10：10

3. M18：12

4. M18：13

5. M19：2

6. M21：3

东周秦墓遗物——陶鼎

1. M32：7

2. M32：11

3. M33：9

4. M33：10

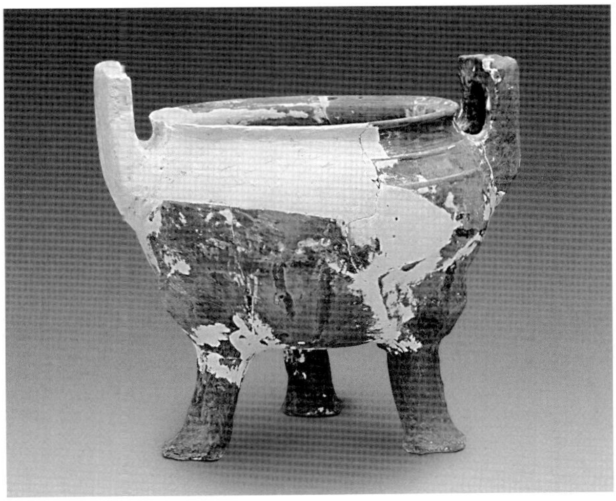

5. M38：7

东周秦墓遗物——陶鼎

图版二八

1. M21：4

2. M21：5

3. M21：6

4. M21：8

5. M38：8

6. M38：9

东周秦墓遗物——陶簋

1. M10：1

2. M10：8

3. M15：1

4. M18：6

5. M18：14

6. M19：5

东周秦墓遗物——陶喇叭口罐

图版三〇

1. M19：6

2. M19：10

3. M21：7

4. M21：9

5. M25：3

6. M32：5

东周秦墓遗物——陶喇叭口罐

1. M32：6

2. M33：3

3. M33：4

4. M33：7

5. M38：5

6. M38：6

东周秦墓遗物——陶喇叭口罐

图版三二

1. M15：2

2. M18：15

3. M21：2

4. M25：6

5. M32：4

6. M33：6

东周秦墓遗物——陶鬲

1. 陶鬲（M38：4）

2. 陶豆（M10：2）

3. 陶豆（M10：9）

4. 陶匜（M10：3）

5. 陶盘（M10：4）

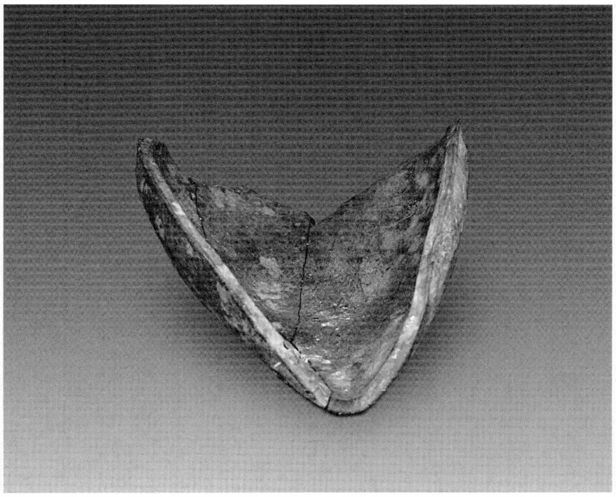

6. 陶匜（M32：12）

东周秦墓遗物——陶鬲、陶豆、陶匜、陶盘

图版三四

1. M10：11

2. M15：3

3. M18：8

4. M21：1

东周秦墓遗物——陶甗

1. 陶甗（M33：5）

2. 陶盆（M10：5）

3. 陶盆（M18：5）

4. 陶盆（M19：4）

5. 陶盆（M21：11）

东周秦墓遗物——陶甗、陶盆

图版三六

1. M25：5

2. M25：5

3. M32：1

4. M32：3

5. M32：10

6. M33：8

东周秦墓遗物——陶盆

1. M10：6

2. M18：16

3. M21：12

4. M32：9

5. M32：2、M35：13（自左至右）

6. M33：1

东周秦墓遗物——陶广肩小罐

1. 陶囷（M10：12）

2. 陶囷（M21：10）

3. 陶囷（M21：10）

4. 陶囷（M32：8）

5. 陶囷（M32：8）

6. 陶广肩小罐（M33：2）

东周秦墓遗物——陶罐、陶囷

1. 铜鼎（M3：11）

2. 铜鼎（M3：12）

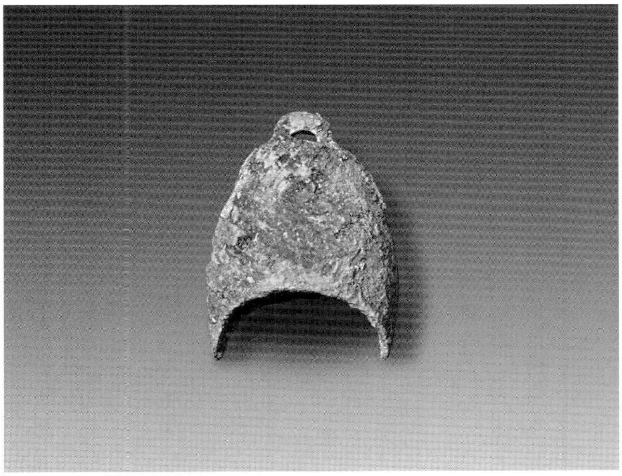

3. 铜铃（M3：1-1）

4. 陶玲舌（M3：1-2）

5. 铜铃（M3：5）

6. 铜铃（M3：7）

东周秦墓遗物——陶器、铜器

图版四〇

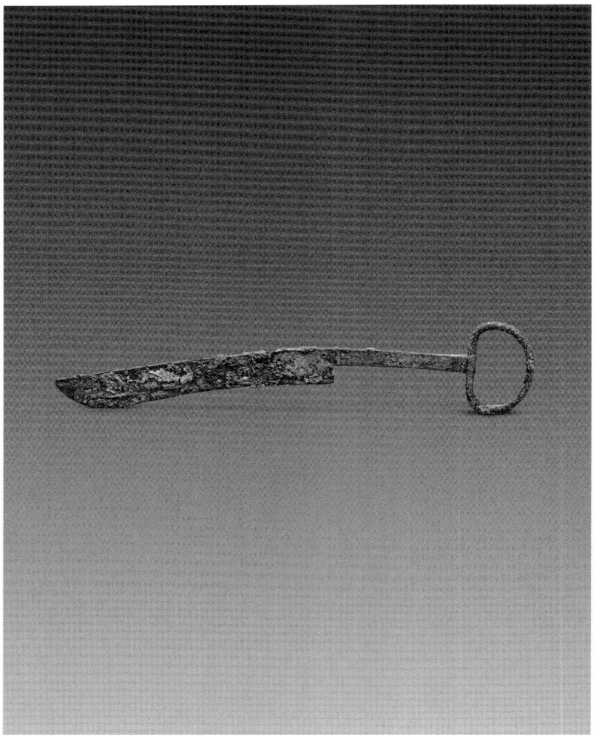

1. M15∶5

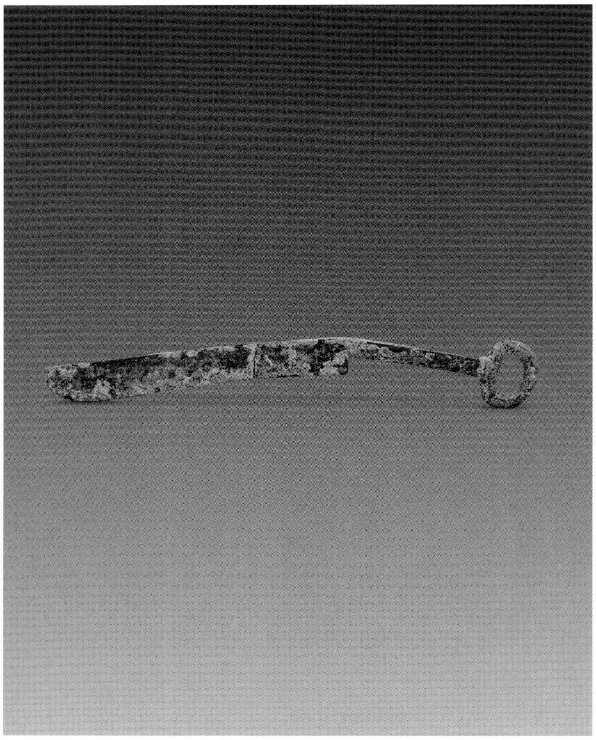

2. M18∶4

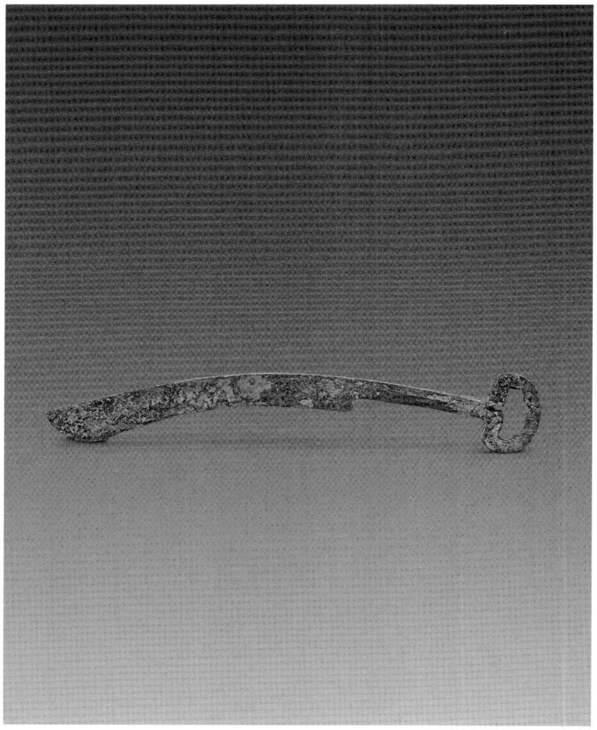

3. M19∶1

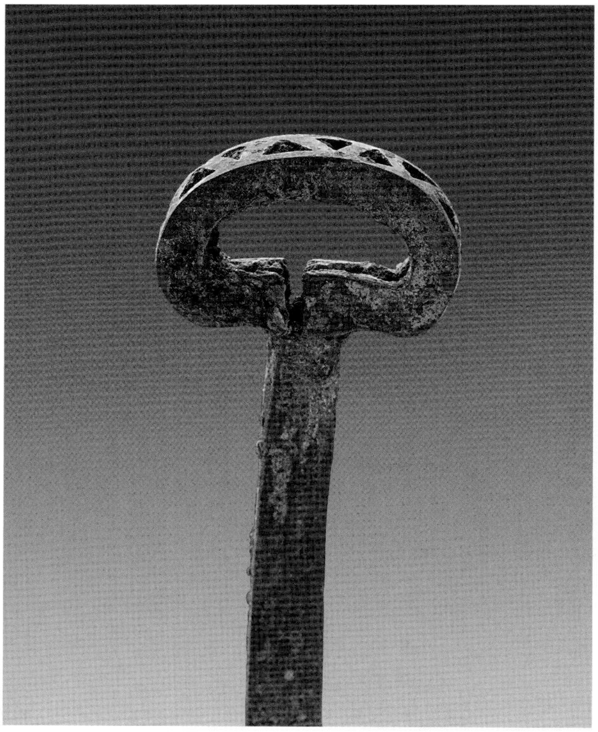

4. M19∶1

东周秦墓遗物——铜削

1. 铜带钩（M18：3正面）

2. 铜带钩（M18：3背面）

3. 铜镞M18：10-1~M18：10-4（自左至右）

4. 铜戈（M18：11）

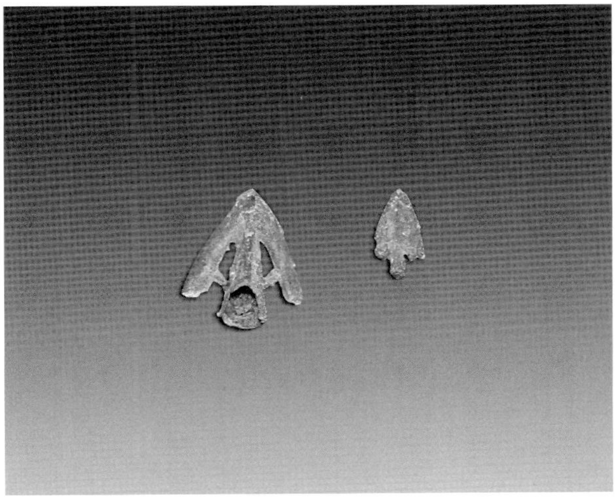

5. 铜镞M19：7-1、M19：2（自左至右）

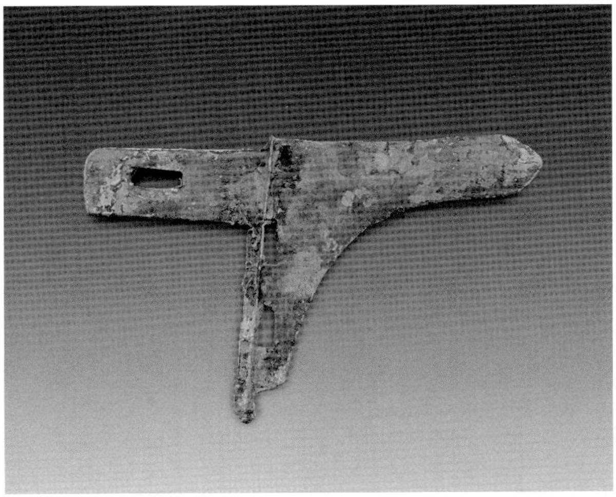

6. 铜戈（M38：1）

东周秦墓遗物——铜器

1. 石圭（M2：1-1）

2. 石圭（M2：1-2）

3. 石圭（M2：1-3）

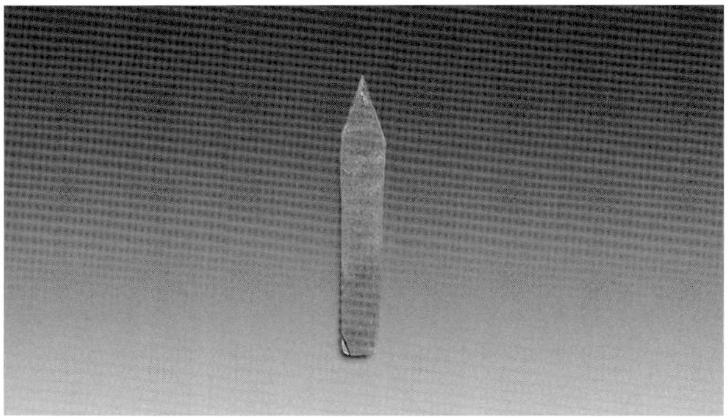

4. 石圭（M2：1-4）

5. 石圭（M2：1-5）

6. 石圭（M2：1-6）

7. 石圭（M2：1-7）

8. 陶圭（M2：2）

东周秦墓遗物——石圭、陶圭

1. M3：8

2. M3：9

3. M3：13

4. M8：1

5. M8：3

6. M10盗：1、M10盗：4、M10盗：5

7. M10盗：3

8. M15：4

东周秦墓遗物——石圭

图版四四

1. 石圭（M18：1）

2. 石圭（M18：2）

3. 石圭（M19：8）

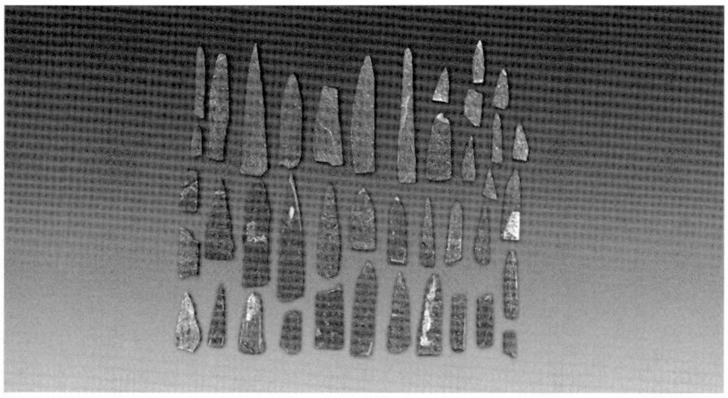

4. 石圭（M25：2）

5. 石圭（M25：7）

6. 陶圭（M31：1）

7. 石圭（M31：2）

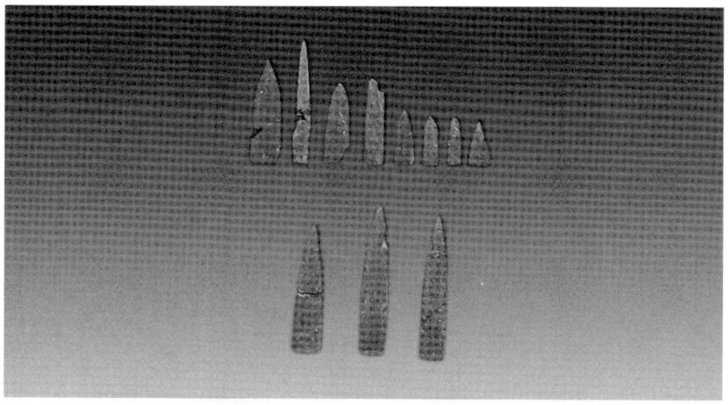

8. 石圭［M31：3、M31：4（上排M31：3-1~ M31：3-8，下排M3：4-1~ M3：4-3（自左至右）］

东周秦墓遗物——石圭、陶圭

1. 蚌饰（M1：1-1～M1：1-19）

2. 蚌饰（M3：15）

3. 石块［M18：9-1～M18：9-3（自左至右）］

4. 石锛（M19：9）

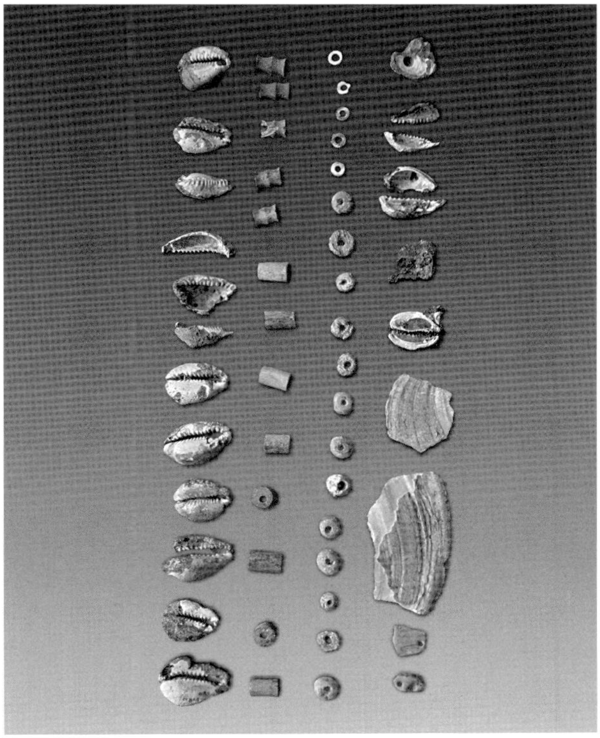

5. 串饰（M35：1）

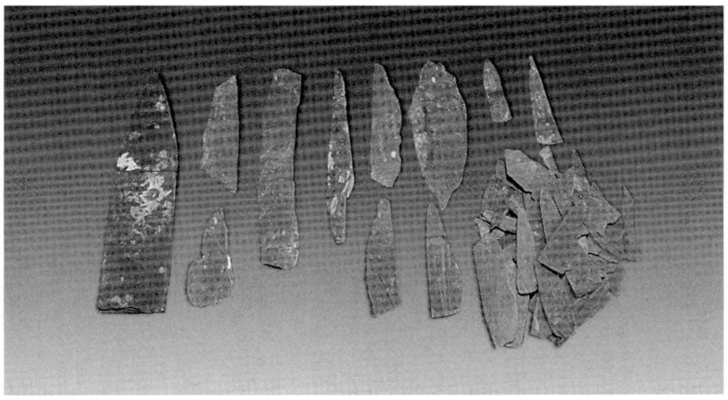

6. 石圭［M38：2、M38：3（最左侧为M38：2，余为M38：3）］

7. 石器（M38填：1）

东周秦墓遗物——石圭、蚌器、石块

图版四六

1. 石球（M3填：1）

2. 陶球（M3填：2）

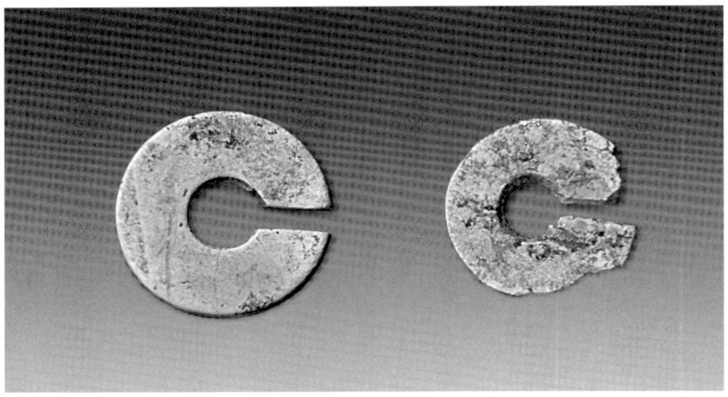

3. 石玦（M4：1、M4：2）（自左至右）

4. 陶玦（M8：2、M8：4）（自左至右）

5. 煤精棒（M8：5）

6. 蚌饰（M9：1）

7. 玉琀（M25：1）

8. 石琀（M31：5）

石玦、陶玦、陶球、玉琀等小件

1. G4（北—南）

2. G5（西—东）

汉代墓葬围沟

1. M5（东南—西北）

2. M5西耳室（东—西）

汉代墓葬

1. M7墓室（东—西）

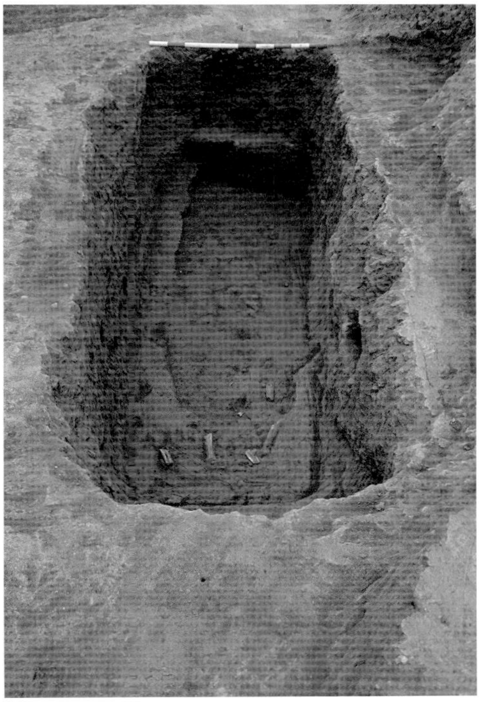

2. M12（南—北）

3. M16墓室（东—西）

图版五〇

1. M17（北—南）

2. M20墓室（南—北）

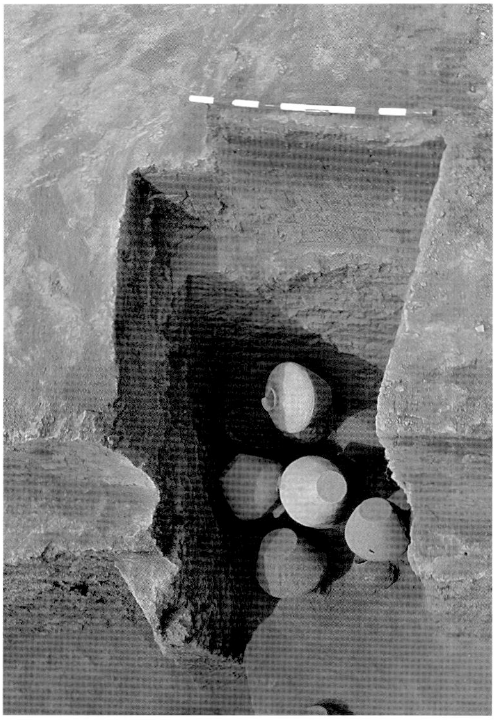

3. M20耳室（东—西）

1. M23墓室（西—东）

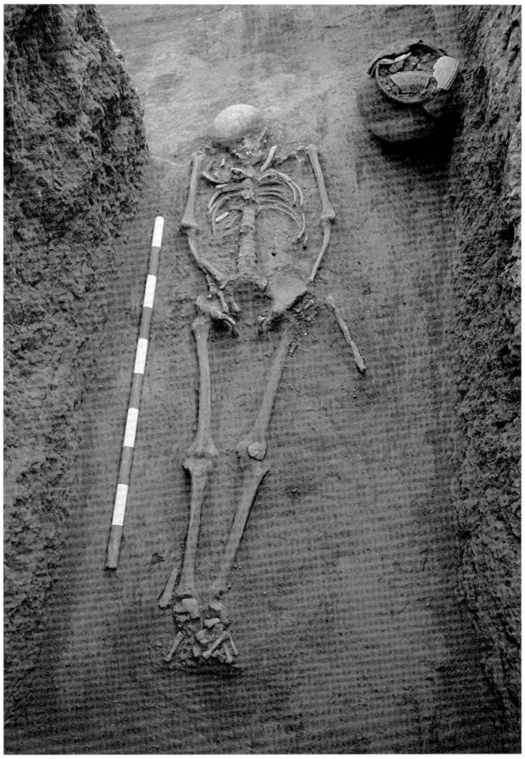

2. M24墓室（东—西）

3. M26墓室（南—北）

1. M27（东北—西南）

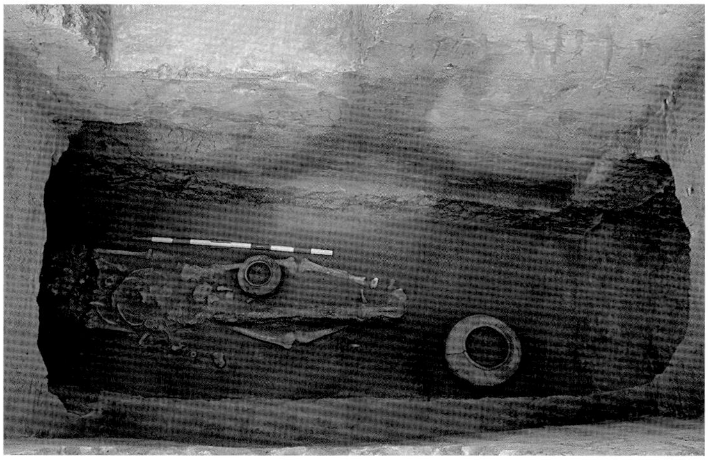

2. M28墓室（西—东）

3. M29（南—北）

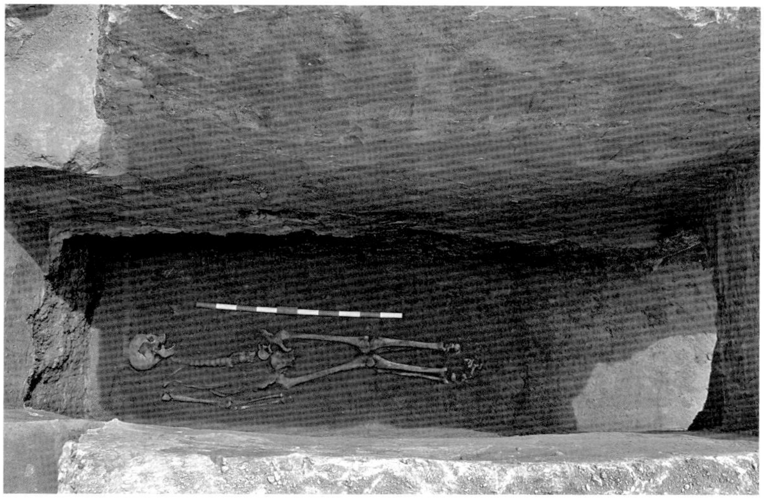

1. M34墓室（西—东）

2. M36墓室（北—南）

3. M37墓室（南—北）

汉代墓葬

图版五四

1. 陶钫（M6：4）

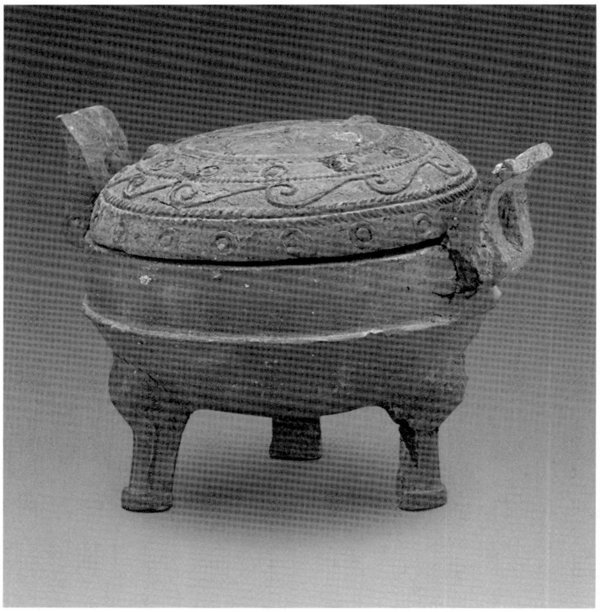

2. 陶鼎（M26：12）

3. 陶鼎（M26：12）

汉代墓葬遗物——陶鼎、钫

1. 陶缶（M5：1）

2. 陶大口大罐（M5：2）

3. 陶大口小罐（M5：3）

4. 陶缶（M5：4）

5. 陶大口小罐（M5：7）

6. 陶瓮（M6：1）

汉代墓葬遗物——陶罐、缶、瓮

图版五六

1. 陶瓮（M6：5）

2. 陶缶（M7：4）

3. 陶大口小罐（M7：5）

4. 陶大口小罐（M7：6）

5. 陶大口大罐（M7：10）

6. 陶缶（M16：5）

汉代墓葬遗物——陶罐、缶、瓮

1. 陶大口大罐（M16：6）

2. 陶瓮（M16：7）

3. 陶瓮（M16：8）

4. 陶大口小罐（M17：7）

5. 陶大口大罐（M17：9）

6. 陶大口大罐（M20：2）

汉代墓葬遗物——陶罐、瓮

1. M20：4

2. M20：5

3. M20：6

4. M20：7

5. M20：9

6. M20：10

汉代墓葬遗物——陶缶

1. 陶缶（M20：12）

2. 陶缶（M20：13）

3. 陶大口大罐（M24：1）

4. 陶大口小罐（M26：4）

5. 陶大口小罐（M26：5）

6. 陶大口小罐（M26：6）

汉代墓葬遗物——陶罐、缶

图版六〇

1. M26：7

2. M26：8

3. M27：1

4. M27：2

5. M28：3

6. M28：4

汉代墓葬遗物——陶罐

1. 陶大口大罐（M29：1）

2. 陶缶（M29：3）

3. 陶大口小罐（M29：5）

4. 陶大口大罐（M29：6）

5. 陶大口小罐（M36：5）

6. 陶大口小罐（M36：8）

汉代墓葬遗物——陶罐、缶

图版六二

1. 陶大口小罐（M36：6）

2. 陶大口小罐（M36：7）

3. 陶釜（M7：8）

4. 陶釜（M16：2）

5. 陶釜（M16：4）

6. 陶釜（M17：4）

汉代墓葬遗物——陶罐、釜

1. 陶樽（M26：11）

2. 陶樽（M26：11）

3. 陶灶（M29：2）

4. 陶灶（M29：2）

5. 陶灶（M36：9）

6. 陶灶（M36：9）

汉代墓葬遗物——陶樽、灶

图版六四

1. M5：6

2. M7：9

3. M17：3

4. M20：8

5. M23：1

6. M24：2

7. M26：10

8. M29：4

汉代墓葬遗物——陶盆

1. M5 : 8

2. M7 : 7

3. M16 : 3

4. M17 : 10

5. M20 : 11

6. M26 : 9

汉代墓葬遗物——陶甑

1. 铁釜（M5：5）

2. 铜鋗（M16：1）

3. 铅镇（M17：2）

4. 铁釜（M20：3）

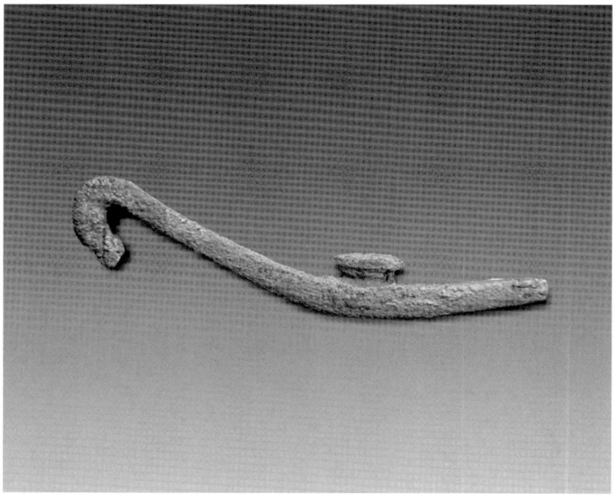

5. 铜带钩（M29：8）

6. 铁铗（M36：3）

汉代墓葬遗物——铜、铁、铅器

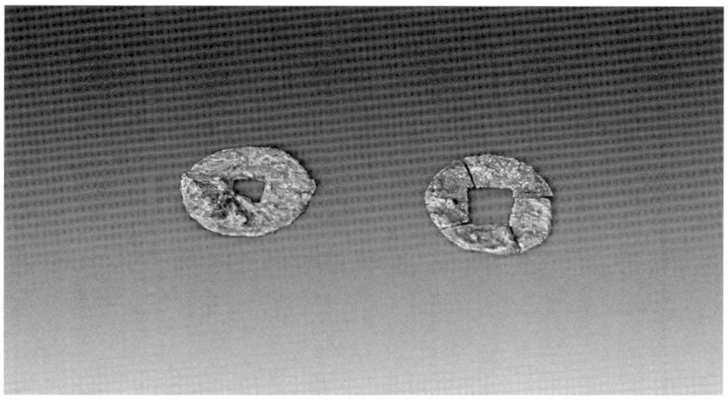

1. 铜钱（M6：7）

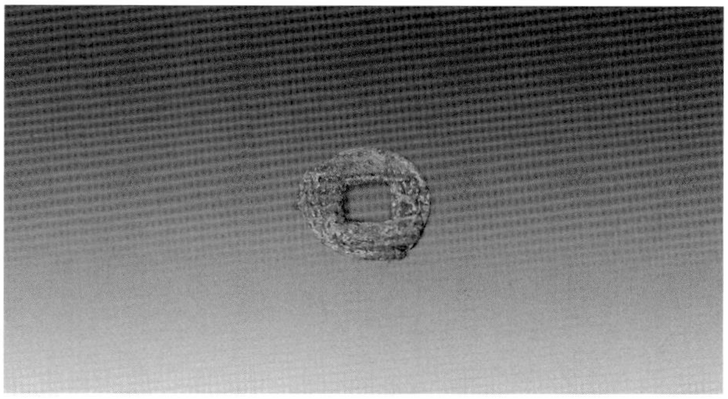

2. 铜钱（M7：1）

3. 石球（M7：3）

4. 铁削刀（M7：2）

5. 铜镜（M26：3）

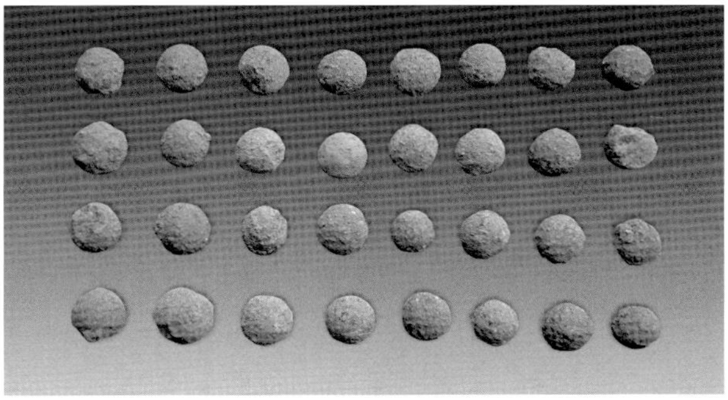

6. 泥丸（M26：2）

7. 铁钉（M27：5）

8. 铜镜（M36：4）

汉代墓葬遗物——铜钱、石球、铁削刀、铜镜、泥丸、铁钉

1. 铁剑（M17：5）

2. 铁弩机（M17：6）

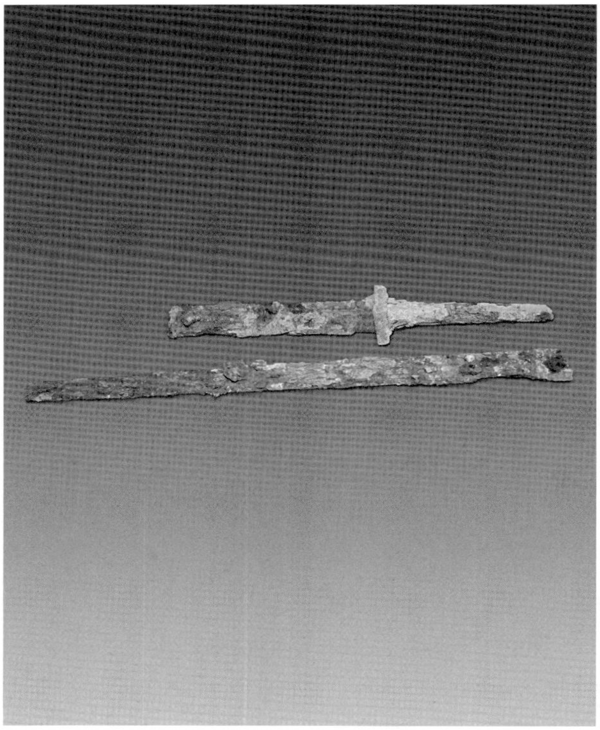

3. 铁剑（M28：1）

汉代墓葬遗物——铁剑、弩机

1. M16：9

2. M17：1

3. M20：1

4. M26：1

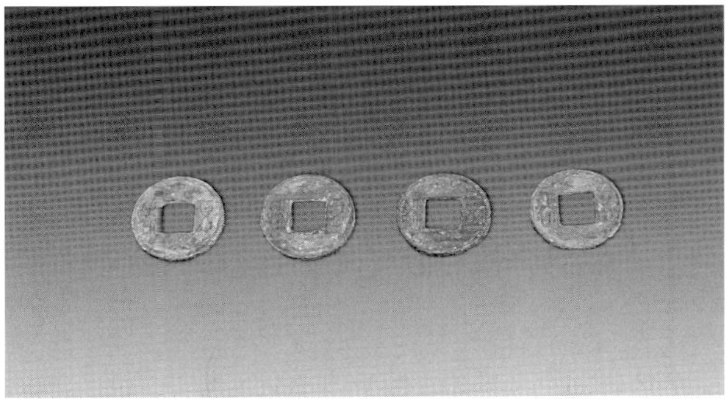

5. M27：3、4-1~3（自左至右）

6. M28：2

7 .M29：7-1~2

8. M36：2-1、M36：2-14、M36：10-7

汉代墓葬遗物——铜钱

图版七〇

1. 陶饼（M5填：1）

2. 陶刀（M5填：2）

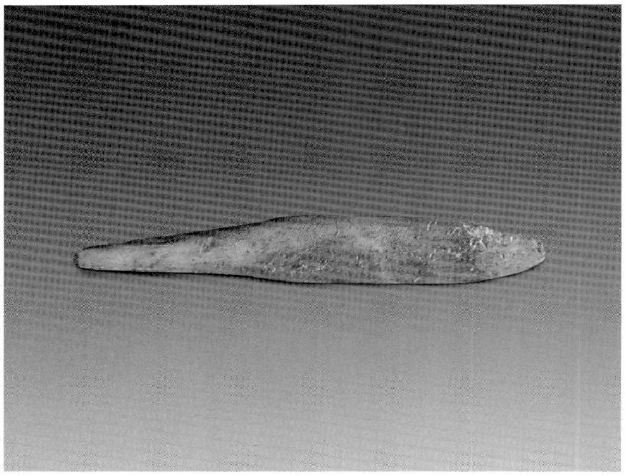

3. 骨镞（M6填：1）

4. 石器（M7填：1）

5. 铁刀（M7填：2）

6. 陶纺轮（M16填：1）

汉代墓葬遗物——填土中出土遗物

1. 铁锸（M20填：1）

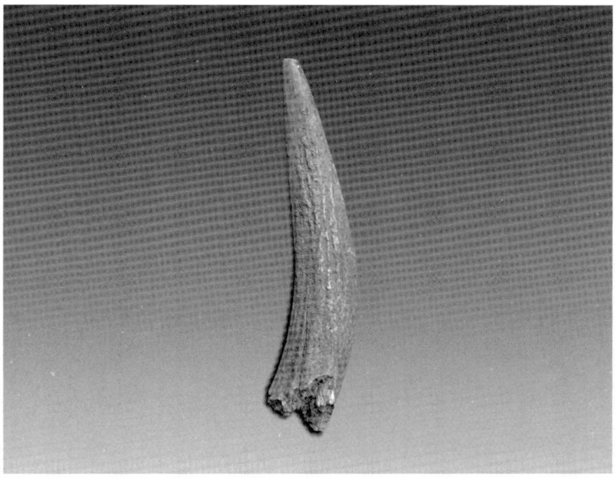

2. 鹿角（M34填：1）

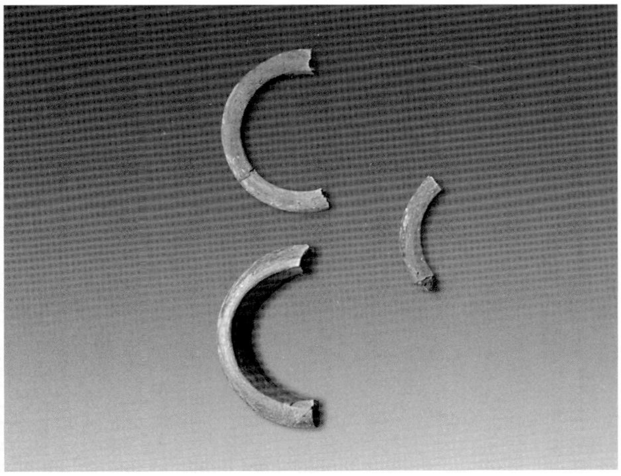

3. 陶环（M36填：1）

4. 骨镞（M36填：2）

5. 陶球（M37填：1）

汉代墓葬遗物——填土中出土遗物

图版七二

1. 蚌壳、兽骨、卜骨（M40：1、M40：2、M40：3）

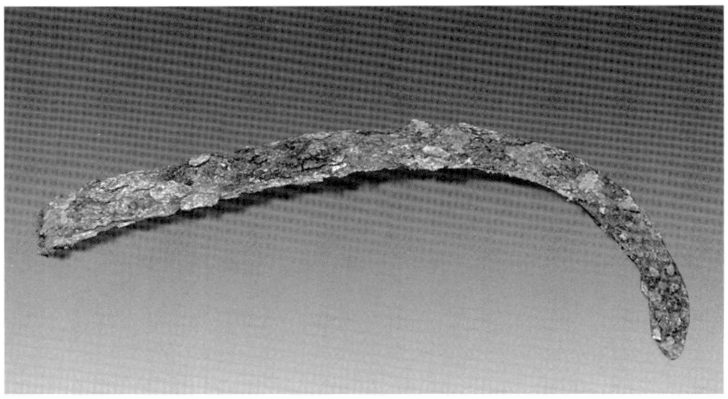

2. 铁弯刀（M41：1）

3. 陶罐（M41：2）

4. 铜钱（M41：3）

5. 铁腰带饰（M41：4）

6. 陶罐（M42：1）

7. 铜钱［M42：2、M42：3-1、M42：3-2（自左至右）］

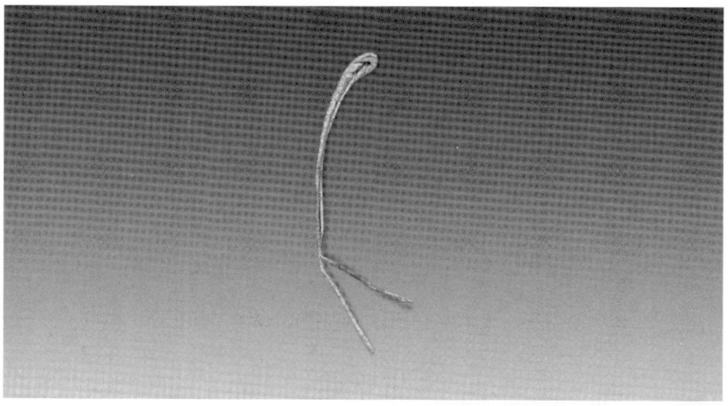

8. 铜钗（M43：1）

唐代墓葬遗物

1. M14

2. M22（北—南）

清代墓葬

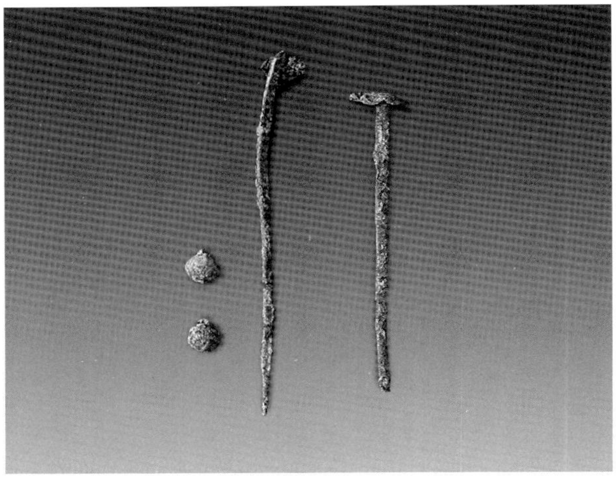

1. 铜簪、铜扣［M14：3-1、M14：3-2、M14：1、M14：2（自左至右）］

2. 石锛（M22填：1）

3. 木质神主（M22：15）

4. 瓷碗（M22：2）

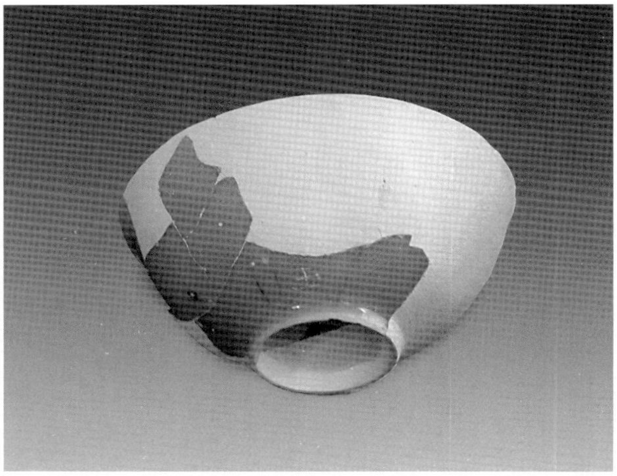

5. 豆青釉碗（M22：3）

6. 青花梵文千寿折腰瓷碗（M22：4）

清代墓葬遗物

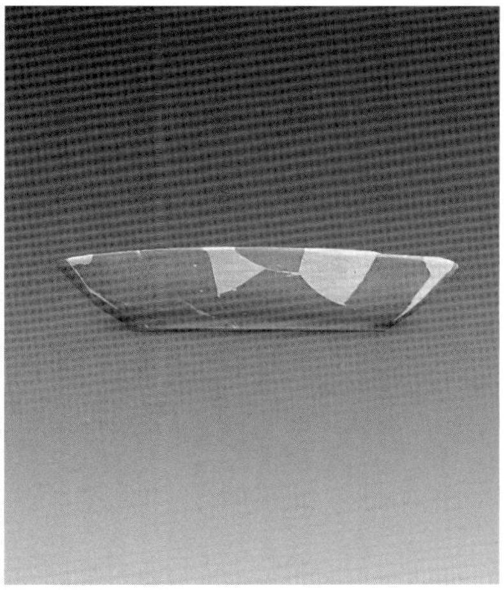

1. 豆青釉盘（M22：5）

2. 青花灵芝纹盘（M22：6）

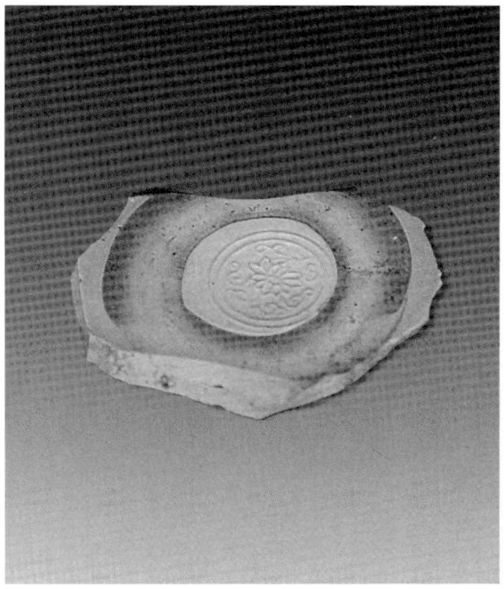

3. 黑釉碗（M22：7）

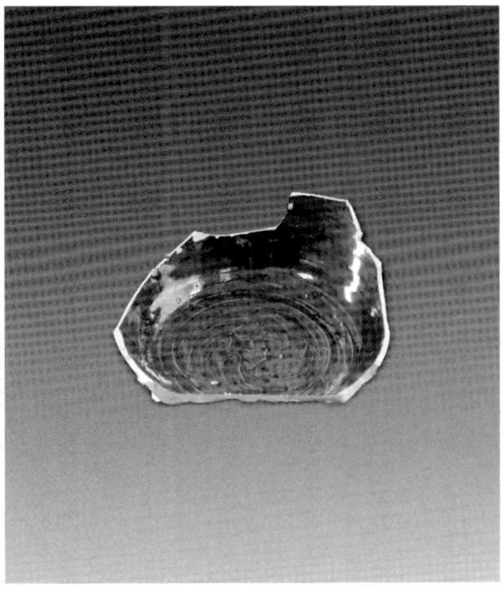

4. 黑釉罐（M22：8）

5. 黄釉盘（M22：9）

6. 青花双螭龙折沿瓷盘（M22：10）

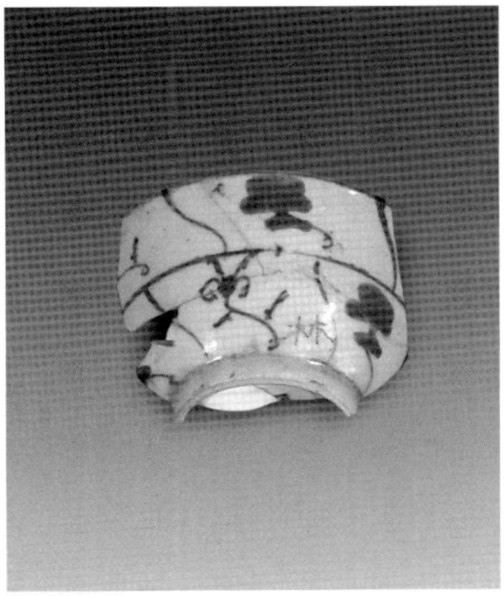

7. 青花灵芝纹碗（M22：11）

8. 青花菊花纹瓷碗（M22：12）

清代墓葬遗物

图版七六

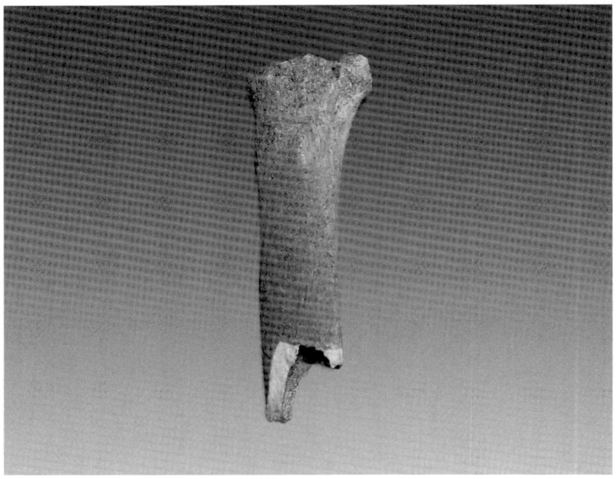

1. H49小型鹿（麂？）左桡骨

2. H17黄牛右桡骨

3. H17绵羊头骨、左右角

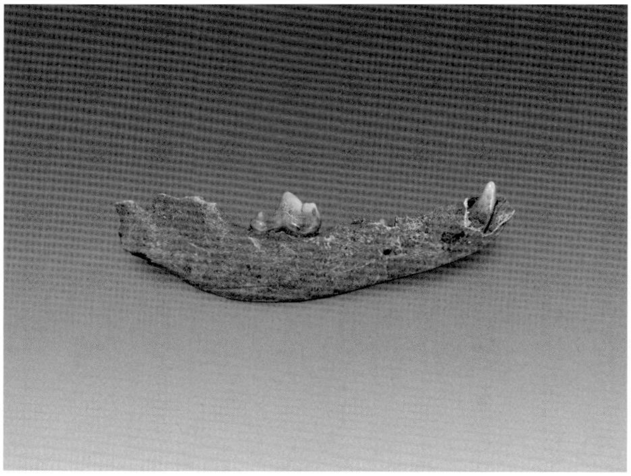

4. H47③层狗右下颌骨

5. H47④层猪头骨、下颌骨

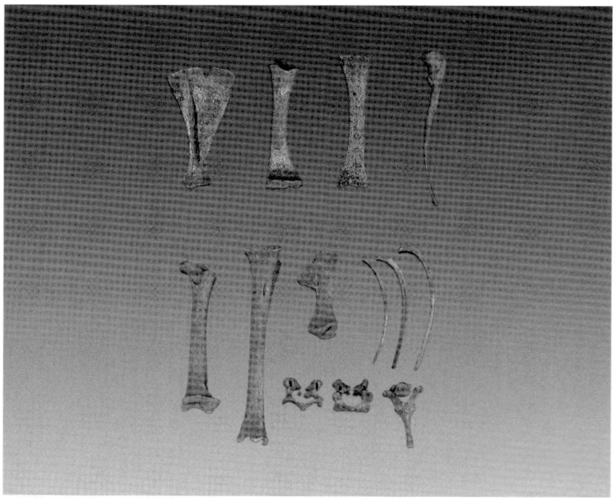

6. H47⑥层羊肩胛骨、肱骨、桡骨、尺骨

部分动物骨骼标本

图版七七

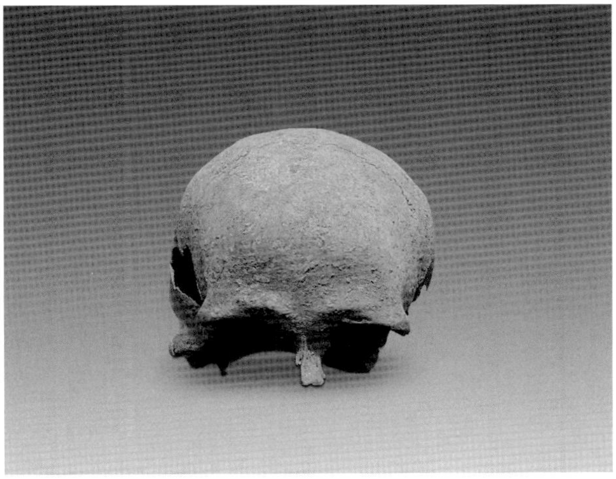

1. M1正面观

2. M1侧面观

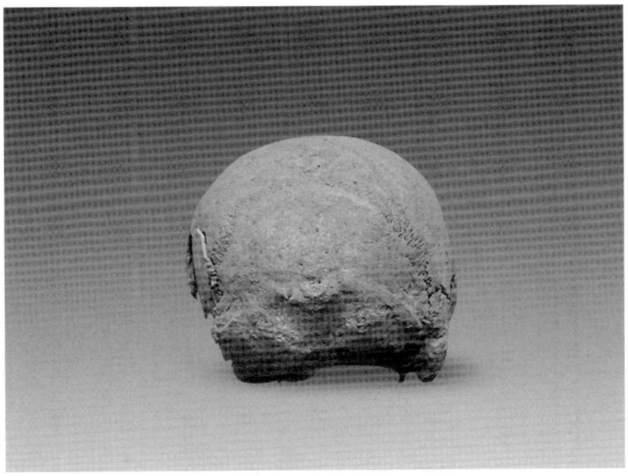

3. M1后面观

4. M1顶面观

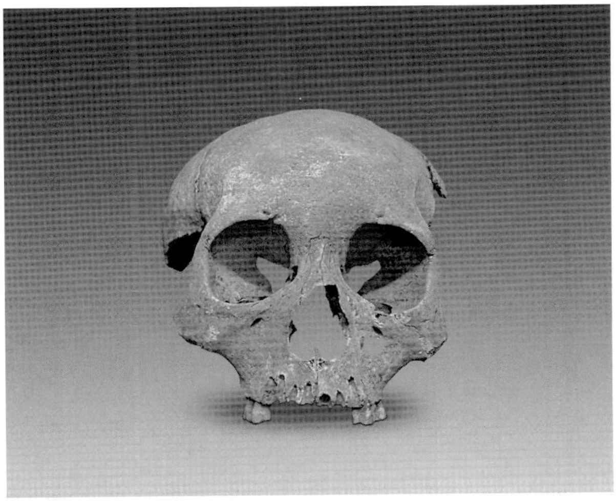

5. M8正面观

6. M8侧面观

东周墓葬人骨标本

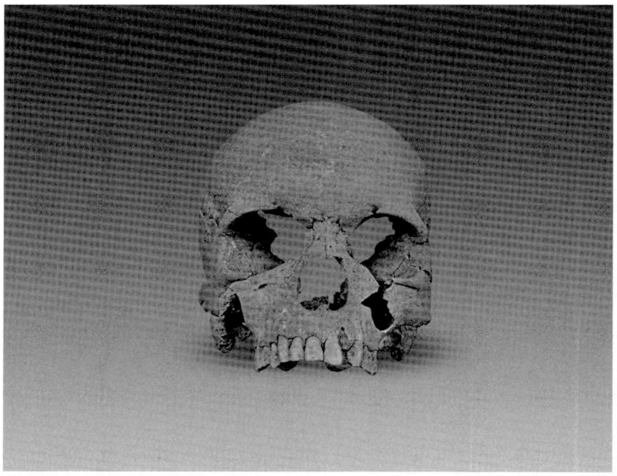

1. M11正面观

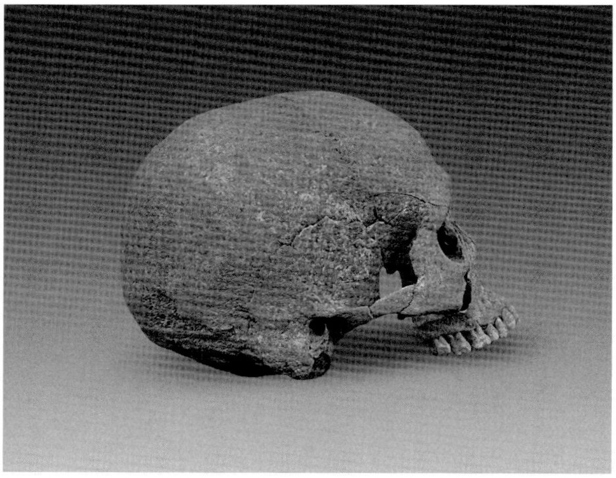

2. M11侧面观

3. M11后面观

4. M11顶面观

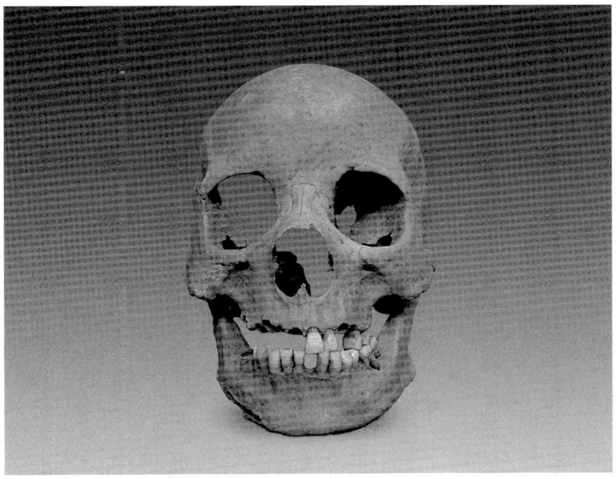

1. M27正面观

2. M27侧面观

3. M27后面观

4. M27顶面观

1. M22正面观

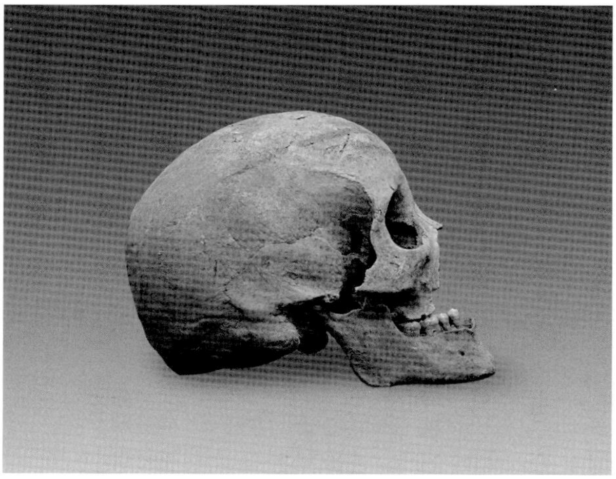

2. M22侧面观

3. M22后面观

4. M22顶面观

清代墓葬人骨标本

1. M1第一腰椎压缩性骨折正面观

2. M1第一腰椎压缩性骨折侧面观

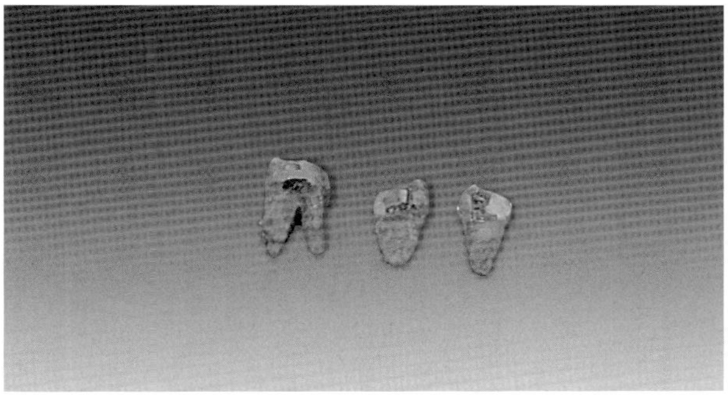

3. M1尾椎骶椎化

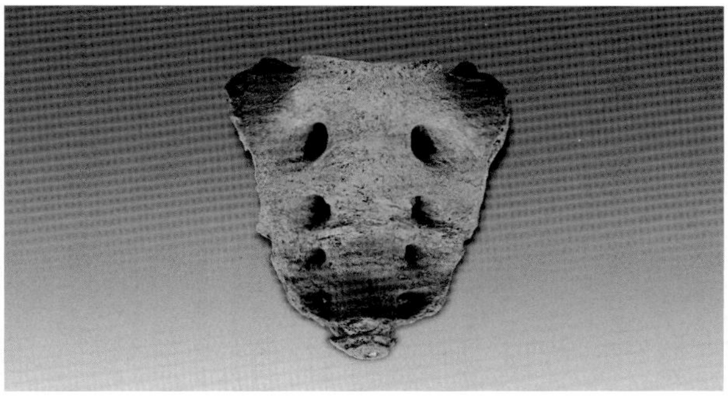

4. M1肱骨头关节面上的疏松小孔

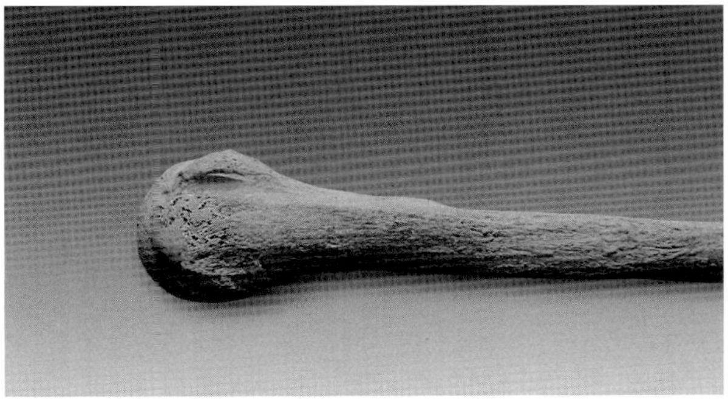

5. M1上颌的龋齿

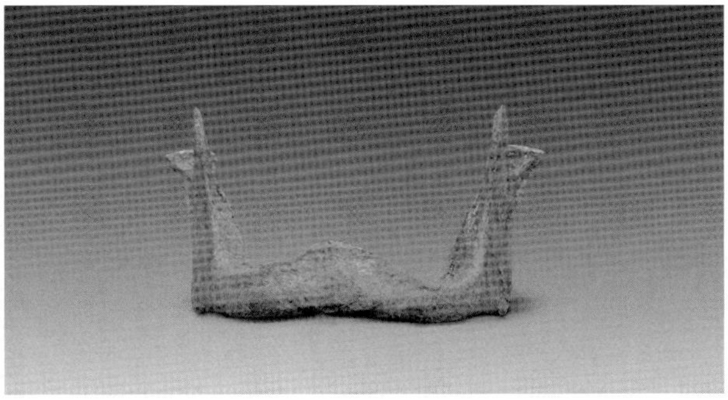

6. M1下颌牙齿全部生前脱落

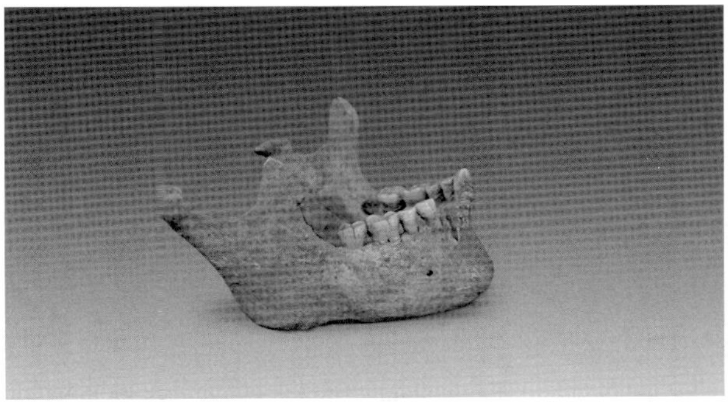

7. M8患牙周炎

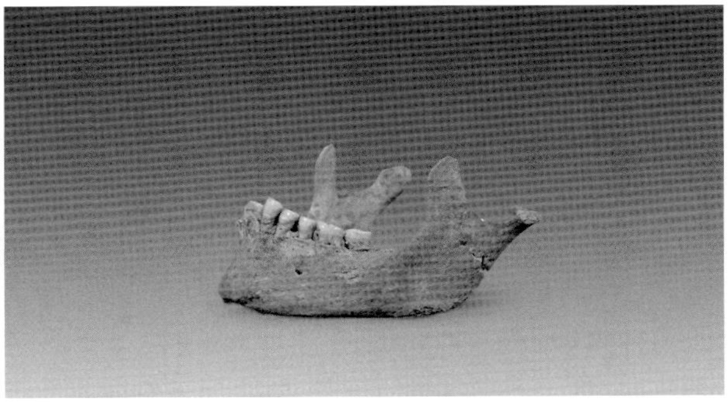

8. M8下颌左侧髁突关节改变

东周墓葬人骨标本病理现象

图版八二

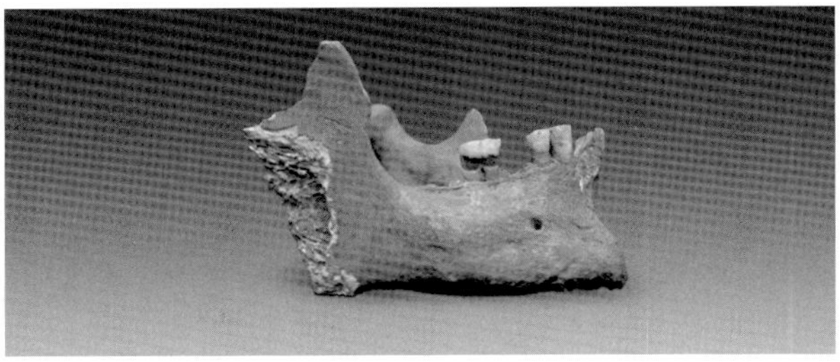

1. M13右下颌M2龋齿

2. M13的11-12胸椎连桥

3. M13的1-5腰椎骨刺（正面观）

4. M13的1-5腰椎骨刺（右侧面观）

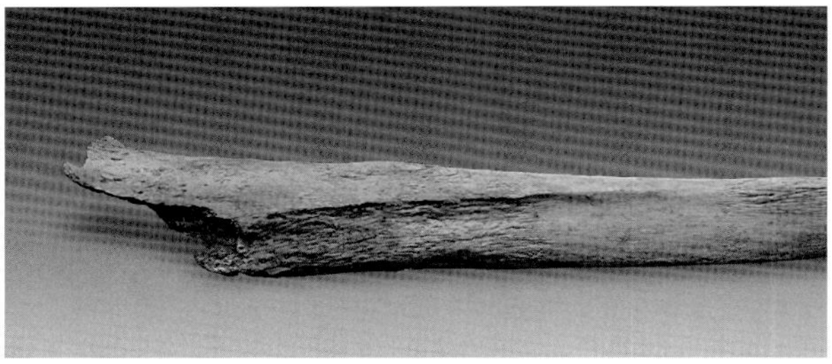

5. M13右侧胫骨骨膜炎

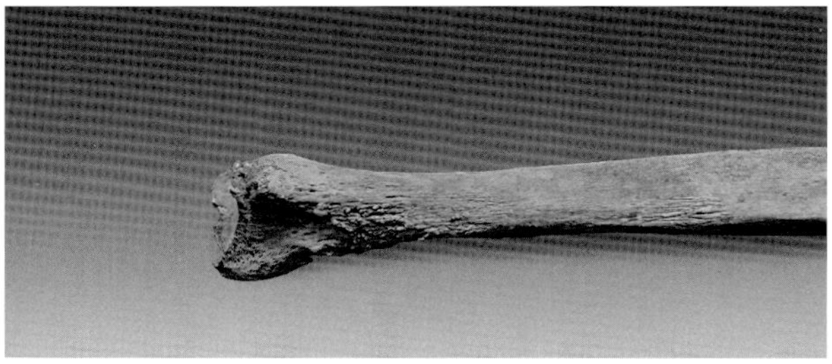

6. M13左侧胫骨骨膜炎

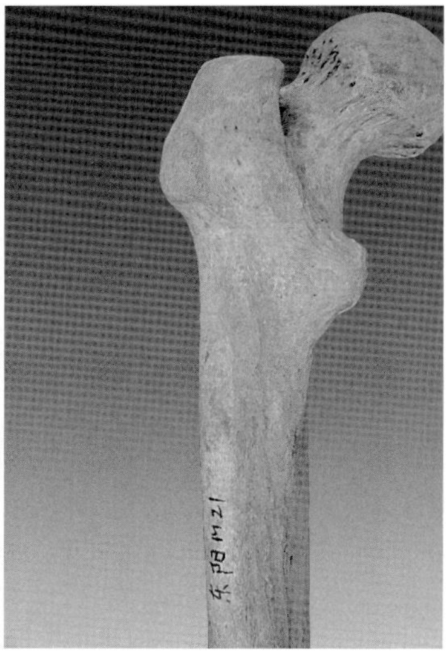

7. M21左侧股骨第三转子

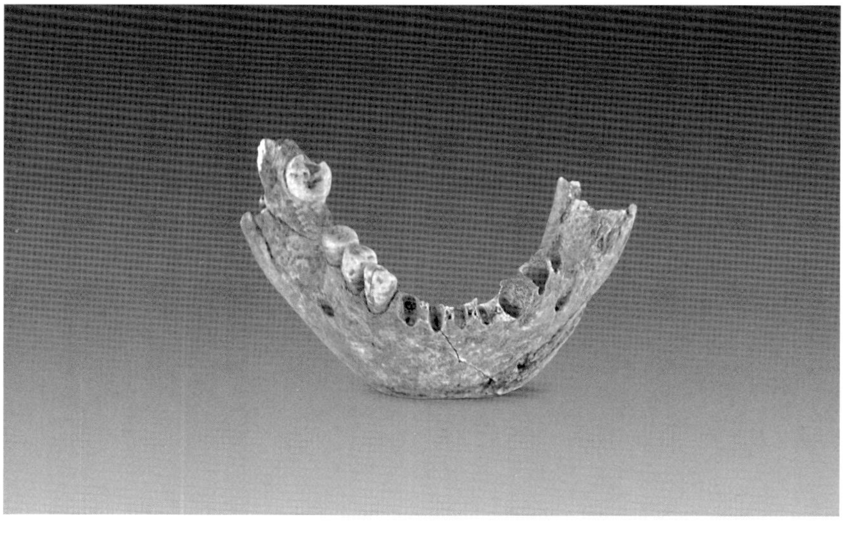

8. M24下颌怀疑为拔牙现象

东周、汉代墓葬人骨标本病理现象

1. M30：1 腹部范线

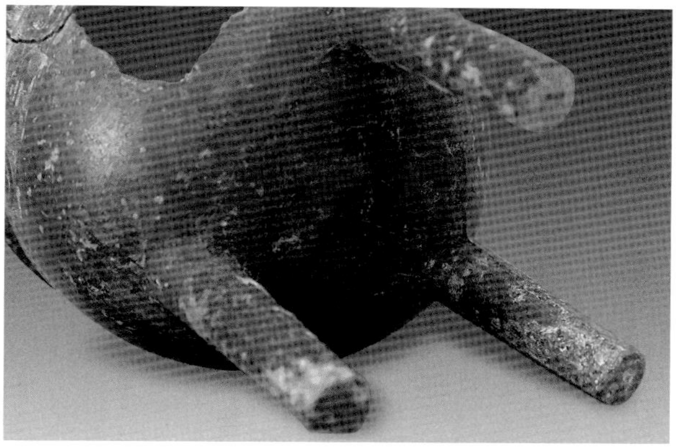

2. M30：1外底部及足部范线

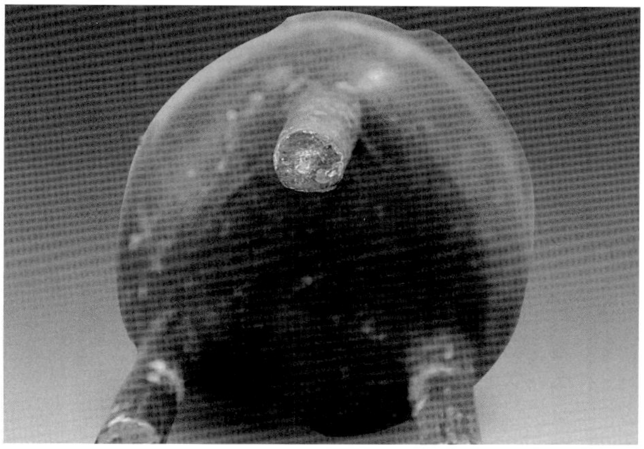

3. M30：1 足跟部垫片

4. M3：10外底部范线

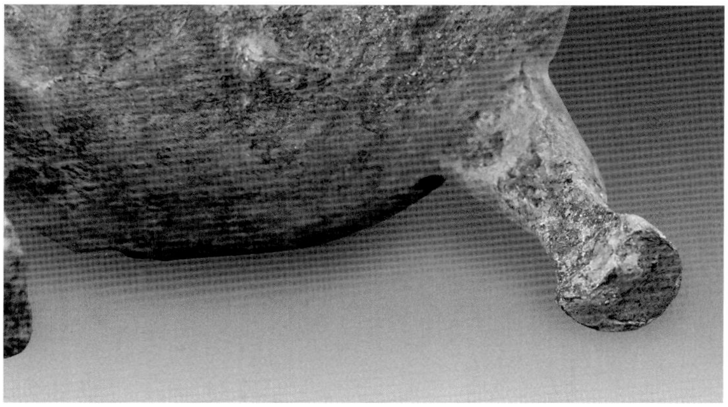

5. M3：10外底部浇道残茬及足部特写

6. M3：11外底部范线

西周、东周铜器铸造工艺特征

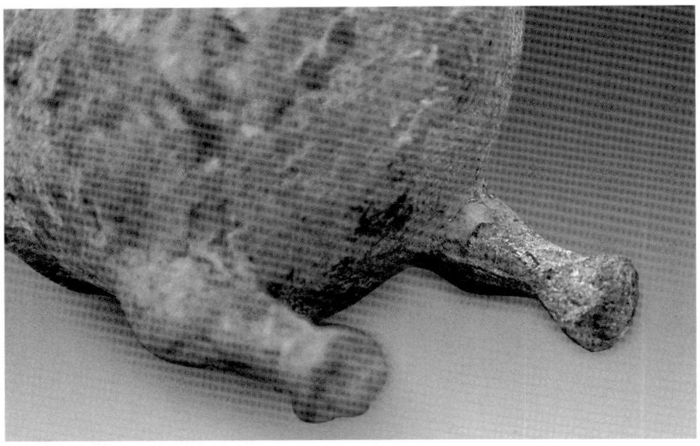

1. M3：11足部特写

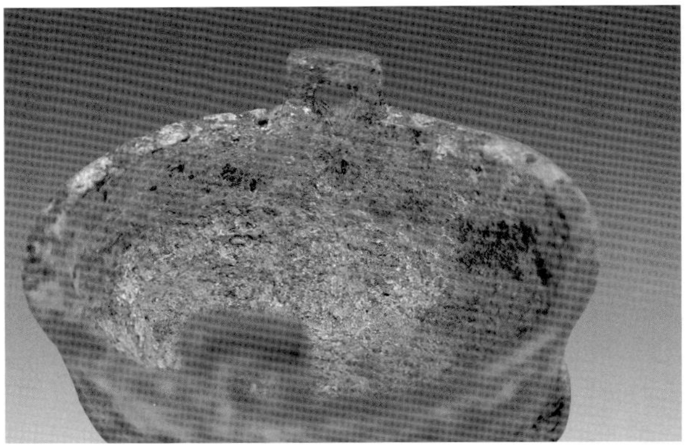

2. M3：11腹壁锈蚀孔

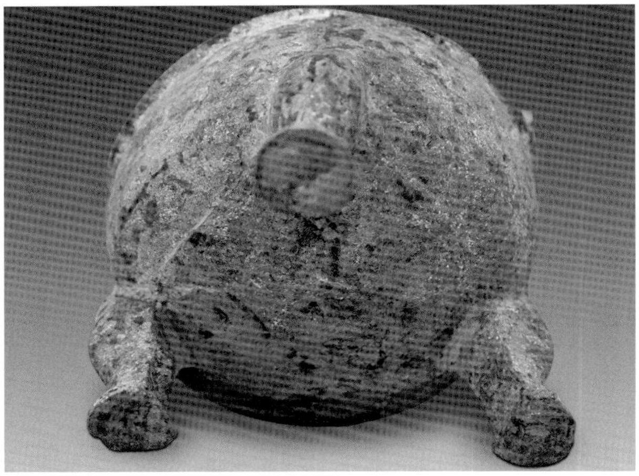

3. M3：12外底部范线

4. M3：12足部特写

5. M30：3内部

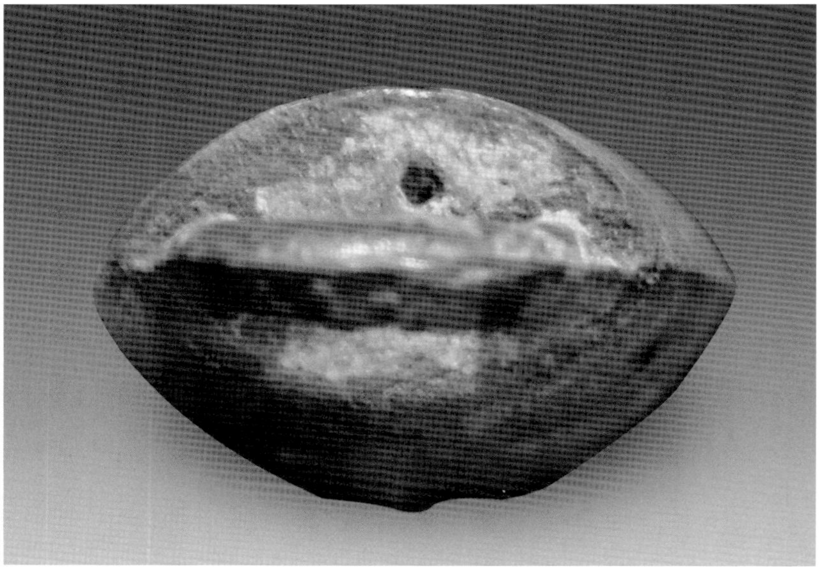

6. M30：3顶部小孔

西周、东周铜器铸造工艺特征